KB252233

스펄전설교전집
마가복음

스펄전설교전집 21

스펄전설교전집
마가복음

역자 + 고성대

크리스챤
다이제스트

국립중앙도서관 출판시도서목록(CIP)

스펄전설교전집. 21, 마가복음 / [저자: 찰스 스펄전]
; 역자: 고성대. -- 고양 : 크리스챤다이제스트,
2013
    p. ;   cm

원표제: Treasury of the Bible
원저자명: Charles Haddon Spurgeon
영어 원작을 한국어로 번역
ISBN 978-89-447-2221-9 94230 : ₩25000
ISBN 978-89-447-2200-4(세트) 94230

설교집[說敎集]
마가 복음[--福音]
기독교[基督敎]

235.2-KDC5
252-DDC21   CIP2013022515

차례

■　마　가　복　음

제
1
장

—

분리할 수 없는 믿음과 회개

—

"회개하고 복음을 믿으라."— 막 1:15

우리 주 예수 그리스도께서는 가장 중요한 명령을 선포하심으로써 자신의 사역을 시작하셨습니다. 그분은 마치 자기 방에서 나온 신랑처럼, 광야에서 새롭게 성별(聖別)되신 후 등장하셨습니다. 그분이 말씀하신 사랑의 선율은 회개와 믿음이었습니다. 그분은 "모든 일에 우리와 똑같이 시험을 받으신 이로되 죄는 없으시니라"(히 4:15) 하신 말씀대로 광야에서 시험 받으면서 자신의 사역을 충분히 준비하고 나타나셨습니다. 그분은 경주를 하는 건강한 사람처럼 허리띠를 띠고 있었습니다. 그분은 오랫동안 준비하여 모든 지혜를 겸비하고서, 새로운 열정으로 아주 진지하게 말씀을 전하셨습니다. 어머니의 태로부터 구별된 거룩하고도 아름다운 모습으로 나타난 젊은 그분은 아침 이슬처럼 빛나고 있었습니다. 하늘이여 들으라 땅이여 귀를 기울이라(사 1:2), 메시아께서 그 크신 능력으로 말씀하신다! 그분은 인간들에게 "회개하고 복음을 믿으라"고 외치셨습니다. 우리는 이 말씀에 귀 기울이도록 합시다. 이 말씀은 그 귀들을 만드신 분처럼 은혜와 진리가 충만(요 1:14)하신 분의 말씀입니다. 우리 앞에 놓인 이 말씀은 예수 그리스도께서 가르쳐 주신 전체 가르침들의 알파와 오메가(계 1:8), 즉 그분의 전체 사역의 요점이자 골자(骨子)입니다. 또한 이 말씀은 특별한 능력을 지닌 분의 입술에서 특정한 시기에 나온 말씀이기도 합니다. 그러므로 우리는 이 말씀을 가장 진지한 마음으로 귀 기울여 듣도록 합시다. 하나님께서 우리를 도우시어 이 말씀을 우리가 마음속 깊은 곳으로부터 순종하게 되기를 기원합니다.

1. 복음은 명령이었습니다.

그리스도께서 전하신 복음은 아주 분명한 하나의 명령이었다는 말씀을 드림으로써 저는 설교를 시작하고자 합니다. "회개하고 복음을 믿으라." 우리 주님은 겸손하게 변론하셨습니다. "오라 우리가 서로 변론하자 너희의 죄가 주홍 같을지라도"(사 1:18). 그리고 그분은 사람들로 하여금 영혼 구원을 위해 노력하게 만드는 강력한 논증을 제기함으로써 사람들을 설득하셨고, 초대하셨습니다. 사람들이 지혜로운 자들이 되도록 그분께서 노력하시는 모습은 얼마나 사랑스러웠는지 모릅니다. 그분은 또한 "수고하고 무거운 짐 진 자들아 다 내게로 오라 내가 너희를 쉬게 하리라"(마 11:28)고 말씀하시면서 사람들에게 간청하셨습니다. 다시 말해 그분은 죄된 피조물인 백성들에게 구걸하는 거지처럼, 자신에게 오라고 말씀하는 겸손한 분이셨습니다. 실제로 그분은 "하나님이 우리를 통하여 너희를 권면하시는 것 같이 그리스도를 대신하여 간청하노니 너희는 하나님과 화목하라"(고후 5:20)는 이런 간청을 자신이 감당해야 할 사역의 의무로 여기셨습니다. 그러나 여기서 한 가지 기억할 것이 있습니다. 비록 그분이 겸손하게 변론하고 설득하고 초대하고 간청하셨음에도 불구하고, 이 모든 행동들 가운데 있는 그분의 복음은 전적으로 위엄 있고 강력한 하나의 명령이었습니다. 만약 우리가 이 시대에 그리스도께서 전하신 것처럼 복음을 전하고자 한다면, 영혼들이 무한한 위험에 빠지지 않도록 애쓰시는 하나님께서 친히 명하신 그 복음을 우리도 하나님의 명령으로 선포해야만 합니다. 결혼 잔치를 위한 식탁이 배설되고 초대를 하였지만, 그 명령을 까맣게 잊은 자도 있었습니다. 그렇게 명령을 무시한 자들은 왕을 경멸한 자로서 완전히 멸망하였습니다. 건축자들이 그리스도를 거부하였을 때, 그분은 "거스르는 자"(눅 1:17)에게 걸려 넘어지는 돌이 되었습니다. 하지만 어떤 사람은 그분이 아무 명령도 하지 않았는데 어떻게 그들이 거스를 수 있겠냐고 물을 수 있습니다. 제가 말씀드리겠습니다. 복음은 계획하고 초대하고 간청하고 권면합니다. 그럼에도 불구하고 복음은 그보다 높은 권위의 근거를 가지고 있습니다. "회개하라"는 명령은 "너희는 도둑질하지 말라"(레 19:11)라고 하신 명령과 똑같은 명령입니다. "주 예수 그리스도를 믿으라"(행 16:31 참조)고 하신 명령은 "네 마음을 다하며 목숨을 다하며 힘을 다하며 뜻을 다하여 주 너의 하나님을 사랑하라"(눅 10:27) 하신 명령만큼이나 충분한 신적인 권위를 가지고 있습니다. 오, 사랑하는 성도 여러분, 복음은 여러분이 이렇게 저렇게 선택할 수 있는 것으로 여러분에게 주어졌다고 생각하지 마십시오! 오, 죄인인 여러분, 여러분이 하늘에서 내려온 말씀을 경멸하는데도, 여러분에게 아무런 죄책(罪責)이 없을 것이라 꿈도 꾸지 마십시오! 여러분이 그 말씀을 무시하는데도, 여러분에게 아무런 악한 결과가 뒤따르지 않을 것이라 생각하지 마십시오! 여러분의 이러한 무시와 경멸로도 이미 여러분은 부정한 자가 되기에 충분합니다. 따라서 다음의 큰 울부짖음은 바로 우리의 울부짖음이라 할 수 있습니다. "우리가 이같이 큰 구원을 등한히 여기면 어찌 그 보응을 피하리요!"(히 2:3). 하나님은 여러분에게 회개하라고 명령하십니다. 시내 산에 임재하신 그분 앞에서는 옹기 가마에서 나오는 듯 연기가 피어오르고 온 산이 크게 진동하며(출 19:18), 우레와 번개와 나팔 소리(출 20:18)가 났습니다. 그때 하나님께서는 율법을 선포하셨습니다. 그때의 하나님과 동일하신 하나님께서 아주 부드럽지만 신적 권위를 가진 그 독생자를 통해 우리에게 말씀하십니다. "회개하고 복음을 믿으라." 이것이 바로 우리에게 하신 말씀입니다.

사랑하는 성도 여러분, 그분께서 이렇게 말씀하신 이유가 무엇입니까? 주님께서 그리스도를 믿으라는 말씀을 우리에게 명령으로 주신 이유가 무엇입니까? 여기에는 복된 이유가 있습니다. 많은 영혼들은 어떤 일을 하지 않겠다고 거부한 것에 대해 어떤 벌이 가해지지 않으면, 전혀 믿으려고 하지 않습니다. 이런 죄인들을 대할 때마다 참으로 난감합니다. 제가 믿어도 될까요? 제게도 믿을 수 있는 권리가 있나요? 제가 그리스도를 믿어도 괜찮을까요? 지금 이런 질문들은 단번에 옆으로 제쳐 놓읍시다. 상한 마음을 다시 화내게 해서는 안 됩니다. 여러분은 하나님으로부터 그렇게 하라는 명령을 받았습니다. 그러므로 그렇게 해도 됩니다. 하늘 아래에 있는 모든 피조물들이 주 예수님을 믿고 그분의 이름에 무릎 꿇어 경배하라는 명령을 받았습니다. 복음이 전파되고 진리가 전해진 이곳저곳에서 복음을 믿으라는 명령이 모든 피조물들에게 내려졌습니다. 양심의 가책으로 괴로워하는 어떤 죄인이라도 자신이 그 말씀대로 행해도 되는지에 관한 질문을 하지 않도록, 이 말씀은 명령의 형태를 갖게 되었습니다. 분명합니다. 하나님께서 여러분에게 하라고 하신 명령을 여러분이 행해도 괜찮습니다. 사탄의 거짓말 앞에서 여러분은 다음과 같이 말하십시오. "나는 그렇게 해도 괜찮다. 권위를 가지신 그분께서 그것을 행하도록 내게 명하셨기 때문이다. 만약 내가 행치 않는다면, '믿지 않는 사람은 정죄를 받으리라'(막 16:16)고 하신 말씀대로, 나는 그분의 면전에서 영원히 저주를 받게 되는 위험에 처해질 것이다." 이처럼 죄인들에게 복된 허락이 내려졌습니다. 즉, 지금까지 그가 어떤 죄인이었든 상관 없이, 그가 어떤 생각을 해왔든 상관 없이, 십자가로 나아올 때마다 그 죄인은 이 명령을 사용해도 좋다는 보증을 받았습니다. 여러분이 아무리 무지하고 어둠 가운데 있어도, 또한 여러분의 마음이 아무리 완악하고 냉담해졌어도, 예수님을 바라보라는 보증을 여러분은 받았습니다. "땅의 모든 끝이여 내게로 돌이켜 구원을 받으라"(사 45:22)고 하신 말씀대로 말입니다. 여러분에게 믿으라고 명령하신 그분께서 그분을 믿는 여러분을 의롭다고 해 주실 것입니다. 그분께서 친히 여러분에게 믿으라고 명하셨는데, 그분이 여러분을 정죄하지는 못하실 것입니다.

복음이 하나의 명령인 것에 이처럼 복된 이유가 있지만, 이 외에도 장엄하고도 놀라운 또 다른 이유가 있습니다. 그것은 심판 날에 사람들이 변명하지 못하도록 하기 위함입니다. 즉, 그 누구도 마지막 날에 "주님, 제가 그리스도를 믿어야 하는 줄을 알지 못했나이다. 주님, 천국 문이 제 앞에서 닫혔나이다. 제가 천국에 들어가지 못할 사람이 될 수도 있다는 말을 저는 전혀 듣지 못했나이다"라고 말하지 못하도록 하려고 말입니다. 주님께서는 우레와 같은 말씀으로 대답하십니다. "아니다. 인간들이 무지할 때에는 내가 눈감아 주었다. 그러나 복음에서 나는 모든 곳에 있는 모든 사람에게 회개하라고 명령했다. 나는 내 아들을 보냈고, 그 다음에는 내 사도들을 보냈고, 그 후에는 나의 사역자들을 보냈다. 나는 나의 모든 사자들을 통해 '너희가 회개하고 돌이키라'(행 3:19)라는 명령이 모든 사람들이 울부짖으며 감당해야 할 의무가 되도록 하였다. 베드로가 오순절에 전한 대로, 너에게 말씀을 전하도록 나는 내 사자들에게 명했다. 나는 내 사자들에게 모든 애정을 갖고서 경고하고 강권하고 초청하라고 명했다. 또한 모든 권위를 가지고 네가 천국에 들어오도록 명령하기도 하였다. 그럼에도 불구하고 너는 내 명령대로 행하지 않았다. 너는 죄에 죄를 더하며(사 30:1), 네가 행한 다른 부정에다가 네 자신의 영혼마저 죽이는 잘못까지 행했다. 따라서 지금 너는 내 아들을 거부하였기 때문에, '믿지 않는 사람은 정죄를 받으리라'(막 16:16)고 하신 말씀대로, 너는 믿지 아니한 자의 받는 벌(눅 12:46 KJV, 개역개정에는 "신실하지 아니한 자의 받는 벌"로 되어 있다)을 받게 될 것이다." 우리는 하나님께서 명하신 이 명령이 이 땅의 모든 민족들에게 울려 퍼지도록 합시다.

　　오, 사랑하는 성도 여러분, 여러분을 만드신 분, 여러분의 콧구멍에 숨을 불어넣어 주신 여호와, 여러분이 지금까지 반역했던 그분께서 이 날에 회개하고 복음을 믿으라고 명령하십니다. 그분께서는 친히 약속해 주셨습니다. "믿고 세례를 받는 사람은 구원을 얻을 것이요"(막 16:16)라고 말입니다. 그리고 이에 덧붙여 엄중한 경고의 말씀도 하셨습니다. "믿지 않는 사람은 정죄를 받으리라"(막 16:16). 어떤 형제들은 이런 명령을 좋아하지 않을 것이라는 점을 알고 있지만, 그래도 저는 어쩔 도리가 없습니다. 저는 어쩔 수 없어 마지못해 주님을 따르는 종은 되지 않을 것입니다. 왜냐하면 주님께서 내 목에 있던 이 쇠 굴레를 벗겨 주셔서, 지금 저는 나를 자유롭게 해 주신 그 진리를 기쁜 마음으로 섬기는 종이기 때문입니다. 듣기 좋은 말이든 싫은 말이든, 하나님께서 저를 도와 주시는 대로, 저는 제가 말씀에서 배운 모든 진리들을 전하고자 합니다. 성경에 분명하게 기록된 어떤 말씀이 있다면, 즉 태양광선으로 쓴 것처럼 분명하게 기록된 말씀이 있다면, 그 말씀은 하나님께서 그리스도 안에서 사람들에게 회개하고 복음을 믿으라는 말씀이라고 저는 알고 있습니다. 인간이 이 명령에 순종하지 않고, 오히려 그리스도를 멸시하고서 소돔과 고모라보다 더 비참한 결과를 자신의 운명으로 삼는 경우가, 인간의 전적부패를 보여주는 가장 슬픈 증거 가운데 하나입니다. 중생하게 하시는 성령 하나님의 사역 없이는 그 누구도 이 명령에 순종할 수 없습니다. 이 명령은 이것을 거부하는 자들에 대한 증거로서 공포(公布)된 것이 틀림없습니다. 하나님의 명령이 이처럼 아주 단순하게 공포되었으므로, 영생을 주시기로 작정된 자(행 13:48)의 영혼이 회개하고 믿도록 하시는 하나님의 강한 역사가 있을 것이라 우리는 예상할 수 있습니다.

2. 복음은 이중의 명령이었습니다.

　　복음이 명령이라면, 이 명령은 스스로를 설명하는 이중의 명령입니다. "회개하고 복음을 믿으라." 저는 아주 대단한 형제들을 알고 있습니다. 열정과 사랑에 있어서 그들보다 더 뛰어난 자들이 생기도록 하나님께서 도와 주시기를 기원합니다. 이 형제들은 그리스도에 대한 단순한 믿음을 전하고자 하는 마음이 간절한 자들이었는데, 회개 문제와 관련해서 다소 어려움을 느끼게 되었습니다. 그들은 회개라는 말이 주는 딱딱한 측면을 좀 더 부드럽게 완화시켜서 그 어려움을 극복하고자 했습니다. 그래서 제가 알기로 그들 가운데 몇 사람은 오늘의 본문 말씀을 해석하면서, 본문 가운데 회개에 해당하는 헬라어를 다소 일반적인 의미인 "마음의 변화"로 받아들였습니다. 얼핏 보아도 그들은 회개의 의미를 우리가 일반적으로 알고 있는 것보다 가볍게 해석한 것이 분명했습니다. 실제로 회개를 단순한 마음의 변화 정도로 번역한 것이기 때문입니다. 자, 보십시오. 사랑하는 성도 여러분, 제 생각을 말씀드리겠습니다. 성령님께서 전해주신 회개는 절대 그렇게 사소한 것이 아닙니다. 마음이나 생각의 변화와는 달리, 복음이 말하고 있는 회개는 아주 심오하고 장엄한 일입니다. 그러므로 그 어떤 이유로도 회개의 의미가 평가절하(平價切下) 되어서는 안 됩니다. 게다가, 성경 원문에는 회개에 해당하는 또 다른 헬라어가 있습니다. 물론 그리 자주 사용되지는 않았지만, "추후의 갱신적 돌봄"이라는 뜻을 가진 단어가 회개라는 단어로 사용되고 있습니다. 그 단어에는 슬픔과 걱정 그 이상의 의미가 들어 있으며, 당연히 마음의 변화보다는 훨씬 더 많은 의미가 포함되어 있습니다(신약에서 사용된 '회개'에 해당하는 헬라어에는 두 가지다. 하나는 58회 사용된 '메타노이아'[metanoia]이고, 다른 하나는 6회 사용된 '메타메로마이'[metamelomai]이다 — 역주). 참으로 회개하는 자의 마음에는 죄에 대한 슬픔과 증오가 있어야만 합니다. 그렇지 않다면, 제가 성경을 잘못 읽은 것이 될 것입니다. 사실, 제 생각에는 다음의 어린이 찬송이 전하는 회개의 뜻 외에 다른 의미가 회개에 포함될 필요는 전혀 없을 것 같습니다.

> "회개는
> 우리가 예전에 사랑하던 죄악들에서 떠나는 것.
> 우리가 더 이상 죄를 짓지 않음으로,
> 진정 슬퍼하고 있음을 보여주는 것."
> (테일러[Jane Taylor, 1783-1824] — 역주).

회개는 마음의 변화를 뜻하지 않습니다. 오히려 회개는 이성과 마음속에 있는 모든 것이 완전히 변화되는 것을 의미합니다. 따라서 이 회개에는 조명, 즉 성령님의 조명이 들어갑니다. 제 생각에 회개에는 허물의 발견과 그 허물에 대한 증오까지 포함됩니다. 이것이 없이는 진정한 회개일 수 없습니다. 우리가 회개의 가치를 과소평가해서는 안 된다고 생각합니다. 회개는 성령 하나님께서 주시는 복된 은혜이며, 구원에 절대적으로 필요한 것입니다.

　　이 복음의 명령은 스스로를 설명하고 있습니다. 무엇보다 먼저 우리는 회개를 다루어 보려고 합니다. 여기서 말하는 회개가 어떤 의미이든 간에, 믿음과 완전히 일치되는 회개여야 한다는 사실은 아주 분명합니다. 그러므로 우리는 그다음 명령인 "복음을 믿으라"는 명령과 관련된 회개가 어떤 회개인지에 대해서 설명하고자 합니다. 자, 사랑하는 성도 여러분, 자신이 지은 죄는 그리스도로부터 용서받기에는 너무나 큰 죄라고 생각하는 것은 불신앙입니다. 이런 생각은 우리가 여기서 염두에 둔 회개가 아닙니다. 이것은 우리가 확신하는 바입니다. 진정으로 회개한 많은 사람들도 자신은 그리스도께서 용서해 주시기에는 너무나 큰 죄인들이라고 생각하는 유혹에 빠집니다. 하지만 그런 믿음은 회개의 한 부분이 아니라 죄입니다. 그것도 아주 크고 심각한 죄입니다. 왜냐하면 이런 생각은 그리스도 보혈의 공로를 과소평가하기 때문입니다. 다시 말해, 이것은 하나님이 하신 약속의 신실함을 부인하는 것이며, 복음을 주신 하나님의 값없는 은혜와 호의를 손상시키는 것입니다. 그러한 잘못된 확신을 없애고자 여러분은 반드시 노력해야 합니다. 그런 확신은 사탄이 주는 것이지, 성령님께서 주시는 것이 아니기 때문입니다. 그리고 이런 확신은 성령 하나님을 거짓말을 가르치는 분으로 만드는 셈입니다. 혹시라도 여러분 중에 이 아침에 이런 생각을 하고 있는 자가 있었다면, 당장 그런 생각에서 벗어나십시오. 그런 생각은 어둠의 세력에서 오는 것이지, 성령님으로부터 오는 것이 아닙니다. 혹시 여러분 가운데 이런 두려움에서 헤어나지 못해 걱정하고 있는 자가 있다면, 걱정하는 대신 기뻐하십시오. 그분이 여러분을 구원해 주실 수 있습니다. 아무리 지옥처럼 암울한 상태에 있다 해도, 그분은 여러분을 구원할 수 있습니다. 여러분이 하나님의 자비 너머에 있다고 믿고 싶은 유혹은 사악한 거짓이며, 장엄한 하나님의 사랑을 대적하는 고도의 모욕입니다. 그것은 회개가 아니라, 무한한 하나님의 자비를 대적하는 더러운 죄인 것입니다.

　　다음으로 또 다른 가짜 회개가 있습니다. 이 회개는 죄인으로 하여금 죄 그 자체보다는 오히려 죄의 결과를 생각하게 해서, 죄인이 믿지 못하도록 하는 것입니다. 저는 지옥의 두려움과 사망과 영원한 심판에 대한 생각으로 고뇌에 지친 죄인들을 알고 있습니다. 한 무서운 설교자의 말을 빌려 표현하자면, "그들은 지옥의 아가리에 자신들의 목덜미가 들어간 듯, 사시나무 떨듯 떨고" 있는 자들로서, 그들이 채 죽기도 전에 이미 지옥 구렁텅이의 고통들을 느끼고 있는 자들입니다. 사랑하는 성도 여러분, 이것은 회개가 아닙니다. 많은 사람들이 이와 같은 두려움을 느끼지만, 그럼에도 결국 잃어버린 자가 되고 맙니다. 자신의 죄를 자각하고 양심의 가책으로 극심한 고통을 받지만, 그럼에도 그리스도 없이 소망 없이 무덤으로 내려가는, 그렇게 죽어가는 많은 사람들을 보십시오. 이러한 것들은 회개와 함께 따라올 수 있는 것이기는 하지만, 회개의 본질적인 부분은 아닙니다. 율법의 사역으로 불릴 만한 경우, 즉 하나님의 자비는 영원히 사라져 버렸다는 끔찍한 생각으로 죄인이 두려워 떠는 그런 경우는 어떤 특별한 목적을 위해 하나님께서 허락하신 것입니다. 하지만 그런 두려움도 회개는 아닙니다. 사실, 그런 두려움은 천국의 두려움이라기보다는 종종 마귀가 주는 두려움일 수 있습니다. 존 번연(John Bunyan)이 우리에게 말해 주듯이, 디아볼로스는 용서를 선포하는 그 아름다운 복음의 나팔 소리를 인간영혼(Mansoul) 마을의 사람들이 듣지 못하게 하려고, 그 마을 사람들의 귓가에 대고서 지옥의 큰 북을 종종 쳤습니다(인간영혼 마을에 침입해 들어온 암흑의 왕 디아볼로스에 맞서서, 이 마을을 다시 되찾으려는 임마누엘 왕자 사이의 전쟁을 묘사한 "거룩한 전쟁"[Holy War]의 4부와 5부에 나오는 내용이다 — 역주). 죄인인 여러분, 제가 여러분에게 말씀드리겠습니다. 여러분으로 하여금 그리스도를 믿지 못하게 하는 회개는 그 어떤 회개라 해도 그 자체로 회개해야 할 그런 회개입니다. 다시 말해, 여러분으로 하여금 그리스도가 여러분을 구원해 주지 못할 것이라는 생각이 들게 하는 회개는 진리를 넘어서 있고, 진리를 대적하는 것입니다. 그러므로 그런 회개는 빨리 버리면 버릴수록, 여러분에게 더욱 더 유익합니다. 하나님께서 이러한 두려움으로부터 여러분을 구원해 주십니다. 왜냐하면 여러분을 구원할 회개는 그리스도를 믿는 믿음과 아주 일치하기 때문입니다.

다시 말씀드립니다. 사람의 마음을 완악하게 하고 절망하게 하는 거짓 회개가 있습니다. 불타는 것 같은 양심의 가책으로 화인(火印)을 맞은(딤전 4:2) 사람들을 저는 알고 있습니다. 그들은 "나는 많은 악을 행했다. 나에게는 전혀 소망이 없다. 나는 하나님의 말씀을 더 이상 듣지 않을 것이다"라고 말합니다. 설령 그들이 하나님의 말씀을 듣는다 해도, 그 말씀은 그들에게 아무것도 아닙니다. 그들의 마음은 금강석 같이 굳은(겔 3:9) 마음이기 때문입니다. 하나님께서 자신들을 용서해 주실 것이라는 생각을 그들이 한 번만이라도 해 본다면, 그들의 마음에는 회개가 강물처럼 흐를 텐데, 그들은 그렇게 하지 않습니다. 그들은 자신이 잘 못했다는 후회는 하고 있지만, 항상 그대로 그런 잘못을 반복합니다. 자신에게 는 소망이 없고, 지금까지도 그렇게 살아왔으니, 앞으로도 계속해서 그렇게 살 아야 한다면서 말입니다. 그들은 은혜의 낙을 누릴 수 없으니, 차라리 죄악의 낙 (히 11:25)이라도 누려보자는 생각으로 살아갑니다. 자, 보십시오. 그것은 회개 가 아닙니다. 그것은 완악하게 하는 불이지, 마음을 녹이는 주님의 불이 아닙니 다. 그것은 망치라 해도, 산산조각 난 여러분의 영혼을 누더기처럼 깁는데 사용 되는 망치일 뿐, 여러분의 마음을 상한 심령이 되게 하는 망치는 아닌 것입니다. 사랑하는 성도 여러분, 만약 여러분이 지금까지는 그러한 두려움의 종노릇을 했 어도, 이제부터는 그러한 두려움을 느끼지 마십시오. 여러분이 어떻게든 예수님 에게 나아오게 되었다면 하나님께 감사하십시오. 그리고 필요 없는 공포는 느끼 지 마십시오. 예수님께서 여러분을 구원하는 것은, 여러분의 느낌을 통해서가 아니라, 그분께서 다 이루신 사역을 통해서 일어납니다. 즉, 하나님께서 여러분 을 위해 받으신 예수님의 보혈과 의로움 때문에 여러분이 구원을 받는 것입니 다. 분명히 기억하십시오. 그리스도를 믿는 믿음과 완전히 일치하지 않는 회개 는 전혀 가치가 없습니다. 병상에 있는 한 나이 든 성도가 한 번은 다음과 같은 대단한 말을 한 적이 있었습니다. "주님, 회개 속에서 저를 지옥만큼이나 낮추시 옵소서." 그 다음 말이 아주 아름다운 표현입니다. "그러나 믿음 속에서 저를 천 국만큼이나 높이시옵소서." 자, 보십시오. 사람을 지옥만큼이나 낮추는 그 회개 는 천국만큼이나 높이는 믿음 없이는 아무 소용이 없습니다. 이 둘은 서로에 대 해서 완전히 일치합니다. 사람은 자신에 대해 지긋지긋해하고 몹시 싫어할 수도 있습니다. 그러면서도 줄곧 사람은 그리스도께서는 자신을 구원할 능력이 있으 며, 또한 자신을 구원해 주셨다는 것을 알고 있기도 합니다. 사실 이것이 바로 참 된 기독교인들이 살아가는 모습입니다. 다시 말하면, 기독교인들은 자신이 지은 죄에 대해 자신이 마땅히 저주받아야 한다는 것을 알고서 그 죄를 통렬히 회개 합니다. 그리고 죄가 전적으로 없어진 것에 대해 그리스도 안에서 크게 기뻐합 니다. 오, 회개로 죄를 벗어 버리고, 믿음을 덧입는 이 두 방향의 선(線)들이 어디 서 만나는지를 아는 것(그리스도 안에서 만난다는 것을 아는 것 ― 역주)이 얼마나 복된 일인지 모릅니다! 마음속에 불법으로 거주하는 죄를 쫓아내는 것이 회개이며, 그리스도를 마음의 유일한 주인으로 인정하는 것이 믿음입니다. 영혼에 있는 죽어 있는 행실들을 제거하는 것이 회개이며, 살아 있는 행실로 영혼을 채우는 것이 믿음입니다. 회개는 무너뜨리고, 믿음은 세웁니다. 회개는 돌들을 흩어 버리고, 믿음은 돌들을 다시 모읍니다. 회개는 울 시간을 주고, 믿음은 춤출 시간을 줍니다. 이 둘이 함께 어울려 구원 받을 영혼 안에서 은혜의 사역을 행합니다. 그러므로 오늘 본문 말씀에서도 아주 분명하게 기록된 바와 같이, 우리가 전해야 하는 것은 회개와 믿음, 이렇게 따로 떨어진 둘이 아니라, 회개와 믿음이 연결된 하나입니다. 우리는 이 사실을 위대한 진리로 주장하고자 합니다. 그래서 조금도 주저 없이 회개와 믿음을 함께 전하기를 원합니다.

지금까지 우리는 이 회개가 어떤 것이 아닌지를 살펴보았습니다. 이제는 이 회개가 어떤 것인지에 대해 잠시 살펴봅시다. 오늘 본문 말씀에서 명령하고 있는 회개는 믿음의 결과입니다. 회개는 믿음과 같은 시각에 태어났습니다. 다시 말해, 회개와 믿음은 쌍둥이입니다. 그래서 어느 것이 먼저 태어난 형인지를 말하기는 제 지식을 넘어서는 문제입니다. 그것은 아주 신비로운 문제이기 때문입니다. 어떤 작용에 있어서는 믿음이 회개에 앞선다고 말할 수 있겠지만, 또 다른 관점에서는 회개가 믿음에 앞서기도 합니다. 하지만 이 둘이 영혼에 함께 작용한다는 것만은 분명합니다. 자, 비록 그리스도의 사랑으로 용서를 받았다고 해도, 나를 슬프게 하고 지나온 내 삶을 싫어하게 하는 회개야말로 올바른 회개입니다. "내 죄는 예수님의 보혈로 깨끗하게 되었다"라고 내가 믿음으로 말하면서도, 그리스도께서 죽어야 할 정도로 내가 죄를 지었다고 인정하기 때문에 회개하게 됩니다. 피 흘리는 그분의 상처를 보고, 자신이 그리스도를 상하게 했기 때문에, 자신의 마음도 피를 흘려야 한다고 느끼는 비둘기 눈(사 38:14 참조) 같은 회개가 있습니다. 그리고 그리스도께서 십자가에 못 박혔기 때문에 자신의 마음도 부서져야 한다고 여기는 상한 마음의 회개도 있습니다. 이런 마음으로 하는 회개가 바로 우리에게 구원을 가져다주는 회개입니다.

그리고 우리를 위해 돌아가신 하나님의 사랑 때문에 지금 짓고 있는 죄에서 벗어나게 하는 회개가 있습니다. 이 또한 우리를 구원하는 회개입니다. 내가 범한 죄로 인해 잃어버린 자가 될까 두려워 당장 죄에서 벗어난다면, 나는 하나님의 자녀가 해야 할 회개를 한 것이 아닙니다. 그리스도께서 나를 사랑해 나를 위해 자신을 내어주셨으므로, 이제 나는 나의 것이 아니며, 그분이 나를 값주고 사신 바 되었기 때문에, 내가 죄에서 벗어나 거룩하게 살려고 노력할 때, 이것이 바로 성령 하나님께서 행하시는 역사입니다.

　　그리고 신중히 생각해 본 결과, 그분께서는 은이나 금 같이 없어질 것(벧전 1:18)이 아니라, 그분의 귀한 보혈로 나를 구원해 주셨기 때문에, 이후로는 육체의 욕심(갈 5:16)대로 살지 않고 예수님처럼 살아가기로 결심하게 하는 이런 마음의 변화야말로, 나를 구원하는 회개이며, 그분께서 나에게 요구하시는 회개입니다. 오, 이 땅에 있는 너희 민족들아, 멈추지 않는 그분의 번개 때문에 너희는 두려워 떨겠지만, 그분께서는 너희에게 시내 산의 회개를 요구하지 않으셨다. 그분은 너희가 그분 때문에, 슬피 울면서, 너희가 찌른 그분을 바라보고서, 사람이 자기의 독생자를 슬퍼하듯이 그렇게 그분으로 인해 슬퍼하기를 요구하셨다. 그분은 너희가 구세주를 나무에 못 박았다는 사실을 기억하도록 명하셨다. 그리고 이런 논증을 통해, 구세주를 십자가에 결박하고서 영광의 주님을 수치스럽게 하고 저주받은 죽음으로 내몬 그 살인죄들을 너희가 슬퍼하도록 요구하셨다. 이것이 바로 우리가 전해야만 하는 유일한 회개입니다. 이것은 율법도 아니고 공포도 아닙니다. 절망도 아니고 사람을 자살로 내모는 것도 아닙니다. 그런 것은 사망이 역사하는 세상이 주는 공포입니다. 그러나 경건한 슬픔은 우리 중 예수 그리스도를 통한 구원을 위한 것입니다.

　　이런 생각을 하는 가운데, 우리는 명령의 두 번째 부분인 **"복음을 믿으라"**는 말씀에 이르게 되었습니다. 믿음은 그리스도를 신뢰하는 것을 뜻합니다. 그런데 저는 이 부분에 대해 다시 말씀드리려고 합니다. 이미 그리스도를 신뢰하는 것에 대해 매우 훌륭하고 충분하게 말씀을 전해 준 이들이 있고, 저는 그들의 성실함을 칭송하지 않을 수 없으며 그들을 주신 하나님을 찬양하지 않을 수 없습니다. 하지만 그들의 훌륭한 설명에도 불구하고, 여기에는 약간의 어려움과 위험이 있는 것이 사실입니다. 그것은 아마 이런 것일 것입니다. 즉, 그들이 그리스도를 단순히 신뢰하는 것이 구원의 길이라는 말씀을 전할 때, 과거에 지은 죄에 대한 회개와 완벽하게 일치하는 그런 믿음이 아니라면 참된 믿음이 아니라는 사실을 죄인들이 상기하도록 하는 것을 빠뜨린 것은 아닌가 하는 것입니다. 제가 보기에 오늘 성경 말씀이 그렇게 말씀하고 있는 것 같습니다. 믿음과 연합하지 않은 회개는 참된 회개가 아니며, 과거에 지은 죄에 대해 마음에서 우러나오는 진실한 회개와 연결되지 않은 믿음은 참된 믿음이 아니라고 말입니다. 그러므로 사랑하는 성도 여러분, 과거에 지은 죄에 대해 가볍게 생각하게 하는 믿음을 가진 사람은 마귀의 믿음을 가진 것이지, 하나님께서 택한 자에게 주시는 합당한 믿음을 가진 것이 아닙니다. "오, 이제 지나가 버렸으니, 그건 아무것도 아니야. 예수 그리스도께서 그 모든 것을 깨끗하게 해주셨어"라고 말하면서, 자신이 젊었을 때 지은 죄악들과 나이 들어 지은 모든 허물들에 대해 아주 사소한 것처럼 말하면서, 눈물을 흘리는 것은 고사하고, 자신이 그런 큰 범죄자였다는 사실에 대해 가슴이 터질 것 같은 슬픔을 느끼지 못하는 사람들이 있습니다. 과거를 사소하게 여기는 그런 사람들은 너무 쉽게 냉정해지기 마련이어서 새로운 반역을 위해 다시 전쟁을 일으키고도 남을 자들입니다. 제가 다시 말씀드리겠습니다. 죄를 사소한 것으로 생각하고 그 죄 때문에 결코 슬퍼해 보지 않은 자들은 자신의 믿음이 참된 믿음이 아니라는 사실을 알아야 합니다. 잘못된 믿음을 가진 자들은 "괜찮아, 나는 단순한 믿음으로 구원 받았어"라고 말하면서, 술꾼들과 함께 술판에 앉아 있거나, 영적으로 술꾼인 자들과 주점(酒店)에 있거나, 세상적으로 교제를 나누면서 육적인 쾌락과 육체의 소욕을 즐기며 현재를 경솔하게 살아갑니다. 그런 자들은 거짓말쟁이들입니다. 그들은 자기 영혼을 구원할 믿음을 가지고 있지 않은 자들입니다. 그들은 자신을 천국으로 인도할 믿음을 가지고 있지 않은 자들인 것입니다.

또한, 죄를 미워하게 하지 않는 믿음을 가진 사람들도 있습니다. 이들은 어떤 부끄러운 일을 하는 다른 사람들에게서 죄를 구경합니다. 물론 이들이 다른 사람들처럼 행하지 않는 것은 사실입니다. 그래도 그들은 다른 사람들이 죄를 범하는 것을 보면서 웃고, 타인이 저지른 악행에서 즐거움을 찾습니다. 즉, 다른 사람들이 신성을 모독하는 조롱을 보면서도 웃으며, 그런 사람들의 쓸데없는 말에 미소를 짓습니다. 그들은 죄를 보고서도 뱀을 보고 도망가는 것처럼 피하지 않고, 자신의 가장 친한 친구를 죽인 그 죄를 미워하지도 않습니다. 결코 그렇게 하지 않습니다. 그들은 죄와 더불어 희희덕대며 함께 지냅니다. 죄에 대해서 변명도 합니다. 공적으로 그들이 비난한 것을 사적으로는 행하기도 합니다. 그들은 치명적인 범죄를 사소한 허물이나 작은 실수로 부르며, 거래에 있어서도 불공정한 거래에 눈감아 버리고, 장사를 하다보면 생길 수 있는 일로 치부해 버립니다. 사실 그들이 갖고 있는 믿음은 죄악과 친하게 팔짱을 끼고 앉아서, 불공정과 함께 같은 식탁에서 먹고 마시는 믿음입니다. 오! 여러분 가운데 이런 믿음을 가진 이가 있다면, 하나님께서 그 믿음을 완전히 뒤엎어 주시기를 기도합니다.

그런 믿음은 여러분에게 전혀 유익하지 않습니다. 그런 믿음은 빨리 제거되는 것이 여러분에게 더욱 유익합니다. 이 모래 기초가 완전히 제거되고 난 이후에야 비로소 여러분은 반석 위에 믿음을 세울 수 있게 될 것입니다. 사랑하는 성도 여러분, 저는 여러분의 영혼을 아주 진지하게 대하고자 합니다. 그래서 저는 여러분 각자의 마음에 양날 선 칼을 들이대고자 합니다. 도대체 여러분이 했다는 회개는 무엇입니까? 여러분으로 하여금 여러분 자신을 벗어나서 그리스도를 바라보게 하는 회개, 다시 말해 오직 그리스도만을 바라보게 하는 회개를 여러분은 지금까지 해본 적이 있습니까? 이와 함께, 여러분으로 하여금 참된 회개를 하게 하는 믿음을 여러분은 가져 본 적이 있습니까? 그 참된 믿음은 죄에 대한 생각조차 미워합니다. 여러분이 가장 귀하게 여기고 있는 우상이 어떤 것이든 간에, 그 우상까지도 미워하게 됩니다. 여러분은 그 우상의 보좌로 인해 울기를 갈망합니다. 그렇게 해서 여러분은 그리스도를 섬기게 됩니다. 아니, 오직 그리스도만을 섬기게 됩니다. 분명한 사실은 이런 참된 믿음만이 마지막 날에 여러분에게 어떤 모양으로든 틀림없이 유익할 것입니다. 거짓된 서로 다른 회개와 믿음은 지금은 여러분의 마음을 기쁘게 할지 모릅니다. 마치 어린 아이들이 공상 속에서 즐거워하듯 말입니다. 그러나 여러분이 죽음의 침상에 이르러 모든 것을 제대로 보게 될 때, 그러한 회개와 믿음은 거짓이었고 거짓의 피난처(사 28:17)였다고 여러분은 말할 수밖에 없을 것입니다. 여러분은 제대로 잘 섞지 않은 회칠한 담(겔 13:10)이었으며, 평강이 없으나 "평강하다 평강하다"(렘 6:14)고 하였음을 알게 될 것입니다. 제가 다시 말씀드리겠습니다. 그리스도께서 하신 말씀을 드리겠습니다. "회개하고 복음을 믿으라." 여러분을 구원하실 분으로 그리스도를 신뢰하고, 여러분은 구원받아야 할 필요가 있다는 사실에 애통해하십시오. 그리고 이러한 여러분의 필요 때문에 구세주께서 공개적으로 수치를 당하고, 무시무시한 고통을 받아 끔찍하게 돌아가셨다는 사실에 슬퍼하십시오.

3. 그리스도의 명령은 가장 합당한 명령이었습니다.

　　이제 우리는 세 번째 말씀으로 넘어가야 할 것 같습니다. 이러한 그리스도의 명령은 가장 합당한 성격을 띠고 있습니다.

　　어떤 사람에게 당신은 마땅히 회개해야 한다고 말하는 것이 비합리적인 요구입니까? 여러분을 화내게 한 어떤 사람이 있다고 합시다. 하지만 여러분은 기꺼이 그 사람을 용서하려고 합니다. 그런데 여러분이 그 사람에게 사과를 요구한다고 해서, 다시 말해 그가 잘못을 인정한다는 의미로, 여러분이 그가 할 수 있는 가장 작은 일을 간단하게 요구한다고 해서, 그것이 아주 가혹하다거나 부당한 일이라고 생각할 수 있겠습니까? 여러분은 이렇게 말할 것입니다. "아니지요. 제가 그 사람에게 사과를 요구한다는 것은 그에게 못할 짓을 시키는 것이라기보다는 그의 사과를 흔쾌히 받아들이려는 저의 호의를 보인 것이라고 생각합니다." 우리가 맞서 대적한 하나님의 경우도 이와 마찬가지입니다. 그분은 우리의 주군(主君)인 주권자이며 군주(君主)이십니다. 그런데 만약 그분께서 통회하는 모습을 보이지 않는 죄인을 용서해 주신다면, 그것은 그분이 지닌 왕권의 위엄에 맞지 않는 일이지 않겠습니까? 제가 다시 말씀드립니다. 정말 이런 요구가 과연 가혹하고 무자비하고 비합리적인 명령입니까? 이런 명령을 내린 하나님은 백성의 조세를 무겁게 한 솔로몬처럼 행하는 분이십니까? 오히려 하나님께서는 여러분의 마음이 올바른 상태라면 여러분이 기꺼이 행할 수밖에 없으며, 또 주님의 은혜 가운데 "죄를 자복하고 … 자는 불쌍히 여김을 받으리라"(잠 28:13)고 하신 그분의 말씀에 여러분이 정말 감사한 마음으로 하게 되는 것을 요구하신 것이 아닙니까? 사랑하는 성도 여러분, 여러분은 죄 가운데 있으면서도, 어찌 구원받기를 기대하는 것입니까? 여러분은 자신의 허물을 거리낌 없이 사랑하면서도, 어찌 천국에 가려고 하는 것입니까? 여러분의 혈관 안에는 독이 흐르고 있는데도, 어찌 여러분은 건강하기를 바라는 것입니까? 더구나 사랑하는 성도 여러분, 어떤 도둑이 현행범으로 집 안에서 붙잡혔는데도, 절도 혐의에서 벗어나고자 한다면, 그게 말이 되겠습니까? 얼룩이 묻었는데도 티끌 한 점 없이 청결하다고 생각한다면, 그것은 또 어떻습니까? 질병에 걸렸는데도 건강하다고 여긴다면 어떻겠습니까? 웃기는 일입니다! 말도 안 되는 일인 것입니다! 회개에는 필수적인 사항들이 있으며 회개는 거기에 기반을 두고 있습니다. 마음의 변화를 요구하는 것은 회개의 절대적인 필수사항입니다. 그것이 바로 합당한 예배(롬 12:1 난외주 참고)이기 때문입니다. 오, 사람들이 합당하게 되어 회개할 수 있기를 원합니다. 사람들은 합당하지 않기 때문에, 그들이 회개하고 복음을 믿기 전에, 성령께서 이성의 바른 활동을 그들의 이성에 가르쳐 주실 필요가 있습니다.

그 다음으로, 믿음에 대해서도 다시 말씀드리겠습니다. 여러분에게 믿음을 요구하는 것도 비합리적인 일입니까? 피조물이 자신의 창조주를 믿는 것은 의무일 따름입니다. 저는 말씀드릴 수 있습니다. 구원의 약속과는 별개로, 하나님께서는 자신이 만든 피조물에게 자신이 하는 말을 믿도록 요구할 권리가 있다고 말입니다. 그렇다면, 그분께서 여러분에게 믿도록 요구하는 것은 무엇입니까? 끔찍하고 모순되고 불합리한 어떤 것입니까? 그분께서 요구하시는 것은 이성을 넘어선 것일 수도 있지만, 이성에 모순되는 것은 아닙니다. 여러분이 믿었으면 하고 그분께서 요구하시는 것은 예수 그리스도의 보혈로 말미암는 것입니다. 그분은 여전히 의로운 분이지만, 경건하지 않은 것까지 의롭다고 인정하는 분은 아니십니다. 그분께서 여러분에게 요구하시는 것은 여러분을 구원해 주시는 그리스도를 신뢰하라는 것입니다. 그렇다면 여러분이 그분을 신뢰하지 않는데, 그분께서 여러분을 구원해 주실 것이라고 기대할 수 있겠습니까? 그분은 천국으로 인도할 수 없을 것이라고 여러분이 줄곧 말하는데도, 그럼에도 그분은 여러분을 천국으로 인도해 주셔야 한다고 생각할 만큼 여러분은 정말 뻔뻔한 것입니까? "당신이 구세주라는 사실을 나는 믿지 않아요. 나는 당신을 신뢰하고 싶지도 않고요"라고 말하는 여러분의 말과, 여러분을 구원해 주실 구세주의 위엄이 일관성이 있다고 여러분은 생각하는 것입니까? 여러분을 구원해 주실 그분의 위엄과 불신자인 죄인의 모습, 즉 그분의 은혜를 의심하고, 그 사랑을 신뢰하지 않으며, 그분의 인격을 중상모략하고, 그분의 보혈과 간구가 끼치는 효과를 의심하는 행태들을 그분께서 허용하신다는 것이 모순적이지는 않습니까? 사랑하는 성도 여러분, 잘 생각해 보십시오. 여러분이 반드시 그리스도를 믿어야 한다고 하는 그분의 요구야말로, 세상에서 가장 합리적인 일입니다. 이 아침에 그분께서는 여러분에게 이것을 요구하십니다. "회개하고 복음을 믿으라"고 말입니다. 오, 사랑하는 성도 여러분, 오, 사랑하는 성도 여러분, 그분께서 이것을 요구하지 않을 때, 인간 영혼의 모습은 얼마나 서글프고 애통한 상태에 있는지요! 이렇게 여러분에게 말씀을 전하고 있지만, 여러분은 절대로 회개하려고도 하지 않고, 복음을 믿으려고도 하지 않습니다. 우리는 마치 도끼가 나무뿌리에 놓인 것(마 3:10)처럼 하나님의 명령을 전하지만, 다시 말해 이 명령이야말로 합당한 것이라고 전하지만, 여러분은 여전히 그분의 제의를 인정하지 않고 거부하려고 합니다. 여러분은 계속해서 여러분의 죄악 가운데 거하며, 생명을 얻기 위해 그분께 나아오려고 하지 않습니다. 따라서 주의 권능의 날에 주의 백성이 자원하기(시 110:3 참고) 위해서는 성령 하나님께서 그 택함 받은 영혼에 역사하셔야만 합니다. 그러나 오! 제가 하나님의 이름으로 여러분에게 경고합니다. 여러분은 이 명령을 들은 후에도 성령님이 없이는 그렇게 합당한 복음에 순종하기를 계속해서 거부할 것입니다. 이것은 제가 여러분에 대해 예상하는 바이기도 합니다. 그렇게 된다면, 여러분은 마지막 때의 심판 날에 소돔과 고모라 땅이 여러분보다 견디기 쉬울 것(마 10:15)이라는 사실을 알게 될 것입니다. 런던에 선포했던 그 말씀을 소돔과 고모라에서 행하였더라면 그들이 오래 전에 벌써 베옷을 입고 재에 앉아 회개하였을 것입니다(마 11:21)! 화 있을진저. 너희 런던 시민들아! 화 있을진저. 너희 영국 국민들아! 너희의 거리에 선포한 그 진리들이 두로와 시돈에서 전파되었더라면, 그 진리가 오늘에까지 계속해서 역사하였으리라.

4. 이것은 즉각적인 순종을 요구하는 명령이었습니다.

이제 주제를 바꿔서, 네 번째로 이것은 즉각적인 순종을 요구하는 명령이라는 사실에 대해 말씀드리겠습니다. 제가 이 주제를 어떻게 전해야 할지 모르겠지만, 할 수 있는 대로 한 번 전해 보겠습니다. 우리는 사람들로 하여금 아주 위급한 어떤 일이 있고, 자신의 영혼에 대해 지금 당장 생각해야만 하는 어떤 이유가 있다고 여기도록 이끌 수는 없습니다. 지난 밤에 제가 살고 있는 곳에서 멀지 않은 곳인 윔블던 커먼 파크(Wimbledon Common, 영국 남서쪽에 백만 평이 넘는 녹지대로 구성된 공원으로, 본 설교가 행해진 1862년 7월에 '영국총기협회'(NRA)는 연례 총회를 끝내면서, 이 공원에서 모의 전투를 시행했다 — 역주)에서 열병식이 있었습니다. 계속해서 쏘아대는 총소리와 천둥 같은 대포 소리를 들을 수 있었습니다. 저는 문득 다음과 같은 생각이 들었습니다. '만약 거기서 실제로 전쟁이 일어났다면, 우리는 창문을 열어 놓은 채 그 모든 소리들을 들으면서 그렇게 우리 방안에서 편안히 앉아 있지는 못했을 것이다.' 맞습니다. 성도들이 교회에 와서 회개와 믿음에 관한 설교를 들을 때도 이와 마찬가지입니다. 성도들은 말씀을 듣고 나서 "이 설교 어때요?"라고 하거나, "오, 아주 좋은 말씀인 걸"이라고 말들 합니다. 하지만 이 설교가 실제 상황이라고 생각해 보십시오. 말씀을 들은 성도들이 그것을 실제 상황이라고 여긴다면, 그렇게 편안하게 앉아 있을 수 있겠습니까? 아, 절대로 그럴 수 없을 것입니다! 그 말씀이 실제가 아니라고 생각하기 때문에 여러분은 그렇게 편안히 앉아 있는 것입니다. 여러분을 만드신 하나님께서 여러분이 회개하고 믿기를 바로 이 날에 실제로 요구하신다고 여러분은 생각하지 않습니다. 그런데, 사랑하는 성도 여러분, 이 말씀은 실제적인 말씀입니다. 그럼에도 여러분은 우물쭈물하고 있는 것입니다. 여러분의 자만심으로 인해 그것이 모의 전투처럼 가짜로 들리는 것입니다. 하지만 그 거품은 곧 터져 버릴 것입니다. 하나님의 요구는 엄숙한 현실입니다. 그 말씀이 마땅히 들려야 할 그대로 여러분의 귓가에 들린다면, 여러분은 여러분의 일상 생활에서 벗어나 복음 안에서 여러분에게 놓인 소망의 도피처로 달려가, 오늘 당장 그 말씀대로 행하게 될 것입니다. 저는 말씀드릴 수 있습니다. 이 명령은 바로 오늘 우리에게 주어진 그리스도의 명령이라고 말입니다. 오늘은 하나님의 시간입니다. "오늘 너희가 그의 음성을 듣거든 격노하시게 하던 것 같이 너희 마음을 완고하게 하지 말라 하였으니"(히 3:15). 복음은 항상 "오늘"이라고 외칩니다. 왜냐하면 복음이 단 하루라도 죄악을 허용한다면, 그 복음은 거룩하지 않은 복음일 것이기 때문입니다. 그리고 만약 복음이 사람들에게 내일 죄를 회개하라고 말한다면, 그 복음은 오늘이 가기까지는 계속해서 죄악 가운데 거할 것을 허용하는 셈이며, 실제로 사람들의 정욕을 방조하는 것이 됩니다. 그러나 복음은 죄악을 깨끗하게 모조리 쓸어 버리며, 사람들에게 자신이 가진 반역의 무기들을 바로 지금 던져 버릴 것을 요구합니다. 사랑하는 성도 여러분, 그 무기들을 던져 버리십시오! 하나도 남김없이 모두 내버리십시오. 다시 말씀드립니다. 사랑하는 성도 여러분, 그 무기들을 던져 버리십시오. 지금 그것들을 던져 버리십시오! 여러분은 그것들 가운데 하나도 가지고 있어서는 안 됩니다. 즉시 그것들을 던져 버리십시오! 복음은 지금 예수님을 믿을 것을 사람들에게 요구합니다. 여러분이 불신앙 가운데 계속 머무르는 한, 여러분은 죄악 가운데 계속 머무르는 것이며, 여러분의 죄악은 점점 더 가중됩니다. 한 시간이라도 여러분이 불신자로 있게 된다면, 여러분의 정욕을 방조하는 것입니다. 그러므로 복음은 여러분에게 믿음을 요구합니다. 그것도 지금 믿음을 요구합니다. 왜냐하면 지금은 하나님의 시간, 즉 죄인에게 틀림없이 거룩함을 요구하는 시간이기 때문입니다. 이와 더불어, 죄인인 여러분, 지금이 여러분의 시간입니다. 지금이야말로 여러분이 여러분의 것으로 말할 수 있는 유일한 시간입니다. 내일은 어떻습니까! 내일이라는 것이 어디 있기나 합니까? 바보들의 달력을 제외하고, 도대체 어느 달력에 내일이 기록되어 있습니까? 내일! 너는 도대체 허다한 사람들을 어떻게 멸망시켰느냐! 사람들은 "내일"을 말합니다. "내일"이란 녀석은 마차의 뒷바퀴와 같아서, 항상 앞바퀴에 가까워집니다. 즉, 항상 자신이 해야 할 의무에 가까이 다가갑니다. 그 녀석은 계속 움직입니다. 쉬지 않고 움직입니다. 하지만 그 이상 조금도 더 가까워지지는 않습니다. 여행이 계속 되어도, 내일은 여전히 사람들과 아주 가까운 거리에만 있을 뿐입니다. 정말 가깝습니다. 그러나 그들은 그리스도에게로 전혀 나아오지 못합니다. 어느 옛 시인이 말한 바와 같이 그들도 이렇게 말합니다.

> "'나는 내일 꼭 할 거야, 나는 내일 한다고 장담할 수도 있어.'
> 내일이 와서, 내일은 가지만,
> 그래도 여전히 너는 '내일 할 수 있다'고 한다.
> 이렇게 해서, 회개는 이 날에서 저 날로 연기된다.
> 이편에는 죽음의 날, 저편에는 심판의 날이 이르기까지."
> (드렉셀[Jeremias Drexel, 1581-1638] ― 역주).

오, 사랑하는 성도 여러분, 항상 복된 자들이 되고, 순종하는 자가 되십시오. 결코 불순종하는 자가 되지 마십시오. 도대체 언제 여러분이 지혜로워질 수 있겠습니까? 지금이 여러분이 가진 유일한 시간입니다. 지금이 하나님의 시간입니다. 그러므로 지금이 최선의 시간입니다. 회개하기에 지금보다 더 편한 시간을 여러분은 찾을 수 없을 것입니다. 성령 하나님이 여러분과 함께 하지 않으시면, 여러분은 지금 회개할 수 없습니다. 내일도 마찬가지로 회개할 수 없습니다. 그러나 지금 여러분이 믿고 회개하기를 원한다면, 성령 하나님은 제가 설교하는 그 복음 가운데 계십니다. 그래서 제가 하나님의 이름으로 "회개하고 믿으라"고 여러분에게 외치는 동안, 저로 하여금 여러분에게 이렇게 행하도록 명령하라고 하신 그분께서 그 명령과 더불어 능력을 주십니다. 마치 그리스도께서 흉흉한 파도를 보고 "잠잠하라"(막 4:39) 하시니 파도가 잔잔해지고, 바람에게 "고요하라" 말씀하시니 바람도 그치게 된 것처럼, 우리가 여러분처럼 교만한 마음에 말할 때, 여러분의 그 마음은 말씀과 함께한 은혜로 말미암아 항복하게 되어, 회개하고 복음을 믿게 됩니다. 여러분의 마음에 그런 일이 일어나게 되기를 기원합니다. 이 아침의 메시지가 택함 받은 자들의 마음을 각성시켜, 이들이 주의 권능의 날에 자원(시 110:3 참고)하게 되기를 기원합니다.

이제 마지막 말씀을 드리겠습니다. 이 명령은 직접적인 힘을 가질 뿐만 아니라, 지속하게 하는 힘도 가지고 있습니다. "회개하고 복음을 믿으라"고 하신 명령은 젊은 새신자를 향한 충고의 말씀이기도 하지만, 또한 백발이 성성한 나이든 기독교인들에게도 해당되는 충고의 말씀입니다. 왜냐하면 "회개하고 복음을 믿으라"는 이 말씀은 우리가 인생을 살아갈 동안 내내 필요한 말씀이기 때문입니다. 예전에 성자로 불렸던 성 안셀무스(St. Anselm)가 있었습니다. 지금 소개할 이 사람의 일화는 사실 성자로 불렸던 많은 이들보다 더 성자다운 모습이었습니다. 그가 한 번은 "오! 나는 지금까지 죄인으로 살아왔습니다. 이제부터 나는 내 일생 전체를 내가 평생토록 지은 죄들을 회개하면서 보낼 것입니다"라고 울부짖었기 때문입니다. 제가 보기에 성자라고 불러도 전혀 손색이 없을 로울랜드 힐(Rowland Hill) 목사도, 죽을 때가 가까워 육십년 간 함께 지냈던 사랑하는 친구와 헤어지면서, 천국 문을 바라보며 한 가지 후회되는 일에 대해 말하였습니다. "사랑하는 친구여, 회개가 중요해. 회개는 지금까지 평생토록 나와 함께 있었어. 내가 그 천국 문에 들어가면 더 이상 회개할 수 없을 것이라고 생각하니 눈물이 날 것 같군"이라고 그 선한 이는 말했습니다. 회개는 그리스도를 믿는 사람이라면 매일 매 시간 해야 하는 의무입니다. 우리가 쪽문을 향해 걷다가 믿음으로 천국 문을 향해 걸어갈 때, 그 천국 여정 내내 우리의 주요 동반자로서 회개가 반드시 함께 해야만 합니다. 사랑하는 성도 여러분, 기독교인이 구원받고 난 이후에도 왜 구원받기 이전보다 더욱 회개해야 하는가 하면, 이제는 단순히 드러난 행동들만 회개하는 것이 아니라, 생각으로 지은 죄까지도 회개하기 때문입니다. 그는 회개를 밤에 해야 할 하나의 일과로 정하고서, 하나라도 더러운 생각을 허용한 것에 대해, 안목의 정욕(요일 2:16)까지는 아니더라도 그 마음에 들었던 허영심으로 바라본 것에 대해, 그 마음을 휘저은 악한 생각 등에 대해 자신을 꾸짖을 것입니다. 왜냐하면 이 모든 죄악들이 하나님 앞에서 자신을 괴롭힐 것이기 때문입니다. 그가 계속해서 복음을 믿는다면, 더러운 생각을 하나만 해도 그것이 자신에게 역병이 되고 자신을 찌르는 것이 되어, 그의 마음에는 평화와 안식이 없게 될 것입니다. 그 마음에 유혹이 찾아올 때도 선한 사람은 죄악을 미워하고 그 옛 죄악으로부터 도망치기 위해 회개를 사용합니다. 그렇게 해서 예전 자신의 모습에 반드시 종지부를 찍습니다.

　　우리가 들은 바대로 옛 교부들 중의 하나는 회심하기 전에 한 악한 여인과 함께 살았습니다. 그러다 그가 회심을 하고 얼마 지나지 않아서 그 여인은 여느 때와 마찬가지로 그에게 달라붙었습니다. 하지만 그 교부는 죄악에 빠지는 것이 어떤 것인지를 알았기에, 자신이 가진 온 힘을 다해 도망쳤습니다. 그러자 그녀도 그를 쫓아 달려오면서 "당신, 왜 도망치는 거예요? 저예요"라고 외쳤습니다. 그러자 그 교부는 "나는 예전의 내가 아니기 때문에 도망치는 것이오. 나는 새로운 나란 말이오"(영국 침례교 목사이자 저술가인 마이어[F. B. Meyer, 1847-1929]가 소개한 아우구스티누스의 일화이다 — 역주)라고 대답했습니다.

자, 보십시오. 기독교인을 죄악으로부터 지키는 것이 바로 "나는 예전의 내가 아니다"라는 이 말입니다. 다시 말해, 예전의 "나"를 미워하고, 예전에 지은 죄악을 회개하면서 그 죄로부터 도망쳐 그 죄를 증오하고, 그 죄를 바라보지 않고, 자신의 눈으로 죄악에 이끌리지 않도록 하는 것입니다. 사랑하는 성도 여러분, 기독교인들이 그리스도의 사랑에 대해 알면 알수록, 그들은 자신이 그 사랑에 대적하는 죄를 지었다는 생각으로 더욱더 자신을 싫어하게 될 것입니다. 복음의 모든 교리들은 기독교인으로 하여금 회개하게 합니다. 선택 교리를 예로 들어 봅시다. 선택 교리를 제대로 아는 사람이라면 "내가 어떻게 죄를 지을 수 있나. 창세 전에(엡 1:4) 그분께서 택하시고, 하나님께서 사랑하는 자로 삼아주신 내가 말이야"라고 말합니다. 마지막 때까지 이끄시는 성도의 견인 교리도 성도로 하여금 회개하게 합니다. "내가 어떻게 죄를 지을 수 있나. 그렇게 큰 사랑을 받고 그렇게 확실히 보증해 주셨는데, 영원한 그 긍휼을 대적하여 죄를 지을 정도로 내가 극악무도할 수 있을까?"라고 말합니다. 여러분이 원하는 어떤 교리를 예로 들어도, 기독교인은 그 교리를 거룩한 탄식의 샘으로 삼을 수 있을 것입니다. 그래서 그리스도를 믿는 자신의 믿음이 매우 강력해져서, 자신의 회개로 말미암아 여러 속박들에서 벗어나게 될 때, 그 기독교인은 조지 허버트(George Herbert, 1593-1633, 영국의 성직자이자 형이상학파 시인 — 역주)와 더불어 다음과 같이 외치게 될 것입니다.

> "오, 누가 내게 눈물을 주는가?
> 너희 모든 샘들아 나아오라,
> 내 머리와 눈에 머물러라.
> 구름과 비도 나아오라!
> 내 슬픔은 자연이 만들어 낸

모든 물기 있는 것들이 필요하니,

모든 혈관이 내 눈에 눈물을 가져다주도록

강물을 빨아들여라.

울다 지친 내 눈은

너무나 메말랐도다.

내 눈을 지탱시켜 주며

지금 내 형편에 어울리는

새로운 물길과 새로운 수분이 없다면,

그런 물기 없는 세상에서

두 개의 여울과

두 개의 작은 분출구들은

도대체 어떤 것들인가?"

(조지 허버트, 「성전」[Temple], 제2부 중 '슬픔'[Grief] ― 역주).

이 모든 슬픔은 그가 그리스도를 죽였기 때문입니다. 자신의 죄가 구세주를 십자가에 못 박았기 때문입니다. 그래서 그는 자신의 일생이 다하기까지 울고 애통하는 것입니다. 죄를 짓고, 회개하고, 믿는 것, 이 세 가지는 우리가 죽을 때까지 우리와 늘 함께 할 것들입니다. 죄를 짓는 것은 우리가 요단 강에 이르러서야 중단될 것이며, 회개는 죄에 대하여 죽은(롬 6:2) 몸이 되는 승리를 거둘 때에야 사라질 것이고, 믿음 그 자체는 아마도 요단 강을 건너가게 되면 지금 여기에서 필요한 만큼 그렇게 많이 필요하지는 않게 될 것입니다. 왜냐하면 우리는 거기서 우리의 모습 그대로 보게 될 것이며, 알려진 우리의 모습 그대로 알게 될 것이기 때문입니다.

이제 여러분을 집으로 돌려보낼 때가 된 것 같습니다. 이 아침에 저는 내 주님의 뜻을 한 번 더 엄숙하게 선포하고자 합니다. "회개하고 복음을 믿으라." 이 자리에 앉아 있는 여러분 가운데는 외국에서 온 이들도 있지만, 대다수는 우리 영국 각 지역에서 온 분들입니다. 아마도 여러분은 어떤 생소한 것들을 잘 전하는 설교자의 설교를 듣기 위해 여기에 왔을 것입니다. 좋습니다. 잘 오셨습니다. 그 생소한 것들을 통해 울려 퍼지는 하나님의 말씀으로 여러분이 인도된다면, 그 복된 생소한 것들은 계속해서 여러분의 귀에 들리게 될 것입니다. 자, 이 아침에 저는 여러분에게 이 말씀을 꼭 드려야 할 것 같습니다. 즉, 그 큰 최후의 날에, 오늘 이 자리에 모인 성도들보다 만 배는 더 많은 무리들이 함께 모이고, 크고 흰 보좌(계 20:11) 위에 재판장께서 앉아 계실 그 때에, "나는 복음을 듣지 못했습니다. 나는 구원받기 위해 무엇을 해야 하는지를 알지 못했습니다"라고 말하면서 변명할 수 있는 사람은 이 아침 이 자리에 있는 남자 성도나 여자 성도나 어린 아이들 가운데 단 한 사람도 없을 것입니다. 여러분은 이미 "회개하고 복음을 믿으라"는 말씀을 들었습니다. 이 말씀은 다시 말하면 그리스도를 신뢰하라는 말씀입니다. 그분은 여러분을 구원해 주실 능력과 의지를 가진 분이라는 것을 믿으라는 말씀입니다. 그 큰 최후의 날에 지금 여기 있는 여러분 가운데 이렇게 말할 수 있는 사람이 있었으면 좋겠습니다. 오! 우리 모두 다음과 같이 말할 수 있기를 바라는 소망을 가집시다. "하나님, 감사합니다. 회개함으로써 저는 하나님을 대적하던 그 교만한 무기들을 모두 내려놓았습니다. 하나님, 감사합니다. 저는 처음부터 끝까지 그리스도를 바라보았으며, 그분을 나의 구세주로 삼았습니다. 보혈로 구원받은 죄인, 은혜의 기념비와 같은 자, 시간과 영원이 지속되는 한 그분을 찬양할 자, 제가 여기 있나이다!"

하나님께서 도우시어, 마지막 날에 슬픔이 아니라 기쁨으로 우리 모두가 서로 만나게 되기를 기원합니다! 만약 여러분이 이 복음을 믿지 않는다면, 저는 여러분을 정죄하기 위해 여러분을 반대하는 재빠른 증인이 될 것입니다. 그러나 여러분이 회개하고 믿는다면, 우리는 우리의 마음에 변화를 주시고, 우리에게 그리스도를 믿도록 인도하는 회개와 성령님의 효과 있는 은사인 믿음을 주신 그 은혜를 찬양할 것입니다. 여러분에게 더 이상 무슨 말을 해야 할까요? 여러분은 왜, 도대체 왜 이 말씀을 거부하는 것입니까? 제가 여러분에게 우화나 소설이나, 꿈 얘기 같은 것들을 전했다면, 여러분이 제게서 발길을 돌리고 제가 한 얘기들을 거부해도 괜찮습니다. 또 만약 제가 제 이름을 앞세워 말씀을 전했다면, 제가 어떤 사람인지 여러분이 저에 대해 조금만 살펴보면 알 수 있지 않겠습니까? 그런데 저는 그리스도께서 전하신 말씀, 즉 "회개하고 복음을 믿으라"는 말씀을 전했습니다. 저는 살아 계신 하나님을 앞세워 여러분에게 강권하였습니다. 저는 세상의 구세주를 앞세워 여러분에게 강권하였습니다. 저는 골고다 십자가와 골고다에서 그 티끌로 얼룩진 피를 앞세워 여러분에게 강권하였습니다. 이 거룩한 하나님의 메시지에 순종하십시오. 그러면 여러분은 영생을 받게 될 것입니다.

그러나 이 메시지를 거부한다면, 영원토록 여러분의 피가 여러분의 머리로 돌아 갈(행 18:6 참고) 것입니다!

제
2
장

—

하나의 놀라운 이적

—

"그들이 가버나움에 들어가니라 예수께서 곧 안식일에 회당
에 들어가 가르치시매 뭇 사람이 그의 교훈에 놀라니 이는
그가 가르치시는 것이 권위 있는 자와 같고 서기관들과 같
지 아니함일러라 마침 그들의 회당에 더러운 귀신 들린 사
람이 있어 소리 질러 이르되 나사렛 예수여 우리가 당신과
무슨 상관이 있나이까 우리를 멸하러 왔나이까 나는 당신이
누구인 줄 아노니 하나님의 거룩한 자니이다 예수께서 꾸짖
어 이르시되 잠잠하고 그 사람에게서 나오라 하시니 더러운
귀신이 그 사람에게 경련을 일으키고 큰 소리를 지르며 나
오는지라 다 놀라 서로 물어 이르되 이는 어찜이냐 권위 있
는 새 교훈이로다 더러운 귀신들에게 명한즉 순종하는도다
하더라 예수의 소문이 곧 온 갈릴리 사방에 퍼지더라."

— 막 1:21-28

여러분은 오늘의 본문과 동일한 기사를 누가복음 4장 31-37절에서 볼 수 있
습니다. 이 누가복음의 본문을 저는 한두 가지 사안과 관련하여 인용하고자 합
니다. 이 누가복음의 본문도 참조하는 것이 여러분에게 도움이 될 것이라 생각
합니다. 이 두 복음서들은 구세주의 가르침에서 나타났던 독특한 권위와 능력을
우리에게 말해주는 것으로써 말씀을 시작하고 있습니다. 그분의 말씀에는 권위

가 있어서 누구도 감히 그 가르침에 대하여 이의를 제기하지 못했으며, 그분의 말씀에는 능력도 있어서 모든 사람들이 그분께서 전하시는 권위 있는 진리의 힘을 느낄 수 있었습니다. 그래서 그 누구도 그분의 가르침에 감히 이의를 제기할 수 없었습니다. "그들이 그 가르치심에 놀라니 이는 그 말씀이 능력이 있음이러라"(눅 4:32 KJV, "이는 그 말씀이 권위가 있음이러라"[개역개정]). 도대체 어떻게 구세주의 가르침에 그런 탁월한 능력이 있었던 것일까요? 무엇보다도 그분께서 진리를 전하셨기 때문이 아닐까요? 거짓말은 사람들을 꼬드겨서 거짓말을 하게 하는 능력 외에는 아무 능력도 없습니다. 큰 능력은 진리 안에 있습니다. 진리는 영혼이 나아가야 할 길을 제시해 줍니다. 사람에게 영혼이 있는 한, 진리가 영향력을 행사할 때 사람들은 그것을 느끼지 않을 수 없습니다. 비록 그들이 그 영향력에 대해 화를 낸다 해도, 그들의 반발 자체가 말씀의 힘을 인식하고 있다는 것을 증명합니다. 더욱이 구세주께서는 진리를 아주 자연스럽고 꾸밈없는 방식으로 말씀하십니다. 진리는 그분 안에 있으며, 그 진리는 그분으로부터 자연스럽게 흘러 나옵니다. 진리를 대하는 그분의 방식은 그분이 다루는 주제만큼이나 참됩니다. 진리를 말할 때 거짓말처럼 들리게 전하는 방식이 있습니다. 진리에 대해 의심스러운 방식으로, 즉 아무것도 강조하지 않고 확신도 없는 것처럼 진리에 대해 말하는 것보다 진리에 더 큰 해를 끼치는 것은 아마도 없을 것입니다. 우리 구세주께서는 진리를 하나님으로부터 받은 신탁(神託)처럼 말씀하셨습니다. 그분께서는 진리가 마땅히 전해져야 할 방식으로, 즉 꾸밈없이 자연스러운 방식으로 진리를 말씀하셨습니다. 전문적으로 숙달된 방식이 아닌, 마음 깊은 곳에서 우러나오는 방식으로 그렇게 말씀을 전하셨습니다. 여러분은 모두 마음에서 마음으로 전해지는 설교가 어떤 것인지를 알고 있을 것입니다. 게다가 우리에게 위대한 모범을 보여주신 그분께서는 자신이 말하고 있는 것을 가장 진심으로 믿고 있는 자로서, 다시 말해 자신이 알고 있는 것을 말하고 자신에 관한 어떤 것을 말하는 자로서, 자신의 가르침을 전하셨습니다. 예수님께서는 어떤 의심도 하지 않으셨고, 주저함이나 질문도 제기하지 않으셨습니다. 그분께서 말씀하시는 스타일은 그분의 믿음만큼이나 고요하지만 강력했습니다. 진리가 그분의 얼굴에서 비치는 것 같았습니다. 그분의 얼굴에 비친 진리는 마치 모든 태생적 순수함과 광채로 하나님에게서 나와 비치듯 했습니다. 그분께서는 그분이 하신 말씀 외에 다른 말씀을 하실 수 없었습니다. 왜냐하면 그분은 자신의 있는 모습 그대로, 자신이 느낀 그대로, 자신이 알고 있는 그대로 말씀하셨기 때문입니다. 그래서 우리 주님께서는 자신의 삶이 자신이 가르친 그 모든 것으로 지탱되는 그런 분으로서 말씀하셨습니다. 그분을 알고 있는 사람들은 "그분은 말은 바르게 하지만, 행동은 전혀 다르다"라는 말을 할 수 없었을 것입니다. 그분의 전체 행동과 태도를 볼 때 그분이야말로 진리를 말하기에 가장 적합한 분이었습니다. 왜냐하면 그분의 인성 안에 진리가 구체화하여 몸을 입고 친히 모범이 되셨기 때문입니다. 그분께서 "너희 중에 누가 나를 죄로 책잡겠느냐?"(요 8:46)라고 말씀하실 때, 누가 감히 큰 확신을 가지고 합당한 대답을 할 수 있겠습니까? 그분은 자신이 선포하신 진리만큼이나 스스로 순결한 분이었습니다. 그분은 살아 있는 관계를 맺지 않은 채 어떤 것을 밖으로 내뱉는 말하는 기계가 아니었습니다. 오히려 자신의 마음에서 생수의 강이 흘러 넘쳐 그 가운데서 말하는 분이었습니다. 진리는 그분의 영혼이라는 깊은 샘에서 나와 그분의 입에서 흘러넘쳤습니다. 진리는 그분 안에 있었고, 그래서 진리가 그분으로부터 나왔던 것입니다. 그분에게서 분출되었던 것은 다른 사람들의 삶에 불어 넣고자 애썼던 그분 자신의 생명이었습니다. 그분의 말씀이 능력이 있었던 데에는 이 외에도 많은 이유들이 있습니다. 이 모든 이유들로 비추어 보아 결론적으로 예수님께서는 권위를 가진 분처럼 말씀하셨던 것입니다. 그분께서 말씀하시는 어조(語調)는 위엄이 있었으며, 그분의 가르침은 설득력이 있었습니다.

또한 예수님께서 세례를 받으실 때 임하신 성령님도 예수님을 의지하면서 그분의 거룩한 능력으로 사람들의 마음과 양심에 증언하셨습니다. 예수님께서 죄에 대해 말씀하시면, 성령님께서는 이 말씀이 의미하는 죄를 세상에 납득시키셨습니다. 그분께서 영광스러운 의(義)에 대해 설명하시면, 성령님께서는 이 말씀이 의미하는 의를 세상에 납득시키셨습니다. 그분께서 사람들에게 장차 올 심판에 대해 말씀하실 때, 성령님께서는 그들에게 임하시어 심판이 그들 각 사람 앞에 분명히 임할 것이라는 사실을 그들이 확실히 알도록 하셨습니다. 성령님께서 우리 주님에게 무제한적으로 기름을 부어 주시어, 주님께서는 가장 놀라운 방식의 능력과 권위로 말씀하셨습니다. 그래서 그분의 말씀을 듣는 모든 자들은 자신들 앞에 서 있는 자가 흔히 볼 수 있는 랍비라고는 전혀 생각할 수 없었습니다.

이러한 능력과 권위는 서기관들과 비교할 때 가장 잘 드러났습니다. 왜냐하면 서기관들은 망설이면서 말씀을 전했기 때문입니다. 그들은 권위를 인용하였습니다. 그들은 어떤 한 의견을 내면서 조심스러워했고, 그런 상황을 모면하기에 급급했습니다. 그들은 자신의 생각을 어떤 랍비의 의견에 의지해 주장했습니다. 물론 그 주장이 다른 랍비에 의해 의심을 받고 있는 생각이었다 해도 말입니다. 그들은 실제로는 전혀 중요하지 않은 어떤 문제들에 대해 트집을 잡으면서, 사람들 앞에서 문제의 매듭을 묶었다 풀었다 하며 시간을 허비하였습니다. 그들은 박하와 회향의 십일조에 대해서 분명 탁월했습니다. 그들은 잔과 대접들을 씻는 규정들에 대해서 할 수 있는 한 가장 방대하게 확대했습니다. 또한 경문 띠를 넓게 하고 옷 술을 길게 하는 일에 대해서도 해박했습니다. 그들은 영혼을 구하지도 못하고 죄를 없애지도 못하며 덕을 세우지도 못할 그런 잡다한 일들의 달인이었습니다. 성경 말씀을 대할 때도 그들은 그저 말꼬리만 붙잡고 늘어지는 서생(書生)들에 불과했으며, 그들의 주요 관심사는 자신의 지혜를 과시하는 데 있었습니다. 웅변술과 말만 지어내는 이런 시도들이 극단으로 치달으면서, 그들의 말은 우리 주님의 말씀으로 인해 산산조각이 나 버렸습니다. 예수님의 안중에는 자기 과시가 전혀 없었습니다. 그분은 마땅히 가르쳐야 할 바에 온전히 사로잡혀 있었습니다. 그래서 그분의 말씀을 듣는 자들은 "이 설교자가 얼마나 대단한 사람인가!"라고 외친 것이 아니라, "이 말씀은 얼마나 대단한 말씀인가!" 혹은 "이 가르침은 얼마나 새로운 가르침인가!"라고 외쳤던 것입니다. 이렇게 감탄할 만한 권위와 놀라운 능력을 지닌 그분의 말씀과 가르침은 진리의 힘으로 사람들의 지성과 마음을 압도하였습니다. 그리하여 사람들은 이 위대한 선생님이 자신들에게 알아야 할 가치가 있는 어떤 것을 가르쳐 주었고, 그 가르침 없이는 자신들이 흔들릴 수밖에 없다는 강한 인상을 주었다고 스스로 인정하였던 것입니다.

　　자, 그분의 말씀 속에 드리워진 이 권위를 사람들이 알아보기 시작했을 때, 우리 주님은 자신이 가르치는 것의 배후에 참된 능력이 있으며, 자신은 하나님의 권위와 능력을 입은 하나님의 아들인 예수 그리스도이기 때문에 그런 권위를 사용할 권리가 있다는 사실을 그들에게 드러내고자 작정하셨습니다. 그래서 자신의 말에 능력이 있다는 것과 자신의 몸에도 능력이 있다는 사실을 그들의 눈앞에 드러나게 하셨습니다. 그리하여 그분께서는 지금 우리 앞에서 베푸시는 것 같은 그런 기적을 행하셨던 것입니다. 어떤 주석가들은 가장 권위 있고 능력 있는 이 놀라운 행위를 대충 넘어가면서 그다지 주목 받을 필요가 없는 사건처럼 치부하지만, 이와는 반대로 제 마음에는 이 기적이야말로 어떤 면에서 모든 다른 기적들보다 뛰어난 것으로, 즉 그 어떤 기적도 우리 주님의 권위와 능력을 이렇게 강력하게 실증적으로 보여줄 수는 없었던 그런 확실한 사례라고 생각합니다. 이 기적은 마가가 우리에게 제시해 주는 첫 번째 기적입니다. 또한 이 기적은 누가도 우리에게 제시해 주는 기적들 가운데 첫 번째 기적입니다. 그리고 어떤 면에서 이 기적은 제가 다른 말씀을 드리기 전에 여러분에게 보여주고자 하는 기적들 가운데 첫 번째 기적입니다. 하지만 기억하십시오. 여러 기적들이 의도하는 목적은 우리 주님이 하신 말씀의 능력과 권위를 좀 더 충분히 드러내어서, 그 기적에 뒤따라오는 상징들을 통해 그분의 가르침이 전능한 힘을 지녔다는 사실을 우리가 보도록 하는 데 있습니다. 이 진리는 오늘날 지금 이 순간에도 절실히 필요합니다. 왜냐하면 지금도 복음이 사람들을 구원하지 못한다면, 다시 말해 "이 복음은 모든 믿는 자에게 구원을 주시는 하나님의 능력이 됨이라"(롬 1:16)고 하신 이 말씀이 오늘날에는 맞지 않는다고 한다면, 우리는 회의주의자들의 공격을 쉽게 물리치지 못할 것입니다. 그러나 복음이 지금도 여전히 사람들의 마음에 능력을 행사하는 어떤 것이고 죄와 사탄을 이기는 능력이라면, 비록 회의주의자들이 자신들이 원하는 대로 말한다 해도, 그들에 대한 우리의 유일한 대응은 그들의 의심에 대해 슬퍼하며, 그들의 조롱을 우리도 조롱하는 것입니다. 오, 이 시간이 인자를 위한 시간이었으면 좋겠습니다! 오, 바다 위를 걸으시고, 말씀으로 명하여 지옥의 분노를 잠재우신 그분은 어디에 계시나이까?

1. 우리 주님께서는 자신의 능력과 권위를 드러내 보이기 위해 가장 불행한 사람을 선택하셨습니다.

첫 번째로 이 능력과 권위를 드러내 보이기 위해서, 우리 주님께서는 가장 불행한 사람을 택하셨다는 사실을 말씀드리고자 합니다. 그분이 첫 번째로 택한 사람은 귀신들린 사람이었습니다. 귀신들린 사람이란 귀신이 그 안에 거하고 있는 사람입니다. 우리는 이런 사실에 대해서, 우리가 광기에 대해 설명할 수 있는 그 이상으로는 더 설명할 수 없을 것입니다. 우리의 정신세계에서 벌어지는 많은 것들은 전적으로 설명이 불가능한 것들입니다. 왜냐하면 정신의 문제도 물질세계만큼이나 많은 사실들과 관련되어 있기 때문입니다. 우리는 기록된 사실, 즉

한 악한 영이 그 사람에게 들어왔고 그 안에 지속적으로 있었다는 것을 받아들일 뿐입니다. 여러분도 알다시피 사탄은 하나님을 따라하는 존재입니다. 사탄은 항상 하나님을 모방하고 그분을 흉내 내려고 노력합니다. 그리하여 하나님께서 성육신 즉 육신의 몸을 입으시자, 사탄도 마찬가지로 육신의 몸을 입는 일이 일어났습니다. 그래서 저는 이 사람을 성육신한 사탄이라 부른다 해도 틀린 말이 아니라고 생각합니다만, 어쨌든 이 사탄은 본문에 나타난 그 사람 안에서 육신의 몸을 입었습니다. 성육신이란 말 그대로, 한 치도 틀리지 않고 정확하게 사탄은 육신의 몸을 입었습니다. 그렇게 해서 결과적으로 이 사탄은 그 사람 안에서 육신의 몸을 입게 되었습니다. 그 귀신 들린 사람은 인간의 형태를 가진 사탄과 같았습니다. 따라서 어떤 의미에서 그는 우리 주 예수님과 정반대의 사람이 되었던 것입니다. 예수님 안에는 신성의 충만한 것이 육체와 영원히 하나가 되어 거하셨지만, 이 귀신 들린 사람의 안에는 사탄이 잠시 동안 머물러 있었습니다. 이 얼마나 무서운 모습입니까? 하지만 한 가지 사실에 더 유의하십시오. 예수님께서 자신의 능력과 권위를 드러내 보이기 위해 택한 이 사람은, 더러운 귀신이 자기 마음을 조정하고 자기 육신을 귀신의 소굴로 삼을 지경에까지 이른 사람이었다는 사실입니다. 이에 대해 생각할 때, 저는 이 사람의 인성이 혹시 오늘날 우리 회중들 가운데서도 볼 수 있는 모습을 상징하는 것은 아닌가 하고 놀라기도 합니다. 왜냐하면 저는 지금까지 그와 같은 사람을 많이 보아왔기 때문입니다. 개인적으로 제가 어떤 사람에 대해 감히 귀신이 들렸다는 호칭을 붙였던 적은 없지만, 그렇게 불릴 만한 사례들에 대해서는 지금까지 많이 들어 왔습니다. 저는 술에 취해 고주망태가 되어 하나님을 모독하고 무서울 정도로 더러운 짓들을 하는 역겨운 친구들이나 분개한 이웃들에 대한 이야기를 들어 본 적이 있습니다. 그래서 사람들은 그런 자들에 대해 "그 사람은 정말 사람이 아닌 것 같아요. 마치 귀신들린 사람처럼 행동한다니까요"라고 말하기까지 합니다. 혹시 그런 일을 하는 사람이 여자라면 사람들은 "여자다운 구석이 한 군데도 없던데. 꼭 여자귀신 같더라고" 하고 말하기도 합니다. 하지만 괜찮습니다. 혹시라도 그런 자들이 지금 제가 말하는 것을 듣게 된다면, 아니면 이 설교가 인쇄된 유인물을 읽게 된다면, 심지어 그런 사람들을 위해서도 도움과 소망과 활기찬 삶을 위한 손길이 있다는 것을 명심하도록 하십시오. 예수님의 능력은 제한이 없습니다. 귀신에게 사로잡혀 귀신의 소유물이 된 자에게도 은혜로운 우리 주님께서는 복음적인 가르침으로 자신의 권위와 능력을 나타내 보이십니다. 그분의 능력은 지금이라고 해서 예전보다 줄어든 것이 아니며, 예전이나 지금이나 전혀 변함이 없으십니다.

게다가 이 사람은 자신의 인격이 전적으로 악한 영과 통합된 사람이었습니다. 23절 말씀을 한 번 읽어 보십시오. "마침 그들의 회당에 더러운 귀신 들린(with) 사람이 있어." 이 구절을 우리가 다음과 같이 읽어도 마찬가지로 정확한 번역이 될 것입니다. "더러운 귀신 안에(in) 있는 사람." 여러분의 눈에 이 의미의 차이가 들어옵니까? 그 사람은 더러운 영을 자신 안에 가지고(with) 있는 사람일 뿐만 아니라, 그 더러운 영 안에(in) 있던 사람이었습니다. 이 표현의 차이를 아주 간단하게 말하자면, 우리는 술 안에 빠진 사람을 예로 들어 설명할 수 있습니다. 술이 사람 안에 있다는 것과 사람이 술 안에 있다는 것은 그 뜻이 전혀 다릅니다. 좀 더 흥미로운 예를 들어보자면, 우리가 어떤 사람이 "사랑 안에" 빠졌다고 말할 때, 그는 자신이 사랑하는 대상에 그 마음을 빼앗긴 상태라고 할 수 있습니다. 반면, "사랑이 그 사람 안에 있다"라고 우리가 말한다면, 그것은 사랑 안에 빠진 사람의 심정을 십분의 일도 채 표현하지 못한 말일 것입니다. 사람은 분노 안에, 혹은 열정 안에 빠질 수도 있습니다. 이런 식으로 이 사람은 악한 영 안에 빠졌던 것입니다. 그는 이 악한 영에 완전히 지배를 받고 있었습니다. 이 불쌍한 피조물은 자신을 통제할 힘이 전혀 없었기에 실제로 자신에 대해서도 전혀 책임이 없었습니다. 제가 이 사람에 대해 말할 수 있는 것은, 지금 제가 그를 정죄하지 않고 있다는 것입니다. 왜냐하면 그는 단순히 인간이 저지르는 죄의 한 유형으로 사용되고 있기 때문입니다. 여러분은 이 점을 잊지 말아 주십시오. 본문의 내용을 따라가 보면, 이 사람 자체에 대해서는 성경이 거의 아무 관심도 없는 것 같기 때문입니다. "우리를 내버려 두소서 … 나는 당신이 누구인 줄 아노니"(눅 4:34 KJV, "우리가 당신과 무슨 상관이 있나이까"[개정개역])라고 외친 것은 더러운 귀신이었습니다. 이 말은 그 사람이 한 말이지만, 실제로는 마귀가 그 사람의 말하는 기관을 사용하여 마귀 자신의 뜻을 드러낸 감정의 표현이었습니다. 그 사람에게는 자신의 의지나 소망이 거의 없었습니다. 사실 여러분은 그가 회당 가운데 털썩 주저앉기 전까지 그가 귀신이 들렸는지 눈치 채지 못하였습니다. 여러분은 구세주께서 하나도 상한 곳 없이 온전해진 그 사람을 사람들 가운데 세우셨을 그 때에야 그가 귀신들렸던 사람임을 알아보았을 뿐입니다. 기적이 행해지기 전까지, 그 사람은 자신을 지배하는 그 더러운 귀신 안에 있던 잃은 자였습니다. 여러분은 지금까지 그런 사람들을 보지 못했습니까? 여러분은 때때로 다음과 같은 말들을 했을 것입니다. "아, 불쌍한 사람 같으니라고! 술이 완전히 집어삼켰구먼. 술만 안 먹었다면, 절대 그런 짓을 할 사람이 아닌데." 여러분은 이런 말을 진심으로 했을 것입니다. 우리가 그 사람을 두둔하기 위해서 이런 말을 하는 것은 아닙니다. 절대 아닙니다. 또는 노름을 하는 사람이 있을 수도 있습니다. 그래서 여러분은 "그 사람은 노름에 완전히 빠졌어. 노름 때문에 마누라와 애들이 아무리 가난하게 지낸다 해도, 그는 노름 귀신에 완전히 사로잡혀서 그 유혹에 저항할 마음도 저항할 의지도 없으니 말이야." 혹은 정숙하지 못한 애정에 휩싸인 사람도 있을 수 있습니다. 그럴 때 우리는 "정말 안 된 일이야! 우리가 선망하던 어떤 것이 그에게도 있었구나. 많은 점에서 참 훌륭한 사람이었는데, 나쁜 감정에 현혹되어 전혀 그답지 않은 일을 하고 말았네"라고 말들 합니다. 이렇듯 우리는 그 사람 자체에 대해서는 거의 언급하지 않고, 그를 짐승 이하의 상태로 타락시킨 그 끔찍한 영에 대해서 주로 생각합니다. 우리 주님께서 선택하신 사람들의 유형이나 상징은 그분의 능력을 보여주시기 위한 대상으로 선정된 자들입니다. 저의 이런 이야기가 과연 그와 같은 대상으로 선정된 자들에게까지 전해질 수 있을지 궁금합니다. 제가 진심으로 바라는 것은 그와 같은 상태에 있는 자들이 여러분 가운데는 하나도 없었으면 하는 것입니다. 그러나 설령 여러분이 그런 상태에 있다 하더라도, 여러분이 예수 그리스도 안에만 있다면 여전히 소망이 있습니다. 그분은 사탄의 뜻에 사로잡힌 자들을 구원할 능력이 있는 분이십니다. 비록 여러분이 그 끔찍한 죄악의 지배에 전적으로 굴복하고 전적으로 복종할 뿐 아니라 자발적으로까지 복종하고 있다 해도, 그래도 예수님은 여러분의 목에 매인 그 쇠의 멍에를 부수고 여러분을 거룩한 자유의 몸이 되게 하실 수 있습니다. 여러분이 여러분의 죄 가운데서 죽는다는 것은 무서운 일일 것입니다. 여러분이 주 예수님을 믿지 않는다면 여러분은 틀림없이 죽게 될 것입니다. 그러나 여러분이 그분을 바라본다면, 그분은 여러분을 순결하고도 거룩한 자로 만들고 여러분을 새롭게 창조하실 것입니다.

　　조금 더 주목해 주시기 바랍니다. 우리 주님께서 얼마나 최악의 상황에 있는 자들을 선택하셨는지를 여러분에게 보여드려야 할 것 같습니다. 다시 말해, 주님께서 선택한 자들은 악한 영이 최악의 상태일 때 사로잡은 사람이었습니다. 죄송하지만 여러분이 누가복음 4장 33절을 살펴본다면, 여러분은 이 사람이 "더러운 마귀의 영이 들린 사람"(KJV, "더러운 귀신 들린 사람"[개역개정])이라는 것을 알게 될 것입니다. 이 말씀에 대해 생각해 보십시오. 마귀는 언제든 한 번이라도 특별히 깨끗한 적이 없었습니다. 도대체 더러운 마귀는 어떤 모습이겠습니까? 사람 안에서 그 사람을 지배하는 영은 마귀였습니다. 그것도 더러운 마귀였습니다. 때로 사탄은 매우 깨끗이 하고서 마치 빛의 천사처럼 아주 밝고 빛나는 모습으로 나타나기도 합니다. 그래도 여러분은 그를 착각하지 마십시오. 그는 그럼에도 불구하고 여전히 마귀입니다. 왜냐하면 그는 전적으로 순결한 척 가장하고 있기 때문입니다. 빛이 나는 죄도 있고, 존경받는 죄도 있습니다. 그리고 이런 죄들도 사람의 영혼을 멸망시킵니다. 하지만 이 불쌍한 사람은 자신 안에 수치스러운 마귀를 가지고 있었습니다. 가장 더럽고 가장 추잡스럽고 가장 역겨운 영이 그 속에 있었던 것입니다. 저는 이 더러운 영이 자신의 먹잇감으로 하여금 더러운 것들을 말하고 음란한 행동을 하도록 유인했을 것이라 추측합니다. 그 악한 영은 십계명 가운데서도 제칠 계명을 범하는 죄를 특히 더 기뻐합니다. 만약 그 악한 영이 남자와 여자들을 유인하여 그들의 몸을 더럽히게 한다면, 그 영은 그러한 죄악들 속에서 특별한 기쁨을 누릴 것입니다. 이 가련한 피조물은 가장 잔인한 형태의 동물적 상태로 몰락할 것이라 저는 믿어 의심치 않습니다. 제가 충분히 확신할 수 있는 것은 그의 몸이 더러웠다는 것입니다. 그의 말과, 그의 가련한 머릿속에서 바삐 움직이는 그 모든 생각들과, 그의 행동들이 모두 더러웠습니다. 그는 우리가 차마 상상조차 할 수 없는 정말 더러운 곳들을 돌아다녔습니다. 본문에서 묘사된 그런 인격을 지닌 사람을 보고서, 만약 우리가 "다른 길로 돌아가자"라고 말한다 한들, 누가 우리를 비난할 수 있겠습니까? 우리는 어떤 모양으로든지 사탄에게 가까이 가기를 원치 않으며, 사탄의 더러움이 노골적으로 공공연하게 드러난 상황이라면 대부분의 경우 우리는 그를 피하려고 할 것입니다. 여러분은 "우리는 그 사람이 말하는 것도 참고 들어줄 수가 없다. 그를 보는 것 자체로도 불쾌하다"라고 말할 것입니다. 여러분이 그런 말을 한다고 해도 전혀 이상한 것이 아닙니다. 한 모임 안에서 정숙한 여자들이 보기만 해도 두려울 만큼 너무나 타락한 여자들도 있습니다. 타락한 여자들을 보고서 몸서리치는 감정은 그것이 자기 의에서 나왔거나 그들을 경멸하는 것이 아닌 한, 여러분은 정죄받을 수 없습니다. 하지만 지금 여러분은 다음의 광경을 보고 놀라야 합니다. 바로 복되신 우리 주님이자 스승인 그분께서 여느 때와 같은 눈빛으로 그 속에 더러운 마귀가 있는 사람에게 시선을 고정하신 그 광경 말입니다. 오늘날에도 그분께서는 자비의 눈빛으로 가장 비열하고도 야비한 사람에게 시선을 고정하십니다. 그래서 그들의 회심으로 그분은 자신이 하신 말씀의 능력과 권위를 보여주십니다. 주님이시여, 지금 이 순간에도 그렇게 하시어, 당신의 능력과 권위를 보여주옵소서. 우리로 하여금 오늘날에도 당신께서 은혜로 베풀어 주시는 기적들을 보게 하옵소서. 죄인의 괴수도 회개하게 하옵소서! 가장 낮은 비천한 처지로 타락한 자들도 일으켜 주옵소서!

　　이 사람 안에는 주님께서 시작하실 그 어떤 토대도 없는 것처럼 보였습니다. 여러분이 어떤 사람을 구세주에게 인도하고자 할 때, 여러분은 그 사람에게 어떤 접촉점이 있는지를 한 번 살펴보게 됩니다. 즉, 여러분이 그에게 어떤 일을 할 수 있을 만한 토대가 있는지 살펴보는 것입니다. 어떤 사람은 술주정뱅이라 해도 좋은 남편일 수 있습니다. 그렇다면 여러분은 그 사람이 가진 가정에 대한 애정을 토대로 지혜롭게 행동할 수 있습니다. 여러분이 지렛대로 사용할 수 있는 어떤 성품이 그에게 있다면, 여러분은 비교적 쉽게 그 일을 감당할 수 있습니다. 그러나 머리부터 발끝까지 아무리 살펴보아도 그럴 만한 것이 없는 사람의 경우라면, 여러분은 소망의 토대가 될 만한 어떤 점도 그에게서 찾지 못할 것입니다. 그런 사람들은 아주 끝까지 멀리 나간 사람처럼 보이고, 그 속에는 이성이나 양심이나 의지나 생각할 능력이 전혀 남아 있지 않은 것처럼 보입니다. 이런 모든 경우들에서 오늘 본문에 등장하는 회당의 귀신들린 사람은 하나의 놀라운 상징이 됩니다. 왜냐하면 주님께서 회당에 들어가셨을 때, 그 불쌍한 사람은 "주여, 나를 고쳐 주옵소서"라는 간구를 하지 않았기 때문입니다. 그는 그렇게 하지 않았습니다. 그는 먼저 "우리를 내버려 두소서"(KJV)라고 소리질렀습니다. 그는 자기 속에 있는 악한 영들이 외치는 이런 소리에 저항할 수 없었던 것 같습니다. 그는 자기 몸에 많은 해를 받았음에도 불구하고 계속해서 다음과 같이 말했습니다. "나사렛 예수여 우리가 당신과 무슨 상관이 있나이까 우리를 멸하러 왔나이까 나는 당신이 누구인 줄 아노니 하나님의 거룩한 자니이다." 귀신들린 이 사람은 자신의 전 존재에 스며들어서 자신을 지배하고 있는 악한 영에 완전히 길을 잃은 것처럼 보였습니다. 지금 저는 이 정도로 예수님에게 말할 정도의 사람이라면, 제가 이 사람을 부정적으로 너무 부정적으로 보는지는 몰라도, 이 사람은 아주 곤란한 처지에 있었던 것으로 보입니다. 왜냐하면 예수님에게 이런 말을 할 정도라면, 이 사람이 실제로 얼마나 어느 정도까지 눈에 보이는 죄를 지었는가 하는 것은 아무 문제도 아니기 때문입니다. 혹시라도 그 속에 일반적인 정직함이나 자기 가정에 대한 사랑이나 관대한 사랑의 마음 등 그런 어떤 것들이 남아 있다면, 여러분은 그 사람을 위해 어떤 일을 어디서부터 시작해야 할지, 또 어느 부분에서 여러분이 하고자 하는 일의 소망이 보일지 알 수 있을 것입니다. 몸 전체가 봉인된 것처럼 완전히 차단된 듯이 보이는 리워야단도 자기 몸의 비늘들 사이에 어떤 틈이 있기 마련입니다. 이와 마찬가지로 마치 쇠 비늘의 갑옷 같은 것들이 머리부터 발끝까지 감싸고 있는 듯한, 사람들 중에 가장 완고한 사람이라 해도 그 속에는 어떤 이음매가 있을 것입니다. 그러나 제가 지금 말하고 있는 그 버림받은 자들에게는 소망의 근거도 없고, 믿음의 발판도 없으며, 사랑할 만한 단순한 이유조차 없습니다. 마귀의 영향력으로 격리되어 있던 회당의 그 사람과 마찬가지로, 어떤 사람들은 자신의 죄에 둘러싸여 타락으로 꽉 막혀 있습니다. 하지만 넘어진 자들을 일으켜 세우시는 위대한 그분께서는 이런 사람들도 구원해 주십니다. 그분은 아무리 멀리 나간 자라도 구원할 능력을 가진 분이십니다.

또 다른 한 가지 사실이 이 경우를 더욱더 끔찍하게 만듭니다. 그는 종교적인 의무이행에서도 버림받은 자였습니다. 그는 안식일에 회당에 있었습니다. 그런데 제가 보기에 그렇게 안식일에 회당에 있는 일이 그에게는 특별한 게 아니었던 것 같습니다. 모든 사람들 가운데 최악의 경우는 은혜의 수단에 참여하면서도 여전히 악의 전적인 영향 아래 머물러 있는 자들입니다. 복음에 대해 전혀 알지 못하고 하나님의 집에 한 번도 와 본 적이 없는 교회 밖의 불쌍한 죄인들이 있습니다. 그런 자들에게는 거룩한 하나님의 말씀이 지닌 참신함이 그 마음을 강타할 것이라는 최소한의 소망이라도 가질 수 있습니다. 하지만 지속적으로 우리의 회당에 참석하면서도 여전히 죄악 가운데 머물러 있는 자들이라면, 도대체 우리가 그들을 위해 지금 어떤 일을 할 수 있겠습니까? 사탄이 예배를 드리는 장소에도 온다는 말은 좀 이상할 수 있지만 맞는 말입니다. 여러분은 "오, 사탄이 정말 예배당까지 오지는 않겠지요?"라고 말합니다. 하지만 사탄은 오래 전에, 즉 욥이 살던 시대에도 그렇게 했습니다. 하나님의 아들들이 하나님 앞에 나아왔을 때, 그 때 사탄도 그들 가운데 함께 나아왔었습니다. 악한 영이 그 날 아침, 회당에 그 불쌍한 사람을 이끌고 나아왔습니다. 주 예수 그리스도의 가르침을 방해할 속셈으로 사탄은 그렇게 하였던 것입니다. 저는 그 사람이 회당에 나아온 것을 기쁘게 생각합니다. 저는 죄에 종 노릇 하는 모든 자들과 사탄까지도 안식일에 드려지는 예배에 참석하기를 바라고 있습니다. 그렇게 함으로써 그들 또한 복음이라는 총의 사정거리 안에 있게 되니 말입니다. 복음의 사정거리가 미치는 범위 안에 몇 명이나 들어갈는지 도대체 누가 감히 알 수 있겠습니까? 하지만 종교적 예배의 영향력이 이 사람을 온전히 그의 노예상태로부터 구해내기에는 역부족이었습니다. 이 얼마나 서글픈 일입니까! 그들은 회당에서 찬송을 하였습니다. 하지만 그들이 부른 찬양으로도 악한 영은 그 사람에게서 나가지 않았습니다. 그들은 회당에서 그 날의 성서일과를 읽었습니다. 하지만 그들이 읽은 성서일과로도 더러운 영은 그 사람에게서 나가지 않았습니다. 그들은 성경 말씀을 말하였습니다. 하지만 그들이 말한 성경 말씀으로도 그 정결하지 못한 영은 그 사람에게서 나가지 않았습니다. 틀림없이 그들 가운데 경건한 자들이 그 사람을 위해 기도했을 것입니다. 하지만 그들이 드린 기도로도 마귀는 그 사람에게서 나가지 않았습니다. 예수님의 말씀 외에는 그 어떤 것도 사탄을 내쫓을 수 없었습니다. 친히 그분의 입에서 나오는 그분 자신의 말씀만이 마귀를 내쫓는 일에 능력과 권위를 지닙니다. 그에 미치지 못하는 모든 것들은 땅에 떨어지고 말 뿐입니다. 오, 거룩한 구원자시여, 당신의 전능을 나타내시어 중한 죄인들이 신실하게 회개하는 자들로 변화되게 하옵소서!

이제 여러분은 주님께서 얼마나 끔찍한 경우를 선택하셨는지를 알았을 것입니다. 장담하건대, 제가 결코 과장해서 말하는 것이 아닙니다. 오, 이 가련한 존재가 적절한 상징이자 대표가 되어, 이와 같은 자들을 구원할 대상으로 주님께서 선택하셨다는 생각을 할 때, 우리가 얼마나 큰 위로를 받게 되는지 모릅니다! 오, 사악한 자들 가운데 가장 사악한 자여, 당신을 위한 소망이 바로 여기에 있습니다!

2. 우리 주님께서는 악한 영과 대면하셨습니다.

이제 우리는 우리 주님께서 철천지원수를 만나셨다는 사실에 대해 좀 더 자세히 살펴보겠습니다. 이 사람 안에 있던 악한 영은 그리스도의 공격에 대적하여 자신을 마치 성벽처럼 두르고 방어하였습니다. 이미 제가 언급한 바와 같이 이 악한 영은 그 사람을 전적으로 통제하고 있었기 때문에, 그는 자기가 원하는 바를 말하고 행동할 수 없었습니다. 그 사람은 이 악한 영의 명령에 따라야만 했고, 그날 그가 회당에 온 것도 그 악한 영이 데리고 온 것이었습니다. 그래서 그는 부득불 그 예배의 방해자가 될 수밖에 없었습니다. 하나님의 백성들이 모인 곳에는 정숙함과 질서가 있어야 합니다. 그런데 이 불쌍한 영혼이 창피하게 소리를 지르고 끔찍한 소란을 피워서 그 모임은 야단법석이 되고 말았습니다. 유대인들은 그 귀신들린 자에게 자신들이 할 수 있는 한, 즉 회당에서 그 광기의 행동을 자신들이 참을 수 있는 한, 그에게 관용을 베풀어 그의 모든 자유를 허용해 주었습니다. 그러나 죽을 수밖에 없는 이 가련한 존재는 지켜야 할 회당질서를 어기고서 급기야 소리를 질러대는 바람에, 회당에 있던 모든 사람들에게 하나의 공포가 되었습니다. 그런데 보십시오. 주 예수님께서 이 방해꾼을 대면하셨습니다. 비록 그는 방해꾼이었지만, 주님은 이런 자들에게서도 영광을 받으셨습니다. 주님께 영광 돌려드릴 사람이 바로 이 사람이었습니다. 이렇게 해서 저는 나의 주님께서 그분의 가장 맹렬한 원수를 변화시키어, 가장 난폭한 반대자까지도 그분을 섬기도록 하는 모습을 보게 되었습니다.

이 악한 영은 자신의 먹잇감을 시켜서 그냥 내버려 둘 것을 요구하였습니다. 오늘 본문의 병행구인 누가복음에서 본 바와 같이 "우리를 내버려 두소서"(눅 4:34 KJV, "우리가 당신과 무슨 상관이 있나이까"[개역개정])라고 말입니다. 그런데 개정판 성경(RV. Revised Version, KJV에 대한 최초의 공식적인 개정판으로 1879년에 착수하여 1895년까지 간행되었다 — 역주)에서는 이 말씀이 난외주로 들어가 있습니다. 그 번역본에는 주 예수님께서 가르치고 계실 동안, "아!"(Ah!)라는 끔찍한 소리가 갑자기 들렸다고도 기록되어 있습니다. 끔찍하고도 무서운 외침이 거기 모인 모든 사람들을 놀라게 하였습니다. 그리고 나서 다음과 같은 말들이 들렸습니다. "아! 우리가 당신과 무슨 상관이 있나이까?"("Ah! what have we to do with thee?" RV). 이것은 간구의 목소리가 아니었습니다. 이것은 분명히 그 반대의 목소리였습니다. 다시 말해, 이것은 은혜를 위한 기도가 아니라, 은혜를 반대하는 기도였습니다. 어쨌든 저는 "우리를 내버려 두소서" 하는 말씀이 난외주에 기록된 개정판 성경(RV)보다는 우리 번역본(KJV)이 훨씬 더 유익하다고 생각합니다. 사탄이 사람들로 하여금 "당신의 복음으로 우리를 괴롭히지 마세요! 종교 문제로 우리를 귀찮게 하지 마세요! 당신의 소책자를 가지고 여기 오지 마세요! 우리를 내버려 두세요!'라고 말하게 한다니, 이 얼마나 무서운 일입니까? 사람들은 자기들의 죄 가운데서 멸망할 그런 비참한 권리를 주장하고 있는 것입니다. 다시 말해, 그들은 자신의 영혼을 파괴할 자유를 요구하는 것입니다. 사람들이 이렇게 말할 때, 우리는 과연 누가 그를 지배하고 있는지 알 수 있습니다. 그 때 그 사람을 지배하는 자는 사람들로 하여금 빛을 싫어하게 하는 어둠의 세상의 주관자입니다. 오, 지금 설교를 듣고 있는 사랑하는 성도 여러분, 여러분 가운데는 다음과 같이 말하는 자들이 하나도 없기를 바랍니다. "우리는 사망이나 심판이나 영원 등에 대한 생각으로 걱정하고 싶지 않아요. 우리는 회개나 구세주를 믿는 믿음 등에 대해서 듣고 싶은 마음이 없습니다. 우리가 종교적인 사람들에 대해 원하는 것은 딱 한 가지예요. 우리를 내버려 두라는 것입니다." 우리는 그런 잔인한 사랑을 그들에게 베풀 수 없습니다. 어떻게 우리가 그들이 멸망하는 것을 가만히 보고만 있을 수 있겠습니까? 그러면서도 순결해지기를 갈망하지 않는 그들의 도덕적인 상태를 보고 있자니, 우리의 슬픈 마음은 이루 말할 수가 없습니다! 그가 "우리를 내버려 두소서"라고 소리지를 때, 예수님께서 그에게 어떤 일을 하시기가 불가능할 것이라고 여러분은 생각할 것입니다. 그러나 우리 주님께서 지금 만나 이겨야 할 존재는 그 사람 속에 있는 악한 영입니다. 그렇다면 우리를 환대해 주지 않고 우리가 보는 데서 문전박대하는 그런 자들을 우리가 만나서 그들을 격려해 주지 못할 이유가 무엇이 있겠습니까?

　이 더러운 영은 그 사람 속에 있는 그리스도에 대한 모든 관심을 단념토록 하였습니다. 그 영은 그 사람과 함께 한 짝이 되어, 그 사람으로 하여금 다음과 같이 말하도록 하였습니다. "나사렛 예수여 우리가 당신과 무슨 상관이 있나이까?" 이것은 구세주와의 모든 관계를 거부한다는 뜻이었습니다. 이 사람은 구세주의 등장을 일종의 침입으로 여기고 거의 분개하였습니다. 그의 말은 마치 "나는 당신과 아무런 상관이 없습니다. 당신은 당신 할 일이나 하고, 나는 내버려 두시오. 나는 당신을 원하지 않습니다. 당신이 무엇을 할 수 있든 간에, 혹 나를 구원해 준다거나 축복해 준다 해도, 어쨌든 나는 당신을 거부합니다. 그냥 나를 내버려 두시오"라고 소리지르는 것 같았습니다. 자, 보십시오. 어떤 사람이 작정하고서 "나는 당신의 예수님과 앞으로 관계를 맺지 않을 겁니다. 나는 죄 용서도, 구원도, 천국도 원하지 않습니다"라고 말했다면, 여러분 대다수는 다음과 같이 말할 것이라고 저는 생각합니다. "이렇게까지 말하는 사람에게는 아무런 희망이 없다고 봐야죠. 다른 사람을 찾아보는 것이 좋을 것 같습니다." 하지만 이 정도까지 사탄의 지배를 받고 있는 사람이라 해도, 주님께서는 그 속에 있는 악한 영을 내쫓을 수 있는 능력을 가지고 계십니다. 그분은 그런 사람을 구원할 힘을 가지고 계십니다. 그분은 가장 완악한 마음이라 해도 그것을 변화시킬 수 있습니다.

그 악한 영은 이보다 더한 일도 하였습니다. 그 악한 영은 이 사람으로 하여금 구세주를 무서워하도록 하였습니다. 그래서 그 사람이 "아! 당신은 우리를 멸하러 왔나이까?"라고 소리쳤던 것입니다. 많은 사람들은 복음을 두려워합니다. 종교적인 사람이 되면 자신이 우울한 성향이 되지는 않을까 하고 말입니다. 그들은 또한 복음으로 인해 자신이 침울해지거나 활기를 잃게 되지는 않을까 하는 두려움 때문에, 복음에 대해 듣는 것조차 꺼려하기도 합니다. 그들은 "오, 종교는 저를 정신병원으로 데려갈 겁니다. 종교는 나를 미치게 만들지도 모릅니다"라고 말합니다. 이런 식으로 사탄은 혐오감을 주는 거짓 이야기들로 사람들로 하여금 자신의 가장 좋은 친구를 무서워하게 만들고, 자신을 영원히 행복하게 해줄 그 소식을 두려워하게 합니다.

사탄이 파 놓은 또 다른 구덩이는 이것입니다. 즉, 사탄은 자신의 먹잇감을 통해 겉으로는 복음에 동의하는 척하였다는 것입니다. 그 악한 영은 그 사람의 입을 통해 "나는 당신이 누구인 줄 아노니 하나님의 거룩한 자니이다"라고 말했습니다. 주의 일꾼들을 향한 사탄의 모든 계략들 가운데서도 이것이 가장 악한 계략입니다. 사람들이 "맞습니다. 그렇고말고요. 당신이 지금 하신 말씀은 정말 맞는 말씀입니다"라는 투로 말하는 것입니다. 여러분은 사람들을 방문하여 예수님에 대해 이야기를 합니다. 그러면 그들은 "예, 그렇습니다. 정말 맞는 말씀이네요. 이런 귀한 말씀을 전해 주셔서 정말 감사할 따름입니다"라고 대답합니다. 여러분은 복음을 설교하기도 합니다. 그러면 그들은 "그분이 아주 흥미로운 말씀을 하셨어. 그분은 정말 훌륭한 분이야!"라고 말합니다. 여러분은 어떤 사람을 붙잡고서 긴 시간 동안 구세주에 대해 전해 줍니다. 그러면 그들은 "당신이 이렇게 열정적으로 말씀해 주시는 걸 보니 당신은 정말 친절한 분이시네요. 저는 누가 이런 말씀을 해 주기를 항상 바라고 있었어요. 요즘 같은 세상에 이런 열정은 크게 칭찬받아 마땅한 일입니다"라고 반응을 보입니다. 이런 반응은 사탄이 이 땅에서 세우는 보루(堡壘) 중에 가장 강력한 것입니다. 왜냐하면 이러한 반응에 복음의 포탄들이 떨어지면 포탄의 힘이 발휘되지 않기 때문입니다. 이 보루로 인해 사탄은 든든하게 안심합니다. 그럼에도 불구하고 구세주께서는 이 마귀를 격퇴시켜 자신의 능력과 권위를 드러내 보이십니다.

지금까지 제가 말하고자 하는 것을 제대로 잘 전했는지 모르겠습니다. 예수님께서는 자신이 어둠의 세력을 제압하는 능력이 있음을 가장 불행한 한 개인을 택해 하나의 사례로 삼아 드러내 보이셨습니다. 그 불행한 자는 악한 본성을 그 마음의 요새로 삼고 있었습니다. 그 때 그분께서 그를 택하여 그의 마음속에 굳게 뿌리내리고 있던 그 악한 영을 내쫓아 주셨던 것입니다.

3. 우리 주님께서는 경고의 신호를 보내는 방식으로 악한 영을 이기셨습니다.

우리가 생각만 해도 아주 기쁜 것은 우리 주님께서 경고의 신호를 보내는 방식으로 이기셨다는 사실입니다. 구세주께서는 회당에 들어가면서부터 이기기 시작하셨습니다. 이것은 마귀와 같은 지붕 아래 있을 때 일어났습니다. 그래서 악한 영은 두려워하기 시작했습니다. 그 첫 번째 부르짖음이 바로 "아(Ah)" 혹은 "우리를 내버려 두소서"였습니다. 이것은 자신을 이길 자를 악한 영이 알고 있었다는 것을 보여줍니다. 예수님께서는 그 사람에게 한 말씀도 하지 않으셨습니다. 그분은 정말 한 말씀도 하지 않으셨습니다. 그리스도와 그분의 가르침이 지금 앞에 있다는 것 자체가 그 마귀에게는 공포였습니다. 어디서든 예수 그리스도께서 사탄에게 나타나시면, 사탄은 썩 꺼져야 한다는 것을 사탄도 알고 있었습니다. 예수님께서는 마귀가 하는 일들을 멸하기 위해 이 땅에 오셨습니다. 악한 영도 자신의 운명을 알고 있었습니다. 자, 지금 여러분 가운데 누가 그리스도를 전할 소망으로 어떤 집에 들어간다면, 그 집에 들어가자마자 즉시 한 통의 전보가 무저갱으로 전달됩니다. 여러분이 스스로에 대해 생각할 때 자신이 아무 별 볼일 없는 사람 같아도, 만약 여러분이 예수님의 이름으로 어느 집에 들어가서 그분의 복음을 말한다면, 여러분은 사탄의 나라에서 아주 위험한 인물로 여겨질 것입니다. 주 예수 그리스도께서 회당에서 성경을 펴고 읽으시자, 권위와 능력이 있는 그분의 설명과 가르침으로 인해 모든 악한 영들은 즉시 그들의 나라가 흔들리는 것을 느끼게 되었습니다. 우리 주님께서는 다른 때에 "사탄이 하늘로부터 번개같이 떨어지는 것을 내가 보았노라"(눅 10:18)고 말씀하셨고, 그 떨어지는 것은 "하나님의 아들 예수 그리스도의 복음의 시작"(막 1:1)에서 출발하였습니다. 주님께서 회당에 들어가신 것이 우리 주님의 승리를 예고한 첫 신호였습니다. 이 첫 신호는 그 악한 영으로 하여금 소리치게 한 분명한 경고였습니다.

다음 신호는 귀신이 그리스도에게 어떤 속셈을 가지기 시작했다는 것입니다. 저는 그가 "나는 당신이 누구인 줄 아노니 하나님의 거룩한 자니이다"라고 말한 그 이유에서 그 속셈을 알게 되었습니다. 그는 "네가 만일 하나님의 아들이어든"(마 4:6) 하는 식으로 우리 주님에 대한 적대적인 의심을 가지고 그분을 대하지 않았습니다. 오히려 그는 "나는 당신이 누구인 줄 아노니"라고 말하면서 공손히 그분을 칭송하였습니다. 그 거짓 영은 "그래. 나는 이 사람이 자신의 신앙을 말하고 스스로 정통 신앙을 고백하도록 놔둘 거야. 이제부터는 그런 식으로 하도록 내버려 둘 작정이야. 이 사람은 건전한 사고방식을 갖고 있어. 그러니 내가 그 사람 속에 거하는 것은 결코 나쁜 일이 될 수 없어. 나는 예수님의 모든 요구조건들을 전적으로 받아들일 용의가 있어. 물론 그분의 가르침이 이 사람을 장악하고 있는 나에게 방해되지 않는 선에서 말이야"라고 혼잣말을 하였습니다. 그 악한 영은 성경을 펼치고는 어떻게 해서 다니엘이 예수님을 "지극히 거룩한 이"(단 9:24)라고 부르게 되었는지를 알고서, 자신도 예수님을 "하나님의 거룩한 자"라고 불렀습니다. 귀신은 "내가 그 사람 속에서 나오는 것만 빼고는 당신의 가르침을 모두 기꺼이 받아들일 작정입니다. 이 사람이 그 입으로 진리를 고백하고 있지 않습니까? 그러니 더 이상 저를 간섭하지 말아 주십시오"라고 말하였습니다. 이것은 예수님께서 능력으로 임하시어, 사람들이 그분의 말씀을 듣게 될 때 일어나는 반응과 똑같습니다. 이런 기만적인 타협이 종종 제기되고 시도되기도 합니다. 죄인들은 말합니다. "나는 그 모든 것을 믿습니다. 나는 아무것도 부인하지 않습니다. 나는 절대로 불신자가 아닙니다. 하지만 나는 내가 짓던 죄만은 계속해서 짓고자 합니다. 내가 회개하여 짓던 죄를 더 이상 짓지 못하게 된다면, 나는 더 이상 복음의 능력을 느끼고 싶지 않습니다. 나는 복음에는 동의합니다. 하지만 그 복음이 내 삶을 통제하는 것은 원치 않습니다." 하지만 이런 타협의 과정은 그 타락한 영이 자신을 멸망시킬 그분을 알고 있었다는 것을 말해 줍니다. 그 타락한 영은 아무 일 없이 쉽게 넘어가기를 바랐습니다. 자신의 소굴, 즉 그 사람의 영혼이라는 소굴에 계속 머무를 수만 있다면, 그는 기꺼이 몸을 숙여 굽실거리면서 진리의 증언까지도 참아내고자 하였습니다. 자신에게는 못마땅한 일이었지만, 그 영은 본래부터 거짓말쟁이였기에, 다음과 같이 서글프게 말할 수밖에 없었습니다. "나는 당신이 누구인 줄 아노니." 자신이 다스리던 그 영토를 허락받을 수만 있다면, 이까짓 말은 그에게 아무것도 아니었습니다. 이처럼 예수님께서 사람들의 마음에 가까이 다가가시면, 사람들은 "우리는 정통 신앙인이 될 것입니다. 우리는 성경을 믿을 것입니다. 그리고 우리는 당신이 명하신 것은 무엇이든 행할 것입니다. 단지 우리의 양심을 불안하게 하고, 우리의 습관들을 방해하고, 우리의 이기심을 없애는 이런 일들만은 제발 하지 말아 주십시오"라고 말합니다. 사람들은 자신들의 죄와 교만과 편안함을 포기하는 것이 아니면 어떤 것이라도 받아들이는 법입니다.

　　이제 이 사람을 향한 우리 주님의 실제적인 역사가 시작되었습니다. 우리 주님은 그 악한 영에게 즉각적이고도 단호한 명령들을 내렸습니다. "예수께서 꾸짖어", "잠잠하고! 그 사람에게서 나오라!'고 하신 이런 말씀은 그분께서 그 악한 영에게 단호한 어조로 말했다는 뜻입니다. 자기에게 아무런 해도 끼치지 않은 사람에게 악의적으로 고통을 가하는 이 악한 영을 보고 주님께서 어떤 다른 말을 하실 수 있겠습니까? 헬라어 원문을 보면 "아가리 닥쳐"라고도 읽을 수 있습니다. 이것은 거친 말입니다. 하지만 더럽고 고통을 주는 영에게 딱 어울리는 말입니다. "잠잠하고! 그 사람에게서 나오라!'는 이 명령은 예수님께서 사람들을 귀신으로부터 구원하실 때, 그 귀신이 해야 할 일을 정확하게 의도하신 말씀입니다. 예수님은 귀신에게 "그 사람에게서 나오너라. 나는 경건한 이야기나 정통적인 신앙 고백 등을 원하는 게 아니다. 너는 아무 소리 하지 말고 잠자코 그에게서 나오너라"고 말씀하셨습니다. 악한 영들이나 경건하지 않은 자들이 자신의 말로 그리스도에게 영광돌리고자 하는 시도는 당찮은 일입니다. 반역자들은 자신이 칭송하는 자들에게 영광스러운 존재가 되지 못하며, 거짓말쟁이들은 진리를 증언할 수 없기 때문입니다. 설령 그들이 진리를 증언한다 해도, 그들은 진리의 그 큰 뜻을 해칠 뿐입니다. 예수님께서는 "잠잠하라"고 하고 나서 "그 사람에게서 나오라"고 말씀하셨습니다. 그분께서는 마치 사람이 개집에 있는 개에게 "나오너라"고 하는 것처럼 그렇게 말씀하셨습니다. 그러자 그 더러운 영은 "오, 제가 조금만 더 여기 있게 해 주세요. 이 사람은 이제 교회에도 갈 것이며, 심지어 성례식에도 참여할 것입니다"라고 말합니다. 그러나 주님께서는 "안 된다. 그 사람에게서 나오너라. 너는 그 사람 안에 있을 권리가 없다. 그 사람은 내 것이지, 네 것이 아니다. 너는 그에게서 나오너라!'고 말씀하십니다. 주님께서 지금 이 순간 전능한 부르심으로, 술 취해 몽롱한 몇몇 불쌍한 자들에게 말씀해 주시고, 그런 자들 속에 있는 마귀에게 "그에게서 나오너라!"고 말씀해 주시기를 저는 기도하겠습니다. 오, 죄인인 여러분이여, 여러분은 죄악을 중단해야 합니다. 그렇지 않으면 죄악이 여러분을 영원토록 망하게 할 것입니다. 여러분은 지금 죄악을 없이하고자 노력하고 있지 않습니까?

자, 그리스도께서 그 더러운 영을 이기신 것을 한번 보십시오. 하고 싶은 말이 있어 입이 근질거렸지만, 그 원수는 감히 다른 말을 할 수 없었습니다. 그는 "큰 소리를 지를" 수밖에 없었습니다. 그는 그 사람을 떠나면서, 알아들을 수도 없는 소리만 질렀습니다. 그는 떠나면서 지금까지 자신의 먹잇감이 되어 온 그 사람에게 또 다른 해를 끼치려고 하였지만, 그마저도 실패하였습니다. 그러자 그는 그 사람에게 경련을 일으키고 회당 무리 중에 넘어뜨렸습니다. 하지만 누가가 첨언한 기록을 보면, "그 사람은 상하지 아니한지라"(눅 4:35)고 되어 있습니다. 예수님께서 그에게 "나오라"고 명하신 그 순간부터 남에게 해를 끼치는 마귀의 능력이 사라졌기 때문입니다. 그는 마치 채찍 맞은 똥개처럼 밖으로 나가 버렸습니다. 예수님의 승리가 얼마나 멋진지 한번 보십시오. 그분은 회당에 있던 그 사람을 말 그대로, 즉 성경에 기록된 글자 그대로 이기셨습니다. 이와 마찬가지로 그분께서는 수천 가지 서로 다른 경우의 사람들도 영적으로 이기십니다. 그 원수의 마지막 행동은 치명적이었습니다. 하지만 성과는 없었습니다. 원수가 떠나가면서 절망 가운데 죽어간 불쌍한 자들을 저는 지금까지 많이 보아왔지만, 곧 그들은 기쁨과 평안으로 다시 일어나게 되었습니다. 낙담한 영혼으로 인해 울면서, 구도자의 방(enquiry-room, 잠재적인 회심자들과 함께 질문하고 상담하며 성경을 읽는 방으로, 드와이트 무디[Dwight Moody]가 개선한 부흥전도 프로그램의 하나 — 역주) 안에 있는 자들을 여러분도 본 적이 있지 않습니까? 이런 일은 그 사람에게 전혀 해가 되지 않습니다. 도리어 그로 하여금 죄를 깊이 인식하게 하고, 전적으로 자신을 벗어나 구세주에게로 인도함을 받기 때문에 그에게 유익이 됩니다. 오, 중한 죄인에게 죄를 짓게 하고 그를 지배하던 능력이 주님의 말씀 한 마디에 그에게서 쫓겨나게 되다니, 이것이야말로 우리 주님께서 행하신 놀라운 승리이지 않습니까! 우리 주님께서 사자와 독사를 짓밟으시다니, 정말 대단한 일입니다! 오늘날도 어떤 영혼에게든 주님께서 능력으로 말씀하신다면, 그 영혼이 얼마나 악하고 타락하고 술 취해 정신이 없든 간에, 죄악을 지배하고 있던 세력은 그 영혼에게서 나오게 되고, 그 불쌍한 죄인은 그분의 주권적인 은혜의 전리품이 될 것입니다.

4. 우리 구세주께서는 큰 이적을 행하심으로 높임을 받으셨습니다.

마지막으로, 구세주께서는 큰 이적을 행하심으로 높임을 받으셨습니다. 이것을 본 사람들은 구세주의 다른 기적들을 본 여느 때와는 달리 더 많이 놀랐습니다. 왜냐하면 그들이 "이는 어찜이냐 권위 있는 새 교훈이로다. 더러운 귀신들에게 명한즉 순종하는도다"라고 말했기 때문입니다. 그들의 놀라움은 바로 이 사실, 즉 거기 있던 귀신들린 사람이 더 이상 낮아질 수 없이 낮아진 가장 비천한 상태에 있던 자라는 사실에 있었습니다. 그는 더 이상 악할 수 없는 그런 자였습니다. 저는 지금까지 그 어느 누구도 이 불쌍한 피조물보다 더 악할 수 없음을 여러분에게 전했습니다. 저는 이 사람이 도덕적으로 악했다는 의미에서 그런 말을 하는 것이 아닙니다. 왜냐하면 제가 앞서 이미 암시한 바대로, 도덕적인 요소는 이 사람의 경우와 관련해서 실제로 거론되지 않았기 때문입니다. 하지만 그는 도덕적으로 가장 악한 사람에 대한 교훈적인 모델이 될 수 있습니다. 그는 완전히 철저하게 사탄에게 사로잡혀서, 악의 세력으로 인해 극도로 자제력을 잃은 상태였기 때문입니다. 자, 보십시오. 이런 삶을 살던 가장 악한 이 사람도 복음 선포로 구원받게 됩니다. 그가 복음을 들을 때, 복음의 능력이 함께 하여 가장 완악한 마음이라도 감동을 받게 되고, 가장 교만한 의지를 가진 자들도 순복하게 되고, 가장 왜곡된 감정을 가진 자들도 변화되고, 가장 반항하는 영혼들도 예수님의 발치에 앉게 됩니다. 저는 지금 제가 알고 있는 말씀을 드리고 있습니다. 왜냐하면 저는 이러한 경우를 지금까지 수백 번도 넘게 보아왔기 때문입니다. 가장 미약한 자처럼 보이며 은혜의 사역이나 은혜를 준비하는 일에 전혀 도움이 안 될 것처럼 보였던 자들도 사탄의 능력에서 벗어나 하나님을 향하게 됩니다. 이러한 자들도 복음이 선포되면 쓰러지고, 마귀는 그들에게서 떠나가게 됩니다. 그 순간 그들은 그 자리에서 즉시 예수 그리스도 안에 있는 새로운 피조물이 됩니다. 이렇듯 복음 선포는 큰 이적을 만들어 내며, 경건하지 않은 자들 가운데서 큰 동요를 일으킵니다. 사람들은 이것을 다 이해할 수 없습니다. 그래서 그들은 "이것은 도대체 무엇인가? 도대체 어떤 새로운 가르침인가?"라고 묻습니다. 가장 완고한 불신자라 해도 자신의 불신앙에 대해 의문을 갖는 이런 모습은 설득력 있는 유익한 신호입니다.

이런 상황에서 예수님께서는 오로지 홀로 일하셨다는 사실에 여러분은 주목해 주십시오. 다른 대부분의 이적들에서 그분은 믿음을 요구하셨습니다. 구원을 받기 위해서는 믿음이 있어야만 합니다. 하지만 우리 앞에 놓인 이 기적은 인간의 경험이 주가 되는 것이 아니라, 그리스도의 역사하심이 주가 됩니다. 그러므로 이 일은 인간의 그 어떤 행동도 의지하지 않습니다. 주님으로부터 마른 손을 펴라는 명령을 받거나 실로암 못에 가서 씻으라는 명령을 받은 경우에는 주님께서 어떤 일을 하셨습니다. 하지만 이번 경우에는 그 귀신 들린 사람이 무시되었습니다. 혹시라도 그 사람이 어떤 일을 했다면, 그것은 주님을 돕는 것이라기보다 오히려 주님을 거부하는 일이었을 것입니다. 마귀는 그 사람으로 하여금 "우리를 내버려 두소서 … 나는 당신이 누구인 줄 아노니"라고 소리치게 하였습니다. 주 예수 그리스도께서는 그 사람을 완전히 무시하고 그의 의지나 믿음을 전혀 고려하지 않은 채, 오직 그 원수에게만 "잠잠하고 그 사람에게서 나오라"고 주권적으로 명령하심으로써, 그분의 주권과 능력과 권위 등을 드러내 보이셨습니다. 그것으로 모든 것이 끝이 났습니다. 그 사람은 그분을 찾고 기도할 시간도 없이, 노예상태에서 구원을 받게 되었던 것입니다.

이 기적은 저에게 바로 다음과 같은 사실을 가르쳐 주는 것 같습니다. 즉, 죄에서 구원하는 그리스도의 능력은 구원받는 그 사람에게 있는 것이 아니라, 전적으로 예수님 자신에게 있다는 것입니다. 더 나아가 제가 알게 된 또 하나의 사실은, 어떤 사람이 복음에서 아주 멀리 벗어나 있어서 그에게서는 어떤 믿음도 기대할 수 없는 사람이라 하더라도, 그에게 복음이 임하면, 그 복음은 복음 자체가 믿음이 되어, 바로 그 믿음이 앱 이니치오(ab initio, 처음부터), 즉 시작부터 역사한다는 사실입니다. 다시 말해, 이 복음은 스스로 자신이 떨어지기에 합당한 땅을 만드는 씨앗이라고도 할 수 있을 것 같습니다! 복음은 자체 연료를 자기 속에 갖고 있는 불빛이며, 죽음이라는 갈비뼈들 안에, 다시 말해 멸망의 문턱 사이에 주입될 수 있는 하나의 생명입니다. 영원한 성령님께서 친히 자신의 빛과 생명을 가지고 임하시어, 사람들을 예수 그리스도 안에서 그분의 은혜에 영광 돌리며 찬양하도록 창조하시는 것입니다. 오, 얼마나 대단한 기적입니까! 사람들을 구원하는 그 탁월한 그리스도의 능력을 이 시간보다 더 크게 찬양한 적은 지금까지 없었습니다.

　　우리 주님께서는 다른 행동은 하지 않으시고, 오로지 말씀만 하셨다는 사실에 주목하면서 저는 이제 말씀을 맺고자 합니다. 다른 경우들에는 주님께서 아픈 자들에게 친히 손을 얹거나, 그들을 성에서 나오게 하여 어루만져 주거나 진흙을 이기거나 침을 사용하기도 하셨습니다. 그러나 이 경우에는 어떤 다른 것도 도구로 사용하지 않으셨습니다. 그분의 말씀이 전부였습니다. 그분께서는 "잠잠하고 그 사람에게서 나오라"고 말씀하셨습니다. 그러자 그 더러운 귀신이 나오게 되었습니다. 주님의 말씀이 어둠의 나라를 요동케 하고, 압제하던 그 줄들을 풀어헤쳤습니다. 하나님께서 태초에 "빛이 있으라"(창 1:3) 한 명령으로 어둠을 몰아내신 것처럼, 예수님께서도 말씀으로 행하셨습니다. 말씀 안에 본래적으로 내재된 능력이 어둠의 사자들을 내쫓았던 것입니다.

　　오, 그리스도를 전하는 여러분이여, 여러분은 그분을 담대하게 전하십시오! 겁을 내는 입술로는 무적의 복음을 당연히 선포할 수 없습니다! 오, 그리스도를 전하는 여러분이여, 절대로 여러분이 수고해야 할 곳을 고르지 마십시오. 또한 그 수고의 대상이 사람들 가운데서 가장 악한 자라 해도, 절대 여러분은 등을 돌리지 마십시오! 주님께서 여러분을 그러한 멸망의 가장자리까지 보내셨다면, 여러분의 수고가 결코 헛되지 않을 것이라는 전적인 확신을 가지고 거기 가서 그분을 전하십시오. 오, 영혼들을 얻고자 하는 여러분이여, 그 영혼들 가운데서 어떤 이들을 더 선호하지 마십시오. 혹시라도 여러분이 선택해야 할 상황이라면, 아주 악한 자들을 택하십시오! 기억하십시오. 우리 주님의 복음은 존경받을 만한 곳에 거하는 도덕군자들을 위한 것일 뿐만 아니라, 버림받은 자들의 더러운 소굴에 거하는 타락하고 포기한 자들을 위한 것이기도 합니다. 모든 것을 이기는 공의로운 해(말 4:2)의 빛은 어둑한 새벽만을 위한 빛이 아닙니다. 그 빛은 새벽빛을 비추어 한낮의 작열하는 빛이 되기 위한 빛일 뿐만 아니라, 죽음의 그늘(눅 1:79)에서 항상 영혼을 떨게 하는 칠흑 같이 어두운 한밤중을 위한 빛이기도 합니다. 예수님이라는 이름은 모든 것 위에, 즉 하늘과 땅과 하늘 위에 높으신 이름입니다. 그러므로 우리는 그 이름을 권위와 확신을 가지고 전합시다. 절대로 그 이름을 인간들이 만들어 낸 고안품인 것처럼 전하지 마십시오. 그분께서는 우리와 함께 하시겠다고 말씀하셨습니다. 그러므로 우리에게 불가능한 것은 아무것도 없습니다. 주 예수님의 말씀은 한 말씀도 땅에 떨어질 수 없습니다. 지옥 문들이 그 말씀을 대적해 결코 이길 수 없습니다. 주님의 기쁨이 그분의 손에 충만할 것입니다. 주님께서 속히 사탄을 여러분의 발 아래에서 상하게 하실 것입니다(롬 16:20).

저는 오늘 설교에서 아주 긴 분량의 말씀을 드렸습니다. 왜냐하면 복음에서 아주 멀리 떨어져 있는 죄인들에게까지 이 말씀이 전해지기 위해서입니다. 오, 그들이 놀라운 이 은혜의 메시지를 받아들였으면 좋겠습니다! 죄인들을 구원하기 위해 이 땅에 오신 그분이 바로 하나님이십니다. 바로 이 사실이 가장 악한 자들을 위한 소망의 가장 확실한 토대입니다. 여러분에게 간청합니다. 여러분은 이 말씀을 들으십시오. 여러분에게 이 말씀을 하는 분은 여러분의 하나님인 주님이십니다. "땅의 모든 끝이여 내게로 돌이켜 구원을 받으라 나는 하나님이라 다른 이가 없느니라"(사 45:22).

제

3

장

—

사람들을 모여들게 하는 중심

—

"사방에서 사람들이 그에게로 나아오더라" — 막 1:45

　오늘 본문 말씀에 나타난 사실은 우리의 주목을 끌기에 충분한 가치가 있습니다. 또한 이 사실은 우리에게 상당한 용기를 주기도 합니다. 무리들은 우리 주님의 말씀을 듣고 그분이 베푸시는 기적들을 보기 위해 나아왔습니다. 그분은 숨어 지낼 수 없었습니다. 그분이 나타나는 곳마다 많은 무리들이 모여들었기 때문입니다. 사실 군중들이 너무나 많아서 심하게 북새통을 이루어, "서로 밟힐 만큼"(눅 12:1)이나 되었습니다. 그 어떤 설교자도 인파(人波)로 인해 우리 주님께서 겪으신 그런 고충을 겪은 사람은 없을 것입니다. 그래서 많은 무리들이 오지 못하게 할 방법마저 사용해야 했습니다. 한적한 곳에 가서 쉬거나 배를 타고 바다를 건너가시는 것이 그런 방법의 일환이었습니다.

　사랑하는 성도 여러분, 이런 사실로부터 제가 알 수 있는 것은 다음과 같은 것입니다. 즉, 우리 주님께서 가르치신 거룩함과, 육적인 마음의 소욕에 역행하는 방식에도 불구하고, 그리고 그분께서 행하신 단호한 책망과, 굴욕을 당하면서도 자부심을 보여주신 그분의 태도에도 불구하고, 각계각층의 사람들은 주 예수님의 가르침에 대해 주목할 만한 매력을 느꼈다는 것입니다. 우리도 대중들의 관심을 끌 만한 어떤 이야깃거리를 찾는다면, 어떤 신기한 것들을 찾기 위해 굳이 먼 곳으로 갈 필요가 없을 것 같습니다. 옛날의 복음, 즉 오래된 복음이야말로 신기한 것을 갈망하는 군중들을 모을 수 있는 최고의 것이기 때문입니다. 다른 특별한 조건이 없는 한, 다른 어떤 이야깃거리보다도 그리스도의 말씀을 듣기 위해 더 많은 사람들이 모여들 것이라는 사실을 여러분은 발견하게 될 것입니다. 다른 주제들에 대해서는 사람들이 한때 일시적으로 관심을 가지고 말겠지만, 그리스도라는 이 주제는 해를 거듭할수록 계속 관심을 가질 것입니다. 여러분이 좋아하는 어떤 주제를 다른 사람들에게 말해 보십시오. 같은 곳에서 같은 청중들에게 일주일에 서너 번씩 그 주제에 대해서 설명하도록 해보십시오. 얼마 지나지 않아, 그 설명을 듣는 사람들은 싫증을 낼 것이고, 정작 그 얘기를 하는 사람도 지루해할 것입니다. 그렇게 해서는 경청하는 무리들을 수년씩 유지하기가 불가능할 것이며, 이 무리들은 더 많은 것을 갈망하면서 뿔뿔이 흩어지리라 저는 확신합니다. 예수 그리스도와 십자가에 못 박히신 그분이라는 주제가 아닌 다른 어떤 주제로는 틀림없이 그런 결과가 나올 것입니다. 만약 여러분이 예수님을 전한다면, 사람들은 계속해서 사방에서 그분에게로 나아올 것입니다. 왜냐하면 "그에게 백성이 모이리로다"(창 49:10 KJV, 개역개정에는 "그에게 모든 백성이 복종하리로다"로 되어 있다 — 역주)라고 한 야곱의 예언이 아직도 신실하기 때문입니다.

우리 앞에 놓인 이 사건에서 우리의 관심을 끄는 것은 예수님의 가르침뿐만 아니라, 예수님께서 병 고치는 능력을 보여주신 것까지 포함됩니다. "이는 어찜이냐 권위 있는 새 교훈이로다 더러운 귀신들에게 명한즉 순종하는도다"(막 1:27)라고 서로 묻던 사람들이 그분이 행하신 일들을 보았습니다. 이런 일들은 비로소 그분에 대한 증거가 되었습니다. 다리를 못 쓰던 사람들이 뛰고 나병환자들이 깨끗해졌다는 소문으로 인해 사람들이 모여들게 되었습니다. 이렇게 해서, 그분께서 베푸시는 구원 사역이 어느 한 무리들 가운데서도 드러나게 되었습니다. 예수님은 완악한 마음들을 무너뜨리셨습니다. 예수님은 상한 영혼들을 싸매어 주셨습니다. 예수님은 버림받은 자들을 찾아 주셨습니다. 예수님은 어린 양들을 그 품에 모으셨습니다. 예수님은 행동하셨고, 그래서 그분의 구원 사역은 분명히 드러났습니다. 여러분도 틀림없이 그들과 더불어 "저 구름 같이, 비둘기들이 그 보금자리로 날아가는 것 같이 날아오는 자들이 누구냐?"(사 60:8)라고 외칠 정도로, 백성들은 모여들었습니다. 예수님에 대한 최고의 광고는 그분께서 축복해 주신 모든 영혼들의 개인적인 증거였습니다. 불길처럼 널리 퍼져가는 그분의 명성을 위해서 따로 광고 문구를 쓰는 사람을 고용하거나 말 잘하는 사람을 돈 주고 살 필요도 없었습니다. 신실하지 않은 글을 쓰고 말을 하는 사람들은 그분을 감동시킬 만한 일들에 대해 말하면서 좋은 말만 할 것이며, 자기들이 마음먹은 대로 사실을 바꾸기도 하기 때문에 이미 정해진 대로 글을 쓰는 펜처럼 움직이는 그런 혀를 가진 자들입니다. 그러나 예수님께 나아온 자들은 그분의 능력을 체험한 자들이었기 때문에, 자기들이 보고 느낀 것을 말하지 않을 수 없었습니다. 예수 그리스도의 치유 사역과, 그분으로부터 병이 나은 사람들의 입소문으로 그 옛날에 많은 무리들이 그분께 나아왔던 것입니다. 저는 이 사실로부터, 우리 가운데 누구라도 그리스도께서 행하신 방식대로 그리스도를 전한다면, 즉 사람들의 병을 고치는 그리스도의 능력과 함께 그리스도가 전해진다면, 사막에서도 사람들이 몰려올 것이라는 기대를 하게 되었습니다. 그리고 이보다 더 많은 무리들이 몰려오게 될 것입니다. 왜냐하면 그분께서 십자가에 높이 들리심으로 모든 사람들이 그분에게 나오게 되었기 때문입니다.

　　그러나 사랑하는 성도 여러분, 모여든 그 무리들 가운데는 진정으로 모여든 핵심 세력도 있었지만, 그저 말씀 한번 들어보려고 온 사람들도 있었습니다. 그들은 별다른 의미를 전혀 두지 않고 그분에게 나아왔습니다. 예수 그리스도께서는 자기의 말을 듣고 자기가 행하는 기적을 보기 위해 몰려드는 많은 무리들을 자기 곁에 계속 두고 싶어 하지 않으셨으리라 저는 생각합니다. 그분은 절대로 그러지 않으셨다고 확신합니다. 왜냐하면 그분은 그런 대중들의 인기를 피하려고 하셨기 때문입니다. 그분은 치유 받은 한 나병환자에게 그가 나은 것을 삼가 아무에게도 이르지 말라(마 8:4)고 금하셨으며, 친히 사람들을 피해 자리를 떠나 기도 하셨습니다. 만약 그분께서 자신의 성공을 모여든 청중들의 숫자로 파악하고자 하셨다면, 아마 그분은 그 모여든 무리들이 있는 곳에 계속 머물러 계셨을 것입니다. 그러나 그분은 좀 더 정확하게 판단하셨습니다. 타작마당의 알곡 더미에는 쭉정이도 많이 들어가 있는 것과 마찬가지로, 말씀을 듣는 허다한 무리 가운데도 그 말씀을 별로 귀하게 여기지 않고 그저 따라다니기만 하는 무리들도 있다는 것을 그분은 아셨던 것입니다. 사랑하는 성도 여러분, 만약 사람들이 그저 복음 한번 듣기 위해서만 모여든다면, 우리가 하는 이 일들은 우리의 기대와는 달리 씁쓸한 결과를 맞게 될 것이며, 안식일에 모이는 것도 불행한 시간 낭비로 드러날 것입니다. 그러나 오늘의 본문 말씀은 사실상 그보다 높은 수준의 의미를 전하고 있습니다. 왜냐하면 좀 더 뛰어난 의미에서 제자들이 사방에서 그분에게로 나아왔기 때문입니다. 그분께서는 그분의 신비로운 능력으로 자신을 따르게 될 자들을 한 사람 한 사람 부르셨습니다. 그래서 그들은 나아온다는 말이 가질 수 있는 최고의 의미에서 그분에게로 나아왔던 것입니다. 우리는 "또 산에 오르사 자기가 원하는 자들을 부르시니 나아온지라"(막 3:13)고 하는 성경 말씀도 알고 있습니다. 이 말씀이 바로 제대로 된 의미의 나아온다는 표현입니다. 이런 뜻에서 나아온 자들에 대해 성경은 "사방에서 사람들이 그에게로 나아오더라"로 기록하였습니다. 이렇게 나아온 그리스도의 제자들이 아주 다양한 부류의 사람들로 이루어진 것을 보는 것은 아주 아름다운 일입니다. 그들 가운데는 어부들이 있었습니다. 그러나 제자들 모두가 그런 부류의 사람들은 아니었습니다. 그들 가운데는 바리새인들과 유대 지도자들도 있습니다. 경건한 나다나엘(요 1:47) 같은 사람도 있었고, 구원이 이 집에 이르렀다(눅 19:9)고 한 세리도 있었습니다. 제자들 모두가 비천한 계층에 속한 사람들은 아니었습니다. 그분을 섬기던 거룩한 여인들 가운데는 헤롯의 궁정에서 일하던 자들도 있었습니다. "사랑을 받는 의사"(골 4:14)로 불리던 자도 그분을 주님으로 여기고 따랐습니다. 그렇다고 해서 그들 모두가 훌륭한 인품을 지닌 자들도 아니었습니다. 과거에 죄인이었던 여인이 그분의 진정한 제자이기도 했으며, 반면에 전혀 허물이 없는 여인들도 그분의 제자로 있었습니다. 이들 모두가 그분의 신비로운 능력으로 이 땅의 모든 곳에서, 모든 상황과 계층 가운데서, 다양한 많은 마음 상태와 성격 유형들 가운데서 그분에게로 나아왔습니다. "사방에서 사람들이 그에게로 나아오더라."

이것은 실제 상황입니다. 지금부터 저는 이 실제 상황을 유형별로 적용해 말씀드리고자 합니다. 실제 말 그대로 우리 주님의 말씀을 그저 들어보기 위해 나아오는 사람들도 있고, 또 그분을 믿기 위해 사방에서 나아온 자들도 있는 것이 사실이라고 저는 믿습니다. 이 사실은 지금도 계속되고 있습니다. 복음을 선포하는 가운데 남자나 여자나 모두 사방에서 지금도 여전히 주 예수 그리스도에게로 나아오고 있습니다.

1. 떳떳하게 그리스도에게 나아오는 것

첫 번째로 저는 그저 겉모양만 보고서 그분에게 나아와 에워싼 사람들에 대해 다시 말씀드리려고 합니다. 저는 지극한 슬픔을 갖지 않고서는, 떳떳하게 혹은 당당하게 그리스도에게 나아오는 것에 대해서 말씀드릴 수 없을 것 같습니다. "사방에서 사람들이 그에게로 나아오더라." 복음이 전파될 때 많은 사람들은 복음을 향해 나아오지만, 나아온 그들이 모두 복음으로 말미암아 구원을 받는 것은 아닙니다. 천국은 마치 바다에 치고 각종 물고기를 모는 그물(마 13:47)과 같습니다. 모든 종류의 물고기들이 그 그물에 모여듭니다. 그러나 그물에 가득하매 물가로 끌어내고 앉아서 좋은 것은 그릇에 담고 못된 것은 내버리게 되는(마 13:48) 그런 날이 다가올 것입니다. 그물에 잡힌 모든 종류의 물고기들이 이렇게 분류될 것입니다. 곡식 가운데 가라지(마 13:25)도 자랄 것이며, 열매를 맺지 아니하는 가지(요 15:2)도 포도나무에 붙어 있을 것입니다. 사람들은 기독교를 공언함으로써, 또한 기독교 예식을 받아들이거나 기독교 신조에 동의함으로써 그리스도께 나아옵니다. 이런 의미에서 지금도 여전히 사방에서 사람들은 그분에게로 나아오고 있습니다. 하지만 명목상 이 교회에 참석한 모든 자들, 즉 지금까지 그리스도께 나아온 모든 자들이 참으로 틀림없이 그분에게 나아온 것이라고 생각해서는 안 됩니다. 여러분은 그런 착각을 하지 마십시오. 혹시라도 여러분이 그런 착각을 하고 있다면, 여러분은 분명히 속고 있는 것입니다.

사랑하는 성도 여러분, 여러분은 어떤 작은 베델에 속해 있을 수도 있고, 혹은 선택된 에벤에셀에 속해 있을 수도 있습니다('작은 베델'이나 '에벤에셀' 등은 스펄전 당시에 자칭 '하나님의 사랑을 받는 사람들'[God's dear people]이라고 주장하는 개신교사람들의 모임이나 공동체를 지칭한 명칭들로서, 이들은 자신들의 교회만이 진리를 가지고 있다고 주장하였다 — 역주). 그러나 그들이 그리스도에게 떳떳하게 나아온 모든 자들이라고 해도, 다시 말해 모두 아주 훌륭할 정도로 건전하고 정통적인 사람들이라 해도, 그들 모두가 진정으로 예수님에게로 나아온 것이라고 기대하지 마십시오. 왜냐하면 예수님에게 나아온 자들이라 해도 그 가운데는 아주 다양한 사람들이 있기 때문입니다. "청함을 받은 자는 많되 택함을 입은 자는 적으니라"(마 22:14)는 말씀대로, 여러분이 여러분의 마음에 원하는 어떤 열두 사람을 택한다 해도, 그 가운데 하나는 틀림없이 마귀라는 것을 여러분은 확신하지 않을 수 없을 것입니다. 왜냐하면 주님께서 택한 열두 명 가운데도 가룟 유다가 있었기 때문입니다. 이 열두 명도 사방에서 그분에게로 나아온 자들이었습니다. 진실한 지역에서 온 자들도 있었지만, 위선과 형식의 땅에서 온 자들도 있었습니다.

그리스도께서 살아 계실 당시, 많은 사람들이 그분에게로 나아왔습니다. 그 가운데는 가장 비천한 동기로 그분을 따른 자들도 있었습니다. 그때에 오병이어의 빵과 물고기는 좋은 미끼가 되었고, 그런 미끼를 탐하는 자들은 지금도 있습니다. 우리가 예배드리는 이 교회에는 이런 것들에 끌려 나아온 자들이 많은 것은 아니지만, 그래도 어느 정도는 있습니다. 교회에는 버터가 잘 발린 아주 고급의 빵이 큰 덩이로 놓여 있으며, 아주 좋은 상태의 물고기들도 있고, 또 매우 잘 굽혀진 그 맛난 냄새가 많은 사람들의 코끝을 자극하는 큰 물고기들도 있습니다. 교회에 있는 이 빵과 물고기들의 맛은 지금도 여전히 뛰어나기에, 많은 사람들이 교회에 나아옵니다. 이들은 명목상 그리스도께로 나아오는 자들로서, 이기심이라고 불리는 땅의 사방에서 나아와 경건이라는 이득을 얻으려는 자들입니다.

어떤 사람들은 **육신**의 유익만을 얻기 위해 우리 주님에게로 나아옵니다. 그들은 보지 못하는 눈을 낫게 하려고 소경을 데려오며, 치료를 받게 하려고 마른 팔을 가진 자들을 데리고 옵니다. 그러나 이들은 절대로 영적 은사를 받지는 않습니다. 그래서 이들은 예수님의 경건으로부터 도덕적이고 정신적인 유익들은 많이 받지만, 영적 생명이 주는 더 고귀한 은사는 놓치고 맙니다. 많은 사람들이 기독교적인 사귐과 경건한 예배가 주는 위로와 신앙 고백으로부터 생기는 어느 정도의 존경할 만한 태도 등에 대해서 매력을 느끼고 있는 것은 부인할 수 없는 분명한 사실입니다. 그럼에도 불구하고 그들의 영혼은 구원받지 못합니다. 그 빵들이 작아지고, 알고 보니 단지 보리로만 만들어진 빵이며, 물고기들의 수가 작아졌다고 해도 우리는 절대로 놀라지 말아야 합니다. 그저 줏대 없이 남에게 딸려 다니는 사람들은 자신의 참된 모습을 우리에게 보여주고서 사라질 뿐입니다. 세속적인 유익을 얻기 위해 그리스도에게로 나아오는 사람은 가난과 수치가 자신의 행로에 드리울 때, 그분을 떠나게 될 것입니다.

많은 사람들이 **그리스도**의 웅변에 감탄하여 그분에게로 나아옵니다. 왜냐하면 그분께서는 사람들이 말하는 것과는 전혀 다르게 말씀하시기 때문입니다. 따라서 허다한 여인들이 "당신을 밴 태와 당신을 먹인 젖이 복이 있나이다!"(눅 11:27)라고 감탄하며 소리친 것은 전혀 놀랄 일이 아닌 것입니다. 그런데 이에 대한 우리 주님의 대답 역시 그 얼마나 참된 대답이었는지 모릅니다. 그분은 "하나님의 말씀을 듣고 지키는 자가 복이 있느니라"(눅 11:28)고 말씀하시며, 그 여인들의 마음이 감탄보다도 더 나은 어떤 것을 향하도록, 즉 믿음을 갖도록 하셨습니다. 이렇게 유창하게 말씀을 하신 그분과 이런 은혜로운 일들을 놓고 볼 때,

그분을 따르는 자들 가운데는 구세주를 믿는 자들뿐만 아니라, 이렇게 말 잘하는 그분에 대해 감탄하는 자들도 있었다는 사실은 전혀 놀랄 만한 일이 아닌 것입니다. 오늘날에도 그리스도께서 사역 중에 하신 그 유창한 말씀 때문에, 혹은 시적인 아름다움을 지닌 성경 말씀과 신앙이 보여주는 그 자연스런 매력 등이 자신의 구미에 맞고 자신을 사로잡기 때문에, 그리스도에게로 나오고자 고백하는 사람들이 있습니다. 따라서 이런 사람들을 본다고 해서, 절대 놀라서는 안 됩니다. 그들이 그리스도에게 나아오는 것은 이런 이유 때문이지 별다른 이유가 없습니다. 그야말로 그들은 불쌍하게 그리스도께 나아오고 있습니다.

수많은 사람들이 일시적인 열정을 가지고 우리 주님에게로 나아왔습니다. 그들 가운데 한 사람은 "어디로 가시든지 나는 따르리이다"(눅 9:57)라고 말하기도 했습니다. 하지만 그 사람은 자기가 말한 대로 그렇게 하지 못했습니다. 그들은 돌밭과 같은 자들입니다. 말씀을 들은 그때 바로 약속의 싹이 났습니다. 하지만 흙이 얕은 돌밭에 떨어지매 흙이 깊지 아니하므로 곧 싹이 나오나(마 13:5), 그만큼 빨리 시들어 버렸습니다. 사랑하는 성도 여러분, 이런 돌밭과 같은 마음으로 말씀을 듣는 자들이 여전히 우리를 혼란하게 하고 절망하게 한다 해도, 절대로 놀라지 마십시오. 이들은 유약한 씨(Pliable, 존 번연의 「천로역정」에 나오는 등장인물로, 주인공과 함께 천국으로 가다가 사람의 한숨과 눈물로 만들어진 '절망의 늪'[the Slough of Despond]에 빠져 자신의 도시로 다시 되돌아간 사람 — 역주)의 지방에서 지금도 예수님에게로 나아와서는 자신의 곳으로 다시 돌아가 버리는 자들입니다.

그분에게 나아온 자들 가운데는, 그분의 인품을 오해해서 나아온 자들도 있었습니다. 만약 그들이 그분을 좀 더 잘 알았더라면, 그들은 자신들이 따랐던 것처럼 그렇게 그분을 따르지 않았을 것입니다. 그분에 대해 더 많은 것을 알게 되었을 때, 그들은 그분을 뒤로 한 채, 더 이상 그분과 함께 하지 않았다는 사실이 이를 증명합니다. 그분께서 이전까지는 감춰져 있던 그분에 관한 진리의 부분들을 밝히기 시작했을 때, 그들은 "이 말씀은 어렵도다 누가 들을 수 있느냐?"(요 6:60)라고 말했습니다. 그분의 십자가가 더욱더 분명히 드러나면서, 그들이 가진 세속적인 왕국에 대한 이상이 점점 더 희미해져갈 때, 그들이 그분을 따랐던 것은 실수임이 드러났습니다. 그때 그들은 각자 자기 길을 떠났습니다. 오늘날에도 많은 자들이 예수님의 제자가 된다는 것이 실제로 어떤 말인지도 모르는 상태에서, 예수님의 이름을 고백하고 있습니다. 그들은 그분도 모르고, 그분의 십자가도 모르고, 그분께서 가르쳐 주신 진리도 알지 못합니다. 따라서 그들이 이에 대해 충분히 알게 되었을 때는 놀라서 그분에게 등을 돌리게 될 것입니다. 이런 자들이 사방에서 그분에게로 나아왔습니다.

사랑하는 목회자 여러분, 주일학교에서 사역하는 친구 여러분, 어떤 낙후된 지역에서 그리스도를 위해 수고하는 여러분, 여러분은 사람들이 그리스도에게로 나아오기를 애타게 기대하고 있습니다. 그러나 그렇게 나아온 자들이 모두 정직과 진리의 땅에서 나아온 자들이라고는 기대하지 마십시오. 그물 안에 들어온 물고기를 다 헤아리지 마십시오. 만약 여러분이 그 수를 다 헤아린다면, 여러분은 틀림없이 절망하게 될 것이며, 그로 인해 여러분의 열정은 식고, 여러분이 가진 복음에 대한 확신마저 줄어드는 일이 벌어지게 될 것입니다. 여러분은 여러분의 그물에서 좋은 물고기를 얻을 것이라 기대하지만, 거기에는 여러분의 그물을 찢고 여러분이 잡은 다른 물고기들을 물어뜯는 상어 같은 물고기도 들어 있을 수 있다는 것을 염두에 두십시오. 어부는 자신이 힘들게 끌어올린 물고기들 가운데 던져 버려야 할 물고기도 있다는 것을 알고 있습니다. 여러분은 밀이 날 것을 기대하고서 좋은 씨를 뿌렸습니다. 그러나 거기에 가라지가 함께 난다고 해서, 절대로 놀라지 마십시오. 지금으로서는 해도 비추고 소나기도 내려 곡식이 빠르게 자라고 있지만, 그와 함께 잡초도 자라고 있습니다. 틀림없이 그렇게 될 것입니다. 선(善)이 더욱 활기를 띠게 하는 영향력은 악(惡)의 힘까지도 깨어나게 하는 듯합니다. 마귀가 잠을 잘 때는 교회도 잠들어 있습니다. 그러나 교회가 깨어날 때는 마귀도 잠에서 깨어납니다. 그리스도를 위해 일하는 모든 사람들은 이런 복잡한 결과들을 염두에 두어야 합니다. 설령 이러한 결과들이 일어난다 해도, 이상한 일이 일어난 것처럼 그렇게 절망할 필요가 없습니다. 오히려 그분이 그리스도라는 사실을 확신한 많은 사람들이 진실의 땅에서부터 예수님에게로 나아온 것에 대해 우리는 감사하도록 합시다. 이들은 그리스도께서 "바요나 시몬아 네가 복이 있도다 이를 네게 알게 한 이는 혈육이 아니요 하늘에 계신 내 아버지시니라"(마 16:17)고 하신 제자와 같은 사람들입니다. 어떤 사람은 온 마음을 다해 그분에게로 나아와서 그분의 발치에 앉아 말씀을 받습니다. 그분 곁에는 아주 나쁜 사람들도 있었지만, 아주 좋은 사람들도 있었습니다. 그분을 위하는 마음으로 향유 옥합을 깨뜨려 그분에게 붓는 감사의 손길도 있었지만, 그분을 배신하는 값으로 피로 얼룩진 은화를 움켜 쥐었던 잔인한 손길도 있었습니다.

　　저는 여러분에게 다음과 같은 질문을 제기하면서 이 주제를 마치고자 합니다. 오늘 본문 말씀에는 사방에서 사람들이 그분에게로 나아왔다고 하는데, 도대체 여러분은 어느 방향에서 왔는지를 묻고 싶습니다. 여러분은 참된 마음으로 나아온 자들입니까? 아니면 정탐꾼으로 나아온 자들입니까? 여러분은 속이는 무리들 가운데서 나아왔습니까? 그도 아니면, 진실한 자들이 거하는 곳에서 나아왔습니까? 여러분 자신을 헤아려 살펴보십시오! "너희는 믿음 안에 있는가 너희 자신을 시험하고 너희 자신을 확증하라 예수 그리스도께서 너희 안에 계신 줄을 너희가 스스로 알지 못하느냐 그렇지 않으면 너희는 버림받은 자니라"(고후 13:5)는 말씀을 기억하면서, 그 날에 버림받은 자가 우리 가운데 한 사람도 없도록 저는 하나님께 기도하고 있습니다.

2. 참된 믿음으로 그리스도께 나아오는 것

　　두 번째로 우리는 좀 더 가까이 그리고 좀 더 유익한 것을 향해 나아가 보겠습니다. "사방에서 사람들이 그에게로 나아오더라"고 하신 오늘 본문의 말씀이 전하고자 하는 바, 즉 **믿음으로 그리스도를 향해 첫 번째 발을 뗀 그 참된 영적인 나아옴**에 대해 말씀드리겠습니다. 저는 여기서 한 가지 예화를 전하려고 합니다. 저는 지난 주에 휴식과 건강을 위해 잠시 숲으로 둘러싸인 한 시골 교회에 머물렀습니다. 그 교회에 머물면서 저는 교회 현관을 향해 난 여러 갈래의 작은 길들을 보고 묵상을 하게 되었습니다. 풀밭을 가로지른 각각의 오솔길에는 여러 갈래의 길들이 있었지만, 이 길들은 모두 하나의 목적지를 향하고 있었습니다. 그 길들을 둘러보면서 제게는 다음과 같은 생각이 떠올랐습니다. 아무리 그리스도 주변의 사방에서 사람들이 나아온다 해도, 참으로 구원받는 자들이라면 반드시 그분에게로 나아올 것이라는 생각이었습니다. 거기에는 작은 계곡에서 올라오는 길이 하나 있었습니다. 그 작은 교회는 언덕 기슭에 서 있었는데, 그 아래에는 냇물이 흐르고 있었습니다. 그래서 큰 길에서 예배를 드리러 나아오는 자들은 다리를 건너 언덕으로 올라와야만 했습니다. 그들은 한 발자국 한 발자국 그렇게 언덕을 오르면서 교회로 나아오는 자들이었습니다. 온갖 짐을 가득 짊어진 자들이 자기 비하라는 깊은 곳에서부터 그리스도에게로 나아오고 있었습니다. 그들은 자신들의 죄성을 알고 그것을 느끼고 있었습니다. 그들은 자신들의 모습을 제대로 인식하고서 거의 절망에 가깝도록 아주 비천하게 낮아졌습니다. 하지만 그리스도를 향해 내딛는 그 한 걸음 한 걸음은 위를 향해 나아가는 발걸음이었습니다. 그들은 그분을 바라보면서 작은 소망을 가졌습니다. 그 후에 그분을 겸손하게 믿으면서 조금 더 소망을 갖게 되었고, 그 다음에는 연약하지만 두려워하는 믿음에서 단순한 믿음으로 나아가게 되었습니다. 그들은 예수님께 가까이 나아가기 위해 전진함으로써, 충분한 믿음의 확신을 갖는 데까지 이르게 되었습니다. 그렇게 해서 고통 받고 자기 절망으로 가득 찬 영혼이었던 그들은 주 예수님에게로 나아왔고, 그분은 그들을 은혜롭게 받아주셨습니다. 교회마당을 가로지르는 또 다른 길이 있었습니다. 이 길은 제가 서 있는 언덕으로 올라가는 길이었습니다. 그래서 이 길로 온 모든 자들은 교회 문으로 내려가게 되어 있었습니다. 이 길은 자신에 대해 많이 생각하는 자들을 상징할 수 있습니다. 즉, 이들은 도덕적으로 양육을 받아 율법을 중시하는 도시에서 훌륭하게 살아가고, 천박한 악습들에 빠지지 않으며, 모범된 행실로 바르게 생활합니다. 이 선한 사람들이 그리스도를 향해 내딛는 한 걸음 한 걸음들은 내려가는 길입니다. 이들은 자신에 대해서 작게 생각하고, 갈수록 더 작게 여깁니다. 그들의 후회는 회개로 인도되고, 그 회개는 쓰라린 슬픔으로 인도되며, 그 슬픔은 자기혐오로 인도되어, 급기야 자신은 아무것도 아니고 그리스도가 모든 것이라고 주장하면서, 예수님이 죄인들을 만나셨던 그 수준까지 내려가게 됩니다.

제가 앞에서 말씀드렸던 그 두 길(계곡에서 올라오는 길과 교회마당을 가로지르는 길 — 역주)은 나무가 우거진 울창한 숲으로 나 있는 세 번째 길로 보완됩니다. 이 길은 떡갈 나무와 빽빽한 덤불 사이에서 바람이 불어오는 좁은 길이었습니다. 제가 알게 된 것은 이 길의 끝은 늪이 많은 지역으로서, 그 늪지대로 연결되는 이 길에서는 여행자들이 수렁에 빠지지 않도록 반드시 주의해야 하며, 여행자들을 위해 디딤돌들이 놓여 있었다는 것입니다. 진리를 추구하는 많은 사람들이 이와 유사한 길에서 나름대로 예수님께로 가는 길을 발견합니다. 무지(無知)로 어둡고, 악한 질문들로 가시가 많은 그 길에는 늘 바람이 불며, 온통 구부러진 길 뿐입니다. 그 길은 절망의 늪(Slough of Despond, 「천로역정」에 나오는 늪으로, 천성을 향해 가는 많은 신자들이 이 늪에 빠졌다 — 역주)으로 인도됩니다. 이 절망의 늪에 빠지지 않으려면 사람들은 발걸음을 더욱더 조심해서 걸어야만 합니다. 은혜로 인도함을 받은 자들은 마침내 그리스도 안에서 안식에 이르게 됩니다. 그러나 그 길은 나무와 늪을 지나야 하는 길입니다.

저는 하나의 또 다른 길에 대해서도 말씀드리려고 합니다. 이 길은 농부가 때를 따라 매번 열심히 낫과 쟁기로 일군 땅을 지나는, 농부의 밭에 이르는 길이 었습니다. 이쪽 방향에서 예배를 드리기 위해 나아오는 자들은 힘들게 수고한 땅을 마주하게 됩니다. 그래서 이 길은 전적인 열심과 수고가 예수님을 믿는 일 에도 필요하다고 여기는 사람들에게 적절한 상징이 될 수 있습니다. 이들은 구 원의 길을 알지 못한 채, 율법으로 말미암는 의를 따라 자신의 힘으로 그 좁은 문 에 들어가고자 애씁니다. 그러나 만약 이들이 그리스도에게로 나아왔더라면, 지 금까지 자신들이 힘쓰던 밭과 쟁기와 낫들을 틀림없이 버리고서, 예수님을 자기 의 모든 것 되신 분으로 영접했을 것입니다.

자, 여러분은 제가 에둘러 말하고 있다고 생각할지도 모르겠습니다. 제가 여러분에게 드리고 싶은 말씀은 오직 한가지입니다. 즉, 그리스도는 오직 한 분 이신데, 사람들은 많은 곳에서, 다시 말해 사방에서 그분에게로 나아온다는 것 입니다. 사람들이 그리스도에게로 나아오는 모든 길들과 그들이 나아오는 모든 방향들을 설명한다는 것은 불가능합니다. 우리가 갖게 되는 맨 처음의 믿음은 성령 하나님의 전적인 인도하심으로 얻게 되며, 하나님의 백성이 갖는 체험은 아주 독특한 것이어서, 아마도 각 사람마다 그분에게 이르는 특별한 길이 있었 을 것입니다. 우리는 모든 영혼들이 그리스도에게 이르는 그 모든 길들을 알지 못합니다. 그러나 이 한 가지 은혜가 있다는 사실만은 분명합니다. 즉, 그분은 구 속함을 받은 자들이 그분에게 지금 나아오고 있는 길을 알고 계시며, 현재 그들 이 지금 어디에 있는지도 알고 계신다는 사실입니다.

저는 우튼-언더-에지(Wootton-Under-Edge, 전통적으로 영국에서 시장이 서던 도 시로, 힐이 설교하던 교회가 있었고, 스펄전은 초창기에 이 교회에서 목회하였다 — 역주)에 있 던 힐(Rowland Hill, 1744-1833, 영국의 칼빈주의 목회자로 뛰어난 설교자 — 역주) 목사 님의 정원에서 겪었던 한 가지 일화가 생각납니다. 어느 안식일 아침에 그 기이 한 늙은 신사(힐을 가리킨다 — 역주)는 정원으로 가서 성도들이 예배당으로 나오고 있는 것을 보았습니다. 힐은 망원경을 들고서, 마치 언덕으로 이루어진 원형극 장 같은 정원 한가운데에 앉아서, 그 시골 사람들이 내려가는 모습을 보거나, 그 들의 어떤 특별한 행동들을 눈여겨보았다가 그것을 설교 시간에 언급하였습니 다. 그래서 그렇게 언급된 사람들이 아주 많이 놀라기도 하였습니다. 우리 주 예수님도 그 구속받은 자들이 나오고 있는 그 한가운데에 앉으셔서 그들 모두를 보고 계십니다. 심지어 그들이 아주 멀리 떨어져 있을 때도 그분은 그들을 보고 계십니다. 우리가 생각하기에 가장 극심하게 방황하는 영혼은 마치 한 혜성이 태양으로부터 떨어져 있는 것만큼이나 그분에게서 수백 마일 떨어져 있다고 여기겠지만, 우리 주 예수 그리스도께서는 그 방황하는 자가 어디에서 오고 있는 지를 아시며, 그 회개가 일어난 때와 그 방황하는 영혼의 얼굴이 그분을 향한 시각까지도 주목하고 계십니다. 그분은 인간의 마음속에 있는 그 은혜를 알고 계십니다. 인간 자신이 그 은혜를 인식하기 훨씬 이전부터, 그리고 이 세상에서 가장 유망한 목회자가 그 영혼 속에 있는 그 신적 생명의 흔적을 알아보기 훨씬 이전부터 말입니다. 이것이야말로 얼마나 대단한 은혜인지 모릅니다! 사방에서 사람들이 그분에게로 나아오고, 그분은 사람들이 어디에서 나아오고 있고, 또 얼마나 멀리 떨어진 곳에서 오고 있는지 알고 계십니다.

그리스도를 실제로 붙잡은 자들을 위해, 그리고 지금 그리스도에게로 나아오고 있는 모든 자들을 위해 기도합시다. "주 예수님, 우리는 당신께 기도하나이다. 지금 당신의 길로 나아오고 있는 자들을 도와 주옵소서. 그들이 더욱 가까이 나아오기까지 그들을 이끌어 주옵소서. 비록 그들이 멀리 떨어져있다 해도, 그들이 가까이 나아오도록 하옵소서." 우리는 사람들이 언제 나아오는지 항상 알 수는 없지만, 사람들이 그 방향으로 나아가고자 하는 작은 바람이라도 우리가 인식한다면, 우리는 비유에 나오는 그 위대한 아버지(눅 15장의 탕자의 비유에 나오는 아버지 — 역주)를 본받아서, 달려가 그들을 맞이하고 우리가 그들의 여행에 도울 일이 없는지 살펴보도록 합시다. 아마도 그들에게는 그들이 건널 수 있는 또 다른 디딤돌들이 필요할 것입니다. 그러므로 우리가 그들의 발길이 닿는 곳에 디딤돌 하나를 놓아주어도 좋을 것 같습니다. 아니면 「천로역정」에 나오는 도움처럼, 그들이 미끄러져 빠진 늪에서 빠져 나오도록 도울 수도 있습니다. 이 모든 일을 그리스도를 위해서 행하십시오.

사방에서 그분에게로 나아온 모든 사람들 가운데 그분에게 실망한 자는 지금까지 단 한 사람도 없었다는 사실을 기억하십시오. 그들은 예수님께서 자신들의 필요를 채우실 것이라는 소망에 이끌려 다양한 지역에서 나아왔습니다. 그래서 그분은 그들의 필요를 채워 주셨습니다. 자신에게 필요한 모든 것이 그분에게서 충족되리라는 믿음을 가지고 그리스도에게로 나아온 모든 부류의 사람들은 자신들의 독특한 경우가 만족되기를 원하는 사람들이었습니다. 어디에서 나아오든지 간에 그분께서는 자기에게로 나오는 죄인들을 절대 내쫓지 않으신다는 생각 역시 아름다운 것입니다. 사람들은 서로 다른 사방에서 나왔지만, 그분은 갈릴리나 유대나 두로나 시돈 등에 대해 전혀 선입견을 갖지 않으셨습니다. 그분은 나아오는 모든 자들을 맞아 주셨습니다. 요한계시록에 나오는 장로들은 몹시 흥미로운 질문을 하였습니다. "이 흰 옷 입은 자들이 … 또 어디서 왔느냐?"(계 7:13)라고 말입니다. 그러나 찬양받기에 합당하신 하나님은 이들과 다르십니다. 믿음으로 예수님께 가까이 나아온 자는 어느 누구도 그러한 질문을 받지 않을 것입니다. 하나님은 그런 질문을 할 분이 아니십니다. 오, 죄인인 여러분, 비록 여러분이 도둑들의 소굴에서 또는 죄인들의 감방에서 나아온다 해도, 예수님께서는 여러분을 마치 미덕의 전당에서 나아온 자들처럼 환영해 주십니다. 여러분은 멸시받는 자리에서도 나아올 수 있습니다. 여러분은 술꾼들의 자리에서도 나아올 수 있습니다. 여러분이 나아오기만 한다면, 여러분은 마음에서 우러나오는 환영을 받을 것입니다. 오, 소망을 가진 자들이여, 여러분은 경건한 가정에서 나아올 수도 있고 진리를 가르치고 배우는 학교에서 나아올 수도 있습니다. 여러분이 나아올 때, 여러분은 여러분을 맞아들이기 위해 활짝 열려진 문을 발견하게 될 것입니다. 야곱의 장막(말 2:12)이나 게달의 장막(시 120:5)이나 거룩한 산이나 황량한 광야 그 어디에서나 그분에게로 나아오십시오. 그러면 여러분은 그분께서 여러분을 절대로 내쫓지 않으신다는 사실을 분명히 알게 될 것입니다.

궁핍한 영혼들이 예수님께 가까이 나아가는 일은 그분을 슬프게 하는 것이 아니라, 오히려 그분을 기쁘시게 하는 것이라는 생각은 우리에게 매우 기쁜 일입니다. 그분의 모든 구속 사역은 끝이 났습니다. 그분은 그분이 하신 일에 마땅한 상을 받으시기만 하면 됩니다. 어떤 사람은 다음과 같이 말합니다. 자기의 죄짐을 가지고 와서 그 짐을 그분에게 지웠다고 말입니다. 이런 말은 어떤 의미에서는 참되다고 볼 수도 있겠지만, 저는 이 말에 대해 분명히 오해해서는 안 된다고 대답하겠습니다. 그 어떤 짐도 이제는 우리 주님의 어깨에 놓일 수 없으며, 그 누구도 자기의 죄를 그리스도께 더 이상 지울 수 없기 때문입니다. 이것은 대단히 즐거운 생각입니다. 아버지 하나님에 의해 이미 오래 전에 우리의 짐은 그리스도에게 지워졌습니다. 그리고 그리스도께서 이에 대한 충분한 속죄를 이미 담당하셨기 때문에, 속죄되지 않은 죄는 털끝만큼도 남아 있지 않습니다. 구속받은 한 사람 한 사람을 위해 그리스도께서는 이미 자기 생명으로 그 값을 치르셨습니다. 따라서 각 사람이 실제로 그분에게로 나아간다고 해서, 그분이 따로 또 갚아야 할 것은 전혀 없습니다. 반면에 그분께서는 각 사람에게서 자신의 영혼으로 수고한 것에 대한 상을 보게 됩니다. 허다한 죄인들이 그리스도에게 나아올 때마다, 그들의 화평을 위해 그분께서 다시 징계를 받아야 하고, 그들의 죄 때문에 그분께서 다시 상처를 받아야 한다고 한다면, 우리는 당연히 슬퍼하게 될 것입니다. 그러나 사실은 그렇지 않습니다. 왜냐하면 그분은 이미 그 대속의 사역을 다 마치셨기 때문입니다. 고뇌와 고통은 이제 모두 끝이 났으며, 그 구속받은 자들이 그분에게로 나아올 때, 그들은 그분의 마음을 기쁘게 합니다. 그들은 그분을 더욱더 찬양하면서, 그분이 받으신 고통에 보답합니다. 오, 무리지어 나아오는 그들은 마치 갈멜의 무수한 양 떼들처럼 나아오고 있습니다. 다소 속된 표현으로 "다다익선"(多多益善, the more the merrier)이라고 말할 수 있습니다. 사방에서 사람들이 그분에게 모여들어서, 각 사람들이 우리 죄를 대속해 주신 그분의 머리에 사랑의 왕관을 씌워 드리도록 하십시오.

사랑하는 성도 여러분, 사방에서 그분에게 나아오던 허다한 무리들이 끊이지는 않을까 염려할 필요 없습니다. 이 본문은 헬라어로 다음과 같이 번역될 수 있습니다. "사방에서 사람들이 계속해서 그에게로 나아오더라." 이것은 지금까지도 계속되고 있습니다. 사람들은 지금도 나아오고 있습니다. 그들은 앞으로도 계속해서 나아올 것입니다. 사람들이 나아오지 않을 그런 때는 결코 오지 않을 것입니다. 시편 22편에 기록된 예언의 말씀을 보면, 그들이 "와서"(시 22:31)라고 되어 있습니다. 우리는 때로 우둔한 상태에 빠진다 해도, 소수의 회개하는 자들이 있을 것이며, 그러다가도 주님께서 성령으로 우리를 부흥시키실 때가 되면, 허다한 무리들이 구원을 받게 될 것입니다. 우리 가운데는 복음을 전하는 유명한 복음전도자들이 있습니다. 어떤 사람들은 만약 이들이 세상을 떠나게 된다면, 우리가 더 이상 이런 위대한 사역을 보지 못하게 될 것이라고 생각합니다. 그러나 절대 그렇지 않습니다. 죄인들은 계속해서 예수님에게 나아오고 있으며, 나아오게 될 것입니다. 지금 제 설교를 듣는 여러분 각자에게 하고 싶은 질문은 이것입니다. 지금 나는 예수님에게로 나아가고 있는가? 또는 나는 예수님에게로 나아갔던 적이 있는가? 사방에서 사람들이 그에게로 나아오더라는 말씀대로, 나도 나아갔던 적이 있었는가, 하는 것입니다. 바다를 건너온 외국인 여러분, 그리고 이 나라에서 나아온 선한 백성인 여러분, 여러분은 지금 예수님에게로 나아오고 있습니까? 이 예배당에서 정기적으로 복음을 듣는 런던 시민인 여러분, 여러분은 지금 나아오고 있습니까? 오늘 특별하게 이 말씀만을 듣게 된 여러분, 여러분은 지금 예수님에게로 나아오고 있습니까? 하나님께서 은혜를 베푸시어, 이 아침에 이렇게 다양하게 모인 이 집회를 통해, "사방에서 사람들이 그에게로 나아오더라"고 전해지기를 기원합니다.

3. 구원받은 영혼들이 날마다 예수님께 나아가는 것

세 번째로, 그리스도에게 나아오는 것은 여러분의 인생에 있어서 단 한 번 일어나는 일이 아니라는 것을 말씀드리려고 합니다. 성경은 분명히 "예수께 나아가"(벧전 2:4)라고 전하고 있으며, 이것은 기독교인은 항상 그리스도에게 나아오고 있다는 것을 우리에게 보여주는 말씀입니다. 그래서 우리는 구원받은 영혼들이 예수님에게 날마다 나아가는 것에 관해 말씀을 전하고자 합니다. 오늘 본문 말씀에도 사방에서 사람들이 그에게로 나아오더라고 되어 있는데, 잠시 이에 대해 생각해 보겠습니다. 이 아침에 지금 이 자리에 있는 중생한 모든 영혼들의 바람은 그리스도에게로 나아가는 것입니다. 저는 이 바람이 우리 모두에게 이루어지기를 소망하고 있습니다. 만약 이 소망이 이루어진다면, 우리는 사방에서 그분에게로 나아온 것입니다. 그러면 지극히 가난한 여러분도 이 아침에는 여러분의 가난을 잊고서, 그분 안에서 아주 큰 부요함을 발견하게 될 것입니다. 반대로 부요한 여러분은 여러분의 세상적인 보물들을 잊고서 오직 그분 안에만 있는 부요함을 누리게 될 것이라 저는 확신합니다. 혹시 여러분이 시련을 받고 당황하며 상실과 고난의 한 주간을 보냈다 해도, 여러분은 사방에서 나와 그분에게 다가가, 여러분의 근심에 대한 확실한 위로를 얻게 될 것입니다. 반대로 번영과 성공의 한 주를 보낸 이들이 있을 것입니다. 그러나 그들도 이 땅의 가장 좋은 것들을 내려놓고, 하늘로부터 임하는 주님을 영접하기까지는 역시 만족하지 못할 것입니다. 세상의 모든 곳에서 다양한 경험들을 하다가 여러분은 그분에게로 나아왔습니다. 지금 이 아침 이 자리에 있는 하나님의 백성들은 그리스도와 교제하는 자들로서 다양한 외적인 상황들 속에 있다가 사방에서 나아온 자들입니다.

우리 주님에게 나아온 자들은 지역적으로도 사방에서 나아왔을 뿐만 아니라, 정신적으로도 아주 다양한 것들을 추구하고 있습니다. 위대한 학자, 평론가, 탁월한 수학자, 영민(英敏)한 철학자 등, 이 모든 사람들도 성령님의 가르침을 받아 예수님에게 나아와 안식을 누리게 될 것입니다. 그들이 안식일에 복잡한 문제들을 잠시 내려놓고, 예수님이 주시는 그 단순한 것들을 받아먹는 것은 그들의 지성에 크나큰 휴식이 될 것이라고 저는 확신 있게 말할 수 있습니다. 저는 대단한 지성을 가진 사람들에 대해서 들은 이야기가 있습니다. 그 사람들이 설교를 들으러 나올 때, 혹시라도 설교자가 매우 높은 수준의 지적인 설교를 하려고 하는 것을 그들이 감지한다면, 다시 말해서 설교자가 단지 지적인 면을 과시해서 그들을 충족시키려고 한다면, 그들은 실망하여 돌아서서 "이런 지적인 것들은 우리가 일주일 내내 질릴 정도로 생각하고 있는 것들이다"라고 말할 것입니다. 안식일은 안식하는 날입니다. 그런데 성도들로 하여금 오직 주 예수님 안에서 그들의 영혼이 안식하도록 하고, 그들 앞에 주 예수님을 소개해야 할 설교자가 이런 일은 하지 않고 대신에 성도들을 인간적인 지식에 얽매이도록 인도한다면, 그 목회자는 영적으로 안식일을 범한 자입니다. 하나님께 감사할 일은, 비록 소수이긴 해도, 인간의 문화라는 사방으로부터 예수님에게 나아온 자들이 있다는 것입니다. 이들은 예수님에게 나아오는 것을 기뻐하며, 가장 능력 있는 지성보다는 예수 그리스도께서 단순하게 선포한 것에서 더 많은 것을 받아들일 수 있음을 발견합니다. 하나님께 더욱 감사할 일은, 철학자들도 아니고 수학자들도 아닌 수많은 평범한 사람들이 이런 뛰어난 자들보다 예수 그리스도에게서 더 많은 것들을 발견한다는 것입니다. 다시 말해, 이들의 사고는 아주 심오하거나 통찰력이 있는 것이 아닙니다. 그러나 그들은 그리스도에게 행함과 진실함으로(요일 3:18) 나아와 그분을 기쁨으로 영접합니다. 아주 무지한 사람들도 그리스도에 대한 많은 것들을 받아들일 수 있다는 것은 놀라운 일입니다. 경건한 늙은 목동과 대화를 나눠 보십시오. 비록 자기 이름도 쓸 줄 모르는 일자무식한 사람이지만, 거룩한 것들에 관해 그가 이야기하는 것을 들어보십시오. 또한 오두막에 살고 있는 기독교인인 한 가난한 여인을 찾아가 함께 앉아 있어 보십시오. 그녀는 한 번도 그 마을을 떠나본 적이 없으며, 혹여 자신을 홀대하는 교파가 대세를 이루어, 자기가 원하는 방식대로 장례식이 거행되는 가운데 자기 뼈가 공동묘지에 묻히는 것을 금지당하는 그런 일이 벌어지지 않는 한, 그녀는 그 마을을 떠날 마음도 없는 여인입니다. 하지만 그녀는 자신의 구세주에 대해서는 잘 알고 있습니다. 그래서 그분에 관한 것이라면 자신이 기억하고 있는 많은 사실들을 여러 분에게 말해줄 것입니다! 이렇게 은혜로 가르침을 받은 성도들은 비록 세상에서 무식한 자라고 불리겠지만, 가장 학식 있는 자들이 그리스도에 관해서 자신의 인간적인 지식으로 알 수 있는 것보다 더 많은 것을 알고 있습니다. 이렇게 해서 여러분은 정신적 조건이라는 사방에서도 사람들이 예수 그리스도에게로 나아오 는 것을 보게 됩니다.

또한 저는 신학적인 사상이라는 모든 입장에서도 사람들이 그리스도에게로 나아오는 것에 대해 하나님께 감사드립니다. 저 건너편에 있는 내 형제가 있습 니다. 그는 하나님의 영원한 목적을 사랑하는 형제입니다. 그래서 언약과 영원 한 은혜의 작정을 생각하면서 아주 선뜻 예수님에게로 나아오고 있습니다. 이 영원한 언덕을 넘어 예수님에게로 나아오는 것은 기쁜 일입니다. 나의 또 다른 형제가 저 건너편에 있습니다. 하지만 그는 이런 식의 생각을 좋아하지 않습니 다. 그 형제도 그런 생각을 했으면 하고 저는 바랍니다. 그는 주로 인간의 책임과 모든 인류에 대한 하나님의 크신 사랑에 대해서 주로 생각합니다(아르미니우스파 형제들을 가리킨다 — 역주). 그래도 그 또한 무한한 은혜의 평야를 가로질러 예수님 에게로 나아오고 있습니다. 그는 죄인들의 모든 것 되시는 예수님을 보기를 기 뻐하고 있습니다. 존 웨슬리(아래 찬송가는 형 존이 아니라, 동생인 찰스 웨슬리의 곡이다 — 역주)는 다음과 같이 찬양하고 있습니다.

　　　"예수, 내 영혼의 사랑"
　　　　(찰스 웨슬리[Charles Wesley] — 역주).

그리고 이 모든 것을 다른 시각에서 본 토플레디(Augustus M. Toplady, 1740-1778, 영국의 성직자이자 찬송가 작사자 — 역주)는 다음과 같이 찬양하고 있습니 다.

　　　"만세 반석, 내게 열리니."

사방에서 사람들이 그에게로 나아옵니다. 비록 진리에 대한 사상적인 노선 은 서로 다르지만, 마치 모든 큰 기차 노선들이 런던에서 만나듯, 생각이 다른 이들이 예수님 안에서 서로 만나게 하신 하나님께 감사드립니다.

우리는 우리 자신의 영적 체험이라는 사방에서 그리스도에게로 나아왔다고 확신합니다. 우리는 깊은 곳에 던져졌습니다. "내가 깊은 곳에서 주께 부르짖었나이다. 주여 내 소리를 들으시며"(시 130:1-2). 우리는 또한 높은 곳에 선 적도 있었습니다. 그러나 거기서도 우리는 "나의 발을 암사슴 발 같게 하시며 나를 나의 높은 곳에 세우시며"(시 18:33)라고 찬송하였습니다. 우리는 하나님 안에서 기뻐하였고, 하나님 안에서 위로를 얻었습니다. 다시 말해 우리는 그분의 얼굴빛을 보고서 기뻐하였으며, 그분의 날개 그늘 아래에서 즐거워하였습니다. 감정의 모든 사방에서 우리는 우리의 영혼을 사랑하는 그분을 향했습니다.

이와 마찬가지로 서로 다른 성격과 마음을 가진 영혼들도 그리스도에게로 나아옵니다. 마리아는 깊이 생각하는 사람이었습니다. 왜냐하면 자기 자리를 주의 발치(눅 10:39)에 잡았기 때문입니다. 반면에 베드로는 활동적인 사람이었습니다. 그에게는 먹이를 줘야 할 양과 돌봐야 할 어린 양이 있었기 때문입니다. 다양한 기질을 가진 사람들이 우리 주님에게서 자신들이 필요로 하는 모든 것을 찾을 수 있습니다. 신비적인 연구에 어느 정도 애착을 가지고 깊이 몰두하는 사람으로서 사랑하는 마음을 가진 자라면 예수님에게서 가장 충만한 영역을 찾을 수 있습니다. 심지어 귀용(Jeanne Guyon, 1648-1717, 프랑스의 신비주의자로서 17세기 유럽을 휩쓴 기독교 철학인 정적주의[Quietism]의 주창자이다. 후에 이 정적주의는 로마가톨릭에 의해 이단으로 간주되었다 — 역주) 부인이 찾은 것 같은 그런 수준의 것도 찾을 수 있습니다. 따뜻한 마음을 타오르도록 하기 위해서는 예수님의 사랑 외에 더 필요한 연료가 없습니다. 이 주제가 조지 허버트(George Herbert, 1593-1633, 영국 성직자이자 형이상학파 시인 — 역주)를 얼마나 지속적으로 불타오르게 했는지를 살펴보십시오. 사랑하는 성도 여러분, 여러분도 활동적이며 정열적인 사람들입니다. 여러분은 박애주의적인 활동과 하나님을 향한 경건한 행동을 하면서 시간을 보냈고, 지금도 그런 활동들로 시간을 보내고 있습니다. 여러분은 예수 그리스도 안에서 여러분의 열정을 유지시키고 여러분의 활동을 거룩하게 할 모든 원동력을 찾습니다. 살아 있는 샘이 되신 우리 주님에게로 사방에서 성도들이 나아옵니다. 성도들은 결코 헛되이 나아오는 수가 없습니다. 그분은 허다한 다른 무리들에게도 귀하신 분이라는 사실을 기억할 때마다, 제 주님은 한층 더 제게 귀한 분으로 여겨집니다. 그분은 내 영혼에 꼭 필요한 분이시며, 나의 필요를 충족하게 하는 분이시라는 것은 사실입니다. 그래서 그분은 일부러 나를 위해 준비하고 계신 듯 여겨지기도 합니다. 그 어떤 무한한 지혜로도 내가 처한 경우에 이보다 더 완벽하게 맞추시는 그런 구세주는 상상할 수 없을 것입니다. 그런데 수천 수만의 사람들이 모두 이와 마찬가지로, 각자 오직 자신을 위하시는 하나님을 생각할 때, 그분에 대한 나의 기쁨은 더욱 커집니다. 전통적으로 만나(manna)는 모든 사람이 바라던 바로 그 맛이었으며, 모든 접시에 충분히 담을 수 있었던 것으로 알려져 있습니다. 하늘의 양식도 이와 같습니다. 하늘의 양식은 신자들 각각의 필요에 따라 맞게 채워지며, 지금은 시련 받고 있지만 하늘나라를 유업으로 받을 자들 각자의 필요도 채울 수 있을 정도로 충분합니다. 여러분은 그리스도를 독차지할 수 있습니다. 하지만 수백만의 행복한 영혼들도 여러분과 마찬가지로 그렇게 할 수 있으며, 그분께서 예비해 놓으신 다함이 없는 풍부함 가운데 살아갈 수 있습니다. 사랑하는 성도 여러분, 이 사실에 기뻐하십시오. 왜냐하면 이 사실은 그 관대한 마음에 대해 이루 말할 수 없는 희열을 느끼게 하며, 허다한 자들이 우리와 마찬가지로 예수님 안에서 자기들의 필요를 모두 채운다는 사실로 인해 우리에게는 하늘 위의 하늘이 주어지기 때문입니다. 우리는 우리 스스로 그분에게 나아가야 할 뿐만 아니라, 다른 신도들도 은혜를 받아 사방에서 그분에게로 나아가게 해야 합니다.

　　우리 형제들이 우리 주님에게 좀 더 가까이 나아올 수 있도록 그 길을 만들고, 그 길에 장애물들을 제거하는 일에 우리가 항상 힘쓰도록 합시다. 이것을 우리의 여러 목표들 가운데 하나로 삼읍시다. 그들이 수풀에서 나오는 것을 본다면, 우리는 그들에게 쉽게 나올 수 있는 길을 제시해 줍시다. 만약 그들이 골짜기에서 가파른 길을 오르기 힘들어한다면, 우리가 그들에게 손을 내밀어 도와줍시다. 만약 그 길이 너무 높아서 걱정이 된다면, 우리가 친히 그들과 함께 겸손하게 걸으면서 그들에게 낮은 길을 제시해 줍시다. 그들이 어디에 있든지 간에, 그들을 그리스도에게로 인도할 수 있도록 노력합시다. 우리 주 예수님은 성도들이 함께 만날 수 있는 만남의 장소입니다. 우리는 그분과 교제하는 모든 자들과 함께 교제하도록 합시다. 우리는 그분을 사랑하는 자들과 함께 거룩한 교류를 지속합시다. 그러면 우리는 거기서 복을 얻게 될 것입니다. 나의 주님에 대해 내가 알지 못하던 어떤 것을 나의 형제가 알 수도 있고, 또한 그 형제가 아직 배우지 못한 그분에 대한 어떤 것을 내가 알고 있을 수도 있습니다. 그래서 우리는 거룩한 교류를 통해 서로가 서로를 도울 수 있습니다. 옛날에도 이런 교류를 하였습니다. "그 때에 여호와를 경외하는 자들이 피차에 말하매"(말 3:16)라는 말씀대로 말입니다. 그리고 저는 이런 교류가 유익한 대화임을 알고 있습니다. 왜냐하면 하나님께서 친히 그 대화를 들으시기 때문입니다. "여호와께서 그것을 분명히 들으시고"(말 3:16)라는 말씀대로 말입니다. 그리고 그분은 거기서 말해지는 것들을 대단하게 여기시어 그것들을 책으로 만드십니다. "여호와를 경외하는 자와 그 이름을 존중히 여기는 자를 위하여 여호와 앞에 있는 기념책에 기록하셨느니라"(말 3:16)는 말씀대로 말입니다.

4. 매 순간 그분에게 좀 더 가까이 다가가고자 모여드는 큰 무리들

마지막으로, 사랑하는 성도 여러분, 오늘 본문 말씀은 매 순간 그분에게 조금 더 가까이 다가가고자 모여드는 큰 무리들에게 해당되는 말씀입니다. 그리고 이 말씀은 다음의 때에 완성될 것입니다.

> "장차 택함 받은 모든 족속들이
> 보좌 주위에서 만나,
> 그분의 은혜로운 행사를 찬송하고,
> 그분이 행하신 이적들을 선포하리라."(아이작 와츠[Isaac Watts]).

성도들이 사방에서 영광 중에 예수님에게로 나아오고 있습니다. 그분은 교회의 중심이십니다. 많은 사람들이 저 쪽에서 올라와 주님에게 이르러, 지금 그분의 보좌 앞에서 경배하고 있습니다. 모든 세대의 사람들이 그 보좌 앞에 있습니다. 아담으로부터 모세에 이르기까지, 여호수아로부터 열왕들과 선지자들의 시대에 이르기까지, 그리고 지금 이 시각까지도 사람들은 그분에게 계속해서 나아오고 있습니다. 세상 모든 민족과 인종들이 사는 사방에서 사람들이 그분에게로 나아오고 있습니다. 얼마나 많은 사람들이 모여들고 있는지 모릅니다! 천국은 전세계적입니다. 그리스도께서는 헬라인이나 유대인이나 야만인이나 스구디아인이나 종이나 자유인(골 3:11)이나 그 사이에 있는 차별을 철폐하셨습니다. 사람들이 모두 그분 안에서 만납니다. 그분은 만유시요 만유 안에 계십니다(골 3:11). 얼마나 서로 다른 많은 사람들이 함께 어우러져 있는지 모릅니다. 하지만 그분 안에서 갖는 그들의 기쁨과 만족은 다 한 가지로 동일합니다. 다윗은 "나는 … 깰 때에 주의 형상으로 만족하리이다"(시 17:15)라고 말했습니다. 물론 여러분은 다윗이 아닙니다. 하지만 여러분은 그와 동일하게 말할 수 있습니다. 그렇습니다. 우리는 사방에서 나아와 그분 안에서 만나게 될 것입니다.

우리가 중요하게 생각해 보아야 할 점은 사람들이 어디에서 왔든지 간에 모두가 그분에게로 나아간다는 사실입니다. 그분의 종인 우리가 천국에서 우리의 동료인 종들을 만나게 된다는 생각만 해도 이 얼마나 기쁜 기대인지 모릅니다. 그러나 이런 기대도 주님을 만난다는 기대에 비하면 틀림없이 아무것도 아닐 것입니다. 물론 우리는 그들 모두를 보게 될 것입니다. 그 옛날의 존 라일랜드 (John Collett Ryland)도 다음과 같이 예스럽게 표현했습니다.

> "큰 자나 작은 자나,
>   장차 사람들 모두가 거기에 갈 것이다.
>   비천한 나는
>   복된 거룩한 바울과 악수하게 될 것이다."

우리도 틀림없이 그렇게 될 것입니다. 우리도 우리의 동료들처럼 군주들이 사는 왕궁에 앉게 될 것입니다. 다시 말해, 우리 각자는 왕들이 사는 그 궁정에서 그분이 앉던 자리에 앉게 될 것입니다. 왜냐하면 그분은 "우리를 나라와 제사장으로 삼으신"(계 1:6) 분이시기 때문입니다. 이처럼 우리는 장차 대단한 동료들을 갖게 될 것입니다! 이 세상의 어둠에 찬란한 빛을 비추는 최고로 순결한 영혼들과 함께 하는 그 교류는 얼마나 고귀하고 장엄한지 모릅니다! 그런데 바로 여기에 핵심이 있습니다. 즉, 우리는 그분과 함께 있을 것이라는 사실입니다. 우리가 그분이 계신 곳에서 그분과 함께 있고 그분의 영광을 보게 된다면, 이것 외에 우리가 달리 크게 신경 쓸 일은 없을 것이라 저는 믿습니다. 이것이 바로 저에게는 천국입니다. 우리는 장자들로 구성된 총회와 교회로 나아갈 것입니다. 그때 그리스도께서 그들 모두 가운데 계시기 때문에, 그들은 모두 그분 육체의 지체들이 될 것입니다. 우리가 그분의 지체가 되는 것은 단지 그분에게 나아가는 또다른 형태일 뿐, 우리가 직접 그분께 나아가는 것과 결코 상충되지 않을 것입니다. 오히려 우리가 그분의 지체가 되면, 우리의 영광스러운 머리 되신 그분과 나누는 우리의 교제는 더욱더 확대될 것입니다.

　이제 저는 말씀을 마치고자 합니다. 사방에서 그리스도에게 나아온다는 이 생각은 여러분이 스스로 충분히 생각해 볼 만한 여지가 있는 주제라고 저는 믿습니다. 그래서 저는 더 이상 길게 말씀드리지 않을 것입니다. 주 예수님께서 "하늘에 있는 것이나 땅에 있는 것이 다 그리스도 안에서 통일되게 하려"(엡 1:10) 하시는 날이 올 것입니다. 그때 그분은 그분 안에 있는 모든 만물들의 우두머리가 될 것이며, 이 만물들은 사방에서 그분에게로 나아올 것입니다. 이에 대해서는 미리 예언되어 있으며, 그분이 가지신 신비로운 인성은 이를 미리 맛보았습니다. 복되신 우리 주님의 인성 안에서 모든 것들을 하나로 모으시다니 이 얼마나 놀라운 일입니까? 물질세계도 그분과 관련되어 있습니다. 왜냐하면 그분은 혈과 육으로 태어나셨기 때문입니다. 다시 말해 그분이 지니신 그 혈과 육으로 인해 그분은 우리 발 밑에 있는 생명 없는 물질들과도 관계되기 때문입니다. 그분은 하등한 형상을 한 지성과도 관련이 있습니다. 그분은 과거에도 인간 영혼을 지니셨고, 지금도 인간 영혼을 지니고 계시기 때문입니다. 영적으로 보자면 그분은 우리의 형제입니다. 왜냐하면 그분은 영적인 후사들의 머리이시기 때문입니다. 하나님께서 친히 가지신 만물의 면류관으로서 그분은 한 분 하나님이십니다. 그분의 절대적인 신성에서 생각하자면 하나님이신 그분께서는 홀로 계시며, 그분과 모든 피조물들 사이에는 심연으로 구분되어 있습니다. 그러나 하나님께서는 예수 그리스도 안에서 피조물 전체를 자기에게로 취하셨습니다. 그리하여 여러분이 장차 올 세대에서 그분을 보게 될 때, 여러분에게 이 사실들이 더욱더 분명하게 드러날 것입니다. 하나님이신 영광스러운 그리스도께서는 모든 피조물들의 중심에 서시고, 자기 인성 주변으로 그 모든 피조물들을 하나로 통일시키십니다. 우리는 이것을 장차 더 잘 이해하게 될 것입니다. 그러므로 이에 대해 숙고하는 것은 아름다운 일입니다.

　저는 리옹(Lyon)에 있는 상테티엔느(St. Etienne) 교회 창문에 그려진 그림의 한 장면을 본 적이 있습니다. 그 그림은 제게 큰 감동을 주었습니다. 거기에는 우리 주님께서 광야에서 시험을 받으신 후, 들짐승들과 함께 계시며, 천사들이 수종(막 1:13)드는 모습이 그려져 있습니다. 천사들이 그분에게 과일과 음료수와 빵과 고기를 가져다주는 모습인데, 이 그림은 그 교회의 악기들이 내는 음악과 조화를 이루고 있습니다. 그분 위로 해가 떠올라 그분을 부드럽게 비춥니다.

그리고 그분의 머리 뒤로는 나무에 열매가 맺혀 있고, 새 힘을 내게 할 만큼 탐스러운 과실들이 주렁주렁 달린 나뭇가지들도 그분에게 경배하는 것처럼 보입니다. 졸졸졸 소리를 내며 흐르는 작은 시냇물이 그분의 발 밑으로 흐르고, 그분 주위로 초원이 펼쳐져 있으며, 야생화들이 만발해 있습니다. 그분 아래로는 꽃들이 꽃망울을 터뜨리고, 그분 위로는 아름다운 비둘기들이 기쁨으로 꾸꾸꾸 울고, 공중의 새들도 끊임없이 조잘거리며 그분에게 노래를 부르고 있습니다. 그분 앞에서 겸손하게 엎드려 있는 사자는 그분에게 경의를 표하고, 그분의 손길이 닿을 만큼 가까이에 있는 귀여운 어린 사슴은 겁도 없이 그 시냇가에서 물을 마시고 있습니다. 토끼도 들짐승들 옆에서 아주 평화롭게 풀을 뜯고 있습니다. 모든 것들이 편안하고 행복하고 평화롭습니다. 천사들과 토끼들과 사자와 어린 사슴과 위로 하늘과 아래로 꽃들, 이 모두가 그분 안에서 만나고 있습니다. 해마저도 스스로 사랑스러운 꽃이 되기로 한 것처럼 더욱더 밝은 빛으로 비추고 있습니다. 그 그림 속에서 예수님은 이 모든 것의 중심에 계셨습니다.

저는 이 예술가의 생각에 넋을 잃었습니다. 이 그림 안에는 진리가 담겨져 있습니다. 우리 주님은 바로 이 땅을 축복하고 거룩하게 하셨습니다. 왜냐하면 이 땅에서 그분의 거룩한 발자취가 남겨진 흔적을 느낄 수 있었기 때문입니다. 따라서 강에 흐르는 물은 더 이상 평범하거나 더러운 물이 아닌 것입니다. 왜냐하면 그분이 이 강에서 세례를 받으며 그 속에 잠기셨기 때문입니다. 모든 햇빛도 이제 은혜로운 것입니다. 왜냐하면 그 해가 그분을 바라보고 있었기 때문입니다. 하등 동물들도 사랑으로 대접을 받아야 합니다. 왜냐하면 그분이 그것들을 사랑하셨기 때문입니다. 여러 동물들이 그분에게로 나아왔습니다. 소들은 그분이 아기 때 누우셨던 구유에서 풀을 먹던 그때부터 나아왔고, 나귀와 나귀 새끼는 그분께서 예루살렘 거리를 행진하실 때 나아왔습니다. 그러므로 우리는 모든 만물들을 경건하게 대해야 합니다. 왜냐하면 그분께서 이 모든 만물들을 생각할 정도로 낮아지셨기 때문입니다. 위로 하늘의 천사들로부터 아래로 바다의 파도에 이르기까지, 그리고 맹인을 치료하기 위해 맹인의 눈에 바른 진흙(요 9:6)에 이르기까지 모든 만물들이 자기 영역에서 그분을 섬겼습니다. 그렇게 해서 만물들은 사방에서 그분에게로 나아왔습니다. 피조물도 썩어짐의 종 노릇 한 데서 해방되어 하나님의 자녀들의 영광의 자유에 이르는(롬 8:21) 그 날이 오고 있습니다. 사방에서 사람들이 그에게로 나아올 것입니다. 그분 안에서 가장 비천한 물질과 함께 가장 고귀한 영(靈)까지도 의가 있는 곳인 새 하늘과 새 땅(벧후 3:13)에서 즐거워할 것입니다. 그때는 용들과 바다(시 148:7)와 산들과 모든 계곡들과 짐승들과 모든 가축들과 기는 것들과 나는 것들과 땅의 왕들과 모든 백성들이 주님의 이름을 찬양할 것입니다. 하늘과 모든 하늘의 하늘과(신 10:14) 천사들과 해와 달과 빛나는 별들도 그분의 영광을 드러낼 것입니다. 그때에는 숲에 있는 나무들도 주님 앞에서 즐거워할 것입니다. 아멘.

제
4
장

—

새로운 일

—

"그가 일어나 곧 상을 가지고 모든 사람 앞에서 나가거늘 그
들이 다 놀라 하나님께 영광을 돌리며 이르되 우리가 이런
일을 도무지 보지 못하였다 하더라." — 막 2:12

복음서에 놀랄 만한 일들이 많이 기록되어 있는 것은 매우 자연스러운 일입
니다. 왜냐하면 복음 그 자체가 인간의 헤아림을 넘어서 있는 특별한 것이기 때
문입니다. 복음에 대해 생각할 때마다, 저는 번연(Bunyan)과 함께 "오, 놀라운
세상이여! 그 이상 내가 무슨 말을 하리오"(「천로역정」 중 사망의 음침한 골짜기에서 —
역주)라고 감탄할 수밖에 없습니다. 이제 저는 "우리가 이런 일을 도무지 보지 못
하였다"라고 말한 무리들과 함께 오늘 본문 속으로 여러분 모두를 초대하고자
합니다. 인간이 죄를 범했을 때, 하나님께서는 패역한 우리 인간을 즉시 멸하시
거나, 아니면 타락한 천사들의 경우처럼, 모든 선한 것에 대해 적대감을 가져 결
국에는 비참하게 끝나고 마는 처지에 놓이도록 하실 수 있었을 것입니다. 그러
나 하나님께서는 "천사들을 붙들어 주려 하심이 아니요 오직 아브라함의 자손을
붙들어 주려 하심이라"(히 2:16) 한 말씀과 같이 피조물의 계층에서 보자면 하찮
은 존재에 불과한 인간들을 살펴서서, 인간이 구원을 경험하고 그분의 신적인
은혜를 드러내도록 작정하셨습니다. 무엇보다도 인간들을 위한 복음을 주셨다
는 그 자체가 놀라운 일입니다. 그리고 복음 안에 하나님의 독생자께서 주신 선
물이 들어 있다는 사실을 우리가 기억할 때, 눈에 보이지 않는 영이신 하나님께

서 인간의 몸으로 은폐되셨고, 하나님의 아들이 마리아의 아들이 되어 고통과 약함과 가난과 수치를 반드시 받아야만 했다는 사실을 우리가 기억할 때, 결론적으로 우리가 이 모든 것을 기억할 때, 우리는 이런 엄청난 사실과 관련된 많은 것들을 보면서 크게 놀라지 않을 수 없습니다.

인간의 육신 속에 계신 하나님을 볼 때, 기적들은 더 이상 대단히 놀라운 충격으로 우리에게 다가오지 않습니다. 왜냐하면 하나님의 성육신이야말로 기적들 가운데서 최고의 기적이기 때문입니다. 그리고 복음이 우리에게 전해지기 위해서는 하나님께서 우리의 본성을 취하시어 인간의 죄를 위한 대속을 해주셔야 할 필요가 있었다는 것을 우리는 기억해야만 합니다. 여러분은 이 사실을 생각하십시오! 거룩한 하나님께서 죄의 대속물이 되어 주셨습니다! 천사들이 이 소식을 처음으로 들었을 때, 분명히 그들은 놀라서 어쩔 줄을 몰랐을 것입니다. 왜냐하면 그들은 '이런 일을 도무지 보지 못하였다'고 생각했기 때문입니다. 피해자가 범죄자를 위해 죽는 경우가 있습니까? 재판관이 죄인이 받을 형벌을 대신 받는 경우가 있습니까? 하나님께서 자신이 만든 피조물의 허물을 친히 감당할 수 있는 것입니까? 그런데 이런 일이 일어났습니다. 예수 그리스도께서 그것을 감당하셨습니다. 그래서 우리는 죄의 결과들을, 아니 죄 그 자체를 감당하지 않게 되었던 것입니다. "그가 살아 있는 자들의 땅에서 끊어짐은 마땅히 형벌 받을 내 백성의 허물 때문이라"(사 53:8). 예수님은 우리를 위해 저주를 받으셨습니다. "나무에 달린 자마다 저주 아래에 있는 자라"(갈 3:13)고 기록된 바와 같이 말입니다. 반역한 인간들에게 주어진 이 복음, 다시 말해 하나님 아들의 성육신과 죽음까지 포함된 이 복음으로부터 일어난 일들은 일상적인 결과로 간주될 수 없습니다. 하나님의 창조 안에 있는 모든 것들은 어떤 질서에 의해 만들어졌습니다. 장미 위에 떨어지는 이슬방울이나 밤의 얼굴 표정을 장식하는 저 하늘의 가장 장엄한 것들 사이에도 조화가 있습니다. 법칙이, 떨어지는 물 한 방울부터 대양 그 자체까지 모든 것들을 다스립니다. 모든 것이 균형을 이루고 있습니다. 그래서 우리는 성육신하신 하나님과 무한한 대속으로부터 시작한 이 경륜 속에 우리를 아주 놀라게 하는 어떤 것이 분명히 있을 것이라고 확신하게 됩니다. 그로 인해 우리는 "우리가 이런 일을 도무지 보지 못하였다"라고 감탄할 준비를 자주 해야만 합니다. 보통 사람들은 이러한 복음이 낯설기만 합니다. 하지만 우리가 예수 그리스도 안에 있는 하나님을 보게 될 때, 우리는 그 놀라운 세계로 들어가게 됩니다. 복음은 소설 같은 꾸며진 이야기로 보이지만, 소설을 넘어선 이야기입니다. 어떤 이적이든 사람들은 상상해 볼 수 있습니다. 하지만 하나님께서 놀라운 은혜로 베풀어 주신 사실들은 상상력으로 생각해 볼 수 있는 그 어떤 것보다 더욱 특별한 것들입니다.

저는 복음을 아직까지 잘 모르는 분들에게 두세 가지 것들을 이 시간에 말씀드리고자 합니다. 이 자리에 어쩌다 한 번 참석하게 된 분들에게도 복음이 아주 새로운 어떤 것으로 여겨지리라 믿어 의심치 않습니다. 제가 그런 이들에게 전하고 싶은 말씀은 다음과 같습니다. 첫 번째로, 복음이 아주 낯선 어떤 충격으로 여러분에게 다가온다고 해서, 여러분이 그 복음을 불신해서는 안 된다는 것입니다. 두 번째로, 복음에는 틀림없이 놀랍고도 기이한 어떤 것들이 들어 있다는 사실을 여러분이 기억해야 한다는 것입니다. 지금까지 여러분은 그 기이한 것들을 믿지 않았지만, 여러분이 그것을 들을 때 믿음이 여러분의 영혼에 역사하기를 소망하면서, 우리는 그 기이한 것들을 여러분 앞에 제시하고자 노력할 것입니다. 그리고 세 번째로, 이렇게 낯선 어떤 것들이 여러분에게 다가와 여러분이 "우리가 이런 일을 도무지 보지 못하였다"라고 말할 수밖에 없을 때, 그 때에야 비로소 여러분은 하나님께 영광을 돌리고 그분의 이름에 새로운 명예를 돌려드리게 될 것입니다.

1. 복음이 충격으로 다가온다고 해서 그 복음을 불신하지 마십시오.

이제 첫 번째로, 복음이 여러분을 놀라게 한다고 해서 그 복음을 불신하지 말라는 것에 대해 말하겠습니다. 먼저 참된 인식의 길에 선입견만큼 방해거리는 없다는 사실을 기억하십시오. 우리 인류가 과학적인 억측에 그렇게 널리 현혹되지 않았더라면, 우리는 훨씬 더 많은 과학적 사실들을 알게 되었을 것입니다. 대부분의 과학 서적들을 한번 들춰 보십시오. 그러면 여러분은 그 책에서 다루는 물질에 관한 주요 부분이 지난 수세기 전에 확립된 몇몇 이론들에 대한 대답이거나, 아니면 시기적으로 근대에서 제기된 이론들에 대한 대답이라는 것을 발견하게 될 것입니다. 이론이라는 것은 과학에서 성가신 것들입니다. 즉, 이론은 귀중한 사실들이 제대로 드러나기 위해 완전히 없어져야 할 부질없는 것들에 불과합니다. 만약 여러분이 어떤 한 주제를 연구하게 된다면, 여러분은 속으로 '이러이러한 자료들로 이렇게 한번 구성해 봐야겠다'고 말하면서, 사실들이 어떻게 전개되어야 할지를 미리 마음속으로 정하게 됩니다. 그래서 여러분은 연구 주제 자체가 제기하는 것보다 여러분 자신이 정한 방식 때문에 더 심각한 어려움을 겪게 됩니다. 이처럼 선입견은 발전에 장애물입니다. 우리가 행하기 전에 이미 알고 있다고 믿는 것은 우리가 실제로 발견하고 바른 인식으로 나아가는데 방해가 될 뿐입니다. 어떤 한 천체 관측자가 태양에 흑점이 있다는 것을 처음으로 발견하고서 그것을 발표했을 때, 그 사람은 자신의 고해신부 앞으로 불려나가서 그런 내용을 발표한 것에 대해 질책을 받았습니다. 그 예수회(Jesuit, 예수회의 기본신학은 아리스토텔레스의 철학에 기반을 두고 있다 — 역주) 신부는 자신이 아리스토텔레스의 책을 여러 번 읽어보았지만, 태양에 그런 흑점이 있다는 내용을 아리스토텔레스가 언급한 것을 보지 못했으므로, 태양에는 그와 같은 것이 있을 수 없다고 말했습니다. 그에 대해 그 죄인은 자신이 망원경을 통해서 직접 그 흑점들을 보았다고 대답했지만, 신부는 그에게 망원경을 통해 본 그 자신의 눈을 믿어서는 안 되고, 신부인 자신의 말을 믿어야 한다고 말했습니다. 무엇보다도 아리스토텔레스가 그 흑점들을 언급하지 않았다면, 태양에 흑점들은 존재할 수가 없는 것이기 때문에, 태양에 흑점이 있다는 그런 사실을 마땅히 믿어서는 안 된다는 입장이 그 신부에게는 너무나 분명했기 때문입니다. 자, 지금도 이와 같은 마음으로 복음을 들으러 온 사람들이 있습니다. 그들은 복음이 마땅히 이러이러해야 한다는 어떤 관념을 가지고 있습니다. 그들의 생각은 자신이 만들어 낸 아주 확고하고 강력한 틀에 박힌 신념이거나, 아니면 오래된 자기 집 서랍장과 함께 대대로 전해 받은 신념일 수도 있습니다. 따라서 그들은 복음을 솔직하게 들어보거나 배울 준비가 전혀 되어 있지 않으며, 성경으로 돌아가 성령 하나님의 마음을 찾아보려고 하지도 않습니다. 도리어 성경에서 자신의 선입견에 맞는 어떤 색을 찾으려고 합니다. 사람이 자기의 눈을 뜨려고 할 때 무언가를 보여주기는 쉬운 일이지만, 자기 눈을 감고서 절대로 보지 않기로 결심했을 때는 그렇게 하기가 어렵습니다. 여러분은 아주 쉽게 초에 불을 붙일 수 있습니다. 하지만 그 초 위에 촛불을 끄는 덮개가 씌워져 있다면, 여러분은 쉽게 불을 붙일 수 없을 것입니다. 이와 마찬가지로, 자기 영혼의 불을 끄고서 자기 영혼을 선입견들로 덮어버린 사람들이 있습니다. 그들은 복음이라면 마땅히 이러이러해야 한다고 마치 재판관처럼 판단하고 행동합니다. 그래서 자신들이 미리 예상한 관념과 잘 맞지 않는 어떤 것을 듣게 되면, 그들은 즉시 불쾌하게 생각합니다. 이것은 아주 어리석은 일이며, 우리의 영혼과 관련된 문제에 있어서 이것은 복음에 대한 조롱보다 더 악한 것이라고 할 수 있습니다. 이것은 또한 가장 위험한 일이기도 합니다. 그러므로 우리가 말씀을 전하기 위해서는 다음과 같이 기도를 하면서 나아가야 합니다. "주님이시여, 당신께서 나를 가르쳐 주옵소서. 복되신 성령님께서 나를 모든 진리로 인도하여 주옵소서. 나로 하여금 당신의 말씀 속에 있는 가르침을 보게 하시고, 비록 그 가르침이 나의 모든 선입견들에 충격으로 다가온다 해도, 그것을 받아들이게 하옵소서. 비록 그 가르침이 내게 전적으로 새로운 것처럼 보인다 해도, 그것이 하나님의 말씀임이 분명하오니, 저는 기꺼이 그 말씀을 받아들이고 그 말씀을 기뻐하겠습니다." 하나님께서 우리에게 이러한 마음을 주시어, 우리도 오늘 본문 말씀처럼 "우리가 이런 일을 도무지 보지 못하였다"라고 마땅히 말하게 될 때, 그 때 우리는 우리를 방해하는 우리의 선입견들에도 불구하고 진리를 받아들이게 될 것입니다.

　　사랑하는 성도 여러분, 우리가 참된 것으로 알고 있는 많은 것들이 우리 조상들에게도 알려졌으나, 그럼에도 그들은 그것을 참된 것으로 믿지 않았다는 사실을 우리는 기억해야 합니다. 몇 세대 전만 해도 영국 사람들은 앞으로 말이 마차를 끌지 않고, 증기 기관을 이용해 한 시간에 시속 60에서 70킬로미터의 속도로 땅 위를 달릴 수 있을 것이라는 말을 들으면, 고개를 갸우뚱하면서 그런 예측을 조롱하며 비웃었을 것입니다. 실제로 그랬습니다. 몇 해 전만 해도 어떤 사람이 우리는 단번에 대서양을 횡단할 수 있을 것이라고, 즉 해저(海底)에 대서양을 가로질러 놓인 케이블을 이용해 그것이 가능할 것이라는 즉각적이고 구체적인 설명을 내놓았음에도 불구하고, 우리는 그것을 가능한 것으로 생각하지 않았습니다. 어떻게 그런 일들이 일어나겠는가 하는 식으로 말입니다. 하지만 오늘날 그런 일들은 우리에게 흔한 일상이 되어 버렸습니다. 그러므로 우리는 다음의 사실을 기대합시다. 하나님의 창조보다 더 놀랍고 사람이 고안한 그 어떤 것보다도 훨씬 놀라운 것들을 대하게 될 때, 우리는 믿기 어려운 것들을 마주하게 될 것이라는 사실을 말입니다. 진리에 감동을 받기 위해서는 우리의 마음과 영혼을 기꺼이 포기하고, 하나님께서 계시해 주신 작은 믿음이라도 계속해서 보여드려야 합니다.

　　널리 알려진 바와 같이, 어떤 부류의 사람들에게는 믿기가 어렵지만, 의심할 바 없이 분명한 사실들이 많이 있습니다. 얼마 전에 한 선교사가 자신이 사역하던 더운 아프리카 지역의 흑인 교인들에 대한 이야기를 들려주었습니다. 그는 그곳 사람들에게 영국에서는 겨울이 되면 강물이 얼어서 그 위로 사람들이 걸어갈 수 있다는 말을 해주었습니다. 자, 보십시오. 그들은 그 선교사가 지금까지 한 말은 모두 다 믿었습니다. 하지만 이 이야기만큼은 그들이 믿지 못했습니다. 그래서 그들은 선교사가 아주 큰 거짓말을 하고 있다고 서로 수군거렸습니다. 그러던 차에 그들 중 한 사람이 영국으로 건너오게 되었습니다. 그는 도대체 어떤 사람이 강을 가로질러 걸어갈 수 있겠느냐면서 그런 생각 자체가 아주 웃기는 얘기라는 확신에 가득 차 있었습니다. 마침내 서리가 내리고 강이 꽁꽁 얼자, 그 선교사는 그 흑인 교인을 강으로 데리고 갔습니다. 그 착한 선교사는 빙판 위에 직접 서서, 그 회심한 아프리카 교인에게 한번 서 보라고 말했지만 그를 설득할 수는 없었습니다. "안 됩니다. 믿을 수 없어요"라는 그의 말에 선교사는 "당신이 지금 눈으로 보고 있지 않습니까? 성도여! 당신도 들어와 봐요! 이리로 오세요!"라고 말했습니다. 그러나 그 교인은 "안 됩니다. 저는 고향에서 오십 년간 살면서 지금까지 이런 일은 한 번도 보지 못했습니다. 그리고 지금까지 강 위를 사람이 걸어가는 것도 한 번도 본 적이 없습니다"라고 말했습니다. 선교사가 "그렇지만 지금 내가 이렇게 강 위에 서 있지 않습니까? 나를 따라 들어오면 되잖아요!"라고 말하면서 그의 손을 잡아 강하게 끌자, 그제야 그 아프리카 사람은 언 강물 위에 들어오려고 했고, 그 강물이 자신의 무게를 지탱하고 있다는 것을 알게 되었습니다. 이런 식으로, 말과 경험이 정반대일 경우에는 그 말이 진리라 해도, 어떻게든 그것이 진리인 것을 증명해야만 합니다. 이와 동일한 규칙은 복음의 경우에도 적용됩니다. 여러분은 여러분이 진리로 믿을 수 없는 어떤 것들이 복음 안에 있을 수 있다는 각오를 해야 합니다. 하지만 우리 가운데 어떤 사람들이 그 믿을 수 없는 것이 사실이라는 것을 증명하고, 일상 속에서 그것을 누리며 살아간다면, 여러분 자신도 그것들을 고집스럽게 거부하지는 못할 것입니다. 만약 우리가 사랑으로 여러분의 손을 잡고서 "이 생명의 강으로 나아오십시오. 이 강이 여러분을 지탱해 줄 것입니다. 여러분은 여기서 안전하게 걸을 수 있습니다. 우리도 지금 그렇게 걸어가고 있는 중입니다. 지금까지 수년 동안 그렇게 걸어가고 있는 중입니다"라고 말하고, 여러분을 향해 속이는 자처럼 행동하지 않는다면 말입니다. 그리고 여러분이 지금까지 한 번도 복음이 진리인지 살펴보려는 시도를 하지 않았기 때문에 복음이 진리일 수 없으며 그 복음의 능력도 전혀 경험하지 못한 것이라는 말도 안 되는 이야기들을 절대로 하지 마십시오.

사랑하는 성도 여러분, 아프리카에서 온 친구가 지금까지 빙판을 한 번도 보지 못했다 해도, 빙판이 존재한다는 것은 사실의 문제입니다. 이 아프리카 친구의 경우는 복음의 문제에도 똑같이 적용됩니다. 그 친구가 용기를 내어 강물로 발을 내디뎠을 때, 그 때 그는 그 빙판이 실제로 있다는 것을 알게 되었습니다. 이와 마찬가지로 여러분도 여러분의 영혼으로 복음의 귀중한 것들을 향해 용기를 낸다면, 그 때 여러분은 예수 그리스도를 발견하게 되고, 복음의 그 귀한 것들이 확실하고 분명한 진리라는 것을 알게 될 것입니다. 제가 이런 말씀을 드리는 이유는 단 한 가지입니다. 즉, 복음의 말씀이 새롭고 놀라운 것처럼 보인다 해도 이 사실로 인해 사람들의 마음에 반드시 불신이 생기는 것은 아니라는 것을 여러분이 전적으로 확신하도록 준비시키기 위함입니다. 사랑하는 성도 여러분, 아마도 여러분은 다음과 같이 소리칠지도 모르겠습니다. "나는 내 죄가 용서받을 수 있다고 바랄 수 없습니다. 나는 내 마음이 변화되리라 상상할 수도 없습니다. 믿는다는 단 하나의 단순한 행동으로 내가 구원받은 사람이 될 수 있다니, 그것이 가능하다고 생각할 수 없습니다." 그렇지 않습니다. 모든 사람들이 각자 자신의 기준으로 모든 것을 헤아린다는 사실을 여러분은 알지 못합니까? 우리는 항상 다른 사람의 곡식을 자신의 자로 헤아립니다. 우리는 하나님까지도 우리 자신의 기준으로 헤아리려고 합니다. 이러한 우리를 부드럽게 책망하는 성경 말씀이 있습니다. "이는 내 생각이 너희의 생각과 다르며 내 길은 너희의 길과 다름이니라. 여호와의 말씀이니라"(사 55:8). 내가 생각하기에는 하나님으로부터 바르게 기대한 것이라고 한 것이 하나님께서 내게 주려고 예비한 것과는 전혀 다른 것일 수도 있습니다. 이것은 아주 당연한 일입니다. 나에 대한 그분의 행동을 아마도 나는 내가 소중히 여기는 기준으로 판단할 것입니다. 그리고 내가 만약 그렇게 판단한다면, 내가 무엇을 기대할 수 있겠습니까? 아마 나는 그분의 은혜도 내 자신의 기준으로 판단할 것입니다. 그러고는 내가 과연 일곱 번을 일흔 번까지 용서할 수 있을까, 종종 화가 날 때 내가 과연 그 허물을 관대히 봐줄 수 있을까를 생각합니다. 그러다가 나는 내 마음속에 용서라는 큰 능력이 없다는 것을 발견하게 됩니다. 그래서 나는 하나님도 나만큼이나 다른 사람을 용서해 주기에 완악하시며, 그렇게 하지 않으실 것이라 결론짓습니다. 그러나 우리는 그렇게 판단해서는 안 됩니다.

　오, 죄인들이여, 여러분은 그렇게 판단해서는 절대 안 됩니다. 만약 여러분이 이 위대한 구원을 갈망한다면, 여러분은 앉아서 하나님의 신성을 인간의 자로 계산하기 시작하거나, 그리스도의 공로를 작은 자로 재거나, 하나님께서 과연 이 일을 하실 수 있을지, 아니면 저 일은 하실 수 있을지 등을 계산해서는 안 됩니다. 그분은 하나님이신데, 그분께서 할 수 없는 일이 과연 있을 수 있겠습니까? 예수님께서는 그분의 본성대로 한없는 대속을 해주지 않으셨습니까? 그렇다면 그 대속으로 깨끗하게 되지 않을 죄가 도대체 어디 있겠습니까? 주님을 인간의 판단으로 평가하지 마십시오. 오, 인간들이여, 그분은 여러분이 측량할 수 있는 작은 개천이나 작은 호수와 같은 분, 즉 여러분이 능히 그 크기를 계산할 수 있는 그런 분이 아닙니다. 그분은 바닥도 없고 해변도 없는 바다와 같은 분입니다. 그래서 여러분이 그분을 측량하고자 시도만 해도, 여러분의 모든 사고들은 그 바다에 빠지고 맙니다. 여러분은 할 수 있는 대로 여러분의 사고를 높게 하십시오. 그래서 하나님의 그 위대한 것들을 생각하고 하나님으로부터 그 위대한 것들을 기대하십시오. 여러분이 여러분의 기대를 크게 가질 때, 여러분의 믿음은 최고로 성장하게 될 것입니다. 하나님은 여러분이 간구하거나 심지어 생각하는 것을 훨씬 넘어서서 풍성하게 행할 수 있는 분이십니다. "네가 하나님의 오묘함을 어찌 능히 측량하며 전능자를 어찌 능히 완전히 알겠느냐?"(욥 11:7). 여러분이 그분보다 뛰어날 수 있고, 그분이 주실 수 있는 것보다 더 많은 것을 바라고 소망할 수 있다고 여러분은 기대합니까? 오, 그럴 수는 없습니다. 이 점을 고려하지 않는다면, 여러분은 복음이 의미하는 바에 대해 실수할 가능성이 아주 높습니다. 왜냐하면 여러분의 판단은 오로지 여러분이 알고 할 수 있는 것에서 비롯되지만, 하나님은 여러분이 알고 생각할 수 있는 모든 것 위에 계신 무한한 분이기 때문에, 복음에 대한 여러분의 사고방식은 자연히 잘못된 것일 수밖에 없습니다.

사랑하는 성도 여러분, 여러분이 기억하셨으면 하는 것을 또 하나 말하겠습니다. 여러분은 복음에 낯선 자들입니다. 복음과 관련해서 단도직입적으로 말하자면, 여러분에게 복음이 생소하다고 해서 여러분이 그 복음을 절대로 불신해서는 안 된다는 것입니다. 왜냐하면 복음에 대해 실수를 범한 자들이 무수히 많기 때문입니다. 우리 구주께서 살아 계실 당시 유대인들은 지금까지 경험한 설교자들 가운데 최고의 설교자가 전하는 말씀을 들었습니다. 하지만 그들은 그분을 이해하지 못했습니다. "그 사람이 말하는 것처럼 말한 사람은 이때까지 없었나이다"(요 7:46)라고 말한 것으로 보아, 그분의 말씀은 명쾌한 방식으로 전해졌던 것이 분명합니다. 그럼에도 불구하고 그들은 그분께서 하신 모든 말씀을 잘못 알아듣는 실수를 하였습니다. 그들은 그분이 하신 말씀의 뜻을 알고 있다고 생각했습니다. 그러나 그들은 알지 못했습니다. 심지어 그분의 제자들과 사도들까지도 그들이 성령 하나님으로부터 조명을 받기 전까지는 자기들의 주님이신 그분의 말씀을 제대로 알지 못하는 실수를 범하였습니다. 그들은 그분의 가르침 전반에 대해 조금만 알았을 뿐입니다. 사랑하는 성도 여러분, 여러분이 지금까지 믿음 가운데서 한 번도 기쁨이나 평안을 알지 못했다는 그런 실수를 범했다고 해서, 여러분은 완전히 깜짝 놀라야 하는 것입니까? 여러분이 전적으로 이런 실수를 범하는 것은 전혀 불가능한 일입니까? 유대인들은 구세주께서 친히 하시는 말씀을 들었습니다. 그런데도 그들은 진리를 이해하지 못했습니다. 그들 가운데 천재이자 아주 교육을 잘 받은 한 사람이 있었습니다. 그 사람은 특별히 정치 지도자였으며 유대인들 가운데 선생이었습니다. 물론 그러한 선생들도 이러한 것들에 대해 이해하지 못하는 것은 마찬가지였습니다. 구세주께서는 그 사람에게 "거듭나야 하겠다"(요 3:7)라고 말씀하셨습니다. 그러자 그 사람은 이 말씀을 문자 그대로 받아들였습니다. 그는 구세주께서 말씀하고자 하신 신비로운 변화를 이해할 수 없었습니다. 자, 보십시오. 니고데모 한 사람만 이 말씀을 몰랐던 것이 아닙니다. 니고데모와 같은 아주 많은 사람들이 이 말씀을 모르고 있습니다. 이런 일이 여러분에게도 일어나지 않겠습니까? 여러분도 지금까지 이 신비를 알지 못했고, 지금 이 순간에도 이러한 신비를 가지고 있지 않으니 말입니다. 여러분도 어쩌면 아주 상당한 교육을 받은 사람이며, 특출한 재능과 소질을 가지고 있을지 모릅니다. 사랑하는 성도 여러분, 어떤 사람이든 복음의 참된 뜻을 놓치기 쉽습니다. 여러분의 경우가 바로 이런 경우입니다. 그래도 여러분은 다음과 같이 말할 것입니다. "제가 하는 말이 이상하게 들리지 모르지만, 그래도 이런 말은 해야 할 것 같습니다. 즉, '사실에 입각한 관찰'이 중요하지 않겠습니까?'라고 말입니다. 하지만 "육체를 따라 지혜로운 자가 많지 아니하며 능한 자가 많지 아니하며 문벌 좋은 자가 많지 아니하도다"(고전 1:26)라고 성경은 말합니다. 이 세상에서 많이 알고 있다는 자들 가운데 그리스도에 대해 알고 있는 자들은 많지 않습니다. 그리스도께서는 어린 아이들에게 가르치셨고, 지혜로운 자들은 자신들의 어리석음 속에서 교만하도록 그냥 내버려 두셨습니다. 동방 박사들은 별이 자기들을 인도해 주었는데도 불구하고 구세주를 찾아 헤매다가 결국은 길을 잃고 말았습니다. 하지만 밖에서 양 떼를 지키던 베들레헴의 비천한 목자들은 별의 도움 없이도 곧장 예수님이 계신 곳으로 갔습니다. 아, 아우구스티누스가 말한 대로 "학식 있는 자들은 문빗장을 찾으러 더듬거리는 반면, 단순하고 가난한 자들은 하늘나라에 들어갔습니다"(아우구스티누스가 친구였던 알리피우스[Alypius]에게 한 말로 알려져 있다 — 역주). 복음을 이해하는 데는 개발된 지성보다 단순한 마음이 더 도움이 됩니다. 복음을 받아들이는 문제와 관련해서는 가르칠 수 있는 능력보다 언제든 가르침을 받으려는 자질이 더 낫습니다. 신학의 학위가 하나님을 이해하는데 방해가 될 수도 있습니다. 여러분이 고전 트라이포스(tripos, 영국 케임브리지 대에 개설된 우등학위 과정 — 역주) 과정을 밟고 있다 해도, 그것이 천성을 향해 가는 여정 중인 인간을 이해하는데, 즉 바보처럼 보일지 모르나 마음으로 복음을 알고 있는 사람을 이해하는데 더욱 어려움을 줄지도 모릅니다. 이것은 매우 확실합니다. 하지만 제가 여러분에게 어떤 모욕감을 주기 위해 이런 말을 하는 것은 아닙니다. 사랑하는 성도 여러분, 아마도 여러분은 지금까지 복음을 오해하는 이런 실수를 하느라 수고했을 것입니다. 그러므로 이제부터는 복음이 여러분에게 들려올 때 언제든 그것이 새롭게 다가온다고 해서 배척하지 말고, 복음을 공정하게 듣는 것이 여러분에게 유익할 것입니다.

한 마디만 더 하고, 저는 다음 주제로 넘어가고자 합니다. 제가 지금 언급하고자 하는 대상은 아마 지금 이 자리에도 있을 것입니다. 제가 염두에 두고 있는 사람이 만약 여러분 가운데 있다면, 그 사람은 자신이 믿고 있는 종교가 과연 자신에게 큰 영향력을 끼치고 있는지 솔직하게 물어보아야 합니다. 여러분은 자신이 복음을 알고 있다고 생각합니다. 그렇다면 가령 여러분은 여러분이 알고 있는 그 복음으로 인해 죽을 수 있습니까? 여러분은 지금, 바로 지금 당장 여러분이 지닌 소망과 함께 행복하고 흡족하게 죽을 수 있습니까? 만약 여러분이 그렇게 할 수 있다면, 저는 하나님께 감사드리고, 여러분에게 축하의 말을 전하겠습니다. 여러분이 지닌 소망으로 인해 여러분은 마음에 평안을 누리고 있습니까? 여러분의 죄가 사해졌다는 사실을 여러분은 확실히 느끼고 분명하게 알고 있습니까? 여러분은 하나님을 여러분의 아버지로 여기고 있습니까? 여러분은 어린 아이들이 자기 아버지에게 말하듯 하나님과 항상 대화하고 있습니까? 다시 말해 여러분은 하나님을 신뢰하여 여러분의 모든 염려와 걱정거리들을 그분에게 말하고 있습니까? 사랑하는 성도 여러분, 만약 그러하다면, 저는 여러분과 더불어 기뻐할 것입니다. 그러나 여러분의 종교가 예수 그리스도를 믿는 종교가 아니라면, 여러분은 지금까지 이러한 평안을 발견하지 못했을 것이라 저는 생각합니다. "종교"라고 불리는 많은 유형의 것들이 있습니다. 정말 너무나 많은 유형의 종교들이 있습니다. 그런 것들을 다 더하면 어마어마한 숫자가 될 것입니다. 그런 종교들은 자신도 다른 사람들만큼이나 선한 존재이며, 영적인 일도 보통 다른 사람들이 하는 것만큼 잘하고 있다고 느끼게 해줍니다. 그래서 사람이 자신이 하는 일에 최선을 다하고 자신이 알고 있는 지식과 빛에 따라 바르게 행동한다면, 그는 틀림없이 더 나은 사람이 될 것이라고 가르칩니다. 그리고 그가 죽을 때가 되면 아마도 개신교 목회자든 가톨릭 사제든 여하튼 성직자의 도움을 받아, 성례식에 참여하여 겪은 그 특별한 경험을 근거로 그는 천국에 들어갈 수 있다고 합니다. 이것이 바로 인간들이 믿고 있는 일반적인 종교입니다. 이런 종교를 따르는 자들은 자신이 따라야 하는 길에 서서 성실하고도 신중하게 그 길을 추구하며, 거기에 주 예수 그리스도의 은혜로운 도우심이 있다면 구원을 받을 수도 있을 것입니다. 물론 그들은 자기 의를 조금 더 훌륭한 것으로 여기며, 일반적으로 이를 기정사실로 받아들입니다. 자, 보십시오. 저는 하나님이 보시는 앞에서 분명하게 말합니다. 그러한 종교는 땡전 한 푼의 가치도 없습니다. 주 예수 그리스도를 믿는 종교는 인간에게 자신이 지은 모든 죄를 완전히, 전적으로, 값없이, 되돌리는 일 없이 즉시 용서해 줍니다. 이와 함께 인간의 본성을 변화시켜 새 생명을 심어 주며 하나님의 가정에 식구가 되게 합니다. 하나님께서는 이러한 은혜들을 주실 뿐만 아니라, 인간 자신이 이런 은혜를 받았다는 것을 알게 하고 이것들을 의식하면서 누리게 하며, 이렇게 엄청난 것들을 자신을 위해 행하신 주님을 그런 은혜의 능력과 영 안에서 겸손히 섬기도록 하십니다. 이것이 바로 그리스도를 믿는 종교입니다. 사람들로 하여금 "우리가 이런 일을 도무지 보지 못하였다"라고 말하도록 인도한 것이 바로 이것입니다. 지금부터 우리는 이러한 은혜들 가운데 몇몇을 조금 더 구체적으로 살펴보고자 합니다.

2. 복음에는 아주 독특하고 놀라운 것들이 들어 있습니다.

우리의 두 번째 주제는, 복음에는 아주 독특하고 놀라운 것들이 들어 있다는 것입니다. 그 독특하고 놀라운 것들을 몇 가지 설명하고자 합니다. 그 중 하나는 복음이 무능한 자로 여겨진 자들에게 임했다는 것입니다. 우리 앞에 놓인 본문 말씀을 보면, 주 예수님께서는 중풍이 걸려 지체가 부자유한 사람, 즉 그리스도께서 계신 곳으로 기어나올 수조차 없어 네 사람이 그 누운 침상을 달아내려야 할 정도의 사람을 만나 주셨습니다. 이것이 바로 놀라운 일입니다. 그 중풍 병자를 한 번 보십시오! 그는 무능하고 불치병을 앓고 있는 사람이었습니다. 그 사람이 할 수 있는 일이라고는 친절한 그의 친구들이 그를 달아 내리는 침상 위에 누워 있는 것뿐이었습니다. 그래서 그는 침상에 조용히 누워 있을 수밖에 없었습니다. 그는 아무것도 할 수 없었습니다. 자, 보십시오. 복음은 모든 사람이 선한 일을 전혀 할 수 없다고 간주합니다. 복음은 여러분을 중풍병자로 말할 뿐만 아니라 더 나아가 여러분을 죽은 사람으로 묘사합니다. 복음은 죽은 자들에게 말하고 있습니다. 기독교 목회자의 사명은 죄인들이 활동하도록 일깨우는 것이라는 말을 저는 종종 들어왔습니다. 하지만 저는 그와는 정반대라고 믿고 있습니다. 즉, 목회자는 자신을 신뢰하는 죄인들의 활동을 죽은 것으로 강타하고, 죄인들이 스스로 할 수 있는 모든 일들은 상황을 악화시킬 뿐이라는 것을 그들이 알도록 수고하는 자들이라는 것입니다. 죄인들은 아무것도 할 수 없습니다. 죽은 자들이 자신들의 무덤 속에서 어떻게 움직일 수 있겠습니까? 구원할 수 있는 능력은 죄인들에게 있지 않습니다. 그 능력은 죄인들의 하나님에게 있습니다. 여러분 가운데 회심하지 않은 이가 있다면, 저는 여러분이 할 수 있는 어떤 일이 있다고, 즉 여러분이 자신을 구원할 수 있는 어떤 행동을 할 수 있다고 말하는 것이 아니라, 여러분은 잃어버린 자이며, 멸망한 자이며, 타락한 자들이라는 경고의 말을 하고 싶습니다. 여러분에게는 길 잃은 양처럼 헤매고 다닐 능력이 있습니다. 하지만 여러분은 마땅히 여러분의 목자 되신 그분에게 돌아와야 합니다. 만약 여러분이 그분에게 돌아간다면, 여러분은 절대로 여러분 자신에게로 돌아가지 않을 것입니다. 여러분은 자신을 파괴할 능력을 가지고 있었고, 그래서 지금까지 그 능력을 사용했습니다. 그러나 지금은 자신을 도울 힘이 여러분에게 없으며, 그 도움의 손길은 여러분의 하나님으로부터 나옵니다. 복음은 인간을 이러한 절망 가운데 있는 존재로 묘사하고 있습니다. 바로 이것이 이상한 일입니다. 하지만 이것은 사실입니다. 비록 이 사실이 깜짝 놀랄 만한 것이라 해도, 여러분은 이 사실을 절대로 의심해서는 안 될 것입니다.

이와 마찬가지로 특별한 점이 또 있습니다. 복음은 사람들이 할 수 없는 것을 행하도록 사람들을 부른다는 사실입니다. 이는 예수님께서 중풍병자에게 "내가 네게 이르노니 일어나 네 상을 가지고 집으로 가라"(막 2:11)고 하신 말씀에서 잘 드러납니다. 그 사람은 일어날 수도 없었고, 자기 침상을 가지고 갈 수도 없었고, 걸을 수도 없었습니다. 그럼에도 불구하고 그는 그렇게 하라는 명령을 받았습니다. 이것이 바로 구원의 도리가 제시하는 이상한 것들 가운데 하나입니다.

> "복음은 죽은 자들에게 다시 살 것을 명하고,
> 죄인들은 그 음성에 순종하여 살아난다.
> 마른 뼈들이 살아나 새로이 옷을 입고,
> 돌 같은 마음들이 부드러운 살같이 변한다."
> (아이작 와츠)

　　우리도 예수님의 이름으로 한쪽 손 마른 사람에게 말해야 합니다. 우리는 그의 한쪽 손이 말라서 어떤 힘도 줄 수 없다는 것을 알고 있습니다. 그럼에도 불구하고 우리는 하나님의 이름으로 "손을 내밀라"(마 12:13)고 말해야 합니다. 어떤 특정한 가르침을 따르는 우리의 형제들 가운데 몇몇은 "그것은 웃기는 일이다! 그 사람이 할 수 없는 일인 것을 알고서도 그에게 그것을 하라고 말하는 것은 웃기는 일이다"라고 말합니다. 그러나 우리가 웃기는 사람이 되는 것에 대해 우리는 개의치 않습니다. 우리는 인간의 잣대로 비난하는 것에 대해 크게 신경 쓰지 않습니다. 하나님께서 우리에게 어떤 일을 하라고 명령하셨다면, 비록 다른 사람들로부터 웃기는 일을 하려고 한다는 심각한 조롱을 받는다 해도, 우리는 그 명령을 이행해야 할 것입니다. "에스겔아, 네 앞에 있는 마른 뼈들로 뒤덮인 골짜기가 네 눈에 보이지 않느냐?"라고 주님께서 말씀하시자, 에스겔은 "예, 뼈들이 보입니다. 그 골짜기 지면에 뼈가 심히 많고 아주 많이 말랐습니다. 보십시오! 여러 해 여름 햇볕에 그을렸고, 여러 해 겨울 세찬 바람을 맞아 지금 이 모습으로 말라 비틀어졌습니다. 그 뼈들은 마치 오븐에 들어갔다 나온 것 같습니다"라고 대답했습니다. 그러자 그를 비웃는 자들은 "예언자 양반, 당신은 이 뼈들로 무슨 일을 할 수 있다는 거요? 하나님께서 이 뼈들에게 생명을 주어 다시 살리고자 한다면, 이 뼈들이 다시 살아나겠지. 그러니 당신은 그 뼈들을 그냥 놔두는 게 좋을 거요. 도대체 당신이 무엇을 할 수 있겠소?"라고 말했습니다. 그때 에스겔이 엄숙하게 선포하는 다음의 말씀을 들어보십시오. "주 여호와께서 이 뼈들에게 이같이 말씀하시기를 내가 생기를 너희에게 들어가게 하리니 너희가 살아나리라"(겔 37:5). 그러자 사람들은 또 "웃기는 에스겔이로군! 그 뼈들은 살아날 수 없다니까. 왜 당신은 그 뼈들에게 말하는 것이오?"라고 말합니다. 에스겔은 그 뼈들이 스스로 살 수 없다는 것을 알고 있었습니다. 그러나 그는 주님께서 그 뼈들에게 살아나라고 말하라고 한 명령도 알고 있었습니다. 그러기에 그는 주님께서 명하신 대로 행하였던 것입니다. 복음도 이와 마찬가지입니다. 목회자들은 사람들이 복음을 믿도록 하라는 명령을 받았습니다. 그러므로 그들은 "회개하고 복음을 믿으라"(막 1:15)고 말해야만 합니다. 오로지 이 이유 하나만으로 우리는 "주 예수를 믿으라. 그리하면 너와 네 집이 구원을 받으리라"(행 16:31)고 말합니다. 비록 여러분이 허물과 죄로 죽었지만, 복음은 여러분에게 믿으라고 명합니다. "나는 도무지 복음을 이해할 수 없는데요"라고 말하는 사람이 있습니다. 그렇습니다. 하나님께서 복음을 여러분에게 계시해 주기 전까지 여러분은 절대로 복음을 이해할 수 없을 것입니다. 그러나 주님께서 여러분에게 다가오시어 여러분과 더불어 거하실 때, 여러분은 복음을 완전히 이해하게 되고, 복음 전도자 편에서는 어떻게 믿음이 역사하여 죽은 영혼들을 다시 살리는 하나님의 방편이 되는지를 알게 될 것입니다.

좀 더 특별한 또 다른 하나는 이것입니다. 즉, 복음이 무능하고 죽은 자들에게 임하여 자신들이 행할 수 없는 것을 행하라고 명하실 때, 그들이 실제로 그 일을 한다는 사실입니다. 여기에 놀라움이 있습니다. 예수님의 이름으로 우리도 그 중 풍병자에게 "일어나 네 상을 가지고 집으로 가라"고 말합니다. 그러면 그가 일어나서 그의 침상을 가지고 집으로 걸어갑니다. 왜냐하면 하나님을 신뢰하고서 그 말씀을 믿음으로 말할 때, 비록 자신에게는 능력이 없지만, 영원한 능력이 그에게 임하기 때문입니다. 전파되는 복음으로 부르심을 받아 하나님의 택하심을 받은 자들은 하늘로부터 내려오는 메시지를 듣게 됩니다. 그래서 그 능력은 그 메시지를 듣는 즉시 그들에게 임하여 그들이 그 말씀에 순종하고 생명을 얻게 되는 것입니다. 비록 그들은 죽은 것처럼 보이지만, 그들은 살아 있는 자들입니다. 오, 이것은 얼마나 놀라운 역사인지 모릅니다. 제가 "주 예수 그리스도를 믿으라"고 말할 때, 주 예수 그리스도를 믿고서 구원받게 되는 자들이 이 모임 가운데서도 있기를 기원합니다. 믿게 되는 자들도 다른 사람들과 마찬가지로 본성적으로는 믿을 능력이 없는 자들입니다. 그들도 본성적으로는 모두 똑같이 죽은 상태에 있는 자들입니다. 그러나 성령님이 함께하시는 능력과 함께 친히 하나님의 택한 말씀이 그들에게 임하자, 그들이 믿고 생명을 얻어 살게 되는 것입니다.

여기에 특이한 서너 가지 사실이 또 있습니다. 교회 예배나 모임에 잘 나오고 항상 선한 일을 행하는 여러분에게, 여러분도 회심하지 않는다면 허물과 죄로 죽은 자들이며, 여러분이 행하는 모든 선행들은 죽은 여러분의 몸을 감싸는 각종 수의(壽衣)들에 불과할 뿐 그 이상 아무것도 아니라고 우리가 여러분에게 말해야 하는 것은 이상한 일입니다. 또한 여러분은 전혀 영적인 삶을 살고 있지 않다고 항상 말하면서 여러분이 예수님을 믿도록 우리가 요구해야 하는 상황에 있다는 것도 이상한 일입니다. 또한 여러분이 예수님을 믿지 않는다면 여러분은 지금 큰 죄악 가운데 살아가고 있다는 사실을 여러분에게 경고하도록 우리가 명령을 받았다는 사실도 범상치 않은 일입니다. 이보다 더욱 특이한 것은, 우리가 확신을 갖고서 하나님의 이름으로 분명하고 솔직하게 여러분의 삶에 대해 말하는 이것이, 성령 하나님의 도우심으로 인해 여러분에게 축복이 되고 여러분으로 하여금 예수님을 믿고 신뢰하게 할 것이라는 사실입니다. 아마 여러분도 그렇게 판단할 것입니다. 이런 일들은 모두 이상해 보이지만, 정말 그렇습니다.

본문에 나타난 많은 무리들에게도 다음과 같은 사실은 틀림없이 더욱더 놀랄 만한 것이었습니다. 즉, 이 중풍병자가 즉시 고침을 받았다는 것입니다. 이런 중풍병이 어느 때인지는 몰라도 어쨌든 나았던 경우도 있었을 것이고, 그런 일조차 아주 드문 경우였을 것입니다. 그러나 이번 경우처럼 즉시 낫게 된 경우는 없었을 것이라고 저는 생각합니다. 이 중풍병자는 손이나 발을 조금도 움직일 수 없었습니다. 그런데도 예수님은 "일어나 네 상을 가지고 집으로 가라"고 말씀하셨습니다. 그러자 그는 마치 자신이 중풍병자가 아니었던 것처럼 일어났습니다. 뼈의 모든 인대가 제자리를 잡았고, 모든 근육들이 즉시 움직일 태세를 갖추었습니다. 여러분은 이러한 일들을 한 달이나 두 달에 걸쳐 일어난 일로 생각할 것입니다. 마비되어 흐르지 않던 몸 속의 혈액이 제대로 순환하여 몸이 다시 온기를 얻고 생명을 얻기 위해서는 어느 정도의 기간 동안 마사지가 필요하기 때문입니다. 그러나 이 환자의 경우는 그렇지 않았습니다. 그는 자신이 할 수 없는 행동을 하라는 그분의 낯선 음성을 들었을 뿐입니다. 그러자 그 메시지와 더불어 받은 능력으로 지금까지 할 수 없었던 그 일을 했습니다. 그래서 그는 일어나게 되었습니다. 이 치유는 즉시 일어났습니다. 여기에 복음의 경이로움이 있습니다. 죄인이 복음을 듣습니다. 그에게 자신이 평생토록 지은 모든 죄가 지워져 있다 해도, 그가 복음을 믿는 그 순간 그의 모든 죄들은 순식간에 사라집니다. 그래서 그는 마치 예전에 한 번도 죄를 짓지 않은 자처럼 하나님 보좌 앞에서 깨끗한 사람이 됩니다. 사악한 행동으로 인해 하나님의 원수였던 자라 해도 복음을 받아들이는 그 시간에, 다시 말해 하나님의 아들이신 예수님에 관한 하나님의 증거를 받아들이고 예수님을 믿는 그 때에, 그의 마음은 마치 어린 아이의 마음처럼 됩니다. 돌 같은 마음이 제하여진 그 순간에, 살 같은 마음(겔 36:26 KJV, "부드러운 마음"[개역개정])이 주어집니다. 그는 예수 그리스도 안에서 새로운 피조물이 됩니다. "빛이 있으라"(창 1:3) 하신 명령에 태초의 어둠이 물러난 것처럼 그 어둠도 사라집니다. 이로써 모든 것이 다 이루어졌습니다. 한순간에 모든 것이 다 이루어졌습니다.

제가 장담할 수 있는 것은 여러분이 이를 체험하기 전까지 여러분은 절대로 이것을 알 수 없다는 것입니다. 오, 수년 전에 "땅의 모든 끝이여, 나를 바라보라. 그리하고 너희는 구원을 받을지어다"(사 45:22 KJV, "땅의 모든 끝이여 내게로 돌이켜 구원을 받으라"[개역개정]) 하신 하나님의 메시지를 들었을 때 저는 얼마나 하나님께 감사를 드렸는지 모릅니다. 그 때도 저는 그분을 바라보고 살 수 있는 능력이 있었습니다. 저는 구원을 갈망하고 동경하면서 그 구원을 받기 위해 열심히 수고하고 기도하였습니다. 그러나 저는 한 치도 앞으로 나아가지 못하였습니다. 그 때, "바라보라!"는 메시지가 제게 임했습니다. 그런데 제가 어떻게 볼 수 있겠습니까? 그 당시 제 눈은 소경이어서 볼 수가 없었습니다. 그러나 보라는 명령과 함께 볼 수 있는 능력이 임하여 저는 보았습니다. 제가 보는 그 순간, 저는 내가 존재하고 있다는 것을 의식한 것과 똑같이 내가 용서를 받았다는 사실도 의식하게 되었습니다. 십자가에 못 박힌 그분을 바라보는 것에 내 생명이 있었습니다. 핏방울 같은 땀을 흘리신 예수님, 십자가에 달린 예수님, 죽은 자 가운데서 살아나신 예수님, 영광 중에 승천하신 예수님을 바라볼 때, 용서와 확신과 안전과 인(印)처짐 등이 제 양심에 새겨졌습니다. 이 모든 것이 제가 그분을 바라보는 그 순간에 이루어졌습니다. 그분을 바라보자, 이 모든 것이 다 이루어졌습니다. 여러분은 지금까지 이러한 것을 한 번도 생각해 보지 못했으며, 지금도 이런 사실에 당황하고 있다고 말할 것입니다. 여러분은 마땅히 성례식에 참여해야 하고 예배 장소에 지속적으로 참여해야 하며, 여러분의 마비된 상태에서 벗어나기 위해서 서서히 마음이 움직여야 한다고 생각할 것입니다. 이것이 바로 인간이 생각하는 구원방식입니다. 그러나 그리스도의 구원 방식은 즉각적인 마음의 변화이며, 즉각적인 죄 용서입니다.

　　이러한 과정에서 무리들이 지금까지 보지 못했던 또 다른 한 가지는 그 사람이 어떤 예식도 없이 병 고침을 받았다는 것입니다. 그 당시 중풍병에 걸린 사람을 낫게 하는 일반적인 방식은, 제사장을 모시고 와서 그 앞에 환자를 무릎 꿇게 한 후 물과 기름을 가지고 오거나 아니면 수소의 피를 뿌리거나 피를 드렸을 것입니다. 그러고 나서는 끝없는 예식이 계속되었고, 그렇게 그 신비로운 예식의 능력을 통해 병이 조금씩 낫다가 마침내 깨끗하게 되었을 것입니다. 그런데 오늘 본문에는 단 하나의 예식도 나타나 있지 않습니다. 그저 "일어나 네 상을 가지고 집으로 가라"는 말씀만 기록되어 있습니다. 그 사람은 자기 침상을 들고 일어서서 집으로 갈 수 없음에도 불구하고, 자신에게 그렇게 하라고 말씀하신 그분이 그렇게 할 수 있는 힘을 자신에게 줄 것이라고 믿었습니다. 그래서 그는 자기 침상을 들고서 집으로 갔던 것입니다. 본문의 전체 내용을 한 마디로 요약하면, 그는 믿었고 그 믿음에 따라 행동했습니다. 그랬더니 그가 회복되었던 것입니다. 이것이 바로 구원의 전체 계획입니다. 여러분은 복음을 믿고 그 복음의 진리에 따라 행해야 하며, 그러면 구원을 받게 됩니다. 하나님의 아들이신 예수 그리스도에 관한 하나님의 증거를 여러분이 받아들이는 바로 그 순간, 여러분은 구원을 받게 됩니다. 그런데 여기에 세례가 없지 않습니까? 그렇습니다. 세례는 구원받은 자들에게 필요합니다. 그러나 구원받기 위해서는 세례가 필요하지 않습니다. 여러분이 현재 구원을 받았을 때, 다시 말해 여러분이 예수님을 믿는 신자가 되었을 때, 그 때 하나님의 집에서 베풀어지는 교육적인 규례들이 여러분에게 유익한 것입니다. 하지만 하나님께서는 우리가 세례를 구원의 방편으로 여기는 것을 금하십니다. 하나님께서는 성찬식마저도 그런 목적으로 여기는 것을 금하셨습니다. 우리는 의식 절차와 형식들을 신뢰함으로써 어떤 보호를 받으려고 하기 때문입니다. 여러분이 구원을 받았을 때, 그제야 비로소 여러분이 나가는 그 하나님 집의 규례들과, 여러분이 지체가 된 그 가족의 규례들에 여러분이 속하게 되는 것입니다. 여러분이 구원받은 사람이 되기 전까지 여러분은 그런 규례들에 속한 사람이 아니며, 그 규례들이 여러분에게 별 도움을 주지 못할 것입니다. 죄 가운데 죽었던 여러분이 구원받는 것은 이런 예식들과 전혀 관계가 없습니다. 믿고 생명을 얻어 사는 것, 이것이야말로 복음이 주는 유일한 교훈입니다.

또 다른 특이한 점은 이 사람이 완전히 회복되었다는 사실입니다. 이 사람의 병은 즉시 회복되었을 뿐만 아니라, 완전히 회복되었습니다. 열 사람 가운데 한 사람은 부분적으로 회복되기도 하며, 그런 경우는 전혀 기억될 만한 그런 일이 아니었습니다. 사랑하는 성도 여러분, 중풍병에 걸렸다가 부분적으로 회복된 이들을 저는 알고 있습니다. 하나님의 선하신 섭리 가운데 발병 이후 시간이 흐르면서 어느 정도 회복된 이들이 있습니다. 하지만 입이 돌아가거나 시력이 약해지거나 손에 힘이 떨어진 것들은 예전에 중풍병이 발병했었다는 일종의 증거로 남아 있습니다. 그런데 본문에 등장하는 이 사람은 온 몸이 완전히 회복되었습니다. 그것도 즉시 회복되었습니다. 이처럼 주 예수님을 믿는 사람은 누구에게나 완전한 용서가 베풀어집니다. 이것이 바로 구원의 영광입니다. 자신이 지은 죄 가운데 일부분이 제거되는 것이 아니라, 모든 죄가 사해지는 것입니다. 저는 이와 관련해서 귀한 켄트(Kent)가 다음과 같이 찬양한 것을 바라볼 때, 마음이 기쁩니다.

> "여기에 과거 허물들에 대한 용서가 있네,
> 그것이 얼마나 검은 죄였는지는 중요치 않아.
> 오, 내 영혼아, 놀라운 눈으로 바라보니,
> 여기 미래의 죄들도 용서를 받았네."
>
> (존 켄트[John Kent, 1766-1843])

우리는 대속의 보혈이 흘리는 샘으로 뛰어들어, 살아 계신 하나님 앞에서 혹시라도 그 허물이 발견되면 어떡하나 하는 모든 두려움으로부터 깨끗함을 받았습니다. 우리는 예수 그리스도의 의로우심으로 말미암아 사랑하는 자로 영접을 받았으며, 아버지의 얼굴 앞에서 단번에 영원히 의롭다 함을 받았습니다! 그리스도께서 "다 이루었다"(요 19:30)고 말씀하시자, 정말 모든 것이 다 이루어졌습니다. 이 얼마나 복된 말씀입니까! 이 말씀은 예전에 한 번도 들어본 적이 없는 자들에게는 깜짝 놀랄 만한 일일 수 있습니다. 그러나 이것이 그들을 깜짝 놀라게 했다고 해서 그들이 이 말씀을 거부하게 하지는 마십시오. 오히려 그들이 다음과 같이 말하도록 하십시오. "자기 자신에 대한 시선에서 벗어나 그리스도를 단순히 바라보는 것만으로 즉시 구원해 주는 것, 그것도 완전히 구원해 주는 이 놀라운 체계야말로 하나님의 거룩한 지혜라고 할 만큼 귀중한 것입니다. 이로써 하나님의 은혜를 찬양하게 되고, 인간의 깊은 필요가 충족됩니다."

이 사람에 대해 사람들이 놀란 또 다른 분명한 이유는 그의 병 고침이 분명하게 이루어졌다는 사실 때문입니다. 이 치유 사건에는 한 점의 의혹도 없었습니다. 왜냐하면 환자가 자신이 누웠던 이부자리를 말아서 자기 등에 짊어지고 집으로 걸어갔기 때문입니다. 그가 완전히 회복된 것에 대해서는 한 치의 의심도 있을 수 없습니다. 왜냐하면 그는 자기 등에 짐들을 지고서 집으로 갔기 때문입니다. 바로 여기에 이 치유 사건의 영광이 있습니다. 즉, 어떤 사람이 예수 그리스도를 믿게 되었을 때, 그의 회심에 대해서는 한 치의 의심도 할 수 없기 때문입니다. 여러분은 이런 사실을 그의 행동에서 보게 됩니다. 사람들은 어린 아이가 세례를 통해서 다시 태어나게 된다고들 말합니다. 좋습니다. 제게 세례 받은 어린 아이를 한번 보여 주십시오. 과연 그 어린이가 달라진 점이 있습니까? 아마도 여러분 가운데 어떤 이들에게는 세례를 통해 다시 태어나게 된 어린 아이들이 있을지도 모르겠습니다. 하지만 제 경우에는 그렇지가 않았습니다. 따라서 제 경험으로는 정말 그렇다고 말할 수 없을 것 같습니다. 여러분의 자녀들이 제 자녀들보다 좀 더 나은 애들이지는 아닐까 생각해 보기도 하고, 정말 물로 인한 중생(重生, 거듭남)이 그 아이들 가운데 어떤 변화를 줄 수 있을지 의문이기도 합니다. 저는 여러분이 아이들의 세례를 통해 어떤 다른 결과를 본 것처럼 말하지 않기를 권면하고 싶습니다. 삶에서 중생 그 자체가 보이지 않는 것, 다시 말해 진정으로 아무런 결과가 없는 것은 중생이라고 할 수 없습니다. 세례를 통해서 그렇게 귀한 중생을 했다고 믿는 어린 아이들과 소년 소녀들은 중생하지 않은 소년 소녀들과 다른 게 하나도 없습니다. 양자 사이에는 털끝만큼의 차이도 없습니다. 그 아이들을 학교에 보내보십시오. 저는 세례는 받지 않았지만 중생한 아이들이, 세례를 받았지만 중생하지 못한 아이들보다 더 나은 경우를 여러분에게 당장이라도 보여줄 수 있습니다. 왜냐하면 중생한 아이들은 틀림없이 외형적인 예식만을 신뢰하는 미신적인 자녀교육을 하는 부모들보다 더욱 고통을 겪으면서 자녀를 키우는 기독교인인 부모를 두었을 것이기 때문입니다. 자, 보십시오. 아무런 영향을 끼치지 않는 중생은 아무것도 아닙니다. 아니, 아무것도 아닌 것보다 더욱 못한 것입니다. 다음과 같은 말이 떠돌 수도 있습니다. "그 사람은 중풍병에서 구원을 받았어." "하지만 여전히 침상에 누워 있어." "맞아, 그 사람은 예전과 마찬가지로 같은 침상에 지금도 누워 있어. 하지만, 지금 그는 중풍병에서 고침을 받았어." "그래? 어떻게 그걸 알고 있지?" "글쎄, 물론 실제로 나았는지는 잘 모르겠어. 하지만 참으로 나은 건 분명한 것 같아. 그가 예식에 참석했거든. 그러니 그가 나은 게 틀림없어. 너도 그렇게 믿어야 해."

이것도 훌륭한 대화이기는 합니다만, 그 사람이 일어나서 자기 침상을 가지고 그 짐을 자기 등에 짊어진 모습이야말로 훨씬 더 설득력 있는 말일 것입니다. 자, 지금까지 술주정뱅이였던 한 사람이 하나님의 섭리로 이 집에 들어오게 되어, 예수 그리스도의 복음을 듣고서 예수님을 믿어, 자기 술잔을 거꾸로 뒤집어 놓고는 술을 끊은 사람이 되었을 때, 그 사람 속에는 어떤 무언가가 있는 것이 분명합니다. 오늘 이 자리에 교만하고 거만하며 복음을 전적으로 싫어하는 사람이 있다 해도, 또한 욕설을 하고 안식일을 존중하지 않는 사람이 있다 해도, 그런 이들이 예수님을 믿고서 집에서도 한 마리의 유순한 양같이 되어 부인마저도 그가 예전의 자기 남편과 같은 사람인지 알아보지 못할 만큼 변화되어 안식일에도 하나님의 집에 가기를 기뻐한다면, 그 사람 속에는 우리가 눈으로 볼 수 있는 어떤 무언가가 있는 것이 분명합니다. 그렇지 않습니까? 실제로 우리가 감지할 수 있는 분명한 어떤 것이 있는 것입니다.

여기에 또 한 사람이 있습니다. 이 사람은 여러분을 보자마자 속이려 드는 그런 사람입니다. 사람을 속이는 일이 자기 일이 되다시피 한 사람입니다. 그런데 하나님의 은혜가 그에게 임하자, 그가 양심적으로 정직한 사람이 되었습니다. 여기에 또 한 사람이 있습니다. 이 사람은 천박한 사람들 중에서도 가장 천박한 사람들과 사귀던 자인데, 예수 그리스도의 복음을 받아들인 후에는 경건한 사귐을 추구하고 서로 간의 대화가 사랑스러우며 정결하고 거룩한 자들만 좋아하게 되었습니다. 왜 이런 일이 일어나는 것입니까? 여러분도 이런 모습을 볼 수 있습니다. 여러분도 이런 사람들을 볼 수 있습니다. 이런 구원이야말로 오늘날 우리가 원하는 구원입니다. 다시 말해, 보일 수 있는 구원으로서, 중풍병자였던 그 죄인이 자기 침상을 말아서 가지고 갔던 구원, 타락한 습관을 이기게 하는 구원, 죄의 속박으로부터 벗어나 그런 자신의 모습을 보고자 하는 모든 사람들에게 삶으로 보여주는 그런 구원을 우리 시대는 원하고 있습니다. 그렇습니다. 사랑하는 성도 여러분, 이것이 바로 복음이 우리를 위해 행한 것입니다.

오늘 저녁 이 자리에 혹시라도 종교를 자신들의 죄 가운데 계속 머무르면서도 사용할 수 있는 마음의 위안 정도로 여기는 자들이 있다면, 그리스도께서 여러분을 죄로부터 구원하기 위해 오셨음을 전하는 기독교가 그런 종교와 얼마나 다른 것인지를 알게 되기 원합니다. 다시 말해 그리스도께서는 여러분을 불 속에서 지키시고 여러분이 불에 타지 않도록 보호하기 위해 오신 것이 아니라, 여러분을 마치 불붙는 가운데서 빼낸 나무 조각 같이(암 4:11) 그 불에서 꺼내기 위해 오셨다는 것입니다. 그분께서는 여러분을 새로운 피조물로 만들기 위해 오셨습니다. 그래서 여러분이 회중석에 앉아 있는 바로 지금 이 순간에도 그분은 이 일을 행하실 수 있습니다. "주 예수를 믿으라"(행 16:31)고 하는 이 음성을 듣게 될 때 여러분 속에 기꺼이 그 음성에 따르고자 하는 마음이 있다면, 그분의 은혜가 여러분에게 임하여, 여러분은 그분을 신뢰하게 되고, 그리스도께서 살아 계신 것처럼 그렇게 확실하게 구원을 받게 될 것입니다.

지금까지 전한 이것들은 모두 기이한 것들입니다. 그러므로 이런 사실들이 이상하다고해서 절대로 거부하지는 마십시오. 이것들은 하나님께서 주신 귀한 것들입니다.

3. 여러분은 "우리가 이런 일을 도무지 보지 못하였다"고 말하면서 하나님께 영광을 돌려야 합니다.

이제 마지막 주제를 전하고자 합니다. 여러분이 이러한 사실들을 알았다면, 여러분은 "우리가 이런 일을 도무지 보지 못하였다"고 말하고, 가서 하나님께 영광을 돌려야 합니다. 여러분의 영혼에서 우러나오는 마음으로 그분을 찬양하십시오. 구원이 행위로 말미암는다면, 우리는 우리의 공로로 우리의 천성 길을 싸우며 나아갈 것입니다. 그렇다면 제 자신도 천국에 올라갔을 때 기뻐 모자를 던지며 "잘해 냈어! 나는 무언가를 받을 자격이 있어. 그래서 천국을 얻게 된 거야"라고 말할 것입니다. 그러나 구원은 처음부터 끝까지 은혜로 말미암는 것으로서, 인간이 주체가 되는 것도 아니고, 인간으로부터 비롯되는 것도 아니며, 혈통으로나 육정으로나 사람의 뜻으로 나는 것이 아닙니다. 구원은 오직 하나님께서 시작하고 지속하며 종결하십니다. 따라서 우리는 그분에게 모든 영광을 돌려드려야 합니다. 장차 그분께서 우리에게 주실 것이지만, 지금이라도 그분께서 결코 쇠하지 않을 생명의 면류관을 우리에게 주신다면, 우리는 나아가서 그분의 발 아래 무릎을 꿇고 다음과 같이 말하게 될 것입니다. "여호와여 영광을 우리에게 돌리지 마옵소서 우리에게 돌리지 마옵소서 오직 주는 인자하시고 진실하시므로 주의 이름에만 영광을 돌리소서"(시 115:1). 사랑하는 성도 여러분, 그러므로 우리는 이와 같은 마음으로 살아가도록 합시다. 은혜의 가르침을 믿는 사람으로서 자신을 대단하게 여기는 사람은 정말 앞뒤가 안 맞는 사람입니다. 구원을 더할 나위 없는 은혜로 믿으면서도 하나님께 지속적으로 영광을 돌리지 않는 사람 또한 자신의 신념과 정반대로 행동하는 사람입니다. 그러니 "나와 함께 여호와를 광대하시다 하며 함께 그의 이름을 높이"(시 34:3)도록 합시다. 그분은 우리를 기가 막힐 웅덩이와 수렁에서 끌어올려 주셨습니다. 그리고 우리의 발을 반석 위에 두사 우리의 걸음을 견고하게 하셨습니다. 그분은 새 노래를 우리 입에 두시어 영원토록 찬양하게 하셨습니다. 그분을 찬양하십시오. 그분께서 이 모든 것을 행하셨습니다. 그분은 찬양받기에 합당한 분이십니다.

오, 이러한 구원을 알지 못하는 여러분은 그분을 제대로 찬양할 수 없습니다. 저는 여러분에게 억지로 그렇게 하라고 강요하지는 않습니다. 하지만 무엇보다 먼저 여러분 스스로 이 구원에 대해 알아보기 바랍니다. 여러분은 이 구원을 알 수 있습니다. 하나님을 찬송하리로다. 여러분 가운데 몇몇 사람들은 바로 이 밤에 자신을 버리고, 예수님의 팔에 안겨 그분께서 다 이루신 일들을 의지하고 그분을 신뢰함으로써, 그리고 지금까지 자신의 행동이나 감정으로 의지하던 모든 것들을 포기함으로써 이 구원을 알게 될 것이라 확신합니다. 그분께서 여러분을 구원하실 것입니다. 여러분이 그분을 믿기만 한다면, 그분께서는 여러분을 **틀림없이** 구원하실 것입니다. 그제야 비로소 여러분은 그분을 찬양하게 될 것입니다. 사랑하는 성도 여러분, 하나님께서 그리스도를 통하여 여러분을 축복해 주시기를 기원합니다.

제
5
장

—

복음은 누구를 위한 것인가?

—

"건강한 자에게는 의사가 쓸 데 없고 병든 자에게라야 쓸 데 있느니라 나는 의인을 부르러 온 것이 아니요 죄인을 부르러 왔노라 하시니라."— 막 2:17

"그리스도께서 경건하지 않은 자를 위하여 죽으셨도다." — 롬 5:6

"우리가 아직 죄인 되었을 때에 그리스도께서 우리를 위하여 죽으심으로 하나님께서 우리에 대한 자기의 사랑을 확증하셨느니라."— 롬 5:8

"미쁘다 모든 사람이 받을 만한 이 말이여 그리스도 예수께서 죄인을 구원하시려고 세상에 임하셨다 하였도다 죄인 중에 내가 괴수니라."— 딤전 1:15

　　지난 목요일 저녁에 저는 이곳에 서서, 상당히 어려운 여건에도 불구하고 예수 그리스도의 복음을 전하였습니다. 매우 분명한 복음의 요소들로만 가득 이루어진 본문, 즉 우리가 생각하기에 가장 단순한 성경 본문을 가지고 말씀을 전했습니다(스펄전은 1877년 3월 22일 목요일 저녁에 이사야 45장 22절을 본문으로 "바라보는 생명"[Life for a Look]이라는 제목의 설교를 하였다. 스펄전은 보통 일주일에 세 번, 주일에 두 번, 목요일 저녁에 한 번 설교했다 — 역주). 말씀을 전한지 채 몇 분이 지나지 않아 저는 설교의 수확을 얻을 수 있었습니다. 여러분도 기억하다시피 그 날 회중들의 수도 적었을 뿐 아니라, 얼마나 열악한 환경이었습니까? 그래서 여러분은 제가 복음을 잘 전할 수 있으리라는 기대를 하지 않았습니다. 그럼에도 불쑥 세 명의 영혼들이 하나님과 화평하게 되었다고 고백하면서 앞으로 나왔던 것입니다. 이런 자들이 얼마나 더 많이 있었는지 저는 알지 못합니다. 이 세 사람은 믿음의 형제들을 찾아가, 자기들의 인생에 있어서 처음으로 하나님의 구원 계획을 이해하게 되었다는 복된 사실을 선한 마음으로 진지하게 고백하였습니다. 자, 이와 같이 분명한 복음적인 주제가 신속한 열매를 얻는다면, 저는 계속해서 그런 주제의 설교를 하는 것이 더 낫겠다는 생각이 들었습니다. 만약 농부가 어떤 씨앗을 뿌렸는데, 예전에는 전혀 상상도 못했던 풍성한 수확을 얻었다면, 그 농부는 계속해서 그 씨앗만을 고집하며, 그것을 더 많이 뿌리려고 할 것입니다. 좋은 결과를 얻게 된 농부는 계속해서 이 방법을 고수할 것이며, 심지어는 이 계획을 대규모로 시행할 것입니다. 이와 마찬가지로, 저도 오늘 이 아침에 구원의 첫 번째 기초라 할 수 있는 복음의 기본(ABC)에 대해서 말씀드리고자 합니다. 이런 주제가 제게는 전혀 생소한 것이 아니라는 사실에 대해 하나님께 감사드립니다. 성령 하나님께서 여러분의 기도에 응답하시어, 이 아침에도 지난 목요일에 있었던 것과 동일한 결과가 우리에게 일어나기를 기원합니다. 그렇게 된다면, 우리가 진심으로 크게 기뻐할 것입니다.

저는 아주 많은 말씀들 가운데서, 네 개의 성경본문을 선택하여 방금 여러분에게 읽어드렸습니다. 이 말씀들을 통해 저는 우리 주님의 사역은 죄인들과 관련되었다는 진리를 설명하고자 합니다. 그리스도께서는 무엇을 위해 이 세상에 오셨습니까? 그분은 누구를 위해 오셨습니까? 이런 질문들은 가장 중요한 질문들이며, 이에 대해 성경은 분명히 대답하고 있습니다. 이스라엘 자손들이 진영 밖에서 처음으로 만나를 발견했을 때, 그들은 그것이 무엇인지 알지 못하여 서로 이르되 "만나?", 즉 "이것이 무엇이냐?"(출 16:15)라고 물었습니다. 그들은 그것이 무엇인지 알지 못했기 때문입니다. 이슬이 마른 후 광야 지면에는 작고 둥글며 서리 같이 가는 것(출 16:14)이 있었습니다. 틀림없이 그들은 그것을 보고서 손으로 문질러 보기도 하고 그 냄새를 맡아 보기도 하였을 것입니다. 그러다가 모세가 "이는 여호와께서 너희에게 주어 먹게 하신 양식이라"(출 16:15)고 말했을 때, 그들은 크게 기뻐하였습니다. 그들은 오래지 않아 그 좋은 소식을 시험해 보았습니다. 한 사람에 한 오멜씩(출 16:16) 충분히 거두어 집으로 가지고 가서, 자기 입맛대로 요리를 하였습니다. 자, 복음과 관련해서도 "만나?"라고 말하는 사람들이 많이 있습니다. 왜냐하면 그들은 그것이 무엇인지 알지 못하기 때문입니다. 너무나 자주 사람들은 복음의 취지와 그 목적에 대해서 실수를 범하곤 합니다. 즉, 복음을 일종의 개선된 율법이나 행위로 말미암는 좀 더 손쉬운 구원 체계 등으로 착각하는 것입니다. 또한 사람들은 복음이 의도하고 있는 사람에 대해서도 잘못된 생각을 하고 있습니다. 그들은 구원의 축복은 틀림없이 구원받을 만한 사람들을 위한 것이며, 그리스도는 틀림없이 공로를 세울 만한 사람들의 구세주라고 생각하는 것입니다. "선한 자들을 위한 선"이라는 원칙에 입각해, 그들은 은혜가 탁월한 자들을 위한 것이며, 그리스도는 덕 있는 자들의 구세주라고 추론합니다. 따라서 우리가 사람들에게 복음이 무엇인지, 복음이 누구를 위해 이 세상에 주어졌는지를 계속해서 알려주는 것이야말로 가장 유익한 일이라 할 수 있습니다. 물론 이 자리에 있는 여러분 같은 이들은 이에 대해 충분히 잘 알고 있고, 더 이상 들을 필요도 없겠지만, 그럼에도 우리 주위에는 아직도 계속해서 큰 오해를 하면서, 이 은혜의 교리에 대해 가장 간단한 방식으로 거듭 거듭 반복해 가르침을 받아야 할 필요가 있는 허다한 무리들이 있기 때문입니다. 심오한 신비들을 설명하기 위해서는 힘이 들겠지만, 분명한 진리들을 단순히 설명하는 일에는 딱히 힘들 이유가 없습니다. 많은 사람들에게 필요한 일은 믿음의 문에 걸린 걸쇠를 들어올리고 그 문을 여는 것입니다. 제 바람은 하나님의 무한하신 은혜로 이 아침에 이 열쇠가 많은 이들의 손에 쥐어지는 것입니다. 우리가 하고자 하는 것은, 복음은 죄인들을 염두에 둔 것이며, 복음은 죄지은 자들을 향한 눈을 가지고 있다는 것과, 복음은 선한 자들이나 탁월한 자들, 또는 스스로 하나님의 은혜를 입을 만한 기준이 된다거나 그 은혜를 준비하고 있다고 생각하는 자들을 위한 보상으로 이 세상에 주어진 것이 아니라는 것을 보여주는 것입니다. 복음은 범법자들과 가치 없는 자들과 경건하지 않은 자들과 잃어버린 양처럼 길을 잃은 자들과 탕자처럼 자기 아버지의 집을 떠난 자들을 위해 의도된 것입니다. 그리스도께서는 죄인들을 구원하기 위해 죽으셨습니다. 그래서 그분으로 말미암아 경건하지 않은 자들이 의롭다 하심을 얻게 되었습니다. 진리는 말씀 안에서 너무나 분명합니다. 그런데 인간의 마음이 그 분명한 진리를 걷어 차 버립니다. 그래서 우리는 더욱더 열심히 이 진리를 주장하고자 합니다.

1. 우리 주님의 사역은 죄인들을 위한 것이었습니다.

첫 번째로, 우리 주님의 사역을 슬쩍 보기만 해도, 그분이 하신 일은 죄인들을 위한 것이었음이 충분히 드러납니다. 사랑하는 성도 여러분, 하나님의 아들이 이 세상에 구세주로 내려오신 것 자체가, 사람들은 하나님의 손으로 말미암아 큰 죄에서 구원 받을 필요가 있다는 것을 암시하고 있기 때문입니다. 자신의 죽음으로 인간의 죄가 사해지도록 해야 하는 구세주의 오심은, 인간들이 큰 죄인들이며 인간 자신의 어떤 행동으로도 죄 용서를 받을 수 없는 존재들이라는 사실이 전제되어 있습니다. 만약 인간의 타락이 없었다면, 여러분은 구세주를 보지 못했을 것입니다. 에덴 동산에서의 타락은 겟세마네 동산에서의 신음에 대한 필연적인 서막 이었습니다. 만약 여러분이 선악을 알게 하는 나무에 대한 이야기와 금지된 과일을 따먹은 불순종의 손에 대한 이야기를 처음부터 듣지 못했다면, 여러분은 십자가와 십자가에 달려 피 흘리신 구세주에 대한 이야기도 듣지 못했을 것입니다. 우리 주님의 사역이 죄인들을 염두에 둔 것이 아니었다면, 우리가 알고 있는 우리 주님의 사역은 전적으로 불필요한 일이었을 것입니다. 인간의 멸망이 없다면, 성육신은 도대체 무엇으로 정당화될 수 있겠습니까? 인간의 죄가 없다면, 우리 주님의 고통 받은 삶은 도대체 무엇으로 설명할 수 있겠습니까? 무엇보다도 인간의 죄가 없다면, 그분께서 돌아가시며 겪은 비애와 죽음을 무엇으로 설명할 수 있겠습니까? "우리는 다 양 같아서 그릇 행하여 각기 제 길로 갔거늘 여호와 께서는 우리 모두의 죄악을 그에게 담당시키셨도다"(사 53:6)라는 이 말씀은 그분의 죽음이 아닌 다른 방법으로는 도저히 답할 수 없는 일종의 수수께끼 같은 질문에 대한 대답인 것입니다.

우리가 우리 주님께서 이 땅에 오며 체결하신 언약을 얼핏 보기만 해도, 우리는 그 언약의 의도가 죄인들을 위한 것이었다는 것을 곧 알 수 있습니다. 행위 언약의 축복은 죄가 없는 사람들과 관련된 것이고, 행위 언약은 이런 사람들에게만 위대한 축복이 약속되어 있습니다. 만약 행위로 말미암아 구원을 받게 된다면, 그 구원은 율법으로 말미암는 구원일 것입니다. 왜냐하면 율법은 바르고 공정하며 선한 것이기 때문입니다. 그러나 새 언약은 죄인들과 관계된 것이 분명합니다. 왜냐하면 새 언약은 공로라는 보상을 말하지 않고, 다음과 같은 값없는 약속을 말하기 때문입니다. "내가 그들의 불의를 긍휼히 여기고 그들의 죄를 다시 기억하지 아니하리라 하셨느니라"(히 8:12). 만약 죄도 없고, 불법도 없고, 불의도 없었다면, 그리스도께서 사자가 되고 사신이 되시는 그 은혜 언약도 필요치 않았을 것입니다. 우리 주님께서 새 언약의 아담이라는 공적 직무를 맡으신 것만 간단히 살펴보아도, 그분의 사역은 죄인들을 위한 것이라는 확신을 우리는 충분히 가질 수밖에 없습니다. 모세는 거룩한 자가 어떻게 행동해야 할지를 보여주기 위해 왔지만, 예수님은 거룩하지 않은 자가 어떻게 깨끗해질 수 있는지를 보여주기 위해 오셨습니다.

　　이와 관련된 그리스도의 사역이 언급될 때마다, 이 사역은 **긍휼과 은혜**의 사역으로 묘사되고 있습니다. 예수 그리스도 안에 있는 구속은 항상 찬양받으실 만한 하나님께서 긍휼을 베푸시는 것입니다. 하나님의 긍휼을 따라 그리스도께서는 우리를 구원해 주셨습니다. 그리스도의 풍성한 긍휼을 따라, 그리스도로 말미암아 하나님께서는 우리의 허물을 용서해 주셨습니다. "율법은 모세로 말미암아 주어진 것이요 은혜와 진리는 예수 그리스도로 말미암아 온 것이라"(요 1:17). "하나님의 은혜와 또한 한 사람 예수 그리스도의 은혜로 말미암은 선물은 많은 사람에게 넘쳤느니라"(롬 5:15). 복음에 대한 가장 충실한 해석을 하고 있는 사도 바울은 은혜야말로 그리스도께서 기존의 생각을 바꾸어놓으신 한 단어라고 설명합니다. "죄가 더한 곳에 은혜가 더욱 넘쳤나니"(롬 5:20). "너희는 그 은혜에 의하여 믿음으로 말미암아 구원을 받았으니 이것은 너희에게서 난 것이 아니요 하나님의 선물이라"(엡 2:8). "은혜도 또한 의로 말미암아 왕 노릇 하여 우리 주 예수 그리스도로 말미암아 영생에 이르게 하려 함이라"(롬 5:21). 사랑하는 성도 여러분, 긍휼은 죄를 암시합니다. 의로운 자에게는 긍휼이 베풀어질 수가 없습니다. 왜냐하면 의로움 그 자체가 자신에게 선한 모든 것을 가져다주기 때문입니다. 은혜 또한 마찬가지로 범죄자들에게만 해당됩니다. 율법을 잘 지키고, 하나님의 장중(掌中)에서 좋은 대우를 받고 있는 자들에게 무슨 은혜가 필요하겠습니까? 이들은 영생을 당연히 받아야 하는 빚 정도로 여기며, 자신들은 분명히 받을 만한 자격이 있는 보상 정도로 생각합니다. 그러나 여러분이 은혜를 말할 때는, 즉시 공로를 배제한 다른 원칙을 도입하는 것입니다. 긍휼은 죄가 있는 곳에서만 베풀어질 수 있고, 은혜는 자격 없는 자에게만 분명히 주어질 수 있습니다. 이것은 매우 분명합니다. 그런데도 어떤 사람들은 이와는 다른 이론에 기반을 두고서 전적으로 다른 취지의 신앙을 갖기도 합니다.

사실, 우리가 하나님께서 주신 은혜의 복음을 공부해 본다면, 그 복음의 얼굴은 항상 죄를 향하고 있다는 것을 알 수 있습니다. 마치 의사가 질병을 주시하거나, 자선(慈善)이 곤경을 주시하는 것과 같습니다. 복음은 자신의 초대장을 발행하고 있습니다. 그것은 어떤 초대장입니까? 죄 짐을 지고서 그 죄의 결과로부터 벗어나고자 애쓰는 사람들에게 보내는 초대장이지 않습니까? 모든 피조물에게 이 복음이 필요하기 때문에, 복음은 모든 피조물들을 초대하고 있습니다. 특별히 복음은 "악인은 그의 길을, 불의한 자는 그의 생각을 버리고 여호와께로 돌아오라"(사 55:7)고 말합니다. 복음은 돈 없는 자, 다른 말로 하면 공로가 없는 자를 초대합니다. 복음은 궁핍하고, 목마르고, 가난하고, 헐벗은 자들을 부릅니다. 이들은 모두 죄로 말미암아 초래된 상태를 보여주기 위한 상징적인 사람들입니다. 복음이 제공하는 은사들도 죄악으로 인한 것이라는 사실이 내포되어 있습니다. 즉, 생명은 죽은 자를 위한 것이며, 보게 되는 것은 맹인을 위한 것이며, 자유는 사로잡힌 자를 위한 것이며, 깨끗이 되는 것은 더러운 자를 위한 것이며, 사면은 죄지은 자를 위한 것입니다. 축복이 보상으로 주어진다고 말하는 것은 복음이 아닙니다. 은혜의 축복을 권리의 문제로 주장하는 사람들에게는 초대장이 주어지지 않습니다. 사람들은 와서 하나님의 은혜를 따라 값없이 축복을 받도록 초대를 받습니다. 그렇다면 복음이 명하는 **명령들**은 무엇이겠습니까? 첫째는 회개입니다. 죄인이 아닌 자가 어떻게 회개할 수 있겠습니까? 둘째는 믿음입니다. 그것은 율법에 따른 믿음이 아닙니다. 왜냐하면 율법은 오직 행함만 말하기 때문입니다. 그러나 믿음은 죄인들과 관련되어 있고, 은혜로 말미암는 구원의 방법과 관련되어 있습니다.

복음에 대한 비유들도 항상 죄인들을 향하고 있습니다. 그 위대한 왕이 잔치를 베풀었으나, 마땅히 올 것으로 예상한 손님들이 식탁에 없는 것을 보고는 길과 산울타리 가로 나가서 사람을 강권하여(눅 14:23) 데리고 왔습니다. 복음 그 자체가 하나의 잔치로 묘사된다면, 그것은 맹인들과 몸 불편한 자들과 저는 자들(눅 14:21)을 위한 큰 잔치일 것입니다. 또한 복음 그 자체가 샘물로 묘사된다면, 그것은 죄와 부정한 것들을 위해 개방된 샘물일 것입니다. 복음이 행하고 말하고 사람들을 위해 준비된 곳은 어디에서나, 복음은 죄인의 친구(마 11:19)가 되는 것으로 드러납니다. 믿음의 창시자이자 여전히 주님이신 그분의 좌우명은 "이 사람이 죄인을 영접하고"(눅 15:2)입니다. 복음은 환자들을 위한 병원입니다. 그래서 오직 죄인들만이 그 복음의 혜택을 받을 수 있습니다. 또한 복음은 아픈 자들을 위한 약과 같습니다. 따라서 스스로 건강하고 의롭다고 생각하는 사람들은 그 복음의 구원하는 약효를 결코 누리지 못할 것입니다. 스스로 하나님 앞에서 뛰어난 것을 가지고 있다고 착각하는 사람들도 주권적인 은혜로 말미암는 구원의 돌보심을 절대로 받을 수 없을 것입니다. 제가 말씀드리고 싶은 것은 복음은 죄인들을 향하고 있다는 것입니다. 그 쪽으로, 오직 그 쪽으로만 복음의 축복이 임합니다.

사랑하는 성도 여러분, 복음은 항상 가장 큰 죄악들 가운데서 가장 큰 승리를 얻는다는 것을 알기 바랍니다. 복음은 그 최고의 군사들을 죄인들 가운데서, 그것도 가장 큰 죄인들 가운데서 모집합니다. 우리 주님께서는 다음과 같이 말씀하셨습니다. "시몬아 내가 네게 이를 말이 있다 하시니, 그가 이르되 선생님 말씀하소서. 이르시되 빚 주는 사람에게 빚진 자가 둘이 있어 하나는 오백 데나리온을 졌고 하나는 오십 데나리온을 졌는데, 갚을 것이 없으므로 둘 다 탕감하여 주었으니 둘 중에 누가 그를 더 사랑하겠느냐?"(눅 7:40-42) 복음은 많은 죄를 용서받은 자가 그 만큼 더욱 사랑함이 많다(눅 7:47)는 것을 원칙으로 제시합니다. 이런 복음을 주는 은혜로운 주님은 가장 큰 죄인을 찾고, 그들에게 "내가 네 허물을 빽빽한 구름 같이, 네 죄를 안개 같이 없이하였으니"(사 44:22)라고 말씀을 하면서, 풍성하고도 넘쳐흐르는 사랑을 친히 드러내기를 기뻐하십니다. 일단 복음이 구원한 큰 죄인들 가운데서 복음을 가장 뜨겁게 사랑하는 자들이 생깁니다. 이들이야말로 복음을 마음 깊은 곳으로부터 받아들이는 자들이며, 복음을 가장 열정적으로 따르는 자들입니다. 큰 죄인들이 구원받았을 때, 그들은 가장 아름다운 왕관으로 꾸며진 면류관을 값없는 은혜로 머리에 쓰게 됩니다. 복음의 눈이 죄인들을 향하고 있다는 것은 매우 확실합니다. 왜냐하면 복음을 가장 높이 영광스럽게 하는 사람들이 바로 죄인들의 괴수이기 때문입니다.

그리 본질적인 질문은 아니지만, 그래도 생각해 보아야 할 또 다른 문제가 있습니다. 복음이 죄인들을 향하지 않는다면, 복음은 도대체 누구를 향한 것이겠습니까? 옛날에 그렇게 트집을 잡던 영혼들이 최근에 다시 부활하는 듯합니다. 무슨 말인가 하면, 교만한 바리새인 같은 자들은 믿음으로 말미암아 의롭다 함을 얻는다는 이신칭의(以信稱義)가 지나친 주장이며, 우리가 지금 전하는 하나님의 은혜도 사람들로 하여금 비도덕적인 생각을 하게 한다고 늘 말하기 때문입니다. 개신교가 그 생명과 정신을 잃어가고 있기 때문에, 이러한 반박들이 가끔씩 거듭해서 제기되는 것입니다. 종교개혁자들의 가르침 가운데 가장 힘 있고 중추적인 가르침은 은혜에 대한 위대한 교리입니다. 구원은 행위에서 비롯되는 것이 아니라, 오직 하나님의 은혜로 말미암는다는 교리 말입니다. 사람들은 종교개혁으로부터 벗어나 가톨릭에 빠져 있기 때문에, 오직 믿음으로만 의롭다 하심을 얻는다는 이 위대한 진리를 뒤로 제쳐놓고서, 이 진리에 대해 우려를 표명합니다. 오, 이 문제에 있어서 대다수의 사람들이 얼마나 악하고 무지한지요!

저는 이 모든 자들에게 다음과 같은 한 가지 질문을 해 보고자 합니다. 즉, 사랑하는 여러분, 복음이 죄인들을 향한 것이 아니라면, 도대체 누구를 향하고 있습니까? 그리고 여러분이 죄인이 아니라면, 도대체 여러분은 어떤 사람들입니까? 여러분은 이런 복음 때문에 도덕이 유린되고 거룩함이 무시를 당한다고 말합니다. 그렇다면 이런 두 가지 상황과 여러분은 도대체 어떤 관련이 있습니까? 대체로 이런 반대를 제기하는 사람들은 이런 주제에 대해 잠자코 있는 것이 나을 때가 많았습니다. 일반적으로 이렇게 도덕과 거룩함을 열렬히 옹호하는 자들은 극도로 방종한 자들인 반면, 하나님의 은혜를 믿는 자들은 청교도와 엄숙주의로 종종 비난을 받은 자들이기 때문입니다. 은혜의 교리를 반대하고 강하게 비난하는 사람이야말로 하나님의 은혜가 가장 필요한 사람인 반면, 선한 행위를 신뢰할 만한 근거로 여기지 않는 사람은 자신의 삶이 주님의 법도대로 세밀한 인도를 받는 사람이기 때문입니다. 오, 사랑하는 여러분, 만약 하나님께서 율법의 근거로 사람을 보신다면, 이 세상에서 단 한 사람도 하나님께서 기쁘게 보실 만한 사람이 없을 것입니다. 여러분은 이 사실을 아십시오. "다 치우쳐 함께 무익하게 되고 선을 행하는 자는 없나니 하나도 없도다"(롬 3:12)는 말씀대로, 단 한 사람의 마음도 본성적으로 하나님 앞에서 건전하거나 올바른 사람은 없습니다. 모든 것을 살펴보는 주님의 눈으로 보실 때, 순결하고 깨끗한 삶을 사는 사람은 단 한 사람도 없습니다. 우리는 모든 죄인들과 마찬가지로 동일한 감옥에 갇혀 있습니다. 물론 우리가 실제로 죄를 지은 죄인은 아니라 해도, 우리는 우리의 생각과 지식에 비례하여 죄를 지었습니다. 따라서 우리 모두는 각자 공정하게 정죄를 받았습니다. 우리는 마음으로 죄를 지었으며, 주님을 사랑하지도 않았습니다. 그런데도 복음이 그 눈길을 죄인들에게로 향하지 않는다면, 도대체 복음은 누구를 향하겠습니까? 구세주께서 죄인을 위해 죽은 것이 아니라면, 도대체 누구를 위해 돌아가셨겠습니까? 은혜의 유익을 받을 만한 사람으로 세상에 누가 있겠습니까?

2. 우리의 선함 때문에 우리가 구원 받는 것이 아니었습니다.

두 번째로, 사랑하는 성도 여러분, 우리 중 어느 누구도 우리 속에 있는 선함 때문에 우리의 구원 사역이 이루어진 것이 아닙니다. 우리가 이 사실을 자세히 살펴보면 볼수록, 이 사실은 더욱더 분명해집니다. 혹시라도 우리 속에 어떤 선한 것이 있다면, 그것은 하나님의 은혜로 우리 속에 주어진 것입니다. 태초에 하나님의 사랑이 우리에게 역사하지 않았다면, 그 선한 것은 틀림없이 우리 속에 없었을 것입니다. 여러분이 이 땅에서 실제로 드러난 구원의 첫 번째 징조, 즉 그리스도의 오심을 보았다면, 여러분은 이와 관련된 다음의 말씀을 들었을 것입니다. "우리가 아직 연약할 때에 기약대로 그리스도께서 경건하지 않은 자를 위하여 죽으셨도다. 의인을 위하여 죽는 자가 쉽지 않고 선인을 위하여 용감히 죽는 자가 혹 있거니와, 우리가 아직 죄인 되었을 때에 그리스도께서 우리를 위하여 죽으심으로 하나님께서 우리에 대한 자기의 사랑을 확증하셨느니라"(롬 5:6-8).

사랑하는 성도 여러분, 이와 같이 우리의 구속은 우리가 태어나기 전부터 효력을 미치고 있었습니다. 다시 말해, 우리의 구속은 "하나님이 우리를 사랑하신 그 큰 사랑을 인하여 허물로 죽은 우리"(엡 2:4-5)에게 주어진 사랑의 열매였습니다. 우리 안에는 그런 구속에 대한 공로로 전면에 내세울 만한 것이 아무것도 없었습니다. 사실 공로라는 그 생각 자체가 예수님의 죽음을 터무니없고 불경하게 만들 따름입니다. 그렇습니다. 우리가 죄악 가운데 살면서 죄악을 사랑할 때도, 우리의 구원을 위한 준비가 이뤄지고 있었습니다. 우리가 반역하느라 분주할 때도, 하나님의 사랑은 우리를 위해 분주했던 것입니다. 복음은 우리에게 가까이 제시되었고, 열심 있는 성도들은 온 맘을 다해 우리를 위해 기도하였으며, 우리를 회개시킬 말씀도 기록되었습니다. 제가 앞서 말한 바와 같이, 우리를 깨끗하게 할 피는 뿌려졌고, 우리를 다시 새롭게 할 하나님의 영도 주어졌습니다. 우리가 하나님을 찾는 영혼의 호흡을 하지 않을 때도, 이 모든 것들은 이미 이뤄지고 있었습니다. 에스겔서에는 다음과 같은 놀라운 말씀이 있지 않습니까?

스스로는 아무것도 할 수 없이 들에 버려진 한 아기가 물로 씻어 정결하게 되지도 아니하였고, 강보에 싸이지도 아니하였고, 피투성이가 된 채 발짓하면서 불결하고 더럽게 된 것을 하나님께서 곁을 지나가다가 보셨습니다(겔 16:4-6 참고). 그분은 비록 불결하고 혐오스러운 때였지만, 사랑을 할 만한 때(겔 16:8)라고 말씀하셨습니다. 그분은 그 택한 아기들이 깨끗하게 씻고 잘 차려입었다고 해서 사랑하지 않으셨습니다. 그분은 그들이 불결하고 여전히 벌거벗은 알몸(겔 16:7)일 때도, 그들을 사랑하셨습니다. 믿는 마음을 가진 모든 신자들은 하나님께서 보여주신 그 너그러운 사랑과 측은지심을 찬양하도록 하십시오.

> "그분은 타락하여 파멸한 나를 보셨네.
> 하지만 이 모든 것에도 불구하고,
> 그분은 나를 사랑하셨네.
> 그분은 잃어버린
> 나를 구원해 주셨네.
> 오, 그 크신 그분의 다정한 사랑."
> (사무엘 메들리[Rev. Samuel Medley, 1739-1799]).

여러분의 마음이 완악했을 때였습니다. 여러분의 목이 뻣뻣했을 때였습니다. 여러분이 회개하고 그분께 순종하기는커녕 더욱더 그분에게 반역을 행했을 때도, 그분은 여러분을, 바로 여러분을 최고의 애정으로 사랑하셨습니다. 도대체 그런 은혜를 베푸신 이유가 무엇입니까? 그것은 참으로 그분께서 본성적으로 선함이 가득하고(롬 15:14), 인애를 기뻐(미 7:18)하는 분이시기 때문입니다. 죄인에게 사람을 감동시킬 만한 선한 것이 있어서가 아니라, 그저 죄인이기 때문에 베푸는 것이 인애이지 않습니까?

조금 더 자세히 살펴보도록 합시다. 우리 주님께서는 도대체 무엇을 행하기 위해 이 세상에 오셨습니까? 여기에 그 답이 있습니다. "그가 찔림은 우리의 허물 때문이요 그가 상함은 우리의 죄악 때문이라 그가 징계를 받으므로 우리는 평화를 누리고 그가 채찍에 맞으므로 우리는 나음을 받았도다"(사 53:5). 그분은 죄 짐을 짊어지기 위해 오셨습니다. 그런데 여러분은 그분이 훌륭한 부류의 사람들이 혹시라도 지을 수 있는 작고 사소한 죄들을 짊어지기 위해 오셨다고 생각하지 않습니까? 여러분은 그분을 그렇게 작은 허물에서 우리를 구원하기 위해 오신 작은 구세주로 생각하지 않습니까? 사랑하는 성도 여러분, 이 땅에 와서 죄의 짐을 짊어진 분은 바로 하나님의 사랑하는 아들이었으며, 그분께서 짊어진 그 죄 짐은 거짓으로 꾸며낸 것이 아니었습니다. 왜냐하면 그 죄 짐으로 인해 그분은 핏방울 같은(눅 22:44) 땀을 흘리셨기 때문입니다. 그분의 짐이 얼마나 무거웠던지, 그분의 머리는 무덤에 이르기까지, 아니 죽음에 이르고 그 죽음 이후에 이르기까지 숙여져 있었습니다. 그리스도에게 지워진 그 엄청난 짐은 우리가 쌓아올린 죄 짐이었습니다. 그러므로 우리는 이런 주제들을 살펴보면서, 복음은 죄인들과 관계할 수밖에 없다는 사실을 알게 됩니다. 죄가 없다면! 정말 그렇다면, 십자가는 실수였습니다. 죄가 없다면! 정말 그렇다면, 라마 사박다니(마 27:46)도 쓸데없이 잔인한 대우를 받은 것에 대한 불평이었습니다. 죄가 없다면! 오, 구세주여, 우리가 그렇게 열심히 당신에게 돌려드린 그 영광은 다 무엇이란 말입니까? 존재하지도 않는 죄를 당신이 어떻게 제거할 수 있다는 말입니까? 큰 죄가 존재한다는 것은 그리스도의 오심을 암시하고 있으며, 그리스도께서 오신 것은 죄로 인해 필연적으로 일어난 일이었습니다. 죄를 대적하여 예수님께서는 우리의 구원자로 오셨습니다. 그분은 자신의 핏줄에서 나오는 보혈로 가득한 그 샘을 친히 여셨다고 선포하셨습니다. 그렇다면 그 샘은 도대체 누구를 위한 것입니까? 깨끗하게 하는 샘이란 것 자체가 이미 더러운 것이 있음을 암시합니다. 죄인인 여러분, 여기저기 어느 곳이든 더러운 자들은 틀림없이 있습니다. 다른 어느 곳에도 이와 같은 놀라운 샘, 즉 그리스도의 심장에서 나온 보혈로 가득한 이런 샘은 지금까지 없었습니다. 여러분이 죄인이라면, 여러분은 이 샘이 필요한 사람입니다. 이 샘이 여러분에게 열려 있습니다. 여러분은 여러분이 지은 죄와 여러분 주위에 있는 더러운 모든 것들을 가지고 나와서 이 아침에 씻으십시오. 그리하여 정결하게 되십시오.

> "그분께서 말할 수 없는 고뇌 가운데
> 　고통을 받으신 것은
> 　바로 죄인들을 위한 것이었다.
> 　그런데도 당신은
> 　당신이 죄인이라는 것을 의심하는가?

당신이 의심한다면,
그렇다면 소망과는 영영 이별하리라.

그러나 성경에 기록된 바와 같이
'모두가 죄인'이며,
'허물로 죽은 우리'라는 것을 믿고,
십자가에 달린 그분을 바라본다면,
소망은 당신의 영혼 안에 다시 생기리라."

(알버트 미드래인[Albert Midlane, 1825-1909])

사랑하는 성도 여러분, 예수 그리스도께서 이 땅에 와서 주신 은사들을 살펴보면, 거의 대부분의 은사들은 죄가 있다는 사실을 암시하고 있음을 알 수 있습니다. 그분께서 주신 첫 번째 은사는 용서라는 선물이지 않습니까? 도대체 허물이 없는 사람을 어떻게 용서한다는 말입니까? 저는 지금 아주 공손한 태도로 여러분에게 말씀드립니다. 범죄가 일어나지 않은 곳에서는 그런 용서가 있을 수 없습니다. 속죄와 허물의 제거는 없이해야 할 죄가 틀림없이 있거나, 아니면 그와 관련된 어떤 실제적인 것이 있어야 하는 것 아닙니까? 그리스도께서는 죄인을 의롭다고 칭하기 위해 이 땅에 오셨습니다. 이 사실은 사람에게 본성적인 거룩함이 분명히 없다는 것을 보여줍니다. 다시 말해 혹시라도 사람 속에 어떤 거룩한 것이 있었다면, 사람들은 자기 스스로, 혹은 자기 행위로 의롭다 함을 받았을 것이기 때문입니다. 그리고 사람들이 이미 자신의 어떤 의로움으로 의롭다 함을 받았다면, 왜 모든 사람들이 하나님 아들의 의로움으로 말미암는 의롭다 함을 소리 높여 외치겠습니까? 죄 사함의 축복과 의롭다 함을 받는 축복, 이 두 축복과 이런 종류의 다른 축복들은 분명히 죄인들에게만 적용되는 것입니다.

우리 주 예수 그리스도께서는 또한 하나님의 능력을 입고 오셨습니다. 그분은 "주의 성령이 내게 임하셨으니"(눅 4:18)라고 말씀하셨습니다. 죄는 인간이 가진 모든 능력과 힘을 빼앗아가 버렸습니다. 그래서 인간은 영원한 성령님의 능력이 아니고서는 도저히 헤어 나올 수 없을 처지에 놓이게 되었습니다. 만약 이런 인간의 상황이 아니었다면, 그분께서는 도대체 어떤 목적으로 하나님의 능력을 입고 오셨겠습니까? 그리고 이 사실은 그리스도의 사역이 죄로 말미암아 하나님 앞에서 무기력하고 공로도 내세울 수 없는 자들을 위한 것임을 암시해 주고 있지 않습니까? 인간의 영혼이 타락했기 때문에 성령님이 보내심을 받은 것입니다. 죄악이 인간의 생명을 빼앗아, 사람을 허물과 죄로(엡 2:1) 죽였습니다. 그래서 성령님이 사람의 생명을 다시 새롭게 살리기 위해 오셨고, 성령님은 예수 그리스도로 말미암아 오신 것입니다. 그러므로 예수 그리스도의 사역은 분명히 죄인을 위한 것입니다.

저는 우리 주님께서 행하신 위대한 일들에 대한 말씀을 빠뜨릴 수 없습니다. 만약 여러분이 이 일들을 자세히 살펴본다면, 그것은 전적으로 죄인들을 위한 것이었다는 사실을 알 수 있을 것입니다. 예수님께서는 잃어버린 자를 찾아 구원하기 위해 이 땅에 사셨고, 죄인들의 죄를 속하기 위해 죽으셨으며, 우리가 의롭다 함을 받도록 하기 위해 다시 부활하셨습니다. 제가 이미 말한 바와 같이, 만약 우리가 본성적으로 죄인이 아니었다면, 우리는 의롭다 함을 바라지도 않았을 것입니다. 예수님께서는 하늘 높이 올라가셔서, 인간들을 위한 은사(선물)들을 받으셨습니다. 참으로 "반역자들로부터도 받으시니 여호와 하나님이 그들과 함께 계시기 때문이로다"(시 68:18)라는 특별한 말씀을 눈여겨보면 알 수 있습니다. 예수님께서는 하늘나라에 살아 계십니다. 그분은 우리를 중보하기 위해 천국에 살아 계십니다. "그러므로 자기를 힘입어 하나님께 나아가는 자들을 온전히 구원하실 수 있으니 이는 그가 항상 살아 계셔서 그들을 위하여 간구하심이라"(히 7:25)는 말씀대로 말입니다. 이처럼 그분께서 행하신 영광스러운 업적들 가운데 여러분이 원하는 어떤 업적을 보더라도, 거기에서 여러분은 죄에 빠진 자들을 겨냥한 그분의 분명한 의도를 발견하게 될 것입니다.

그리고 사랑하는 성도 여러분, 예수 그리스도께서 우리에게 주신 모든 은사와 축복들은 그것들이 죄인들과 관계가 있기 때문에 많은 빛을 발하는 것입니다. 우리가 선택받은 것은 예수 그리스도 안에서입니다. 제 생각에 그분께서 선택하신 사랑의 영광은 바로 자격 없는 무가치한 대상들을 선택했다는 사실에 있습니다. 공로에 따라 선택했다면, 거기에 어떤 선택이 있을 수 있었겠습니까? 공로를 따른다면, 사람들은 자신이 행한 업적에 따라 합당한 순위를 얻게 될 것입니다. 그러나 선택이라는 영광은 은혜와 더불어 밝게 빛이 납니다. 은혜는 항상 그 은혜가 분명히 드러날 수 있기 위해 가치 없는 자들을 그 배경으로 삼고 있습니다. 하나님의 선택은 우리의 행위에 따른 것이 아닙니다. 선택은 죄인들을 위한 은혜로운 선택일 따름입니다. 그 선택을 찬양하고 놀라워하십시오.

이제 여러분은 유효적 소명(Effectual Calling)으로 눈길을 돌려, 죽은 자들 가운데서 부르시는 이 소명을 바라보는 것이 얼마나 기쁜 일인지 보십시오. 이 소명은 정죄 받은 자들을 용서와 은혜의 자리로 부르는 것입니다. 그 다음으로 여러분은 양자(養子)됨을 생각해 보십시오. 하나님의 자녀로 삼기에는 적절하지 않으며 더구나 자녀 되기를 거부하는 자들을 양자로 삼아주시다니, 이 양자됨은 얼마나 영광된 일입니까? 또한 능히 이 돌들로도 아브라함의 자손이 되게(마 3:9) 하는 중생(重生)이 가진 그 특별한 아름다움은 어떻습니까? 그리고 영과 혼과 몸(살전 5:23)으로 이루어진 우리가 전적으로 거룩하게 되고, 우리처럼 이렇게 거룩하지 않은 피조물들을 취하사 하나님 앞에서 우리를 나라와 제사장으로 삼으신(계 1:6) 그 성화(聖化)의 아름다움은 또 어떻습니까? 제 생각에 저기 흰옷을 입고 찬양하는 자들도 과거에는 더러운 죄를 지은 자들이었고, 또 저기서 기뻐하며 예배드리는 자들도 과거에는 하나님을 반역하던 자들이었을 것입니다. 자신들의 태초의 상태를 유지한 타락하지 않은 천사들이 완전히 순결하고도 영원한 찬송을 하나님께 돌리는 모습을 보는 것도 기쁜 일입니다. 그러나 타락했지만 하나님으로 인해 거룩하게 다시 새롭게 된 영혼들을 볼 때, 더욱 충만한 영광을 하나님께 돌려드리게 됩니다. 이들은 천사들이 결코 부를 수 없는 감미로운 선율의 특별한 찬양을 기쁜 마음으로 목소리 높여 영원히 찬송할 것입니다. "이는 큰 환난에서 나오는 자들인데 어린 양의 피에 그 옷을 씻어 희게 하였느니라"(계 7:14). 천사들은 여호와의 이름에 최고의 영광을 돌리는 그 진리에 들어가려는 시도조차 할 수 없습니다. "일찍이 죽임을 당하사 각 족속과 방언과 백성과 나라 가운데에서 사람들을 피로 사서 하나님께 드리시고"(계 5:9)라고 하는 그 진리 말입니다.

복음은 죄인들을 염두에 두고 주어진 것이며, 특별히 죄인들의 유익을 위해 의도된 것이라는 사실은, 우리가 보면 볼수록 더욱더 분명해집니다. 지금까지 저는 이에 대해 충분히 여러분에게 말씀드렸다고 생각합니다.

3. 이런 복음을 받아들이는 것이 지혜로운 것입니다.

자, 세 번째로 말씀드릴 것은 분명히 이런 상황을 받아들이는 것이 지혜롭다는 사실입니다. 복음은 죄인을 위한 것이고, 우리가 죄인이라는 사실은 많은 사람들에게 아주 불쾌한 교리라는 것을 저도 알고 있습니다. 하지만 사랑하는 성도 여러분, 제가 보기에는 여러분의 기호(嗜好)를 바꾸는 것이 더 나아 보입니다. 왜냐하면 여러분에게는 교리를 바꿀 만한 능력이 없기 때문입니다. 이것은 변할 수 없는 영원하신 하나님의 진리입니다. 복음은 죄인들을 향하고 있기 때문에, 여러분이 할 수 있는 유일한 최선은 복음이 향하고 있는 곳에 여러분이 가는 것입니다. 그것이 제가 여러분에게 권해드릴 수 있는 바입니다. 여러분이 죄인의 자리에 이르렀을 때에야 비로소, 여러분은 여러분에게 합당한 유일한 자리에 있게 되는 것이기 때문에, 저는 전략적으로 보든 정직한 마음으로 보든 이렇게 권하는 바입니다. 제 귀에는 여러분이 다음과 같이 이의를 제기하는 소리가 들리는 듯합니다. "저는 이런 방식에 찬성하지 않습니다. 마치 십자가에서 죽어가던 그 죄인인 강도처럼 그렇게 똑같은 방식으로 저더러 구원을 받으라는 말입니까?" 맞습니다. 정확하게 바로 그 방식입니다. 사랑하는 성도 여러분, 하나님께서 훨씬 더 많은 은혜를 여러분에게 부어주지 않으시는 한, 여러분도 그 강도처럼 죄인인 상태에서 구원을 받게 될 것입니다. "그래도 설마 제가 죄를 지은 한 여자(눅 7:37)와 같은 그런 수준에서 구원을 받게 되리라고 말하는 것은 아니겠지요? 저는 지금까지 순수하고 정숙하게 살아왔어요. 그런 저도 그 여자가 구원을 받았던 것과 마찬가지로, 절대적으로 하나님의 은혜에만 의지해서 구원을 받아야 한다는 말인가요?" 사랑하는 성도 여러분, 그렇습니다. 제가 분명히 말씀드리겠습니다. 정확하게 여러분이 말한 그대로 여러분은 구원을 받게 됩니다. 주님께서 인간을 구원하시는 유일한 한 가지 원칙이 있습니다. 그것은 오로지 은혜로만 구원하신다는 원칙입니다. 여러분이 이 사실을 이해했으면 하는 것이 저의 바람입니다. 혹여 이런 이야기들로 인해 여러분이 이가 갈리고 화가 난다 해도, 지금 제가 말하는 그 속뜻을 여러분이 알기만 한다면, 저는 결코 후회하지 않을 것입니다. 왜냐하면 진리가 여러분의 영혼에 들어가기만 한다면, 여러분은 그 진리의 능력 앞에 고개를 숙일 것이기 때문입니다. 오, 경건한 부모를 둔 자녀들인 여러분에게, 즉 탁월한 도덕의식과 예민한 양심을 가진 젊은이들인 여러분에게 말합니다. 여러분이 가진 그 특권을 기뻐하십시오. 하지만 그 특권을 자랑하지 마십시오. 왜냐하면 여러분도 역시 죄를 지었기 때문입니다. 여러분도 빛과 지식에 반하는 죄를 지었습니다. 여러분이 그러한 죄를 지었다는 것을 여러분 자신도 알고 있습니다. 비록 여러분이 엄청난 죄에 빠져 분명한 행동으로 죄를 범하지는 않았다 해도, 여러분은 욕망과 상상 속에서 충분히 옳은 길에서 벗어났습니다. 애석한 일이지만, 여러분은 많은 일들 속에서 하나님을 대적하는 죄를 범해 왔습니다. 여러분 앞에 놓인 이런 것들을 고려해 본다면, 여러분은 죄인의 자리에 서야 합니다. 여러분은 오직 죄인의 자리에 서게 될 때에만 수치를 당하지 않을 것입니다.

이런 죄인의 상황에서 구원이라는 축복을 받게 된다면, 여러분은 어떻게 하면 그 축복을 가장 안전한 방식으로 받을 수 있을지 생각하십시오. 손님들을 위한 많은 방들이 마련된 잔치를 상상해 보십시오. 나는 가장 좋은 방들 가운데 하나에 제 짐을 풀었습니다. 하지만 저는 그 방에 머무를 권리가 없을 수도 있습니다. 특별한 손님들을 위해 마련된 것들을 내가 먹고 마시지만, 내가 가진 입장권은 특별한 손님에게 주는 입장권이 아니기 때문에 심히 불안합니다. 입에 음식을 넣을 때마다 속으로 생각합니다. "내가 여기 있어도 된다는 허락을 받았는지 잘 모르겠다. 혹시 이 잔치의 주인이 와서 '친구여, 당신이 어찌하여 … 여기 들어왔느냐'(마 22:12)라고 말한다면, 나는 틀림없이 가장 낮은 자리로 옮겨야 하는 수치를 당할 것이다." 사랑하는 성도 여러분, 우리가 처음부터 가장 낮은 자리에 앉아 있다면 우리는 안전하다고 느낄 것입니다. 우리를 위해 마련된 곳에 머무르고 있을 때 우리는 만족할 것이며, 그 자리에서 쫓겨나지도 않을 것입니다. 또한 거기에 왕이 들어와서는 우리가 좀 더 높은 자리를 차지하도록 해줄지도 모릅니다. 처음에 제일 낮은 자리에 앉는 것처럼 좋은 것은 없습니다. 제가 한 사람의 거룩한 성도로서 그 약속을 붙잡았을 때는, 그 약속에 대한 여러 의심들이 있었습니다. 그러나 제가 한 사람의 죄인으로서 그 약속을 붙잡았을 때, 저는 더 이상 이의를 제기할 수 없었습니다. 주님께서는 제게 그분의 자녀로서 마땅히 그 은혜에 의지해 살아가라고 명하시지만, 마귀는 제게 은혜로 말미암은 것이라 해도 실제로 입양된 것이 아니기 때문에 제가 그렇게 은혜로 살아가는 것은 주제넘은 짓이라고 속삭인다면, 그때 저는 한 사람의 죄인으로서, 즉 그분의 자녀가 될 자격이 없이 허물을 범한 사람으로서 예수님께 나아가, 믿기만 한다면 주님께서 제게 선물로 값없이 주시는 것들을 받아 누릴 것입니다. 그때 마귀는 제가 죄인이라고 더 이상 말하지 못할 것입니다. 또 마귀가 그렇게 말한다 해도, 그것은 너무 뻔한 거짓말이어서 제게 아무런 해도 끼치지 못할 것입니다. 여기에 절대로 파기될 수 없는 호칭이 있습니다. 죄인이라는 호칭이 여러분에게 붙여졌다면, 그 호칭은 반박의 여지가 없는 분명한 호칭입니다. 그러므로 죄인인 여러분은 그 호칭에 의지하십시오. 따라서 여러분에게 합당한 참된 자리, 여러분에게 가장 안전한 자리는 죄인의 자리인 것입니다.

또 다른 축복이 있습니다. 바로 지금 이 순간에도 여러분이 직접 갈 수 있는 장소가 있다는 것이 바로 축복입니다. 만약 복음이 칭찬할 만한 덕을 갖춘 상태의 사람을 향하고 있다면, 저 같은 사람이 그런 상태가 되기까지는 얼마나 많은 시간이 걸리겠습니까? 만약 예수 그리스도께서 어떤 탁월한 상태가 된 사람들을 구원하기 위해 이 세상에 오셨다면, 저 같은 사람이 그런 탁월한 수준에 이르기까지는 또 얼마나 오랜 시간이 걸리겠습니까? 저는 병에 걸려 삼십 분만에 죽어서 영원한 재판의 판결을 들을 수도 있습니다. 그리고 만약 수개월이 걸리는 그런 수준에 도달해야만 구원을 얻을 수 있다면, 그런 복음은 제게 초라한 복음일 것입니다. 지금 이 시간에도 저는 죽음을 향해 나아가고 있으며, 한 시간 안에 이 세상을 벗어나 은혜가 미치지 못하는 곳으로 갈 수 있음을 잘 알고 있습니다. 이런 제게 복음이 다가와 지금이라도 당장 내가 복음을 받을 수 있고, 복음 안에서 내가 발견될 수 있다고 하니, 그 얼마나 큰 위로인지 모릅니다! 은혜가 사람들에게 미치기 시작하는 그 위치에 저는 이미 와 있습니다. 제가 죄인인 것을 인정하기 때문입니다. 내가 정말 죄인이라는 사실을 제 자신이 인정하기만 하면 되는 것입니다. 그렇다면 지금 불쌍한 영혼들인 여러분은 주님 앞에 앉아서 이렇게만 말하십시오. "주님, 당신의 아들이 죄인을 구원하기 위해 이 땅에 오지 않으셨습니까? 제가 바로 죄인입니다. 저는 저를 구원해 주실 분으로 그분을 의지합니다. 그분은 경건하지 않은 자를 위해 죽지 않으셨습니까? 제가 바로 경건하지 않은 자입니다. 주님, 저는 저를 깨끗이 해줄 그분의 보혈을 의지합니다. 그분의 죽음은 죄인들을 위한 것이지 않습니까? 주님, 제가 바로 그 죄인의 위치에 서 있습니다. 저는 제가 죄인임을 인정합니다. 저는 당신의 법으로 내려진 판결을 정당한 것으로 받아들입니다. 그러나 주님, 예수님의 죽음을 보고 저를 구원해 주옵소서." 이제 다 끝났습니다. 여러분은 구원받았습니다. 내 아들아, 평안히 가라(눅 7:50)는 말씀대로 말입니다. 그 많던 여러분의 죄는 모두 사해졌습니다. 그래서 내 딸아, 가라. 기뻐하며 네 길을 가라고 합니다. 여호와께서도 여러분의 죄를 사하셨나니 여러분이 죽지 아니하려니와(삼하 12:13 참고), 믿는 자는 모든 죄에서 의롭다 하심을 얻게 됩니다. 마음에 간사함이 없고 여호와께 정죄를 당하지 아니하는 자는 복이 있습니다(시 32:2). 그러므로 여러분이 서야 할 참된 위치에 서서, 은혜가 여러분을 간주하는 그 상황을 받아들이십시오. 공의나 공로는 말도 꺼내지 말고, 긍휼과 사랑을 간구하십시오. 어떤 사람이 몇 번에 걸쳐 나폴레옹 1세에게 반역을 꾀하다가 급기야 그의 손에 붙잡혀 사형선고를 받게 되었습니다. 그러자 그 반역죄인의 딸은 아버지의 목숨을 구하기 위해 간절히 간구하였습니다. 그러다가 마침내 그녀는 자신의 간구를 황제가 들어주기를 바라는 마음으로 그 앞에 무릎을 꿇었습니다. 황제는 "내 딸아, 네 아버지를 위해 간구해 봐야 소용없다. 왜냐하면 네 아버지가 반복해서 꾀한 죄악에는 아주 분명한 증거가 있기 때문이다. 네 아버지가 마땅히 죽어야 하는 것이 공의를 행하는 것이다"라고 말했습니다. 그러자 그 소녀는 대답했습니다. "폐하, 저는 지금 공의를 구하는 것이 아니라, 자비를 간구하는 것이옵니다. 제가 지금 의지하는 것은 폐하의 마음속에 있는 자비이지, 죄에 대한 공의가 아니옵니다." 이런 그녀의 말을 황제는 진지하게 받아들였고, 그 소녀의 아버지는 딸의 간구로 목숨을 보전할 수 있었습니다(나폴레옹이 세인트 헬레나에서 유배 생활을 하는 동안 만난 벳시 발콤이라는 소녀와의 일화가 각색된 것으로 보인다. 스펄전이 행한 또 다른 설교에서는 거듭해 죄를 범한 아들의 목숨을 구하기 위해 한 어머니가 등장해서 동일한 내용으로 나폴레옹에게 간구한다 — 역주).

이러한 간구를 본받아, 우리도 다음과 같이 부르짖읍시다. "하나님이여 주의 인자를 따라 내게 은혜를 베푸시며 주의 많은 긍휼을 따라 내 죄악을 지워 주소서"(시 51:1). 공의는 여러분의 죽음을 부를 뿐이며, 자비만이 오직 여러분을 살릴 수 있습니다. 선한 사람인 척하는 모든 궁리들을 이제는 단념하고, 여러분은 자신이 악한 죄를 범했다는 것을 수긍하며 죄인인 것을 인정하십시오. 법정이 주는 자비에 자신을 내어 맡기고, 그분의 자비를 간구하십시오. 값없는 자비, 조건 없는 자비, 은혜로 베푸는 호의를 간구하십시오. 이것이 바로 여러분이 간구해야만 하는 것이며, 법에서도 그러하듯이 그들은 소위 극빈자로서(in forma pauperis), 즉 지극히 가난한 자들로서 간청하는 모습을 가져야 합니다. 여러분은 이런 방식을 채택하여, 완전히 이 방법밖에는 어떻게 달리 해결할 길이 없는 사람처럼 하나님께 호의를 구해야 합니다. 그런 극빈자로서 호의를 구하면, 은혜가 여러분에게 주어질 것입니다.

4. 이 복음의 교리는 엄청난 성화의 능력을 지니고 있습니다.

이제 저는 다음의 주제, 즉 이 교리가 엄청난 성화의 능력을 가지고 있다는 말씀을 드리고 설교를 마치고자 합니다. 어떤 사람은 이렇게 말합니다. "그래도 저는 이 교리를 믿지 못하겠습니다. 그리스도께서는 오직 죄인들만을 구원하기 위해 오셨으며, 비록 회개를 한다고 하기는 하지만 그분은 죄인이 아닌 자는 누구도 부르지 않으신다는 주장을 함으로써, 당신은 죄에 대한 어떤 특혜를 제공하고 있는 것이 분명합니다." 사랑하는 성도 여러분, 저는 지금까지 이런 말들을 무수히 많이 들어 왔습니다. 저는 그렇게 말하는 이들의 마음을 잘 알고 있습니다. 루터 당대의 교황주의자들도 이런 교리에 반발하여 반대했었습니다. 그 이후로도 글을 쓰는 각계각층의 사람들이 이에 대해 반대했습니다. 그러나 값없는 은혜가 도덕에 위배된다는 그들의 주장에는 실질적인 근거가 아무것도 없습니다. 다시 말해 그들의 주장은 착각일 뿐이라는 것입니다. 그들은 믿음으로 의롭다 함을 얻는다는 이신칭의의 교리가 죄를 짓도록 유도한다는 몽상(夢想)을 하고 있습니다. 그러나 이 교리가 전파될 때마다 사람들은 가장 거룩해졌으며, 이 진리가 퇴색될 때마다 모든 유의 타락이 만연했음은 역사적으로 입증될 수 있습니다. 은혜로운 교리와 은혜로운 삶이 잘 어울려 동행하며, 율법적인 가르침과 탈법적인 삶이 대체로 관계를 맺습니다.

저는 여러분에게 이 복음이 갖는 성화의 능력을 보여드리고자 합니다. 성화를 향해 나아가는 복음의 첫 번째 능력은 이것입니다. 즉, 성령님께서 값없는 용서의 진리를 사람들의 마음에 심어주실 때, 이 진리는 하나님에 대한 모든 생각들을 완전히 바뀌게 한다는 것입니다. 그 사람은 이렇게 말합니다. "뭐라고? 그리스도로 말미암아 하나님께서 내가 범한 모든 허물들을 값없이 용서해 주셨다고? 내가 지은 모든 죄에도 불구하고 그분께서 나를 사랑하신다고? 그분이 이 정도로 은혜롭고 자애로우신지 미처 몰랐구나! 나는 그분을 굳은 사람으로 생각하면서, 그분은 심지 않은 데서 거두고 헤치지 않은 데서 모으는(마 25:24) 폭군이라고 불렀는데, 그분께서 나를 이처럼 사랑해 주신다고?' 그때 그 영혼은 "그러므로 이제 나는 그분의 사랑에 보답하는 마음으로 그분을 사랑하겠다"라고 말합니다. 감정의 전적인 반전이 일어나는 것입니다. 구속의 은혜와 죽기까지 사랑하신 그분의 사랑을 이해하자마자 그 사람은 즉시 완전히 변화됩니다. 은혜를 알게 되면 회개는 자연히 뒤따라옵니다.

또한 이 위대한 진리는 사람을 변화시킬 뿐만 아니라, 사람을 분발하게 하고, 감동하게 하며, 활기를 띠게 하고, 불타오르게 합니다. 이 진리는 마음의 깊은 곳을 자극하여, 그 마음을 활기찬 감정으로 충만하게 합니다. 지금까지 여러분은 사람들에게 선행에 관하여, 옳음과 의와 상과 형벌에 대해 말했고, 상대방은 이 모든 말들을 들었습니다. 이것을 통해 여러분은 그 상대방에게 끼친 영향력을 가늠해 보려고 했을지도 모릅니다. 그러나 정작 그는 그 말을 그리 대단하게 생각하지 않았습니다. 그러한 가르침은 사람의 마음을 뜨겁게 하기에는 너무 냉랭하기 때문입니다. 하지만 사람의 마음에 심겨진 진리는 그 마음에 새롭고 생기를 불러일으키는 것으로 나타납니다. 이 진리는 다음의 사실을 담고 있습니다. 즉 하나님께서는 값없이 주시는 그분의 은혜로 죄인들을 용서해 주는 분이시며, 그분은 이미 여러분을 용서해 주셨다고 하는 사실 말입니다. 이 진리는 사람을 깨우고, 힘을 북돋워 주며, 눈물의 샘을 어루만지고, 자신의 존재 전체를 감동시킵니다. 복음을 처음 들었을 때 그는 복음에 신경도 쓰지 않았고, 어쩌면 복음을 증오했을지도 모릅니다. 그러나 복음이 능력과 함께 임했을 때는, 그 사람을 휘어잡는 놀라운 능력이 복음에 있게 됩니다. 그가 복음의 메시지를 자신의 것으로서 실제로 받아들일 때, 그때 돌 같았던 그 냉랭한 마음은 부드러운 마음(겔 36:26)으로 변합니다. 다시 말해, 주님을 향한 따뜻한 감정과, 온화한 사랑과, 겸손한 염원과 거룩한 동경, 이 모든 것이 그 가슴에서 생기를 얻게 되는 것입니다. 이 거룩한 진리가 가진 소생하게 하는 능력은 이 진리가 지닌 회개하게 하는 능력과 더불어 끝없는 찬사를 받기에 부족함이 없습니다.

그리고 이 진리가 사람의 마음에 들어오면, 그 사람이 지니고 있던 자기기만은 치명타를 맞게 됩니다. 많은 사람들은 이미 이 진리가 요구하는 모습이 바로 자신의 모습이라고 생각할 정도로 스스로 지혜롭다고 여깁니다. 또한 이 진리가 요구하는 바에 이미 도달했다고 결론을 내릴 정도로 스스로 덕이 있다고도 생각합니다. 자, 보십시오. 이 교리는 여러분 자신이 가졌다고 생각하는 선함에 대한 모든 확신의 두개골을 내리칩니다. 그래서 여러분으로 하여금 여러분이 지은 죄를 자각하도록 합니다. 이런 과정을 통해 교만이라는 큰 죄악을 제거합니다. 죄에 대한 자각은 은혜로 나아가는 참된 출발점입니다. 부족한 것에 대한 인식과 과거에 범한 허물로 인한 슬픔 등은 좀 더 고귀하고 좀 더 숭고한 삶을 위한 필수적인 준비입니다. 복음은 기초를 깊게 파서 빈 공간을 크게 만들어, 숭고한 영적 성품을 지닌 영광된 돌들을 채워 넣을 공간을 그 마음에 마련합니다.

그리고 이 진리를 받아들이는 영혼 안에는 **감사하는 마음**도 분명히 생깁니다. 많은 죄를 사함 받은 사람은 그에 대한 보답으로 분명히 더 많이 사랑합니다(눅 7:47 참조). 하나님에 대한 감사는 거룩한 행동으로 나아가는 위대한 동기입니다. 보상받기 위해 옳은 일을 하는 사람은 이기적으로 행동합니다. 그런 자들의 마음 밑바닥에는 이기심이 놓여 있습니다. 그들은 고통을 피해 보려는 오직 그 이유로 죄악을 삼갑니다. 그들은 자신의 안전과 행복만을 위해 순종할 뿐입니다. 반면에 천국이나 지옥 때문이 아니라, 하나님께서 자신을 구원해 주셨기 때문에 옳은 일을 행하고, 자신을 구원해 주신 하나님이기 때문에 하나님을 사랑하는 사람이 있습니다. 이 사람은 진정으로 옳은 것을 사랑하는 사람입니다. 하나님께서 옳은 것을 좋아하시기 때문에 자신도 옳은 것을 좋아하는 그 사람은 이기심의 수렁에서 벗어나 가장 숭고한 덕에 이를 수 있는 사람입니다. 그렇습니다. 그는 자신 안에 살아 있는 샘물을 가지고 있는 사람입니다. 자신이 존재하는 한, 그 샘에서 거룩한 생명이 샘솟아 흘러넘치게 될 것입니다.

사랑하는 성도 여러분, 죄인들을 향한 값없는 용서는 우리의 참된 성품의 한 부분을 이루는데 큰 도움이 된다는 것을 여러분 모두가 알게 되었을 것으로 생각합니다. 그런 참된 성품을 가진 자들은 **다른 사람들을 흔쾌히 용서해 주는 자들**입니다. 왜냐하면 용서를 많이 받은 자는 다른 사람들의 허물도 쉽게 용서해 줘야 한다는 것을 아는 사람이기 때문입니다. 만약 어떤 사람이 다른 사람을 쉽게 용서해 주지 않는다면, 그 사람은 자신이 용서받은 것에 대해 매우 의심하고 있는 사람일 것입니다. 그러나 자신이 빚진 일 천 달란트를 주님께서 하나도 남김없이 탕감해 주셨다고 믿는 사람이라면, 그는 자기 형제가 빚진 일 백 펜스 정도는 넉넉하게 탕감해 줄 수 있을 것입니다.

마지막으로 당부하고 싶은 말씀은, 우리 가운데 일부는 알고 있는 내용이지만, 우리 모두가 개인적인 체험으로 알게 되기를 바라는 것입니다. 즉, 우리는 호의를 받을 만한 자격이 없다는 의식과 그럼에도 값없는 용서를 받았다는 의식을 가진 자가 **바로 참된 열정을 가진 영혼**이라는 사실입니다. 열정이 기독교에 대해 갖는 관계는 생명의 피가 육신에 대해 갖는 관계와 같습니다. 탁월한 도덕에 대한 냉랭한 설교로 여러분의 마음이 열정적으로 변한 적이 있었습니까? 덕스러운 행동에 대한 보상을 강조하는 설교를 듣고서, 여러분의 영혼이 속에서부터 각성

되는 느낌을 가져본 적이 있었습니까? 율법적인 형벌에 대한 말을 듣고서 여러분이 열정적인 사람이 된 적이 있었습니까? 사랑하는 성도 여러분, 결코 그런 적이 없었을 것입니다. 그 대신 은혜의 교리를 전해서, 하나님께서 주시는 값없는 호의가 찬양을 받도록 해보십시오. 그러고 나서 그 결과들을 주목해 보십시오. 이런 은혜의 말씀을 한 시간이라도 듣기 위해서, 먼 길을 걸어 와야 하고 그나마 자리가 없어 서서 듣게 되어도, 전혀 피곤한 기색 없이 듣고자 하는 자들이 많이 있습니다. 이 은혜의 교리를 듣기 위해 힘들고 먼 길을 걷는 수고를 감당하는 자들에 대해 저는 알고 있습니다. 그들이 무엇 때문에 그런 수고를 감당합니까? 설교를 하는 사람이 유창하기 때문입니까? 아니면 말씀을 잘 설명하기 때문입니까? 전혀 그렇지 않습니다. 때로는 설교가 서투른 말로 진행되기도 하고, 어색한 말투가 사용되기도 합니다. 그럼에도 불구하고, 이 은혜의 교리는 항상 성도들을 일깨웠습니다. 인간의 영혼 속에는 은혜의 복음을 갈구하는 그 어떤 것이 있습니다. 그래서 복음이 들어가면, 그 복음을 듣고자하는 갈급함이 생겨납니다.

종교개혁 시대를 생각해 보십시오. 그때는 설교를 듣는 자들에게 사형이 선고되었습니다. 그런데도 어찌해서 무리들이 한밤중에 모였단 말입니까! 어찌해서 그들은 이 엄청난 옛 진리들의 교훈을 듣기 위해 광야와 동굴(히 11:38)을 지나는 여정을 감당했단 말입니까! 자비, 하나님의 자비, 값없이 주어지는 자비에는 달콤함이 있습니다. 이 달콤한 말씀이 사람들의 귀를 사로잡아, 그들의 마음을 뒤흔들어 놓습니다. 이 진리가 영혼에 들어올 때, 그 영혼은 열심당원(막 3:18)과 순교자들과 신앙 고백자들과 선교사들과 성도들을 낳습니다. 어떤 기독교인들이 열정적이고, 하나님과 사람을 향한 사랑이 충만하다면, 그들은 은혜가 자신들에게 행한 일들을 알고 있는 자들입니다. 어떤 사람이 박해 가운데서도 믿음을 지키고, 손실과 고난 가운데서도 기쁨을 잃지 않는다면, 그 사람은 하나님의 사랑에 자신이 빚지고 있다는 의식을 가진 자입니다. 어떤 사람이 살아서도 하나님으로 인해 기뻐하고, 죽어서도 그분 가운데 안식한다면, 그 사람은 경건하지 않은 자들을 의롭다 해주신 예수 그리스도를 믿는 믿음으로 의롭다 함을 얻는다는 사실을 알고 있는 사람입니다.

거지를 쓰레기 더미에서 일으켜 왕자들 가운데 앉히신, 다시 말해 자기 백성들로 구성된 왕자들 가운데 앉히신 주님께 모든 영광을 돌려드리십시오. 그분은 세상에서 쫓겨난 자들을 받아들여 자기 가족으로 삼아 주시고, 이들을 예수 그리스도로 말미암아 하나님의 상속자들이 되게 하셨습니다. 주님은 죄지은 우리에게 임하는 복음의 능력을 알게 하는 모든 것을 우리에게 주셨습니다. 주님은 죄인의 친구(마 11:19)라는 호칭뿐만 아니라, 사역과 인격 등을 갖기까지 우리를 사랑한 분이십니다. 우리는 우리가 나온 우묵한 구덩이(사 51:1)와 우리를 건져주신 그 손길과, 그 손을 움직인 과분한 그 사랑을 잊지 말았으면 좋겠습니다. 지금부터 우리는 그 무한한 은혜에 대해 더욱더 많이 이야기하도록 합시다. 이에 대해 흑인 영가가 잘 노래하고 있습니다. "값없는 은혜와 죽기까지 사랑하심, 그 매혹적인 종소리를 널리 울리게 하여라"('마리아와 마르다'[MARY AND MARTHA]라는 흑인영가의 한 소절 — 역주). 값없는 은혜와 죽기까지 사랑하심, 이것은 죄인들을 위한 소망의 창문입니다! 우리의 마음은 바로 이 말씀으로 기뻐 뜁니다. 오, 주 예수님, 항상 우리를 불쌍히 여기는 마음으로 가득하신 분, 당신께 영광을 돌려드립니다. 아멘.

제
6
장

—

완악한 마음을 보고 노하신 예수님

—

"그들의 마음이 완악함을 탄식하사 노하심으로 그들을 둘러
보시고 그 사람에게 이르시되 네 손을 내밀라 하시니 내밀
매 그 손이 회복되었더라." — 막 3:5

오늘 본문 말씀은 실제로 다음과 같은 말들로 이루어져 있습니다. "그들의
마음이 완악함을 탄식하사 노하심으로 그들을 둘러보시고." 이 말씀에서 노하신
분으로 묘사된 그분이 바로 마음이 온유하고 겸손하며 사랑이 많은 예수님, 즉
거룩한 주님이십니다. 오늘 본문처럼 그분께서 사람들 가운데 계실 때 이렇게
노하셨다는 말씀은 우리가 거의 접해 볼 수 없는 말씀이지 않습니까? 회당에 있
던 그 불쌍한 사람은 한쪽 손 마른 사람이었습니다. 마른 쪽은 그의 오른쪽 손이
었습니다. 자신의 일용할 양식을 벌어야 했던 그는 비록 말라비틀어졌지만, 다
시 말해 마비되었지만 그 유용한 지체로 틀림없이 무엇이라도 얻을 수 있으리라
생각하였습니다. 그런데 그 회당에 계신 우리 구세주께서는 늘 그렇듯이 자신의
모든 능력과 지혜로 그 손을 회복시켜 줄 채비를 하고 계셨던 것입니다. 이런 일
이 동시에 일어나다니, 이 얼마나 행복한 만남인지 모릅니다! 회당에 모인 사람
들은 명색이 하나님을 경배하기 위해 모였습니다. 그들이 주님께서 행하시는 거
룩하고 선한 기적을 본다면, 그 기적은 그들이 하나님을 경배할 특별한 계기가

되지 않겠습니까? 저는 그들이 서로서로 속삭이는 내용을 상상할 수 있습니다. "우리의 불쌍한 한 이웃이 오늘 회복되는 것을 보게 되겠군요. 왜냐하면 하나님의 아들이 병을 낫게 하는 능력을 가지고 우리 가운데 오셨으니 말입니다. 그 사람은 자신의 은혜로운 능력의 역사로 이 날을 아주 은혜로운 안식일이 되게 할 거예요."

　그런데 제 추측이 틀리지 않는다면, 그들은 분명히 이런 마음이 아니었을 것입니다. 그들은 그분께서 행하시는 능력의 역사를 보고서 기뻐하려는 마음으로 주 예수님을 본 것이 아니라, 그분을 고발할 어떤 구실을 찾으려고 그분의 역사에 관심을 가졌던 것입니다. 모든 사람들이 주시하고 있을 때, 그들이 입증하고자 한 확실한 사실은 그분이 그 마른 손을 안식일에 고쳐 주었다는 사실이었을 것입니다. 그들은 병을 고쳐 주신 기적에 대한 합당한 칭송은 아랑곳하지 않은 채, 안식일에 이러한 기적이 행해졌다는 사실에 집중하였습니다. 이런 세속적인 행동이 이렇게 거룩한 날에 과연 행해져도 되는가 하면서 그들은 손을 치켜들며 역정을 내었습니다. 그러자 구세주께서는 그들 앞에서 아주 분명하게 다음과 같은 질문을 제기하셨습니다. "안식일에 선을 행하는 것과 악을 행하는 것, 생명을 구하는 것과 죽이는 것, 어느 것이 옳으냐?"(막 3:4). 그분께서는 과연 어떤 일이 옳은지 양단간(兩端間)에 대답할 수 있는 형태로 물으셨습니다. 틀림없이 이런 질문은 거기 있던 서기관과 바리새인들이 쉽게 대답할 수 있는 질문이었을 것입니다. 하지만 그 대답은 스스로 자신을 정죄하는 것이었기에 그들은 생쥐처럼 아무 말 못하고 잠잠히 있었습니다. 아주 지나칠 정도로 꼬치꼬치 따지는 노련한 서기관들과 옷술을 3밀리미터 길이까지 재는 바리새인들도 도덕적으로 생각해봤을 때 가장 쉬운 질문인 이 질문에 대답하기를 꺼려하였습니다. 그래서 구세주께서는 마가가 잘 표현한 바와 같이 탄식하사 노하심으로 그들을 둘러 보셨던 것입니다.

　여러분은 마가가 얼마나 자세하게 기록했는지를 알고 있을 것입니다. 마가의 관찰은 마치 현미경으로 보는 것처럼 미시적이며, 그의 묘사는 극도로 회화적입니다. 마가의 분명하고도 구체적인 낱말들 덕분에 여러분은 주위 사람들을 둘러보시는 구세주의 모습을 쉽게 그려볼 수 있습니다. 그분은 마치 숨길 것이 하나도 없는 사람처럼 담대하게 서셨습니다. 그분은 자신이 성직자의 권위에 반대하면 죽음을 면치 못할 것이고, 십자가를 져야 할 시간이 앞당겨지게 될 것임을 아셨음에도 불구하고, 그분은 그들을 관찰하며 그들에게 도전하였습니다. 그분은 그들을 무시하지 않으셨습니다. 단지 그분은 서서 그들 모두를 둘러보며 그들이 하찮은 존재라는 것을 그들 스스로 느끼도록 하셨습니다. 그렇게 바라보는 그분의 시선에 어떤 힘이 있었다는 것을 여러분은 상상할 수 있겠습니까? 대단히 노한 사람이 둘러보는 눈빛에는 작은 힘이 있습니다. 마치 볏짚 한 단이 불타오르는 것처럼 맹렬하기는 하지만 부질없을 때가 많습니다. 화난 눈빛에서 나오는 무기력한 분노를 보는 많은 경우에 우리는 거의 웃어넘깁니다. 그러나 구세주의 노하심처럼 온화한 영혼에서 나오는 노하심은 비록 잠시 분노를 자아내는 것이라 해도 경외심을 불러일으킵니다. 그분의 유순하며 겸손한 마음은 오직 어떤 엄청난 계기에 의해서만 노가 격동하게 됩니다. 그러므로 우리는 그분께서 그들을 둘러보며 노하신 것이 당연한 것이라고 확신하고 있습니다.

노하신 눈빛으로 그들을 둘러보신 것만으로 그분의 화는 끝이 났습니다. 그분은 둘러보기만 하셨을 뿐, 신랄하게 꾸짖는 말씀은 한 마디도 하지 않으셨습니다. 그분께서 그들을 둘러보신 것 그 자체는 그들에 대한 경멸이라기보다는 그들을 불쌍히 여기는 마음이었습니다. 그리스도의 분노에는 "감정 그 이상의 불쌍히 여기는 마음"이 있었다는 어떤 설교자의 표현이 맞는 것 같습니다(토머스 맨턴[THOMAS MANTON, 1620-1677, 영국 청교도 성직자]). 우리 주님께서 자신을 대적하는 무리들을 바라보신 것은 우리가 진지하게 살펴볼 가치가 있는 주제입니다. 그분은 꽤 오랫동안 멈추어 그들을 둘러보면서 한 사람 한 사람을 응시하셨습니다. 그래서 그 시선에 담긴 의도를 그들이 알게 하셨습니다. 사람들은 악한 의도로 그분을 주시하고 있었습니다. 그러나 그들의 마음을 살피는 빛이 되어 그들에게 비쳐지는 그분의 인상적인 눈빛을 어느 누구도 피할 수 없었습니다. 자신들의 천박한 행동이 그분에게는 역겨운 짓거리로 비쳐질 것이라는 사실을 그들도 알고 있었습니다. 그분은 그들을 이해하셨습니다. 그리고 그들의 완고함에 너무 마음이 아프셨습니다.

예수님께서는 한 마디도 말씀하지 않으셨습니다. 비록 아무 말씀도 하지 않으셨지만, 그분께서 다른 사람들이 서로에 대해 말하는 것보다 더 많은 말씀을 하셨다는 사실을 여러분은 잘 살펴보기 바랍니다. 그 무리들에 대해서는 한 마디도 말할 가치가 없었으며, 그들에게 많은 말을 해봐야 아무 효과도 없을 것이기 때문에, 그분은 마른 손을 가진 그 불쌍한 사람을 위해 자신의 말을 아껴두셨습니다. 주님을 주시하고 있던 사람들을 주님께서 바라봐 주신 것만 해도 그들은 분에 넘치는 대우를 받은 셈이었습니다. 그 무리들이 그분을 주시하고 있었지만, 이제는 그분께서 그들을 바라보고 계셨습니다. 저는 이런 광경을 통해 경건하지 않은 자들이 "산들과 바위에게 말하되 우리 위에 떨어져 보좌에 앉으신 이의 얼굴에서와 그 어린 양의 진노에서 우리를 가리라"(계 6:16)고 한 계시록의 말씀을 이해하는데 도움을 받게 됩니다. 재판장이신 그분께서 한 마디 말씀도 하지 않고, 아직 그 책들을 펼치지도 않은 상태에서, "저주를 받은 자들아 나를 떠나"(마 25:41)라는 판결을 선포하지도 않았는데, 그들은 그분의 위엄 있는 안색에서 나오는 눈빛에 완전히 두려워 떨고 있기 때문입니다. 재판장이신 예수님의 얼굴에는 충만한 사랑이 깃들어 있지만, 심판의 날에는 분노로 불타오르는 얼굴을 그들은 보게 될 것입니다. 사자의 분노도 대단하지만, 그 어린 양의 분노와는 비교조차 할 수 없습니다. 제가 재주가 있어서 우리 주님의 바라보심을 제대로 묘사했으면 좋겠습니다. 하지만 여러분의 마음에 그분의 바라보심을 생생하게 전하기 위해서는 여러분의 지성과 상상력에 부득불 도움을 요청할 수밖에 없을 것 같습니다.

　　마가는 이러한 주님의 바라보심을 우리에게 말하면서 그 눈빛에서 계시된 복합적인 감정을 계속해서 말하고 있습니다. 주님의 바라보심에는 두 가지 감정이 있었습니다. 노하심과 탄식하심, 즉 분노와 내적 슬픔이 바로 그것이었습니다. "그들의 마음이 완악함을 탄식하사 노하심으로 그들을 둘러보시고." 그렇게 분명한 진리와 설득력 있는 주장에 대해 그들이 의도적으로 눈을 감아 버린 것에 대해 그분은 노하셨습니다. 그분은 답이 분명한 질문을 그들에게 했지만, 그들은 그 질문에 답을 하려고 하지 않았습니다. 그분은 그들의 눈에 빛을 주었지만, 그들은 그 빛을 보려고도 하지 않았습니다. 그분은 자신을 반대하고자 내세운 선별된 핑계들을 모조리 반박하셨지만, 그럼에도 그들은 끈질기게 그분을 반대였습니다. 그분께서 노하실 만한 합당하고 분명한 이유가 있었던 것입니다. "분을 내어도 죄를 짓지 말며"(엡 4:26)라는 말씀은 많은 자들에게 어려운 교훈입니다. 하지만 이 말씀이 많은 자들에게 어렵다는 이 사실로 인해 구세주의 인품이 오히려 더욱더 칭송받을 만하다는 것을 보여줍니다. 왜냐하면 우리에게 그토록 어려운 이 말씀이 그분에게는 매우 쉽게 성취되었기 때문입니다. 그분은 죄에 대해 노하실 수는 있었지만, 죄인을 불쌍히 여기지 않을 수는 없었습니다.

그분의 노하심은 어떤 대상에 대한 악을 불러일으키는 분노가 아니었고, 그 속에는 전혀 악의가 없었습니다. 그분의 노하심은 불같은 사랑이었습니다. 다시 말해 사랑스럽지 않은 추한 것들을 대적하는 의분(義憤)의 불같은 사랑이었습니다.

그분의 마음속에는 이러한 노하심과 함께 탄식의 마음도 함께 있었습니다. 그분의 마음은 찢어지는 것 같았습니다. 그 무리들의 마음이 너무나 완악하였기 때문입니다. 맨턴(Manton)이 표현한 대로, "그들의 딱딱함(hardness, '완악함') 때문에 그분은 부드러워지셨습니다." 그분의 노하심은 눈물 없이 메마른 눈에서 불타오르는 인정사정없는 분노가 아니었습니다. 그분은 노하셨을 뿐만 아니라 눈물도 흘리셨습니다. 천둥을 동반한 폭풍우와 같은 그분의 노하심은 은혜의 소낙비를 몰고 왔습니다. '탄식'에 해당되는 헬라어는 번역하기 어려운 단어입니다. 저명한 주석가들은 이 단어 속에 '함께함'이라는 뜻도 들어 있다고 말합니다. 그분은 그들과 함께 탄식하셨습니다. 그들의 마음에 있는 완악함 때문에 언젠가는 끔찍한 비극이 저들에게 임할 것을 느끼셨습니다. 그래서 그분께서는 다가올 슬픔을 미리 내다보시고는 그 예상 가운데 그들과 함께 탄식하셨습니다. 그들의 완악함이 그들 자신에게 해를 끼칠 것이기 때문에, 그분은 그들의 완악함을 보고 탄식하셨던 것입니다. 그들의 맹목적인 증오가 그분을 화나게 하였습니다. 그 증오로 인해 그들이 멸망할 것이 분명하였기 때문입니다. 그들은 하늘의 밝은 빛으로 자신에게 비추어진 그 빛을 의도적으로 거부하였을 뿐만 아니라, 그들 마음에 충만한 기쁨을 소생하게 할 생명까지도 거부하였습니다. 그래서 그분은 그들에게 노하셨습니다. 이렇게 그들은 그분을 미워함으로써 그들 자신의 영혼을 결정적으로 단호하게 파괴하였으며, 그리하여 그분은 그 자신보다도 그들을 위해 더욱더 노하셨던 것입니다.

이런 흔치 않은 상황에 계신 우리 구세주의 모습에서도 우리는 아주 감탄할 만한 것을 그분에게서 볼 수 있습니다. 그분은 그들에 대해 노하셨습니다. 그분이 그들에 대해 노하신 이유는, 그분이 그들에게 축복을 베푸시는 것을 그들이 원치 않았으며, 그들 스스로 그분을 지지할 수 없으며 그분을 인정하기는 더더욱 할 수 없었던 이유들로 인해 그들이 그분을 계속해서 강력하게 반대했기 때문입니다. 만약 제가 그 회당에서 그분과 함께 했던 여러 제자들 가운데 한 사람이었다면, 저는 아마 그들을 보고서 분노로 불타올랐을 것입니다. 왜냐하면 그들은 그분에 대해 증오하기 이전에 자신들의 그런 증오를 정당화할 만한 어떤 근거도 제시하지 못하고 앉아만 있었기 때문입니다. 주님을 많이 사랑한 요한처럼 저 역시 주님을 향해 마음이 뜨거워졌을 것입니다. 사람의 모양으로 지음 받은 피조물이 그분께서 선한 일을 행했다는 이유로 그렇게 비난하고, 복되신 하나님의 아들에게 이런 비열한 행동을 하다니, 정말 끔찍한 일입니다! 그들도 인간이면서, 어떻게 자기 동료인 한 인간이 계속해서 손이 마른 채로 있기를 원할 뿐만 아니라, 그 사람을 완전히 낫게 해주려는 온유한 의사인 그분을 감히 비난까지 하다니, 인간이 얼마나 비인간적인 일을 저지를 수 있는지 모르며, 우리 인류가 저지른 일들은 얼마나 치욕적인지 모릅니다! 심오한 하나님의 사랑을 반대할 이유를 찾을 때, 그 사람은 실로 하나님에게 적대감을 갖게 됩니다.

　　우리의 첫 번째 질문은, 이러한 노하심과 탄식의 이유가 무엇이었는가? 하는 것입니다. 이 질문 다음에 우리는 그분께서 이런 종류의 감정을 갖도록 하는 것이 우리에게도 있는가? 하는 문제를 살펴보고자 합니다. 우리도 우리 주님을 노하게 하고 탄식하게 하고 있지는 않습니까? 그리고 세 번째로, 우리는 우리에게 있는 어떤 것이 그분을 노하게 하고 탄식하게 할지도 모른다는 사실을 알게 되었을 때, 혹은 그 어떤 것이 실제로 지금 그분을 노하게 하고 탄식하게 하고 있다는 사실을 알게 되었을 때, 우리의 감정이 과연 어떠해야 할까? 하는 문제를 묻고자 합니다. 오, 성령님께서 오늘 이런 제 설교를 듣는 모든 이들을 축복해 주시기를 기원합니다!

1. 그분께서 이렇게 노하시고 탄식하신 이유가 무엇이었습니까?

　　이렇게 노하시고 탄식하신 이유는 그들의 마음이 완악했기 때문이었습니다. 다른 말로 표현하자면, 그들의 양심이 무뎌졌고, 그들의 감정이 무감각해졌기 때문입니다. 그들의 마음이 딱딱해져서, 마음이 지녀야 할 적절한 부드러움을 잃어버린 탓이었습니다. 손을 예로 들어 설명하는 게 좋을 것 같습니다. 어떤 사람들은 아주 예민한 손을 가지고 있습니다. 손가락으로 도드라진 점자(點字)를 읽는 시각장애인들은 특별하게 예민한 감각을 개발하며, 그들의 이런 민감함은 아주 대단합니다. 그러나 뱃밥(배의 틈으로 물이 새어 들지 못하도록 틈을 메우는 물건. 흔히 천이나 대나무의 얇은 껍질을 사용한다 — 역주)을 만드는 일이나 채석장에서 돌을 깨는 일이나 그 밖에 거친 일들을 하는 사람들의 손은 딱딱하고 굳은살이 박여 있어 무딥니다. 마음의 경우도 이와 똑같습니다. 마땅히 극도로 부드러워야 할 마음이지만 계속되는 죄악으로 인해 마음은 무뎌지고 무감각해집니다. 여행자의 발은 길을 걸으면서 딱딱해지고, 그 얼굴도 추위로 딱딱해지며, 이런 삶의 스타일로 인해 온 몸을 이루는 그의 체질도 딱딱해집니다. 사람들은 몸에 치명적인 약이라도 조금씩 복용하게 되면 급기야 그 약에 내성이 생겨 무뎌지게 됩니다. 우리는 역사를 통해 미트리다테스(Mithridates, 기원전 폰투스의 왕으로 그는 정적의 독살을 염려하여 평소 치사량이 아닌 독을 조금씩 먹어 독에 대해 면역력을 키웠고, 결국 남들이 먹으면 죽을 분량의 독을 일시에 먹어도 죽지 않는 몸이 되었다 — 역주)가 평소에 독약을 사용하여 종국에는 독약으로 자살할 수 없을 만큼 독에 대해 무뎌졌다는 사실을 알게 됩니다. 이처럼 무뎌지고 딱딱해지는 것은 마음에서 일어날 수 있는 최악의 경우입니다. 마음은 마땅히 아주 부드러워야 합니다. 그렇지 않을 경우 삶은 틀림없이 거칠어지고 악해집니다. 그럼에도 불구하고 많은 사람들은 도덕적으로 마음이 경직되는 것에 매료되어 있습니다. 그런 자들의 마음은 그저 엄청난 힘줄로만 만들어져 있다는 것을 여러분은 알지 못합니까? 그들의 마음이 조금이라도 부드러운 가죽으로 만들어졌다면, 지금처럼 그들이 다른 사람들을 매몰차게 대하지 않았을 것이고, 자기 친족들에 대해서도 동료라는 생각을 했을 것입니다. 하나님께서는 이렇게 완악한 마음으로부터 우리를 구원해 주셨습니다. 완악한 마음은 죽음보다 더 비참한 어떤 것으로 우리를 인도합니다! 사람에게서는 살 같은 마음이 나올 수 있습니다. 하지만 사람들은 살 같은 마음 대신 돌 같은 마음을 가질 수 있습니다. 그래서 성경은 그들이 "그 마음을 금강석 같게 하여"(슥 7:12)라고 말하기까지 합니다. 금강석 같은 마음은 한 마디로 무감각하고 순복하지 않고 완고하며 외골수인 그런 마음입니다. 안식일에 회당에 앉아서 우리 주님을 반대하던 그 원수들이 바로 이런 구제불능의 사람들이었습니다. 그들은 필사적으로 그분을 미워했으며, 작정을 하고서 온 힘을 다해 그분이 하고 싶은 말이나 행동을 전혀 하지 못하도록 그분의 어떤 말도 듣지 않고 계속해서 그분을 반대하고자 하였습니다. 그래서 우리 주 예수님은 그들을 보며 노하고 탄식하고 슬퍼하셨던 것입니다.

그렇다면 그들이 범한 잘못은 정확하게 어떤 것이었습니까? 첫째, 이런 일은 분명한 경우인데도 불구하고, 그들은 보려고 하지 않았다는 것입니다. 그분은 그들 앞에서 진리를 매우 분명하게 제시했지만, 그들은 그 진리에 설득당하기 싫어서 자신들의 지성을 억지로 왜곡하였습니다. 그래서 그들은 영혼의 소경이 되어, 그 진리를 볼 수 없도록 마음의 문을 내려 버렸던 것입니다. 보려고 하지 않는 사람에게 어떤 것을 보여줄 수 있는 사람은 아무도 없습니다. 이러한 경우는 맹인 중에서도 최악의 경우입니다. 그들은 눈을 가지고도 보지 못하는 사람이 되어, 스스로 볼 수 없는 사람이라고 떠벌리고 다닙니다. 따라서 그들의 죄악은 전적으로 핑계치 못할 죄입니다. 아, 제가 봐도 안타까운 일입니다! 진리를 알고 있으면서도 자신의 그 지식대로 행하지 않는 자들이니 말입니다. 우리 주위에도 이런 자들이 너무나 많습니다. 이들은 자신이 확신하고 회심하기를 원치 않으며, 알려진 사명과 분명한 의에 대적해 스스로 완악해진 자들입니다. 저는 이들이 걱정됩니다.

더 나아가, 이 사람들은 자신이 볼 수밖에 없었던 것을 인정하려고 하지 않았습니다. 그들은 부득불 말해야 할 때에도 무덤덤하게 자신의 입을 다물고 있었습니다. 복음이 그들의 신념을 강하게 강타하였기 때문에 많은 사람들이 그렇게 행동한 것이 아니었을까요? 그들은 자신 앞에 제시된 그 하나님의 진리를 반박할 주장을 만들어 낼 수 없다고 느꼈습니다. 그들에게 임한 그분의 말씀은 예를 들어 설명하자면, 마치 강력한 쇠망치가 자신들을 강타한 것과 같았습니다. 그런데도 그들은 그 말씀의 능력을 인정하지 않았습니다. 그들은 그 힘이 아무렇지도 않은 듯, 그 강한 충격을 스스로 감당해 보려고 버티고 있었습니다. 그들은 복음이라는 황금 컵에 담아 그들에게 갖다 준 생명수를 거절하고서 그 입을 닫아 버렸습니다. 어린 아이들이 약을 안 먹으려고 필사적으로 입을 다무는 것과 마찬가지로, 그들도 복음을 거부하며 마음을 닫아 버렸습니다. 누구든 말(馬)을 물가로 데려갈 수는 있지만, 그 말에게 물을 먹일 수는 없습니다. 이런 사실은 주님의 말씀을 듣던 많은 자들에게서 증명되었습니다. 그 회당에는 서기관들과 바리새인들이 앉아 있었습니다. 그들이 부인할 수 없는 것에 대해 인정하지 않으려고 그렇게 집요하게 작정을 하다니, 돌들이 이들에게 소리를 지르지 않은 것이 이상한 일이었습니다. 이렇게 생각하고 행동하는 자들이 설마 우리 가운데 있지는 않겠지요?

이보다 더한 것은, 그들은 그렇게 분명한 것은 보려고 하지 않으면서도, 주 예수님에게는 한 마디로 전혀 없는 잘못이나 허물들을 찾아내려고 부지런히 애썼다는 것입니다. 이처럼 복음을 전혀 이해할 수 없다고 고백하면서도 복음을 헐뜯기에는 충분한 정도로 복음을 이해하고서 복음을 중상 모략하는 자들이 너무나 많습니다. 그들은 성경에 존재하지도 않는 오류들에 대해서 잔인할 정도로 예리한 눈을 가지고 있습니다. 그들은 신명기에서 이런 오류를 발견하기도 하고 또 창세기에서 저런 오류를 발견하기도 합니다. 자신의 영원한 유익에 반하는 발견을 하고자 그렇게 부지런히 애쓰다니, 그들의 지혜가 얼마나 대단한지 모르겠습니다! 주 예수님의 복음은 인간을 구원해 주심으로써 인간의 유일한 소망이 됩니다. 이러한 우리 인간의 유일한 소망을 파괴하는 것을 최고로 영리한 것으로 간주하다니, 얼마나 안타까운 일입니까! 슬프도다. 궤변을 늘어놓는 회의주의자들이여! 그들은 성경의 오류들을 발견하는 데는 독수리처럼 매서운 눈빛으로 달려들지만, 오류라고 여겨지는 것들을 서로 조화롭게 해명하는 지적에 대해서는 박쥐처럼 소경이 되어 버립니다. 이 서기관과 바리새인들도 그렇게 찾을 수 없는 것을 찾으려고 노력하였습니다. 다시 말해, 그들은 예수님의 어떤 허물에 대해서는 찾으려고 노력했지만, 정작 그분을 반대하는 자신의 사악함에 대해서는 볼 수도 없었고, 보려는 마음조차 없었습니다.

그들은 감히 주님을 판단하고자 앉아 있었습니다. 주님은 자신이 행한 기적으로 스스로 신적 존재임을 드러내 보이셨지만 그들은 주님을 판단하고자 하였습니다. 그러면서도 그들 모두는 하나님과 하나님께서 주신 율법에 대해 큰 존경심을 표하였습니다. 지금 그들은 하나님을 대적해 싸우고 있으면서도, 하나님을 위한 열심이 아주 대단한 척, 특별히 하나님께서 제정하신 거룩한 날을 크게 위하는 척하였습니다. 이것이 바로 거짓 종교가 참된 종교와 싸우면서, 혹은 정통이라는 이름으로 경건과 전쟁을 벌이면서 원수들이 사용하는 낡은 전술입니다. 이런 짓은 수치스러울 뿐입니다. 따라서 언제나 신실하며 바른 우리 주님께서 이에 대해 노하신 것은 전혀 이상한 일이 아닙니다. 여러분도 지금 이와 같은 일을 하고 있지 않은지 여러분 스스로 알고 있을 것입니다. 혹시라도 많은 이들이 그렇게 행하고 있지는 않은지 저는 두렵습니다. 종교의 외형적인 것들을 위한 그들의 열정으로 인해, 그들은 종교가 제공하는 생명을 취하는 것에 반대하였을 뿐만 아니라, 그러한 자신들의 행동을 정당화하려고 노력하였습니다.

사랑하는 성도 여러분, 저는 우리 가운데 어느 누구도 위선자가 되지 않도록 기도하고 있습니다. 주 예수님께서는 그러한 자를 참지 못하실 것이기 때문입니다. 그분은 회칠한 무덤은 거들떠보지도 않으시고 모든 거짓 신앙 고백자들에게 화를 선포하십니다. 저는 이와 관련된 이야기를 여러분에게 전하고자 합니다. 우리의 멋진 옛 교회나 대성당에서 우리는 죽은 자들을 위해 세워진 비석들을 보게 됩니다. 이 비석들은 아주 값비싼 대리석이며, 그 위에는 아름답게 조각도 되어 있습니다. 또한 여기저기에 있는 특별한 비석에는 금도 둘러져 있고, 죽은 자들을 돋보이게 하는 비문(碑文)들이 라틴어로 새겨져 있기도 합니다. 얼마나 근사한지 모릅니다! 하지만 이 모든 것들이 도대체 무슨 의미가 있습니까? 땅속에 묻혀 있는 시체들이지 않습니까? 대리석 석판을 들어내고 땅을 조금만 파 보십시오. 그러면 여러분은 썩은 시체를 보고 곧 역겨워할 것입니다. 무덤은 살아 계신 하나님께 예배드리는 교회보다는 공동묘지에 더 어울립니다. 제가 이런 말을 하는 것은 지금도 충분히 많은 교회 내의 무덤들을 비판하려는 것이 아닙니다. 저는 그저 무덤을 예로 들어 말한 것일 뿐입니다. 이런 무덤 같은 유형의 사람들에게 제가 무슨 말을 해야 하겠습니까? 이들은 살았다 하는 이름은 가졌으나 죽은 자들이며, 경건의 모양은 있으나 경건의 능력은 부인하는 자들입니다. 이들은 겉으로 보기에는 건전해 보이지만, 은밀하게 온갖 역겨운 짓들은 다 하는 자들입니다. 이런 자들이 하나님의 교회에서 과연 무슨 일을 할 수 있겠습니까? 여기 모인 성도들 중에도 이런 자들이 있다는 것을 알아야 하다니, 이 얼마나 끔찍한 일인지 모르겠습니다! 오, 지금 설교를 듣고 있는 사랑하는 성도 여러분, 여러분으로 하여금 위선자가 되게 하는 완악함을 여러분은 두려워하십시오! 무엇보다도 여러분으로 하여금 거짓 신앙 고백을 하도록 하는 영혼의 죽음을 피하십시오. 왜냐하면 영혼이 죽는 것이야말로 주님에게 가장 슬픈 일이기 때문입니다.

　완악한 마음은 무감각하고 완고하며 굽힐 줄 모르는 마음입니다. 여러분은 그러한 마음에 감동을 주려고 하기보다는 차라리 여러분의 손으로 돌로 된 담을 치는 게 더 나을 것입니다. 사탄이 그 마음을 강하게 하고 그런 마음을 가진 자를 견고하게 할 뿐만 아니라 감동도 받지 못하도록 하여 항상 악한 행동만 넘쳐나기 때문입니다. 이런 마음을 가진 원수들은 선한 모든 것에 반발하고, 그 완악함은 사랑의 노력을 반대라는 형식으로 보답합니다. 우리 구세주께서는, 자신들에게 어떤 일을 행했는지에 상관 없이 그분을 반대하려고 하고, 자신들이 행한 잘못을 보고서도 전혀 마음을 바꾸려고 하지 않는 자들을 목전에서 보셨던 것입니다. 이것으로 우리 주님께서 우리 앞에서 탄식하사 노하신 장면이 충분히 설명된 것 같습니다.

2. 우리에게도 주님께서 노하시고 탄식할 만한 것들이 있습니까?

이제 저는 본론으로 조금 더 다가가야 하겠습니다. 저는 여러분에게 묻습니다. 우리 가운데도 이러한 어떤 것이 있습니까? 오, 이 질문을 통해 여러분 스스로 자기를 돌아보는데 도움이 되었으면 좋겠습니다! 기억하십시오. 우리는 아주 존경받는 사람이면서도 마음의 완악함 때문에 구세주를 탄식하게 할 수 있습니다. 본문에 언급된 사람들이 그랬던 것처럼 우리도 회당에 갈 수 있습니다. 서기관들이 그랬던 것처럼 우리도 성경을 읽는 자들일 수 있습니다. 바리새인들이 그랬던 것처럼 우리도 종교에서 정한 모든 외형적인 형식들을 실천할 수 있습니다. 그럼에도 불구하고 주 예수님께서는 우리 마음의 완악함 때문에 우리를 보고 탄식하실 수 있습니다.

우리는 우리의 입장을 전혀 밝히지 않았음에도 불구하고 주님을 노하게 할 수 있습니다. 제가 감히 이런 말을 해도 될지 모르겠지만, 지금까지 기독교를 반대하는 말을 한 마디도 하지 않았으나 여전히 기독교인이 아닌 자들이 지금 이 자리에도 있습니다. 그들은 엄격하게 중립을 지킵니다. 그들은 이처럼 중요한 문제에 대해서는 생각이나 말을 적게 하면 할수록 더 유익하다고 판단하는 자들입니다. 정직하고 솔직하게 말해야 할 때에도 그들이 침묵한 것을 보고 예수님은 노하셨습니다. "나는 전문가가 아니야"라는 말로 여러분이 처한 난처한 상황을 모면해 보겠다고 생각해서는 안 됩니다. 이런 경우에 있어서는 제삼자가 있을 수 없습니다. 영원한 세계에는 중립을 지킨 자들을 위해 준비된 것이 아무것도 없습니다. 예수님과 함께 하지 않는 자들은 반대하는 자요, 그분과 함께 모으지 아니하는 자는 널리 헤치는 자입니다. 여러분은 곡식이거나 아니면 가라지, 둘 중에 하나입니다. 이 둘 사이에는 아무것도 없습니다. 오, 사랑하는 성도 여러분, 여러분이 노골적으로 그분을 반대하지 않았다 해도 여러분은 그분을 탄식하게 하고 있는 것입니다! 여러분은 그분의 가장 친한 친구들 가운데 있는 자들이면서도 이렇게 그분을 탄식하게 하기에, 여러분은 특별한 죄인인 것입니다. 여러분이 주님을 그렇게 악하게 대우한 것에 대해 여러분은 부끄럽게 여기십시오!

여러분은 다른 사람들에 대해서 아주 관대한 사람일 수 있습니다. 사실 여러분은 옛 유대 왕처럼 주님을 제외한 다른 모든 사람들에게 아주 관대했을 것입니다. 시드기야 왕이 "왕은 너희를 대적하는 어떤 일도 행할 수 없노라"(렘 38:5 KJV, "왕은 조금도 너희를 거스를 수 없느니라"[개역개정])고 말하지 않았습니까? 다른 사람들을 기쁘게 하기를 좋아하는 사람들이 참 많습니다. 하지만 하나님을 도외시하고 사람들만 기쁘게 하는 그런 사람들은 기독교인일 리가 없습니다. 그들은 진리를 위한 일이라 해도 어느 한 사람에게도 반대하지 못합니다. 그들에게는 그럴 만한 도덕적인 용기가 없습니다. 오, 사랑하는 성도 여러분, 이런 여러분의 모습으로 인해 예수님께서는 당연히 탄식하고 노하실 것입니다. 다른 사람을 위한 일이라면 여러분은 그렇게 자기를 부인하고 그렇게 친절하며 그렇게 타인에게 인정 있게 행하면서도, 정작 그분과 여러분 자신에 대해서는 너무나 잔인하게 행동합니다. 여러분에게 잔인한 행동이라는 것은, 다른 사람에게 여러분이 말하지 못하는 그것이 바로 잔인한 친절인 것입니다. 그런 여러분의 두려움이 지금 영적인 자살로 여러분을 이끌어가고 있습니다. 현재 겪고 있는 작은 어려움을 외면하고자 여러분은 지금 진노와 심판을 쌓고 있는 것입니다.

　　슬픈 일입니다. 때에 따라 우리의 마음이 눈 녹듯 녹기는 하지만, 그래도 여전히 이 완악한 마음은 우리 안에 있습니다! 아주 완악한 마음을 가지고 있는 사람이라 해도 때로는 크게 감동을 받아 아주 격렬하게 자기감정을 표현하기도 합니다. 그는 극심한 고민으로 자기 집 골방으로 급히 들어가기도 하지만, 그러고는 즉시 사람들을 불러 놓고서 자신의 두려움을 떨쳐내 버리곤 합니다. 그는 장례식에 가서 죽음 직전의 상황에 대해 두려워 떨다가도, 자신의 허랑방탕한 친구들과 합세하여 자신이 짓던 죄를 다시 짓습니다. 그는 가슴이 뜨거워지는 설교 듣기를 좋아합니다. 하지만 그런 설교를 들으면서도 자기 마음속 깊은 속에 있는 그것을 넘어서는 일에는 신경을 쓰지 않습니다. 그는 자신의 행복에 반하는 것들에만 신경을 쓰면서, 그 복된 길을 어떻게 하면 멀리할 수 있을지 살핍니다. 다른 사람들이 권면하고 간청해도 그는 하나님께서 은혜로 베푸시는 그 강권을 필사적으로 반대하기로 결심합니다. 그는 때로 책망을 받기도 하지만, 여전히 자신의 목을 곧게 합니다. 종종 그는 순복하기 직전까지 이르기도 하지만, 곧 자신의 악한 행실을 견고히 회복하여 이런 상황을 유리하게 더 나은 계기로 삼아 지칠 줄 모르고 계속해서 자신의 길을 걸어갑니다. 이런 여러분이 더 좋은 것을 갖게 되기를 우리는 얼마나 바랐는지 모릅니다! 하지만 여러분이 이런 우리의 소망을 얼마나 자주 망쳤는지 모릅니다! 그런 상태를 그렇게 오랫동안 유지하는 것을 보니 정말 여러분은 아주 완악한 마음을 가진 것이 분명합니다. 죽음에 그렇게까지 가까웠으면서도, 그것도 여러 번 가까웠으면서도 여전히 제정신을 차리지 못한 것을 보면, 여러분이 얼마나 강한 죄의 체질을 가지고 있는지 알 수 있습니다. 여러분은 회개할 문턱에까지 갔었지만, 그 때에도 여러분은 악한 길로 고집스럽게 다시 돌아와서는 양심과 확신에 반하는 죄를 짓고 있습니다. 이런 모습을 통해 악이 얼마나 끔찍하게 살아서 숨 쉬고 있는지를 볼 수 있습니다.

그렇습니다. 우리는 전혀 추잡한 죄들을 짓지 않고서도, 얼마든지 이렇게 완악한 마음을 가질 수 있습니다. 어떤 문제에 대해서는 열심히 자신을 변호하면서도 또 다른 문제에 대해서는 별 대수롭지 않게 생각하는 자들이 있습니다. 저는 그런 사람들을 보면 그저 놀라울 따름입니다. 그들은 하나님을 대적하여 죄 짓는 일에 있어서는 끝까지 가버리면서도, 인간을 향해서는 잘못을 저지르지 않으려고 무던히도 신중합니다. 그들이 짓는 죄는 돌이 아닐지는 몰라도 모래인 것만은 분명합니다. "모래도 가볍지 아니하거니와"(잠 27:3)라고 한 성경 말씀을 그들이 잊지 않기를 바랄 뿐입니다. 배는 바위 위에 있는 유사(流沙, quicksand, 파도나 흐르는 물의 작용으로 바다 기슭이나 강기슭을 따라 유동하는 토사[土沙] — 역주)에도 쉽게 난파되는 법입니다. 겉으로 보기에 도덕적인 사람으로 보이는 여러분도 종종 하나님을 대적하는 완악한 대적자들입니다. 그런 도덕적인 사람의 교만한 성격은 은혜의 복음을 대적하여 여러분 자신이 강퍅하도록 만듭니다. 그는 그 자신과 비교해 봐도 실제로 전혀 악하지 않은 다른 사람들을 정죄합니다. 그에게는 어떤 사람들이 어떤 죄에 빠지지 않게 하는 가증스러운 세심함까지 있습니다. 하지만 그들은 탕자가 되고도 남을 만큼 매우 비열하며, 무모한 죄악에 뛰어들 만큼 아주 편한 것을 좋아합니다. 그런 사람들은 대개 갑자기 밀려드는 유혹의 홍수에 옴짝달싹도 못하고 비참하게 죄를 짓습니다. 그런데도 그들은 결코 자신들이 냉정하고 용의주도한 죄인들처럼 그렇게 완악한 사람은 절대 아니라고 마음으로 생각합니다. 화있을진저, 신중하게 죄 짓는 법을 배우고, 그 사악함을 마치 합법적인 물건이라도 되는 양 꼼꼼하게 저울에 달아 무게를 재어 보는 자들이여! 아, 여러분의 마음은 분명히 강점을 가지고 있기 때문에, 여러분에게서는 다른 사람들보다 더 나은 것을 기대하지 않겠습니까! 여러분은 뜨거운 감정에 호소할 수도 없고, 심판에 긍휼이 베풀어지기를 간청할 수도 없습니다. 왜냐하면 여러분이 현재의 정죄는 모면했다 해도, 나락으로 더 떨어질 지옥이 여러분을 위해 준비되어 있기 때문입니다.

현재 이 정도로 완악한 마음이 여러분을 머리부터 발끝까지 사로잡고 있지는 않을 것입니다. 그래도 여러분은 이를 진지하게 생각하고 두려워해야 합니다. 마음의 완악함은 느끼지 못할 정도로 조금씩 사람들에게 슬그머니 다가옵니다. 세상에서 가장 완악한 마음을 가진 사람도 한순간에 그렇게 된 사람은 없습니다. 마치 육신처럼 마음도 조금씩 굳어져갑니다. 지금이라도 하나님을 저주하고 모독할 수 있는 사람도 예전에는 어릴 때 지은 허물로 인해 자기 어머니의 무릎에 안겨 울기도 했고, 잠자리에 들기 전 기도를 빼먹을지도 모른다는 막연한 생각에 두려워 떨기도 하였습니다. 우리 주변에는 예전에 그 자유로웠던 감정을 느끼기 위해서, 습관이라는 노예 상태에서 벗어난 세상을 느끼고 싶어 하는 사람들이 있습니다. 하지만 그들의 영혼은 이미 사하라 사막처럼 바짝 말라 있으며, 그 영혼은 눈물이라는 이슬을 잊어버렸습니다. 그들의 마음은 악한 정욕으로 마치 오븐처럼 뜨거워져 있으며, 거룩한 회개의 부드러운 호흡을 한 번도 내쉰 적이 없습니다. 오, 그들이 눈물을 흘릴 수 있기를 바랍니다! 오, 그들이 느낄 수 있기를 원합니다! 회개는 그들의 안중에 없습니다. 그들이 회개와 비슷하게 여기는 것은 독한 술을 먹고 감상에 빠져 흘리는 눈물뿐이며, 그 외 그들에게 남아 있는 감정이라고는 아무것도 없습니다. 이보다 더 큰 화가 도대체 무엇이 있겠습니까? 이렇게 마음이 완악해지고 무뎌진 것보다 더 끔찍한 죄에 대해서 말할 수 있는 것이 있겠습니까? 이에 대해서 바울 사도는 잘 말하고 있습니다. "오직 오늘이라 일컫는 동안에 매일 피차 권면하여 너희 중에 누구든지 죄의 유혹으로 완고하게 되지 않도록 하라"(히 3:13).

　　제가 언급하지 않고는 더 이상 참을 수 없는 것이 있습니다. 완악한 자들 가운데 특별히 주님을 격노케 하는 자들이 있기 때문입니다. 우리가 반드시 언급해야 하는 자들입니다. 이들은 날 때부터 교육을 받고 특별한 도덕적인 감수성을 가진 자들입니다. 그럼에도 불구하고 거듭된 범죄로 인해 그 민감한 도덕적 감수성이 둔감해진 자들입니다. 좋은 가문에서 태어나고 교육받은 이중의 빛과 함께 도덕적 감수성이라는 특별히 온화한 본성을 가진 자들은 이중으로 죄를 짓습니다. 오, 경건한 자녀인 여러분이여, 이런 자가 여러분 가운데 많지는 않은지 판단해 보십시오. 에서는 이런 자들보다 한 술 더 떠서 "망령된 자"(히 12:16)였습니다. 왜냐하면 그는 이삭의 아들로서 언약의 유산에 대한 어떤 것을 알고 있었고, 자신을 틀림없이 더 나은 사람으로 만들어 줄 본성을 어느 정도 맛본 상태였기 때문입니다.

이것은 섭리를 흡족히 누리고 있는 자들에게도 적용됩니다. 하나님께서는 이들을 특별한 은혜로 대하셨습니다. 그래서 그들은 오랫동안 계속해서 강건한 몸을 유지해 왔고, 사업도 번창했으며, 자녀들 또한 자기 슬하에서 장성하였습니다. 그들은 마음에 소원하던 모든 것을 가진 자들이지만, 하나님은 이들로부터 전혀 감사의 보답을 받지 못하였습니다. 진실로 그들은 하나님에 대해 거의 생각조차 하지 않고 있습니다. 배은망덕이라는 죄를 범한 자들에게는 틀림없이 저주가 임합니다. 슬픈 일입니다. 이렇게 감사하지 않는 일들이 어느 곳에서나 무수히 많이 일어나고 있습니다! 제가 잘 알고 있는 사람들 중에도 주님을 반드시 기억해야 할 몇몇 사람들이 있습니다. 왜냐하면 하나님께서는 그들에게 평탄한 길과 두둑한 지갑과 여행하기 좋은 햇빛을 주셨기 때문입니다. 여러분 속에 정직한 마음이 있다면, 여러분은 깊은 사랑의 마음으로 주님을 의지하게 될 것입니다. 진실한 자들에게는 비단으로 만든 사랑의 줄이 강도들을 속박하는 쇠로 만든 차꼬보다 더 강합니다.

또 다른 한편으로는 자주 징계를 받아온 사람들의 의무에 대해서도 저는 간과하지 못하겠습니다. 주님께서 우리를 보면서 탄식하고 노하는 것이 있는가 하는 이 질문은 자주 징계를 받아온 사람들에게도 해당하기 때문입니다. 어떤 사람들은 지금까지 많은 시련을 겪었습니다. 그들은 종종 육체의 고통을 겪기도 하였으며, 때로는 죽음의 문턱까지 다다르기도 하였습니다. 그들은 눈앞에서 자기가 사랑하는 사람이 매를 맞아 죽는 것도 보았고, 자녀들이 자기보다 앞서 죽는 것도 보았습니다. 슬픔은 그들에게 엎치고 덮쳤습니다. 그런데 이 모든 일에도 불구하고 그들의 마음은 완악해졌습니다. 고난의 불길이 그들의 쇠와 같은 본성을 누그러뜨리지 못했던 것입니다. 그들이 좀 더 매를 맞아야 하는 것은 아닐까요? 아마 그러면 그들은 더욱더 반항하게 될 것입니다. 여호와께서도 친히 "오, 에브라임아 내가 네게 어떻게 하랴?"(호 6:4)고 소리치셨습니다. 오래 참으심도 이제 끝이 나고 은혜도 다하였습니다. 여러분에게 사용할 막대기도 더 이상 남아 있지 않습니다. 수소가 막대기를 차 버리듯, 여러분도 주 하나님의 징계에 반발하고 있습니다. 구세주께서는 이 모든 모습들을 탄식하는 노여움으로 보고 계십니다. 이것이 바로 오늘 본문에서 말씀하고 있는 바입니다.

또 하나 슬픈 일이 있습니다! 구세주께서 틀림없이 아주 특별히 노하셨을 것 같은 자들이 있습니다. 저는 이들에 대해 감히 언급하지 않을 수 없습니다. 왜냐하면 이들은 바로 부드럽고 진지하며 신실한 목회의 대상들이기 때문입니다. 저는 여러분과 함께 수년 씩 시간을 보내며 지내온 저의 개인적인 목회에 대해서는 많은 말을 하지 않으려 합니다. 하지만 확실히 말할 수 있는 것은, 만약 제가 지금까지 해온 목회가 여러분에게 영향을 끼치지 못했다면, 그것은 여러분의 영혼을 섬기고자 하는 강한 바람과 간절한 소원이 제게 없어서가 아닙니다. 지금까지 제가 하나님의 진리를 하나도 숨기지 않았다는 것에 대해 하나님이 저의 증인이십니다. 저는 여러분에게 아첨하지도 않았고, 제 자신을 과시하기 위해서 이 회중들을 발판으로 삼지도 않았습니다. 저는 조금도 주저하지 않고 하나님의 온전한 뜻을 여러분에게 선포하였습니다. 이러한 목회적 도움 이외에도, 여러분은 지금까지 많은 사람들의 도움을 받아 여기에 이르렀습니다. 즉, 지금은 하나님과 함께 계신 여러분의 거룩한 어머니가 여러분을 애정으로 도왔고, 지금도 여전히 여러분을 위해 기도하고 계신 지혜로운 아버지도 여러분을 도왔으며, 여러분을 바르게 가르쳐준 사랑 많은 여러 선생님들도 여러분을 도왔고, 여러분에게 유익한 것을 모색하면서 여러분을 사랑하던 친구들의 도움도 받았습니다. 아버지인 여러분이여, 여러분의 자녀가 여러분에게 간청하였습니다. 젊은이인 여러분이여, 최근에 회심한 여러분의 아내는 지금까지 여러분으로 인해 괴로워했으며, 지금 이 순간에도 괴로워하고 있습니다. 지금까지 아주 엄선된 것들이 여러분을 위한 도구로 사용되었습니다. 여러분에게 호감을 주기 위해 특별히 음악적인 소리로 애써보기도 하였습니다. 이런 모든 것들이 여러분의 마음에 이르지 못했다면, 죽은 자들 가운데 살아난 자가 나타난다 해도 여러분은 회심하지 못할 것입니다. 예수님께서 친히 사람들 가운데 다시 이 자리에 나타나신다 해도, 그분의 말씀이 여러분의 마음에 다다를 수 있겠습니까? 그분께서 여러분에게 지금까지 사용한 모든 수단들이 별 효력이 없었다면, 제가 여러분에게 무엇을 해야 할지 잘 모르겠습니다. 구세주께서 혹시라도 여러분을 떠나지 않으실지 걱정될 뿐입니다. 여러분의 마음이 완악해서 그분은 탄식하사 노하심으로 여러분에게서 돌아서실 것입니다. 주 예수님, 머물러 주십시오. 조금만 더 머물러 주십시오! 아마도 다음 기회에 그들을 얻을 수도 있을 것입니다. 당신의 영이 떠나도록 명하지 마옵소서. 그들이 당신의 안식에 절대 들어오지 못하리라고 당신이 분노하여 맹세하지 마옵소서. 당신의 자비하심으로 조금만 더 그들에 대해 참아 주옵소서.

3. 그렇다면 우리의 감정은 과연 어떠해야 합니까?

이제 우리는 말씀을 끝내야 할 것 같습니다. 오, 저의 가련한 간구가 여러분에게 헛되지 않았으면 좋겠습니다! 제가 지금까지 여러분에게 드린 많은 말씀은 여러분 대다수를 향한 일종의 고함소리와 같은 것이었습니다. 여러분은 제가 묻는 다음의 질문을 지금 들어보십시오. 이 주제와 관련하여 우리의 감정은 과연 어떠해야 합니까?

첫째, 우리는 트집 잡는 습관을 영원히 버려야 합니다. 이 서기관과 바리새인들은 거미처럼 계속해서 말을 엄청나게 지어내는 사람들이자 비평가였으며 흠 잡는 잔소리꾼들이었습니다. 그들은 구세주께서 안식일에 병 고치신 일을 비난하였습니다. 그분은 안식일에 대한 하나님의 법을 범하지 않았습니다. 오히려 그분은 안식일 문제에 대한 그들의 잘못을 드러내셨습니다. 안식일 문제가 그분을 반대할 계기가 되지 않았다면 그들은 아마 또 다른 반대 이유를 즉시 찾아냈을 것입니다. 왜냐하면 그들은 그분을 반대하려고 작정하였기 때문입니다. 이 방법이 아니면 다른 방법을 써서라도 그들은 그분을 반박하려고 결심하고 있었습니다. 오늘 이 자리에 있는 많은 사람들도 트집 잡는 습관으로 인해 그 마음이 실제로 아주 완악해져 있습니다. 다른 사람들은 그들이 듣고 있는 복음의 아름다움에 감동을 받는 반면, 마음이 완악해져서 트집 잡기를 좋아하는 사람들은 설교자가 한 말 가운데서 틀린 발음만을 기억할 뿐입니다. 그들의 이런 행태가 시작되면서, 그들은 설교된 복음을 판단하기 위해 앉기 시작합니다. 시간이 오래 지나지 않아 그들은 성경 자체까지 변경하거나 교정하려고 합니다. 성경에 대한 경외심은 간 곳 없고, 자기 결정권만이 최고의 자리를 장악하게 됩니다. 그들은 하나님의 말씀을 비평합니다. 사실 어떤 바보라도 그렇게 할 수 있습니다. 하지만 그 일을 하려고 작정한 유일한 바보가 바로 그들입니다. 그들은 문학에 있어서는 스스로 잘난 척하는 사람들입니다. 그들은 평범하게 말씀을 듣는 자들과는 다릅니다. 그들은 지적인 어떤 더 나은 것을 요구합니다. 그들은 복음을 누리는 사람들을 경멸하는 눈빛으로 얕잡아 보고는, 그들의 삶 속에서 드러나는 복음의 능력을 시험합니다. 그들은 스스로 특별한 지성을 가진 사람으로, 즉 다른 사람을 지도할 수 있는 빛의 사람으로 자처합니다. 이런 착각으로 인해 그들은 다른 사람들과는 구별된 회의주의자로서 자신의 역할을 감당하려고 합니다. 그들은 성경이 분명하게 가르치는 것들에 대해 콧방귀를 뀌는 것으로 자신의 대단한 학식을 과시합니다. 성경의 영감을 믿는 사람들을 만나면 얼굴에 비웃음을 지어보이는 것이 오늘날 문화인들의 큰 특징처럼 보입니다. 다른 사람들을 경멸하는 일에 있어서는 바보들도 오 분 안에 최고의 경지에 이를 수 있습니다. 여러분은 그런 어리석음을 보이지 마십시오. 이런 유의 교만은 그런 어리석음에 빠져 있는 자들을 멸망시킵니다. 자신의 탁월함을 과시하기 위해 불신자가 되는 것은 만족스럽지 못한 일입니다. 우리는 절대로 이런 악한 영을 본받지 말도록 합시다. 이 악한 영은 에덴 동산에서 모든 회의주의자들의 후원자이자 본보기로 준비된 자들입니다. 그 악한 영이 어떤 질문을 제기했는지 여러분은 기억하십시오. "하나님이 참으로 … [말씀] 하시더냐?"(창 3:1). 그 악한 영은 더 나아가 마치 현자인 철학자처럼 큰 희망이 있는 것 같은 암시를 하면서 다음과 같이 말한 것을 여러분은 잊지 마십시오. "너희가 결코 죽지 아니하리라"(창 3:4). 그리고 나서 그는 급기야 대담한 급진적인 철학을 주장하면서 다음과 같이 속삭였습니다. "너희가 그것을 먹는 날에는 너희 눈이 밝아져 하나님과 같이 되어 선악을 알 줄 하나님이 아심이니라"(창 3:5). 이 옛 뱀은 오늘날까지도 많은 자들의 마음속에 자신의 흔적을 남겨 놓았습니다. 그래서 여러분은 그 흔적을 이 시대의 비열한 질문들과 악독스러운 제안들에서 볼 수 있는 것입니다. 트집 잡는 악습은 끊으십시오. 모든 일들 가운데 트집 잡는 일이야말로 전혀 유익이 없는 헛된 것입니다.

둘째, 우리는 주 예수님에게 자발적으로 복종하고자 하는 강렬한 소망을 느끼도록 합시다. 그분이 회당에 계시다면, 그분께서 우리를 고쳐 주시도록 간구하여, 그분께서 그분의 방식으로 그 일을 행하도록 합시다. 우리는 그분의 제자들이 되어 그분께서 가는 길이면 어디든 따라가도록 합시다. 여러분은 자신을 하나님께 헌신하십시오. 여러분은 봉인할 때 쓰이는 밀랍 같이 녹아 스러지십시오. 또한 여러분은 바람의 모든 숨소리에 움직이는 호수의 물결 같이 되십시오. 그분이 원하시는 것은 오직 하나, 바로 우리의 구원입니다. 주 예수님이시여, 당신의 뜻이 이뤄지기를 원하나이다!

셋째, 책이나 사람이나 습관이나 쾌락 등, 여러분의 마음에 영향을 끼쳐 완악하게 하는 모든 것들에 가까이하지 않도록 조심하십시오. 우리의 기도를 방해하고, 우리의 믿음을 흔들어 놓고, 우리의 열정을 식게 함으로써, 우리로 영적인 것들에 대해 죽게 만드는 어떤 교제를 하고 있다면, 우리는 그 관계를 떠나고, 그런 관계를 멀리하도록 합시다. 어떤 오락이 죄에 대한 우리의 증오를 완화시킨다면, 우리는 그런 오락은 절대로 가까이 하지 맙시다. 어떤 책이 예수님에 대한 우리의 관점을 흐리게 한다면, 우리는 그런 책은 절대로 읽지 맙시다. 일상적인 생활과 이윤을 추구하는 사업을 할 때 우리는 세상과 필연적으로 접하면서, 우리의 마음은 즉시 아주 완악해집니다. 그러므로 우리는 이러한 악들이 절대로 커지지 않도록 합시다. 여러분은 쓸데없는 대화나 조롱하는 자들의 자리나 경건하지 않은 자들의 길을 피하십시오. 거짓된 가르침이나 세속적인 것이나 분쟁 등도 피하십시오. 경망스러운 행동이나 시시한 농담 등도 가까이 하지 마십시오. 여러분은 진실하고 순결하십시오. 하나님을 가까이 하고, 불의의 보좌(시 94:20 KJV, "악한 재판장"[개역개정])는 가능한 한 멀리하십시오.

넷째, 마음을 부드럽게 하는 모든 영향력들을 사용하십시오. 영혼을 소생하게 하는 성령님의 내주하심으로, 여러분의 마음이 날마다 민감해지도록 간구하십시오. 자주 나아가 말씀을 들으십시오. 말씀은 불이며, 바위를 산산조각 내는 큰 망치와 같습니다. 십자가 밑에 거하십시오. 인간의 마음이 온화하게 태어나는 곳이 바로 거기입니다. 예수님께서는 모든 마음들을 부드럽게 만드십니다. 그런 다음 그분의 형상을 그 모든 마음에 찍어두십니다. 죄를 매우 생생하게 느끼고, 죄를 아주 강렬하게 두려워하는 마음을 달라고 성령님에게 간구하십시오. 찰스 웨슬리가 이와 같은 취지로 갈구한 다음과 같은 찬송을 따라 자주 기도하십시오.

> "오, 하나님, 눈동자가 재빠르게 움직이듯
> 내 양심도 그렇게 되기를 원하나이다!
> 죄악이 가까이 있을 때, 내 영혼을 깨워 주시고,
> 계속해서 깨어 있도록 하옵소서.
> 오, 내 영혼이
> 하나도 빠짐없이 고통을 잘 배우게 하옵소서.
> 그리고 그 상처들을 온전하게 하는
> 보혈로 나를 다시 인도하옵소서!"

이것이 우리 마음의 상태라면 우리 주님께서는 우리에게 노하지 않으실 것입니다. 그분은 우리를 기쁨으로 둘러보시고 우리로 인해 기뻐하실 것입니다. 주님께서 지신 짐들을 내내 생각하면서 저는 오늘 본문을 살펴보았습니다. 이 말씀을 듣는 여러분에게는 이 본문이 무거운 말씀이 아닐지 몰라도, 이것을 전하는 제게는 분명히 고통스러운 말씀입니다. 사랑 많은 예수님께서 탄식하셨던 그 동일한 사랑이 저로 하여금 그분과 같은 방식으로 말하게 인도하셨습니다. 제가 이렇게 하는 것은 그분께서 사람들을 사랑하신 것같이 그렇게 제가 사람들을 사랑해서가 아니라, "우리 각 사람에게 그리스도의 선물의 분량대로 은혜를 주셨나니"(엡 4:7)라고 한 말씀과 같이 그분께서 붙여주신 작은 불꽃이 제 영혼에 불타오르고 있기 때문입니다. 지금 설교를 듣고 있는 사랑하는 성도 여러분, 지금 저는 복음의 말씀에 제 자신이 잠기기를 원합니다. 여러분 중에도 자신의 완악함을 버리고자 원하는 이들이 틀림없이 있을 것입니다. 여러분은 여러분 자신에게 지금 이렇게 외치고 있습니다.

> "돌 같은 마음이여, 부드러워져라! 부드러워져라!
> 예수님의 사랑에 녹아내려 순복하여라."(찰스 웨슬리)

　　여러분에게는 소망을 가질 풍성한 이유가 있습니다. 마음을 만든 그분께서 그 마음을 녹이실 수 있습니다. 욥은 "하나님께서 내 마음을 부드럽게 하시며"(욥 23:16 KJV, "하나님이 나의 마음을 약하게 하시며"[개역개정])라고 말했습니다. 우리 본성을 다시 새롭게 하는 것은 성령님께서 행하시는 특별한 사역입니다. 참으로 그분은 우리 주 예수님으로 말미암아 역사하시어 우리를 중생하게 하십니다. 그분께서는 "보라 내가 만물을 새롭게 하노라"(계 21:5)고 위엄 있게 말씀하십니다. 성령님께서는 우리 안에서 다음과 같은 사역을 하십니다. 즉, 죄를 깨닫게 하고, 새롭게 태어나게 하며, 주 예수님을 믿게 하고, 깊이 뉘우치게 하며, 거룩한 부드러움을 주십니다. 이런 일들이 여러분 속에서도 일어나게 되기를 여러분은 원하고 있습니까? 마음을 녹이시는 그분의 역사가 지금 이 순간 여러분의 영혼에서 느껴지도록 여러분은 저와 함께 조용히 기도하지 않겠습니까?

　　여러분에게 이 구원의 말씀이 전해졌습니다. 여호와 하나님께서는 자기 백성을 모든 죄에서 구속함으로 친히 영광을 받으셨습니다. 하나님께서는 친히 뽑으신 그 아들과 언약을 맺으시어, 그 아들인 예수님을 믿는 모든 자들을 자기 백성의 수에 드는 자들로 여겨 주셨습니다. 이 언약은 다음과 같은 방식으로 언급되었습니다. 즉, "또 새 영을 너희 속에 두고 새 마음을 너희에게 주되 너희 육신에서 굳은 마음을 제거하고 부드러운 마음을 줄 것이며"(겔 36:26, "내가 너희 육체에서 돌 같은 마음을 제거하고 살 같은 마음을 주리라"[KJV]) 하고 말입니다. 이 약속이 여러분의 경우와 얼마나 잘 맞아떨어지는지를 보십시오! 이런 마음이야말로 여러분에게 절실히 필요한 것입니다. 이런 마음을 받는 것이야말로 기적들 가운데 기적인데, 진실로 이런 마음이 여러분에게 주어질 것입니다. 새로운 팔이나 다리도 기적일 수 있습니다. 그런데 하물며 새로운 마음은 어떻겠습니까? 여러분에게 절실히 요구되는 것이 바로 그 성령이며, 그 성령이 여러분에게 주어집니다. 그러면 여러분의 모든 인품과 기질과 성향 등이 특별한 방식으로 변화될 것입니다. 주님께서는 악한 영을 쫓아내시고, 그 이후에 여러분의 영혼을 새롭게 하시고, 여러분의 존재를 그분의 성령으로 채우실 수 있습니다. 이런 변화를 느끼기를 거부하고 이런 변화에 순종하기를 거부하는 경우에도, 다시 말해 굳었던 마음이 깨어지거나 그분에게 굴복하기를 거절하는 본성을 가진 경우에도 주님께서는 이 모든 악한 마음들을 제거하실 수 있습니다. 이런 식으로 수술이 집도되어 환자를 다시 살리게 됩니다. 이 수술이 얼마나 대단한지 모릅니다! "너희 육신에서 굳은 마음을 제거하고"(겔 36:26)라는 말씀대로 마음을 만드신 오직 그분만이 이와 같은 섬세한 수술을 행하실 수 있습니다. 여러분은 이러한 수술이 여러분의 경우에는 절대로 행해질 수 없다고 생각합니까? 주님께서는 자신의 능력을 넘어서는 것에 대해서는 절대로 말씀하지 않는다는 것을 기억하십시오. 그분은 자신이 할 수 없는 일을 마치 할 수 있는 것처럼 자랑하지 않는 분이십니다. "여호와의 손이 짧으냐?"(민 11:23). 그분은 가장 먼 곳에 있는 자들도 여전히 구원할 수 있는 분이십니다. 돌 같은 굳은 마음이 사라졌을 때, 주님께서는 그 빈 공간을 가장 부드럽고 예민한 사랑으로 채우실 것입니다. 그분께서 하신 말씀 그대로입니다. "부드러운 마음을 줄 것이며"(겔 36:26). 이러한 말씀으로 인해 우리는 하나님의 말씀에 경외하며 서게 될 것입니다. 다시 말해 우리는 그분 앞에 두려워 떨게 될 것입니다. 또한 우리는 어린 아이같이 감사하면서, 자식에 대한 아버지의 사랑을 느끼며, 거룩한 순종을 하게 될 것입니다. 우리는 큰 망치로 맞아야 한다고 느끼는 대신, 가장 섬세하게 우리를 만지시는 거룩한 그분의 손길을 느끼면서, 우리를 부르시는 가장 나지막한 그 거룩한 음성에 응답하게 될 것입니다. 이 얼마나 놀라운 변화인지요!

　자, 보십시오. 이것은 약속의 문제입니다. 이 약속이 "내가 할 것이라", "내가 할 것이라"("I will", [I will take away …, and I will give you…] 겔 36:26[KJV])는 말씀과 더불어 얼마나 반짝이고 있는지를 한번 보십시오. 자신의 말씀을 이행할 능력이 있는 주님께서 이와 같은 말씀으로 약속하셨습니다. 그분은 자신의 약속을 절대로 취소하지 않으실 것입니다. 이 약속이 기록된 에스겔 36장 37절을 읽어 본다면, 여러분은 이 사실을 분명히 알게 될 것입니다. "주 여호와께서 이같이 말씀하셨느니라 그래도 이스라엘 족속이 이같이 자기들에게 이루어 주기를 내게 구하여야 할지라"고 말입니다. 여러분도 구하지 않으시렵니까? 여호와께서 여러분을 위해 이 일들을 행하시도록 여러분도 여호와께 간구해야 하지 않겠습니까? 여러분이 간구한다면, 여러분의 기도에 대한 응답은 이미 시작되었습니다. 여러분이 소원을 두고서 간구한다는 것은, 돌같이 굳은 마음이 부드러워지고, 육신이 제자리를 찾고 있는 중이라는 하나의 표징이기 때문입니다. 오, 주님이시여, 그렇게 되기를 원하나이다! 주 예수님을 믿으십시오. 그분은 여러분에게 이 일을 할 수 있는 분이십니다. 여러분의 믿음의 분량대로 이루어질 것입니다.

제
7
장

—

구세주를 만지고자
몰려든 사람들

—

"이는 많은 사람을 고치셨으므로 병으로 고생하는 자들이
예수를 만지고자 하여 몰려왔음이더라." — 막 3:10

우리 주님은 박해를 받으셨고, 그로 인해 그분은 자신의 능력을 드러내는
많은 증거들을 제시하셨습니다. 복음은 반대에 직면할 때, 더더욱 힘을 얻는 법
입니다. 귀신들에 대한 경고(막 3:12)는 말씀이 승리할 것에 대한 전조(前兆)였
습니다. 우리 주 예수님께서 많은 일들을 행하실 때는, 더 많은 일을 해야 할 거
룩한 필요가 있을 때였습니다. 병 고침을 받은 모든 사람들은 사랑을 받는 의사
(골 4:14)의 명성을 널리 알리느라 분주했으며, 또 다른 사람들은 자기들처럼 즉
시 병 고침을 받게 하려고 자기와 유사한 질병을 앓고 있는 자들을 데려오느라
분주했습니다. 우리가 그리스도를 위해 많은 일들을 하면 할수록, 우리는 더욱
더 많은 일들을 할 수 있습니다. 그래서 저는 우리가 반드시 해야 하는 일보다 더
많은 일들을 생각하고 있습니다. 만약 우리가 기독교인으로 감당해야 할 수고에
서 움츠러든다면, 우리에게 요구되는 일들은 점점 줄어들 것이라고 생각합니다.
일단 우리가 마음과 영혼으로 주님의 일을 해보고자 마음먹었다면, 그 즉시, 우
리에게 요구되는 많은 일들을 감당하기 위해서는 천 개의 일손과 백 개의 목숨
이 필요한 것을 느낄 수 있을 것입니다. 저는 오늘 본문 말씀을 통해 우리 앞에

놓인 이 사례에 대해 살펴보고자 합니다. 이것은 주님의 경우이지만, 주님의 종들인 우리에게도 항상 동일하게 적용될 수 있는 사례로서, 주님의 종들이 유용하게 사용되는 속도는 마치 하늘에서 떨어지는 별똥의 속도처럼 빠르게 증가할 것이기 때문입니다. 병 고침을 받은 무리들은 아직 병 고침을 받지 못한 많은 친구들을 그분에게로 이끄는 자발적인 인도자들처럼 행동했을 것입니다. 혹시 이 자리에 하나님의 은혜를 받은 이들이 있다면, 이들이 중심이 되어 다른 사람들도 생명의 말씀을 들을 수 있도록 인도하고, 그래서 그들도 높이 오르신 우리 구세주 안에 있는 구원을 발견하도록 하는 것이 자연스러운 일일 것입니다. 그렇게 해서 죄의 요새가 전복되고 지옥문이 흔들리게 될 때까지, 하나님의 나라는 더욱더 성장하게 될 것입니다. 사람 손바닥 크기의 작은 구름이 커져서 온 하늘을 어둡게 만듭니다. 이처럼 하나님 나라는 커져서 종국에는 온 땅을 축복으로 뒤덮을 것입니다. 우리는 이 복된 규칙의 예외 상황이 일어나지 않도록 주의해야 합니다. 마귀를 소리쳐 대적해야 할 우리가 거룩하지 않은 침묵으로, 우리 주님이 가지고 계신 최고의 무기들이 힘을 잃지 않도록, 그리고 교회도 교회가 가진 가장 큰 기쁨을 잃지 않도록 해야 합니다. 병 고침을 받은 여러분은 모든 곳에서 죄인의 친구(마 11:19) 되신 분의 명성을 널리 전해야 합니다. 그것이 바로 여러분의 특권이자 의무입니다.

　여러분은 오늘 본문 말씀에 주목해 주시기 바랍니다. 저는 첫 번째로, 현재와 성경 본문의 당시 사이에 실제로 존재하는 공통점과, 현재에도 더욱 풍성하게 존재할 수 있다고 기대되는 공통점을 눈여겨보고자 합니다. 그러고 나서 두 번째로, 이 공통점이 수행되지 못하도록 막고 있는 죄악들에 대해 간단히 살펴보고자 합니다. 세 번째로, 저는 우리로 하여금 그 유사성을 완성하도록 초대하는 은혜를 묵상하고자 합니다. 그리고 마지막으로는, 몇몇 유익한 주의점들을 말씀드리고자 합니다.

1. 오늘날과 성경 본문이 기록될 당시 사이에 존재하는 공통점과, 현재에도 더욱 풍성하게 존재할 수 있다고 기대되는 공통점

　첫 번째로, 오늘날과 본문의 당시 사이에서 지금 이 순간까지 존재하는 공통점과, 더욱 풍성하게 존재할 것으로 예상되는 공통점을 살펴보겠습니다. 본문의 내용은 이렇습니다. 예수님께서 많은 자들을 고쳐 주셨으며, 병 고침을 받은 사람들은 고통 받고 있는 다른 사람들에게 이 사실을 알려 주었고, 이렇게 고통 받던 자들은 은혜 받기를 갈구하여, 떼를 지어 구세주 주위로 몰려들었습니다. 그래서 그분께서 만져 주시기를 바라던 모든 자들은 즉시 병 고침을 받게 되었다는 것입니다. 지금 이 순간에도 예수 그리스도께서는 많은 자들의 병을 고쳐 주십니다. 영적인 질병은 우리 주님께서 이 세상에 계실 때 만연했던 육체의 질병만큼이나 오늘날 흔한 질병입니다. 지금 이 시간에도 그분은 모든 유의 도덕적인 기형과 질병들을 맡아서 은혜롭게 치료하고 계십니다. 우리도 중죄인들이 구원 받은 것을 알고 있습니다. 술 취하고 정직하지 못하고 호색하는 질병을 가진 자들도 그리스도를 믿고서 유덕하고 경건한 자로 회복되었습니다. 이러한 사실은 다른 사람들로 하여금 구세주의 치료하는 능력을 통해 자신들에게도 좋은 일이 일어날 수 있다는 소망을 틀림없이 갖게 할 것입니다.

복음은 세인트 자일스(St. Giles, 런던의 중앙지역 — 역주)의 빈민가에서도 자유롭게 활동하고, 블룸즈버리(Bloomsbury, 런던의 한 지구 — 역주)의 주택들에서도 은혜롭게 역사하며, 베드날 그린(Bethnal Green, 런던 극동부의 빈민지역 — 역주)에서도 강력한 힘을 행사하고, 웨스트 엔드(West End, 런던에서 가장 번화한 상업지구 — 역주)에서도 승리를 거두었습니다. 이 땅에서 높은 자리에 있던 자들은 소수만 구원받았습니다. 반면에 지난날을 돌이켜볼 때, 가난한 자들은 몇몇 사람이 아니라 많은 수가 구원하는 능력을 지닌 예수님을 발견하였습니다. 영적인 것들을 잃어버린 많은 자들이 최근에 구원을 받게 되었습니다. 지난 주에도 많은 사람들이 믿음을 갖게 되어 그 마음이 변화되었습니다. 안식일마다 영혼들이 구원을 받고 있습니다. 우리는 이런 사실을 신문에 떠벌리거나, 이러한 주님의 사역을 잡지에 실어 자랑하지 않습니다. 그럼에도 불구하고, 하나님께서는 매주 악한 자들이 선한 자들로 바뀌는 모습들을 우리가 보도록 하십니다. 우리가 여러분에게 확신 있게 말할 수 있는 사실은, 목회자인 우리는 그러한 영혼들을 지켜보고 있으며, 예수님께서 죄에 병든 영혼들에게 은혜롭게 역사하시는 모습을 항상 보고 있다는 사실입니다. 그분은 오늘도 영혼이 병든 자들을 치료해 주고 계십니다.

예수님께서 치료해 준 자들은 가장 완벽하고 효과적으로 회복되었습니다. 술꾼들은 잠시 술을 끊은 것이 아니라, 완전히 갱생된 삶을 사는 건전한 시민이 되었습니다. 타락한 자들과 천한 자들은 자신이 이해하지 못하는 신앙을 잠시 위선적으로 고백하는데 그치지 않고, 예수 그리스도 안에 있는 새로운 피조물

(고후 5:17)이 되어 지금은 우리 모임에서 가장 명예로운 교인이 되었다는 사실을 우리는 확신을 가지고 분명히 말할 수 있습니다. 우리가 지나온 세월들을 되돌아볼 때, 우리는 복음을 전하는 일에 사로잡혀서 다음과 같은 사실을 열심히 증언하였습니다. 즉, 가장 높은 하늘로 올라가신 예수 그리스도께서는 사람들이 보통 말하는 대로 이 악한 세대 가운데서 지금도 여전히 영적 질병에 걸린 자들을 건져 주시고, 이들을 천박한 악습과 고질적인 병폐들로부터 구원해 주신다고 말입니다.

　　예수님 당시와 오늘날 사이에 이러한 공통점이 존재하는 한, 이 질병들이 끝을 보게 되리라는 것은 자연스러운 기대일 것입니다. 영혼이 병든 많은 사람들이 고침을 받았기 때문에, 허다한 무리들이 자신도 구원받기를 갈망했으리라 여겨집니다. 사방에 병든 무리들이 있습니다. 이 아침 여기에도 영적으로 병든 자들이 많이 있습니다. 이들은 눈이 있지만 하나님을 보지 못하고, 심장은 있지만 그분을 향한 사랑으로 고동치지 않으며, 무릎이 있지만 무릎 꿇어 간절한 기도를 드리지 못하고, 손은 있지만 모든 거룩한 섬김을 하기에는 말라 있으며, 양심은 무감각해져 있고, 판단은 형평성을 잃은 상태이며, 생각은 완악하기만 한 그런 사람들입니다. 주위에 우리 눈에 보이는 모든 자들은 다 이런저런 영적인 병에 걸린 자들입니다. 심지어 이 하나님의 집 안에도 큰 병원에서 볼 수 있는 것과 마찬가지로 영적으로 병든 환자들이 몰려와 있습니다. 하나님을 두려워하지 않는 이 거대한 무리들이 어떤 모습인가 하면, 마치 역병에 걸려 영적인 눈을 뜨지 못하는 것처럼 보입니다. 대중적으로 역병이 엄습하였습니다! 그리고는 개인적으로 그 질병이 곪아터진 것입니다! 영혼의 질병이 이처럼 만연해 있고, 예수님께서는 지금도 여전히 치료하고 계신데, 어째서 병든 무리들은 그분에게로 몰려오지 않는 것입니까? 어째서 그리스도가 전파된 모든 집들이 그 대문에 사람들로 북적이지 않는 것입니까? 왜 사람들은 자기 죄로부터 구속을 받는 그 기쁜 소식을 들으려고 서로 밀고 당기는 몸싸움을 하며 나아오지 않는 것입니까? 그들이 작심하고 간절히 기도하지 않는 이유는 또 무엇입니까? 어떤 사람은 그리스도께서 나타나셔서 그들의 병을 고쳐 주시기까지, 모든 가정에는 한숨과 눈물과 신음소리가 끊이지 않을 것이라 생각합니다. 또 어떤 사람은 가족이 모두 치료를 받기까지, 세상일을 잠시 내려놓고서라도, 온 가족을 위해 간구하는 가정이 되리라 기대합니다. 사람들은 육체에 병이 걸리면 잠시 누워 있는데, 왜 영혼이 병든 사람들은 그렇게 하지 않습니까? 우리가 거리를 다닐 때 사람들이 우리를 쫓아오면서 "선생들이여 내가 어떻게 하여야 구원을 받으리이까?"(행 16:30)라고 소리치는 것을 상상해 봅니다. 치료의 필요를 느끼기만 해도 대단한 일입니다. 의사는 이미 여기에 있습니다. 그런데 어째서 자신의 영원한 운명이 달린 은혜로운 기회를 무시하고 계속해서 잠만 자고 있는 것입니까? 본문의 상황과 오늘날의 상황 사이에 공통점은 더 이상 찾아볼 수 없습니다. 오늘날의 사람들은 구원 문제에 관한 말에 전혀 신경 쓰지 않습니다. 설령 그 말을 들었다 해도, 그들은 그냥 잊고 맙니다. 또한 그들 가운데 몇몇이 그 말을 기억한다 해도, 그 말을 실천하지는 않습니다. 또한 그들이 그 말을 잠시 실천한다 해도, 그들이 행하는 선은 "아침 구름 같으며 쉬 사라지는 이슬"(호 13:3) 같을 뿐입니다. 인간 대중은 영적 맹인으로, 다리를 저는 자로, 불구자로 살아가는 것에 만족하며, 자신들의 상처와 멍과 곪아들어가는 염증들은 영광의 흔적이자 건강의 증표인 것처럼 말합니다.

자, 예수님께서 실제로 인간의 영혼까지 치료해 주셨는가 하는 문제로 의심하는 것은 당연한 것이며 그리 놀랄 일이 아닙니다. 그러나 지금까지 다양한 사례들을 봐온 사람들의 마음에는 그런 의심이 들지 않습니다. 우리 가운데 어떤 사람들은 자진해서 치료를 받았습니다. 그러므로 확실한 체험에 근거해서 말씀드릴 수 있습니다. 여기 여러분 앞에 서 있는 사람도 오 년이라는 시간 동안 정말 보기 드문 절망과 낙담 속에서 그 영혼이 은밀하게 침체되어 있었습니다. 젊은 사람이지만 마음의 슬픔으로 인해, 그는 지옥 문턱에서 소일하며 삶을 보냈습니다. 그럼에도 바로 한순간에 그의 영혼은 완전한 평안 가운데 휩싸이게 되었습니다. 하늘 아래 있는 어떤 사람도 변화시킬 수 없었던 그 마음이 평안을 맛보게 되었던 것입니다. 이 모든 것이 십자가에서 못 박히신 그분을 단순히 바라보는 것에서 이루어졌습니다. 그 한 번의 치료된 사례만으로도 다른 사람들을 치료할 수 있는 본보기가 됩니다. 왜냐하면 다른 모든 악들도 동일한 방법으로 극복될 수 있기 때문입니다. 예수님은 여러분의 교만을 치료해 주실 수 있습니다. 그분은 분노로부터 여러분을 구해 주실 수 있습니다. 그분은 여러분의 게으름을 치료해 주실 수 있습니다. 그분은 여러분의 시기심과 호색과 악의와 탐욕과 모든 형태의 영적인 병폐들을 제거해 주실 수 있습니다. 그분은 이 모든 일들을 참회하는 고행의 과정이나 미신적인 행위를 하는 힘든 수고나 고통을 참아야 하는 불 같은 시련을 통해서가 아니라, 간단한 방법을 통해서, 즉 그분은 말씀 한 마디 하시고 여러분은 그분을 바라보기만 하면 되는 그 간단한 방법으로 행하셨습니다. 여러분이 예수님을 믿기만 한다면, 여러분은 구원받게 될 것입니다. 이 아침에 구원을 받는다면, 그 즉시 새로운 피조물이 되는 것입니다. 여러분은 죄악을 이길 새 능력을 가지고서 새 생명을 시작하는 발걸음을 내딛으며 나아가십시오. 우리가 증언하는 이 말들은 믿을 만한 것입니다. 우리는 거짓말쟁이가 아닙니다. 아무리 하나님의 영광을 위한 일이라 해도, 우리는 경건한 척하면서 여러분을 속이고 싶은 마음이 없습니다. 우리는 그리스도께서 행하시는 치유하는 능력을 직접 체험한 자들입니다. 우리는 그것을 보았습니다. 그리고 우리는 노소(老少)를 불문하고 각계각층의 사람들이 서로 다른 사정 속에서 치유되는 것을 날마다 보고 있습니다. 예수님의 말씀에 순종한 모든 자들은 그분의 능력으로 말미암아 새로운 피조물이 되었습니다. 이런 증언을 하는 자들이 우리 가운데 한두 사람이 아닙니다. 이와 동일한 사실을 확증해 주는 사람이 백 명도 넘습니다. 목회자들뿐만 아니라 신앙 고백을 하고 부르심을 받은 다른 성도들도 동일한 증언을 하고 있습니다. 거기에는 장사를 하는 자들도 있고, 신사들도 있습니다. 또 노동자도 있으며, 신분이 높은 자도 있고 천한 자도 있습니다. 이들은 모두 그것이 필요한 일이라고만 한다면 "그리스도께서는 영혼을 치유할 수 있다는 것에 우리 또한 증인이다"라고 말할 수 있는 자들입니다.

　　그런데 여기에 놀라운 일이 있습니다. 그것은 이런 사실을 알면서도 즉시 그리스도에게로 몰려와 동일한 축복을 받지 않는 사람들이 있다는 것입니다. "상상도 못할 이야기이며, 믿어지지 않을 정도로 신기한 일이로다!"(세익스피어가 쓴 「오셀로」[Othello]의 제1막 3장 158~163행에 나오는 시구 ― 역주). 우리가 오늘 본문 말씀 속에서 보게 되는 사람들은 합리적인 성향을 가진 자들이었습니다. 그리스도께서 많은 사람들을 고치셨다는 말을 듣자, 그들은 참으로 실제적이고 논리적인 사고를 하였습니다. 그들은 "우리도 병 고침을 받자! 그분이 어디 계시는가? 우리도 그분에게 나아가자. 그런데 그분 주위에는 몰려든 사람들이 있지 않은가? 우리도 사람들을 밀치고 들어가 보자. 우리가 그분을 만지고 그분에게서 흘러나오는 치유의 능력을 느낄 때까지, 힘을 써서라도 인파들 속으로 들어가 보자"고 했습니다. 이런 생각에 비하면, 오늘날의 사람들은 전혀 이성을 사용하지 않는 것처럼 보입니다. 현대인들은 그런 축복을 꼭 소유해야 하는 것으로서 여기고,

그것이 금보다도 귀중하며 다이아몬드와도 비교될 수 없는 영원한 축복이라는 것을 알고 있으면서도, 그 축복으로부터 등을 돌립니다! 이기심은 꼭 가져야만 하는 좋은 것이 있는 곳으로 항상 사람을 끌어당깁니다. 그런데 여기에 꼭 가져야 하고 값없이 가질 수 있는 최고의 좋은 것이 있는데도 불구하고, 다시 말해 사람이 건전한 영혼을 소유할 수 있고, 영광 가운데 있는 빛의 천사들과 함께 참여하기에 적합한 새로운 본성을 얻을 수 있는 기회가 있는 데도 불구하고, 사람들은 자신에게 진실하지 못해서, 합당한 이기심마저도 자신을 다스리지 못하게 한 채, 모든 좋은 것들의 원천으로부터 돌아서서, 영원한 갈증으로 인해 멸망하게 될 광야로 자기 길을 가버렸습니다.

2. 이 공통점이 현재에 일어나지 못하도록 막는 죄악들의 정체

두 번째로 아주 엄숙한 질문을 하고자 합니다. 이런 공통점이 오늘날에도 일어날 수 있는 공통점이 되지 못하도록 가로막는 죄악들은 무엇입니까? 다시 떠올리기에 고통스러운 일이지만, 밀고 몰려드는 군중들 사이에서 그리스도를 만지지 못하도록 가로막은 첫째 죄악은 무지입니다. 다시 말하자면, 이 죄는 일부러 모르는 체하는 것, 충분히 알 수 있는 것을 알지 못하는 것, 이론적으로 배운 것을 참으로 알지 못하는 것을 가리킵니다. 이 설교를 듣고 있는 사랑하는 여러분, 이 아침 여러분 가운데 대다수는 회심하지 않은 자들입니다. 여러분은 예전 모습을 그대로 가진 사람들, 즉 죄로 병든 사람들입니다. 여러분은 그리스도가 영혼을 치료해 주시는 분이라는 것을 알고 있습니다. 그런데도 여러분은 병 고침을 받으려는 마음이 없습니다. 설령 그런 마음이 있다 해도 여러분은 축복을 받기 위해서 그분에게 실제적으로 온 힘을 다해 나아가지는 않습니다. 여러분이 그렇게 하는 한 가지 원인에 대해 말씀드리겠습니다. 그것은 여러분의 무지 때문입니다. 다시 말해, 여러분은 자기가 질병에 걸린 것을 알지 못하고 있습니다. 여러분은 죄악이라는 두 글자의 참된 의미를 모르고 있습니다. 만약 제가 여러분에게 몇 가지 질문을 한다면, 여러분은 자신이 죄인이라는 진리를 인정하게 될 것입니다. 그러나 여러분은 자신이 고백하는 신앙 고백의 의미를 알지 못합니다. 여러분이 죄 가운데 태어났다고 고백한다 해도, 여러분은 죄의 참된 의미를 파악하지 못했기 때문에, 여러분이 하는 고백은 아무 도움이 되지 않습니다. 만약 제가 여러분의 영혼 깊은 곳을 볼 수만 있다면, 저는 여러분의 영혼에 깊이 뿌리박힌 생각들, 즉 나는 그렇게 악한 죄인이 아니며, 지금까지 지은 모든 죄를 다 모은다 해도 나는 심각한 상태가 아니라고 하는 여러분의 신념들을 밝힐 수 있을 것입니다. 만약 여러분이 겉으로 드러나는 추잡한 죄에 빠져 있다면, 그런 죄악의 사악함에 대해 인식할 수 있을 것입니다. 그러나 지금까지 무심코 저지르던 일상의 흔한 죄악들은 특별히 가증스럽게 여기지 않을 것입니다. 그래서 여러분은 그런 죄악들 가운데 숨어 있는 악에 대해서 완전히 무지합니다. 하나님이 여러분을 향해 격분하시는데도, 여러분은 태평합니다. 여러분을 에덴 동산에서 쫓아낸 그 더러운 죄악이 여전히 여러분 주위에 있는데도, 여러분은 아무렇지 않게 지냅니다. 만약 어떤 사람의 가슴속에 암이 있고, 다행히 그 암을 치료할 수 있는 약이 있다는 사실을 알았다고 합시다. 그런데 그가 아무 일 없다는 듯이 가만히 있고, 그 병을 치료할 약을 찾지 않는다면, 여러분은 그 사람이 암의 정체를 전혀 알지 못하는 사람이라고 확신할 것입니다. 여러분의 경우가 이와 똑같습니다. 여러분은 죄가 무엇인지 전혀 알지 못합니다. 아무리 작은 죄라 해도 그 죄는 지옥의 시작이며, 꺼지지 않는 지옥에 불을 댕기는 불꽃이고, 이루 말로 할 수 없는 고통의 첫 번째 계기이자, 영원토록 하늘로 올라가는 연기의 시작이라는 것을 여러분은 모르고 있습니다. 오, 무지한 불쌍한 영혼들이여, 알지 못하는 곳은 영원한 파멸이로다. 하나님의 영원한 성령님께서 해처럼 떠올라 어두운 여러분의 영혼을 비추시어 여러분의 참된 모습이 여러분 자신에게 드러나기를 기원합니다. 이 아침에 여기 있는 회심하지 않은 모든 자들을 위해 제가 간절한 기도를 한 마디만 드린다면 다음과 같이 기도할 것입니다. "주님, 저들이 자신의 현재 상태가 어떠한지를 알고서, 그 상태로 인해 두려워 떨도록 하옵소서." 오! 만약 여러분이 자신이 처한 위험을 인식하고, 그 구제책이 얼마나 사랑스럽고 효과적인지를 안다면, 다시 말해 여러분이 자신에게 다가오는 형벌과 그 형벌을 피할 수 있는 축복을 안다면, 여러분은 구세주로부터 고침을 받기 위해 그분 주위로 사람들을 밀치고 다가가는 첫 번째 사람이 될 것입니다. 그러나 무지로 인해 많은 사람들은 그분께 나아가지 못하고 제지를 받게 됩니다.

무지와 비슷한 것이 무감각입니다. 많은 사람들은 이 죄에 대해 알고 있지만, 느끼지는 못합니다. 지금 저는 이 설교를 듣고 있는 이들 가운데 특히 회심하지 않은 자들을 염두에 두고 말씀드리는 바입니다. 그런 자들은 거의 느낌이 없습니다. 사실을 말하자면, 그들은 영적으로 전혀 아무것도 느끼지 못하는 자들입니다. 왜냐하면 그들은 "허물과 죄로 죽었던"(엡 2:1) 자들이기 때문입니다. 여러분이 죽은 사람을 칼로 수천 번 찌른다 해도, 죽은 사람은 소리를 지르지 않을 것입니다. 경건하지 않은 사람도 이와 마찬가지입니다. 여러분은 그들에게 그리스도의 사랑에 대해, 즉 당장에라도 바위가 녹아내리고 돌이 산산조각 나는 것 같은 이야기들을 해줄 수도 있습니다. 그러나 그들이 그런 이야기에 뭔가 감정을 느낀다 해도, 그것은 그저 한순간일 뿐입니다. 그것은 다소 피상적인 감정으로서, 생기자마자 곧 사라지는 감정입니다. 그래서 그들은 그 모든 것을 잊고는 자기 길로 가 버립니다. 그들에게 피 흘리시는 임마누엘의 사랑은 무익한 이야기일 뿐입니다. 그래서 설교자는 시내 산의 천둥을 명하여 천둥소리가 온 힘을 다해 울려 퍼지도록 하기도 하고, 하나님께서 친히 심판하시는 크고 두려운 소리가 들리도록 하기도 합니다. 하지만 이런 무서운 소리에 삼림이 고개를 숙이고 바위들은 두려워 떨어도, 그 완악한 마음은 요동치지 않습니다. 게다가 불신으로 인해, 전능하신 분에 대한 반역마저 감행됩니다. 헛되이 우리는 두려운 하나님과 장차 올 심판에 대해 말합니다! 헛되이 우리 불쌍한 설교자들은 가장 사랑스럽고 감동적인 언어로 이 경고의 메시지를 전하려고 애씁니다! 호감이 가도록 우리가 아주 지혜롭게 전해도, 그 귀먹은 독사들은 도통 들으려고 하지 않습니다. 그래서 우리는 우리 주님에게 돌아가 애통하며 다음과 같이 말할 수밖에 없습니다. "우리가 전한 것을 누가 믿었느냐 여호와의 팔이 누구에게 나타났느냐?"(사 53:1)고 말입니다. 끔찍한 무감각은 사람의 타고난 마음을 훔쳐가 버렸습니다. 그로 인해 그 속에 죄의 독이 속속들이 스며들게 되었고, 이를 치료하기 위해 예수님께서 기다리고 계시지만, 사람들은 치료를 받으려고 몰려들지 않습니다.

이런 무감각 외에도, 다시 새롭게 되려는 마음이 없이 복음을 듣는 자들은 이 모든 것에 관한 서글픈 무관심으로 뒤덮여 있습니다. 저는 그들이 이런 무관심을 공개적으로 말하는 것을 들어보지 못했지만, 그들도 이런 무관심에 대해 인정할 것입니다. 왜냐하면 그들도 실제로 이것을 느끼고 있기 때문입니다. 그들이 가진 무관심은 다음과 같은 것입니다. "좋습니다. 다 좋아요. 하지만 왜 복음에 대해서 그렇게 격한 반응을 보여야 하는 거죠? 제가 구원받을 사람이라면, 구원을 받게 되겠지요. 그리고 이런 일들은 미래 적절한 시기에 일어나지 않겠어요? 그런데 왜 이런 영혼 문제로 거창하게 야단법석을 떨어야 하는 건가요? 영혼의 문제는 현재 우리가 개입해서 왈가왈부할 문제가 아닙니다. 따라서 그 문제는 그냥 그대로 놔두는 게 우리가 할 수 있는 최선일 겁니다. 우리는 월요일부터 토요일까지 직장에서 일을 하며, 가게나 시장에서 하루 온 종일 일을 해요. 실제로 사람들은 자신에게 오는 절호의 기회를 놓쳐서도 안 되고, 자기 일에도 많은 신경을 써야 합니다. 그러지 못하면, 요즘에는 가차 없이 바로 궁지에 몰리게 되니까요." 이렇게 말하는 자들은 영혼의 문제를 중요하게 생각하지 않는 자들입니다. 많은 사람들이 이런 생각에 암묵적으로 동의하고 있습니다. 물론 이 정도로 대놓고 뻔뻔하게 말하는 사람은 소수이겠지만 말입니다. 하지만 냉철한 사람이라면 영혼의 문제야말로 최종적으로 귀결되는 문제라는 것을 모를 리가 없습니다. 왜냐하면 생명이 음식보다 더 중요하며, 몸이 의복보다 더 중요하기 때문입니다. 따라서 영혼이야말로 몸보다 더 귀할 수밖에 없습니다. 특별히 영혼 불멸이라는 관점에서 보았을 때는 더더욱 귀합니다. "사람이 만일 온 천하를 얻고도 자기 목숨을 잃으면 무엇이 유익하리요"(막 8:36)라는 말씀대로, 조종(弔鐘)이 울리기 시작할 때, 그 죽은 사람이 많이 배웠고 유명했다는 사실은 도대체 무슨 유익이 있겠습니까? 많은 돈을 벌고 죽었다 해도, 사람들이 흔히 말하듯, 그 죽은 사람에게 억만금이 무슨 소용이 있겠습니까? 완전히 발가벗겨진 적나라한 그 영혼의 모습이 기형이라고 한다면, 다시 말해 사람이 죽어 하나님 앞에 서야 할 때, 치료되지 않은 상처와 씻어지지 않은 더러움과 머리부터 발끝까지 죄의 역겨운 것들만 지닌 영혼이라면, 그가 가진 재물이 그에게 무슨 소용이 있겠습니까? 심판 날에 재판장이 "너는 여기서 물러가라. 네가 받을 몫의 축복은 없다. 너는 병들어 죽게 된 자이다. 정결치 못한 자들이 거하는 곳에 영원히 있을지어다"라고 하는 말을 듣게 된다면, 지금 들리는 그 조종(弔鐘) 소리는 모든 소망이 끊어진 영원한 사망의 소리일 것입니다. 오, 사랑하는 여러분, 그때서야 여러분은 세상의 모든 것을 포기하고라도 그리스도를 발견하고자 할 것입니다. 그때서야 여러분은 끝없는 낭비와 한갓 연기와 재 같은 것들을 악착같이 축적하는데 써버린 자신의 일생을 생각하며, 자신을 저주할 것입니다. 여러분은 양식이 아닌 것을 위하여(사 55:2) 신경을 쓰고, 유익하지 않은 것들을 위하여 수고하면서도, 정작 여러분 영혼의 가장 귀한 문제는 못 본 체하며 소홀히 하였습니다. 마지막 날에 여러분이 얼마나 한탄할 일인지 모릅니다! 지금 우리는 무관심한 채 살아가고 있습니다. 그러나 죽음을 앞둔 임종의 침상에서는 그렇게 무관심하기가 어려울 것입니다. 더구나 하나님의 심판대 앞에서 그렇게 무관심하기는 불가능할 것입니다. 세상에서 우리는 이 땅에 있는 것들을 최우선으로 여깁니다. 하지만 우리가 죽게 될 때는 소멸하게 될 이 땅에 있는 모든 것들을 뒷전에 둘 것입니다. 죽음 이후에 이 땅은 작은 점 하나로 보이지 않겠습니까! 덧없는 세월 속에서 우리가 그렇게 중요하게 생각했던 모든 일들은, 우리의 후회 속에서 그러지 않아도 고통 받고 있는 우리에게 더 극심한 고통만 남긴 채, 우리의 기억에서 사라져 버릴 것입니다. 오, 저는 여러분이 천국을 생각하도록 여러분을 위해 기도하겠습니다. 왜냐하면 불멸하는 여러분의 본성이 여러분에게 요구하는 것이 바로 이것이기 때문입니다. 잠시 멈추십시오! 찬찬히 생각해 보십시오! 건전한 판단을 할 수 있는 생각의 여지를 남겨 두십시오! 영원한 것을 사소한 것으로 여기지 마십시오! 만약 여러분이 지닌 인성의 어느 한 부분이라도 잊는다면, 그 부분은 즉시 벌레들의 먹이가 되어 그것이 태어난 땅으로 다시 돌아갈 것입니다. 오, 그러므로 여러분의 혼(soul)을 빼앗기지 마십시오. 그리고 여러분의 영(spirit)도 속지 않도록 하십시오. 여러분 자신에게 가장 복된 것에 무관심하지 마십시오.

우리의 예상으로는 사람들이 신속하게 그리스도에게 나아갈 수 있음에도 불구하고, 그들은 그렇게 하지 않습니다. 왜냐하면 사람들은 너무나 고질적으로 지체하는 습성이 있기 때문입니다. 지체하는 것은 마귀가 사용하는 큰 올가미입니다. 모든 사람들이 다 회개하려고 마음을 먹습니다. 그러나 애석하게도, 그들은 즉시 회개하지 않고, 나중에 미래에 회개하려고 합니다. 대부분의 사람들은 예수님을 믿을 의향을 가지고 있습니다. 그러나 그들은 자신이 믿을 구세주가 없어질 때까지 믿는 것을 미루고 있습니다. 그들에게는 항상 내일만 있습니다. 그리스의 통치자인 아르키아스(Archias)는 어느 날 밤에 자기와 우호적인 한 밀사(密使)를 만났습니다. 그 밀사는 곧 열릴 연회에서 아르키아스를 죽이려는 음모가 벌어지고 있다는 것을 알리는 밀서를 가지고 왔습니다. 그런데 아르키아스는 연회의 흥겨운 분위기에 젖어서, 바로 그 밀서를 읽으려 하지 않았습니다. 아르키아스는 막 그 연회에 참석하려고 하던 참이었기 때문에, 그 밀서를 읽으려 하지 않았습니다. 그러자 그 밀사는 "하지만 이 밀서에는 심각한 내용이 적혀 있습니다"라고 말했습니다. 이에 아르키아스는 "좋아, 좋아, 심각한 것들은 내일"(serious things tomorrow)이라고 말했습니다. 그는 자신이 죽는다는 메시지를 받고서도 죽고 말았습니다. 그가 그 밀서만 읽었다면, 자기 목숨을 구할 수 있었을 것입니다(그리스의 역사가이자 철학자인 크세노폰[XENOPHON, 430-354 BC]이 쓴 「아나바시스」[Anabasis of Xenophon] 제5권에 나오는 내용 — 역주). 지금도 수많은 사람들이 "심각한 것들은 내일!"이라고 말하고 있습니다. 그러고는 죽어 갑니다. 이보다 더한 것은, 그들을 일깨우기 위한 경고의 말씀을 듣고서도 그들이 저주를 받는다는 것입니다. 도대체 왜 사람들은 이렇게 눈을 감아 버리고 막무가내로 멸망을 향해 달려가려는 것일까요? 지금까지 그렇게 오랫동안 지체한 여러분에 대해 하나님은 용서하십니다. 그리고 여러분은 그런 지체의 과정을 더 이상 간과하지 않으시는 그분의 영원한 사랑에 감동할 것입니다! 저는 여러분에게 간청합니다. 다음의 성경 말씀을 들으십시오. "오늘 너희가 그의 음성을 듣거든 … 너희 마음을 완고하게 하지 말라(히 3:15). 보라 지금은 은혜 받을 만한 때요 보라 지금은 구원의 날이로다"(고후 6:2).

　사람들이 자기 영혼을 치료하기 위해 그리스도에게로 달려 나오지 않는 또 다른 이유가 있습니다. 그것은 그들이 실제로 그 질병을 사랑하기 때문입니다. 죄는 사람들을 유혹해서 죄 그 자체를 사랑하도록 합니다. 이것이 바로 죄의 광기와 불법의 어리석음이 보여주는 한 부분입니다. 만약 사람들이 의를 사랑한다면, 불의한 자가 되지 않을 것입니다. 다시 말해, 만약 사람들이 하나님께 순종하기를 좋아하고 육체의 기쁨을 싫어한다면, 그들은 더 이상 하나님께 불순종하는 자들이 아니라, 즉시 순종하는 자들이 될 것입니다. 우리가 죄인들의 영혼이 달린 문제로 죄인들을 대할 때, 다음과 같은 어려움이 있습니다. 즉, 그들은 많은 경우에 있어서 구원받기를 바라고 있지 않다는 것입니다. 구원받기를 원하는 바람이야말로 그들이 바랄 수 있는 것 중에 마지막 바람인데도 말입니다. 구원받는다는 뜻이 지옥으로 내려가던 길에서 건짐을 받는 것이라면, 그들은 더욱더 구원받기를 원해야 합니다. 그러나 구원은 그 이상의 어떤 것, 즉 죄로부터의 구원을, 오랫동안 계속되던 그들의 정욕의 종살이로부터 구원을 뜻하기 때문에, 그들은 그러한 구원에 전혀 관심이 없습니다. 오히려 그들은 영적으로 구부러지고 눈먼 불구자가 되기를 원하고 있습니다. 다시 말해, 그들은 영적인 인성을 갖춘 거룩한 정신 상태를 바라지 않습니다. 그들은 죄의 기형적인 상태에서 살아가기를 원하고 있습니다. 왜냐하면 그들의 그릇된 마음은 스스로를 멸망시킬 것들만 좋아하기 때문입니다. 그들은 흑암으로 광명을 삼으며, 광명으로 흑암을 삼으며, 쓴 것으로 단 것을 삼으며, 단 것으로 쓴 것을 삼는 자들(사 5:20)이라고 스스로 그렇게 느끼고 있고 생각하고 있습니다. 술꾼들은 어떤 위협을 무릅쓰고라도 술잔을 들지 않습니까? 아! 저는 술꾼들이 고의적으로 극한 상황까지 치달아 결국 자신을 독살하는 지경에 이르는 것을 보아왔습니다. 술꾼들은 해가 거듭될수록 몸이 쇠해지다가 죽음의 문턱에 이릅니다. 그때에도 그는 슬퍼하면서, 그에게 은혜로 주어진 가난 때문에 혹시라도 자신을 이렇게 멸망시키고 있는 술을 못 먹게 될까봐 눈물마저 흘리지 않습니까? 그리고 자신의 정욕에 굴복한 사람이 자기에게 뒤따라 올 재난을 예상하거나, 또는 이미 그 재난으로 인해 고통을 받고 있을 때, 그의 형국은 마치 막 도살장으로 끌려들어가는 양의 상황 같지 않습니까? 오! 광기, 미쳐 날뛰는 인간의 광기란 이런 것들이겠지요. 옛 뱀이 지닌 바실리스크(basilisk, 쳐다보거나 입김을 부는 것만으로도 사람을 죽일 수 있다는, 뱀과 같이 생긴 전설상의 괴물 — 역주) 같은 눈길에 우둔하고 가련한 인간들이 홀려서, 자신이 잡아먹히도록 고요히 앉아 있습니다. 그 인간들은 도망갈 의지가 전혀 없습니다. 사람들은 자기 쇠사슬을 껴안고, 자기 차꼬에 입을 맞춥니다. 그들은 지금도 입 벌린 지옥에 서 있습니다. 그러다가 몇 달이나 몇 날이 채 되지 않아 무엇이든 삼켜 버리는 불에 떨어지게 될 처지인데도, 그들은 행복을 말합니다. 광기가 인간의 마음을 지배하고 있기 때문입니다. 오, 하나님, 이 광기를 제하여 주옵소서. 이 아침 제 설교를 듣고 있는 각 사람의 마음속에서 이 광기를 제하여 주옵소서. 자신의 망상을 쫓아 자신을 따르는 길, 다시 말해 측량할 수 없을 정도로 틀림없이 비참하게 끝나는 그 길을 택하는 자들이 한 사람도 없게 하여 주옵소서.

지금까지 저는 할 수 있는 한 최선을 다해서, 사람들로 하여금 그리스도에게로 몰려가지 못하게 막는 여러 죄악들을 지적하였습니다. 하지만 제 마음에 매혹적으로 다가왔던 주제를 제가 너무 냉랭하게 전한 것은 아닌가 하는 생각이 듭니다. 그리고 아직 회심하지 않은 사람들에게는 이 문제가 마치 자기와는 큰 관련도 없고 중요하지도 않은 문제처럼 들리지 않았을까 걱정이 됩니다. 그러나 앞으로 한 두 시간 안에 여러분은 지금까지 여러분이 꿈도 꿔보지 못했던 이 문제의 중요성을 깨닫게 될 수도 있습니다. 우리는 아주 오래 살기를 바라지만 아주 짧은 인생을 살며, 이 생명마저도 한순간에 잃을 수 있을 만큼 가련한 존재이며, 지금도 죽어가고 있는 피조물들입니다. 이런 우리가 우리 옆에 있는 다른 모든 것들보다 우리에게 더욱 중요한 것을 희롱하고 사소하게 여긴다는 것이 말이 됩니까? 도대체 집과 땅이 무엇입니까? 또 주식과 증권 거래는 무엇입니까? 우리가 가진 모든 것들은 또 무엇입니까? 심지어 이 몸 자체도, 즉 눈과 손과 혀까지도 우리의 영혼, 즉 우리의 본질적인 자아이자 참된 존재인 우리의 영혼에 비교한다면 도대체 무엇이란 말입니까? 우리의 혼이 건전하지 않다면, 우리의 영이 죄의 질병으로 썩어 문드러져 있다면, 그래서 그런 나병환자들이 천국에 들어갈 수 없고 하나님과 영원히 차단되듯이, 우리도 그렇게 된다면, 오! 그런 일은 비참한 일들 가운데 가장 비참한 일이 될 것입니다. 만약 이런 일이 한 시간 안에 일어난다면, 도대체 우리는 이런 비참한 상황을 무엇으로 바로잡을 수 있겠습니까? 이것은 영원의 문제이며, 우리의 영혼을 영원히 잃어버리는데, 도대체 무엇으로 보상 받을 수 있겠습니까? 아! 지금 이 설교를 듣고 있는 사랑하는 여러분, 위험을 무릅쓰지 마십시오. 오늘 구세주에게 무리지어 몰려가십시오. 그분은 지금도 여러분을 기꺼이 받아들이고자 하십니다.

3. 우리를 초대하는 은혜

　이제 세 번째 말씀을 드려야 될 때가 되었습니다. 오늘의 본문에 나타난 말씀과 오늘날의 공통점을 완성하도록 이 아침에 우리를 초대하는 은혜에 주목해 주십시오. 그리스도께서는 지금도 영혼들을 치료하고 계십니다. 은혜는 오늘의 본문 말씀대로 우리가 가진 질병으로 인해 그분을 만지고자 하여 예수님에게로 몰려들도록, 우리를 초대하고 있습니다. 어떤 사실이 여러분으로 하여금 그리스도에게 나아가도록 초대하는지 지금 생각해 보십시오! 사랑하는 여러분, 첫째로 여러분은 이 세상에 아직도 남아 있습니다. 여러분 가운데 어떤 자들에게는 이것이 결코 작은 기적이 아닙니다. 아마도 여러분은 큰 위기들을 무사히 잘 지나왔을 것입니다. 여러분은 열병으로 앓기도 했고, 콜레라로 거동도 못할 정도로 아파 누워 있기도 했습니다. 여러분은 배가 파선되는 어려움을 겪기도 했고, 비참한 화재 현장을 모면하기도 하였으며, 극심한 위험들을 여러 번 겪기도 하였습니다. 여러분은 이 모든 일을 겪고서도 지금 살아 남아 있습니다. 이 사실을 아는 모든 사람들에게 이것은 기적입니다. 무엇보다도 여러분 자신에게 큰 기적이 아닐 수 없습니다. 하나님의 오래 참으심은 구원을 위함이며, 여러분을 인도하여 회개하게 하심(롬 2:4)이라는 것을 생각하십시오. 그분은 여러분을 남겨 두셔서, 여러분이 은혜를 찾을 때까지 죽지 않도록 하십니다. 그분께서 내리시는 영원한 명령은 다음과 같습니다. "그가 마음으로 내게 순종하기까지 그를 남겨 두어라. 왜냐하면 지금까지 나는 그를 영원한 사랑으로 대했고, 앞으로도 사망과 지옥이 그를 데리고 가는 것을 참을 수 없기 때문이다. 그는 나의 것이며, 그는 회개하기까지 살게 될 것이다." 이 명령이 사실이지 않습니까? 이 명령이 정말 사실이라는 것을 여러분에게 전하기 위해서 하나님은 이 아침에 저를 이 자리에 보내신 것이 아닙니까? 다른 사람들이 다 멸망하는 곳에서도 여러분은 무사하였습니다. 왜냐하면 하나님께서 여러분을 특별히 보살펴 주셨기 때문입니다. 저는 몇 년 전에 어떤 사람과 이야기를 나눈 적이 있었습니다. 그는 마차를 타고 가다가 복면한 강도들의 습격을 받았습니다. 빗발치는 총성 가운데 그와 함께 가던 다른 무리들은 모두 입 벌린 사망 속으로 빨려 들어갔지만, 그가 앉은 마차 안장만은 총탄들이 옆으로 비켜갔습니다. 마치 총탄들이 어떤 명령에 순종하듯 말입니다. 저는 그가 혹시 하나님께서 특별히 눈여겨보는 사람이 아닌가 하는 놀라운 눈빛으로 그를 쳐다보지 않을 수 없었습니다. 자, 연로한 여러분은 지금까지 하나님께서 남겨두신 이들입니다. 여러분의 동료들은 여러분의 오른쪽과 왼쪽에서 모두 쓰러졌습니다. 그러나 죽음은 여러분이 앉아 있는 안장 주위를 피해갔습니다! 같은 거리에서 상점을 운영하는 사람들, 여러분과 함께 학창 시절을 보낸 사람들, 여러분의 친구들, 친척들, 형제들, 사촌들, 이들은 거의 모두 떠나갔습니다. 하지만 여러분은 지금 이 자리에 있습니다! 여러분은 어떻게 해서 이 자리에 있게 된 것입니까? 제 생각에는 이 아침에 여러분이 다음과 같은 말을 하기 위해서인 그런 것 같습니다. "내가 일어나 아버지께 가서 이르기를 아버지 내가 … 아버지께 죄를 지었사오니(눅 15:18), 아버지께서는 나를 불쌍히 여겨 주옵소서"라고 말입니다. 여러분은 하나님께서 아껴 남겨 두신 사람이라는 사실을 알고 그리스도를 찾도록 하십시오.

여러분에게 힘을 주는 또 다른 사실이 있습니다. 그것은 여러분이 **복음을 듣도록 하기 위해 하나님께서 여러분을 남겨 두신다**는 사실입니다. 지금까지 여러분은 항상 마음을 다해 복음을 듣지 않았습니다. 지금도 여러분은 복음을 듣지 않고 있습니다. 그러나 이 아침, 여러분은 성령님의 능력으로 여러분을 그리스도에게로 인도하는 하나님의 말씀을 듣고 있습니다. 자신이 기뻐하는 뜻에 따라 말씀하는 하나님은 여러분의 영혼을 향한 사랑에서 여러분에게 말씀하기를 원하는 분이십니다. 여러분은 지금까지 너무 많이 복음에 반발하고 그 훈계를 잊었습니다. 그러나 그럼에도 불구하고, 여러분이 복음을 다시 들을 수 있도록 하나님께서 허락한 것은 크신 은혜입니다.

> "여전히 그 선한 성령님께서 분투하시어,
> 죄인의 괴수와 함께 거하시니."(찰스 웨슬리[Charles Wesley])

이 아침에 제가 이곳에 보내심을 받은 것은 복음을 헛되이 전하려 함이 아니라고 믿습니다. 나의 주님께서는 나로 하여금 이 강단에 서서 여러분에게 말씀을 전하도록 하셨습니다. 주님께서 이렇게 하신 이유는 성령님의 능력으로 말미암아 여러분 가운데 몇 명이라도 여러분의 많은 유익을 위해 제시된 하나님의 요구에 응하게 하려는 것이라고 믿습니다. 복음은 이미 여러분에게 전해졌습니다. 하나님께서 복음을 주신 이유는 여러분이 복음을 듣고 난 후에 은혜를 간구하여 얻으라는 것입니다. 오! 하나님은 여러분을 애태우는 분이 아니십니다. 절대 아니십니다. 그분은 인간들을 조롱하는 분이 아니십니다. 그분은 여러분이 그분에게 나아올 것을 명하고 계십니다. 그러니 회개하고 그분을 믿으십시오. 그러면 구원을 받게 될 것입니다. 만약 여러분이 상한 심령(시 51:17)으로 나아와 그리스도를 믿는다면, 여러분은 그분께서 거절하시면 어찌할까 하고 두려워할 필요가 없습니다. 그분께서 여러분을 거절하려고 하셨다면, 여러분에게 복음을 주지도 않으셨을 것입니다. 사랑하는 여러분, 죄인들을 구원하는 것만큼 예수 그리스도를 기쁘시게 하는 일은 없습니다. 사람들이 그분을 만지고자 하여 그 주위로 몰려들었다고 해서 그분이 화내는 모습을 저는 본 적이 없습니다. 오히려 자신의 병 고치는 능력을 발산하는 것이 그분에게는 신적인 즐거움이 됩니다. 여러분 중에 사업을 하는 사람들은 사업이 원활하게 잘 돌아갈 때보다 더 행복한 순간은 없을 것입니다. 이와 마찬가지로, 영혼을 얻는 사업을 추구하는 나의 주 예수님께는 자신의 위대한 사업이 신속하게 진행되는 것보다 더 행복한 일은 없습니다. 의사에게는 자신이 돌보던 환자가 심각한 질병에서 회복되어 마침내 건강한 사람이 되는 것보다 더 큰 기쁨이 어디 있겠습니까! 의사라는 직업은 의사 자신이 병을 치료하는 일에 있어서 전문적인 기술을 가지고 있어야 비로소 세상에서 가장 행복한 직업일 것이라고 저는 생각합니다. 우리 주 예수님께서는 상한 심령을 싸매 주시면서 가장 신적인 기쁨을 느끼십니다. 사람들에게 선을 행하며 지내는 것이야말로, 그리스도의 혼이 계신 바로 그 천국입니다. 은혜를 베푸는 문제에 있어서 그분이 누구와 논쟁을 한다거나 누구를 설득해야 한다고 여러분이 생각한다면, 여러분은 그분에 대해 잘못 판단하고 있는 것입니다. 그분께서는 은혜를 값없이 주십니다. 마치 해가 빛을 발하고 하늘이 이슬을 내리며 구름이 비를 내리는 것처럼, 죄인들을 축복해 주시는 것이 그분의 명예입니다. 그것이 그분의 이름이 되며, 결코 중단될 수 없는 영원한 징표가 됩니다. 저는 예전에 그분을 실망시킨 것에 대해 알고 있습니다. 그로 인해 제가 지은 그 죄악들은 제게 큰 짐처럼 느껴졌습니다. 저는 속으로 이렇게 말했습니다. "내가 예수님께 나아가도, 그분은 나를 거절하실 거야." 저는 제가 그분을 위해 준비된 사람이 되기 위해서는 더 많은 것을 느끼고 행해야만 한다고 생각했기에, 이런저런 일들을 많이 했습니다. 그러나 제가 더 많은 일을 하면 할수록, 제 자신은 더욱더 엉망이 되어 버렸습니다. 저는 마치 많은 의사에게 많은 괴로움을 받았고 가진 것도 다 허비하였으되 아무 효험이 없고 도리어 더 중하여졌던(막 5:26) 그 여인과 같았습니다. 그러다 마침내 저는 이런 것들이 소용없다는 것을 깨닫게 되었습니다. 그리스도를 바라보는 것에 생명이 있다는 것과 그리스도께서 제게 원하시는 단 한 가지는 단순하게 그분을 믿고, 있는 모습 그대로 그분에게 나아가 내 경우를 못 박히신 귀한 그분의 손에 내려놓고 그분께 맡기는 것이라는 사실을 발견했을 때, 저는 정말 그것이 가능한 것인지 감히 생각조차 할 수 없었습니다. 그것은 너무 간단해 보였고, 그래서 정말 그것이 사실일 수 있을까?, 도대체 그게 전부라는 말인가?, 하는 생각이 들었기 때문입니다. 제가 그분께 나아가면 그분께서는 제게 다음과 같이 말씀하실 것 같았습니다. "죄인아, 너는 그토록 오랫동안 아무런 감정도 없이 기도랍시고 뇌까리면서 나를 지금까지 조롱하였다. 너는 위선자였다. 너는 진심으로 나를 찬양하지 않으면서도, 나를 찬양하는 하나님의 백성들과 함께 다녔다"고 말입니다. 제 생각에 그분은 저를 책망하면서 제가 지은 수만 가지 죄악들을 기억나게 하실 것만 같습니다. 그러나 그분께서는 그렇게 하지 않으셨습니다. 그분은 오직 한 말씀만 하셨고, 그것으로 모든 것이 다 해결되었습니다. 제가 그분을 바라보자, 제 짐은 사라져 버렸습니다. 그래서 이제 저는 다음과 같이 찬양할 수 있습니다. "호산나! 찬송하리로다 주의 이름으로 오시는 이여(막 11:9). 그분의 오른손에는 용서를 가지고, 그분의 왼손에는 용납을 가지고 오시어, 인간이 받아야 할 풍성한 복을 가장 작은 자에게까지 베풀어 주시는도다"라고 말입니다.

자, 제 설교를 듣고 있는 사랑하는 여러분, 예수 그리스도께서는 육신으로 이 땅에 계실 때 가지셨던 그 구원의 능력을 지금도 동일하게 가지고 계십니다. 저는 다음의 사실을 여러분에게 말씀드리고자 합니다. 그분은 지금도 살아 계셔서 죄인들을 위해 중보하고 계십니다. 따라서 그분에게는 땅 끝에서(마 12:42)라도 자신에게 나아오는 자는 모두 구원할 수 있는 능력이 있습니다. 그분에게 나아오는 자를 그분은 결코 내쫓지 않으실 것입니다. 이것은 여전히 참된 사실입니다. 그리스도를 믿고서 멸망한 사람의 경우는 지금껏 단 한 사람도 없었습니다. 앞으로도 그런 경우는 없을 것입니다. 살인자들이 그런 경우에 들어보고자 했으나, 붉은 피를 쫓는 살인자들도 예수님의 진홍색 피로 죄 씻음 받았습니다. 창녀들도 이 경우에 들어보고자 했지만, 그들도 예수님의 발치에 앉아서, 매우 큰 기쁨에 겨워 자신의 눈물로 예수님의 발을 닦아드렸습니다. 강도들도 이 경우에 들어보고자 했으나 실패했고, 간음하는 자들과 매춘하는 자들과 가장 방탕하고 부패한 자들도 십자가로 나아와 귀한 보혈을 통해 은혜를 받아 누렸습니다. 그분에게 나아와 자기를 구원할 그리스도를 진실하게 믿고자 하는 자들은 그 누구도 은혜에서 제외되지 않았습니다. 그러므로 저는 여러분에게 간청합니다. 우리의 눈물 어린 초대에 여러분의 귀를 기울이고, 수치와 두려움으로 뒤로 물러서지 마십시오. 예수님은 지금도 자신을 믿는 모든 자들을 구원할 능력을 가지고 계시며, 기꺼이 그들을 구원하는 분이십니다.

이 문제에 대해서 제가 더 말해야 할 필요가 있겠습니까? 물론 그럴 필요는 있다고 생각합니다. 하지만 우리에게는 시간이 부족합니다. 여러분에게는 예수님이 필요하다는 이 사실에 대해 여러분이 무감각하고, 또한 온전케 되는 것에 대해 관심이 없기 때문에, 여러분은 제가 이끄는 이 손길로 나아오고 싶은 마음이 없다는 것을 저는 알고 있습니다. 그러나 성령님께서 역사하시어 조금이라도 여러분이 일깨워진다면, 저는 여러분의 손을 붙잡고 다음과 같이 말하고 싶습니다. 사랑하는 성도 여러분, 그리스도를 믿는 일을 미루지 마십시오. 예수님을 믿기에 지금보다 더 쉬운 때가 오리라는 기대를 하지 마십시오. 이 세상에서 무언가를 씻기에 가장 좋은 순간은 오물이 묻어 있을 때입니다. 이 세상에서 의사로부터 도움을 받을 수 있는 가장 좋은 순간은 심하게 아플 때입니다. 자선을 요구하기에 가장 좋은 순간은 거지가 되었을 때입니다. 여러분은 그리스도에게 나아오기 전에, 스스로 자신의 누더기 옷을 기우려고 하거나, 자기의 인격을 개선하려고 하거나, 자신이 좀 더 나은 사람이 되려고 하지 마십시오. 현재 여러분의 모습 그대로, 즉 여러분이 가진 모든 비참함과 비열함을 가지고 그분에게 나아와 말하십시오. "나의 주 하나님이시여, 당신은 당신을 믿는 모든 자들이 지은 모든 죄 때문에, 인간이 되시어 고통을 당하셨나이다. 저는 지금 당신을 믿사옵니다. 저를 받아 주시어 제게 평안과 기쁨을 주옵소서." 여러분에게 부탁드립니다. 여러분은 그분께서 여러분을 받아주셨는지 아닌지를 세상에 알려 주십시오. 만약 그분께서 여러분을 내쫓으신다면, 여러분은 그분으로부터 내쫓김을 당한 바로 첫 번째 사람이 될 것입니다. 우리는 이 사실을 분명히 알아야 할 것입니다. 그러나 그분께서 여러분을 받아주셨다면, 여러분은 그분이 받아주신 수만 명의 사람들 가운데 한 사람일 뿐입니다. 그러므로 이런 사실을 널리 전하고, 우리 신앙의 확증으로 삼으십시오.

4. 두 가지 주의 사항

마지막으로, "이는 많은 사람을 고치셨으므로 병으로 고생하는 자들이 예수를 만지고자 하여 몰려왔음이더라"고 한 이 경우에 있어서 필요하다고 여겨지는 두 가지 주의할 점에 대해 말씀드리고자 합니다. 우리가 살펴볼 첫째 주의 사항은, 그리스도에게 단순히 몰려가는 것만으로 만족하지 말라는 것입니다. 교회에도 은혜로운 때가 있는데, 그때는 바로 사람들이 회심할 때입니다. 그런데 많은 사람들은 단순히 자신이 이런 은혜의 사역이 일어나는 회중들 가운데 있었다는 이유만으로 만족해합니다. 일요일을 예배드리는 곳에서 보낸다는 것만으로도 완전히 만족해하는 사람들을 생각할 때, 정말 끔찍한 일이 아닐 수 없습니다. 자, 오늘 본문에 나타난 경우를 생각해 보십시오. 나병환자였던 이 사람은 예수님이 계신 그 곳으로 나아갔습니다. 거기서 사람들이 그분에게 가까이 가려고 서로 밀치는 것을 보고는, 자신도 그 몰려드는 사람들 속에 합류하였습니다. 그는 한참 동안이나 이리저리 떠밀려 다니다가, 완전히 만족해하며 집으로 돌아갔습니다. 그가 그 무리들과 함께 있었기 때문입니다. 그 다음 날, 위대한 선생님께서는 여기저기에서 치유하는 능력을 베푸셨고, 그 사람도 그 무리들 가운데 함께 있었습니다. 그는 구세주 가까이에 가보려고 사람들을 한 번 더 살짝 밀쳐보다가, 이내 그만두고는 다음과 같이 말했습니다. "그래, 나는 군중들 틈에 있었어. 나는 사람들을 밀치기도 하고 틈 사이로 끼어들어가려고 했기 때문에, 그나마 그 정도라도 가까이 다가갈 수 있었던 거야. 이 정도 했으면 나도 축복을 받을 수 있겠지"라고 말입니다. 이 경우가 정확히 주일에 예배드리는 곳으로 나아오는 수천 수만 명의 사람들의 경우입니다. 여기에 복음이 있고, 그들은 복음을 듣기 위해 나아옵니다. 그들은 다음 주일에도 나오고, 복음은 여전히 그 자리에 있습니다. 그렇게 매번 그들은 복음을 듣기만 하고 그 자리를 떠납니다. 여러분은 그 나병환자에게 다음과 같이 말할 것입니다. "이 바보 같으니라고! 당신은 아무 소용이 없는 짓을 하고 있소. 사람들 사이로 비집고 들어가 봐야 소용없는 일이오. 당신을 치료해 주실 주님을 당신이 직접 만지지 못한다면, 당신은 시간만 낭비한 것이오. 게다가 당신은 그분 가까이에 다가갔지만, 그분을 만지고자 손을 뻗지 않았고, 그래서 그 좋은 기회를 놓쳤소. 당신이 치료받지 못한 것은 당신의 책임이오." 이 교회나 혹은 예수 그리스도가 믿음으로 전해지는 다른 교회에 예배를 드리러 나아온 선한 사람들인 여러분도 이와 마찬가지입니다. 여러분은 나아왔다가 다시 돌아갑니다. 여러분은 나아왔다가 다시 돌아가기를 반복하고 있습니다. 군중들 속으로 들어왔다가 그 속에 있는 것으로 만족하고는 절대 그리스도를 만지지 않다니, 그 얼마나 바보스럽고 어리석은 일인지 모릅니다! 여러분이 교회에 나가고 있다거나 예배에 참석하고 있다는 말은 제게 하지 마십시오! 여러분이 그 무리들 가운데서 구세주를 만져보지 못한다면, 그렇게 왔다 갔다 하는 일들은 여러분에게 털끝만큼의 유익도 없습니다. 여러분은 장장 이십 년 동안이나 교회 회중석에 앉아 있습니다. 주일마다 두 번씩 여러분은 예배를 드리는 곳으로 나아옵니다. 주중에는 저녁 예배에 참석하기도 합니다(스펄전은 보통 일주일에 세 번 설교를 하였는데, 주일에 두 번, 목요일 밤에 한 번 했다 — 역주). 하지만 이 모든 것들은 아무 소용이 없습니다. 여러분이 실제로 예수 그리스도에게 나아가지 않는다면, 여러분은 눈곱만큼도 축복을 받을 수 없습니다. 여러분이 여러 예배에 참석하러 나가는 것은 옳은 일입니다. 군중들 사이를 비집고 들어가는 것이 옳은 것처럼 말입니다. 그러나 거기에서 만족하고 만다면, 여러분은 잘못하는 것입니다. 그 나병환자가 그리스도에게 가까이 나아가지는 않고 단지 그 무리들 가운데 몰려간 것으로 어리석게 만족했던 것처럼 말입니다. 하지만 정말 여러분 가운데도 너무 많은 사람들이 이렇게 행동하고 있지 않습니까? 더구나 갈수록 상황은 더 심각해지고 있습니다. 여러분은 지금까지 교회를 왔다 갔다 하기만 했습니다. 아마 삼십 년 혹은 사십 년 동안을 왔다 갔다 했을지도 모릅니다. 그래서 여러분은 조금이라도 나아졌습니까? 여러분의 어머니는 여러분을 품에 안고서 거룩한 이곳으로 여러분을 데리고 나왔습니다. 여러분은 주일학교에도 다녔습니다. 여러분은 지금까지 항상 은혜의 수단 가운데 있었습니다. 하지만 단 한 가지가 없어서, 즉 그리스도를 참으로 믿는 이 한 가지가 없어서, 여러분의 죄악 가운데 멸망해가고 있습니다. 생명수가 여러분의 발 밑에 흐르고 있지만, 여러분은 마시지 않고 있으며, 생명의 떡이 식탁에 있지만, 먹지 않고 있습니다. 하나님의 용서가 여러분 앞에 있는데도, 여러분은 팔을 펼쳐 그 용서를 붙잡지 않으려고 합니다. 천국 문이 활짝 열려 있지만, 여러분은 그 앞에서 뒤돌아서는 것으로 만족하고 있습니다.

저는 여러분에게 또 다른 주의 사항을 전하려고 합니다. 그것은 치료받은 사람들을 만지는 것으로 만족하지 말라는 것입니다. 무리들 가운데는 주님을 만지고 나서 손뼉을 치며, "하나님께 영광을 돌려드립니다. 말라비틀어졌던 제 팔이 회복되었습니다", "제 눈이 뜨였습니다", "제 부종(浮腫)이 사라졌습니다", "마비가 풀렸습니다"라고 말하는 자들이 많이 있었습니다. 그들은 큰 이적을 행하신 하나님을 치료받은 이들과 함께 이구동성으로 찬양하였습니다. 때로는 함께 앓던 자기 친구들이 그들과 함께 가면서, "이 얼마나 은혜로운 일인가! 나랑 같이 우리 집으로 가세"라고 말하기도 하였습니다. 그들은 이런 일과 관련된 모든 이야기를 듣기도 하고 대화도 하며, 다른 사람들에게 전하고도 싶었습니다. 그러나 다른 사람들에게 일어난 이런 선한 일들을 기뻐하고, 한 마음으로 그 일을 축하해주면서도, 정작 자신은 예수님을 만지지 못하고 있는 것입니다. 이것은 주일학교 선생님들에게 일어날 수 있는 아주 위험한 일입니다. 여러분은 그 귀한 어린 아이들을 그리스도에게로 인도하는 은혜의 수단들입니다. 그러나 정작 여러분은 그리스도에게로 나아오지 않고 있습니다. 노아의 방주를 만든 목수들은 방주를 지었지만, 정작 그들은 모두 물에 빠져 죽었습니다. 오, 여러분에게 간청합니다. 부흥에 관해 이야기하고, 회심한 일들을 듣는 것으로 만족하지 마십시오. 부흥과 회심에 관해 말하고 듣는 것이 아니라, 부흥과 회심 그 자체에 관심을 가지십시오. 실제 주 예수 그리스도와의 영적인 접촉 이외의 것으로는 결코 만족하지 마십시오. 인간의 죄 때문에 하나님께서 드높이신 그 위대한 희생을 우리가 실제로 보기까지, 우리는 절대 눈 감고 자거나 졸지 맙시다. 우리는 그리스도를 다른 사람의 구세주로 생각하지 말고, 우리 자신의 구세주로 삼을 때까지 진지하게 열정적인 사람이 됩시다. 만약 그분이 지금까지 우리의 구세주가 되지 못했다면, 지금이라도 그분을 굳게 붙잡읍시다. 여러분이 구원받기 전에 이 기도하는 집을 떠난다는 생각만 해도 저는 참을 수가 없습니다. 기억하십시오. 구원 사역은 몇 달이나 몇 년이 걸리는 일이 아닙니다. 지금 이 순간이라도 여러분이 그리스도를 바라보기만 한다면, 여러분은 마치 칠십 년 동안 기독교인이었던 것처럼, 여러분의 죄를 남김없이 용서받게 될 것입니다. 왜냐하면 구원 문제에 있어서는 그리스도 안에서 새롭게 태어난 어린 아기나 그리스도의 군대에서 가장 앞서나가는 베테랑 사이에 아무런 차이가 없기 때문입니다. 지금이라도 여러분이 그리스도를 바라보기만 한다면, 여러분이 지은 죄들은 모두 용서받고, 지금 이 시간부터 여러분은 새로운 삶을 시작할 것이고, 하나님께서는 여러분이 영원토록 그분과 함께 거하게 될 때까지, 그 새 생명 가운데서 영광을 받으실 것입니다. 그리스도를 믿는다는 것이 무엇인지 여러분은 알고 있습니까? 저는 믿는다는 단어 그 자체를 설명하는 것 외에 더 쉽게 설명하는 법을 알지 못합니다. 믿는다는 것은 의지하는 것이며, 의존하는 것입니다. 거룩한 옛 성도들은 이것을 기대는 것으로 설명하기도 하였습니다. 이것은 여러분의 능력을 포기하고 그리스도를 의지하면서, 여러분이 가진 모든 힘으로 그리스도를 기대는 것입니다. 와츠 박사는 이에 대해 다음과 같이 표현하였습니다.

> "죄 많고 연약하며 무기력한 한 마리의 벌레 같은 나는,
> 그리스도의 친절한 팔에 안기네.
> 그분은 나의 힘과 의,
> 나의 모든 것이 되시는 나의 예수님이네."

그럼에도 여전히 사람들은 우리를 이해하려고 하지 않습니다. 예전에 한 젊은이가 제게 이런 말을 했습니다. "제가 구원받기 위해서 어떤 일을 반드시 해야 하는지 알았으면 좋겠습니다." 그래서 저는 그 청년에게 앞서 인용한 와츠의 찬송시를 말해 주었습니다. 그러자 그는 "그리스도의 친절한 팔에 안기네"(On Your kind arms I fall, 'fall'의 본래 일차적인 뜻은 '넘어지다'이다 — 역주)라는 부분을 가리키면서, "목사님, 저는 넘어질 수 없습니다"라고 말했습니다. 그 말에 저는

"오, 내 말을 잘 이해하지 못했군요. 내가 말한 넘어짐은 자네가 힘이 부족해서 넘어지는 그런 것이 아니오. 그것은 자네가 가진 모든 힘이 완전히 없어져서 넘어지는 것을 말하는 것이오"라고 했습니다. 그것은 여러분이 바로 설 수 없기 때문에, 그리스도의 팔에 완전히 꼬꾸라지듯 넘어져 안기는 것입니다. 실신한 듯이 그리스도의 팔에 안기는 것입니다. 그것이 바로 믿음입니다. 여러분이 지금 하고 있는 것을 바로 포기하십시오. 여러분이 지금 의지하거나 기대고 있는 것은 어떤 것이든 포기하십시오. 그러고 나서 완전한 공로, 종결된 사역, 예수 그리스도의 귀한 보혈만을 의지하십시오. 여러분이 이렇게만 한다면, 여러분은 구원받은 것입니다. 여러분이 스스로 하려고 하는 그 어떤 것도 구원을 망쳐놓을 뿐입니다. 여러분은 구원에 일점일획이라도 자신이 한 것이라고 써 놓아서는 안 됩니다. 여러분은 자신이 의지하고 있는 것들, 예를 들면 여러분의 기도, 눈물, 세례, 회개, 심지어는 여러분의 믿음 그 자체까지도 포기해야만 합니다. 여러분이 의지해야 할 것은 오로지 예수 그리스도 안에 있는 것뿐입니다. 귀하신 두 손, 복된 두 발, 이 모두는 그분이 보여주신 사랑의 상징입니다. 그것들을 바라보십시오. 피 흘리며 희생하기까지 죽임당한 그분은 영원히 복된 하나님의 마음을 웅장하게 드러내고 계십니다. 그 마음을 바라보십시오. 구세주의 고통과 신음소리와 슬픔을 바라보십시오. 이것들은 인간의 죄로 받은 형벌이었습니다. 이것은 그리스도에게 내려진 하나님의 진노였습니다. 성도들 대신에 그분께서 받은 진노였습니다. 예수님을 믿으십시오. 그분께서 이처럼 여러분을 위해 고난 받으셨다는 것은 분명한 사실입니다. 여러분을 구원하신 그분을 신뢰하십시오. 그러면 여러분은 구원받게 됩니다. 하나님께서 여러분에게 믿음의 특권과 구원의 축복을 주시기를 기원합니다. 아멘.

제
8
장

—

돌밭에 떨어진 씨앗

—

"더러는 흙이 얕은 돌밭에 떨어지매 흙이 깊지 아니하므로
곧 싹이 나오나 해가 돋은 후에 타서 뿌리가 없으므로 말랐
고" — 막 4:5-6

오늘 본문에 나타난 비유에 따르면, 복음의 씨가 온갖 종류의 땅에 떨어집니다. 그 귀한 곡식들의 일부는 단단한 길 가에 떨어지고, 또 일부는 바위 위에 떨어지며, 또 다른 일부는 가시떨기에 떨어집니다. 오직 일부만이, 다시 말해 아마도 사분의 일에 속하는 아주 작은 일부만이 지속적으로 자라날 수 있는 토대가 되는 좋은 밭에 떨어집니다. 따라서 설교자들은 모든 곳에서 순수한 성공을 거두지는 못할 것입니다. 설교자는 자신이 수고한 사역 전반에 대해서 그 결과를 온전히 기대하겠지만, 그 좋은 말씀이 모든 곳에서 효과를 발휘할 것이라고 기쁜 마음으로 예상할 수 없을 것입니다. 왜냐하면 그가 말씀을 전한 많은 사람에게서 생명으로부터 생명에 이르는 냄새가 아니라, 사망으로부터 사망에 이르는 냄새(고후 2:16)가 날 것이기 때문입니다. 심지어 예수님께서 말씀을 전하셨을 때도 소수만이 그분을 받아들였으며, 사도 바울의 사역에 대해서도 "그 말을 믿는 사람도 있고 믿지 아니하는 사람도 있어"(행 28:24)라고 기록되어 있습니다. 이런 이유로, 합당한 기대를 품고서 거룩한 사역을 시작하며 매진하는 자들이, 오래지 않아 극심한 절망감 때문에, 자신이 하던 사역에서 피로를 느끼고 그 일을 그만두게 됩니다. 이 말씀은 그런 복음 사역의 초심자들을 위한 말씀입니

다.

마가의 말씀을 주의 깊게 살펴보면, 이 비유에 나타난 씨 뿌리는 자는 씨가 자라지 않을 땅으로 입증된 밭에 씨를 뿌린 것에 대해 책망 받지 않고 있다는 것입니다. 즉, 그런 이유로 씨 뿌리는 자에 대해 비난하는 말씀은 하나도 기록되어 있지 않다는 것입니다. 이로써 씨 뿌리는 자의 사명은 더도 말고 덜도 말고 씨를 뿌리는 일이며, 그리스도의 목회자들도 모든 인류에게 널리 복음의 씨앗을 뿌려야 한다는 사실을 우리는 정당하게 추론할 수 있습니다. 구원하는 말씀이 그 말씀을 받고자 예비된 택한 자들의 마음에 심기도록 하는 것은 하나님의 일이며, 우리가 할 일은 도시의 거리와 골목을 다니면서 만나는 사람들을 한 사람 한 사람 만찬에 초대하는 것입니다. 청함을 받은 자는 많되 택함을 입은 자는 적으니라(마 22:14)는 말씀대로, 외적 소명을 받은 자의 수가 선택받은 자의 숫자만큼 꼭 소수여야 하는 것은 아닙니다. 원래 그렇게 작정된 것도 아닙니다. 그럼에도 불구하고 씨를 뿌리는 것보다 갖가지 밭들을 분석하는 내용을 설교하기에 급급한 목회자들이 있습니다. 땅에 대한 분석은 하나님께 맡기고, 저는 그분의 손에서 사명을 받았기에 그 사명을 감당했으면 하는 바람입니다. 지금 설교를 듣고 있는 자들 중에도 돌밭과 같은 마음으로 듣고 있는 자들이 있습니다. 저는 그런 여러분을 위해서도 한줌의 씨를 뿌립니다. 사람들이 밟고 다니는 길처럼 굳은 마음을 지닌 여러분에게도 저는 한줌의 씨를 뿌립니다. 아주 나이가 많은 가시떨기와 같은 마음에도 마치 하늘에서 내리는 소낙비처럼 좋은 씨가 떨어질 것입니다. 그래서 하나님께서 그 씨를 자신이 택한 자들에게 은혜롭게 인도하신다면, 그들의 마음은 좋은 땅과 같이 되어 그 씨를 받아들이게 될 것입니다. 이것이 그분이 하시는 일이며, 이 일은 제가 하는 어떤 기교에도 전혀 영향을 받지 않을 것입니다. 제가 할 일은 모든 물가에 씨를 뿌리는(사 32:20) 일이며, 자라게 하는 것은 그분께서 하실 일입니다. 아합 왕의 죽음에 대해서, "한 사람이 무심코 활을 당겨 이스라엘 왕의 갑옷 솔기를 맞힌지라"(왕상 22:34)고 기록되어 있듯이, 활과 화살로 일어난 최고의 명중은 우연히 일어난 일이었습니다. 저 또한 제가 가진 활시위를 당겨 모든 사람들에게 복음을 전할 것입니다. 이후에 주님께서 제가 쏜 화살을 이끄시어 그분의 은혜로운 작정하심에 따라 그 결과가 이루어질 것임을 저는 믿음으로 확신하고 있습니다.

제가 매우 진지한 일을 맡은 것처럼 여겨집니다. 저는 사람들의 마음에 용기를 북돋워 주는 주제들을 전하면서 항상 기뻤습니다. 하지만 오늘 아침 제가 전할 주제는 체질하여 고르는 것과 시험에 관한 것입니다. 저는 외형적으로 선해 보이는 사람들을 살펴보면서, 그들이 외형적으로 보이는 것과 달리 결코 선하지 않다는 것을 제시하고자 합니다. 저는 헛간 마당에 있는 알곡을 가지고 와서 체 위에 놓고 체질할 것입니다. 거기에서 바람에 날려 사라질 쭉정이도 많이 나오게 될 것입니다. 이것은 육신을 가진 인간들에게 즐거운 일도 아니고, 무엇보다 성령의 도움이 많이 필요한 일이며, 그분의 도우심이 있어야만 바르게 수행할 수 있는 일입니다. 그분의 도우심이 없다면, 연약한 자들이 심하게 상처를 입게 될 일이며, 그것은 전혀 우리가 바라는 바도 아닙니다. 이런 진지한 이야기는 진지한 마음을 가진 자가 언급해야 하며, 또한 진지한 마음을 가진 자들이 들어야 할 것입니다. 이 시간에 그렇게 되도록 하나님께서 도와 주시기를 기원합니다. 그래서 이 설교가 복음을 고백하는 신자에게나 그렇지 않은 자들에게나 크게 유익한 말씀이 되기를 원합니다.

첫 번째로, 우리는 돌밭 같은 마음으로 말씀을 듣는 자들의 역사를 읽고자 합니다. 두 번째로, 우리는 그들에게서 드러나는 근본적인 결점에 대해 주목하고자 합니다. 그리고 세 번째로, 우리는 이 전체를 통해 교훈을 얻고자 합니다.

1. 돌밭 같은 마음으로 말씀을 듣는 자들의 역사

첫 번째로, 오늘 본문에는 어떤 신앙 고백자의 간단한 전기(傳記)가 들어 있다고 할 수 있습니다. 그 일대기에 대해 자세히 읽어보겠습니다. 첫째, 그들이 말씀을 들었다라고 그들에 대해 전하고 있습니다. "이와 같이 돌밭에 뿌려졌다는 것은 이들을 가리킴이니 곧 말씀을 들을 때에 즉시 기쁨으로 받으나"(막 4:16)라는 말씀대로 말입니다. 그들은 하나님의 말씀을 듣는 큰 특권을 누렸습니다. 그들은 참된 복음을 들었던 것입니다. 그들은 전례를 중시하는 허식이나 철학적인 사변에 물들지 않았습니다. 그들이 들었던 것은 말씀 그 자체였습니다. 씨 뿌리는 자가 가라지를 뿌린 것이 아니었습니다. 그는 좋은 알곡이 될 씨를 뿌렸던 것입니다. 순전한 복음 사역이 행해지는 곳에 앉아 있는 자들은 얼마나 행복한 자들인지 모릅니다! 그러한 목회가 일어나는 모든 곳이 흥왕하게 되고, 그런 것을 사모하는 자들을 하나님께서 기뻐하실 것입니다! 영혼을 구원하는 복음을 우리가 듣지 않고서, 어떻게 구원이 우리에게 임하기를 기대할 수 있겠습니까? 우리가 그저 의견이나 견해나 철학이나 미신 등을 들으면서 정작 하나님의 말씀 그 자체를 듣지 않는다면, 우리는 구원을 전혀 기대할 수 없을 것입니다. 성령님은 거짓말을 방편으로 삼아 사람들을 구원하지 않으십니다. 오직 예수님 안에 있는 진리의 말씀을 우리가 들을 때에, 우리는 그분께서 우리의 회심을 유효하게 하실 것이라는 소망을 가질 수 있습니다.

둘째로 기억해야 할 것은 그들은 듣는 것으로 그치지 않았다는 것입니다. "듣기만"(약 1:22) 하는 자들은 천국에 들어가지 못할 것입니다. 말씀을 들을 뿐만 아니라 말씀을 행해야만 합니다. 이 사람들은 잘 듣는 자들이었습니다. 이들은 최고로 잘 듣는 자들이었습니다. 더구나 그들은 이렇게 듣는 것 그 이상의 사람들이었습니다. 즉, 그들은 그 말씀을 받아들였던 것입니다. 어떤 신적인 능력이나 말씀에서 나오는 초자연적인 능력으로 말씀을 받아들인 것은 아니었지만, 어쨌든 그들은 그 말씀을 받아들였습니다. 다시 말해 그들은 자신이 들은 말씀에 대해 트집 잡지 않고서, 자신이 들은 말씀에 액면 그대로 동의하고, 그 말씀을 하나님의 진리로 인정하였던 것입니다. 그 말씀을 받아들이자, 그 말씀이 그들에게 능력을 발휘하였습니다. 그들은 어느 정도 그 영향력에 감동을 받았습니다. 만약 설교가 죄에 대한 하나님의 진노를 말했다고 한다면, 그들은 놀라 어쩔 줄을 몰라 했을 것입니다. 만약 설교가 예수 그리스도 안에 있는 하나님의 사랑을 전했다고 한다면, 그들은 그 설교에 힘을 얻었을 것입니다. 그들은 항상 메마른 눈으로 말씀을 듣지 않았습니다. 그들은 자신들이 앉던 좌석처럼 감동 없이 무덤덤한 상태가 아니었습니다. 그들은 말씀을 받아들였습니다. 그래서 그 말씀이 그들의 심정과 감정을 흔들었으며, 그들은 사람의 마음을 움직이는 말씀의 능력을 느꼈습니다. 그로 인해 그들의 삶에는 많은 변화가 있게 되었습니다. 그들은 집으로 돌아가 더러운 것들로 가득했던 골방을 말끔히 청소하였습니다. 어쨌든 그들은 잔과 대접의 겉을 깨끗이 하였습니다. 다시 말해, 그들은 주님으로부터 책망을 받은 서기관과 바리새인들처럼, 무덤 속 죽은 사람의 뼈는 치우지 않은 채, 무덤의 겉면만 우아하게 회칠해 놓아, 지나가던 사람들이 충격을 받지 않게 신경을 썼던 것입니다. 그들은 자신이 들은 말씀으로 인해 외형적으로는 개선되었고 변화되었습니다. 이 모든 것이 그들이 말씀을 받아들임으로써 이루어졌습니다.

셋째로 그들에 대해 언급된 것이 또 하나의 사실은, 그들이 **말씀을 즉시 받아**

들였다는 것입니다. 그들에게는 그 어떤 질문이나 의심이나 갈등도 일어나지 않았습니다. 설교자가 "이것은 하나님의 말씀입니다"라고 말하자, 그들은 그 설교자의 말이 왜 하나님의 말씀인지 이유를 모른다 해도, 그 말을 하나님의 말씀으로 믿고 만족했습니다. 보통 다른 사람들은 지성적으로 그 메시지의 권위에 대해 질문하고 난 후에 그 권위를 인정합니다. 그리고 나서도 수천 가지 난제(難題)들로 격렬하게 싸웁니다. 반면에, 말씀을 즉시 받아들인 이 사람들은 이 모든 것들을 전혀 생각하지 않음으로써 지성적인 사람들이 제기하는 성가신 세계에서 스스로 벗어나게 됩니다. 그 말씀은 자기 아버지의 종교이고 또한 자기 어머니의 종교였기에, 그들은 그 말씀을 그대로 믿었습니다. 그들은 그 말씀이 하나님의 진리인지 아니면 사탄의 거짓말인지 전혀 개의치 않고, 두 눈을 질끈 감고서 몸에 좋은 그 알약을 삼켰던 것입니다. 그 가르침이 유익한 것인지 영적으로 한 번 씹어보는 일조차 시도하지 않았습니다. 그들은 무엇을 배우게 되든 상관없이 전적으로 받아들였습니다. 성직자들이 좀 더 감화시킬 만한 도구를 바랄 수도 없게 말입니다. 주님의 말씀을 들은 이 사람들은 구세주에게 이르는 데 어려운 갈등이 없었습니다. 그들에게는 그들을 물러나게 하는 죄책감도 없었고, 그들을 두렵게 하는 양심의 공포도 없었으며, 궁극적으로 주님의 친 백성이 되지 못하면 어떡하나 하는 당황함도 없었고, 자신들이 과연 참된 회개를 하였는지, 주님께서 받으실 만한 믿음을 가지고 있는지 등을 알아보는 시험과 체질 등도 없었습니다. 그들은 마치 욕조에 뛰어드는 사람처럼 머리부터 발끝까지 곤두박질하여 한 번에 기독교로 달려 들어갔습니다. 그들은 "틀림없이 이것은 올바른 일이다. 그러니 우리는 이것을 가져야 한다"라고 말하고는, 조금 후에 그것을 가지게 되었습니다. 어떤 깊이 있는 사고나 비중 있는 판단 작용 없이, 그들은 즉시 그 말씀을 받아들였던 것입니다.

그들에 대해서는 다음과 같은 언급, 즉 **그들은 그 말씀을 기쁨으로 받아들였다**고 추가되었습니다. 말씀을 받아들인 직접적인 결과는 그들이 아주 행복해졌다는 것입니다. 아주 행복해진 것이야말로 회심에 대한 분명한 표시로 생각하는 사람들이 적지 않을 것입니다. 그러나 이것은 실로 아주 의심스러운 표시입니다. 제가 보기에 정말 그러합니다. 복음을 마음으로 받아들인 위대한 결과로 믿음을 통해 기쁨과 평안을 누리게 된다는 사실에 대해서는 의심의 여지가 없습니다. 그러나 기쁨에도 많은 종류가 있고, 평안에도 많은 종류가 있습니다. 은혜로운 열매가 아니라 자연적으로 자라나는 기쁨도 있습니다. 또한 성령 하나님으로부터 오는 평안이 아니라 망상에서 비롯된 평안도 있습니다. 우리가 "매우 행복" 하기 때문에 안전하다고 결론짓지 않도록 우리는 조심해야만 합니다. 나사로의 이야기에 나오는 지옥에 간 그 부자도 날마다 호화롭게 즐기면서 자신은 행복하다고 생각했습니다. 또한 곳간을 헐고 더 크게 지을 것이라고 말한 그 농부도 곡식과 물건을 쌓아 둘 곳을 알아보면서 행복하였습니다. 탕자도 허랑방탕하여 그 재산을 낭비하며 살면서도 행복하다고 느꼈습니다. 그런데 이들의 기쁨은 성령의 열매와는 전적으로 다른 기쁨이었습니다. 오늘 본문에 등장하는 돌밭과 같은 마음을 지닌 인물들은 오로지 기독교의 행복한 측면만을 보았습니다. 그래서 그들은 다음과 같이 말하였습니다. "저기에, 저기에 나의 어머니가 계신다. 내 어머니는 얼마나 행복한 그리스도인인지 모른다. 어머니가 깊은 시련 가운데서도 성령 하나님의 도우심으로 인내하는 것을 나는 지켜보았다. 어머니가 돌아가실 때도 나는 어머니를 주목해서 지켜보았다. 그분은 지금까지 살아온 모습 그대로 아주 평화롭고 고요하게 숨을 거두었다. 그러므로 나는 그리스도를 붙잡을 것이다. 그래야 나도 어머니처럼 행복할 수 있을 것이기 때문이다." 이렇게 돌밭과 같은 마음으로 말씀을 들은 자들은 죄 용서를 받음으로써 반드시 오게 되어 있는 그 큰 행복을 생각했습니다. 죄 용서를 받으면 정말 크게 행복합니다. 하지만 이들은 오로지 이 생각만 하고 있습니다. 죄 사함 받고 하나님의 자녀가 되고 그 사랑하는 자로 받아들여지는 것, 이 얼마나 귀한 일인지 모릅니다! 하나님을 믿는 성도로 계수되어 성찬식에 참여하고 교회 내에서 비중 있는 자로 여겨지는 것, 이 얼마나 기쁜 일인지 모릅니다! 이 모든 일들이 즐거운 일이지 않습니까? 그렇게 기쁘게 살아가다가 인생의 끝이 다가오면, 승리의 기쁨에 겨워 죽어서 천국에 이르러 영광 가운데 예수님이 계신 곳에 거하며 머물게 됩니다. 이 얼마나 기쁜 일인지 모릅니다! 이에 대해 누가 감히 의심할 수 있겠습니까? 그런데 이 사람들은 기쁨과 평안에 대한 생각에만 머물러 있었습니다. 여기 이 땅과 천국 사이에서 투쟁하고 싸워 이겨야 할 시험들과 인내해야 할 시련, 즉 오직 하나님의 도우심으로만 이겨낼 수 있는 엄격한 시련들도 있다는 것을 그들은 생각하지 못했습니다. 틀림없이 오른팔을 절단하고 오른눈을 빼내게 될 것입니다. 현재 당하는 고난에 대해 장차 상을 얻기 위해서는 귀한 대가를 치러야 한다는 생각도 해야 합니다. 젊은 소망 씨(Hopeful, 존 번연의 「천로역정」 1부에 등장하는 인물로,

순교한 '믿음'[Faithful] 씨를 대신하여 '크리스천'이 절망의 감옥과 죽음의 강을 건널 때 함께 했던 인물 — 역주)와 같은 이들은 멋진 가나안 땅에 들어갈 것이라고 공언하였지만, 그들은 가나안으로 가는 그 길이 얼마나 험난한지를 생각하지 못했습니다. 그들은 유약한 씨(Pliable, 존 번연의 「천로역정」에 나오는 등장인물로, 주인공과 함께 천국으로 가다가 사람의 한숨과 눈물로 만들어진 '절망의 늪'[the Slough of Despond]에 빠져 자기 도시로 되돌아간 사람 — 역주)처럼 천성을 향한 여행을 시작하긴 했지만, 절망의 늪에 대해서는 생각하지 못했습니다. 그래서 한 줌도 안 되는 진흙더미에 빠지자마자 그들은 돌아가려고 하였습니다. 그런 자들은 자신이 가고자 하는 땅에 대해 용기를 내야 합니다. 그런 이들을 위해 말합니다. 그들이 몸 성히 견뎌낼 수만 있다면, 장차 어떤 일이 일어나든 간에 그들은 크게 만족하게 될 것입니다.

이 사람들은 말씀을 기쁨으로 즉시 받아들였습니다. 씨 뿌리는 자도 틀림없이 이 모든 것을 보았을 것입니다. 그의 눈에 비친 이 모든 것이 얼마나 소망에 찬 모습이었겠습니까! 이와 같이 목회자들도 얼마나 쉽게 오해하게 되는지, 여러분은 알지 못합니까? 목회자들은 자신이 말씀을 전하기만 하면 성도들이 기꺼이 그 말씀을 들으려고 한다고 생각합니다. 즉, 말씀을 전하기만 하면 성도들이 기꺼이 말씀을 받아들일 것이라고 말입니다. 그것도 말씀을 들으면 그 말씀에 대해 하나도 어려워하지 않고 즉시 받아들인다고 말입니다. 그렇게 말씀을 기쁨으로 받아들인다고 생각하기에 목회자들은 성도들을 따로 격려해야 할 필요도 없고, 하나님의 말씀에서 엄선된 수천 가지 약속들에 대한 성도들의 의심이나 염려 등에 반응해야 할 필요도 없다고 여깁니다. 이것은 씨 뿌리는 자가 행한 수고에 대한 값진 보상으로서, 정말 멋진 일이지 않은가 하고 말입니다. 오호 통재라! 우리는 절대 싹이 난 것을 보고서 열매가 맺힌 것으로 생각해서는 안 됩니다! 반짝인다고 해서 모두 금은 아니기 때문입니다. 부화되어 나왔다고 해서 모든 알이 계란인 것도 아니기 때문입니다.

오늘 본문을 볼 때, 돌밭에 떨어진 이 씨들은 빠른 발전을 보였습니다. 즉, 이 씨들은 땅에 깊이 심겨지지 않았기 때문에 곧 싹이 나왔던 것입니다. 그 얕은 흙 때문에 그 씨들은 아주 빠르게 자라났습니다. 이런 사람들은 어느 날 복음을 듣고서는 바로 그것을 받아들입니다. 그리고는 자신이 구원받았다는 확신을 갖습니다. 그 즉시 그들은 기쁨과 환희로 충만해져서 재빨리 자신의 신앙을 고백합니다. 그들은 그 고백을 자신이 과연 감당해 낼 수 있을지 살펴보거나, 부르심을 받기 전에는 기뻐 뛸 수 없으니 은혜를 달라고 구할 시간도 없습니다. 그들은 마치 작은 불꽃이 엄청난 양의 화약고에 떨어진 것처럼 그렇게 빠르고 멀리 나갑니다. 신앙 고백을 한지 한 주만에 그들은 주일학교에서 가르치려고 합니다. 그들은 자신이 옳은 길에 서 있다는 굳은 확신을 갖고서, 자기처럼 신속하게 움직이지 않는 다른 순례자들에 대해 안타까워합니다. 다른 그리스도인들이 자신들의 상태에 대해 염려하고 있다는 말을 들으면, 그들은 "무슨 말도 안 되는 소리를 하는지 모르겠군요! 그들이 그렇게 생각하는 근거가 무엇입니까?"라고 말합니다. 만약 자신을 살피며 두려워 떠는 생각이 깊은 그리스도인을 보기라도 하면, 그들은 "오, 당신은 당신의 수준에서 모든 것을 바라봐서는 안 됩니다. 내면에서 일어나는 것들에 대해 절대로 생각하지 마십시오"라고 말합니다. 그들은 복음의 오직 한 쪽 측면만을 받아들이고는, 스스로 아주 만족해합니다. 하지만 그들은 영혼 속에서 역사하시는 성령 하나님의 사역과, 살아 있는 경건의 최고 열매들 중의 하나인 거룩한 하나님의 질투 같은 것이 없이 살아가고 있습니다. 그들은 교회를 자기들 뒤로 끌어당기고, 세상을 자기들 앞에 내세우려고 합니다. 그들은 자신이 회심하게 된 방편이 목회 사역이었다고 말하지만, 이제 곧 그 목회 사역과도 소원해지려고 합니다. 그들은 거의 한 주만에 레바논의 백향목에서 담에 나는 우슬초(왕상 4:33)로 자라났습니다. "너희만 **참으로** 백성이로구나. 너희가 죽으면 지혜도 죽겠구나"(욥 12:2, "틀림없이 너희만 사람이로구나. 지혜가 너희와 함께 죽으리로다"[KJV]). 위대한 일은 이러한 사람들이 감당해야 하지 않겠습니까? 그렇지 않습니까? 잎을 내는 모든 줄기가 열매를 맺는 가지가 아니라는 사실을 우리는 앞으로 배우게 될 것입니다.

오늘 본문의 비유를 따르면, 정한 때가 되면 시련이 닥쳤습니다. 씨의 싹이 피어오르자, 즉시 태양도 떠올랐고, 그 싹도 말라죽기 시작했습니다. 천국을 가고자 하는 이들 중에 길에서 시험을 받지 않는 자는 아무도 없을 것입니다. 하나님의 보좌 앞에 서 있는 자들에 관해서, 이 흰 옷 입은 자들이 누구며 또 어디서 왔는지를 물어 보십시오. 그러면 다음과 같은 대답을 듣게 될 것입니다. "이는 큰 환난에서 나오는 자들인데 어린 양의 피에 그 옷을 씻어 희게 하였느니라"(계 7:14)고 말입니다. 하나님의 성전 안에 있는 금과 은은 단 한 조각이라도 모두 불로 연단을 거친 것입니다. 그렇지 않은 것은 하나도 없습니다. 시련을 겪지 않은 믿음은 믿음이 아닙니다. 시련을 겪지 않은 은혜도 은혜가 아닙니다. 하나님께서는 자기 백성을 시험하여 귀한 자들과 사악한 자들을 가려내실 것입니다.

　　구세주께서 설명하신 본문 말씀을 따르면, 시련은 핍박의 형태로 다가왔습니다. 아! 말씀을 기쁨으로 받아들였지만 만약 그들 앞에 스미스필드(Smithfield, 영국 런던의 한 지역으로 종교개혁자들과 비국교도들의 계속된 처형으로 피의 역사를 지닌 곳 — 역주)의 화형대(火刑臺)가 있다면, 그것은 자신이 감당하기에는 너무나 뜨거운 불이기에, 그리스도인으로서 고백한 신앙을 재빨리 버리는 자들이 얼마나 많은지 모릅니다. 또한 자신의 눈꺼풀에 이끼가 자랄 때까지 자신을 위해 마련된 감옥에 수감되어야 한다면, 즉시 진리를 포기하고서 기꺼이 잘못된 길로 들어서려는 자들도 얼마나 많은지 모릅니다. 과거의 그런 가혹한 시험들이 우리에게 또다시 닥쳐오지는 않을까 하는 문제로 우리가 너무 걱정할 필요는 없습니다. 제대로 신앙 고백을 한 성도라면 과거의 성도들과 마찬가지로 능히 감당해 낼 수 있는 핍박이 다른 형태들로 다가올 뿐이기 때문입니다. 사회에서 비웃음거리가 되고, 평소에 존경하던 사람으로부터 기독교를 대적하는 말을 듣게 되고, 여러분보다 재물이 월등히 많은 어떤 사람이 여러분이 그리스도를 따르겠다고 신앙 고백한 사람이라는 이유로 경멸의 눈총을 보내고, 아버지로부터 불쾌한 말을 듣고, 남편이 반대를 하며, 여러분과 평생토록 인연을 맺고자 바랐던 젊었을 적 친구들과도 헤어지게 됩니다. 화형대나 투옥과는 전혀 다른 문제들로도 그 연약한 믿음을 가진 신앙 고백자들은 넘어지기에 충분합니다. 그래서 그들은 이런 일들에 기분이 상해 자신이 한때 그렇게도 신속하게 받아들였던 그 종교에서 등을 돌리게 됩니다. 많은 경우에 기독교의 원리를 따르는 것이 그들이 하는 사업에 큰 손해를 입혔을 것이고, 그들은 그런 손실을 감당할 수 없었을 것입니다. 그리스도를 좀 더 싼 가격에 모실 수 있었다면 그들은 그분을 모시려고 했을 것입니다. 그러나 그들이 애굽의 모든 보화를 잃고서라도, 과연 그분을 모시려고 했겠습니까? 모시려고 하지 않았습니다. 그들은 그렇게 할 수 없었습니다. 그래서 자신들이 한때 만유의 주로서 만유 안에 계시는 분이라고 불렀던 그 그리스도를 그들은 다시 포기하였던 것입니다.

　　이 모든 시련들은 단순한 시험이 아니라, 섭리 가운데 있는 고난이었던 것입니다. 저는 한 부부에 대한 아픈 기억을 갖고 있습니다. 그 부부는 한동안 이 교회의 성도였습니다. 그들의 말에 따르면 그들은 믿음을 고백한 바로 그 시간부터 시련이 시작되었다고 했습니다. 제가 봐도 정말 그런 것 같았습니다. 그들은 그 고난 때문에 고난 가운데 임하는 위로를 거부하였습니다. 왜냐하면 자신들은 분명히 하나님의 자녀가 될 수 없다고 결론지었기 때문입니다. 그렇지 않고서야 어떻게 하나님께서 자신들에게 그런 시련을 주실 수 있는지 생각할 수 없다고 말입니다. 하지만 이런 결론은 성경의 가르침과는 정반대의 결론입니다. 많은 사람들은 그리스도께서 자신들의 뺨을 어루만져 줄 때는 그리스도를 받아들이지만, 그분께서 막대기로 자신들을 치실 때는 그분을 받아들이지 않을 것입니다. 주님께서 팔을 벌려 무언가를 주실 때는 그분을 따르지만, 주신 그것을 다시 가지고 가는 하나님을 그들은 결코 믿을 수 없을 것입니다. 그들은 그분이 자신들을 풍성하게 하실 때는 그분을 찬송할 수 있을 것입니다. 그러나 그들은 다음과 같이 외친 욥과 같은 믿음에 대해서는 전혀 알지 못할 것입니다. "주신 이도 여호와시요 거두신 이도 여호와시오니 여호와의 이름이 찬송을 받으실지니이다"(욥 1:21).

또한 그들이 처음으로 신앙 고백을 했을 때는 일상의 유혹들에 대해 아마도 그렇게 많이 알지 못했을 것입니다. 그러나 지금 그들이 집을 떠나 사악한 쾌락의 소굴에 대해 말해 주는 젊은 친구들이 가까이 있는 그런 상황에 처하게 되자, 또는 한때 자신을 감동시켰던 경건한 자들의 무리를 떠나게 되자, 아, 슬프게도 그들의 입은 세상의 달콤한 것들로 흘러넘치게 되었습니다. 다시 말해, 악한 쾌락의 뱀이 그들을 호리자, 지금은 그리스도와 벨리알이 조화를 이루고, 참된 종교가 세상과 관계를 맺어 육신의 소욕을 위해 하나님을 따르는 꼴이 되어 버렸습니다. 아, 이런 일이 얼마나 자주 일어나는지 모릅니다!

또한 다른 햇빛이 아마도 그들을 비추었을 것입니다. 그들은 자신들이 복음을 믿고 있다고 생각했습니다. 그러나 그들은 논쟁하는 사람들 가운데서 타락하게 되었습니다. 그들은 회의적인 사고를 하는 무리들에 에워싸여 있었습니다. 그래서 그들은 지금까지 한 번도 들어보지 못했던 주장들을 들었고, 한 번도 비중 있게 생각해 보지 않았던 것들, 즉 왜 그들이 하나님을 믿고 그리스도를 믿는지 그 이유에 관한 것들을 생각하고서, 그들은 극심하게 흔들리기 시작했습니다. 그들은 얕은 흙에 심겨져 있었고, 진리의 확신 가운데 뿌리를 깊이 내리지 못했으며, 진리에 대해 진지하게 판단하지 못했습니다. 그러다가 무신론자나 이신론(理神論)자, 또는 회의론적인 어떤 형태를 접하게 되자마자 그들은 마치 추풍낙엽(秋風落葉)처럼 떨어져 나갔습니다. 배에 바닥짐(ballast, 밸러스트라고도 하는

데 배나 열기구에 무게를 주고 중심을 잡기 위해 바닥에 놓는 무거운 물건 — 역주)이 없었기 때문에 처음 부는 산들바람에도 전복되어 그들은 길을 잃었습니다. 믿음에 기반을 두고 뿌리를 내려 정착하는 것이 얼마나 대단한 일인지 모릅니다. 저는 어떤 사람이 다음과 같이 쓴 글을 읽은 기억이 납니다. "불신자들이 복음을 대적하여 제기하는 주장들을 읽었을 때, 나는 그들에 대해 실소(失笑)를 금할 수 없었다. 왜냐하면 그들의 주장은 수년 전에 내가 마음으로 주님을 대적하여 대답하고 극복하고자 했던 주장처럼, 깊이도 없고 교묘하여 대답할 수도 없는 주장들과 전혀 다를 바가 없었기 때문이다. 지금 와 생각해 보니, 그 시절 나의 주장은 경건하지 않은 자들이 제기하는 허술한 반대주장들과 진배없었다." 이런 회의주의적인 시류(時流)에 영향을 받지 않고서, 주님과의 은밀한 교제를 통해 그분을 알고, 내적 의식을 통해 그리고 위로부터 열린 눈으로 그분의 말씀을 경건하게 읽음으로써 그분의 진리를 알게 되는 것이야말로 정말 대단한 일입니다. 참으로 안타깝게도, 말씀을 듣고 받아들이는 많은 자들이 트집 잡기를 좋아하는 불신자들로 인해 멸망하고 있습니다. 말씀을 듣고 받아들인 이들은 전적으로 아무것도 모르는 자들입니다. 그래서 쉽게 현혹되는 것입니다.

　　돌밭과 같은 마음을 지닌 자들은 곧 넘어지는 자들이었습니다. 그들은 복음과 함께 사랑을 받아들일 때도 신속하게 받아들인 것처럼, 그 사랑을 버릴 때도 즉시 던져 버렸습니다. "곧 넘어지는 자요"(막 4:17)라는 말씀대로 입니다. 그들은 처음에 자신이 왜 그리스도인이 되어야 하는지를 끊임없이 묻더니, 지금은 자신이 왜 신앙을 포기해야 하는지를 끊임없이 묻습니다. 그들은 오븐에서 뜨거운 자신의 믿음을 꺼내서 식탁 위에 놓고는 그것이 채 식기도 전에 버렸습니다. 과거에 어떤 사람이 "믿으십시오. 믿으십시오. 믿으십시오!"라고 말했을 때, 그들은 흥분하였습니다. 하지만 지금은 어떤 사람이 "믿지 마십시오. 믿지 마십시오. 믿지 마십시오!"라고 말할 때, 그들은 다른 방식으로 흥분합니다. 그들은 부흥회 기간 동안 다른 무리들과 함께 갑작스럽게 교회에 나타나더니, 지금은 열의가 사라져 무리들과 함께 교회를 떠나고 있습니다. 예전에는 띤 목회자가 그들을 앞문으로 데리고 들어왔지만, 지금은 목회자가 그들을 뒷문으로 내쫓아야만 합니다. 그들은 목회자에 대해 실망하였습니다. 그들은 교회에 물의를 일으켰고, 그들 스스로 갑절의 책임감을 느꼈습니다. 그래서 이제는, 예전에 그들이 신앙을 고백하던 그 열정으로 믿음을 포기합니다. 모든 일에 변덕스럽고, 영원이 달린 엄숙한 문제를 사소한 것으로 치부하는 이 불행한 영혼들은 바르게만 인도된다면 언제든지 바른 자들이 될 수 있습니다. 물론 바르지 않게 인도된다면, 언제라도 바르지 않은 자들이 될 수도 있습니다. 자기 생각이라고는 없는 그들은 연체동물, 즉 줏대라고 할 수 있는 등뼈가 없는 해파리 같습니다. 그런 그들에게서는 확고하고 일관된 생각을 하나도 찾아볼 수 없습니다. 모래 위에 지은 그들의 집은 창수가 나자마자 즉시 물에 휩쓸려 내려갑니다. 그들은 반석과 같은 기초도 없고, 하나님의 진리를 강하게 붙잡은 것도 아니며, 원칙이 있는 것도 아닙니다. 그들의 주된 능력은 설득당하는 것이며, 그들에게는 그저 주위의 달변에 감탄하여 찬성하는 마음만 있을 뿐입니다. 불행한 일입니다! 정말 불행한 일입니다! 너무나 불행한 일입니다! 하나님께서 도우시어 우리는 그러한 무리 가운데 들지 않기를 기원합니다.

2. 돌밭 같은 마음을 가진 자들의 근본적인 결점

이제 저는 그들의 근본적인 결점을 보여드리고자 합니다. 첫째로, 그들의 근본적인 결점은 부서지지 않은 마음에 있습니다. 이 비유에서는 우리가 일반적으로 돌밭이라고 부르는 그 땅의 상태에 대해 언급하지 않습니다. 보통 돌밭에서는 곡식이 잘 자라기도 합니다. 하지만 그 돌밭 밑에는 단단한 바위가 있는 지형이었기 때문에, 아주 얇은 흙만 땅을 덮고 있었습니다. 쇠판처럼 단단한 바위가 그 바닥에 있었고, 그 위에 씨가 뿌려져 싹이 날 만한 정도의 이끼들만 간신히 숨어서 자라고 있었습니다. 어느 정도의 시간을 두고 곡식이 뿌리를 내려 자랄 수 있을 만큼의 흙은 절대 아니었습니다. 이 사람들의 마음도 그 돌밭처럼 부서지지 않았습니다. "여호와의 말씀이니라. 내 말이 … 바위를 쳐서 부스러뜨리는 방망이 같지 아니하냐?"(렘 23:29)라는 말씀을 그들은 알지 못합니다. 지금까지 여호와의 말씀이 그들을 방망이질 하지 않았기 때문입니다. 그들은 말씀의 방망이질 없이도 스스로 기뻐하며 평안하게 지냅니다. 그렇다면 땅 밑 바로 가까이에 있는 그 바위가 깨져 그 돌밭의 돌들이 산산조각 나기 위해서는 어떤 일이 일어나야 할까요? 이런 일은 사람이 도저히 할 수 없는 일입니다. 이것은 하나님이 개입하여 행하실 수 있는 유일한 일입니다. 하나님께서 친히 무한한 긍휼로 그 바위를 좋은 땅으로 바꾸실 때, 바로 그 때 곡식이 자라나게 될 것입니다. 하나님께서 역사하시기 전까지, 결코 그 바위는 깨져 옥토가 되지 못할 것입니다. "새 영을 너희 속에 두고 새 마음을 너희에게 주되 너희 육신에서 굳은 마음을 제거하고 부드러운 마음을 줄 것이며"(겔 36:26)라는 말씀대로 말입니다. 반드시 성령님의 역사가 있어야만 본성 안에 있는 그 타고난 바위는 은혜로운 옥토로 변하게 될 것입니다. 바위가 옥토로 변하지 않는다면, 세상에서 뿌려지는 모든 씨들은 결코 수확하지 못할 것입니다. 이 사람들은 이 점을 놓치고 있었습니다. 사실, 그들은 이런 사실을 들으려고도 하지 않았습니다. 그들이 좋아한 설교자들은 항상 예수님이 행하신 것을 단순하게 믿으라고 설교했을 뿐, 성령님의 역사에 대해서는 한 번도 언급하지 않았습니다. 그런 설교자들은 양 다리의 길이가 같지 않아서 균형을 잡지 못하고 한 쪽으로 기울어져 하나님의 메시지를 반만 전하는 설교자이자 전달자입니다. 이런 가르침을 받게 되어서, 그들은 영혼의 수고 없는 평안과 중생 없는 위로를 받게 되었습니다. 회개의 경우만 보더라도, 그들은 회개를 구닥다리 은혜로 치부하고서 경멸하였습니다. 죄 때문에 하나님 앞에서 눈물을 흘리는 것, 하나님의 진노를 실제로 체감하고 무서워하는 것, 하나님의 법에 따른 판결이 일어나지 않도록 두려워 떠는 것 등, 그들은 이런 것들에 대해 전혀 몰랐습니다. 그들은 눈물의 십자가를 거치지 않고서 소망의 땅에 들어갔습니다. 그래서 저는 어떤 사람이 그 십자가의 길을 거치지 않았다면 그 사람의 믿음을 날마다 더욱더 의심하게 됩니다. 부상당하기 전에 고침을 받은 사람, 헐벗음 당하기 전에 옷이 입혀진 사람, 비워지기 전에 채워진 사람, 죽임당하기 전에 살아난 사람 등, 이들의 경우에는 주권적인 은혜가 과연 그들에게 임했는지를 의심해 볼 충분한 이유가 있습니다. 부서지지 않은 마음을 가진 이 사람들은 기쁜 소망과 즐거운 확신을 가졌습니다. 하지만 그들은 모두 그것으로 끝이었습니다. 우리도 회개에 낯선 자들이었다면, 여러분이나 저나 다 그들과 같은 운명이었을 것입니다. 누구든지 예수 그리스도를 믿는 자는 구원을 받으리라는 말씀이 참된 말씀인 것처럼, 다음과 같은 말씀도 참된 말씀들이니, 여러분은 이 말씀들을 항상 기억하도록 하십시오. "내가 네게 거듭나야 하겠다 하는 말을 놀랍게 여기지 말라"(요 3:7), "너희가 돌이켜 어린 아이들과 같이 되지 아니하면 결단코 천국에 들어가지 못하리라"(마 18:3), "육으로 난 것은 육이요 영으로 난 것은 영이니"(요 3:6), "혈과 육은 하나님 나라를 이어 받을 수 없고"(고전 15:50)와 같은 말씀들입니다. 영적인 일에 참여할 수 있고 참된 영적 기쁨을 가진 자가 되는 것은 오직 영으로 태어날 때, 다시 말해 영적 본성을 가질 때만 가능합니다. 그런 자가 되는 일에 부서지지 않은 마음이야말로 치명적인 결점입니다.

이것은 둘째 허물, 즉 깊이의 부재(不在)로 이어집니다. 돌밭과 같은 마음으로 말씀을 듣는 자들은 완전히 피상적인 자들입니다. 그들과 관련된 모든 것이 피상적입니다. 바위가 부서지지 않는 한, 경작이 가능할 정도의 깊이로 흙이 있는 곳이 없었습니다. 이와 마찬가지로 많은 사람들이 회심하였다고 고백은 하지만, 죄에 대한 실제적인 평가는 지금까지 없었습니다. 그들은 "그렇습니다. 우리는 죄인들입니다. 오, 맞습니다. 당연히 우리는 모두 죄인들입니다"라고 말합니다. 하지만 이렇게 말하는 것과 실제로 자신이 죄인이라고 느끼는 것과는 전혀 다른 것입니다. 거룩 거룩 거룩하신 하나님의 법을 어겼다는 그 자책감으로 땅을 향해 산산이 부서지는 것, 많은 사람들이 이런 마음을 지금까지 한 번도 느껴보지 못했습니다. 예수 그리스도에 대해서도 마찬가지입니다. 그렇습니다. 그분은 구세주이십니다. 그들은 그분을 구세주로 영접하였다고 말할 것입니다. 그러나 구원받는다는 것이 무엇인지, 그분이 고난 받은 것이 어떤 것인지, 왜 그분이 고난을 받아야 했는지, 그런 희생을 치러야만 했던 그 엄청난 죄악이 무엇이었는지, 그들은 이런 것에 대해 전혀 생각해 보지 않았습니다. 사실 그들은 지금까지 이에 대해 한 번도 생각해 보지 않았으며, 생각해 볼 마음조차 없었습니다. 벌들은 꽃 위에 앉아서 꿀을 빨아 먹습니다. 그러나 나비들은 여기저기 날아다니다 잠시 동안 백합 위에 앉아 있고는 또다시 어디론가 날아가 버립니다. 이것은 은혜를 사모하는 척하는 경박한 자들을 제대로 보여주는 상징적인 모습니다. 그리스도인이라고 스스로 자처하는 많은 사람들이 자기 마음속에 있는 역병에 대해서는 전혀 알지 못하는 것 같습니다. 그들은 자기 속에 뭔가 잘못된 것이 있다고 믿기는 하지만, 그럼에도 그들의 마음이 "만물보다 거짓되고 심히 부패한 것"(렘 17:9)인 줄은 알지 못하고 있습니다. 그래서 결론적으로 그들은 자신들에게 하나님의 은혜가 필요하다는 것은 인정하면서도, 그들에게 그 은혜가 얼마나 많이 필요한지는 모르고 있습니다. 그들은 "나를 떠나서는 너희가 아무 것도 할 수 없음이라"(요 15:5)고 한 말씀에 동의하면서도 이 말씀을 경험적으로는 알지 못합니다. 어떤 사람으로 하여금 자신이 아무것도 아니라고 느끼게 하는 내적 절망감과 좌절 등에 대해 그들은 문외한들입니다. 이것이 바로 피상적인 것입니다. 그들에게는 깊이가 있는 것이 아무것도 없습니다. 그들은 그리스도에 대한 믿음을 고백하였다고는 하지만, 그 진리를 비중 있게 여기지도 않고, 그것이 정말 그러한가 하여 성경을 찾아보지도 않습니다. 그들은 자신이 다니는 교회의 설교자가 칼빈주의자이기 때문에 자신도 칼빈주의자가 되었습니다. 혹시라도 그 설교자가 아르미니우스주의자였다면, 그들은 기꺼이 아르미니우스주의자가 되었을 것입니다. 실제로 그들은 자신들이 배운 그대로의 어떤 사람이 되었을 것입니다. 그들은 혼자 힘으로 판단하거나 경중을 따져 보거나 생각해 보지 않았습니다. 예수님 안에 있는 진리를 받아들이면서도 그들은 경건한 생활을 하기 위해서 어떤 어려움을 감수해야 하는지 한 번도 생각해 보지 않았습니다. 안에 있는 죄와 밖에 있는 죄와 싸워야만 한다는 사실에 그들은 충격을 받지도 않았습니다. 그들은 자신들이 평생토록 반드시 싸워야만 하는 강력한 삼위일체, 즉 세상, 육신, 마귀를 지금까지 거들떠보지도 않았습니다. 그들은 풀의 달콤한 맛만 취하고 쓴 맛은 생각하지 않았습니다. 그들은 과거에도 변덕스러웠고, 지금도 변덕스럽습니다. 그들은 이런 것을 생각할 수도 없고, 여러분이 그들에게 이런 것을 설득할 수도 없습니다. 이것이 실로 그들의 허물입니다.

　　이와 더불어 셋째 결점이 있었습니다. 즉, 그들의 믿음에 은밀한 부분이 부족하였습니다. 돌밭에 떨어진 씨는 싹이 났고, 그 잎사귀도 땅 위로 자라났습니다. 하지만 그 싹에는 뿌리가 없었습니다. 만약 여러분이 이런 식으로 신앙을 고백한 신자들의 집에 방문해 본다면, 그들의 집에는 은밀한 기도가 전혀 없다는 것을 알게 될 것입니다. 혹시 여러분 가운데 누구라도 은밀한 기도 없이 살아간다면, 뿌리가 없다는 이 말은 바로 그 성도에게도 해당되는 말씀일 것입니다. 은밀한 기도도 없고, 하나님의 말씀을 은밀하게 읽는 것도 없고, 하나님의 말씀을 곱씹지도 않아서 말씀에서 즙이나 양분도 얻지 못하고, 그래서 그리스도와 사적으로 생생한 접촉도 없고, 살아 계신 하나님과 은밀한 영혼의 교류도 없는 경우 말입니다! 이것이야말로 치명적인 징조입니다! 그들은 공적인 만남만 중시하고, 위원회를 만들어서는 야단법석을 떱니다. 만약 찬양을 해야 한다거나 말씀을 전해야 하는 경우라면, 그들은 아마 누구도 따라올 수 없는 일등을 차지했을 것입니다. 그러나 은밀한 기도, 하나님과 함께하는 은밀한 생활, 영혼을 살피는 일, 자신의 지금 감정이 옳은지 그른지 등을 살펴보는 일 등의 그 모든 것들을 그들은 포기하였습니다. 자신은 당연히 옳을 수밖에 없다고 생각하며, 그것은 자신이 가진 믿음이 옳기 때문이라고 말합니다. 그들은 자신의 안전과 확실함에 대한 모든 질문을 불신앙적인 것과 사탄의 역사로 간주합니다. 그래서 스스로를 자신의 망상으로 감싸 버립니다. 그들은 자신이 틀림없는 하나님의 백성이라고 생각하며, 그것은 자신이 그렇게 고백했기 때문이라고 말합니다. 그러나 그들은, 참된 포도나무라면 모든 가지에 반드시 달리는 그 열매를 지금까지 한 번도 기대한 적이 없었습니다.

이제 넷째로 또 다른 결점이 있습니다. 아마도 이 결점을 마가복음에서는 찾을 수 없으리라 생각합니다. 하지만 병행 본문인 다른 복음서에서는 이것을 찾아볼 수 있습니다. 그들에게는 습기가 없었습니다(눅 8:6). 자, 보십시오. 식물에는 반드시 습기가 있어야 합니다. 이슬이나 비, 그 어떤 형태로든 반드시 물기가 그 식물에 내려야 합니다. 땅 속에 딱딱한 바위가 있는 그 얕은 땅에 해가 비치면 엄청난 열기가 생깁니다. 그런 더운 땅에서는 적은 습기만 있어도 씨에서 즉시 싹이 납니다. 하지만 수분이 더 이상 공급되지 않으면, 그 싹은 말라죽고 맙니다. 말씀을 듣는 여러분 가운데도 이런 새싹 같은 이들이 있습니다. 열정적인 설교자를 만나서 말씀을 듣고는 이슬이나 물방울이나 비 같은 물기가 그들에게 스며들게 됩니다. 그러나 영구적인 생명의 원천이라 할 수 있는 그들의 뿌리에 성령님께서 역사하시지는 않습니다. 그들은 자신의 등불을 가지고 있기는 하지만, 그 등불을 계속 밝힐 기름이 자신의 등에 없는 것입니다. 그들에게는 성령님이라는 습기가 없습니다. 자기의 친 백성에게 은밀히 다가가시어, 그것도 그들의 생명이 있는 뿌리에 다가가시어, 자신으로부터 그 백성들이 하나님의 생명을 빨아들여 그들이 살도록 하는 분이 바로 성령님이십니다. 그러나 그저 돌밭과 같은 마음으로 회심한 자들에게는 성령님이 계시지 않습니다. 오, 저는 이 자리에 있는 모든 이들에게 아주 엄숙하게 다음과 같은 말씀을 전하고 싶습니다. 우리의 본성이 말씀을 받을 만한 최고의 상태가 되지 않는다면, 우리는 그 말씀을 지옥에 심은 바리새인들과 다를 바 없을 것입니다. 우리는 성령님을 모셔야만 합니다. 우리 마음에 있는 이 믿음은 처음부터 끝까지 성령님의 역사이어야만 합니다. 혹시라도 우리의 믿음이 그렇지 않다면, 그런 믿음은 빨리 내버릴수록 우리에게 더욱 유익합니다. 그러한 믿음은 우리를 미혹하게만 할 뿐입니다. 저는 지금 부득불 이와 같은 설교를 하고 있습니다. 왜냐하면 제가 보기에 교회 성도들도 노골적인 죄악에 빠져들고 있으며, 다른 사람들도 이 시대의 각종 새로운 망상들로 인해 어긋난 길을 가고 있기 때문입니다. 이러한 미혹들은 매달 새롭게 대두되는 것 같습니다. 어떤 어리석은 사람들은 아예 떠돌아다니는 어떤 진기한 것을 목에 넣어 삼키려고 항상 입을 벌린 채 다니기도 합니다. 그들은 마치 마른 지푸라기 같은 자들로, 사기꾼들이 그들에게 작은 불꽃이라도 붙여 주기를 기다리고 있을 뿐입니다. 그러면서도 그들은 스스로 그리스도인이라고 말합니다. 오늘날에는 자신이 무엇을 믿고 있는지도 모르는 자들이 너무 많습니다. 그래서 그들은 가톨릭 신자들이나 예식주의자들이나 무신론자들이나 또 다른 사기꾼들의 먹잇감이 되고 있습니다. 정원에 작은 나무 한 그루가 있습니다. 그런데 도둑이 들어와서 뿌리째 뽑아 들고 가 버렸습니다. 혹시라도 뿌리가 잘 내린 참나무였다면 도둑이 그렇게 쉽게 들고 갈 수는 없었을 것입니다. 저는 여러분에게 경고의 말을 전하고자 합니다. 만약 우리가 뿌리가 잘 내린 참나무라면, 우리는 우리가 믿고 있는 것을 제대로 믿고, 우리가 알고 있는 것을 제대로 알며, 우리가 확고히 지켜야 할 원칙도 제대로 가지고 있을 것입니다. 옛날의 비국교도(Nonconformity)들은 감옥이나 화형대 앞으로 끌려가는 일을 대수롭게 않게 여겼습니다. 따라서 그들로 하여금 비국교도 신앙을 포기하게 하거나 그들의 원칙을 버리게 하는 것은 불가능했습니다. 그런데 그런 확고한 믿음을 가진 조상의 자손들이 이렇게 타락하다니, 너무나 슬픈 일입니다. 혹시라도 여러분의 믿음이 참된 것이 아니라면, 여러분은 그 믿음을 버리십시오. 하지만 그 믿음이 참된 믿음이라면, 이렇게 혹은 저렇게 떠돌지만 항상 하나님을 벗어나 있는 사악하고 변화무쌍한 이 시대의 모든 유혹에 대해, 여러분은 여러분의 얼굴을 마치 부싯돌처럼 굳게 하고, 여러분의 본성을 쇠처럼 강하게 하십시오. 오, 주님을 알고 있는 자들이 굳건히 서서 모든 일을 감당하며, 앞으로도 굳건히 서 있을 때, 그것은 얼마나 멋진 모습이겠습니까!

3. 본문이 주는 교훈

세 번째로, 저는 오늘 본문이 주는 교훈을 전하면서 이 설교를 마쳐야 할 것 같습니다. 이 교훈은 네 가지입니다. 첫째로, 오늘 본문은 우리 각자에게 깊이 있는 열심을 내라고 말씀합니다. 여러분은 믿음 있는 척하지 마십시오. 여러분은 여러분이 한 신앙 고백을 입을 수도 있고 벗을 수도 있는 의복처럼 여기지 마십시오. 여러분의 영혼에 확신을 갖고서 여러분이 드리는 그 기도가 영원에 역사할 것이라는 생각으로 하나님께 기도하십시오. 언젠가는 여러분도 죽어야 하며, 심판대 앞에 서야만 합니다. 그 때의 시련을 감당할 만한 믿음을 가지십시오. 심판이나 죽음 그 어떤 것도 여러분을 놀라게 하지 않도록 성령님께서 여러분의 영혼에 역사해 달라고 기도하십시오. 다시 말해, 회개가 여러분 마음에 깊숙이 뿌리내려 여러분 속에서 지속적으로 역사하여 여러분의 믿음이 결코 부끄러운 믿음이 되지 않고 여러분의 영혼이 전적으로 그리스도의 손에 맡겨지도록, 그리고 그리스도를 향한 여러분의 사랑이 격정적인 감정이 아니라 참된 마음에서 우러나오는 애정이 되도록, 그리고 여러분의 경건한 발걸음이 다른 사람들에게 보이기 위한 것이 아니라 하나님 앞에서 행하는 것이 되도록, 그리고 여러분이 다른 사람들에게 휘둘리지 말고 여러분이 다른 사람들에게 영향을 끼칠 수 있도록, 그래서 다른 사람들이 어느 길로 가든지 상관 없이 여러분은 하나님께서 여러분 속에 심어준 그 생명력으로 인해 똑바른 길을 갈 수 있도록, 여러분은 하나님께 간구하십시오. 여러분에게 다시 한 번 말합니다. 믿음과 관련된 모든 일에 크게 열심을 내십시오. 그리고 믿음에 대해 여러분이 조금이라도 경솔하게 행동했다면, 하나님께 용서의 기도를 드리십시오.

둘째로, 여러분은 자신이 날마다 겪는 시련의 결과에 주목하십시오. 그 시련이 여러분에게 어떤 영향을 끼치고 있는지를 살펴보십시오. 어떤 배가 템스 강에서 가라앉은 적이 있다면, 우리는 그 배를 절대로 바다 위에 띄우지 않을 것입니다. 여러분의 믿음이 이미 여러분을 타락의 길로 인도하기 시작했다면, 여러분은 앞으로 그 믿음을 어떻게 하겠습니까? 여러분이 조롱을 당했고, 그 믿음을 전부 포기하기로 반쯤 마음이 기울었는데, 여러분이 더욱 극심한 박해를 받는다면 어떻게 하겠습니까? 여러분은 이미 돌아가려고 마음먹었고, 여러분의 마음도 흔들렸는데, 격렬한 시험이 여러분을 공격한다면 여러분은 어떻게 하겠습니까? 여러분은 이미 바보 같은 주장으로 인해 무섭게 당한 적이 있는데, 깊은 사고를 하는 어떤 사람들이 여러분과 논쟁하고자 한다면 여러분은 어떻게 하겠습니까? "만일 네가 보행자와 함께 달려도 피곤하면 어찌 능히 말과 경주하겠느냐? 네가 평안한 땅에서는 무사하려니와 요단 강 물이 넘칠 때에는 어찌하겠느냐?"(렘 12:5)는 말씀대로 말입니다. 여러분이 느린 속도라도 자라고만 있다면, 저는 여러분이 느리게 자라나는 것에 대해 별 이야기를 하지 않겠습니다. 제가 짓고 있는 집이 오랜 시간이 걸린다면, 저는 인부들을 재촉하여 한두 주 만에 집을 완공하라고 말해서, 바람이 불자마자 마치 마분지로 만든 집처럼 혹 날아가 버리는 연약한 집을 짓기보다는, 차라리 그들에게 집 지을 시간을 충분히 줄 것입니다. 여러분은 이 집에서 영원히 살아야 합니다. 그러므로 그 집을 확실히 지어 달라고 하나님께 기도하십시오. 빠르게 집을 짓는 것은 전혀 중요하지 않습니다. 오, 여러분이여, 여러분은 아무런 질문이나 토론 없이는 천국을 향해 한 발자국도 나아갈 수 없습니다. 사실 저는 여러분보다는 아무 생각도 없이 그저 모든 것을 당연하게 여기면서, 어떤 관심이나 걱정 없이 모든 것을 받아들이며 질문이나 의심을 하지 않는 사람들이 더 걱정입니다. 그러므로 이제 여러분은 여러분이 당하고 있는 시련에 어떻게 대처하고 있는지 살펴보십시오. 여러분은 예전보다 더 부유해졌음에도 불구하고, 예전과 마찬가지로 똑같이 주님을 사랑하고 있습니까? 여러분은 사업적인 면에서 많은 거래를 성사시켰음에도 불구하고, 여러분의 마음은 여전히 세상을 멀리하고 있습니까? 여러분은 최근에 더 많은 칭송을 받고 있음에도 불구하고, 과거에 친구가 몇 명 되지 않을 때와 마찬가지로 그리스도를 의지하고 있습니까? 여러분은 근래에 건강해졌음에도 불구하고, 예전에 여러분이 아팠을 때와 마찬가지로 하나님을 가까이하며 살아가고 있습니까? 그와는 반대로 여러분이 세상적인 지위가 하락하여 가난한 자가 되었음에도 불구하고, 여러분은 그분께서 여러분을 부요하게 하셨던 그 때와 마찬가지로 여전히 주님을 사랑하고 있습니까? 여러분이 최근에 복음을 교활하게 증오하는 논평을 들었고, 그들에게 말로 대답할 수 없었음에도 불구하고, 여러분은 속으로라도 그들에게 반박하면서, 마치 지붕이 떨어지는 빗물을 떨쳐 버리듯 그렇게 그들의 거짓말을 떨쳐 버려야겠다는 감정이 생깁니까? 그렇지 않다면 여러분은 주의하십시오. 여러분의 배가 잔잔한 물 위에서도 가라앉는데, 도대체 폭풍우 속에서는 어떻게 되겠습니까? 고요한 물살도 견디지 못한다면, 태풍이 그 배를 강타할 때는 어떻게 되겠습니까? 그 때 여러분은 끝장날 것입니다. 저는 그것이 두렵습니다.

셋째로, 또 다른 교훈은 여러분 자신을 항상 점검하라는 것입니다. 정말 많은 사람들이 파산 신청을 하려고 법원을 찾고 있습니다. 하지만 제가 알기로는 자기 사업에 대해 꼼꼼히 주시하고 있는 사람은 한 사람도 파산 신청을 하러 법원에 가지 않는다고 합니다. 농사일을 너무 부지런하게 해서 농작물을 잃게 되었다고 하는 농부를 저는 지금까지 들어보지 못했습니다. 모든 영혼들 가운데 자신을 점검하는 일에 너무나 열심이어서 멸망하게 되었다는 말도 들어보지 못했습니다. 사랑하는 성도 여러분, 여러분을 신실하게 점검하는 목사를 선택하십시오. 항상 "너희는 위로하라 내 백성을 위로하라"(사 40:1)고만 외치는 부드러운 혀를 가진 설교자는 찾지 마십시오. 여러분에게도 위로가 필요하고, 여러분도 위로를 받아야 합니다. 하지만 여러분에게는 점검도 필요합니다. 또한 여러분은 여러분 스스로 점검해야 합니다. 여러분이 신실하게 대면하여서, 어떤 문제들에 대해 따분해하거나 어떤 상처들을 그냥 덮어 버리지 않고, 여러분이 목회자와의 관계에서나 하나님과의 관계에서 정직할 수 있도록 기도하십시오. 하나님께서는 우리가 기꺼이 자신을 살필 수 있도록 은혜를 베푸십니다. 왜냐하면 우리가 기꺼이 자신을 살피지 않으려 할 때는 우리가 뭔가 정상이 아니라는 생각이 아주 확실하게 들 것이기 때문입니다. "내가 위선자가 될까 두렵다"라고 말할 때는 우리가 정말 위선자가 될까봐 우려할 것이 없습니다. 하지만 그런 척만 하는 것은 치명적인 잘못입니다.

이제 마지막으로 말씀을 전하고자 합니다. 이 모든 것은 우리에게 다음과 같은 사실을 보여 줍니다. 우리의 구원은 전적으로 주 예수 그리스도에게 달려 있으며, 우리 구원에 대한 모든 압박과 부담을 그분에게 맡기는 것이 얼마나 필요한 일인지 모른다는 사실입니다. 사람이 그분께 이 모든 것을 내어맡길 때, 그 영혼에 정직하고 좋은 밭이 만들어져서 그 씨가 바르게 자라날 수 있기 때문입니다. 또한 진실하게 "나는 오직 예수님만을 의지합니다"라고 말하며 언제나 다음과 같이 노래할 수 있습니다.

> "내 손에는 가진 것이 아무것도 없어,
> 그저 당신의 십자가만 붙듭니다."(토플레디[Augustus M. Toplady]).

이것이 바로 참된 소망이 지닌 위대한 비밀입니다. 예수님께서는 우리를 위해 사셨고, 우리를 위해 죽으셨습니다. 그러므로 우리가 전적으로 오로지 그분만을 의지한다면, 그것은 우리 영혼에 좋은 일입니다.

예수님을 바라보면서, 우리의 모든 소망을 우리 자신에게서가 아니라 그분에게서 찾고, 끊임없이 십자가 아래에서 살아가는 것은 좋은 일입니다. 사랑하는 성도 여러분, 십자가 아래로 우리를 인도할 뿐만 아니라, 계속해서 우리가 거기에 머물도록 하는 것은 성령님의 사역입니다. 우리가 십자가의 빛 가운데서 우리 자신을 살핀다면, 우리는 우리 자신을 제대로 판단하게 되어 심판을 받지 않게 될 것입니다. 대속의 피가 흘러나오는 그 귀한 상처 앞에서 우리는 "여호와여 나를 살피시고 시험하사 내 뜻과 내 양심을 단련하소서"(시 26:2)라고 외치게 될 것입니다. 그러나 "나는 예수님을 믿나이다. 그러므로 나는 내 자신을 살피지 않겠나이다. 나는 예수님을 신뢰하고 있나이다. 그러므로 나는 내가 원하는 대로 살아가겠나이다"라고 말하는 자가 있다면, 그 사람의 경건은 헛된 것입니다. 그는 자신의 무모한 추론으로 인해 십자가를 욕되게 하고 있습니다. 그런 자는 하나님께서 자신을 어떻게 심판하실지 주목하게 해야 합니다. 왜냐하면 십자가의 가르침을 자기 마음대로 살아도 된다는 하나의 이유로 삼고, 구세주께서 친히 보여준 그 긍휼과 깨끗이 해주시는 능력을 하나님 앞에서 무분별하게 행동해도 된다는 구실로 삼으며, 계속해서 그런 헛된 망상 가운데 살아가는 자들에게는 분명히 모든 심판 중에 가장 가혹한 심판이 임할 것이기 때문입니다. 예수님을 통하여 하나님께서 우리에게 은혜를 베푸시어 좋은 밭에 씨가 뿌려지기를 기원합니다.

제
9
장

—

농부가 할 수 있는 것과 농부가 할 수 없는 것

—

"또 이르시되 하나님의 나라는 사람이 씨를 땅에 뿌림과 같으니 그가 밤낮 자고 깨고 하는 중에 씨가 나서 자라되 어떻게 그리 되는지를 알지 못하느니라 땅이 스스로 열매를 맺되 처음에는 싹이요 다음에는 이삭이요 그 다음에는 이삭에 충실한 곡식이라 열매가 익으면 곧 낫을 대나니 이는 추수 때가 이르렀음이라." — 막 4:26-29

지난 주일 아침에 우리는 하나님의 밭에 속한 농부들과 그들의 위대한 주인을 주제로 설교를 들었습니다(스펄전은 1881년 6월 5일에 "밭의 농부들"[FARM LABORERS, 고전 3:6-9]이란 제목으로 설교를 하였고, 본 설교는 그 다음 주인 6월 12일에 한 설교이다 — 역주). 그 설교에서 우리는 복음 사역에 있어서 인간의 역할이 얼마나 필요한지를 보여주고자 노력하였습니다. 또한 우리는 거룩한 모든 결과들이 전적으로 하나님에게 달려 있다는 사실, 다시 말해, 씨를 뿌리는 자나 물을 주는 자에게 있는 것이 아니라, 자라나게 하시는 하나님에게 달려 있다는 사실도 보았습니다. 저는 오늘 아침에도 이와 동일한 주제로 말씀을 전하고자 합니다. 단, 그 주제를 좀 더 심도 있게 다루어, 과연 농부들이 어떤 일을 할 수 있고, 어떤 일은 절대 할 수 없는지, 어디에서 인간이 그 거룩한 일을 시작할 수 있고, 어디에서 인간의 사역이 절대 개입 불가한지에 대해 좀 더 자세하게 살펴보고자 합니다. 오늘 우리는 은혜의 나라에서 인간이 도구가 되어 하는 역할이 어느 정도인지, 그리고 그 한계는 어디까지인지를 주로 다루고자 합니다. 성령 하나님께서 우리를 가르쳐 주신다면, 우리는 이 성경 말씀에서 이 주제와 관련된 충분한 가르침을 받게 될 것입니다.

우리 앞에 놓인 이 비유는 마가복음에만 기록되어 있습니다. 이것은 주목할 만한 사실입니다. 다른 복음서에는 이 비유가 기록되어 있지 않다는 이유로, 우리는 이 비유가 그다지 중요하지 않다고 생각하지 않습니다. 이 비유가 우리에게 네 번씩이나 전해졌다면, 우리는 반복해서 이 비유를 듣게 된 것에 대해 기뻐할 것이며, 기꺼이 네 배나 집중해서 들을 것입니다. 하지만 이 비유가 한 번만 우리에게 언급되었기 때문에, 우리는 단 한 번 말씀하신 그 음성에 좀 더 진지한 마음으로 집중해서 들을 것입니다. 우리 주님께서 하신 탁월한 말씀들 가운데 많은 이야기들을 잃어버렸지만, 그래도 성령님께서 마가로 하여금 그 말씀들 가운데 이렇게 귀한 진주 같은 말씀을 보존하게 한 것에 대해 우리는 기뻐하지 않을 수 없습니다. 요한은 예수님께서 행하신 모든 일들을 기록한 것이 보존되기 위해서는 이 세상 전체가 도서관이라 해도 가히 그 기록된 모든 책들을 보관할 수 없을 것이라고 우리에게 말하고 있습니다. 예수님께서 말씀하신 많은 말씀들은 틀림없이 한동안 인구에 회자되다가 서서히 잊혔을 것입니다. 그런데 성령 하나님께서 그의 종 마가의 손을 통해 주님의 말씀과 동일하게 엄선된 이 비유를 기록하여 보존하게 하셨으니, 우리는 그 성령님께 감사하지 않을 수 없습니다. 이 엄선된 교훈은 영감이라는 호박색을 띤 것(겔 1:4 KJV)으로 보존되었기에, 값으로 매길 수 없을 만큼 귀한 것입니다.

여기에 씨 뿌리는 자들을 위한 교훈이 있습니다. 다시 말해 하나님의 밭에 속한 농부들을 위한 교훈이 바로 이 비유에 있다는 것입니다. 이 비유는 하나님의 나라와 관련된 모든 자들을 위한 비유입니다. 그러므로 어둠의 나라에 속한 자들에게는 별로 가치가 없는 비유일 것입니다. 왜냐하면 이들은 좋은 씨를 뿌리라는 명령을 받지 않았기 때문입니다. "악인에게는 하나님이 이르시되 네가 어찌하여 내 율례를 전하며 내 언약을 네 입에 두느냐?"(시 50:16)라는 말씀대로 말입니다. 그러나 왕 되신 예수님께 충성하는 모든 신민(臣民)들은, 다시 말해 밭의 주인을 위해 씨를 뿌리라는 명령을 받은 모든 자들은 그 나라가 얼마나 발

전했는지를 보고 기뻐할 것이며, 자신들이 섬기는 그분을 위해 추수할 것이 얼마나 많이 예비되었는지를 알고 기뻐할 것입니다. 그러므로 들으십시오. 모든 물 가에 씨를 뿌리고(사 32:20), 여러분의 하나님 되신 그분의 정원을 가득 채우고자 거룩한 열심을 내는 여러분이여 들으십시오. 여러분이 능히 이 일을 감당하도록 성령 하나님께서 여러분의 귀에 말씀해 주시기를 기원합니다.

1. 하나님 밭에 속한 농부들이 할 수 있는 것과 할 수 없는 것

먼저 우리는 오늘 본문에서 우리가 할 수 있는 것과 우리가 할 수 없는 것에 대해 배우고자 합니다. 이것을 우리의 첫 번째 주제로 삼겠습니다. "하나님의 나라는 사람이 씨를 땅에 뿌림과 같으니"라는 말씀대로 씨를 뿌리는 것은 은혜를 입은 일꾼이 할 수 있는 일입니다. 반면에, "씨가 나서 자라되 어떻게 그리 되는지를 알지 못하느니라"는 말씀대로 씨가 나서 자라게 하는 것은 일꾼이 할 수 없는 일로서, 더욱 높은 능력에 속한 일입니다. 사람은 씨를 나게 하거나 자라게 할 수 없습니다. 이 점에 있어서 사람은 그저 밭에 나갔다가 다시 집으로 돌아올 뿐입니다. 하지만 "그가 밤낮 자고 깨고 하는 중에" 씨들이 나고 자라게 됩니다. 한 번 땅에 뿌려진 씨는 인간의 권한을 넘어서서 하나님이 돌보심 아래에 있게 되는 것입니다. 그러다 오래지 않아서 농부가 다시 개입해야 할 순간이 옵니다. "열매가 익으면 곧 낫을 대나니"라는 말씀대로, 적절한 때가 되면 우리가 추수를 할 수 있습니다. 그리고 이것은 우리의 의무일 뿐만 아니라 우리의 특권이기도 합니다. 여러분도 알다시피 농부에게는 이 모든 일이 시작될 때 개입할 여지가 있다가, 중간에는 개입할 여지가 없어지고, 그가 뿌렸던 씨가 실제로 열매를 맺을 때 다시 개입할 기회가 생기는 것입니다.

자, 우리는 씨를 뿌릴 수 있다는 사실에 주목하십시오. 하나님 은혜에 대한 지식을 마음에 간직한 사람은 누구든지 다른 사람들을 가르칠 수 있습니다. 저도 오늘 본문 속에 등장하는 "사람"에 속해 있으며, 주님을 아는 사람이면 남자든 여자든 상관 없이 모두 이 "사람"에 속합니다. 우리 모두는 동일하게 가르칠 수 없습니다. 왜냐하면 우리 모두가 동일한 은사를 가진 것이 아니기 때문입니다. 한 사람에게는 한 달란트가 주어졌고, 다른 사람에게는 열 달란트가 주어졌습니다. 또한 우리 모두에게 동일한 기회가 주어진 것도 아닙니다. 왜냐하면 어떤 사람은 거의 무명의 삶을 사는 반면, 어떤 사람은 엄청난 영향력을 가지고 살기 때문입니다. 하지만 하나님의 가족 중에는 작은 씨를 손에 움켜쥐고서 땅에 뿌리지도 못할 만큼 아기처럼 작은 손을 가진 자들은 없습니다. 또한 장터에서 그저 빈둥거리며 서 있어야 할 사람도 우리 중에는 없습니다. 왜냐하면 자신의 능력에 맞는 적절한 일들이 모든 사람을 기다리고 있기 때문입니다. 구원받은 여인 가운데 거룩한 일에서 제외된 사람은 하나도 없습니다. 그 여인이 거룩한 일을 할 수 있도록 다음과 같이 주님께서 인정하신 말씀을 전하십시오. "그 여자는 자기가 할 수 있는 일을 하였으니"(막 14:8 KJV, "그는 힘을 다하여 … 준비하였느니라"[개역개정]). 각자의 능력이 허락하는 한에서 어떤 형태로든 모두가 거룩하게 섬길 수 있습니다. 가정에 있는 어머니, 어린 아기를 돌보는 유모, 학교에 있는 소년, 작업대에 있는 일꾼, 병원의 침상을 살피는 간호사 등이 그러합니다. 가장 작은 자라 해도 그리스도를 위해, 그분의 뜻을 위해 거룩하게 섬길 수 있습니다. 하나님의 말씀이라는 귀한 씨는 겨자씨만큼이나 작습니다. 하지만 가장 연약한 손으로 뿌려져도, 그 뿌려진 곳에서 백 배의 결실을 보게 될 것입니다.

　　우리가 모든 것을 다 할 수 없고, 단지 씨 뿌리는 이 한 가지 일만 하도록 하나님께서 허락하셨다고 해서, 우리가 하나님과 다툴 필요는 전혀 없습니다. 왜냐하면 좋은 씨를 뿌리는 일이야말로 우리의 모든 지혜와 능력과 사랑과 보살핌이 전적으로 필요한 일이기 때문입니다. 거룩한 씨를 뿌리는 일은 가장 우리에게 맞는 일이기에 우리에게 맡겨진 것이 당연하며, 앞으로 자라날 가장 고귀한 생명을 위한 일이라면 그 어떠한 일도 저급한 일일 수 없습니다. 여러분이 곡식을 세심히 고르고, 그 고른 곡식을 오류라는 독보리로부터 잘 지키기 위해서는 여러분에게 천국의 가르침이 필요할 것입니다. 우리의 생각이나 견해 등은 하나님의 마음에 합하지 않을 수 있기에, 우리는 이런 것들을 반드시 키질해서 날려 버려야만 합니다. 사람이 구원받는 것은 우리의 말에 의해서가 아니라, 하나님의 말씀에 의해서입니다. 우리가 과연 복음을 알고 있는지 우리는 마땅히 살펴야 하며, 우리는 온전히 그 복음을 가르쳐야 합니다. 대상에 따라서 우리는 그들의 인식수준에 맞게 하나님 말씀을 제시해야 합니다. 왜냐하면 많은 사람들은 때에 맞는 말씀을 따르지, 우연하게 무작위로 전해진 문장을 따르지 않을 것이기 때문입니다. 우리는 다음과 같은 일도 마땅히 행해야 합니다. 즉, 씨가 담긴 바구니를 잘 살펴보아 혹시라도 곡식과 함께 가라지를 뿌리지는 않을지, 또는 좋은 씨를 함부로 뿌려서 악한 새들이 먹어치우지 않도록 우리는 조심해야 합니다.

씨를 고른 후에도 우리에게는 할 일이 많이 있습니다. 우리는 밖으로 나가서 그 씨를 모든 곳에 널리 뿌려야 합니다. 왜냐하면 날마다 씨를 뿌릴 기회들이 찾아오고, 만나는 모든 사람들도 우리가 씨를 뿌릴 기회를 제공하기 때문입니다. "너는 아침에 씨를 뿌리고 저녁에도 손을 놓지 말라"(전 11:6), "모든 물 가에 씨를 뿌리고"(사 32:20)라는 말씀대로 말입니다. 여러분은 오늘 비유에 나타난 씨 뿌리는 자를 본받으십시오. 그는 완전히 좋은 땅이라고 판단한 곳에만 씨를 뿌리는 쩨쩨한 사람이 아니었습니다. 오히려 그는 씨를 고르는 일 외에도 자기가 해야 할 다른 일이 있을 것이라는 생각으로, 길을 가면서도 좌우에 씨를 뿌렸고, 가시떨기 위나 돌밭에도 한줌의 씨를 뿌리기를 마다하지 않았습니다. 사랑하는 동역자 여러분, 여러분에게는 항상 어디에서나 해야 할 일들이 많을 것입니다. 그럼에도 불구하고 여러분은 신중하고도 열정적으로 살아 계신 주님의 살아 있는 말씀을 널리 전해야 할 것입니다.

또한 씨를 지혜롭게 뿌리는 자들은 씨를 뿌리기에 가장 좋은 때를 알고서 절대로 그 좋은 때를 놓치지 않습니다. 헛되이 씨를 뿌리는 것이 분명한 때가 있습니다. 적절한 여건이 되지 않을 때는 땅이 씨를 받아들이지 못합니다. 비 오기 전이나 후, 혹은 농사를 배운 사람이 알고 있는 좋은 파종 시기가 있을 것입니다. 그 때야말로 씨를 뿌리기에 적기(適期)일 것입니다. 우리가 항상 하나님을 위해 일하는 동안에도, 우리가 거룩한 것들에 관하여 하는 말들이 마치 돼지 앞에 진주를 던지는 격일 때가 있습니다. 또한 우리가 게을러서 적절한 때를 놓치는 부끄러운 경우도 있습니다. 밭을 갈거나 씨를 뿌려야 할 때 게으름을 피우는 자들은 정말 게으름쟁이들입니다. 왜냐하면 그들은 밭을 갈아야 하는 날이나 파종을 해야 하는 그 날만 허비한 것이 아니라, 한 해를 송두리째 허비하는 것이기 때문입니다. 만약 여러분이 영혼들을 찾아서 행복한 시간을 보낼 수 있는 자리를 잡고 그들의 마음을 누그러뜨리는 거룩한 순간들을 맞고 있다면, 여러분은 그 많은 일로 다소 여유가 없다 해도 불평하지 않을 것입니다. 비록 여러분이 물을 주는 일이나 자라게 하는 일로 부르심을 받지 않았다 해도, 여러분이 할 일은 무궁무진합니다. 씨를 뿌리는 일로 여러분의 일이 끝이 난 것이 아닙니다.

복음의 진리를 간단하게 가르치는 일들이 사소하게 보일 수 있겠지만, 이것은 핵심적인 것입니다. 가르쳐 주는 사람이 없는데 어떻게 복음을 들을 수 있겠습니까? 농부가 씨를 뿌리지 않으면 절대로 추수할 수 없습니다. 잡초들은 우리의 도움 없이도 잘 자랍니다. 하지만 곡식과 밀은 그렇지 않습니다. 인간의 마음은 너무나 부패해서 그 마음에서 엄청난 악이 본성적으로 나오게 되어 있습니다. 사탄은 분명히 이 악한 씨를 뿌리지 않았다고 거짓말을 할 것입니다. 이런 인간 영혼들이 하나님 앞에서 열매를 맺기 위해서는 진리의 씨가 반드시 외부에서 그 마음에 뿌려져야만 합니다. 하나님의 종들이여, 말씀의 씨는 모든 바람을 따라 움직이는 엉경퀴의 작은 관모와 같은 것도 아니고, 마치 낙하산처럼 떠다니다가 여기저기 모든 곳에 떨어지는 그런 씨도 아닙니다. 하나님 나라의 곡식은 그 씨를 뿌릴 인간의 손을 필요로 합니다. 그런 도구의 손길이 없다면 그 씨는 인간 마음에 들어가지도 못하며, 하나님께 영광을 돌리기 위한 열매를 보여드리지도 못할 것입니다. 복음을 전하는 일은 모든 세대에 필수적인 일입니다. 하나님께서 도우시어 우리나라에서 이 사역이 절대로 사라지지 않기를 기원합니다. 주님께서 양식이 없어 주리게 하고 물이 없어 갈하게 할지는 몰라도, 여호와의 말씀을 듣지 못한 기갈은 절대로 주지 않으실 것입니다. 믿음은 들음에서 납니다. 가르치는 자가 없다면, 어떻게 들을 수 있겠습니까? 그러니 여러분은 뿌리십시오. 하나님 나라의 씨를 뿌리십시오. 왜냐하면 이것이 바로 추수를 위한 핵심적인 일이기 때문입니다. 씨를 뿌리듯 복음을 전하는 것은 여러분이 하고 싶으면 하고 하기 싫으면 하지 않아도 되는 그런 일이 아닙니다. 이 일은 긴급하게 요구되는 의무입니다. 게으르게 되면 여러분에게 위험이 닥칠 그런 일입니다. 여러분은 씨를 뿌릴 수 있으며, 그 씨는 반드시 뿌려져야만 합니다.

　이 씨는 자주 뿌려져야 합니다. 한 번 뿌려서는 충분하지 않을 때가 많기 때문입니다. 씨를 뿌리고 다시 또 뿌리십시오. 곡식을 대적하는 원수들이 많기 때문입니다. 여러분이 반복해서 씨를 뿌리지 않는다면, 여러분은 절대로 추수를 보지 못할 것입니다. 다시 한 번 말합니다. 씨는 반드시 모든 곳에 뿌려져야 합니다. 여러분이 씨를 뿌리지 않아도 스스로 자라나리라는 소망을 가질 수 있는 곳은 이 세상 어디에도 없기 때문입니다. 부한 자들과 유식한 자들은 스스로 복음을 찾을 것이라는 생각으로, 여러분은 그런 자들을 제외하고 복음을 전할 수 있습니다. 하지만 실제로 그런 자들이 복음을 찾지는 않습니다. 왜냐하면 인생의 교만이 그들로 하여금 하나님으로부터 멀어지게 하기 때문입니다. 여러분은 가난한 자들이나 무식한 자들도 빠뜨려서는 안 됩니다. "틀림없이 이런 사람들은 스스로 그리스도가 필요하다고 느낄 거야"라고 말해서는 안 됩니다. 전혀 그렇지 않습니다. 이런 자들은 여러분이 복음으로 끄집어 올려주지 않으면, 나락에서 나락으로 끊임없이 떨어질 것입니다. 인간의 지성을 가진 자들 가운데 우리가 게으르게 앉아서 그냥 놓아둬도 될 만한 인간 족속이나 특이 체질을 가진 자들은 없습니다. 우리는 때를 얻든지 못 얻든지 어디에서나 말씀을 전해야만 합니다. 유명한 항해사인 쿡 선장(James Cook, 1728-1779, 영국의 탐험가 — 역주)에 관한 이야기를 들은 적이 있습니다. 그의 일화가 어떤 면에서는 우리에게 훌륭한 귀감이 될 것이라 생각합니다. 그는 지구 어느 곳이든 자신이 항해하는 곳이면 영국의 각종 씨앗들이 들어 있는 작은 주머니를 가지고 다니다가 적당한 곳에 그것을 뿌렸습니다. 그러고는 그 씨들을 관찰하였습니다. 그는 배에서 내려 해변을 거닐기를 좋아하였습니다. 그는 다른 사람들에게는 아무 말도 하지 않고, 그 영국의 씨들을 가는 곳마다 조용히 뿌렸습니다. 그렇게 해서 그는 온 세상을 자기 고향 땅의 꽃과 풀들로 수놓았습니다. 여러분도 어디를 가든 그런 쿡 선장을 본받으십시오. 여러분이 발로 밟는 모든 곳에 영적 씨를 뿌리십시오. 여러분 가운데 어떤 이들은 머지않아 해변에서, 스위스의 산들 한가운데서, 또는 지구의 다른 지역들에서 다양한 아름다움을 보게 될 것입니다. 그 때 여러분은 천국의 씨들을 가지고 다니십시오. 여러분이 모든 곳에서 하나님을 향한 열매를 맺게 할 수 있는 한두 개의 곡식 낱알들을 심지 못한다면, 여러분은 결코 만족해해서는 안 됩니다. 이것은 여러분이 할 수 있는 것이니, 이 사실을 명심하고 이를 행하십시오.

이제 우리는 여러분이 할 수 없는 것에 대해 생각해 보겠습니다. 씨가 여러분의 손을 떠난 후에는 여러분이 그 씨에 생명을 불어넣을 수 없습니다. 여러분이 그 씨를 자라나게 할 수는 없다고 저는 확신합니다. 왜냐하면 여러분은 어떻게 해야 그 씨가 자라는지를 알지 못하기 때문입니다. 오늘 본문에도 "씨가 나서 자라되 어떻게 그리 되는지를 알지 못하느니라"고 나와 있습니다. 우리 지식의 범위를 넘어서는 것은 분명히 우리 능력의 범위를 넘어서는 것입니다. 여러분은 씨앗에서 싹이 나게 할 수 있습니까? 여러분은 씨앗이 부풀어 발아될 수 있도록 습기와 온기가 있는 조건 하에 씨앗을 놓아둘 수는 있습니다. 하지만 싹이 나는 그 자체는 여러분의 능력 너머의 일입니다. 어떻게 이런 일이 일어나는 것입니까? 우리는 알지 못합니다. 여러분이 싹이 난 후에 그 싹이 자라면서 생기를 얻어 잎과 줄기를 내게 할 수 있습니까? 여러분은 그렇게 할 수 없습니다. 그렇게 하는 것도 여러분의 능력 밖의 일입니다. 그리고 푸른색의 잎들로 무성해져 이삭이 패어 나왔을 때 여러분은 그 이삭을 영글게 할 수 있습니까? 그 이삭은 앞으로 영글어갈 것입니다. 그러나 여러분이 그렇게 할 수 있습니까? 여러분은 자신이 그렇게 할 수 없다는 것을 알고 있습니다. 설령 여러분의 손으로 생명이 생길 수 있는 여건을 조성할 수 있다 해도, 생명의 그 실제적인 과정에는 손가락 하나도 관여할 수 없습니다. 생명은 신비입니다. 성장도 신비입니다. 성숙도 신비입니다. 이 세 가지 신비는 봉인된 샘으로서, 이에 대적하는 모든 개입을 불허합니다. 성숙한 씨앗 안에 또 다른 파종과 또 다른 성장을 위한 준비가 있습니다. 어떻게 그런 일이 있을 수 있습니까? 이러한 생명의 원리는 무엇입니까? 에너지를 재생산하는 이 비밀은 도대체 무엇입니까? 여러분은 이에 대해 조금이라도 알고 있습니까? 철학자들은 생명과 성장에 대해 설명할 수 있다고 말할지 모르겠습니다. 이런 문제에 대해 그들은 즉시 자신들의 통상적인 철학 과정에 따라 여러분을 미혹할 것입니다. 다시 말해, 어린 아기들이 늘 하는 말도 알아듣기 어려운데, 그것보다 더 알아듣기 힘든 그들만의 철학적인 언어로 그들은 여러분을 미혹하며, 거기에는 "총체적인 연관성이 있다! 그것은 분명히 가능한 일이다"라고 말할 것입니다. 철학자들은 자신의 무지를 유식한 전문용어로 감추고는 그것을 지혜라고 부릅니다. 오늘날까지도 가장 평범한 씨앗들이 자라는 것에 대해 다음과 같은 말이 진리로 남아 있습니다. "어떻게 그리 되는지 알지 못한다." 과학자들은 화학적 결합과 물리적 치환에 대해 언급하며 이런저런 비슷한 유추들을 인용할 것입니다. 그럼에도 여전히 씨가 자라는 것은 비밀이며, 이렇게 말합니다. "어떻게 그리 되는지를 알지 못한다." 이것은 사람의 마음에 하나님의 말씀이 태어나서 자라나는 데도 틀림없이 적용됩니다. 하나님의 말씀은 영혼에 들어가서 그 뿌리를 내립니다. 하지만 여러분은 어떻게 그리 되는지 알지 못합니다. 당연히 사람들은 말씀을 싫어합니다. 그래도 말씀은 마음에 들어가 마음을 변화시키며, 사람들은 그 말씀을 사랑하게 됩니다. 물론 우리는 어떻게 그리 되는지를 알지 못합니다. 하지만 그들의 전체 본성이 다시 새로워졌고, 그런 그들의 본성은 죄를 생산하는 대신 회개를 하고 믿음을 가지며 사랑하게 됩니다. 하지만 우리는 어떻게 그리 되는지를 알지 못합니다. 성령 하나님께서 인간의 마음을 어떻게 어루만지는지, 그분께서 새 마음과 바른 영을 어떻게 창조하는지, 어떻게 우리가 살아 있는 소망으로 다시 태어나게 되는지, 그리고 우리가 어떻게 성령으로 거듭나게 되는지 등에 대해 우리는 말할 수 없습니다. 성령님께서 우리 안에 들어오십니다. 비록 우리가 그분의 음성을 듣지 못하고, 그분의 빛을 보지 못하고, 그분의 어루만짐을 느끼지 못한다 해도, 그분께서는 우리에게 효과적으로 역사하십니다. 머지않아 우리는 그분의 역사하심을 인식하게 될 것입니다. 성령님의 사역은 새로운 창조이고, 부활이며, 죽은 자 가운데서 소생하게 하는 것임을 우리는 알고 있습니다. 하지만 이 모든 말들은 그분이 역사하는 것에 대해 우리가 무지하다는 사실만을 간신히 가릴 뿐입니다. 그분의 역사하심에 대해 우리는 왈가왈부할 능력조차 없습니다. 그분께서 친히 사랑의 기적을 어떻게 행하시는지에 대해 우리는 알지 못합니다. 그분이 어떻게 역사하시는지에 대해서도 우리는 모릅니다. 우리는 그분의 손에서 나오는 역사하심에 대해 알 수 없기에 분명히 잠잠해야 합니다. 우리는 창조할 수도 없고, 소생케 할 수도 없고, 변화할 수도 없고, 중생할 수도 없고, 구원할 수도 없습니다.

계속해서 씨를 자라게 하는 하나님의 사역이 있은 다음에는 어떤 일이 있겠습니까? 우리는 그 충실한 이삭을 추수할 수 있습니다. 시간이 지나면 성령 하나님께서 그 종들을 다시 사용하십니다. 살아 있는 씨에서 무엇보다 먼저 사고(思考)라는 잎이 나자마자, 그 다음으로 확신이라는 푸른 이삭이 패고, 그러고는 충실한 이삭인 믿음이 생겨납니다. 그 이후에 그리스도의 사역자들이 또 다른 섬김을 위해 개입됩니다. 왜냐하면 그들이야말로 추수할 수 있는 자들이기 때문입니다. "열매가 익으면 곧 낫을 대나니." 이것은 마지막 심판 날의 추수가 아닙니다. 이 말씀은 인간이 씨를 뿌리는 것과 추수하는 것과 분명히 관련이 있다는 비유의 차원에서 한 말씀이기에 그 마지막 날의 추수와는 다릅니다. 구세주께서 이 비유에서 의도하신 추수는 그의 제자들에게 하신 말씀, 즉 "너희 눈을 들어 밭을 보라 희어져 추수하게 되었도다"(요 4:35)라고 한 말씀과 관련이 있습니다. 그분께서는 사마리아인들의 마음에 씨를 뿌린 후 그 씨를 자라게 하셨습니다. 그래서 그들은 그분에 대한 확신의 믿음을 갖기 시작하였습니다. 그러자 주 예수님께서 "밭을 보라 희어져 추수하게 되었도다"라고 말씀하신 것입니다. 요한 사도는 "한 사람이 심고 다른 사람이 거둔다"(요 4:37)라고 말하였습니다. 우리 주님께서도 제자들에게 "내가 너희로 노력하지 아니한 것을 거두러 보내었노니"(요 4:38)라고 말씀하십니다. 다음과 같은 약속도 있지 않습니까? "낙심하지 말지니 포기하지 아니하면 때가 이르매 거두리라"(갈 6:9).

　　사람들이 그리스도에 대한 믿음을 분명히 보일 때, 그리스도의 사역자들은 이들을 유심히 살펴보는 것으로 그들의 추수 사역을 시작합니다. 사역자들은 그 잎들을 보고, 충실한 이삭들을 보면서 기뻐하지 않을 수 없습니다. 사역자들은 그들이 신자이기를 종종 바라기는 하지만, 그들이 확신을 갖기까지는 꽤나 시간이 걸립니다. 그러다가 마침내 그 믿음의 열매가 보이기 시작한다고 판단되면, 그 사역자들은 그들을 격려하고 축하하고 위로하기 시작합니다. 어린 신자는 그리스도인의 교제라는 헛간 안에 두어서 혹여나 있을지도 모를 수천 가지의 위험으로부터 보호해야 할 필요성이 있다는 것도 그 사역자들은 알고 있습니다. 지혜로운 농부라면 열매를 오랫동안 들판에 놔두어서, 우박에 그 열매가 떨어지게 하거나 백분병(白粉病, 식물의 잎이나 열매에 흰 균이 기생하여 못쓰게 되는 병 ― 역주)에 걸리게 하거나 그것을 새들이 쪼아 먹게 내버려 두지 않을 것입니다. 신자를 거룩한 교제라는 헛간 밖에 내버려 두는 일이 절대로 있어서는 안 될 것입니다. 신자라면 한 다발로 함께 묶여서 큰 기쁨이 있는 교회의 한가운데로 데려와야 합니다. 그리스도를 위한 사역자들은 이를 유심히 살펴서 자신이 개입해야 할 때를 분별하여 그 회심한 자들을 즉시 건져내야 합니다. 그래서 그들이 주안에서 형제 된 자들로부터 보살핌을 받고, 세상으로부터 분리되며, 유혹으로부터 차단되어 주님을 위해 예비된 자가 되게 해야 합니다. 그 사역자들은 “곧 낫을 대나니”라고 한 본문의 말씀처럼 이런 일에 게으르지 말고 즉시 행해야 합니다. 그는 냉랭하게 의심하면서 수개월씩 기다려서는 안 됩니다. 믿음이 실제로 드러났는데 너무 빨리 격려하는 것 아닌가 걱정할 필요도 없습니다. 그는 약속의 말씀을 가지고 다가가, 믿음의 한 형제 된 자로서 즉시 미소를 보내며 새로운 신자들에게 다음과 같이 말해야 합니다. “당신은 당신의 믿음을 고백했습니까? 공개적으로 고백해야 할 때가 오고 있지 않습니까? 신자들은 세례를 받으라고 예수님께서 명하지 않았습니까? 당신이 그분을 사랑한다면, 그분의 계명들을 지키십시오.” 회심한 자에게 신실한 자들과의 교제를 소개하기까지 사역자들은 결코 쉬지 않습니다.

　　사랑하는 성도 여러분, 사람들이 제자가 되어 세례를 받는다고 해서 우리의 사역이 끝난 것이 아닙니다. 그것으로는 우리가 해야 할 일의 절반만 한 것입니다. 그 후로는 우리가 그들을 격려하고 가르치고 힘을 주고 위로하며 어렵고 힘든 일이 있을 때마다 도와야 합니다. 구세주께서 어떻게 말씀하셨습니까? “그러므로 너희는 가서 모든 민족을 제자로 삼아 아버지와 아들과 성령의 이름으로 세례를 베풀고, 내가 너희에게 분부한 모든 것을 가르쳐 지키게 하라"(마 28:19-20).

추수꾼은 회심한 자들을 모으는 자로서, 명예롭고 유익한 직분을 잘 수행합니다. 만약 제가 오늘 복음을 전함으로써 어떤 자가 회심하게 된다면, 저는 씨를 뿌리는 자인 셈입니다. 그러나 지금 이 자리에 방문객으로 한 번 와 본 사람들이 있을 것입니다. 그런 여러분이 자기가 살고 있는 지역으로 돌아갔을 때, 그 동네 목회자들이 여러분을 영접해 준다면, 여러분은 제가 뿌린 것이 자라서 추수된 셈입니다. 그 동네 교회 목회자가 여러분을 자기 교회로 인도하였다고 해서, 제가 그 형제 목회자를 시기하겠습니까? 오히려 저는 그와 함께 기뻐할 것입니다. 씨를 뿌린 자와 추수한 자가 함께 기뻐할 것입니다. 왜냐하면 우리의 사역은 하나이며, 우리는 한 분 주님을 위해 수고하고 있기 때문입니다.

그렇다면 이제 하나의 도구로서 우리의 활동범위에 대해 살펴보겠습니다. 우리는 진리를 사람들에게 소개할 수 있을 뿐입니다. 그 후로는 주님께서 친히 그 진리를 축복해 주셔야만 합니다. 인간의 영혼 속에 있는 말씀이 살아서 자라는 것은 전적으로 하나님께서 역사하셔야 가능합니다. 자라나게 하는 이 신비로운 사역이 행해질 때, 우리는 비로소 구원받은 자들을 교회로 인도할 수 있습니다. 신실한 자들과 교제하도록 그들을 인도하는 것이 우리가 해야 할 일입니다. 우리는 그 일에 절대로 실패해서는 안 됩니다. 사람들 속에 그리스도의 형상이 이루어지는 이 영광의 소망은 우리가 할 일이 아닙니다. 예수 그리스도의 형상이 친히 그들 속에 이루어지기까지, 여러분은 구세주의 형상을 분별하고서 "여호와께 복을 받은 자여 들어오소서 어찌 밖에 서 있나이까?"(창 24:31)라고 말하십시오. 이것이 바로 우리의 사명이며 기쁨입니다.

하나님의 거룩한 생명을 창조하는 것은 하나님이 하실 일이며, 그것을 소중히 여기며 기르는 것은 우리가 할 일입니다. 숨어 있는 생명을 비밀한 가운데 자라나게 하는 것은 주님의 일이며, 그 생명이 싹이 나서 온전케 되는 것을 보고 기뻐하는 것은 신실한 자들의 일입니다. "열매가 익으면 곧 낫을 대나니 이는 추수 때가 이르렀음이라"고 기록된 대로 말입니다. 이것이 바로 우리가 배워야 할 첫 번째 교훈입니다. 이로써 우리는 우리가 할 수 있는 것과 우리가 할 수 없는 것을 알게 되었습니다.

2. 우리가 알 수 있는 것과 알 수 없는 것

우리의 두 번째 주제는 첫 번째 주제와 비슷합니다. 두 번째 주제는 우리가 알 수 있는 것과 우리가 알 수 없는 것에 관한 것입니다. 먼저, 우리가 알 수 있는 것에 대해 말하겠습니다. 우리가 말씀의 좋은 씨를 뿌릴 때, 우리는 그 씨가 자라날 것을 알 수 있습니다. 왜냐하면 그 씨가 그렇게 자라날 것을 하나님께서 약속하셨기 때문입니다. 그러나 모든 곳에 뿌려진 낱알들이 모두 다 자라는 것은 아닙니다. 어떤 씨는 새들이 먹어버리고, 또 어떤 씨는 벌레가 파먹기도 하며, 또 어떤 씨는 햇빛에 말라 죽기도 합니다. 그래도 일반적으로 하나님의 말씀은 헛되이 되돌아오지 않고 그분께서 보낸 그 자리에서 풍성히 자라날 것입니다. 이것이 일반적인 법칙입니다. 이 사실에 대해 우리는 알고 있습니다. 그리고 이 씨가 일단 뿌리를 내렸다면 계속해서 자라날 것도 우리는 알 수 있습니다. 그 씨가 사라질 것은 우리가 꿈도 꿀 수 없고 상상도 할 수 없으며, 푸른 잎사귀에서 나오는 힘과 에너지에 의해 이삭이 충실하게 되고, 하나님의 축복하심 가운데 실제적인 구원으로 발전하게 될 것이라 우리는 알 수 있습니다. "이삭에 충실한 곡식이라"고 한 말씀이 바로 이것입니다. 사람들을 가르치는 우리의 사역을 하나님께서 도우시고 축복하셔서, 우리의 사역으로 인해 사람들이 생각하고 확신하게 될 뿐만 아니라, 회심하여 영생을 얻게 됩니다.

또한 우리가 알 수 있는 사실은, 이미 우리가 들은 바대로, 이런 결과가 나타나는 이유가 이 말씀 속에 생명이 있기 때문이라는 것입니다. 하나님의 말씀 그 자체에 생명이 있습니다. "하나님의 말씀은 살아 있고 활력이 있어"(히 4:12)라고 기록된 대로 말입니다. 즉, 하나님의 말씀에는 "생명과 능력"이 있습니다. 이것은 "썩어질 씨로 된 것이 아니요 썩지 아니할 씨로 된 것이니 살아 있고 항상 있는 하나님의 말씀으로"(벧전 1:23) 된 것입니다. 살아 있는 씨들이 자라는 것은 생명 있는 씨의 본성이며, 하나님의 말씀이 인간의 마음속에서 자라나는 이유는 그 씨가 바로 살아 계신 하나님의 살아 있는 말씀이기 때문입니다. 왕의 말은 권능이 있다(전 8:4)는 것을 우리는 알고 있습니다. 왜냐하면 성경이 우리에게 그렇게 가르치고 있기 때문입니다. 성경에는 "자기의 뜻을 따라 진리의 말씀으로 우리를 낳으셨느니라"(약 1:18)고도 기록되어 있지 않습니까?

더욱이 오늘 본문에서는 인간을 상징하고 있는 땅에 대해 "땅이 스스로 열매를 맺되"라고 말씀하고 있습니다. 우리는 지금 이 말씀을 주해하고 있다는 사실을 염두에 두어야 합니다. 왜냐하면 인간의 마음은 결코 스스로 믿음을 만들어낼 수 없기 때문입니다. 인간의 마음은 바위처럼 딱딱해서, 씨가 그 속에 들어가려면 마음이 부서져야 합니다. 하지만 이 말씀에서 땅이 뜻하는 바는 이것입니다. 즉, 이슬과 비라는 축복을 받는 땅으로서, 하나님의 비밀한 사역으로 인해 그 땅이 씨를 받아 흡수하였다는 의미입니다. 이런 식으로 인간의 마음도 예수 그리스도의 복음을 받아 영접할 준비를 그 속에서 하게 됩니다. 땅 속에는 뿌려진 그 씨에 적합한 어떤 것이 있습니다. 그래서 그 씨가 적응하여 흙에서 영양분을 얻어 자라나는 것입니다. 인간의 마음도 이와 똑같습니다. 하나님께서 그 마음을 정직하게 만들어 좋은 땅이 되게 하십니다. 각성된 인간의 마음은 하나님의 말씀이 제공하는 것을 정확하게 받아들입니다. 인간의 영혼은 하나님의 능력으로 감동을 받아 진리를 받아들이고, 진리도 인간의 영혼을 받아들임으로써, 진리가 그 마음에 살게 되고, 그 마음은 진리로 인해 소생하게 됩니다. 인간의 사랑이 하나님의 사랑을 받아들이고, 성령 하나님께서 인간의 마음에 역사하시어 생긴 인간의 믿음은 하나님의 진리를 믿습니다. 성령 하나님께서 인간의 마음에 역사하시어 생긴 인간의 소망도 계시된 것들을 붙잡습니다. 그렇게 해서 천국의 씨가 영혼이라는 땅에서 자라게 됩니다. 생명은 말씀을 전하는 여러분으로부터 임하는 것이 아닙니다. 생명은 성령님으로 말미암아 여러분이 전하는 그 말씀 속에 있습니다. 생명은 여러분의 손에 있는 것이 아니라, 성령 하나님에 의해 진리를 붙잡도록 인도된 그 사람 속에 있습니다. 구원은 말씀을 전하는 자의 개인적인 권위로부터 받는 것이 아니라, 말씀을 듣는 자의 개인적인 확신과 믿음과 사랑을 통해 받는 것입니다. 그러므로 씨를 뿌리는 자들인 여러분은 이 비유를 통해서, 영적인 생명과 영적으로 자라나는 것은 하나님께 속한 것이고 그 씨와 땅에 의해 이루어지는 것이지, 절대로 여러분에 의해 이루어지는 것이 아니라는 것을 배우게 됩니다. 진리와 관련되는 한, 진리의 고유한 능력은 그 진리를 누가 전하든 간에 동일합니다. 이러한 진리의 능력은 하나님께서 축복하신 어떤 자가 복음을 전해주어서, 그 진리가 그 사람의 마음에 살아 있게 했기 때문에 나타나는 것이 아닙니다. 오, 절대로 그런 것이 아닙니다. 그 능력은 진리 그 자체로 인해 나타나는 것입니다. 하나님의 복되신 성령님의 비밀한 사역으로 인해 진리를 받은 그 사람의 마음 때문에 그 진리의 능력이 발휘되는 것입니다. 우리가 알 수 있는 것에 대해서는 이 정도로 전하고자 합니다. 이 정도만 전해도 실제적인 의미는 모두 충분히 전해졌으리라 생각합니다. 그렇지 않습니까?

　　그래도 우리가 알 수 없는 어떤 것이 있습니다. 즉, 우리가 헤아려 알 수 없는 어떤 비밀이 있다는 것입니다. 제가 앞에서 이미 전한 바를 다시 한 번 전하자면, 여러분은 인간의 내면을 뚫어 볼 수도 없고, 진리가 그 마음을 붙잡고 있는지 혹은 그 마음이 진리를 붙잡고 있는지에 대해서 여러분은 정확하게 볼 수 없습니다. 많은 사람들이 자신의 감정을 들여다보다가 급기야 절망 가운데 눈이 멀고 말았습니다. 또 어떤 사람들은 어린 자들의 감정을 들여다보다가 너무 엄격하게 감독하는 바람에 그 어린 자들에게 유익을 끼치기는커녕 도리어 해를 입혔습니다. 하나님의 사역에는 눈으로 볼 수 있는 영역보다 믿음의 영역이 더 많습니다. 천국의 씨는 은밀하게 자랍니다. 여러분은 눈으로 볼 수 없는 가운데 그 씨를 심어야 합니다. 그렇지 않으면 절대로 추수하지 못할 것입니다. 설령 여러분이 그 씨를 심지 않고 그냥 땅 위에 두었다가 싹이 났다 해도, 그래도 여러분은 그 씨가 어떻게 자라나는지 알 수 없을 것입니다. 그 씨가 부풀어 싹이 나는 것을 현미경으로 관찰한다 해도, 여러분은 그 씨를 움직이는 그 내부의 생명력을 볼 수 없을 것입니다. 자연적인 생명과 더불어 자라나는 신비로움 가운데 하나님의 은밀한 역사가 있습니다. 이 비밀한 사역을 감추고 있는 그 베일의 뒤를 여러분은 꿰뚫어 볼 수 없습니다. 사람 안에 있는 하나님의 생명은 죽을 수밖에 없는 인간의 눈에는 영원히 감추어져 있습니다. 여러분은 그 생명의 결과를 볼 수 있을 뿐이며, 그 생명이 발전되는 방식과 관련된 어떤 것을 알 수 있을 뿐입니다. 하지만 실제적으로 역사하시는 방식(modus operandi), 즉 새 생명의 은밀하고 내밀한 신비는 여러분이 인식하도록 주어지지 않을 것입니다. 여러분은 성령님께서 일하시는 방식을 알지 못합니다. 그분의 사역은 은밀한 사역이기에 여러분은 그분이 오셨는지 아니면 가셨는지 전혀 알 수 없습니다. 어떤 사람은 "새롭게 태어나는 것을 설명하라(Explain)"고 말하겠지만, 이에 대해 저는 "새롭게 태어나는 것을 경험하라(Experience). 그러면 그것이 어떤 것인지 알게 되리라"고 대답할 뿐입니다. 우리가 헤아릴 수 없는 비밀들이 있습니다. 그 비밀들의 빛은 죽을 수밖에 없는 인간의 눈으로 감당하기에는 너무나 밝은 빛입니다. 오, 인간들이여, 그대들은 전지(全知)한 자가 될 수 없으리니, 그대들은 피조물이지 창조주가 아닌 연고로다. 그대들에게는 영원히 알려지지 않을 뿐만 아니라 알 수조차 없는 영역이 반드시 있으리라. 그대의 지력(智力)으로 애써 보겠지만, 결코 진전이 없을 것이기에 그대들은 그러한 것을 주신 하나님께 감사하는 것이 좋으리로다. 그런 까닭에 하나님께서 이렇게 믿음의 영역을 주시고 기도할 이유를 주신 것이리라. 그대들이 감히 시도조차 할 수 없는 그 일을 행하신 위대한 사역자인 그분에게 목 놓아 울부짖을지어다. 그래서 그대가 인간들의 구원을 보게 될 때, 그대는 영원한 영광을 전적으로 그분에게 돌려드리게 되리로다.

3. 우리가 기대할 수 있는 것과 기대할 수 없는 것

세 번째로 오늘 본문은 우리가 하나님을 위해 일할 때 우리가 기대할 수 있는 것과 기대할 수 없는 것에 대해 말하고 있습니다. 이 비유에 따르면 우리는 열매를 볼 수 있으리라 기대할 수 있습니다. 농부가 씨를 땅에 뿌리자, 그 씨는 싹이 나서 자랍니다. 따라서 그는 추수를 기대할 수 있습니다. 저는 그리스도의 사역자들이 이런 기대를 하면서 사역하도록 그들에게 각성의 말을 전하고자 합니다. 이런 말을 하게 되어 죄송하지만, 많은 사역자들이 믿음 없이 사역하고 있기 때문입니다. 만약 여러분에게 정원이나 밭이 있어서 거기에 씨를 뿌렸는데, 하나도 싹이 나지 않았다면, 여러분은 아마 아주 크게 놀라고 슬퍼할 것입니다. 그런데 많은 그리스도인들이 그런 사역의 결과에 아주 만족해하면서, 씨 뿌린 결과에 대해 기대조차 하지 않고 있습니다. 이것이 바로 서글픈 사역입니다. 일 년이나 수고했지만 빈 양동이만 들어올리는 격입니다. 만약 수고한 후에 그 결과를 보았다면 저는 틀림없이 기뻐하였을 것입니다. 하지만 그 결과를 보지 못했다면 저는 틀림없이 내가 과연 위대한 주님의 종이 맞는지 자문하면서 마음이 찢어지도록 괴로웠을 것입니다. 우리는 마땅히 결과를 기대해야 합니다. 우리가 많은 것을 기대하면, 더 많은 결과를 보게 될 것입니다. 하지만 기대하지 않는다면 우리는 하나님의 사역자로서 큰 과오를 범하는 것입니다.

그러나 우리가 씨를 뿌린 그 순간에 모든 씨에서 싹이 나는 것을 보게 될 것이라고 우리는 기대할 수 없습니다. 때로는 우리가 말씀을 전하는 그 즉시 사람들이 회심하게 되는 경우를 보고서 하나님께 영광을 돌려드리기도 합니다. 이런 경우에는 추수하는 자들이 씨 뿌리는 자들보다 한결 나아 보입니다. 그러나 항상 그런 것은 아닙니다. 씨를 뿌리는 자들 중에 어떤 이들은 부지런히 수년씩 땅에 씨를 뿌렸지만, 결국 모든 수고가 수포로 돌아가기도 합니다. 추수를 해야 하는 마지막 때가 이르러, 일반적으로 사람들이 말하는 식으로 구석뙈기 땅까지 모조리 추수해 보았지만, 추수라고 하기에는 너무 모자랄 정도로 말입니다. 이 세상은 그리스도에게 회심해야 할 곳입니다. 저는 그렇게 믿고 있습니다. 하지만 이 회심은 오늘 당장 이루어지지도 않고, 내일 이루어지지도 않을 것입니다. 아마 수많은 세월이 흐른다 해도 이루어지지 않을 것입니다. 그렇다 해도 수 세기에 걸쳐 내려온 이 씨 뿌리는 수고는 결코 중단되어서는 안 됩니다. 이 일은 궁극적으로 세상 끝날까지 전적으로 계속해야 할 일이기 때문입니다. 버섯은 곧 수확할 수 있겠지만, 삼나무 숲은 그 다음 세대가 흙이 될 때까지도 그 나무를 심은 자에게 보답하지 않을 것입니다. 씨를 뿌리고 빠른 시간에 추수를 하고자 하는 바람은 우리의 소망입니다. 하지만 여전히 우리는 "보라 농부가 땅에서 나는 귀한 열매를 바라고 길이 참아 이른 비와 늦은 비를 기다리나니"(약 5:7)라고 한 말씀을 기억해야 합니다. 우리도 그렇게 기다려야 합니다. 우리는 결과를 기대해야 합니다. 그러나 오늘이나 내일 당장 그 결과를 보지 못한다고 해서 절대 낙담해서는 안 됩니다.

　　또한 우리는 좋은 씨가 자라나는 것을 볼 수 있기를 기대해야 합니다. 비록 우리가 생각하는 방식대로 항상 자라지는 않는다 해도 말입니다. 여기 있는 우리 모두는 거의 어린 아이들과 같습니다. 아마도 아버지 같은 이들은 많이 없을 것입니다. 우리의 성향은 어린 아이들처럼 인내심이 없습니다. 여러분의 집에 있는 어린 소년은 어제 겨자씨와 냉이씨를 작은 정원에 뿌렸습니다. 이 작은 농장의 어린 주인인 조니(Johnny)는 바로 오늘 오후에 그 씨가 자라고 있는지를 보려고 그 땅을 둘러볼 것입니다. 하지만 그가 땅에 심은 겨자씨와 냉이씨에서 조그마한 것이라도 나올 가능성은 전혀 없습니다. 왜냐하면 그 씨가 자라날 수 있는 충분한 시간적 여유가 없었기 때문입니다. 성급한 사역자들도 이와 마찬가지입니다. 그들은 복음의 결과를 직접 봐야만 직성이 풀립니다. 그러지 않으면 복음의 사역을 중단하고는 그 복된 말씀을 불신해 버립니다. 사람들이 하나님의 말씀을 가슴으로 받아들이고, 그 말씀에 대해 생각하고 있어도, 어떤 설교자들은 너무나 성급해서 말씀을 받은 그들이 생각해야 할 시간적인 여유나 앞으로 희생을 감수해야 할 어떤 공간적인 여유 혹은 이들이 감당해야 할 길을 생각하면서 온 마음을 다해 주님을 의지할 기회 등에 대해 전혀 고려하지 않고 있습니다. 모든 다른 씨들도 자라나기 위해서는 시간이 걸립니다. 그런데도 말씀이라는 씨는 마치 마술처럼 그 말씀을 전하는 자의 눈 앞에서 당장 자라야지, 그러지 않으면 자신은 아무것도 한 것이 없다고 성급한 사역자들은 생각합니다. 그토록 선한 사역자들도 그 자리에서 당장 잎과 이삭을 내려고 너무나 열심입니다. 그들은 열광주의라는 불에 그 씨를 쬐어보기도 합니다. 하지만 그렇게 하면 그 씨에는 생명이 전혀 없게 됩니다. 그런 사역자들은 사람들로 하여금 자신이 회심하였다고 생각하게 합니다. 그래서 결과적으로는 그들이 구원받는 진리를 아는 지식에 이르는 것을 효과적으로 방해하는 꼴이 되고 맙니다. 제가 엄숙하게 확신하고 있는 다음과 같은 사실이 있습니다. 즉, 어떤 사람들은 자신이 이미 구원받았다는 말을 듣게 됨으로써 구원을 받지 못하게 되기도 하고, 또 어떤 사람들은 자신이 상한 마음을 가진 적도 없었는데 온전하게 되었다는 생각으로 교만해짐으로써 구원을 받지 못하게 되기도 한다는 사실입니다. 만약 이런 사람들이 좀 더 심오한 것을 추구하라는 가르침을 받았다면, 결코 돌밭에서 씨를 받은 것으로 만족하지 않았을 것입니다. 그러나 지금 그들은 부서지지 않은 바위 위에 뿌려진 씨에 만족하고 있습니다. 그들은 신속한 발전을 보이지만, 그와 동시에 신속한 퇴락과 몰락을 보여줍니다. 우리는 믿음을 가지고 씨가 자라나는 것을 보기를 기대합시다. 하지만 그 씨가 자라는 것을 오늘 본문이 말하고 있는 방식대로, 즉 처음에는, 다음에는, 그 다음에는 이렇게 살펴보도록 합시다. 처음에는 싹이요, 다음에는 이삭이요, 그 다음에는 이삭에 충실한 곡식이라.

사랑하는 성도 여러분, 여러분은 서두르고 있습니다. 하지만 뜨거운 열정보다는 원리에 따른 인내를 보이는 것이 더 좋을 것입니다. 모든 사람들로 하여금 서둘러 구원받도록 해야 하겠지만, 진리를 전하는 자들은 사람들이 자신의 죄를 고백하고 자기 확신에서 벗어나 하나님의 은혜의 빛에 비췸을 받고 믿음을 향해 확실한 발걸음을 내딛도록 인도해야 합니다. 가장 훌륭한 그리스도인들 가운데서도 자신이 회심한 정확한 때를 알지 못하는 이들이 있습니다. 왜냐하면 회심은 마치 푸른 잎이 충실한 이삭으로 변해가는 점진적인 과정과 같기 때문에, 그들은 믿음이라는 실제적인 열매가 그들 속에 맺혀진 그 때를 정확하게 말할 수 없는 것입니다. 가장 생각이 깊은 지성인들의 경우에도 돌연히 경련을 일으키듯 그렇게 갑자기 그리스도인이 된 것이 아니라, 마치 한낮의 정오가 서서히 다가오듯 그렇게 하나님의 빛으로 점진적으로 인도함을 받은 것입니다. 대부분의 경우 처음에는 작은 이파리만 있을 뿐입니다. 그것이 과연 풀인지 아닌지도 모를, 정말 풀이라고 말할 수 없을 정도에서 시작합니다. 그들은 지옥에 대한 두려움으로 인해 자연스럽게 무서운 감정을 갖게 되는 것 같습니다. 하지만 이러한 감정도 전혀 효과가 없다고는 할 수 없습니다. 그 이후에 작은 믿음이 뒤따르고 마치 밀 이삭 같은 믿음이 형성되기 때문입니다. 그럼에도 여전히 그 믿음은 그저 관념적일 뿐입니다. 좀 더 시간이 지나면 그 사람에게서 예수님에 대한 확실한 믿음을 가진 충실한 곡식의 모습이 나타나게 됩니다. 자라나는 것은 종종, 꼭 일반적이라고는 할 수 없다 해도, 점진적입니다. 이것이 우리 마음에 들지 않는다고 해서, 하나님께서 역사하시는 이 점진적인 방식이 바뀌기를 우리가 바라야 하겠습니까? 우리는 씨가 자라나기를 기대할 수 있습니다. 하지만 모든 땅이 똑같이 예민하거나 신속하지는 않습니다. 그러므로 우리는 마땅히 하나님께서 동일한 속도로 균일하게 역사하시기를 그분께 요구해서는 안 될 것입니다.

또한 우리는 씨가 익어가는 것도 보기를 기대할 수 있습니다. 우리의 사역은 하나님께서 말씀과 성령으로 행하신 것을 진정으로 믿는 자들을 하나님의 은혜로 인도하는 것입니다. 그런데 우리는 이 사역이 처음부터 온전해지는 것을 보기를 기대해서는 안 됩니다. 이 부분에서 얼마나 많은 실수가 일어나는지 모릅니다. 하나님께서 행하신 것에 대해 강한 인상을 받은 한 청년이 여기에 있다고 합시다. 그런데 선하고 건전한 어떤 형제가 그 청년과 이야기를 나누면서, 그에게 심오한 질문들을 던집니다. 그 청년은 자신의 머리를 흔들며 미간을 찡그립니다. 그는 아직 이른 시기임에도 불구하고 들판에 나가 곡식이 얼마나 자랐는지 살펴보고는, 곡식의 이삭을 볼 수 없어서 한탄합니다. 진정 그의 눈에 보이는 것은 풀 밖에 없기 때문입니다. "나는 곡식의 흔적조차 볼 수 없네"라고 그는 말합니다. 사랑하는 성도 여러분, 그 청년뿐 아니라 여러분도 볼 수 없기는 마찬가지입니다. 왜냐하면 여러분은 생활의 증거라는 잎사귀에 만족하지 못하고서, 즉시 모든 것이 충실하게 자라는 것을 보고자 하기 때문입니다. 만약 여러분이 잎사귀를 찾았다면, 여러분은 그 잎사귀를 발견했을 것이고, 그것으로 여러분은 힘을 얻게 되었을 것입니다. 제 경우로 말하자면, 저도 소망이 희미해지기도 하고, 약간은 흔들리기도 하고, 불안하기도 하고, 죄 때문에 지치기도 하고, 은혜를 갈망하기도 하지만, 그럼에도 저는 기꺼이 기뻐합니다. 그러므로 여러분도 첫술에 배 부르려 하지 말고, 시작할 때의 그 작은 것에 만족하십시오. 그것이 지혜로운 일일 것입니다. 소망의 잎을 먼저 보고, 그 이후에 더 많은 것들을 살펴보십시오. 그러면 여러분은 이제 곧 소망보다 조금 더 많은 것을 보게 될 것입니다.

거기에 확신도 생길 것이며 결심도 생길 것입니다. 그러다 조금 더 지나면 아주 작지만 나중에 풍성하게 자라는 겨자씨처럼, 작고 연약한 믿음을 보게 될 것입니다. 작은 것들이 생기는 그 날들을 무시하지 마십시오. 신생아 같은 어린 성도들에게 칼빈주의의 서로 다른 면에 대해 질문하면서, 건전한 여러분의 신앙 수준에 맞추어 그 어린 성도의 신앙이 건전한지를 점검하지 마십시오. 아마도 열에 아홉은 건전한 신앙과는 거리가 멀 것인데, 공연히 여러분이 그 사랑스러운 마음에 어려운 질문들을 해서 걱정만 하게 될 것입니다. 여러분은 그 어린 성도에게 그가 죄인이며, 그리스도는 구세주라는 사실을 말해 주십시오. 이런 방식으로 그에게 물을 주게 되면, 그리스도의 은혜가 그 이삭에 임해서 충실한 곡식이 될 것입니다. 아직은 전혀 곡식 같아 보이지 않을 수 있습니다. 하지만 서서히 변화되는 모습을 보면서 여러분은 "곡식이다! 아, 내가 알고 있는 곡식이 바로 이런 곡식이다. 이 사람은 이삭에 충실한 곡식이니, 기꺼이 내 주인의 곳간에 넣어 둬야겠다"라고 말하게 될 것입니다. 만약 여러분이 그 잎사귀들을 짓밟아 버렸다면, 어디서 그 이삭들이 나올 수 있었겠습니까? 만약 여러분이 그 푸른 이삭들을 잘라 버렸다면, 어디서 그 충실한 곡식이 나올 수 있었겠습니까? 여러분이 회심하도록 이끈 그들에게 은혜가 임하기를 기대하십시오. 하지만 아직은 그들에게 영광스러운 모습이 있는지 찾아보지 마십시오. 그들에게서 천국이 시작된 것을 보는 것만으로도 충분하니, 바로 당장 그들이 완전해졌는지를 살펴보려고 해서는 절대로 안 됩니다.

그러므로 사랑하는 성도 여러분, 여러분은 추수하는 것을 보리라 기대하십시오. 여러분은 추수를 기대해도 좋습니다. 하지만 모든 씨에서 싹이 났을 것이라고 기대하지는 마십시오. "그런데 그 말씀은 좀 낙담이 되네요"라고 말할 자들이 있을 것입니다. 그럴 수도 있습니다. 하지만 그 말은 참된 말입니다. "아무것도 기대하지 않는 자는 복이 있나니, 그들이 결코 절망하지 않을 것이요"라는 옛날 속담이 있습니다. 제가 그 속담을 믿는 것은 아니지만, 그 속담의 현대적 형태라 할까, 그것은 믿습니다. 즉, "이성적으로 맞지 않는 것을 기대하지 않는 자는 복이 있나니, 그들이 결코 그것을 결코 얻지 못할 것이요"라고 말입니다. 하나님을 위해 일하기를 시작한 젊은 여러분들이 전한 모든 말들이 그 말을 들은 모든 이들에게 유익하기를 기대한다 해도, 그런 일은 절대로 일어나지 않을 것이며, 여러분은 낙담하게 될 것입니다. 그러므로 저는 여러분에게 진리가 허락하는 만큼만 기대하라고 말하고 싶습니다. 그 이상은 안 됩니다. 저는 여러분이 사다리의 맨 꼭대기까지 올라갔으면 좋겠습니다. 하지만 제가 거기서 더 높이 올라가라고 여러분에게 권면한다면, 여러분은 자신이 계속 올라가고 있다고 생각하겠지만 사실은 반대편 방향으로 곧 내려오게 될 것입니다. 저는 자신이 얻지 못할 것에 대해 기대하는 사람을 절대로 보고 싶지 않습니다. 자, 보십시오. 우리가 가진 씨 가운데 더러는 가시떨기 위에 떨어지고, 더러는 돌밭에 떨어진 것을 저도 알고 있습니다. 하지만 저는 그런 곳에 씨가 떨어진 것으로 인해 절망하지 않습니다. 저도 말씀을 전할 때, 제가 전하는 말씀을 듣는 모든 자들이 그 말씀을 받아들일 것이라고 기대하지 않습니다. 왜냐하면 제가 전하는 그 말씀이 이 사람에게는 사망으로부터 사망에 이르는 냄새요, 저 사람에게는 생명으로부터 생명에 이르는 냄새(고후 2:16)가 될 줄을 알고 있기 때문입니다. 저는 제가 가진 온 힘을 다해 그물을 끌어당겨 올릴 것입니다. 그러나 해안에 도달해서 보면, 내던져 버려야 할, 물고기도 아닌 어떤 이상한 것들이 그물에 들어 있을 것이란 것도 저는 알고 있습니다. 하지만 그물 안에는 멋진 물고기들도 셀 수 없이 많을 것이기에 그 생각만으로 제 마음은 기쁩니다. 오늘날 우리가 행하는 사역에서도 서로 다른 결과들이 나올 것입니다. 사도 바울이 말씀을 전했을 때 그 말을 믿는 사람도 있고 믿지 아니하는 사람도(행 28:24) 있었던 경우와 마찬가지입니다. 우리는 이 경우에 대해 준비하고 있어야 합니다. 하지만, 그럼에도 저는 여러분에게 기대의 범위를 넓힐 것을 명하고자 합니다. 왜냐하면 하나님께서 여러분과 함께 하신다면, 비록 까마귀와 벌레들이 곡식의 일부를 먹는다 해도, 하나님께서 여러분에게 풍성히 보답하시어, 여러분은 여러분이 뿌린 씨로부터 육십 배나 백 배의 결실을 얻게 될 것이기 때문입니다.

4. 잠자고 있는 농부가 취할 수 있는 것과 없는 것

마지막 주제는 잠자고 있는 농부가 취할 수 있는 것과 취할 수 없는 것입니다. 씨를 땅에 뿌린 이 사람은 밤낮 자고 깨고 하는 중에 씨가 나서 자라되 어떻게 그리 되는지를 알지 못하였다고 본문에 기록되어 있습니다. 농부의 이 거래는 수지가 맞는 거래였다고 말할 수 있습니다. 왜냐하면 그가 침상에 누워 잘 때도 그의 일은 계속되기 때문입니다. 이와 마찬가지로 좋은 씨를 땅에 뿌리면서 우리 주님을 섬기는 우리의 사역도 틀림없이 수지맞는 거래임이 분명합니다. 왜냐하면 우리가 잠자고 있을 때도 그 씨가 자라고 있기 때문입니다.

그런데 그리스도를 위해 일하는 선한 농부는 어떻게 합법적으로 잠을 잘 수 있겠습니까? 이에 대한 저의 대답은 다음과 같습니다. 첫째로, 그는 잠을 잘 수 있습니다. 그의 잠은 확신에서 나온 안식의 잠이기 때문입니다. 여러분은 그리스도의 나라가 임하지 않는 것은 아닌가 걱정하고 있지 않습니까? 하나님의 궤로 말미암아 여러분의 마음이 떨리도록(삼상 4:13) 누가 요청하였습니까? 여러분은 하나님의 뜻이 이루어지지 않을까봐 무한하신 여호와 하나님을 걱정하고 있지는 않습니까? 여러분, 부끄러운 줄 아십시오! 여러분의 걱정이 하나님의 이름을 더럽히고 있습니다. 여러분은 그분이 실패하지는 않을까 의심하면서 그분을 모욕하고 있는 것입니다. 전능하신 분이 어찌 패할 수 있습니까? 여러분이 깨어서 하나님의 궤를 붙들어 하나님의 일을 그르친 웃사의 역할을 하고 있느니, 차라리 잠을 자는 것이 더 유익합니다. 고요히 안식하십시오. 그러면 하나님의 뜻이 이루어지고, 하나님의 나라가 임할 것이며, 그분의 백성이 구원받게 되며, 그리스도께서 자기 영혼의 수고한 것을 보실(사 53:11) 것입니다. 하나님께서 그 사랑하시는 자에게 주시는 달콤한 잠을 취하십시오. 큰 광풍이 이는 데도 배의 고물에서 주무셨던 예수님의 잠처럼, 온전한 확신의 잠을 취하십시오. 하나님의 뜻은 지금까지 한 번도 위기에 처한 적이 없었으며, 앞으로도 그런 일은 절대 없을 것입니다. 땅 위에 뿌려진 씨는 전능으로 보증되었기에, 반드시 추수하게 될 것입니다. 여러분의 인내로 여러분의 영혼을 얻을 것입니다(눅 21:19). 추수 때가 오기까지 기다리십시오. 예수님 그분의 손으로 여호와께서 기뻐하시는 뜻을 성취할 것입니다(사 53:10).

또한, 즐거운 기대감으로 행복하게 걷게 해주는 잠을 취하십시오. 아침에 일어나서는 하나님께서 친히 자신의 뜻 가운데 모든 것을 이루신다는 감정을 가지십시오. 그런 감정을 추구하십시오. 만약 여러분이 잠을 자지 않는다면, 여러분은 틀림없이 아침에 개운하게 일어나지 못할 것이며, 더 많은 일을 감당할 수도 없을 것입니다. 설령 여러분이 전혀 잠을 자지 않고 일하여 그 수고의 떡을 먹을 수 있다 해도, 여러분은 주님께서 아침에 하라고 명하신 그 봉사를 제대로 감당할 수 없을 것입니다. 그러므로 여러분은 안식을 취하고 안정을 취하십시오. 그리고 고요한 가운데 품위 있게 일하십시오. 중요한 것은 하나님의 손 안에 있어야 안전하다는 사실입니다.

여러분은 안식을 취해도 괜찮습니다. 여러분은 그 모든 일들을 하나님의 손에 의식적으로 맡겼기 때문입니다. 여러분이 기도하는 가운데 하나님을 의지한다고 말한 후에 하나님의 손에 의탁했다면, 여러분은 그 일에 대해 불안해하지 마십시오. 하나님의 손보다 더 안전하게 유지되는 곳은 있을 수 없습니다. 그냥 거기에 그대로 두십시오.

그렇다고 해서 자신의 일을 돌보지도 않고 방심한 채로 잠을 자지는 마십시오. 농부는 자신의 씨를 뿌립니다. 하지만 뿌린 후에도 그는 그 씨를 잊지 않습니다. 그는 짐승들이 그 씨를 먹어치우지 못하도록 울타리를 손봐야 합니다. 새들도 쫓아야 하고, 가라지도 뽑아야 하고, 홍수해도 막아야 합니다. 씨가 자라는 것을 앉아서 보지 않는다 해도 그에게는 그 밖에 해야 할 일들이 많이 있습니다. 그는 무관심하게 잠만 자거나, 더 심하게는 아무 행동도 하지 않고 잠만 자는 일은 절대로 하지 않습니다. 그에게는 계절마다 해야 하는 일들이 있습니다. 한쪽 밭에 씨를 뿌렸지만, 씨를 뿌려야 할 또 다른 밭이 있습니다. 또 씨를 뿌렸으니 추수도 해야 합니다. 열매가 익으면, 또 해야 할 다른 일들이 그를 기다리고 있습니다. 그는 절대로 무관심하게 아무 일도 하지 않고 그냥 있지 않습니다. 이 밭에서 일이 끝나면, 저 밭에서도 그의 손길이 필요하기 때문입니다. 그의 잠은 자신이 해야 할 일을 계속할 수 있도록 힘을 주는 일종의 막간(幕間)입니다. 이 비유가 우리에게 교훈하는 바는, 하나님의 영역에 속한 일에 우리가 개입해서는 안 된다는 것이며, 인간의 마음에 역사하는 진리의 은밀한 사역과 관련해서, 우리는 우리에게 속한 안식을 취하고서 계속하여 우리의 길, 즉 우리가 살아갈 날과 세대 동안 하나님의 뜻을 따라 그분을 섬기는 일에 매진해야만 한다는 사실입니다.

사랑하는 남녀 성도 여러분, 이 아침에 저는 여러분이 다음과 같은 핵심적인 기도를 드리기 원합니다. "주님, 이것이 바로 당신이 하시는 일이옵니다. 주님, 당신은 당신 자신의 일을 행하시나이다. 주님, 당신의 일을 친히 행하시옵소서. 우리가 바라고 간청하오니 당신께서 그 일을 행하시옵소서. 주님, 처음부터 끝까지 우리는 우리가 해야 할 일을 행하게 하옵소서. 그 중간에 당신이 결코 실패하지 않으시리라는 확신을 갖게 하옵소서. 우리를 도우시어 당신에 대한 믿음을 발휘하게 하옵소서. 당신은 우리와 함께 하시고 우리는 당신과 함께 하는 동역자라는 확신으로 우리의 수고를 감당하게 하옵소서."

　사랑하는 성도 여러분, 산으로 올라가십시오. 갈멜 산에서 기도했던 엘리야처럼, 여러분도 이 아침에 갈멜 산 꼭대기로 올라가 하나님께서 성령으로 말미암아 하늘에서 비를 내려 주시기를 기도하십시오. 엘리야처럼 올라가십시오. 여러분의 머리를 여러분의 무릎 사이에 넣고서, 비록 처음에는 사람의 손만큼 작은 구름이 일겠지만 그 구름이 온 지면과 온 땅을 축복으로 뒤덮을 것이라는 확신이 들 때까지 여러분은 부르짖으십시오. 마치 메뚜기처럼 오늘날의 교회를 갉아먹고 있는 모든 의심들을 하나님께서 없애 달라고 일어나 기도하십시오. 죄를 사랑하고 그리스도를 거부하는 모든 것들을 이 시간에, 바로 지금 이 시간에 제거해 달라고 기도하십시오. 씨를 뿌리는 자들의 그 연약한 손길로 하나님께서 친히 영광을 받으실 것입니다. 신실한 나의 사랑하는 성도 여러분, 주님의 말씀이 거룩한 승리를 얻게 되도록 오늘 오후에도, 오늘 저녁에도 여러분은 기도해 주십시오. 그것이 저의 바람입니다. 하나님께서 역사하시도록 저는 뒤로 물러설 것입니다. 그러고는 하나님께서 저를 통해 역사하시도록 전면에 나설 것입니다. 그분을 영원히 찬양할지어다. 아멘.

제
10
장

—

배에서 주무시는 그리스도

—

"예수께서는 고물에서 베개를 베고 주무시더니 제자들이 깨
우며 이르되 선생님이여 우리가 죽게 된 것을 돌보지 아니
하시나이까 하니" — 막 4:38

그 날은 아주 인상 깊은 날이었습니다. 우리 주님께서 자신의 가르치는 능
력과 치유하는 능력을 분명히 보여주신 날이었습니다. 허다한 무리들이 모여들
었고, 그분은 그들에게 아주 귀한 비유들을 말씀해 주셨으며, 그들 가운데서 아
주 진기한 치유의 역사를 행하셨습니다. 그 날은 엄청난 날이었으며, 한 차례의
광풍이 불어닥치지 않고서는 지나갈 수 없는 그런 날이었습니다. 이와 같은 식
으로, 즉 엄청난 성공이 엄청난 시련과 함께 뒤섞인 이런 날은 하나님의 교회 역
사에서 그 유례를 찾아볼 수 없을 것입니다. 오순절의 역사는 박해 뒤에 일어났
고, 베드로의 능력 있는 설교는 베드로의 투옥으로 말미암아 가능했습니다. 오
늘날의 교회가 아주 풍성한 영광을 누리고 있지만, 얼마 안가 엄중한 난관에 봉
착할 수도 있습니다. 그러나 이러한 시련에도 불구하고 교회는 더욱더 흥왕할
것입니다. 왜냐하면 하나님께서 교회의 한가운데 계셔서 교회를 축복해 주시기
때문입니다. 우리 주님께서 배에 타셨을 때는 아마도 날씨가 매우 맑았던 것 같
습니다. 바다에 나가고 싶었지만 그럴 수 없었던 많은 작은 배들은 호수에 나와
서 그 위대한 선생님의 배를 둘러섰습니다. 그분의 배는 마치 해군 제독의 모선
(母船) 같았으며, 다른 작은 배들은 행복한 함대 같았습니다. 그 배들은 평화로

운 바다 위를 날아다니는 바다의 새들처럼 편대를 형성해 즐겁게 항해하고 있었습니다. 모든 마음들이 행복했고, 모든 영혼들이 고요했으며, 주님께서 주무시는 것 또한 일상적인 평안의 한 유형일 뿐이었습니다. 모든 자연이 휴식 중이었고, 호수는 마치 빛나는 거울과 같았으며, 모든 것은 고요하였습니다. 그런데 느닷없이 산들 가운데서 광풍이라는 원수가 출몰하더니 앞서 있던 그 모든 것들을 한순간에 뒤엎어 버렸습니다. 사실 이런 일은 수심이 깊은 바다에서는 늘 일어나는 일이었습니다. 크기가 작은 배들은 이를 견디기가 힘들었습니다. 태풍이라도 휘몰아치면 이 배들은 거의 물에 잠겨 언제든 가라앉을 지경이었습니다. 이런 상황은 우리가 사랑하는 고요함에도 적용되어, 그 고요함 뒤에 압도적인 태풍이 불어닥치기도 합니다. 그리스도인에게는 평안한 날이 그리 길지 않습니다. 우리의 인생은 4월의 날씨처럼 햇빛이 나다가 갑자기 비가 퍼붓기도 합니다.

> "우리가 아주 큰 기쁨을 감지할 때,
> 어떤 위험이 다가오고 있음을 우리는 예상해야 하나니."

달 아래 의지할 수 있는 것은 아무것도 없습니다. 모든 것들은 변함없이 변합니다(All things are invariably variable). "너는 내일 일을 자랑하지 말라"(잠 27:1)고 지혜자는 말합니다. 그리고는 다음과 같은 말을 덧붙입니다. "너는 내일 일을 자랑하지 말라. 어떻게 저녁이 마감되고, 얼마나 밝게 아침이 시작될지 네가 알 수 없음이니라." 우리는 이 교훈을 시작부터 배우도록 합시다. 현재의 편안한 삶이 지속될 것이라 여기지 말고, 이 세상의 변덕스러운 날씨처럼 유동적인 것에 우리의 행복이 흔들리지 않도록 합시다. 우리는 언제든 변화할 준비를 합시다. 그래야 실제로 변화가 찾아왔을 때, 우리의 마음은 주님을 의지하는 마음으로 흔들리지 않고, 흉한 소식들을 두려워하지 않게 될 것입니다.

광풍이 불기 시작했을 때, 처음에는 제자들이 주님을 깨우지 않았던 것으로 보입니다. 그들은 주님께서 극도로 피곤하신 것을 어느 정도 고려하였기 때문입니다. 주님께서는 하루 종일 매우 힘든 수고를 하셨고, 그로 인해 그분의 인간적인 능력을 거의 다 써버렸던 것입니다. 제자들은 아마도 광풍이라는 큰 소동으로 인해 주님이 잠에서 깨실 것이라 생각했을 것입니다. 그렇게 으르렁거리는 바람소리와 울부짖는 파도소리를 듣고도 어떻게 주무실 수 있겠습니까? 하지만 제자들은 그분의 마음에 있는 고요함이 얼마나 심오한 것인지를 거의 알지 못했습니다. 그래서 그 광풍 가운데서도 그분은 아주 잘 주무실 수 있었습니다. 광풍도 그분의 영혼 가까이에는 올 수 없었기 때문입니다. 마침내 그들의 배가 영락없이 가라앉게 되면서, 현재 그들이 극심한 위험 가운데 있음을 알게 되었을 때, 그들은 주님에 대해 판단하기 시작했고, 그분에 대한 믿음도 없이 매정한 분으로 생각하기 시작했습니다. 그들은 자신들이 죽을 수도 있겠다고 생각했습니다. 그러고는 어떻게 그분께서 자신들이 죽도록 내버려 둘 수 있는지 놀랐습니다. 그래서 그들은 그분에게 가서 누가가 말한 바와 같이 "주여 주여 우리가 죽겠나이다"(눅 8:24)라고 소리쳤습니다. 오늘 본문을 기록한 마가는 "선생님이여, 우리가 죽게 된 것을 돌보지 아니하시나이까?"라고 쓰고 있습니다. 제자들 대다수가 그렇게 소리를 질렀습니다. 각기 말하는 방식은 조금씩 달랐지만, 그들의 공통적인 생각은 주님에 대한 불평이었습니다. 그분께서 자신들을 사랑한다는 것을 그들도 알고 있었지만, 그러면서도 혹시나 그분이 잔인한 분이지는 않을까 하며 반신반의하였습니다. 제자들은 주님을 신뢰하였지만, 그러면서도 서글픈 의심을 하고 있었습니다. 그들은 그분을 주님이라고 불렀지만, 그러면서도 마음의 절반은 그분에 대한 반항심으로 채워져 있었습니다. 그들은 그분의 다스림을 인정하였지만, 그분께서 그들을 구하기 위해 그 능력을 발휘하지 않으셨기에, 그들의 마음속에는 그분을 향한 반항심이 도사리고 있었던 것입니다.

　　우리는 오늘 본문을 오늘 설교 주제의 요지로 삼고, 첫 번째로, 주님께서 자기 백성에게 보이신 외견상의 무관심에 대해 생각해 보고자 합니다. 하지만 우리는 두 번째로, 그것이 외견상으로만 그렇게 보였던 것일 뿐이라는 사실에 주목하고자 합니다. 세 번째로는, 그분이 무관심한 것처럼 보일 때도 그분은 그들을 수시로 실제로 돌봐주셨다는 사실을 살펴보고, 네 번째로, 그들은 머지않아 이런 경우를 보게 될 것이라는 사실을 살펴보고자 합니다.

1. 주님께서는 외견상 우리에게 무관심해 보일 때가 있습니다.

　　그렇다면, 첫 번째로 우리도 갈릴리 호숫가의 제자들과 마찬가지로 때로 우리를 향한 주님의 무관심에 불평하기도 한다는 것입니다. 그것은 외견상의 무관심인데도 말입니다. 종종 이런 형태로 불평들이 일어납니다. 하나님께서는 자연법칙들이 미리 정해진 순리대로 진행되게 하십니다. 그 법칙으로 인해 그분의 친 자녀들이 파멸된다 해도 말입니다. 배 한 척이 바다에 떠 있습니다. 항해를 하던 중 짙은 안개에 휩싸입니다. 지금과 같은 상황에서 계속 배를 운행한다면, 암초에 부딪힐 수도 있을 것 같아서, 그 배에 있던 경건한 자들은 배를 바른 길로 인도해 달라고 기도를 드립니다. 하지만 그 우려가 현실이 되어 배는 실제로 암초에 부딪치게 됩니다. 앞서 드린 기도에도 불구하고 말입니다. 바른 길로 인도해 주고 구원해 달라고 기도한 사람들이 타고 있던 그 배가 좌초한다면, 하나님께서 그들을 돌보시지 않은 것입니까? 또 다른 경우에는 거친 바람이 불어 배가 부서져 버립니다. 이제 그 배는 곧 가라앉을 것이고, 더 이상 폭풍우를 견딜 수 없습니다. 많은 사람들이 하나님께 간구하고 애원하지만, 그 맹렬한 폭풍우의 기세는 조금도 줄어들지 않습니다. 이런 때의 자연 법칙들은 마치 공중의 권세 잡은 자에게 조종되는 것처럼 무시무시하고 무정한 것처럼 보입니다. 하지만 자연은 하나님께서 명하시는 대로 움직입니다. 우리라고 해서 홍수가 우리 앞에 벽처럼 멈춰 서는 것도 아니며, 우리가 물에 빠져 죽지 않는 것도 아닙니다. 순교자든 살인자든 맹렬한 불은 똑같이 사람들을 집어삼킵니다. 내려쳐진 칼도 사람들을 가리지 않고 치명적으로 강타합니다. "모든 사람에게 임하는 그 모든 것이 일반이라. 의인과 악인 … 에게 일어나는 일들이 모두 일반이니"(전 9:2)라는 말씀대로 말입니다. 바로 이 사실로부터 많은 불평들이 제기됩니다. 그래서 우리는 "우리가 죽게 된 것을 돌보지 아니하시나이까?"라고 소리칩니다. 예수님을 사랑하는 한 사랑스러운 사람이 병이 들게 됩니다. 우리는 밤낮으로 그의 회복을 위해 간구합니다. 하지만 열이 떨어지려면 몸의 여러 조건이 맞아야 하고, 팔다리가 부러졌다면 완치되기까지는 충분한 시간이 필요합니다. 하나님께서는 비록 택한 자들이라 해도 그들의 편의를 위해 몸의 물리적 법칙들을 변경하지 않으십니다. 그들에게도 독은 독이고, 질병은 질병입니다. 너무나 자주 주님께서는 우리가 사랑하는 자들이 오랫동안 고통을 받도록 허락하십니다. 그래서 그분은 우리의 기도와 간구에 귀 기울이시기는커녕 병세를 더욱더 악화시키는 분으로 보이기까지 합니다. 우리가 가령 시험받는 세대(trying dispensation, 세대주의에서는 각 세대마다 '계시, 시험, 실패, 심판'이 있다고 한다 ― 역주)에 처해 있다면, 우리는 자연 법칙을 자비라고는 전혀 없는 아주 매정한 규정이라고 판단하기 쉬우며, 그래서 "선생님이여, 우리가 죽게 된 것을 돌보지 아니하시나이까?"라고 말하게 됩니다. 그럼에도 다음의 사실만은 기억하고 있는 것이 좋을 것입니다. 즉, 자연

법칙은 어떤 다른 것들에 전혀 영향을 받지 않으며, 교회 벽에 붙어 있는 십계명과 마찬가지로 자연법칙도 비난을 받아서는 안 되는 것이기에, 자연법칙에 대한 그런 현재의 불평이 오류에 근거하고 있다는 점을 우리는 너무 쉽게 잊어버린다는 사실 말입니다. 자연 법칙처럼 그 자체로 작용하는 힘도 없을 것입니다. 하지만 모든 힘의 근원은 하나님께 있기에, 자연법칙도 하나님께서 항상 역사하시는 방식이 표현된 것 그 이상도 그 이하도 아니라는 것입니다. 배의 키를 잘못 조타하여 배가 암초를 들이받기도 합니다. 하지만 그것은 여느 때와 마찬가지로 하나님께서 배로 하여금 그 조타장치에 순종하게 하셨고, 바위로 하여금 그 강성을 유지하도록 하셨기 때문입니다. 질병으로 죽는 사람도 자연에 속한 어떤 용서할 수 없는 힘 때문에 죽는 것이 아니라, 하나님께서 파멸을 담당하는 종에게 계속해서 힘을 주시기 때문에 죽는 것입니다. 자연법칙들은 그저 무력한 법문(法文)에 불과합니다. 하나님께서 모든 것 가운데서 역사하십니다. 하나님께서 친히 하신 말씀이 있습니다. "나는 빛도 짓고 어둠도 창조하며"(사 45:7)라고 말입니다. 하나님이 계시지 않는다면, 땅 속에 있는 그 어떤 씨도 싹을 틔울 수 없고, 그 어떤 꽃봉오리도 아름다움을 드러낼 수 없으며, 그 어떤 곡식의 이삭도 수확할 수 없습니다. 그분은 식물에게 양분을 주고 온전케 하는 이슬과 햇빛과 빛과 온기 가운데 계십니다. 모든 것 가운데 임재해 있는 신성을 바라보는 자는 복된 사람입니다. 저는 자연법칙들을 보면서 하나님께서 이 법칙들을 통해 역사하시는 것을 알고 있으나, 무엇보다도 그 법칙 배후에 계신 하나님을 가장 잘 보고 있습니다. 법, 도대체 그 법이 무슨 힘을 가지고 있습니까? 그 법을 통해 역사하는 분이 바로 하나님이십니다. 하나님께서 모든 법을 집행하십니다. 이 진리는 모든 문제를 다른 빛으로 보게 합니다. 즉, 하나님께서 우리를 시험하신다면, 우리는 우리의 입을 벌려서는 안 되고, 오히려 그분의 뜻에 순종해야 합니다. 그분이 행하시는 방식이 틀림없이 옳을 것입니다. 그러므로 하나님의 역사하심으로 우리가 슬픔을 겪게 된다면, 그분은 기쁜 마음으로 우리에게 고통을 주시는 것이 아니며, 아무런 의도 없이 우리를 슬프게 하는 것이 아니라고 우리는 느끼게 됩니다. 우리가 그분의 손길을 감지할 때, 우리는 그 지팡이에 입을 맞춥니다. 그래서 우리는 "선생님이여, 우리가 죽게 된 것을 돌보지 아니하시나이까?"라고 소리치는 대신, "이는 여호와이시니 선하신 대로 하실 것이니라"(삼상 3:18)라고 단념하며 말하게 됩니다.

때로 우리의 탄식은 다른 형태로 받아들여지기도 합니다. 우리는 우리에게 닥친 고난들을 운명이라는 가혹한 경륜의 결과로 간주하면서 몸서리칩니다. 왜냐하면 우리의 불신앙적인 눈으로 보기에는 하나님께서 우리를 중요하게 여기지 않으시며, 자기 백성이 당하는 연약함과 슬픔과 병약함 등과 관련된 일에 대해서 거의 관여하지 않는 분으로 보이기 때문입니다. 사랑하는 성도 여러분, 지금 이 자리에 있는 우리 대다수는 섭리를 믿고 있으며, 하나님께서는 자신의 기쁘신 뜻을 따라 모든 것을 행하신다는 사실을 우리는 확신하고 있습니다. 또한 우리는 크든 작든 모든 일들이 영원한 작정 가운데 정해져 있으며, 틀림없이 그 정해진 대로 이루어질 것이라고 믿고 있습니다. 이 교리야말로 유혹이 숨어 있는 은신처가 됩니다. 우리는 무섭게 돌아가고 있는 이 크고 육중한 바퀴를 뚫어지게 쳐다보면서, 이 바퀴가 우리를 으스러뜨려 가루로 만들어 버리지는 않을까 두려워하고 있습니다. 우리를 난처하게 할 것 같은 불길한 예감과 함께, 그 끔찍한 시스템에 말려들어 우리의 울부짖음이 그치지 않고 우리를 산산조각 내 버리지는 않을까 두려워하고 있습니다. 따라서 엄청나게 소스라치며 놀란 예언자처럼 우리도 "오 바퀴야!"(겔 10:13, "내가 들으니 누군가가 바퀴들에게 외쳐 부르기를 '오 바퀴야' 하더라."[KJV], "내가 들으니 그 바퀴들을 도는 것이라 부르며"[개역개정])라고 외치게 됩니다. 그러나 우리는 맹목적인 운명과 같은 그런 것은 없다는 점을 반드시 생각해야 합니다. 섭리는 이와는 전혀 다른 것입니다. 운명은 자신이 마땅히 해야 하기 때문에 미친 듯이 돌진하는 장님과 같습니다. 반면에 섭리는 충만한 눈을 가지고서 한 줄로 나아가는 것입니다. 왜냐하면 그 길이 우리가 갈 수 있는 최선의 길이기 때문입니다. 운명은 자신이 원하기 때문에 이러이러한 일이 반드시 일어나야 한다고 선언하는 폭군과 같습니다. 반면에 섭리는 자기 식구의 유익을 위해서 모든 것을 명하는 아버지와 같습니다. 하나님은 자신의 목적과 뜻을 갖고 계시는데, 그분의 목적은 자신의 영광과 자기 백성의 유익, 이 둘을 위한 것입니다. 우리 가운데 누가 감히 그분의 영광스럽고 은혜로운 뜻에서 벗어나기를 원하겠습니까? 하나님께서 가장 선한 것을 이미 작정하셨습니다. 그런데도 우리가 그분의 뜻이 바뀌기를 원하겠습니까? 그분은 모든 것을 지혜롭게 정해 두셨습니다. 그런데도 우리가 그분의 뜻이 다르게 정해지기를 바라겠습니까? 우리에게 일어나는 일들은 무한한 지혜와 선하심 속에서 전체적으로 볼 때 그렇게 되어야 하는 것이 최고로 좋기 때문입니다. 그런데도 우리가 하나님께 어떻게 달리 조정해 달라고 바라겠습니까? 여러분이 감히 이스라엘의 거룩한 분에게 도전해 보겠다는 것입니까? 지혜롭고 바르고 선하고 거룩하며 그분의 영광을 위한 것 외에 다른 어떤 것을 행하시도록 여러분이 그분에게 요구하겠다는 것입니까? 우리는 운명을 거슬러 소리 지르지 말고, 기뻐하며 그 운명을 받아들입시다. 왜냐하면 하나님께서 그 속에 계시기 때문입니다. 여러분은 "우리가 죽게 된 것을 돌보지 아니하시나이까?"라고 말하지 마십시오. 죽게 될 것이라는 생각 대신, 섭리에 속한 그 모든 사건들로 인해 여러분의 구원이 완전해져 가고 있다고 믿으십시오.

　　우리의 마음은 서로 다른 상태에 놓여 있으며, 오늘날에도 우리는 스스로 염려하고 있습니다. 왜냐하면 우리가 보기에 고난은 한 사람의 인격과는 전혀 상관없이 받는 것이며, 경건한 자들이 사악한 자들보다 더 큰 고난을 받기도 하기 때문입니다. 사도들의 의문문인 오늘의 본문 말씀을 다음과 같은 강조점에 주의하여 읽어 보십시오. "우리가 죽게 된 것을 돌보지 아니하시나이까?" 이 말씀에서 제가 전하고자 하는 바를 설명하자면, 제자들은 다음과 같이 말했던 것입니다. "우리는 당신의 사도들입니다. 우리는 당신을 사랑해서 우리의 생명을 당신을 위해 바쳤습니다. 그런 우리가 죽게 된 것을 당신은 왜 돌보지 않으시는 것입니까? 세리와 죄인들이 배 안에 짐짝처럼 운송되다가 바다 밑바닥으로 떨어진다면 이해가 되겠지만, 우리가 죽게 된 것을 당신이 돌아보지 않으신다니요?" 고난 가운데서 우리는 때로 왜 우리가 이러한 고난을 받아야 하는지 그 이유에 대해 의아하게 생각합니다. 왜냐하면 우리는 하나님께서 우리가 누구나 알 수 있는 죄를 짓지 않게 막아 주셨고, 또한 우리가 성결한 길을 갈 수 있도록 인도해 주셨다고 느끼기 때문입니다. 그러므로 우리는 그분께서 천벌을 내리시는 특별한 이유에 대해 전혀 이해가 되지 않아서, "무슨 까닭으로 나와 더불어 변론하시는지 내게 알게 하옵소서"(욥 10:2)라고 소리칩니다. 욥을 위로하려고 찾아왔던 욥의 친구들처럼 누군가가 우리에게 찾아와서는 우리가 범한 특별한 죄 때문에 고통을 겪는다고 매정할 정도로 말한다 해도, 우리는 우리의 순전함을 고수하면서, 그들이 우리를 고소할 만큼 우리는 사악하지 않다고 선언합니다. 이제 이에 대해 우리가 일 분만 생각해 봅시다. 그러면 결국 하나님께서는 혈과 육이 규정할 수 있는 잣대대로 고난을 주시는 것이 아니라, 인격에 따라 고난을 주신다는 것을 알게 될 것입니다. 어디에도 "무릇 내가 싫어하는 자를 징계하노니"라고 기록되어 있지 않으며, 이와는 전혀 다릅니다. 그분은 사악한 자들이 풀처럼 싹이 나고, 푸른 월계수 같이(시 37:35 KJV) 무성하도록 허용하십니다. 사람들이 황소를 살찌워 잡아먹으려고 하듯, 실컷 먹이면 먹일수록 그들의 끝이 가까운 것입니다. 성경에는 "무릇 내가 사랑하는 자를 책망하여 징계하노니"(계 3:19)라고 기록되어 있습니다. 천국에서 인기 있는 사람은 막대기를 물려받은 사람들입니다. "무릇 내게 붙어 있어 열매를 맺지 아니하는 가지는 아버지께서 그것을 전지해 버리시고"라고 기록되어 있지 않습니다. 그렇게 전지해 버리는 게 아니라, 그들은 때가 되면 완전히 제거되어 불에 던져질 것입니다. 성경에는 다음과 같이 기록되어 있습니다. "무릇 열매를 맺는 가지는 더 열매를 맺게 하려 하여 그것을 깨끗하게 하시느니라"(요 15:2). 그러므로 지금까지 아주 모범적으로 살아온 우리가 사랑하는 어떤 친척이 고난을 겪고 있거나, 또는 보기 드물게 아주 은혜로운 사람이 고통스런 죽음을 맞이하게 되었을 때, 마치 하나님이 불의한 것처럼 보인다 해도, 우리는 하나님을 무자비한 분으로 판단해서는 안 됩니다. 오히려 그 모든 일들 가운데 계신 하나님의 사랑의 손길을 보면서, 하나님께서 자기 아들을 대하시듯, 우리가 사랑하던 그를 그렇게 대하신 하나님을 찬양하십시오. 아버지께서 징계하지 않으면서 사랑하는 아들이 어디 있겠습니까? 하나님께서는 자신이 받아들인 모든 아들을 채찍질하십니다. 금은 풀무 불에 들어갑니다. 왜냐하면 그것은 금이기 때문입니다. 한갓 돌이나 하찮은 것들을 넣어봤자 아무 소용도 없을 것입니다. 곡식은 타작됩니다. 왜냐하면 그것은 곡식이기 때문입니다. 혹시 그것이 가라지였다면, 도리깨 냄새도 맡지 못했을 것입니다. 천국의 보석들을 소유한 위대한 주인께서는 자신의 보석들을 귀한 것으로 여기시어, 가장 귀한 보석들에 대해 더욱더 정교하고도 날카로운 절단 기계를 사용하십니다. 일등급 다이아몬드는 틀림없이 하위 등급의 다이아몬드보다 더 많이 연마될 것입니다. 왜냐하면 왕은 자기 이름의 영광에서 나오는 빛을 눈부실 정도로 발하면서, 영원히 변치 않은 많은 패싯(facet, 보석을 깎은 면, 각면[刻面])을 가진 그런 보석을 원하기 때문입니다.

사랑하는 성도 여러분, 아마도 우리는 예수님께서 우리의 구원을 위해 어떤 기적도 베풀지 않으시고, 우리를 돕기 위해 어떤 특별한 방법으로도 개입하지 않으신 것에 대해, 예수님이 우리를 돌보지 않으셨다고 생각할 수 있습니다. 여러분은 지금 이 시간에도 극심한 고통 가운데 시달리면서, "오, 그분께서 천국을 나눠서 나의 구원을 위해 주신다면 얼마나 좋을까!"라고 울부짖고 싶을 것입니다. 그러나 하나님께서는 천국을 나눠 주지 않으십니다. 여러분은 거룩한 자들의 전기(傳記)에서 아주 특별한 섭리에 대한 구체적인 내용들을 읽어 보았을 것입니다. 그런데 여러분을 구원하기 위해서는 지금까지 어떤 특별한 섭리도 일어나지 않습니다. 여러분은 점점 더 비참해져가고 있습니다. 또는 육신의 고통이 더욱더 커져만 가고 있습니다. 그래서 여러분은 하나님께서 어떤 특별한 방식으로 여러분을 구원해 주시기를 소망했습니다. 하지만 그분께서는 지금까지 그런 특별한 방식으로 전혀 역사하지 않고 계십니다. 사랑하는 성도 여러분, 때때로 하나님께서는 고난당하는 자기 백성을 그 고난에서 구해 주시기보다는 오히려 그 고난을 유지시키시는데, 바로 그 때 하나님께서 더 큰 이적을 베푸신다는 사실을 여러분은 알지 못합니까? 하나님께서는 떨기나무에 불이 붙었으나 그 떨기나무가 사라지지는 않게(출 3:2) 하십니다. 그런데 하나님의 이런 이적은 불을 꺼서 그 떨기나무를 건져 내는 것보다 더 대단한 일입니다. 하나님은 여러분의 고난 가운데서 영광을 받고 계십니다. 만약 여러분이 이러한 사실을 인식한다면, 여러분은 언제든지 다음과 같이 말할 것입니다. "주님, 당신의 영광을 위한 일이라면 산더미 같은 짐이라도 짊어지겠습니다. 제 나이에 맞는 능력을 제게 주십시오. 그러면 제가 그 짐들을 감당하겠습니다. 결코 그 짐들에 짓눌리지 않고 오히려 당신의 능력을 드러내 보이겠습니다. 저의 연약함으로 당신의 능력이 영광을 받기 원합니다."

　예수님께서 여러분을 돌보시지 않는다는 완악한 의심은 아마도 다음과 같은 형태를 띨 것입니다. "나는 주님에게 기적을 베풀어 달라고 간구하지 않았습니다. 저는 제 마음이 새 힘을 얻게 해 달라고 간구하였습니다. 저는 그분께서 그 약속들을 제 영혼에 적용해 주시기를 원합니다. 저는 그 성령이 어떤 선한 자들에게 임하셨다는 것을 알고 있습니다. 성령님께서 제게도 오시어 주님의 임재라는 기쁨 가운데서 저의 고통을 잊게 되기를 원합니다. 구세주의 임재에 대한 전적인 확신을 갖고 싶습니다. 이를테면, 지금 겪고 있는 시련이 지극히 크고 엄청난 기쁨 속으로 삼킨 바 되기를 원합니다. 하지만 너무나 슬픕니다. 주님께서는 자신의 얼굴을 제게서 숨기셨습니다. 그래서 제 시련은 한층 더 가중되었습니다." 사랑하는 성도 여러분, 여러분은 잠잠히 계시는 하나님을 믿을 수 없습니까? 여러분은 하나님으로부터 항상 징조를 원하십니까? 여러분은 마치 버릇없는 어린 아이처럼 항상 귀여움만 받아야 합니까? 여러분의 하나님께서 자신의 얼굴을 가리셨습니다. 여러분의 하나님이 이런 성품이라고 해서 여러분이 그분을 불신해야만 합니까? 여러분이 그분을 볼 수 없기에, 여러분은 그분을 신뢰할 수 없습니까? 게다가 여러분은 여러분이 가지지 못한 것에 대해 한탄하면서, 지금 여러분이 가지고 있는 것마저 잃고 있습니다. 여러분은 "나는 약속들을 원한다"라고 말할 것입니다. 이제 저는 여러분에게 묻습니다.

> "예수님을 피난처로 삼고 피한 여러분이여,
>
> 그분께서 이미 여러분에게 하신 말씀 외에
>
> 어떤 다른 말씀을 할 수 있겠습니까?"(존 리폰[John Rippon])

여러분에게 필요한 것은 선한 징조라고 말합니다. 하지만 지나온 과거 경험을 통해 그분께서는 이미 여러분에게 그런 징조를 보여주셨습니다. 그분께서는 죽어가는 구세주의 몸에서 피와 물이 흐르는 상처를 통해서도 여러분에게 이미 보여주셨습니다. 이것 외에 여러분은 어떤 더 큰 징조들을 요구하는 것입니까? 예수님께서 십자가에서 주신 그 선한 징조야말로 차고 넘치는 충분한 징조임에 분명합니다.

그래도 어떤 이는 이렇게 말합니다. "그분께서 제게 오셔서 그분의 임재에서 나오는 어떤 빛으로 이 어둠을 부서뜨리지는 않는다 해도, 저는 현재 제가 겪고 있는 이 고통을 그분께서 경감시켜 주셨으면 합니다. 그 고통을 완전히 제거해 주시지는 않는다 해도, 분명히 이 극심한 고통으로 제가 완전히 죽게 내버려 두지는 않으셨으면 합니다." 아, "죽게"라는 말이 핵심입니다. 저는 여러분이 다음과 같이 구분할 수 있기를 원합니다. 즉, "그분이 우리를 시험하신다는 것은 우리가 이해할 수 있습니다. 하지만 그분께서 우리를 죽게 하신다는 것은 우리가 받아들일 수 없습니다." 나의 사랑하는 성도 여러분, 여러분은 여러분이 죽게 된다고 생각할 필요가 없습니다. 왜냐하면 여러분은 아직까지 죽게 된 상황이 아니기 때문입니다. 여러분의 상황은 나쁜 상황이고, 더 나빠질 수도 있습니다. 여러분은 아주 비천한 상황에 처해 있고, 지금보다 더 비천한 상황에 처해질 수도 있으며, 지옥 밑바닥에 떨어질 수도 있습니다. 그래도 여러분은 절대 더 아래로는 떨어질 수 없습니다. 이 얼마나 놀라운 은혜입니까! 여러분의 침상이 절대로 지옥에는 있지 않을 것입니다. 이에 대해 여러분은 하나님께 감사하십시오. 여러분이 가장 낮은 비천한 곳에 이르게 되었을 때, 하나님께서 개입하십니다. 여러분이 전적으로 쇠하였을 때, 그때 형세가 반전됩니다. 밤 가운데서도 가장 어두운 때는 해가 떠오르는 전조(前兆)입니다. 힘을 내십시오. 여러분은 아직 죽게 되지 않았습니다. 여러분은 이 사실을 기적으로 여기십시오.

　　　"주님, 저는 아직 살아있나이다.
　　　고통 없이, 지옥도 아닌 곳에!"

　　도대체 왜 살아 있는 사람이 불평해야 합니까? 여전히 소망을 갖고, 자신의 극한 상황 가운데서 하나님께서 자신을 위해 나타나실 것이라는 기대를 왜 하지 않는 것입니까? 어리석게도 주님을 비난하고자 하는 유혹이 우리 영혼에 자연스럽게 생겨납니다. 우리는 지금까지 이런 유혹의 다양한 형태들에 대해 설명했습니다.

2. 주님께서는 실제로 자기 백성에게 무관심하지 않습니다.

　　이제 두 번째로, 하나님께서 언제나 자기 백성에게 무관심하게 보였던 것은 외견 상이지, 실제로는 그럴 수 없습니다. 조금만 더 생각해 보십시오. 우리가 지금 말하고 있는 삼위일체 하나님의 속성을 묵상해 보십시오. 성부 하나님, 그분은 과연 몰인정할 수 있습니까? "그 인자하심이 영원함이로다"(시 106:1)는 말씀대로, 그분의 이름은 사랑이며, 그분의 본성도 사랑이십니다. 그분에 대해서는 "인애를 기뻐하시므로"(미 7:18)라고 기록되어 있고, 그분은 변함이 없으신 하나님으로 우리는 알고 있습니다. 그러므로 우리는 진멸되지 않습니다(애 3:22). 오, 천국의 상속자인 여러분이여, 여러분은 그분이 여러분에게, 즉 그분의 자녀에게 무관심하다고 믿을 수 있습니까? 여러분이 악한 자라 해도, 여러분은 자기 자녀를 돌볼 것입니다. 그렇다면 하늘에 계신 여러분의 아버지는 자기 자녀를 얼마나 더 불쌍히 여기시겠습니까? 여러분의 자녀가 고통에 시달리고 있다면, 여러분은 그 자녀의 고통을 덜어 주고자 애쓰지 않고 가만히 보고만 있을 수 있겠습니까? 오, 어머니이신 여러분이여, 여러분은 여러분의 귀한 자녀가 고통에서 벗어날 수만 있다면, 기꺼이 그 자녀의 고통을 대신하겠다는 마음이 들지 않습니까? 타락한 불쌍한 피조물이여, 여러분에게도 자기 자녀를 불쌍히 여기는 마음이 드는데, 여러분의 하늘 아버지는 그런 마음이 들지 않겠습니까? 오, 그분을 그런 무정한 분으로 판단하지 마십시오. 여러분은 그분에게 "우리가 죽게 된 것을 돌보지 아니하시나이까?"라고 말해서는 안 됩니다.

삼위일체이며 복되신 하나님의 두 번째 위격인 예수님, 하나님의 아들, 하나님의 사랑하는 아들일 뿐만 아니라 여러분의 형제이기도 한 그분에 대해 생각해 보겠습니다. 과연 그분이 자기 백성을 잊을 수 있으시겠습니까? 그분은 친히 여러분의 본성을 취하지 않으셨습니까? 그분은 여러분과 똑같이 시험을 받지 않으셨습니까? 그분은 여러분의 이름을 자기 손바닥에 새기시고, 그분께서 베풀어 주신 사랑의 그 귀한 기억들을 자기 가슴에서 가장 가까운 옆구리에 기록하지 않으셨습니까? 여러분은 십자가에 못 박히신 그분의 얼굴을 들여다보고도, 그분이 여러분에게 무관심하다고 믿을 수 있습니까? 오, 여러분이 그분을 믿고 지지했던 사랑의 순간도 있었습니다. 그 때 그분께서는 왼팔로는 여러분의 머리를 고이고 오른손으로는 여러분을 안아 주셨습니다(아 8:3). 그 때 여러분은 그분을 그렇게 가혹한 분으로 생각하지 않았습니다. 그분께서 여러분에게 입맞춰 주셨을 때, 여러분은 여러분의 사랑이 포도주보다 나음(아 1:2)을 알았습니다. 그 때 여러분은 그 사랑하는 자에게 그런 잔인한 행동을 할 수 없었습니다. 예수님께서 자기 백성들의 고통에 무관심했던 적은 한 번도 없습니다. 있을 수도 없는 일이며, 그분은 절대로 무관심하지 않으십니다.

이제 성령님에 대해 생각해 보겠습니다. 우리 속에 거하는 언제나 복되고 귀하신 성령님께서 불쌍히 여기는 마음이 없을 수 있겠습니까? 그분은 자신을 낮추어 우리 속에 거하면서 친히 보혜사라는 특별한 직무를 감당하십니다. 그분의 낮아지심은 유례를 찾아볼 수 없을 정도입니다. 여러분은 그분이 보혜사이기는 하지만 우리의 연약함을 동정하지 못하신다고 그렇게 생각합니까? 동정하지 못하는 보혜사 위로자는 정말 이상한 분일 것입니다. 그런 자는 인간의 고통을 비웃을 것입니다. 그러나 그분은 불쌍히 여기는 사랑이 충만한 분이십니다. 성령님의 사랑을 생각해 보십시오. 그분은 여러분이 죽든 말든 전혀 보살피지 않는다는 그런 의심을 여러분은 단 한순간도 하지 말기를 바랍니다. 삼위일체 하나님은 사랑이십니다. "아버지가 자식을 긍휼히 여김 같이 여호와께서는 자기를 경외하는 자를 긍휼히 여기시나니"(시 103:13)라는 말씀대로, 그분은 자기 자녀의 상황에 결코 무관심할 수 없는 분이십니다.

사랑하는 성도 여러분, 다음으로 생각해 볼 것은 성경이 분명하게 말하고 있는 옛적에 하나님께서 베풀어 주신 사랑의 행위입니다. 이에 대해 생각해 본다면 여러분은 주님께서 여러분의 안녕(安寧)을 위해 돌보지 않으신다고 말할 수 없을 것입니다. 영원한 여호와께서는 땅이 있기 전부터 여러분을 사랑하셨다는 사실을 여러분은 모르고 있습니까? 그 정상이 고색창연(古色蒼然)한 산들도 여러분을 향한 그분의 사랑에 비교한다면 한갓 새로 태어난 어린 아이와 같다는 사실을 여러분은 잊었습니까? 그분은 여러분을 선택하셨습니다. 설령 그분이 여러분을 모른 체하는 것 같아도, 그분은 여러분을 자기 것으로 선택하셨습니다. 이에 대해 선지자는 다음과 같이 말했습니다. "옛적에 여호와께서 나에게 나타나사 내가 영원한 사랑으로 너를 사랑하기에 인자함으로 너를 이끌었다"(렘 31:3)고 말입니다. 그분은 옛적부터 여러분을 사랑하셨습니다. 그런데도 여러분은 지금 그분이 여러분의 신음소리에 무관심하다고 말할 수 있겠습니까? 정말 그분이 무관심하시겠습니까? 만약 그분께서 여러분을 내쫓으실 작정이었다면, 그분은 오래 전에 그렇게 하셨을 것입니다. 만약 그분이 여러분을 거부할 이유를 찾고자 하셨다면, 그분은 영원 전부터 그 이유를 가지고 계셨을 것입니다. 왜냐하면 그분은 여러분이 어떻게 행할지를 미리 알고 계시기 때문입니다. 여러분 속에 있는 그 어떤 죄악도 그분에게는 놀라움이 되지 않습니다. 그분은 여러분의 마음에 있는 완악함과 여러분의 고집 센 기질을 미리 예견하셨습니다. 그리고 이제 와서 여러분을 거부하실 것이었다면, 그분은 절대 여러분을 선택하지 않으셨을 것입니다. 다시 말해, 그분은 아예 여러분을 받아들이지 않으셨을 것입니다. 오, 그러므로 여러분은 그 영원한 사랑을 생각하면서, 그분께서 여러분이 죽게 된 것을 돌보지 않는다는 망상을 절대로 하지 마십시오.

다음으로, 그분께서 여러분을 위해 행하신 것들을 여러분이 생각해 보았으면 좋겠습니다. 이에 대해서는 간략히 말하고자 합니다. 그리스도는 여러분을 구원하기 위해 하늘에서 이 땅으로 오신 분입니다. 그런 분께서 지금은 여러분에 대해 무관심하다고 생각합니까? 그분은 여러분을 구속하기 위해 이 땅에서 삼십 년 동안 수고했고 외로움을 견디셨습니다. 그런데 지금 그분께서 여러분을 내쫓으시리라 생각하는 것입니까? 그분은 여러분을 위해 겟세마네라는 그 끔찍한 동산의 수모를 참고 십자가를 지셨습니다. 그분이 흘리신 핏방울 같은 땀도 여러분을 위해 흘린 것이었습니다. 그런데도 그분이 여러분에 대해 전혀 관심이 없다고 여러분은 믿습니까? 그분은 여러분을 대신해 하나님의 모든 진노를 감당하셨습니다. 그런데도 지금은 그분께서 여러분의 구원을 너무나 하찮게 여긴 나머지 여러분이 죽게 된 것을 돌보지 않는다고 여러분이 생각하는 것입니까? 그분은 여러분을 위해 무덤 속에서 주무시다가 여러분을 위해 다시 살아나셨고, 여러분을 위해 베일 속으로 사라지셨다가, 여러분을 위해 하나님 앞에서 간구하고 계십니다. 여러분은 이 사실들을 믿고 있지 않습니까? 그분께서 이런 분이심에도 불구하고 여러분은 그분이 위선자이며, 여러분에 대한 참된 사랑이 없는 분이라고 말하고 있습니까? 사랑하는 성도 여러분, 그리스도께서 행하신 이런 일들로도 여러분에게 확신이 서지 않는다면, 도대체 어떤 것이 여러분에게 확신을 줄 수 있겠습니까? 많은 물도 이 사랑을 끄지 못하겠고 홍수라도 삼키지 못합니다(아 8:7). 그분께서 여러분을 위해 행하신 것으로는 여러분이 현재뿐 아니라 미래에도 만족하지 못하겠습니까?

그분께서 여러분에게 개인적으로 행하신 것과 여러분이 스스로 알고 느낀 것들에 대해 한 번 더 생각해 보십시오. 몇 년 전만 해도 여러분은 하나님의 원수였습니다. 그러다가 하나님께서 여러분을 구원해 주셔서 여러분은 이제 그분의 친구가 되었습니다. 여러분의 영혼이 고뇌 가운데 있을 때, 가장 낮고 비천한 구덩이에서 그분을 향해 울부짖을 때, 그분께서 여러분을 구원해 주러 오신 그 사실을 여러분은 기억하지 못합니까? 그렇게 여러분을 구원해 주셨던 그분께서 지금은 여러분을 떠나시겠습니까? 우리의 시인이 얼마나 진지하게 자신의 과거 역사를 시인하고 하나님께 간청하고 있는지를 여러분은 기억하면서 여러분도 이와 같이 행하십시오.

> "옛날에 거의 절망하며 살아가던 한 죄인이
> 당신의 시은소(施恩所)를 기도로 간구하자,
> 은혜가 그 기도 소리를 듣고서, 그를 자유롭게 해 주었다.
> 주님, 그 은혜를 제게도 주옵소서.
>
> 그 이후로 많은 날들이 지나고
> 많은 변화들을 나는 보았다.

그 변화는 지금까지도 유지되고 있다.
당신이 아니라면 누가 나를 지탱하게 할 수 있겠나이까?

필요한 모든 때마다 당신은 나를 도우셨습니다.
이로써 나는 담대하게 간청하나이다.
정말 많은 선한 것들이 지나간 후에,
결국 당신은 나를 멸망시키실 것입니까?"(존 뉴턴[John Newton])

이것이 핵심입니다. 만약 하나님께서 우리를 위해 정말 많은 것들을 이미 행하지 않으셨다면, 우리는 우리에 관한 그분의 의도들에 대해 의문을 제기했을 것입니다. 그러나 그분께서는 이미 선한 것들과 은혜를 밝히 보이셨습니다. 그러므로 이후로는 그분께서 틀림없이 그 선과 은혜를 완성하시어 그분이 시작하신 사역을 완전하게 하실 것입니다. 그분이 행하신 것을 지금 취소하기에는 너무나 많은 사역을 그분께서 이미 행하셨습니다.

그리고 사랑하는 성도 여러분, 여러분은 또한 회상하십시오. 이것이야말로 여러분의 영혼에 새 힘을 주는 달콤한 것입니다. 다시 한 번 말합니다. 여러분과 하나님 사이에 존재하는 그 관계를 회상하십시오. 하나님이 아버지 되시고, 여러분이 자녀가 된다는 그 관계가 여러분에게 충만한 위로가 됩니다. 하나님이 자녀를 돌보지 않는 아버지이실 수 있겠습니까? 하나님이 자신의 친 자녀들을 내쫓으시겠습니까? "여인이 어찌 그 젖 먹는 자식을 잊겠으며 자기 태에서 난 아들을 긍휼히 여기지 않겠느냐 그들은 혹시 잊을지라도 나는 너를 잊지 아니할 것이라"(사 49:15)라는 말씀을 기억하십시오. 또한 여러분과 그리스도의 관계에 대해서 기억해 보십시오. 오, 신자 여러분, 여러분과 그리스도 사이에는 남편과 아내의 관계가 있습니다. "나는 너희 남편임이라"(렘 3:14)라는 말씀대로 말입니다. 우리의 선지자는 이스라엘의 하나님 여호와께서 다음과 같이 말씀하셨다고 우리에게 기록하고 있습니다. "나는 이혼하는 것 … 을 미워하노라"(말 2:16)라고 말입니다. 그분께서는 자기 아내를 버리지 않았다는 것을 증명이라도 하듯, "나 여호와가 이같이 말하노라 내가 너희의 어미를 내보낸 이혼 증서가 어디 있느냐?"(사 50:1)라고 말씀하셨습니다. "내가 네게 장가 들어 영원히 살되"(호 2:19)라고 한 말씀도 변함없으신 우리 하나님의 말씀입니다. 하나님께서는 친히 먼저 아신 자기 백성을 결코 버리지 않으셨습니다. 그런데도 여러분은 왜 그분을 믿지 못합니까? 오, 우리의 마음과 하나님 사이에 존재하는 사랑의 관계를 생각하면서, 우리는 그분이 무관심하다고 의심하지 맙시다.

또한 하나님의 약속을 기억하십시오. 하나님께서 거짓말을 하셔서 우리가 멸망하도록 하시겠습니까? 그분께서 하신 약속을 기억하십시오! 그분도 자신이 한 약속을 취소하실 수 있다고 생각하는 것은 그분을 천박하게 모독하는 것입니다. 피로 인침을 받은 그 엄숙한 화해를 기억하십시오. 하나님께서 어떻게 예수님이 흘린 그 피에 무관심하며, 자기의 친 아들의 죽음으로 분명히 확증된 그 언약을 포기할 수 있겠습니까? 신자가 멸망하도록 내버려 두다니! 그의 구속함을 받은 자들이 구원을 받든 못 받든 그냥 무관심하다니! 절대 그런 일은 있을 수 없습니다. 가당치도 않은 일이며, 생각하기조차 끔찍한 일입니다! 광풍이 불고 싶은 대로 몰아치라고 하십시오. 그리스도께서도 마음껏 주무시게 하십시오. 그렇다 해도 그분은 자기 백성의 감정을 느끼고 있는 것이 분명합니다. 그분이 무관심하다는 생각은 한갓 몽상일 따름입니다.

3. 주님께서 무관심해 보일 때도 실제로 우리 주님은 자기 백성을 돌보십니다.

세 번째는 간단하게 전하겠습니다. 외견상 무관심하게 보일 때도 우리 주님께서는 자기 백성을 실제로 돌보고 계십니다. 갈릴리 호수에서도 분명히 그러셨습니다. 그리스도께서 배에서 주무셨다지만, 그 때에도 주님은 자기 제자들을 떠나지 않았다는 사실을 오늘 본문에서 살펴보십시오. 하나님께서 자기 백성들을 다소 험하게 다루시는 듯해도, 그분은 여전히 그들과 함께 계십니다. 그분은 "두려워하지 말라. 내가 너와 함께 함이라"(사 41:10)고 말씀하십니다. 주님의 임재만으로도 우리는 충분한 힘을 얻습니다. 주님의 임재보다 더 우리에게 힘을 주는 것은 없습니다. 하늘에 계신 우리 아버지는 우리의 필요를 알고 계십니다. 하나님의 임재로부터 쫓겨나는 것이 바로 지옥일 것입니다. 광풍이 아무리 흉흉하게 불어 우리 배를 친다 해도, 주님께서 우리와 함께 계시는 한 우리는 결코 절망할 수 없습니다.

다음 사실도 기억하십시오. 그리스도께서 주무셨다 해도, 그분의 몸은 제자들과 마찬가지로 이리저리 흔들리면서 제자들과 동일한 위험에 직면해 있었다는 점입니다. 따라서 그분이 자신들과 같은 상황에 처한 줄 알고 "우리가 죽게 된 것을 돌보지 아니하시나이까?"라고 제자들이 말한 것은 당연한 것이었습니다. 주님과 제자들이 함께 물속으로 빠질 수도 있었기 때문입니다. 우리가 박해를 받는다면, 예수님이 박해를 받는 것입니다. 우리가 고난을 받을 때면, 머리 되신 주님도 고난 받는 지체들 가운데서 고난을 받습니다. 우리가 존재하는 이유가 바로 그분이 존재하는 이유입니다. 이 사실이 우리에게 힘을 줍니다. 카이사르는 두려워 떠는 장군들에게 "두려워하지 마시오. 당신들은 지금 카이사르와 그의 모든 운명을 옮기고 있소"라고 말하였습니다. 이 말은 구원의 배는 그리스도의 백성뿐만 아니라 그리스도와 그의 영광을 그 안에 모시고서 움직이고 있다는 위대한 천국의 진리를 세속적으로 표현한 것에 불과합니다.

　　그리고 우리 주님께서는 주무시는 중에도 그의 백성들에게 유익을 끼치셨다는 사실을 여러분은 기억하십시오. 왜냐하면 그분은 자기 백성을 하나의 좋은 본보기로, 즉 고난의 때에 거룩한 안식을 누릴 수 있는 본보기로 삼으셨습니다. 그분은 한 사람의 인간으로서 피곤하여 잠을 주무셨을 뿐 아니라, 자기 아버지의 손 안에서 편안함을 느꼈기에 주무셨던 것입니다. 주님께서는 그 배에 한 발을 올리셨을 때부터, 광풍이 불어닥칠 것을 미리 아셨습니다. 배가 요동하였지만 그분은 전혀 놀라지 않으셨습니다. 오히려 그분은 주무셨습니다. 왜냐하면 모든 것이 잠잠해질 것을 알고 계셨기 때문입니다. 마음이 하나님에 대한 확신으로 가득 찬 사람이 아니고서는 설령 앞으로 일어날 일을 미리 안다고 해도 그렇게 잠을 잘 수 없을 것입니다. 하나님께서는 자기 백성들에게 평안을 주며 절대로 불안하게 하지 않으십니다. "그러므로 여호와께서 그의 사랑하시는 자에게는 잠을 주시는도다"(시 127:2)라는 말씀대로 말입니다. 우리 주님께서 오늘 본문의 경우 외에는 주무셨다는 이야기를 들어 볼 수 없습니다. 광풍이 휘몰아쳐서 배가 이리저리 요동하는 데도 그분께서 배의 고물에서 베개를 베고 주무신 이 대단한 사건은 그분의 마음이 하나님의 가슴에 있었기 때문에 가능한 일이었습니다. 그분은 자기의 모든 종들에게 다음과 같은 내용을 분명하게 말씀하신 셈입니다. "고난의 때에도 평안을 누리고, 모든 것을 여러분을 돌보는 그분의 손에 맡겨라." 그분께서 주무신 것은 "너희는 마음에 근심하지 말라"(요 14:1)고 하신 말씀을 몸소 행하신 실천적인 설교였습니다.

　　게다가 그분은 그들을 시험하셨을 뿐 아니라 그들의 모습을 스스로 드러내도록 하셨습니다. 아마도 제자들 대다수는 베드로와 동일한 마음 상태였을 것입니다. 즉, 자신들은 무슨 일이든 참을 수 있으리라 생각했기 때문에 절대로 주님을 불신하지는 않으리라는 마음이었을 것입니다. 그분은 광풍이 계속 불게 하셨습니다. 급기야 그들의 마음속에 의심이 찾아오기 시작했고, 그 마음속에 조용하게 숨어 있던 악한 불신의 마음을 그들 스스로 보게 되었습니다. 제자들은 평생토록 사람을 낚는 어부로서, 어부들은 폭풍우를 맞닥뜨릴 수밖에 없습니다. 이 폭풍은 그들의 선장이 그들과 함께 한다면, 다시 말해 그들이 스스로 선장에게 나아가기만 한다면, 그 어떤 광풍이 불어닥친다 해도 그들에게 어떤 일도 절대 일어나지 않는다는 사실을 깨우쳐 주기 위한 것으로, 한 마디로 제자들의 실습을 위한 폭풍이었습니다. 만약 그들에게 그리스도가 함께 하셔서 전적으로 좋은 날씨만 즐겼더라면, 후에 그분께서 함께 하시지 않을 때, 그들은 태풍으로 인해 놀랄 것입니다. 하지만 이런 광풍을 지금 배에서 경험한 이상, 이제 그들은 박해와 시련의 때에 서로가 서로에게 다음과 같이 말할 것입니다. "그분은 예전에도 우리에게 이와 같은 상황을 보여주지 않으셨는가? 그분이 배에서 우리와 함께 하시는데도 우리는 폭풍우를 만났었지."

무엇보다도 그리스도께서는 그들을 돌보고 계셨습니다. 왜냐하면 그분께서는 그들이 처한 위험을 그분 자신을 드러낼 수 있는 기회로 삼으셨기 때문입니다. 그분은 그들에게 자신의 전능함을 보여주기를 원하셨습니다. 그런데 그분의 신적인 능력이 필요한 어떤 어려움이 없다면, 어떻게 그분께서 능력을 발휘하실 수 있겠습니까? 그분은 지금까지 그들에게 마귀를 무찌르고 질병을 이기는 그분의 능력을 보여주셨습니다. 그러나 지금 그분은 바람과 파도까지도 그분의 뜻에 순복하는 것을 그들에게 보여주기 원하셨습니다. 그리하여 그분은 격렬한 광풍을 풀어 놓으셨던 것입니다. 사람이 끈에 묶인 사자를 대하는 것은 쉬운 일입니다. 하지만 그 괴물을 묶은 끈을 풀어 놓았을 때, 그 사자에게 맞설 수 있는 자는 오직 영웅뿐입니다. 태풍이 풀려나자 파도는 격렬해지고, 바다는 그 배를 삼키려고 하였습니다. 그러나 위대한 주님께서 뱃머리에 서셔서 "잠잠하라 고요하라"(막 4:39)고 꾸짖으시자, 모든 것이 그분의 말씀에 따라 고요해졌습니다. 그 태풍이 없었다면 제자들은 그 화평하게 하는 자의 영광을 보지 못했을 것입니다. 그러므로 그들이 그분의 신성을 충분히 알기 위해서라도 시련은 절대적으로 필요했던 것입니다.

4. 주님을 믿는 모든 자들은 하나님께서 돌보신다는 사실을 알게 됩니다.

이제 우리는 마지막 주제를 생각해 보고자 합니다. 그것은 다음과 같습니다. 적절한 때가 되면 주님을 믿는 모든 자들은 하나님께서 자신을 돌보신다는 것을 알게 된다는 것입니다. 예수님께서 주무시다 깨셨을 때 그분은 화를 내지 않으셨습니다. 그분은 원하기만 하셨다면 당장에라도 불신하는 제자들을 떠나서 혼자 그 바다를 가로질러 가실 만큼 충분한 능력을 가지고 계셨습니다. 이와 마찬가지로 우리가 하나님에 대해 악한 생각을 하고 험담을 한 것에 대해 그분께서 원하기만 하신다면, 그분은 우리를 멸망시킬 수도 있었습니다. 하지만 그분은 그러지 않으셨습니다. 예수님은 자신을 따르는 약한 자들이 드리는 쓸데없는 기도들도 거부하지 않으셨습니다. 그분은 역정을 내시면서 다음과 같이 말씀하실 수도 있었습니다. "너희들이 나에 대해 생각하는 것이 이것이냐? 너희들은 나에 대해 이렇게 밖에 말할 수 없느냐?" 그러나 그분은 이렇게 꾸짖지 않으셨습니다. 그분은 그들을 향한 깊은 사랑으로 그들을 부드럽게 바로잡아 주셨습니다. 거기에는 노여움이 전혀 없었습니다. 그분은 그들의 기도를 들어주셨습니다. 그래서 그분은 주무시다 깨어나셨던 것입니다. 이 얼마나 놀라운 일입니까! 그분이 행하신 것은 또 얼마나 강력한 역사입니까! 그분께서 일어난 후로는 언제 조금이라도 광풍이 불었던 적이 있었는가 할 정도로 그 바람은 흔적도 없이 사라져 버렸습니다. 아주 거세게 몰아치던 그 격렬한 바람들이 어머니의 품속에서 잠자는 어린 아이처럼 되었던 것입니다. 그 거센 파도들이 돌처럼 평평해졌던 것입니다. 곤란한 상황에 처한 여러분, 여러분도 고요해지는 것을 보며 즐거워할 수 있을 것입니다. 유혹과 시련 속에 있는 불쌍한 하나님의 자녀들이여, 여러분은 장차 여러분을 힘들게 하던 것들이 모두 어디로 갔는지 놀라게 될 날이 있을 것입니다. 여러분은 스스로 "이제 그것들은 모두 사라져 버렸다. 나를 힘들게 하던 것들은 하나도 남지 않았다. 그리스도께서 나의 슬픔을 내쫓아 주셨다"고 말할 것입니다. 이제부터 여러분은 오래도록 지속되고 결코 깨어지지 않을 고요함을 즐기게 될 것입니다. 이것은 평범한 고요가 아니라 매우 깊고 심오한 것으로서, 여러분 스스로도 "이와 같은 평화에 들어오게 되다니, 광풍을 겪은 것이 가치가 있었다"라고 말할 만큼의 그런 고요일 것입니다. 광야를 지난 후에 여러분은 가나안으로 들어가게 될 것입니다. 마귀들이 그 유혹을 끝냈을 때, 천사들이 여러분을 찾아올 것입니다. 여러분은 전장(戰場)을 떠나 뿔라의 땅으로 들어갈 것입니다. 그

곳에서 여러분은 천국의 합창단이 노래하는 소리를 듣게 될 것이며, 천사들은 복된 정원에서 온갖 식물들을 가지고 여러분에게 올 것입니다. 여러분은 힘을 내기만 하면 됩니다! 여러분의 입장을 고수하고, 여러분의 주님을 믿고, 그분에 대해 좋게 생각하며, 그분을 신뢰하십시오. 주님께서 살아 계시는 한, 그리스도께서 탄 배는 절대로 난파를 당하지 않을 것입니다. 믿음을 가진 자는 멸망에 대한 보험을 든 자들입니다. 여러분의 비전이 더디다 해도 주님을 기다리십시오. 밝은 햇빛과 순항(順航)을 여러분은 상으로 받게 될 것입니다.

저는 이 주제와 관련하여 두 가지를 적용하고서 이 말씀을 마치고자 합니다.

첫째는 이것입니다. 이 말씀은 오늘날의 교회에 직접적으로 적용될 수 있다고 저는 생각합니다. 어떤 사람들은 교회와 관련하여 큰 어려움이 있다고 생각합니다. 왜냐하면 모든 것이 잘못되어 가고 있으며, 모든 일에 동요가 있기 때문입니다. 이 시대에 대한 징조는 불길합니다. 제가 보기에 가장 어려운 문제는 예수님이 주무시고 있는 듯이 보인다는 것입니다. 다시 말해, 교회가 하는 일이 아무것도 없으며, 큰 부흥도 없고, 목회 사역에 큰 능력도 나타나지 않는다는 것입니다. 하지만 저는 예수님께서 주무신다는 생각에 위로를 받습니다. 왜냐하면 그분은 절대로 깊이 주무시는 분이 아니기 때문입니다. 우리가 깊은 잠에 빠져 있을 때, 우리는 깨어나는 법을 알지 못합니다. 그러나 예수 그리스도는 알고 계십니다. 그분은 주무시지만 결코 깊이 주무시지는 않습니다. 그분의 이름에 영광을 돌려드리십시오. 그분은 주무시고 계십니다. 죽은 것이 아닙니다. 그분이 살아 계시는 한, 우리의 기쁨도 살아 있습니다. 살아 계신 그리스도께서 함께 계시는 한, 교회도 항상 살아 있을 것입니다. 잠자고 있는 그리스도와 잠자고 있는 교회는 가능해도, 그리스도가 멸망한다거나 교회가 멸망할 수는 없습니다. 우리 주님이 주무신다고 해도, 그분은 배의 키가 가까이 있는 곳에서 주무십니다. 그분은 손을 뻗기만 하면 즉시 그 배를 조타할 수 있는 곳에서 주무십니다. 그분은 주무시고 계십니다. 하지만 그분은 우리가 조금 더 큰 소리로 외칠 때까지만 주무실 뿐입니다. 우리가 스스로 어찌할 수 없는 그런 고난을 마주할 때 전적으로 그분을 의지한다면, 그분은 자신의 능력을 보여주실 것입니다. 아마도 앞으로 이십 년 동안 영국의 신앙상태는 설상가상으로 더욱 악화될 것입니다. 앞으로 십년 내에 불신자도 많아지고, 미신도 많아질 확률이 매우 높습니다. 그 때가 되면 교회는 절망적인 상태에 빠져서 "오, 하나님이시여, 초는 거의 꺼져가고, 불빛도 희미해져 갑니다!"라고 소리칠 것입니다. 그러면 이런 극단적인 절규와 참담한 울부짖음이 하늘에 상달되어 그리스도께서 이 소리를 듣고 내려오셔서 자신이 만든 작품을 곧 영광스럽게 다시 살리실 것입니다. 그분께서는 우리를 대적하는 전쟁이 수일 동안 계속되게 하셔서, 얼마 되지 않는 우리의 능력이 완전히 소진되어 나약한 자가 되게 하실 것입니다. 그래서 전쟁으로 인해 우리가 거의 절망하게 될 것입니다. 바로 그 때쯤 그분은 우리에게 나팔소리를 발하실 것입니다. 바로 그 때쯤 그의 성령이 오셔서 크고 분명하게 다음과 같은 소리로 듣게 하실 것입니다. "용기를 내어라. 네가 약할 때, 그 때 너는 강하다!" 우리가 완전히 무력해졌을 때, 우리는 갑자기 적진을 향해 한 번 더 돌진할 것입니다. 마치 기드온의 보리떡 한 덩어리처럼, 즉 미디안의 진영으로 들어가 원수들을 무찔러 쓰러뜨린 것처럼, 주의 백성들도 원수들을 크게 노략하게 될 것입니다. 왜냐하면 주님은 장수가 잠에서 깨어난 것처럼 자다가 깨어나셨기 때문입니다. 갑작스럽고 영광스러운 승리로 인해 하늘과 땅에 그분을 찬양하는 소리가 울려 퍼질 것입니다. 절대로 낙담하거나 불안해하지 마십시오. 광풍도 아직은 최악의 상태가 아니며, 배도 아직은 파도에 완전히 휩싸이지 않았고, 물결도 아직은 방파제로 막을 수 있을 정도입니다. 배는 여전히 떠다니고 있습니다. 배가 거의 침몰하게 되어 뱃머리부터 가라앉게 되었을 때, 그 때 우리의 선장님은 배의 전면에 서서 바다를 잠잠케 하실 것입니다. 격렬한 파도가 배를 덮칠 때, 그 때 그분은 파도들에게 "잠잠하라, 고요하라!"(막 4:39)고 말씀하실 것입니다. 고요함, 천년 동안 지속될 고요함은 바로 가까이에 있습니다. 우리는 그것이 얼마나 가까이에 있는지 알지 못합니다. 우리는 단지 소망할 뿐입니다.

　둘째 적용은 죄인에 대한 것입니다. 지금 이 자리에는 절망적으로 곤궁한 상태에 있는 자들이 있을 것입니다. 그들은 자신의 죄가 마치 굶주린 파도처럼 자신을 집어삼킬 것 같다고 느낍니다. 하지만 그들은 거기에서 도망쳐 나올 방법을 알지 못합니다. 그래도 그들은 지금까지 계속해서 기도하고 있습니다. 그 부분에 대해서는 기쁘게 생각합니다. 사랑하는 성도 여러분, 절대로 기도하는 것을 포기하지 마십시오! 이 불쌍한 영혼은 지금까지 "주여 저를 도우소서"(마 15:25)라고 부르짖었습니다. 이것은 바른 기도입니다. 사랑하는 성도 여러분, 계속해서 이 기도를 드리십시오. 그가 보기에 예수님께서 주무시고 계신 것 같을 때도, 그는 "그분은 불쌍한 죄인들을 돌보는 분이시지 않습니까? 그분께서 나를 지옥으로 보내시고 이에 대해 아무 생각도 하지 않으시겠습니까?"라고 말합니다. 사랑하는 성도 여러분, 여러분은 무슨 말을 하겠습니까? 만일 여러분이 그 불쌍한 영혼을 구원할 수 있다면, 그 기도하는 죄인이 지옥으로 가도록 놔두겠습니까? 여러분은 "오, 아닙니다! 그가 내게 소리친다면, 나는 그를 도울 것입니다"라고 말할 것입니다. 여러분은 자신이 그리스도보다 더 친절하다고 생각합니까? 저는 여러분에게 다음의 시를 전하고자 합니다.

> "다정하신 그분의 마음,
> 사랑으로 녹이는 그분의 마음"(아이작 와츠)

그분의 사랑을 믿고, 여러분 자신을 그분의 은혜에 내어 맡기십시오. 여러분이 그분을 믿을 때, 여러분은 구원을 받습니다. 그분에 대해서 절대 완악하게 생각하지 마십시오. 그분의 옷자락이라도 만지십시오. 그러면 여러분은 온전하게 될 것입니다! 여러분이 죄지은 영혼이라도 그분을 신뢰하십시오. 그것이 여러분에게 지금부터 영원토록 좋은 일일 것입니다. 예수님을 통하여 하나님께서 여러분에게 축복을 내려 주시기를 기원합니다. 아멘.

제
11
장
—

손을 대어도

—

"이는 내가 그의 옷에만 손을 대어도 구원을 받으리라 생각
함일러라." — 막 5:28

이 여인을 낫게 한 기적은 우리 구세주께서 죽은 야이로의 딸을 살리기 위해 야이로의 집으로 가는 도중에 일어났습니다. 물론 이 사건 자체가 아주 특별한 기적이라 해도, 이 기적은 단독으로 일어난 것이 아니라, 야이로를 대하시는 주님의 관계와 관련해서 일어난 기적이라고 저는 확신합니다. 제가 오늘 본문을 바르게 읽었다면, 이 회당장의 믿음은 극도로 시험을 받고 있는 중이었습니다. 그는 자기 딸이 누워서 사경(死境)을 헤매고 있다는 소식을 전하기 위해 구세주에게로 와서, 친히 오셔서 자기 딸을 고쳐 주시기를 간청하였습니다. 그런데 구세주께서 그 집에 이르기도 전에 다른 종들이 와서는 "당신의 딸이 죽었나이다 어찌하여 선생을 더 괴롭게 하나이까?"(막 5:35)라고 말하였습니다. 그 때 야이로는 큰 충격을 받기 일보 직전이었습니다. 그래서 우리 주님께서는 야이로가 직접 보는 앞에서 이 여인에게 특별한 기적을 행하셨던 것입니다. 우리 주님께서는 그에게 "두려워하지 말고 믿기만 하라 그리하면 딸이 구원을 얻으리라"(눅 8:50)고 말씀하셨습니다. 이 말씀에 대해 예전에 홀 주교(Joseph Hall, 1574-1656, 영국 주교 — 역주)는 "죽음의 문턱에 있던 여인이 그분의 옷 가에 손을 대어서 다시 살아나게 되었다는 것은 좋은 조짐이었다"라고 말했습니다. 아주 중한 불치병을 앓고 있던 한 여인이 우리 주님으로부터 병 고침을 받았던 바로 그 시간은

오늘 본문에 기록된 회당장의 열두 살 어린 딸에게는 소망의 시간이 되었던 것입니다. 이것 또한 놀라운 일입니다. 산송장처럼 살아가던 여인이 병 고침을 받았다는 사실로 인해 야이로는 자신의 죽은 딸도 다시 살아날 수 있을 것이라 믿게 되었습니다.

사랑하는 성도 여러분, 우리는 언제 하나님께서 우리를 축복해 주실지 알지 못합니다. 그분께서 다른 사람들을 축복해 주시는 것이 부수적으로 우리에게 얼마나 큰 축복인지도 우리는 알지 못합니다. 우리의 회심마저도 아주 멀리까지 영향을 끼쳐서 다른 사람들의 회심과 아주 분명하게 관련을 맺는 것 같습니다. 은혜는 한 개인적인 주체에게 미소를 짓지만, 그 은혜의 목적은 개인의 사적인 유익을 넘어섭니다. 주님은 지금도 동일한 그분의 자녀인 다른 사람들의 믿음을 강하게 하고 계십니다. 다시 말해 그분이 우리의 믿음을 받아들이고 칭찬하면서 우리를 구원해 주실 때, 그분은 다른 죄인들의 영혼 안에서 실제로 믿음으로 역사하실 수 있습니다. 우리는 돌 하나로 두 마리의 새를 잡는 일석이조(一石二鳥)를 말합니다. 하지만 우리 구세주께서는 자신의 손을 단 한 번 대심으로 두 영혼 아니, 이천 명의 영혼을 축복하는 방법을 알고 계십니다. 이제 저는 이 흥미로운 본문에 대한 서론에서 이런저런 많은 생각들로 더 이상 지체하지 않으려고 합니다. 왜냐하면 인간을 치유하는 이 위대한 치유자이신 영광스러운 그분에게 여러분이 가까이 나아가는 것이 저의 간절한 바람이기 때문입니다. 우리 주님께서는 계속해서 다른 일을 하시면서, 이 기적을 행하셨습니다. 마치 자기 궤도를 돌면서 빛을 내는 하늘의 태양처럼, 그분도 빛을 내시면서 그 모든 빛에 은혜로 가득하게 하십니다. 그분의 충만한 의지로 행하시는 모든 것이 영광된 일일 뿐만 아니라, 그 능력과 은혜가 매우 충만하여, 그에 따른 부수적인 것도 믿을 수 없을 정도로 놀랍습니다! 그분의 일생이 보여준 주요 행적과 계획에 대해서 생각할 때 우리는 가장 진지하게 거기에 몰두해야만 합니다. 그러나 그분의 일생에서 일어난 작은 에피소드들도 풍부하게 표현된 시와 같아서, 가르침을 받지 않고서는 그 세세한 의미들을 알지 못합니다. 우리가 이 주제에 대해 남김없이 다 알 수는 없지만, 흥미로운 많은 주제들은 뒤에 남겨두는 것으로 만족하고서, 즉시 이 이야기의 핵심으로 나아가고자 합니다.

첫 번째로, 저는 여러분을 초대하여 이 여인을 한 사람의 환자로 살펴보고, 두 번째로는, 그녀의 믿음을 에워싸고 있던 큰 어려움들에 대해 알아보겠습니다. 그리고 세 번째로, 우리는 그 어려움들이 사라지는 지점에 이르러, 그녀가 그리스도에 대해 생각했을 때 어떻게 그 모든 어려움들이 아침 안개처럼 사라지게 되었는지를 살펴볼 것입니다. 네 번째로, 우리는 그녀의 큰 승리에 대해 생각해 볼 것입니다. 주님께서 우리를 도우서서 우리로 하여금 그녀의 모범을 따르게 하시어, 우리도 큰 복을 받게 되기를 원합니다. 성령님이여 오시옵소서. 오셔서 우리의 믿음을 도우시어, 우리가 거룩하신 주님께 가까이, 조금 더 가까이 나아가도록 하옵소서.

1. 그 여인은 환자였습니다.

이제 첫 번째로 그 환자에 대해 살펴보겠습니다. 그녀는 지금까지 아주 중한 질병으로 고생하던 여인이었습니다. 질병으로 인해 그녀의 삶은 만신창이가 되었습니다. 그녀의 몸은 생기를 잃고 쇠해지기만 하였습니다. 바로 그러한 그녀의 실존은 고통과 약함의 연속이었습니다. 그럼에도 불구하고 그녀는 어떤 용기와 신념을 보여주었습니다. 건강해지는 일이라면 그녀는 물불을 가리지 않을 태세였습니다. 그녀에게는 놀랄 정도로 엄청난 생명에 대한 의지가 있었던 것이 분명합니다. 왜냐하면 그녀와 같은 처지의 다른 사람들은 병상에 누워 오랜 세월을 절망 속에서 지냈지만, 그녀는 십이 년이 지난 지금까지도 자기의 병을 낫게 해줄 이런저런 의사들을 찾고 있었기 때문입니다. 그 어떤 것도 이런 그녀의 의지를 꺾지 못하였고, 그녀는 조금도 굴하지 않았습니다. 그녀는 숨이 붙어 있는 한 절대 포기할 수 없었습니다. 그러다가 마침내 참된 의사를 발견하게 되자, 그녀는 이런저런 수단을 동원하여 그분에게 손을 대기 위해 빽빽한 군중들 사이를 헤집고 들어갔습니다. 그녀는 누구에게도 자신을 위해 중재해 달라고 요청하지 않았습니다. 그녀의 지극한 겸손과 어울려 더욱 가치가 있는 그 담대한 용기를 가지고서, 그녀는 자신을 치료해 주실 그리스도에게 다다르기 위해 무리들을 뚫고 나아갔습니다. 그녀는 건강을 되찾기 위한 강렬한 열정과 불굴의 의지를 보여주었습니다. 오, 다른 사람들도 자신의 영혼이 구원을 받기 위해 그녀의 이런 생생한 믿음을 십분의 일이라도 가졌으면 좋겠습니다.

그녀의 단호한 결단도 주목해 주십시오. 그녀는 죽으면 죽으리라는 마음으로 이 일을 했습니다. 자기 생명을 유지하고 건강을 되찾기까지 그녀는 절대로 포기하지 않고 자신이 할 수 있는 모든 노력을 다하였습니다. 사실 십이 년 동안 고

생하였다는 말은 극심한 고통에 직면하여 갖가지 다양한 치료를 받았다는 뜻입니다. 그녀는 많은 의사에게 많은 괴로움을 받았습니다. 한 의사로부터 많은 괴로움을 받는 것도 충분히 나쁜 상황입니다. 하지만 그녀는 많은 의사로부터 많은 괴로움을 받았습니다. 그녀가 살던 당시의 의사들은 고통스러운 최악의 질병보다 훨씬 더 끔찍한 존재였습니다. 고대에 행해지던 의사들의 치료법에 대해서 제가 지금 여러분에게 간략하게라도 읽는다면, 아마 여러분은 깜짝 놀라면서 그 책을 덮으라고 부탁할 것입니다. 그래서 이성을 가진 사람이라면 누구든지 그 당시의 의사에게 자기 몸을 맡기는 것보다는 차라리 다양한 형태의 선천적인 질환으로 고통을 받는 것이 더 낫다고 여겼을 것입니다. 그 당시 의사의 처방전들은 끔찍한 것이 많았습니다. 이백여 년 전에 발행된 「컬페퍼의 식물」(영국 식물학자이자 의사였던 니콜라스 컬페퍼[Nicholas Culpeper, 1616-1654]가 쓴 "약초 도감"[Complete Herbal, 1653]을 말한다 — 역주)이라는 책에는 혐오감을 불러일으킬 만한 엉망진창인 각종 처방전들이 등장하고 있습니다. 그래서 그 처방에 따른 너무 혐오스러운 그 혼합물에 몸을 담그기보다는 차라리 죽는 것이 훨씬 더 낫겠다는 생각이 들 정도입니다. 부항으로 피를 빼내고 거머리를 붙여 피를 빨아내서 도려내거나, 뜸을 뜨고 물집이 생기도록 해서 절개하거나, 끈으로 묶고 구멍을 뚫어서 줄로 꿰매는 시술 등으로 인해, 환자들은 이루 상상도 할 수 없는 각종 고통들을 감수해야만 했습니다. 그녀가 살던 당시의 의사들은 이단들을 심문하는 종교재판소의 심문관들과 족히 비슷했을 것입니다. 따라서 이들은 완벽하게 각종 고문기술들을 섭렵한 고문의 대가들이었습니다. 그럼에도 불구하고 우리 앞에 있는 영웅과 같은 이 여인은 혹시라도 그런 처방으로 유익을 얻을까 하여 그 모든 의학적 시술들을 참아냈습니다. 그녀가 얼마나 많은 수술을 견뎌냈는지, 메스꺼운 약들을 얼마나 많이 삼켜야 했는지에 대해서 정확히 알 수 없지만, 분명한 것은 이 모든 처방들이 그녀에게 엄청난 고통과 극심한 절망을 안겨 주었다는 사실입니다. 그러는 사이에 그녀가 가진 돈만 허비하게 되었습니다. 물론 가장 필요해서 받았던 치료들이었지만 그녀에게는 아무런 위로도 주지 못한 채 말입니다. 그녀에게 돈이 남아 있는 한, 그녀는 치료를 위해서는 마지막 한 푼까지도 아끼지 않았습니다. 그러던 차에 이 여인이 행한 결심은 주목해서 살펴볼 가치가 있습니다. 그녀는 하늘 아래에 자신이 나을 치료법이 있다면, 그래서 그 치료를 받을 수만 있다면, 자신에게 목숨이 붙어 있는 한, 어떻게든 그 남아 있는 목숨을 사용해서, 자신이 당장 사망의 먹잇감이 되지 않는 방법을 찾는 것이었습니다. 깨어 있는 영혼들 가운데 이러한 결단을 하는 모습을 보게 된다면 저는 기쁠 것입니다. 하지만 이런 결단의 모습을 보기가 얼마나 어려운지 모릅니다. 어떤 사람이 구원의 길에 대해서는 잘 모르지만, 그럼에도 불구하고 다음과 같은 결심을 한다면 저는 행복할 것입니다. "내가 구원 받을 수만 있다면, 나는 구원을 받고 싶다. 어떤 고통을 받든, 어떤 것을 포기하든, 어떤 일을 하든, 어떤 수단을 통해서든 내가 구원받을 길이 있다면, 나는 구원을 받을 것이다. 온 세상은 내가 지불해야 할 것이 너무나 많다고 말하겠지만, 내가 구원을 받을 수만 있다면, 내가 가장 하기 힘든 일인 자신을 부인하는 일마저도 내게는 사소한 일일 것이다." 사랑하는 성도 여러분, 영원한 우리의 영혼이 구원을 받는 것은 우리의 뜨거운 열정과 지속적인 목적의식과 단호한 결단으로 행할 만한 가치가 있는 일입니다. 이것은 틀림없는 사실입니다. 그렇지 않습니까? 누가 감히 이 일의 가치를 매길 수 있겠습니까? 우리가 영혼에 비중을 두는 것에 대해 무엇으로 반대할 수 있겠습니까? 장사하는 자들의 정금도 죽지 않는 우리의 영혼에 비교한다면 하찮은 것이며, 다이아몬드나 값비싼 크리스털도 우리 영혼에 비교한다면 명함도 못 내밀 정도입니다. 욥은 "가죽으로 가죽을 바꾸오니 사람이 그의 모든 소유물로 자기의 생명을 바꾸올지라"(욥 2:4)고 말했습니다. 참으로 영혼을 속전(贖錢)하는 일은 귀한 일입니다. 구원받을 수만 있다면 기어코 구원받으리라는 결단이 사람의 마음속에 생기는 것은 소망의 징조이며, 은혜의 표징입니다.

　저는 또한 이 여인이 가진 **놀라운 소망**에 감탄하지 않을 수 없습니다. 그녀는 여전히 자신이 치료받을 수 있다고 믿고 있었습니다. 통상적으로 생각해 본다면, 그녀가 나을 수 있다는 생각은 오래 전에 포기했어야 했습니다. 왜냐하면 우리는 일반적으로 몇 개의 사례들을 함께 놓고서, 그 사례들에 비추어 어떤 추론을 거쳐 결론에 이르기 때문입니다. 자, 그녀는 지금까지 많은 의사들을 만났을 것이며, 그들로부터 많은 좌절을 맛보았을 것입니다. 이로써 그녀의 질병은 이제 소망이 끊어졌다고 이성적으로 추론할 수 있었을 것입니다. 따라서 그녀는 다음과 같이 말해야 했을 것입니다. "내 질병은 불치병이다. 그러므로 나을 수 있다는 생각은 꿈도 꾸지 말고, 단지 견딜 수 있는 인내를 달라고 간구해야 한다"고 말입니다. 하지만 그녀는 그러지 않았습니다. 확신하건대 그녀는 틀림없이 밝은 눈을 가지고 있었고, 그러기에 다른 사람들이 절망하는 곳에서도 그녀는 소망을 보았던 것입니다. 그녀 속에 있던 어떤 것이 그녀에게 용기를 북돋워 주었고, 그로 인해 그녀는 여전히 더 나은 날에 대한 소망을 가지고 있었습니다. 그러다가 그녀가 예수님에 대한 소식을 들었을 때, 그녀의 마음은 뛸듯이 기뻤습니다. 그녀의 마음속에 있던 소망은 다음과 같이 말했습니다. "마침내 내게도 축복이 임하는구나. 나는 이를 오랫동안 기다려왔다. 이제야 비로소 하나님께서 그 축복을 내게 보내주시는구나. 이것이 바로 그 축복이다. 이제 나는 그 축복을 즉시 붙잡을 것이다. 지금 공의로운 해가 내게 떠올라서 그 치료하는 광선이 날갯짓을 하고 있구나. 나는 그 햇빛에 목욕을 할 것이다. 이제 나는 가식을 벗어버렸고, 나의 질병을 낫게 할 참된 능력자를 찾았다." 지금 여러분은 환자를 보고 있지만, 그녀는 영적인 결단을 한 소망의 사람입니다. 이러한 사람이 회심했을 때 큰 일꾼이 됩니다. 하나님께서 도우셔서 이런 남녀종들이 제 앞에 많이 나타나게 하시고, 주님께서 그의 성령으로 이 아침에 임하셔서 치유하는 역사가 그들 가운데 일어나기를 기원합니다.

2. 그녀의 믿음에는 많은 어려움들이 에워싸고 있었습니다.

이제 저는 두 번째로 이 믿음 있는 여인을 에워싸고 있던 어려움들에 대해 생각해 보고자 합니다. 여러분도 저와 함께 생각해 주시기를 바랍니다. 그 어려움들은 그녀의 강한 믿음과 함께 평가되어야 합니다. 그녀의 믿음은 틀림없이 다음과 같은 어려움들을 갖고 있었을 것입니다.

첫째, 그녀의 질병은 그 자체로 불치병이었기 때문에 그 병으로 오랫동안 고통을 받았다는 사실을 그녀는 좀처럼 잊을 수 없었다는 점입니다. 많은 질병들은 초기에 치료를 받으면 완치는 되지 않아도 어느 정도 고통은 크게 완화됩니다. 하지만 가련하게 고통을 받던 이 여인의 경우는 치료를 받을 때가 너무 늦은 상태였습니다. 십이 년이나 지나버렸고, 이 기간 동안 생명을 지탱하게 하는 가장 중요한 것이 계속해서 빠져나가고 있었으니 말입니다. 이 기간은 그녀의 인생에 있어서 긴, 너무나도 긴 시간이었습니다. 그녀는 십이 년 동안 피를 흘리며 수척해져 갔습니다. 그런 삶으로 지속된 십이 년이라는 시간은 한 사람으로 하여금 소망을 잃게 하기에 충분했습니다. 과연 치료가 가능할까? 십이년씩이나 내 몸에 뿌리를 내리고 있던 이 질병이 과연 완치될 수 있을까? 불치병이라는데 과연 재발하지 않고 완치될 수 있을까? 그녀의 마음에는 이런 일이 어떻게 일어날 수 있을지에 관한 갖가지 질문들이 자연스럽게 떠올랐을 것입니다. 자신의 질병에 대해 불평하며 그렇게 오랫동안 연약해져 있던 상태에서, 더구나 그 상태가 오랫동안 지속되면서 더욱더 나약해져 있던 상황에서, 그녀가 낫는다고 하는 것은 그녀 자신에게도 완전히 불가능하고 이상한 일로 보이지 않았겠습니까? 여러분에게 도 기이한 일로 여겨지지 않습니까? 하지만 이에 대한 그녀의 행동을 살펴보고 그 행동에 감탄하십시오. 한 마디로 그녀는 절대 흔들리지 않고 오직 예수님만 믿었습니다.

둘째로, 그녀는 거듭되는 절망을 견뎌냈습니다. 이 모든 상황들로 인해 분명히 그녀는 의심하기에 충분한 끔찍한 이유들을 갖게 되었을 것입니다. 아마도 그녀 는 다음과 같이 말했을 것입니다. "그러고 보니, 내가 처음으로 치료를 받았던 그 의사가 생각나네. 그 의사는 이 병이 별 대수롭지 않은 병이라고 하면서, 그 병에 애굽의 바로의 무덤에서 나오는 특효약이 있다고 했지. 그 약은 많은 돈을 주고서 수입해 와야 하는데, 큰 물병 크기의 그 애굽산 약을 사서 먹기만 하면 그 즉시 깨끗하게 완치된다고 말했어. 하지만 슬프게도 그 의사는 내 돈만 빼앗아 가 버렸지. 그 후에 또 다른 어떤 유명한 박사는 자신이 만든 알약을 하루에 한 알씩 일 년만 먹으면 효과를 볼 수 있다고 확신 있게 말했지. 오로지 그 박사만 그 약의 비밀을 알고 있어서, 그 박사 외에 다른 사람은 절대로 약효가 있는 진짜 약을 만들 수 없다는 그 약을 나는 신중하게 생각하고 나서 구입했어. 내가 알약 삼백 개를 먹기만 하면 반드시 크게 호전될 것이라고 그는 확신하며 말했지만, 결국 낫기는커녕 지루하게 병세가 지속되기만 했지. 전혀 나을 기미가 보이지 않더라고." 그녀는 자신이 지금까지 받은 각각의 새로운 치료법들을 회상하였습 니다. 그녀는 자기 속에서 일어난 작은 변화들 하나하나를 모두 일종의 희망의 조짐으로 해석했지만, 몸이 점점 더 나빠져 가면서 자신의 병이 나을 것이라는 그녀의 꿈은 결국 애석하게도 흔들리게 되었습니다. 그녀가 감행한 모험들은 많 았지만 모두 다 거의 비슷하게 비극으로 끝나 버리고 말았습니다. 그녀는 몇 년 전에 찾아갔던 한 나이든 진지한 의사도 생각났습니다. 그 의사는 학식 있는 자 신의 머리를 흔들면서, 자신은 중한 병들을 거의 다 치료해 보았다고 했습니다. 그러면서 팔레스타인에서 이 질병에 대해 잘 알고 있는 사람은 자신밖에 없다 며, 그런 자신을 만난 것이 큰 행운이라고 그녀에게 확신을 심어 주었습니다. 그 의사는 세달의 고무와 향기 나는 약초를 풍성하게 넣어 줍을 만든 후, 수년 간 시행되어온 고대의 의술 처방과 치료법을 따라 특별한 방식으로 잘 섞은 그 레바논 향유를 매일 사용한다면, 그 흐르던 피를 분명히 멈추게 할 수 있을 것이라고 정말 확신했습니다. 비록 얼마 남지 않은 양이었지만, 그래도 그 어디에도 없는 그런 약이 그 의사의 수중에 있었고, 지불해야 할 약값도 생각보다 비싸지 않은 적절한 가격 등을 고려해 볼 때, 이 모든 일은 정말 행운이었습니다. 그래서 그녀는 그 약을 복용했습니다. 하지만 그 약은 새로운 고통만 주었으며, 새로운 질병을 하나 더 추가하는 꼴이 되고 말았습니다. 그녀는 지금까지 한 가지 질병만 참으면 됐으나, 이제는 두 가지 질병에 따르는 극심한 고통을 참아야 했습니다. 그녀는 의사를 바꾸었습니다. 이번에는 헬라인 의사를 만나게 되었습니다. 진심으로 그 의사는 앞서 치료를 했던 모든 의사들을 깡그리 비난하였습니다. 그러면서 그는 그 가련한 여인이 하나도 이해할 수는 없는 아주 심오한 의학 체계를 가르쳐 주었습니다. 그럼에도 불구하고 그녀는 그 의사를 믿게 되었습니다. 왜냐하면 그녀는 자신이 무식하다고 여기고 그 의사의 말을 심오한 지식으로 받아들였기 때문입니다. 하지만 그 치료도 실패하였습니다. 그래서 이번에는 로마인 의사를 찾아가 보았습니다. 그 의사는 헬라어를 전혀 사용하지 않는 솔직하고 다소 무뚝뚝하지만 경험이 풍부한 사람이었습니다. 그는 부상당한 군인들을 대상으로 임시변통의 응급치료에 큰 기술을 가진 의사였습니다. 꽤 상당한 시간 동안 진찰을 한 후에, 그녀의 질병은 자신이 처음으로 시술한 어떤 유명한 수술에 딱 들어맞는 질병이라며, 그 수술은 정말 대단한 수술이라고 말했습니다. 비록 모든 환자들이 다 회복한 것은 아니었지만, 어쨌든 그는 많은 병사들에게 그 수술을 집도했기에, 자신의 치료야말로 가장 잘 알려진 치료라고 믿고 있었습니다. 그녀는 그 독보적인 수술을 거부하였습니다. 하지만 그녀는 이곳에 오기 전까지, 예전에 알았던 의사들에게서 받았던 치료의 후유증으로 생긴 몸의 상처들 때문에 이런저런 고통들을 견뎌왔습니다. 제가 지금까지 대략 요약한 그녀의 이 긴 이야기들을 생각해 볼 때, 그녀가 다음과 같은 말을 한다고 해서 전혀 이상한 사람은 아닐 것입니다. "이제 나는 어떤 사람도 믿을 수가 없어요. 이제 나는 병을 낫게 하겠다는 생각을 포기했어요. 더 이상 고문을 받느니 차라리 죽는 것이 더 낫겠어요. 절대로 잘못 될 리 없다던 사기꾼들의 손에 내 몸을 맡기느니 차라리 자연스럽게 되어가는 대로 내버려 두는 것이 나을 것 같아요." 하지만 그녀는 실망하지 않았습니다. 왜냐하면 그녀의 믿음은 그 쓰라린 경험을 뛰어넘어 생긴 것으로서 그녀는 주님을 믿었기 때문입니다. 그녀의 어려움이 실제로 어떤 것이 있었는지를 스스로 깨닫기보다는 제가 여러분에게 설명하는 것이 더 쉬울 것 같습니다. 만약 여러분이라도 선행이나 예식이나 기도나 눈물 등으로 구원을 얻고자 했는데 모든 면에서 좌절하였다면, 여러분이 언젠가 구원받을 수 있다는 사실을 더디 믿게 될 것입니다. 이렇게 되는 것이 특별한 게 아닙니다. 여러분의 믿음도 그녀의 믿음처럼 절망의 파도 꼭대기를 넘어 헤엄치면서, 전능하신 구세주에게 소망을 품게 되기를 기원합니다.

셋째로, 그녀의 길에는 또 다른 어려움이 있었습니다. 그 어려움은 바로 자신이 얼마나 가치가 없는지에 대한 생생한 인식이었습니다. 그녀는 예수님에 대해 생각할 때, 그분은 능력이 많을 뿐 아니라 거룩한 분으로 보았습니다. 그녀는 그분을 신뢰했을 뿐만 아니라 경외하였습니다. 그녀에게는 그분에게 손을 대보겠다는 용기가 넘쳤지만, 주님이 보시기에 자신이 얼마나 가치 없는 자이겠는가 하는 자신에 대한 겸손함 때문에 그분의 뒤로 다가갔다고 저는 확신합니다. 그녀가 자신에 대해 알고 있는 바와 같이, 그분께서도 그녀가 가치 없는 자라는 것을 알고 그녀를 내쫓으며 그분에게 접근하는 것을 금하실까봐, 그녀는 그분을 대면하기가 두려웠습니다. 정결예법에 따르면 그녀는 깨끗하지 못한 여인이었습니다. 또한 그녀가 앓고 있던 질병이 너무 부끄러웠기 때문에 그녀는 그분에게 감히 어떤 말로 요구하지도 못하고 공개적으로 나서지도 못했습니다. 그녀는 그분의 능력과 자비에 대한 큰 확신이 있었지만, 그 확신만큼이나 그분의 정결하심에 대한 경외심이 있었습니다. 그래서 만약 그녀가 그분에게 손을 댄다면 그분께서 화를 내시지는 않을까 두려워했던 것입니다. 분명히 이런 생각은 그녀에게 큰 방해거리였습니다. "어떻게 내가 감히 그분에게 가까이 다가갈 수 있을까? 나와 똑같은 다른 의사들에게는 내가 가까이 갈 수 있었지만, 내가 알기로 그분은 말과 행위에서 능력이 있는 선지자로, 하나님의 사람이 되고도 남는 분이신데, 어떻게 감히 내가 그분에게 가까이 다가갈 수 있을까?" 하고 말입니다. 그분의 뒤로 가야겠다는 그녀의 생각은 주님의 신성에 대한 그녀의 무지를 보여주거나, 아니면 무소부재(無所不在)하신 그분의 속성을 잊고 있었다는 것을 말해줍니다. 하지만 아직 그녀는 자신이 가치 없다는 생각에 괴로워했으며 그것을 믿고 있었습니다. 아, 지금 설교를 듣고 있는 사랑하는 성도 여러분, 여러분의 죄와 어리석음에 대한 생각으로 여러분이 의기소침해 있을 때, 성령님께서 여러분을 인도하셔서, 예수 그리스도가 그런 여러분을 온전케 하실 수 있는 분이라는 사실을 믿게 해주시기를 기원합니다.

넷째로, 또 다른 어려움이 그녀에게 있었는지는 제가 모르지만, 아마도 이 어려움만은 있었을 것으로 압니다. 그녀에게는 지금 돈이 한 푼도 없었다는 것입니다. 그녀는 모든 가산을 탕진했습니다. 우리가 들은 대로, 그녀는 자신의 모든 생계비(눅 8:43 KJV)를 허비하였던 것입니다. 예전에 그녀를 치료해 주었던 의사들은 모두 치료비를 받아 큰 부자가 되었습니다. 하지만 그들은 그녀의 건강을 회복시켜 주지 못했고, 그녀의 재산은 그들로 인해 줄어들었습니다. 그녀는 신중하게 의사들에게 다가가, 자신의 병이 낫기만 한다면 큰 돈을 줄 것이라는 약속과 함께 자신이 줄 수 있는 것은 무엇이든 원하는 대로 주겠다고 약속했습니다. 그러나 지금 그녀는 의사에게 아무것도 줄 수 없게 되었습니다. 병은 그대로 남아 있었지만 재산은 모두 사라져 버린 상태였습니다. 그녀는 건강을 찾기 위해 노력했으나 가난해지고 말았던 것입니다. 그러니 그녀가 위대한 의사에 대해 아무리 많은 말을 들었다 한들, 선뜻 그 의사 앞에 어떻게 나설 수 있었겠습니까? 저는 그녀가 그분의 크신 마음과 그분이 은혜롭게 행하신 많은 치유들을 생각하면서 그 어려움들을 극복했을 것이라는 생각에 이의가 없습니다. 그런데 지금도 여전히 구원을 돈으로 살 수 있다고 착각하는 자들이 많이 있습니다. 예수님께서는 그 은혜를 돈 없는 자들이나 그 값을 지불할 수 없는 자들에게 주신다는 사실을 오늘날에도 많은 자들이 알아야 할 필요가 있습니다. 그분께서 쓰신 용어는 "돈 없이, 값없이"(사 55:1)입니다. 깨어있는 양심을 가진 많은 성도들이 이 사실을 잊고 있습니다.

마지막으로, 아마 모든 것 중에 가장 큰 어려움은 그 때 그녀의 병이 더 중하여졌다는 점일 것입니다. 우리가 성경에서 읽은 바와 같이, 그녀의 병은 아무 효험도 없이 더 악화되어 중하여졌습니다. 예전에는 그녀가 자신의 병을 감당할 만하였지만, 의사들이 처방해 준 독한 약들과 날카로운 칼로 수술한 상처와 쓰라린 물집 등으로 그녀의 병은 더 악화되었습니다. 의사들로 인해 그녀의 병세는 가만히 두었을 때의 자연적인 상태보다 더 심해졌습니다. 그녀는 자신의 병으로 인해 거의 공황상태에 이르렀으며, 솔직히 말해서 지금 그녀에게는 인간의 어떤 도움도 소용이 없었습니다. 그녀는 이제 기어다녀야 할 정도로 상태가 악화되었습니다. 보통 이 정도의 병세는 사람의 정신을 잃게 하고, 마음을 무기력하게 만듭니다. 그녀가 아무리 단호한 마음을 지닌 여인이라 해도, 혹여 그녀가 다음과 같이 말했다고 해서 전혀 놀랄 만한 일이 아닐 것입니다. "이제 안 돼. 이제 나는 더 이상 아무것도 할 수 없어. 나는 포기해야 돼. 이제는 누워서 죽기만을 기다리는 것밖에 할 게 없어. 건강을 되찾기 위한 모든 시도들이 수포로 돌아간 상황이니 말이야." 하지만 자신의 이런 연약함을 뒤로 한 채, 그녀는 굳건히 일어나 자신의 영적 침체를 극복하고 자신에게 닥친 무기력함을 떨쳐 버리고서, 이제는 이 모든 것들이 변화될 것이라고 믿었습니다. 그녀는 더 이상 자신을 실패하게 하는 가식적인 사람들과의 관계를 단절하고 오로지 하나님께서 보내신 그분과만 관계를 맺으면서, 자신의 상황을 만족시켜 줄 것은 물론이고 심지어 자신의 것이 될 그분의 무한한 능력으로 옷 입게 되었습니다. 그녀의 믿음은 얼마나 위대한 믿음이었는지 모릅니다.

3. 그녀는 모든 어려움이 사라지는 지점에 이르렀습니다.

이제 세 번째 대지에 이르렀습니다. 이번에는 그녀의 모든 어려움들이 사라져 없어지는 지점에 대해 전하겠습니다. 우리가 그녀에 대해 성경에서 처음으로 읽은 바와 같이, 그녀는 예수님에 대해 들었습니다. 마가는 그녀가 "예수의 소문을 듣고"(막 5:27)라고 말합니다. "믿음은 들음에서 나며"(롬 10:17)라고 성경은 말합니다. 그녀는 그분에 대해 어떤 소문을 들었을까요? 추측이긴 해도 아마 그녀는 누가복음 6장 19절에서 연상되는 바와 같이, "온 무리가 예수를 만지려고 힘쓰니 이는 능력이 예수께로부터 나와서 모든 사람을 낫게 함이리라"고 한 소문을 듣지 않았을까요? 어떤 특별한 날에는 허다한 무리들이 우리 주님을 따르면서 그분에게 손을 대보고자 몰려왔을 것입니다. 그분에게 손을 댄 사람들은 어떤 병을 앓고 있든 다 나음을 입었을 것입니다. 사람들이 위대한 의사에게 축복을 받기 위해 열정적으로 몰려온다는 것은 얼마나 멋진 장면인지 모릅니다! 제가 판단하기에는 사람을 구원하는 우리 주님의 능력이 더 많이 발휘되는 어떤 특별한 날이 있는 것은 아닌 것 같습니다. 모두 같은 날이지만 그분을 둘러싼 사람들의 믿음의 정도에 따라서 항상 그분의 능력이 다른 때보다 더 많이 발휘되는 것 같습니다. 그 날 그녀는 그분의 치유하는 능력을 믿은 많은 무리들을 따라가면서, 그분에게 손을 댄 모든 자들이 병 고침을 받는 기적이 일어나는 것을 보게 되었습니다. 건강한 사람이라도 그분에게 손을 대면, 그분에게 손을 댄 것만으로 더 큰 담력을 얻게 된다고 생각하는 사람들도 있었습니다. 저는 이 생각이 전혀 이상하다고 생각하지 않습니다. 영적인 면에서는 정말 그렇기 때문입니다. 그 여인은 그분께서 행하신 모든 기적적인 치유에 관한 소문을 들었습니다. 그래서 그녀는 속으로 '이제 나도 그분에게 손을 대고서 병 고침을 받아야겠다. 이 소문이 사실이라면, 내가 그분에게 손을 대기만 해도 내 병은 온전하게 될 거야'라고 생각하였습니다. 그리스도는 마치 값없이 어떤 힘을 발산하여 전기를 공급하는 라이덴 병(Leyden jar, 전기를 모아 두는 장치인 일종의 축전기 — 역주)과 비슷한 분으로, 그 병처럼 그분에게서 기이한 능력이 나온다고 그녀는 믿었던 것 같습니다. 그녀는 아주 특별한 지혜를 가진 여인이 아니었습니다. 그녀의 유일한 관심사는 오직 그분의 능력이었습니다. 그녀는 우리 주님과 그분의 옷 주위에서 얼쩡대는 큰 실수를 저질렀지만, 그것은 치명적인 실수가 아니었습니다. 왜냐하면 그녀는 그것이 그분의 능력에 영광을 돌리는 일이라고 생각하고는 그것으로 흡족했기 때문입니다. 그녀는 그분을 진심으로 믿었습니다. 만약 여러분이 그리스도를 믿는다면, 비록 여러분이 천 가지도 넘는 악재(惡材)에 휩싸여 있다 해도, 여러분의 믿음이 여러분을 구원할 것입니다. 만약 여러분이 예수님을 진심으로 믿기만 한다면, 여러분이 그분에게 잘못을 저지른다 해도, 여러분을 진정으로 축복해 주시는 그분의 능력은 절대로 여러분을 비켜가지 않을 것이며, 그분의 마음이 여러분을 대적하지도 않을 것이고, 여러분의 믿음의 가치가 쇠하여지지도 않을 것입니다. "내가 그의 옷에만 손을 대어도 그분은 능력이 충만하셔서, 나의 병을 고쳐 주실 것이다"라고 그녀는 말했습니다.

우리가 아주 분명하게 생각해야 할 것은 이것입니다. 즉, 그 가련한 여인은 그리스도에게 어렴풋하게나마 손을 대어도 자신의 병이 나을 것이라고 믿었다는 사실입니다. 오늘 본문에 기록된 말씀을 눈여겨보십시오. "내가 그의 옷에만 손을 대어도"(If I may touch but His clothes)라고 기록되어 있습니다. 그녀가 한 말은 "내가 그의 옷에 손만 대어도"(If I may but touch His clothes)가 아니었습니다. 그녀는 절대로 그렇게 말하지 않았습니다. 핵심은 손을 대는 것이 아니라, 어디에 손을 대는가 하는 것이었습니다. "내가 그의 옷에만 손을 대어도 좋겠다. 내가 그분 곁에 가까이 가서 그분의 몸에 손을 대지는 못한다 해도, 그의 옷에만 손을 대어도 좋겠다는 게 솔직한 심정이야. 그분 안에 있던 능력이 그분의 옷에도 흘러넘쳐서, 그분이 그 옷을 입고 있는 동안 그 능력이 필요한 나 같은 자들에게까지 전해질 거야. 그 능력은 히브리인들이 입던 옷단 귀의 술에 더하는 청색 끈 (민 15:38)에도 흘러내려서, 그분이 입고 있던 그 겉옷 가에까지 다다를 거야. 내가 그 옷단 귀에만 손을 대어도, 그 외에 다른 일은 아무것도 하지 않아도, 그분과 나 사이에는 관계가 형성되어 내 병은 고침을 받을 것이다.” 이 얼마나 멋진 믿음입니까! 그 믿음은 그리스도에게 합당한 믿음일 뿐만 아니라, 뛰어난 믿음이었습니다. 그런 믿음은 제 자신도 풍성히 가져봤으면 하는 믿음입니다. 그리스도와의 가장 미약한 접촉으로도 그녀의 몸은 나음을 입었고, 그녀의 영혼도 나음을 입었습니다. 그렇습니다. 가장 희미한 교제로 그런 나음을 입게 되었던 것입니다. 여러분은 예수님과 하나가 되기만 하십시오. 그러면 복된 역사가 다 이루어진 것입니다. 접촉하기만 하십시오. 그러면 여러분에게 능력이 임할 것입니다. “내가 그의 옷에만 손을 대어도 구원을 받으리라.”

　　이 여인은 자신에 대해서는 아무것도 생각하지 않았던 것처럼 보입니다. 저는 여러분이 이 사실을 주의해서 살펴보기를 원합니다. 여러분은 “내가”라는 대명사를 강조해서 읽지 않았을 것입니다. “내가 그의 옷에만 손을 대어도 구원을 받으리라.” 그렇게 읽는 것이 전체 문맥과 맞지 않을 수도 있을 것입니다. 하지만 그렇지 않습니다. “내가 그의 옷에만 손을 대어도”라는 문장에서 “내가”라는 자리에 누가 오더라도 아무 상관이 없습니다. 깨끗하지 못한 내가 들어가도, 나의 인격이 들어가도, 나의 마음상태가 들어가도, 내가 그의 옷에만 손을 대어도, 다시 말해 접촉하기만 해도, 나는 구원을 받으리라 하는 것이 핵심입니다. 믿음의 손을 대고서 예수님과 접촉하고자 나오는 모든 자들은 그분의 치유하는 능력에 참여하게 될 것입니다. 그녀는 이 사실을 알았습니다. 그리고는 생각해야 할 다른 모든 것들에 대해서 눈을 감아 버렸습니다. 그녀는 어떻게 접촉할지에 대해 전혀 주안점을 두지 않았습니다. 그녀의 생각은 오직 “내가 그의 옷에만 손을 대어도”이지, 그분을 껴안거나 그분을 붙잡거나 그분에게 매달리거나 그분과 씨름을 하거나 할 생각이 아니었습니다. 전혀 그렇지 않았습니다. 그녀는 어떤 형태로든 접촉하기만 한다면 소기의 목적에 응답을 받을 줄로 믿었습니다. 자, 보십시오. 사람이 자신을 잊어야 할 뿐 아니라, 심지어 자신의 믿음까지도 잊어야 한다는 가르침을 하나님으로부터 받고서, 우리가 신뢰하는 대상인 주 예수님만을 생각한다는 것은 항상 복된 일입니다. 저는 이 여인의 외눈박이 눈에 대해 감탄하지 않을 수 없습니다. 그녀는 오로지 예수님만 보았습니다. 제 마음을 다해 사랑하는 성도 여러분, 그녀는 자신을 치유해 줄 능력이 오로지 그분 안에만 있지, 자신 안에나 자신이 손 댄 그 행위에 있다고 느끼지 않았습니다. 그녀는 자신이 무엇을 하든 간에 그분의 능력이 자신의 모든 어려움들을 굴복시킬 수 있다는 것과, 그 결과는 오직 그분의 의지에 달려 있을 뿐, 자신이 그분을 어떻게 만졌고, 또 얼마나 오래 만졌는가와 아무 상관이 없다는 것을 알고 있었습니다. 능력이 임한 것, 다시 말해 아무리 미약하게 접촉했다 해도 능력이 임한 것은 바로 그분 때문이었습니다. 이것이야말로 우리가 장려할 만한 가치가 있는 믿음입니다. 다른 것은 다 잊어버리더라도, 주 예수님과 복을 주시는 그분의 능력만은 생각하십시오. 이것이 지혜입니다. 가련하게 길 잃은 죄인, 내가 여기 있나이다. 하지만 내가 예수님께 손을 대기만 하면, 나는 죄를 용서받고 구원을 받게 될 것입니다. 사납게 날뛰는 정욕에 고민하며, 이런저런 죄의 질병을 앓고 있는 내가 여기 있나이다. 하지만 내가 그분께 손을 대기만 하면, 비록 내가 영적인 질병의 구덩이에 빠져 있다 해도 그분을 만지는 순간, 그분이 가지신 충분한 치유의 능력으로 그분은 내 질병과 싸워 영원히 승리하실 것입니다. 이 여인을 바라보십시오. 여러분이 그녀와 같은 자가 되기까지 여러분의 시선을 그녀에게 고정하십시오. 그녀의 모든 생각들은 주 예수님을 향해 있었습니다. 그녀는 자신을 잊었습니다. 그녀는 질병에서 나오는 격렬한 발작도 잊었습니다. 그녀는 항상 뒤처져 있고 사람들의 눈에 띄지 않는 자신의 모습도 잊었습니다. 자신이 그분에게 손을 대는 것 외의 모든 것들은 이차적인 것으로 여겼습니다. 그녀가 찾는 것은 전부 그분에게서 나와야만 하는 것이었습니다. 그녀는 그분과 연결되면 자신이 복을 누릴 것이며, 그분에게서 떨어지면 비참한 상태에 처하게 될 것을 알고 있었습니다. "내가 그의 옷에만 손을 대어도." 물론 그분의 의복이 그 자체로 능력을 지닌 것은 아닙니다. 하지만 그 의복이 "그의 옷"이기 때문에, 결과적으로 그 옷은 그분과 교제할 수 있는 매개체가 될 것입니다. 그녀의 어려움들이 모두 사라지는 지점이 바로 여기에 있습니다. 그녀는 예수님에 대해 생각하게 되었고, 그분과 접촉함으로써 자신의 병이 낫게 된다는 확실성에 대해 생각하게 되었습니다. 하나님을 찾고자 하는 죄인인 여러분, 만약 여러분이 그리스도에 대해 더 많이 생각하고자 한다면, 여러분은 만사형통할 것입니다. 믿지를 못하는 여러분이여, 만약 여러분이 여러분의 믿음에 관해서든 심지어는 여러분의 죄악에 관해서든 여러분에게 끊임없이 밀려드는 그런 생각들을 그만하고 싶다면, 여러분은 그분에 대한 생각을 시작하십시오. 그분은 하나님의 아들이시고, 제사장과 구세주로 높임을 받은 분이시며, 다 이루신 그리스도의 사역은 전적으로 죄인들을 위한 사역이고, 그리스도는 부활하신 분이시며, 예수님은 영원히 살아 계신 분으로 그분 안에는 모든 능력이 있다는 생각들 말입니다. 만약 여러분이 이런 생각을 시작한다면, 제 생각에 여러분은 곧 영원한 구원을 얻게 될 것입니다. 여러분의 온 마음이 그분을 향해 있고, 그 외에 다른 것으로 마음이 허탄해지지 않을 때, 여러분은 평안으로 들어가 그 영혼으로 안식을 누리게 될 것입니다.

4. 그녀는 위대한 승리자였습니다.

네 번째로 우리는 그녀의 위대한 승리에 대해 살펴보겠습니다. 그녀가 자신의 목적을 이루기 위해 얼마나 애를 썼는지를 저는 여러분에게 다시 한 번 상기시키고자 합니다. 그녀는 주 예수님에게 의도를 가지고 자발적으로 그분의 옷에 손을 대었습니다. 그녀의 행동이 의도적이었다는 것에 대해 잠시 언급해야 할 것 같습니다. 그녀는 무리들 속을 헤집고 들어갔습니다. 확신하건대 그녀의 연약한 몸 상태로 봐서, 그녀는 사람들을 밀치고 들어가서는 거의 기절하거나 죽기 일보 직전까지 이르렀을 것입니다. 구세주에게 몰려든 그 험악한 사람들 속에서 그녀는 사람들로부터 전혀 동정을 얻을 수 없었습니다. 하지만 그녀는 어떻게 해서든 그분의 옷에 손을 대겠다고 결단했습니다. 그녀는 뒤에서 사람들을 밀쳐냈습니다. 왜냐하면 어느 쪽에서 그분에게 손을 대든 그것은 전혀 중요하지 않았기 때문입니다. 어떤 수를 써서라도 그녀는 그분에게 손을 대야만 했습니다. 무리가 그분을 에워쌀 때 그분의 옷도 헝클어지게 되었고, 그분과의 거리가 아주 가까워졌을 때, 그녀는 그분의 옷단 귀 뒤에 덧달린 청색 끈 일부를 볼 수 있었습니다. 지금이 바로 그분에게 손을 대어야 할 때였습니다. 그녀는 그의 옷에 손을 대어 보고자 하는 마음밖에 없었습니다. 그 믿음이 너무나 강렬했기 때문에 그녀는 그분의 옷 가에 손을 대는 것만으로도 흡족했습니다. 그것만으로도 그녀와 구세주 사이가 뭔가 연결이 될 것이라고 생각했으며, 그것이 바로 그녀가 원한 모든 것이었기 때문입니다. 그녀가 손가락을 펼쳤고, 그러자 모든 일이 끝났습니다. 하지만 그녀의 병은 단순히 주님과 접촉하는 것으로 나은 것이 아니었습니다. 다시 말해 그녀의 의지 없이 그저 그분의 옷에 접촉한다고 해서 병이 낫는 것은 아니라는 사실입니다. 이것을 주목하십시오. 그녀는 우연히 어찌

다가 그분을 향해 떠밀린 것이 아니었습니다. 그녀가 손을 댄 것은 능동적이었지, 그저 수동적으로 손을 댄 것이 아니었습니다. 사도들 중의 하나는 그 당시에 "무리가 에워싸 미는 것을 보시며"(막 5:31)라고 전했습니다. 무리들이 에워싸 밀려서 어쩔 수 없이 본의 아니게 손을 대는 경우에는 어떤 특별한 일이나 효력이 나타나지 않았습니다. 그녀가 손을 댄 것은 그녀의 분명하고도 의도적이며 자발적인 행동이었으며, 그런 행동으로 인해 자신의 병이 나을 것이라는 확신 가운데 일어난 일이었습니다. 이것이 바로 구원을 얻게 하는 믿음입니다. 그리스도와 접촉했다고 해서 모든 사람이 구원받는 것은 아닙니다. 그분에게 가까이 나아와 여러분이 깨어지고, 개인적으로 결연히 결단하고서, 예수 그리스도와의 접촉을 믿는 자가 구원을 받습니다. 우리는 스스로 믿어야 합니다. 성령님께서 우리를 도와 주십니다. 그럼에도 우리 자신이 믿어야 합니다. 여러분 가운데 어떤 이들은 가만히 앉아서 주님께서 여러분을 찾아오시기를 바라면서, 마치 천사가 가끔씩 내려와 물을 움직이게 하는 못처럼 그렇게 기다리고만 있습니다. 여러분의 모습이 딱 그렇습니다. 하지만 이것은 복음이 명하는 취지에 맞지 않습니다. 복음은 여러분에게 다가오지도 않을 것이며, 다음과 같이 말하지도 않습니다. "강렬한 인상을 받을 때까지 기다리는 자는 구원을 얻을 것이요." 오히려 복음은 "믿고 세례를 받는 사람은 구원을 얻을 것이요"(막 16:16)라고 말하고 있습니다. 개인적이고 자발적이며 의식적인 믿음을 행동으로 보이십시오. 그러면 여러분은 구원을 얻을 것입니다. 오, 이 자리에 있는 죄인인 여러분이 자신의 죄를 깊이 깨닫고 각성하여 이런 행동을 이 아침에 행하기를 하나님께 간구합니다. 비록 여러분이 알고 있는 것이 별로 없다 해도, 여러분은 예수님을 알고 있는 만큼만 믿으면 됩니다. 여러분이 성경을 통해서 그리스도에 관한 아주 작은 부분에라도 접촉했다면, 그리스도에 대한 그 작은 지식이 그분의 한 부분이 되어, 여러분은 그분에게 손을 댄 것처럼 될 것입니다. 비록 여러분이 하나님의 깊은 것들을 잘 알지 못하고, 찬양받기에 합당한 우리 주님께 영광을 돌려드리는 고상한 교리들에 대해 잘 알지 못한다 해도, 여러분이 알고 있는 그 지식만으로 여러분은 믿음을 얻기에 충분합니다. 만약 여러분이 "나는 하나님의 어린양을 믿을 것이다"라고 말하고서 실제로 그렇게 믿는다면, 여러분은 그분과 접촉한 것이며 그로 인해 구원을 받게 됩니다. 그렇습니다. 보잘것없는 기도, 탄식, 눈물이라 해도 믿음으로 행했다면 여러분은 실제로 그분에게 다다른 것입니다. 그로 인해 여러분은 구원을 받게 됩니다. 믿음으로 그분에게 손을 대는 것은 반드시 여러분 자신의 행동과 실천이어야 합니다. 잠만 자고 있는 사람은 그 누구도 구원을 받을 수 없습니다. 살아 있는 믿음의 행위로 자신의 믿음을 드러내 보이지 않는 자도 그 영혼이 변화되었다고 주장할 수 없습니다. 그에 따른 합당한 믿음이 반드시 있어야 합니다. 이 여인이 바로 그런 믿음을 가졌던 것입니다.

자, 이제 그녀의 위대한 성공에 대해 살펴보겠습니다. 그녀는 그분에게 손을 대자마자 병 고침을 받았습니다. 한순간에, 전기처럼 순식간에, 손을 대는 순간, 접촉이 이뤄졌을 때, 그 피의 근원이 말랐고, 그 얼굴빛은 즉시 생기를 되찾아 환해졌습니다. 즉각적인 구원! 저는 예전에 어떤 사람이 즉각적인 회심을 했다는 얘기를 들었습니다. 그런데 정작 본인은 어떻게 해서 그렇게 되었는지 알지를 못했습니다. 자, 여기에 놀라운 사실이 들어 있습니다. 그런 일들이 우리 가운데서 아주 흔하게 일어나기 때문입니다. 모든 경우에 영적 소생은 순간적으로 일어나는 법입니다. 아무리 준비과정이 길었다 해도, 죽은 영혼이 살아나기 시작하는 때가 있기 마련입니다. 아기가 태어나지 않는 시간도 있지만, 태어나는 순간도 있습니다. 우리는 죄 용서함을 받거나, 아니면 정죄함을 받고 있는 것입니다. 사람이 죄 용서를 받지 못하는 것도 한순간에 이루어지며, 죄 용서를 받는 것도 한순간에 이루어집니다. 그것은 사람이 감지하지 못하는 순간에 이루어집니다. 양심이 행하는 많은 일들과 그 외의 일들은 사전작업이 진행된 후에야 비로소 실제적으로 생명을 받아들이는 작업이 진행된다고 할 수 있습니다. 따라서 이런 일들은 점진적으로 일어나는 것처럼 보입니다. 그러나 사람이 그리스도 안에서 살게 되는 신적인 소생인 이 실제적인 출생은 모든 경우에 있어서 필연적으로 순식간에 이루어집니다. 사람은 조금씩 죄에 대한 깊은 인식을 하게 됩니다. 자기를 부정하는 것과 그 외의 것들도 단계적으로 이루어집니다. 그러나 사람이 죽음과 생명 사이에 놓일 때나, 하나님과 더불어 살게 되거나 죄 가운데 죽게 될 때에는 단계가 없습니다. 만약 그가 죽었다면 그는 죽은 사람이고, 그가 살아 있다면 그는 산 사람일 것입니다. 이 양자 사이에 중간 상태란 없습니다. 사람이 중생하거나 중생하지 못하거나 둘 중의 하나입니다. 이 두 상태 사이에는 어떤 경계선이나 중립지대가 없습니다. 이 여인은 한순간에 병 고침을 받았습니다. 지금 설교를 듣고 있는 사랑하는 성도 여러분, 하나님께서는 여러분을 바로 지금 이 순간에 구원할 능력이 있는 분이십니다. 그분께서 지금 당장 그 일을 행하시기를 기원합니다! 지금 여러분이 믿는다면, 그렇게 될 것입니다.

어떤 사람에게 축복이 임했지만, 정작 그 사람은 그것을 잘 알지 못하는 경우가 많이 있습니다. 하지만 이 여인은 자신이 구원받았다는 것을 알았습니다. 그녀는 질병에서 벗어나 온전하게 되었음을 스스로 느꼈습니다. 그녀가 병이 나았을 순간의 기쁨을 느껴보기 위해서 저도 십이 년간의 고통을 겪어보고 싶다고 말할 수는 없겠지만, 그래도 그녀는 자신의 병이 낫게 된 것에 대해 더할 나위 없이 만족했을 것이라 확신합니다. 여러분이 구원받은 것을 알게 된 그 첫 순간의 기쁨, 정말 대단하지 않습니까! 그 기쁨과 함께 살아가기가 버거울 정도입니다. 그 격정과 황홀한 기쁨이 지속되지 않는다는 것이 다행입니다. 그 기쁨은 빛의 번쩍임 같고, 햇빛보다 더 밝습니다! 말로 다 할 수 없는 행복이 홍수처럼 차고 넘치며, 폭포수처럼 흘러내립니다. 이로써 이전에 있던 모든 것들이 떠내려가면서, 마침내 우리는 "내가 지은 죄들은 확실히 내게서 없어져 버렸다. 이제 나는 구원을 받았고, 이 사실을 스스로 알게 되었다"라고 말하게 됩니다. 그 기쁨은 모든 설명을 넘어서 있다고 말할 수 있습니다. 우리로 하여금 그런 행복을 알게 하신 하나님, 찬양받으소서! 하나님, 찬양받으소서. 이에 대한 감사를 저는 수천 번도 더 하고 싶습니다. 이것이 제가 하고 싶은 말입니다. 오, 불쌍한 죄인들이여, 구세주에게 손을 대십시오. 주님께서는 여러분이 어떤 처지에 있든지 여러분을 구원하시며, 지금 여러분이 오직 주님만 바라보도록 인도하셔서, 여러분 스스로 질병에서 놓임 받아 온전케 되었다는 사실을 알게 하실 것입니다.

다음으로 그녀는 자신이 구원받게 되었다는 확신을 친히 그리스도로부터 얻게 되었다는 것입니다. 하지만 그녀가 공개적으로 고백하기 전까지는 그런 확신을 얻지 못하였습니다. 그녀는 자신이 온전케 되었다는 것을 스스로 느꼈습니다. 하지만 그녀를 위해 따로 마련된 더 많은 위로가 있었습니다. 주 예수 그리스도께서는 자신을 따르는 자들을 앞으로 나오게 하시며, 더 이상 무리들 가운데 숨어 있지 않게 하십니다. 주 예수님을 믿는 자들은 마땅히 세례를 받고 그 믿음을 고백해야 합니다. 마음으로 믿는 자는 자신의 입으로 그분을 고백해야 합니다. 그래서 그리스도께서는 주위를 둘러보시며 "누가 내 옷에 손을 대었느냐?" (막 5:30)라고 말씀하셨습니다. 그 질문을 듣고서, 새롭게 불붙기 시작한 그녀의 기쁨의 불꽃은 혹시라도 자신이 몰래 가지고온 그 능력을 잃을지도 모른다는 두려움에 힘을 잃었습니다. 그녀의 영혼은 싸늘히 식어갔습니다. 그때 쓸데없이 참견하기 좋아하는 제자들은 "무리가 에워싸 미는 것을 보시며 누가 내게 손을 대었느냐 물으시나이까?"(막 5:31)라고 대답했습니다. 그러나 예수님께서는 다시 주위를 둘러보시며 "내게 손을 댄 자가 있도다"(눅 8:46)라고 말씀하셨습니다. 누군가가 그분의 옷이 아니라, 그분 자신에게 손을 대었기 때문입니다. 불쌍한 그녀는 땅 속으로라도 들어가고 싶은 마음이었습니다. 그녀가 어떻게 했는지 저는 알고 있습니다. 예수님께서 그녀를 찾으시자 그녀는 두려워 떨었습니다. 그 복되신 분이 둘러보시자, 점차 그 눈빛은 그녀에게서 밝히 빛나더니, 그녀도 그 눈빛과 마주쳤습니다. 비록 조금 전처럼 그렇게 당황스럽지는 않았지만, 여전히 두렵고 떨렸습니다. 그래서 그는 그분 앞으로 나아가 엎드려 그분에게 모든 진실을 말씀드렸습니다. 그때 그분께서는 부드럽게 그녀를 일으켜 세워주며 말씀하셨습니다. "딸아 네 믿음이 너를 구원하였으니 평안히 가라. 네 병에서 놓여 건강할지어다"(막 5:34)라고 말입니다. 이제 그녀는 자신의 병이 나았다는 것을 인식했을 뿐만 아니라 그리스도의 입을 통해서도 알게 되었습니다. 이제 그녀는 자신이 실제로 병이 나았다는 사실을 자신의 영으로 증언하는 하나님의 증인이 되었습니다. 성령님의 증인이 되고자 하는 자들은 앞으로 나아와 여러분의 믿음을 고백하고 주님께서 여러분에게 행하신 일들을 말해야 합니다. 그러면 여러분이 진정으로 하나님에게서 난 자라는 사실을 성령님께서 여러분의 영혼에 인쳐 주실 것입니다. 여러분은 이 사실에 주목하십시오. 내 주님의 옷 가에 마침내 손을 대고서 그 사실을 모든 사람 앞에서, 특히 그분 앞에서 용감하게 인정하며 두려워 떠는 여러분을 하나님께서 도우실 것입니다.

　사랑하는 성도 여러분, 이 포도나무에서 나온 포도주는 다음과 같습니다. 즉, 예수님에게 손을 댄 가장 미약한 접촉이라도 우리를 축복할 것이라는 사실입니다. 저는 여러분이 이 진리 하나만이라도 여러분의 마음에 간직하고서 이 자리를 떠났으면 합니다. 여러분이 하나님의 자녀이든 아니든 상관없이, 이 중대한 진리를 들으십시오. 이 여인은 그리스도에게 조금이라도 손을 댄 사람은 자신의 병이 낫게 될 것이라는 비길 데 없는 진리를 믿었던 것입니다. "내가 그의 옷에만 손을 대어도 구원을 받으리라." 저는 여러분에게 간청합니다. 여러분 자신을 위해서라도 여러분은 이 말씀을 믿으십시오.

　하나님의 자녀인 사랑하는 성도 여러분, 만약 여러분이 이 아침에 심한 절망감 속에서 차가운 마음으로 죽은 자처럼 늘어져 있다면, 그분의 옷에만 손을 대어도 여러분의 마음은 다시 따뜻해질 것입니다. 여러분이 주님에게 가까이 나아가기만 한다면, 여러분은 생명과 활기와 열정을 다시 찾게 될 것입니다. 저는 여러분이 다음과 같이 하는 이야기들을 다 듣고 있습니다. "내 마음은 의심으로 가득하고 내 영혼은 낙담하여, 나는 너무 불행한 것 같다. 나는 내가 회심했다는 사실을 믿고는 있지만, 기뻐할 수가 없다"고 말입니다. 그렇다면 사랑하는 성도 여러분, 여러분의 주님을 다시 새롭게 붙드십시오. 여러분이 그분의 옷에만 손을 댄다면, 여러분의 그 의심의 병은 온전히 나을 것입니다. 부활의 주님이신 예수님께 기도로 나아가거나 또는 믿는 마음으로 가까이 나아가십시오. 그러면 됩니다. 여러분이 손을 댄 것이 아무리 미약해 보여도, 여러분은 온전하게 될 것입니다.

혹시 여러분 가운데 다음과 같이 말할 사람도 있을 것입니다. "나는 기독교인으로서 내가 하는 사역을 보면 큰 좌절감을 느낀다. 포기해야만 할 것 같은 마음마저 든다. 최근에는 회심한 자들도 없어서, 이제는 내가 예전에 가졌던 그 마음으로 사역을 감당할 수 없을 것 같다"라고 말입니다. 사랑하는 성도 여러분, 여러분은 지금 영적 무기력증에 빠져 있습니다. 그러나 여러분이 주님이신 그분에게 손만 대어도, 여러분은 온전하게 될 것입니다. 주 예수님께서는 예전에도 여러분을 낫게 해주지 않으셨습니까? 그분은 지금도 여러분을 낫게 해주실 수 있습니다. 그분은 능력을 행하셨다고 해서, 능력이 줄어드는 분이 아닙니다. 선생이 학생을 가르쳐 충분한 지혜를 전수해 주었다 해도, 그 선생의 지혜가 예전이나 지금이나 똑같은 것과 마찬가지입니다. 우리 주님께서 우리에게 충만한 은혜를 베풀어 주셨지만, 그분에게는 처음과 마찬가지로 충만한 은혜가 그대로 남아 있습니다. 그러므로 힘을 잃고 풀이 죽은 성도들이여, 그분에게로 나아오십시오. 지금 당장 나아오십시오. 언제든 나아오십시오. 여러분 가운데 타락한 자들이 있습니까? 여러분은 전적으로 잘못되고 그릇된 길에 서 있습니까? 여러분은 영적 소화기관에 문제가 있습니까? 영적인 눈이 침침하여 멀리 볼 수 없습니까? 무릎이 연약하거나 팔이 축 늘어져 있습니까? 머리가 아프고 가슴은 숨이 막히는 것 같습니까? 어떤 어려움이라도 상관없습니다. 여러분이 주님의 옷에만 손을 댄다면, 여러분은 온전하게 될 것입니다. 탁월한 약은 처음 발병했을 때뿐만 아니라 재발했을 때도 약효에 제한이 없습니다. 저는 우리 주님께서 보시기에도 너무나 끔찍한 상황이라서 친히 자신의 입에서 토해내리라고 말씀하신 라오디게아 교회에 대해 여러분에게 말하지 않을 수 없습니다. 그럼에도 불구하고 그분은 다음과 같은 말씀을 덧붙이셨습니다. "볼지어다 내가 문 밖에 서서 두드리노니 누구든지 내 음성을 듣고 문을 열면 내가 그에게로 들어가 그와 더불어 먹고 그는 나와 더불어 먹으리라"(계 3:20). 우리 주님과의 교제야말로 미지근한 믿음을 치유하는 치료제입니다. 여러분이 너무나 저급하게 타락하여서 심지어 그리스도마저 친히 여러분에게 넌더리를 칠 때에도, 다시 말해 그분께서 자신의 교회에 대해 넌더리를 치실 만큼 아주 좋지 않은 상황에서도, 여러분이 그분과 더불어 먹고 그분은 여러분과 더불어 드신다면, 여러분은 모두 온전하게 될 것입니다. 여러분 안에 생명이 있는 그분과 교제를 나누기만 하면, 여러분의 삶은 충만한 활력을 얻게 될 것입니다. 오, 하나님의 자녀인 사랑하는 성도 여러분, 만약 여러분이 불행한 처지에 빠져 있다면, 이 여인이 보여준 모범대로 실천해 보십시오. 과연 예수님이 지금도 그때와 동일한지 그렇지 않은지를 확인해 보십시오. 그분에게 손을 대는 것은 아주 단순한 문제입니다. 하지만 그 가치에 대해서는 절대로 의심하지 마십시오.

　아직 그분의 자녀가 아니어서 두려워하는 자들이 있습니까? 보십시오. 저는 이 아침에 여러분 앞에 문을 활짝 열어 놓겠습니다. 그리고 저는 여러분이 그 문으로 들어올 수 있도록 하나님께 기도하겠습니다. 만약 여러분이 구세주의 옷에만 손을 댄다면, 여러분은 온전하게 될 것입니다. 여러분이 지금까지 어떤 죄악과 허물과 부정을 저질렀다 해도, 여러분이 피 흘리는 어린양에게 손을 대기만 하면, 여러분은 죄 용서를 받게 될 것입니다. 하지만 여러분이 꼭 손을 대야 할 필요는 없습니다. 왜냐하면 바라보는 것에도 생명이 있기 때문입니다. 바라보는 것도 충분히 접촉하는 것과 똑같이 구원을 가져다줍니다. "땅 끝에 있는 모든 자들이여, 나를 바라보라. 그리하고 너희는 구원을 받을지어다"(사 45:22 KJV, "땅의 모든 끝이여 내게로 돌이켜 구원을 받으라"[개역개정]), "그들이 그분을 바라보고 광채가 났으므로, 그들의 얼굴이 수치를 당하지 아니하였도다"(시 34:5 KJV, "그들이 주를 앙망하고 광채를 내었으니 그들의 얼굴은 부끄럽지 아니하리로다"[개역개정])라는 말씀대로 말입니다. 그저 바라보기만 하십시오. 무슨 수를 써서라도 여러분 자신에게서 벗어나서 그분에게로 나아가십시오. 그러면 모든 것이 끝납니다. 비록 흘끗 스치듯 바라보아서 거미들이 집 지을 때 쓰는 가느다란 실 같은 것만 생겼다 해도, 그것으로도 여러분과 주님은 연결될 것입니다. 예수님의 상처에서 나와 여러분의 눈에 비취는 그 광선이 충분한 연결선이 되어, 그 연결선을 따라 영원한 구원이 여러분에게 임할 것입니다. 죄인인 여러분이여, 그리스도에게 나아가십시오. 즉시 그리스도에게 나아가십시오. 이미 여러분은 그분에게 나아갔습니까? 그렇다면 여러분은 구원을 받았습니다. 여러분의 믿음을 고백하고 예수님께 영광을 돌려드리십시오. 여러분의 온 마음으로 그분을 사랑하십시오. 그리고 천사들이 여러분으로 인해 기뻐하는 동안 여러분도 기뻐하게 될 것입니다. 그리스도께서 여러분을 구원하셨습니다. 영원 무궁히 그분을 찬양하십시오. 하나님께서 예수님으로 말미암아 그분의 축복을 더해 주시기를 기원합니다. 아멘.

제
12
장

—

요한과 헤롯

—

"헤롯이 요한을 의롭고 거룩한 사람으로 알고 두려워하여
보호하며 또 그의 말을 들을 때에 크게 번민을 하면서도 달
갑게 들음이러라." — 막 6:20

　　요한은 사람들 사이에서 그 어떤 영광도 구하지 않았습니다. 우리 주 예수
님에 관해 "그는 흥하여야 하겠고 나는 쇠하여야 하리라"(요 3:30)고 말하는 것
이 그의 기쁨이었습니다. 요한은 사람들에게서 그 어떤 영광도 구하지 않았지
만, 그럼에도 불구하고 그는 영광을 받았습니다. 왜냐하면 "헤롯이 요한을 … 두
려워하여"라고 기록되어 있기 때문입니다. 헤롯은 위대한 군주였고, 요한은 그
저 보잘것없는 설교자에 불과하였습니다. 그의 옷과 음식은 아주 거친 것들이었
습니다. 그런데 "헤롯이 요한을 … 두려워하여"라고 기록되어 있습니다. 요한은
임금인 헤롯보다도 더욱 임금다웠습니다. 요한의 성품으로 인해 그는 참된 왕
같았습니다. 그리하여 이름뿐인 왕은 요한 앞에서 두려워 떨었던 것입니다. 사
람은 그가 속한 신분에 따라 평가되어서는 안 되고, 그의 인품에 따라 평가되어
야 합니다. 하나님께서 인정하시는 귀족 신분은 인간의 의와 거룩함에 따라 정
해집니다. 하나님께서 인정하시는 귀족은 하나님과 거룩한 천사들 앞에서 으뜸
이며, 순종에 있어서도 으뜸입니다. 그는 다스릴 것이며, 거룩한 삶이라는 아름
다운 흰 세마포 옷을 입고 하나님께서 거룩하게 하신 왕과 제사장이 될 것입니
다. 여러분은 세상의 명예를 탐하지 마십시오. 왜냐하면 여러분의 삶이 "여호와

께 성결"(슥 14:20)하기만 한다면, 여러분은 심지어 사악한 자들에게서도 충분한 영광을 얻게 될 것이기 때문입니다.

혹시라도 요한의 무덤에 비문(碑文)이 필요하다면, "헤롯이 요한을 두려워하여"라고 쓰도록 합시다. 하지만 복음 사역자라면 누구나 기쁜 마음으로 받고자 하는, 그보다 더 좋은 증거가 오직 하나있습니다. 그 증거는 바로 이것입니다. "요한은 아무 표적도 행하지 아니하였으나, 요한이 이 사람을 가리켜 말한 것은 다 참이라"(요 10:41). 요한은 그의 세대를 놀라게 할 그 어떤 기적도 행하지 않았지만, 예수님에 대해 말하였고 그가 말한 모든 것은 참된 말이었습니다. 하나님의 도우심으로 우리 주님의 종들이 이러한 칭송을 받게 하옵소서.

이 시간에 제가 전하고자 하는 주제는 요한이 아니라 헤롯에 대한 말씀입니다. 오늘 이 자리에 모인 사람들 가운데는 헤롯과 같은 이가 없었으면 하는 것이 제 바람입니다. 그래도 그런 사람들이 있으면 어떡하나 하는 걱정도 듭니다. 여러분은 절대로 그런 사람을 닮아서는 안 됩니다. 그래서 저는 여러분 가운데 한 사람도 이 악한 왕의 전철을 밟지 않기를 바라는 사랑의 마음으로 여러분에게 말씀을 전하고자 합니다.

1. 헤롯에게서 볼 수 있는 희망적인 모습

제가 여러분에게 부탁하고 싶은 말은 헤롯의 성품에서 드러난 희망적인 모습을 살펴보라는 것입니다. 첫째로, "헤롯이 요한을 의롭고 거룩한 사람으로 알고 두려워하여"라는 말씀을 통해, 우리는 헤롯이 의와 거룩함을 존중한 사람임을 알 수 있습니다. 저는 모든 사람이 비록 자신은 가지지 못했다 하더라도, 덕을 존중하는 모습을 보였으면 합니다. 왜냐하면 우선 덕을 존중해야 그 다음 단계로 덕을 갈망하게 되고, 그렇게 갈망하는 자가 비로소 그 덕에 가까이 갈 수 있기 때문입니다. 그러나 어떤 사람들은 그 마음이 죄악에 처박혀, 선한 것을 멸시하고, 의와 헌신을 조롱합니다. 하나님께서 도우시어 우리가 그런 끔찍한 상태에 이르는 길에 절대로 들어서지 않게 해주시기를 기원합니다. 선한 것과 거룩한 것에 대한 존중심을 상실할 정도로 양심이 혼란스러운 상태라면, 그 사람은 참으로 비참한 곤경에 빠진 것입니다. 헤롯은 그런 상태는 아니었습니다. 그는 의, 정직, 진리, 용기, 그리고 정결한 삶 등을 명예로운 것으로 여기는 사람이었습니다. 비록 자신이 이런 성품들을 소유한 것은 아니었지만, 그럼에도 불구하고 그는 이것들을 존중할 뿐만 아니라 이에 대해 건전한 두려움도 가지고 있었습니다. 저는 지금 선하고 의로운 모든 것들을 존중하는 많은 이들 앞에서 말씀을 전하고 있는 것으로 알고 있습니다. 선한 것과 의로운 것들을 존중하는 이들은 자신도 선하고 의로운 사람이 되기를 소망합니다. 그렇게 소망하는 만큼 그들은 선한 사람들이 될 것입니다.

둘째로 제가 헤롯에게서 보게 되는 희망적인 모습은 자신이 보기에 그 속에 의로움과 올바름이 있는 자를 존중하였다는 사실입니다. 이것은 한 단계 더 진보된 것입니다. 왜냐하면 여러분이 이러한 추상적인 덕을 존중한다 해도, 막상 어떤 사람 속에 그런 덕이 실제로 구체화된 것을 본다면, 여러분은 그 사람을 증오할 수도 있기 때문입니다. 고대인들은 아리스티데스(Aristides, 530 BC-468 BC, 아테네의 정치가이자 장군으로서, 너무 공평무사(公平無私)하여 숙적으로부터 추방을 당한 인물 — 역주) 안에 있는 의로움을 인정하였지만, 그들 중 어떤 이들은 그를 "의로운 자"라고 부르는 말에 염증을 냈습니다. 사람은 의롭고 거룩하다고 인정받을 수도 있지만, 바로 그 이유 때문에 미움을 받을 수도 있습니다. 여러분은 동물원에 있는 사자와 호랑이를 구경하는 것을 좋아할 것입니다. 하지만 이 동물들이 여러분의 방 안에 있다면, 여러분은 이것들을 구경하고 싶지 않을 것입니다. 아마도 철창 뒤나 우리 속에 갇혀 있는 맹수를 구경하는 것을 더 좋아할 것입니다. 이와 마찬가지로 너무나 많은 사람들이 경건을 존중하기는 하지만, 그들은 경건한 사람들을 감당해 내지 못합니다. 그들은 의로움을 존중합니다! 그것도 얼마나 유창하게 의로움에 대해서 말하는지 모릅니다. 하지만 그들은 의롭게 거래하는 것은 좋아하지 않습니다. 그들은 거룩함도 존중합니다! 하지만 막상 거룩한 자를 만나게 되면, 그들은 거룩한 그를 박해합니다. "헤롯이 요한을 두려워하여", 헤롯은 요한에게 관용을 베풀었으며, 잠시나마 헤로디아의 손에서 그를 보호해 준 적도 있었습니다. 여러분 가운데 많은 사람들이 하나님의 백성과 교제하기를 좋아합니다. 사실 여러분이 세속적인 것들을 접한다면, 여러분은 마치 물 밖에 나온 물고기처럼, 불편하고 어색할 것입니다. 여러분은 그런 것들을 감당할 수 없을 것입니다. 그래서 여러분은 덕을 세우지 못하는 습관들을 즉시 벗어버립니다. 여러분은 택함 받은 자들과의 교제를 기뻐합니다. 그렇게 하는 것은 매우 훌륭한 일입니다. 그러나 그것으로 충분하지 않습니다. 우리는 좀 더 나아가야 합니다. 그렇지 않다면, 우리는 결국 헤롯과 같은 사람으로 남게 될 것입니다.

셋째로, 헤롯의 훌륭한 점은 그가 요한의 말을 귀 기울여 들었다는 사실입니다. 여러분이나 제가 설교를 귀 기울여 듣는다는 것은 전혀 놀라운 일이 아닙니다. 하지만 왕이 그런다는 것은 대단히 놀라운 일입니다. 그것도 헤롯처럼 대단한 왕이 그러기는 어려운 일입니다. 군주들은 화려한 의상과 부드러운 언어를 구사하는 궁정 설교자들의 설교를 들을 때를 제외하고는 종교적인 이야기에 관심을 가지는 경우가 그리 없습니다. 요한은 왕의 궁정에 합당한 부류의 사람이 아니었습니다. 그는 너무나 거칠고, 너무나 파격적이며, 너무나 단도직입적이었습니다. 그가 하는 말은 촌철살인(寸鐵殺人) 같았습니다. 그런데도 헤롯은 그의 말을 기꺼이 들었습니다. 의로움, 거룩함, 그리고 "세상 죄를 지고 가는 하나님의 어린 양"(요 1:29) 등을 전하는 사람의 이야기를 헤롯이 듣고자 하였다는 것은 그의 성품이 보여주는 희망적인 모습입니다. 하나님의 말씀이 정직하게 선포될 때, 비록 그 말씀이 자신의 양심을 찌른다 해도, 누구든 그 말씀에 귀 기울여 경청하고자 한다면, 그것은 훌륭한 일이고 소망스런 모습입니다. 아마도 여러분 가운데는 복음을 아주 이따금씩 듣는 이들이 있을 것입니다. 그런 이들에게 말씀드립니다. 여러분이 교회 모임에 그렇게 가끔씩 들른다면, 여러분은 마치 도서관에 있는 모든 책들을 뼈다귀 하나와 기꺼이 바꾸고자 하는 도서관에 있는 개와 같은 사람입니다. 그런 사람들이 이 런던에는 아주 많이 있습니다. 그들에게는 종교가 어울리지 않습니다. 그들은 여흥을 즐기는 장소들에게 훨씬 더 마음이 갑니다. 어떤 사람들은 설교자에 대해 다음과 같이 말하기도 합니다. "나는 다시는 그의 설교를 듣지 않을 테야. 그는 너무 사람을 옭아매고, 너무 개인적인 문제까지 다루는 것 같아." 하지만 요한은 헤롯에게 동생의 아내를 취하는 것이 옳지 않다는 말까지 했습니다. 요한이 그렇게 노골적으로 말했는데도 불구하고, 헤롯은 그의 말을 귀 기울여 들었습니다. 왜냐하면 "헤롯이 요한을 의롭고 거룩한 사람으로 알고" 그렇게 대했기 때문입니다. 이것이 바로 헤롯이 잘한 일이었습니다. 사랑하는 성도 여러분, 비록 전해진 복음이 실천을 요구한다 해도, 여러분이 그 복음을 기꺼이 듣는다면, 여러분도 잘하는 것입니다. 그렇게 잘하는 만큼, 여러분은 선한 자들이 될 것입니다.

넷째로, 헤롯에게는 이보다 더 좋은 점이 있었습니다. 그는 말씀을 듣고서, 그 말씀에 순종하였습니다. "또 그의 말을 들을 때에 그는 많은 일을 행하고"(막 6:20 KJV, 개역개정에는 "그의 말을 들을 때에 크게 번민을 하면서도 달갑게 들음이라"고 되어 있다 — 역주)라는 말씀대로 헤롯은 요한의 말을 달갑게 들었습니다. 설교를 듣는 대다수의 사람들은 아무 일도 하지 않습니다. 그들은 듣습니다. 그들은 또 듣습니다. 그러고 나서도 그들은 계속 듣기만 합니다. 그것으로 그들이 하는 일은 끝이 납니다. 그들은 그 길을 배웁니다. 그 길을 압니다. 그 길에 전문가가 됩니다. 하지만 그들은 그 길을 따라가지 않습니다. 그들은 복음이 초청하는 소리를 듣습니다. 하지만 그들은 잔치에는 참석하지 않습니다. 어떤 사람들은 신앙의 의무가 첫째는 듣는 것이고, 말하는 것은 그 다음이라고 생각하는 듯합니다. 하지만 그들은 잘못 생각하고 있습니다. 헤롯은 이보다 더 잘 알고 있었습니다. 헤롯은 듣기만 한 자가 아니라, 어떤 일을 행하였습니다. 오늘 본문이 우리에게 전하고 있는 바와 같이, "그는 **많은** 일을 행하고"(막 6:20 KJV)라고 한 말씀은 놀라운 것입니다. 그가 행한 많은 일들 가운데는 아마도 다음과 같은 일들이 포함되어 있었을 것입니다. 즉, 그는 부당한 세금을 징수한 세리들을 해고하거나, 방치된 과부들에 대한 부당한 대우들을 바로잡거나, 자신이 공포한 무자비한 법들을 개정하거나, 자신의 습관이나 태도에 있어서 어떤 잘못된 점들을 바꾸기도 하였을 것입니다. 틀림없이 많은 점에 있어서 그는 개선된 사람이 되었을 것입니다. 왜냐하면 세례 요한이 그에게 좋은 영향을 끼쳤기 때문입니다. "이는 헤롯이 요한을 … 두려워하여, 또 그의 말을 들을 때에 그는 많은 일을 행하고"(막 6:20 KJV). 여기 있는 어떤 사람들은 설교를 듣고서 설교 가운데 일부라도 실천을 하였습니다. 이들은 이곳에 처음 참석한 이후로 많은 것들을 행한 사람들입니다. 저는 지금 그들에게 말씀드립니다. 여러분이 이와 같이 많은 것을 행한 것에 대해 우리는 아주 감사하고 있습니다. 저는 그 중의 한 사람을 알고 있습니다. 그는 복음에 매료되어 자신의 술 취하는 습관, 안식일을 범하는 습관들을 버렸으며, 세속적인 말들을 하지 않으려고 시도했습니다. 그래서 상당 부분 성공을 했고, 아주 개선된 사람이 되었습니다. 그러나 그럼에도 불구하고 그는 결국 헤롯과 같은 사람일 뿐이었습니다. 왜냐하면 헤롯은 역시 헤롯이었기 때문입니다. 그는 많은 일을 행한 후에도, 여전히 마음으로는 기꺼이 온갖 사악한 일들을 하고자 하였습니다. 그럼에도 불구하고, 그에게는 어느 정도의 개선이 있었습니다. 그만큼만 그는 선한 사람이었습니다.

다섯째로, 헤롯에게는 또 다른 좋은 점이 있었습니다. 그는 계속해서 설교자의 **말씀을** 달갑게 들었습니다. 오늘의 본문 말씀 끝에 보면, 헤롯은 요한의 이야기를 계속해서 들은 것처럼 기록되어 있습니다. 요한은 헤롯의 양심을 건드렸습니다. 그럼에도 헤롯은 계속해서 요한의 말을 달갑게 들었습니다. 헤롯은 "세례 요한을 다시 불러오라"고 말했습니다. 헨리 8세는 휴 래티머(Hugh Latimer, 영국의 성직자로 메리 여왕 치하에서 순교한 3인의 옥스퍼드 순교자 중 한 사람 — 역주)가 자신의 면전에서 자신을 책망하고, 심지어 "음행하는 자들과 간음하는 자들을 하나님이 심판하시리라"(히 13:4)는 말씀을 손수건에 적어 왕의 생일에 보냈어도, 그의 말을 귀 기울여 듣고자 하였습니다. 헨리 8세는 "우리 모두 거짓이 없는 휴 래티머의 말을 들을지어다"라고 외쳤습니다. 나쁜 사람들이라도 자기에게 진리를 말해주는 자를 칭송합니다. 비록 그 경고의 말이 썩 내키지는 않아도, 그들은 그 말이 정직하다고 생각하고는, 그런 말을 하는 설교자를 존경합니다. 이것은 아주 좋은 점입니다. 제가 아주 단호한 어조로 전하는 것을 지금까지 들었지만 아직도 회개하지 않은 여러분이여, 여러분은 "장차 올 심판"에 대해 들었으며, 죄 가운데 죽은 자들에게 임하는 영원한 형벌에 대해서도 들었습니다. 그러므로 이제 저는 여러분에게 경고의 말씀을 드립니다. 하나님의 말씀이 전하는 책망을 여러분이 들은 후에도, 여전히 그 말씀을 듣고자 한다면, 저는 여러분에게 큰 소망이 있다고 생각합니다. 그 소망을 가진 만큼 여러분에게 유익이 있을 것입니다.

여섯째로, 헤롯에게는 또 다른 희망적인 모습이 있었습니다. 요한의 설교를 통해 헤롯은 크게 양심의 가책을 받았던 것입니다. 다른 번역본을 살펴보면, "그는 많은 일을 행하고"(막 6:20 KJV)라고 기록된 이 부분은 "헤롯은 크게 번민하였다" 혹은 "헤롯은 크게 머뭇거렸다" 등으로 번역되었습니다. 어떤 사본들에서 그런 의미가 발견되기 때문입니다. 헤롯은 자기 죄악을 사랑하였습니다. 그러는 와중에 그는 신앙 속에 있는 "아름답고 거룩한 것"(시 96:9)을 보게 되었고, 그래서 거룩한 사람이 되기를 소망하였습니다. 하지만 그에게는 헤로디아가 있었습니다. 그는 그녀를 포기할 수 없었습니다. 그가 요한의 설교를 들었을 때, 그는 훗날 그의 후손처럼 거의 설득을 당한 상태였습니다(행 26:28 KJV 참고). 그럼에도 그는 자신의 정욕을 포기하지 않았습니다. 그는 요한이 그에게 가라고 한 길을 온전히 따라갈 수 없었습니다. 그는 마음에 품고 있던 죄악들을 버리고 싶은 소망이 있었으며, 그런 소망을 느꼈지만, 그럼에도 불구하고 정작 그 죄악들을 버릴 수가 없었습니다. 사람들은 선택해야 할 두 가지 가운데서 망설일 때가 있습니다. 다시 말해, 우물쭈물 동요할 때가 있습니다. 만약 그가 선한 것과 쾌락

중에서 이 두 가지를 함께 가질 수 있었다고 한다면, 그는 선한 것을 택할 마음이 있었습니다. 하지만 쾌락을 다스리는 일은 그에게 너무 버거운 일이었기기 때문에, 그는 쾌락에서 벗어날 수 없었습니다. 그는 올가미를 걸어둔 나뭇가지에 사로잡힌 새와 같았습니다. 그는 날아가기를 원했지만, 유감스럽게도 자신의 정욕에 갇혀 자진해서 사로잡혔던 것입니다. 우리의 설교를 듣는 많은 이들의 경우가 바로 이렇습니다. 그들의 양심은 그들이 지은 죄의 영향을 벗어나지 못합니다. 그들은 그 죄악들을 끊을 수 없지만, 그래도 할 수만 있다면 그 죄들을 끊고 싶어 합니다. 그들의 배는 물 가장자리에서 서성이기만 하지, 막상 물 위에서 항해하기는 두려워합니다. 그들은 이제 막 유황불을 피해 거의 소돔에서 벗어났지만, 그럼에도 불구하고 그들은 소금 기둥이 된 롯의 아내처럼 십중팔구 서 있으려고만 합니다. 왜냐하면 그들은 뒤를 돌아보면서, 자기 마음에서 아직도 떠나지 않은 죄악들을 사랑할 것이기 때문입니다. 오늘날 양심은 한물 간 것처럼 보입니다. 하지만 선포된 말씀에 민감한 영혼을 가진 자들은 칭찬받을 만한 것이며, 만약 여러분이 그런 영혼을 가지고 있다면, 그만큼 여러분에게 유익할 것입니다.

2. 헤롯에게서 볼 수 있는 결점들

지금까지 살펴본 바와 같이, 헤롯에게는 여섯 가지 좋은 점이 있었습니다. 하지만 아주 유감스럽게도, 저는 헤롯의 경우에서 드러나는 결점들을 지적하고자 합니다. 첫째 결점은 이것입니다. 그는 요한을 사랑한다고 생각했지만, 한 번도 요한의 주님을 바라보지 않았다는 것입니다. 요한은 한 번도 어떤 사람이 자신의 제자가 되기를 원치 않았습니다. 그는 오직 "보라 세상 죄를 지고 가는 하나님의 어린 양이로다"(요 1:29)라고 외치기만 하였습니다 어떤 의미에서 헤롯은 요한의 제자였지, 예수님의 제자는 결코 아니었습니다. 여러분이 어떤 설교자의 설교를 듣고 그를 사랑하고 존경하기는 쉽습니다. 그러나 그렇다고 해서, 그 설교자의 주님을 여러분이 반드시 알게 되는 것은 아닙니다. 사랑하는 성도 여러분, 이런 일이 여러분 가운데 어느 누구에게도 일어나지 않도록 저는 여러분을 위해 기도하겠습니다. 저는 신랑의 친구일 뿐이기 때문에, 그 신랑이 여러분의 마음을 얻게 된다면, 저 역시 크게 기뻐할 것입니다. 하나님께서는 제 목회를 통해 여러분이 제게로 인도되고, 여러분이 그 상태에서 정지해 있는 것을 금하십니다. 우리는 그리스도를 가리키는 이정표일 뿐입니다. 우리를 넘어 가십시오! 우리가 그리스도를 따르는 자들이 아니라면, 여러분은 우리를 따르는 자들이 되지 마십시오. 여러분이 우리를 따라야 할 다른 이유는 결코 없습니다. 여러분이 바라보고 가야 할 분은 바로 그리스도이십니다. 다시 말해 우리 목회의 모든 목표가 예수 그리스도인 것입니다. 우리는 여러분이 직접 그분에게 가서 용서를 구하고, 그분에게서 구속을 받고 마음의 변화를 받아 새 생명 얻기를 원합니다. 만약 여러분이 가장 신실한 설교자들의 말을 듣기는 하지만 그들이 섬기는 주님의 말을 귀담아 듣지 않고 그분의 복음에 순종하지 않는다면, 이 모든 것들은 헛된 일일 것입니다. 은혜로 말미암아 여러분이 예수 그리스도에게로 인도되지 않는다면, 여러분은 헤롯과 같은 사람일 뿐입니다.

둘째로, 헤롯의 결점은 그가 자기 마음속에 있는 선을 존중하지 않았다는 것입니다. 헤롯은 다른 사람 마음속에 있는 선에 대해서는 감탄했지만, 정작 자기 속에는 선이 하나도 없었습니다. 우리 구세주께서는 헤롯을 아주 훌륭하게 묘사하셨습니다. 그리스도께서는 인간의 특징을 묘사하는데 있어서 얼마나 대가이신지 모릅니다! 그분은 헤롯에 대해서 이렇게 말씀하셨습니다. "너희는 가서 저 여우에게 이르되"(눅 13:32)라고 말입니다. 헤롯은 여우 같은 사람으로서, 이기적으로 술수에 능한 사람이었습니다. 그는 자기보다 능력 있는 자들 앞에서는 어수룩한 척했으며, 자기를 방어할 수 없는 자들 앞에서는 무자비하고도 대담했습니다. 우리는 이러한 여우 같은 사람들을 자주 만나게 됩니다. 그들은 천국에 가기를 원하지만, 지옥으로 가는 길을 좋아합니다. 그들은 예수님을 향해 찬송을 부르지만, 흥겨운 친구들을 만나면 아주 야단법석을 떨면서 노래를 하는 것도 좋아합니다. 물론 그들은 금화를 하나님의 교회에 바치기도 합니다. 오, 정말! 칭송받을 만한 일입니다. 하지만 다른 한편으로 그는 어떤 은밀한 정욕을 즐기기 위해서 얼마나 많은 금화를 쓰고 있습니까? 너무나 많은 사람들이 하나님과 사탄 사이에서 술수를 쓰려고 합니다. 그들은 하나님과 사탄 어느 쪽에도 밉보이지 않기를 원합니다. 그들은 이편과 저편에 다 사이좋게 지내면서 양다리를 걸치고 있습니다. 그들은 선한 것은 무엇이든 칭송하지만, 자신이 너무 선한 사람이 되는 것은 스스로 부담으로 여기며 꺼려합니다. 또한 그들은 그리스도의 십자가를 자기 어깨에 지는 것과 자신의 삶이 정확하고도 엄격하게 되는 것을 불편하게 생각합니다. 그리고 그렇게 행하는 다른 사람들에 대해서 한 마디도 말하지 않습니다. 자기 안에 선한 것이 전혀 뿌리를 내리지 못한 것과, 자기 안에 선한 것이 뿌리를 내려야 한다는 진실을 알면서도 이를 경시한 것과, 자기 안에 이에 대한 존경심을 생겼는데도 이를 짓밟아 버렸습니다. 이것이 바로 치명적인 결점입니다. 다시 말해 이것은 저주받을 만한 결점이며, 여러분 자신이 정죄를 받게 되는 결점입니다. 이런 의도를 가진 자들의 운명은, 선을 알지 못하여 악의 주변에서 자라나, 거룩함이나 정결함을 한 번도 보지 못해서 어쩔 수 없이 선한 것들을 거부하게 된 자들의 운명보다도 훨씬 더 끔찍할 것이라 저는 판단합니다.

셋째로, 헤롯의 성품이 가진 또 다른 결점은 그가 하나님의 말씀을 결코 하나님의 말씀으로 사랑하지 않았다는 점입니다. 그는 요한을 존경하여 아마도 다음과 같이 말했을 것입니다. "저 사람은 나를 위한 사람이야. 그가 얼마나 담대하게 자기 주님의 메시지를 전하는지 한번 보시오. 내가 듣고 싶은 사람이 바로 그 사람이오." 하지만 헤롯은 한 번도 자신에게 다음과 같이 말하지 않았습니다. "하나님께서 요한을 보내셨다. 하나님께서 요한을 통해 내게 말씀하는 것이다. 오, 요한이 지금 말하고 있는 것을 내가 깨닫고, 요한이 지금 언급하고 있는 그 말들로 가르침을 받아 내가 개선되었으면 좋겠다. 왜냐하면 요한이 하는 말은 하나님의 말씀이기 때문이다"라고 말입니다. 헤롯은 한 번도 그렇게 말하지 않았습니다. 이 설교를 듣고 있는 사랑하는 성도 여러분, 저는 여러분에게 간청합니다. 이런 경우가 여러분에게도 해당되는지 스스로에게 물어보십시오. 여러분이 지금 듣고 있는 설교는 아무개 목사의 설교이기 때문에, 다시 말해 여러분이 존경하는 설교자의 말이기 때문에, 듣고 있는 것은 아닙니까? 만약 여러분이 말씀을 이런 식으로 대한다면, 그런 설교는 여러분에게 치명적인 것입니다. 설교는 여러분에게 진리 안에 있는 하나님의 말씀이 되어야만 합니다. 그렇지 않다면 여러분이 아무리 설교를 듣는다 해도, 여러분은 구원받지 못할 것입니다. 여러분은 여러분이 듣는 설교를 마치 하나님의 입에서 새롭게 여러분에게 다가와, 성령으로 말미암아 여러분의 마음에 임하는 하나님의 말씀으로 받고, 그 말씀 앞에 고개를 숙이며, 그 모든 설교의 능력을 간절히 사모해야 합니다. 만약 여러분이 그렇게 하지 않는다면, 그 설교는 여러분의 영혼에 아무런 영향도 끼치지 못할 것입니다.

이제 우리는 헤롯이 요한의 말을 하나님의 말씀으로 받지 않았던 것을 알게 되었습니다. 헤롯은 자기가 좋아하는 것을 선별하여 택하는 사람이었기 때문입니다. 헤롯은 요한이 십계명 중 일곱 번째 계명에 대해서 말할 때, 요한의 설교를 좋아하지 않았습니다. 만약 요한이 네 번째 계명을 말했더라면, 헤롯은 아마도 "그 말씀은 훌륭한 말씀입니다. 유대인들은 그 계명을 지켜야만 합니다"라고 말했을 것입니다. 그러나 요한이 일곱 번째 계명을 거론했을 때, 헤롯과 헤로디아는 "우리는 설교자들이 이러한 주제까지 언급해야 한다고 생각하지 않소"라고 말했을 것입니다. 제가 항상 느끼고 있는 사실은, 악한 일을 행하며 살아가는 사람들은 하나님의 종들이 아주 상스러운 것들을 언급해서는 안 된다고 생각한다는 것입니다. 우리 같은 설교자들은 달나라에 사는 사람들의 죄악이나 중앙아프리카의 야만인들이 저지르는 악을 책망하도록 허락받은 사람들이라고 생각합니다. 혹시라도 이 런던이라는 도시에서 일상적으로 일어나는 죄악들에 대해 우리가 하나님의 이름으로 손가락질을 한다면, 당장 다음과 같이 소리치는 자가 있을 것입니다. "이러한 것들을 언급하는 것은 상스러운 일입니다"라고 말이지요. 하지만 요한은 하나님의 말씀을 전부 다 다루었습니다. 그는 "보라 세상 죄를 지고 가는 하나님의 어린 양이로다"(요 1:29)라고 말했을 뿐 아니라, "이미 도끼가 나무뿌리에 놓였으니"(눅 3:9)라고 외치기도 하였습니다. 그는 노골적으로 헤롯의 양심에 대고 말했습니다. 그러나 헤롯은 요한이 전한 하나님의 말씀에 전부 주의를 기울인 것이 아니었습니다. 이것이 바로 헤롯의 성품에서 드러난 치명적인 결점이었습니다. 그는 하나님의 말씀 가운데 어떤 말씀은 좋아하고, 또 어떤 말씀은 좋아하지 않았던 것입니다. 그는 어떤 교리적인 가르침은 선호하면서도 하나님의 말씀이 가르치는 교훈은 감당할 수 없었던 그런 자와 비슷합니다. 제 귀에는 어떤 사람이 "저는 실제적인 가르침을 좋아합니다. 저는 어떠한 교리들도 원하지 않습니다"라고 소리치는 듯합니다. 혹시 여러분이 그렇게 외치는 것은 아닙니까? 하나님의 말씀 속에 교리가 있습니다. 그러므로 여러분은 하나님께서 여러분에게 하시는 말씀은 무엇이든 전부 받아야 합니다. 성경의 반만 받지 말고, 예수님 안에 있는 모든 진리들을 받아야 합니다. 이렇게 행하지 못한 것이 바로 헤롯의 큰 결점이었습니다. 그는 요한의 증거를 하나님의 말씀으로 받지 않았던 것입니다.

그 다음 넷째로, 헤롯의 결점은 그가 많은 일을 하였지만, 모든 일을 행하지는 않았다는 것입니다. 하나님의 말씀을 진리로 받아들인 사람은 많은 일을 하려고 노력할 뿐만 아니라, 옳은 일이라면 모두 행하고자 합니다. 그런 사람은 한 가지

악이나 한 묶음의 악만 버리는 것이 아니라, 모든 거짓된 길에서 벗어나 모든 부정한 것들에서 구원받고자 노력합니다. 하지만 헤롯은 철저한 개선에 관심을 갖지 않았습니다. 그렇게 하려면 너무나 많은 자기 부인이 요구되었기 때문입니다. 그에게는 반드시 지키고 싶었던 한 가지 죄악이 있었습니다. 그런데 요한이 노골적으로 그 죄에 대해 말하자, 그는 요한의 말을 듣지 않으려고 했던 것입니다.

다섯째로, 헤롯에게 있는 또 하나의 허물은 그가 죄악의 지배 아래 있었다는 사실입니다. 헤롯은 헤로디아에게 푹 빠져 있었습니다. 그녀는 헤롯의 친 조카였고, 자기 동생과 결혼한 사이였으며, 자기 동생이 낳은 자녀들의 어머니였습니다. 그런데도 헤롯은 그녀를 동생의 집에서 데리고 나와 자기 아내로 삼았습니다. 그는 자기에게 수년 동안 성실하게 대했던 자기의 아내마저 버렸습니다. 이것은 생각조차 할 수 없는 근친상간으로서 추악하고 더러운 죄였습니다. 이 여인의 영향으로 헤롯은 저주받아 파멸하게 되었습니다. 지금까지 얼마나 많은 남자들이 이런 식으로 멸망했는지 모릅니다! 다른 사람들로부터 악한 영향을 받아 이 도시에서 날마다 멸망해가는 여인들은 또 얼마나 많은지 모릅니다! 사랑하는 남녀 성도 여러분, 여러분은 그런 자신의 일로 하나님 앞에 서야만 할 것입니다. 어떤 사람이 여러분의 마음을 홀리지 않도록 주의하십시오. 저는 여러분에게 간청합니다. 여러분이 살기 위해서는 도망가십시오. 악이 여러분을 추적해 올 때, 빨리 달아나십시오. 저는 지금 여러분의 양심을 각성시키고, 여러분의 위기의식을 일깨우기 위해서 여러분에게 꼭 한 말씀 드리고 싶습니다. 만약 회심하지 않은 자라면, 그가 아무리 도덕적이라 해도, 그의 영향 아래 있다는 것은 항상 위험합니다. 더군다나 사악한 여자나 남자가 가진 그 매력의 영향 아래 있는 것은 더욱더 위험한 일입니다. 하나님께서 성령님을 통해 여러분이 이 위험에서 벗어나도록 도우시기를 기원합니다. 혹시라도 여러분이 이 말씀을 듣고서도 악을 행한다면, 여러분은 결국 헤롯과 같은 사람이 될 것이며, 그보다 더 나은 게 없는 사람이 되고 말 것입니다.

여섯째로, 헤롯의 성품이 가진 또 다른 결점에 대해서는 암시만 하고자 합니다. 헤롯은 자신의 신앙으로 많은 일을 하게 되었지만, 그럼에도 불구하고 그의 신앙은 사랑에서 비롯된 신앙이라기보다는 오히려 두려움에서 비롯된 신앙이었다고 하는 것입니다. 오늘 본문에서는 헤롯이 하나님을 두려워한 것이 아니라, "헤롯이

요한을 … 두려워하여"라고 말씀하고 있습니다. 헤롯은 요한을 사랑하지 않았습니다. 헤롯이 "요한을 두려워하여"라고 기록되어 있습니다. 그가 행한 많은 일들은 두려움에서 비롯된 것이었습니다. 그는 여러분도 알다시피 사자가 아니라 여우였습니다. 그는 두려워하고 겁 많은 여우와 같아서, 여차하면 짖어대는 똥개 앞에서도 도망가기가 일쑤인 그런 존재였습니다.

두려움에서 비롯된 신앙을 가진 자들이 많이 있습니다. 그런 믿음을 가진 사람들 중의 한 부류는 사람을 두려워합니다. 이런 자들은 자신이 경건한 척하지 않으면, 다른 사람들이 자신에 대해 뭐라고 말할지 두려워합니다. 다시 말해 자신이 좋은 평판을 듣지 못하면, 동료 기독교인들이 자신에 대해 어떻게 생각할지 두려워합니다. 또 다른 부류는 장차 자신에게 임할 끔찍한 심판을 두려워합니다. 하지만 그리스도 신앙의 원천은 사랑입니다. 오! 복음을 사랑하고, 그 진리를 기뻐하며, 거룩함을 즐거워하는 것, 이것이 바로 진정한 회심입니다. 죽음에 대한 두려움, 지옥에 대한 두려움은 가련하고도 불쌍한 믿음을 갖게 하여, 성도들로 하여금 헤롯의 수준에 여전히 머물러 있게 합니다.

3. 헤롯의 결말

아주 슬픈 일이지만 저는 헤롯이 어떤 자가 되었는지를 보여드림으로써 말씀을 맺고자 합니다. 헤롯은 자신이 가진 모든 장점에도 불구하고, 아주 비참하게 생을 마감했습니다. 그는 한때 자신이 존경했던 그 설교자를 살해했습니다. 물론 요한을 처형한 사람은 그의 앞잡이였지만, 실제로 그를 죽인 자는 바로 헤롯이었습니다. 결론적으로 말해, 헤롯이 "가서 세례 요한의 머리를 소반에 얹어 가져오라"고 했던 것입니다. 소망을 가지고 말씀을 듣던 많은 자들이 이런 일을 벌입니다. 이들은 한때 자신이 두려워하던 바로 그 설교자들을 박해하고 중상모략을 합니다. 그들이 할 수만 있는 상황이라면, 이 설교자들의 머리를 취하기도 하였습니다. 사람들은 자신이 비난받는 것에 대해 잠시 동안은 감수합니다. 그러나 사람들의 비난이 계속되면, 급기야 자신이 한때 존경했던 것들을 비웃고, 축구공을 가지고 놀듯 그렇게 그리스도의 이름을 가지고 까불거리며 놀게 됩니다. 조심하십시오! 제가 여러분에게 간청합니다. 조심하십시오! 죄의 길은 멸망이기 때문입니다. 헤롯은 요한을 두려워하였지만, 그럼에도 불구하고 그는 요한을 참수(斬首)하였습니다. 사람이 아무리 복음적이고 칼빈주의적이라 해도, 만약 그가 어떤 상황에 처하게 된다면, 그는 한때 자신이 공언한 진리를 증오하고 핍박하는 자가 될 수도 있습니다.

하지만 헤롯의 파멸은 더욱더 비참해졌습니다. 왜냐하면 이 헤롯 안티파스는 후에 구세주를 희롱한 사람이었기 때문입니다. 성경에는 이렇게 기록되어 있습니다. "헤롯이 그 군인들과 함께 예수를 업신여기며 희롱하고 빛난 옷을 입혀"(눅 23:11)라고 말입니다. 이렇게 말한 사람이 바로 요한의 인도를 받아 "많은 일을"(막 6:20 KJV) 했던 바로 그 사람이었습니다. 이제 그의 행로는 바뀌었습니다. 그는 구세주에게 침을 뱉고, 하나님의 아들을 모욕하였습니다. 복음을 가장 신랄하게 모독하는 자들 가운데 어떤 이들은 본래 주일학교 교사나 학생들로서, 복음에 "거의 설득된"(행 26:28 KJV) 자들이었습니다. 그런데도 이들은 우물쭈물 망설이면서 동요하다가 급기야 악에 빠져들어, 진리의 빛을 한 번도 보지 못했던 악한 자들보다 더욱더 악한 자들이 되어 버렸습니다. 만약 마귀에게 가룟 유다 같은 "멸망의 자식"(요 17:12)을 만들 원료가 필요하다면, 아마도 마귀는 현재 복음사역을 하고 있는 사도 같은 사람을 취할 것입니다. 마귀가 헤롯처럼 아주 나쁜 인물을 취할 때는, 헤롯이 요한의 수중에 있었던 것처럼, 그렇게 마귀가 마음대로 사용할 수 있는 인물을 필요로 합니다. 어쨌거나 경계선에 있는 사람들이 가장 악한 원수들입니다. 옛날에 잉글랜드와 스코틀랜드 사이에 전쟁이 일어났을 때, 두 나라 사이의 국경 지역에 살던 사람들은 투사들이었습니다. 이와 마찬가지로 경계에 있는 사람들은 그렇지 않은 다른 사람들보다 더 많은 해를 끼치는 법입니다. 우리가 이들을 국경 안쪽으로 확실히 끌어들일 때까지는 말입니다. 오, 하나님의 은혜로 지금 경계선에서 머뭇거리고 있는 자들이 결단할 수 있기를 기원합니다!

저는 여러분에게 이 말씀도 드려야겠습니다. 그리 오래지 않아 헤롯은 자기가 가졌던 모든 권세를 잃게 되었습니다. 그는 여우 같은 사람이었으며, 항상 권세를 얻고자 노력하였습니다. 하지만 결국 그는 로마 황제의 신임을 얻지 못하여 불명예 소환되었습니다. 이렇게 해서 그의 삶은 끝이 났습니다. 많은 사람들이 명예를 위해서 그리스도를 포기합니다. 그런데 이들은 그리스도를 잃을 뿐만 아니라 자신도 잃게 됩니다. 이것은 옛날 가톨릭 박해 시대 때, 믿음 때문에 감옥에 투옥된 어떤 사람의 경우와 비슷합니다. 그는 개신교 신앙을 원한다고 말했습니다. 하지만 그는 "나는 불에 타 죽을 수는 없어요"라고 외쳤고, 결국 자기 믿음을 부인하였습니다. 그런데 그 날 밤 그의 집에 불이 나는 바람에 그가 불에 타 죽게 되었습니다. 불에 타 죽을 수 없었던 사람이 강제로 불에 타 죽게 되었던 것입니다. 그는 그 불타는 순간에 위로도 받을 수 없었습니다. 그가 자신의 주님을 부인했기 때문입니다. 만약 여러분이 팥죽 한 그릇에 그리스도를 판다면, 여러분의 입술을 그 뜨거운 팥죽에 데고 말 것입니다. 다시 말해, 그 팥죽은 끓는 납이 되어 여러분의 영혼 속에서 영원토록 불타오를 것입니다. 왜냐하면 "죄의 삯은 사망"(롬 6:23)이기 때문입니다. 금화가 아무리 밝게 빛난다 해도, 또 그 금화들이 부딪칠 때마다 나는 소리가 아무리 아름다운 음악처럼 들린다 해도, 금화를 얻기 위해 자기 주님을 파는 자에게는 그 금화가 끔찍한 저주로 드러나게 될 것입니다.

오늘날 헤롯이라는 이름은 영원토록 악명 높은 이름이 되어 버렸습니다. 기독교회가 존재하는 한, 헤롯이라는 이름은 저주받은 이름으로 남게 될 것입니다. "헤롯이 요한을 … 두려워하여, 많은 일을 행하고 그의 말을 달갑게 들음이러라"(막 6:20 KJV)고 하신 말씀은 침울하게 곰곰이 생각해 볼 말씀이지 않습니까? 여기 있는 청년들 가운데는 자신이 헤롯과 같은 사람이 되리라고 생각하는 사람은 하나도 없으리라 생각합니다. 제가 마치 선지자처럼 "네가 이 일도 행하고, 저 일도 행하리라"라고 말한다면, 아마도 여러분은 "당신의 개 같은 종이 무엇이기에 이런 큰일을 행하오리이까?"(왕하 8:13)라고 대답할 것입니다. 하지만 여러분이 하나님을 위해 결단하지 않는 한, 여러분은 이런 일을 장차 행하게 될 것입니다.

다음과 같은 안타까운 사연으로 예전에 놀랐던 일이 있습니다. 제가 어리고 미숙했을 때, 저와 같이 학교에 다녔고, 제게 줄곧 본이 되었던 전도유망한 한 소년이 있었습니다. 그는 착한 소년이었지만, 저는 그 소년에 대해 특별히 좋은 감정이 없었습니다. 왜냐하면 착한 그 소년 때문에 저는 항상 꾸지람을 들었기 때문입니다. 그 시절 저는 착한 것과는 전혀 거리가 멀었습니다. 그 소년의 동생격인 저는, 그가 큰 도시에서 견습생 생활을 시작하면서 유흥을 즐기기 시작했다는 것과 함께 나중에는 수치스럽게 고향으로 돌아왔다는 것을 알게 되었습니다. 이 소식이 저를 두려워 떨게 하였습니다. '나도 나의 인격에 수치스러운 행동을 할 수 있을까?' 하는 생각이 들었기 때문입니다. 그러다가 저는 내가 내 자신을 그리스도에게 헌신한다면, 그분께서 나에게 새 마음과 바른 영혼을 주실 것이라는 사실을 알게 되었습니다. 그리고 "나를 경외함을 그들의 마음에 두어 나를 떠나지 않게 하고"(렘 32:40)라는 언약의 약속을 제가 읽었을 때, 이 말씀은 제게 일종의 인격 보증 당국(Character Insurance Society)의 말씀처럼 여겨졌습니다. 내가 예수 그리스도를 믿는다면, 나의 인격은 보증되는 것이었습니다. 왜냐하면 그리스도께서 나로 하여금 거룩한 길을 걷도록 해주실 것이었기 때문입니다. 이러한 사실에 매료되어 저는 그리스도 안에 있는 유익을 갈망하게 되었습니다.

혹시라도 여러분이 헤롯과 같은 사람이 되고 싶지 않다면, 예수 그리스도의 제자가 되십시오. 여러분 가운데 어떤 이들에게는 달리 선택의 여지가 없을 것입니다. 여러분 가운데 어떤 자는 아주 성격이 확실하여서, 철저하게 그리스도를 섬기든지 아니면 마귀를 섬기든지 양자택일 해야만 할 것입니다. 한 늙은 스코틀랜드 사람이 한 번은 로울랜드 힐(Rowland Hill)을 쳐다보고 있었습니다. 그러자 나이든 선한 신사인 로울랜드가 "무엇을 그렇게 쳐다보고 있습니까?"라고 물었습니다. 그러자 그 스코틀랜드 노인은 말했습니다. "당신 얼굴에 있는 주름살이오." 로울랜드 힐이 "주름살이 뭐 특별하기라도 합니까?"라고 대답하자, 그 스코틀랜드 노인은 "만약 당신이 기독교인이 되지 않았다면, 당신은 끔찍한 죄인이 되었을 것이라는 생각이 드는군요"라고 말했다고 합니다. 바로 이런 부류의 사람들도 있습니다. 괘종시계의 추처럼 이쪽저쪽으로 흔들릴 수밖에 없는 자들 말입니다. 오, 부디 이 밤에 여러분은 그리스도의 방향으로 흔들리기를 기원합니다. 부르짖으십시오. "주님, 저를 도우시어 저의 가는 길을 정결하게 하시고, 저를 도우시어 제가 전적으로 당신의 것이 되게 하시며, 제가 바라는 의와 제가 존중하는 거룩함을 갖도록 도와 주옵소서. 당신께서 원하시는 그 어떤 일뿐만 아니라, 당신이 원하시는 모든 일들을 할 수 있도록, 저를 도와 주옵소서. 저를 사로잡아, 저로 하여금 당신의 것이 되게 하옵소서. 그리하면 저를 거룩한 사람이 되도록 도와 주신 그분 안에서 기뻐하며 즐거워하겠나이다." 사랑하는 성도 여러분, 예수 그리스도로 말미암아 하나님께서 여러분을 축복해 주시기를 기원합니다. 아멘.

제
13
장

—

끔찍한 발견

—

"또 이르시되 사람에게서 나오는 그것이 사람을 더럽게 하
느니라. 속에서 곧 사람의 마음에서 나오는 것은 악한 생각
곧 음란과 도둑질과 살인과 간음과 탐욕과 악독과 속임과
음탕과 질투와 비방과 교만과 우매함이니, 이 모든 악한 것
이 다 속에서 나와서 사람을 더럽게 하느니라."

— 막 7:20-23

틀림없이 구세주께서는 서기관과 바리새인들의 악한 소리들 때문에 심히
피곤하셨을 것입니다! 이들은 식사 전에 손 씻는 것과 단지나 잔을 씻는 것(막
7:8 KJV)에 관해 항상 언급하였습니다. 그러나 그분은 항상 인간의 죄를 생각하
면서 큰 슬픔에 잠겨 있었으며, 어떻게 하면 장차 올 진노로부터 인간들을 구원
할 수 있을까 하는 생각뿐이셨습니다. 그분은 환자를 바라보는 의사의 심정으로
인간이 처한 심각한 상태를 눈여겨보고, 어떻게 치료할지를 계획하는 진실한 감
정을 가진 분이셨습니다. 반면에 돌팔이 의사들은 자신만의 특효약을 자랑하거
나 웃기는 몸짓을 해가면서, 죽어가는 환자를 대충 치료하는 척합니다. 그분은
사기꾼이 득세하는 이런 상황에 대해 진심으로 불쌍히 여기셨고, 신실하고 정직
한 마음을 가진 그분은 가짜들의 비웃음을 보고 슬퍼하셨습니다. 만물의 진리를
알고 계시며 만물에 대해 진지하게 염려하고 계셨던 그 귀한 구세주께서는, 참
된 불행에 대해서는 아무것도 모른 채 그저 물로 씻는 것과 외적인 의식을 통해

서 부정한 것들을 제거할 수 있다고 큰소리치는 자들, 즉 학식과 경건에 있어서 다 아는 척하는 이런 자들의 말들로 인해 마음이 아프셨습니다. 솔직히 말해, 사제 복장을 재단(裁斷)하는 방법이나 제단(祭壇)의 위치 등에 대한 전문적인 글들을 읽어 보면, 소위 모든 영적인 사람들은 예수님 당시나 지금이나 어떤 것에 대해 혐오하는 감정을 가지고 있는 것이 분명하다고 저는 생각합니다. 포도주가 한 방울이라도 제단의 보에 떨어지면 어떻게 해야 하는지, 혹은 가톨릭 미사에서 사용된 잔은 거듭거듭 헹구어내지만, 그래도 어떻게 하면 미사를 집전한 사람이 주의해서 그 잔에 있는 물기를 다 빼낼 수 있을지를 고민하는 등의 글들을 여러분도 읽어 보지 않았습니까? 또한 여러분은 성체를 먹어버린 불경한 생쥐 한 마리의 운명에 관한 논의에 대해서도 들어보지 않았습니까? 이름도 이상한 제복과 제기(祭器)에 대한 이런 진지한 논의, 언제 고개를 숙이고 언제 무릎을 꿇어야 하는지, 또 언제 가운을 입고 언제 벗어야 하는지 등에 대한 정확한 규정들, 이 모든 것들이 제게는 너무 사소한 일로 보입니다! 이 얼마나 시간과 학식과 사고의 낭비인지 모르겠습니다! 이 얼마나 사소한 것들을 중시하면서, 진지하게 다루어야 할 실제적인 것들을 잊어버리는 행동들인지요! 사람들은 죄로 인한 마음의 질병으로 인해 죽기 일보 직전이고, 계속해서 죄를 짓는 자들은 그들에게 반드시 내려질 정죄를 받기 위해 심판대 앞을 지나야 하는데, 그런 상황에도 불구하고, 성도들의 선생이라는 자들은 헛된 의식들로 분주하고 헛된 철학들에 버금가는 몽상들을 하고 있습니다. 자, 보십시오. 심오한 사고를 하는 척하는 사람들은 모세가 잘못 생각했던 것이고, 바울도 자기가 쓰고 있는 것이 무엇인지 잘 몰랐다고 우리에게 말합니다. 복음을 이렇게 철학적으로 개정하는 자들(철학에 경도된 현대 신학적 자유주의자들 ― 역주)은 자신들이 비웃는 미신적인 자세를 만들어 내는 자들(예전 중심의 가톨릭교도들 ― 역주)과 마찬가지로, 터무니없는 말들로 시간을 허비하는 자들입니다. 그러나 구세주께서는 인간의 전통과 권위를 간단히 처리한 분이십니다. 여러분이 먹는 음식과 음료, 여러분이 일주일에 세 번씩 하는 금식, 여러분이 내는 박하와 회향과 근채의 십일조(마 23:23), 여러분이 경문 띠를 넓게 하며 옷술을 길게(마 23:5) 하는 행동, 이 모든 것들을 그분께서는 손을 들어 거부하고, 곧장 실제적인 쟁점으로 부각시키셨습니다. 그분은 마음을 다루고, 그 마음에서 나오는 여러 가지 죄악들을 다루십니다. 그분은 질병에 직면해서 두려움 없는 진실함으로 그 병을 진단하시고는, 음식이 사람을 더럽게 하는 것이 아니며, 참된 경건은 씻는 것과 외적인 의식을 준수하느냐 하지 않느냐의 문제가 아니라고 분명히 말씀하셨습니다. 모든 문제는 영적인 것이며, 인간의 가장 깊은 곳에 있는 자아와 관련이 있다고, 즉 지성, 의지, 감정, 양심과 그밖에 인간의 마음을 구성하는 모든 것과 관련이 있다고 하셨습니다. 그분은 사람에게로 들어가는 것은 능히 사람을 더럽게 하지 못하되, 사람 안에서 나오는 것이 사람을 더럽게(막 7:15-16) 한다는 사실을 말씀해 주셨습니다. 더럽게 하는 것은 마음의 문제이지, 손의 문제가 아니라는 것입니다.

우리 구세주께서는 이런 가르침에 특별히 주목하셨습니다. 그분이 이 말씀을 서기관과 바리새인들에게만 하신 것이 아니라, 온 백성들에게 하셨다는 사실을 살펴보십시오. 모든 사람이 이 진리를 알고 이를 들어야 할 필요가 있었습니다. 그분은 이 말씀에 덧붙여 다음의 말씀도 하셨습니다. "너희는 다 내 말을 듣고 깨달으라"(막 7:14). 이 말씀을 하신 후에 그분은 "누구든지 들을 귀 있는 자는 들을지어다"(막 7:16 KJV)라고도 말씀하셨습니다. 만약 어떤 사람이 좀 더 심오하고 신비로운 이 진리들을 알지 못한다면, 그가 이 진리를 깨닫게 하십시오. 왜냐하면 이 진리에 대해 알지 못한다면, 핵심부분에서 오류를 범하는 것이고, 그로 인해 영원한 멸망까지는 아니어도 아주 심각한 해를 받을 수도 있기 때문입니다. 그래서 우리 모두는 구세주께서 오늘 본문을 통해 말씀하시는 바를 듣고 깨닫도록 오늘 부르심을 받은 것입니다. 제가 오늘 본문 말씀을 다시 읽도록 하겠습니다. 여러분은 이 말씀이 여러분의 마음에 새겨지도록 하십시오. "또 이르시되 사람에게서 나오는 그것이 사람을 더럽게 하느니라. 속에서 곧 사람의 마음에서 나오는 것은 악한 생각 곧 음란과 도둑질과 살인과 간음과 탐욕과 악독과 속임과 음탕과 질투와 비방과 교만과 우매함이니, 이 모든 악한 것이 다 속에서 나와서 사람을 더럽게 하느니라."

1. 죄 떼들

첫 번째로 사랑하는 성도 여러분, 이 아침에 우리는 우리 자신을 아주 낮추는 마음으로 죄 떼들에 대해 생각해 보고자 합니다. 저는 지금 말벌이 들어 있는 벌통을 건드려서 그 속에 있던 침을 가진 벌들이 수천 마리, 아니 이루 헤아릴 수도 없을 만큼 많은 벌들이 쏟아져 나오는 것만 같습니다. 여기에 열세 개의 단어들이 있습니다. 이 각각의 단어들에는 온갖 종류의 악들이 우글거리고 있습니다. 마태는 구세주의 이 말씀을 조금 축약해서 이 끔찍한 열세 개의 목록 가운데 일곱 가지만 언급하고 나머지는 생략하였습니다(마 15:19). 그런데 마가는 이 죄악의 사례들을 좀 더 충실하게 나열하면서, 그 끔찍한 목록을 열세 가지나 언급하고 있습니다. 마치 바닥이 없는 구렁텅이인 무저갱의 문이 활짝 열린 것처럼, 이제 막 놓여난 더러운 군대 귀신을 보는 것 같아 저는 충격을 받고 있습니다. 애굽에 있었던 메뚜기 떼나 파리 떼처럼 죄 떼도 그와 똑같습니다. 광야에는 불뱀들과 전갈이 가득한 것처럼, 이 세상에도 부정한 것들이 가득합니다. 이것들의 이름만 들어도 우리의 귀는 고통스럽습니다. 비록 그렇게 고통스런 일이기는 하지만, 그래도 이제 우리의 머리를 숙이고 이 공포의 목록들을 읽어 보도록 하겠습니다. "악한 생각 곧 음란과 도둑질과 살인과 간음과 탐욕과 악독과 속임과 음탕과 질투와 비방과 교만과 우매함이니."

　　자, 먼저 이 무서운 목록에 주목하십시오. 이 무서운 목록은 마치 인간의 마음속에 둥지를 튼 더러운 새들과 같습니다. 이 목록은 사람들이 대수롭지 않게 여기는 것으로부터 시작됩니다. 즉, "악한 생각"에서 시작되고 있다는 말입니다. 어떤 사람은 "우리가 어떤 생각을 했다는 이유로 교수형을 받을 수는 없다"라고 외칩니다. 저는 그런 악한 말을 하는 자들이 그들의 그런 생각들로 인해 저주를 받게 될 것이며, 그 악한 생각이 악한 행동보다 더 사악하다는 사실을 기억하기를 바랍니다. 사람은 행동보다도 생각에서 때로 더 악해질 수 있습니다. 사람은 자기 속에 잠재되어 있는 자신이 의도한 모든 죄를 다 저지를 수는 없습니다. 그러나 그런 의도를 형성하면서, 그는 모든 죄를 저지르게 되는 것입니다. 생각은 말과 행동이 들어 있는 알과 같습니다. 그 생각들 속에 실제 범행의 모든 극악함이 응축되어 있습니다. 만약 사람들이 자신의 생각을 좀 더 면밀히 살펴본다면, 그리 쉽게 악한 습관에 빠져들지 않을 것입니다. 그러나 사람들이 일단 악한 생각에 빠지게 되면, 악한 상상을 하게 됩니다. 그러면 결코 생각의 단계에만 머물러 있을 수가 없습니다. 마음의 눈으로 그려볼 때, 그 그려진 그림은 그의 욕망을 흥분시킵니다. 이런 과정을 통해 갈망하게 되고, 어떤 열정에 불이 붙게 됩니다. 그러고 나면 쉽게 행동으로 나타나는 것입니다. 알에서 부화되기까지 오랜 시간이 걸리지만, 전 생애를 저주로 몰아넣기에는 한순간이면 충분합니다. 따라서 우리는 악한 생각을 대수롭지 않은 것으로 착각하지 말고, 이 악한 생각을 괴로움의 뿌리, 즉 악독한 영혼이 만들어지는 고요한 상태로 여기도록 합시다. 우리 구세주께서는 오늘 본문 말씀에서 이 악한 생각을 악한 것들의 목록 가운데 가장 처음으로 제시하고 계십니다. 왜냐하면 그분은 악한 생각의 참된 본질을 잘 알고 계셨기 때문입니다. 만약 우리가 하나님 곁을 떠난 잃은 자들이 되고 싶다면, 우리는 이 악한 생각에 빠져들기만 하면 됩니다. 반대로 우리가 구원받고자 한다면, 우리는 이 악한 생각을 이겨내야만 합니다. 우리는 우리가 하는 생각들을 알고 있도록 합시다. 그러지 않는 자는 머지않아 자기가 하는 말과 행동들이 무엇인지조차 알지 못하는 사람이 되고 말 것입니다. 우리는 하나님께 우리 속에 있는 이 부분을 제거해 달라고 기도합시다. 그러지 않으면, 그 헛된 생각들은 우리의 마음속에 자리를 차지하고 살아가는 동거자가 되고, 우리 삶의 주인이 되어, 우리의 친구들이 보기에도 완전히 우리 자신을 더럽게 하고 불결하게 하는 죄악들을 전면에 외부로 드러나게 할 것입니다.

악한 생각들로 이 죄의 고발이 시작된다면, 우리 가운데 감히 누가 자신의 깨끗함을 항변할 수 있겠습니까? 악한 생각이 여러 죄들 가운데 첫째(KJV)이기 때문에, 악한 생각이 들 때마다 우리는 즉각적으로 회개하고 신속하게 오직 구세주만 믿음으로써, 그 죄의 고발에 대처해 나가는 것이 더욱 좋을 것입니다. 이 악한 생각은 우리가 하나님의 집에 있을 때에도 우리 마음에 들어옵니다. 이 생각은 우리가 기도하는 중에 끼어들기도 하고, 우리의 찬송을 더럽히기도 하며, 우리의 묵상을 혼란스럽게 하기도 합니다. 우리가 이러한 "악한 생각들"로부터 완전히 차단될 수 있는 아주 높은 거룩한 언덕이나, 아주 깊은 조용한 계곡이 있을까요? 우리 주 하나님 외에 도대체 누가 무엇이 이 재앙으로부터 우리를 구원할 수 있겠습니까? 우리는 이 죄의 목록 중 가장 처음 죄악만 읽어봐도 스스로 낮아져 소리 높여 주님께 은혜를 간구해야 할 필요가 있습니다.

이 목록이 차지하고 있는 범위를 자세히 살펴보십시오. 이 목록은 아주 독특한 목록입니다. 왜냐하면 이 목록은 생각으로부터 시작해서 계속 죄를 개별적으로 나열하다가, 생각의 없음, 즉 우매함이 언급될 때까지 우리를 인도하고 있기 때문입니다. 매튜 헨리(Matthew Henry)는 "악한 생각이 처음에 제시되고, 아무 생각 없음(unthinking)이 마지막으로 제시되고 있다"라고 말합니다. 죄는 "악한 생각"으로 시작해서 우매함으로 끝이 납니다(KJV). "악한 생각"이란 말은 악한 논쟁, 악한 대화 등으로 번역될 수도 있습니다. 어떤 사람들은 이런 악한 논쟁이나 대화들을 거의 미덕처럼, 확실히 남자다운 활동처럼 여깁니다. 논쟁할 수 있는 능력을 갖춘 질문자가 되고, 이의를 제기할 줄 알며, 지속적이고 전문적인 회의를 할 수 있는 자가 되는 것, 이런 모습은 사람들 가운데서 높은 평가를 받고 있는 듯합니다. 하지만 현대적인 생각들 속에서 악한 생각을 제외한다면 거기에 무엇이 남을 수 있겠습니까? 다윗은 "나는 허탄한 생각들을 미워하고"(시 119:113 KJV)라고 말했습니다. 하나님의 계시를 대적하는 모든 생각들은 허탄한 생각들입니다. 이 경우에 있어서 저는 시편 기자가 언급한 "여호와께서는 사람의 생각이 허무함을 아시느니라"(시 94:11)는 말씀을 인용하고 싶습니다. 하나님의 말씀을 경외하는 경건한 생각들은 덕을 세웁니다. 그러나 계시된 진리에 이의를 제기하고, 무오한 하나님의 선포를 개선하고자 하는 생각들은 악하고 허탄한 생각들입니다. 모든 종류의 악행은 하나님을 반대하는 생각에서 나옵니다. 그래서 성경은 "악인은 그의 길을, 불의한 자는 그의 생각을 버리고 여호와께로 돌아오라"(사 55:7)고 말씀하는 것입니다. 하나님의 뜻을 거역하는 생각, 하나님께서 친히 분명하게 하신 말씀에 이의를 제기하는 것, 이런 행동은 영원한 멸망(살후 1:9)으로 끝이 나는 파멸의 첫 걸음입니다.

　악한 생각이 일어나면, 죄악의 물결은 다양한 악덕으로 가득한 어두운 땅을 지나 마침내 "우매함"이라는 사해(死海)로 떨어지기까지 계속해서 흘러갑니다. 이런 악한 생각이 소름이 돋을 정도로 무르익었을 때 일어나는 타락한 생활에 대해서 저는 지금까지 얼마나 자주 들었는지 모릅니다. "그 사람은 미친 것이 틀림없어! 그는 사악할 뿐만 아니라 우매한 것이 분명해! 마귀도 그 사람은 포기한 것 같아. 예전에는 아주 교활하게라도 행동했는데, 지금은 자기에게도 득이 되지 않는 일들을 하고 있어. 그는 반드시 멸망하고 말 거야." 그렇습니다. 사람들은 자기가 자기를 만든 창조자보다 더 잘 알고 있다는 생각에서부터 시작하여, 마침내 완전히 생각이 없는 상태, 양심이 마비된 상태, 지성이 우둔해진 상태에까지 이르게 됩니다. 결국 그들은 생각하는 것을 전적으로 거부하게 됩니다. 상식적인 분별력에 무모하게 반항하는 그들을 구해낼 수 있는 방법은 아무것도 없습니다. 그들은 법적 재판에 대해서도 무감각해지는 상태에 빠져 버립니다. 설령 하나님께서 친히 말씀을 하신다 해도, 그들은 그 말씀을 들을 귀가 없습니다. 그들의 죄악으로 인해 그 마음이 완전히 완악해지는 형벌을 받았기 때문입니다. 그들은 스스로 독사가 되어서, 지금까지 그렇게 자기를 노련하게 부리던 자들의 말조차 듣지 않으려고 합니다. 이것이 바로 죄가 이끄는 길입니다. 즉, 근거 없는 지혜로 시작했다가 우매함으로 끝이 납니다. 자신이 다른 사람들보다 더 훌륭하다고 생각하는 사람은 종국에는 이성 없는 야수처럼 되고 맙니다. 사랑하는 성도 여러분, 이 악한 생각과 우매함 사이의 범위가 얼마나 큰지 모릅니다! 다시 한 번 이 죄의 목록들을 읽어 보십시오. 그리고 이 두 가지의 죄악, 즉 틀린 생각과 전적으로 생각 없음 사이에 놓인 이 끔찍한 지그재그의 길이 어떠한지를 보십시오.

이 목록에서 여러분은 놀랄 정도로 다양한 죄악들을 보게 됩니다. 이 목록은 완전한 것이 아닙니다. 더군다나 완전한 목록을 만들 의도로 제시된 것도 아닙니다. 죄의 완전한 목록을 말로 표현하는 것은 아주 어려운 일입니다. 물론 모든 종류의 악을 총망라하는 완전한 목록에도 빠진 죄악이 있을 수 있습니다. 오늘 본문에서 여러분이 보고 있는 이 목록에는 "속임"이 있습니다. 이 죄는 인간의 판단을 두려워한 나머지 그 판단을 미혹하게 하는 죄처럼 보입니다. 그 다음으로 여러분은 "교만"을 볼 수 있습니다. 이 교만은 죽어 마땅한 모든 인간들이 받을 정죄를 무시하고서 자신을 다른 사람들보다 더 높이는 죄입니다. 여러분은 이 목록에서 어떤 대가를 치르더라도 쾌락을 추구하고자 하는 정욕의 서로 다른 형태들을 보게 됩니다. 그것이 바로 "음란"과 "간음"입니다. 그 다음으로 여러분은 "탐욕"을 볼 수 있습니다. 이것은 돈에 집착하여 어떤 지출이라도 막아서 기어이 돈을 모으고자 하는 마음을 뜻합니다. 죄악은 이랬다저랬다 하는 변덕이 심한 모순적인 것입니다. 죄악은 변덕스러운 바람처럼 사람들을 이쪽으로 또는 저쪽으로 재촉합니다. 그럼에도 결코 바른 방향으로는 인도하지 않습니다. "우리는 모든 사람을 자기가 가야 할 방향으로 돌려보냈다"고 죄악은 말합니다. 하지만 모든 사람은 잘못된 방향으로 갔습니다. 진리가 하나인 것처럼, 덕도 하나이며, 거룩함도 하나입니다. 그러나 악은 비정상적이며 기괴합니다. 죄는 만 가지도 넘는 악들이 끔찍한 혼돈 속에 뒤엉켜 있습니다. 우리가 보기에는 이쪽으로 흐르지만, 보이지 않는 내면에서는 또 다른 쪽으로 흘러가는 죄악의 위험한 바다를 우리는 늘 항해하고 있습니다. 이 죄악의 바다는 종종 감각적인 욕망이 가증스러운 정욕의 소용돌이로 발전되어, 깊은 오명과 파멸로 사람들을 집어삼키는 곳입니다. 하나님께서는 이런 항해로부터 우리를 지켜 주십니다!

이 목록에서 여러분은 다소 독특해 보이는 죄들을 발견하게 됩니다. "악한 생각"이 극악무도한 죄의 목록과 아주 가까이에 있다는 사실을 주목하십시오. 이와 관련하여 "악한 눈"(막 7:22 KJV, 개역개정에는 "질투"로 되어 있다 — 역주)이 바로 언급되고 있다는 사실도 독특합니다. 이 죄는 무슨 의미입니까? 눈만 사용하는 데도 그것이 도둑질이나 살인 같은 수준의 죄가 될 수 있다는 말입니까? 예, 될 수 있다는 뜻입니다. 악한 눈이 질투를 뜻한다면, 악한 눈은 더 사악한 죄악으로 발전되어, 악한 것들 가운데 가장 악한 죄에 근접할 수 있습니다. 우리가 다른 사람을 바라볼 때, 악의에 찬 감정으로 대할 때, 타인의 형통함으로 인해 우리가 슬퍼질 때, 타인의 참혹한 슬픔 가운데서 우리가 비인간적으로 기쁨을 느낄 때, 타인의 비참함과 죄악과 파멸을 보면서 흡족한 마음이 들 때, 그때 우리는 가장 끔찍한 죄악을 저지르는 것이며, 앞으로 일어날 잔혹한 심판을 준비하는 것입니다. 질투하는 죄와 하나님을 모독하는 죄(막 7:22 KJV, 개역개정에는 "비방"으로 되어 있다 — 역주)는 다른 사람들에게는 전혀 유익을 끼치지 않은 채, 사악함이 제멋대로 흘러넘쳐 나타나는 죄악입니다. 어떤 죄악들은 사람들을 홀리는 어떤 마력이 있습니다. 그러나 죄악들은 분별력을 지닌 사람에게는 전혀 끌리지 않는 한물간 마녀와 같습니다. 그럼에도 불구하고 죄악은 사람을 종으로 사로잡습니다. 이러한 죄악들로는 질투, 하나님을 모독하는 것, 교만 등을 꼽을 수 있습니다. 이런 죄악들을 제가 마지막으로 언급하는 것은 오늘 본문이 제게는, 죄인들은 교만할 수밖에 없다는 모진 풍자처럼 읽혀지기 때문입니다. 죄인인 피조물들이 도대체 무엇으로 교만할 수 있겠습니까? 간음하고 살인하고 도둑질하는데 도대체 무엇으로 교만할 수 있다는 말입니까? 어떤 사람들은 말하기를, 그런 죄들에는 교만이 들어오기 어렵다고 하지만, 이 얼마나 부적당한 말인지 모릅니다! 악명이 자자하게 된 것을 자랑하기 때문입니다. 이 얼마나 슬픈 일인지 모릅니다! 사람이 악해질수록, 사람은 자기의 부정을 정당화하고 자기의 사악한 모습을 거부하려는 힘이 더욱 강해져서, 그 속에 헛된 영광이 더욱더 넘치게 됩니다. 그래서 사람들은 흑암으로 광명을 삼으며, 광명으로 흑암을 삼으며, 쓴 것으로 단 것을 삼으며, 단 것으로 쓴 것을 삼는 자들(사 5:20)이 될 수 있습니다. 이들의 모임은 죄악의 깃발 아래 도처에서 모여든 모든 국적을 지닌 산적들의 집회와 같습니다. 주님이시여, 이들로부터 우리를 구원해 주옵소서!

　그리고 죄는 각각 그 종류대로 많은 죄악들을 가지고 있다는 사실도 눈여겨보십시오. 특별히 헬라어 원문을 보면, 앞에 나온 일곱 가지 죄악들은 모두 복수 형태로 기록되어 있습니다. 즉, "악한 생각"이 아니라 "악한 생각들"로, "간음"이 아니라 "간음들"로 나옵니다. 음란과 살인과 도둑질 등도 마찬가지입니다. 탐욕과 악독도 마찬가지로 모두 복수로 번역되어야 합니다. 왜냐하면 어떤 죄라도 하나의 죄 안에 다양한 죄들이 잠재되어 있기 때문입니다. 하나의 죄라 하더라도 많은 죄로 이루어져 있는 것입니다. 한 가지 형태의 죄라 하더라도 얽히고설킨 많은 악들이 결합되어 있습니다. 여기에는 무수히 많은 악한 생각들이 들어 있습니다. 부정한 범죄를 짓는데도 단계들이 있습니다. 즉, 생각, 말, 행동의 단계를 거칩니다. 동일한 죄인데도 이처럼 아주 다양하게 나누어집니다. 그럼에도 불구하고 어느 단계에 있든 모두 죄악들이며, 이 각각의 죄악들은 비록 동일한 형태를 띠지 않았다 해도 포괄적으로 죄라는 이름으로 불리기에 족한 악들입니다. 이처럼 각각의 죄가 지닌 다양성이 이렇게 다양하다면, 다시 말해 모든 죄악들이 각기 다양한 형태 가운데 반드시 복수로 언급되어야 하는 것이라면, 인간이 저지르는 죄악들은 얼마나 셀 수 없이 많은지 모릅니다! 오, 주님, 당신만이 우리의 부정을 아시나이다! 스스로 모든 것을 아시는 당신이 아니고서는 누가 감히 이 죄악들을 우리 앞에 차례대로 정렬해 놓을 수 있겠습니까? 당신이 가지신 완전한 시각에는 이것들이 분명하게 나타날 수밖에 없나이다! 사랑하는 성도 여러분, 우리가 한 번이라도 죄악의 진면목을 본다면, 그리고 이루 헤아릴 수 없이 허다한 무리를 이룬 죄악들을 본다면, 우리 가운데 조금이라도 양심이 남아 있는 사람은 절망에 빠질 것입니다. "자기 허물을 능히 깨달을 자 누구리요 나를 숨은 허물에서 벗어나게 하소서"(시 19:12). 우리 주님께서는 이 죄의 목록을 요약하면서, 다음과 같은 장엄한 한 구절로 말씀하십니다. "이 모든 악한 것"이라고 말입니다. 한 마디로 요약된 이 말씀을 읽을 때마다, 이것은 우리 귀에 마치 인간에게 영광을 돌리는 모든 것들에 대한 조종(弔鐘) 소리처럼 들립니다. 저는 한 번 더 이 소리를 듣고 싶습니다. "이 모든 악한 것." 구약에서 선포하신 말씀도 이와 얼마나 비슷한지 모릅니다. "여호와께서 하늘에서 인생을 굽어 살피사 지각이 있어 하나님을 찾는 자가 있는가 보려 하신즉, 다 치우쳐 함께 더러운 자가 되고 선을 행하는 자가 없으니 하나도 없도다!"(시 14:2-3).

사랑하는 성도 여러분, 이러한 죄들 하나하나가 얼마나 사악한 것인지를 아는 것은 우리에게 불가능한 일일지 모르지만, 분명한 것은 이것들 중의 어떠한 것도 변명의 여지가 없는 죄라는 사실입니다. 이 죄들 가운데 어떤 것은 하나님 앞에 비열한 죄이며, 또 어떤 것은 인간에게 해를 끼치는 죄입니다. 악한 생각들은 그 생각을 하는 인간의 마음을 어둡게 합니다. 하지만 그 악한 생각들이 토론 가운데 나타나게 되면, 그것은 다른 사람들의 마음에 있는 진리에 대한 사랑마저도 파괴합니다. 결혼 서약을 위반하는 간음은 가정생활의 기초를 흔들어 놓습니다. 또한 오늘날 많은 사람들이 서로 못 본 체 눈감아 주는 죄인 음란은 두 사람의 몸과 영혼을 한꺼번에 더럽히는 죄악입니다. 살인 또한 실제로는 절제되지 못한 정욕으로 인해 자주 일어납니다. 그러나 "살인하지 말라"(출 20:13)는 명령은 분노, 증오, 원한, 복수심으로 인해 지켜지지 않다는 사실도 잊지 마십시오. 아무런 이유 없이 자기 형제에 대해 분노하면서, 마음으로 살인을 저지르는 자들도 오늘날 많이 있습니다. 영혼에 원한을 품거나 숨기는 자도 하나님 앞에서 살인자입니다. 이런 형태의 악도 사회에 갖가지 방식으로 해를 끼칩니다. 모든 모양의 도둑질도 사회의 공공이익을 침해합니다. 도둑질은 남의 것을 훔치는 절도뿐 아니라, 다른 사람의 것을 부당하게 취하는 모든 것을 말합니다. 즉, 가난한 자들의 임금을 착취한다거나, 상거래에서 부당이익을 취한다거나, 갚을 능력이나 마음도 없이 빚을 진다거나 하는 등의 정직하지 못한 다양한 형태로 다른 사람들에게 전적으로 해를 끼치는 행위도 여기에 포함됩니다. 가지려는 욕심과 지키려는 욕심인 탐욕도, 마치 이 땅에 홀로 남고 싶어 하는 마음을 가진 것 같은 사람이 자기 땅에 다른 땅을 계속해서 보태려고 하는 행위입니다. 과도한 부를 가짐으로써, 좀 더 열악한 기업들을 제압하여 다른 사람들을 더 가난하게 만드는 일도 여기에 포함됩니다. 이 모든 것들이 다 죄입니다. 물론 어떤 사람들은 현명한 사업경영이라고 찬사를 보내겠지만 말입니다.

악독과 속임과 음탕에서 나오는 악들에 대해 제가 더 말할 필요가 있을까요? 이런 죄들은 공기를 들이마셔 숨을 쉬는 모든 자들에게 치명적인 독가스 같은 것입니다. 사람의 죄가 다른 동료들을 얼마나 전염시키는지를 생각할 때 저는 구역질이 납니다. 이처럼 치명적인 죄라 해도 저는 이 목록을 다시 살펴볼 마음도 없고, 또 그럴 필요도 없을 것 같습니다. 왜냐하면 마귀가 이미 이 본문을 이번 주에 설교했고, 소수의 사람들만이 그 끔찍한 설명에서 헤쳐 나올 수 있었기 때문입니다. 이 더러운 독가스는 이 큰 도시의 각 가정으로 들어가 그 분위기 자체를 오염시켰고 도덕적인 감염으로까지 번져나갔습니다. 오, 이 치명적인 가스를 제거하기 위해서는 허리케인 같은 태풍이 필요할 정도입니다! 마치 독수리들이 썩은 고깃덩이를 먹으려고 모여들 듯, 좁은 공간 안에 허다한 죄악들이 응집되어 있습니다. 독가스 같은 죄악들은 건물 한 층에만 몰려 있을지도 모릅니다!"그 작은 자가 천 명을 이루겠고 그 약한 자가 강국을 이룰 것이라"(사 60:22)고 하신 말씀처럼, 죄악 하나가 그 동료 죄악을 얼마나 신속하게 부르는지 모릅니다!슬픈 일입니다. 이렇게 죄악들이 많다니, 참으로 슬픈 일입니다!

2. 이 죄들이 나오는 둥지

자, 두 번째로 저는 이런 죄악들이 나오는 둥지를 여러분에게 보여드리고자 합니다. 지금까지 우리는 이런 악한 야수들을 보았습니다. 이제는 더 나아가 이 야수들의 소굴을 보려고 하는 것입니다. 우리는 그곳으로 여행을 떠나고자 합니다. 여행을 떠난다고 해서 이 여행에 들 경비 걱정일랑은 전혀 하지 마십시오. 저는 여러분을 아주 먼 곳으로 데리고 가지 않을 것입니다. 여러분이 해야 할 가정일과 심지어는 교회 일도 잠시 그만둘 필요가 없습니다. 정결하지 못한 새 같은 죄악들이 있는 그 더러운 둥지를 여러분은 손을 뻗어 만져 볼 필요도 없습니다. 그저 여러분의 손을 여러분의 가슴에 대고 있기만 하면 되기 때문입니다. 이 악한 것들이 숨어 있는 소굴은 그리 멀리 떨어져 있지 않습니다. 때가 되면 언제든 뛰쳐나올 수 있는 가까운 곳에 있습니다. 우리 주 예수 그리스도께서는 "이 모든 악한 것이 다 속에서 나와서", "속에서 곧 사람의 마음에서 나오는 것은 악한 생각"이라고 말씀하셨습니다. 이 오염된 강물이 흘러나오는 원천은 바로 인간의 본성적인 마음입니다. 죄는 사람의 몸에 튀긴 진흙 같은 것이 아니라, 사람 속에서 나오는 더러운 것입니다.

자, 이것은 아주 다른 이야기로서, 종종 우리가 생각 없는 사람들로부터 듣게 되는 이야기입니다. "오, 맞아, 그 사람은 과거에 종종 욕설도 하고, 자기 부인과 가족들에게 친절하지도 않았어. 술을 많이 먹었던 것도 분명한 사실이야. 그래도 마음만은 착했던 친구야." 이 얼마나 무서운 거짓말입니까! 사람의 마음이 어떠한지는 그 마음에서 나오는 행동으로 알 수 있습니다. 행동이 선하지 않음에도 불구하고, 그 마음이 선할 수는 없습니다. 어떤 사람이 죽었을 때 사람들은 흔히 다음과 같은 말들을 합니다. "참, 불쌍한 사람, 이제 가버리다니! 그는 하나님이나 사람을 두려워하지 않았어. 그는 성미도 급하고 술도 많이 먹고 온갖 악한 일을 다 저질러서 곁에 남아 있는 사람이 없었어. 그래도 본바탕은 선한 사람이었지." 이것이 있을 법한 이야기인가요? 두레박으로 퍼 올린 물이 시커먼 구정

물이긴 하지만, 그 샘의 밑바닥에 있는 물은 틀림없이 크리스탈처럼 아주 맑다는 것입니다! 여러분은 이런 말을 믿을 수 있습니까? 사람들이 과일 바구니를 가져왔는데, 눈에 보이는 윗부분의 과일들이 썩어 있다고 합시다. 그런데 그들이 "바닥에 있는 과일은 좋을 거야"라고 말한다면 여러분은 그 말을 믿을 수 있겠습니까? 진열창에 있는 물건이 쓸모없는 물건인데, 창고에 있는 물건이 더 좋을 리 있겠습니까? 여러분은 그 열매로 나무를(눅 6:44) 판단할 수밖에 없습니다. 만약 제가 어떤 나무에서 시큼한 꽃사과(crabapple)를 따가지고 왔다면, 저는 그 나무를 골든 피핀 사과(Golden Pippin apple, 노란빛의 아주 단맛이 많이 나는 사과 ― 역주) 나무라고 믿을 수가 없습니다. 충분히 익어 시큼한 냄새가 나는 포도나무의 포도로 만든 포도주에서 달콤한 냄새가 난다고 우리는 믿을 수 없습니다. 우리 구세주께서는 생활이 순결하지 않지만 그 마음은 선하다는 이런 거짓말을 얼토당토않은 것으로 여기셨습니다.

　오늘날 제기되는 또 다른 정교한 이론이 오늘의 말씀을 통해 반박됩니다. 신학에도 적용된 이 진화론에 따르면, 새롭게 태어나는 중생은 본성적으로 마음 속에 있던 것이 발전된 것이라고 주장합니다. 우리가 그러한 중생과 진화에 현혹되지 않기를 바랍니다. 이 이론에 따르면, 우리는 이미 최근에 중생한 사람들 중에 좋은 사례들을 가지고 있다고 합니다. 왜냐하면 사람들 속에 있는 악한 생각, 간음, 음탕, 악독 등이 평균치 이상인 자들에게서 진화, 즉 발전이 있었다는 이야기를 들었기 때문이라고 말합니다. 하나님이시여, 인간들 속에 거하는 죄가 이렇게 발전하는 것으로부터 우리를 구해 주옵소서! 철학적으로 진화라는 교리는 망상이며, 증거로 내세울 만한 아무 흔적도 없는 이론입니다. 앞으로 오십 년 이내에, 학교를 다니는 어린 아이들은 특별한 대중적 관심을 끌었던 이 망상에 대해 읽을 것이고, 이 진화론은 가장 말이 안 되는 이론으로 언급될 것입니다. 많은 사람들이 19세기에 있었던 이 어리석은 과학 이야기로 즐겁게 농담할 것입니다. 그럼에도 이 진화론이 기독교와 관련될 때, 이 허황된 개념은 그저 웃고 넘어갈 만한 주제가 아닙니다. 왜냐하면 이 이론은 사람을 현혹시킬 뿐만 아니라, 고도의 위험한 시도로 기독교를 위협하기 때문입니다. 이 개 같은 진화론에는 머리부터 꼬리까지 진실성이라고는 털끝만큼도 없습니다. 그런데도 진화론은 단순한 진리들을 찢어발기고 있습니다. 성경의 진리에 대해 진화론이 갖는 의미들을 살펴볼 때, 진화론은 성경의 진리에 직접적으로 반대하고 있습니다. 하나님의 말씀이 진리라면, 진화는 거짓말입니다. 저는 이 문제에 대해서만큼은 점잖게 말하지 않겠습니다. 지금은 부드럽게 말할 때가 아니기 때문입니다.

중생은 새로운 변형, 즉 자연적인 선한 본성의 발전 그 이상입니다. 중생은 성경에서 새로운 창조, 죽은 자로부터의 부활로 묘사되고 있습니다. 중생은 육신의 마음을 깨끗하게 씻는 것이 아니라, 영적인 본성을 마음에 심는 것입니다. 중생은 이미 타락한 인간 속에 있는 것을 형태를 바꾼다거나 양육한다거나 씻는다거나 더러운 것을 제거하는 그런 것이 아니라, 예전에는 결코 없었던 생명이 우리에게 주어지는 것입니다. 중생은 성령 하나님께서 행하시는 초자연적인 사역으로서 은혜의 기적이며, 오직 하나님께서 행하시는 사역입니다. 화산이 그 용암들을 토해내듯이, 마음에서 악한 생각, 음란, 간음 같은 것들이 나옵니다. 본성적인 마음에서 나오는 것들은 너무나 사악하기 때문에, 구세주께서는 우리로 하여금 마음이 그 자체로 얼마나 악한지를 보게 하셨습니다. 도대체 누가 감히 정결한 마음에서 그렇게 불결한 것들을 끄집어 낼 수 있겠습니까? 흐르는 물이 그렇게 더럽다면, 그 수원(水原) 또한 분명히 더럽습니다. 악은 우리 속에 있는 것이 분명합니다. 그렇지 않고서야 우리 속에서 그렇게 악한 것들이 나올 수 있겠습니까?

우리 구세주께서는 지금 어떤 특별한 사람을 염두에 두고 하는 것이 아니라, 일반적인 사람들에 대해 말씀하고 계십니다. 보편적인 인간, 즉 인류 전체에 대해 말씀하는 것입니다. 우리 모두는 본성적으로 아주 비슷합니다. "물에 비치면 얼굴이 서로 같은 것 같이 사람의 마음도 서로 비치느니라"(잠 27:19)는 말씀대로 말입니다. 사랑하는 성도 여러분, 여러분은 여러분이 비난하던 죄를 짓는 사람들과 동일한 사람입니다. 하나님께서 여러분을 도우셔서, 비록 여러분의 마음에 실제로 음란과 간음이 없었다 해도, 그런 죄악의 씨앗들은 그대로 마음속에 남아 있습니다. 그것들이 실제 행동으로 결코 이어질 수 없을 것이라고 여러분이 생각한다면, 여러분은 정말 어리석은 사람입니다. 누구든지 자기 마음에는 그런 악이 숨어 있지 않다고 말한다면, 저는 그의 책임을 묻기 위해, 이 죄의 목록 가운데 있는 마지막 두 가지 죄악, 즉 교만과 우매함이라는 죄악을 그가 짓고 있다고 말해줄 것입니다. 다른 사람이 넘어진 죄를 자신은 결코 범할 수 없다는 그런 생각은 누구도 감히 해서는 안 되는 생각입니다. 우리가 지금까지 열병이나 콜레라나 디프테리아에 걸리지 않았다고 해서, 우리는 이런 질병에 걸릴 수 없는 사람이라고 결론 내려서는 안 됩니다. 또한 중생한 사람으로서 도덕적으로 아무리 탁월한 사람이라 해도, 도덕적인 질병이라는 화살을 결코 맞지 않을 것이라고 결론 내려서도 안 됩니다. 사람이 어떤 환경에 처해져서 어떤 식으로든 시험을 받게 된다면, 지금은 그렇게도 엄격하게 남들을 비난하던 바로 그 행동을 자신도 범할 수 있는 가능성이 끔찍하게 많습니다. 저도 사람입니다. 그러므로 저도 인간 본성이 범할 수 있는 모든 허물을 저지르기 쉽습니다. 자기 의는 우리가 하사엘과 더불어 다음과 같이 말하도록 합니다. "당신의 개 같은 종이 무엇이기에 이런 큰일을 행하오리이까?"(왕하 8:13, 죄의 위험을 과소평가하고 자기 의를 내세우는 하사엘이 자신은 큰 허물을 저지를 수 없다는 뜻 — 역주). 그러나 우리도 하사엘처럼 그런 교만한 질문을 먼저 할 수 있을 만큼 지혜로워질 것입니다. 왜냐하면 하나님의 은혜가 우리를 떠난다면, 우리는 정말 개가 된다는 굳은 확신이 있기 때문입니다. "만물보다 거짓되고 심히 부패한 것은 마음이라 누가 능히 이를 알리요마는"(렘 17:9), "속에서 곧 사람의 마음에서 나오는 것은 악한 생각 곧 음란과 도둑질과 살인 …"과 같은 말씀은 확실히 참된 말씀입니다.　그런데 오늘 본문 말씀에 나온 "마음"은 어떤 의미라고 여러분은 생각합니까? 사람 자신, 즉 그 사람의 가장 실제적인 자아를 가리키기 위한 의도로 쓰인 표현이지 않을까요? 대부분의 경우, 죄는 마음과 의지에서 나오는 것이기 때문에 죄입니다. 만약 사람의 마음이 죄와 관계가 없다면, 어떻게 그것이 죄가 될 수 있는지 저는 잘 모르겠습니다. 사람이 죄의 문제에 있어서 의지가 없다면, 죄에 대한 그의 책임은 어디에서 찾을 수 있겠습니까? 우리가 의지적으로 악을 행하기 때문에 죄를 짓는 것입니다. 죄의 본질은 죄를 지으려는 의지에 있습니다. 죄를 지으려는 마음의 충분한 동의에서 죄는 비롯됩니다. 마음은 생명의 중심이며, 존재의 핵심이며, 인간이 자신의 보좌를 유지하는 장소입니다. 바로 그 인간 생명의 중심에서 "악한 생각, 악독, 하나님을 모독하는 죄(KJV)" 등이 나온다고 하는 것은 정말 끔찍한 언급임에 분명합니다!

　　마음은 행동의 원천입니다. 마음은 생활 전체를 제안하고 결심하고 고안하여 행동으로 옮기게 합니다. 마음은 행동하도록 자극을 주고 그 행동에 힘을 실어 줍니다. 이처럼 마음이 발기하고 작용하여, 이와 같은 죄의 모든 해악들이 나오게 됩니다. 마음이라는 말이 주로 뜻하는 바는 감정이지만, 마음에는 종종 지성과 의지도 포함되어 있습니다. 즉, 마음은 인간 생명에 필수적인 자아인 것입니다. 죄는 **외부로부터**(ab extra) 우리에게 주어지는 어떤 것이 아닙니다. 마치 밤에 우리 집을 부수고 들어오는 강도 같은 것이 아닙니다. 죄는 우리 속을 자기 집처럼 여기고서 우리 안에 거하는 영혼의 거주자입니다. 이 악한 벌레는 우리 존재의 핵심을 뚫고 들어와 거기에 거합니다. 죄는 우리 본성의 씨줄과 날줄에 그 자체가 뒤얽혀 있어서, 그 누구도 이것을 제거할 수 없습니다. 오직 주 하나님만이 친히 제거하실 수 있습니다. 마음이 변화되지 않은 채로 있는 한, 마음에서 죄악이 나올 수밖에 없습니다. "그의 마음으로 생각하는 모든 계획이 항상 악할 뿐"(창 6:5)이라는 말씀대로 말입니다.

이것이 사실이라면, 죄가 태어나 양육 받은 보금자리는 우리의 마음이며, 우리는 본성적으로 항상 우리 안에 죄를 가지고 다닙니다. 우리가 죄를 눈여겨보지 않고, 죄를 이기기 위해 날마다 은혜를 간구하지 않는 한, 우리의 본성은 분명히 죄의 원인이 될 것입니다. 우리가 가지고 있는 이 악한 본성은 항상 위험을 내포하고 있습니다. 이것은 어느 순간이라도 폭발할 수 있는 화약고입니다. 오, 우리 마음을 지켜 달라고 매우 열심히 은혜를 간구하십시오!

죄는 밖에서가 아니라 안에서 나온다는 것은 얼마나 분명한 사실인지 모릅니다! 우리의 마음에서 죄가 태어난다는 것도 얼마나 참된 사실인지 모릅니다! 종종 우리는 양심에 반하여 죄를 범하는 자들을 봅니다. 그들은 자기가 잘못하고 있음을 알고 있습니다. 그들이 자신의 우매함을 감추기 위해 거짓말도 하고 심한 악담도 하기 때문입니다. 사람은 자기가 잘못하고 있는 것을 반드시 알아야 합니다. 왜냐하면 그 잘못이 자신을 고소할 때 그는 그 잘못을 부인하려고 애쓰기 때문입니다. 자, 보십시오. 만약 어떤 사람이 빛과 양심을 거슬러 죄를 짓는다면, 그것은 그 사람의 마음이 근본적으로 악하다는 것을 분명하게 보여주는 행동입니다.

죄는 본성적으로 우리 안에 있을 수밖에 없습니다. 아무리 최고의 훈련을 받았다 해도 죄를 막을 수는 없습니다. 어린 아이가 악을 보고 듣지 못하도록 유리 상자 같은 곳에 넣어 격리시켜 키운다 해도, 이런 제한 조건들이 제거되면 그 아이는 즉시 죄로 돌아갑니다. 이것은 지금까지 마른 땅에서 자라난 어린 오리가 연못을 보자마자 물로 뛰어드는 것과 마찬가지입니다. 이처럼 많은 사람들은 기회만 있으면 서둘러 악으로 달려갑니다. 지금까지 세상과 완전히 차단되었던 어린 자녀들이 부모의 그늘을 벗어나게 될 때, 그들이 얼마나 쉽게 유혹의 희생

자들이 되는지! 이런 일들은 지금까지 자주 일어났습니다. 죄는 틀림없이 그들 속에 있었던 것이 분명합니다. 그러지 않고서야 어떻게 죄가 그들에게서 나올 수 있었겠습니까? 많은 경우에 있어서, 악은 잘못된 교육이나 나쁜 선례(先例)로 인한 결과일 수 없습니다. 이런 것들이 없었다 해도, 악은 존재하고 있었습니다. 다시 말해 씨앗은 이미 땅에 심겨져 있었기 때문에, 따로 씨를 뿌릴 필요가 없었던 것입니다.

　　다시 말씀드리겠습니다. 우리는 사람들이 지금까지 전혀 유혹을 받지 않은 것처럼 보이는 어떤 죄에 넘어지는 모습을 자주 보았습니다. 어떤 사람은 부자이지만, 그럼에도 여전히 탐욕스럽습니다. 그의 마음이 악하지 않았다면, 그는 자신이 가진 것으로 충분히 만족했을 것입니다. 모든 바람직한 즐거움을 지금까지 누린 사람들도 전적으로 자연스럽지 못한 것을 종종 탐닉하고자 갈망합니다. 이런 모습은 우리 마음이 얼마나 악한지를 보여주는 것이지 않습니까? 보통 사람들은 꿈도 꾸지 못할 새로운 죄악들을 고안해 내는 많은 사람들을 볼 때 특히 충격적이지 않습니까?

　　어떤 사람을 여러분이 원하는 곳에 놔두고서, 여러분이 원하는 대로 그를 격리해 두십시오. 그래도 죄는 그 사람에게서 밖으로 나올 것입니다. 그러므로 죄는 틀림없이 여러분 속 어딘가에 숨어 있는 것이 틀림없습니다. 여러분은 이 사실을 모르고 있었습니까? 우리가 최고로 친절한 사람과 교제를 할 때도, 악한 생각과 상상들이 우리 마음속에서 쏟아져 나오는 것을 발견할 수 있습니다. 여러분을 작은 방 속에 넣고 세상과 차단해 보십시오. 거기에서도 죄의 무리들은 공간을 차지할 것입니다. 널리 퍼지는 부정하고도 불결한 소문이 여러분에게 미치지 못하도록 은둔자처럼 급히 달아나 홀로 살아 보십시오. 그렇게 살아도 여전히 여러분의 마음은 악이 거품을 내면서 이글거리며 끓고 있는 가마솥 같은 모습인 것을 발견하게 될 것입니다. 유혹을 차단하려고 한다면 문은 반드시 꼼꼼하게 잘 닫혀 있어야만 합니다. 아니, 아예 문을 폐쇄하고서 아무것도 들어오지 못하도록 밀폐해야만 합니다. 하지만 그렇게 해도 죄는 이미 여러분 안에 들어와 있습니다. 왜냐하면 죄는 여러분 속에 있는 것이기 때문입니다. 여러분이 악한 자로서 구원받지 못하는 한, 여러분은 그 악독한 경향성으로부터 구원받지 못할 것입니다. 인간의 마음은 사악한 씨가 자라는 못자리이며 죄악의 온상입니다. 테베의 백 개의 문(the hundred gates of Thebes, 한때 흥왕했던 이집트의 수도 테베를 고대 그리스 작가인 호메로스는 '백 개의 문을 가진 테베'라고 표현했다 — 역주)에서 허다한 물줄기들이 흘러내리듯, 죄도 인간의 마음에서 그렇게 흘러나옵니다. 오, 주님이시여, 우리에게 자비를 베푸시어, 우리에게 새 마음과 올바른 영을 주옵소서!

3. 이 악한 것들이 더럽힌 것

세 번째로 간략히 말씀드리겠습니다. 이제 우리는 잠시 이 악한 것들이 더럽힌 것들을 잠시 주목해 보도록 하겠습니다. 악한 것들이 우리 속에서 잠자고 있는 한, 그것들은 그저 악한 것에 지나지 않습니다. 그러나 마침내 그것들이 우리의 삶으로 쏟아져 나와 우리의 행동에까지 널리 영향을 미칠 때, 그때 이 악한 것들은 심각한 더러움을 남기고 우리를 불결하게 만듭니다. 어떤 경우에 이 악한 것들은 우리 인간들이 보고 있는 대상을 더럽게 만들어서, 우리가 그것을 보고 소리치기 시작하면, 급기야 우리를 그의 모임에서 쫓아내기까지 합니다. 그런 경우가 아니라면, 죄는 항상 그 사람 자신을 더럽힙니다. 사람은 악한 모습에서 더 악한 모습으로, 더 악한 모습에서 더더욱 악한 모습으로 더러워집니다. 죄는 사다리와 같아서, 한꺼번에 가장 높은 악에 이르는 자는 거의 없습니다. 대부분의 사람들은 이 악에서 저 악으로 올라가고, 그 다음에 세 번째, 네 번째 악으로 올라가게 됩니다. 죄는 사람을 그 다음의 악으로 나아가도록 단련시킵니다. 도덕적으로 괴물인 사람도 처음부터 그런 것은 아니었습니다. 죄를 많이 범하면서 죄를 더 짓는 법을 배우게 된 것입니다. 처음에는 죄를 지으려는 마음의 문이 조금 열려 있었습니다. 그러나 죄들이 그 문을 나가면서 그 문은 열릴 수 있는 최대한으로 열리게 된 것입니다. 사람은 처음에는 죄를 지을 수 없다가 나중에는 죄 짓는 것이 습관처럼 되어 버립니다. 전능한 은혜로 그 걸음이 제지를 당하거나 방해를 받지 않는다면, 이들은 한 걸음 한 걸음 파렴치한 죄악의 나락으로 빠져들게 됩니다. 죄를 하나씩 더 범하면서, 마음에 생기는 그 냉담함의 정도도 더욱 새로워집니다. 지은 죄를 신속하게 회개한다 해도, 그 죄로 생긴 상처는 쉽게 복구되지 않습니다. 여러분이 한 번 쓴 글씨를 지운다 해도, 그 흔적은 남는 것과 마찬가지입니다. 마음에 한 줄로 기록된 한순간의 생각까지도 얼룩이 남습니다. 이렇게까지 더럽히는 이 엄청난 죄의 능력을 보십시오.

이것이 바로 핵심입니다. 즉, 그 마음에서 이런 악한 것들이 나오는 사람은 하나님 앞에서 더러워진 사람이라는 사실입니다. 많은 사람들이 이 사실에 대해 그리 신중하게 생각하지 않으려 한다는 것을 알고 있습니다. 그러나 이러한 무관심은 죄가 지닌 그 완악한 본성만을 입증해 줄 뿐입니다. 다른 것은 생각하지 말고 오직 이 사실 하나만 생각하십시오. 즉, 죄인은 하나님 앞에서 다 동일하게 불결한 사람이란 것을 말입니다. 죄인은 하나님의 지성소에 들어올 수도 없고, 그분의 거룩한 임재에 들어갈 수도 없습니다. 죄인은 거룩한 하나님과 교제를 나눌 수도 없습니다. 여러분은 그런 문제에 대해서는 전혀 개의치 않는다고 말하겠지요. 아, 제가 보기에, 여러분의 마음이 하나님으로부터 얼마나 멀어져 있는지 모릅니다! 만약 여러분의 마음이 하나님에게서 멀어져 있지 않다면, 그 사람에게 있어서 이 세상에서 가장 끔찍한 일은 자신을 만드신 하나님과 더 이상 이야기를 나눌 수 없다는 것과 그분이 자신을 더 이상 사랑스럽게 보지 않는다는 것이라고 우리는 판단할 수 있습니다. 피조물과 창조자의 교제가 단절되는 것은 일종의 지옥입니다. 사람이 저주를 받아 말라죽는 사망과 같은 것입니다. 우리의 마음이 사악한 것들이 솟아나는 더러운 샘인 한, 하나님께서는 우리와 편안하게 교제하실 수 없습니다. 이러한 더러움으로 인해 우리는 하나님께 그 어떤 봉사도 할 수 없게 됩니다. 옛날에 더러워진 제사장은 희생 제사도 드리지 못했습니다. 마찬가지로 마음과 생활이 더러워진 사람은 하나님을 위해 아무것도 할 수 없습니다. 하나님은 그런 사람의 인격을 취하지 않으십니다. 그러므로 그 사람 역시 자기 손에 아무것도 취할 수 없습니다. 더러워진 사람이 만지는 모든 것은 그가 더러워진 사람이라는 바로 그 사실 때문에 더러워집니다. 다시 말해 그가 아무리 아름답게 찬송을 불러도, 그가 부르는 찬송은 더러운 찬송입니다. 그가 기도를 아무리 정확하게 해도, 그가 드리는 기도는 더러운 기도입니다. 그가 가진 생각 자체가 더러워졌기 때문입니다. 머지않아 하나님께서 이 더러워진 자를 우주 어느 곳에라도 용납하지 않으실 그때가 올 것입니다. 사람들이 나병환자를 공동 모임에 받아들이지 않았던 것처럼, 더러워진 자는 당연히 거룩한 자들 가운데 들 수 없습니다. 의로우신 하나님께서는 고의로 정결하지 않은 자들을 위해 따로 예비해 두신 곳으로 그들을 인도하실 것입니다. "거기에서는 구더기도 죽지 않고 불도 꺼지지 아니하느니라"(막 9:48)고 말씀하신 그곳으로 말입니다. 마지막 날에 위대한 대제사장께서는 더러운 자를 찾으실 것입니다. 그분은 그 더러운 자를 쳐다보시고 그에게 여전히 나병 같은 죄가 남아 있는 것을 아시고는 "떠나라! 떠나라!"(마 25:41 KJV)고 말씀하실 것입니다. 오, 그 마지막 말씀은 얼마나 무서운 말씀인지요! 죄를 선택하고 은혜를 거부한 이 끔찍한 결과에 대해 저는 감히 더 묵상할 수 없습니다. 저는 좀 더 마음 편하게 이 주제에 대한 말씀을 마칠 수 있을 것 같습니다. 왜냐하면 제가 전할 마지막 주제를 가능한 한 많이 묵상할 수 있기 때문입니다.

4. 이 악을 고치기 위한 유일한 치유책

이제 이 악을 고치기 위한 유일한 치유책에 대해 말씀드리는 동안, 제 설명을 잘 들어주시기 바랍니다. 오, 사랑하는 성도 여러분, 여러분의 마음은 죄로부터 치유를 받아야만 합니다! 여러분의 마음에서 나오는 것뿐만 아니라, 그 마음 자체도 더러운 것들로부터 깨끗해져야만 합니다. 죄가 여러분의 마음에서 나오는 한, 그 마음은 여전히 죄 가운데 있음을 말해줍니다. 마음이 변화되어야 합니다. 그러지 않으면 여러분은 절대로 하나님의 용납하심을 받을 수 없으며, 그분의 얼굴을 바라보고 천국을 시야에 담고 있는 거룩한 무리들 가운데 절대로 들 수 없습니다. 여러분의 마음속에 있는 영혼이 다시 새로워져야만 합니다. 그러지 않으면 여러분은 하나님과 함께 영원히 거할 수 없습니다. 이런 일이 어떻게 일어날 수 있겠습니까? 저는 여러분에게 이렇게 대답하겠습니다. 무릇 사람이 할 수 없는 것을 하나님은 하실 수 있다(눅 18:27)고 말입니다. 이를 위해 우리가 하는 그 모든 것은 틀림없이 그 목표에 미흡할 수밖에 없습니다.

> "본성적인 광기가 내 속을 지배하고,
> 욕정이 격분하여 불타오른다.
> 거룩한 능력을 지니신
> 하나님의 독생자께서
> 내 안의 불길을 잠재울 때까지."(아이작 와츠)

여러분은 엉겅퀴를 솎아내고 꼼꼼히 물을 주겠지만, 무화과는 열리지 않을 것입니다. 여러분은 평생토록 가시밭을 경작하겠지만, 포도는 열리지 않을 것입니다. 표범 새끼를 그 어미로부터 빼앗아 길들여도, 표범은 여전히 표범입니다. 새끼 뱀을 아무리 가르친다 해도, 그 뱀은 배를 채우기 위해 갈 것입니다. 인간이 자신의 마음을 바꾸는 것은 죽어야 할 운명을 지닌 인간의 능력을 전적으로 넘어서는 일입니다.

그렇다면 어떻게 우리가 하나님과 거하기에 적합한 사람이 될 수 있을까요? 우리는 절망만 해야 할까요? 우리는 완전히 상한 마음으로 죽어야만 하는 것일까요? 자, 들어보십시오. 비록 오늘 본문에 나온 모든 더러움이 한 개인에게 다 해당되는 것이라 해도, 오늘 이 자리에 있는 사람은 누구나 다 가지고 있는 그 모든 더러움들을 전부 씻을 수 있는 방법이 있습니다. 하나님에게는 풍성한 구속과 측량 못할 은혜가 있습니다. 간음과 살인과 하나님을 모독하는 것과 기타 모든 죄에 대한 용서가 마련되어 있습니다. 주님께서는 회개하는 죄인들의 죄를 깨끗이 해주기를 즐거워하십니다. 왜냐하면 그분은 인애를 기뻐하시는(미 7:18) 분이기 때문입니다.

지난 주일 아침에 저는 죄를 알지도 못하신 이로서, 우리를 대신하여 죄로 삼으신 것은 우리로 하여금 그 안에서 하나님의 의가 되게 하려 하신(고후 5:21) 그분에 대해 설교를 하는 특권을 누렸습니다. 골고다 십자가에서 드려진 속죄 희생이라는 이 영광스러운 교리는 자신이 죄로 더러워졌다고 느끼는 사람들에게 아주 매력적입니다. 이 복된 진리에 대해서는 한 달이라도 계속해서 쉬지 않고 말씀을 전할 수 있을 것 같습니다. 그러나 오늘 아침에 전한 이 끔찍한 주제는 제 마음을 진토에 가라앉게 했습니다. 그래서 제가 주 예수님은 장차 모든 불법에서 우리를 속량하시고 우리를 깨끗하게(딛 2:14) 할 수 있는 분이시라는 사실을 미리 전했던 것입니다. 오, 더러워진 여러분이여, 여러분이 누구든, 그분께 나아와 씻어 깨끗함을 받으십시오. 예수님을 믿는 사람은 그 허물이 어떤 것이든 상관없이 모든 죄에서 의롭다 함을 받습니다. 하나님은 그리스도의 위대한 희생을 통해 은혜 베풀기를 기뻐하십니다. 그분은 다음과 같은 말씀을 할 수 있는 분이십니다. "너희의 죄가 주홍 같을지라도 눈과 같이 희어질 것이요 진홍 같이 붉을지라도 양털 같이 희게 되리라"(사 1:18). "사람에 대한 모든 죄와 모독은 사하심을 얻되"(마 12:31). 오, 사람들이 회개하고 용서받도록 하기 위해 하늘 높은 곳에 오르신 예수 그리스도를 통해 죄 용서 받기를 기원합니다!

여러분은 "그렇습니다. 하지만 용서는 우리가 원하는 전부가 아닙니다"라고 말합니다. 참으로 맞는 말입니다. 우리에게 필요한 것은 용서가 다가 아닙니다. 우리 속에 있는 죄의 원천도 제거되어야 하기 때문입니다. 그런데 이것 또한 예비되어 있습니다. 여러분은 은혜의 복된 언약 가운데 다음과 같은 말씀이 기록된 것을 알지 못합니까? "또 새 영을 너희 속에 두고 새 마음을 너희에게 주되 너희 육신에서 굳은 마음을 제거하고 부드러운 마음을 줄 것이며"(겔 36:26)라는 말씀 말입니다. 거룩한 우리 구세주께서는 사자를 어린 양으로, 까마귀를 비둘기로 변하게 하십니다. "사람으로는 할 수 없으나 하나님으로서는 다 하실 수 있느니라"(마 19:26)는 말씀대로 말입니다. 그리고 우리 가운데는 예수님께서 하늘로 올라가실 때 이 땅에 내려오신 분이 우리와 함께 영원히 거하며 살고 계십니다. 여기에 계신 성령님께서는 우리가 죄의 속박으로부터 해방되게 하십니다. 악은 마치 강하게 무장한 사람처럼 우리 마음에 거하고 있습니다. 그런데 성령님은 그 악보다 더 강하게 우리 마음에 들어오셔서, 우리를 사로잡고 있던 그 더러운 영을 내쫓으십니다. 그러고는 친히 우리 마음에 거하면서 우리의 본성을 변화시키고 우리 속에서 믿음과 순결을 창조하십니다. 그분은 우리가 예전에 무시했던 거룩함을 사랑하게 하시고, 우리가 한때 빠졌던 죄악을 몹시 싫어하도록 만드십니다. 우리가 중생하는 것은 지금도 가능한 일입니다. 이 일을 이루실 하나님께 영광을 돌려드립니다. "죄가 너희를 주장하지 못하리니"(롬 6:14)라고 성경은 말씀하고 있습니다. 우리는 이런 가능성을 주신 하나님께 지금까지 충분한 찬양을 하지 못했다고 생각합니다. 보혈로 깨끗이 씻음을 받는다는 것은 귀한 일입니다. 하지만 창에 찔린 그 귀한 옆구리에서 피와 함께 흘러나온 물로 씻음을 받는 것도 동일하게 귀한 축복입니다! 거룩해지는 것은 하늘의 축복입니다. 성결하게 되는 것은 의롭다 함을 받는 것만큼이나 큰 호의입니다. 마음의 정결은 주 예수 그리스도를 믿음으로써 가능합니다. 이것이 좋은 소식, 즉 복음이지 않겠습니까? 예수님을 영접하는 자들은 하나님의 자녀가 되는 권세(요 1:12)를 받습니다. 이것이 바로 거룩함을 뜻합니다. 하나님의 자녀가 된 자들은 맏아들이 되어, 범사에 그에게까지(엡 4:15) 자라납니다. 은혜가 그들 가운데서 의로 말미암아 왕 노릇 하여 영생에 이르게(롬 5:21) 하는 것입니다.

사랑하는 성도 여러분, 음란과 도둑질과 하나님을 모독하는 것을 제지할 법을 만드는 것도 좋겠지만, 모든 죄에 대한 유일한 치유책은 마음에 임하는 하나님의 은혜입니다. 미쳐가는 개들의 입을 틀어막는다고 해서 개들이 온전해지겠습니까? 개들의 입을 계속 틀어막아 놓아도 개들은 계속 미쳐가듯이, 사람들은 법의 제지에도 불구하고 계속 죄를 지을 것입니다. 악한 마음을 가진 한, 악은 그 마음에서 계속 나올 것입니다. 죄를 치료할 유일한 의사는 주 예수님이시며, 그분이 집도하는 천국의 수술은 복음으로 역사하는 성령님의 은혜로 마음을 다시 새롭게 하는 수술입니다! 사랑하는 나의 성도 여러분, 옛 복음을 고수하십시오. 수많은 사람을 치유한 단 하나의 처방을 고수하십시오. 우리에게 다른 새로운 이론은 없습니다. 우리는 복된 하나님께서 주신 확실히 신뢰할 수 있는 영원한 복음을 따를 것입니다. 인간의 모든 악한 생각들이 우매함으로 드러나고, 아무런 생명이나 능력도 없는 속임수의 상징인 두더지와 박쥐에게 던져질(사 2:20) 때, 하나님의 진리는 살아 홍왕할 것입니다. 제가 무거운 마음으로 여러분에게 전한 이 주님의 엄중한 부담에 축복이 임하기를 기도합니다. 아멘.

제
14
장

—

이 시대의 문제

—

"제자들이 대답하되 이 광야 어디서 떡을 얻어 이 사람들로
배부르게 할 수 있으리이까" — 막 8:4

저는 한동안 밖에 있는 대중들에게 말씀을 먹일 수도 없었고, 아픈 자들을
주님에게로 인도할 수도 없었던 적이 있습니다. 여기저기서 기회 닿는 대로 돕
기는 하였지만, 그래도 그 때는 제가 섬기는 일보다 쉬는 일에 부르심을 받은 것
같았습니다. 그런 생활을 하는 중에도 저는 멸망해가는 대중들에 대해 끊임없이
생각하지 않을 수 없었습니다. 이 큰 도시와 이 도시의 서글픈 상황, 이 나라와
아일랜드와 대륙의 여러 나라들, 이 모든 문제들이 깊은 침체의 구름 아래에 있
기 때문입니다. 비록 몸은 이 혼동으로부터 빠져나올 수 있겠지만, 마음은 여전
히 거기에 매몰되어 있습니다. 모든 기독교인들로 하여금 멸망해가는 이 무리들
에게 깊은 동정심을 가지도록 부르심의 때가 있다면, 그 때가 바로 지금일 것입
니다. 교회가 자신의 주인 되신 그분을 섬기기 위해 허리를 동여야 할 때가 있다
면, 그 때도 바로 오늘일 것입니다. 교회는 그리스도의 배우자라는 사실을 여러
분은 절대로 잊지 마십시오. 교회는 그분께서 택하신 신부이며, 따라서 교회는
세상 사람들 속에서도 그분의 큰 계획 안에서 그분과 하나가 되어야 합니다. 그
일이 바로 구원 사역입니다. 그 일은 하나님의 진리라는 수단으로 이루어집니
다. 외적으로는 사람들의 손을 통해 이루어지며, 내적으로는 성령 하나님을 통
해 이루어집니다. 만약 교회가 그분의 온유한 마음으로 세상 사람들을 동정하지

않고 그분의 은혜로운 사랑의 수고를 시작하지 않는다면, 교회는 자신의 천국 신랑에게 신실하지 않은 신부가 될 것입니다.

　　오늘 본문을 통해 우리 앞에 제기된 이 질문은 확실히 특별한 질문입니다. 이 질문을 제기한 자들이 앞서 많은 무리들을 먹인 주님의 기적을 본 자들이라는 것을 기억한다면 더욱더 특이한 질문일 것입니다. 오천 명을 먹이신 광경을 본 사람들은 사천 명을 먹이는 것과 관련하여 질문하지 않을 테니 말입니다. 그런데 "이 광야 어디서 떡을 얻어 이 사람들로 배부르게 할 수 있으리이까?"라고 질문합니다. 그들이 주님께서 떡과 물고기로 많은 사람들을 먹이신 그 기념비적인 사건을 보았으므로, 그분께서 다시 그와 동일한 기적을 베푸실 것을 기대할 수도 있었습니다. 솔직히 말하자면, 이 질문은 어떤 변명도 가능하지 않은 질문입니다. 저는 이 질문에 대해 조금도 변명의 여지를 주지 않을 것입니다. 왜냐하면 사실 이러한 질문은 아주 자연스러운(natural) 질문이기 때문입니다. 제가 여기서 자연스럽다고 말한 것은 우리의 일상적인 슬픔인 타락하고 부패한 인간 본성(nature)을 뜻합니다. 인간의 본성이 어떤지를 아는 사람은 인간 본성이 만들어 내는 악한 것에 대해 전혀 놀라지 않을 것입니다. 제가 말한 인간 본성은 하나님의 은혜로 다시 새롭게 된 본성을 말하는 것이 아니라, 심지어 그리스도의 제자들 안에도 여전히 남아 있는 육적인 본성을 뜻합니다. 이것이 바로 부끄럽지만 불신앙으로 인도되는 인간의 인격입니다. 여러분은 제게 예를 하나 들어보라고 할 것입니다. 좋습니다. 저는 여러분 자신을 예로 들어 설명하겠습니다. 여러분은 지금까지 종종 하나님의 손길을 보아왔습니다. 그렇지 않습니까? 그런데도 하나님의 도우심이 필요한 때는 또다시 불안해하고 하나님을 의심하였습니다. 이스라엘 백성들은 홍해가 갈라지는 것을 보았습니다. 그런데도 그 백성들은 자기들이 혹시 목말라 죽으면 어떡하나 걱정하였습니다. 여러분은 이 사실을 기억하십시오. 반석이 갈라져 그들의 갈증이 해갈되자, 그들은 배고픔에 대해 또 걱정하였습니다. 하늘에서 떡이 비처럼 내려온 이후에는 가나안에 거하는 거인들의 큰 키에 놀랐습니다. 하나님께서 그들에게 행하신 모든 것을 볼 때, 그들에게는 걱정거리가 전혀 없었을 것으로 보이지만, 그들은 항상 옛 불신앙으로 다시 돌아가 버렸습니다. 여러분과 저는 그들보다 좀 낫다고 생각합니까? 슬픈 일이지만 이 부분에서 우리는 우리의 모습을 거울로 보는 듯합니다. 평탄한 길을 거닐던 자들은 종종 자신의 대단한 믿음을 자랑합니다. 즉, 그들은 그것을 믿음으로 여깁니다. 반면에 광야 길을 따라갔던 자들은 큰 은혜를 받은 후에도 여전히 불신앙이 슬금슬금 기어들어왔다고 부끄러운 고백을 해야만 했습니다. 이것은 극도로 수치스러운 일이며, 우리로 하여금 쓰라린 슬픔을 느끼게 하고, 우리가 주님을 격노케 하지는 않을까 큰 두려움에 빠지게 합니다. 그러기에 우리 앞에는 자신들의 불신앙 때문에 광야에서 시체로 쓰러진 자들의 사례들이 제기될 수밖에 없습니다. 이 모든 것들로 인하여 만약 우리가 주님과 함께 오늘 본문의 배경이 되는 그 광야에 함께 있었다 해도, 우리는 베드로와 야고보와 요한보다 더 잘 할 수 없었을 것이라는 두려움에 휩싸입니다. 우리도 떡으로 사람들을 먹이신 그 앞선 기적을 까맣게 잊고 걱정하면서 다음과 같이 질문했을 것이기 때문입니다. "이 광야 어디서 떡을 얻어 이 사람들로 배부르게 할 수 있으리이까?"

이처럼 이 질문이 놀랍고 변명의 여지가 없는 것이라 해도, 우리는 이 질문을 이 아침에 우리의 유익을 위해 사용하고자 합니다. 이 질문은 적어도 이런 목적으로는 유익할 것입니다. 어떤 인간적인 방식으로는 우리가 이 질문에 대해 대답할 수 없듯이, 이것은 우리의 무능력을 보여주기에 유익할 것입니다. 그리고 그것은 그분의 능력을 드러내기에 앞서 우리 주님께서 가장 분명하게 짚고 싶으셨던 부분입니다. 그분께서 이 사람들을 광야로 이끄신 것은, 그들이 먹을 것을 받게 되었을 때, 들판이나 정원이나 또는 그곳 거주민들의 자선으로 먹을 것을 얻었다는 의혹을 받지 않기 위함이었습니다. 그곳은 황량한 지역이었으며, 아무것도 가져올 것이 없는 곳이었습니다. 제자들도 이것을 느꼈고, 이를 인정했으며, 이에 대해 말했습니다. 그제야 비로소 주님께서는 자신의 기적을 행하실 분명한 발판을 마련하셨습니다. 사랑하는 성도 여러분, 그분께서는 여러분이 깨끗해지기를 원하십니다. 또한 여러분이 얼마나 나약하고 초라하며 인색하고 비참한 존재인지를 여러분 스스로 보기를 원하십니다. 그분께서 여러분의 실상을 보게 하실 때, 그 때 그분의 팔이 모든 민족들이 보는 가운데 드러날 것이며, 이를 본 모든 자들이 그분의 이름에 합당한 영광을 돌려드릴 것입니다.

그러므로 이제 우리는 이 질문이 거룩한 목적으로 성화되었으면 하는 바람으로, 이 질문으로 들어가 보겠습니다. "이 광야 어디서 떡을 얻어 이 사람들로 배부르게 할 수 있으리이까?"라는 이 질문은 첫 번째로 이것이 시급한 문제임을 알려 줍니다. 즉, 무리들의 필요를 어떻게 충족시켜 주느냐의 문제인 것입니다. 두 번째, 그것이 아무리 시급한 문제라 해도 이 질문은 매우 어려운 문제입니다. 세 번째, 이 질문은 아주 영광스러운 대답이 가능하며, 그 대답은 우리에게 힘을 줍니다. 그분의 무한한 능력으로 이 광야에도 수없이 많은 우리 인류를 만족시켜 줄 수 있는 분이 계십니다.

1. 이것은 매우 시급한 문제입니다.

이제 첫 번째로 이 질문이 아주 시급한 문제라는 사실에 대해 전하겠습니다. 멸망해가는 무리들을 위해 무엇을 해야 합니까? 인간의 영혼을 만족시키기 위해 어떤 것을 해야 합니까? 끔찍한 사회적 문제들과 물질적 문제들은 지금 이 시간에도 특별히 시급한 문제이기는 하지만, 그럼에도 오늘은 영적인 문제에 국한하여 말하고자 합니다. 지금 이 순간에도 수많은 영혼들에게는 당면한 필요가 있습니다. 우리는 종종 구원을 장차 올 세상과 전혀 무관하게 생각할 때가 있습니다. 물론 구원은 지금 현재 상태와 전적으로 중요한 관련을 맺기도 하지만 말입니다. 그리스도를 알지 못하는 사람은 비참한 사람입니다. 마음이 새로워지지 않은 채 죄악 가운데 살면서 죄를 사랑하는 자는 가련한 존재이며, 천사들을 슬피 울게 하는 잃어버린 영혼입니다. 그리워할 천국도 없고, 죄의 대가인 지옥도 없다면, 그런 땅에서 살아가는 것이 바로 저주이고 죄악입니다. 구세주 없이 살아가는 것도 역시 지옥입니다. 만약 런던에 가난이 없다 해도, 경건하지 않은 자들을 지배하는 죄악이 여전히 남아 있다고 생각하면, 우리의 마음은 충분히 아플 것입니다.

런던의 생활에는 "대성통곡"하게 만드는 서글픈 측면이 있습니다. 물론 최악의 상황은 아니라 해도, 마치 심장에 은밀하게 암세포로 존재하던 것이 언젠가는 외부로 광범위하게 드러나는 질병이 되는 것처럼, 런던의 삶은 그런 잠재적 요소를 지니고 있습니다. 만약 술 취하는 것이 심각한 문제를 일으키지 않는다고 한다면, 또한 죄를 지어도 아무 고통도 받지 않는다고 한다면, 그것은 우리 인류에게 더 좋은 것이 아니라 더욱더 악한 것입니다. 불의가 자신을 붉은 세마포 옷으로 감싸고, 악이 가증스러운 호민관의 도움으로 형벌을 받지 않고 무사히 도망칠 수 있을 때, 그것이야말로 더욱 끔찍한 일입니다. 죄악은 제지를 받지 않으면 미쳐 날뛰게 됩니다. 그렇게 되면 현재보다 더 심하게 비참한 상황이 될 것입니다. 우리 인간 대중들이 돌이켜 창조주께 순종하며 소망을 갖지 않고, 그분을 대적한 자신의 죄를 고백하지 않으며, 그분의 긍휼에 대해 감사하지도 않고, 그분의 공의에 두려워 떨지도 않으며 살아간다고 생각해 보십시오. 그것은 생각만 해도 끔찍한 일입니다. 위대한 주님이시여, 얼마나 무서운 것들이 경건하지 않은 자들 가운데 거하고 있는지, 당신은 우리가 알고 있는 것보다 더 잘 알고 계시나이다! 사랑하는 성도 여러분, 그 무리들에게는 생명의 떡이 없습니다. 우리가 즉시 그들에게 생명의 떡을 나누어 주어야 하지 않겠습니까?

그 무리들은 미래와 관련해서도 극심한 위기 가운데 있습니다. 우리 구세주께서 그들을 불쌍히 여기는 마음으로 둘러보셨을 때, 그분은 현재 그들이 처한 배고픔만 알아채신 것이 아니라, 그들에게 다가올 미래까지도 앞서 보셨습니다. "만일 내가 그들을 굶겨 집으로 보내면 길에서 기진하리라 그 중에는 멀리서 온 사람들도 있느니라"(막 8:3)고 하셨으니 말입니다. 구세주께서는 그들에게 당면한 배고픔도 안쓰럽게 여기셨지만, 그들의 추후일정도 잊지 않으셨습니다. 그들은 자신들이 거주하던 산악지대로 다시 돌아가야만 했습니다. 계단지형으로 이루어진 그들의 주거지를 오르면서 배고픔 때문에 언덕비탈에서 넘어질 수도 있고, 또는 뜨거운 태양 아래 기진맥진하여 쓰러질 수도 있었습니다. 혹시라도 아기를 가슴에 안고 가는 어머니들은 영양분이 결핍되어 죽을 수도 있었고, 연약한 여인들은 길에서 정신을 잃고 쓰러질 수도 있었습니다. 사랑이 많으신 우리 주님께서는 이 모든 것에 대해 생각하지 않을 수 없었습니다. 이와 마찬가지로 우리가 한 영혼의 미래를 바라볼 때, 우리는 그 장래 모습에 대경실색(大驚失色)할 수밖에 없습니다. 사랑하는 성도 여러분, 성경은 장차 다가올 세상인 말세에 어떤 일이 일어날 것인지 분명히 말씀하고 있습니다. 회개하지 않는 죄인들이 나타나 끔찍한 모습을 보인다고 합니다만, 비록 그 정도로 끔찍한 모습은 아니라 해도, 이 완악한 죄인들이 저지를 미래의 상황을 오늘날 미리 대변하여 보여주고자 하는 자들이 많이 있습니다. 그러한 성경의 가르침을 볼 때 실제로 과연 어떤 일들이 일어날지에 대해 제가 다 알 수는 없지만, 제가 분명히 알고 있는 것은 사람들의 마음이 완악해지고, 동료 인간들에 대해 지금보다 더 무관심해질 것이라는 사실입니다. 저에게는 동료 인간들을 구원하고자 하는 견딜 수 없는 생각이 지금 이 순간에도 저의 강렬한 소원이 되어 뇌리를 떠나지 않고 있으며, 그들이 구세주 없이 죽는다면, 그들은 고착된 상태에 빠져 계속해서 죄악 가운데 살면서 변화의 소망마저 없이 결국 비참한 처지에 놓일 것이라는 생각을 떨쳐 버릴 수 없습니다. 저는 그들을 지옥에서부터 즉시 구원해내고 싶습니다. 왜냐하면 다른 날을 기다려봐야 그들에게서 어떤 소망도 볼 수 없을 것이기 때문입니다. 저는 그들이 그런 자들이라고 확신하고 있습니다. 이 모든 상황을 고려해 볼 때, 인간에 대한 사랑이 마음에 있고 조금이라도 은혜를 받은 자라면 어느 누구나, 건전한 복음을 피하고 그 복음을 거부하는 그 많은 무리들을 위해서, 즉 복음의 빛이 비치는 땅에 살면서도 의도적으로 그 빛에 두 눈을 감고서 끝없는 암흑 속에 살기를 선택한 그들을 위해서, 하나님께 강력하게 부르짖을 수밖에 없을 것입니다. 오, 그리스도를 따르는 사랑하는 성도 여러분, 만약 여러분이 다음과 같은 두 가지 사실을 믿는다면, 즉 죄는 이생에서도 절대로 참을 수 없는 악이며, 또한 내생에서도 끝없는 고통을 초래할 것이라는 이 사실을 믿는다면, 여러분은 행동하지 않을 수 없을 것입니다. 이 두 가지 외에 여러분을 분발하게 할 또 다른 사실이 있겠습니까? 이것으로도 여러분이 사람들을 불쌍히 여기는 마음이 들지 않는다면, 이 사실로도 여러분의 마음이 부서지듯 아프지 않다면, 여러분의 마음은 야수처럼 감정이 없는 마음, 돌처럼 굳은 마음이지 않겠습니까?

이 무리들의 필요를 채우는 과제가 하나님의 교회에 부과되어 있습니다. 주 예수 그리스도께서는 수천 명의 배고픈 자들을 모두 불쌍히 여기시어 그들을 제자들의 발 앞에 앉게 하셨습니다. 그 후 주님께서는 친히 제자들을 향해 다음과 같은 명령의 말씀을 하셨습니다. "너희가 먹을 것을 주라"(눅 9:13)고 말입니다. 굶주린 자들에게 먹을 것을 주는 일은 주님과 함께 동역하게 된 제자들에게는 큰 영광이었습니다. 다시 말해, 그들은 이렇게 만연한 배고픔을 그분과 함께 없애는 이 일에 동역자가 된 최고의 특권을 누리게 되었던 것입니다. 이 일은 분명히 크게 영광스러운 일이지만, 이 일에는 얼마나 큰 책임이 뒤따르는지 모릅니다! 만약 그들 가운데 한 사람이 "이건 완전히 돈키호테 같이 현실을 모르는 생각이야"라고 말하면서 조용히 뒤로 물러선다면, 또는 "나는 이 일을 위해 기도만 하겠어. 내가 할 수 있는 건 그게 전부야"라고 말하면서 바위 뒤로 숨는다면, 그렇게 생각하는 그들에게 주님의 말씀이 얼마나 모욕을 당했겠습니까! 그러나 그렇게 생각하지 않은 제자들은 자신에게 그 짐을 맡기신 주님의 참된 마음을 발견하고는, 힘닿는 대로 그 짐을 맡았습니다. 또한 그들의 주님께서도 그들이 그 임무를 이행하면서 기쁨을 느끼게 해주셨습니다. 그들은 그 은혜를 감사하게 여기는 그 많은 무리들에게 빵을 건네주면서 특별한 행복감을 느꼈습니다. 제가 여러분에게 장담하건대, 그 열두 명의 제자들은 그 날 아주 유명인사가 되었을 것입니다.

그들은 주변에 있던 모든 사람들로부터 큰 부러움의 시선을 한 몸에 받았을 것입니다. 먹을거리를 그렇게 많은 굶주린 사람들에게, 그것도 여자와 어린 아이들에게까지 나누어 준다는 것은 정말 최고의 특권이지 않겠습니까? 그들은 틀림없이 흥분해서 얼굴이 붉어졌을 것이며 기쁨으로 충만하였을 것입니다. 만약 제가 그 자리에 있었어도 그랬을 것입니다. 갈망하고 굶주린 무리들 가운데 나아가서 그들을 배불리 먹인다는 것은 천사들도 흠모하는 일입니다. 이 자리에 관대한 마음을 지닌 많은 자들은 이미 이 기쁨을 누릴 갖가지 방법들을 궁리하고 있을 것이라 저는 확신합니다. 여러분은 그렇지 않습니까? 저는 정말로 그렇습니다. 먹이고 입히는 은사를 베풀어 현재 고통 받고 있는 이들에게 도움을 줄 마음이 여러분에게는 없습니까? 이 문제를 영적인 측면에서 다시 말하겠습니다. 주님께서는 이 사역을 위해 오늘 자신의 교회를 부르셨습니다. 이 사역은 그분이 함께 하지 않으신다면 실제로 부담스럽고 불가능한 일입니다. 그러나 그분이 함께 하신다면, 영광스러운 일이며 간단하고 하기 쉬운 일입니다. 그분은 런던의 무리들, 우리나라의 무리들, 전 세계에 있는 무리들을 먹이라는 이 큰 사명으로 자신의 교회를 부르셨습니다. 그분께서는 지금도 우리의 떡과 물고기를 많게 하셔서 시급한 문제를 해결하실 수 있습니다. 그러므로 여러분도 절대로 절망 가운데 포기하지 마십시오.

사랑하는 성도 여러분, 우리는 이 일을 방치할 수 없습니다. 그리스도를 따르는 우리는 이 사역을 실로 피할 수 없습니다. 주님께서 이 일을 우리에게 명하셨으며, 이 사명에서 벗어날 수 있는 유일한 방법은 그분의 인도하심을 전적으로 거부하는 것입니다. 그리스도인이 되고자 하면서 여러분의 동료 인간들을 위해 살지 않는 것은 위선입니다. 만약 여러분이 그리스도에게는 신실하면서, 이 무리들에게는 아무런 노력도 행하지 않은 채 그들이 그냥 죽도록 내버려 두는 것은 저주받을 만한 기만적인 행동입니다. 그런 자들은 주님께서 이루고자 하는 평생의 위대한 일을 자신의 마음과 영혼으로 받아들이지 않는 자로서, 주님의 반역자인 것입니다. 주님께서 생명을 다해 이루고자 하신 일은 "그로 말미암아 세상이 구원을 받게 하려 하심이라"(요 3:17)는 것입니다. 만약 여러분이 예수님과 작별하고자 한다면, 여러분은 여러분이 가진 떡과 작은 물고기를 가지고 도망쳐서 이기심을 감추고 몰래 그것들을 먹어도 괜찮습니다. 그러나 만약 여러분이 그리스도와 함께 하고자 한다면, 여러분은 여기로 여러분의 떡과 물고기를 가지고 나와서 그것들을 나누어야만 합니다. 그리고 여러분이 헌신하여 불어난 그 떡과 물고기들을 개인적으로 나누어 주는 자가 되어야 합니다. 여러분은 마지막 남자, 마지막 여자, 마지막 어린 아이가 배부르게 될 때까지 음식을 나누는 이 일을 인내하며 행해야 합니다. 그 때 예수님께서 잔치의 모든 영광을 받게 될 것이며, 여러분도 그분께서 사랑으로 베푸시는 그 웅장한 연회에 참석하여, 왕이신 그분께서 앉아 계신 식탁을 섬기는 종의 영광까지 얻게 될 것입니다.

이제 여러분은 오늘 이 아침에 우리가 어디에 있는지를 알았을 것입니다. 우리는 이렇게 아주 시급한 문제를 이행하도록 부르심을 받은 자들입니다. "이 광야 어디서 떡을 얻어 이 사람들로 배부르게 할 수 있으리이까?"라는 이 시급한 문제 말입니다. 우리는 다른 사람들처럼 졸지 말고 깨어서, 이 도시의 수백만 명뿐 아니라 지금도 이 세상에 있는 이루 헤아릴 수 없이 많은 자들에게 생명의 빵을 담대하게 나누고 있는 귀하고 신실한 믿음의 형제들과 긴밀히 협조하도록 합시다.

2. 이것은 매우 어려운 문제입니다.

이제 두 번째로, 이것은 매우 어려운 문제라는 사실에 대해 살펴보겠습니다. 사천 명을 먹인다는 것은 엄청나게 어려운 문제입니다. 하지만 허다한 인류를 구원하는 어려움은 땅 위에서 하늘까지의 높이보다 훨씬 더 높이 어려운 문제입니다. 어쨌든 무리들을 먹이신 이 기적은 곧 다시 배고픔을 느낄 수천 명에게 단 한 끼의 식사만을 제공한 것이었습니다. 하지만 그들에게 절실한 사역은 그들이 다시는 영원토록 배고프지 않도록 무수히 먹는 것입니다. 이에 대해 생각해 보겠습니다!

첫째로 생각해 보아야 할 것은 단 한 영혼의 필요를 만족시키는 것입니다! 영혼을 죄에서 구원하는 것을 쉽다고 생각하는 자들이 있습니다. 저도 그들처럼 한 영혼을 회심시켜 보려고 애써 보았습니다. 여기 주일학교 선생님이 있습니까? 여러분은 한 소녀를 여러분의 힘으로 그리스도에게 인도하려고 애써 본 적이 있습니까? 그 소녀는 주일학교 전체에서 가장 착한 어린이가 될 수는 있습니다. 하지만 여러분이 기도로 하나님의 도우심을 간구하지 않고, 또한 그 어린 마음에 성령 하나님께서 역사해 주시기를 바라지 않고서 그 소녀를 회심시키고자 하였다면, 여러분은 회심은커녕 비참하게 실패할 것입니다. 한 영혼을 구원하고자 한다면, 여러분은 어디서 시작해야 하겠습니까? 거룩한 생각이 육적인 마음에 주입되는 것은 마치 밝은 빛 한 줄기가 장님의 눈에 비치는 것과, 생명의 숨이 죽은 자의 몸에 들어가는 것처럼 대단한 기적입니다. 짐승처럼 경박한 사람을 구해내서 자신의 영혼과 영원과 하나님에 대해 생각하게 만드는 것은 얼마나 힘든 일인지 모릅니다! 돌처럼 굳은 마음을 다시 새롭게 하고, 죽은 영혼을 살려 생명을 얻게 하는 것, 누가 과연 이 일을 할 수 있겠습니까? 여기서 우리는 기적의 영역으로 들어가게 됩니다! 여러분은 파리 한 마리라도 만들어 낼 수 있습니까? 여러분이 스스로 가장 작은 미물(微物)이라도 창조했다면, 그 때 새로운 마음과 바른 영을 만드는 것에 대해서도 언급하십시오.

오늘 본문은 "만족하게"(satisfy, KJV)라고 말합니다. "이 사람들로 만족하게 할 수 있으리이까?"(KJV). 한 영혼을 만족하게 하는 것은 오직 하나님만이 하실 수 있는 사역입니다. 오, 큰 뜻을 지닌 야망의 사람들이여, 여러분의 입을 크게 벌리십시오! 우리가 여러분의 혀 위에 이 둥근 세상을 놓겠습니다. 그러면 여러분은 그것을 삼키고서 마치 알렉산더(Alexander)처럼 또 다른 것을 위해 울게 될 것입니다(「플루타르크 영웅전」에 따르면, 알렉산더 대왕이 어릴 때 아버지인 필립 왕으로부터 영토 확장에 대한 이야기를 듣고 나서, 자기가 정복할 땅이 없다며 울었다고 한다 — 역주). 알렉산더는 작은 빵 한 조각으로 만족하는 것보다 온 세상을 얻는 것으로 더 만족하지 못하는 사람입니다. 그렇게 영적으로 갈망하는 사람들에 대해서, 여러분은 어떻게 그들을 만족시킬 수 있겠습니까? 그들을 만족시키기 위해서는 죄 용서, 영생에 대한 소망, 그리스도를 닮는 것 등이 필수적입니다. 그런데 우리가 어떻게 이런 것들을 그들에게 줄 수 있겠습니까? 세상에는 이런 품목들이 창고에 없습니다. 단 한 사람이 이런 것을 요구한다 해도, 이런 일은 착수조차 불가능합니다. 그러니 어떻게 영적으로 굶주린 사람을, 그것이 단 한 영혼이라 해도 만족시킬 수 있겠습니까? 저도 모든 그리스도인들과 마찬가지로 이런 생각을 내려놓고서, 자신의 자만심에서 벗어나 능력이 많은 그분께 능력을 달라고 즉시 간구하여, 자신의 능력이 아닌 성령님의 능력으로 복음의 단순한 무기를 사용하게 되기를 간구하고 싶습니다.

사랑하는 형제자매 여러분, 제가 지금 무엇에 관해 말하고 있습니까? 한 영혼에 대해 말하고 있습니다! 이 말이 무슨 뜻일까요? 천국의 떡을 필요로 하는 사람들의 숫자를 생각해 보십시오. 우리가 돌봐야 할 영혼들은 단 한 영혼이 아니라, 백만 명도 넘는 영혼들입니다. 이 도시 하나만 해도 죽을 수밖에 없는 완악한 영혼들이 오백만 명도 넘게 있습니다. 그러니 우리가 살고 있는 이 세상에는 정말 무수한 영혼들이 있지 않겠습니까? 지금도 수십억 명의 사람들이 온 세상에 흩어져 야영 중인 주님의 군대에 들어오려 하지 않고 있습니다. 그것을 알면서도 우리는 일부러 그들 중 하나를 구원의 소망에서 제외시키려고 하는 것은 아닙니까? 그들 가운데 하나는 멸망하도록 의도적으로 방치하고 싶은 것은 아닙니까? 할 수만 있다면 우리는 그들 모두를 먹여야 하지 않겠습니까? 우리의 큰 소망대로 모든 남자와 여자와 어린 아이가 이 잔치에 참여하도록 해야 하지 않겠습니까? 좋습니다. 그런데 우리는 지금 어디에 있습니까? 우리는 완전히 어쩔 줄 몰라 하고 있습니다. 우리는 백만 명이 얼마나 큰 숫자인지 개념조차 없습니다. 그 수를 헤아리는데도 아주, 아주 긴 시간이 걸릴 것입니다. 런던이라는 도시를 생각해 보십시오. 여러분이 이 도시를 차를 타고 둘러볼 수도 있지만, 지친 발로 걸어서 둘러보려면 약 일 년이 걸릴 것입니다. 결국 여러분은 이 도시의 이루 헤아릴 수 없이 광대함에 그저 놀랄 것입니다. 이 큰 도시를 은혜로운 영향력으로 채운다는 것은 하나님만이 하실 수 있는 일입니다. 하나님의 교회는 이 모든 사람들에게 천국의 떡을 먹이도록 부르심을 받았습니다. 저 멀리 이방인들의 세계에 있는 자들도 모두 포함해서 말입니다. 오, 연약함이여! 네가 어찌 이 일을 홀로 감당할 수 있겠느냐? 오, 연약함이여, 하지만 하나님의 거룩한 목적을 수행하기 위해 그분께서 너를 사용하시니, 이 얼마나 은혜로운 일인지 모르겠구나! 그런데 여기에 문제가 있나니, 그 문제가 바로 큰 어려움 가운데 하나라고 익히 내가 진심으로 말하지 않았던가?

　제자들은 아마 현재 자신들이 있는 곳을 생각하고서 충격을 받았던 것 같습니다. 그들이 있던 장소가 광야라는 곳이었기 때문입니다. 광야에서 여러분은 이런저런 풀포기들을 보았을 수도 있습니다. 염소가 뜯어먹기에도 마뜩치 않은 양이었겠지만, 어쨌든 그것마저 제외한다면 그 땅은 전부 풀 한 포기 없는 허허벌판이었습니다. 오늘 본문을 기록한 복음서 기자는 앞서 일어난 오천 명을 먹인 첫 기적을 묘사하면서, 푸른 잔디(막 6:39) 위에 앉게 하셨다고 아주 회화적으로 기록한 데 반해, 이 경우에는 무리를 명하여 "땅"(막 8:6)에 앉게 하셨다고 기록하고 있습니다. 이 땅은 푸른 풀 한 포기 없는 황량한 땅이었습니다. 그곳은 곡식이 자라는 밭도 아니었고, 열매가 열리는 과실수도 없었습니다. 거기는 말 그대로 이용할 만한 것이 아무것도 없는 곳이었습니다. 만약 그곳에 돌이라도 있었다면, 돌들이 변하여 떡이 되게 해서라도 사람들이 배불리 먹을 수 있었을 테지만, 그 땅은 그 자체로 아무것도 갖고 있지 않았습니다. 서글픈 말이지만, 그 땅이 잔치에 아무 도움도 줄 수 없었던 것처럼 아마 오늘날의 이 세대도 복음 전파에 아무 도움도 주지 못할 만큼 메마른 시대일 것입니다. 이 세상이 지금보다 더 복음 전파에 아무 도움도 주지 못한 적은 없었습니다. 우리는 요한계시록에서 "땅이 여자를 도와"(계 12:16)라고 기록된 말씀을 보지만, 지금이 그런 때는 아닌 것 같습니다. 세상이 그리스도에 대해 말하는 것을 들어보면 우호적으로 말하는 내용이 하나도 없습니다. 오히려 모든 것들이 그리스도를 대적하는 데 집중되고 있습니다. 사람들은 복음에 대해 예전만큼 민감하지 않습니다. 대중들에게는 기도하는 집에 들어서는 것조차 관심 밖의 일이 되어 버렸습니다. 이런 일은 런던뿐 아니라 전 지역으로 확산되어, 아예 말씀을 증언하는 일에 대한 관심마저 사라져 버렸습니다. 우리는 이들에게 다가가야만 합니다. 하나님을 찬양하십시오. 우리는 앞으로 그들에게 다가갈 수 있을 것입니다. 이 시대의 성향은 경건이 아니라 불신, 물질주의, 더러운 이기심을 향하고 있습니다. 아니, 불신앙이라는 물결과 급류는 사회의 근본 토대에서부터 포효하고 있으며, 우리 설교자들은 그 세력 아래에서 휘청거리고 있습니다. 지금 많은 그리스도인들도 반신반의하며 믿고 있는 자들뿐입니다. 이들은 우리 주위에 만연한 의심의 짙은 안개 속에서 거의 질식 상태에 놓여 있습니다. 우리는 지금 구름이 자욱한 땅에 들어가 있어서 우리의 길을 전혀 내다볼 수가 없습니다. 많은 사람들이 수렁 속으로 빠져 들어가고 있습니다. 그러니 만세반석에 발을 딛고 있는 우리는 팔을 쭉 펴서 미끄러져가는 우리의 친구들을 도와야 할 것입니다.

　　하나님 앞에 어린 아이와 같은 믿음으로 서서 그분을 의심 없이 신뢰한다면, 우리를 감싸고 있는 어둠이 마치 지옥의 칠흑 같이 어둡다 해도, 우리에게는 아무 문제가 되지 않을 것입니다. 왜냐하면 우리는 믿음으로 걸어가지, 눈에 보이는 것으로 걸어가지 않기 때문입니다. 비록 땅이 꺼지고 산이 바다 한가운데로 던져진다 해도, 우리는 여전히 흔들리지 않는 확신으로 하나님을 부여잡고 그리스도를 굳게 잡을 것입니다. 그러나 신앙 고백까지 한 대중들이 그러지 못하고 있습니다. 저는 지금도 이리저리 요동하면서 마치 술 취한 사람처럼 비틀거리며 어찌 해야 할 바를 모르는 형제들을 계속해서 만나게 됩니다. 저는 그들에게 흔들리는 갑판 위에서도 흔들리지 않는 비법을 가르쳐 준 것에 기뻐하면서, 우리는 결코 난파하지 않을 것이라는 확신을 심어주며 격려해야만 합니다. 좋은 배는 결코 가라앉지 않습니다. 이와 마찬가지로 영원한 진리도 영원토록 확실합니다. 주님께서 우리에게 큰 평온을 주실 날도 이제 얼마 남지 않았습니다. 머지않아 19세기의 믿음 없는 철학들은, 아무리 지혜로운 자라 해도 하나님의 말씀을 포기했을 때 무시무시한 어리석음에 빠질 수밖에 없었던 한 사례로, 주일학교 어린이들에게 설명될 것입니다. 지금 제가 살아 있는 것이 확실한 것만큼이나 분명한 확신을 가지고 말합니다. 오늘날의 지혜는 장황하게 기록된 바보짓에 불과하지만, 청교도파나 칼빈파의 이론처럼 지금은 시대에 뒤처진 것으로 거부당하고 있는 그런 교리들은 장차 인간의 사고를 극복하고 최고의 권위로 이 시대를 장악하게 될 것입니다. 오늘 밤에는 해가 지고 내일이면 또 다시 정해진 시간에 해가 떠오르는 것이 확실한 것처럼, 그렇게 하나님의 진리도 온 세상을 틀림없이 비출 것입니다. 그러나 이 시대는 광야와 같습니다. 강단 안에서나 강단 밖에서나, 사회 · 도덕의 영역에서나 정치의 영역에서나, 이 시대는 황량한 황무지와 같습니다. "이 광야 어디서 떡을 얻어 이 사람들로 배부르게 할 수 있으리이까?"라는 말씀처럼 말입니다.

　　주님께서는 종종 곤경에 빠진 무리들을 도우셔서 은혜로운 구원사역을 감당하셨습니다. 현대의 한 사건을 예로 들어보겠습니다. 거의 백오십 년 전에 영국은 전반적으로 종교적 무기력 상태에 빠져 있었습니다. 경건하지 않은 무리들이 그 상황을 주도하고 있었습니다. 영국으로 날아든 마귀는 영국 교회에 약을 먹여서 교회가 다시는 깨어나지 못하게 하겠다고 생각했습니다. 마귀가 얼마나 사람들을 현혹시키는지 모릅니다! 그 때 글로스터(Glousester, 영국 서남부 항구도시 — 역주)에서 여인숙에서 사환 일을 하다가 옥스퍼드에서 공부를 하게 된 한 학생(휫필드[Whitefield]는 글로스터의 올드벨[Old Bell] 여인숙의 사환이었다 — 역주)이 구세주를 발견하고서 그분을 전하기 시작했습니다. 그의 첫 설교는 열아홉 명의 사람들을 거의 미칠 지경으로 만들었다고 전해집니다. 왜냐하면 그의 설교로 그들이 참된 생명으로 깨어났기 때문입니다. 옥스퍼드에 있던 또 다른 어떤 학생들도 함께 모여 기도를 했습니다. 그 후에 이들은 학교에서 기도모임을 가졌다는 말도 안 되는 이유로 학교에서 퇴학을 당하고 말았습니다. 하지만 이 학교에서 또 다른 강력한 복음전도자가 나왔습니다. 그의 이름은 존 웨슬리(John Wesley)

였으며, 웨슬리는 휫필드와 함께 감리교 대각성 운동의 주역이 되었습니다. 그 영향은 오늘날 우리에게도 미치고 있습니다. 그 철천지원수는 곧 자신의 소망이 좌절된 것을 알았습니다. 왜냐하면 교회가 잠에서 다시 깨어났기 때문입니다. 불쌍한 광부들이 복음에 귀 기울였고, 그 시커먼 뺨의 주름은 한없이 흘러내리는 눈물로 도랑이 되어 버렸으며, 그 거룩한 사역자들은 그들에게 용서하는 사랑에 대해 말해 주었습니다(브리스톨의 킹스우드에서 있었던 휫필드의 최초 야외설교에서는 참석자의 대부분이 탄광에서 바로 나온 시커먼 얼굴의 광부들이었다 ― 역주). 그러고 나서 존경받던 비국교도인들이 게으름이라는 자신의 침상에서 깨어났습니다. 그러고는 영국 국교회도 자신의 눈을 비비기 시작하면서, 지금까지 자신이 어디에 있었는지 이상하게 여기기 시작했습니다. 악한 시대로 인해 행복한 시대의 불이 밝혀졌습니다. 이런 일이 다시 일어날 수는 없겠습니까? 그런 부흥에 대해 전혀 두려워하지 마십시오. 모든 것이 합력하여 선을 이룰 것입니다. 주님께서는 뜻이 있어서 사람들을 광야로 인도하셨습니다. 사람들이 보기에는 온통 메마른 땅밖에 없었지만, 주님께서는 그곳에서 친히 그들을 먹이셨습니다.

하지만 아직 저는 우리 앞에 놓인 질문의 핵심을 분명하게 제시하지 못했습니다. 그것은 바로 인간의 연약함이 문제였다는 것입니다. 주님의 제자들은 주님께 다음과 같이 대답했습니다. "한 사람(a man, 한 남자)이 이 광야 어디서 떡을 얻어 이 사람들로 만족하게 할 수 있으리이까?"(KJV)라고 말입니다. 어디서 한 사람이 이 일을 할 수 있겠습니까? 우리는 단지 사람일 뿐입니다. 우리가 천사들이라도 됩니까! 오, 만약 우리가 천사였다면! 정말 그렇다면 어떻게 되었을까요? 만약 우리가 천사였다면, 장담하건대 우리는 그 천사의 일을 분명히 그만두었을 것입니다. 성경은 "하나님이 우리가 말하는 바 장차 올 세상을 천사들에게 복종하게 하심이 아니니라"(히 2:5)고 말씀하기 때문입니다. 하지만 천사들은 그 들판에 없었습니다. 그렇다면 어떻게 한 남자나 한 여자가 그 일을 행할 수 있겠습니까? 한 사람이 어떻게 이 무리들을 먹일 수 있겠습니까? 어떤 사람은 "자, 제가 어떤 사람인지 한 번 보십시오! 저는 대단한 웅변가도 아니고 충분한 돈이 있는 것도 아닙니다. 저는 연약한 피조물에 불과합니다. 그런데 어떻게 제가 이 무리들을 먹일 수 있겠습니까? 도대체 제가 어떤 일을 할 수 있겠습니까?"라고 말할 것입니다. 진지한 마음을 가진 자들은 다음과 같은 말로 정곡을 찌릅니다. "아, 내가 아무개처럼 대단한 사람만 되었더라도, 그 일을 할 수 있었을 텐데!"라고 말입니다. 여러분이 그렇게 대단한 사람이 되지 않고, 바로 여러분 자신이 된 것에 대해서도 여러분은 하나님께 감사할 수 있습니다. 왜냐하면 여러분의 지금 모습이 바로 여러분에게 최고의 모습이기 때문입니다. 비록 지금은 여러분 자신에 대해 내세울 게 많이 없다 해도 말입니다. "그래도 만약 내가 다른 누구누구처럼 되기만 했다면, 내가 뭔가를 해낼 수 있었을 텐데"라고 하는 이 말은, 여러분이 원한 것이 아니라 하나님께서 여러분을 그렇게 만들기로 선택하고 만드신 것이기 때문에, 여러분은 하나님을 섬길 수 없다고 말하는 것이며, 만약 그분께서 여러분을 다른 사람처럼 대단하게 만드신다면, 다시 말해 여러분의 의지가 하나님보다 더 상위에 있게 된다면, 모든 것이 제대로 자리를 잡을 것이라고 생각하는 것과 같습니다. 현재 여러분의 모습이 좋은 것이며 어쩌면 그 모습이 더 나을 수도 있습니다. 주님을 위해 일하고 그분을 섬기십시오. "한 사람이 어떻게 이런저런 일을 할 수 있으리요?"라고 더 이상 말하지 마십시오. 한 사람이 능히 할 수 있는 일은 엄청나게 많습니다. 하나님이 함께 하신다면, 그 사람에게 불가능한 일은 전혀 없었습니다. 우리에게 금이나 지위나 언변이나 지혜의 능력을 주지 마시고, 우리에게 한 사람을 주옵소서. 우리 주님은 하늘로 승천하면서 그렇게 생각하셨습니다. 그분께서는 진주 문에 들어가면서 하나님의 귀한 선물들을 이 땅에 사는 자기 백성들에게 뿌릴 작정이셨습니다. 그분은 자기 아버지의 보물이 있는 곳까지 손을 뻗고는 그 보물 중에 하나를 움켜잡으셨습니다. 그분이 무슨 보물을 움켜잡으셨습니까? 그분은 사람들을 잡으셨습니다. "그가 어떤 사람은 사도로, 어떤 사람은 선지자로, 어떤 사람은 복음 전하는 자로, 어떤 사람은 목사와 교사로 삼으셨으니"(엡 4:11)라는 말씀대로 말입니다. 이 사람들은 그분께서 승천하시면서 우리 인류에게 주신 선물들입니다.

　　지금까지 우리는 하나님께서 우리를 통해 하실 수 있는 일들에 관해 말했습니다. 그럼에도 불구하고 여전히 우리는 우리 자신이 보든 남이 보든 간에 가련한 피조물일 뿐입니다. 우리는 종종 완전하다고 하는 형제들을 만날 때가 있는데, 그때마다 항상 저는 완전하다는 그 거품을 터뜨리고 싶어 합니다. 완전한 자들의 불완전함은 평범한 신자들의 불완전함보다 일반적으로 더욱 주목을 받습니다. 슬픈 일입니다! 우리 모두는 이렇게 불쌍하고 연약한 피조물들입니다. 따라서 우리는 우리 자신에 대한 모든 확신을 포기한 채, 오늘 본문의 질문에서 다음 단어를 강조하며 읽어 보고자 합니다. "한 사람이 이 광야 어디서 떡을 얻어 이 사람들로 만족하게 할 수 있으리이까?"(KJV).

3. 이 질문은 영광스러운 대답이 가능한 질문입니다.

저는 우리 설교의 세 번째 대지에서 복된 결론을 내릴 수 있어서 행복합니다. 오늘 본문 중에 가장 연약한 단어를 강조하여 "한 사람이 어디서 할 수 있으리이까?"라고 질문할 수 있으니 말입니다. 이 질문은 아주 영광스러운 대답이 가능한 질문이기 때문입니다.

저는 세례 요한의 말대로 "너희 가운데 너희가 알지 못하는 한 사람이 섰으니"(요 1:26)라고 한 말씀을 여러분에게 전하고 싶습니다. 그분께서는 이 모든 세대를 거치면서 우리 가운데 서 계셨지만, 그의 백성들은 그분을 거의 알아보지 못하였습니다. 누가 과연 그분을 전적으로 알아보았습니까? 어떤 사람은 "오, 저는 그리스도를 알고 있습니다"라고 말합니다. 맞습니다. 어떤 의미에서는 알아봤을 수도 있습니다. 하지만 그분은 그분에 대한 우리의 지식을 넘어서 있는 분입니다. 또 어떤 사람은 "나는 하나님을 믿습니다"라고 말합니다. 여러분은 정말 여러분이 믿고 있다고 확신합니까? 예전에 저는 과연 하나님이 계신가 하는 문제로 수많은 날들을 기도하며 씨름한 어느 목회자에 관한 글을 읽어 본 적이 있습니다. 마침내 하나님이 존재하신다는 것을 전적으로 확신하기에 이르자 그는 성도들에게 "제가 지금 말하는 것을 듣는다면, 여러분은 깜짝 놀랄 것입니다. 여러분이 알고 있는 그 어떤 사실보다도 하나님을 믿는다는 그 사실이 훨씬 더 대단한 일입니다"라고 말했습니다. 이와 마찬가지로 대부분의 사람들이 생각하는 것보다 예수님을 믿는다는 것은 훨씬 더 대단한 일입니다. 그러나 하나님에 대한 어떤 관념을 믿는다는 것과 하나님을 실제로 믿는다는 것은 전혀 다른 것입니다. 제가 어떤 문제로 고민하고 있을 때, 누군가 제게 "목사님은 은혜로우신 하나님을 모시고 계십니까?"라고 말하였습니다. 그래서 저는 "물론이죠. 제 마음속에 은혜로운 하나님이 계십니다"라고 대답하였습니다. 그러자 그는 "목사님이 그분을 신뢰하지도 못하는데, 그 은혜로운 하나님을 모셔서 목사님께 무슨 유익이 있나요?"라고 말하였습니다. 저는 그 대답을 듣고서 심한 충격을 받았습니다. 그리고 제 영혼에 부끄러움을 느꼈습니다. 우리는 예수님이 어떠한 분인지 충분히 알지 못하고 있습니다. 그분은 우리가 그분에 대해 생각하는 최고의 것을 훨씬 뛰어넘는 분이십니다. 그분은 우리 가운데 서 계시지만, 우리는 그분을 알지 못하고 있습니다.

　　하지만 저는 여러분이 다음과 같은 사실을 생각했으면 좋겠습니다. 즉, 이 놀라우신 분은 이 백성을 이 날에 이 광야에서 떡으로 먹일 수 있는 분이라는 사실입니다. 저는 성령 하나님의 능력으로 여러분이 이 사실을 믿게 되기를 소망합니다. 첫째로 제가 여러분에게 부탁하는 바는, 이 분이 하시는 말씀에 귀를 기울여 달라는 것입니다. 지금 저는 오늘 본문과 병행구인 마태복음 15장의 말씀을 여러분에게 읽어드리고자 합니다. 32절입니다. "예수께서 제자들을 불러 이르시되 …." 그 다음 말씀 읽는 것을 잠시 중단하겠습니다. 여러분은 귀를 열고 음악을 들을 준비를 해주십시오. 32절은 다음과 같이 계속됩니다. "내가 무리를 불쌍히 여기노라." 오, 이 얼마나 감미로운 음악과 같은 말씀입니까! 여러분이 무리들로 인해 고민할 때, 아일랜드 사람들로 인해 고민할 때, 런던 사람들로 인해 고민할 때, 아프리카 사람들로 인해 고민할 때, 인도 사람들로 인해 고민할 때, 그 때 이 음악과도 같은 말씀이 울려 퍼지는 것을 들으십시오. "내가 무리를 불쌍히 여기노라." 예수님께서 그 당시 백성들에게 이와 같이 말씀을 하셨다면, 비록 그분이 하늘 높은 곳에 올라가셨다 해도, 지금도 이와 동일하게 말씀하실 것입니다. 그분은 부드러운 인간의 마음씨를 가지고 하늘로 올라가셨으며, 그 탁월한 영광 가운데서도 간구하는 백성들의 기도에 대한 응답으로 여전히 다음과 같이 말씀하십니다. "내가 무리를 불쌍히 여기노라." 그러므로 우리는 지금도 이 말씀을 들을 수 있습니다. 우리에게는 소망이 있습니다. 창에 찔려 피와 물을 흘리신 그 심장이 바로 우리 인류의 소망의 토대입니다. "내가 무리를 불쌍히 여기노라."

　　그분께서 하시는 말씀을 다시 들으십시오. 그 말씀에서도 여러분은 매우 행복감을 느낄 것입니다. 32절은 다음과 같은 말씀으로 끝이 납니다. "굶겨 보내지 못하겠노라." 우리는 베드로와 야고보와 요한을 판단하고 싶지 않습니다. 그러나 주님께서 "굶겨 보내지 못하겠노라"고 하시는 말씀을 들은 후에, 그 제자들은 "이 광야 어디서 떡을 얻어 이 사람들로 배부르게 할 수 있으리이까?"라고 말할 수밖에 없었던 것으로 보입니다. 하지만 제자들은 다음과 같이 조용하게 대답해야만 했습니다. "선한 주님이시여, 당신께서 '굶겨 보내지 못하겠노라!'고 분명하게 약속하셨으니, 우리에게 하신 그 질문에 당신께서 친히 대답하셔야 할 것 같습니다'라고 말입니다.

　　여러분은 주 예수 그리스도께서 종국에 이 세상을 지금의 모습대로 내버려 두실 것이라고 생각하십니까? "하나님이 그 아들을 세상에 보내신 것은 세상을 심판하려 하심이 아니요 그로 말미암아 세상이 구원을 받게 하려 하심이라"(요 3:17)고 기록되어 있습니다. 그분께서 자신의 계획을 포기하시겠습니까? 시간이 흘러온 역사를 보면 만물이 이렇게 끔찍한 상태로 끝나지는 않을 것임을 알 수 있습니다. 어렴풋하게나마 보이는 섭리는 한쪽 구석의 자투리 천 조각도 풀어진 채로 그냥 내버려 두지 않을 것입니다. 그 섭리는 적절한 순서를 따라 종결될 것이며, 그 테두리는 금실로 수놓일 것입니다. 하나님의 영광이 역사의 처음부터 그 끝까지 환하게 비출 것입니다. 모든 육체가 하나님의 구원하심을 볼 것이고(눅 3:6), 모든 민족들이 구세주를 복되신 분으로 부를 것입니다. "굶겨 보내지 못하겠노라." 그러므로 백성들은 주님의 손에서 떡을 받아먹을 수밖에 없었습니다. 위대한 주님의 사명은 우리를 홀로 내버려 두시는 것과는 전혀 거리가 멉니다. 당신께서 "내가 무리를 불쌍히 여기노라. 굶겨 보내지 못하겠노라"고 말씀하셨으므로, 우리도 당신의 명령에 따라 이들을 먹이겠습니다. 당신의 겸손한 종들은 지금 당신께서 명하는 것이 어떤 것이든 그 명령대로 받들어 행하겠습니다. 이 모든 일에 당신이 함께 하심을 우리가 확신하기 때문입니다.

저는 여러분이 또 한 가지 사실에 대해 잠시 생각해 보기를 원합니다. 비록 주님께서 말씀은 하지 않으셨지만, 그분께서는 인간들에게 영적인 것을 공급해 주고 계시며, 우리는 이것을 그분께서 주시는 참된 것으로 알고 있다는 사실입니다. 인간에게 가장 필요한 영적인 것은 대속으로 인한 죄 용서입니다. 사랑하는 성도 여러분, "어디서 대속을 찾을 수 있으리이까?" 하는 질문이 지금 제기된다면, 이 질문에 우리는 정말 당황하게 될 것입니다. 하지만 이 질문은 제기될 수 없습니다. 하나님을 찬양하십시오. 왜냐하면 대속은 이미 제시되었고, 완성되었으며, 전적으로 받아들여졌기 때문입니다. 예수님께서 "다 이루었다"(요 19:30)고 말씀하시자, 현실적인 어려움들이 모두 사라져 버렸습니다. 십자가가 무덤을 막은 돌문을 굴리자, 그 속에서 소망이 솟아났습니다. 대속을 자신의 것으로 적용하는 것은 어려울 수 있습니다. 하지만 대속을 행하신 그분의 수고와 비교한다면 틀림없이 작은 문제일 것입니다. 우물을 팠다면, 물길을 만드는 것은 좀 더 쉬운 일일 것입니다. 예수님께서 죽으셨다면, 인류에게 틀림없이 생명이 주어질 것입니다. 그분께서 "아버지 저들을 사하여 주옵소서"(눅 23:34)라고 기도하셨다면, 죄는 틀림없이 용서되었을 것입니다. 예수님께서 영광 가운데 부활하셨다면, 우리 인류는 절대로 수치 가운데 멸망할 수 없을 것입니다. 우리는 십자가로부터 영광의 천년왕국을 주장합니다. 그분께서 백성들을 만족시켜 주실 수 있었던 것은 그분의 피가 보여준 풍성한 공로 때문이었습니다.

둘째로, 이 영광스러운 분이 지금은 전능하신 분이라는 사실을 여러분이 기억하라는 것입니다. 그분께서는 친히 "하늘과 땅의 모든 권세를 내게 주셨으니, 그러므로 너희는 가서 모든 민족을 제자로 삼아 아버지와 아들과 성령의 이름으로 세례를 베풀고"(마 28:18-19)라고 말씀하셨습니다. 우리 예수님은 전능한 분이십니다. 그분이 바로 하나님의 무한한 지혜로 세상을 만든 분이시며, 지은 것이 하나도 그분이 없이는 된 것이 없는 그런 분이십니다. 창조주에게 어떤 어려운 일이 있겠습니까? 만물을 자신의 말씀의 능력으로 다스리는 그분에게 과연 불가능한 일이나 어려운 일이 있을 수 있겠습니까? 사랑하는 성도 여러분, 힘을 내십시오. 이 위대한 질문이 대답되기 때문입니다. 충분한 대속이 이루어졌고, 높이 들림을 받으신 구세주께서 양 손에 모든 능력을 가지셨으니, 도대체 무엇이 우리를 놀라게 할 수 있겠습니까?

한 말씀만 더 들어주십시오. 성령 하나님도 우리에게 주신 바 되었다는 것입니다. 그리스도께서 육체로 우리 가운데 임재하시는 것보다 더 나은 것이 바로 성령님의 임재입니다. 성령님께서 교회를 위한 한층 큰 축복으로 우리와 함께 거하도록 하기 위해서 예수님은 가셔야만 했습니다. 그것이 우리에게 유익하기 때문입니다. 그런데 성령님께서 사라지신 것입니까? 성령님께서 하나님의 교회를 버려두고 떠나셨습니까? 성령 하나님께서 교회에 임하셨음에도 불구하고 교회는 자신의 어려움으로 주눅 들어 있는 것입니까? 지금 교회는 무슨 생각을 하고 있습니까? 교회는 자신이 교회인 것을 잊은 것입니까? 교회가 제정신이 아닌 것은 아닙니까? 사랑하는 성도 여러분, 교회에는 예수님이 함께 하십니다. 예수님은 친히 대속제물이 되어 죽임을 당하셨습니다. 하지만 그 예수님께서는 하늘에 오르셔서 왕이신 구세주가 되어 하나님 우편에 앉아 계십니다. 그리고 영원토록 우리와 함께 거하시는 하나님의 성령도 교회와 함께 하십니다. 그렇다면 도대체 하나님의 교회에 불가능한 일이 무엇이 있겠습니까?

이제 한 가지 사항만 더 말하고 설교를 마치고자 합니다. 저는 지금까지 여러분으로 하여금 우리 주님께서 하신 말씀을 듣게 하였고, 또한 그분께서 마음대로 하실 수 있는 무한한 자원들이 있음을 기억하도록 했습니다. 이제 여러분에 대한 제 바람은 그분이 역사하실 것을 기대하라는 것입니다. 그리스도는 사람들 가운데서 어떻게 역사하십니까? 그분께서 대중들 가운데서 멋있게 역사하신다면 어떻게 역사하시겠습니까? 그분은 다양한 방법으로 일하시지만, 그 모든 것을 관통하는 하나의 법이 지속적으로 존재하고 있습니다. 하나님께서 행하시는 그 행동 지침은 모든 경우에 있어서 아주 동일합니다.

무엇보다도 그리스도께서 행하시는 방식은 그분이 사용하실 수 있는 것이 무엇이 있는지를 우선적으로 파악하는 것입니다. 그분을 따르는 자들이 드린 몇 개의 떡과 물고기는 그야말로 보잘것없는 작은 음식이었습니다. 종종 주님께서는 감추어져 있던 작은 것들을 찾아내서 크게 만드십니다. 이러한 그분의 역사는 정말 놀라운 일이지 않습니까? 스코틀랜드는 한때 불신앙과 형식주의의 지배 아래 있었습니다. 그러던 나라가 어떻게 구원받았는지 알고 있습니까? 토머스 보스턴(Thomas Boston, 스코틀랜드 교회 지도자 — 역주)은 어느 목동의 오두막에서 아주 보기 드문 책 한 권을 발견하였습니다. 그 책은 피셔(Edwards Fisher, 영국 신학자로 정수 논쟁[Marrow Controversy]의 중심에 섰던 인물이다 — 역주)의 「현대 신학의 정수」(*Marrow of Modern Divinity*)라는 책이었습니다. 보스턴은 자기 영혼에 번쩍이던 그 복음의 빛을 기뻐하였으며, 그것을 증언하기 시작했습니다. 이를 둘러싼 큰 논쟁이 뒤따르면서 크나큰 유익과 큰 각성이 일어났습니다. 복음의 정수(marrow, 골수[骨髓])를 사랑한 자들은 즉시 오류를 일으키는 뼈(骨)들을 부서뜨렸습니다. 한 권의 책이 어떤 일을 해냈는지 보십시오. 스웨덴도 시골 촌집에 있던 루터의 갈라디아 주석의 낡은 책 한 권으로 크게 복을 받은 나라입니다. 한 사람의 음성이 한 나라를 어떻게 깨웠는지 살펴보십시오.

사랑하는 성도 여러분, 떡 일곱 개와 작은 물고기 몇 마리에서 이런 일이 벌어질지 누가 알았겠습니까? 그렇습니다. 원수들도 자기들이 좋아하는 것을 행합니다. 그들도 자기들이 전하고 싶은 것을 설교합니다. 그들은 전통교단에서 강단을 하나 둘씩 없애려고 하고 있습니다. 그들은 쓰레기 같은 진화론과 거짓 철학으로 우리를 매장시키려고 하고 있습니다. 그러나 우리는 다시 살아날 것입니다. 이 작은 구름들은 곧 지나가고 말듯이, 복음을 건전하게 설명하는 자들도 곧 남지 않게 될 것입니다. 그럼에도 불구하고 하나님께서 살아 계시는 한, 복음은 절대로 죽지 않을 것입니다. 복음의 능력이 잠시 졸고 있는 듯 보여도, 머지않아 복음은 잠에서 깨어난 것처럼, 포도주를 마시고 고함치는 용사처럼(시 78:65) 다시 일어날 것입니다. 우리에게 성냥 한 개비만 남아 있어도, 우리는 그것으로 온 세상에 불을 붙일 수 있습니다. 단 한 권의 성경만 남아 있어도, 사탄의 나라는 위험할 수 있습니다. 사도들의 수중에는 작은 보리떡과 작은 물고기 몇 마리만 전부였지만, 예수님께서는 그것을 알고 그것으로 사역을 시작하셨습니다.

그 다음에 일어난 일은 은밀하고도 신비로운 증식(增殖)이었습니다. 보리떡은 예전에 땅에서 보리가 자랄 때처럼, 제자들의 손에서 자라기 시작했습니다. 베드로는 손에 그 떡을 들고서, 그 떡의 끝부분을 떼기 시작했습니다. 그런데 놀랍게도 그 떡은 떼기 이전과 마찬가지로 같은 크기를 유지했습니다. 그래서 베드로는 또 다른 끝부분을 떼어내어 나머지 배고픈 사람들에게 나누어 주었습니다. 그런데 보십시오. 그 떡덩이는 여전히 그대로였습니다. 베드로는 자신이 할 수 있는 한 가장 빠르게 계속해서 떡을 떼었습니다. 하지만 그 떡덩이는 모든 사람이 배불리 받아먹을 때까지 계속해서 늘어났습니다. 그들은 정말 놀라운 손을 갖고 있었습니다. 그렇지 않습니까? 하지만 그들의 손은 놀라운 손이 아니었습니다! 그 손은 온갖 풍상을 다 겪은 거친 어부의 손이었기 때문입니다. 사실은 맨 처음 그 떡을 받아 축사하시고 떼어주신 그 손이 이 모든 일들을 행하였던 것입니다. 우리의 손을 통해 하나님께서 역사하시다니, 얼마나 놀라운 일입니까. 그럼에도 그분의 손이 친히 이 모든 일들을 행하셨습니다.

도구로 사용된 인간과는 별도로, 주님께서는 남녀 성도들의 마음에 강렬한 인상을 주어 그분의 진리를 엄청나게 증대시키십니다. 스카이 섬(Isle of Skye, 스코틀랜드 북서부에 있는 섬 — 역주)에 있는 한 여인에 관한 이야기를 들은 적이 있습니다. 복음이 많이 전파되지 않는 그곳에서 그녀는 갑자기 하나님께서는 이 섬에서는 역사하시지 않는다고 느꼈습니다. 그래서 그녀는 나루터가 있는 곳까지 와서 급기야 바다를 가로질러 영국 본토에 이르렀습니다. 그녀는 만나는 사람들에게 어디서 하나님을 찾을 수 있을지 물었습니다. 그러다 마침내 그녀는 "당신이 그분을 찾을 수 있는 곳을 말해드리겠어요"라고 말하는 한 선한 여인을 만났습니다. 그 선한 여인은 섬에서 온 여인을 예수님이 분명하게 제시되는 예배장소로 인도하였습니다. 그래서 그 섬에서 온 여인은 복음을 듣고서 다시 고향으로 돌아가 구세주에 관한 이야기를 사람들에게 전해 주었다고 합니다.

마귀의 역사는 결코 일어나지 않습니다. 하나님의 은혜가 역사하시면 마귀의 역사는 5분 만에 취소되어 버립니다. 심지어 우리가 잿더미가 된 상황에서도 작은 불길은 여전히 살아 있어서, 하늘에서 한 번만 숨을 불어넣는다면, 그 불은 다시 활활 타오르게 될 것입니다. 하나님은 그분의 도구가 된 자들에 대해 절대로 당황하지 않으십니다. 그분은 교황도 복음 전도자로, 추기경도 개혁자로, 사제도 복음 설교자로 변화시킬 수 있습니다. 가장 미신적이며, 가장 무식하며, 가장 믿음 없으며, 가장 불경하고, 가장 타락한 자라도 그분의 진리의 챔피언들이 될 수 있습니다. 그러므로 그 어떤 영혼도 그분을 저버리지 않도록 하십시오. 떡은 늘어날 것이며, 무리들은 배불리 먹게 될 것입니다.

이 기적은 자신의 몫을 나누는 모든 사람들에 의해 이루어졌습니다. 베드로도 자신의 떡을 나누었고, 많은 사람들이 베드로가 나누어 주는 떡으로 인해 특별히 더 기뻐했습니다. 그들이 그렇게 기뻐한 것은 매우 합당했습니다. 만약 베드로가 그들에게 먹을 것을 주었다면, 그것으로 그들은 만족해야 합니다. 저쪽에 요한도 동일한 떡을 가지고 있었습니다. 요한은 그 떡을 베드로보다는 좀 더 차분하게 은혜로운 방식으로 나누었습니다. 또 저쪽에는 야고보도 있었습니다. 그는 아주 차근차근히 질서 있게 떡을 나누고 있었습니다. 그런데 이렇게 배분하는 방식의 차이점은 도대체 무슨 의미가 있는 것입니까? 떡은 동일합니다. 사람들이 배부르기만 한다면, 그들에게 떡과 물고기를 건네준 손길이 누구든, 그것이 무슨 의미가 있겠습니까? 사랑하는 성도 여러분, 하나님께서 어느 한 설교자만 축복하실 것이라든지 어느 한 교단만 축복하실 것이라는 착각은 하지 마십시오. 그분은 다른 사람들보다 어떤 설교자들을 더 축복하기도 하십니다. 왜냐하면 그분은 주권을 가진 분이기 때문입니다. 그러나 그분은 여러분이 하는 일에 있어서 여러분 모두를 축복하실 것입니다. 왜냐하면 그분은 하나님이시기 때문입니다.

제게는 결코 잊지 못할 한 날이 있습니다. 그 날은, 지금은 돌아가셨지만 제가 귀하게 여기던 할아버지가 살아 계실 때였고, 제가 설교를 감당해야 하는 날이었습니다. 많은 수의 성도들이 모였습니다. 그런데 제가 탄 기차가 연착하는 바람에 저는 제 시간에 그 곳에 도착하지 못했습니다. 그래서 제가 존경하던 할아버지가 제 대신 설교를 시작했습니다. 제가 예배당 문 앞에 도착했을 때는 이미 그분의 설교가 꽤 진행된 상태였습니다. 그 때 할아버지는 저를 보더니 "여러분은 저의 귀한 손자의 설교를 듣기 위해 여기 왔습니다. 이제 저는 제 설교를 그만하려고 합니다. 그래야 여러분이 제 손자의 설교를 들을 수 있을 테니까요. 제

손자는 제가 설교하는 것보다 복음을 더 잘 설교할 것입니다. 그래도 제가 전한 복음보다 더 좋은 복음을 설교하지는 못할 것입니다. 그렇지 않니, 찰스(Charles)?"(찰스 스펄전의 할아버지인 제임스 스펄전[James Spurgeon]은 스탐본[Stambourne]에서 45년 이상 목회를 한 목사였다 — 역자). 저는 교회당 복도에서 다음과 같이 대답하였습니다. "저는 더 좋은 복음을 설교할 수 없습니다. 설령 제가 그렇게 할 수 있다 해도, 그것은 더 좋은 복음일 수 없습니다."

　사랑하는 성도 여러분, 이와 마찬가지입니다. 다른 사람들이 더 많은 사람들에게 떡을 떼어줄 수도 있습니다. 하지만 그들은 여러분이 가르치는 복음보다 더 좋은 떡을 떼어줄 수 없습니다. 왜냐하면 그 복음은 우리 구세주의 손에서 친히 받은 떡이기 때문입니다. 여러분 각자는 여러분의 떡을 떼는 사역에 임하십시오. 왜냐하면 이것이 바로 무리들을 먹이신 그리스도의 방식이기 때문입니다. 그 떡을 받아먹은 사람은 모두 각자 자기의 것을 조금이라도 다른 사람들과 나누도록 하십시오. 오늘날에도 예수님과 그분의 사랑에 대한 좋은 소식이 다른 사람들의 귀에 가득하도록 말해 주십시오. 오늘도 그리스도인인 여러분은 각자 여러분이 만나는 남자나 여자나 어린 아이에게 여러분의 영혼을 기쁘게 한 그 영적 음식에 대해 전해 주려고 노력하십시오. 이것이 바로 내 주님의 방식입니다. 여러분도 이 일에 한번 빠져 보지 않겠습니까? 이보다 더 나은 방식을 여러분은 제시할 수 없습니다. 이 사역에 좀 더 성공하여 여러분의 주님께 좀 더 영광을 돌리고 여러분에게도 좀 더 유익이 되는 그런 방법을 그 누구도 고안해 낼 수 없을 것입니다. 여러분이 가진 보리떡을 가지고 오십시오. 여러분이 가진 작은 물고기도 가지고 오십시오. 여러분이 헌물한 그것을 공동의 창고에 들여놓으십시오. 그러면 그 헌물이 열매를 맺고 풍성해져서 무리들을 먹이게 되는 큰 축복으로 충만하게 될 것이며, 여러분은 여러분이 드린 그것을 위대하신 주님의 손에서 다시 돌려받게 될 것입니다. 그래서 여러분도 기쁨과 평안으로 이 자리를 떠나게 될 것입니다. 그렇게 되기를 기원합니다. 아멘.

제
15
장

—

떡과 물고기에 관한 이상한 계산

—

"내가 떡 다섯 개를 오천 명에게 떼어 줄 때에 조각 몇 바구니를 거두었더냐 이르되 열둘이니이다 또 일곱 개를 사천 명에게 떼어 줄 때에 조각 몇 광주리를 거두었더냐 이르되 일곱이니이다 이르시되 아직도 깨닫지 못하느냐 하시니라."
— 막 8:19-21

제자들은 떡을 가지고 오는 것을 잊은 채 배에 올랐습니다. 기억력이 좋은 사람들도 때로는 이런 실수를 범하곤 합니다. 그래서 제자들은 속으로 크게 당황하였습니다. 그들은 예수님도 마찬가지로 불안하게 여기셨으리라 생각하고는, 그분께서 자신들을 간접적으로 책망하시려고 바리새인들의 누룩에 대해 언급하신 것으로 추측하였습니다. 제자들은 아주 오랫동안 그분과 함께 지냈음에도 불구하고, 그분의 마음을 전혀 이해하지 못하고 있었습니다! 그분이 골똘히 생각하신 것은 자신이 먹을 떡이 아니었으며, 그분의 마음에는 제자들을 먹일 떡에 대한 걱정도 없으셨습니다. 그분의 마음은 세상의 모든 것들에 대해서 전혀 걱정이 없으셨습니다. 영적인 모든 일에 대해서도 그분은 전혀 동요하지 않으셨습니다. 그분이 당하신 모든 시련과 슬픔에도 불구하고, 우리 주 예수 그리스도처럼 그렇게 고요한 마음을 소유한 자는 지금까지 없었을 것이라 생각합니다. 그분의 마음은 바다처럼 넓었습니다. 그래서 강렬한 폭풍우가 불어닥쳐도 그분의 마음은 태평양처럼 잔잔했습니다. 제자들은 떡 문제로 당황하였지만, 그분은 떡 문제는 물론 다른 모든 문제들에 대해서도 안심하고 계셨습니다. 작은 호수 같은 제자들의 작은 마음을 마치 끓고 있는 가마솥처럼 출렁이게 만든 그 바람은 그분의 강한 영혼의 수면에는 잔물결 하나도 일게 하지 못하였습니다.

지금 이 순간 우리의 마음도 제자들의 마음과 같지 않습니까? 우리의 마음은 안절부절못하고 어쩔 줄 몰라 합니다. 그러나 위대하신 우리 주님은 두려워하지도 않으며, 당황하지도 않으십니다. "그는 쇠하지 아니하며 낙담하지 아니하고"(사 42:4)라는 말씀대로 말입니다. 배가 흔들리면 어린 아이들은 웁니다. 그러나 배의 키를 잡고 있는 아버지는 폭풍을 보고서 웃습니다. 아버지가 웃을 수 있다는 것이 아이들에게는 얼마나 다행인지 모릅니다. 혹시라도 선장이 연약하다면, 그 배는 어떻게 되겠습니까? 아버지의 마음이 약해진다면, 그 소년은 어디서 위로를 받을 수 있겠습니까? 예수님의 평온한 얼굴, 우리는 당신의 그런 얼굴을 보고서 평온해집니다!

자기 종들을 위로해 주고 싶었던 주인은 종들에게 명하기를, 그들이 이미 알고 있는 것을 생각해 보고, 그들이 이미 보았던 것을 되새겨 보라고 말씀하셨습니다. 그리스도인의 눈은 언제나 앞을 향하고 있어야 합니다. 지나간 체험에 의존해 살아가는 것은 어리석은 일입니다. 이십여 년 전에 우리가 느끼고 행한 것 때문에 우리 스스로 안전하다고 판단하는 것은 치명적이지는 않다 해도 아주 위험한 습관입니다. 하지만 이 모든 것에도 불구하고, 우리는 섬김의 때를 위한 실제적인 교훈과 시련의 때를 위한 위로의 교훈을 얻기 위해 과거를 되돌아보기도 합니다. 궁사(弓師)처럼 우리는 화살이 큰 힘으로 앞을 향해 나아가도록 활의 시위를 뒤로 잡아당기기도 하는 것입니다.

주님은 자신을 따르는 자들에게 그들이 눈을 사용하고 있는지 물어보셨습니다. "너희가 눈이 있어도 보지 못하며 귀가 있어도 듣지 못하느냐 또 기억하지 못하느냐?"(막 8:18)라고 말입니다. 그들은 주님께서 수천 명의 사람들을 먹이신 대단한 두 기적들을 보았습니다. 그러나 과연 그들은 참으로 그 기적들을 보았습니까? 그들은 떡과 물고기, 그리고 무리들이 배불리 먹는 것을 그냥 보는 것으로 만족하고는, 그 모든 장면을 서서히 잊어버린 것은 아니었습니까? 과연 그들은 참으로 주님께서 말하신 그 음성을 들었습니까? "귀가 있어도 듣지 못하느냐?"라는 주님의 말씀에 비추어 볼 때, 그들이 그 메시지를 완전히 놓쳐 버린 것은 아니었습니까? 그래서 그분은 다음의 말씀을 덧붙이신 것입니다. "아직도 알지 못하며 깨닫지 못하느냐?"(막 8:17). 떡덩이를 많아지게 한 나의 행동이 뜻하는 바를 너희는 알지 못하느냐? 그것이 모든 것을 충족하게 하는 나의 능력을 어떻게 드러내고 있는지 너희는 보지 못하느냐? 너희는 하나님께서 모든 것을 먹이신다는 말씀, 즉 그분께서 손을 벌려 살아 있는 만물이 필요로 하는 것들을 공급하신다는 이 말씀의 행간(行間)의 의미를 알지 못하느냐? 이 두 기적으로 너희들의 주님에게는 불가능한 것이 전혀 없다는 그 사실을 아직도 깨닫지 못하느냐?

우리도 우리 주님께서 하신 말씀의 의미를 완전히 놓친 것은 아닙니까? 우리도 영광의 빛과 밝게 빛나는 영원한 불빛을 보지 못한 채 그 기적의 궁을 거닐었던 것은 아닙니까? 우리가 마땅히 배워야만 하는 모든 것을 배우지 못했다는 부인하지 못할 증거가 바로 우리의 불신앙입니다. 왜냐하면 영적으로 보고 깨닫고 이해한 결과가 바로 믿음이기 때문입니다. 조금 믿는 자는 조금 배운 자입니다. 의심하고 고민하는 자는 그저 어린 아이일 뿐입니다. 아직도 거룩한 가르침의 기초를 배워야 할 어린 아이 말입니다. 그렇지 않습니까?

주님께서는 그들에게 한 번 더 부드럽게 질문을 하십니다. "또 기억하지 못하느냐?" 사랑하는 성도 여러분, 우리는 마땅히 잊어야 할 것은 많이 기억하고 있고, 마땅히 기억해야 할 것은 많이 잊고 있습니다. 기억의 강에서 소돔 성의 쓰레기들이 떠내려 오면, 우리는 그 쓰레기들을 부지런히 주워 담습니다. 하지만 똑같은 그 강에서 레바논의 귀한 백향목이 떠내려 오면, 그것은 그냥 흘려보냅니다. 우리는 손에 키를 들고서 쭉정이는 모아들이고, 알곡은 내버리고 있습니다. 이런 일은 절대로 해서는 안 될 일입니다. 지금 이 시간 우리는 우리의 지나온 전체 삶을 천천히 주의 깊게 살펴보도록 합시다. 우리의 일기장에 우리가 가진 의심을 정죄하거나 우리의 걱정을 맡기기로 기록한 적이 얼마나 있는지, 또는 최소한 예전에 받은 은혜라는 황금 빗장으로 만들어진 새장 안에 우리의 염려들을 넣어놓거나 감사의 보석이라는 자물쇠로 그 염려들을 묶어 둔 적이 얼마나 되는지 말입니다. "여호와께서 우리를 생각하사 복을 주시되"(시 115:12)라는 말씀을 기억하면서, 주님께서 행하고자 하시는 일에 영광을 돌리고, 계시해 주실 그분의 은혜로 말미암아 그 이름을 찬양합시다. 또한 우리 각자는 "그런즉 내가 하나님의 제단에 나아가 나의 큰 기쁨의 하나님께 이르리이다. 하나님이여 나의 하나님이여 내가 수금으로 주를 찬양하리이다"(시 43:4)라고 말한 다윗과 함께 하나님을 찬양합시다. 기억이 과거의 제단에서 오늘의 향료에 불을 피울 수 있는 살아 있는 숯을 끄집어냈을 때, 그 기억은 자신의 역할을 바르게 수행한 것입니다.

여러분의 개인적인 일기를 제가 읽어 볼 수는 없습니다. 그 일기들은 여러분만 알고 있는 것이니까요. 그래서 저는 기록된 사도들의 기억 속으로 여러분을 힘껏 인도하려고 합니다. 우리는 우리 앞에 놓인 말씀, 즉 굶주린 자들을 먹이신 이 큰 두 가지 기적들이 기록된 오늘 본문에 대해 생각해 볼 것입니다. 이 말씀을 통해 성령께서 가르치시고자 하는 바를 우리가 배우게 되기를 기원합니다.

1. 이 기적은 불가피한 계획이었지만 대담한 계획이었습니다.

제가 여러분에게 회상시키기를 원하는 것은 첫 번째로, 이것은 불가피한 계획이었지만 대담한 계획이었다는 사실입니다. 이것은 대담한 계획이었습니다. 광야에서 오천 명을 먹이려고 했으니 말입니다. 그 당시 계산이 빠른 사람들 중에는 이 일에 이백 페니(penny)가 들 것이라고 계산한 사람도 있었습니다. 정작 자신들은 돈도 없으면서 항상 그 돈을 계산하는 데만 재빠른 사람들이 있습니다. 해야 할 어떤 거룩한 행위가 있을 때마다, 계산에 밝은 불신자들은 이 비용을 따져 보고는 얼마나 많이 부족한지를 정확하게 예상해 냅니다. 우리의 믿음이 적을 때, 우리는 그 계산을 대단하게 생각합니다. 어떻게 부족한 것이 채워질 수 있을까? 많은 성도들이 머릿속으로 그렇게 생각합니다. 불행히도 머리수에 따라 인두세(人頭稅)를 낼 수도 없으니 돈은 들어오지 않습니다. 그렇게 사람을 신뢰하면서 우리는 터진 웅덩이에서 물이 나오듯 눈물만 흘리게 됩니다. 이것이 바로 대부분의 교회가 계획을 추진하다가 흐지부지하게 되는 방식입니다. 돈의 가치로만 계산하는 것은 얼마나 서글픈 일인지 모릅니다! 그게 아니라면, "이 광야 어디서 떡을 얻어 이 사람들로 배부르게 할 수 있겠습니까?"(막 8:4). "어디서"라니요? 마치 단 한 곳이 아닌 다른 "어디서" 할 수 있다는 듯이 말입니다. 사람이 의지해 살아가는 모든 것이 어디서 오고 있습니까? 모든 것이 하나님으로부터 오고 있지 않습니까? 모든 것은 각기 다른 통로들을 통해 주어지지만, 그 모든 것의 근원(수원[水源])은 오직 하나인 것으로 알려져 있습니다. 여러 통로 가운데 어느 하나가 잘못된다 해도, 그 근원은 여전히 흐르고 있습니다. 믿음을 가지고 그 근원에 직접 나아가는 자는 결코 부족함이 없을 것입니다. 하지만 이런 생각이 제자들에게는 너무 터무니없는 것처럼 보였습니다. 왜냐하면 그 때 제자들 주변에 있는 것이라고는 모래와 돌과 바위뿐이었으며, 그것으로 오천 명을 위한 잔치를 마련해야 했기 때문입니다. 그리스도를 따르는 교회가 런던과 같은 도시에 복음을 전해야 한다는 생각도 이에 못지않게 터무니없는 것이지 않습니까? 물론 제가 보기에 여러분은 그렇지 않은 것 같은데, 그래도 만약 여러분이 이스트 엔드(East End, 전통적으로 노동자와 하층민이 사는 런던의 동부지역 — 역주)에 살고 있다면, 그 몰락한 무리들에게 어떻게 다가갈 것인가 하는 문제를 여러분은 가장 어려운 문제로 생각할 것입니다. 우리는 지금 폭발 직전의 화산(火山) 위에서 살아가고 있습니다. 하지만 우리는 그렇게 살고 있다고 꿈도 꾸지 않습니다. 하나님의 은혜가 개입하지 않는다면, 런던이라는 이 지역을 완전히 에두르고 있는 불행과 들끓고 있는 죄악으로 인해 이곳에 프랑스 혁명이 재현될 지경입니다. 사람들은 지금 육신적으로, 정신적으로, 도덕적으로, 영적으로 굶주려 있습니다. 따라서 우리는 그들에게 먹을 것을 주어야 합니다. 이렇게 죽어가고 있는 수백만의 사람들 앞에서 여러분이 "어디서?"라고 소리친다 해도, 저는 놀라지 않을 것입니다. 런던은 굶주리고 있는 수많은 도시들 가운데 하나일 뿐입니다. 우리나라는 무수한 인류들 가운데 작은 부분에 불과합니다. 중국, 인도, 아프리카 등에도 우리가 먹을 것을 주어야 합니다. "너희는 온 천하에 다니며 만민에게 복음을 전파하라"(막 16:15)는 명령이 있습니다. 여호와를 아는 지식이 마치 물이 바다를 덮음 같이(합 2:14) 온 세상을 덮는 것이 바로 그 계획입니다. 지금 저는 거듭해서 중요한 요지를 말하고 있습니다. 이것이 바로 대담한 계획입니다. 이것은 생각하는 자들에게는 놀랄 만한 계획이며, 계산하는 자들에게는 불가능한 계획입니다. 믿는 자라 해도 믿기 어려운 것입니다.

그리고 여러분도 알다시피 광야에 있던 제자들의 경우에 이것은 불가피한 계획이었습니다. 이 제안이 좀 이상해 보이기도 했겠지만, 이것은 곧 그들에게 절박한 문제로 다가왔습니다. 제자들은 이 제안을 피할 수가 없었습니다. 왜냐하면 무리들에게는 먹을거리가 없어서, 길에서 기진할 정도였기 때문입니다. 그들은 대부분 멀리서 온 자들이었습니다. 만약 그들이 힘을 낼 만한 음식을 아무 것도 먹지 못한 채 집으로 돌아간다면 길에서 죽을 수도 있었기 때문에, 제자들은 그들을 그냥 돌려보낼 수 없었습니다. 제자들은 그 무리들에게 먹을 것을 주어야만 했습니다. "어떻게 해야 할까?" 이것이 그들의 질문이었고, 그들이 이 질문에 대답을 할 수 있든 없든 간에, 그들에게는 꼭 해야만 하는 필연성이 있었습니다.

구세주에게 이것은 불가피한 필연성이었습니다. 무리들이 굶주려서 기진하는 것을 본다면 그분의 마음은 찢어졌을 것입니다. 그분은 그것을 견딜 수가 없었습니다. 그들이 절망적인 상황에 처할지도 모른다는 생각만으로도 그분은 그들에 대해 불쌍한 마음이 들었습니다. 굶주려 지치고 피곤해 기진맥진한 무리들의 모습을 보는 것만으로도 그분의 본성은 흔들렸고 흥분하며 떨었습니다. 위대한 목자께서는 이 굶주린 양들을 반드시 먹이셔야 했습니다. 그분께는 "과연 이 일이 이루어질 것인가?", 아니면 "과연 이 일이 이루어지지 않을 것인가?"가 중요한 것이 아니라, 이 일이 반드시 이루어져야 한다는 것이 중요합니다. 가끔 그리스도의 왕 같은 마음을 소유했었던 황제의 필수품 중 하나는 그분의 영혼 속으로 들어가 '반드시 해야 한다는 그분의 마음'으로 그분이 명하신 바를 행하는 것이었습니다. 그분께서는 친히 그들의 질고를 지고 그들의 슬픔을 당하셨습니다. 그분은 모든 것을 이해하고 계신 분으로서, 그분의 인성 안에 이 모든 것들이 포함되어 있었습니다. 그들이 굶주렸다면 그분도 굶주렸으며, 그들이 기진했다면 그분도 기진했으며, 만약 그들이 죽었다면, 그분도 친히 죽은 것처럼 보였을 것입니다. 따라서 그분의 본성에서 나오는 강렬한 연민으로 인하여 그분은 어떤 일이 있어도 무리들을 먹여야 한다는 생각을 하게 되었던 것입니다.

한 번 상상해 보십시오. 그들이 아무것도 먹지 못해서 예수님을 따르기 위해 지나온 언덕을 넘다가 배고파 죽을 지경이 되어 기진하기 시작했다면, 그분의 사역에 얼마나 큰 손해가 되었겠습니까! 다소 점잖게 "무리를 보내어 마을에 들어가 먹을 것을 사 먹게 하소서"(마 14:15)라고 말했던 제자들은, 실제로 자신들의 바람대로 되었더라면 평생 슬퍼하며 괴로워했을 것이 분명합니다. 제자들은 끔찍하게 비참했던 그 날, 즉 기아로 기진맥진하여 사람들이 죽게 된 그 날을 절대로 잊지 못했을 것입니다. 그리스도의 대의(大義)에 영향 끼쳤을 그 손해를 생각해 보십시오. 그리스도께서 사람들을 한적한 곳으로 인도하여 거기서 굶어죽게 하였다는 소문은 우리 주님의 품위를 크게 떨어뜨렸을 것입니다. 도대체 어떤 선지자가 이런 모습을 보여주었습니까? 바리새인들은 주님의 이런 모습을 얼마나 치명적으로 이용하려고 했겠습니까! 또한 그들은 "광야에서 백성들을 만나로 먹였던 모세와 같다던 그 선지자가 결국 이 사람이란 말이오?"라고 말하며 얼마나 기뻐했겠습니까? 그들은 다음과 같이 소리쳤을 것입니다. "그는 자신이 하나님의 아들이라고 말하였소. 그는 죽은 자들을 살릴 수 있다고도 주장하였소. 만약 그가 실제로 이런 능력을 가지고 있었다면, 자기를 따르느라 온 힘을 다 써버린 굶주린 무리들에게 당연히 먹을 것을 주었을 것이오." 하지만 이런 일은 결코 일어나지 않았습니다. 그리스도께서는 그렇게 하실 수 없었습니다. 그분은 사람들의 생명을 구원하기 위해 이 땅에 오셨습니다. 그분은 그들이 죽도로 내버려 둘 수 없었습니다. 그분은 그 무리들을 먹여야만 했습니다.

형제자매 여러분, 이제 여러분은 다음과 같은 상황도 상상해 보십시오. 그리스도께서 오늘날 우리에게 부과하신 사명, 즉 무리들을 가르치라는 사명을 우리가 한 번도 이행하지 않았고 영혼을 얻는 수고도 하지 않아서, 우리가 런던을 버려진 도시처럼 포기했을 뿐만 아니라, 이방 세계도 마치 허리케인에 떠밀려 철로 만든 단단한 연안에 밀려온 배처럼 그렇게 멸망하리라고 포기했다 상상해 보십시오. 과연 여러분은 이런 상상을 할 수 있습니까? 저는 그렇게 표류하는 배를 포기할 수 없습니다. 우리 같은 사람들이 구명선(救命船)이 됩시다! 제가 알기로 어떤 사람들은 주 여호와가 온 땅의 왕이 되실 가능성에 대해 어느 정도는 소리 없이 절망하기도 합니다. 여러분도 이런 비참한 경험을 해보고 싶습니까? 이런 사람들은 죽도록 내버려 두어야 합니다. 어떻게 이런 자들까지 포함해서 그렇게 많은 자들을 먹일 수 있겠습니까? 그러나 그 사랑의 계획은 실행될 것입니다. 우리는 그 소망을 붙잡고 그 목적을 위해 노력하며 그 일에 쓰임 받기를 원합니다. 세상에 돌아가는 일들을 보아도 주님이 온 땅의 왕처럼 보이지 않고, 그리스도도 세상의 어느 한 쪽 구석에 있는 것처럼 보인다 해도, 이런 것들은 우리의 믿음에 전혀 문제가 되지 않습니다. 이 모든 것에도 불구하고 우리는 여전히 믿기 때문입니다. 믿음은 가능성을 따지지 않습니다. 하나님을 자기편으로 삼고 하나님과 함께 하는 한 사람이 바로 다수(多數)입니다. 비록 다른 사람들은 절대 그 사람처럼 생각하지 않는다 해도 말입니다. 따라서 수적으로 열세라 해도 지극히 높으신 분의 능력으로 우리는 전능한 자가 됩니다.

우리 주님께서 그 무리들을 먹이지 않았다면, 그분은 자신의 은혜를 드러낼 위대한 기회를 잃었을지도 모릅니다. 은혜는 주권적입니다. 하지만 그 은혜는 풍성합니다. 기회가 된다면 어디서든 은혜는 자신의 능력을 드러내 보입니다. 굶주리고 기진맥진한 무리들! 이 얼마나 연민을 드러내기에 좋은 대상인지 모릅니다! 은혜를 베풀기에 이 얼마나 좋은 기회입니까! 사랑의 주님께서 이렇게 좋은 기회를 놓칠 리 없었습니다. 그렇게 적절한 때에 자신을 드러내지 않고 잠자코 있기에는 그분의 사랑이 매우 뜨거웠기 때문입니다. 사랑하는 성도 여러분, 오늘날처럼 하나님의 은혜가 밝히 드러나기에 적절한 때가 또 있겠습니까! 런던은 은혜와 능력과 지혜의 대작(大作)이 그려질 멋진 화폭입니다. 이 큰 세상은 무한한 능력의 조각가를 위한 대리석 조각일 뿐입니다! 구세주 하나님을 기뻐할 때, 인류는 얼마나 대단한 하나님의 기념물이 되겠습니까! 주님께서는 현재의 슬픔으로 더 큰 영광을 나타내시기 위해 그것을 허락하셨다고 확신합니다. 이 끔찍한 광야에서 이 무리들을 굶주리게 하신 것은, 주님께서 이들을 먹이셔서 그분의 복 주시는 능력을 온 우주에 드러내 보이기 위한 단순하고도 유일한 이유 때문이라고 저는 확신하고 있습니다.

이 놀라운 계획이 정말 대담해 보이고 어쩌면 터무니없는 것처럼 보였다 해도, 이것은 필연적이며 심지어 불가피한 계획이었다는 점을 여러분의 마음에 아주 분명하게 전달했기를 저는 소망합니다.

2. 이 계획 앞에 제자들은 당황했지만 주님은 평온하셨습니다.

사랑하는 성도 여러분, 저는 하나님의 선하신 성령님의 도우심을 소망하면서, 두 번째로 여러분에게 또 다른 시각을 제공했으면 합니다. 즉, 당황한 제자들과 평온한 그들의 주님에 대해 바라보는 시각입니다. 주님은 이것이 얼마나 어려운 경우인지, 이용할 수 있는 수단들이 얼마나 부족한지 등을 모든 사람들이 알 수 있도록, 현재 무엇을 가지고 있는지 빌립에게 물어보셨습니다. 빌립은 지금 이용할 수 있는 것이 한 아이가 가지고 있는 보리떡 다섯 개와 작은 물고기 몇 마리뿐이라는 것을 알았습니다. 그러면서 그는 걱정스러운 듯 다음과 같은 말을 덧붙였습니다. "그것이 이 많은 사람에게 얼마나 되겠사옵나이까?"(요 6:9). 이 신중한 모사는 최선을 다했지만, 그리 많은 도움은 되지 않았습니다. "그것이 이 많은 사람에게 얼마나 되겠사옵나이까?"라며, 그는 이 문제를 해결하지 못한 채로 놔두었습니다. 예수님께서 빌립에게 "우리가 어디서 떡을 사서 이 사람들을 먹이겠느냐?"(요 6:5)라고 말씀하시자, 나머지 제자들은 놀란 나머지 막막한 절망감으로 이 말씀을 하신 예수님의 얼굴을 바라보았습니다. 이렇게 제자들은 내내 안절부절못하며 걱정했지만, 주님은 마치 달콤한 여름 저녁처럼 고요히 서 계셨습니다. 그분은 조금도 불안해하거나 당황하지 않으셨습니다. 제자들의 연약함과 불신앙은 주 예수님의 강력한 확신과 비교해 너무나 큰 차이를 보여주고 있습니다! 우리는 주님의 형상까지 영광에서 영광으로 변화되어야 합니다. 이런 변화가 얼마나 필요한지 모릅니다. 우리의 성향과 영으로는 절대로 그분을 닮을 수 없습니다! 우리는 그분의 안식에 아직 충분하게 들어가지 못했고, 앞으로도 들어가지 못할 것입니다. 우리가 하나님을 믿는 그분의 믿음을 배우기까지는 그럴 것입니다.

우리 주님이신 예수 그리스도는 어떻게 해서 그렇게 평온하셨습니까? 예수님은 빌립이 어떻게 할지를 미리 아셨습니다. 저는 "친히 어떻게 하실지를 아시고"(요 6:6)라는 본문으로 예전에 이 말씀을 여러분에게 전한 적이 있습니다. 우리가 그런 곤경에 처하는 경우는 대부분 우리의 무지 때문입니다. 우리는 앞으로의 일이 어떻게 될지 알지 못합니다. 우리는 불안 가운데 있습니다. 불안은 산(酸)이 쇠를 먹어치우듯 영혼을 먹어치웁니다. "어디서? 어떻게? 언제? 어디로?" 이 모든 질문들은 무수한 단검(短劍)처럼 우리를 찌릅니다. 그것이 찌를 때마다 기쁨이 죽습니다. 이것을 조지 허버트(George Herbert)는 다음과 같이 표현하였습니다. "우리의 생각들은 모두 일종의 칼집이오니"(조지 허버트, 「성전」[Temple], 제2부). 그 칼집 안에 있는 모든 칼은 소망을 파괴합니다. 그러나 주님께는 그 어떤 불안도 없습니다. 그분은 자신이 어떻게 하실지 알고 계셨습니다. 사랑하는 성도 여러분, 우리가 어떻게 할지를 알고 있을 때, 우리도 평안을 누리게 될 것입니다. 이 말을 듣고 여러분은 다음과 같이 말합니다. "오, 제 생각에 목사님은 그분이 앞으로 어떻게 하실지를 우리가 알게 될 때, 우리가 평안을 누린다고 말씀하는 것 같습니다." 오, 그렇지 않습니다! 그분이 행하시기 전까지 우리는 아마 아무것도 모를 것입니다. 우리는 그분이 어떻게 행하실지가 아니라, 우리가 어떻게 행할지를 아는 것으로 충분합니다. 또 어떤 사람은 "하지만 그것은 우리가 절대로 알 수 없는 것입니다"라고 말합니다. 이에 대해 대답하겠습니다. 그것은 우리가 반드시 알아야만 하는 것입니다. 우리는 모든 것을 우리 주님께 내어 맡길 작정이라는 것을 알고 있어야 합니다. 그분을 신뢰하고 결코 두려워하지 않겠다는 생각이 일단 우리 마음에 뿌리내리게 된다면, 우리는 정말 엄청난 평안을 누리게 될 것입니다! 하나님의 일을 하나님께 의탁하고 단순하게 그분을 신뢰하게 된다면, 우리는 하나님의 평안을 마음껏 누리게 될 것입니다.

　　이처럼 우리 주님은 빌립이 어떻게 할지를 미리 아셨기 때문에 온화하셨습니다. 그 뿐만 아니라, 제자들은 감각에만 의존한 반면, 그분은 믿음을 가졌기 때문에 그렇게 고요할 수 있었습니다. 제가 앞서 여러분에게 말한 바와 같이, 여기에도 떡덩이를 계산하고 물고기 수를 헤아리는 제자들이 있었습니다. "여기 한 아이가 있어 보리떡 다섯 개와 물고기 두 마리를 가지고 있나이다"(요 6:9)라고 그들이 말한 것을 들어보십시오. 그들은 이 사실을 강조하고 기록하는데 신경을 썼습니다. 배고픈 무리들의 수는 많았고, 그들의 주위는 황량한 광야뿐이라는 사실도 그들에게는 너무나 분명했습니다. 그들의 스타일은 항상 그랬습니다. 눈에 보이는 대로 판단하고 손에 잡히는 대로 판단했습니다. 그러나 그분은 아버지를 믿었습니다. 제자들과 같은 한 인간인 예수님은 아버지의 도움이 필요한 시간에, 하나님께서는 절대로 아들을 실망시키지 않으시고, 그 아들의 필요를 분명히 채우실 것이라고 확신하였습니다. 우리에게는 우리의 인성과 하나가 된, 예수님이 가지셨던 그런 신성이 없습니다. 그러나 우리는 예수님이 가지셨던 것보다 더 많은 것을 가지고 있습니다. "오, 그럴 수 없습니다!"라고 여러분은 말할 것입니다. 하지만 제가 이제부터 설명하는 것으로 여러분의 기억을 되살린다면, 여러분은 그제야 저의 이런 주장을 수긍할 것입니다. 우리는 그리스도께서 인성으로 가지셨던 모든 것을 가지고 있습니다. 여기에 더하여 우리는 그리스도 자신을 모시고 있습니다. 그분은 우리에게 자신이 가진 모든 것을 주셨습니다. 따라서 우리는 그것을 가지고 있습니다. 그런 다음에 그분은 친히 자신을 우리에게 주셨습니다. 그러므로 우리는 갑절로 가지고 있는 셈입니다. 도움이 필요한 순간마다 우리는 아버지와 아들과 성령에게 있는 신성을 절대로 의심하지 말고 그 신성에 의지해야 합니다. 우리는 마땅히 그래야 합니다. "주의 산에서 그것이 보여지리라"(창 22:14 KJV, "여호와의 산에서 준비되리라"[개역개정])는 말씀대로, 여호와 이레의 주님께서 공급해 주실 것입니다. 오, 모든 염려를 없애는 하나님의 은혜로 이제 더 이상 좌절하거나 걱정하지 말고, 안식하며 고요히 계십시오!

　　제 생각에 그리스도께서 그렇게 고요하게 계셨던 또 한 가지 이유가 있습니다. 그것은 제자들은 그저 질문만 했으나, 그분은 실제로 행하셨기 때문입니다. 그분은 "너희에게 떡 몇 개나 있느냐?"(막 8:5), "그것을 내게 가져오라"(마 14:18)고 말씀하셨습니다. 그분은 즉시 실천하셨습니다. 회심을 믿지 않는 사람들은 결코 다른 사람을 회심하게 할 수 없습니다. 하지만 어떤 사람이 성령님으로 말미암아 다른 사람들을 어둠에서 빛으로 인도하고, 하나님께서 그의 사역에 축복해 주시자마자, 그는 회심을 믿게 됩니다. 어떤 일이라도 할 일이 있는 사람이 아무 일도 하지 않고 의심만 하는 자들보다 의심의 유혹을 훨씬 덜 받습니다. 그리스도교 교회의 이단들 가운데는 도시 선교사(city missionary, 런던 동부 지역의 빈민구제 활동을 위해 1835년에 설립된 선교회의 선교사 — 역주)나 신실한 목회자나 열정적인 복음전도자 출신들이 하나도 없습니다. 오히려 우리가 치르는 거룩한 전쟁에서 아무런 실제적인 역할도 감당하지 않고 편안하게 살아가는 신사들 출신이 많습니다. 평론으로 종교를 비평하는 문학적인 멋쟁이들, 자기 손을 머리에 얹고서 이마에서 별 희한한 생각을 짜내는 것 외에는 아무 일도 하지 않는 자들, 이런 자들이야말로 우리를 괴롭히는 자들입니다. 우리 주 예수 그리스도께서는 전혀 그런 쓸데없는 의심을 하지 않으셨습니다. 오히려 그분은 재빨리 떡과 물고기를 손에 들고서 축사하시고 떼어 주셨습니다. 그분의 이런 신속한 행동 뒤에 그 몇 개 안되는 떡과 물고기를 많게 하신 하나님의 능력이 뒤따랐습니다. 여러분과 제가 주님을 진심으로 섬기기만 한다면, 어느 정도로 해야 할지, 어떻게 해야 할지, 어디서 해야 할지 등의 이 모든 계산들을 우리는 끝낼 수 있습니다. 사랑하는 성도 여러분, 여러분이 해야 할 일에 착수하십시오. 그러면 여러분의 의심은 마치 바람 앞에 쭉정이처럼 날아가 버릴 것입니다. 당황한 제자들의 모습과 고요하고 평온한 주님의 모습은 우리에게 시사해 주는 바가 있습니다. 우리도 조용히 하나님을 의지하고, 불신앙으로 인해 놀라고 당황하지 않는다면, 그것으로 우리는 최대한의 유익을 얻을 것입니다.

3. 이 기적들은 결국에 그리스도를 부각시켰습니다.

세 번째로 간단하게, 저는 여러분을 위로해 줄 만한 두 개 이상의 주제를 여러분의 마음의 눈 앞에 제시하고자 합니다. 이 두 기적에서 우리는 무리들이 음식을 제공받는 것을 보았습니다. 이 기적에서 우리는 수단들이 사용되는 것도 볼 수 있지만, 그리스도가 부각되는 것도 볼 수 있습니다. 우리가 알고 있는 바와 같이, 주님께서는 그 떡덩이들을 보고서 "그것을 내게 가져오라"(마 14:18)고 말씀하셨습니다. 수단들이 사용되었습니다. 그분께서는 바로 이 떡과 물고기들을 많게 하시어, 그것을 자기 주위에 있는 자들에게 나누어 주셨습니다. 이 일에 그 무리들이 참여하였던 것입니다. 하나님께서는 자신의 일을 친히 하실 것이기에, 우리는 외형적인 수단들을 소홀히 한 채 가만히 앉아서 아무것도 하지 않아도 괜찮다고 말하는 어리석은 자들이 많이 있습니다. 우리는 이런 유의 이야기를 예수님으로부터 전혀 들을 수 없습니다. 그분은 떡을 사용하셨습니다. 그분은 물고기들을 사용하셨습니다. 그분은 사람들을 사용하셨습니다. 물론 그분은 그것들이 없이도 만족할 만큼 충분히 하실 수 있었지만 말입니다. 그분은 전능하신 분이어서 그것들이 필요치 않았습니다. 그럼에도 그분은 현명한 분이셨기에, 하나님의 은혜의 사역이 도구를 통해 이루어진다는 교훈을 우리에게 가르쳐 주기를 원하셨습니다. 그러므로 그런 수단들을 무시하지 마십시오. 그렇다고 해서 그것들을 의지해서도 안 됩니다.

이제 물고기와 떡과 사람 등, 이 모든 수단들이 배후로 물러나는 것(sink)을 살펴보십시오. 이 기적의 그림에서 여러분은 큰 무리들을 볼 수 있습니다. 이 그림을 그리는 화가는 이 큰 무리들을 매우 분명한 색감으로 채색할 필요를 느끼지 않으리라고 생각합니다. 만약 원한다면 이 화가는 무리들을 환하게 피어오르는 안개처럼 흐릿하게 그릴 것입니다. 하지만 한 인물은 마치 한낮을 비추는 해처럼 자신에게서 나오는 밝은 빛으로 다른 모든 것들을 숨겨 버리는 존재로 그릴 것입니다. 그 인물이 바로 주님이십니다. 야외에 마련된 그 연회장에서 예수님만이 영광스러운 분이십니다. 그 작은 물고기들은 어디에 있습니까? 한 사람이 "여기요"라고 말하자 또 다른 사람도 "여기요"라고 소리칩니다. 저기 있는 사람도 "여기요"라고 아우성칩니다. 그러나 오천 명의 손에 모두 그 작은 물고기들이 있었을 리 없습니다. 떡은 어디에 있습니까? 한 사람이 "나도 떡 한 덩이가 있소"라고 말하자, 또 다른 사람도 "나도 떡 한 덩이가 있소"라고 말합니다. 그래서 그들은 모두 자신이 먹고 싶은 만큼 마음껏 먹습니다. 그럼 맨 처음 다섯 개의 떡덩이들은 어떻게 되었습니까? 사랑하는 성도 여러분, 그 떡덩이들을 이리로 가지고 와 보십시오. 여러분은 가서 맨 처음 다섯 개의 떡덩이와 작은 물고기들을 부지런히 찾아 보십시오. 찾게 되면 우리는 그것들 가운데 하나를 유물로 간직하게 될 것입니다. 뭐라고요? 여러분은 그것들 가운데 하나도 찾을 수 없다고요? 여러분은 그것들이 어디에 있는지 모른다고요? 그것들이 모두 사라졌다고요? 당연히 그것들은 사라졌습니다. 하나님께서 한 사람을 아주 크게 축복하실 때마다, 그 사람은 원래 자신의 위치로 돌아가 아무것이 아닌 것이 되어 물러나게 됩니다. 베드로의 배가 가득하게 된다면, 베드로의 배는 물 속에 잠기게 될 것입니다. 우리가 최고의 축복 속에 완전히 잠기게 된다면, 우리의 자아는 그 은혜의 무게로 사라집니다. 작은 축복을 받았는데도 특별한 축복을 받은 줄로 착각하거나 상상함으로써, 그 작은 사람은 우쭐해합니다. 그러나 모든 것을 가라앉혀 잠기게 하는 큰 축복은 마치 급류처럼 다가와 그 사람과 그 사람이 지닌 보잘것없는 것들을 쓸어가 버립니다. 그래서 오직 주님과 축복만 드러나게 됩니다. 주님께서 우리 중 누군가를 타인을 위한 선한 도구로 사용하실 때도 이와 마찬가지입니다. 이에 대해 저는 확신하고 있습니다. 즉, 우리는 낮아지고 그분은 높아지십니다.

기적이 일어난 뒤에, 사람들이 열두 바구니나 일곱 바구니에 남은 조각들을 주워 담을 때, 베드로는 눈을 크게 뜨고서 자신이 과연 맨 처음의 그 떡덩이를 하나라도 찾을 수 있을지 생각해 보았습니다. 그는 바구니 하나하나를 샅샅이 뒤졌지만, 하나도 찾을 수 없었습니다. 하나님께서 그 떡으로 행하신 창조 가운데 그 떡덩이는 분실되었습니다. 그렇다면 그 바구니들 속에서 맨 처음의 물고기는 찾을 수 있었을까요? 그 물고기들은 틀림없이 그 안에 있었을 것입니다. 왜냐하면 그 물고기에서 무리들을 먹인 모든 물고기가 나왔으니까요. 그러나 여러분은 그 물고기들을 찾을 수 없을 것입니다. 사랑하는 성도 여러분, 하나님께서 우리를 축복하실 때도 이와 마찬가지일 것입니다. 사람들은 우리 주변에 몰려와서 "이 사람에게는 도대체 무엇이 있단 말인가? 최고의 달란트를 가졌는지 우리는 잘 모르겠다. 이 여인이 그토록 유익한 사람이 된 것은 도대체 무엇 때문인가? 우리는 그녀에게서 특별한 것을 볼 수 없다"라고 말할 것입니다. 여러분은 이런 말들에 전혀 개의치 마십시오. 그들이 그 물고기 조각에 대해 험담하도록 내버려 두십시오. 그들은 여러분의 타고난 달란트나 열성적인 성품 속에서 그 물고기 조각들을 볼 수 있다고 생각합니다. 하지만 여러분 자신에 관해서 여러분은 알고 있습니다. 그 무리들이 먹은 것이 있다면 그것은 주님께서 손으로 공급해 주신 것이며, 그분께서 여러분의 작은 것을 취하여 축사하고 떼어 무리들에게 주셔서, 그것으로 그들이 배부르게 되었다는 것을 말입니다. 수단은 그리스도께서 사용하실 때 영화롭게 된다는 사실을 저는 믿습니다. 그러나 제가 또한 확신하고 있는 바는 그분께서 수단들을 사용하여 일을 마치시기 전에, 그 수단들은 가장 흐릿하게 배후로 물러나게 될 것이며, 예수 그리스도께서 모든 것 가운데 모든 것이 되실 것이라는 점입니다. 이것은 그 수단들이 축복을 받지 못해서가 아니라, 이렇게 은혜로운 수준으로 그 수단들이 축복받기 때문입니다.

4. 이 기적들은 주님의 놀라운 사랑과 다함이 없는 능력을 보여주었습니다.

더 나아가 우리는 무리들을 먹이신 이 기적들에서 주님의 놀라운 사랑이 성취된 것과 다함이 없는 능력을 보게 됩니다. 저 오천 명의 남자들과 여인들과 어린 아이들을 보십시오! 그들이 모두 먹고 있습니다! 속담에, 한 사람도 빠지지 않고 모두 다 배불리 먹는 잔치는 없다는 말이 있습니다. 하지만 예외 없는 법칙 또한 없는 법입니다. 여기에 이 속담에서 예외가 되는 두 가지 경우가 있습니다. "다 배불리 먹고"(마 15:37)라는 말씀에 따르자면, 이 기적들이 바로 그 두 가지 경우입니다. 얼마나 많은 수천 명의 사람들이 거기 있었는지도 중요하지 않고, 영원히 복되신 연회장께서 베푸신 그 잔치에 소외된 자가 하나도 없었다는 것도 중요하지 않습니다. 그들이 얼마나 배가 고팠는지도 중요하지 않습니다. 그들이 모두 다 배부를 때까지 먹었다는 것이 중요합니다.

다음의 사실이 바로 제가 여러분에게 전하고자 하는 핵심입니다. 즉, 떡과 물고기를 많게 하셔서 수천 명을 먹인 그분의 능력은 결코 다함이 없으셨다는 사실입니다. 무리들의 먹는 능력은 다함이 있었지만, 무리들을 먹이시는 그리스도의 능력은 다함이 없었습니다. 그들이 먹는 데 있어서 최고의 능력을 부여받았다 해도, 뒤따라 나오는 음식이 더 많았기 때문입니다. 그 날에 무리들은 몹시 시장했으며, 산에서 불어오는 바람도 그들의 식욕을 돋웠고, 끼니때를 넘긴지 오래되어 아주 예민해져 있었습니다. 그럼에도 불구하고 그들이 모두 다 배불리 먹고 났을 때, 큰 바구니들을 가져왔고 여기에 남은 것을 가득 채웠습니다. 한 번은 열두 광주리, 또 한 번은 일곱 광주리였습니다. 각자 충분히 먹었습니다. 모두 다 충분히 먹었습니다. 나중에 먹지 않아도 될 만큼 아주 충분히 먹었습니다. 그 무한한 사역자께서는 무제한적인 은혜와 한량없는 관대함으로 자신의 무한함을 드러내 보이셨습니다.

헬라어 원문을 살펴보아도 저는 이 광주리의 크기를 가늠할 수 없었습니다. 일곱 광주리를 가득 채운 두 번째 기적의 경우에는 크기가 큰 광주리를 가리키는 말이 사용되었습니다. 사도 바울이 다메섹에서 원수들에게서 도망칠 때 바로 이 광주리를 타고 들창문으로 성벽을 내려갔기 때문입니다(고후 11:32-33 참조). 열두 광주리를 가득 채울 때 사용된 첫 번째 기적의 광주리는 제가 보기에는 조금 더 큰 것 같습니다. 그 광주리들은 관이나 궤라는 생각이 들게 합니다. 이 광주리는 좀 더 큰 것으로서 사람이 그 속에서 잠을 잘 수 있다고도 말합니다. 이 광주리의 크기가 어느 정도였든 간에 어쨌든 이 광주리들이 모두 채워졌습니다. 한 번은 열두 광주리, 또 한 번은 일곱 광주리였습니다. 주님께서 원하기만 하셨다면, 그분은 만이천 광주리나 칠만 광주리도 채우실 수 있었을 것입니다. 그분의 능력은 무한하여 차고 넘칩니다. 그 능력은 강이 컵 하나에 담길 수 없는 것 이상으로 이 땅에 있는 광주리들에 담길 수 없을 만큼 큽니다. 무리들의 모든 입과 모든 광주리가 채워졌을 때도, 그분의 능력은 여전히 풍부한 강처럼 흘러넘칩니다. 어떤 사람들은 주님이 모든 일을 아주 조금씩 그 능력을 아껴가면서 행하신다고 착각하고 있는 것 같습니다. 그것은 인간들의 방식이지, 절대 주님의 방식이 아닙니다. 우리는 주 예수 그리스도께서 사람들 가운데서 그 택한 자들을 구원하셨다고 알고 있습니다. 그래서 어떤 사람들은 그분의 대속이라는 이 공로가 분명히 제한적일 수밖에 없다고 생각합니다. 그러나 절대 그렇지 않습니다. "그가 우리를 대신하여 자신을 주신"(딛 2:14) 이 선물은 결코 그 가치를 측량할 수 없는 것입니다. "그는 우리 죄를 위한 화목제물이니 우리만 위할 뿐 아니요 온 세상의 죄를 위하심이라"(요일 2:2)는 말씀처럼, 그분은 우리 죄뿐만 아니라, 온 세상의 죄를 위해 죽으셨습니다. 그분의 목적은 명확하게 한정적이었지만, 그분은 제한될 수 없는 대속으로 그 목적을 성취하셨습니다. 그분은 주목표로 삼은 일을 하셨을 뿐만 아니라 그 이상의 일도 하셨습니다. 이 기적의 경우에 그분은 수천 명을 먹이셨을 뿐만 아니라, 남은 조각으로 광주리까지 채우셨습니다. 하나님의 능력, 화목제물이신 그리스도의 공로는 무한합니다. 그러므로 우리는 주님 앞에 엎드려, 측량할 수 없는 그 능력을 기뻐합시다.

그리고 사랑하는 성도 여러분, 주님께서 여러분에게 무엇을 주셨든 간에, 그분에게는 여러분에게 주실 것이 아직도 많이 남아 있습니다. 이 공적 예배라는 잔치를 통해 여러분이 아무리 진수성찬을 대접받아도, 여러분이 광주리에 담아 집으로 가지고 갈 몫도 여전히 남아 있으며 창고에 저장할 몫도 남아 있습니다. 하나님을 위한 사역에 하나님께서 과거에 아무리 많은 축복을 해주셨다 해도, 그분은 지금도 여전히 여러분이 간구하거나 생각하는 것보다 훨씬 더 풍성하게 행하실 수 있습니다. 참된 부흥을 통해 교회가 엄청난 규모로 커졌다 해도, 하나님께서는 충만하신 자신의 능력으로 지금까지 한 번도 행하지 않은 일을 교회에 행하실 것입니다. 오순절은 단지 첫 열매였을 뿐입니다. 저는 하늘에서 "이보다 더 큰 일을 보리라"(요 1:50), "또한 그보다 큰 일도 하리니 이는 내가 아버지께로 감이라"(요 14:12)고 하시는 말씀을 듣고 있습니다. 우리는 거룩한 가능성이라는 그 땅 끝(울티마 툴레[Ultima Thule])에 아직 이르지 못하였습니다. "화살이 네 앞쪽에 있다"(삼상 20:22)는 말씀은 여전히 유효합니다. 우리는 하나님의 가장 좋은 것을 지금까지 보지 못하였으며, 그것은 우리를 위해 아직 남겨져 있습니다. 선조들의 강력한 설교를 통해 여러 민족들이 그리스도에게 나아갔던 오순절은 아직 옛날 일이 아니며, 그 오순절의 탁월한 믿음으로 우리는 앞으로 나아갈 것이며, 이 믿음으로 후대에도 십자가의 승리는 여전히 계속될 것입니다. 우리는 지금도 한층 숭고한 시대로 다가가고 있으며, 하나님의 위대한 사역은 결코 사소한 것으로 쇠퇴하지 않을 것입니다. 여러분이 지금까지 볼 수 있었고 알 수 있었던 모든 것은 그분의 영광스러운 능력의 작은 일부분에 지나지 않는다는 것을 기억하십시오. 여러분이 파악할 수 있었던 모든 것도 그분의 옷자락이 드러난 것에 불과합니다. 전능하심이 과연 어떤 것인지, 특별히 은혜의 나라에서 그 전능하심이 어떤 것인지는 하나님 한 분 외에 그 누구도 알 수 없습니다. 그러므로 우리는 거룩한 그분을 제한하지 말고, 그분의 무한하심을 한정하지 맙시다. 수백만 명이 그분이 공급해 주시는 것으로 모두 다 배부른 후에도, 우리 아버지의 집에는 쓰고도 남음이 있는 충분한 떡이 있습니다.

5. 이 기적들은 똑같이 교훈적인 내용을 담고 있습니다.

이 두 개의 기적들은 세세한 부분에서는 서로 다르지만, 둘 다 똑같이 교훈적이라는 사실을 살펴보는 것으로 말씀을 마치고자 합니다. 지금 제가 전하는 말씀을 기쁜 마음으로 들어주시기 바랍니다. 어떤 특별한 부담감을 가지고 듣지 말고, 처음에 보기와는 달리 많은 교훈을 담고 있는 관심 있는 하나의 주제로 들어주십시오. 우리 주님께서 무료로 제공한 그 위대한 저녁식사에 대해 주목할 사실은 첫째로, 식사 이후 남은 음식이 잔치가 시작되었을 때의 음식보다 더 많았다는 것입니다. 사람들은 다섯 개의 떡덩이와 두 개의 물고기로 시작하였습니다. 다른 기적의 경우에는 일곱 개의 떡덩이와 몇 마리의 물고기로 시작하였습니다. 그러나

한 번은 열두 바구니를 남겼고, 또 한 번은 일곱 바구니를 남겼습니다. 확신하건 대 여러분의 자녀들이 식사를 하려고 모인 식탁에서는 이런 일이 절대로 일어나 지 않을 것입니다. 하지만 본문의 무리들이 모두 다 배불리 먹고 난 후에 남은 것은 그들이 식사를 시작할 때보다 훨씬 더 많았습니다. 이런 일은 불가능해 보입 니다. 하지만 이것이 은혜의 나라의 법칙입니다. 사랑하는 성도 여러분, 제가 종 종 알게 되는 사실이지만, 제가 여러분에게 올 때는 아주 작은 음식만 가지고 오 지만, 제가 말씀을 전하고 갈 때는 제가 처음에 가지고 온 것보다 더 많은 음식을 갖고 떠납니다. 여러분은 제가 전한 것으로 새 힘을 얻습니다. 그리고 저도 제가 여러분에게 여러분의 몫을 전할 때보다 더 많이 배부른 채로 이 자리를 나서게 됩니다. 사랑하는 성도 여러분, 여러분이 성경공부반에 들어갈 때, 여러분은 그 사랑하는 자들을 먹이기에는 턱없이 부족한 양을 준비해갔다고 느낄 것입니다. 그러나 여러분은 그 사랑하는 자들에게 여러분이 가진 모든 것을 전해 주었습니 다. 하나님의 축복 가운데 그 성경공부반에 충분한 은혜, 즉 여러분을 위한 갑절 의 은혜가 임하여, 여러분은 떡 덩이 다섯 개를 가지고 갔지만, 수북이 쌓인 열두 바구니를 가지고 돌아오게 되었습니다. 이 얼마나 기이한 일인지 모릅니다! 하 나님을 위해 드리지만, 그렇게 드리면서 우리가 받게 될 것입니다. 소비하는 일 이지만 그 소비를 통해 교회가 부흥하게 될 것입니다. 이와 마찬가지로 하나님 을 위해 죽지만, 영원토록 살게 될 것입니다. 이것이 사실이라면 우리를 위한 소 망의 영역은 활짝 열리고, 그 소망으로 우리의 두려움은 사라지게 됩니다! 이것 은 인간의 이성을 따라 우리가 계산하는 회계사무소의 문을 닫게 만들고, 우리 에게 필요한 것을 더욱더 많이 공급해 주는 보고(寶庫)의 문을 열어 줍니다. 사 랑하는 성도 여러분, 나가서 여러분이 지닌 한 줌의 씨앗을 뿌리십시오. 그러면 여러분은 기쁨으로 곡식단을 가지고 오게 될 것입니다! 여러분의 곡식과 기름을 주님의 종에게 드리십시오. 그러면 여러분의 통과 병이 다시 채워질 것입니다. 다음과 같은 번연(Bunyan)의 운율을 맞춘 글귀가 섭리뿐만 아니라 영적인 일에 서도 적용된다는 사실을 여러분은 기억하십시오.

> "사람들은 그를 미쳤다고 생각했지만,
> 그는 베풀면 베풀수록 더욱더 많이 갖게 되었다."(존 번연, 「천로역정」)

둘째로, 그리스도께서는 모든 부스러기들을 항상 살피신다는 사실도 배우십시오. 모든 것에서 자족(自足)한 주님이시지만, 그분은 절약의 하나님이십니다. 예수님께서 자신이 원하는 대로 많은 음식을 만드셨기 때문에, 여러분은 남은 음식 조각들을 모으는 그분의 모습이 좀 어울리지 않는다고 생각할 것입니다. 그러나 그분은 여러분의 생각과는 다른 분이십니다. 소비는 사탄에게나 어울리는 일이며, 하나님에게는 결코 어울리지 않습니다. 하나님은 지나치게 많이 창조하지도 않으시며, 기적들을 남발하지도 않으십니다. 주님께서 원하기만 하신다면, 지금 이 자리에서 눈 깜짝할 사이에 오십 명의 목회자를 세울 수 있는 능력이 있으십니다. 하지만 그분은 그렇게 행하지 않으실 것입니다. 그분께서 우리에게 원하시는 것은 사역자를 세울 수 있는 우리의 능력을 사용하는 것입니다. 우리가 그저 남은 조각에 불과하다면, 우리가 서 있는 이곳은 땅이 아니라 바구니일 것입니다. 우리는 우리 자신이 내버려지거나 동물 같은 정욕으로 허비되거나 부패하도록 방치해서는 절대로 안 됩니다. 우리는 주님의 창고 안에 들어가서 때가 되면 사용될 수 있도록 기다려야 합니다. 우리가 사용되기를 간절히 원한다면, 우리는 머지않아 사용될 것입니다. 사랑하는 성도 여러분, 설령 여러분이 떡 덩이가 아니고 떡 부스러기라 해도, 그 부스러기 하나도 헛되이 낭비되지 않을 것입니다. 여러분이 잘게 썬 떡도 아니고 그냥 부스러기라 해도, 이 부스러기마저도 배고픈 자들에게는 귀한 음식입니다. 여러분이 큰 물고기가 아니고 작은 물고기라 해도, 여러분은 자신을 낭비해서는 안 됩니다. 하나님의 교회도 여러분이 허비되도록 놔두어서는 안 되며, 여러분을 어딘가에 사용해야 합니다. 이것이야말로 얼마나 놀라운 일인지 모릅니다. 전능하신 분께서 부스러기들을 주워 모으신다니 말입니다! 모든 것에서 자족(自足)한 하나님은 뭇 산의 가축이 다 내 것(시 50:10)이라고 말씀하지만 이것 또한 아무것도 아닌 것으로 여기시며, 그저 뜻하심만으로도 온 바다를 물고기로 채우고, 온 세상을 떡으로 채울 수 있는 분이시지만 이 또한 아무것도 아닌 것으로 여기십니다. 그런 그분께서 아무것도 잃지 않기 위해서 부서진 조각들을 주워 모으기 위해 제자들을 세우셨습니다! 우리가 페니(penny) 하나, 한 시간, 기회 하나라도 허비하는 것은 틀림없이 잘못하는 일일 것입니다. 그러므로 우리는 주님이신 하나님을 위해서 엄격하게 절약하는 사람들이 됩시다.

셋째로, 한 가지 이상한 사실, 즉 아주 적은 것으로 시작하였지만 아주 많은 것이 남았다는 사실에 주목해 주십시오. 저녁식사를 일곱 개의 떡으로 시작했는데, 마칠 때는 일곱 바구니 가득 거두었습니다. 또한 다섯 개의 떡을 가지고 있었는데, 열두 바구니가 남은 조각들로 가득 찼습니다. 저는 바구니들의 크기가 동일했을 것이라고 생각합니다. 왜냐하면 두 번째 기적의 바구니가 첫 번째 기적 때의 바구니보다 더 크다는 증거를 발견하지 못했기 때문입니다. 그건 그렇다 해도, 떡 일곱 개에서, 즉 그것이 모두 소비된 후에, 남은 조각으로 일곱 바구니가 생겼습니다. 그러나 단지 다섯 개의 떡덩이만 있었을 때는 그것이 더 많이 소비되어, 남은 조각으로 열두 개의 바구니를 가득 채웠습니다. 이것이 바로 특별한 일입니다. 시작할 때 많으면 많을수록, 끝은 더욱더 작아집니다. 작게 시작하면 할수록, 잔치가 끝이 났을 때 더욱더 많아지게 됩니다. 저는 이런 경우를 자주 보아왔습니다. 여러분은 지금까지 이런 경우를 보지 못했습니까? 여러분과 제가 다소 웅장하게 시작했고 하나님께서도 우리를 축복해 주셨을 때, 우리는 하나님께 감사할 큰 이유를 갖게 되었습니다. 하지만 우리가 아주 보잘것없이 시작했을 때, 하나님께서는 매우 자주 우리를 축복해 주셨고, 그래서 결국에는 우리가 높은 소리가 나는 심벌즈로 그분을 찬양하게 되었습니다. 그러고는 다음과 같이 놀라며 자리를 떠났습니다. "떡 다섯 개와 열두 바구니라니! 언젠가 내가 떡 일곱 개를 가졌을 때는 단지 일곱 바구니만 얻지 않았는가!" 그렇습니다. 부자들은 자신들이 낮아졌을 때 기뻐하십시오. 왜냐하면 그들도 욥처럼 이전보다 더 부해질 것이기 때문입니다. 여러분의 능력이 쇠퇴하는 것 같다고 해서 여러분이 영적으로도 가라앉기 시작해서는 안 됩니다. 빈약한 자원으로 사역을 시작하는 상황에서도, 결국에는 가장 큰 상을 받으리라는 마음으로 오직 하나님만을 굳게 믿으십시오.

넷째로 주목해야 할 사실은, 더 큰 일이 이루어졌을 때, 가시적(可視的)인 수단들이 더 적었다는 사실입니다. 고작 떡 다섯 개가 있었지만 오천 명이 먹었습니다. 하지만 떡 일곱 개로는 고작 사천 명만 먹었을 뿐입니다. 사용할 수 있는 수단이 가장 적었을 때 가장 큰 일들이 이루어졌습니다. 오, 예수님을 위한 사역자들이여, 이런 일은 여러분에게도 동일하게 일어날 것입니다. 하나님께서 여러분을 많이 축복하면 할수록, 여러분은 자신이 왜 축복을 받게 되었는지에 대한 적절한 답을 더욱더 찾지 못할 것입니다. 여러분이 가진 떡 다섯 개로 여러분은 오천 명을 먹이겠지만, 일곱 개의 떡을 가진 어떤 사람은 여러분보다 더 작은 수의 사람들을 먹일 것입니다.

　　다섯째로, 또 하나의 이상한 사실은, 가장 많은 수가 먹었을 때 가장 많이 남았다는 것입니다. 여자와 어린 아이들 외에 오천 명이 마음껏 먹었을 때가 사천 명이 먹었을 때보다 더 많이 남았습니다. 작은 수가 먹은 기적은 더 많은 수가 먹은 기적보다 적게 먹었을 테지만, 먹지 않고 남은 음식은 오히려 오천 명이 배불리 먹었을 때보다 더 적었습니다. 이것이야말로 우리의 모든 생각에 대한 이상한 전도(顚倒)입니다. 우리는 우리가 교제하는 사람들의 수가 많으면 많을수록, 남은 것의 숫자가 작을 것이라고 생각합니다. 하지만 오늘 본문에 따르면, 우리가 교제하는 사람들의 수가 가장 많았을 때, 남은 것의 숫자도 가장 많았습니다. 그리고 우리가 교제하는 사람들의 수가 작았을 때 남은 것의 숫자도 작았습니다. 이것은 우리의 경우에도 마찬가지입니다. 우리가 영적으로 이끌어야 할 사람들의 숫자가 많으면 많을수록, 우리의 몫으로 남은 자들도 더욱더 많을 것입니다. 섬겨야 할 사람들의 숫자를 줄인다고 해서 우리가 절약하게 되는 것은 아닙니다. 오히려 정반대일 것입니다.

　　여섯째로, 한 가지 더 알아야 할 것은, 예수님을 위한 최고의 사역이 있는 곳에 최고의 상이 있을 것이라는 사실입니다. 예수님을 위한 일이 아닌 다른 일에서는 그렇지가 않습니다. 왜냐하면 사람들은 적게 행하고도 최고의 보상을 받기도 하기 때문입니다. 그러나 우리 주님을 섬기는 경우에는 자신이 행한 섬김에 따라서 모든 사람들이 상을 받게 될 것입니다. 모여든 많은 무리들을 시중든 자들은 식사 시간에 많이 먹을 수 없었습니다. 왜냐하면 그들은 떡을 다른 사람들에게 나누는 일에 전심으로 헌신하였기 때문입니다. 그러나 이 모든 일이 끝났을 때, 주님께서는 그들에게 다음과 같이 말씀하셨습니다. "최소 오천 명이나 되는 사람들에게 너희가 이렇게 큰 일을 행하였구나. 너희도 이제 새 힘을 얻어야 한다. 저기 남아 있는 열두 바구니에 가득 찬 것들을 이제 너희가 서로 나누어 먹어라." 또 다른 날에도 그들은 힘들게 사역하였습니다. 하지만 전과 같이 그렇게 많이 고되지는 않았습니다. 사람들로 초만원을 이루어 더 힘들게 수고해야 하는 천 명 정도의 사람들이 거기에 오지 않았기 때문에, 그 날은 사천 명에게 아주 기쁜 마음으로 먹을 것을 주었습니다. 그런데 그 때 그들은 자신들의 몫으로 겨우 일곱 바구니만 얻었습니다. 이 정도로도 풍성했지만, 전과 비교했을 때 그리 많은 양은 아니었습니다. 만약 여러분이 그리스도를 위해 사역하고, 그리스도를 위해

드리고, 그리스도를 위해 수고한다면, 여러분은 그분으로부터 현재의 기쁨이라는 풍성한 상을 받게 될 것입니다. 이 기쁨은 여러분의 수고와 비례할 것입니다. 많은 사람들이 하나님의 큰 일에 자신을 드리지 않아서 항상 가난하게 될 것입니다. 가난한 사람들은 더 이상 가난해지지 않기 위해서 드려야 할 것입니다. 부자들도 가난해지지 않으려면 그분께 드려야 합니다. 제가 뜻하는 바는 드리는 것 자체를 주된 목적으로 삼으라는 것이 아니라 하나님의 일에 자신을 드려야 한다는 생각이 자리를 잡아야 한다는 것입니다. 작은 능력을 지닌 여러분은 그 능력을 신장시키기 위해 그 작은 능력으로 힘써 수고해야 합니다. 큰 능력을 지닌 여러분도 여러분에게 많은 재능들이 주어졌으므로, 마찬가지로 힘써 수고해야 합니다. 주님은 섬김에 대해 절대로 상을 주지 않고 그냥 넘어가지 않으실 것입니다. 가난하고 궁핍한 자들을 위해 행한 수고는 빚이 아니라 은혜라는 값을 받게 될 것입니다. 사탄이 말했습니다. "욥이 어찌 까닭 없이 하나님을 경외하리이까?"(욥 1:9)라고 말입니다. 그 다음 사탄이 다음과 같이 했다고 생각해 봅시다. 마귀는 제 길로 가서는, 하나님은 강퍅한 주인이어서, 그분을 섬긴 일에 어떤 보상도 해주지 않으실 것이라고 말했다고 말입니다. 사탄은 어떻게든 우리와 하나님 사이를 이간질하려고 할 것입니다. 하지만 우리가 사탄을 기쁘게 할 마음이 전혀 없을 때, 우리는 까닭 없이 하나님을 섬기지 않으며 그분의 계명들을 지키는 그것이 바로 우리에게 큰 상이라는 사실을 인정하게 됩니다. 무리들이 잔치를 할 때 여러분의 주님은 여러분도 식사를 하도록 앉히시고, 그분과 함께 풍성한 기쁨을 누리도록 하실 것입니다.

우리 모두를 위한 핵심 사항은 복된 사역의 의미를 파악하는 것입니다. 영원토록 살아 계신 하나님의 이름으로, 우리는 각자 자기와 가장 가까이 있는 사람에게 먹을 것을 주어, 모든 자들이 음식을 먹게 되는 데까지 나아갑시다. 그리스도께서 우리 뒤에 계시며, 하나님의 아들이 우리와 함께 일하고 계십니다. 그 떡은 우리의 떡이 아니라 그분의 떡입니다. 무리를 먹이는 일은 우리의 일이 아니라 그분의 일입니다. 그리고 그들을 먹이는 그 능력은 우리의 능력이 아니라 전적으로 그분의 능력입니다. 그분의 이름에 모든 영광을 돌려드립니다. 아멘.

제
16
장

—

보는 것과 보지 못하는 것 —
나무 같은 것이 걸어가는 것을
보는 사람들

—

"벳새다에 이르매 사람들이 맹인 한 사람을 데리고 예수께
나아와 손 대시기를 구하거늘 예수께서 맹인의 손을 붙잡으
시고 마을 밖으로 데리고 나가사 눈에 침을 뱉으시며 그에
게 안수하시고 무엇이 보이느냐 물으시니 쳐다보며 이르되
사람들이 보이나이다 나무 같은 것들이 걸어 가는 것을 보
나이다 하거늘 이에 그 눈에 다시 안수하시매 그가 주목하
여 보더니 나아서 모든 것을 밝히 보는지라." — 막 8:22-25

　　우리 구세주께서는 매우 빈번하게 아픈 자들을 어루만지심으로 낫게 하셨
습니다. 그분께서 이렇게 하신 이유는 타락한 인성의 질병은 그분이 가지신 복
된 인성에 접촉하기만 해도 제거될 수 있다는 진리를 우리의 마음에 깊이 새겨
주시기 위함이었습니다. 그런데 그분께서는 또 다른 교훈을 주시기 위해 아픈
자들을 고치는 다른 방법들도 사용하셨습니다. 그렇게 다양한 치료 방법들을 드
러내신 것은 다음과 같은 다른 이유에서도 현명한 일이었습니다. 만약 우리 주
님께서 그분의 모든 기적들을 한 가지 방식만으로 행하셨다면, 사람들은 그분이

사용하신 방식의 중요성을 적절치 못하게 결부시켜서, 기적이 하나님의 능력으로 일어났다고 생각하기보다 오히려 그 방식에 대해서만 자꾸 미신적으로 생각했을 것입니다. 그래서 우리 주님께서는 아주 다양한 형태의 기적들을 제시해 주셨습니다. 그 기적들은 동일한 선함으로 항상 가득 차 있고, 동일한 지혜와 동일한 능력을 보여주지만, 그래도 그분은 각각의 기적을 다른 기적과 세심히 구별하셨습니다. 그렇게 해서 우리가 하나님의 선하심이 드러나는 것을 보게 하시어, 거룩하신 구세주에게는 많은 방법들이 있어서 어느 방법도 반복해 사용할 필요가 없다는 것을 우리로 알게 하셨습니다. 보이는 것에 머무르면서 보이지 않는 것을 잊어버리는 것은 우리의 육적 본성에 늘 따라다니는 죄악입니다. 그래서 주 예수님께서는 외형적인 모두스 오페란디(modus operandi), 즉 역사하는 방식을 바꾸셨습니다. 이는 그분께서 치료하는 어떠한 방식에도 제한되지 않으시며, 외형적인 작용은 그 자체로 아무것도 아니라는 사실을 분명히 하기 위해서였습니다. 만약 그분께서 병을 고치기 위해 어루만지는 방식을 선택하셨다면, 그분은 또한 말씀으로도 고치실 수 있다는 것을 우리가 이해하기를 원하셨습니다. 그리고 그분께서 말씀으로 고치셨다 해도, 그분은 말씀과 행함에 구애받지 않고서도 단지 그분이 원하시는 것만으로 고치실 수 있었습니다. 그분께서 바라보는 눈빛은 그분이 손으로 만져 주는 것만큼이나 효과가 있었으며, 심지어는 그분이 눈에 보이지 않을 때도, 즉 그분이 멀리 떨어져 있는 동안에 그분의 비가시적인 임재로도 기적을 일으킬 수 있었습니다.

오늘 본문의 경우는 우리 구세주께서 통상적으로 행하시던 모습과 달랐습니다. 다시 말해, 그분께서 병을 고치는 방식이나 치료하는 성격에서 달랐습니다. 구세주께서 행하신 대부분의 기적을 보면 병 고침을 받은 사람은 즉시 건강이 회복되었습니다. 우리는 말 못하고 듣지 못하는 사람에 관한 말씀을 읽은 적이 있습니다. 그 경우에는 그 사람의 입이 열렸을 뿐만 아니라, 더 놀라운 것은 지금까지 어떤 소리도 전혀 듣지 못했던 그가 또박또박 발음하는 능력뿐 아니라 언어의 은사까지 받아서 아주 분명하게 말할 수 있었습니다. 또 다른 경우들을 살펴보면, 열병을 앓던 사람에게서 열병이 즉시 떠나갔으며, 한 나병환자는 그 자리에서 완전히 고침을 받았고, 혈루증도 즉시 그쳤습니다. 하지만 오늘 본문에 나타난 "사랑을 받는 의사"(골 4:14)인 주님께서는 좀 더 여유를 가지고 사역에 임하셨습니다. 먼저 축복의 일부분을 베푸시고서는 잠시 중단하셨습니다. 그러고는 그 환자로 하여금 그가 받은 것은 어느 정도이고 받지 못한 것은 어느 정도인지 생각하게 하셨습니다. 그 후 두 번째 안수를 통해서 그분은 그 선한 사역을 완성하셨습니다. 이 경우에 우리 주님의 행동은, 사람들이 그분을 오로지 한 가지 방식으로만 작동하는 기적을 보여주는 마술사처럼 생각하지 않게 하기 위해, 하나의 특별한 기적을 베풀기로 의도된 것이었을 뿐만 아니라, 특별한 형태의 질환, 즉 영적인 질병이 치유되는 것을 상징적으로 보여주기 위해 제시되었던 것입니다. 예수님께서 어떤 질병을 이렇게 점진적으로 서서히 고치신 적은 거의 없었습니다. 결정적인 한 방으로 그 질병들을 끝장내는 것이 필수 조건처럼 보였습니다. 예를 들어, 귀신을 내쫓는 것도 단번에 이루어져야만 합니다. 그러지 않으면 그것은 귀신을 내쫓은 것이 아닙니다. 나병도 피부에 반점이 하나라도 남아 있으면 여전히 나병인 것입니다. 하지만 맹인의 경우에는 점차적으로, 즉 처음에는 약간 깜빡이는 빛만 보이게 하다가 그 다음에는 한낮의 밝은 빛까지도 안구에 비치도록 하는 치료가 가능합니다. 몇몇 경우에는 시신경이 빛에 적응하게 할 목적으로 점진적인 치료가 필수적이었을지도 모릅니다. 눈이 이해력의 상징이라면, 인간의 이성도 서서히 치료하는 것이 일반적이며 당연한 일일 것입니다. 의지는 즉시 변하는 법이며, 감정도 즉각적으로 바뀌는 법입니다. 그리고 인간 본성이 지닌 대부분의 능력도 분명하고도 전적인 변화를 경험합니다. 하지만 이해력은 조명이라는 오랜 과정을 거쳐 계몽됩니다. 돌 같은 마음은 점차적으로 부드럽게 될 수 없으며, 즉각적으로 살 같은 마음으로 변화되어야 합니다. 그러나 이해력의 경우에는 꼭 그럴 필요가 없습니다. 추론하는 능력은 적절한 균형과 순서를 거쳐 서서히 변화될 수 있습니다. 영혼은 처음에는 진리를 약간만 인식할 뿐이며, 그러다가 비교적 확실하게 받아들이게 되고, 그 후에는 좀 더 분명하게 성령님의 마음을 파악하게 됩니다. 이 정도의 빛을 받은 영혼은 완전히 볼 수 있는 것은 아니라 해도 그렇게 심각할 정도로 위험한 상태에 있는 것은 아닙니다. 다시 말해, 이 상태는 멀리 보지는 못한다 해도 그래도 볼 수 있다고 할 수 있는 상태인 것입니다. 그러다가 그 후에 이해력은 성숙한 체험이 가능할 만큼 궁극적으로 회복됩니다. 그러나 절대적으로 완전한 영적인 시력은 아마도 우리에게 주어지지 않을 것입니다. 우리의 영적 상태가 지향하고 있는 하나님의 빛 가운데로 우리가 들어가기 전까지는, 다시 말해 주 하나님께서 그들에게 비치심으로 그들에게 등불과 햇빛이 쓸 데 없는(계 22:5) 그 영광의 곳에 우리가 들어가기 전까지는, 결코 주어지지 않을 것입니다. 우리 앞에 있는 이 기적은 어두워진 이해력의 점진적인 치료를 보여주고 있습니다. 이 기적은 완고한 죄인이 어긋난 길에서 벗어나 돌아오거나, 추악한 삶이 빚어내는 부패와 타락에서 벗어나 회복되는 것을 보여주는 그림으로 사용될 수 없습니다. 이것은 어두워진 영혼이 성령님으로부터 점진적으로 조명을 받아 예수 그리스도께서 그의 나라에 있는 밝은 빛으로 그를 이끄시는 그림이기 때문입니다.

지금 이 자리에도 반만 조명을 받은 영혼들이 많이 있다고 생각됩니다. 그래서 저는 이 아침에 성령님의 도우심으로 이 경우를 묘사하고자 합니다. 그런 다음, 이 치료의 수단들에 대해 주목할 것입니다. 세 번째로, 우리는 잠시 멈추어서 소망의 단계를 살펴보고, 그 다음으로, 이 치료의 종결에 대해 짧게나마 살펴보고 나서 말씀을 마치고자 합니다.

1. 이 경우에 속한 사람들에 대한 묘사

첫 번째로, 이 경우를 묘사해 보겠습니다. 놀랍게도 이 경우는 오늘날에도 흔히 볼 수 있는 부류 중의 하나입니다. 이 교회에 처음 나온 사람들 중에도 이 부류에 속한 사람들이 아주 많을 것입니다. 이전에 영적인 맹인으로 살다가, 즉 그저 형식적으로만 교회에 출석했다든지, 비국교도로 열심히 신앙생활을 하지 않았던 완고한 자들이 우리 교회에 아주 많이 나오고 있기 때문입니다. 이들의 경우를 가까이에서 살펴보겠습니다. 이 경우는 어두운 이해력을 지닌 사람들입니다. 그렇다고 해서 이들이 귀신들린 사람으로 묘사될 수는 없습니다. 귀신이 들려 소리를 지르고 격분해서 사회에 위협이 되는 자들은 쇠사슬로 묶어 놓고 감시해야 합니다. 왜냐하면 그 사람은 자해도 하고 남에게도 해를 끼칠 수 있기 때문입니다. 그러나 이 맹인은 전혀 해를 끼치지 않는 사람입니다. 그는 다른 사람들에게 해를 끼칠 마음도 없고, 자신에게도 폭력을 행사할 것처럼 보이지 않습니다. 그는 침착하고 확고하며 정직하고 친절합니다. 그의 영적인 질병은 우리에게 동정심을 불러일으키지, 결코 우리를 두렵게 하지는 않습니다. 이렇게 조명을 받지 못한 사람들이 주의 백성들과 교제를 나누게 되면, 그들은 성도들에게 소리지르고 격분하지 않고 그들을 존중하면서 그들과의 교제를 사랑합니다. 그들은 그리스도의 십자가를 증오하지 않습니다. 그들은 그 보잘것없는 시력으로도 십자가를 사랑합니다. 그들은 핍박하거나 욕하거나 조롱하지 않으며, 필사적으로 사악한 길로 달려가지도 않습니다. 비록 하나님이 행하시는 것들을 볼 수는 없어도, 그들은 아주 놀라운 방식으로 자신이 걸어가야 할 도덕적인 길을 느끼고 있습니다. 그래서 어떤 면에서는 이들이 볼 수 있는 자들에게 본이 되기도 합니다. 더 나아가, 우리 앞에 놓인 이 경우는 나병처럼 더럽고 역겨운 전염병으로 불결해진 경우가 아닙니다. 나병환자들은 격리되어야만 합니다. 그들을 위해 따로 마련된 장소가 있어야만 합니다. 왜냐하면 그 환자에게 접촉하면 나병이 전염되기 때문입니다. 구세주에게 나아온 이 맹인은 나병환자와는 다릅니다. 그는 맹인이지만, 다른 사람들을 보지 못하는 사람으로 만들지는 않습니다. 그가 다른 맹인들과 교제한다고 해서, 보지 못하는 다른 사람들의 시력을 더 떨어뜨리는 것도 아니며, 또 볼 수 있는 사람들과 접촉한다고 해서, 어떤 식으로든 볼 수 있는 자들의 시력에 해를 끼치는 것도 아닙니다. 어쩌면 볼 수 있는 자들이 맹인과 교제함으로써 어떤 유익을 얻을지도 모릅니다. 왜냐하면 볼 수 있는 자들이 맹인의 눈을 너무나 슬프게 덮고 있는 그 어둠에 주목했을 때, 그들이 가진 시력으로 인해 볼 수 있는 자들은 감사하게 될 것이기 때문입니다. 그러므로 이 맹인의 경우는 음탕한 삶이나 더러운 대화를 나누는 사람과는 다릅니다. 여러분의 자녀를 타락시키고 죄악으로 이끄는 사람들과도 전혀 다릅니다.

　우리가 지금 말하고 있는 이 조명 받지 못한 사람들은 우리 가정에서 우리가 사랑하는 자들이며, 아주 예의바른 자들입니다. 왜냐하면 그들은 해로운 가르침들을 하나도 전하지 않으며, 전혀 악한 본보기가 되지 않기 때문입니다. 그들이 영적인 것에 관해 말할 때도 우리는 그들의 말로 인해 그들을 불쌍히 여기게 됩니다. 왜냐하면 영적인 것들에 관해 그들이 알고 있는 것이 너무나 보잘것없기 때문입니다. 그래서 우리는 그분께서 우리의 눈을 열어 그 말씀의 기이한 것들을 볼 수 있게 하셨다는 생각에 하나님께 감사하게 됩니다. 그들은 우리 인류에게 어떤 해를 끼치려고 소리를 지르며 하나님을 증오하는 자들도 아니고, 더러운 생활을 하는 자들도 아닙니다. 이 사람들은 어느 면에서든 무능한 자들이 아니며, 마음의 눈이라는 기관이 없는 것은 더더욱 아닙니다. 어두운 것은 이해력입니다. 제가 지금 묘사하고 있는 이 사람들의 이해력을 제외한 다른 감각들은 그리 건전하지는 않아도 소망이 있습니다. 그들은 전적으로 못 듣는 것이 아니라서, 복음을 상당히 기쁘고 진지하게 귀 기울여 듣습니다. 하지만 분명한 사실은 그들이 그 복음을 분명하게 이해하지 못한다는 것입니다. 그들은 복음을 거의 대부분 율법 조문(條文)으로 받아들이며, 아주 작은 정도만 영으로 받아들입니다. 그럼에도 불구하고 그들은 복음을 듣는 동시에 더 큰 축복 속으로 들어오게 됩니다. 왜냐하면 "믿음은 들음에서 나며, 들음은 그리스도의 말씀으로 말미암았느니라"(롬 10:17)는 말씀 때문입니다. 그리고 더 나아가 그들 가운데 어떤 부류는 말까지 하는 사람들도 있습니다. 어떤 방식으로든 그들이 기도를 하기 때문입니다. 이들의 기도가 거의 영적이지 않은 것은 분명합니다. 그럼에도 불구하고 그들이 드리는 기도에는 일종의 진지함이 있습니다. 그러므로 그들을 무시해서는 안 됩니다. 그들은 어려서부터 지금까지 예배드리는 곳에 나왔으며, 종교의 외형적인 형식들을 절대로 게을리하지 않았습니다. 그럼에도 그들이 여전히 맹인이라니, 이 얼마나 슬픈 일인지 모릅니다! 하지만 그들은 말씀을 듣고 기도하고 싶어 합니다. 우리가 확신하기로 그들은 이 두 가지를 할 수 있는 능력도 있습니다. 그러므로 그들은 절대적으로 듣지 못하거나 말하지 못하는 자들이 아닙니다. 다른 면에서도 그들은 무능한 자로 보이지 않습니다. 그들은 그리스도께서 회당에서 만난 사람의 경우처럼 손이 마른 것도 아니며, 여러 해 동안 사탄에게 매인 바 된 아브라함의 딸(눅 13:16)처럼 그 영혼이 비통한 절망 속에서 낙담해 있는 것도 아닙니다. 그들은 기쁘고 부지런하게 주님의 길을 가는 자들입니다. 하나님의 일에 그들의 도움이 필요하면, 그들은 기꺼이 그 일을 돕습니다. 물론 그들에게 영적인 눈이 없는 이유로 그 거룩한 일들을 통해 풍성한 기쁨을 누릴 수는 없지만, 그럼에도 그들은 어떤 선한 뜻을 위해 돕는 일에서 가장 앞장 서는 자들입니다. 이것은 그들이 그 선한 뜻의 영적인 의미를 철저히 파악해서도 아니고, 그들이 그 풍성한 기쁨에 참여할 수 있어서도 아닙니다. 그들은 본성적으로 맹인이기 때문에 이런 것들에 대해서는 여전히 이방인들입니다. 하지만 아주 사랑스럽고 소망으로 가득한 어떤 것이 그들 가운데 역사하고 있습니다. 왜냐하면 그들은 그리스도의 큰 뜻을 갈망할 뿐만 아니라, 그 뜻을 도우려고 하기 때문입니다.

모든 그리스도인들 가운데 우리는 이런 부류의 사람들을 보게 됩니다. 그리고 몇몇 그리스도의 교회들과 관련해서는 심지어 성도들 대부분이 이보다 나을 게 없는 사람들입니다. 그들은 영적인 일에 대해서는 기본적인 것도 분간할 수 없을 정도의 교육을 받습니다. 교리 교육도 받지 못한 채 그들은 어둠 가운데 방치되고 있습니다. 그들을 인도해 줄 그런 건전한 말씀들이 그들 앞에 없기 때문에, 그들은 반쯤 맹인으로 지내면서 조명을 받은 신자의 눈을 즐겁게 해주는 아름다운 전망을 즐기지 못합니다.

2. 주님께서 치료해 주신 방법

이제 우리는 주님께서 치료해 주신 방법을 살펴보고자 합니다. 이 기적의 모든 부분들에는 일러주는 바가 많습니다. 첫째로 살펴봐야 할 것이 우정 어린 개입입니다. 맹인의 친구들이 그 맹인을 예수님에게 데리고 왔습니다. 그리스도의 복음이 말해 주는 근본적인 가르침을 바르게 이해하지 못해서 신자들의 도움을 필요로 하는 자들이 얼마나 많이 있는지 모릅니다! 이들은 신앙에 대해 추상적으로는 애정을 가지고 있지만, 자신이 반드시 구원받아야 한다는 것은 충분히 알지 못하고 있습니다. 복음의 핵심인 대속의 위대한 진리를 아직 이해하지 못하고 있는 것입니다. 예수 그리스도께서 모든 것을 가능하게 하는 의를 충족시켰기에, 이 대속의 진리가 전적으로 그분에게 달려 있다는 것을 그들은 알지 못합니다. 그들도 일종의 믿음을 가지고 있기는 하지만, 그들의 믿음이란 것이 너무 얄팍한 것이어서 그들에게 별 도움이 되지 못합니다. 조금 앞서 있는 그리스도인들이 구세주에 대해 좀 더 분명한 지식을 얻도록 그들을 인도한다면, 그들도 자주 축복을 받게 될 것입니다. 여러분을 가르쳤던 그 목회자의 음성을 그들이 들을 수 있도록 여러분은 왜 인도하지 않습니까? 여러분은 그들의 눈을 뜨게 할 수단인 성경을 그들이 가는 길에 왜 놓아두지 않습니까? 여러분의 마음을 비추어 주었던 하나님의 말씀이 기록된 그 성경을 여러분은 그들의 마음에 왜 제시하지 못합니까? 복음에 적대적인 게 아니라 그저 무지해서 하나님에 대한 열정을 가지고는 있으나 알고 있는 대로 따르지 않는 자들, 다시 말해 한 번이라도 빛이 비치기만 한다면, 자기에게 필요한 하나를 찾게 될 그런 자들을 물색하여 우리가 그들에게 관여하는 것이야말로 가장 희망적인 사역이지 않겠습니까? 물론 우리는 지긋지긋하도록 우리의 거리와 골목길을 더럽히는, 타락하고 천박하며 사악한 사람들도 찾아나서야 합니다. 하지만 우리는 그와 똑같은 열정으로 어느 정도 가망이 있는 자들을 찾아나서야 합니다. 설교를 복음이 아니라 건전한 말씀으로 듣고 앉아 있거나, 참된 하나님의 말씀을 듣고 있지만 그것을 알아듣지 못하는 그런 자들 말입니다. 사랑하는 형제자매 여러분, 여러분이 이들을 위해 기도한다면, 더 나아가 탁월한 젊은 남성들과 사랑스러운 젊은 여성들을 찾아

내, 그들의 부드러운 양심이 제기하는 질문에 그들이 "오, 우리가 그분을 찾을 수 있는 곳을 알았더라면!"이라고 대답하도록 여러분이 애를 쓴다면, 여러분의 사역은 성공한 사역일 것입니다. 한밤중 안개 속을 헤매는 이 자녀들을 여러분이 돌본다면, 이것은 하나님의 손길로 그들이 영적인 시력을 찾게 되는 첫 단계가 될 것입니다.

이 맹인이 구세주에게 인도되었을 때, 예수님께서 그의 손을 붙잡아 주심으로써 그는 예수님과 접촉할 수 있었습니다. 한 영혼이 주 예수님과 개인적으로 접촉하게 된 날은 그 영혼에게 행복한 날입니다. 사랑하는 성도 여러분, 우리가 불신의 상태에 있을 때는 우리가 하나님의 집에 앉아 있더라도 그리스도께서 우리와 멀리 떨어져 있는 것처럼 여겨집니다. 그리고 우리가 그분의 말씀을 듣고 있어도, 그 말씀은 마치 상아궁으로 떠나서 지금은 우리 가운데 계시지 않는 분의 말처럼 들립니다. 심지어 그분께서 우리 옆을 지나가신다 해도, 우리는 그분께서 우리 옆에 가까이 오지 않은 것처럼 느낍니다. 그래 놓고는 앉아 한탄하면서, 그분의 그림자라도 우리에게 드리우기를 갈망하거나 그분의 옷 가라도 만지기를 갈망합니다. 그러나 정말로 그 영혼이 예수님께 가까워지기 시작할 때, 그분이 경건한 집중의 대상이 되실 때, 우리가 결국 그분에 관해 붙잡고 알아야 할 어떤 것이 있다고 느낄 때가 있습니다. 그분은 결코 멀리 계시지 않으며 손으로 만질 수 없는 그림자 같은 분이 아니라, 참된 실존이며 우리에게 영향을 끼치는 실제로 존재하는 분이라는 것을 우리가 인식할 때, 그 때가 바로 그분께서 우리의 손을 붙잡아 주시는 때입니다. 여러분 중에도 이것을 느끼는 이들이 있음을 저는 알고 있습니다. 주일에 다음과 같은 일들이 자주 일어납니다. 즉, 여러분이 반드시 기도해야 한다고 느낀다거나, 주일 설교가 여러분을 위한 것이라고 느끼는 것입니다. 누군가가 여러분에 관한 내용을 설교자에게 전해 준 것은 아닌가 하는 생각이 들 정도로, 그 진리의 말씀이 여러분의 가슴에 깊이 새겨집니다. 말하자면 설교자가 전하는 한 마디 한 마디가 여러분의 마음 상태에 딱 들어맞는 것입니다. 이런 일이 바로 복되신 우리 주님께서 여러분의 손을 붙잡아 주시는 것이라고 저는 생각합니다. 여러분에게 예배는 그저 단순히 말씀을 전하고 말씀을 듣는 그런 것이 아닙니다. 예배는 신비로운 손길이 여러분을 어루만져서, 구세주의 현존에서 시작된 어떤 특별한 감정들을 여러분이 마음으로 인식하고 거기에 감동하는 것입니다. 물론 예수님께서 우리에게 어떤 신체적인 접촉을 하시는 것은 아닙니다. 이 접촉은 정신적이며 영적인 것입니다. 주 예수님의 마음이 깃든 손길은 죄인들의 마음을 어루만지며, 성령님도 거룩함과 진리를 위해 그 영혼에 부드럽게 영향을 끼치십니다.

그 다음 행동에 주목하십시오. 왜냐하면 그 행동은 독특하기 때문입니다. 구세주께서는 그 사람을 한적한 장소로 인도하였습니다. 그분은 그를 마을 밖으로 데리고 나가셨습니다. 고의적으로 악하기보다는 영적으로 맹인인 사람들, 그리스도에 대해 반감까지는 아니어도 그분에 대해 잘 모르는 사람들이 회심할 때 제가 눈여겨본 것은, 그들이 그리스도인이 되는 첫 번째 조짐 중 하나가 다소 외진 곳으로 물러나 자신의 개인적인 책임을 느끼는 것입니다. 사랑하는 성도 여러분, 제가 늘 바라는 소망이 있습니다. 그것은 사람들이 하나님 앞에 단독자로서 서 있는 자신을 생각해 보기 시작하는 것입니다. 왜냐하면 자신을 기독교 국가의 일원으로 생각하고 태어날 때부터 교회의 성도라고 여기지만, 정작 하나님에 대한 개인적인 책임은 전혀 생각하지 않는 사람들이 영국만 해도 수만 명이나 있기 때문입니다. 그들은 죄를 고백하였다고 말하긴 하지만, 그것은 항상 전체 회중과 함께 하는 고백입니다. 그들은 테 데움(Te Deum, '하나님, 우리는 당신을 찬양하나이다'[Te Deum laudamus]의 줄임말로, 암브로시우스의 찬송이라고도 불리는 찬송가 ― 역주)을 찬송하지만, 그것은 개인적인 찬송이 아니라 합창으로 부르는 찬양입니다. 그러나 회중 속에 있다 해도 마치 자신이 단독자로 있는 것처럼 느껴질 때, 참된 종교는 공동체와 관련된 것이기보다는 오히려 개인과 관계된 것이며, 죄의 고백은 다른 사람을 통해서가 아니라 자신의 입술로 하는 것이 더욱 합당하다는 생각을 하게 될 때, 그 때 은혜의 사역이 시작됩니다. 지성이 자신의 상태에 대해 묵상하고 자신의 전망들을 점검하기 시작할 때, 그 맹목적이던 이성에 소망이 생깁니다. 주님께서 여러분을 마을 밖으로 데리고 나가, 여러분이 다른 것들을 모두 잊고서 여러분 자신에 대해서 생각하게 된다면, 그것은 주님께서 여러분을 잘 대해 주신다는 확실한 징조입니다. 이것을 이기심이라 부르지 마십시오. 이런 이기심은 우리의 본성이 명하는 명령들 가운데 최고의 법입니다. 지금 물에 빠져 죽어가고 있는 사람은 반드시 자신에 대해 생각해야 합니다. 이것이 자신의 목숨을 보존하기 위한 합당한 이기심이라고 한다면, 영원한 멸망에서 벗어나기 위해 수고하는 것은 더욱더 합당한 일일 것입니다. 여러분의 구원이 완성되었을 때, 여러분은 자신에 대해 더 이상 생각할 필요가 없을 것입니다. 오히려 여러분은 다른 사람의 영혼을 돌봐야 할 것입니다. 그러나 지금 최고의 지혜는 하나님을 향해 선 여러분의 자리에서 여러분 자신에 대해 생각하고, 구세주를 바라보는 것입니다. 그러면 여러분은 영생을 얻게 될 것입니다. "예수께서 맹인의 손을 붙잡으시고 마을 밖으로 데리고 나가사."

그 다음 행동도 아주 이상한 행동이었습니다. 그분은 그에게 천한 수단을 강제적으로 사용하셨습니다. 그분은 그의 눈에 침을 뱉으셨습니다. 구세주께서는 입에 있는 침을 치료의 수단으로 자주 사용하셨습니다. 전해져 내려오는 말에 따르면 침은 고대 의사들도 추천하는 치료법이라고 합니다. 하지만 저는 이 의사들의 견해가 이적을 행하시는 우리 주님보다 더 큰 비중을 차지한다고 생각하지 않습니다. 제가 보기에, 맹인의 눈을 뜨게 하는 것과 관련하여 구세주의 입에 있는 침이 사용된 것은, 적어도 그리스도께서 말씀하시는 진리가 이해력의 계몽과 상징적으로 관련이 있는 것 같습니다. 물론 영적인 시력은 영적 진리라는 수단을 통해 생기며, 이해력의 눈은 그리스도께서 말씀하시는 가르침을 통해 뜨게 됩니다. 그럼에도 불구하고 침이라고 하면 우리는 자연히 더럽다는 생각을 떠올립니다. 바로 그러한 연상 때문에 구세주께서는 침을 의도적으로 사용하셨습니다. 구세주의 입에서 나온 침이라 해도 그것은 그저 침일 뿐입니다. 그러므로 사랑하는 성도 여러분, 여러분은 다음 사실에 주목하십시오. 하나님께서는 여러분이 예전에 경멸했던 바로 그 진리로 여러분을 축복하실 수 있다는 사실입니다. 이런 가능성은 너무나 농후합니다. 그러므로 여러분이 과거에 아주 신랄하게 욕했던 바로 그 사람을 통해 하나님께서 여러분을 축복하신다 해도, 그것은 전혀 놀랄 만한 일이 아닐 것입니다. 하나님께서는 종종 자신을 섬기는 종들에게 이런 식으로 은혜롭게 앙갚음하기를 기뻐하십니다. 하나님을 잘 섬기는 종들을 아주 과격하고 맹렬하게 비판하던 자들이, 자신이 가장 경멸하던 사람들의 손에서 최고의 축복을 받게 되는 경우가 아주 많이 있습니다. 여러분은 이것을 "침"으로 부를 수 있습니다. 이 침 외에는 그 어떤 것도 여러분의 눈을 뜨게 하지 못합니다. 여러분은 "복음은 너무나 평범한 것이다"라고 말합니다. 바로 그 평범한 것을 통해서 여러분이 생명을 얻게 되는 것입니다. 여러분은 그저 그런 사람들이 진리를 조잡하고 저속한 형태로 말한다면서 코웃음을 치기도 했습니다. 하지만 여러분도 언젠가는 그 저속함을 칭송하면서, 주님께서 말하라고 명하신 그 진리를 조잡한 방식으로 받아들이며 기뻐하게 될 것입니다. 우리 중 많은 이들이 우리의 입장이 전환되면서 그 사실을 알게 되었다고 생각하며, 주님께서 다음과 같이 말씀하시며 우리의 교만을 책망하셨으리라 생각합니다. 즉 "너희들이 거슬린다고 생각했던 그 별 볼일 없는 사람들이 너희에게 축복이 될 것이다. 나의 종들아, 너희처럼 편견으로 가득 찬 사람들에게 그들이 온전한 평안을 가져다줄 것이다." 그 어떤 것보다도 제게 제일 충격적으로 다가온 사실은, 구세주께서 그 맹인의 눈에 침을 뱉었다는 것이며, 그밖에 아무것도 없이 그 침이 전부였다는 점입니다. 여러분이 생각하는 것처럼 사람들이 판매하는 가루약도 아니고, 몰약도 아니고 유향도 아니고 값비싼 약도 아니었습니다. 그저 입 안에 있는 흔한 침이었습니다. 지금 제 설교를 듣고 있는 사랑하는 성도 여러분, 만약 여러분이 하나님의 심오한 것들을 보게 된다면, 그것은 철학자들이나 그 당시의 심오한 사상가들로 말미암은 것이 아니라, 그분께서 여러분에게 "그리스도를 믿고 살라"고 말씀하셨기 때문입니다. 그분께서는 그런 세상의 철학들보다 더 나은 철학을 가르쳐 주십니다. 그리고 그분은 여러분에게 그분 안에, 주 예수님 안에 지혜와 지식의 온갖 보화들이 있다고 말씀하시며, 소크라테스와 플라톤이 죽은 자 가운데서 다시 살아나, 여러분이 학식 있는 그들의 발 아래 앉아 배운다 해도, 그분은 여러분에게 그들에게서 배운 것보다 더 많은 것을 간단한 문장으로 말씀하십니다. 예수 그리스도께서 여러분의 눈을 뜨게 해주실 것입니다. 이렇게 천한 수단인 그분의 입에서 나오는 침으로 그렇게 해주실 것입니다.

　　더 나아가, 여러분은 그분께서 맹인의 눈에 침을 뱉으신 후에 그에게 손을 들어 안수까지 하셨다는 것을 알 수 있을 것입니다. 그분께서는 안수하심으로써 **천국의 축복기도**를 하셨던 것이 아닙니까? 그래서 그 축복의 물결이 그분의 인성에서 나와 맹인에게로 흘러가도록 명하셨던 것이 아닙니까? 저는 그렇다고 생각합니다. 그러므로 사랑하는 성도 여러분, 그 맹인의 눈을 뜨게 한 것은 침이 아닙니다. 맹인을 마을 밖으로 데리고 나간 것도 아니고, 목회 사역도 아니고, 말씀 선포도 아니고, 영적 축복을 받겠다고 말씀을 신중하게 들은 것도 아닙니다. 그것은 죄인들을 위해 죽으신 그분의 축복기도로, 그 기도의 능력으로 우리에게 임한 것입니다. 이 사람은 죄를 회개하고 용서함을 받아 높이 들림을 받았습니다. 사람들로부터 멸시를 받고 버림을 받았던 그분을 통해, 오직 그분으로 말미암아 아주 값비싼 축복이, 즉 맹인이 보게 되는 축복이 인류에게 임할 것입니다. 그러므로 우리는 반드시 수단들을 사용해야 합니다. 우리는 이 수단들을 무시하지도 말고 신뢰하지도 말아야 합니다. 우리는 마땅히 혼자가 되어야 합니다. 왜냐하면 뒤로 물러서는 것은 큰 축복이기 때문입니다. 그러면서 우리는 궁극적으로 주님, 모든 좋은 선물을 주시는 그분만 바라보아야 합니다. 그러지 않으면 침은 역겨워서 닦아내야 하는 것이 되고 말며, 혼자 되는 것은 맹인으로 하여금 더욱더 길을 잃게 할 뿐이고, 동정이나 도움을 받지 못해 더욱더 깊은 어둠속에서 헤매게 할 뿐입니다.

이런 그림은 여기 있는 어떤 이들을 그린 모습과도 같습니다. 영적 생명에 대해서는 조금도 알지 못하면서, 어릴 때부터 줄곧 예배 처소에 참석했고 계속해서 그렇게 살아가기를 원했던 자들이 이 자리에도 있다고 확신합니다. 그들에게는 "지금 나아오시오. 당신이 모르는 것을 내가 말해 줄 수 있다고 생각하오"라고 말하는 행복하고 쾌활한 기독교인 친구들이 있었지만, 그들은 주님께서 이 친구들을 사용하는 것조차 꺼려했습니다. 이 친구들은 기도와 가르침으로 여러분이 예수님과 접촉하도록 인도하였습니다. 그래서 예수님이 여러분을 만져 주셨고, 여러분의 지성에 영향을 끼쳐 주셨으며, 여러분은 생각하게 되었고, 기독교에는 단지 겉으로 보이는 것보다 더 중요한 것이 있다는 것을 보게 되었고, 비밀, 즉 영생이라는 참된 비밀을 알지 못한다면, 교회에 출석하고 예배에 참석하는 것이 다가 아니며, 아니, 아무것도 아니라는 것을 깨닫게 되었습니다. 이 모든 것을 통해서 여러분은 여러분이 한때 경멸했던 그 복음 안에 능력이 있다는 것을 느끼기 시작했습니다. 그리고 예전에 여러분이 비웃었던 그 감리교가 이제는 여러분을 구원하는 복음을 제공하고 있다는 것도 느끼게 되었습니다. 이에 대해 우리는 하나님께 감사합시다. 이런 수단들을 통해 눈이 열리기 때문입니다.

3. 소망의 단계

이제 우리는 세 번째 주제에 이르렀습니다. 우리는 소망의 단계라는 주제에 잠시 머물고자 합니다. 구세주께서는 그 맹인에게 볼 수 있는 안구를 주셨습니다. 그러나 그분은 맹인의 눈을 가로막고 있던 얇은 비늘은 완전히 제거하지 않으셨습니다. 그 사람이 하는 말을 들어보십시오. 예수님께서 그에게 "무엇이 보이느냐?"고 말씀하시자, 그 맹인은 그분을 쳐다보면서 "보이나이다!"라고 기쁨의 첫 마디를 하였습니다. 이 얼마나 큰 축복인지 모릅니다! "보이나이다!" 사랑하는 성도 여러분, 여러분 가운데 어떤 이들은 다음과 같이 말할 것입니다. "저도 한때 맹인이었다가, 이제는 보이나이다. 그렇습니다. 주님, 지금은 완전히 어둡지는 않습니다. 비록 제가 생각했던 것만큼 분명하게 보이지 않고, 제가 소망했던 것만큼 보이지는 않아도, 그래도 보이나이다. 제가 예전에는 전혀 모르던 것들이 아주 많이 있었는데, 이제는 그것들이 어떤 것인지 알게 되었나이다. 마귀라도 내가 보고 있다는 이 사실을 의심하게 할 수 없습니다. 제가 보고 있다는 사실을 저도 알고 있습니다. 제가 예전에는 외적인 형식에 아주 만족하곤 하였습니다. 찬송과 기도와 다른 것들로 저는 만족을 느꼈습니다. 그러나 지금, 비록 제가 보고 싶은 만큼 볼 수 없다 해도, 저는 충분히 보고 있나이다. 제가 빛을 볼 수 없었다면, 분명히 어둠을 보고 있었을 것입니다. 제가 구원을 볼 수 없었다면, 저는 제가 멸망하는 것을 봐야만 했을 것입니다. 저는 제게 부족한 것과 필요한 것을 보고 있습니다. 만약 제가 그 이상 아무것도 보지 못한다면, 저는 이것들만 보고 있을 것입니다.”

　지금 무엇이라도 볼 수 있다면, 그가 무엇을 보고 있든 상관없이, 그는 분명히 보이는 것입니다. 그가 보고 있는 것이 아름다운 것이든 추한 것이든 아무 상관 없습니다. 어떤 것이든 보인다는 것이 그의 눈에 시력이 생겼다는 분명한 증거입니다. 이와 마찬가지로 어떤 것을 영적으로 지각한다는 것은 여러분이 영적 생명을 가지게 되었다는 증거가 됩니다. 그 지각으로 인해 여러분이 슬퍼하게 되거나, 기뻐하게 되거나, 여러분의 마음이 상한 마음이 되거나, 그 상한 마음을 고치게 되거나 간에 아무 관계가 없습니다. 만약 여러분이 그런 것을 본다면, 여러분은 틀림없이 볼 수 있는 힘을 가지게 된 것입니다. 분명히 이것으로 충분합니다. 그렇지 않습니까? 그런데 그 사람이 하는 말을 다시 들어보십시오. 그 맹인은 말합니다. “사람들이 보이나이다.” 이 결과는 훨씬 더 좋은 것입니다. 당연히 그 불쌍한 사람은 한때 볼 수 있는 능력이 있었습니다. 그렇지 않다면 그는 사람의 형태를 알아보지 못했을 것입니다. 그는 “사람들이 보이나이다”라고 말했습니다. 그렇습니다. 지금 이 자리에도 저것이 이것과 다른 것을 아는 것에 관하여, 다시 말해 이것과 저것의 차이를 구별할 수 있는 충분한 시력을 가진 이들이 있습니다. 과거에 여러분이 마치 박쥐처럼 시력이 약한 맹인이었다 해도, 이제는 세례 받을 때의 중생이 하나님 말씀으로 인한 중생과 같다는 것을 그 누구도 여러분에게 믿게 할 수 없습니다. 적어도 여러분이 이 두 중생의 차이 정도는 볼 수 있기 때문입니다. 어떤 사람들은 누구나 이런 차이를 볼 수 있다고 생각하지만,

대단히 많은 수가 이것을 보지 못합니다. 여러분은 형식적이고 외형적인 예배와 영적인 예배 간의 차이를 볼 수 있습니다. 여러분이 그것을 볼 수 있기 때문입니다. 구세주가 존재하며, 여러분에게는 구세주가 필요하며, 구원의 방도는 그리스도를 믿는 것이며, 예수님께서 주시는 구원은 참으로 우리를 죄에서 구해 주는 것이며, 이를 믿는 자들은 영원한 영광으로 인도하신다는 이러한 사실들을 알 수 있을 정도로 여러분은 충분한 시력을 가지고 있습니다. 이처럼 여러분이 어떤 것을 볼 수 있다는 것은 분명하며, 희미하게라도 여러분은 그 보이는 것이 무엇인지를 알고 있습니다. 그런데 이 맹인의 말을 한 번 더 들어보십시오. 오늘 본문에 기록된 두 번째 말이 지금까지 그가 한 말을 크게 그르치고 있습니다. "사람들이 보이나이다. 나무 같은 것들이 걸어가는 것을 보나이다." 그 맹인은 그것들이 걸어가는 것 같다는 사실을 제외하고는, 그것이 사람인지 나무인지 알 수 없었습니다. 그리고 나무는 걷지 못하기 때문에, 그것들이 나무일 수 없다는 것을 알고 있었습니다. 사물들은 그의 눈 앞에서 혼란스러운 점들로 보였습니다. 그는 이 사물들의 움직임으로 그것은 틀림없이 사람들이라는 것을 알고 있었습니다. 하지만 그의 시력으로는 그 사물들이 사람인지 나무인지를 정확하게 말할 수 없었습니다. 많은 소중한 영혼들이 이렇게 볼 수 있는 소망은 있으나 불편한 단계에 머물러 있습니다. 그들은 볼 수 있습니다. 이 일을 행하신 하나님을 찬양하십시오! 이들은 다시는 완전한 맹인이 되지 않을 것입니다. 왜냐하면 이들이 사람이신 예수님과 그분이 달려 돌아가신 나무를 보게 된다면, 이 둘을 오로지 한 사물로 보게 될 것이기 때문입니다. 그리스도와 그분의 십자가는 하나이니 말입니다. 예수님을 분명하게 볼 수 없는 눈이라 해도 그분을 희미하게나마 볼 수 있습니다. 희미하게나마 그분을 본 영혼이라도 그는 구원을 받습니다.

이 사람의 시력이 아주 불분명하였다는 사실에 주목해 주십시오. 즉, 그는 사람인지 나무인지를 구분할 수 없었습니다. 이런 경우는 영적으로 맹인인 많은 사람들의 첫 시선과 같습니다. 영적으로 맹인인 자들은 교리와 교리 간에 구별을 할 수 없습니다. 성령님의 사역과 구세주의 사역을 이들은 속으로 혼동합니다. 그들은 의롭다 하심을 받고서 거룩한 삶을 살아가고 있습니다. 그러나 아마 그게 그거였는지 말할 수 없을 것입니다. 그들은 마음의 분여(分與, imparted)된 의를 받아들였고, 또한 그리스도의 전가(轉嫁, imputed)된 의도 받아들였습니다 ('전가된 의'는 그리스도의 의가 그리스도인의 의로 인정된다는 주장으로, 외부에서 주어지는

'낯선' 의를 말하며, 루터파와 개혁파 신학에서 받아들이는 반면, '분여된 의'는 중생의 순간에 거룩과 성화를 위해 분투하는 성도들의 본성이 능동적이고 실제적으로 의롭게 변화된다는 주장으로 감리교에서 받아들인다 — 역주). 하지만 그들은 이 분여된 의와 전가된 의를 거의 구분할 수 없습니다. 그들은 이 두 가지 의를 갖고 있지만, 어떤 것이 어떤 것인지 알지 못합니다. 적어도 그들은 이에 대한 정의조차 쓸 수 없으며, 이것들을 자기 동료에게 말해줄 수도 없습니다. 그들은 볼 수 있습니다. 하지만 그들은 그들이 봐야 하는 것을 제대로 볼 수 없습니다. 그들은 사람들을 마치 나무들이 걸어가는 것처럼 봅니다. 그들의 시력은 불분명할 뿐만 아니라 아주 과장되어 있기도 합니다. 사람은 나무처럼 그렇게 크지 않습니다. 그런데도 그들은 사람의 키를 쭉 뻗은 나무처럼 과장하고 있습니다. 이와 마찬가지로 반쯤 계몽된 사람들도 교리들을 과장합니다. 그들이 선택의 교리를 받아들인다면, 그들은 성경이 가리키는 데까지만 나가는 것에 만족하지 않습니다. 그들은 유기(遺棄) 문제로 질질 끌다가 사람을 나무로 이해합니다. 그들은 세례나 다른 어떤 교훈이라도 관련되면 그것을 확대 해석해서 전반적인 문제로 삼아 버립니다. 어떤 사람은 이런 별난 생각을 하고 또 어떤 사람은 또 다른 별난 생각을 합니다. 이 모든 것들이 바로 사람을 나무로 잘못 보는 것들입니다. 어쨌든 그들이 교리와 교훈들을 보고 인식하는 것은 큰 은혜입니다. 하지만 그들이 그 교리와 교훈들을 지금 자기들에게 보이는 대로 보지 않고, 그 모습 그대로 보는 것은 더 큰 은혜입니다.

이런 과장은 또한 일반적으로 사람들을 놀라게 합니다. 왜냐하면 나무처럼 큰 사람이 걸어가는 것을 제가 본다면, 그 사람이 혹시 나를 덮쳐서 내가 가던 길에서 벗어나면 어떡하나 하는 생각으로 자연스럽게 두려운 마음이 들 것이기 때문입니다. 많은 사람들이 하나님의 가르침을 두려워합니다. 그 가르침의 수준이 너무 높다고 생각하기 때문입니다. 그러나 하나님의 가르침은 절대로 수준 높은 것이 아닙니다. 하나님께서는 적절한 수준으로 가르쳐 주셨는데, 그들의 눈이 어두워 그 가르침들을 확대해서 보는 바람에, 그 가르침들을 원래의 수준보다 더 높고 두렵게 만듭니다. 그들은 하나님의 진리들이 기록된 책들을 읽는 것이 두려울 뿐 아니라, 바른 빛 가운데서 그런 진리들을 볼 수 없다는 이유만으로 그것을 전하는 모든 자들을 피해 다닙니다. 그러고는 진리를 제대로 보지 못하는 자신의 희미한 시력에 놀랍니다.

이 과장이나 놀라움과 관련해서 다음과 같은 자들도 있습니다. 즉, 아름다움과 사랑스러움을 인식하게 되었을 때 나오는 **기쁨을** 완전히 상실한 자들이 있습니다. 사람이 가진 가장 고상한 부분은 바로 자신의 얼굴 모습입니다. 우리는 우리 친구들에게서 다음과 같은 얼굴 모습을 보기 원합니다. 점잖은 눈, 부드러운 표정, 사람의 마음을 끄는 시선, 빛나는 미소, 빛이 날 정도로 자비가 흘러넘치는 인상, 우뚝 솟은 이마 등을 보고 싶어 합니다. 하지만 이 불쌍한 사람에게서는 이런 모습을 전혀 볼 수 없습니다. 왜냐하면 그는 사람과 나무를 구분할 수 없을 정도로, 참된 아름다움을 만드신 위대한 예술가이신 주님의 그 부드러운 선들을 전혀 알아볼 수 없기 때문입니다. 그는 단지 "그것은 사람입니다"라고 말할 수 있을 뿐이지, 그가 어떤 흑인을 보고 있다고 했을 때, 그 흑인이 밤처럼 검은지 아니면 아침처럼 환한지는 알지도 못하고 말할 수도 없을 것이며, 그 흑인의 성질이 사납고 까다로운지 아니면 부드럽고 친절한지도 구별할 수 없을 것입니다. 이것은 어떤 영적 시력을 획득한 사람들에게도 마찬가지입니다. 이들도 교리들의 세세한 부분까지는 볼 수 없습니다. 사랑하는 성도 여러분, 여러분도 알다시피 그 세세한 부분들에서 아름다움이 나옵니다. 제가 예수님을 나의 구세주로 믿는다면 저는 구원을 받을 것입니다. 하지만 이 믿음의 기쁨은 그분을 아는 것에서, 즉 그분의 인성과 그분의 직무와 그분의 사역과 그분의 현재와 과거와 미래를 아는 것에서 생겨납니다. 우리는 그분을 연구하고, 그분을 주의 깊게 살펴보며, 경건한 마음으로 지켜봄으로써 그분의 참된 아름다움을 인식하게 됩니다. 이것은 교리의 경우에도 마찬가지입니다. 교리 전체, 즉 전반적으로 교리가 모두 복되지만, 우리가 그 교리들을 하나하나 세세히 살펴볼 때 우리는 가장 순결한 기쁨을 얻게 됩니다. 예를 들면, 시골의 뜨내기는 헤이그에 있는 파울루스 포터(Paulus Potter, 네덜란드 화가로 대표작에 '황소'가 있다 — 역주)가 그린 '황소' 같은 유명한 미술 작품을 보고서, "정말, 이 그림은 보기 드문 걸작이다"라고 말하고는 그냥 지나가겠지만, 예술가는 그 그림 앞에 앉아서 세세한 것들을 연구합니다. 그는 그 그림의 모든 터치와 음영을 이해하고 음미하면서 아름다움을 발견합니다. 많은 신자들도 대략적으로 믿음의 뼈대를 알 정도의 충분한 빛을 가지고 있습니다. 하지만 그들은 그 뼈대에 살을 채우는 일, 다시 말해 하나님의 자녀로서 영적인 교육만 받는다면 항상 누릴 수 있는 가장 달콤한 위로가 담긴 그 세세한 것들은 살펴보지 않습니다. 그들은 볼 수 있습니다. 하지만 그들은 "나무 같은 것들이 걸어가는 것을" 봅니다.

사랑하는 성도 여러분, 저는 여러분 대부분이 이런 단계를 훨씬 넘어서서 믿음의 여행을 하고 있는 것으로 알고 있습니다. 그럼에도 불구하고 여전히 이 단계에서 우물쭈물하는 수백 명의 하나님의 사람들이 있다는 것도 알고 있습니다. 그러다가 사탄이 우세해지면 파벌, 교파, 이론들이 생겨나게 됩니다. 시력이 좋은 사람들이 함께 모여 어떤 사물을 본다면, 그들은 자신들이 본 것에 대한 설명에서 대부분 동의할 것입니다. 하지만 시력이 좋지 않은 사람들, 즉 사람과 나무를 거의 구분할 수 없는 사람들을 선택해서 똑같은 사물을 보여주고 말하게 한다면, 그들의 혼란은 끝이 없을 것이며, 막판에는 말다툼을 피하지 못할 것입니다. 한 사람이 "그것은 사람이다. 그는 걸어가고 있다"고 하면, 다른 사람은 "그것은 나무다. 사람 키처럼 아주 큰 나무다"라고 소리치지 않겠습니까? 반(半)맹인인 자들이 완악해져서 선생을 무시하며 성령님께서 마땅히 가르쳐 주시는 것을 배우려고 하지 않을 때, 그들은 자신들의 무지를 지식이라고 주장하면서, 반만 계몽된 다른 사람들까지도 구덩이로 인도하여 거기에 같이 빠질 것입니다. 비록 거룩한 겸손으로 이런 불행한 결과를 막을 수는 있겠지만, 그렇다 해도 반만 볼 수 있는 사람들은 여전히 개탄의 대상이 됩니다. 반만 보는 그 시력으로 인해 그들은 기뻐할 수 있을 때도 슬퍼하기 때문입니다. 그들의 이런 모습은 다른 사람들에게도 영향을 끼쳐서, 이해하기만 하면 온종일 찬양으로 가득할 그 진리에 대해 슬퍼하게 만듭니다. 많은 사람들이 선택의 교리에 대해 걱정합니다. 하지만 지금 신자들로 하여금 하루 종일 그리고 밤새도록 찬송하게 할 교리 하나가 이 성경책 안에 있다면, 그것은 바로 선택의 교리일 것입니다. 이것은 하나님의 선택하는 사랑과 구별하는 은혜에 관한 교리입니다. 이 외에도 어떤 사람들은 이런저런 교리들에 대해 놀라고 있습니다. 하지만 그들이 마치 적에게 쫓기듯 이 교리들에서 도망가지 않고 그 진리를 이해한다면, 그들은 달려가 그 진리의 두 팔에 안길 것입니다.

4. 이 치료의 최후 종결

이렇게 과도기적인 상태에 있는 사람에 대한 묘사는 뒤로 하고, 이 치료의 최후 종결에 주목하면서 말씀을 맺고자 합니다. 사랑하는 성도 여러분, 여러분은 어떤 종류의 빛에 대해서도 감사하십시오. 하나님의 은혜가 없었다면, 우리는 한 줄기 빛도 가지지 못했을 것입니다. 한 줄기의 빛도 우리에게는 너무나 과분합니다. 만약 우리가 깜깜한 어둠 가운데서 영원히 갇혀 있게 된다면, 우리는 얼마나 불평하겠습니까? 하나님에 대해 우리가 눈을 감아 버린 것이기 때문에, 우리의 운명은 영원한 암흑 가운데 있어야 마땅하지 않겠습니까? 그러므로 조금이라도 이렇게 빛을 주신 것에 대해 감사하십시오. 그러나 여러분이 더 많은 빛을 바라는 게 아니라면, 여러분이 가진 그 정도의 빛을 상(賞)처럼 여기지도 마십시오. 더 많이 보려고 애쓰지 않는 사람은 여전히 서글픈 맹인입니다. 우리가 더 이상 나아가기를 바라지 않을 때, 그것은 우리가 건강하지 않다는 나쁜 징조입니다. 우리는 모든 진리를 알고 있어서 더 이상 배울 필요가 없다고 만족해하는 그때, 아마 그 때야말로 우리가 처음부터 다시 배워야 할 필요가 있을 것입니다. 지혜를 가르치는 학교에서 배우게 되는 첫 번째 가르침은, 우리는 날 때부터 어리석다는 것, 그리고 그 어리석은 사람은 자신의 부족함과 무지를 인식해 가면서 지혜로워진다는 바로 이 사실을 알게 되는 것입니다. 그러나 주 예수 그리스도께서 사람으로 하여금 작은 것을 보게 하시고, 더 많은 것을 보도록 갈망하게 하실 때는 그 사람이 모든 진리로 인도될 때까지 그를 그냥 내버려 두지 않으실 것입니다.

구세주께서는 그 환자에게 다시 안수하심으로써 이 치료를 완료하셨다는 사실을 우리는 알게 됩니다. 여러분이 구세주와의 접촉을 재개하는 것이야말로 여러분이 온전하게 되는 수단임에 틀림없습니다. 구세주와의 접촉이 여러분이 계몽하게 된 첫 번째 수단인 것과 마찬가지입니다. 그분의 복되신 인품을 친밀하게 알고 그분의 공로를 전적으로 의지하면서 그리스도에게 가까이 나아가는 것, 여러분 자신을 위해 그분과 교제하는 것, 다른 사람의 눈이 아니라 여러분 자신의 믿음의 눈으로 그분을 보고자 갈망하는 마음을 갖고 그분의 성품을 연구하는 것, 이런 것들이 바로 여러분에게 좀 더 분명한 빛을 주는 수단들일 것입니다. 거룩한 안수로 이 모든 것들이 일어납니다. 이 맹인의 눈이 완전히 뜨였을 때, 그가 맨 처음으로 본 사람은 예수님이었을 것이라고 저는 생각합니다. 그 맹인은 무리들로부터 떨어져 있었기 때문에, 그 무리들의 모습은 저 멀리서 보였을 것입니다. 주님의 얼굴을 마음껏 볼 수 있고, 우리의 영혼이 비길 데 없이 사랑하는 그 아름다운 모습을 인지할 수 있는 그 복된 시력. 오, 그 기쁨은 이루 말할 수 없을 것입니다! 사람들이 그분을 보지 못했다면, 영원히 맹인으로 살아가는 것에 만족했을 것입니다. 그러나 그분을 보았을 때, 오, 맹인의 상태에서 벗어나 우리 눈에 감추어졌던 그분을 보게 될 때 만끽하는 그 천국의 기쁨을 어찌 이루 형언할 수 있겠습니까! 사랑하는 성도 여러분, 무엇보다도 여러분은 자신이 그분을 알고 이해하도록 기도하십시오. 여러분은 온 마음을 다해 그분을 이해하려고 노력하십시오. 교리를 유일하게 귀한 것으로 여기십시오. 그분께서 앉으시는 보좌가 바로 교리이기 때문입니다. 그분께서 가르쳐 주신 교훈들에 대해 많이 생각하십시오. 그 교훈들이 그분을 무덤 속에 묻어 감추는 형식적인 묘비가 되지 않도록 하십시오. 그 교훈들은 단지 그분의 생애를 드러내고 자세히 설명해 주는 것으로만 생각하십시오. 그리고 여러분이 직접 경험으로 이 교훈이 과연 그리스도를 가리키는 손가락인지 아닌지 살펴보십시오. 여러분이 그분 안에서 정말 제대로 자라고 있는지 생각하십시오. 사도는 "예수 그리스도의 은혜에서 자라가라"고 말한 후에, "그를 아는 지식에서 자라가라"(벧후 3:18)는 말까지 덧붙였습니다. 그렇게 "자라가라"고 한 후에 그가 어떤 말을 추가하였습니까? "범사에 그에게까지 자랄지라 그는 머리니 곧 그리스도라"(엡 4:15)고 하였습니다. 보기를 위해 간구하십시오. 그리고 여러분이 기도할 때 다음과 같은 말씀을 인용해 간구하십시오. "선생이여, 우리가 예수를 뵈옵고자 하나이다"(요 12:21). 보기를 위해서 기도하십시오. 그래서 왕이신 그분의 아름다움을 보도록 하십시오. 여러분도 언젠가는 아주 멀리 떨어진 그 땅을 볼 수 있을 것입니다. 여러분이 오직 예수님을 바라볼 때, 비로소 여러분은 선명한 시력을 갖게 된 것입니다. 여러분이 사람을 나무로 보는 대신, 구세주를 바로 볼 때, 여러분은 구름과 같은 이 땅에서 벗어나 낮과 같이 밝은 곳으로 들어가게 될 것입니다. 그 때는 여러분이 사람과 나무를 각각 제대로 보게 될 것입니다.

우리가 읽은 본문에 따르면, 우리 주님께서는 그 환자에게 "위를 보라"(Look up[KJV], "그가 주목하여 부더니"[개역개정 — 역주)고 명하셨습니다. 우리가 보기 위해서는 아래를 바라봐서는 안 됩니다. 어두컴컴한 이 땅에서는 그 어떠한 빛도 나오지 않습니다. 우리가 보기를 원한다면, 우리 안을 바라봐서도 안 됩니다. 우리 안은 어둡고 캄캄한 동굴이며, 모든 것이 악으로 가득 차 있습니다. 우리는 위를 보아야만 합니다. 온갖 좋은 은사와 온전한 선물이 다 위로부터 빛들의 아버지께로부터 내려오므로(약 1:17), 우리가 이런 것들을 얻기 위해서는 위를 보아야만 합니다. 예수님을 묵상하고 그분을 의지하면서 우리는 우리 하나님을 바라보아야 합니다. 우리는 우리 영혼을 온전하게 하시는 주님을 생각해야지 우리 자신에 대한 망상에 사로잡혀서는 안 됩니다. 우리 영혼은 그분의 위대하심을 묵상해야지 우리 자신이 위대하다는 공상에 빠져서는 안 됩니다. 우리는 위를 보아야 합니다. 우리의 동료 종들이나 예배의 외형적인 것들을 바라보지 말고, 오직 하나님만을 바라보아야 합니다. 우리는 보아야 합니다. 그것도 위를 바라보아야 우리는 빛을 찾게 될 것입니다.

마지막으로 우리는 "모든 것을 밝히 보는지라"는 말씀을 들었습니다. 그렇습니다. 위대한 의사이신 그분께서 그 환자를 집으로 보내실 때, 그분께서 행하신 치유 사역은 완전히 끝이 났다고 여러분은 확신할 것입니다. 그 맹인은 보았습니다. 그는 모든 사람을 보았습니다. 그는 모든 사람을 밝히 보았습니다. 이렇게 행복한 일이 지금 이 자리에 참석한 반만 계몽된 많은 이들에게도 일어나기를 원합니다! 사랑하는 성도 여러분, 여러분은 구원받은 것으로 만족하지 마십시오. 어떻게 여러분이 구원을 받았는지, 왜 여러분이 구원을 받았는지, 여러분이 구원을 받은 **방법** 등에 대해 알려고 갈망하십시오. 여러분이 서 있는 곳은 반석 위라는 것을 저는 알고 있습니다. 그래도 다음과 같은 질문들에 대해 생각해 보십시오. 어떻게 여러분이 그 반석에 서게 되었는지, 누구의 사랑으로 여러분이 거기에 이르렀는지, 그리고 왜 그러한 사랑을 여러분이 받게 되었는지를 말입니다. 저의 바람은 하나님의 도우심으로 이 교회의 모든 성도들이 예수 그리스도 안에 있을 뿐만 아니라, 그분을 이해하고, 그 이해한 것을 확신함으로써 현재 그들이 어떤 상태에 이르렀는지를 알게 되는 것입니다. 여러분은 항상 여러분 속에 있는 소망에 관한 이유를 묻는 자에게 대답할 것을 준비하되, 온유와 두려움으로(벧전 3:15) 하십시오. 여러분이 알고 기억하기를 원한다면, 이 근심 많은 세상에서 여러분을 구원할 중요한 특징들이 성경 속에는 많이 있다는 사실을 잊지 마십시오. 옛 본성과 새로워진 본성 간의 차이도 이해하려고 노력하십시오. 옛 본성이 새로운 본성으로 개선되리라고 절대 기대하지 마십시오. 결코 그렇게 되지 않을 것이기 때문입니다. 옛 본성은 죄를 짓는 것 외에는 달리 아무것도 행할 수 없고, 새로운 본성은 절대로 죄를 지을 수 없습니다. 두 개의 서로 다른 분명한 원칙들이 있고, 이것들은 절대로 혼동되지 않습니다. 여러분은 사람을 걸어다니는 나무로 보지 마십시오. 성화와 칭의를 혼동하지 마십시오. 여러분이 그리스도를 믿는 그 순간 여러분은 장차 천국에 있을 때의 모습처럼 완전히 의롭다 함을 받게 됩니다. 하지만 성화는 점진적인 사역으로 성령 하나님의 도우심으로 날마다 이루어집니다. 구원은 전적으로 하나님께 달려 있다는 위대한 진리와, 인간이 설령 버림을 받는다 해도 절대로 저주를 받지 않는다는 위대한 거짓말을 구분하십시오. 구원은 주님께 속한 것이라는 사실을 확실히 하고서, 하나님의 천국 문 앞에서 지옥 형벌을 받지 않도록 하십시오. 사람들이 여러분은 칼빈파라고 부르는 것을 부끄럽게 여기지 말고, 여러분의 온 마음으로 반율법주의(Antinomianism, 오직 믿음만으로 구원을 받기에 충분하므로 도덕법은 기독교인에게 필요하지 않다는 주장이며, 성화보다 칭의를 강조한다. 일명 '도덕률폐기론'으로 불린다 — 역주)를 증오하십시오. 반면에 절대로 여러분은 인간의 책임을 믿으면서 인간의 자유로운 의지로 하나님께 나아갈 수 있다는 잘못된 생각에 빠져서도 안 됩니다. 잘못된 이 두 길 사이에 좁은 길이 있습니다. 이것을 볼 수 있도록 여러분은 은혜를 간구하십시오. 소용돌이에 빠져들지도 않고 암초에 걸려들지도 마십시오. 이런저런 체계에 종 노릇 하지도 마십시오. 성경에 있는 어떤 말씀을 주장하는 사람에 대해서 여러분은 "잠잠하시오. 나는 도저히 당신을 참아줄 수가 없소"라고 말하거나, 또는 그와는 반대로 "나는 당신을 믿소. 오직 당신만을 믿겠소"라고 절대 말하지 마십시오. 하나님의 말씀 전체를 사랑하고, 계시된 모든 진리에 대한 통찰력을 얻고자 노력하십시오. 여러분에게 주어진 하나님의 말씀을 서로 다른 많은 책이 아니라 전체 한 권의 책으로 여기고, 예수님의 생애와 마찬가지로 아주 압축적으로 통일되어 그 책에 기록된 진리를 붙잡으려고 노력하십시오. 저는 여러분에게 권면합니다. 여러분이 눈을 떠서 모든 것을 볼 수 있는 능력을 가지게 되었다면, 여러분은 무릎을 꿇고서 여러분에게 시력을 주신 위대한 그분에게 부르짖으십시오. "오, 주님이시여, 지금처럼 계속 하시옵소서. 모든 비늘을 없이하여 주옵소서. 내 눈 안에 있는 모든 혼탁한 것들을 제하여 주옵소서. 나의 편견들이 제거되고 나의 눈이 불타 없어지는 것이 고통스럽다 해도, 그렇게 해주옵소서. 주님, 그 때가 되어야 비로소 저는 성령님께서 주시는 밝은 빛으로 보게 될 것이며, 주님을 얼굴과 얼굴을 대하고 보게 되는 그 거룩한 성문에 들어가, 주님을 만나게 될 것이나이다."

제
17
장

—

유익과 잃음

—

"사람이 만일 온 세상을 얻고도 자기 영혼을 잃으면 무엇이
유익하리요?" — 막 8:36 KJV(개역개정: "사람이 만일 온 천
하를 얻고도 자기 목숨을 잃으면 무엇이 유익하리요")

많은 사람들은 자신의 회계장부에 주의를 기울이지 않아 파산을 하게 됩니
다. 비용을 계산하고, 자신이 지불한 비용을 알며, 재정적으로 대차대조의 균형
을 적절히 유지한다면, 자신이 가진 것을 잃는 사람은 아무도 없을 것입니다. 그
러나 많은 사람들이 자신의 실제 재정 상황에 대해서는 절대적으로 무지한 채,
자신의 이해관계를 등한시하고 일종의 요행을 바라는 마음 때문에 망하게 됩니
다. 영적으로 사람은 위대한 장사를 하고 있습니다. 다시 말해, 사람은 지금도 자
신의 복지를 위해 장사를 하고 있는 중입니다. 이생을 위해 그리고 영원을 위해
장사를 하고 있는 것입니다. 사람은 두 개의 상점을 운영하고 있습니다. 한 상점
은 흙으로 만들어 거칠고 볼품없는 손을 지닌 자신의 한 견습생, 즉 몸이라 불리
는 것으로 운영이 되고 있습니다. 또 다른 상점은 아주 무한히 방대한 것과 관련
된 것으로서 "영혼"이라 불리는 존재에 의해 운영이 되고 있습니다. 이 영적 존
재는 사소한 것들은 거래하지 않고, 지옥이나 천국을 취급하며, 영원이라는 강
력한 실재들을 거래합니다. 자신이 가진 몇 개의 노점에만 전적으로 주의를 기
울이면서 큰 사업체에는 전혀 신경 쓰지 않는 상인이 있다면, 그는 매우 현명하
지 못한 사람일 것입니다. 집에서 쓰는 모든 지출 내역은 아주 세세하게 기록해

두면서도, 자신의 책임이 달려 있는 방대한 사안에 대한 소요경비는 전혀 계산할 생각조차 하지 않는 사람은 참으로 부주의한 사람일 것입니다. 그런데 대부분의 사람들이 이와 같이 어리석습니다. 그들은 육체라 불리는 그 작은 구멍가게에서 얻는 유익들만 생각하지(사실 유익을 얻을 것이라 가정하는 것입니다), 영혼의 관심사인 영원이라는 큰 문제에 대해서는 소홀히 하고 있습니다. 다시 말해, 이런 소홀함의 결과로 일어나는 손실, 즉 끔찍할 정도로 잃게 되는 것에 대해서는 전혀 계산하지 않는다는 것입니다. 나의 사랑하는 성도 여러분, 여러분은 지금도 몸에 신경을 쓰고 있습니다. 신자에게 있어 몸은 성령의 전(고전 6:19)인 줄 알고 있기에 여러분은 참으로 몸에 주의를 기울이고 있습니다. 그러나 몸에 대한 관심보다 더 많은 관심을 여러분의 영혼에 가져주기를 간청합니다. 집을 꾸미더라도, 그 집에 사는 사람이 굶어 죽지 않을 정도로 하십시오. 배에 비축된 물품이 없어 승무원들이 죽도록 내버려 둔 채, 선체에 도료(塗料)를 칠하는 여러분이 되지는 마십시오. 여러분의 몸뿐만 아니라 여러분의 영혼도 돌아보십시오. 여러분이 살고 있는 몸뿐만 아니라, 생명도 돌아보십시오. 오, 이렇게 몸뿐 아니라 영혼도 돌아보는 사람은 영혼의 거대한 관심사에 주의를 기울이고, 하나님 앞에 선 자신의 위치를 알고 있는 사람입니다. 오, 여러분도 여러분 자신을 살피십시오. 만약 사람들이 그렇게 자신을 살펴본다면, 다시 말해 여러분 모두가 지금 자신의 내면을 살펴본다면, 여러분 가운데 얼마나 많은 사람이 파산하게 되겠습니까? 여러분은 지금 몸과 관련해서 꽤 많은 재산을 모으고 있습니다. 여러분은 아주 원만하고 안락하게 행동하고 있습니다. 여러분은 육신이 원하는 대로 하고 있습니다. 여러분은 죽을 수밖에 없는 운명인 여러분의 몸이 하고 싶은 대로 하도록 내버려 두고 있으며, 그 몸은 자기 주인에게 전혀 비난하지 않고 있습니다. 이제 여러분은 여러분의 불쌍한 영혼에게 어떻게 지내고 있는지 물어보십시오. 미안한 말이지만, 여러분의 영혼은 많은 경우에 있어서 승자가 아니라 패자라는 사실을 알게 될 것입니다. 저는 엄숙하게 여러분에게 말씀드리겠습니다. 만약 여러분의 영혼이 패자라면, 여러분이 아무리 크게 승리를 했다 해도, 여러분은 조금의 유익도 얻지 못한 것이라고 말입니다. 저는 여러분 모두에게 예수 그리스도의 이름으로 다음과 같은 질문을 드리겠습니다. "사람이 만일 온 세상을 얻고도 자기 영혼을 잃으면 무엇이 유익하리요?"(막 8:36 KJV).

　우리는 오늘 본문 말씀을 나눠서 생각해 보려고 합니다. 첫 번째로, 사람이 온 세상을 얻게 될 때 사람이 얻을 수 있는 것과, 두 번째로, 사람이 자기 영혼을 잃게 될 때 생겨나는 무섭게 잃는 것에 대해 살펴보고, 그 다음으로, 이로부터 얻을 수 있는 몇 가지 실제적인 교훈으로 말씀을 맺고자 합니다.

1. 사람이 온 세상을 얻게 될 때 얻을 수 있는 것

첫 번째로 사람이 온 세상을 얻는다면, 무엇을 얻을 수 있을지에 대해 말씀드리겠습니다. 반드시 상식에 입각해서 말하지 않으려고 하는 많은 기독교인들은 이 모든 말씀을 다음과 같이 요약합니다. 즉, 온 세상을 얻는 것은 아무것도 얻지 못하는 것이라고 말입니다. 이것은 어쩌면 옳은 말일지도 모릅니다. 그러나 과연 그들은 자신이 한 말을 믿고 있는지, 즉 방금 우리가 부른 찬송대로 그들도 찬양하는지 저는 묻고 싶습니다.

> "당신에 비하면
> 보석도 번쩍번쩍 빛나는 장난감이며,
> 황금도 지저분한 티끌일 뿐이니이다."(필립 도드리지[Philip Doddridge])

그들이 말한 대로 이 찬송에서는 보석과 황금이 그리스도와 비교되고 있습니다. 그런데 어떤 사람들은 이 세상의 것들에 대해 적절하지도 않고 터무니없는 비난을 하면서, 보석을 "번쩍번쩍 빛나는 장난감"으로 그리고 황금을 "지저분한 티끌"이라고 부릅니다. 제게는 저를 자주 감탄하게 만드는 몇몇 친구들이 있는데, 그 친구들이 황금을 지저분한 티끌이라고 말하는 것을 들었을 때 저는 놀라지 않을 수가 없습니다. 왜냐하면 그들이 왜 티끌을 치우는 청소부에게 그 황금을 줘버리지 않는지, 다음에라도 그 청소부가 오면 주면 될 텐데 하는 의문이 들기 때문입니다. 만약 그들이 정말 그렇게 한다면, 저는 전혀 거리낌 없이 당장에 그것을 주워올 것입니다. 지극히 높으신 분을 위한 성막을 짓기 위해서는 그런 지저분한 티끌이 어느 정도는 우리에게 필요하다는 것을 알기 때문입니다. 그러므로 그런 티끌들은 우리에게 아주 특별하게 사용될 것입니다. 이처럼 재물을 무시하도록 부추기는 많은 사람들은 이미 재물을 아주 많이 축적해 놓은 사람들입니다. 제 생각에 그들은 그 재물이 다른 사람들의 마음에 상처를 줄 것을 우려하여, 그것을 아주 신경 써서 치워 놓습니다. 그래야 다른 사람들이 그 위험한 것을 만지지 못하기 때문입니다. 그렇게 보면 재물을 축적해 놓은 사람들은 다른 사람들에게 지극히 친절한 사람들인 셈입니다. 하지만 우리는 그들의 이 선한 의도를 곧이곧대로 받아들이며 고마워하지 않습니다. 가끔씩 그들이 재물의 일부를 나누어 주기라도 한다면, 그 의도가 선한 것인지 숙고해 볼 뿐입니다. 여러분은 그들이 "돈은 일만 악의 뿌리이다"라고 말하는 것을 아주 여러 번 들었을 것입니다. 그래서 저는 그 성경 말씀을 찾아보고자 하였습니다. 그런데 창세기부터 요한계시록까지 성경 전체 어디에서도 그런 말씀을 찾을 수 없었습니다. 저는 "돈을 **사랑함**이 일만 악의 뿌리"(딤전 6:10)라는 말씀은 바로 찾을 수 있었습니다. 돈 그 자체에 대해 말한다면, 돈에서는 그 어떤 최소한의 죄악도 발견할 수 없습니다. 사람이 돈을 바르게만 사용한다면, 그 돈은 하늘에서 보내준 달란트이며, 하나님께서 선한 의도를 위해 주신 것이라고 저는 생각합니다. 하나님께서 주신 달란트는 결코 나쁜 것이 아니라는 사실을 저는 확신합니다. 사랑하는 성도 여러분, 그런데 어떤 사람이 자신은 이런 것에 실제로 전혀 신경 쓰지 않는다고 말한다면, 물론 이런 말은 모든 사람들이 어느 정도는 다 하는 것이라 해도, 이것은 전적으로 위선적인 말입니다. 모든 사람은 이 세상의 것들을 얻고 싶어 하며, 실제로 이 세상에는 뛰어난 능력으로 상당한 이윤을 얻은 자들이 있기 때문입니다. 저는 여러분이 그 모든 이득을 거부하고 모든 면에서 실패자가 되어야 한다고 말함으로써, 여러분을 속이고 싶지 않습니다. 절대로 그렇지 않습니다. 저는 이 세상의 이윤과 관련해서 여러분 가운데 누구든 원하는 대로 다 하라고 적극 권장할 것입니다. 만약 그 이윤이 상당하다면, 저는 그것이 얼마나 대단한 것인지도 인정할 것입니다. 만약 여러분이 그 이윤으로 이 세상의 좋은 것을 얻을 수 있다고 생각한다면, 그리고 여러분이 그러기를 원한다면, 저는 그것도 인정할 것입니다. 그것을 인정한 후에, 저는 여러분에게 다음과 같은 질문을 할 것입니다. "온 세상이라는 말이 어떤 의미이든 간에, 여러분은 이 온 세상을 얻으려는 의도를 가지고서도, 여러분의 영혼을 잃지 않을 수 있다고 대답할 수 있겠습니까?"

지금 저는 가능한 대로, 여러분에게 해당되는 모든 계산서를 가지고 와서 대차대조표를 맞춰보려고 합니다. 우리는 아주 드물게 일어날 수 있는 경우를 생각해 보려고 하는데, 사실 이 경우는 지금까지 한 번도 일어난 적이 없습니다. 지금까지 온 세상을 얻었던 사람은 없었기 때문입니다. 이 지구상에 알려진 거의 모든 곳에는 각기 군주들이 있었습니다. 그러나 만약 여러분이 고대 세계의 지도를 살펴본다면, 그 군주들이 가졌던 영토는 지구 전체와 비교해 볼 때 얼마나 작은 것이었는지, 정말 놀랄 정도입니다. 실제로 그 영토들은 현대 군주들이 가진 영토에 비하면 그리 큰 것도 아니었습니다. 고대인들에게 알려졌던 세상은 아주 작은 부분이었습니다. 그런 때였다 해도, 그 세상 전체를 소유한 사람은 아무도 없었습니다. 저는 실제로 일어날 가능성이 있는 관점에서 이 질문을 다시 해보려고 합니다. 다소 제약이 있겠지만, 그래도 사람이 온 세상을 얻었다고 말할 수 있는 서너 가지 경우가 있을 것이라고 저는 생각합니다.

첫째로, 광활한 제국을 다스리는 권력을 가진 사람은 어느 정도 온 세상을 얻은 것으로 생각해볼 수 있습니다. 예를 들어 알렉산더 같은 사람을 들 수 있습니다. 온 세상을 얻은 사람으로서 이 알렉산더 대왕보다 더 적절한 예는 없을 것 같습니다. 그는 자신의 지배권이 어느 정도인지 말할 수가 없었습니다. 물론 자신이 세운 영토의 경계는 있었겠지만, 그가 자기의 영토 안에 산다고 말할 수 있는 여러 민족들은 다 알지 못했습니다. 그는 자신의 영토 끝에 다다르지 않고서도 수천 마일을 여행할 수 있었습니다. 그의 발 밑에는 언제든 군기를 들고서 전쟁으로 복수를 감행할 수만 명의 무장 군사들이 있었습니다. 그가 전쟁을 일으키면서 비밀전략을 세우기만 하면 그 누구도 그를 당해낼 수 없었습니다. 그의 뜻이 곧 법이었습니다. 그를 섬기다가 수천 명이 죽임을 당하기도 하였고, 그의 소집 명령에 수천 명의 사람들이 그의 왕기(王旗) 주위에 모여들기도 하였습니다. 알렉산더 대왕, 내가 당신을 소환하노라! 당신은 어떻게 생각하느뇨? 온 세상을 얻은 것이 그렇게 큰 가치가 있었느뇨? 그 왕홀이 행복의 지팡이였느뇨? 그 왕관이 기쁨의 보장해 주었느뇨? 알렉산더의 눈물을 보십시오! 그가 지금 울고 있습니다. 그렇습니다. 그는 정복할 다른 세상 때문에 울고 있습니다. 야망은 만족할 수 없는 것입니다! 온 세상을 얻고서도 충분하지 않습니다. 어떤 사람이 만국의 군주가 된다는 것은 틀림없이 만국의 비참한 사람이 되는 것입니다.

아마도 여러분은 권력을 갖는 것이 대단히 기쁜 일이라고 생각할 것입니다. 저도 기쁜 일이라고 믿고는 있습니다. 그러나 자기 동료인 피조물에 대해 권력을 가진 사람은, 자신의 타락한 본성 때문에 그 권력이 기쁜 것이라는 사실을 인정할 수밖에 없으리라 생각합니다. 그러지 않고서야 왜 정치가들이 그렇게 무수한 날들을 권력을 위해 숱한 수고를 하면서 지속적으로 권력을 추구하고, 한밤중까지 토론하면서 자신의 정력을 허비하는 것이겠습니까? 권력에는 분명히 기쁨이 있습니다. 그러나 여러분은 주의하십시오. 그 기쁨은 그 권력이 가진 불안으로 인해 상쇄(相殺)됩니다. 대중의 인기는 그 머리를 구름 위 높은 곳에 두고 있지만, 그 발은 모래 속에 파묻혀 있습니다. 그 인기 있는 사람의 머리는 별들 가운데 있지만, 그 발은 두려움으로 떨고 있습니다. 권력을 증강하기 위해서, 또는 그 권력을 유지하기 위해서 불안해하는 것입니다. 그 불안으로 인해 권력에서 생긴 많은 즐거움들이 사라집니다. 베이컨(Francis Bacon) 경은 한층 높은 곳으로 오르려는 자들을 하늘에 있는 천체와 비교했습니다. 즉, 많은 감탄은 받겠지만 전혀 쉴 수 없는 존재들로 설명했습니다. 지혜로운 사람은 권력을 필수로 여기지 않습니다. 그는 권력을 황금으로 번쩍이는 옷이라고 확신하기 때문입니다. 그 옷은 보는 사람들에게는 번쩍거리고 멋있지만, 그 옷을 입은 사람에게는 그 무게로 인해 중압감을 느끼게 합니다. 권력이라는 온 세상을 얻은 사람은 그 자체로 약간의 유익을 얻지만, 공정하게 수지 결산을 해보면, 남는 것은 거의 없다고 말할 수 있을 것입니다. 알렉산더 대왕도 오두막에 사는 농부를 부러워하면서, 금과 은으로 꾸며진 왕궁에서 사는 것보다 목동들 가운데서 광야에 사는 것이 더욱 행복할 것이라고 생각하였습니다. 오! 나의 사랑하는 성도 여러분, 제가 이 모든 것을 영혼을 잃는 것과 비교한다면, 여러분은 정말 깜짝 놀랄 것입니다. 그러나 저는 이 모든 것을 놓고 수지 결산을 해보고자 합니다. 저는 말할 수 있습니다. 온 세상을 얻는 것은 작은 일이라고 말입니다. 특히 우리가 하나님을 대적하는 죄인이었을 때는 더더욱 그러합니다. 게다가 세상 제국이 눈 붙이고 잠도 못 들게 하고, 한시도 마음 놓고 쉴 수 없을 만큼 두려운 책임을 요구한다면, 세상 나라들이 무지막지한 죄악들을 범하는 권력의 손을 펼친다면, 한밤중에 잠을 자는 자들에게 출몰하는 귀신처럼 그 무지막지한 죄악들이 나타난다면, 그렇다면, 온 세상을 얻는 권력은 그 자체만 생각해 보더라도, 유익이 아니라 잃는 것입니다.

둘째로, 온 세상을 얻는 또 다른 방식이 있습니다. 권력으로 얻는 것이 아니라, 권력과 가까운 관계인 부(富)로 얻는 것입니다. 이 방식을 설명하기 위해 우리는 크로이소스(Croesus, BC 595-547?, BC 6세기에 있었던 리디아[Lydia] 최후의 왕으로 큰 부자로 유명하다 — 역주)를 예로 들 수 있을 것 같습니다. 그는 세상에 있는 모든 부를 축적하였습니다. 그의 재산은 이루 헤아릴 수 없을 정도였기 때문입니다.

그가 가진 금과 은도 다 헤아리지 못했고, 보석도 부지기수(不知其數)였습니다. 그는 부자였습니다. 거부(巨富)였습니다. 그는 하나의 제국을 살 수도 있었고, 남은 돈으로 또 다른 제국도 살 수 있을 정도의 돈을 가지고 있었습니다. 아마도 여러분은 거부가 되는 것이 큰 것을 얻은 것이라고 생각할 것입니다. 그러나 저는 엄청난 부자가 되는 것은 그 자체로 바람직한 것이 아니라고 믿고 있습니다. 크로이소스에게 물어보십시오. 크로이소스는 죽을 때 "오! 솔론, 솔론"이라고 외쳤습니다. 그러자 사람들이 그에게 그게 무슨 말이냐고 물었습니다. 그는 솔론이라는 자가 예전에 자기에게 말하기를, 어떤 사람이 죽기 전까지는 그가 행복한 사람이었는지 말할 수 없다고 했다고 대답했습니다(헬라의 일곱 현인 중 한 명인 솔론[Solon, BC 640?-560?]이 크로이소스를 방문하자, 크로이소스는 보물 창고에 있던 자신의 보물들을 보여주고 자랑하면서, 자기보다 더 행복한 사람을 만나본 적이 있느냐고 솔론에게 물었다. 그러자 솔론은 크로이소스가 아닌 다른 사람들을 열거하였다. 이에 크로이소스가 격분하자, 그에게 솔론이 대답한 말이다. 헤로도투스의 「역사」[Herodotus I. 29-32]에 나오는 내용이다 ― 역주). 그래서 "오! 솔론, 솔론"이라고 소리쳤던 것입니다. 왜냐하면 죽음에 다다른 비참함이 그의 평생의 기쁨들을 모두 앗아가 버렸기 때문입니다. 이것이 바로 엄청난 부의 노예가 된 모습입니다. 이것이 바로 부로 인해 불안해하는 모습입니다. 재물은 인색한 탐욕을 낳습니다. 이런 모습은 너무 자주 볼 수 있습니다. 부한 사람은 자기 영혼을 잃은 사람인 것은 말할 것도 없고, 자기 재물에 의해서도 잃은 것이 많은 사람입니다. 많은 사람들은 자신의 호화로운 마차로 거리를 달릴 때보다, 비록 누더기 옷을 입고서라도 인도(人道)를 걸을 때 더욱 행복합니다. "무거운 마음을 지닌 많은 사람들이 마차를 탄다"는 말은 옛 속담이긴 하지만, 놀랄 정도로 참된 말입니다. 이에 대해 시인은 아주 잘 표현하였습니다.

> "그대가 부한 자라 해도, 그대는 가난한 자야.
> 왜냐하면 그대는 금덩어리로
> 등뼈가 휜 당나귀처럼 무거운 재물을 지고,
> 인생의 여정을 타박타박 걸어가다가,
> 죽어서야 겨우 그 짐을 풀어놓게 되니 말이다."(셰익스피어)

어떤 사람이 재물을 정직하지 않은 방법으로 얻었다고 가정해 봅시다. 이 경우에 그 재물은 그에게 반드시 임하게 되어 있는 끔찍한 저주라고 저는 분명히 말씀드리는 바입니다. 그 재물 자체는 장차 올 세상과는 별도로 역병 같은 저주를 만들어 냅니다. 나의 사랑하는 성도 여러분, 여러분이 좋아하는 황금의 값어치를 생각해 보십시오. 저는 말할 수 있습니다. 만약 여러분이 그 황금을 얻기 위해 영혼을 내주고 있다면, 분명히 여러분은 끔찍한 손해를 보고 있는 것임을 알게 될 것입니다. 이렇게 영혼을 잃는 것 외에도, 대부분의 사람들에게는 세상의 부를 얻는 것 자체가 바로 손해라고 저는 믿습니다. 해초(海草)로 무성하게 우거진 바다를 즐거움이라는 배로 항해할 수 있는 능력을 가지고 살아가는 자들은 극소수일 것입니다. 사람이 적게 가지면 가질수록, 더 많이 가지는 법입니다. 그래서 그런 사람은 모든 사람이 바라는 것에 대해 적절히 조절할 수 있는 자질을 갖추게 됩니다. 아굴이 다음과 같이 말했을 때, 그는 옳은 생각을 하였던 것입니다. "나를 가난하게도 마옵시고 부하게도 마옵시고"(잠 30:8). 크게 부자가 된다고 해서 틀림없이 크게 얻는 것이 아닙니다.

셋째로, 좀 더 차원 높은 의미에서 세상을 얻었던 또 다른 사람이 있습니다. 그의 이름은 솔로몬입니다. 그가 가진 보물은 부나 권력이라기보다는(물론 이 두 가지도 함께 가졌습니다만) 지혜의 보물과 육신의 기쁨이었습니다. 솔로몬은 마음을 기쁘게 하고, 눈을 즐겁게 하며, 육신을 매력적이게 하는 모든 것을 가졌습니다. 그는 많은 말을 하였을 뿐만 아니라, 이스라엘 민족의 시(詩)가 가질 수 있는 가장 아름다운 선율의 음악도 노래하였습니다. 그는 손가락 하나만 움직여도 뛰어난 군사들이 그를 따랐으며, 그의 발 밑에는 보물들이 펼쳐져 있었습니다. 오랫동안 숙성된 모든 포도주들도 단숨에 배로 들이켰고, 모든 지역에서 모여든 하녀들이 그의 명령대로 시중을 들었습니다. 그는 사람들을 마음대로 다스리는 주인이었습니다. 한 마디로 그는 주님이었습니다. 그는 모든 종류의 기쁨과 갖가지 쾌락들을 만끽하였습니다. 그는 자기 컵에 모든 육신들이 낙원이라 부르는 것과, 사람들이 행복으로 꿈꾸는 모든 것을 섞었습니다. 솔로몬이 해보지 못한 것은 아무것도 없었습니다. 그는 기쁨을 위한 것이라면 온 세상을 샅샅이 뒤진 사람이었습니다. 그러면서도 그는 지혜로운 사람이었습니다. 그는 이 땅의 행복을 찾기 위해서는 어디로 가야 할지를 알고 있었고, 그것을 찾았습니다. 솔로몬, 그래서 당신이 찾은 것은 도대체 무엇이뇨? 오! 설교자인 당신이여, 당신의 입을 열어 우리에게 말해 주시오. "헛되고 헛되며 헛되고 헛되니 모든 것이 헛되도다"(전

1:2)라고 그 설교자는 말했습니다. 오! 나의 사랑하는 성도 여러분, 만약 우리가 바라는 육신의 즐거움들을 모두 가질 수 있다 해도, 저는 그 즐거움들이 과연 유익인가 하는 점을 묻고 싶습니다. 그러나 제가 확신하는 것은 이것입니다. 즉, 그 즐거움 때문에 우리 영혼을 잃는 것과 비교한다면, 그것은 참으로 끔찍한 손해라는 것입니다. 많은 사람들이 우리가 바라는 그 육신의 모든 즐거움들에 탐닉한다면, 우리는 우리의 육신을 멸망시킬 뿐만 아니라, 실제로 우리의 행복도 놓치게 될 것이라고 저는 생각합니다. 많은 사람들은 자신의 즐거움들을 얻기 위해 정말 빨리 쫓아갔습니다. 하지만 많은 경주자들이 과도한 경쟁으로 인해 그 상을 놓치고 말았습니다. 만약 많은 사람들이 그 즐거움을 추구하는데 있어서 조금만 더 절제했더라면, 그 육신까지도 더 많은 즐거움을 누렸을 것입니다. 그런 사람은 버터 한 덩이를 석쇠에 놓고 굽는 어리석은 사람입니다. 그는 너무 조급하게 즐거움을 쫓다가, 그 즐거움이 사라지고 아무것도 남지 않게 될 때까지, 마치 스스로를 석쇠 위에 올려놓고 구워 없애는 것처럼, 자기 인생을 허비하는 사람입니다. 아! 만약 여러분이 이 세상에 있는 모든 감각적인 쾌락을 가진다해도, 다시 말해 사람이 가질 수 있는 모든 지혜를 가진다 해도, 그것이 여러분의 즐거움을 제한하는 하나님의 은혜와 동떨어져 있다면, 그 때 여러분은 치명적인 손실을 발견하게 될 것으로 저는 믿습니다. 저는 오늘 본문 말씀을 확실하게 한 번 더 말씀드리겠습니다. "사람이 만일 온 세상을 얻고도 자기 영혼을 잃으면 무엇이 유익하리요?"

이 세상에서 큰 것들을 얻는 것이 실제로는 작은 것을 얻는 것일 뿐이라는 사실을 여러분은 이제 알았을 것입니다. 그것들은 그냥 보기만 할 때는 크게 보이지만, 막상 그것을 잡았을 때는 아주 작습니다. 이 세상은 아이들이 가지고 노는 나비와 같습니다. 다시 말해, 나비를 쫓아가는 작은 놀이와 같습니다. 조금이라도 세게 잡으면 나비의 날개가 부러져 실망만 할 뿐입니다.

그러나 나의 사랑하는 성도 여러분, 제가 이미 말씀드린 이런 대단한 것들을 가짐으로써 이 세상에서 얻을 수 있는 작은 유익이 있다 해도, 이런 대단한 것을 갖게 되는 아주 극단적인 상황에서도 그가 장차올 세상을 얻지 못한다면, 즉 자기 영혼을 잃을 수밖에 없다면, 그 사람에게 무엇이 유익하겠습니까? 다음과 같은 식으로 다시 질문해 보겠습니다. 사람이 지금 이 세상은 물론이고 다음 세상도 잃게 된다면, 그 사람이 현재 얻은 것이 그에게 무슨 유익이 있겠습니까?

그가 이 세상의 아주 작은 부분만을 얻고서, 우리가 이들에 대해 확실히 예상하는 바대로, 자기 영혼을 잃게 된다면, 그 얻은 작은 것이 그에게 무슨 유익이 있겠습니까? 저는 부자와 관련해서 자주 다음과 같은 생각을 합니다. "글쎄, 그런 부자들을 가난한 자들과 비교하자면, 부자들은 이 세상에서 뭔가를 가지고 있는 것이 분명해. 하지만 그들이 죽을 때 가난한 자들보다 더 좋은 어떤 것을 가지고 있지 않다면, 그들이 가난한 자들보다 더 행복하다고는 할 수 없을 것 같다"고 말입니다. 저는 굳은살이 박인 손을 가지고 힘들게 수고하는 자들이 주인에게 학대받고 짓밟히는 것을 보곤 합니다. 그때 저는 "오! 불쌍한 영혼들, 만약 당신들이 다른 세상을 보지 못한다면, 당신들은 모든 사람들 가운데 가장 비참한 자이다! 왜냐하면 당신들은 지금 이 세상에서도 얻지 못하고, 장차 올 세상에서도 얻지 못하기 때문이다. 당신들은 최후에 안식할 안전한 곳에 대한 소망도 없이, 짐수레를 끄는 말처럼 그저 터벅터벅 걸어가고 있는 것이다"라는 생각을 합니다. 부자들은 적어도 이 세상에서 가질 수 있는 많은 것들을 가진 자들이지만, 은혜와 관련해서는 적게 가진 자들입니다. 그러나 가난한 자들은 이 세상에서도 가장 작게 가진 자들입니다. 그 가난한 자들이 장차 올 세상마저 갖지 못한다면, 그들은 그렇게 살다가 가난에서 저주로, 누추함에서 멸망으로, 가난한 집과 누더기 옷에서 지옥 불길로 옮겨가게 될 것입니다. 이런 존재로 살아간다는 것은 얼마나 무시무시한 일인지 모릅니다. 이 세상에서도 비참하게 생활하다가, 이후의 세상에서는 더욱 슬프고 끔찍하게 살아가야 할 운명이라니, 그런 운명의 전주곡이나 서막처럼 이 세상에서 굶주리는 존재로 살아가다니, 이 얼마나 끔찍한 일인지 모릅니다. 오, 만약 여러분이 이 세상에서 작은 것을 얻고서 여러분의 영혼을 잃는다면, 여러분에게 무슨 유익이 있겠습니까?

　자, 저는 지금까지 이 세상의 삶에 대해서만 계산을 해보았습니다. 그런데 사람이 만일 온 세상을 얻고도 자기 영혼을 잃으면, 즉 그가 죽게 되었을 때, 그에게 무엇이 유익하겠습니까? 그가 죽어 누워 있을 때, 그에게는 위로해 줄 하나님이 없습니다. 그에게 자신이 쌓아 놓은 금을 가져다 줘보십시오. 어떻습니까? 그 쌓아 놓은 금이 아직도 당신의 마음을 설레게 합니까? 어떻습니까? 금이 들어 있는 당신의 가방이 요단 강을 건너게 해줄 수 있습니까? 정말 안타까운 사람입니다! 당신은 지금까지 당신이 쌓아올린 그 반짝이는 재물을 위해 살아왔습니다. 그렇다면 앞으로도 그것들을 가지고 살아야 하는 것 아닙니까? 천국에도 그것들을 가지고 가야 하는 것 아닙니까? 그는 머리를 가로저으며 그럴 수 없다고 말합니다. 왜냐하면 축적해 둔 재물들은 사람이 죽는데 전혀 도움이 되지 않기 때문입니다. 여러분은 배가 가라앉자 선실로 달려가 선장의 금고를 부수고는, 자기가 들고 갈 수 있는 모든 돈을 꺼내서 자기 허리춤에 묶고서 바다로 뛰어들었다가 익사한 선원의 이야기를 들었을 것입니다. 이처럼 하나님 없이 죽는 자들은 자기가 지은 죄의 증거들을 허리춤에 묶고서 창조주 하나님 앞으로 서둘러 나아가게 됩니다. 오! 그렇게 얻은 금과 함께 죽다니, 이 얼마나 서글픈 일인지요. 여러분이 마지막으로 침상에 누웠을 때, 여러분이 아무리 힘들게 재물을 얻었다 해도, 그 재물이 여러분에게 많은 소용이 있을 것으로 생각합니까? 전혀 그렇지 않습니다. 여러분이 가진 그 모든 부에도 불구하고, 여러분은 피할 수 없는 그 죽음 앞에 굴복할 수밖에 없습니다. 온 세상의 찬사와 명성을 얻었다 해도, 그런 것들이 임종을 앞두고 침상에 누운 여러분을 도울 수 있겠습니까?

> "예수님은 임종을 앞둔 침상을
> 솜털 같은 베개처럼
> 부드럽게 느끼도록 하시네."(아이작 와츠).

여러분이 죽게 되었을 때, 사람들이 지금까지 여러분에게 보내던 그 찬사가 얼마나 사소한 것으로 보이겠습니까? 오! 우리 자신의 가치를 우리 동료 피조물들이 생각하는 것으로 판단하다니, 우리는 얼마나 불쌍한 바보들인가, 하는 생각을 저는 자주 합니다. 그러나 오! 우리가 죽게 되었을 때, 우리를 평생토록 따라다녔던 소문과 악평 등에 대해 더는 신경 쓰지 않게 될 것입니다. 우리가 마지막 죽는 순간에 명성이나 명예가 무슨 소용이 있단 말입니까? 이 모든 것은 다 거품과 같은 것입니다! 영혼이 거품으로 살아갈 수 있습니까? 그럴 수 없습니다. 그때 우리는 그런 허영들을 경멸하게 될 것입니다. 우리는 "명성아! 너의 나팔 소리를 멈춰라. 나로 하여금 홀로 죽도록 하라. 나 홀로 천사장의 나팔 소리를 들어야 하기 때문이다. 너 재잘거리는 명성아, 나는 너를 증오하노라. 너는 나의 잠을 방해하고, 내 침상에 있는 나를 깨울 뿐이다"라고 말할 것입니다. 오! 우리가 죽게 될 때는 재물이나 권력이나 허세나 명성, 이 모든 것들이 아무 유익도 되지 못할 것입니다. 자기의 영혼을 잃는다면, 이 모든 것들은 그에게 전혀 유익이 되지 않을 것입니다.

그리고 사람이 온 세상을 얻었다 해도, 심판 날에 그 얻은 온 세상이 그에게 무슨 유익이 있겠습니까? 사람이 하나님의 심판대 앞에 자주색 옷을 입고, 그의 머리에 면류관을 쓰고 나아온다고 가정해 봅시다. 그때에는 왕관마저도 전혀 눈길을 끌지 못할 것입니다. 하나님의 흰 보좌(계 20:11) 앞에 모여든 허다한 무리들을 저는 지금 보고 있습니다. 여기에는 군주나 종이나 아무런 구별 없이 섞여 있습니다. 왕과 농부들이 같은 위치의 높이에 서 있습니다. 그래서 누가 더 높은지 전혀 구별할 수가 없습니다. 하나님께서 말씀하십니다. "너 저주를 받은 자들아(마 25:41), 떠날지어다." 그러자 군주가 정죄를 받습니다. 또는 하나님께서 "너 복 받을 자들이여(마 25:34) 나아오라"고 선언하시자, 군주들이 구원을 받습니다. 하나님께서는 같은 음성으로 각 사람들을 심판하십니다. 만약 그들이 성도라면, 그들을 그들의 집으로 들어올리라는 기쁨의 음성이 있을 것이고, 그들이 타락한 자들이라면, 그들에게 정해진 운명대로 그들을 보내라는 고발의 음성이 있을 것입니다. 아! 그가 하나님의 심판대 앞에 서게 될 때, 자신이 이룬 모든 업적들은 아무런 유익이 되지 않을 것입니다. 하나님 앞에 높이 서서 자신을 만든 창조자에게 다음과 같은 말을 하는 사람을 상상해 보십시오. "주님이시여, 저는 이 땅에서 많은 명성을 얻었습니다. 사람들은 저를 기념비를 세워 놓고서는, 어떤 날씨에도 견디면서 어리석은 자들에게 저를 쳐다보게 하거나 대중들로부터 제가 존경을 받게 하는 것을 영광으로 여겼습니다. 그런데도 오, 주님이시여, 당신은 이런 저를 지옥으로 보내려 하십니까?' 그러자 정의로운 분께서 말씀하십니다. "오, 너의 입상(立像)이 무엇이냐? 너의 명성은 또 무엇이냐? 네 영혼이 구원받지 못한다면, 네가 그리스도 안에 있지 않다면, 너의 모든 입상들과 명성들에도 불구하고, 너는 멸망하게 될 것이다." 이런 것들은 심판 날에 아무 소용이 없습니다. 사람들은 모두 한 가지로 심판대 앞에 설 것입니다. 모든 사람들이 같은 수준에서 심판을 받게 될 것입니다. 만약 그리스도께서 우리를 구원해 주셨다면, 우리는 구원받게 될 것입니다. 그러나 우리가 그리스도 밖에 있다면, 아무리 우리가 위대하고 강력한 힘을 가졌다 해도, 부자에게나 가난한 자에게나 공정하게 심판이 내려질 것입니다.

한 번 더 생각해 보겠습니다. 사람이 지옥에 내려갈 때, 사람이 온 세상을 얻은들 무엇이 유익하겠습니까? 사랑하는 성도 여러분, 그에게 유익하겠습니까? 정말 유익이 되겠습니까? 오히려 그 반대가 될 것입니다. 오래 전에 지옥으로 간 한 군주의 이야기를 들려드리겠습니다. 그 군주가 이 땅에 있을 때는 그가 성에 들어갈 때마다 귀족들의 인사를 받았고, 다른 군주들도 그를 존경하였습니다. 그런 환대를 받던 군주가 지옥에 가자, 그가 지옥에 왔다는 소식이 모두에게 알려졌습니다. 지옥에는 그가 예전에 쇠사슬에 묶어 자신의 마차 바퀴에 매달았던 다른 군주들이 각자의 지하 감방에 누워 있었습니다. 그리고 그가 철저하게 전복시켰던 민족들과 살해했던 자들도 거기에 있었습니다. 그가 지옥에 들어가자, 그들은 불 침대에 누워서 그를 경멸의 눈초리로 바라보며 수천 개의 음성으로 "아하! 아하! 당신도 우리처럼 되었군요?"라고 소리쳤습니다. 그때서야 그는 자신이 이 땅에서 많은 영광을 받으면 받을수록, 지옥불은 더욱더 뜨거워진다는 사실을 알게 되었습니다. 그는 한 사람의 평범한 죄인으로서 지옥을 받아들였습니다. 그리고 특별한 죄인, 즉 중죄인에게는 마치 바다의 파도처럼 그 죄인의 머리 위로 지옥이 반복해서 계속 돈다는 사실도 그는 알게 되었습니다. 그는 자신의 그 모든 위대한 업적으로 인해 상태가 더욱 악화되었다는 것도 알게 되었습니다. 사악한 자들이여, 부자들이여, 나가서 너의 황금을 쌓아 올려라. 아마도 어느 날 그것들이 모두 유황이 되어 네게서 사라지게 되리라. 명성을 얻은 사람들이여, 나가서 나팔을 불거나 다른 사람들에게 나팔을 불어 달라고 부탁하여라. 그 명성의 숨소리가 전능하신 하나님의 복수의 장작불에 부채질할 것이로다. 너 권력의 사람아, 나가서 너의 위엄을 세워라. 네가 높이 날아오르면 오를수록, 너의 떨어짐은 더욱 크리로다. 너는 높이 치솟은 너의 거만함에서 떨어져, 영원토록 멸망 가운데 울부짖게 될 것이니, 이는 이 모든 것들을 네가 얻고서도 네가 실제로는 얻은 것이 하나도 없기 때문이로다.

2. 영혼을 잃는다는 것

이제 우리는 지금까지 드린 말씀을 요약해 보겠습니다. 첫 번째로 전한 주제는 온 세상을 얻는다 해도, 그것은 극히 작은 것에 지나지 않는다는 말씀이었습니다. 믿음과 동떨어져 얻는 것은 그 속에 아주 작은 것만 들어 있기 때문입니다. 지금부터 우리는 그와는 대조적인 주제를 전하려고 합니다. 즉, 영혼을 잃는 것에 대해 말씀드리겠습니다. 이 점에 대해 제가 상세히 설명하는 동안 여러분은 저를 주목해 주시기 바랍니다. 나의 사랑하는 성도 여러분, 영혼을 잃는 것입니다! 영혼을 잃는 것에 대해서 우리가 무슨 말을 더 할 수 있겠습니까? 여러분은 영혼을 잃는다는 것이 얼마나 끔찍한 것인지를 다음의 세 가지 측면에서 이해할 수 있을 것입니다. 첫째는 영혼의 본질적인 가치에 대해서, 둘째는 영혼의 능력에 대해서, 셋째는 영혼을 잃어버렸을 때 그 영혼의 운명에 대해서 전하고 합니다.

첫째로, 영혼의 본질적인 가치에 대해 살펴본다면, 영혼을 잃는다는 것이 얼마나 심각한 것인지를 여러분은 알게 될 것입니다. 영혼은 수만 개의 세상과 같은 가치를 지닌 것입니다. 사실 해변에 모래를 쌓아올리듯이, 세상 위에 세상을 겹겹이 쌓아올린다 해도 그 세상으로는 도저히 살 수 없는 것이 영혼입니다. 바다에서 떨어지는 물방울 하나하나가 황금 공으로 바뀐다 해도 그것보다 더 귀한 것이 영혼입니다. 왜냐하면 모든 보화로도 우리는 영혼을 살 수 없기 때문입니다. 한 번 진지하게 생각해 보십시오! 영혼은 영혼을 만드신 창조자의 형상으로 만들어졌습니다. 성경에는 "하나님이 자기 형상 곧 하나님의 형상대로 사람을 창조하시되"(창 1:27)라고 기록되어 있습니다. 영혼은 하나님처럼 영원한 것입니다. 하나님께서는 영혼에 불멸성이라는 특성을 부여하셨습니다. 그러기에 영혼은 귀중합니다. 따라서 영혼을 잃는다는 것은 얼마나 끔찍한 일인지 모릅니다! 하나님과 마귀가 서로 먼저 영혼을 찾으려고 하는 것만 보아도, 영혼이 얼마나 귀중한 것인지 여러분은 생각해 볼 수 있을 것입니다. 여러분은 마귀가 하나님 나라를 찾으려고 했다는 이야기를 들어본 적이 없을 것입니다. 그렇지 않습니까? 마귀는 하나님 나라를 찾으려고 하지 않았습니다. 마귀는 그 정도로 어리석지 않습니다. 마귀는 하나님 나라를 얻어 봐야 별 가치가 없다는 것을 알고 있습니다. 그래서 마귀는 결코 그 나라를 찾으려고 하지 않았던 것입니다. 마귀는 언제나 영혼만 찾고 있습니다. 여러분은 하나님께서 면류관을 찾고 계신다는 이야기도 들어보지 못했을 것입니다. 그렇지 않습니까? 하나님은 면류관을 절대로 찾지 않으십니다. 하나님께서는 다스리는 것을 그리 크게 여기지 않으십니다. 그분은 오직 날마다 영혼들을 찾고 계십니다. 그분의 영인 성령님도 자기 자녀들을 찾고 계십니다. 그리스도도 영혼들을 구원하기 위해 이 땅에 오셨습니다. 따라서 지옥도 찾고자 혈안이 되어 있고, 하나님께서도 찾고자 하시는 그 영혼은 귀중한 것이라고 생각할 수 있지 않겠습니까?

그리스도께서 영혼을 위해 치르신 그 값을 통해서도 우리는 영혼이 귀중하다는 것을 다시금 알게 됩니다. "은이나 금 같이 없어질 것으로 된 것이 아니요" (벧전 1:18)라는 말씀대로, 그분께서 영혼을 구속하기 위해 치르신 것은 그분의 육신과 보혈이었습니다. 아! 영혼을 사기 위해 그 가슴의 중심을 주시다니, 그만 큼 영혼은 귀중한 것임에 틀림없습니다. 그러니 여러분이 영혼을 잃는다면, 도 대체 어떻게 되겠습니까?

둘째로, 영혼은 영원하기 때문에 귀중합니다. 이에 대해 제가 한 마디 하겠 습니다. 저는 영혼의 영원성에 대해 간단히 훑어볼 것이니, 이에 대해서는 집에 돌아가 더 깊이 생각해 보시기 바랍니다. 영혼은 영혼이 가진 능력 때문에 귀중 합니다. 여러분은 천국에 있는 별 모양의 면류관을 본 적이 있습니까? 또 그 밑 부분이 종려나무 가지로 장식된 보좌를 눈여겨본 적이 있습니까? 여러분은 해보 다 더 밝게 빛나는 진주 문이 있는 도성을 본 적이 있습니까? 여러분은 황금 길 과 거기에 살고 있는 세 배로 행복한 자들(Thrice happy souls, 필립 도드리지[Philip Doddridge. 1702-1751]가 지은 찬송가 제목 — 역주)을 본 적이 있습니까? 눈으로는 보지 못하고, 꿈에서만 볼 수 있으며, 상상으로도 도저히 그림이 그려지지 않는 그런 천국이 있습니다. 그런데 영혼을 잃게 된다면, 그 천국마저 잃게 됩니다. 우리에 게 분명히 약속된 많은 것들을 틀림없이 잃게 됩니다. 자, 한 사람이 영혼을 잃는 다면 그가 무엇을 잃게 되는지를 말씀드리겠습니다. 그는 면류관을 잃습니다. 하프도 잃습니다. 보좌도 잃습니다. 천국도 잃습니다. 그는 영원도 잃게 됩니다. 한 사람이 아무리 세상을 얻었다 해도, 또 아무리 행복한 것처럼 보여도, 제게는 영혼을 잃는 것이 가장 엄청난 일로 여겨집니다. 사실 저는 그 세상을 비교해서 설명할 수가 없습니다. 그것은 마치 알프스 산을 두더지가 파 놓은 작은 흙더미 로 재려는 것과 같을 것입니다. 여러분이 한 개의 티끌이 기준이 되는 작은 자 (尺)를 준다 해도, 저는 영혼 없는 세상의 크기를 여러분에게 말해 줄 수 없으며, 또한 여러분이 천국의 가치를 이 세상의 가치로 환산해 달라고 요구한다 해도, 저는 여러분에게 그 천국의 가치를 말해 줄 수 없을 것입니다. 오! 사랑하는 성도 여러분, 영혼에는 천국을 얻을 수 있는 능력이 있습니다. 그러므로 영혼을 잃는 것은 끔찍하고 무서운 일입니다.

셋째로, 잃어버린 영혼이 가야 하는 곳에 대해 생각해 보고자 합니다. 천국이 하늘 위에 있다고 생각하는 것처럼, 아래에 있다고 생각되는 곳이 있습니다. 그 곳은 음산하게 어두운 곳이며, 그곳은 무시무시한 불길만이 어둠 속에서 보일 뿐입니다. 거기에는 불이 붙은 침상과 끔찍한 긴 의자가 있고, 그 위에서 영혼들이 신음하고 있습니다. 전능하신 하나님의 입에서 물줄기처럼 계속 쏟아져 나오는 유황불이 시내가 되어, "많은 나무"(사 30:33)에 불이 붙어 있습니다. 이곳은 옛날에 잃어버린 자와 멸망한 자들을 위한 도벳처럼, 하나님께서 예비해 두신 곳입니다. 무섭게 울부짖는 자들만 보이는 장소가 바로 이곳입니다. 저는 이곳이 어디에 있는지 알지 못합니다. 이 땅 속 어딘가에 있지는 않을 것입니다. 왜냐하면 그러한 지옥이 이 땅 속에 있다는 것은 이 땅으로 봐서 슬픈 일이라고 저는 믿기 때문입니다. 하지만 이 세상으로부터 멀리 떨어져 있는 어딘가에 이런 곳이 있을 것입니다. 이곳에서 들리는 유일한 음악 소리는 저주받은 영혼들이 서글피 울며 만드는 교향곡이 전부입니다. 즉, 울부짖고, 신음하고, 한탄하고, 구슬픈 소리를 내고, 이를 가는 소리 등이 모두 무시무시한 음악을 만들어 냅니다. 이곳은 불타는 줄로 매듭이 지어진 채찍을 쥔 마귀들이 공중에 새처럼 날아다니면서, 불쌍한 영혼들을 괴롭히는 곳입니다. 불붙는 것 같은 극심한 고통으로 입천장까지 타 들어가서, 물 한 방울이라도 그 혀에 떨어뜨려 달라고 비명을 질러도, 여기에서는 그것마저 철저히 거부됩니다. 유한한 존재가 감당할 수 있는 만큼의 무한한 진노를 영혼과 육신이 감당하는 곳이 존재합니다. 여기는 의의 형벌이 영혼을 부서뜨리고, 계속되는 복수의 채찍질로 육신이 부서지고, 하나님의 영원한 진노의 대접이 영원토록 쏟아져 나오고(계 16:1 참고), 내리치는 칼날이 속사람을 깊이 베는 그런 곳입니다. 아! 사랑하는 성도 여러분, 저는 이것을 그림으로 그릴 수 없습니다. 여러분 중에는 한 시간 안에 이런 지옥의 그림을 다 그릴 수 없다는 것을 아는 자들도 있을 것입니다. 여러분이 가진 생명의 휘장이 둘로 찢어진다면, 여러분 중에 어떤 이들은 즉시 스스로 잃어버린 영혼과 직면하게 될 것입니다. 사랑하는 성도 여러분, 그때 여러분은 여러분의 영혼을 잃는 것이 어떤 것인지 알게 될 것입니다. 그러나 그때가 되기 전까지는 결코 영혼을 잃었는지 알 수 없을 것입니다. 그런 모습이 여러분에게 드러나기를 제가 바랄 수도 없습니다. 이 모든 말들이 다 쓸데없으며, 제가 언급한 것들은 맛보기에 불과합니다. 제가 묘사한 지옥의 모습은 어설픈 그림에 불과합니다. 어떤 화가라도 그 무서운 장면을 그려낼 수 없습니다. 왜냐하면 불타는 지옥의 끔찍한 모습을 충분히 그려낼 수 있을 정도의 검은 색이 이 땅에는 없기 때문입니다. 아! 죄인인 여러분, 지옥이 어떤 것인지 여러분이 알았다면, 여러분은 자신의 영혼을 잃는 것이 어떤 것인지를 알았을 것입니다.

3. 실제적인 교훈

그렇다면 결론적으로, 실제적인 교훈은 무엇입니까? 가장 좋은 상황에서 가장 분명하게 드러나듯이, 죄인이 이 세상을 얻음으로써 끔찍하게도 자신의 영혼을 잃는다고 한다면, 사람이 작은 것을 얻기 위해 언제든 자기 영혼을 판다는 것은 그 얼마나 어리석은 일입니까! 십 실링짜리 금화(half a sovereign, 1917년에 폐지된 영국 화폐로 소액 동전 — 역주) 때문에 자기 영혼을 팔아 버린 사람이 있습니다. 여러분은 "도대체 어디에 그런 사람이 있습니까?"라고 말할 것입니다. 아! 그 사람이 스스로 대답하도록 하십시오. 많은 사람들이 그렇게 행하고 있습니다. 한 사람이 다음과 같이 말합니다. "주일에 내 가게의 문을 하나만 열어놓고 조금만 장사를 해도, 나는 이 실링은 벌 수 있을 거라 생각합니다." 그렇습니다. 여러분은 일주일에 이 실링을 얻고자 여러분의 영혼을 지옥에 빠뜨리는 벌금을 받고 있습니다. 어떤 다른 사람은 또 "내가 칼빈주의자가 아니었다면, 더 좋은 기회를 잡을 수 있었을 것이라 생각한다"라고 말하면서 하나님의 집으로 가는 것을 그만두고, 더욱 편한 신앙생활을 하기 시작합니다. 어떤 좋은 기회 때문에 여러분이 받을 영원한 이득을 버리는 것, 이것이 아름다운 일입니까? 그 기회는 어느 날 갑자기 나쁜 상황으로 바뀔 수도 있습니다. 사람들이 얼마나 작은 것 때문에 자기 영혼을 팔고 있는지 그저 놀랄 따름입니다. 저는 한 일화를 기억하고 있습니다. 저는 그 얘기가 사실이라고 믿고 있습니다. 이런 일이 실제로 일어났으면 하는 바람이 있다고 저는 예전부터 쭉 말해왔습니다.

어떤 들판을 지나가던 한 목회자가 농부를 만나서 그에게 말했습니다. "반갑습니다. 형제여, 아주 좋은 날입니다." "예, 목사님 그렇습니다." 그 목회자는 농부에게 아름다운 경치에 대한 언급과 함께 말을 이어갔습니다. "우리에게 베풀어 주신 이 은혜에 대해 우리가 마땅히 감사드려야 하지 않겠습니까! 저는 당신이 기도 모임에 빠지지 않는 형제가 되기를 바라고 있습니다." 그러자 그 농부는 "목사님, 기도해 주세요. 저는 지금까지 기도해 본 적이 없어요. 아직까지 제게는 기도할 이유가 없었어요"라고 대답했습니다. 농부의 말을 들은 목회자는 "정말 이해가 안 되는 분이군요. 당신의 부인도 기도하지 않습니까?"라고 물었습니다. 그러자 "그녀가 하고 싶으면 하지요"라고 대답했습니다. "당신의 자녀들도 기도하지 않습니까?" 그는 "애들도 하고 싶으면 기도하지요"라고 대답했습니다. 그러자 그 목회자는 다음과 같이 제안했습니다. "좋습니다. 당신은 정말 기도하지 않는다고 제게 말했습니다. 만약 당신이 사는 날 동안 앞으로 절대로 기도하지 않겠다고 약속한다면, 저는 지금 당신에게 반 크라운(half-crown, 2.5실링에 해당하는 영국의 옛 주화 — 역주)을 주겠습니다." 제가 생각하기에 이 부분은 정말 옳은 것이 아니지만, 다분히 그 목회자는 그 농부가 미신을 믿고 있는 줄로 알았던 것 같습니다. 어쨌든 그 농부는 "좋습니다. 제가 기도하게 되는 그런 일은 없을 것입니다"라고 대답하고는, 그 반 크라운을 받았습니다. 농부가 집으로 돌아올 때, 그에게는 문득 '내가 지금 무슨 일을 한 거지?'라는 생각이 들었습니다. 그러자 또 다른 생각이 그에게 말을 걸었습니다. '좋아, 존(John), 너는 곧 죽게 될 수도 있어. 그때 너는 기도하고 싶을 수도 있어. 너는 분명히 심판장 앞에 서게 될 텐데, 그때 네가 기도하지 않는다면 슬픈 일이 일어날거야.' 이런 생각이 그에게 엄습하자, 그는 극심하게 비참해졌습니다. 생각하면 할수록, 그는 더욱더 비참해졌습니다. 그의 아내가 농부에게 도대체 무슨 일이냐고 물었습니다. 그러나 그는 조금 전에 있었던 일을 차마 말할 수 없었습니다. 그러다가 마침내 다시는 기도하지 않겠다는 약속과 함께 자신이 반 크라운을 받은 것과 자기 생각에 자신이 희생물이 되었다는 이야기를 실토했습니다. 불쌍하고 무지한 그 영혼은 그 돈이 자신에게 나타난 악한 마귀라고 생각했습니다. 그러자 아내는 "아, 존, 그 돈이 마귀인 것은 아주 분명해요. 그리고 당신은 자기 영혼을 그 반 크라운에 마귀에게 팔아 버린 것이고요"라고 말했습니다. 그 불쌍한 사람은 며칠 동안 일을 할 수 없었습니다. 자기가 자신을 악한 마귀에게 팔았다는 생각 때문에 그는 완전히 비참한 지경이 되어 버렸습니다. 한편, 이 농부에게 일어난 일을 알게 된 목회자는 때마침 자기가 설교하기로 되어 있는 헛간이 그 농부가 사는 집 근처라는 것을 알게 되었습니다. 그는 그 농부가 어떻게든 마음의 짐을 덜고자 오늘 모이기로 한 헛간에 나올 것이라고 생각했습니다. 그 날 저녁에 그 목회자가 약속된 곳에 가보니 정말 그 농부가 거기에 있었습니다. 그 농부는 자신에게 반 크라운을 준 그 동일한 사람이 "사람이 만일 온 세상을 얻고도 자기 영혼을 잃으면 무엇이 유익하리요?"라는 이 본문 말씀으로 설교하는 것을 듣게 되었습니다. 그러자 농부는 "아, 자기 영혼을 반 크라운에 팔면 무엇이 유익하리요?"라고 말하더니, 자리에서 벌떡 일어나 소리쳤습니다. "목사님, 내 영혼을 돌려주세요! 내 영혼을 돌려주세요!" 그러자 그 목회자가 대답했습니다. "도대체 왜 그러세요? 당신은 반 크라운을 원했고, 당신은 기도할 필요가 없다고 말했잖아요." 그러자 농부는 "하지만 목사님, 저는 기도해야겠습니다. 혹시라도 제가 기도하지 않는다면, 저는 저를 잃게 됩니다"라고 말했습니다. 그러고 나서 약간의 대화를 나눈 후, 농부는 그 반 크라운을 목회자에게 돌려 주었습니다. 농부는 스스로 무릎을 꿇고서 하나님께 기도하였습니다.

바로 그 상황이 그의 영혼을 구원하는 수단이 되었으며, 그를 변화된 사람으로 만들었습니다. 지금, 저는 이와 같은 특별한 일화들을 더 말씀드릴 수는 없지만, 여기 있는 여러분에게 꼭 전하고 싶은 한 가지 사실이 있습니다. 여러분은 절대로 그럴 리가 없다고 생각하겠지만, 실제로 이 자리에 있는 많은 이들이 자신을 사탄에게 팔아 버렸다는 사실입니다. 종국에는 마땅히 자기 영혼을 잃게 될 세상의 유익을 얻기 위해서, 어떤 것을 행하는 그런 자들이 많이 있습니다. 여러분의 영혼이 구원받는 방법을 알기 원하는 이들이 혹시 여러분 가운데 있습니까? 여기에 그 대답이 있습니다. "주 예수를 믿으라 그리하면 너와 네 집이 구원을 받으리라"(행 16:31). 여러분 가운데 누구라도 자신이 죄인이라는 것을 아는 자는 다음의 말씀을 위로로 삼기 바랍니다. "그리스도 예수께서 죄인을 구원하시려고 세상에 임하셨다 하였도다 죄인 중에 내가 괴수니라"(딤전 1:15). 이 말씀을 가지고 집으로 내려가십시오. 여러분은 죄인 중에 괴수입니다. 하지만 기뻐하십시오. 예수 그리스도께서 당신을 구원하려고 세상에 오셨습니다. 그리스도를 통해 하나님께서 그분의 축복을 여러분에게 더하시기를 기원합니다! 아멘.

제
18
장
—

믿음의 새벽과
믿음의 구름들

—

"곧 그 아이의 아버지가 소리를 질러 이르되 내가 믿나이다
나의 믿음 없는 것을 도와 주소서 하더라." — 막 9:24

지난 주일 아침 우리는 믿음이 영혼에 임하는 방도에 대해 살펴보았습니다 ("어떻게 나는 믿음을 얻을 수 있는가?"[롬 10:17]라는 제목의 1872년 1월 21일 설교를 말한다 — 역주). "믿음은 들음에서"(롬 10:17) 나왔습니다. 우리가 기쁘게 확신하는 것은 지난 주일에 실제로 많은 사람들에게 믿음이 생겼고, 그들이 자기 영혼을 구원해 주신 주 예수 그리스도를 의지할 능력을 갖게 되었다는 것입니다. 자, 선한 목자들은 마땅히 새롭게 태어난 양들을 아주 세심하게 살펴야 한다는 것을 알고 있습니다. 그러므로 오늘 아침에 저는 그리스도를 갓 믿기 시작한 자들을 찾아가, 현재 그들이 처한 연약한 상황에서 일어나는 아주 심각한 시련들에 맞서서 그들이 이겨낼 수 있도록 힘을 주고 도와 주고자 노력하는 것이 제가 해야 할 마땅한 일일 것 같습니다. 어떤 사람이 처음으로 예수님을 붙잡았을 때, 그는 자신의 그 기쁨이 항상 그렇게 최고로 유지될 수 있을지에 대해 고민하는 경향이 있습니다. 그는 영적인 갈등에 대해 훈련을 받은 것도 아니어서 쉽게 실망합니다. 예전에 가졌던 신념 때문에 두려움이 엄습하기도 해서, 그는 쉽게 예전 상태로 다시 돌아가려고 합니다. 그는 자신이 받은 기쁨으로 인해 강렬한 기쁨으로 충만해지

지만, 그 빛은 그렇게 아주 선명하지도 않고 지속적인 것도 아닙니다. 그는 사람을 마치 나무가 걸어가는 것처럼 보기도 하며, 수시로 혼자서 수천 가지의 두려움을 상상하기도 합니다. 그러므로 영혼을 사랑하는 모든 자들은 갓 태어난 믿음을 가진 연약한 자들을 돌봐줘야 할 의무가 있습니다. 그들 자신이 연약한 것 외에도, 그들은 어떤 특별한 위험에 빠지기도 쉽습니다. 왜냐하면 갓 믿음이 시작될 때 사탄은 매우 공격적인 자세를 취하기 때문입니다. 그 어떠한 왕도 자기 백성을 흔쾌히 내어주지 않는 법입니다. 흑암의 세력도 자기 나라의 국경을 방금 넘어간 그 자들을 되찾아 오려고 애를 씁니다. 이 영혼들이 흑암의 나라를 벗어난 이후에 한 번도 시련을 받지 않았다면, 그들은 틀림없이 멸망의 도성(City of Destruction)에서 천성(Celestial City)으로 출발할 때 공격을 받았을 것입니다. 존 번연(John Bunyan)은 아주 지혜롭게도 절망의 늪(Slough of Despond, 「천로역정」에 나오는 늪으로, 천성을 향해 가는 많은 신자들이 이 늪에 빠졌다 ― 역주)을 영적 여정이 시작되는 바로 그 시점에 배치하였습니다. 소심한 지옥의 마귀들은 연약한 자들을 공격합니다. 왜냐하면 그 연약한 자들이 마귀의 나라에 해를 끼칠 정도로 강해지기 전에 미리 그들을 끝장내려고 하기 때문입니다. 바로처럼 마귀도 영적으로 어린 자들을 멸망시키고자 합니다. 마귀는 할 수만 있다면 그 어린 자들이 가진 모든 위로의 소망을 꺾어서, 그들의 두려워 떠는 믿음을 완전히 없애 버리려고 합니다. 오늘 아침의 이 본문은 아마도 지금 이 자리에 있는 많은 이들에게 적절한 말씀일 것입니다. 저도 이 본문이 그들에게 역사하기를 기대하며, 성령 하나님의 도우심으로 우리가 이 말씀을 묵상하게 하셔서 고통 받는 모든 영혼들의 마음에 위로의 말씀으로 새겨지기를 기원합니다. "내가 믿나이다. 나의 믿음 없는 것을 도와 주소서."

오늘 본문에는 세 가지가 아주 분명하게 드러나 있습니다. 이 말씀에는 **참된 믿음**이 있습니다. 이 말씀에는 슬픈 불신앙이 있습니다. 그리고 이 말씀에는 이 양자 간의 갈등이 있습니다.

1. 참된 믿음

오늘 본문에는 **참된 믿음**이 매우 분명하게 표현되어 있습니다. 갈망하는 이 아버지는 "내가 믿나이다"라고 말했습니다. 우리 주님께서는 그에게 말씀하시기를, 믿기만 한다면 그에게 모든 것이 가능하다고 하셨습니다. 그러자 그는 이에 대해 아무런 이의도 제기하지 않고, 잠시 생각해 볼 시간도 요구하지 않고, 이에 대한 증거의 말씀을 더 충분히 듣고 싶다 하지도 않고, 즉시 "내가 믿나이다"라고 소리쳤습니다. 자, 여러분은 우리가 이 믿음을 왜 참된 믿음으로 불렀는지 한번 살펴보십시오. 이제 우리는 이 믿음이 왜 참된 믿음인지를 분명히 드러내고자 합니다. 무엇보다도 이 믿음은 그리스도의 인격을 믿는 믿음이었습니다. 건전한 교리를 지지하는 것이 구원하는 믿음을 갖는 것과 동일하다고 생각하는 것이야말로 아주 큰 착각입니다. 왜냐하면 구원하는 믿음이 하나님의 진리를 받아들이는 것이라고 한다면, 그것은 주 예수 그리스도의 인격과 사역 그 자체와 주로 관련되며, 그 믿음의 핵심은 예수님 자신을 의지하는데 있기 때문입니다. 내가 성경을 믿기 때문에 구원을 받는 것이 아니며, 내가 은혜의 교리들을 믿기 때문에 구원을 받는 것도 아닙니다. 오직 내가 그리스도를 믿는다면, 나는 구원을 받을 것입니다. 다시 말해, 내가 그분을 신뢰한다면 나는 구원을 받을 것입니다. 예수님이 내가 믿는 신조이며, 그분이 바로 진리이십니다. 주 예수님은 최고의 의미에서 하나님의 말씀이십니다. 그분을 아는 것이 영생입니다. 그분에 대한 지식을 가진 많은 자들이 그분으로 말미암아 의롭다 하심을 얻습니다. 우리 앞에 있는 오늘 본문에 등장하는 이 아버지가 과연 많은 설교를 들었는지 저는 잘 알지 못합니다. 또한 그가 구세주의 나라와 관련된 모든 것에 대해 아주 분명한 개념을 갖고 있었는지도 저는 확신할 수 없습니다. 이 모든 것들은 자기 아들이 병에서 고침을 받기 위한 본질적인 것들이 아니었습니다. 그런 것들은 그가 교육을 받는 제자가 되기 원했다면 아주 바람직한 것들이었겠지만, 어떤 긴급한 상황 속에서 중요한 일은 자기 아들에게서 마귀를 내쫓을 수 있는 능력은 물론 그 의지까지 갖고 계신 그리스도를 그가 믿는 것이었습니다. 그 아버지의 믿음은 그리스도의 능력과 의지까지 믿는 수준이었습니다. 비록 그의 믿음이 넓이와 깊이에서는 다소 부족할지 몰라도, 현재의 그 믿음만으로도 그는 자기 앞에 서 계신 선지자가 바로 주님이라는 사실을 깨닫고, 그분을 전적으로 의지할 수 있었습니다. 그는 제자들을 믿지 않았습니다. 그는 한때 제자들을 믿어보았지만 실패하고 말았습니다. 그는 자신도 믿지 않았습니다. 자기 아들에게서 악한 귀신을 내쫓을 수 있는 능력이 자기에게 없다는 것을 알고 있었기 때문입니다. 그는 어떤 다른 약이나 사람들도 더 이상 믿지 않았습니다. 틀림없이 지금까지 그는 의사들에게 많은 돈을 썼을 것이기 때문입니다. 하지만 그는 그 얼굴에서 광채가 나는 분, 방금 산에서 내려오신 그분을 믿었습니다. 그는 그분께서 다음과 같이 하시는 말씀을 들었습니다. "할 수 있거든이 무슨 말이냐 믿는 자에게는 능히 하지 못할 일이 없느니라"(막 9:23). 이 말씀을 듣자 그는 즉시 "내가 믿나이다"라고 말했습니다. 지금 제 설교를 듣고 있는 사랑하는 성도 여러분, 믿음을 어떻게 얻을 수 있는지에 관한 지난 주일의 설교를 들은 지 한 주나 지났습니다. 제 바람은 이제나 어제나 여러분도 본문에 나타난 이 아버지와 같은 방식으로, 예수님이야말로 여러분을 구원할 능력과 의지를 가진 분으로 믿고 그분을 신뢰함으로 그분께 나아오는 것입니다. 이것이야말로 여러분을 효과적으로 구원할 믿음입니다. 여러분은 그분을 믿습니까? 여러분은 그분을 여러분의 하나님으로, 여러분의 형제로, 여러분의 구세주로, 그분을 사람들 가운데 살아 계신 분으로 믿습니까? 또한 여러분은 그분을 여러분을 대신하여 대속 제물로 피 흘려 고통 받은 분으로 믿습니까? 그 후에 죽은 자 가운데서 다시 살아나셔서 더 이상 죽지 않으시고, 구원하는 능력의 옷을 입으시고, 아버지의 오른편에 앉아 계신 그분을 여러분은 믿습니까? 정말 여러분은 그분을 신뢰하고 있습니까? 만약 여러분이 그분을 믿지 않는다면, 여러분이 믿고 있는 것이 무엇이든 간에, 즉 여러분의 신조가 아무리 정통적이라 해도 여러분은 영생에 이르지 못할 것입니다. 그러나 여러분이 전적으로 그분을 신뢰한다면, 여러분이 그분으로부터 전적인 도움을 받는다면, 그분이 받은 상처가 여러분의 유일한 피난처이며, 오직 그분의 보혈만 의지하여 간구하며, 오직 그분만을 신뢰한다면, 여러분은 구원받은 사람이 될 것이며, 여러분의 죄는 그분의 이름으로 말미암아 용서를 받고, 여러분은 그 사랑하는 자에게 받아들여질 것입니다. 충만한 기쁨으로 즐거워하십시오. 모든 기쁜 일들이 여러분의 것이므로, 여러분에게는 즐거워할 권리가 있습니다.

이 선한 사람의 믿음이 참되며 구원하는 믿음인 또 다른 이유가 있었습니다. 그의 믿음은 문제에 직면한 개인적인 믿음이었으며, 그가 간구하고 있는 문제를 해결하고자 하는 믿음이었기 때문입니다. 다른 사람으로 인해 여러분이 놀랄 정도로 쉽게 믿음을 갖게 된 경우가 여러분에게는 없습니까? 제게는 있습니다. 제가 구세주를 찾고 있을 때, 구세주께서는 회개한 자라면 누구나 받아 주신다는 것을 저는 의심하지 않았습니다. 제가 확신하고 있었던 것은 지옥에서 나온 정말 간악한 죄인이라 해도 그분에게 나아오기만 한다면, 그분은 그를 구원해 주실 능력이 있다는 사실이었습니다. 비록 나 스스로는 그분에 대한 믿음을 가지지 못했지만, 그래도 나와 비슷한 상황에서 고통 받는 다른 영혼을 만났다면, 그에게는 예수님을 믿으라고 강권했을 것이라 생각합니다. 나 자신이 그렇게 믿기는 두려웠다 해도 말입니다. 다른 사람들로 인해 믿게 되는 것은 쉬운 일입니다. 하지만 여러분 자신의 경우가 되었을 때는, 다시 말해 여러분 자신이 지은 죄들이 없어지고, 탕자처럼 심한 악행을 저지른 여러분을 사랑의 아버지께서 받아주시며, 여러분의 영적 질병이 고침을 받고, 귀신이 여러분에게서 쫓겨 나갈 수 있다는 것을 여러분이 믿어야 될 때는, 이것이 수고롭고 어려운 일이 됩니다. 그러나 사랑하는 성도 여러분, 우리는 이 사실을 믿어야만 합니다. 그렇지 않다면 우리는 구원하는 믿음을 갖지 못할 것입니다. 오, 나의 구세주시여, 당신은 저와 비슷한 경우는 고칠 수 있지만, 저의 경우는 고칠 수 없으리라 착각하면서, 제가 가식적인 믿음으로 쓸데없이 시간을 허비해서야 되겠나이까? 이스라엘의 거룩한 분이신 그분께, 저는 "당신께서는 저까지도 구원하실 수 있겠지만, 지금까지 제가 행한 것을 봐서는 그러지 않으시겠지요?"라고 말하면서, 그분을 제한하고 한계를 짓지 않습니까? 그분의 귀한 보혈에 능력이 있겠지만, 그 능력이 저의 모든 죄악들을 없이할 만큼 충분하지는 않을 것이라고 저는 착각하고 있지 않습니까? 저는 절망한 나머지 거만하게 그분이 간구하신 그 공로를 한계짓고 그분께서 보여주신 그 대속적 희생의 덕을 감히 제한하고 있지 않습니까? 그래서는 안 됩니다. 예수님께서는 자신으로 말미암아 하나님에게 나아오는 자라면 가장 멀리 있는 자들까지도 구원할 능력이 있는 분이십니다. 그러므로 그분은 나를 구원할 능력이 있는 분이십니다. 그분에게, 즉 자신에게 나아오는 자를 그분은 결코 내쫓지 않으실 것입니다. 내가 그분에게 나아간다면, 그분은 나를 내쫓지 않으실 것이며, 내쫓을 수도 없을 것입니다. 여러분은 개인적인 믿음을 가지고 있습니까? 즉, 하나님 앞에 섰을 때 여러분 자신과 여러분의 죄악과 여러분의 상태에 대한 믿음을 가지고 있습니까? 그리스도께서 여러분을 구원할 수 있다는 것을 여러분은 믿고 있습니까? 여러분이 흥하든 쇠하든 여러분은 여러분 자신을, 즉 여러분의 현재 모습 그대로를 그분에게 내어맡길 수 있습니까? 그분, 즉 그분의 자아는 자신의 몸에 우리의 죄악을 짊어지고 나무에 달리셨습니다. 그러므로 우리, 즉 우리의 자아도 그분께 우리 자신을 내맡겨야 합니다. 만약 우리가 그렇게 한다면, 우리도 오늘 본문 속에 등장하는 사람처럼 참된 믿음, 하나님께서 택한 자의 믿음을 갖게 될 것입니다.

혹시라도 여러분은 이런 믿음이 아주 작은 믿음이라고 생각하지 말기를 바랍니다. 이를 위해 저는 이 사람의 믿음이 실제적인 믿음이었다는 사실을 보여 드리고자 합니다. 왜냐하면 그의 믿음은 많은 어려움들을 이겨낸 믿음으로서, 즉 우리가 겪는 시련의 전형(典型)으로서 그런 어려움들은 성령 하나님이 아니었다면 결코 감당할 수 없을 성령님의 분명한 사역이기 때문입니다. 이 설교를 듣는 사랑하는 성도 여러분, 저는 여러분에게 질문하고 싶습니다. 여러분의 경우에도 믿음으로 많은 어려움들을 이겨냈습니까? 오늘 본문의 경우를 한 번 살펴보겠습니다. 그 아이는 심한 경련을 일으켰습니다. 이것으로 보아 그 질병은 오래된 만성적인 상태였습니다. 구세주께서도 그에게 "이렇게 된 것이 얼마나 오래 되었느냐?"(막 9:21 KJV, "언제부터 이렇게 되었느냐?"[개역개정])라고 물으셨기 때문입니다. 그 물음에 그는 "어릴 때부터니이다"라고 대답하였습니다. 확실한 것은 아니지만 이 아이는 좀 나이가 들었던 것으로 보이며, 따라서 그가 회복되기란 더욱 어려울 것처럼 보였습니다. 만약 우리의 자녀가 어떤 질병을 앓고 있다면, 우리는 자녀가 커가면서 그 병에서 벗어나기를 기대합니다. 하지만 오늘 본문에 언급된 이 아이는 수년이 지나도록 전혀 차도가 없었습니다. 몇 년씩 시간이 흘러도 그의 고통은 전혀 줄어들지 않았습니다. 그럼에도 불구하고 그는 그리스도야말로 이렇게 오랫동안 이 아이를 괴롭히는 마귀를 쫓아낼 수 있는 분이라고 면전에서 믿었던 것입니다. 사랑하는 성도 여러분, 여러분이 지은 죄의 경우도 이와 똑같습니다. 여러분이 젊을 때 지은 죄들이 지금 여러분 앞에 들고 일어납니다. 그 만큼 그 죄들이 여러분의 뼛속 깊이 스며 있는 것 아닙니까? 여러분이 갓 성인이 되자마자 지은 죄와 성숙한 어른이 되었을 때 지은 죄, 그리고 어쩌면 여러분이 노쇠할 때 지은 모든 죄들까지도 여러분 앞에 불쑥불쑥 나타납니다. 구스인이 그의 피부를, 표범이 그의 반점을 변하게 할 수 있습니까? 만약 그렇게 할 수 있다면 악에 익숙한 여러분도 선을 행할 수 있을 것입니다(렘 13:23). 주홍빛으로 붉게 물들어 나의 본성 깊은 곳까지 배어 들었는데도, 내가 눈보다 더 희게 될 수 있겠습니까? 과연 그렇게 오랫동안 지속된 죄악과 깊이 뿌리 내린 악한 습성들이 모두 극복될 수 있겠습니까? 오, 사랑하는 영혼들이여, 만약 여러분이 참된 믿음을 가지고 있다면, 여러분은 위의 질문에 "예"라고 말할 수 있을 것입니다. 그리스도께서 하나님이시기에, 그분은 나를 모든 죄에서 구원하시고 나의 모든 죄악들을 용서해 주실 것으로 저는 믿습니다. 설령 내가 므두셀라처럼 매우 오랫동안 살면서 계속해서 가장 사악한 죄악의 길들로만 다녔다 해도, 예수님의 구원하는 능력은 매우 막강하여 능히 나를 한순간에 구원하실 수 있습니다. 그분께서는 "사람에 대한 모든 죄와 모독은 사하심을 얻되"(마 12:31)라고 말씀하셨습니다. 그분의 그 귀한 상처들, 다시 말해 사랑과 보혈의 그 원천을 바라볼 때, 지금까지 내가 지은 모든 죄악들은, 마치 짙은 구름들이 강풍에 흩어져 다시는 돌아오지 못하듯, 한순간에 사라져 버릴 것이라고 저는 지금도 믿고, 앞으로도 믿을 것입니다. 오, 가련한 영혼들이여, 이것이 바로 믿음입니다. 이러한 믿음을 발휘할 수 있는 능력을 하나님께서 여러분에게 주시기를 저는 기도합니다.

　이 사람은 오랫동안 자기 아들의 경우를 소망이 없는 것으로 생각해 왔습니다. 그가 그렇게 생각한 것도 당연합니다. 그 아들이 간질에 걸려 극렬한 발작 증세까지 보였다는 사실 외에도 그는 말도 못하고 듣지도 못했기 때문에 똑똑하게 자신의 감정을 표현할 수 없었습니다. 자기 몸이 강해졌거나 좀 나아졌다고 느끼는 때가 와도, 그는 그런 소망의 말을 아버지에게 전할 수 없었습니다. 그 아들은 아버지가 자기를 지극정성으로 돌봐 주신 것에 대해 감사의 말도 할 수 없었으며, 아버지가 자기에게 전하는 위로의 말도 전혀 들을 수 없었습니다. 그 귀는 닫혀 있었고, 그 혀는 매여 있었습니다. 그 쓰라린 고통, 특히 부모로서 느끼는 그 고통은 해를 거듭하여 계속되었습니다! 마침내 그 아버지는 더 이상 노력해 봐야 아무런 소용이 없다고 느낄 수밖에 없었습니다. 이 아들은 통제되어야만 했으며, 전혀 병이 나을 기미가 보이지 않았습니다. 그 아버지는 절망 속에서 미칠 것만 같았습니다. 어쩌면 오늘 이 자리에도 이렇게 구원에 대한 아무 소망도 없는 사람이 있을지 모릅니다. 그는 자신이 은혜의 명단에서도 빠진 경우라고 느꼈습니다. 그는 자신을 대적하여 괴로운 일들을 기록하면서(욥 13:26 참조), 하나님께서도 그 괴로운 일들에 인(印)을 치시어, 그 일들이 실제로 일어나게 하셨다고 생각했습니다. 하지만 여러분도 보다시피, 그 아들의 아버지는 그리스도 앞에서 자신의 절망을 극복하고 "바랄 수 없는 중에 바라고"(롬 4:18) 믿습니다. 그러므로 저는 여러분도 이와 동일하게 행동하기를 권면합니다. 그 아버지는 그리스도의 면전에서 다시 확신을 얻게 되었습니다. 이 설교를 듣는 사랑하는 성도 여러분, 이와 동일하게 행동했으면 하는 소망이 여러분에게도 있습니까? 나를 구원하기 위해 오신 그분이 바로 나를 만드신 분이라는 사실을 알지 못했다면, 내가 나의 죄로부터 구원을 받을 수 있다는 사실을 저는 절대로 믿지 못했을 것입니다. 나를 속량하기 위해 오신 그분이, 바로 이 땅의 큰 기둥들을 자기 어깨로 짊어지고 만물을 그 능력의 말씀으로 지탱하는 그분이십니다. 그분에게 불가능한 것은 아무것도 없습니다. 저는 창에 찔린 그분의 손과 발을 보면서, 그분께서 죄인의 자리에서 고통을 받아 몸을 구부리셨다면, 그 희생의 공로는 이루 형언할 수 없을 만큼 대단한 것임에 틀림없다고 느낍니다. 예수님 안에서 소망 없던 자들이 소망을 갖습니다. 절망하던 자들이 이제 마음에 원기를 회복하게 됩니다. 오, 스스로 의심과 절망의 종이 되는 고통을 더 이상 받지 않으려는 것이 참된 믿음입니다. 이 믿음으로 이제 주 예수님께서 가까이 다가오시는 것을 보게 됩니다. 더 이상 사망의 음침한 골짜기에 주저앉아 있지 않고 일어나 그 먼지를 털어 버리고는 아름다운 의복을 입는 것이 바로 강력한 믿음입니다.

그 아버지의 믿음은 또 다른 시련을 겪었습니다. 그 당시 제자들로부터 시련을 겪었습니다. 그 아버지는 자기 아들을 그리스도에게 데리고 갔지만, 그 때 그리스도가 계시지 않았습니다. 그래서 그는 제자들도 귀신을 내쫓을 수 있으리라 생각하고는, 사도들이 있던 골짜기로 가서 그들에게 요청하였습니다. 사도들은 최선을 다하였습니다. 그러나 그 제자들에게는 스승의 능력이 없었기에 완전히 실패하고 말았습니다. 이것은 분명히 그 아버지가 가진 주님에 대한 확신에 아주 심각한 시련이었을 것입니다. 그는 그리스도의 능력이 사도들을 통해 드러난 것과 그리스도께서 사도들을 통해서 기적을 행하신 다른 경우들을 알고 있었습니다. 하지만 자신의 경우에는 사도들이 가진 치유의 능력이 전혀 나타나지 않았습니다. 만약 예수님께서 이 경우에는 제자들을 통해 능력을 행하지 않기로 결정하셨다고 한다면, 그 아버지의 마음에 다음과 같은 의구심이 생겼을 만도 합니다. "혹시 그분의 능력이 줄어든 것은 아닐까?" 하지만 그 아버지는 이런 생각을 일축해 버렸습니다. 그는 이 모든 것에도 불구하고 전적으로 그분을 믿었습니다. 오, 사랑하는 영혼들이여, 여러분은 목회자들이나 하나님의 백성들에게 가서 어떤 위로를 기대했다가, 아무 위로도 받지 못했던 적이 있습니까? 여러분은 교회의 예식에 참석했다가 그것이 마른 샘처럼 느껴졌던 적이 있습니까? 여러분이 말씀에 의지하여 복음을 들으려 했다가, 그 말씀마저 당신의 영혼을 메마르게 했던 적이 있습니까? 그렇다 해도, 여러분은 여러분을 구원하고자 하는 주님의 능력과 의지를 의심하면서 그 음침한 골짜기에서 더 이상 고통 받지 마십시오. 여러분은 예수님의 발치로 나아가 계속해서 그분을 믿으십시오. 그 어떤 것이든 여러분의 영혼에 이유를 둘러대서, 지난 실패에 관하여 여러분을 절망하게 만든다 해도, 여러분은 그분의 능력이 여전히 다함이 없다는 사실을 굳게 믿으십시오. 여호와의 손이 짧아 구원하지 못하심도 아니고, 귀가 둔하여 듣지 못하심도 아니기(사 59:1) 때문입니다. 여러분이 인간의 실패를 보고서도 그 일로 하나님의 은혜를 찬송한다면, 그것은 잘하는 일입니다. 종들이 다소 무능해야 주인의 능력이 더욱 돋보이는 법입니다. 비록 여러분에게 유익을 끼치는 이가 아무도 없고, 교회의 모든 목회자들과 주교들과 과거의 모든 순교자들과 신앙 고백자들과 모든 사도들과 모든 예언자들조차 여러분을 만족시켜 줄 길르앗의 유향(렘 8:22)을 찾아주지 못한다 해도, 그럼에도 불구하고 여러분을 효과적으로 회복시켜 주고 여러분의 상처를 낫게 하며 여러분의 영혼에 유향을 발라 줄 손, 즉 창에 찔린 그 손이 여전히 있다는 사실을 하나님의 도우심으로 여러분이 믿게 되기를 기원합니다. 그렇습니다. 참된 믿음은 이와 같은 절망적인 상황에서도 믿는 믿음입니다.

　　제가 이 주제를 다루면서, 여러분이 좀 더 주목했으면 하는 사실이 있습니다. 그것은 아들이 아주 끔찍한 고통과 불행에 빠져 있는 바로 그 순간에도 이 아버지는 그리스도와 그분의 구원하는 능력을 믿었다는 것입니다. 이 불쌍한 아들을 장악한 귀신은 자주 불과 물에 이 아들을 던졌습니다. 이것이 바로 우리의 상황입니다. 우리의 영혼도 자주 억측이라는 불에 던져지거나, 또 어떤 때는 절망이라는 큰 물 속에 빠지기 때문입니다. 우리는 냉랭한 우울증과 뜨거운 자만심 사이를 번갈아 왔다 갔다 합니다. 우리는 어떤 때는 "나는 쾌락을 사랑한다. 그러므로 이제부터 나는 쾌락을 추구할 것이다"라고 외치다가, 또 어떤 때는 "내 마음이 뼈를 깎는 고통을 겪으니 차라리 숨이 막히는 것과 죽는 것을 택하리이다. 내가 생명을 싫어하고 영원히 살기를 원하지 아니하오니"(욥 7:15,16)라고 말하기도 합니다. 사탄이 사람 속에 있을 때, 그 사람의 마음은 절망으로 가득하여 아주 극단적인 모습을 보입니다. 그는 물 없는 곳으로 다니며 쉬기를 구하되 쉴 곳을 얻지 못하는, 더러운 귀신들린 자처럼 돌아다닙니다(마 12:43). 그 불쌍한 아들은 아버지가 말하고 있는 그 순간에도 질병으로 심한 경련을 일으키면서 땅에 엎드려 구르고 입에 거품을 흘리며 이를 갈았습니다. 사탄이 크게 진노하였던 것입니다. 왜냐하면 이제 자기의 때가 얼마 남지 않은 줄을 사탄도 알았기 때문입니다. 구세주께서 말씀하셨을 때, 즉 사탄에게 그 아이에게서 나오라고 명령하셨을 때, 그는 할 수 있는 한 가장 격렬한 몸부림을 쳤습니다. 더러운 귀신이 그 아이를 분열시키자, 가장 끔찍한 비명소리가 들렸습니다. 그 때에도 여전히 그 아버지는 "내가 믿나이다"라고 말했습니다. 지금 이 설교를 듣고 있는 사랑하는 성도 여러분, 지금 여러분도 이 아침에 엄청난 두려움에 사로잡혀 있을지 모릅니다. 장차 여러분에게 임할 진노로 인해 이루 형언할 수 없을 만큼 초조해하고 고통스러워할 수 있습니다. 작은 지옥 불이 여러분의 영혼 속에서 타오릅니다. 말할 수 없는 고통이 여러분을 사로잡고 있기 때문입니다. 여러분의 가슴은 마치 사방으로 만나는 사람마다 멸망시키고자 이리저리 돌진하며 서로 대적하는 군대의 격전지처럼 아수라장이 된 듯합니다. 여러분은 스스로 고통의 화신이며, 또한 다윗이 "사망의 줄이 나를 두르고 스올의 고통이 내게 이르므로"(시 116:3)라고 말했던 것과 같은 처지입니다. 그럼에도 지금 여러분은 그분을 믿을 수 있습니까? 지금 여러분은 지극히 높으신 그분의 말씀을 받아들일 수 있습니까? 만약 그렇게 할 수 있다면, 여러분은 하나님께 큰 영광을 돌려드리는 것이며, 그것으로 큰 복을 받게 될 것입니다. 물결이 마치 평화로운 음악처럼 잔잔하게 요동할 때도 믿을 뿐 아니라, 강렬한 광풍이 몰아치더니 뒤이어 해안을 향해 부서지며 달려오는 대서양의 큰 파도가 선원들의 배를 삼킬 듯이 일렁일 때도, 여전히 구원의 능력이신 그분을 신뢰하는 자야말로 복된 사람입니다. 틀림없이 예수 그리스도는 어느 때나 믿을 수 있는 확고한 분이십니다. 왜냐하면 맹렬한 폭풍이 불어도 그분의 신실하심은 북극성처럼 시종여일(始終如一)하시기 때문입니다. 그분은 항상 거룩하시고, 구원하는 능력 또한 항상 전능하시며, 비록 죄인의 괴수라 해도 언제든지 죄인들에게 사랑과 호의를 베풀 의지가 항상 흘러넘치십니다. 슬퍼하는 자들이여, 불신으로 그 슬픔을 가중시키지 마십시오. 여러분의 불신은 여러분의 잔에 필요 없이 섞인 괴로움일 뿐입니다. 그럴 때는 "그가 나를 죽이실지라도 나는 그를 의뢰하리니"(욥 13:15 개역개정 이역[異譯])라고 말하는 것이 훨씬 좋습니다.

황송하게도 십자가에 돌아가신 그분에게는 무한한 능력이 있는 것이 틀림없습니다. 그러므로 여러분은 골고다로 가서 보십시오! 가시 면류관을 쓴 머리를 보고 그 이마에서 떨어지는 홍옥 같은 땀방울을 자세히 살펴보십시오. 그러고도 그분의 구원하는 능력을 의심할 수 있습니까? 그 어떤 사람의 얼굴보다도 더 상한 그 거룩한 얼굴, 우리의 슬픔 때문에 상하고, 우리의 죄악 때문에 더러워진 그 얼굴을 여러분은 주목해 보십시오. 그러고도 여전히 불신자로 있을 수 있습니까? 우리의 허물 때문에 그 귀한 몸 구석구석이 고통을 받았습니다. 이런 그분의 몸을 살펴보십시오. 그러고도 여러분은 우리가 평화를 누리도록 징계를 받으신 그분을 불신할 수 있습니까? 죄인들을 위해 저주받은 나무에 못 박혔던 손과 발을 여러분은 볼 수 있습니까? 그 고통의 장면들을 바라보며 그리스도야말로 거룩한 분이라는 것을 알고서도 여러분은 여러분을 구원하는 그분의 능력에 대해 의심을 품을 수 있습니까? 저로서는 다음과 같이 소리칠 수밖에 없습니다. "주여, 내가 믿나이다. 나는 믿어야만 하겠나이다. 당신으로 인해 내가 믿음을 갖지 않을 수 없나이다." 모든 것들을 나의 발 아래 끌어내리고, 내 주님의 십자가만이 굳게 서도록 하십시오. 분명한 사실은, 하나님의 아들이 죄인들을 위해 죽었다면, 믿음을 가진 죄인들은 죽을 수 없으며, 반드시 구원받을 수밖에 없다는 것입니다. 왜냐하면 예수님께서 그를 위해 피 흘려 주셨기 때문입니다. 하나님께서 우리 각자에게 은혜를 베푸셔서, 여러분도 이 불쌍한 아버지가 가졌던 믿음을 가지고 서서, 그처럼 말하게 되기를 기원합니다. "내가 믿나이다."

다소 미흡한 감이 있지만 이 주제에 대해서는 그만해야 할 것 같습니다. 시간이 저를 재촉하기 때문입니다. 우리 앞에 놓인 이 믿음은 진지했습니다. 이 믿음이 그로 하여금 회개의 눈물을 흘리게 했으며, 그에게 기도하도록 가르쳤고, 공개적으로 신앙을 고백하게 했습니다. 여러분의 믿음이 이 모든 특성을 지닌 그런 믿음이 되기를 기원합니다.

2. 참된 믿음 속에 있는 불신앙

이제 저는 오늘 설교의 두 번째 주제, 즉 이 본문에 불신앙(UNBELIEF)이 있다는 사실을 전하려고 합니다. 그는 "나의 믿음 없는 것을 도와 주소서(Help Thou mine unbelief)"라고 말했습니다. 만약 그가 그리스도의 능력을 의심했다면 그는 다음과 같이 말했을 것입니다. "만약 당신이 우리를 위해 어떤 것이라도 할 수 있다면, 우리를 불쌍히 여겨 우리의 병을 고쳐 주옵소서." 하지만 그는 그리스도의 능력에 대한 믿음을 가지고 있었으며, 그 믿음을 입으로 시인하였습니다. 다시 말해, 그는 자신의 믿음이 부끄러워 마음속으로 은밀하게 간직하고 있지 않았다는 것입니다. 조롱하는 서기관들 앞에서 그는 "내가 믿나이다"라고 그 믿음을 고백하였습니다. 또한 그는 특별히 아주 진지하게 그 믿음을 시인하였습니다. 마치 자신의 신앙 고백에 심취한 것처럼 눈가에는 이슬 같은 눈물을 흘리며 "내가 믿나이다. 내가 믿는 것을 의심하지 마옵소서. 나는 거짓말하지 않나이다. 나는 당신을 믿나이다"라고 울면서 말했기 때문입니다. 하지만 그 때, 즉 그가 계속해서 신앙 고백을 하던 바로 그 순간 그의 영혼 속에는 우물쭈물하는 불신 앙이 있었습니다. 그가 "나의 믿음 없는 것을 도와 주소서"라고 말했기 때문입니다. 그의 믿음이 방금 제가 언급했던 그 불신앙을 누르고 승리하기는 하였지만, 다시 말해 그런 불신앙적인 생각들은 그의 믿음을 소멸시킬 정도는 아니고 한풀 꺾이게 할 수 있는 정도였지만, 그렇다 해도 이런 생각들은 그의 사고에 어떤 영 향을 끼쳤을 것입니다. 이런 생각들이 그의 믿음을 막지는 못했지만, 이런 생각 들에서 제기되는 많은 질문들로 그의 믿음은 방해를 받았습니다. 믿음이 탁월했 다 해도 어떤 불신앙이 질질 따라다녔습니다. 이것으로부터 우리는 어느 정도의 의심이 구원하는 믿음과 일맥상통한다는 사실을 배우도록 합시다. 다시 말해, 연약한 믿음이야말로 참된 믿음이며, 두려워 떠는 믿음이야말로 영혼을 구원한 다는 사실을 알 수 있다는 것입니다. 만약 여러분이 믿음을 가지고 있지만 그럼 에도 불구하고 "나의 믿음 없는 것을 도와 주소서"라고 말할 수밖에 없다면, 바 로 이 믿음으로 여러분은 온전하게 되어 하나님 앞에서 의롭다하심을 얻게 될 것입니다.

이 두 번째 대지에서 제가 말하고 싶은 몇 가지 생각들이 있습니다. 그것은 종종 일어나는 불신앙으로 인해 우리는 마음에 곤란을 겪지만, 그럼에도 불구하 고 이 불신앙은 성령님으로 말미암아 믿게 되는 능력이 된다는 사실과 관련된 생각들입니다. 첫째, 처음에는 불신앙으로 시련을 받지만, 이제는 자신이 과거에 지은 죄를 예전보다 더욱더 자각하기 때문에 참된 믿음을 갖게 된 자들이 많이 있습 니다. 많은 사람들은 죄 용서를 받기 이전보다 죄 용서를 받은 이후에 죄에 대해 더 깊이 자각하게 됩니다. 율법의 빛은 복음의 빛에 비교하면 달빛에 불과합니 다. 물론 복음의 빛은 햇빛과 같습니다. 사랑으로 인해 죄는 자신의 죄성을 극도 로 드러냅니다.

"나의 죄, 나의 죄, 나의 구세주!
이 죄가 얼마나 당신을 슬프게 하였는지.
당신의 온유한 오래 참으심으로 보니

이 모든 죄를 열 배나 더 실감하나이다.

이 모든 죄가 용서받은 줄 나는 알지만
여전히 그 죄의 고통이 내게 남아서
모든 슬픔과 고통이 되나니
이제 나의 주님 당신께서 그 슬픔과 고통을 대신 지십니다."

(존 몬셀[John S. B. Monsell])

영혼에 비치는 약속의 빛은 내면에 거하는 죄악에 무한한 공포의 심연을 드러내 보입니다. 우리는 하나님의 얼굴빛에서 우리가 과거에 행한 더럽고 역겹고 가증스러운 배은망덕을 발견하게 됩니다. 이것들은 우리 자신의 눈으로 보아도 구역질이 날 정도입니다. 이러한 죄들이 용서받은 것에 대해 우리는 하나님을 찬양하면서도, 다른 한편으로는 내가 지은 죄가 과연 이러한 것들인지 깜짝 놀라게 되고, 이런 죄에 대해 발견하면서 우리가 용서를 받을 수 없다는 두려움을 본성적으로 느끼기도 합니다. 우리는 자신에게 정말 이러한 죄들까지도 용서받을 수 있을지 물어보기도 합니다. 어떤 특별히 가증스러운 죄악들은 우리의 양심에 너무나 생생하게 기억날 수도 있습니다. 우리는 그 죄에 대한 기억들을 반쯤 잊었다고 생각하지만, 그 기억들은 끔찍한 영향을 끼치며 되살아납니다. 그래서 우리는 과연 죄용서가 가능한 일인지 마음으로 의심하게 됩니다. 오, 그 악한 날들이 우리의 기억 속에서 완전히 지워졌기를 원합니다! 우리는 "내 자신이 죄악으로 더러워졌던 그 날에 뜬 해가 저주를 받을지어다"라고 말하기도 하였습니다. 이처럼 우리의 죄가 용서받았다는 믿음이 있다 해도, 우리는 죄에 대한 자각으로 인해, 우리를 도우시는 주님이 필요하다는 생각에 반(反)하는 불신앙이 생기기도 합니다.

어떤 사람들은 현재 자신이 가진 연약함을 의식하는 바람에 마음이 동요되기도 합니다. 그는 말합니다. "그렇습니다. 과거가 완전히 도말된 것을 저는 확신합니다. 그런데 이제 내가 구원받은 것을 어떻게 소망할 수 있습니까? 나는 완전히 불쌍한 피조물입니다. 내가 지은 죄를 용서해 달라고 기도해 보겠지만, 나는 그런 기도조차도 할 수 없는 존재입니다. 나는 그분의 이름을 찬양하리라 다짐하고는 일어나 하나님의 집으로 가지만, 가는 도중에 말을 하다가 이 모든 것들을 까마득히 잊어버리고는, 예배드리는 내내 멍한 상태로 앉아 있습니다. 어제도 저는 유혹을 받았고, 경솔하게 제 입술을 놀렸으며, 나의 주님이자 선생님이신 그분의 뜻을 옹호해야 하는 것이 내가 마땅히 해야 할 일인 데도, 나는 회의론자들을 대적해 말 한 마디도 하지 못했습니다. 아주 최근에서야 저는 하나님과의 화평을 소망했지만 여전히 이렇게 행동하고 있습니다. 이런 것들로 보아 제가 위선자인 게 틀림없는 것 같습니다. 저는 전혀 구원받은 영혼일 리가 없습니다. 만약 내가 죄 용서를 받았다면, 분명히 이와는 전혀 다른 방식으로 행동했어야 할 것입니다." 자 보십시오. 이것이 종종 제기되는 불신앙의 이유입니다. 그 영혼은 여전히 예수님을 소망하고 그분 안에 안식하면서 그분 외에 어디로 가야 할지 알지 못합니다. 하지만 이 모든 것에도 불구하고 옛 괴물인 불신앙은 그 영혼을 필사적으로 잡아당기기 때문에, 그 영혼이 소망 가운데 있으면서도 두려워 떠는 것입니다.

둘째, 어떤 사람들은 미래에 대한 **두려움** 때문에 불신앙 속에 떨고 있습니다. 그들은 다음과 같이 말합니다. "앞으로도 계속해서 그분을 붙잡을 수 있을지, 그게 저는 두렵습니다. 그리스도인이 되기 위해서는 끝까지 인내해야 하지 않습니까? 그런데 저의 이런 마음 상태로, 어떻게 제가 굳건하리라 바랄 수 있겠습니까? 저는 경건하지 않은 자들에게 둘러싸여서 그들과 많은 교제를 나누는데, 이런 처지에서 제가 어떻게 인내하리라 기대할 수 있겠습니까? 아무개 성도가 그렇게 훌륭한 신앙 고백을 하더니, 다시 예전의 모습으로 되돌아간 것을 저는 알고 있습니다. 그리고 스스로 기독교인이라고 말하던 어떤 사람이 기독교인이 되기 전보다 더 악한 사람이 되어 버린 것도 저는 알고 있습니다. 저의 나중 형편이 전보다 더욱 심하게(마 12:45) 되지는 않을지, '손에 쟁기를 잡고 뒤를 돌아보는 자는 하나님의 나라에 합당하지 아니하니라'(눅 9:62)는 말씀을 듣게 된다면 저는 어떻게 해야 할지 생각해 봅니다." 가련한 마음을 가진 성도들이여, 여러분은 "내가 과연 너희를 버리지 아니하고 너희를 떠나지 아니하리라"(히 13:5) 한 말씀을 잊고 있는 것이며, "내가 그들에게 영생을 주노니 영원히 멸망하지 아니할 것이요 또 그들을 내 손에서 빼앗을 자가 없느니라"(요 10:28) 한 말씀을 기억하지 못하고 있는 것입니다. 그런 마음은 그분을 끝까지 붙잡고 있으려는 소위 거룩한 불안으로 충만하지만, 바로 그 마음으로 인해 적절하지 못한 불신앙이 생깁니다. 성도들의 마음은 예수님께서 결코 변하지 않으신다는 사실을 마땅히 확신해야 합니다. 착한 일을 시작하신 이가 그 일을 계속 이행하시며, 그리스도 예수의 날까지 그 일을 온전하게 하실 것입니다.

셋째로 제가 알고 있는 다른 부류가 있습니다. 그들의 불신앙은 그들에게 주어진 은혜가 위대하고 값없는 은혜라는 생각에서 촉발되었습니다. 과거를 회상해 보면 저도 한때 이런 생각으로 얼마나 두려웠는지 모릅니다. 저는 예수님을 믿고 그분의 구원을 기뻐했습니다. 그러나 하나님의 거룩한 은혜를 묵상하면서 그 두려움을 극복할 수 있었습니다. 도대체 죄 용서를 받고, 의롭다 함을 얻고, 하나님의 자녀가 되고, 천국의 상속자, 즉 그리스도와 함께 한 상속자가 되고, 하나님의 택한 자들 가운데 한 사람이 되어, 마지막 날에 나를 기다리고 있는 면류관을 쓰고 천국을 확보하며, 게다가 나에게 확보된 그 면류관을 날마다 얻을 능력까지 갖게 된다니, 이 모든 것들이 너무 대단한 것이어서 도저히 믿어지지 않았습니다. 그 때 불신앙이 속삭였습니다. "그럴 리가 없어." 만약 이런 위대한 은혜가 다른 사람들에게 비춰졌다면, 저는 놀라지 않았을 것입니다. 위대한 능력과 높은 지위와 특출한 인품을 지닌 자들이 이러한 은혜를 받았다면, 저는 믿었을 것입니다. 만약 오랫동안 인내하며 고통을 받던 거룩한 여인이 그런 축복을 받았다면, 그것은 일반적인 상황이라고 받아들였을 것입니다. 그런데 나와 같은 중죄인이 사랑의 기적처럼 보이는 매우 기이한 은혜를 입게 되었던 것입니다. 거룩한 하나님의 은혜가 얼마나 장엄한지, 저는 그 큰 선하심에 압도되어 거의 매장될 정도였던 것으로 기억합니다. 주님께서는 내게 적은 은혜만 베푸시리라 믿었지만, 그분은 내게 이와 같이 큰 은혜, 이와 같이 예상치 못한 호의, 거의 분에 넘치는 믿음을 주셨던 것입니다. 사정이 이러한 데도, 우리는 하나님의 은혜가 그렇게 클 리가 없다고 생각합니다. 이런 생각은 얼마나 어리석은지 모릅니다. 왜냐하면 우리는 이미 다음과 같은 말씀을 들었기 때문입니다. "이는 하늘이 땅보다 높음 같이 내 길은 너희의 길보다 높으며 내 생각은 너희의 생각보다 높으니라"(사 55:9). 우리가 지금 대하고 있는 이 하나님은 선지자가 다음과 같이 말한 그 하나님인 줄 알지 못합니까? "주와 같은 신이 어디 있으리이까? 주께서는 죄악과 그 기업에 남은 자의 허물을 사유하시며"(미 7:18). 우리는 하나님께서 오직 우리의 인색한 기준에 따라 그렇게 주실 분이라고 생각하고 있습니까? 하나님께서 우리 인간을 모범으로 삼고 계신 것입니까? 여러분은 하나님이 "우리가 구하거나 생각하는 모든 것에 더 넘치도록 능히 하실 이"(엡 3:20)인 것을 기억하십시오. 우리는 거룩한 은혜의 위대함으로 마음이 동요되기보다는 오히려 그 큰 은혜야말로 그분의 속성에 아주 어울리는 것이라는 사실을 깨닫고, 이 사실로 위로를 받고 믿음에 도움을 받아야 할 것입니다. 그럼에도 불구하고 종종 이 사랑의 바다 위에서도 물이 새는 가련한 배들은 가라앉기 시작했습니다.

넷째로는 옳은 자가 되기 위한 거룩한 불안에서 불신앙이 생기는 사람들이 있습니다. 즉, 이것은 한계만 넘어서지 않는다면 아주 적절한 불안이기는 하지만, 이런 불안에서 불신앙이 생기는 적지 않은 수의 사람들이 있음을 저는 알고 있습니다. 그들은 다음과 같은 생각을 하는 것 같습니다. '내가 구원받지 않았는데도, 구원을 받았다고 생각한다면, 결국 나는 나 자신을 기만하고 있는 것 아닌가? 효과적인 치료를 위해 의료용 칼로 상처를 도려내야 하는데, 내가 그 상처들을 미리 감싸고 있으면 어떡하나?' 제 생각에 이와 같은 두려움은 모든 위선자들이 고민했으면 하는 바람이 간절합니다. 거들먹거리며 신앙을 고백한 많은 자들이 자신의 믿음을 이렇게 충분히 의심했다면, 그들에게 큰 은혜가 되었을 텐데 말입니다. 쿠퍼(William Cowper)가 다음과 같이 말했을 때 그의 말이 옳았다고 저는 생각합니다.

> "자신의 상태에 대해 결코 의심해 보지 않은 자,
> 그 사람은 아마 너무 늦었는지도 모른다."

그러나 이런 불안은 도를 지나칠 수 있고, 이로 인해 그 영혼은 절망에 빠져듭니다. 저도 주제 넘는 자가 되는 것을 마땅히 두려워해야 합니다. 하지만 하나님의 말씀을 믿는 것은 주제 넘는 행동일 수 없습니다. 저도 당연히 두려워하면서 다음과 같은 말을 해야 합니다. "평강하다 평강하다 하나 평강이 없도다"(렘 6:14). 하지만 평강이 그리스도의 말씀을 통해 내게 임한다면, 그 말씀이 아무리 심오한 말씀이라 해도, 제가 그 말씀에 대해 의심할 필요는 전혀 없습니다. 저도 제 자신에 대해 의심할 수 있습니다. 더 나아가 제 자신에 대해 절망할 수도 있습니다. 그러나 저는 주님에 대해서는 절대로 의심하지 않을 것입니다. 그분께서 "나를 신뢰하고 나를 믿는 자는 구원을 받을 것이라"고 말씀하셨다면, 그리고 내가 그분을 믿는다면, 그렇다면 내가 구원받은 줄로 아는 것은 결코 주제 넘는 일이 아닐 것입니다. 모세의 율법으로는 결코 의롭다 하심을 받을 수 없지만, 그분을 믿는 자는 모든 것으로부터 의롭다 하심을 얻으리라고 그분께서 선포하셨다면, 그래서 내가 그분을 믿는다면, 나는 내가 지은 모든 죄에도 불구하고 의롭다 하심을 얻게 될 것입니다. 주님을 신뢰한다고 생각하는 것이 주제 넘는 것이 아니라, 그분을 의심하는 것이 더 주제 넘는 일입니다. 믿음은 오직 하나님의 일일 뿐입니다. 믿음을 너무 대단한 것으로 여길 필요는 없습니다. 내가 예수님을 믿는다면, "내가 구원받기를 소망합니다"라고 말할 권리가 내게는 없는 것입니다. 왜냐하면 이 말은 곧 믿는 자는 구원받을 것이라고 하신 하나님의 선포를 의심하는 말이기 때문입니다. "나는 구원을 받았다고 종종 생각합니다"라고 말할 권리도 내게는 없습니다. 내가 예수님을 믿는다면 나는 지금 의심의 여지 없이 구원을 받은 것이기 때문입니다. 이것은 의견의 차원이 아니라, 확실성의 차원입니다. 사람이 이 세상에서 확신할 수 있는 것 가운데 자신의 구원처럼 분명하게 확신할 수 있는 것은 없습니다. 왜냐하면 다른 확신들은 우리 자신의 오류 가능한 감각들이나 실수할 수 있는 사람들의 증언에 의해 우리에게 주어진 것이기 때문입니다. 그러나 믿는 자는 구원받는다는 이 사실은 거짓말을 할 수 없으신 하나님께서 친히 증언하심으로 우리에게 인쳐 주신 것입니다. "믿고 세례를 받는 사람은 구원을 얻을 것이요"(막 16:16)라고 성경이 분명히 말하고 있기에, 믿고 세례를 받은 나는 마땅히 하나님께서 선포하신 것에 대해 의문을 제기해서는 안 됩니다. 도리어 내가 그 말씀을 믿고 있다면, 지금 내가 존재하고 있는 것이 확실한 것처럼 내가 구원받았다는 것도 그렇게 확실한 것으로 받아들여야 합니다. 우리는 이런 확신에 이를 수 있으며, 이것이 신자들의 공통된 상태가 되어야 합니다. 그럼에도 감히 말할 수 있는 바는 이런 불안이 자주 생긴다는 것입니다. 즉, 이런 불안은 처음 시작될 때는 다소 칭찬할 만하지만, 결국에는 비난받아 마땅한 불신앙으로 끝이 납니다.

다섯째로 한 가지 더 언급하자면, 어떤 영혼들은 그리스도를 가장 바르게 섬기고 그분에게 속한 모든 것을 귀하게 여기면서도 불신앙에 사로잡히기도 한다는 것입니다. 오늘 본문과 관련해서 제가 몇 주 전에 요한에 대해 설교한 것을 여러분은 기억할 것입니다("영광을 받으신 주님과 기절한 것 같은 제자"[계 1:17-18] 1872년 1월 7일 설교 ― 역주). 저는 그 때, 요한이 모든 영광 가운데 계신 주님을 보았을 때, 그가 마치 그분의 발 앞에 엎드려 죽은 자 같이 되었다고 말했습니다. 아, 한 영혼이 예수님에게 가까이 나아갈 때, 그는 그분의 완전함을 인식하고, 자신의 불완전함을 자각하게 됩니다. 그는 그분의 영광을 바라보며, 자신이 아무것도 아니라는 것을 깨닫게 됩니다. 그는 그분의 사랑을 보고, 자신이 사랑받을 만한 존재가 아니란 사실에 얼굴을 붉힙니다. 그러고는 자신이 과거에 그분을 불신한 것에 대해 반드시는 아니라도 다분히 괴로워하게 될 것입니다.

회심한지 얼마 되지 않은 하나님의 자녀들이 교회에 나와서 믿음의 형제자매들을 얼마나 귀하게 여기는지 저는 알고 있습니다. 그들은 그 믿음의 사람들과 함께 계수되는 것에 두려움을 느낄 정도입니다. 진지한 어떤 형제가 기도하는 소리를 듣고서, 그들은 "오, 이 얼마나 대단한 기도인가. 나는 결코 그처럼 기도할 수 없을 것 같다"라고 말합니다. 그리고 어떤 하나님의 종이 설교하는 것을 듣고서, 그들은 "나는 그의 설교에서 제시된 그 기준에 결코 다다를 수 없을 것 같다. 그런 사람이 있다는 자체만으로 나는 이미 정죄를 받은 것이다"라고 말할 것입니다. 어린 믿음의 자녀들이 믿음의 가족에 속한 연장자들을 그렇게 사랑하며, 그 연장자들 가운데 함께 계신 하나님 아버지를 보고는 그들을 존경합니다. 이런 모습을 보는 것은 아름다운 일입니다. 하지만 이처럼 거룩하게 겸손한 자들도, 반드시 다 그런 것은 아니지만, 불신앙으로 떨어질 수 있습니다. 오, 하나님의 자녀들이여, 그리스도가 그렇게 사랑스러운 분이시고, 여러분은 그렇지 않은 존재라 해도, 여러분은 그분을 닮아가는 과정 중에 있는 자들입니다. 그분의 백성들에게 아름다운 모습이 있다면, 그 모습과 동일한 아름다움이 장차 여러분에게도 주어질 것입니다. 왜냐하면 그들도 여러분과 같은 사람들이며, 그들에게도 여러분에게 있는 정욕들이 있기 때문입니다. 그들을 위해 큰 일을 행하신 하나님께서 여러분을 위해서도 동일한 일을 행하실 것입니다. 왜냐하면 그분은 동일한 사랑으로 여러분도 사랑하시기 때문입니다. 지금까지 저는 종종 믿음 옆에 나란히 있는 불신앙에 대해 전했습니다.

3. 참된 믿음과 불신앙 간의 갈등

이제 우리는 이 양자 간의 갈등에 대해 아주 간단히 살펴보겠습니다. 이 불쌍한 사람이 "내가 믿나이다. 하지만 약간은 의심하나이다"라고 말하지 않았다는 사실에 주목해 주십시오. 그는 의심이라는 것이 그저 일반적인 상식의 문제로서 자신을 그렇게 슬프게 하지 않았다는 듯이 말하지 않았습니다. 오, 그는 절대로 그렇게 말하지 않았습니다. 그는 눈물을 흘리면서 이 말을 하였습니다. 그는 슬픈 마음으로 자신의 현 상태를 고백하였습니다. 이것은 사실을 그저 진술한 것이 아니라, 자신의 허물을 인정한 말이었습니다. 그는 눈물로 "내가 믿나이다"라고 말하였습니다. 그러고는 자신의 불신앙을 인정하였습니다. 지금 제 설교를 듣는 사랑하는 성도 여러분, 여기서 여러분은 그리스도에 대한 불신앙을 항상 허물의 빛 가운데서 보는 법을 배우십시오. 여러분은 "이것은 나의 연약함입니다"라고 말하지 마십시오. 오히려 "이것은 나의 죄입니다"라고 말하십시오. 하나님의 교회 안에는 불신앙을 비난받아 마땅한 허물로 보기보다는 오히려 동정심을 불러일으킬 만한 불행한 일로 여기는 자들이 너무나 많이 있습니다. 저는 제 자신에게 "내 마음에 불신앙이 있다. 그러므로 나는 불쌍히 여김을 받아야 한다"라고 말하지 않습니다. 그게 아니라 "내 마음에 불신앙이 있다. 그러므로 나는 이에 대해 비난받아 마땅하다"라고 말합니다. 어떻게 내가 내 하나님을 믿지 않을 수 있습니까? 어떻게 감히 내가 거짓말을 할 수 없는 그분을 의심한단 말입니까? 자신의 약속에 더하여 맹세로 보증까지 하시고, 그 약속과 보증에 더하여 친히 피를 흘려 인(印)을 쳐 주신 그분, 그렇게 신실하게 약속해 주신 그분을 내가 어떻게 불신할 수 있단 말입니까? "이는 하나님이 거짓말을 하실 수 없는 이 두 가지 변하지 못할 사실로 말미암아 … 우리에게 큰 안위를 받게 하려 하심이라"(히 6:18)는 말씀을 기억하십시오. 의심하는 여러분이여, 여러분은 여러분 자신을 꾸짖으십시오. 의심하는 자들이야말로 영혼을 가진 여러분의 가장 악한 원수입니다. 그런 자들을 환대하지 마십시오. 그런 자들을 불쌍하고 외로운 여행자처럼 여겨 친절한 마음으로 환대하지 마십시오. 오히려 그들을 사기꾼과 부랑자처럼 여기고 문 앞에서 내쫓으십시오. 그들과 싸워 그들을 죽이십시오. 그들을 죽일 수 있도록 여러분을 도와 달라고 하나님께 간구하십시오. 그들을 땅에 파묻으십시오. 의심하는 자들이 뼈는 하나라도, 아니 그런 자들의 뼈 조각 하나라도 땅 위에 남아 있지 않도록 하십시오. 의심과 불신앙을 증오하십시오. 그리고 이것들이 죄악인 것을 하나님 앞에서 눈물로 고백하십시오. 우리가 하나님을 모독한 죄와 마찬가지로 하나님을 의심한 죄도 용서받을 필요가 있습니다. 우리가 의심하는 것에 대해 변명하게 되면 틀림없이 거짓말도 하게 됩니다. 왜냐하면 의심은 하나님을 중상 모략하여 그분을 거짓말쟁이로 만들기 때문입니다.

　여러분이 살펴본 바와 같이 이 아버지는 자신의 불신앙을 고백하고 난 후에, 오늘 본문에 나온 바와 같이 다시 이 불신앙을 앞에 놓고 기도했으며, 그것도 매우 진지하게 기도하였습니다. 그는 "나의 믿음 없는 것을 도와 주소서"라고 기도했습니다. 그가 "내가 믿나이다. 나의 아들을 도와 주소서"라고 말하지 않은 것은 매우 주목할 만한 사실입니다. 그는 그렇게 말하지 않았습니다. 그는 "내가 믿나이다. 지금 당장 내 자녀에게서 귀신을 내쫓아 주소서"라고도 말하지 않았습니다. 그는 전혀 그렇게 말하지 않았습니다. 그는 자신의 불신앙이 마귀보다 더 이기기 힘든 것이고, 자신의 영적 질병을 고침 받는 것이 자기 아들이 고생하고 있는 그 서글픈 질병에서 치유되는 것보다 더욱더 시급한 일이라고 여겼습니다. 이것이 바로 우리가 이르고자 하는 핵심입니다. 즉, 그리스도의 공로는 전혀 부족하지 않고, 그분의 귀한 보혈의 능력도 전혀 모자라지 않으며, 그분께서는 어떤 일이 있어도 나를 구원하고자 하신다는 이 모든 것을 우리가 느껴야 하지만, 이를 방해하는 것이 전부 나 자신의 불신앙이라는 것, 이것이 바로 핵심입니다.

오, 하나님, 믿음이 부족한 곳에 당신의 능력을 베풀어 주옵소서. 제가 믿음이 부족한 것은 보혈이 저를 깨끗하게 하지 않은 것이 아니라, 제가 믿지 않았기 때문이며, 그리스도의 간구가 응답을 받지 못한 것이 아니라, 제가 그 간구를 믿지 않았기 때문입니다. 만약 제가 구원을 받지 못했다면, 그것은 그리스도께서 구원할 능력이 없기 때문이 아니라, 제가 그분을 전적으로 충분히 의지하지 않았기 때문입니다. 오, 하나님, 이것이 바로 제가 가진 어려움의 핵심인 것을 당신은 알고 계십니다. 당신께서 능력을 베푸시어 이 어려움을 감당하게 하옵소서. 이것이 저의 유일한 기도제목입니다. 더 이상 저는 "여기서도 저를 도와 주시고, 저기서도 저를 도와 주소서"라고 간구하지 않으며, 오직 "저의 믿음 없는 것을 도와 주소서"라고 간구할 뿐입니다. 믿음 없는 그곳이 바로 절망의 늪입니다. 저는 마음으로 그곳에 이릅니다. 그곳이 바로 저의 약점입니다. "주여, 바로 거기서 저를 강하게 하옵소서." 폭풍우로 강타될 필요가 있는 곳에 대해서, 신앙 고백과 함께 뜨거운 기도라는 비장의 무기들을 모두 내세우는 것은 잘하는 일입니다.

이제 마지막으로, 이 사람은 다행히 자신의 불신앙에 직면하여 바른 방향으로 도움의 손길을 찾았습니다. 그는 "내가 믿나이다. 지금 당장 나는 나의 불신앙을 극복할 것입니다"라고 말하지 않았습니다. 그는 결코 그렇게 말하지 않았습니다. 오히려 그는 "주님, 나의 믿음 없는 것을 도와 주소서"(막 9:24 KJV)라고 말하였습니다. 그는 오직 주님만이 도와 주실 수 있다고 느꼈던 것 같습니다. 그 어떤 의사도 불신앙을 치료할 수 없습니다. 오직 그리스도만이 치료하실 수 있습니다. 그리스도는 불신앙을 치료하는 약이며, 그분은 불신앙을 치료하는 의사이기도 합니다. 만약 여러분에게 어떤 불신앙이 있다면, 여러분은 그리스도의 보혈을 가져다가 불신앙을 치료하십시오. 그분을 생각하십시오. 영광 중에 계신 하나님이 인성을 취하시고, 사람들 가운데 살면서 완전한 의를 이루시고 죄인을 대신해 십자가 위에서 중죄인처럼 죽으신 것을 생각하십시오. 또한 죽은 자 가운데서 다시 살아나 더 이상 죽지 않으시는 그분을 생각하십시오. 천사들의 환호성 가운데 하늘로 올라가신 그분을 생각하십시오. 사망과 지옥의 열쇠를 그 허리에 차고 하나님 우편에 앉아 계신 그분을 생각하십시오. 보혈의 공로로 아버지의 보좌 앞에서 항상 간구하시는 그분을 생각하십시오.

이렇게 성령의 능력 가운데 그분에 관한 것들을 곰곰이 생각하고, 여러분이 다음과 같이 말함으로써 여러분의 불신앙은 죽게 될 것입니다. "주님, 당신을 생각하는 것이 나의 불신앙에 도움이 되었나이다. 내가 당신에 대해 공부하고, 내 영혼이 당신에게서 양분을 얻고, 당신을 내 영혼의 빵과 음료로 삼으면서, 나의 불신앙이 사라졌나이다. 나는 당신을 믿나이다. 꼭 그렇게 하겠나이다. 당신께서 도와 주셔서 나의 불신앙이 치료되었나이다." 불신앙의 문제로 괴로움 가운데 있는 여러분은 누구나 그분에게 나아가십시오. 여러분이 첫 신앙을 갖게 된 그곳으로 나아가십시오. 거기서 더 많은 믿음을 얻게 될 것입니다. 만약 여러분이 십자가의 발치에서 신앙을 처음으로 갖게 되었다면, 여러분의 불신앙을 끝내기 위해서 여러분은 다시 그곳으로 나아가십시오. 영혼을 구원하기 위해 흘리신 그분의 보혈을 바라보십시오. 그분으로 말미암아 여러분이 하나님과 화평을 누리게 되었다는 거룩한 확신이 들 때까지 계속해서 여러분은 그 보혈을 바라보십시오. 예수 그리스도 안에 있는 여러분을 하나님께서 축복해 주시기를 기원합니다. 아멘.

제
19
장

—

예수님과 아이들

—

"사람들이 예수께서 만져 주심을 바라고 어린 아이들을 데
리고 오매 제자들이 꾸짖거늘 예수께서 보시고 노하시어 이
르시되 어린 아이들이 내게 오는 것을 용납하고 금하지 말
라 하나님의 나라가 이런 자의 것이니라 내가 진실로 너희
에게 이르노니 누구든지 하나님의 나라를 어린 아이와 같이
받들지 않는 자는 결단코 그 곳에 들어가지 못하리라 하시
고 그 어린 아이들을 안고 그들 위에 안수하시고 축복하시
니라." — 막 10:13-16

어떤 사람이 그리스도에게 나아가지 못하도록 막는 것은 참으로 큰 죄악임
이 분명합니다. 그리스도는 하나님의 진노를 피할 수 있는 유일한 구원의 길입
니다. 다시 말해, 그리스도는 죄로 인해 마땅히 받아야 하는 무서운 심판을 피할
수 있는 구원의 유일한 길입니다. 도대체 누가 감히 멸망하고 있는 자들이 그 길
에서 구원받지 못하도록 방해할 수 있겠습니까? 도피성으로 가는 길의 이정표를
변경하거나, 길을 가로질러 가지 못하도록 도랑을 판다거나 하는 행동은 모두
비인간적인 행동으로서 가장 엄한 형벌을 받아야만 합니다. 영혼이 예수님에게
나아가지 못하도록 막는 자는 사탄의 종이며, 마귀가 하는 모든 일들 가운데서
그야말로 가장 사탄적인 행동을 하고 있는 것입니다. 우리 모두는 이 점에 대해
동의합니다.

　　나의 사랑하는 성도 여러분, 우리 모두 이 점에 있어서 전혀 죄가 없는 자들 인지 저는 의심스럽습니다. 다른 사람들이 회개하고 믿음을 갖지 못하도록 혹시 우리가 막고 있지는 않습니까? 이런 의심은 서글픈 것이지만, 유감스럽게도 우 리 대다수는 지금까지 그렇게 행동해 왔습니다. 예수님을 믿지 않았던 여러분이 다른 사람들도 믿지 못하게 막는 심히 슬픈 행동을 한 것은 틀림없는 사실입니 다. 본보기가 끼치는 영향력은 좋은 일이든 나쁜 일이든 아주 강력합니다. 특별히 부모가 자녀에게, 상급자들이 하급자들에게, 교사들이 학생들에게 끼치는 영향 력은 아주 큽니다. 아마 아버지인 여러분이 아주 열심 있는 기독교인이라면, 여 러분의 아들은 경건하지 않을 수 없을 것입니다. 사랑하는 어머니인 여러분이 구세주를 위해 살기로 결심한 자라면, 여러분 가정의 딸도 기독교인이 될 것입 니다. 우리는 사람들이 행동하는 방식을 보고서 이야기하고 판단할 수밖에 없습 니다. 그러므로 본보기가 되어 모범을 보인다는 것은 성품을 형성하는 큰 요소 임이 분명합니다. 만약 우리가 지옥으로 내려간다면, 얼마나 많은 사람들이 우 리와 함께 끌려가게 될지 우리는 아무것도 알 수 없습니다. 우리는 보이지 않는 수천 개의 끈으로 서로 묶여 있기 때문입니다. 이것이 바로 우리가 주목해야 할 부분입니다. 즉, 단 한 영혼의 멸망으로부터 광범위한 재난이 시작된다는 것입 니다. 죄인들 각자의 무덤에는 다음과 같은 내용의 묘비가 기록되어 있을 것입 니다. "그의 죄악으로 멸망한 자가 그 한 사람만이 아니었느니라"(수 22:20). "우 리 중에 누구든지 자기를 위하여 사는 자가 없고 자기를 위하여 죽는 자도 없도 다"(롬 14:7). 만약 우리가 우리 영혼을 물맷돌처럼 독자적으로 내던질 수 있다 면, 이 한 영혼에게만 족한 화(禍)가 임하겠지만, 우리는 모두 실로 꿰어진 구슬 처럼 공동생활 운명체이기 때문에, 한 영혼이 어디로 간다면 다른 많은 영혼들 도 함께 가게 됩니다. 죄라는 역병은 그 자체가 한 사람의 집에만 머물러 있지 못 하는 특성이 있어서, 모든 문과 창에서 뛰쳐나와 주위 모든 사람들을 죄의 희생 물로 삼습니다. "죄인 한 사람이 많은 선을 무너지게 하느니라"(전 9:18)고 한 말 씀대로 말입니다. 아직 자신이 지은 죄를 회개하지 않았거나 구세주의 얼굴을 구하지 않은 자가 여러분 가운데 있다면, 제가 여러분에게 다음과 같은 질문을 해도 되겠습니까? 여러분은 독이 있는 그 파멸의 영향력이 여러분의 삶에서 나 와, 여러분의 자녀나 아내나 형제나 친구에게 어느 정도로 영향을 끼칠지 계산 해 보았습니까? 예수님께서 말씀하십니다. "나와 함께 하지 아니하는 자는 나를 반대하는 자요 나와 함께 모으지 아니하는 자는 널리 흩뜨리는 자니라"(마 12:30 KJV, 개역개정은 "나와 함께 아니하는 자는 나를 반대하는 자요 나와 함께 모으지 아니하는 자는 헤치는 자니라"로 되어 있다 — 역주)고 말입니다. 여러분은 얼마나 많은 자들을 방황하는 양처럼 널리 흩뜨렸습니까? 많은 사람들이 여러분이 하는 것을 보고 똑같이 따라하고 있습니다. 여러분이 얼마나 많은 사람들을 경솔하고도 하나님을 믿지 않은 사람이 되도록 꾀어냈는지 알고 있습니까? 이런 것들이야말로, 남을 해치려는 의도는 없었지만 그럼에도 결과적으로 남에게 악을 행하고 있는 자들이 엄숙하게 반성해야 할 부분입니다.

어떤 사람들은 다른 사람이 자신보다 더 나은 본보기가 되지 못하도록 방해할 뿐만 아니라, 다른 사람을 낙담하게 하는 말을 함으로써 다른 사람이 그리스도에게 나아가지 못하도록 방해하고 있지 않습니까? 그들은 더 나은 어떤 것을 소망하는 자들의 기운을 잃게 합니다. 일꾼들은 자기 동료가 가진 거룩한 성품을 절대 부드러운 시선으로 바라보지 않고, 그런 거룩한 성품을 지닌 동료의 마음에 즉시 상처를 내려고 하는 법입니다. 그들은 지나친 음주에서 벗어나고자 노력하는 친구를 의혹의 눈초리로 바라보면서 비웃습니다. 더 나아가 그가 하나님을 향한 믿음을 보이기라도 하면, 그들은 그를 경멸의 대상으로 삼고 난폭하게 대합니다. 그들은 그 동료 속에 있는 모든 선한 것을 스스로 반대한 자로서, 그 사람에 대한 두려운 책임을 반드시 져야 합니다. 왜 많은 사람들이 그런 책임을 지려고 열심을 내는 것입니까? 그들은 다른 사람이 무슨 일을 하든지 그냥 내버려 둡니다. 심지어 술을 마시든, 욕을 하든, 음란한 짓을 하든 아무 상관도 하지 않으며, 그런 사람과 친하게 지내기도 합니다. 하지만 그가 신앙에 대해 진지하게 생각하자마자, 그들은 그 사람을 신랄하게 공격합니다. 그들은 기독교인이 반 정도만 실수를 해도 가장 비열한 비판을 가하지만, 신앙 없는 자가 저지른 실제 범죄에 대해서는 용서해 주려고 합니다. 왜 사람들은 친구가 구원받는 것을 방해하고 싶은 것일까요? 사랑하는 여러분, 아무리 여러분이 자신의 영혼이 멸망해도 좋다고 마음먹었다 해도 그렇지, 도대체 왜 다른 사람까지 멸망하도록 노력하는 것입니까? 왜 여러분은 자기에게 소용도 없고 필요하지도 않은 것을 다른 사람이 사용하지 못하도록 차지하고 있는 사람(dog in the manger, 어떤 개가 자기는 건초를 먹을 수 없는데, 건초가 보관된 곳에 앉아서, 다른 동물이 먹지 못하게 했다는 이솝 우화의 내용 — 역주)처럼 행동하는 것입니까? 여러분은 자신을 위해 신앙을 가지지 않으면 그만이지, 왜 다른 사람까지도 신앙을 갖지 못하도록 하는 것입니까? 생명의 문 앞에 몽둥이를 들고 서서 거기에 들어가려는 자들을 내쫓는 이런 짓은 이 세상뿐 아니라 장차 오는 세상에서도 전혀 유익이 없는 행동입니다.

그리고 스스로 현명하다고 생각하는 어떤 사람들은 하나님의 말씀인 계시를 교활하게 넌지시 의심하게 함으로써 다른 영혼들이 그리스도에게 나아가지 못하게 만듭니다. 이들은 믿음 없는 강의를 듣거나, 어떤 "현대 사상"에 물든 설교자의 설교를 듣습니다. 즉, 부분적으로 위험한 오류를 가진 설교를 듣는 것입니다. 그들은 젊은이들이 진지한 것에 마음이 기울어지자마자, 즉시 그들이 들은 그 뻔뻔한 거짓말을 되풀이합니다. 그들의 궤변 같은 질문들로 인해 젊은이들의 마음은 흔들립니다. 그들의 악한 가르침으로 인해 젊은이들의 마음에 있던 회개의 샘들은 말라 버리고, 믿음의 능력도 마비되고 맙니다. 그들은 마치 바로처럼 갓 태어난 모든 믿음을 의심이라는 강에 던져 버립니다. 또한 마치 흑암의 왕처럼 새롭게 불붙은 모든 소망의 촛불을 잔인하게 모조리 꺼버립니다. 그들은 믿음을 전파하는 자들보다 더 열심히 믿음을 파괴하고 있는 것입니다. 다른 사람들은 열심히 숨을 들이마시지만, 반대로 그들은 숨을 내쉬는 것만큼이나 열심히 의심을 내뱉고 있습니다. 그런 자들의 마음속에는 얼마나 많은 죄악들이 쉬고 있는지 모릅니다! 하나님이나 그리스도나 천국이나 지옥 그 어떤 것도 그의 불신앙에서 나오는 악취를 막지 못합니다. 그가 영혼들에게 어떻게 그 악취를 뿜어대고 있는지 살펴보십시오. 그의 범죄를 헤아려 보십시오. 영혼의 살인자로서 그가 행한 범죄들을 적어 보십시오. 아마도 다음과 같은 항목들이 기재될 것입니다. 성경공부 반에서 한 젊은이를 유인하여 신성모독적인 관념들에 친숙하게 만든 다음, 확실하게 죄를 짓게 해서 즉시 죽게 만들었다고 기록될 것입니다. 이 모든 것을 피로 적도록 하십시오. 다음 항목도 주목해 보십시오. 한때 소망을 가지고 인정이 많았던 한 어린 소녀가 어떤 불신자의 말도 안 되는 과학적인 지식에 영향을 받게 되었고, 결국 자기 어머니의 믿음에서 벗어나 서서히 이 세상의 덫에 빠져 살다가 회개도 하지 않은 채 죽게 되었다는 기록입니다. 이 또한 마지막 심판 날에 그 의심 많은 자들이 이 죗값을 치르도록 그들의 대문 앞에 피로 써서 걸어놓으십시오! 지옥사자의 앞잡이 노릇을 한 그들에게 화가 있으리로다! 흑암의 왕의 호위대로서 자기 손으로 하나님의 진리를 거부하고 불신앙의 씨앗들을 심은 살인자들이 회개할 수 있도록 하나님께서 도와 주시기를 기원합니다! 제가 그런 자들에게 이처럼 슬프게 분을 내며 말하고 있지만, 저는 그들에게 간청하는 바입니다. 그와 같은 악한 길에서 돌아서십시오.

여러 모로 보나, 악한 마음을 가진 자들은 다른 사람들도 악한 결심을 하도록 인도합니다. 악한 자들의 마음에는 중생한 자들의 마음에 회개가 있는 것과 같은 크기로 악한 결심이 들어 있습니다. 그들도 어린 시절에는 가르치기 쉬운 말랑말랑한 마음이었습니다. 우리가 처음으로 가진 일곱 살 때의 마음이 종종 그 이후의 일생을 형성합니다. 어쨌든, 어린 아이라면 모두 열두 살 이전에 경건한 가르침을 먼저 배우게 하십시오. 그러면 그 마음에 새겨진 가르침이 쉽게 지워지지 않을 것입니다. 어떤 사람은 부드러운 점토에 자신의 악한 인상을 찍으려고 하거나, 어린 아이에게서 이미 드러나고 있는 그 위험한 경향성들을 고착화시키는 것에서 비열한 기쁨을 얻는 것 같습니다. 이런 사람들은 어린 아이의 마음이 부도덕한 것에 정착하여 사악함을 수립하는, 즉 악으로 개종시키는 일을 하고 있는 셈입니다.

하나님께서는 한 영혼이라도 그리스도에게 그리고 천국으로 나오지 못하는 일이 없도록 우리를 구원해 주셨습니다. 저는 제가 하는 다소 차갑고 냉정한 설교로 인해 약속을 받은 어린 새싹들이 시들어 버리면 어떡하나 하는 마음에 두렵지 않을 수 없습니다. 다시 말해, 기도 모임에서도 마음 없이 신앙을 고백한 자들의 종잡을 수 없는 기도로 인해, 진심으로 눈물을 흘리며 믿음을 찾고자 하는 자들의 커져만 가는 열정이 식어 버리지는 않을까 두렵습니다. 그리스도 안에서 한 형제 자매된 사랑하는 성도 여러분, 저는 여러분에 대해 두렵고 떨립니다. 경솔한 대화, 세상적인 행동, 일관성 없는 태도, 냉담한 표정 등으로 여러분 가운데 누구든 어느 순간에 온전하지 못한 불구자로 만드는 것은 아닌지, 주님의 이 작은 자 중의 하나(마 18:10)라도 넘어지게 한 것은 아닌지, 저는 두렵습니다. 주님이시여, 제가 다른 사람의 죄에 동참하지 않도록 하옵소서. 특히 어떤 식으로라도 다른 사람의 파멸의 이유가 되지 않도록 저를 구원해 주옵소서! 오, 모든 사람들의 피로부터 깨끗하게 하옵소서! 하나님께서는 우리가 영혼의 살인자와 공범이 되는 것을 금하셨습니다. 그 살인 사건이 일어날 때는 그 이전이든 이후든 간에, 그 사건과 관련된 이런 각각의 방식들로 우리는 죄를 지을 수 있기 때문입니다. 사랑하는 성도 여러분, 하나님께서 우리를 도우셔서, 다른 사람들이 그리스도에게 나아오지 못하도록 방해하는 이 큰 죄를 우리가 피할 수 있게 하시기를 기원합니다.

　　하지만 다른 사람들로 하여금 그리스도에게 나아가지 못하게 하는 이 다양한 방식의 여러 가지 죄들이 오늘 아침에 제가 전할 설교의 주제는 아닙니다. 저는 이 큰 죄들 가운데서 한 가지 형태만 다루고자 합니다. 즉, 아이들이 그리스도에게 나아가지 못하게 막는 큰 죄에 대해 전하려고 합니다. 첫 번째로, 우리는 그 죄를 설명하고, 두 번째로, 그 죄의 행동을 살펴보며, 세 번째로, 예수 그리스도께서 이 죄를 어떻게 정죄하셨는지 알아보겠습니다. 그리고 마지막 네 번째로, 우리 주님께서 말씀하신 교리로부터 시사점을 얻고자 합니다. 주님께서 우리 영혼들을 위해 이 말씀에 복을 내려주시기를 기원합니다.

1. 아이들이 그리스도에게 나오지 못하는 막는 것은 죄

　　우선 저는 이 죄가 아주 흔한 죄라고 말씀드리겠습니다. 이 죄는 틀림없이 흔한 죄입니다. 그렇게 흔한 죄가 아니었다면, 열두 사도들 사이에서 이 죄를 볼 수는 없었을 것입니다. 그들의 실수와 단점에도 불구하고, 우리 주님의 직속 제자들은 사람들 사이에 아주 존경받는 자들이었습니다. 그들은 그렇게 완전하고 풍성한 사랑을 가지신 그분 옆에 거하면서 큰 기쁨을 누렸던 것이 분명합니다. 따라서 최고로 엄선된 자들이었던 이 제자들이 어린 아이를 데리고 그리스도에게 나아오는 어머니들을 꾸짖었다면, 이런 일은 분명히 하나님의 교회에서도 아주 흔하게 일어나는 죄일 것이라고 생각합니다. 저는 이런 실수로 인한 차가운 냉기를 거의 모든 곳에서 느낄 수 있는 것 같아 두렵습니다. 제가 좀 옹졸한 이야기를 하려는 것은 아니지만, 만약 조금이라도 개인적인 조사가 이루어진다면, 우리 대다수는 이 점에 있어서 죄를 범하지 않았을까 하는 생각이 듭니다. 그러면 우리도 바로의 술 맡은 관원장과 함께 "내가 오늘 내 죄를 기억하나이다"(창 41:9)라고 외칠 수밖에 없을 것입니다. 우리는 장성한 사람들을 회심시키기 위해 노력하는 것과 마찬가지로 자녀들의 회심을 위해 노력합니까? 무슨 말이냐고요? 제가 지금 여러분에게 빈정대고 있다고 생각합니까? 여러분은 누군가의 회심을 위해 아무 노력도 하지 않지요? 제가 여러분에게 무슨 말을 해야 할까요? 가인의 영이 신자들의 마음에 들어와서 "내가 내 아우를 지키는 자니이까?"(창 4:9)라고 말하게 하다니, 끔찍한 일입니다. 우리는 살진 것을 먹고 단 것을 마시되(느 8:10) 백성들은 굶주려 멸망하도록 내버려 두다니, 충격적인 일입니다. 그러나 이제 제게 말해 보십시오. 만약 여러분이 영혼 구원을 위해 신경을 썼다면, 소년 소녀와 관련해서 이들의 영혼 구원이라는 주제로 설교를 시작하는 것이 과연 보잘것없는 일이라고 생각할 수 있겠습니까? 사실 여러분이 지금 느끼고 있는 것이 우리 대다수가 공유하고 있는 생각입니다. 어린 아이들의 영혼을 하찮게 여기는 것은 정말 흔한 잘못입니다.

하지만 이런 생각은 사도들의 경우에 있어서 예수님을 위한 열심에서 비롯되었다고 저는 믿고 있습니다. 이 선한 사람들은 아이를 구세주에게 데리고 오는 것이 방해가 된다고 생각했습니다. 그때 구세주께서는 아주 중요한 사역을 감당하고 계셨기 때문입니다. 그분은 무리들을 가르치고 아픈 자들을 고침으로써, 바리새인들을 당황하게 만드셨습니다. 그런 와중에 아이들로 인해 그분이 난처해진다면 옳은 일이겠습니까? 어린 아이들은 그분이 가르치는 것을 이해하지도 못했고, 그분의 기적을 필요로 하지도 않았습니다. 그러니 그분께서 감당하고 계신 큰 일이 그 아이들로 인해 방해를 받아서야 되겠습니까? 그래서 제자들은 다음과 같은 뜻으로 말하였습니다. "선한 여인들이여, 당신의 아이들을 데리고 가시오. 그 아이들에게는 여러분이 율법을 가르쳐 주고, 시편과 예언서들로 교육하며, 그들과 함께 기도하도록 하시오. 그리스도께서 모든 아이들을 다 안수해 주실 수는 없소. 우리가 한 명의 아이라도 그리스도에게 나아와, 그분께서 쓰다듬어 주시도록 허용한다면, 인근의 모든 사람들이 우리 주위로 몰려들어 북새통을 이룰 것이고, 그러면 구세주의 사역에 크게 방해가 될 것이오. 여러분도 이 상황을 보고 있지 않습니까? 그런데 왜 그렇게 생각 없이 행동하는 것이오?" 이처럼 제자들은 주님을 존경하였습니다. 그들은 위대한 랍비이신 주님께서 한갓 어린 아이들의 선생인 것처럼 보이지 않도록 하려고, 그 재잘거리는 어린 아이들이 가까이 오지 못하게 했던 것입니다. 하지만 이것은 하나님께 열심이 있으나 올바른 지식을 따른 것이 아니었습니다(롬 10:2). 이와 마찬가지로 오늘날에도 어떤 형제들은 교회가 소년 소녀들이 모이는 곳이 되어서는 안 된다고 말하면서, 교회가 많은 아이들을 맞아들이는 것을 달갑지 않게 여깁니다. 그들은 이런 아이들이 많은 무리를 이루어 교회로 나아온다면, 그 교회가 틀림없이 사람들로부터 비난을 면치 못할 것이라고 생각합니다! 교회 밖의 사람들은 그 교회를 한갓 어린 아이들이 모이는 주일학교로 부를 것이기 때문입니다. 우리 지역에 살던 한 타락한 여인이 회심했던 일이 생각납니다. 회심한 그 여인이 교회에 나오려고 하자, 신앙 고백을 한 성도들은 교회에서 그녀를 받아들이는 것에 반대하였습니다. 그리고 정말 치사하고 음란한 그녀의 친구들은 침례교 목회자가 창녀에게 침례를 베풀었다는 광고를 써서 벽에 붙이는 지경에까지 이르렀습니다. 저는 제 친구들에게 이 일을 명예로운 일로 언급했습니다. 이런 지경에까지 이른다 해도, 다시 말해 교회가 어린 아이들을 받아들임으로써 우리가 어떤 비난을 받는다 해도, 우리는 그 비난을 명예로운 훈장으로 받을 것입니다. 거룩한 아이들은 우리에게 어떠한 해도 끼칠 수 없습니다. 하나님께서는 나이도 있고 경험도 풍부해서 교회를 신중하게 잘 이끌어나갈 자들도 우리에게 충분히 주실 것입니다. 우리는 아무리 나이가 들었다 해도, 새롭게 중생한 어린 아이와 같은 믿음의 증거를 보일 수 없는 자들은 받아들이지 않을 것입니다. 그리고 아무리 어린 사람이라 해도, 믿음을 가진 신자가 아니라면 그런 자들도 절대 받아들이지 않을 것입니다. 하나님께서는 우리가 우리의 신중한 형제들을 정죄하는 것을 금하십니다. 우리는 그들의 신중함이 더욱 요구되는 곳에서, 그들의 신중함이 잘 드러나기를 바랄 뿐입니다. 예수님은 아이들로부터도 존경을 받으실 것입니다. 오히려 성인들을 걱정해야 할 이유가 우리에게는 훨씬 많습니다.

　사도들이 어린 아이들을 꾸짖은 것은, 그들이 어린 아이들의 필요를 전혀 모르고 있었기 때문입니다. 그 무리들 가운데 어느 어머니라도 "내 아이를 주님께 데리고 가야만 해요. 애가 귀신들려 심하게 고통스러워하고 있어요"라고 말했다면, 베드로나 야고보나 요한 그 어느 제자라도 그에 대해 조금이라도 이의를 제기할 수 없었을 것입니다. 오히려 귀신들린 그 아이를 구세주에게 데리고 가도록 도와 주었을 것입니다. 또는 다른 어머니가 "내 아이는 질병으로 몸이 야위어가고 있어요. 거의 피골이 상접할 정도예요. 내 사랑하는 아이를 예수님께 데리고 가서 그분께서 이 아이에게 안수해 주시도록 도와 주세요"라고 말했다면, 그 제자들은 모두 "이 여인이 예수님께로 가서 그 슬픈 짐을 내려놓도록 길을 비켜주세요"라고 말했을 것입니다. 그러나 오늘 본문에 나타난 어린 아이들은 초롱초롱한 눈으로 재잘거리면서, 건강한 두 팔과 다리로 뛰어왔습니다. 도대체 왜 그 어린 아이들은 예수님에게 나아오려고 했을까요? 아, 사랑하는 성도 여러분! 제자들은 그렇게 아주 기뻐하고 건강하고 순수해 보이는 그 어린 아이들에게도 구세주께서 베풀어 주시는 은혜의 축복이 크고 중요하게 필요하다는 사실을 잊었던 것입니다. 만약 여러분이 여러분의 자녀는 회심할 필요가 없다는 생각, 다시 말해 신앙을 가진 부모에게서 태어난 어린 아이들은 그렇지 않은 아이들보다 다소 뛰어나며, 그런 믿음의 자녀에게는 어떤 선한 것이 이미 있으므로, 그 선한 것이 오로지 자라나기만 하면 된다는 기상천외한 생각에 빠져 있다면, 여러분이 열심히 경건해져야 할 위대한 동기 하나가 없어져 버릴 것입니다. 사랑하는 성도 여러분, 이 어린 아이들에게도 새로운 마음과 올바른 영을 주실 성령 하나님이 필요합니다. 성령 하나님께서 그들에게 새로운 마음과 올바른 영을 주시지 않는다면, 이들도 다른 아이들과 마찬가지로 그릇된 길로 가게 될 것입니다. 여러분은 제가 하는 말을 믿어야 합니다. 어린 아이들이 아무리 어려도, 그 가장 어린 아이의 마음에도 단단한 돌이 있으며, 그 돌은 분명히 제거되어야만 합니다. 그렇지 않으면, 그 아이도 멸망하게 됩니다. 비록 행동으로까지 발전되지는 않았다 해도, 여전히 악한 성향이 그 마음에 자리 잡고 있기 때문에, 어린 아이를 다시 중생하게 하는 성령님의 거룩한 능력으로 그 성향은 극복될 필요가 있습니다. 오, 하나님의 교회는 여전히 우리 주위에서 강력하게 힘을 얻고 있는 옛 유대교적인 생각을, 즉 자연적인 출생으로 어린 아이는 언약의 특권을 가진다는 이 생각을 축출해야 합니다! 자, 옛 시대의 체제에서도 참된 씨는 이스마엘과 이삭 그리고 에서와 야곱의 경우에서처럼, 육신을 따르지 않고 그 영을 따라(롬 8:4) 난다고 하는 암시가 있었습니다. 하나님의 교회도 다음과 같은 말씀을 알고 있지 않습니까? "육으로 난 것은 육이요 영으로 난 것은 영이니"(요 3:6), "누가 깨끗한 것을 더러운 것 가운데에서 낼 수 있으리이까?"(욥 14:4)라는 말씀 말입니다. 자연적인 출생으로 자연적인 더러움이 전해지기 때문에, 자연적인 출생으로는 은혜가 전해질 수 없습니다. 새 언약 아래에서 우리는 하나님의 자녀들은 "혈통으로나 육정으로나 사람의 뜻으로 나지 아니하고 오직 하나님께로부터 난 자들이니라"(요 1:13)고 한 말씀을 분명히 듣고 있습니다. 옛 언약 아래에서는 전형적으로 육신을 따라 난 자들이 특권을 가졌지만, 은혜 언약 아래 들어와서는 여러분이 반드시 다시 태어나야만 합니다. 첫 번째 출생으로 여러분은 첫째 아담의 유산 외에는 아무것도 받지 못했습니다. 그러므로 이제 여러분은 둘째 아담의 주권 아래 장차 다시 태어나야만 합니다.

그러나 어떤 사람은 "이 약속은 너희와 너희 자녀와"(행 2:39)라고 기록된 말씀을 제시할 것입니다. 사랑하는 성도 여러분, 하늘 아래에서 흔히 인용하는 성경구절 가운데 이 구절만큼 듣기에는 그럴싸하지만 파렴치하게 인용되는 구절도 없을 것입니다. 이 말씀이 분명하게 가르치고 있는 본래의 뜻과는 아주 동떨어진 교리를 입증하기 위해서 이 구절이 인용되는 것을 여러 번 들었기 때문입니다. 만약 여러분이 어떤 사람이 하는 말 중에 뒷부분은 제쳐놓고 앞부분만 떼어서 선택한다면, 여러분은 여러분이 취사선택한 그 말로 그 사람이 본래 하고자 했던 말과는 정반대되는 의미를 전할 수도 있습니다. 그렇다면, 위의 말씀이 실제로 전하고자 하는 의미는 무엇이겠습니까? 사도행전 2장 39절을 보십시오. "이 약속은 너희와 너희 자녀와 모든 먼 데 사람 곧 주 우리 하나님이 얼마든지 부르시는 자들에게 하신 것이라." 이 웅장하고도 광대한 선포는 다음과 같은 권면의 토대를 이루는 말씀입니다. "너희가 회개하여 각각 예수 그리스도의 이름으로 세례를 받고 죄 사함을 받으라 그리하면 성령의 선물을 받으리니"(행 2:38). 이 말씀은 특별히 어느 누구에게 해당되는 특권을 선언한 것이 아니라, 그들과 그들의 자녀뿐 아니라 아주 멀리 있는 모든 자들에게도 은혜를 선물로 주시겠다는 말씀입니다. 신약 성경에는 하나님의 은혜로 말미암는 유익들이 약간이라도 자연적인 혈통으로 유전된다는 말씀이 하나도 없습니다. 이 유익들은 그들의 부모가 성도이든지 죄인이든지 상관없이, "주 우리 하나님께서 부르실 모든 사람을 향한 것"입니다. 얼마나 뻔뻔한 사람들이기에, 성경구절에서 반만 떼어내 그 구절이 실제로 의미하는 바가 아닌 것을 가르칠 수 있는 것입니까? 사랑하는 성도 여러분, 그래서는 안 됩니다. 여러분은 여러분의 자녀를 죄 중에서 잉태(시 51:4)하여 죄 가운데 태어난, "다른 이들과 같이 본질상 진노의 자녀"(엡 2:3)로 슬프게 바라보아야 합니다. 비록 여러분이 성도들의 반열에 속해 있고, 여러분의 가계는 목회자에서 목회자로 이어지며, 하나님의 교회에서 모두 출중한 자라 해도, 여러분의 자녀는 다른 사람들의 자녀와 마찬가지로 날 때부터 그들과 정확하게 똑같은 지위에 서게 됩니다. 그러므로 그 자녀들도 예수님의 보혈로 말미암아 율법의 저주로부터 구속함을 받아야 하며, 성령님의 사역으로 말미암는 새로운 본성을 받아야만 합니다. 그들은 복음을 듣고 경건한 훈련을 받을 수 있는 혜택을 누리고 있습니다. 그럼에도 불구하고 그들의 필요와 죄악은 다른 사람들과 마찬가지로 동일합니다. 만약 여러분이 이것을 생각한다면, 여러분은 이 자녀들이 예수 그리스도에게로 나아가야 하는 이유, 다시 말해 이 자녀들이 가능한 한 신속하게 여러분이 드리는 기도의 품 안으로 들어와 그들을 새롭게 할 수 있는 그분을 믿는 믿음으로 나아가야 하는 이유를 알게 될 것입니다.

그리고 어린 아이들이 그리스도에게 나아가서는 안 된다고 하는 이런 생각은 틀림없이 과연 이 어린 아이들이 예수님께서 능력으로 주시는 그 축복을 받을 만한 수용력이 있는가 하는 의심에서 비롯되었을 것입니다. 이 주제에 관해서라면, 이 시간에 제 소견은 놔두고 단지 사실들만 다루려 해도, 제가 지금까지 개인적으로 대화를 나눈 어린 아이들에 관해 구체적으로 설명하려면, 이 아침 시간을 다 사용해야 할 것입니다. 특별히 이 아이들 가운데는 정말 아주 어린 아이들도 있었습니다. 저는 지금까지 제가 교회로 영접한 성인들의 영적 상태보다도 이 교회로 영접한 어린 아이들의 영적 상태에 대해서 더 확신을 가졌다고 대체로 말할 수 있습니다. 더 나아가, 성인 회심자들보다도 회심한 어린 아이들에게서 복음에 대한 더욱 분명한 인식과 그리스도에 대한 더욱 뜨거운 사랑을 늘 보게 된다고 말할 수 있습니다. 저는 여러분이 들으면 더 깜짝 놀랄 만한 이야기를 하겠습니다. 저는 종종 오십이나 육십이 넘은 성인들보다도 더 깊은 영적 체험을 한 열 살 혹은 열두 살 된 아이들을 만나게 됩니다. 어떤 아이들은 턱수염이 난 채로 태어난다는 옛 속담도 있듯이, 어떤 소년들은 어리지만 신사들이며, 어떤 소녀들은 어리지만 성숙한 숙녀들입니다. 여러분은 나이를 가지고 우리 가운데 있는 어떤 사람들의 생명력을 가늠할 수 없습니다. 저는 열다섯 살 먹은 어떤 소년을 알고 있습니다. 그 아이에 대해 나이든 기독교인들은 "거룩한 진리에 대해 그렇게 대단한 통찰력을 가지고서 말하는 것을 보니, 그 아이는 육십 먹은 소년인 게야"라고 종종 말하였습니다. 사실, 열다섯 살밖에 안된 소년이지만, 이 아이는 자기 주위에 있는 나이든 어떤 사람들보다도 하나님에 관한 일들과 영혼의 수고에 대해서 훨씬 더 많은 것들을 알고 있었습니다. 저는 다음과 같은 사실의 이유에 대해서는 설명할 수 없지만, 그 사실이 분명하다는 것만은 확실하게 말씀드릴 수 있습니다. 즉, 어떤 사람은 어린 데도 노숙한 반면, 나이를 먹었는 데도 아주 어린 사람이 있습니다. 또한 현명하지 않으리라 예상했는데 예상 밖으로 현명한 사람이 있고, 어리석음에서 벗어났다고 기대했던 사람인데 기대와는 달리 아주 어리석은 사람도 있습니다. 오, 사랑하는 성도 여러분, 어린 아이들은 회개할 수 있는 능력이 없다는 말을 하지 마십시오! 터질 것 같은 죄책감 때문에 한 달 내내 눈물을 흘리며 잠드는 아이를 저는 알고 있습니다. 만약 여러분이 하나님의 진노에 대한 깊고도 쓰라린 무서운 두려움을 알고 싶어 한다면, 제가 소년이었을 때 느낀 바를 여러분에게 말씀드릴 수도 있습니다. 만약 여러분이 주님

안에 있는 기쁨을 알고 있다고 한다면, 매우 많은 어린 아이들이 그 작은 가슴에 담을 수 있을 만큼 가득히 그 기쁨을 가지고 있다는 사실을 아십시오. 만약 여러분이 예수님을 믿는 믿음이 어떤 것인지 알고 싶다면, 이 시대의 이단적인 허튼 소리들로 정신을 못 차리는 사람들을 보지 말고, 예수님이 하신 말씀을 액면 그대로 받아들이며 그분을 믿고 사랑함으로써 자신이 구원받았다는 사실을 알고 확신하는 사랑스러운 어린 아이들을 바라보십시오. 믿음을 가질 수 있는 능력이 어른보다 어린 아이에게 더 많이 있습니다. 성인인 우리에게는 믿음을 가질 수 있는 능력이 더 많아지기보다는 오히려 더 작아져만 갑니다. 해를 거듭할수록 중생하지 않은 많은 사람들은 그 마음으로 하나님을 점점 더 멀리하며, 하나님의 일들을 받아들일 만한 능력은 점점 더 작아져만 갑니다. 아직까지 아무도 밟지 않아 대로(大路)처럼 되지도 않았고, 또 무성하게 가시가 자라지도 않은 어린 아이들의 마음 밭이야말로 좋은 씨앗을 위해 준비된 땅입니다. 이보다 더 좋게 준비된 땅은 없습니다. 어린 아이는 아직 교만의 속임수, 야망의 거짓, 세상적인 기만, 장사의 속임수, 철학의 궤변 등을 배우지 않았기 때문에, 이런 면에서는 성인보다 나은 장점이 있습니다. 그러나 그 어떤 경우에서도 새롭게 태어나는 중생은 성령님의 사역이며, 성령님께서는 나이든 자에게 쉽게 역사하시듯, 어린 아이에게도 쉽게 역사하실 수 있습니다.

　　또한 어떤 사람들은 어린 아이들의 가치를 잊은 바람에, 아이들이 나오지 못하게 하였습니다. 영혼의 가치는 그 연수에 있는 것이 아닙니다. "오, 고작 어린 아이인걸!", "어린 아이들은 말썽꾸러기들이다", "어린 아이들은 항상 방해만 한다"고 하는 이런 이야기들은 일상생활에서 흔하게 들을 수 있는 내용입니다. 하나님께서는 작은 소자들을 무시한 자를 용서해 주십니다. 만약 제가 소년은 성인보다 더 구원할 가치가 있다고 말한다면, 여러분은 매우 화를 내지 않겠습니까? 나이가 일흔이나 된 사람을 구원하는 것은 하나님 편에서 무한한 은혜를 베푸시는 것입니다. 왜냐하면 이제 인생의 마지막을 사는 그들이 도대체 무슨 선한 일을 할 수 있겠습니까? 우리도 나이가 오십이나 육십이 되면 거의 노쇠해져 있을 것입니다. 만약 우리가 인생의 젊은 시절을 마귀와 함께 허비했다면, 하나님을 위해 살아갈 세월이 얼마나 남아 있겠습니까? 그러나 이렇게 사랑스러운 소년과 소녀들에게는 그들에게서 기대되는 것들이 많이 남아 있습니다. 지금 이 어린 아이들이 자신을 그리스도에게 헌신한다면, 그들은 전심으로 하나님을 섬기면서 자기 앞에 펼쳐진 길고도 행복하며 거룩한 날들을 보게 될 것입니다. 하나님께서 그들을 통해 어떤 영광을 받으실지 누가 알겠습니까? 이방의 땅들이 그들을 복 받은 자로 부를지도 모릅니다. 그들로 인해 모든 민족들에게 복음의 빛이 비쳐질지도 모릅니다. 어떤 유명한 교장 선생님은 자신이 가르치던 학생들 가운데서 영국의 수상이 나올지도 모르기에, 항상 학생들 앞에서 자신의 모자를 벗었다고 합니다. 그렇다면 우리도 회심한 어린 아이들을 경외의 눈빛으로 합당하게 바라보아야 합니다. 그들이 얼마나 빨리 천사들 가운데 있게 될지, 또 그들의 빛이 사람들 가운데 얼마나 크게 비쳐질지 우리가 모르기 때문입니다. 오, 사랑하는 형제자매 여러분, 우리는 어린 아이들의 참된 가치 그대로 그들을 평가하도록 합시다. 제대로 된 평가가 이루어져야 비로소 우리는 어린 아이들이 예수님에게 나아가는 것을 막지 않고, 즉시 그들을 예수님에게로 인도하고픈 마음이 생길 것입니다.

우리 마음에 있는 영성에 비례하여, 그리고 우리 마음이 얼마나 어린 아이를 닮았는지에 비례하여, 우리는 어린 아이들에 대해 불편하게 생각하지 않을 것입니다. 그리고 우리는 그들이 처음으로 가지는 두려움과 소망은 물론, 그들에게서 싹트기 시작하는 믿음과 거기에서 피어나는 사랑에 대해 공감하게 될 것입니다. 어린 회심자들 가운데 있을 때, 우리는 마치 연한 포도 줄기에서 향긋한 냄새가 나는 포도원에 있는 것 같은, 꽃들이 만발한 정원에 있는 듯한 착각을 하게 될 것입니다.

2. 어린 아이들을 예수님께로 나오지 못하게 막는 행동들

두 번째로 이렇게 어린 아이들을 막는 것과 관련하여, 우리는 이 막는 행동에 대해 살펴보도록 합시다. 구세주에게 나아가려는 어린 아이에 관해 슬픈 감정이 들 때마다 제가 생각한 결과는 무엇보다도 어린 아이를 위한 예배가 전혀 없었던 것처럼 보인다는 사실입니다. 설교는 어린 아이들이 이해할 수 없는 말들이었고, 설교자도 이것이 잘못이라는 생각을 하지 않고 있습니다. 사실 설교자는 어린 아이들이 이해 못하는 설교를 즐기기도 합니다. 제가 얼마나 보잘것없는 설교를 하는지를 제가 알았으면 하는 마음으로, 예전에 어떤 사람이 제게 편지를 보내왔습니다. 그 편지에는 그 사람이 제 설교를 아주 기쁜 마음으로 읽은 몇 명의 흑인들을 만난 적이 있다고 적혀 있었습니다. 그리고 그가 생각하기에, 제 설교는 그가 아무렇지도 않게 "깜둥이들"이라고 부르는 그런 자들에게나 잘 어울리는 것 같다고 적혀 있었습니다. 그렇습니다. 제 설교는 깜둥이 같은 자들에게 딱 맞는 설교입니다. 신사들은 제 설교로 인해 그 흑인들이 느낀 진실한 기쁨을 꿈에도 맛보지 못했습니다. 만약 제 설교를 가난한 자들과 하녀들과 어린 아이들이 이해할 수 있다면, 그 밖의 사람들도 제 설교를 이해할 수 있으리라 확신하기 때문입니다. 여러분의 눈에는 이 흑인들이 가장 비천하고 어중이떠중이 같은 이 사회의 하층민으로 보이겠지만, 제게는 이 흑인들에게 말씀을 전할 야망이 있습니다. 비천한 자들의 마음을 얻는 것보다 더 위대한 일은 없다고 저는 생각합니다. 어린 아이들의 경우도 이와 마찬가지입니다. 사람들은 가끔 다음과 같은 말을 합니다. "그는 어린 아이들을 가르치기에만 적합한 사람이지, 설교자로서는 적합하지 않다"고 말입니다. 사랑하는 성도 여러분, 저는 말할 수 있습니다. 하나님이 보시기에 어린 아이들에게 관심을 가지지 않는 사람은 설교자가 아닙니다. 그리고 모든 설교와 예배 가운데 적어도 한 부분은 어린 아이들에게도 적합해야만 합니다. 우리가 이 사실을 잊는다면 그것은 잘못입니다.

이와 동일한 방식으로 부모들은 자신들의 어린 아이를 교육할 때 신앙교육을 빠뜨리면서 죄를 범하고 있습니다. 자녀가 어린 아이일 때는, 단지 그들이 어린 아이라는 이유만으로 회심할 수 없다고 부모들은 생각합니다. 그래서 회심하지 않은 채, 천진난만한 나이에 학교에 입학하는 것을 그리 큰 문제로 여기지 않습니다. 그러나 실제로는 그렇지가 않습니다. 많은 부모들은 자녀들이 학업을 마칠 때까지 그 자녀들의 신앙교육을 까맣게 잊어버립니다. 부모들은 자녀들이 격조 있는 교육을 수료해야 한다는 생각으로 대륙에까지 멀리 자녀들을 내보냅니다. 거기는 모든 도덕적이고도 영적인 위험들이 도사리고 있는 불결한 곳입니다. 그런 곳에서 그렇게 교육을 다 받은 후에, 어린 소년은 모든 면에서 완전히 타락하고 방탕한 사람이 되고, 어린 소녀는 그저 남자들과 시시덕거리는 사람이 되는 경우를 저는 너무나 많이 봐 왔습니다. 사람이 무엇으로 심든지 그대로 거둘(갈 6:7) 것입니다. 그러니 우리는 우리의 어린 아이들이 주님을 알게 되기를 기대합시다. 우리가 그들에게 처음 A, B, C를 가르칠 때부터, 예수님의 이름도 함께 가르치도록 합시다. 그들의 첫 수업으로 그들이 성경을 읽도록 합시다. 신약성경만큼 아이들이 쉽게 글을 배우게 되는 책도 없습니다. 이것은 아주 놀랄 만한 일입니다. 이 신약성경 안에는 유아의 마음을 끄는 마력이 있습니다. 그러나 오, 사랑하는 성도 여러분, 우리는 부모로서 우리 자녀들에게 신앙 훈련을 하는 것을 잊는 죄를 결코 범하지 않도록 합시다. 만약 우리가 자녀들의 신앙 교육을 잊는다면, 우리는 자녀의 영혼의 피값을 지불해야 할 죄를 범한 것입니다.

아이들을 막는 행동에 대한 또 다른 결과는, 많은 교회들이 그리고 그 안에 있는 많은 회중들이 어린 아이들의 회심을 기대하지 않는다는 것입니다. 제가 하고 싶은 말은, 어린 아이들이 어린 아이일 때 회심하게 되는 것을 기대하지 않는다는 뜻입니다. 제가 주장하고 싶은 것은 시간이 흐른 뒤에 우리에게 유용하다고 생각하는 원칙들을 우리가 어린 마음에 심어 준다면, 우리는 아주 큰 일을 한 것이라는 말입니다. 그러나 어린 아이가 어린 아이일 때 회심하게 해서, 그들을 그들의 선배와 마찬가지로 강한 믿음의 사람으로 간주하는 것은 어리석은 행동으로 여겨집니다. 저는 이 어리석은 일에 온 마음을 다 바치고자 합니다. 하늘과 땅에 있는 하나님의 나라는 이런 어린 아이들의 것(막 10:14)이라고 믿기 때문입니다. 목요일 밤에 갖는 목회자를 위한 기도회에 예전부터 정기적으로 참석하고 있는 소년 소녀들이 있습니다. 이들을 보는 것이 제게는 거룩한 기쁨입니다. 나이든 성도라 해도 교회에 나와서 목회자를 위해 기도하지 않는데, 이 아이들은 그렇게 하고 있습니다. 그 어린 아이들은 목회자를 사랑하며, 목회자 입장에서도 이 아이들의 기도를 아주 귀하게 여기기 때문입니다. 그의 이름이 거룩히 여김을 받으시고 그의 나라가 임하기를 위해 위대한 아버지에게 간구하는 법을 어릴 때부터 배운 이 귀한 어린 아이들의 기도로 칭송을 받고 복을 받는 교회야말로 행복한 교회입니다! 우리는 어린 아이들이 회심하는 것을 기대하고 있습니다. 우리는 분명히 그것을 보게 될 것입니다.

또 다른 나쁜 결과는 어린 아이들의 회심은 믿음에서 비롯된 것이 아니라고 보는 것입니다. 의심 많은 사람들은 새롭게 회심한 어린 아이들의 이야기를 들으면 항상 구시렁거립니다. 그들은 할 수만 있으면 그런 아이들을 물어뜯으려고 합니다. 그런 아이들이 세례를 받고 교회의 일원이 되도록 허락을 받기 전에 세심하게 검토해야 한다는 그들의 주장은 아주 합당합니다. 그러나 어린 아이들을 받아들이는데 있어서만 유독 예외의 경우로 주장하는 것은 옳지 않습니다. 물론 세례나 기타 의식이 세심하게 살핀 후 시행되어야 한다는 점에서는 우리도 당연히 그들의 주장에 동의합니다. 그러나 이러한 주장은 모든 경우에 다 동일해야 합니다. 어린 아이들의 경우만 다소 특별하게 적용해서는 안 됩니다. 이 교회에서 신자가 된 이 귀한 어린 아이들이 대부분 교리적인 문제가 제시된 엄격한 시험을 다 통과하고, 어른 성도들과 비교해서도 전혀 손색이 없는 신앙의 모습을 보인 것에 대해 저는 하나님께 감사드립니다. 그러나 이 어린 아이들에게 고도의 지식수준을 기대하는 것은 제게는 여전히 너무 가혹한 처사로 보입니다.

나이든 사람에게서나 볼 수 있는 그런 위엄 있는 행동을, 소년 소녀들에게서도 똑같이 보게 되기를, 사람들은 얼마나 기대하는지 모릅니다! 소년과 소녀의 모습을 버리지 않은 채로 어린 아이의 모든 장점에다 어른의 덕을 더한다면, 우리 모두는 그것을 가장 좋게 여길 것입니다. 한 사람의 성도를 만들기 위해 어린 아이의 특성을 죽여야 할 필요는 전혀 없습니다. 이보다 더 심한 것은, 회심한 어린 아이는 일분 안에 열 살 정도는 더 먹어야 한다고 생각하는 것입니다. 예전에 제가 교회 모임을 가진 후 놀이터에 있었는데, 어떤 근엄한 사람이 저를 불러서는, 어린 아이들과 함께 올가미 놀이나 크리켓이나 공놀이를 하는 것은 부적절한 행동이라고 하면서 앞으로는 하지 말라고 말했습니다. 그는 "당신이 하나님의 자녀라면, 어떻게 하나님의 자녀가 아닌 사람처럼 놀 수 있지요?"라고 말했습니다. 그래서 저는 다음과 같이 대답했습니다. 저는 주님께 고용된 문지기로서 어린 아이들의 즐거움에 함께 하는 것이 제가 해야 할 일의 한 부분이라고 말입니다. 저를 비판한 그 대단한 사람은 아마도 이런 저의 대답이 주제에서 크게 벗어났다고 생각했겠지만, 그는 분명히 회심한 아이라면 회심했다는 그 자체만으로 절대 놀이를 해서는 안 된다는 생각을 가지고 있었던 것입니다! 사랑하는 성도 여러분, 이 얼마나 어리석은 생각입니까! 저는 이에 대해서 더 이상 할 말이 없습니다.

자신도 완전한 행동을 잘 보여주지 못하면서, 그보다 더 완전한 행동을 어린 아이에게서 기대하고 있는 것은 아닙니까? 어떤 은혜로운 아이가 버럭 화를 내거나 뭔가를 잊고서 사소한 실수를 한다면, 그 아이는 오랫동안 스스로 완전한 삶을 살다가 이에서 벗어난 어린 위선자라고 즉시 정죄 받기를 기대하는 것은 아닙니까? 예수님께서는 "삼가 이 작은 자 중의 하나도 업신여기지 않도록 주의하라"(마 18:10 KJV)라고 말씀하셨습니다. 여러분은 그리스도 안에 있는 어린 형제들과 주님 안에 있는 여러분의 어린 자매들에게 불친절한 말은 한 마디도 하지 않도록 주의하십시오. 예수님께서는 사랑스러운 어린 양들에게 큰 비중을 두시기에 그 어린 양들을 품에 안고 다니십니다. 저는 모든 일에서 주님을 따르고자 하는 여러분에게 권면합니다. 거룩한 가족의 한 어린 식구인 그들에게 그와 같은 친절함을 보이십시오. 이 점에 대해서는 제가 더 이상 말씀드리지 않아도 될 것 같습니다.

3. 아이들이 나오지 못하도록 막는 행동을 예수님께서 정죄하신 이유

이제 우리는 세 번째로, 예수님께서 이 죄를 왜 정죄하셨는지에 대해 주목해 보겠습니다. 첫째로, 예수님께서는 이 죄가 자신의 뜻에 반하는 것이기에 정죄하셨습니다. "사람들이 예수께서 만져 주심을 바라고 어린 아이들을 데리고 오매 제자들이 꾸짖거늘 예수께서 보시고 노하시어"(막 10:13-14). 그분께서는 자주 노하지 않으셨습니다. 틀림없이 그분은 그렇게 종종 "노하시지" 않으셨습니다. 그런데 그분께서 몹시 노하셨을 때는, 틀림없이 심각한 상황이었음이 분명합니다. 그분께서는 이 어린 아이들이 자신에게서 멀리 밀려나는 것을 보고 언짢아하셨습니다. 왜냐하면 그렇게 되는 것이 그 아이들에 대한 그분의 마음과는 정반대되는 것이었기 때문입니다. 제자들은 그 아이들의 어머니들에게도 잘못을 행했습니다. 제자들은 그런 어머니들의 행동으로 인해 부모들을 책망하였지만, 사실 예수님께서는 어머니들의 그런 행동을 좋아하셨습니다. 어머니들은 예수님을 존경하는 마음에서 자신의 어린 아이들을 그분에게 데리고 나왔습니다. 그 어머니들은 그분의 손에 있는 축복을 금보다 더 귀한 것으로 여겼습니다. 그들은 위대한 선지자께서 자기 아이들을 만져주심으로 인해 하나님의 축복이 그 아이들에게 임하기를 기대했습니다. 그들은 또한 예수님께서 손으로 자기 아이들을 한 번 만져주시기만 해도, 그 아이들의 삶이 밝고 행복해지리라 소망했습니다. 비록 그 부모들의 생각에 어느 정도 미흡한 점이 있었지만, 그럼에도 불구하고 구세주께서는 그분의 인성에 대한 경외에서 비롯된 그들의 마음을 매몰차게 비판할 수는 없었습니다. 그래서 그분께서는 이처럼 그분에게 영광을 돌리고자 했던 그 선한 여인들의 요구가 매정하게 거절되는 것을 보며 몹시 언짢아하셨던 것입니다.

또한, 제자들은 그 어린 아이들에게도 잘못을 했습니다. 그 귀여운 어린 아이들에게까지 말입니다! 이 아이들이 예수님에게 나아가고자 한 것 외에 무엇을 했기에, 꾸중을 들어야만 했습니까? 그 아이들은 방해하려고 한 것이 아니었습니다. 그분의 부드러운 말씀은 어른뿐만 아니라 어린 아이들에게도 매력적이었습니다. 그래서 이런 감미로운 목소리를 가진 선생님을 존경하고 사랑하는 마음에 그분의 발 아래 앉으려고 했던 것입니다. 이 얼마나 귀한 일입니까! 이 어린 아이들은 해를 끼치려고 한 게 아닌데, 왜 책망을 받아야 했던 것일까요?

　　이외에도, 제자들은 그분께도 잘못을 했습니다. 제자들의 이런 행동은 사람들로 하여금 예수님도 다른 랍비들처럼 목이 뻣뻣하고 완고하며 자신을 높이는 자로 오해하게 할 수도 있었기 때문입니다. 그분께서는 어린 아이들을 무시하지 않으셨는데도 불구하고, 사람들이 그분의 크신 사랑에 대한 명성을 훼손할 수 있는 빌미를 제자들이 제공한 셈이었습니다. 그분의 마음은 큰 항구와 같아서, 많은 작은 배들이 그 항구에 닻을 내릴 수 있었습니다. 어린 아이 같은 어른인 예수님은 어린 아이에 대해서, 어느 어른들이 아는 것보다 더 잘 알고 계셨습니다. 거룩한 어린 아이인 예수님은 어린 아이와 아주 친밀하셨습니다. 그분께서 어린 아이들이 자신에게 얼씬도 못하게 문전박대(門前薄待)한 적이 있다고 제자들이 말한 적이 있었습니까? 따라서 제자들의 이런 행동은 그분의 인격에 치명적인 해를 끼칠 수도 있었습니다. 결론적으로 삼중적인 해악, 즉 어머니들과 어린 아이들과 그분 자신에게 상처를 준 것에 대해 슬퍼하시면서 그분은 몹시 언짢은 마음 상태가 되셨던 것입니다. 그렇게 사랑스러운 어린 아이들이 예수님에게 나아가는 것을 막는 우리의 행동은 그 어떤 행동이라 해도 사랑스러운 우리 주님의 마음을 크게 언짢게 하는 행동입니다. 그래서 그분은 우리에게 "놔 두어라. 그들을 내버려 두어라. 어린 아이들이 내게 오는 것을 용납하고 금하지 말라"고 소리치십니다. 머리가 희끗희끗한 사랑하는 성도 여러분, 저는 여러분이 다소 엄격하지만 선한 사람들인 것을 압니다. 하지만 저는 여러분을 조금 뒤로 물러나게 하고, 어린 아이들이 예수님에게 나아가도록 해야겠습니다. 왜냐하면 주님께서 여러분으로 인해 언짢아하지 않으셨으면 하는 것이 저의 바람이기 때문입니다. 그리고 아이들로 인해 울화통을 참고 있는 선한 기독교인 자매 여러분, 여러분에게 간청하건대, 잠시 진정하십시오. 어린 아이들이 그분에게 나아가는 것을 여러분이 막아서, 혹시라도 그분이 여러분을 언짢게 생각하지 않도록 하십시오. 이처럼 여러분이 본 바와 같이, 제자들이 어린 아이들을 막은 것은 그분의 뜻에 반하는 행동이었습니다.

　　다음으로, 제자들의 이런 행동은 그분의 가르침에도 반하는 것이었습니다. 그분은 계속해서 말씀하셨습니다. "누구든지 하나님의 나라를 어린 아이와 같이 받들지 않는 자는 결단코 그 곳에 들어가지 못하리라"고 말입니다. 그리스도의 가르침은 우리 속에는 우리가 하나님의 나라에 들어가기에 적합한 어떤 것이 없다는 것입니다. 다시 말해, 많은 해 동안 신앙생활을 해도 그것으로는 우리가 은혜를 받을 수 없다는 것입니다. 그분의 가르침은 전적으로 반대의 길을 갑니다. 무슨 말인가 하면, 우리는 아무것도 아닌 자가 되어야 한다는 말입니다. 우리 자신이 작아지면 질수록, 우리는 더욱더 약해지기만 합니다. 하지만 그것이 더욱더 좋은 상태입니다. 왜냐하면 우리 속에서 자아가 작아지면 질수록, 그분의 거룩한 은혜가 임할 공간이 더욱더 커지기 때문입니다. 여러분은 지식이라는 사다리를 올라타고서 예수님에게 나아올 생각을 하고 있습니까? 사랑하는 성도 여러분, 그 사다리에서 내려오십시오. 여러분은 그분을 바닥에서 만날 수 있을 것입니다. 여러분은 체험이라는 가파른 언덕을 올라가야 예수님에게 이를 수 있다고 생각합니까? 올라가려고 하는 사랑하는 성도 여러분, 지금 내려오십시오. 그분은 평지에 계십니다. "오! 그래도 제가 나이가 들면, 그때는 그리스도를 위해 준비하지 않겠습니까?" 젊은 성도 여러분, 여러분이 지금 있는 그 자리에서 준비하십시오. 예수님은 지금 여러분이 있는 그 인생의 문 앞에서 여러분을 만나십니다. 여러분에게는 바로 지금이 그분을 만나기에 가장 적절한 때입니다. 지금보다 더 적절한 때는 없습니다. 그분은 여러분에게 오직 다음의 한 가지 질문만 하십니다. 너는 아무것도 아닌 자가 되어가고 있느냐, 그분이 너에게 모든 것 안에 있는 모든 것(고전 15:28 KJV, 개역개정에는 "만유의 주"로 되어있다 — 역주)이 되었느냐는 질문 말입니다. 이것이 바로 그분의 가르침입니다. 그리고 어린 아이가 이도 저도 별 볼일 없는 존재이기 때문에 어린 아이를 되돌려 보내는 것은, 하나님의 은혜라는 복된 교리에 반대하는 것입니다.

한 번 더 말씀드리자면, 이러한 일은 예수 그리스도께서 보이신 실제 행동에도 크게 반하는 것이었습니다. 그분께서는 사람들에게 자신의 행동을 보게 하셨습니다. "그 어린 아이들을 안고 그들 위에 안수하시고 축복하시니라." 그분은 전 생애를 통해서 자신에게 오는 자들을 거부하거나 거절하신 적이 한 번도 없었습니다. 그분은 다음과 같은 말씀을 진정으로 하셨습니다. "내게 오는 자는 내가 결코 내쫓지 아니하리라"(요 6:37). 그분에게 나아오는 자가 너무 어리다고 해서 그분께서 내쫓으셨다면, 이 말씀은 즉시 거짓으로 드러났을 것입니다. 그러나 그런 일은 결코 일어날 수 없습니다. 그분은 자신에게 나아오는 모든 자들을 받아주심니다. 성경에는 "이 사람이 죄인을 영접하고 음식을 같이 먹는다"(눅 15:20)라고 기록되어 있습니다. 그분은 일생토록 목자처럼 어린 양들을 품에 안아 주셨습니다. 그분은 개를 풀어서 어린 양들과 어미들을 내쫓아 버리는 그런 잔인한 목자가 절대 아니었습니다. 이제 더 이상 말씀드릴 시간도 없고 기력도 없습니다. 이제 저는 우리의 마지막 주제만 잠시 살펴보고 말씀을 맺고자 합니다.

4. 이 말씀의 시사점

"누구든지 하나님의 나라를 어린 아이와 같이 받들지 않는 자는 결단코 그곳에 들어가지 못하리라"는 이 말씀에서 우리는 예수님에게 나아가고자 하는 자들에게 그분께서 주신 시사점을 얻고자 합니다. 제가 간절히 바라는 바는 지금 이 자리에 있는 모든 회중들이 작은 어린 아이가 그리스도를 영접하는 것처럼 그분에게 나아가 그분을 영접하는 것입니다! 어린 아이들은 편견도 없고, 선입견으로 작용하는 이론도 없고, 절대 포기 못할 견해도 없습니다. 어린 아이들은 예수님께서 말씀하신 바를 그대로 믿습니다. 여러분도 그리스도를 배우기 위해서는 그와 같은 방식으로 나아와야만 합니다. 여러분은 매우 많은 것을 알고 있습니다. 저는 사실 그 점이 걱정됩니다. 여러분이 알고 있는 것들을 모두 창 밖으로 던져 버리십시오. 여러분은 아주 많은 것들에 대해서 여러분의 마음을 이미 정해놓고 있습니다. 그러나 이제부터는 여러분의 마음을 되돌려 놓으십시오. 그래서 그분께서 친히 인(印)쳐 주시도록 그분 앞에서 밀랍처럼 되십시오.

어린 아이들은 모든 것을 분명하고도 확실하게 하는 의심 없는 믿음을 가지고 있습니다. 여러분도 바로 그렇게 믿으십시오! 아이들은 전적으로 겸손하게, 그 선생님을 바라보고, 그 선생님의 말씀을 결정적인 것으로 받아들이며 믿습니다. 여러분도 바로 그렇게 예수님을 믿으십시오! 그리고 다음과 같이 말하십시오. "주여, 나는 아무것도 모르나이다. 가르침을 받고자 나는 당신께 나아갑니다. 나는 아무것도 아닙니다. 당신께서 나의 모든 것 안에 있는 모든 것(고전 15:28 KJV)이 되어 주옵소서."

아이들은 그리스도에게 나아갈 때 아주 진실하게 온 마음을 다해 나아갑니다. 아이들은 사악한 동기나 형식적인 것들에 관해 아무것도 모릅니다. 아이들의 회개와 믿음은 순수합니다. 여러분은 불쌍하고 죄 많은 자들입니다. 제 바람은 여러분이 지금 있는 모습 그대로 이 아침에 그리스도에게 나아가는 것입니다. 더 이상 믿음을 가지고 장난하지 마십시오. 여러분을 치장하고 여러분의 기도를 세련되고 멋진 것으로 만들어 줄 좋은 말들을 찾지 마십시오. 어린 아이들이 하는 것처럼, 여러분의 마음이 느끼는 바대로 말하는 것을 부끄럽게 여기지 말고 아주 단순한 마음으로 그분에게 나아가십시오.

어린 아이들이 예수님을 믿을 때 그들은 비판적인 문제에 대해 전혀 관심이 없습니다. 그것은 그리스도에게 나아가고자 하는 여러분이 반드시 가져야 할 자세입니다. 여러분은 항상 신앙적으로 어려운 문제들을 만들어 왔습니다. 여러분은 수년 간 현대 신학이라는 최신 소설들을 읽어 온 자들입니다. 현대 신학은 한갓 소설일 뿐이며, 그 이상 아무것도 아닙니다. 여러분은 여러분의 뇌를 헛된 사람들이 만든 헛된 생각으로 혼란하게 하였습니다. 여러분은 지금 있는 모습 그대로 예수님에게 나아와, 예수님이 하신 말씀은 예수님께서 말씀하신 것이기 때문에 믿도록 하십시오. 그분의 말씀에 따라 그리스도를 받아들이고 그분을 믿으십시오. 이것이 여러분이 구원 받는 길입니다.

"그런데, 저는 아무런 공로가 없습니다"라고 어떤 사람은 말합니다. 또는 "저는 준비한 것이 아무것도 없습니다"라고 말하기도 합니다. 그런 것들을 가지고 있는 어린 아이는 아무도 없습니다. 그리스도를 위한 준비로 고민하고 있는 어린 아이를 저는 본 적이 없습니다. 어떤 어린 아이가 은혜를 받을 자격과 관련하여 염려하고 있다는 그런 이야기는 제가 전혀 들어보지 못했습니다. 어린 아이들도 죄인이며, 그들도 이 사실을 알고 있습니다. 이것이 바로 그리스도에게 나아가는 길입니다. 여러분이 죄인이라는 사실을 알고서, 한 사람의 죄인으로 나아가, 이렇게 말하십시오. "예수님께서 저를 부르시니 제가 나아갑니다. 예수님께서는 저를 위해 돌아가셨습니다. 이제 저는 그분을 믿습니다." 이것이 바로 예수님께 나아가는 참된 길입니다. 오, 사랑하는 성도 여러분! 여러분은 더욱더 큰 사람이 되어야 그리스도에게 나아가기에 더욱더 적합한 사람이 될 수 있다고 생각하지 마십시오. 그런 생각 대신, 더욱더 작은 사람이 되려고 생각하십시오. 더욱더 대단한 사람이 되려고 하지 말고, 더욱더 보잘것없는 사람이 되려고 하십시오. 더욱더 현명해지려는 대신, 여러분이 가지고 있던 모든 지혜를 더욱더 완전히 잃어버려서, 지혜와 의와 모든 것들을 얻기 위해 예수님께로 나아오십시오.

때로 우리가 아주 연약하고 말조차 제대로 하기 힘들 때, 하나님께서는 더욱더 우리를 축복해 주십니다. 저는 이 아침에 그분의 인(印)치시는 역사가 그분의 병든 종이 외치는 이 불쌍한 설교에 임하기를 기도드립니다. 제 육신의 모든 작은 살점들과 제 뼈의 모든 뼛가루까지도 이 설교를 축복해 달라고 하나님께 지금 기도드리고 있습니다. 지금까지 말씀을 전하는 동안, 극심한 고통이 저를 괴롭혔습니다. 이 설교가 다른 어느 설교보다도 더욱 영광스러운 말씀이 되기를 기원합니다. 왜냐하면 저는 이 말씀을 눈물로 감당했기 때문입니다! 저는 하나님 앞에서 열망하고 갈구하며 부르짖습니다. 하나님께서 이 연약한 저의 말씀에 복을 내리시어, 여러분이 회심하고, 사랑스러운 어린 아이들이 회심하게 되기를 기원합니다. 지금까지 한 번도 그리스도를 바라보지 않고 살았던 사람들은 이제 그리스도를 바라보십시오. 이 사랑스러운 어린 아이들이 그랬던 것처럼 여러분도 그렇게 하기를 저는 기도하고 있습니다. 그분께서는 그들을 부르셨고, 그들은 나아와 그분의 품에 안겼습니다. 여러분도 함께 나오십시오. 여러분도 다시 어린 아이처럼 되었으면 좋겠다는 마음이 들지 않습니까? 여러분은 그렇게 될 수 있습니다. 그분은 여러분에게 어린 아이 같은 마음을 주실 수 있습니다. 그래서 여러분은 그분의 나라에서 새롭게 태어나 중생한 자가 될 수 있습니다. 정말 그렇게 되기를 그분의 이름으로 기도드립니다! 아멘.

제
20
장

—

사랑스럽지만
한 가지가 부족한 사람

—

"네게 아직도 한 가지 부족한 것이 있으니" — 막 10:21

예수 그리스도의 복음은 그 자체가 야비한 자들 중 가장 야비한 자들을 향한 것이라는 사실은 가장 분명한 사실입니다. 그러나 이 구원의 메시지가 그런 자들에게만 배타적으로 주어진 것은 아닙니다. 복음이 그 대상으로 삼지 못할 만큼 너무나 사악한 사람은 정말 아무도 없습니다. 아무리 자포자기한 사람이라 해도, 여전히 "그리스도에게 나아와 살라"는 이 초대의 음성은 죄인 중에 괴수(딤전 1:15)에게까지도 전해졌습니다. 그러나 이 복음은 흔히 생각하듯이 죄인들의 괴수에게만 국한된 것이 아니라, 의심할 바 없이 도덕적으로 고결하고, 행동이 올바르며, 그들의 가정과 사회관계에서 드러나는 모든 삶이 칭찬받을 만한 그런 자들에게도 같은 애정을 담아 전해졌습니다. 우리 회중들 가운데도 항상 그런 자들이 있으며, 그런 자들이 있다는 사실에 대해 저는 아주 감사하게 생각합니다. 우리는 무자비한 죄인들과 가증스러운 범죄자들과 완고한 범법자들과 함께, 솔직하고 정직하며 진실한 자들도 초대하고자 합니다. 우리의 간절한 바람은 그런 바람직한 사람들도 구원을 받는 것입니다. 왜냐하면 그들에게도 은혜가 주어져 그들이 그리스도를 위한 결심을 하게 될 때, 그들 또한 거룩한 은혜의 뛰어난 승리자들이 될 것을 우리는 믿고 있기 때문입니다.

우리 가운데는 아주 유망한 사람이기는 하지만 "네게 아직도 한 가지 부족한 것이 있으니"라고 하신 말씀에 해당되는 이들이 많습니다. 여러분에게 단 한 가지만 부족한 것이 있다는 것에 대해 먼저 축하의 말씀을 드리겠습니다. 그러고 나서 저는 여러분에게 한 가지 부족한 것이 있다는 이 경고에 대해 언급할 것입니다. 그런 다음, 이 한 가지 부족한 것을 어떻게 채울 수 있을지에 대한 몇 가지 교훈을 전하고자 합니다. 하나님께서 도우시어, 그분의 말씀에 그분의 능력이 임하여서 여러분에게 더 이상 한 가지 부족한 것이 없게 되기를 기원합니다.

1. 단 한 가지만 부족한 자에게 전하는 축하의 말씀

그럼 첫 번째로 축하의 말씀을 드리겠습니다. 오늘 본문에 등장하는 이 젊은 청년의 경우는 오늘 이 자리에 있는 많은 이들의 상황을 묘사한 것으로 보고자 합니다. 그는 도덕성이 부족하지 않았습니다. 그는 "이것은 내가 어려서부터 다 지켰나이다"(막 10:20)라고 말할 수 있었습니다. 구세주께서도 그가 거짓말을 한다고 말씀하지 않으셨습니다. 구세주께서는 그 청년을 바라보고 사랑해 주셨습니다. 만약 그 청년이 의도적으로 거짓말을 했더라면 구세주께서 그렇게 하지 않으셨을 것입니다. 그 청년이 한 말은 절대로 거짓말이 아니었습니다. 그는 정숙하고 정직하며 거룩한 사람이었습니다. 그는 전적으로 이렇게 살기를 간절히 바랐던 사람이었습니다. 이 청년의 경우가 바로 여러분의 경우라면, 저는 여러분에게 축하의 말씀을 드리겠습니다. 도덕성은 추잡한 죄악들로부터 비롯되는 수천 가지 슬픔에서 여러분을 구해 줄 것입니다. 여러분은 인생 말년에 여러분을 유혹할 수 있는 나쁜 습관들을 가지고 있지 않습니다. 여러분은 단절하기 어려울 수 있는 교제들을 하고 있는 것도 아닙니다. 여러분은 나중에 여러분의 기억을 더럽힐 수 있는 말과 표현과 감정들을 배우고 있지도 않았습니다. 심지어 여러분은 이런 것들을 싫어하며 살아갈 것입니다. 여러분이 이런 특권을 가지고 있는 것에 대해 하나님께 감사드립니다. 따라서 그런 여러분에게 아직도 한 가지 부족한 것이 도덕성이라는 말은 할 수 없을 것입니다.

이 청년은 밖으로 드러난 외형적인 신앙에 있어서도 부족하지 않았습니다. 마태복음과 누가복음의 병행 본문들(마 19:16-30; 눅 18:18-30)을 비교하며 생각해 볼 때, 이 사람은 관리(눅 18:18)였던 것 같습니다. 말하자면, 우리가 읽은 바대로 회당의 관리였습니다. 그는 동료 신앙인들 가운데서 직책을 맡아 그 신앙 모임을 주재하기까지 하던 사람이었습니다. 그는 젊은 사람이었고, 그 일에 전념하는 사람이었습니다. 그리고 젊은 사람이 그런 직책에까지 오른 경우는 보기 드물었습니다. 따라서 그는 행동에 있어서 뛰어나게 정숙한 사람이었을 뿐만 아니라, 모든 사람들이 그에 대해서는 마음에서 우러나오는 신앙을 지닌 뛰어난 사람으로 알고 있었기에, 그는 분명히 사람들로부터 존경도 받았을 것입니다. 그가 구세주 앞에서 무릎을 꿇고서 "선한 선생님이여"(막 10:17)라고 말했을 때, 참으로 그는 자신의 외형적인 습관들이 신앙적인 성향에서 배어나오는 것임을 보여주었습니다. 이 청년처럼 기독교인들이 서로 만나는 장소를 사랑하고, 이들이 부르는 거룩한 찬양에 관심을 가지며, 그 거룩한 책을 함께 읽고, 혹시라도 하나님의 백성이 모이는 집회에 올라오지 못한다면 슬퍼하는 사람들이 여러분 중에도 있습니다. 저는 그들에게 축하의 말씀을 드리고자 합니다. 여러분은 변함없는 이런 외형적인 행동들로 감동을 주면서, 영적인 일에 있어서 여러분보다 더 앞서있는 자들을 부끄럽게 하고 있습니다. 저는 이 사실을 기뻐하고 있습니다. 여러분은 도덕성에 있어서는 부족한 것이 없습니다. 외형적인 신앙생활에 있어서도 부족한 것이 없습니다.

제 생각에 이 청년은 순수하고 사랑스럽고 좋은 평판을 얻으며 존경을 받는 데 있어서 부족함이 없었던 것 같습니다. 그는 우리 주님을 '선한 선생님'이라는 탁월한 호칭으로 불렀습니다. 이런 호칭은 유대인들이 자신의 랍비를 부를 때도 잘 사용하지 않던 것이었습니다. 따라서 이런 호칭의 사용은 그 청년이 거룩한 그리스도를 마음 깊이 경외하고 있었다는 사실을 보여줍니다. 이 청년은 그분의 신성을 감지하지는 못했으나, 비할 데 없는 그분의 선하심을 감지하고는 경의를 표하였던 것입니다. 사랑하는 성도 여러분, 이것은 여러분의 경우에도 마찬가지입니다. 여러분은 하나님의 백성에게 모욕적인 말을 하지 않습니다. 오히려 하나님의 백성들에 대해 악하게 말하는 것을 들으면 매우 슬퍼집니다. 여러분은 그리스도의 목회자들을 사랑합니다. 하나님의 백성들과 교제하는 것보다 더 여러분을 기쁘게 하는 교제는 없습니다. 여러분은 신앙을 가지고 있습니다. 비록 여러분이 소유하지 못한 신앙의 어떤 부분이 있다고 해도, 여러분은 그 부분을 존중합니다. 또한 여러분이 가지지 못한 그 부분을 갖고자 합니다. 여러분은 그것을 가진 자들을 부러워하며, 여러분이 그 중의 일부라도 가질 수만 있다면, 그것을 가진 모든 자들 중에 가장 미천한 자가 되어도 좋다고 생각할 정도입니다.

저는 이 점에 대해 여러분에게 축하드리고 싶습니다. 여러분과 관련하여 저는 하나님께 감사드립니다. 여러분을 보고 있으면, 저는 예수님께서 하신 일처럼 느껴져 진심으로 여러분을 사랑하게 됩니다. 따라서 기꺼이 저는 그런 여러분에게도 여전히 부족한 것이 채워져야 할 필요가 있다는 말씀을 드리는 바입니다.

이 청년은 **정통성**이 부족한 것이 아니었습니다. 그는 의심하거나 회의하지도 않았고, 스스로 불신자라고 공언하지도 않았습니다. 오히려 그는 "내가 무엇을 하여야 영생을 얻으리이까?"(막 10:17)라고 물었습니다. 그는 영생을 믿고 있었습니다. 그는 부활도 없고 천사도 없고 영도 없다(행 23:8)고 하는 사두개인이 아니었습니다. 그는 자기 조상이 믿던 신앙의 위대한 옛 진리들을 존중하였습니다. 그는 정통 신앙을 굳건하게 믿는 신자였습니다. 여러분도 마찬가지입니다. 지금까지 여러분은 감히 하나님의 말씀을 의심한 적이 없습니다. 그 말씀의 의미를 여러분이 알고 있는 한, 여러분은 그 의미를 가장 엄숙한 방식으로 고수하고 있습니다. 여러분은 세상에 이단으로 비쳐지는 것을 원하지 않습니다. 여러분은 하나님의 존재나 그리스도의 신성이나 보혈의 대속이나 가장 거룩한 신앙의 다른 본질적인 것들을 자의적으로 해석하지도 않았습니다. 여러분의 지성이 허락하는 한, 여러분은 이러한 것들에 관해서 아주 분명하게 인식하고 있습니다. 이에 대해 저는 하나님께 감사드립니다. 왜냐하면 이런 인식이야말로 전염병처럼 번지는 악에서 피할 수 있는 확실한 피난처가 되기 때문입니다. 불신앙이라는 음침한 늪에 빠진 자가 인간의 건전한 양심을 갖기란 어려운 일입니다. 일단 경건하지 않은 사악한 속삭임을 듣거나 토머스 페인(Thomas Paine, 1737-1809, 미국 불신자 작가로서, 쉽고 간결한 문체로 혁명의 정당성을 주장한 "상식"과 "인간의 권리" 등을 저술해, 프랑스 혁명의 정당성을 주장했 — 역주)의 펜에서 나오는 파렴치한 것들을 읽는다면, 그 영혼은 부패한 상태에서 결코 깨끗해질 수 없을 것으로 보입니다. 그것은 사람의 손에 찐득하게 달라붙은 검은 기름 찌꺼기와 같아서, 아무리 비누칠을 많이 하고 양잿물로 씻어 내도 그 오물로부터 쉽게 깨끗해질 수 없습니다. 여러분은 여러분의 도덕적인 성품에 그런 얼룩이 묻지 않도록 해야 합니다. 그런 얼룩이 묻지 않도록 하신 것에 대해 하나님께 감사하십시오. 그분의 풍성하신 은혜로 여러분이 신앙의 지식이나 그 믿음의 정도에 있어서 부족한 것이 없는 것에 대해 저는 하나님을 찬양합니다.

나의 사랑하는 성도 여러분, 이 청년은 **진실성**이 부족한 것도 아니었습니다.

어떤 주석가들이 그를 위선자라고 말한 것을 저는 보았습니다. 그러나 이 청년은 위선자와는 너무 거리가 멀었습니다. 북극이 남극과 먼 것처럼 말입니다. 그는 솔직하게 자기 심정을 말했을 뿐입니다. "이것은 내가 어려서부터 다 지켰나이다"(막 10:20)라고 말입니다. 다소 잘난 척하는 것처럼 비쳐질 수도 있었겠지만, 그는 숨김없이 있는 그대로의 모습을 보여주었습니다. 진실하지 않은 사람은 다소 조심스럽게 에둘러 말하면서, 자신에 대한 그런 자신감 있는 표현을 유보하지만, 이 청년은 솔직하게 거울에 비친 자신의 모습을 그대로 말하였던 것입니다. 여러분 중에도 이런 사람들이 있습니다. 여러분은 지금까지 간사한 방식을 배우지 않았습니다. 여러분은 자기 모습이 아닌 다른 사람의 모습을 흉내 내지 않습니다. 비록 여러분이 하나님의 백성들과 함께 어울린다 해도, 여러분은 믿음 없이는 감히 세례식에도 참여하지 않았고, 성찬식에도 나아가지 않았습니다. 왜냐하면 여러분은 그리스도와 교제하지 않는 것을 두려워했기 때문입니다. 여러분은 여러분의 진실성을 다방면에서 보여주었습니다. 이에 대해 저는 다시 한 번 여러분에게 축하의 말씀을 드리며, 은혜를 베풀어 주신 하나님께 감사하는 바입니다.

더욱이 이 젊은 관리는 그 열정에 있어서도 부족하지 않았습니다. 그가 그리스도에게 나온 방식에서 그의 열정이 드러났습니다. 그는 그분에게 달려와서 끓어 앉아(막 10:17), "내가 무엇을 하여야 영생을 얻으리이까?"라고 물었습니다. 여러분도 비록 올바른 지식을 따른 것은 아니지만, 하나님께 열심이 있습니다(롬 10:2). 그런 여러분에게 아직도 한 가지 부족한 것을 성령님께서 가르쳐 주시기만 한다면, 여러분은 그것을 찾게 될 것이라 저는 믿고 있습니다. 저는 여러분이 그렇게 하리라 확신합니다. 어쨌든 여러분은 여러분이 가진 빛의 분량대로 지금까지 여러분이 할 수 있는 것을 신속하게 열정적으로 간절히 행해 왔습니다.

이 청년은 아주 생각이 깊은 사람이었습니다. 많은 사람들이 스스로 생각하게 된다면, 그것이 비록 틀린 생각이라 해도, 절반은 성공한 것입니다. 사람들이 전혀 아무 생각도 하지 않는 것보다는 아주 왜곡된 방식일망정 그래도 생각하는 것이 더 낫습니다. 거의 구원받지 못할 것 같은 사람들은 자기 일이나 쾌락을 쫓기에도 바쁜 사람들입니다. 그런 사람들이 생각할 시간을 갖는다는 것은 꿈도 꾸지 못할 일입니다. 그런데 오늘 본문의 이 청년은 생각하는 사람이었습니다.

그는 율법을 공부했고, 그것을 지키려고 노력하였습니다. 그는 자신이 생각할 수 있는 그 너머의 문제에 봉착해 있었습니다. 그는 불안해졌습니다. 마치 자신이 알지 못했던 그 무엇이 있음을 느끼기라도 한 것처럼, 그는 그것이 무엇인지 간절히 알고 싶어 하는 마음으로 "아직도 무엇이 부족하니이까?"(마 19:20)라고 말했습니다. 어떤 사람들이 그에 대해 착각하듯, 그는 자기 의를 내세우는 사람이 아니었습니다. 그는 머리로는 자기 의를 내세웠지만, 가슴으로는 무언가를 찾고 있었습니다. 그의 머리는 그에게 율법을 다 지켰다고 생각하게 했지만, 그의 가슴은 그에게 다 지키지 못했다고 말했습니다. 그래서 그는 "내가 무엇을 하여야 영생을 얻으리이까?"라고 말했던 것입니다. 만약 그가 자신은 영생을 얻을 만큼 충분한 신앙심이 있다고 믿었더라면, 그는 아마도 이런 말을 하지 않았을 것입니다. 그는 "아직도 무엇이 부족하니이까?"라고 말했습니다. 제 생각에는, 만약 그가 자신에게 무언가가 부족하다는 사실조차 몰랐다고 한다면, 아예 그런 말도 하지 않았을 것입니다. 비록 그 부족한 것이 무엇인지 알지는 못했지만 말입니다. 이것은 참으로 감사한 일로서, 저는 다시 한 번 하나님께 감사드립니다. 그리고 지금 제 설교를 듣고 있는 여러분에게도 축하의 말씀을 드립니다. 여러분도 다소 이와 동일한 위치에서, 다음과 같이 정직하게 말하기 때문입니다. "저는 제가 할 수 있는 모든 것을 다 해 보았나이다. 저는 제 빛이 나를 인도하는 데까지 가보려고 애썼나이다. 하지만 저는 제가 구원받았다는 사실을 믿지 못하겠나이다. 그래도 제 자신이 구원받기를 원하나이다. 그것이 무엇이나이까? 제 가슴속을 찌르는 그 빈 공간을 채울 수 있는 그 비밀한 것은 도대체 무엇이나이까? 저에게 안식을 줄 수 있는 그것은 도대체 무엇이나이까? 그 안식을 저는 아직도 찾지 못했나이다."

또한 이 청년은 기꺼이 하고자 하는 마음도 부족하지 않았습니다. 최소한 그는 이 점에 있어서 부족하지 않다고 생각했습니다. 그는 구원을 받을 수만 있다면, 스스로 기꺼이 어떤 일이든 하고, 어떤 것이든 주고, 어떤 것이든 참을 수 있다고 믿었습니다. 여러분 가운데도 이와 마찬가지인 자들이 있습니다. 여러분도 이 밤에 이 회중들 가운데서 일어나 다음과 같이 말할 수 있을 것입니다. "내가 만약 영생을 얻을 수만 있다면, 내 능력이 미치는 한, 내가 하지 못할 일이 없고, 하늘 아래에서 참지 못할 일이 없나이다. 주께서도 이것을 아시나이다"라고 말입니다. 그러나 어쩌면 여러분은 이 청년이 그랬던 것처럼 여러분의 마음 상태를 모르고 있을 수도 있습니다. 그래서 그리스도께서 어떤 엄격한 교훈을 여러분에게 하신다면, 아마 여러분도 그 청년처럼 슬픈 기색을 띠고(막 10:22) 떠나갈 것입니다. 하지만 어쨌든, 여러분이 알고 있는 한, 여러분에게는 기꺼이 하고자 하는 마음이 있습니다. 저는 이 사실을 기뻐하며, 이런 모든 점들이 여러분에게 있다는 것에 대해 감사하게 생각합니다. 비록 여러분에게 부족한 것이 있기는 하지만, 그럼에도 이런 점들에 있어서는 여러분이 전혀 부족한 것이 없습니다. 하지만 여러분에게는 어떤 다른 것이 부족합니다.

한 가지 분명한 사실은 이 청년은 지식이 부족했다는 것입니다. 그는 율법의 영성을 알지 못했습니다. 율법은 스쳐 지나가는 우리의 생각이나 상상까지도 관여한다는 사실을 그는 한 번도 배우지 못했습니다. 그는 간음이나 도둑질 등 어떤 범법 행동도 하지 않았고, 또한 진실 되지 않은 것을 말하지도 않았기 때문에, 자기는 율법을 지켰다고 착각했습니다. 그는 스쳐 지나가는 부정한 눈길이나 이유 없는 증오나 탐욕적인 소망 등이 하나님의 율법을 범하는 것이고, 가슴속에 잠재된 죄악을 무심코 드러낸다는 사실을 알지 못했습니다. 이러한 사실을 그 청년도 몰랐고, 여러분 가운데도 모르는 사람들이 있을 것입니다. 오, 여러분이 이러한 사실을 알게 되었으면 좋겠습니다. 하나님께서 도우시어 여러분이 이 사실을 지식의 차원에서 인식할 뿐만 아니라, 양심에 깊이 새겨질 자각(自覺)의 차원에서도 이해하기를 기원합니다. 그리고 이 청년은 구원의 계획도 알지 못했습니다. "내가 무엇을 하여야 영생을 얻으리이까?"라는 이 질문을 통해서, 구원은 행함으로가 아니라 믿음으로, 우리의 공로가 아니라 예수님을 단순히 믿음으로 받는다는 사실을 그가 모르고 있다는 것이 드러났던 것입니다. 이것은 대단히 부족한 것이었습니다. 지금 이 자리에서 논할 수도 없을 만큼, 우리가 모범으로 삼기에 충분한, 그가 보여준 수백 개의 청렴한 모습들에도 불구하고, 그는 자신의 영원한 행복에 필수적인, 생명력 있는 관심이 부족하였습니다. 이 점에 있어서 그는 여러분 대다수와 똑같습니다. 그는 관심 있게 지켜보는 온화한 감정과 함께, 사랑과 불쌍히 여기는 마음을 지닌 청년으로 보이지만, 그 마음에는 깊은 불안이 있었습니다. 이제는 눈을 돌려서 "네게 아직도 한 가지 부족한 것"에 대해 생각해 보고자 합니다.

2. 단 한 가지만 부족한 자에게 전하는 경고의 말씀

지금부터는 분위기를 바꾸어 말씀드리겠습니다. 다음의 사실을 유념해 주십시오. 오늘 본문에는 경고의 말씀이 들어 있습니다. 주님은 "네게 아직도 한 가지 부족한 것이 있으니"라고 말씀하셨습니다. 이 청년에게 부족한 한 가지는 무엇이었습니까? 그것은 자신의 마음을 전적으로 온전히 그리스도 안에서 하나님께 바치는 것이었습니다. 이 청년은 그러지 않았습니다. 그래서 우리 구세주께서는 그 청년을 시험해 보고자, "가서 네게 있는 것을 다 팔아 가난한 자들에게 주라"(막 10:21)고 명령하셨습니다. 이 명령은 모든 사람들에게 주신 명령이 아니었습니다. 구세주께서는 이 청년이 가난해지는 것을 참을 수 있는 사람이 아니라는 것을 아셨기 때문에, 이 청년이 처한 특별한 상황 속에서 이 특정한 청년에게 이 특별한 명령을 내리셨던 것입니다. 구세주께서는 이 청년은 부(富)를 우상으로 삼고 있다는 것을 알고 계셨습니다. 이 청년은 신사였고, 많은 재산을 소유한 사람이었습니다. 그는 인색한 사람처럼 보이지도 않았습니다. 만약 그가 인색했다면, 사람들이 생각하듯이, 회당의 관리도 되지 못했을 것입니다. 물론 그는 사회적 지위에 대해서도 큰 애착을 가지고 있었습니다. 오늘날로 말하자면 그는 신사였습니다. 아주 많은 사람들은 신사가 되자마자 성도가 되기를 원하며, 상류층이나 존경받는 사회 지도급 인사에 속했다고 생각하자마자 경건하고 거룩한 사람으로 여겨지기를 바랍니다. 이 청년도 이 두 분야에서 두각을 드러내고 싶어 했습니다. 구세주께서는 그 청년의 마음이 재물에 있는 것과 하나님보다도 재물을 더 사랑하는 것을 아시고, 그에게 말씀하셨습니다. "너의 재물을 포기하여라. 만약 네가 하나님을 위해 결심했다면, 네 마음은 전적으로 그분의 것이다. 그러므로 너는 그 결심을 기꺼이 순종함으로써 드러내야 할 것이니라." 이것이 바로 그에게 부족했던 한 가지였습니다. 그는 자신의 마음을 하나님의 뜻에 전적으로 온전히 바치는 것이 부족했던 것입니다. 그 사람은 재물이 많은 고로 이 말씀으로 인하여 슬픈 기색을 띠고 근심하며 갔습니다(막 10:22).

하나님의 뜻에 자신의 마음을 전적으로 온전히 바치는 것이 부족하였기 때문에, 이 사람은 그리스도를 따른다는 비난은 피할 수 있었습니다. 그는 그리스도를 "선한 선생님"이라고 부를 수는 있었지만, 그분에게로 돌아서서 그분을 따르고 그분에게 배울 수는 없었습니다. 주님께서는 네게 있는 것을 다 팔라고 하신 후에, "네 십자가를 지라"(막 10:21 KJV, 개역개정에는 "나를 따르라"고 되어 있다 — 역주)고 말씀하셨습니다. 이 말씀은 다음과 같은 의미였습니다. "나아와서 나에게 고백하여라. 내게 네게 명한 대로 다 행한 후, 나아와서 다음과 같이 말하여라. 나는 멸시를 받아 사람들에게 버림받은(사 53:3) 그분의 제자입니다. 나는 그분을 따라 옥에도, 죽는 데에도(눅 22:33) 갈 것이며, 나는 그분의 말씀으로 인해 죽는다 해도, 그분의 말씀을 전할 것입니다. 나는 내 십자가를 질 것입니다."

이 청년에게 부족한 것은 자신의 마음을 전적으로 온전히 하나님께 헌신하는 이 한 가지였음을 그리스도께서는 아셨습니다. 그래서 그분께서는 "나를 좇으라. 만약 네가 진정으로 하나님을 사랑한다면, 그의 아들도 따를 것이기 때문이다. 만약 네 마음이 전적으로 하나님께 드려졌다면, 너는 기꺼이 그리스도에게 순종하고, 그분을 너의 인도자로, 주인으로, 구세주로, 안내자로, 친구로, 조언자로 삼게 될 것이다"라고 말씀하셨습니다. 자, 보십시오. 이 청년은 이 점에 있어서 실패했습니다. 그는 자신을 온전히 하나님께 바칠 수 없었습니다. 어쨌든 그는 그 당시에 그리스도의 완전한 종이 되기 위해 자신을 포기할 수 없었습니다. 자, 이 점에 있어서 실패한 사람은 그 누구도 천국에 들어갈 수 없습니다. 그리스도께서는 여러분을 구원해 주실 것입니다. 그러나 여러분 입장에서 반드시 동의해야 할 본분이 있습니다. 그것은 다음과 같은 것입니다. 즉, "너희는 너희 자신의 것이 아니라, 값으로 산 것이 되었으니"(고전 6:19-20)라고 한 말씀대로 사는 것입니다. 만약 여러분이 그리스도의 보혈로 인해 구원받기를 원한다면, 여러분은 그리스도에게 여러분의 모든 것을 드려야 합니다. 즉, 여러분의 몸, 여러분의 혼, 영혼의 영, 여러분의 본질, 여러분의 재능, 여러분의 시간, 여러분이 가진 모든 것들을 드려야 합니다. 여러분은 바로 오늘부터 앞으로 어떤 일이 일어나더라도 그리스도의 종이 되어야만 합니다. 누가 핍박을 한다 해도, 여러분은 그리스도를 위해 여러분이 가진 것, 여러분의 자유, 여러분의 생명 등을 기꺼이 포기해야 합니다. 그러지 않는다면, 여러분은 그분의 제자가 될 수 없을 것입니다. 그리스도께서는 문자 그대로 네게 있는 것을 다 팔아 가난한 자들에게 주라는 말씀으로 여러분을 결코 부르지 않으십니다. 그러나 그분은 여러분이 가진 것이 여러분의 것이 아니라 그분의 것이라는 사실을 인정하도록 여러분을 부르십니다. 다시 말해, 여러분은 단지 청지기일 뿐이기 때문에 기꺼이 가난한 자들에게 나누어 주어 그분의 나라에 영광을 돌려야 합니다. 하나님 나라의 부분들은 여러분이 가진 모든 것으로 바르게 충당될 것입니다. 하지만 그것도 여러분의 것인 어떤 것을 여러분이 준다는 것이 아니라, 하나님에게 속한 것을 하나님께 드린다는 마음으로 행해야만 합니다. 하나님께서는 여러분이 가지고 있는 여러분 자신을 포함한 그 모든 것들을 지금 당장 양도하기를 요구하십니다. 여러분이 구원받고자 한다면, 여러분이 소유권으로 주장할 수 있는 모든 권리 증서를 만물의 주인인 위대하신 주님에게 다시는 취소할 수 없는 방식으로 양도해야 합니다. 이것은 여러분이 마땅히 해야 할 일입니다. 여러분이 예수님의 보혈로 구원받고자 한다면, 여러분은 바로 지금부터 자신의 쾌락이나 자신의 방식이나 자신의 생각을 선택해서도 안 되며, 자신을 섬기는 것이나 자신을 위해서 혹은 자신의 출세를 위해 살아서도 안 됩니다. 그리고 여러분이 구원을 받고자 한다면, 그분께서 여러분에게 말씀하시는 바를 반드시 믿고서 그분이 여러분에게 명하는 바를 행하고, 오직 그분만을 섬기며 그분에게 영광을 돌리고 살아야 합니다. 신앙 고백까지 한 너무나 많은 기독교인들이 자신들이 동의한 이 내용들에 대해 거짓으로 행하는 것처럼 보여, 이런 말씀 드리는 제 자신이 부끄럽기조차 합니다. 나의 주님께서 이 정도는 받으실 터이니, 저도 감히 여러분에게 요구하는 바입니다. 제게는 이 모든 것들이 너무나 작은 것처럼 보입니다. 그분은 은이나 금 같이 없어질 것(벧전 1:18)이 아니라, 그리스도의 보배로운 피로(벧전 1:19)로 우리를 사셨습니다. 그러므로 우리는 아주 기쁜 마음으로 다음과 같이 말해야 합니다.

> "다 이루어졌다! 그 위대한 거래.
> 　나는 내 주님의 것이고, 그분은 나의 것." (필립 도드리지)

　여러분이 여러분을 위해 간직한 것은 잃게 되지만, 여러분이 그분에게 바친 것은 여러분이 저장해 둔 것이고, 다시 얻는 것입니다. 땅에 쌓아 둔 여러분의 보물은 좀과 동록이 해하고(마 6:19) 녹슬어 썩겠지만, 그분이 간직하고 계신 여러분의 보물은 결코 좀이 슬어 부식되거나 썩지 않을 것입니다. 그리스도에게 바친 모든 것은 안전합니다. 그러나 그리스도와 단절된 모든 것은 그것이 어떤 것이든 간에 여러분에게 저주로 드러날 것입니다. 그러므로 사랑하는 나의 젊은 성도 여러분, 여러분이 가진 모든 탁월한 장점들에도 불구하고, 여러분의 마음을 드리는 것, 다시 말해 여러분을 전적으로 그리스도에게 드리는 것이 여러분에게 부족한 그 한 가지가 아닙니까? 한 번 말해 보십시오. 오, 여러분에게 이 점이 부족하다니, 제 마음이 슬픕니다. 여러분에게 정말로 이 점이 부족하다니, 제 마음이 참으로 슬픕니다! 제가 바라는 바는, 빛나는 보석과 같은 여러분이 그분의 면류관 안에서 빛을 발하는 것입니다. 제가 바라는 바는, 선한 목자이신 그분께서 그토록 사랑스러운 어린 양을 그분의 품에 안아 주시는 것입니다. 그렇게 아름다운 꽃이 그분의 원수를 위해 향기를 발한다는 것이 도대체 말이 됩니까? 구세주께서 그 꽃을 가져다가 그분의 가슴에 꽂도록 하십시오. 그분은 기꺼이 그렇게 하고자 하십니다. 그분의 은혜가 이 밤에 임하기를 기원합니다. 그토록 많은 것을 가진 여러분에게 이 한 가지가 부족하다니, 누구도 그런 여러분의 모습을 그저 보고만 있을 수는 없을 것입니다. 만약 여러분에게 모든 것이 부족했다면, 슬픈 일이었을 것입니다. 그러나 이 한 가지만 부족한 것이라면, 왜 그 부족한 것을 채우려고 하지 않습니까? 하나님께서 그 부족한 것을 즉시 채워 주십니다. 천국을 놓치다니! 여러분이 그토록 간절히 갈망하던 그 천국을 놓치게 되는 것을 저는 차마 생각조차 할 수 없습니다. 그토록 간절히 바라고, 그토록 열렬히 원하면서도, 여러분은 내 주님께 여러분의 온 마음을 드리지 않고 있습니다. 바라던 것을 더 이상 받지 못한다면, 바라는 일은 불쌍한 일이 되고 맙니다. 그러한 바람은 갈증도 풀어주지 못하고, 배고픔도 채워주지 못할 것입니다. 여러분은 반드시 그리스도를 받아, 그리스도로 살아야 합니다. 그렇지 않으면 여러분은 죽게 될 것입니다. 사랑하는 성도 여러분, 여러분 중의 어떤 자들은 재물로 인해 천국을 잃게 됩니다! 도대체 왜 그래야만 합니까? 그럼에도 이런 일은 자주 일어납니다. 가난한 자들은 복음을 들으러 나아옵니다. 그러나 부자들은 가난한 자들만큼 그렇게 나아오지 않습니다. 부자들은 복음을 들을 때도, 자신들의 광범위한 사업에 더 많이 신경을 쓰거나, 아니면 흥청망청하는 생각 없는 친구들 모임에 더 많은 매력을 느낍니다. 그래서 부자들이 구원받기는 어려운 일입니다. 오, 하나님의 긍휼로 여러분이 지옥에 가게 되다니, 이 얼마나 안타까운 일입니까! 여러분을 제외한 이 자리에 있는 부자들이, 아니 어쩌면 여러분을 포함해서, 내세에서 영원토록 가난한 자들이 되다니, 이 얼마나 애석한 일입니까! 하나님께서 긍휼을 베풀어 이런 일이 일어나지 않게 하실 것입니다. 그래서 여러분은 구원받게 될 것입니다.

　　기억해야 할 한 가지 사실이 있습니다. 한 가지가 부족한 여러분은 한 가지가 부족한 가운데 모든 것이 부족한 사람이라는 사실입니다. 도덕성을 지닌 여러분에 대해 제가 축하의 말씀을 드렸지만, 그 도덕성이 하나님의 사랑에 토대를 두지 않는다면, 그것은 가련하고 부질없는 것이 되고 맙니다. 여러분의 진실성에 대해서도 저는 혹시 그것이 다 소진된 것은 아닌지 의심할 수밖에 없다는 생각이 듭니다. 그리스도를 단순하게 믿고 그분에게 여러분을 드리는 방법을 들었는데도, 여러분은 그 진실성을 거부해 버렸기 때문입니다. 그렇습니다. 제가 축하의 말씀과 함께 관련해서 전한 모든 선한 것들은, 여러분이 이 한 가지를 가지지 않는다면, 곧 사라져 버릴 거품들에 불과합니다. 이 한 가지는 영(零, 아라비아 숫자 '0')으로 끝나는 십단위수를 만들고자 할 때 많은 영(0) 앞에 붙일 수 있는 맨 앞자리 숫자와 같습니다. 영을 계속 붙여서 어마어마한 큰 숫자를 만들 수 있지만, 맨 앞의 숫자가 없다면, 이 모든 영들은 큰 숫자로 조합되기 이전의 영일 뿐입니다. 여러분의 마음에 있는 하나님의 은혜와 죽기까지 우리를 사랑하신 구세주에 대한 살아 있는 믿음을 발휘함으로써, 만약 여러분이 자신을 하나님께 온전히 드린다면, 여러분이 가진 그 모든 선한 것과 사랑스러운 것과 좋은 평판들은 오래 기억되고 보존될 것입니다. 그러나 이 한 가지가 없다면, 이 모든 것들은 시든 꽃과 같이 되어, 벽 뒤로 던져지거나 거름무더기에서 썩게 될 뿐입니다.

3. 단 한 가지만 부족한 사람에게 전하는 지침의 말씀

마지막으로 여러분에게 지침이 될 만한 말씀을 전하고자 합니다. 만약 여러분이 영생을 얻고자 한다면, 그런 자들에게 그리스도께서 제시하신 지침은 다음과 같습니다. "가서 네게 있는 것을 다 팔아 가난한 자들에게 주라"는 것입니다. 자, 그렇다면 이 말씀이 뜻하는 바는 무엇이겠습니까? 우리는 이 말씀을 세 가지 방향에서 좀 빠르게 살펴보고자 합니다. 첫째 방향에서 보자면, 그리스도께서는 그 청년의 경우와 관련지어 이 말씀을 하셨던 것입니다. "네 우상들을 포기하라"는 의미로 말입니다. 그 청년의 우상은 재물이었습니다. 그 청년을 두고 하신 이 말씀은 동일하게 여러분에게도 시험으로 주어집니다. 여러분의 우상을 포기하십시오. 여러분의 우상은 무엇입니까? 저는 잠시 말씀을 중단하겠습니다. 여러분은 볼 수 있을 것입니다. 여러분이 하나님을 사랑하지 않으면서 다른 것을 사랑한다면, 다시 말해 그것이 무엇이든 여러분이 하나님보다 더 사랑하는 것, 바로 그것이 여러분의 우상입니다. 여러분은 우상 숭배자들입니다. 그러나 예수님이 여러분의 만유의 주로서 만유(고전 15:28)가 되신다면, 여러분의 우상은 틀림없이 땅에 고꾸라지게 될 것입니다. 한 사람이 두 주인을 섬기지 못할 것이니(마 6:24), 여러분은 현재 여러분의 주인이 무엇이든지 간에 내쫓고서 그리스도께서 들어오시도록 해야 합니다.

둘째 방향에서 보자면, "네게 있는 것을 다 팔아"라는 이 말씀은 우리가 글자 그대로 읽은 것과는 다른 것을 의미합니다. 즉, 여러분이 가진 모든 것을 하나님께 봉헌하라는 말입니다. 만약 여러분이 하나님으로부터 받은 그 귀중한 것에서 일부를 남겨 두거나 드리기를 보류한다면, 어떻게 하나님께서 여러분을 받아 주시고 예수 그리스도를 통해 여러분을 구원해 주시리라 기대할 수 있겠습니까? 그래서는 안 됩니다. 불쌍하고 죄 많은 죄인들이여, 나아와서 예수님의 심장에서 흘러내리는 그 진홍빛 시내에 몸을 씻으십시오. 그리고 그 답례로 다음과 같이 말하십시오.

"나의 주님이시여, 당신께서 이렇게 나를 구속하셨나이다.
 지금 나의 존재와 내가 가진 모든 것들이
 영원토록 당신의 것이나이다.
 내게 어떤 것을 명하시든지
 기쁜 마음으로 손을 들겠나이다.
 이것이 나의 본분이나이다.

 내가 어떤 것들을 남겨놓으려 한다면,
 그것은 나의 본분이 아닐 것이나이다.
 나는 나의 하나님을
 너무나 뜨겁게 사랑하오니,
 나는 모든 것을 마땅히 그분께 드리나이다"(아이작 와츠)

셋째 방향에서 보자면, 이 말씀은 여러분에게 방해가 되는 것을 포기하라는 뜻이 됩니다. 이 청년을 방해했던 것은 자신이 가진 것들이었습니다. 자신이 가진 것을 포기하고서 구원받는 것이 그 재물로 방해를 받는 것보다 나았을 것입니다. 사랑하는 성도 여러분, 여러분에게 방해가 되는 것은 무엇입니까? 그것을 포기하십시오. 그것을 내려놓으십시오. 그것을 버리십시오! 오, 악한 친구들과 사귀어 방해받고 있는 사람들이 여러분 가운데 있음을 알고 있습니다. 여러분도 어쩔 수 없는 상황이 종종 있습니다. 하지만 그것은 모두 주색잡기에 빠져 와자지껄하게 허랑방탕하는 사람들에 의해 휩쓸려 버린 것입니다. 이 모든 것들을 포기하십시오. 여러분은 이런 것을 포기하겠습니까, 아니면 그리스도를 포기하겠습니까? 어느 것을 포기하겠습니까? 여러분은 존 번연(John Bunyan)의 생애를 기억할 것입니다. 그는 어느 주일에 마을 풀밭에서 자치기(tip-cat game, 양 끝이 뾰족한 나뭇조각을 막대기로 공중에 쳐 올려 멀리 보내는 놀이 — 역주)를 하던 중에 막대를 막 치려고 하는 순간, 하늘로부터 한 음성을 들었습니다. "너는 네 죄와 함께 지옥으로 갈 것이냐, 아니면 네 죄를 버리고서 천국으로 갈 것이냐?"(조지 오퍼 [George Offor, 1787-1864]가 1862년에 편집한 「존 번연 작품집」 중 제1권 「존 번연 전기」 에 나오는 내용이다 — 역주). 번연은 친구들 사이에서 우두커니 서 있었습니다. 그 땜장이 (tinker, 돌아다니면서 물건들을 수선해 주는 사람으로서 존 번연의 직업이다 — 역주)를 괴롭히는 것, 다시 말해 그리스도와 천국 아니면 죄와 지옥, 이 사이에서 번연의 마음에 일어난 그 갈등을 친구들은 생각조차 할 수 없었습니다. 자, 여러분을 방해하는 것이 어떤 것이든, 즉 그것이 돈이든 다른 어떤 것이든, 여러분은 그것을 포기하십시오. 여러분을 방해하는 것이 오른손이라면, 여러분은 그 손을 잘라 던져 버리십시오. 그 손을 가지고 지옥에 들어가는 것보다는 차라리 그러는 것이 더 낫습니다. 여러분을 방해하는 것이 오른쪽 눈이라면, "빼어 내버리라 … 두 눈을 가지고 지옥 불에 던져지는 것보다 나으니라"(마 18:9)고 한 말씀을 기억하십시오. 이것이 바로 이 밤에 오늘의 본문이 우리에게 외치는 소리입니다. 즉, 너의 우상을 내려놓으라, 너의 모든 것을 포기하라, 너를 방해하는 것들을 던져 버려라, 그리고 그리스도에게 나아와 그분을 믿으라는 것입니다. 바로 이것이 오늘 본문이 우리에게 주는 첫 번째 교훈입니다.

　　두 번째 교훈은 "네 십자가를 지라"는 말씀입니다. 이 말씀은 그리스도를 고백하라는 뜻입니다. 여러분 중에는 은밀한 기독교인으로 소리 소문 없이 슬쩍 천국에 들어갈 것이라고 생각하는 사람들이 있습니다. 만약 여러분이 그런 생각을 하고 있다면, 사람들은 천국에서 진주 문이 아닌 다른 문에 서 있는 여러분을 발견하게 될 것입니다. 이 점을 유의하십시오. 그리스도께서는 그분을 고백하지 않으려는 소심한 영혼들을 구원하기 위해 이 땅에 오지 않으셨습니다. 그분께서 친히 다음과 같이 말씀하셨습니다. "누구든지 사람 앞에서 나를 부인하면 나도 하늘에 계신 내 아버지 앞에서 그를 부인하리라"(마 10:33)고 말입니다. 예수님을 부끄러워하다니! 아, 그렇다면 그리스도를 자기 주님으로 고백하기를 두려워하는 자들은 다음과 같은 말씀을 기억해야 합니다. "두려워하는 자들과 믿지 아니하는 자들은 … 불과 유황으로 타는 못에 던져지리니 이것이 둘째 사망이라"(계 21:8). 그러므로 여러분에게 간청합니다. 만약 여러분이 그리스도의 사람이라면, 그분을 고백하고 인정하십시오. 여러분은 그분의 것이라는 사실을 고백하고, 여러분의 십자가를 지십시오. 십자가를 지라는 말씀은 한 마디로 그분으로 인한 비난을 감수하라는 말입니다. 여러분은 독실한 체하는 감리교인이나 장로교인 혹은 기타 등등의 추한 호칭으로 불리기를 원치 않을 것입니다. 아, 그러나 사랑하는 성도 여러분, 만약 여러분이 그리스도의 면류관을 갖기 원한다면, 여러분은 그리스도의 십자가를 져야 합니다. 여러분이 그리스도와 함께 기꺼이 조롱받지 않으려 한다면, 여러분은 그리스도와 함께 왕 노릇(딤후 2:12) 할 수 없습니다. 사람들이 여러분을 조롱하면 어떻습니까? 사람들의 조롱이 여러분이 져야 할 십자가라면, 그 십자가를 지십시오. 사람이 천국에 이른다는 측면에서 볼 때, 그리스도를 위해 바보라고 불리는 것보다 더 큰 명예가 어디 있겠습니까? 사람은 그리스도를 위해 이런 고난을 받을 특권이 있습니다. 천사들도 이런 특권을 받은 사람들을 부러워하게 될 그 날이 오고 있음을 저는 압니다. 여러분은 헨리 5세의 옛 이야기를 알고 있을 것입니다. 전쟁을 앞두고서 더 많은 군사들이 필요하다는 말에, 그는 더 많은 군사를 원하지 않는다고 대답했습니다. 왜냐하면,

"수가 적을수록, 나눠 가질 명예는 더 큰 법"(셰익스피어, 「헨리 5세」)

그리고 그는 다음과 같은 날을 마음에 그렸습니다.

"지금 잉글랜드에서 침상에 누운 자들은
이 자리에 참여치 못함을 분히 여기리라"

만약 여러분이 비난과 박해를 피한다면, 여러분은 너무 비열한 방식으로 천국에 이르렀다는 생각에 매우 슬퍼하게 될 것입니다. 이것은 참된 말씀입니다. 그러므로 용감한 마음으로 기꺼이 십자가를 지고 나아가십시오. 그리스도를 위

하여 받는 수모를 애굽의 모든 보화보다 더 큰 재물로(히 11:26) 여기십시오. 여러분의 십자가를 지십시오. 그것은 십자가를 신뢰하는 것입니다. 십자가를 여러분의 유일한 소망으로 붙들고, 예수님께서 자신의 죽음으로 이루신 그 대속이 여러분 영혼의 기쁨이 되게 하십시오. 지금부터 영원토록 그 십자가를 자랑하십시오.

이 셋째 방향에서 살펴본 마지막 교훈의 말씀은 "나를 따라오라"는 것입니다. 그리스도께서는 "나를 따라오라"(마 4:19)고 말씀하셨습니다. 그분께서는 자신을 신뢰하라는 뜻으로 그렇게 말씀하셨습니다. 그렇지 않습니까? 목자를 신뢰하는 양들이 목자를 따르듯이, 그렇게 나를 따라오라는 뜻으로 하신 말씀이었습니다. 또한 그분은 "나에게 순종하라, 종은 주인이 인도하는 곳으로 따라가듯이, 내가 디딘 발자국을 따라, 내가 보인 모범이 너의 규칙이 되도록 하라"는 뜻으로 말씀하셨습니다. 이와 마찬가지로 예수님께는 여러분에게도 이렇게 말씀하십니다. "나를 끝까지 따라오너라. 결코 중단하지 말고, 내 보좌에 올라오기까지 나를 따라오너라. 거기서 나와 함께 안식하게 되리라."

아직도 한 가지 부족한 것이 있는 이 자리에 참석한 여러분 한 사람 한 사람에게 말씀드리겠습니다. 들어 보십시오. 여러분은 지금, 여러분을 도우시는 성령님을 힘입어, 세상과 세상이 제공하는 그 모든 것을 포기하겠습니까? 여러분은 죄와 그 죄가 매료시키는 그 모든 것들을 포기하고, 그리스도 안에서 하나님과 더욱 친밀하게 되어 여러분의 온 마음을 그분께 바치겠습니까? 사람이 많음이여, 결단의 골짜기에 사람이 많음이여(욜 3:14 KJV). 우리 모두에게는 결단의 골짜기가 있습니다. 그때 우리는 악을 위해 결단해 우리의 의지대로 있든지, 아니면 하나님의 은혜로 말미암아 그리스도를 위해 결단하든지 양자택일의 상황에 처하게 될 것입니다. "갈라서라, 갈라서라"는 외침이 오늘 밤 이곳에서 들립니다. 이 외치는 소리에 마음속으로 "예"라고 대답하는 사람은 그리스도와 함께 자기 자리를 차지할 것입니다. 그러나 "아니요"라고 대답한 사람들, 즉 그리스도의 명령에 부정적으로 대답한 자들은 최소한 자신이 지금 무슨 일을 하고 있는지 알아야 합니다. 그들이 아래쪽 길로 내려가고자 한다면, 그들은 눈을 크게 뜨고 자신이 어떤 길로 가고 있는지 알아야 합니다. 오, 절대로 "아니요!"라고 대답하지 마십시오. 오, 성령 하나님이시여, 그들을 도우시어 절대로 "아니요!"라고 대답하지 않게 하옵소서. 사랑하는 성도 여러분, 여러분은 순복하십시오. 여러분에게 다음과 같이 말하도록 명하는 그 온화한 충동에 지금 순복하십시오. "나는 그분의 멍에를 짊어질 테다. 그 멍에는 쉽기(마 11:30) 때문이지. 나는 그분을 따라가겠어." 많은 사람들은 내버리지만, 지금 여러분은 여러분을 두르고 있는 그분의 사랑에 순복하십시오. 여러분을 그분의 제단에 단단히 묶은 그 줄은 여러분을 위해 주어진 그분의 사랑의 줄입니다. 여러분은 다음과 같은 기도를 드리십시오. "주님, 제단 뿔을 매는 줄이라도, 그 줄로 이 제물을 묶어 주옵소서. 제가 이제부터 당신의 것이 되게 하옵소서. 지금부터 당신이 당신의 영광 가운데 임하실 그때까지 제가 당신의 것이 되게 하옵소서!"

정말 궁금한 마음에서 자주 제기되는 질문이 하나 있습니다. 물론 저도 그 질문에 답할 수는 없습니다. 그 질문은 이 청년이 과연 영생을 받았는가 하는 것입니다. 저는 그 청년이 구원을 받았을 것으로 생각합니다. 왜냐하면 예수님이 그를 사랑했기 때문에 그랬을 것이라고 저는 생각합니다. 저는 구세주께서 처음부터 끝까지 분명하게 보여주신 그 성품을 좋아합니다. 구세주께서는 눈에 보이는 외형적인 것 때문에 어떤 사람을 사랑하지 않으셨습니다. 그분은 그 마음을 보셨습니다(삼상 16:7). 저는 그 청년이 그냥 떠나간 것에 대해 전혀 못마땅하게 생각하지 않습니다. 영생에 대한 권한을 가지고 계신 선한 주님을 그가 즉시 따르지 않았다 해도, 영생에 대한 생각을 중단하는 것보다는 이 문제를 생각하며 잠시 떠나가는 것이 나은 일이었습니다. 저는 이 청년이 그분의 말씀을 따르기 전에 잠시 멈칫한 것에 대해 다음과 같은 소망을 품고 바라보기도 합니다. 즉, 모든 것을 즉시 내버려야 하는 이 청년의 경우에는 내일 다시 그 말씀대로 하고자 하는 마음이 생길 수도 있기 때문입니다. 그가 단절해야 하는 것은 큰 일이었고 그래서 그는 떠났던 것입니다. 하지만 그가 경솔하게 떠나 버린 것은 아니었습니다. 제가 확신하는 바는, 만약 제 설교를 들은 사람들이 회심하지는 않았지만 슬퍼하며 이 자리를 떠난다면, 저는 기뻐할 것이라는 사실입니다. 그것은 희망적인 징조라고 생각합니다. 그 청년은 슬픈 기색을 띠고 떠나갔습니다. 물론 구세주께서는 이것을 보시고 부자가 구원받기 어렵다는 말씀을 하셨지만, 그럼에도 불구하고 하나님으로서는 다 하실 수 있느니라(막 10:27)고 말씀하셨습니다. 그렇다면 이 청년도 구원받지 못할 이유가 무엇이겠습니까? 하지만 저는 알지 못합니다. 그 청년이 구원받았는지 구원받지 못했는지에 대해서는 각각 생각해 볼 여지가 있기는 하지만, 성경이 침묵하는 곳에서 우리가 가타부타 결말을 지어서는 안 됩니다.

　그러나 다른 질문이 하나 더 있습니다. 제 생각에 그것은 더욱 광범위하게 중요한 질문이며, 더욱 관심을 끄는 질문이고, 여러분 각자가 더욱 긴밀하게 관련된 질문이기도 합니다. 이 밤에 지금까지 제가 한 말씀을 들은 남녀 청년들이여, 당신들은 구원받을 수 있겠으며, 궁극적으로 영생을 얻을 수 있겠습니까? 오, 하나님께서 여러분을 도우시어, 여러분 각자가 처한 상황에서 다음과 같이 대답하기를 기원합니다. "예, 주님, 당신이 모든 것을 아시오매 내가 주님을 사랑하는 줄을 주님께서 아시나이다(요 21:17). 내가 당신을 신뢰하는지도 주님께서 아시나이다. 내가 어떤 사람이 되든지, 어떤 일을 하든지, 당신의 이름을 위하여 무엇이든, 모든 것까지 포기하도록 나를 부르셨으니, 내가 그렇게 행할 것입니다." 여러분이 이렇게 대답한다면, 주님께서 여러분을 축복해 주실 것입니다. 왜냐하면 여러분은 구원을 받았기 때문입니다. 그분께서 나타나실 그 날에 여러분은 그분의 것이 될 것입니다. 예수님을 통해 하나님께서 축복 내려 주시기를 기원합니다.

제
21
장

—

머물러 서신 예수님

—

"예수께서 머물러 서서 그를 부르라 하시니 그들이 그 맹인
을 부르며 이르되 안심하고 일어나라 그가 너를 부르신다
하매" — 막 10:49

한 친구가 어제 제게 물었습니다. "자네는 주일 아침에 성도들에게 말씀을 전하는가 아니면 죄인들에게 말씀을 전하는가?" 저는 그 질문에 잠시 답을 할 수 없었습니다. 하지만 나중에 저는 마음속으로 다음과 같은 생각을 하였습니다. 만약 내가 우리 주님이시며 구세주이신 예수 그리스도에 관한 말씀을 전한다면, 그것은 일석이조(一石二鳥)와 마찬가지로 성도들과 죄인들 양자에게 생각해 볼 만한 유익한 주제를 전하는 것이 아니겠는가 하고 말입니다. 복음에는 단 하나의 메시지가 있을 뿐이고, 그 메시지는 모두에게 전해져야 할 음성입니다. 성도들은 예수님이라는 이름보다 더 감미로운 음악을 알지 못하며, 죄인들도 그분의 인품과 사역보다 더 풍성한 위로를 알지 못합니다. 우리는 말씀을 전할 때, 만유의 주로서 만유 안에 계신(고전 15:28) 그분을 모두에게 전합니다. 그리스도는 죽은 자들에게 생명으로 다가오시며, 산 자들에게도 마찬가지로 생명이 되십니다. 제가 이 시간에 전하는 말씀은 하나님을 두려워하는 자들과 그분을 두려워하지 않는 자들, 이 양자에게 꼭 알맞은 말씀이 될 것이라 확신합니다. 저는 구세주에 관한 말씀을 "예수께서 머물러 서서"(Jesus stood still)라는 이 세 단어로 전하고자 합니다.

거룩한 우리 주님께서는 자신의 지위를 바꾸셨습니다. 그럼에도 불구하고 그분 자체는 항상 동일하십니다. 따라서 우리가 그분에 관해 과거에 배운 모든 하나님의 진리들은 지금도 여전히 그분에게 참된 것이기에, 오늘날에도 더욱 우리에게 귀중한 진리가 됩니다. 여기에서 드러나는 우리 주님의 이름의 특징은 다음과 같은 말씀에서도 드러납니다. "예수 그리스도는 어제나 오늘이나 영원토록 동일하시니라"(히 13:8). 그분께서 이 땅에서 보여주신 성품은 지금도 여전히 동일하며, 그분은 이 땅에서 추구하던 바를 지금도 여전히 추구하고 계시며, 그분이 여기에서 삼으셨던 주요 목적은 영광 중에 계신 지금도 그분의 주요 목적입니다. 우리는 "이것이 바로 예수님의 과거 모습이다"라고 말하면서, 그분이 변하셨다고 착각하고 슬퍼해서는 절대로 안 됩니다. 왜냐하면 그분은 변함도 없으시기(약 1:17) 때문입니다. 그분은 십자가 나무에서 보좌로 그 위치가 바뀌셨습니다. 그러나 그 바뀐 위치로 인해서 그분의 본성이 이 땅 하늘 아래에 있을 때와 전혀 다르게 변화된 것은 아닙니다. 여러 복음서들을 통해 그분의 인품이 보여주신 특성을 우리가 기뻐한다면, 아버지 하나님의 우편에 앉아 계신 지금도 그분은 동일하게 탁월한 성품을 가지고 계실 것이라 우리는 확신할 수 있습니다. 지금으로부터 1900년 이전에 맹인 바디매오를 만져준 그분의 손길은, 지금 이 시간에도 "다윗의 자손 예수여 나를 불쌍히 여기소서"(막 10:47)라고 소리지르는 불쌍한 모든 맹인들을 향한 그분의 전형적인 아름다운 행동이셨습니다. 여리고의 이 기적을 바로 오늘 이 교회에서 또다시 보게 되기를 저는 소망하고 있습니다. 그렇게 되리라 저는 확신합니다. 왜냐하면 이미 드려진 기도를 통해서 바로 지금도 예수님께서는 은혜를 베풀고자 기다리고 계시기 때문입니다. 오늘 아침에도 그분은 백성들의 간구에 사랑의 기적을 베풀어 주고자 멈추어 서 계신다고 말할 수 있습니다. "예수께서 머물러 서서."

1. 예수님께서 멈춰 서신 것은 무슨 의미입니까?

첫 번째로 다음 질문에 대답해 보겠습니다. 구세주께서 나아가다가 이렇게 멈추어 서신 것은 무슨 의미입니까? "예수께서 머물러 서서"라고 한 본문의 말씀대로, 이런 모습은 그분께서 자주 보인 모습이 아니었습니다. 왜냐하면 그분은 항상 계속해서 움직이셨기 때문입니다. "그가 두루 다니시며 선한 일을 행하시고"(행 10:38)라는 말씀대로 말입니다. 그분은 한 곳에 거처를 정하고 머무를 때도 사람들에게 많은 일들을 하셨습니다. 무리들이 그분의 음성을 듣기 위해 그분께 나오기도 하였고, 그분의 능력으로 사람들이 병 고침을 받기도 하였습니다. 그분은 은혜를 베푸는 일에서도 변함이 없이 활동적이고 열정적이셨습니다. 그분은 순회 설교자로 두루 다니는 중에도 결코 지치지 않으셨습니다. 예수님께서 머물러 서 계신 모습들을 사람들은 자주 보지 못하였습니다. 그분께서는 사랑의 마음으로 사람들을 찾아 두루 다니는 분이었지, 사람들을 기다리는 분이 아니셨습니다. 왜냐하면 그분은 잃어버린 자를 구원하러 왔을 뿐만 아니라, 그들을 찾기 위해서 온 분이셨기 때문입니다. 주의 집을 위하는 열성이 그분을 삼킬 정도였으므로, 그분이 빈둥거린다거나 머물러 서 있지는 않으셨습니다. 하지만 우리 앞에 놓인 이 경우에서 이 위대한 사역자는 자신의 활동을 멈추셨습니다. "예수께서 머물러 서서."

복음서에서 우리는 주님께서 자신의 위대한 사역을 이루시려는 굳은 결의에 찬 얼굴로 예루살렘을 향해 올라가는 모습을 보게 됩니다. 그분께서 친히 다음과 같이 말씀하셨습니다. "보라 우리가 예루살렘에 올라가노니 인자가 대제사장들과 서기관들에게 넘겨지매 그들이 죽이기로 결의하고 이방인들에게 넘겨주겠고, 그들은 능욕하며 침 뱉으며 채찍질하고 죽일 것이나 그는 삼 일 만에 살아나리라"(막 10:33,34). 그분은 사람들과 함께 세례를 받으셨고, 이런 일이 이루어지기까지 고생을 하셨습니다. 그러므로 그분은 단호한 결심으로 예루살렘 성으로 향하는 그 길을 가셨습니다. 그분을 사로잡을 만한 비중 있는 이유가 아니고서는, 그분께서 멈추게 되는 경우는 모두 시기상조(時機尙早)였을 것입니다. 그분이 감당해야 할 위대한 사역이 그분의 영혼을 짓눌렀지만, 그분은 그 일에 온전히 매진하기를 갈망하셨습니다. 마치 갈증을 해소하기 위해 물이 든 컵을 입술에 갖다 댄 사람처럼 말입니다. 이렇게 그분의 생각과 온 마음은 위급한 이 큰 일에 몰두해 있었지만, 그럼에도 불구하고 우리는 그분께서 어떤 바람직한 목적을 위해 확고히 가던 그 걸음을 친히 멈추신 것을 보게 됩니다. "예수께서 머물러 서서." 이렇게 그분께서 멈추어 서셨다고 기록된 것을 봐서 여기에는 틀림없이 어떤 특별한 사연이 있었을 것입니다. 그 장소에서 그분을 머물게 한 것은 과연 무엇이었습니까? 자신의 길을 가려는 그분의 결심은 너무나 단호했기 때문에, 그분이 주저한 마음에 서신 것은 아니었습니다. 그렇다고 두려움 때문에 그런 것도 아니었습니다. 구세주의 마음에는 결코 되돌아간다는 생각이 들지 않았기 때문입니다. 계속해서 앞으로 나아가는 것이 그분의 확고한 결심이었습니다. 그분은 가치 있는 동기가 아니고서는 절대로 머물러 서실 분이 아니었습니다. 그분께서 움직이고 서는 모든 행동에는 그에 상응하는 고귀한 이유들이 있었으며, 그 어떤 개인적인 동기로도 설명될 수 없는 충분한 의미가 있었기 때문입니다.

　　우리 주님께서 성전에 이르실 때까지 무리들은 호산나를 소리질렀고, 이 승리의 개선가(凱旋歌)가 울려 퍼지는 그 때 그분의 움직임은 시작되었습니다. 그분은 십자가를 향해 나아가셨던 것이 맞습니다. 하지만 그분은 죽음에 이르기 전, 당나귀의 새끼인 나귀 새끼를 타고는 온유하고 겸손하게 왕으로 선포되셨습니다. 그분의 승리의 행진은 시작되었고, 예수님은 자신을 존경하며 자신의 말을 듣는 자들 가운데 계셨습니다. 그 와중에 예수님께서 머물러 서신 것입니다. 모든 행진은 중단되었습니다. 열두 사도들과 믿음의 무리들이 멈추어 섰으며, 무리들은 여리고 길가에서 잠시 지체하게 되었습니다. 어떤 대단한 이유가 있어서, 예수님께서 머물러 서게 된 일이 일어나게 되었던 것입니까? 저는 조각을 하는 장인이 그 당시 그 자리에 예수님께서 머물러 서신 그 장면을 포착하여 예술 작품으로 표현했다면 어땠을까 하는 바람을 가지고 있었습니다. 제가 보기에는 그분께서 갑자기 멈추어 서신 것 같습니다. 그분은 조금도 움직이지 않은 채, 어떤 소리를 들으려고 하는 자세로 기다리십니다. 그분의 눈은 간구하는 소리가 울려 퍼지는 방향으로 고정되어 있습니다. 그분의 귀는 그 애원하는 자들을 부르라는 그분의 명령을 따르기 위한 움직임을 듣기 위해 활짝 열려져 있습니다. 구세주의 생각 또한 마찬가지로 멈추어 있습니다. 그분은 육체적으로 뿐만 아니라 정신적으로도 머물러 서 계십니다. 한 발자국만 더 내디디면 마주하게 될 한 대상에게 그분의 마음이 온통 집중되어 있기 때문입니다. 그분의 말씀을 듣는 자들이 그분의 침묵으로 인해 아무리 아쉬워해도, 그분은 말씀을 중단하고는 그 무리들의 발소리뿐만 아니라 왁자지껄한 소리들 너머에서 들려오는 그 음성, 즉 애원하며 외치는 그 간구자에게 눈과 귀와 혀를 모두 집중하고 계십니다. 그 소리는 한 맹인 거지가 외치는 소리였고, 이 맹인 거지가 바로 그 사람이었습니다. 그렇습니다. 여리고의 맹인 거지가 나사렛에서 나온 선지자를 멈추어 서게 하였던 것입니다. 그 거지의 이름을 한 번 크게 말해 보십시오. 디매오의 아들인 맹인 바디매오가 구세주를 멈추어 서게 하였고, 그분을 넋을 잃게 하였습니다. 예수님께서는 그의 간구하는 바를 듣고 그가 바라는 것을 주시기 위해 완벽한 준비를 하고 기다리고 계셨습니다. "다윗의 자손 예수여, 나를 불쌍히 여기소서"("Jesus, Son of David, have mercy upon me"[막 10:47]) 하는 외침이 그분의 귀를 사로잡았고, 특히 "긍휼"(mercy)이라는 음악 같은 단어가 그분을 붙잡았습니다("다윗의 자손 예수님이여, 내게 긍휼을 베푸소서"[KJV]). "왕이 그 머리카락에 매이었구나"(아 7:5) 하는 아가의 노래와 같았습니다. 모든 강한 능력으로 그 맹인 거지를 세밀하게 도와줄 준비를 하며 그분은 기다리고 계셨습니다. 그분께서는 그 맹인 거지의 간구를 들어줄 작정을 하고서 그의 기도를 기다리셨습니다. 지금까지 저는 종들이 자기 주인을 기다리면서 시중드는 것을 보아 왔습니다. 그런데 여기서는 만유의 주님이신 그분께서 종보다 더 비천한 그 한 사람을 기다리고 계십니다. 그것도 그의 하는 일이 구걸인 어떤 맹인을 기다리고 계십니다.

"예수께서 머물러 서서." 그분은 계속해서 거기 계셨습니다. 이 불쌍한 사람에게 필요한 것이 무엇이든 그를 도와 주실 준비와 마음과 능력까지 가지고 그분은 거기 서 계셨습니다. 그분은 그에게 물었습니다. "네게 무엇을 하여 주기를 원하느냐?"(막 10:51). 그분은 마치 누가 시킨 것처럼 그 맹인 거지의 기도에 응답하기 전까지는 한 발자국도 움직이지 못하는 사람처럼 그렇게 그 자리에 서 계셨습니다. "예수께서 머물러 서서." 저는 여호수아가 다음과 같이 말한 것을 읽어보았습니다. "태양아, 너는 기브온 위에 머무르라. 달아, 너도 아얄론 골짜기에서 그리할지어다"(수 10:12). 그런데 저는 이 맹인 거지가 여호수아보다 더 대단한 인물이라고 생각합니다. 왜냐하면 그는 공의로운 해(말 4:2)이신 그분을 머물러 서게 하였기 때문입니다. 그렇습니다. 해와 달을 창조한 그분께서 머물러 섰고, 주님께서 그 사람의 음성에 귀를 기울이셨습니다. 여리고는 아주 오래 전에 기생들 가운데서 특출한 믿음의 사람을 배출하더니, 이번에는 거지들 사이에서 일어난 은혜의 기적을 보여주고 있습니다. 이 불쌍한 사람의 울부짖음 속에 있었던 그 능력이 그저 놀라울 따름입니다! 이러한 능력이 지금 이 시간 우리 안에서도 발견되고 있습니까? 아, 이것이 바로 핵심입니다. 구세주께서는 영원토록 동일한 분이십니다. 사랑하는 성도 여러분, 여러분과 저도 만약 바디매오가 한 것처럼 행한다면, 이 시간 우리도 그분을 머물러 서게 할 수 있는 능력을 갖게 되리라 저는 믿어 의심치 않습니다.

오늘 아침 이 자리에 있는 많은 불쌍한 죄인인 여러분이여, 여러분도 하나님의 도우심으로 이 맹인의 방식대로 그렇게 간구한다면, 그 맹인과 마찬가지로 여러분은 구세주께 충분히 주목해 주시도록 명령할 수 있고, 그분께 능력을 행하시도록 명령할 수 있으며, 그분께서 기꺼이 주고자 하시고 또한 주실 수 있는 그 은혜를 받을 수 있습니다. 그분을 알고 사랑하여 그분의 친구가 된 여러분에 관해 말하자면, 그 어떤 맹인 거지도 여러분이 받은 것과 같은 그런 능력을 그분에게서 받을 수 없다고 충분히 자신할 수 있습니다. 저는 그분의 가슴에 머리를 기댄 자들의 목소리가 그분에게 큰 영향을 끼칠 것이라고 확신합니다. 그래서 만약 우리의 형제들이 하나님께서 사랑하신 그분에게만 자신의 영향력을 끼치고자 한다면, 그들이 원하는 바를 간구하게 될 것이고 그 간구는 응답을 받을 것입니다. 간구하는 성도들은 그분을 지금 당장 머물러 서게 할 수 있습니다. 저는 오늘날의 이 나라를 생각하면서, 주 예수님께서 이 나라를 떠나시지는 않을까, 혹시라도 촛대를 그 자리에서 옮기시지는 않을까 하는 생각으로 두려워 떨게 됩니다. 이백 년도보다 훨씬 더 이전에 조지 허버트(George Herbert, 1593-1633, 영국 성직자이자 형이상학파 시인 — 역주)는 쇠퇴해가는 영국의 경건상태를 바라보면서 다음과 같이 말하였습니다.

> "종교는 우리나라에서 까치발을 하고는,
> 　미국 해안으로 넘어갈 준비를 하나니."

　허버트는 청교도들이 뉴잉글랜드 식민지(미국 북동부 해안지역 — 역주)로 건너가는 것을 보았고, 자기 나라에 있는 하나님의 방주로 인해 두려워 떨었습니다. 하지만 감사하게도 하나님께서는 우리와 함께 하시기를 간절히 소원한 허버트의 기도와 다른 성도들의 기도 소리를 들어 주셨습니다. 비록 "예수는 더 가려 하는 것"(눅 24:28) 같았지만 말입니다. 사랑하는 성도 여러분, 말하자면 주님께서는 대서양을 건너기로 작정하시고, 새롭게 발견된 땅에서 모인 그 사람들 가운데 거하기로 정하셨습니다. 하나님께 감사하십시오. 그분께서 미국에 교회를 세우셨습니다. 하지만 그분께서는 우리를 아무 증언 없이 내버려 두지 않으셨습니다("자기를 증언하지 아니하신 것이 아니니"[행 14:17]). "예수께서 머물러 서서" 계신 이유는 자기 성도들의 눈물 때문입니다. 머물러 계신 그분을 우리는 더욱 붙잡고 절대로 떠나가시도록 하지 않을 것입니다. 그분은 우리 교회들 가운데 거하시면서, 맹인들의 눈을 뜨게 하시고, 영혼들을 구원하시고, 사람들을 온전하게 하시며 머물러 계십니다. 오, 그분을 사랑하는 여러분이여, 여러분의 간구로 머물러 계신 그분을 여러분이 붙잡을 수 있도록 노력하십시오.

때때로 우리 주님께서는 열방들의 심판자로 오셔서 그 백성들에게 그들의 죄악을 생각나게 하십니다. 인내는 공의를 위해 자리를 양보하고, 섭리는 그 악한 나라들이 형벌을 받게 합니다. 그러한 때에 왕을 머물러 서 있도록 할 수 있는 사람들은 진정으로 복을 받은 자들입니다. 우리나라처럼 이렇게 사악한 나라는 성도들의 기도로 말미암아 종종 그 형벌을 피해 왔습니다. 우리의 역사를 읽어 본 자라면 누구라도 알게 되는 사실은, 우리는 죄악된 민족들 가운데서도 서글픈 자리를 차지하고 있다는 것입니다. 왜냐하면 우리는 어떤 다른 민족들보다도 더 많은 빛을 가졌음에도 불구하고, 너무나 자주 그 빛에 반하는 죄악들을 저질렀기 때문입니다. 하나님의 백성들의 중재로 온 땅의 심판자를 머물러 서 계시도록 하지 않았다면, 이 죄 많은 민족은 형벌을 받아 멸망했을 것입니다. 지금 예수님께서는 섭리의 주님으로서 모든 민족들을 다스리면서, 그들 가운데 의와 심판을 시행하고 계십니다. 그러나 긍휼을 위한 간구로 보류라는 판결을 받아, 죄악된 민족들은 은혜의 테두리 안에 머물러 서 있도록 허용됩니다.

사악한 자들의 종말이 다다랐을 때, 죄인들이 자신의 몸으로 마지막 숨을 내쉴 때, 심판이 그 죄악된 영혼에 내려질 바로 그 때, 간절한 종들의 기도로 긍휼을 베푸시는 그분의 심판이 조금 더 연장되어, 그렇게 오랫동안 완악했던 마음이 회개하고 다시 살아나서, 오랫동안 맹인의 눈으로 살아가던 자들이 믿음을 볼 수 있는 기회가 조금 더 허락됩니다. 제가 보기에 이것은 의심의 여지가 없는 사실입니다. 믿음이 개입되었을 때 베풀어지는 은혜로 얼마나 많은 심판들이 보류되는지 모릅니다!

우리 주 예수님께서 어떤 일을 행하시든, 그분은 결코 간절한 기도를 무시할 정도로 행하시지는 않습니다. 필요하다면 그분께서는 만사를 제쳐 두고라도, 끈질기고 간절한 간구를 들어 주십니다. 오늘날까지 예수님께서는 궁핍한 자들의 부르짖음을 듣기 위해 머물러 서 계십니다. 지금이라도 당장 우리가 천국의 커튼을 열어젖힐 수만 있다면, 우리 구세주께서 은혜 베풀기를 기다리시고, 언제든 기꺼이 우리의 기도를 들으시면서, 특히 모든 탄식에 귀 기울이시고, 모든 눈물을 그 병에 담으시며, 간절한 마음으로 그분 앞에 나아와 부르짖는 모든 간구들에 응답하시는 것을 우리는 보게 될 것입니다. 그분께서 모든 제국들을 다 스리신다 해도, 그분은 고통 받는 자들의 신음소리를 듣기 위해 멈추어 서십니다. 비록 그분이 이스라엘의 찬양 가운데 거하는 분이라 해도, 그분은 죄인들의 슬픔에 감동하십니다. 비록 그분이 자신의 재림을 서두르시며, 승리의 개선가와 함께 새 예루살렘에 입성할 만반의 준비가 되셨다 해도, 불쌍한 자들과 궁핍한 자들이 그분 앞에서 자신의 처지를 토로할 때는 그 걸음을 멈추어 서실 것입니다. 지금까지 저는 주 예수님께서 멈추어 서신 모습을 묘사하려고 애써 보았습니다. 제가 가진 간절한 바람은 각성한 사람이면 누구든지 지금 구세주를 바라보면서 웨슬리(Wesley)와 함께 다음과 같이 외치는 것입니다.

> "당신은 한 죄인의 기도에 멈추시더니
> 조금도 움직이실 수 없습니다.
> 당신의 사랑을 드러내 보이지 않는 것을
> 당신은 조금도 참지 못하십니다.
> 당신은 지금도 당신의 은혜를 보여주시며
> 나를 불러 당신의 얼굴을 구하게 하십니다."

2. 예수님을 멈춰 서게 한 것은 무엇이고 누구입니까?

이제 우리는 실제적인 질문을 해보고자 합니다. 구세주를 멈추게 한 것은 과연 무엇이며 누구였습니까? 무엇이 그분을 머물러 서게 하였습니까? 헤롯도 그렇게 할 수 없었고, 빌라도도 그렇게 할 수 없었고, 대제사장들도, 서기관들도, 피 같은 땀방울을 흘릴 것 같은 예상이나 십자가의 모습 등도, 그 어떤 것도 그분을 머물러 서게 하지 못하였습니다. 이것들은 모두 충돌을 유발하기 위해 그분의 발걸음을 재촉하였을 뿐만 아니라, 그분의 대속을 성취하게 하였습니다. 그렇다면 도대체 무엇이 그분을 머물러 서게 하였습니까?

무엇보다 앞서 말한 바와 같이, 한 맹인 거지가 그렇게 하였습니다. 이런 말을 해서 어떨지 모르겠지만, 오늘 아침 이 자리에는 말 그대로 거지인 자들이 거의 없습니다. 왜냐하면 요즘 우리는 좋은 옷들을 입고, 많은 존경을 받습니다. 그래서 비천하고 가난한 사람들은 우리에게 나아오거나 우리와 함께 앉으려고 하지 않습니다. 아주 안타까운 일입니다. 하지만 저는 지금 이 자리에 많은 가난한 자들이 있다는 것을 알고 있습니다. 그런 자들을 이곳에 보내주신 하나님께 저는 감사드립니다. 그들은 가난해서 밑바닥에 있는 자들입니다. 제 소망은 그런 자들도 사람의 외모를 보지 아니하시는(행 10:34) 주님의 집에서 환대를 받을 것이라는 사실을 그들이 믿게 되는 것입니다. 우리 가운데서 가난한 자들을 보는 것은 마땅히 기뻐할 일이며 더욱 기뻐할 일입니다. 바디매오는 가장 낮은 계층의 사람이었습니다. 그는 자신의 생계비조차 벌지 못하였습니다. 그럴 능력이 없었기 때문입니다. 그는 공개적으로 길 가에 앉아 구걸을 하며 손을 벌렸습니다. 사람들은 특히 맹인 거지를 전혀 존중하지 않았으며, 그를 거들떠보지도 않고 지나가 버리기가 일쑤였습니다.

그런데 그분은, 다시 말해 우리가 천국의 모든 소망을 걸고 있는 그분은 그런 자가 외치는 소리에 머물러 서셨습니다. 이 모든 것을 보고도 다음과 같이 용감하게 말하는 자들이 여러분 가운데 한 명도 없기를 바랍니다. "나는 구원받을 수 없습니다. 왜냐하면 나는 너무 미천하고 가난할 뿐 아니라, 집도 없이 떠돌아다니는 구제불능이기 때문입니다." 여러분의 가장 나쁜 처지가 어떤 것인지 제게 말해 보십시오. 그러면 저는 더욱 여러분 같은 자들에게 유익이 되는 좋은 소식, 즉 내 주님께서 낮아지셨다는 소식을 전하고 싶습니다. 여러분은 지난 밤에 부랑자들을 위한 임시숙소에서 지냈습니까? 그래도 괜찮습니다. 그리스도께서는 여러분을 환대하십니다. 여러분은 빈민들을 위한 시설에 있다가 왔습니까? 괜찮습니다. 여러분은 은혜의 궁으로 초대를 받았습니다. 여러분은 아주 작은 것을 얻기 위해 너무 힘들게 수고하면서, 근근이 살아가고 있습니까? 주 예수 그리스도께서는 그 어떤 비용이나 대가를 여러분에게서 받고자 하지 않으십니다. 빈 손으로 그분의 보고(寶庫)에 나아오십시오. 예수님은 의복을 보지 않으십니다. 도대체 그리스도께서 우리의 외투에 관심이나 있으시겠습니까? 재단사들은 그런 것에 관심을 갖겠지만, 예수님은 전혀 그러지 않으십니다. 그리스도께서는 그 사람 자체를 보지, 그의 옷을 보지 않으십니다. 그분은 그 사람이 가진 소유를 보지 않고, 그 사람의 마음을 보십니다. 그분은 긍휼을 베푸실 때, 그 사람이 가진 탁월함을 보는 것이 아니라, 오히려 그의 부족함, 슬픔, 궁핍함 등을 보십니다. 여기 있는 자들 가운데 감히 다음과 같이 말할 수 있는 사람은 없을 것입니다. "내가 종교에 대해 생각하는 것은 부질없는 일이다. 내 환경이 너무 비천하니 말이다." 또 어떤 사람은 "나는 마음이 울적하다. 나는 더 나아지리라 생각해야 하지만, 현실적으로 가난에 찌들려 이 진토에서 일어날 수 없을 것 같아 심히 두렵다"라고 말하기도 합니다. 하지만 이것은 옳은 말이 아닙니다. 왜냐하면 여러분은 여리고의 이 맹인 거지보다 더 가난하지 않으며, 주님을 위해 고통 받은 성도들은 지독한 가난이라는 날카로운 이빨에 물어 뜯겼지만, 여러분은 그들보다 더 심하게 뜯기지는 않았기 때문입니다. 비참한 신세가 이 불쌍한 맹인의 마음을 갉아먹고 있었지만, 그럼에도 그의 외침은 구세주를 머물러 서게 하였습니다. 자, 그러므로 여러분이 비록 제일 비천하고, 제일 가난하고, 제일 고난을 많이 받고, 이 교회에서도 제일 무시를 받는다 해도, 여러분은 그분의 도우심으로 예수님에게 긍휼을 요구할 수 있습니다. 제가 여러분에게 간청합니다. 한 번 요구해 보십시오. 그러면 그분은 여러분의 소리, 바로 여러분의 소리를 듣기 위해 머물러 서실 것입니다.

그런데 바디매오가 주님을 머물러 서게 한 방법은 무엇이었습니까? 구세주의 발걸음을 멈추게 한 것은 바로 맹인 거지의 외침이었습니다. 그 사람은 사람의 마음을 녹일 것 같은 감동적인 찬송을 부르지 않았습니다. 그는 그저 소리를 질렀습니다. 때로 사람들은 길을 가다가 아름다운 노랫소리를 듣게 되면, 해야 할 일을 잠시 미루고 그 노래를 듣기 위해 발걸음을 멈추기도 합니다. 하지만 이 사람은 노래를 부르지 않았습니다. 요즘 같이 이상한 시대에 어떤 사람들이 하는 것처럼, 자기 기도에 억양을 붙여 읊조리는 법(intone, 영창하다)을 배운 것도 아니었습니다. 저는 사람들이 자신의 기도를 마치 노래하듯이, 자연스럽지 못한 목소리로 드리는 그 기도를 주님께서 과연 들으실까 궁금합니다. 자신들의 기도가 이렇게 잘못된 방식으로 나아가고 있는데도, 왜 사람들은 그것을 기도의 개선이라고 생각하는지 그 이유를 잘 모르겠습니다. 이 맹인은 **소리질렀습니다.** 그것은 외침, 힘차고 분명한 외침, 말할 때마다 강도가 점점 더 세지는 그런 외침이었습니다. 그렇게 해서 그 외침은 구세주의 귓가에까지 다다랐습니다. "다윗의 자손 예수여 나를 불쌍히 여기소서! … 다윗의 자손 예수여 나를 불쌍히 여기소서!"(막 10:47-48)라고 외치는 그 소리는, 고통에 짓눌려 소망과 단절된 채, 오랜 세월 어둠에 지쳐 빛을 갈망하고 그 빛을 보기를 바라는 마음에서 우러나온 절규였습니다. "다윗의 자손 예수여 나를 불쌍히 여기소서!"라고 맹인이 한 번 더 소리지른 그 외침은 무리들이 떠드는 모든 소리보다 더 크게 울려 퍼졌습니다.

이 기도는 **긍휼을 위한 울부짖음**이었습니다. "다윗의 자손 예수여 나를 불쌍히 여기소서.” 만약 여러분이 공로를 근거로 어떤 것을 우리 주님께 간구한다면, 여러분은 그분이 목석(木石)처럼 우리의 기도를 듣지 않는 분이심을 알게 될 것입니다. 그리고 여러분이 자신에 대해 아주 훌륭한 사람으로 여기고, 그분의 손에서 은혜를 받을 만한 가치가 있는 자라고 생각한다면, 그분은 여러분을 스쳐 지나가실 것이며, 절대 거들떠보지도 않으실 것입니다. 왜냐하면 그분은 의인을 부르러 온 것이 아니요, 죄인을 불러 회개시키러 오셨기 때문입니다. 여러분의 기도가 긍휼을 찾는 기도일 때, 여러분은 구세주의 마음을 곧장 감동시켜서, 긍휼을 얻게 될 것입니다. 교만한 자들도 기도합니다. 그들은 자신의 유창한 기도가 틀림없이 응답을 받을 것이라고 생각하지만, 바람이 불어 그가 간구한 것들을 모조리 앗아가 버립니다. 그러나 겸손한 사람은 다만 자기 가슴을 치며, “하나님이여 불쌍히 여기소서 나는 죄인이로소이다”(눅 18:13) 라고 말합니다. 이런 부르짖음은 그 날로 긍휼을 얻습니다. 긍휼의 사자(使者)가 이 세상을 두루 다니다가, 어느 여관에 짐을 풀고 하룻밤을 유숙하는 게 좋을까 혼잣말을 하였습니다. 사자와 독수리라는 여관 이름이 그의 마음에 들지 않았고 그래서 그런 호전적인 이름을 달고 있는 집들을 지나쳤습니다. 그는 “나부끼는 깃털”과 “정복자 영웅”이라는 간판이 붙은 유명한 곳도 지나갔습니다. 왜냐하면 그런 곳에는 자신이 유숙할 만한 방이 없다는 것을 알았기 때문입니다. 그는 서둘러 다른 주막들도 많이 지나갔지만 거처를 정할 수 없었습니다. 그러다가 마침내 “상한 마음”이라는 간판이 달린 작은 여관에 이르게 되었고, 그 긍휼의 사자는 “여기로구나. 나는 여기에 머물러야겠다. 경험에 비춰보면 여기서는 내가 환대를 받을 수 있다는 점을 알고 있기 때문이지”라고 말했습니다. “하나님이여, 상하고 통회하는 마음을 주께서 멸시하지 아니하시리이다”(시 51:17). 자, 사랑하는 성도 여러분, 여러분이 멋진 말을 사용해서 오랫동안 기도할 수 없다고 해도, 오직 하나님의 은혜만이 여러분을 구원할 수 있다는 것을 깊이 인식하고서 긍휼을 간구한다면, 여러분은 하나님의 도우심을 받게 될 것입니다. 주님에게 강력히 간구하기 위해서 여러분이 웅변가가 될 필요는 없습니다. 값없는 은혜와 죽기까지 자기를 내주신 사랑을 근거로 애원하기만 한다면, 예수님께서 머물러 서서 여러분의 간구를 들어주실 것입니다.

이 부르짖음과 관련해서 우리가 잊어서는 안 될 또 다른 사실이 있습니다. 즉, 예수님의 이름이 일종의 간구로 사용되었다는 점입니다. 천국 안에서나 천국 밖에서나 예수님의 이름보다 더 능력 있는 어떤 이름이 어디에 있습니까? "너희가 무엇이든지 아버지께 구하는 것을 내 이름으로 주시리라"(요 16:23), "너희가 내 이름으로 무엇을 구하든지 내가 행하리니"(요 14:13)라는 말씀대로 말입니다. 아버지와 아들은 예수님의 이름, 즉 천사들은 기뻐하고 마귀들은 두려워 떠는 그 이름으로 배서(背書)된 천국 수표의 모든 지불통지를 인정하고 받아들이기로 약속하셨습니다. 이와 같은 이름은 그 어디에도 없습니다. 여리고의 맹인 거지는 이런 예수님의 이름을 사용하는 법을 알고 있었습니다. 그래서 그는 그분을 "다윗의 자손"이라고 불렀습니다. 이 말은 왕, 메시아, 하나님이 보내신 분, 세상의 구세주라는 뜻입니다. 여기에 지혜가 있습니다. 오, 지금 제 설교를 듣고 있는 사랑하는 성도 여러분, 만약 여러분이 예수님의 이름을 알고 있다면, 그 이름으로 간구하십시오. 그분이 어떤 분인지, 그분이 어떤 일을 하려고 이 땅에 오셨는지, 그래서 과연 어떤 일을 하셨는지, 지금은 어떤 일을 하고 계신지 등을 여러분이 알고 있다면, 다시 말해 그분의 인품과 본성과 능력과 약속 등에 관해 어떤 것이라도 여러분이 알고 있다면, 여러분은 그분 앞에서 기도하고 그 이름으로 간구하십시오. 겸손한 믿음으로 여러분은 그분에게 다음과 같이 말하십시오. "다윗의 자손이여, 만약 당신이 진실로 왕, 메시아, 하나님이 보내신 분, 세상의 구세주 등, 이 모든 존재라면, 제게도 이 모든 존재가 되어 주옵소서. 제가 당신께 간구하나이다. 당신이 구세주라면, 저를 구원해 주옵소서. 당신이 죄악을 없이해 주셨다면, 제 죄도 없이해 주옵소서. 만약 당신이 지혜를 열어 주셨다면, 제게도 그 지혜의 문을 열어 주옵소서. 저도 당신의 그 큰 은혜를 받기 원하나이다." 이처럼 우리가 주님과 더불어 변론할 수 있을 때, 우리는 그분 앞에 속히 나아갈 수 있고, "예수께서 머물러 서서"라는 말씀을 다시 듣게 될 것입니다.

　　은혜로우신 우리 주님께서 걸음을 멈추신 주된 이유는 그때야말로 그분께서 선을 행할 기회로 여기셨다는 사실에 있었다고 저는 생각합니다. 예수님께서는 잃어버린 양들을 찾기 위해 오셨습니다. 그래서 그분의 눈에 찢기고 다리를 저는 양이 한 마리라도 보이면, 그분은 걸음을 멈추고 그 양을 사랑으로 보살펴 주십니다. 우리 주님은 두루 다니는 구세주이셨고, 두루 다니다가 그분을 필요로 하는 자를 발견하게 되면, 그 자리에 멈춰 서셨습니다. 그분이 목표로 삼은 사명은 지금도 동일합니다.

"그분이 오신다. 두터운 죄악의 장막을
은혜의 빛으로 깨끗이 하고,
맹인의 눈동자에
천국의 빛을 쏟아 붓기 위해.

그분이 오신다. 상한 마음을 감싸주고,
피 흘리는 영혼 치료하며,
그 은혜의 보화로
겸손하고 불쌍한 자들 부요하게 하기 위해."(필립 도드리지)

그분께서 살아 계실 당시 어떤 사람들은 자신이 볼 수 있다는 사실을 자랑하였습니다. 하지만 우리 주님께서는 그들과 논쟁하기 위해 멈추어 서지 않았고, 그들도 그분을 원하지 않았기에, 그들을 지나쳐 가셨습니다. 그러나 여기에 맹인이 있을 뿐, 그 메시아께서 맹인의 눈을 뜨게 하실 것이라는 언급은 없지 않았습니까? 그분은 이 기회를 포착하시고, 그 기회 앞에서 눈을 밝히는 자신의 사역이 이루어지기까지 머물러 서 계십니다. 자신이 선하다고 생각하는 성도 여러분, 여러분은 자신의 공로로 천국에 이를 것이라 착각하고 있습니다. 하지만 내 주님께서는 그런 여러분을 도와 주지 않으실 것입니다. 그러나 공로가 전혀 없는 불쌍한 죄인인 여러분, 여러분은 그분의 긍휼이 필요한 죄인들입니다. 이런 여러분을 위해 예수님께서는 멈추어 서십니다. 자기는 능력이 많아서 자기가 원하는 때에 언제든 믿을 수 있고, 언제든 회개할 수 있고, 언제든 구원받을 수 있으며, 성령님과 하나님의 주권적인 은혜로부터 완전히 독립할 수 있다고 생각하는 여러분이여, 예수님께서는 그런 생각을 하는 여러분을 거들떠보지도 않으십니다. 그러나 오, 맹인이어서 볼 수 없는 여러분, 보기를 소망하는 여러분, 능력이 없어 신음하는 여러분, 여러분이 바로 내 주님께서 눈여겨보는 사람입니다. 제 말을 믿으십시오. 은혜의 주님께서는 공로를 보지 않고 오히려 고통 받는 비참한 상황을 보십니다. 그 사랑의 마음을 절실히 필요로 하는 자들을 위해 그분은 머물러 서 계십니다. 오, 인간들이여, 무한한 구세주께서는 여러분처럼 마음에 무언가로 가득한 자들을 돌보지 않으십니다. 오히려 인간을 불쌍히 여기는 그분의 눈은 허한 마음을 가진 궁핍한 자들을 향하십니다. 그분은 근거 없이 교만하여 자기 의를 주장하는 사람들에게 진노하시지만, 자기 허물을 고백하고 그분의 얼굴을 구하는 자들을 서둘러 구원해 주십니다. 이것이 바로 예수님의 사역이자 예수님의 직무입니다. 그분은 그 고귀한 소명을 기쁘게 감당하십니다. 그러므로 이제 여러분은 그분께 나아가십시오. 여러분의 문제를 그분의 손에 맡기십시오. 그리고 아래의 기도가 여러분의 기도가 되게 하십시오.

> "당신을 필요로 하는 모든 피조물에게 유익을 끼치고자
> 당신은 지금도 두루 다니고 계십니다.
> 저도 은혜를 입어 당신을 찬양하는 모습을 보이게 하시고,
> 당신의 모든 이적들도 드러나게 하옵소서.
>
> 나의 하나님, 당신이 혹시 지나가신다면,
> 오, 그 때 나로 하여금 당신 곁에 있게 하소서!
> 예수님, 긍휼을 베푸시어 나의 간구를 들으소서.
> 다윗의 자손이신 당신이여, 나의 기도를 들어주옵소서!
>
> 길에서 당신을 기다리고 있는 나를 보옵소서.
> 당신은 천국의 빛이시나이다.
> 제게 나아오라고 명하시고 다음과 같이 말씀하옵소서.
> '죄인아 네 눈이 보게 되리라.'"(존 웨슬리)

저는 지금까지 그분을 머물러 서게 한 그 힘을 여러분에게 보여드리고자 노력하였습니다. 아래의 세 번째 대지에서는 또 다른 질문을 하려고 합니다.

3. 이 맹인과 그의 기도에는 어떤 특별한 점이 있었습니까?

이 맹인과 그의 기도에는 어떤 특별한 점이 있었습니까? 본문을 슬쩍 보기만 해도 이에 대한 답을 알 수 있습니다. 즉, 이 사람에게는 전적으로 필연적인 것이 있었다는 점이 특별했습니다. 그는 짊어지고 가야 할 두 개의 짐이 있었습니다. 하나는 가난의 짐이었습니다. 이것만해도 충분히 좋지 않은 상황입니다. 그런데 맹인이기까지 했습니다. 최고로 열악한 상황이라 할 수 있습니다. 두 배로 궁핍한

사람, 다시 말해 빵도 없고 빛도 없는 이 사람이 바로 오늘 본문에 나온 맹인이었습니다. 그래서 그의 외침은 죄인의 친구인 그분의 귀에 두 배로 더 크게 들렸습니다. 이렇게 처참할 정도로 궁핍한 사람을 찾아보려고 저는 이 예배당과 이 지역을 둘러보았지만 찾지 못했습니다. 저는 길에서 그들을 보게 되면 다음과 같이 말하려고 합니다.

"불쌍하고 가엾은 너희 죄인들아 나아오라."(조셉 하트)

저는 몇 가지 질문을 마련해서 이 질문을 통해 주님께서 그 택한 자들을 찾으시게 할 것입니다. 지금 이 자리에 남보다 두 배로 궁핍한 자, 두 배로 죄를 지은 자, 두 배의 도움이 필요한 자, 다시 말해 예수님께서 구원해 주시지 않는다면, 두 배로 저주를 받게 될 것이라고 느끼는 자들이 혹시 있습니까? 궁핍한 사정이 두 배나 절박하여 즉시 구원받기를 갈망하며 상한 마음인 자들도 지금 제가 하는 말을 듣고 있습니까? 아, 이중으로 상실한 여러분이여, 예수님께서 여러분을 위해 멈춰 서실 것입니다. 맹인이면서 가난에 시달리는 여러분이여, 이 말을 지체하지 말고 들으십시오. 아무것도 가진 것이 없고, 어떤 것을 가져볼 소망조차 보이지 않는 여러분이여, 여러분은 특별히 사랑받는 자들로서 여러분이 간구하며 부르짖는 소리를 결코 예수님은 무시할 수 없을 것입니다. 즉시 그분에게 힘차게 부르짖으십시오. 그분은 지금 이 순간에 기다리고 계십니다. 어떤 사람은 말합니다. "도대체 왜 그러는 거죠? 당신은 지금 우리의 가난, 우리의 거지 같은 생활, 우리의 파산 등에 대해 설교하고 있어요." 정확하게 그렇습니다.

"완전히 가난해지는 것만이
영혼을 자유롭게 합니다.
우리가 한 푼이라도 돈을 내놓을 수 있다면,
우리에게 완전한 해방은 결코 없을 것입니다.

우리가 진 빚이 크든 작든
상관없습니다.
우리에게 갚을 것이 아무것도 없을 때 그 즉시,

우리 주님께서 우리 모두를 용서해 주십니다.”(조셉 하트)

　　보통 사람들보다 두 배로 궁핍하였다는 특별한 점 외에도 이 사람에게는 또 다른 특별한 점이 있었습니다. 즉, 그의 소망이 강렬하였다는 것입니다. 맹인이었던 그가 보고자 하였을 때, 그는 어떻게 해서든 보려고 갈망하였습니다. 그 소망의 진지함과 열정에 대해서는 의심의 여지가 없었습니다. 그의 기도는 얼어붙은 입술에서 나온 기도가 아니었습니다. 더구나 그의 소망은 아주 적절하고 적합한 소망이었습니다. 그는 사치를 위해 탄식한 것이 아니라, 필수적인 것을 위해 탄식하였습니다. 36절에 나타난 바와 같이, 우리 주님께서는 야고보와 요한을 향해 “너희에게 무엇을 하여 주기를 원하느냐?”라고 말씀하셨습니다. 그런데 지금 바디매오를 향해서도 그분은 동일한 말씀을 하십니다. “네게 무엇을 하여 주기를 원하느냐?”(막 10:51). 야고보와 요한은 적절하지도 않고 필요하지도 않고 올바르지도 않은 것을 구하였습니다. 하지만 이 불쌍한 사람은 다른 어떤 소망보다도 가장 자연스럽고 적합한 소망을 가지고 있었습니다. 맹인이 보는 것 외에 어떤 다른 것을 구할 수 있겠습니까? 지금 제 설교를 듣고 있는 사랑하는 성도 여러분, 여러분은 지금 구원을 갈망하고 있습니까? 죄인이 간절히 구해야 할 것이 이것 외에 또 다른 것이 있겠습니까? 여러분은 죄 용서를 갈망하고 있습니까? 죄인이 죄 용서를 바라는 것이야말로 모든 소망들 가운데 가장 적합한 소망일 것입니다. 여러분은 영적인 눈을 뜨게 되기를 바라고 있습니까? 여러분은 자신이 온전하게 되기를 위해 기도하고 있습니까? 여러분은 거룩하게 되기를 갈망하고 있습니까? 오, 여러분의 소망이 실제적이고 간절하며, 그 목표도 적절하고 추천할 만한 것이라면, 그 소망이 이루어질 것을 여러분은 확신해도 좋습니다. 그러므로 여러분은 용기를 내고, 지금 이 순간에도 주님을 소망하십시오.

　　이 맹인의 경우에는 또 다른 특별한 점이 있었습니다. 그것은 그가 간절히 간구하였다는 점입니다. 그의 갈망 자체가 기도로 변했으며, 그 기도는 강렬한 주장과 진지한 설득이 되었습니다. 많은 사람들은 그가 외치는 소리에 잠잠하라고 했지만, 그는 조용하게 가만히 있을 수 없었습니다. 유력한 자들은 그에게 “닥쳐라”라고 말했습니다. 사도들도 그의 입을 다물라고 종용하였습니다. 하지만 그는 그 누구의 말에도 귀 기울이지 않았습니다. 장담하건대, 만약 어떤 사도가 여러분 중 누군가에게 “기도하지 마십시오”라고 말한다면, 분명히 여러분은 기도를 중단해도 되는 아주 정당한 이유를 갖게 되었다고 느낄 것입니다. 적어도 그 말은 여러분이 기도하지 않아도 되는 매우 충분한 구실이 되었을 것입니다. 그래서 여러분은 "나는 더 이상 긍휼을 구하지 않을 거야. 왜냐하면 베드로 사도가 그렇게 하지 말라고 했기 때문이야"라고 말할 것입니다. 오, 그러나 여러분의 마음에 은혜가 역사한다면, 설령 오십 명의 베드로가 그렇게 말한다 해도 여러분은 기도를 중단하지 않을 것입니다. 제지할 수 없는 기도야말로 확실한 응답을 얻습니다. 여러분이 영혼으로 기도한다면, 야고보와 요한이 여러분을 잠잠하게 할 수 없습니다. 여러분이 영혼으로 부르짖는다면, 안드레나 바돌로매나 나다나엘이나 아니면 열한 명의 사도들 전부라도 여러분의 기도를 막을 수 없을 것입니다. 여러분의 그런 기도는 주 예수님께서 즉시 들어주실 것입니다. 사랑하는 성도 여러분, 기도하십시오. 지옥에 있는 모든 마귀들이 여러분이 기도하지 못하도록 돌격해 온다 해도, 여러분은 쉬지 말고 기도하십시오. 천국에 있는 모든 성도들이 여러분의 간구를 쓸데없는 것으로 말한다 해도, 여러분은 계속해서 간구하십시오. 그러면 구세주께서 여러분의 간구에 속히 응답하실 것입니다. 그분은 여러분을 위해 발걸음을 멈추실 것입니다. "예수께서 머물러 서서"라고 한 말씀은 지금까지도 그분에 대해 유효한 말씀입니다.

결국, 구세주를 굳게 사로잡은 것은 그 사람의 믿음이었습니다. 왜냐하면 구세주께서 그에게 "네 믿음이 너를 구원하였느니라"(막 10:52)고 말씀하셨기 때문입니다. 도대체 이 믿음은 어떤 종류의 믿음이었습니까? 이 믿음은 출발부터 최고의 믿음이었습니다. 왜냐하면 이 믿음은 맹인의 믿음, 즉 보는 것에서 확신을 얻지 않는, 그야말로 불순물이 전혀 섞이지 않은 믿음이었기 때문입니다. 믿음은 보는 것에서 생기지 않습니다. 만약 보는 것에서 믿음이 생긴다면, 이 불쌍한 거지에게는 믿음이 전혀 생길 수 없었을 것입니다. 믿음은 들음에서 납니다. 그리고 그는 들을 수 있었습니다. 우리 가운데 어떤 사람들은 믿음은 보는 것에서 생긴다고 착각하는 것 같습니다. 우리는 보는 것에 따라 행동하며, 사람들은 많은 경우에 보이는 것에 의지해서 활동합니다. 여러분이 교회들 안으로 들어선다면, 여러분은 하나의 거대한 십자가를 볼 수 있습니다. 제단은 호화롭게 장식되어 있고, 신비로운 글씨와 형상들이 여기저기에 많이 적혀 있습니다. 여러분은 그것을 보고 축복을 받으십시오. 거기에서 하나라도 축복을 찾을 수 있다면 말입니다. 자, 지금 이 자리에 눈을 위한 은혜의 수단들을 자기 등과 몸 주위에 쭉 매달고 나오는 한 사람이 있습니다. 그는 수가 놓인 십자가를 목에 걸고, 몸 전체에 이런저런 의복들을 걸치고는, 그런 상징적인 의복에 대해 알려고 하는 모든 자들에게 의미를 가르쳐 주고 그들을 구원하려고 합니다. 눈 있는 자는 그들이 어떻게 하고 있는지 한 번 보십시오. 사도들의 후계자인 이들이 지금 무엇을 하고 있는지를 살펴보십시오. 그가 한쪽 무릎을 꿇는 것과 그의 옷 끝단 매무새와 고개를 끄덕이는 것 등을 주의 깊게 보십시오. 목회자들의 이 모든 것들이 보는 자들에게 은혜가 됩니다. 성공회의 고교회(High Anglican)에서 주장하는 믿음이 바로 이렇게 보는 것에서 생기는 믿음인 것 같습니다. 그러나 하나님께서 택한 자들이 갖는 믿음, 다시 말해 영혼을 구원하는 믿음은 "들음에서 나며 들음은 그리스도의 말씀으로 말미암습니다"(롬 10:17). 바디매오는 아무것도 보지 못했지만, 메시아와 관련된 소식을 믿었고, 그래서 축복을 받았습니다. "보지 못하고 믿는 자들은 복되도다"(요 20:29)라는 말씀대로 말입니다. 만약 예수 그리스도께서 죽은 자들을 다시 살리셨다 해도, 이 맹인은 그 기적을 보지 못했을 것입니다. 예수님께서 나병환자를 고치셨다 해도, 이 사람은 그 이적을 보지 못했을 것입니다. 다리를 절던 사람이 사슴처럼 뛰어다녔다 해도, 이 사람은 그가 뛰는 것은 커녕 그가 짚고 다니던 목발도 보지 못했을 것입니다. 그의 믿음은 온전히 들음에서 난 것이며, 이 믿음이야말로 믿음의 혈통 중 최고의 믿음입니다. 사랑하는 성도 여러분, 복음을 주목해서 듣는 자가 되십시오. 여러분이 들을 수 있다는 특권을 갖게 된 것에 대해 하나님께 감사하십시오. 여러분은 예식들이나 건축물들이나 신앙행렬 등에 대해 한탄할 필요가 없습니다. 여러분이 복음을 듣는 자라면, 여러분은 은혜의 충분한 수단들을 가지고 있는 것이기 때문입니다. 왕이신 예수님께서는 귀의 성(Eargate, 耳의 城)을 통해 인간영혼(Mansoul)의 마을로 말을 타고 들어오십니다(존 번연의 「거룩한 전쟁」[The Holy War]에 나오는 지명으로, 인간영혼의 마을을 탈환하기 위한 전쟁에서 귀의 성은 디아볼로에게 맨 처음 공격을 받는다 — 역주). 그분께서는 "너희는 귀를 기울이고 내게로 나아와 들으라. 그리하면 너희의 영혼이 살리라"(사 55:3)고 말씀하셨습니다. 이것은 무슨 말씀입니까? 꿈도 없고, 환상도 없고, 여러분의 눈으로 볼 수 있는 황홀한 체험이 없더라도, 예수님을 믿으라는 말씀이지 않습니까? 그렇습니다. 예수님을 믿으면, 여러분은 모든 표적과 이적 그 이상의 것을 그분에게서 발견하게 될 것입니다.

4. 이 말씀에서 여러분에게 특별한 점은 무엇입니까?

지금까지 우리는 구세주께서 멈춰 서실 수밖에 없었던 그 고유한 힘에 대해 생각해 보았습니다. 우리도 그 힘들을 사용하는 법을 알게 되었으면 좋겠습니다. 이것이 우리와 무슨 관계가 있는지 묻는 자가 있습니까? 다음의 질문이 마지막 대지의 내용입니다. "이 본문에서 지금 설교를 듣는 여러분에게 특별한 점은 무엇입니까?" 오늘 본문은 여러분에게 시사해 주는 바가 많을 것이라 생각합니다. 왜냐하면 저도 이 본문을 통해 많은 은혜를 받았기 때문입니다. 저는 예전에 맹인 거지였습니다. 이방 신들을 섬기던 맹인처럼, 저는 "눈이 있어도 보지 못하는" (시 135:16) 그런 사람이었습니다. 저는 또한 거지였습니다. 내 자신을 축복할 공로라고는 단 한 푼도 가진 것이 없는 빈털터리였습니다. 한때 저도 내세울 만한 선행을 한 적이 있다고, 즉 인생의 찬장을 가득 채울 수 있을 정도로 선한 일을 했다고 생각하였지만, 그것들에서 좀이 생기고 악취가 나는 바람에 저는 모두 다 내다버리고는 그 더러워진 곳들을 깨끗이 정리하였습니다. 저는 제 자신이 아무것도 아니라는 것을 깨닫게 되었습니다. 애굽인들이 개구리 재앙이 있은 후에 죽은 개구리들을 모두 치워 버렸던 것처럼, 저도 산더미처럼 쌓아올렸던 쓰레기들을 모두 치워 버렸습니다. 예전에 행한 선행들은 제가 판단하기에 위조 수표나 가짜 돈 같은 것이 되어 버렸습니다. 저는 그런 위조 수표나 가짜 돈을 사용하다가 책임을 물어야 하는 신세가 되지는 않을까 두려웠습니다. 안타깝게도, 내가 행한 비천한 선행들, 내가 행한 교만한 선행들, 내가 행한 속이는 선행들, 이 모든 것들이 나의 양심을 무겁게 짓눌렀습니다. 이 모든 것들을 그리스도 앞에 내놓으려 하니, 그것들이 내가 지은 모든 죄악들보다 나를 더욱 최악의 상태로 몰아넣었습니다. 내 처지는 아무것도 가진 게 없는 사람보다 더 나쁜 상태에 있었습니다. 왜냐하면 차라리 부족한 게 더 낫다는 것을 알게 되었기 때문입니다. 그 때였습니다. 나를 구원해 주시고자 하는 그분의 음성을 들은 때가 바로 그 때였습니다. 그 때 저는 그분에게 소리쳤고, 그분은 즉시 나를 구원해 주셨습니다. 오, 다른 많은 이들도 거룩한 구세주가 자신에게 절실하다는 사실을 깨닫기를 바랍니다. 그것이 저의 간절한 바람입니다. 오, 가난하고 맹인이라 해도, 예수님께서 눈을 뜨게 해 주실 뿐 아니라 필요한 모든 것을 공급해 주실 능력이 있다는 사실을 사람들이 알았으면 좋겠습니다.

아주 이상한 것이 하나 있습니다. 최소한 제게는 아주 이상한 일입니다. 오늘 본문에는 불확실한 문제들이 많이 남아 있기 때문입니다. 제가 적극적으로 분명하게 말할 수는 없지만, 마가가 우리에게 말하고 있는 이 이야기는 사건의 전모(全貌)가 아닐 것이라고 저는 생각합니다. 왜냐하면 분명히 마태는 두 명의 맹인이 있었다고 전하기 때문입니다. 마태가 이에 대해 말하는 것을 들어보십시오. 마태가 전하는 사건은 틀림없이 오늘 본문과 동일한 사건이었을 것입니다. 그게 아니라면, 그 사건은 오늘 본문과 이상하리 만큼 아주 유사한 사건이었을 것입니다. 마태복음 20장 29절 이하의 말씀입니다. "그들이 여리고에서 떠나 갈 때에 큰 무리가 예수를 따르더라. 맹인 두 사람이 길 가에 앉았다가 예수께서 지나가신다 함을 듣고 소리 질러 이르되 주여 우리를 불쌍히 여기소서 다윗의 자손이여 하니, 무리가 꾸짖어 잠잠하라 하되 더욱 소리 질러 이르되 주여 우리를 불쌍히 여기소서 다윗의 자손이여 하는지라. 예수께서 머물러 서서 그들을 불러 이르시되 너희에게 무엇을 하여 주기를 원하느냐? 이르되 주여 우리의 눈 뜨기를 원하나이다"(마 20:29-33). 마가는 핵심이 되는 한 사람만 언급할 필요가 있다고 보았지만, 마태에 따르면 두 사람이 있었습니다. 만약 두 사람이 있었다면, 두 사람 가운데 한 사람은 이름조차 전혀 알려지지 않았다고 할 수 있습니다. 우리는 바디매오라는 이름도 알고 있고, 그의 아버지의 이름도 알고 있습니다. 하지만 바디매오와 함께 있었던 그 친구의 이름을 우리는 알지 못합니다. 마가는 바디매오라는 이름에서 알 수 있는 그 아버지의 이름을 언급하지 않고, 그 대신 다른 맹인의 이름을 언급할 수도 있었습니다. 하지만 마가는 그의 이름을 언급할 정도로 그에 대해 감동을 받지 못했습니다. 마가가 그 맹인의 이름을 언급하지 않은 이유가 바로 그것이었을 것입니다. 우리는 그 맹인에 대한 정보보다는 그에 대한 마가의 침묵에서 더 많은 것을 배우게 될 수도 있습니다. 저는 성경이 밝히 말씀하는 부분을 존중합니다. 하지만 그에 못지않게 성경이 침묵하고 있는 부분도 존중합니다.

　　오늘 아침에 여기에 있는 남녀 성도들 가운데서 전혀 이름도 들어보지 못했고, 교적부에 이름을 올린 것도 아니고, 우리의 심금을 울릴 만한 신앙 간증도 없는 그런 자들이 구원받게 된다면, 저는 의아하게 생각할 것입니다. 마태가 말한 바에 따르면, 그가 어떤 사람이었든 간에 이 제이의 인물(No. 2), 즉 이 무명의 사람은 바디매오가 외친 것과 똑같이 기도했던 것으로 보입니다. 바디매오는 힘이 있고 에너지가 넘치던 사람이었습니다. 바디매오는 자신이 생각한 문구인

"다윗의 자손 예수여 나를 불쌍히 여기소서"라는 말로 기도하였습니다. 반면에 그 무명의 맹인은 바디매오의 방법을 따라 그를 흉내 냈습니다. 그는 대단한 웅변가를 따라 할 수 밖에 없었던 초라한 웅변가 같았습니다. 그리고는 아주 지혜롭게 "앞서 말한 그 웅변가와 이하동문(以下同文)입니다"라고 말하였습니다. 마가는 이 무명의 사람을 전혀 주목하지 않았습니다. 왜냐하면 그가 한 말은 바디매오가 한 말의 메아리였으며, 아마도 그 불쌍한 맹인은 자기보다 강한 마음을 가진 그 친구를 따라만 해도 다행이라고 생각하는, 연약한 마음을 가진 변변치 못한 사람이었을 것이기 때문입니다. 그런데 바로 여기에 은혜가 베풀어집니다. 우리가 이 부족한 맹인의 이름을 모른다 해도, 바디매오의 눈이 뜨인 그 순간에 그의 눈도 틀림없이 함께 떠졌을 것입니다. 자신만의 기도를 드릴 수 없어서 그저 바디매오를 따라했을 뿐이지만, 그럼에도 불구하고 그의 눈은 떠졌고, 그를 위한 위로의 말씀을 예수님께로부터 받았습니다.

오, 연약한 마음을 지닌 사랑하는 성도 여러분, 지금도 저기 눈에 잘 띄지 않는 곳에 앉아 있는 여러분, 너무나 자신감이 없어서 교회생활을 함께 할 용기가 전혀 없는 여러분, 힘을 내십시오. 예수님께서는 여러분도 살피고 계십니다. 오, 용기가 없어 처음부터 끝까지 열 마디도 하지 못하고 두려워 떠는 불쌍한 여러분이여, 여러분이 실제로는 그렇지 않지만, 여러분 속 어딘가에 숨겨져 있는 본심을 말할 수가 없어서, 자신에 대해 그렇게 생각하는 것입니다. 예수님께서 들으시는 것은 마음속에서 간절히 바라는 것이지, 어느 때든 말 잘하는 자들의 근사한 문장들이 아니라는 사실을 기억하십시오. 만약 여러분이 다른 사람이 기도한 대로 기도하기만 원한다면, 저는 여러분이 기도할 만한 기도를 성경에서 찾아와 전해주고자 합니다. 왜냐하면 성경에 기록된 기도야말로 분명히 합당한 기도이기 때문입니다. 여러분이 자신만의 기도를 할 수 없다면, 여러분은 성경에 나오는 세리의 기도를 따라 해도 좋습니다. 다음과 같이 기도하십시오. "하나님이여 불쌍히 여기소서 나는 죄인이로소이다"(눅 18:13).

눈이 뜨인 거지 맹인이 두 명이었다는 것을 알게 되자마자, 저는 다음과 같은 생각을 하게 되었습니다. '말씀을 전한 후에 나는 말씀을 듣고 회심한 자들을 만나서 그들의 이름과 가족을 알려고 하고, 그들이 회심하게 된 은혜로운 이야기를 통해 나도 위로를 받으려고 할 것이다. 하지만, 오, 내 주님께서는 내가 알지 못하는 어떤 자들, 다시 말해 무명인 어떤 자들, 존재감이 전혀 없는 어떤 자들, 연약하여 위축된 영혼들도 축복해 주실 것이다. 그런 무명의 사람들이 지금 이 자리에도 있는가? 그런 많은 자들이 이 설교 말씀을 읽을 것인가? 오, 이들이 외치는 소리에도 예수님께서는 머물러 서시어 이들을 축복해 주옵소서.'

이보다 더욱 이상해 보이는 것에 대해 말하지 않을 수 없습니다. 아직 확신도 없고, 분명히 알지도 못해서 여전히 미결인 채로 남아 있는 어떤 것에 대해 지금 저는 말하고자 합니다. 즉, 본문에서 고침을 받은 자는 세 명의 맹인이었을 가능성이 아주 높다는 것입니다. 세 명 가운데 맨 첫 번째 맹인이 바로 바디매오였을 것입니다. 예수님이 여리고 밖으로 거의 나가셨을 때, 그는 주 예수님에게 다가가 그의 눈을 고치게 되었습니다. 그런 다음 예수님과 무리들이 실제로 마을 밖으로 나갔을 때, 두 명의 다른 맹인들이 눈을 뜨게 되었다는 것입니다. 많은 학자들은 마태와 마가가 두 개의 서로 다른 사건들을 기록한 것으로 생각합니다. 이런 견해는 아주 그럴 듯한 추측입니다. 바디매오가 눈을 뜨게 되었다는 소식을 접한 두 명의 맹인들이 그 소식에 스스로 용기를 내어서, 바디매오가 받은 것과 동일한 은혜를 갈망하면서 바디매오가 했던 것과 동일한 말로, 바디매오의 선례를 조심스럽게 따라했을 수도 있습니다. 그래서 맹인이 눈을 뜨게 된 사건이 이중으로 반복되어 기록되었던 것입니다. 저는 이 견해에 동의합니다. 저는 여기서 제삼의 인물(No. 3)이 과연 누구인지 궁금합니다. 우리는 그의 이름이 무엇인지 알지 못하며, 어쩌면 앞으로도 알지 못할 것입니다. 그럼에도 불구하고 예수님은 그를 아셨고 그의 부르짖음을 들으셨습니다. 그는 자기와 똑같이 연약하고 두려워 떠는 불쌍한 제이의 인물과 함께 주님 앞으로 나아왔습니다. 하지만 하나님께서는 이 두 사람을 모두 축복해 주셨습니다.

구세주께서 행하신 이 선한 사역에 대해 알게 된 우리는 두려워하는 자들에게 용기를 주기 위해 그분에 관한 이야기를 잘해 주어야 합니다. 저는 눈을 뜨게 하는 복음의 능력에 대해 증언해야 할 사명을 가지고 있습니다. "한 가지 아는 것은 내가 맹인으로 있다가 지금 보는 그것이니이다"(요 9:25)라는 말대로, 내 눈을 뜨게 한 사람은 바로 예수님이셨습니다. 저는 있는 모습 그대로 그분에게 나아갔습니다. 저는 그분을 신뢰했고, 그분은 저를 구원해 주셨습니다. 어딘가에 앉아서 오늘 본문의 모범을 따르려고 하는 두 명 이상의 남녀 맹인들이 있지는 않습니까? 우리는 본문의 모범대로 하기만 하면 됩니다. 기도하고 신뢰하고 외치고 믿으십시오. "다윗의 자손 예수여 나를 불쌍히 여기소서"라고 말하십시오.

한 사람을 구원할 수 있는 그분은 두 사람도 구원할 수 있는 분이시며, 두 사람을 구원할 수 있는 그분은 세 사람도 구원할 수 있는 분이시라는 사실을 여러분은 기억하십시오. 그렇습니다. 이 생각은 세 사람에서 멈추지 않습니다. "불쌍히 여기소서"라고 부르짖는 삼천 명의 사람이 지금 이 자리에 있다 해도, 그들은 모두 틀림없이 은혜를 입게 될 것입니다. 그와 똑같은 길을 가려는 수백만 명의 사람들도 동일한 은혜를 받게 될 것입니다.

오늘 아침, 제 마음의 눈에는 여리고에 들어가기 전 머물러 서신 예수님이 마치 두 번째 여호수아로 서 계시는 것처럼 보입니다. 여러분 모두가 아는 바와 같이, 예수라는 이름과 여호수아라는 이름은 동일한 이름입니다. 여호수아는 요단 강을 건너 여리고 성을 함락시키기 위해 칼을 빼어들고 서서는 가나안을 정복하기 위해 행진을 시작하였습니다. 보십시오. 오늘 본문에 예수님이 등장하며, 그분께서는 그분의 땅으로 더 들어가기 위해 여리고를 무찌르셔야만 했습니다. 승리의 종려나무 면류관이 그분의 발 아래 드리우기 전, 종려나무가 있는 그 도성은 그분과 그분을 따르는 자들에게 굴복해야만 했습니다. 주님은 여리고에 들어가셨지만, 여호수아와는 달리 담장 하나도 허물지 않고 그 거민들도 죽이지 않으셨습니다. 도리어 오랫동안 감겨 보지 못하던 눈들을 뜨게 해주셨고, 가난 가운데 한탄하며 지내던 불쌍한 피조물들을 축복해 주셨습니다. 이것이 바로 그분께서 행하신 전쟁의 첫 열매였습니다. 장차 어둠의 세력을 멸하고 모든 인류의 승리자가 되실 예루살렘에서 끝나게 될 그 사역의 시작이었기 때문입니다. 지금도 저는 눈의 아들에 대해 언급한 말씀을 예수 그리스도와 관련해야 말하고 싶습니다. "여호와께서 여호수아와 함께 하시니 여호수아의 소문이 그 온 땅에 퍼지니라"(수 6:27). 주 예수 그리스도께서 오늘 아침에 이곳을 여리고 성문으로 삼으셔서, 맹인인 몇몇 사람들의 눈을 뜨게 하심으로, 이 온 나라에 신앙의 큰 부흥이 지금 이 자리에서부터 시작되기를 소망합니다. 많은 사람들의 마음속에서 "주님, 내 눈을 뜨게 하옵소서"라는 기도가 드려지기를 원합니다. 이렇게 기도하면 그분께서 응답하실 것입니다. 이 간구에 이어 다음과 같이 기도하십시오. "주님, 수백만 명을 구원하여 주옵소서." 이렇게 기도하면 그분께서 우리의 기도를 들어주실 것입니다. 예수님의 이름을 믿고 담대하게 기도합시다. 오, 주님이시여, 우리의 기도를 들어주옵소서. 아멘.

제
22
장

—

기적의 교훈

—

"예수께서 그들에게 대답하여 이르시되 하나님을 믿으라."
— 막 11:22

　　하나님을 믿으라고 한 이 권면은, 잎사귀만 있었지 열매가 하나도 없었던 무화과나무가 시든 기적과 관련이 있습니다. 이 비유의 특별한 점에 대해 말하기 전에 몇 가지 설명을 해야 할 것 같습니다. 왜냐하면 여기에는 도덕적인 문제가 결부되어 있기 때문입니다. 오늘 본문을 읽은 많은 독자들에게 이 본문은 이상하고 앞뒤가 맞지 않는 이야기로 비쳐질 것입니다. 왜냐하면 무화과의 시기가 아니었을 때 우리 주님께서는 그 나무에서 무화과를 기대하셨기 때문입니다. 무화과의 때가 아직 오지 않았는데도 그분께서 무화과나무가 열매를 맺지 못한다고 책망하신 것에 대해 사람들은 의아하게 생각할 것입니다. 하지만 이런 의구심은 우리가 무화과나무가 자라는 땅에 살지 않아서, 그 사정을 잘 이해하지 못하기 때문에 생기는 것입니다. 무화과가 자라는 자연적인 순서를 보면, 그 열매가 잎사귀보다 먼저 나옵니다. 무화과나무에서는 싹이 튼 후에 끝 부분에서 제일 먼저 무화과가 나옵니다. 이른 봄에 그 작은 옹이가 만들어지기 시작해서 잎사귀들이 나오기 전에 무화과들은 아주 탐스럽게 자라납니다. 따라서 무화과나무에 잎사귀들이 있다면, 그 나무에는 상당한 잘 익은 무화과들이 반드시 있기 마련인 것입니다. 오늘 본문에서 언급된 이 무화과나무는 아무런 무화과도 기대할 수 없고 잎사귀는 더더욱 기대할 수 없는 그 시기에, 다른 무화과나무들보다 앞질러 자라났던 것으로 보입니다. 다른 나무들보다 높이 우뚝 자라 있었기 때문에, 그 나무는 하나의 무화과나무로서 책임감에서도 앞서 있었고, 그 계절이 요구하는 것에서도 앞서 있었으며, 다른 무화과나무들은 전혀 꿈도 꾸지 못할 만큼 초자연적인 열매 생산력을 기대하게 하였습니다. 하지만 그 나무에는 잎사귀만 있었습니다. 구세주께서는 충분히 익은 무화과들이 틀림없이 있을 것이라 내심 기대하고서 올라가 보았지만, 잎사귀밖에 찾지 못하였습니다. 나무 여기저기를 살펴보았지만, 큰 기대를 갖게 한 그 나무에 걸맞은 무화과는 단 한 개도 찾을 수 없었습니다. 그래서 그분은 "이제부터 영원토록 네가 열매를 맺지 못하리라"(마 21:19)고 말씀하셨던 것입니다. 여러분은 종종 제철이 아닌데도 잎사귀가 무성한 경우를 알고 있습니다. 겨울이 온 사방을 다스려, "식물 나라가 죽어 누운"(제임스 톰슨의 "계절" 중 '겨울') 크리스마스 무렵에 항상 잎사귀들이 무성한 유명한 오크 나무가 뉴 포레스트(New Forest, 영국 잉글랜드 남쪽 끝에 있는 국립공원, 예전에는 왕실의 전용 숲이었다 — 역주)에 있습니다. 이 나무와 관련해서는 작은 미신이 있습니다. 즉, 위대한 주님의 탄생을 갑작스럽게 기리기 위해서 그 나무에 잎사귀가 핀다는 이야기가 있습니다. 저도 그 나무를 보았습니다. 그 숲의 다른 곳에 있는 나무에서는 잎사귀가 전혀 없는데, 유독 그 나무에서만 잎사귀가 난다고 하니, 제게도 아주 이상한 나무로 보였습니다. 그 나무처럼 본문에 등장하는 이 무화과나무도 어떤 이유인지는 모르지만, 잎사귀가 없어야 하는 시절에 잎사귀가 나 있었습니다. 그 나무에 잎사귀가 나 있었다면, 틀림없이 무화과들도 있어야 했습니다. 그런데 무화과는 하나도 없이 잎사귀들만 있었습니다. 이것은 우리가 가끔 만나게 되는 어떤 사람, 즉 증빙할 수도 없는 의로움을 자랑하는 사람을 보여주는 적절하고 적합한 상징입니다. 그는 합당하게 예상되는 것보다 더욱 유별난 경건을 자신의 성품으로 지닌 사람입니다. 이런 사람은 전적으로 때이른 경건을 과시하면서, 때가 되기도 전에 성숙한 표를 드러내고, 자신에게 확증도 안 된 많은 것들을 신앙으로 고백하는 사람입니다. 한 마디로 자신을 속이는 별종(別種)입니다. 그는 자신이 절대적으로 완벽하다고 말은 하지 않습니다. 하지만 그가 하는 말의 행간을 파악하기 위해서는 아주 좋은 안경이 필요할 정도입니다. 그는 모든 동료들보다 뛰어나고, 그가 하는 말에는 진기한 것들이 들어 있습니다. 그의 신앙 고백은 더 건전하고, 그의 양심은 매우 민감하며, 그의 행동은 신앙심이 깊은 것 같고, 다른 사람을 평가하는 기준도 그 공동체의 다른 사람들보다 더욱 깐깐합니다. 여러분은 그런 모습에 감탄하게 됩니다. 단, 여러분이 그에게 가까이 다가가 그 사람의 실체를 알게 될 때까지만, 즉 그가 말하는 것이 모두 말뿐이고 그에 관한 것들은 전부 겉만 번지르르한 허튼 소리라는 것을 알게 될 때까지만 그렇습니다. "잎사귀 외에 아무 것도 없더라"(막 11:13)는 말씀대로, 참된 덕은 하나도 없고, 그저 과시를 위한 푸름밖에 없습니다. 그렇습니다. 저는 그런 괴물 같은 표리부동(表裏不同)에 의해 짓밟힌 예의바른 도덕성을 알게 되었습니다. 경건한 생명에서 나오는 전적으로 무성한 잎사귀들과, 은혜 없는 방탕함에서 나오는 전적인 부패와 죽음! 이 부패와 죽음 주위를 맴도는 자들은 자신이 얻은 것이 너무나 보잘것없다는 사실에 부끄러워합니다. 그래서 급기야 자신의 급속한 성장에 놀라워한 것보다 너무 빨리 시들어가는 자신의 모습에 더욱 더 놀라게 됩니다. 그들 속에는 아무 것도 없었습니다. "[양털을 깎기 위한] 엄청난 소란에 양털은 없다"는 옛 속담이 있습니다. 참으로 큰 소란으로 인해 더 거룩한 음성은 침묵을 강요당합니다. 그래서 양털 깎는 자는 한 올의 양털도 얻지 못합니다. "잎사귀 외에 아무것도 없더라." 어떤 사람이든 시들게 된다면, 그는 잎사귀 외에 아무것도 없는 그런 사람이 될 것입니다. 제가 어떤 큰 교회를 주시하면서 깨닫게 된 한 가지가 있습니다. 그것은 아주 선하게 살아가는 것처럼 보이는 어떤 형제들이, 알고 보니 더 이상 생존하지 않았으면 하고 바랄 정도로 그렇게 너무 악한 자로 드러났다는 사실입니다. 그런 자들은 위선적으로 아주 순수하고, 아주 깨끗하고, 한 점 티도 없고, 아무 흠도 없고, 매우 정확하고, 아주 부드럽게 말하고, 매우 상냥하고, 매우 친절하고, 극도로 거룩하게 행동했기에, 여러분이 그들에게 가까이 다가가서 그들의 내적 불안을 살펴보기가 무서울 정도였습니다. 그럼에도 이런 공허한 가식의 얄팍한 꺼풀을 걷어냈더니, 그들에게 부족한 모든 영적 생명과 신실함과 진실성이 드러나고 말았습니다. 우리가 그들의 실체를 알게 되었을 때, 우리는 우리의 영혼에서 적개심이 불타오르는 것을 느끼지 않을 수 없었습니다. 이들은 성령님에게도 거짓말을 하려고 하였습니다. 이런 것에 비추어본다면, 아나니아와 삽비라가 죽어 엎드러진 것이나, 잎사귀만 무성하고 열매가 없던 무화과나무가 시들어 죽은 것은 전혀 이상한 일이 아닙니다. 우리는 이와 같은 일들이 사람들에게서 일어나는 것을 보았기에, 전혀 이상하게 생각하지 않았습니다. 우리는 단지 다음과 같이 생각했을 뿐입니다. 즉, 그들의 가면을 벗기고 그들의 악한 모습이 세상에 밝히 드러나게 하셔서, 어떤 의미에서는 신앙까지 조롱한 그 거짓말을 폭로하시는 하나님이야말로 얼마나 의로운 분이신지를 생각했을 따름입니다.

그런데 우리 구세주께서는 이 기적을 비유의 차원에서 행하셨습니다. 다시 말해, 그분이 무화과에 관심이 있거나, 무화과가 하나도 없어서 화가 나셨던 것이 아니라, 이 기적이 그분에게는 제자들을 가르칠 좋은 기회가 되었다는 것입니다. 이것은 어떤 대상을 교재로 한 교육이었습니다. 직접 우리의 두 눈으로 볼 수 있는 사물을 통한 교육보다 더 확실한 교육방법은 없습니다. 제자들이 볼 수 있고, 그렇게 본 것으로 그들의 마음이 감동을 받게 하기 위해서 주님께서는 이렇게 한 대상을 정하여 가르쳐 주셨습니다. 베드로뿐 아니라 다른 제자들의 마음에 새겨진 주된 인상은 그리스도의 특별한 능력이었을 것입니다. 어느 날 아침, 그들의 주님께서는 "이제부터 영원토록 네가 열매를 맺지 못하리라"(마 21:19)고 말씀하셨습니다. 그 다음 날 그들이 그 길을 지나갔을 때, 주님이 말씀하신 그 무화가 나무는 단순히 싹만 전부 시든 것이 아니라 뿌리까지 모두 시든 것을 보게 되었습니다. 마가복음 11장 20절 말씀과 같이 그 나무는 뿌리까지 완전히 죽어 있었던 것입니다. "무화과나무가 뿌리째 마른 것을 보고." 나무에 금이 가고 산산조각이 나면서, 그 나무는 스물네 시간 전에 그렇게 싱싱했던 모습과 정확히 정반대의 모습으로 변해 버렸습니다. 제자들은 그리스도의 말씀의 능력에 충격을 받았습니다. 다시 말해, 단순히 그분의 입에서 나온 그 한 말씀 때문에 그 나무에 심판이 임했던 것입니다. 우리가 알기로 그분께서는 그 나무를 만지지도 않으셨습니다. 그저 말씀만 하셨는데, 무성하던 그 나무는 과거가 되었고, 파멸을 맞이했습니다. 우리 주님께서는 그 비유를 풀어 그들에게 말씀하지 않으셨습니다. 하지만 이 기적으로 인해 제자들의 마음이 하나같이 충격을 받은 것을 감지하시고는, 그들의 감각에 전해진 그 교훈적인 도덕이 그들의 영혼에 더 충분히 새겨지도록 하셨습니다. 그분께서 염두에 둔 한 가지 교육 방침이 바로 이것이었습니다. 계속해서 그런 방식으로 그분은 제자들이 놀랄 만한 하나님의 위대한 능력을 전하셨을 뿐만 아니라, 그들도 그런 능력을 가질 수 있고, 그 능력을 행사할 수 있으며, 그분처럼 그 능력을 베풀 수 있다고 그들에게 말씀해 주셨습니다. 그리고 그들이 그 능력을 어떻게 가질 수 있는지 그리고 그 능력을 어떻게 허리띠처럼 두를 수 있는지도 실제적으로 말씀해 주셨습니다.

1. 하나님의 능력을 살펴보는 것이 우리에게 유익합니다.

　　이런 생각들을 분명하게 하기 위해서, 우리는 먼저 하나님의 능력을 살펴보는 것은 우리에게 유익하다는 사실을 생각해 보겠습니다. 이 제자들은 무화과나무가 시드는 것을 통해서 하나님의 능력이신 그리스도의 능력을 보았습니다. 우리는 오늘날 기적들을 보지 못합니다. 우리는 우리에게 믿음의 신임장을 제공하고, 믿음에 인(印)을 쳐주는 표적이나 이적들을 기대하지 않습니다. 제대로 이해되기만 한다면, 하나님의 사역들은 자연을 통해서도 그 영원한 능력과 신성을 단순하면서도 고상하게 증언할 수 있습니다. 어떤 측면에서는 이 자연의 증언들이 기적보다 더 고상한 교훈을 전해주기도 합니다. 저는 우리가 눈을 열기만 하면 지구의 표면을 항상 새롭게 하시는 하나님의 능력을 끊임없이 볼 수밖에 없다고 생각합니다. 저는 그 능력을 여러 계절들 가운데서 관찰하는 것을 좋아합니다. 잠자던 모든 꽃망울들과 꽃들이 그들의 무덤에서 갑자기 깨어나고, 죽은 것 같았던 검은 토양이 갑자기 꽃을 피워 황금 정원을 이루거나, 꽃들이 만개하여 다양한 색들로 흩뿌려진 화단이 되는 것은 정말로 놀라운 능력입니다. 숲속의 한적한 곳이나 나무들 사이의 구석진 곳에서, 마치 주님께서 천국의 세마포 옷을 찢어 숲 속 나무들 사이에 던져 놓으신 것 같은 그런 눈부신 광경을 여러분은 지금까지 본 적이 없습니까? 이전에 있던 것들이 전부 검은 부식토나 말라빠진 이파리가 되어 버렸던 그곳에 아주 진한 담청색의 히아신스들이 느닷없이 서 있는 것을 보아오곤 했습니다. 우리는 이러한 모습을 매년 봅니다. 하지만 단지 이것은 놀라운 광경일 뿐이고, 우리는 서서 "겨울이 얼마나 빠르게 지나가는지! 땅은 자신의 젊음을 얼마나 빨리 다시 내놓는지!"라고 말할 뿐입니다. 여러분은 이 모든 것에서 하나님의 능력을 보지 못합니까? 이렇게 봄이 창조되고 다시 부활하는 것, 이것이 아무것도 아니란 말입니까? 나무들은 시들어 없어지지 않지만 잎사귀들은 지금처럼 우리 주위로 떨어지고 있습니다. 이 계절이 올해도 어김없이 찾아왔습니다. 옷을 벗는 것 같은 이 놀라운 과정을 이 계절은 얼마나 빠르게 경험하는지 모릅니다. 여러분은 요 전날 녹음이 우거진 나무 곁을 지나다가 그 나무 아래에서 기뻐했습니다. 그리고 이제는 오후의 석양 속에서 그 나무가 마치 황금색으로 불타는 것처럼 보이더니, 가을의 손길이 닿자마자 그 모든 이파리들이 노란 빛으로 변했습니다. 하나님께서 어떻게 이 모든 것들을 행하셨습니까? 제가 지금 아주 거칠게 설명한 이런 자연의 기적 같은 과정들은 조용하고도 은밀하게, 나팔 소리도 없이, 한 해 한 해 계속되고 있습니다. 하지만 이런 기적들을 자세히 살펴보고 연구한 사람은 하나님의 특별한 능력에 충분히 놀라게 될 것입니다. 이 세상은 태양을 중심으로 지금까지 계속해서 회전하고 있습니다. 지극히 높으신 그분이 아니라면 도대체 누가 그 길을 운행할 수 있단 말입니까? 태양은 날마다 회전하면서 우리에게 변화무쌍하고 즐거운 낮과 밤을 보여주고 있습니다. 그 축을 중심으로 이 세상을 움직이는 분이 바로 주님이십니다. 지금도 계속해서 운행하시는 하나님의 강력한 능력을 우리는 전적으로 충분하게 생각하지 못합니다. 애굽에 내린 열 가지 재앙 중 물로 피를 만드신 그 기적은 세상의 변화와는 비교도 할 수 없을 만큼 우리를 많이 놀라게 합니다. 그러나 자연 만물의 운행은 피의 재앙이나 세상의 변화보다도 훨씬 더 놀랄 만한 일입니다.

사랑하는 성도 여러분, 때로는 별이 빛나는 밤에 서서 하늘을 쳐다보면서, 그 모든 별들의 이름을 하나하나 불러 주시고, 그 모든 별들을 하나도 땅에 떨어지지 않도록 각 별의 행진을 인도하시며, 수많은 세월 동안 하늘의 천체들이 하나하나 자기 자리를 유지하도록 하는 그 하나님이 도대체 어떤 분이신지를 생각해 보는 것도 우리에게 유익한 일입니다. 자연에서 드러나는 하나님의 사역은 놀랍습니다. 여러분은 불을 내뿜기 시작하는 베수비오 산(Vesuvius, 이탈리아 나폴리 만에 있는 활화산 — 역주)에 관한 기록이나, 각처에서 산들을 밑바닥에서부터 흔들어 놓을 뿐 아니라 사람이 행한 가장 강력한 일들도 허물어뜨리는 지진에 관한 기록들을 여러분은 경외하는 두려움 없이 읽을 수 있습니까? 폭풍이 치는 바다 한가운데서, 파도가 한 번씩 배를 칠 때마다 선박의 나무들이 떨어져 나가기 시작할 때, 여러분은 두려워 떨면서도, 이마저도 우리를 돕는 위대한 하나님께서 하시는 일이라고 생각하지 않을 수 있습니까? 저는 자연이 보여주는 하나님의 위대함과 그 웅장한 위엄을 여러분이 생각해 보기를 원합니다. 왜냐하면 이 자연의 하나님이 은혜의 하나님이며, 높은 곳에서 우레로 자신의 기쁘신 뜻대로 다스리는 하나님이 바로 우리가 아버지라고 부르는 그 하나님이기 때문입니다. 다시 말해 그분께서 우리를 그분의 가족으로 택하셨기에, 우리는 그분의 아들딸이 되었습니다. 비록 우리가 시들어 죽은 무화과나무를 보지 못한다 해도, 자주 우리는 거룩한 놀라움 속에서 "위대한 하나님이시여, 당신께서 행하신 일들이 얼마나 놀라운지 모릅니다!"라고 말해야 합니다.

자, 이제 저는 여러분을 다른 곳으로 인도하고 싶습니다. 여러분의 시선이 자연에서 섭리로 향한다면, 여러분은 엄청나게 큰 하나님의 능력에 관한 사례들을 보게 될 것입니다. 오늘 본문에서 무화과나무가 시든 것과 같은 일들이 엄청난 규모로 수만 번씩 반복하여 일어나고 있습니다. 저는 우리 시대에 일어났던 몇 가지 사례만 여러분에게 말하고자 합니다. 몇 년 전까지만 해도 미국 남부 지역에서는 노예제도가 깊이 뿌리를 박고 있었던 것 같습니다. 그러다가 그 가지가 담장을 넘어섰습니다. 북부 지역에서도 도망쳐 온 노예들을 되돌려 보내야만 했기 때문입니다. 그러나 이 무화과나무는 얼마나 빠르게 시들었는지 모릅니다! 노예제도는 폐지되었습니다. 하나님을 영원히 찬송하십시오. 오늘날 미국에는 어떤 피부색을 가졌든 노예로 사는 일은 없습니다. 바다 건너 저 너머에서는 언짢은 일이긴 하지만 나폴레옹의 거대한 제국이 세워졌습니다. 그 제국은 아주 강력해 보였습니다. 그 제국은 마치 시냇가에 뿌리박은 푸르른 나무처럼 스스로 퍼져나갔습니다. 그 제국은 교황주의를 지원하는 중심지이기도 하였습니다. 하지만 그 무화과나무도 얼마나 빠르게 시들어 버렸는지 모릅니다! 또 저 너머 이탈리아에서는 백성들을 압제하는 저질 군주들이 주축이 되어 수많은 작은 공국들이 세워졌습니다. 그러나 하나님께서는 한 정직한 사람을 일으키시고 그 압제받는 자들의 투사로 나서게 하셨습니다. 그러자 그 작은 무화과 잎사귀와 같은 자들이 얼마나 빠르게 몰락했는지 모릅니다. 일시적인 권력을 가지고 죄를 짓는 사람도 있었습니다. 그는 자신의 영토, 즉 주로 로마의 도시들을 장악하고 있었습니다. 하지만 그 무화과나무도 얼마나 빠르게 시들어 버렸는지 모릅니다. 꼬리에 꼬리를 물고서 혁명들이 일어났고, 여러 사건들이 우리 시대에 일어났습니다. 하지만 이 모든 것들을 통해 주님이야말로 가장 큰 능력을 지닌 분이라는 사실이 입증되었습니다. 각 시대를 막론하고 기록된 역사 전체를 살펴보면, 어떤 제도가 마련되고 나서 그 잎사귀가 가장 무성했던 바로 그 시기에 좋은 열매를 맺지 못할 때마다, 사람들은 "이제 우리는 열매를 기대한다"고 말했습니다. 하지만 열매를 맺기가 불가능하다고 생각되었을 때, 그 제도는 사라지고 말았습니다. 바로 그런 경우를 주님께서 말씀하신 것이었고, 그 운명의 시간이 도래했던 것입니다. 그분의 입에서 나온 한 마디 말씀으로, 이 무화과나무가 얼마나 빨리 시들어 버렸는지 모릅니다! 모든 섭리는 그분의 말씀으로 가득 차 있습니다. 섭리를 찾기 위해 역사를 읽는 사람은 이런 실례들을 찾기 위해 두 쪽 이상 넘길 필요가 없습니다. 그는 여기저기서 하나님의 손길을 보게 될 것이며, 또다시 여기저기서 그 손길을 보게 될 것입니다. 한동안 악이 성행해도, 이내 곧 모두 사라져 버리고 맙니다. 그분의 법에 도전하는 모든 체계들도 이와 같습니다. 그 체계의 융성함은 후에 있을 완전한 파멸의 전조(前兆)를 보여줄 뿐입니다. 그 체계는 꽃이 피어 만발하겠지만, 곧 축 처져 시들어 버립니다. 그 번성기에 바로 죽게 되는 것입니다. 그렇게 번창할 때, 잎사귀가 무성하여 생명력이 손에 잡힐 것 같은 바로 그 순간에, 우리는 강력한 그리스도의 음성을 듣게 되고, 그렇게 최고의 전성기를 구가하던 것이 시들어 버린 그 피치 못할 결과를 보면서, 두렵고 놀라움 가운데 서 있습니다.

지금 우리에게 하나님의 능력을 살펴볼 기회가 있을 때, 우리는 이 능력을 언제든 관찰할 준비가 되어 있어야 합니다. 그렇다고 해서 공허한 놀라움이나, "정말 희한한 일이다!"라고 서로 환호성을 지르면서, 이를 두고 쓸데없이 잡담이나 해서는 안 됩니다. 하나님께서 행하신 일들과 관련된 주제는 우리가 찬양할 수밖에 없는 이적인 것이 분명하지만, 그럼에도 불구하고 우리가 그분이 어떠한 분인지, 그분께서 어떤 일을 행하셨는지를 기억할 때, 어떤 의미에서 우리는 이런 것들을 경이롭거나 놀라운 일로 여기지 않을 것입니다. 물론 빈약한 철학은 이 기이한 현상을 그분께서 임재하신 표적들, 그분이 개입하신 증거들, 그분께서 손으로 직접 행하신 흔적 등으로 영원히 간주하겠지만 말입니다. 여러분은 기도의 응답으로 어떤 표적을 받은 선한 여인의 이야기를 알고 있을 것입니다. 그녀가 사람들로부터 "이것은 놀라운 일이지 않습니까?"라는 질문을 받았을 때, 그녀는 다음과 같이 간단히 대답했다고 합니다. "아니요. 전혀 그렇지 않습니다. 그것이 바로 그분에게 어울리는 방식입니다. 그것은 그분께서 행하시는 방식입니다." 이렇게 하나님께서 무화과나무들을 시들게 하실 때나, 그분의 거룩한 섭리 가운데서 자신의 능력을 다른 방식으로 드러내실 때, 그것은 우리가 생각하기에는 놀라운 일이지만, 그분께서 행하시기에는 전혀 놀라운 것이 아닙니다. 그분께서는 활을 꺾고 창을 끊으며 수레를 불사르는(시 46:9) 분이시며, 우리에게 "너희는 가만히 있어 내가 하나님 됨을 알지어다"(시 46:10)라고 명하는 분이십니다. 그분은 이 땅에서 높임을 받을 분이십니다. 이것이 바로 처음부터 그분께서 행하신 방식이었으며, 이 방식은 여전히 앞으로도 계속해서 그분의 방식일 것입니다.

우리는 이러한 능력의 사역들을 보고서, 이 능력은 전적으로 우리 편에 속한 것이라고 느껴야 합니다. 우리가 진정으로 하나님 편이라면, 다시 말해 그분의 은혜로 우리가 그분과 화해하게 되었다면, 그래서 우리가 이제부터 그분의 영광을 드높이기 위해 살아간다면, 그래서 또 우리가 하나님의 지키심과 주 예수님의 보호하심과 돌보심 가운데 있다면, 지진을 일으키는 그 능력이 하늘과 땅을 뒤흔들어놓아도 우리는 결단코 멸망시키지 못할 것입니다. 섭리 가운데 드러난 모든 능력은 우리를 굶어 죽게 하는 것이 아니라, 오히려 우리를 구원하기 위해 발휘됩니다. 우리의 피난처는 바위의 요새가 될 것이며, 우리에게는 빵도 제공되고 물도 확보될 것입니다. 여호와가 이름이신, 그 강력한 하나님께서 자신의 전능하심으로 진격을 명하셨고, 그 백성들에게 승리를 약속하였기에, 그 백성들은 그 날에 서서 승리할 것입니다. 여기까지가 우리가 오늘 저녁에 묵상할 첫 번째 핵심입니다. 하나님의 능력을 살펴보는 것은 우리에게 유익한 일입니다.

2. 그 모든 능력이 필요한 사역이 있습니다.

하나님께서는 이 모든 능력이 필요한 일에 자기 백성을 부르셨습니다. 우리 주 예수 그리스도께서는 이 사실을 우리에게 실제적으로 말씀하셨습니다. "내가 진실로 너희에게 이르노니 누구든지 이 산더러 들리어 바다에 던져지라 하며 그 말하는 것이 이루어질 줄 믿고 마음에 의심하지 아니하면 그대로 되리라. 그러므로 내가 너희에게 말하노니 무엇이든지 기도하고 구하는 것은 받은 줄로 믿으라 그리하면 너희에게 그대로 되리라"(막 11:23-24). 그리스도인이 된다는 것 자체가 이미 하나의 기적입니다. 그리스도인은 여러 기적들이 함께 어우러진 기적의 다발입니다. 그리스도인이 천국에 이르렀을 때, 그는 기적 중의 기적이 될 것입니다. 그가 천국에 이르기까지의 이야기들은 모든 천국을 흥분의 도가니로 만들 것이며, 구원의 상속자인 그 사람에게 행하신 하나님의 사역도 그만큼 놀라운 일로 여겨질 것입니다. 한 사람이 십자가의 군사가 되는 것, 즉 어린 양을 따르는 사람이 되는 것은 결코 작은 일이 아닙니다. 자, 사랑하는 성도 여러분, 이 밤에 주 예수 그리스도께서 성령님을 통해 여러분 가운데 누구라도 그분에게 나아오라고 부르신다면, 아마 여러분은 즉시 마음에 크게 근심할 것입니다. 제 귀에는 여러분이 다음과 같이 하는 말들이 들리는 듯합니다. "내가 그분께 나아가 그분을 신뢰한다 해도, 어떻게 내가 구원을 받을 수 있겠는가? 내 길 앞에 놓인 어려움들이 뻔히 보이는데 말이다. 내 눈 앞에는 과거에 내가 지은 죄가 산더미처럼 쌓여 있다. 그런데 어떻게 내가 그리스도께 나아갈 수 있는가? 내 허물의 산이 너무 높아서 틀림없이 그분은 나를 보지 못하실 것이다." 사랑하는 성도 여러분, 하나님을 믿으십시오. 그러면 하나님의 능력으로 그 산은 옮겨질 것입니다. 그렇습니다. 그리스도께서 그분의 귀한 죽으심으로 그 산을 옮겨 주셨습니다. 그래도 불쌍한 한 영혼은 이렇게 말합니다. "맞습니다. 그래도 저는 산더미 같은 절망감을 느낍니다. 제게는 소망이 없습니다. 제 생각에 저는 그 은혜로는 감당할 수 없을 만큼 죄를 지은 것 같아요"라고 말합니다. 하나님을 믿으십시오. 그러면 여러분은 이 산더미 같은 의심과 절망이 모두 사라지는 것을 보게 될 것입니다. 여러분이 지은 죄는 마치 구름처럼 흩어져 버리고, 짙은 구름 같은 여러분의 허물도 남김없이 사라져 버려서, 여러분은 그분 안에서 기뻐하게 될 것입니다. 또 어떤 영혼은 "아, 그래도 저는 너무나 냉정하고 정말 마음이 무거워서 거의 죽은 사람과 다를 바 없습니다. 열정적으로 열심히 하려고 해도 잘되지가 않아요. 내 속에 선한 것이라고는 하나도 없는 것 같습니다"라고 말합니다. 이런 상황에서도 여러분을 돕는 그 하나님의 능력을 믿으십시오. 그러면 여러분의 무기력과 우울감은 에너지와 힘을 얻게 될 것이며, 그로 인해 여러분의 냉랭한 마음도 회개의 강에서 녹아 내릴 것입니다. 또 한 사람은 이렇게 말합니다. "오, 제게는 모든 것이 필요합니다. 저는 한다고 해 보지만, 하나님에게서 점점 멀어지고 있습니다. 하나님과 저 사이에는 건널 수 없는 장벽들이 놓여 있습니다." 그렇습니다. 하지만 이렇게 말하는 여러분도 하나님을 믿으십시오. 여러분은 오직 그분의 부성애(父性愛)와 은혜, 그분의 선하심과 신실하심을 믿기만 하면 됩니다. 여러분은 오직 그리스도를 믿고, 예수 그리스도 안에 있는 위대한 아버지의 사랑을 의지하기만 하면 됩니다. 그러면 여러분을 막고 있던 그 산들이 모두 녹아 없어질 것이며, 더 이상 여러분을 방해하지 않는 것을 보게 될 것입니다.

저는 과거에 여러분에게 어떤 일이 일어났는지 잘 알고 있습니다. 여러분의 무화과나무는 뿌리째 시들어 버렸습니다. 그 나무는 얼마나 무성한 잎사귀들로 가득했는지 모릅니다! 여러분은 한때 훌륭한 사람이었습니다. 그런데 만약 여러분이 하나님 앞에서 아무런 열매도 맺지 못했다면, 여러분이 했던 그 상당한 약속들과 그 대단한 결심들은 어떻게 되겠습니까! 여러분이 가졌던 그 멋진 자기 의는 또 어떻게 되겠습니까! 그러나 하나님의 뜻대로 행하는 그 능력이 이미 그것을 뿌리째 시들게 하였습니다. 이제 성령으로 말미암은 복음의 능력과 같은 능력이 여러분과 하나님 사이에 가로막힌 모든 산들을 제거하고, 그 산들을 깊은 바다로 던질 것입니다. 그래서 여러분은 그분으로 인해 기뻐할 것입니다.

하나님께서는 죄인에게 나아오라고 부르십니다. 그분은 죄인이 타고난 능력으로는 도저히 감당하지 못하는 의무와 사명을 주시는데, 그가 이런 것들을 감당하기 위해서는 하나님의 모든 능력으로 덧입는 것이 요구됩니다. 심지어 그리스도께 나와 믿고 회개하라는 명령조차도 그렇게 하도록 돕는 하나님의 능력이 필요합니다. 따라서 하나님의 능력으로 인해 그가 능력을 갖게 되어 믿음에 복종하는 은혜를 받게 되는 것입니다. 그러므로 여러분은 하나님을 믿고, 이런저런 절망들을 경험했다는 이유로 약해지지 마십시오.

그러나 우리가 그리스도 앞에 나간 후에도, 계속해서 하나님과 연합해 있는 것은 결코 쉬운 일이 아닌 것을 깨닫게 됩니다. 하나님을 믿고 구원을 받은 여러분도 종종 다음과 같이 부르짖지 않습니까? "오, 나는 정말 연약하고 죄 많은, 죽을 수밖에 없는 죄인이다! 이런 내가 어떻게 온전해질 수 있겠는가? 내가 상상하는 것까지 따라와 내 마음을 괴롭히는 그 죄를 어떻게 없앨 수 있겠는가? 내 영혼이 이 모든 허물에서 정결해지지 않고서, 어떻게 내가 천국의 그 복락을 알 수 있겠는가?" 완전한 거룩함이 있기 전까지는 완전한 행복 같은 것은 있을 수 없다는 이 사실은 지극히 옳은 말입니다. 그러나 신자라면 믿음으로 이 양자를 갈망합니다. "그러나 먼저 그 길에 나의 무지함이 있습니다"라고 말하는 여러분의 소리가 제 귓가에 들립니다. 하나님을 믿으십시오. 그러면 여러분은 그분으로부터 가르침을 받게 될 것입니다. 그로 인해 어둠의 산도 사라지게 될 것입니다. "오, 그런데 그 길에 나의 오래된 부패한 모습이 나타나서, 나와 은혜의 모든 진보 사이를 가로막고 있습니다"라고 말하는 사람이 있습니다. 그런 자들도 하나님을 믿으십시오. 그러면 그분께서 여러분의 육신에서 돌 같은 마음을 제하여 주실 것이며, 믿음을 통해 덕과 생명으로 여러분을 충만하게 하실 것입니다. "오, 그래도 유혹과 시련이 날마다 있는데, 제가 어떻게 그것을 대적할 수 있습니까?"라고 말하는 사람이 있습니다. 여러분 혼자서는 그것들을 대적할 수 없습니다. 이것들은 여러분이 감당하기에는 너무나 힘든 것들입니다. 오직 하나님만 믿으십시오. 그러면 그 유혹과 시험이 아무리 맹렬하다 해도, 여러분은 능히 저항하게 될 것입니다. 하나님의 능력이 여러분을 붙잡고 있기 때문입니다. 군대 귀신이 한꺼번에 여러분을 시험한다 해도, 여러분이 하나님을 믿기만 한다면, 그 마귀들은 모두 쫓겨 도망칠 것입니다. 여러분은 그 시험을 넉넉히 참아낼 충분한 은혜를 받게 될 것입니다.

"아, 그래도 당신은 저의 시련을 알지 못합니다"라고 또 다른 사람이 말합니다. 사랑하는 성도 여러분, 그렇지 않습니다. 여러분도 제가 받는 시련을 알지 못합니다. 하지만 여러분과 제가 함께 알고 있는 사실이 있습니다. 그것은 바로 그 시련의 무게를 달아 보고 계신 분이 바로 하나님이라는 사실입니다. 이 모든 시련들은 그 마지막 무게까지 측량되고 있습니다. 그분께서는 우리를 강하게 하는 법을 알고 계셔서 우리가 그 시련들을 감당할 수 있게 하십니다. 우리는 시련의 산들을 향해 "내게서 떠나라"고 말할 수 있으며, 진정 이것야말로 열매 없는 무화과나무를 향해 "뿌리째 말라 버려라"라고 우리가 명하는 것과 같습니다. 일어나라, 버러지 같은 너 야곱아(사 41:14). 네가 산들을 쳐서 부스러기를 만들 것이며 작은 산들을 겨 같이 만들 것이라. 네가 그들을 까부른즉 바람이 그들을 날리겠고 회오리바람이 그들을 흩어 버릴 것이로다(사 41:15-16). 여러분은 오직 영원한 능력과 하나님의 능력만을 신뢰하십시오. 그러면 이 땅과 하늘 가운데서 여러분을 두렵게 하는 것은 아무것도 없을 것입니다. 하나님께서 우리와 함께 하지 않으신다면, 우리는 지푸라기에도 걸려 넘어질 것입니다. 하지만 하나님께서 우리와 함께 하신다면, 누가 감히 우리를 대적할 수 있겠습니까? 우리의 생명이 매우 나이가 들기까지 오래 이어져서 뼈마디마다 욱신거리고 몸에 아프지 않은 곳이 하나도 없다 해도, 심지어는 그런 육신의 고통뿐 아니라 가난 속에서 진절머리 나는 침상에 수년씩 누워 있다 해도, 하나님을 믿는 믿음을 가진 자는 그 침상에서 크게 찬송하고 주님을 찬양할 것입니다. 왜냐하면 하나님의 능력이 그 속에 있기 때문입니다. 여러분은 군사로 부르심을 받았습니다. 여러분이 부르심을 받은 것은 사람의 주목을 받기 위한 군대 행렬을 위한 것도 아니고, 여러분의 군복이나 멋진 깃털 장식을 과시하기 위한 것도 아닙니다. 여러분은 전투를 위해 부르심을 받았습니다. 여러분이 다스리고 싶다면 반드시 싸워야 합니다. 착각하지 마십시오. 여러분은 기적을 행하도록 부르심을 받았습니다. 교훈적인 기적들, 영적인 기적들을 행하도록 말입니다. 여러분은 이 땅과 하늘 사이에서 위대한 이적들을 행하도록 부르심을 받았습니다. 사랑하는 성도 여러분, 여러분은 여러분의 소명이 무엇인지 알고 있습니다. 그리고 여러분이 이 소명을 제대로 알기만 한다면, 다른 도움이 아니라 바로 거룩한 하나님의 능력이 그 소명을 이행하도록 여러분을 도우실 것이라는 사실도 여러분은 알게 될 것입니다.

그리고 이것이 우리 자신의 영적 생활에 적용된다면, 우리는 다른 영혼들도 그리스도에게 인도하려고 노력하게 될 것이라 확신합니다. 한 영혼을 그리스도에게 인도하는 사람의 경우, 그것은 그 사람이 천재이거나, 혹은 피조물이 사용할 수 있는 어떤 기술 때문에 그런 결과가 나오는 것이 아닙니다. 하나님께서는 그 사람을, 죄인을 어둠에서 빛으로 돌아서게 하는 수단이 되게 하셨습니다. 그러한 하나님의 능력은 그 어떤 것과도 비교될 수 없습니다. 만약 하나님께서 미친 듯이 죄를 짓던 죄인이 더 이상 죄를 짓지 않게 되는 일을 제게 허락해 주시기만 한다면, 어떤 사람이 말 한 마디로 나이아가라 폭포를 멈추게 할 수 있다고 해도, 저는 그 사람의 능력을 부러워하지 않을 것입니다. 어떤 한 피조물이 베수비오 산의 불길을 손가락 하나로 끌 수 있다고 해도, 내가 신성모독을 하는 자를 중단하게 하고 그에게 기도하는 법을 가르쳐 주는 수단이 되기만 한다면, 내가 그렇게 불을 끄는 능력을 가지지 못한 것에 대해 절대로 아쉬워하지 않을 것입니다. 이런 영적인 능력이야말로 사람이 상상할 수 있는 능력 가운데 가장 큰 능력이며, 사람들이 가장 바라는 능력일 것입니다. 우리 모두가 유용한 사람이 되기를 바란다 해도, 이러한 거룩한 능력을 가지지 못한다면 우리는 결코 성공하지 못할 것입니다. 왜냐하면 전능한 그 영적인 도움 없이는 우리는 절대로 영적인 결과를 얻을 수 없기 때문입니다. 여러분은 하나님의 도움이 없이도, 설교문을 읽거나 설교를 할 수 있고, 주일학교 반에서 어린 아이들이 성경 읽는 소리를 들을 수도 있습니다. 그러나 하나님의 도움 없이는 이러한 것들로부터 아무런 결과도 나오지 않을 것입니다. 영혼들을 진정으로 예수 그리스도에게 인도하는 살아 있는 설교와 살아 있는 교육이 되기 위해서는, 그 사역들이 처음부터 끝까지 전적으로 성령의 능력으로 행해져야만 합니다. 사랑하는 성도 여러분, 이제야 여러분은 여러분의 부르심을 제대로 알 수 있을 것입니다. 무화과나무에게 말하자 그 나무가 시들어 버리는 그러한 능력을 여러분도 가져야만 합니다. 그렇습니다. 산에게 "뿌리째 뽑힐지어다"라고 말할 정도로 충분한 능력을 여러분은 가져야만 합니다. 이러한 능력을 가져야만 여러분의 사역을 제대로 충분히 감당할 수 있을 것이기 때문입니다.

이 문제를 좀 더 넓은 범위에서 잠시 살펴보겠습니다. 우리 모두는 구세주의 나라를 만들고 확장하기 위해 부르심을 받았습니다. 또한 우리는 그리스도인들로서 교회의 발전과 하나님의 진리가 앞서 나가는 일에 크게 관심이 있는 자들입니다. 이런 악한 시대를 살면서, 큰 슬픔을 느끼지 않고 이 시대의 징조를 살필 수 있는 자는 우리 가운데 한 사람도 없으리라 저는 확신합니다. 이렇게 다소 우울한 전망을 하는 것이, 제가 몇 년 전보다 좀 더 나이가 들어서 그런 게 아니기를 바랍니다. 그렇게 보는 제 두 눈이 잘못된 게 아닙니다. 우상들이 예전보다 더욱더 미쳐 날뛰는 것을 제가 실제로 보고 있기 때문입니다. 구체적으로 말하자면, 예식주의(ritualism)라는 달콤한 무화과나무가 놀라울 정도로 그 가지를 뻗고 있습니다. 그리고 회의주의라는 아주 그럴듯한 무화과나무도 그리스도 교회의 신앙 고백에 상당 부분 영향을 미치고 있습니다. 좋습니다. 그렇다면 지금 어떤 일이 일어나야 하겠습니까? 오늘 본문이 우리에게 말하는 바로 이것 외에는 달리 할 일이 없습니다. "하나님을 믿으라"는 것입니다. 우리가 하나님을 믿을 때, 우리도 틀림없이 신뢰할 수 있고 권위 있게 말하게 될 것입니다. 우리는 우리의 믿음을 우리가 가진 증거로 보여주어야만 합니다. 믿음의 입술에서 나온 하나님의 말씀은 우레처럼 울리고, 번개처럼 번쩍이며, 전기처럼 힘 있게 내려칩니다. 하지만 옛날이나 지금이나 잎사귀만 무성한 열매 없는 무화과나무의 결과는 항상 반복됩니다. 그 나무는 시들어 말라 버릴 뿐입니다. 여러분은 독일 회의주의 사상사에 관한 책을 알고 있을 것입니다. 그런 책을 읽는 것은 쓸데없는 수고이며, 영혼을 피곤하게 하는 일입니다. 제가 이 말을 하는 것은 그 책을 사서 읽어보라고 추천하는 것이 아닙니다. 그래도 제가 이미 언급한 그 철학사 책을 힘들게 읽어 봤다면, 제 생각에 여러분에게는 틀림없이 불길한 생각들이 떠올랐을 것이며, 독일을 그 환상적인 그림자로 뒤덮으며 사람들로 하여금 모든 것을 새로운 빛에서 신선한 색채로 보도록 인도했던 그 상황을 여러분은 경험했을 것입니다. 이 회의주의 사조들은 그 새로운 구름 영역(그림자 — 역주) 아래 있는 시인과 수필가와 비평가들에게 영감을 받았다고 하는 신뢰를 줍니다. 그래서 그 그림자(영향력 — 역주) 아래 있는 모든 사람들은 결코 틀릴 리가 없다는 듯이 호평을 받습니다. 그러나 인간의 지혜가 군림하는 것은 얼마나 위험한 일이지 모릅니다! 앞으로 25년 내에 여러분은 회의주의가 득세하던 당시의 모든 책들을 폐지 정도의 금액으로 구입할 수 있을 것입니다. 왜냐하면 새로운 철학이 그 사이에 대두되고, 새로운 체계가 앞선 낡은 체계를 대체할 것이기 때문입니다. 학자들은 황홀한 무아지경에서 "유레카!"라고 소리치면서, 자신들의 환호에 반향을 보이지 않는 모든 자들을 경멸하며 비웃습니다. 조금만 기다려 보십시오. 그러면 또 다른 것이 그들에게 새로운 관심사가 되어 그들은 그것에 이목을 집중할 것입니다. 또 다른 덧없는 반딧불이가 어둠 속에서 깜빡이는 것처럼 말입니다. 저는 "하룻밤에 났다가 하룻밤에 말라 버린"(욘 4:10) 박넝쿨에 관한 이야기를 읽어 본 적이 있습니다. 하지만 레바논의 백향목은 서서히 자라 오래도록 지속됩니다. "이 무화과나무가 얼마나 급속히 시들어 버렸는지 모릅니다!" 이렇게 해서 저는 제가 읽은 다양한 체계들, 즉 사람들이 철학이나 형이상학이라고 부르는 허튼 체계들에 대해 하나하나 생각해 보았습니다. "이 무화과나무가 얼마나 급속히 시들어 버렸는지 모릅니다!"

자, 보십시오. 지금 여기에 참석한 젊은 세대들도 살아가는 방식을 보면, 여러분은 시대의 사상가들(사실 그들이 자신을 그렇게 부르는 것이지요), 즉 시간을 헛되이 보내는 자들(우리는 이들을 이렇게 부르는 게 더 나을 것입니다)이 피난처로 추구한 각기 다른 방면에서 대두된 불신앙의 다양한 체계들을 이 나라 영국에서 받아들이고 있다는 것을 알았을 것입니다. 화석이 되어 오래된 뼈를 놀랍게 발견하는 바람에, 한때 우리는 모두 오류를 범하기도 하였습니다. 지질학이 우리를 흥분하게 했던 것입니다. 그 후에는 다른 과학이 전면에 부각되었습니다. 우리는 우리를 놀라게 하는 수많은 위협들을 보면서 지금까지 살아 왔습니다. 무화과나무들이 아무런 열매도 없이 방대한 양의 잎사귀와 함께 자라났던 것입니다. 이런 것들을 되돌아보면서 우리는 다음과 같이 말할 수 있습니다. "이 무화과나무가 얼마나 급속히 사라져 버렸는지 모릅니다." 그러므로 지금 이 순간에도 진리인 척하는 것들에 대해서, 그것이 무엇이든 간에, 우리는 하나님을 확신하면서 잠시 기다릴 뿐입니다. 그러면 이 열매 없는 무화과나무들도 시들어 버리는 것을 보게 될 것입니다. 그렇습니다. 더욱더 지속될 것처럼 보이는 이 세상의 체계들이 마치 알프스 산맥처럼 거대하게, 그 기초가 지옥에까지 깊이 뿌리박혀 있다 해도, 우리는 믿음을 충분히 발휘하고 하나님을 향해 아주 크게 부르짖으며, 아주 담대하게 전능하신 그분께 우리 자신을 내맡기고서, 영원한 복음을 말한다면, 그 영원한 복음이 전해질 때, 우리는 이 산과 같은 체계들이 뿌리째 뽑혀 바다 한가운데 던져지는 것을 보게 될 것입니다. 이것이 핵심입니다. 우리는 이를 위해 거룩한 능력을 가져야만 합니다.

3. 거룩한 하나님의 능력과 우리의 사역 간에는 연관성이 있습니다.

또한 우리 구세주께서는 거룩한 하나님의 능력과 우리 사역 사이의 연관성을 우리에게 보여주셨습니다. 우리가 이 거룩한 능력을 어떻게 얻을 수 있겠습니까? 하나님께서는 모든 것을 행하실 수 있다는 것을 우리는 믿고 있습니다. 우리는 위대한 그분의 능력이 어떤 것인지를 이미 보았습니다. 우리가 그 능력으로 어떻게 무장할 수 있겠습니까? 여기에 그 답이 있습니다. "하나님을 믿으라"(Have faith in God — KJV). 이것은 믿음으로 가능합니다. 다시 말해, 신뢰, 의지, 신앙으로 가능합니다. 하나님 안에 있어야만 하는 것입니다. 우리의 믿음이 일부는 하나님을 믿고, 또 다른 일부는 어떤 다른 것을 믿는 믿음이어서는 안 됩니다. 오직 하나님만을 믿어야 합니다. 그래서 이 말씀을 원문에 나오는 말 그대로 읽으면, "하나님께 속한 믿음을 가져라"(Have faith of God)가 됩니다. 즉, 하나님으로 말미암아 우리 안에 역사하고, 하나님으로 말미암아 유지되는 믿음입니다. 이런 믿음이야말로 우리가 가질 만한 가치가 있는 유일한 믿음입니다.

하나님을 믿는 믿음을 가지십시오. "오, 그런데 그건 너무 간단한 일이에요"라고 어떤 사람은 말합니다. 정말 그렇습니다. 자기 아버지를 신뢰하는 것은 어린 아이들의 본능입니다. 그런데 하늘에 있는 우리 아버지를 신뢰하는 것은 이 세상에서 정말 보기 드문 은혜입니다. "인자가 올 때에 세상에서 믿음을 보겠느냐?"(눅 18:8)는 말씀대로 말입니다. 누구나 찾을 수 있는 믿음이었다면, 그분께서도 찾으셨을 것입니다. 그분은 그런 믿음이 어디 있는지를 알고 계십니다. 왜냐하면 그분은 믿음의 주인이고, 믿음을 주는 분이며, 믿음을 양육하는 분이시기 때문입니다. 그러나 그렇게 양육되는 믿음이 너무나 드물기 때문에, 만약 그분께서 그런 믿음을 찾으셨다 해도, 그분은 많은 들판에서도 그렇게 자라나고 있는 믿음을 찾지 못했을 것이며, 많은 마음들에서도 그렇게 번성하고 있는 믿음을 찾지 못했을 것입니다. 자, 우리 가운데 어떤 자들이 그분을 믿었고, 그로 인해 오늘날 이 악한 세상에서 구원을 받는 일이 일어났습니다. 그러나 우리는 하나님을 믿는 이 작은 믿음과 관련하여 친히 그분이 간섭하신 역사의 결과로 그분 안에 있게 되었다는 사실에 스스로 충격을 받았을 뿐, 우리의 마음은 우리가 날마다 겪는 일상의 시험들로 인해 무겁기만 합니다. 그분께서는 우리에게 의롭다 함을 받는 믿음을 주셨습니다. 그러나 우리의 믿음은 여전히 연약한 믿음입니다. 연약한 믿음 때문에 우리는 그분 앞에서 스스로 초라해집니다. 하나님을 의심하지 마십시오! 하나님을 의심한다는 이런 말들이 얼마나 끔찍하고 어리석은 말로 들리는지 모릅니다. 그리고 사실 하나님을 의심하는 것 자체가 불가능해 보이기도 합니다. 어떤 경험 있는 그리스도인들이 보더라도, 예수님의 제자가 하나님을 의심한다는 것은 첫눈에 보기에도 정말 말이 안 되는 것 같습니다.

사랑하는 성도 여러분, 여러분은 그분의 특별한 섭리로 평생토록 밥을 먹고 양육을 받았습니다. 그리고 여러분의 삶은 정말 특별한 것이어서, 여러분이 지금까지 그분으로부터 받은 은혜를 모두 글로 기록했다면, 사람들은 그 글들을 한 편의 소설로 보았을 것입니다. 여러분은 지금까지 그분께서 자신의 팔을 걷어 부치고 여러분을 여러 번 안아 주신 것을 보아 왔습니다. "지금도 여전히 내 생명은 새로운 이적들을 보고 있다"라고 말할 수밖에 없는 사람이 바로 여러분입니다. 그런 여러분이 그분을 의심할 수 있습니까? 어떻게 그런 일이 가능합니까? 아아, 너무 슬픈 일입니다! 바로 이렇게 하나님을 의심하는 것이 많은 하나님의 자녀들이 울부짖는 죄악이고, 서글픈 일이며 잘못이지 않습니까? 그래서 우리 주님께서는 다음과 같이 말씀하십니다. 하나님께 속한 믿음뿐만 아니라, "그것을 가져라. 그 믿음을 가져라. 하나님을 믿는 믿음을 가져라. 네 손이 닿는 곳에서 그 믿음을 가져라. 네 주변에서 그 믿음을 가져라. 그 믿음을 가지고 날마다 사용하여라. 너는 그 믿음을 가지고 다녀라"고 말입니다. 여러분 가운데 어떤 이들은 어딘가에서 좋은 닻을 구했습니다. 그러나 여러분이 그 닻을 집에 놔두었을 때 폭풍우가 몰아쳤습니다. 여러분은 어디든 믿음을 가지고 다녀야 합니다. 그런데 여러분은 믿음이 필요한 바로 그 시점에 믿음을 발휘하지 않는 것 같습니다. "하나님을 믿으라." 하나님께서는 그분을 얼마나 믿어야 할지 여러분에게 말해 주지 않으셨습니다. 믿음에 어떤 한계를 지울 필요가 없습니다. 하나님을 믿는 믿음을 여러분은 제한하지 마십시오. 날마다 하나님을 믿으십시오. 하나님을 지속적으로 영원히 풍성히 믿으십시오. "하나님을 믿으라." 이것이 바로 우리의 연약함과 거룩한 하나님의 능력 간의 연관성입니다. 이 거룩한 능력으로 우리는 강해집니다.

앞으로 일어날지 모르는 모든 위험과 모든 계획들에 대비해서 여러분은 하나님을 믿으십시오. 여러분은 무화과나무가 어떻게 말라 시들었는지를 보았습니다. 무화과나무에 대해서도 여러분은 믿음을 가지십시오. 여러분은 실제로 보았습니다. 자, 이제 여러분은 산에 대해서도 믿음을 가지십시오. 하나님의 능력은 무화과나무에만 국한된다고 생각하지 마십시오. 아주 큰 것이나 아주 작은 것에 대해서도 여러분은 믿음을 가지십시오. 특별히 지금 이 순간 여러분을 괴롭히는 것들에 대해서는 더욱더 믿음을 가지십시오. 지금 여러분의 마음을 초조하게 하고 여러분의 평안을 깨는 그 어떤 특별한 것을 제외한 모든 것에 대해 하나님을 믿을 수 있다고 여긴다면, 여러분은 자신이 가진 믿음의 능력을 분명히 잘못 판단하고 있는 것입니다. 여러분은 여러분의 믿음의 분량을 그 믿음이 지금 여러분이 시험받고 있는 문제에 얼마나 영향력을 행사하는지에 따라 측량해야 합니다.

오, 사랑하는 자매 여러분, 집에 있는 아픈 어린 젖먹이에 대해서 하나님을 믿으십시오. 여러분의 마음은 슬프겠지만, 주님께서는 이 일에 있어서도 반드시 그 뜻대로 행하실 것입니다. 오히려 그분께서는 여러분을 강하게 하시어, 여러분이 이 일을 감당할 수 있도록 하실 것입니다. 또한 여러분을 정말 속 타게 하는 자잘한 가정 문제에 대해서도 여러분은 믿음을 가지십시오. 여러분은 지금까지 이 문제를 놓고서 기도해 왔습니다. 그러니 이제 여러분의 문제를 하나님께 맡기고, 그분께서 여러분의 요구를 들어주실 것이라는 믿음을 가지십시오. "오, 그래도 나의 영혼 가장 깊은 곳에서 나를 괴롭히는 문제가 있습니다. 그 누구에게도 말하고 싶지 않은 그런 문제가 있어요"라고 말하는 사람이 있을 것입니다. 그 문제에 대해서도 여러분은 믿음을 가지십시오. 그리고 그 문제를 여러분의 주님에게 아뢰십시오. 이리저리 두루 다니면서 괜히 다른 사람에게 말을 꺼냄으로 화를 자초하지 말고, 그 문제에 대해서 믿음을 가지십시오.

"아, 그런데 저는 직장에서 해고되었습니다. 그래서 지금 심히 쪼들리는 상황 속에 있습니다"라고 저기 불쌍하게 보이는 한 사람이 말하고 있습니다. 사랑하는 형제 여러분, 여러분은 참된 신자입니까? 그렇다면 그 일에 대해서 지금 당장 믿음을 가지십시오. 이렇게 말하는 저에 대해 여러분은 "정말 목사님이 우리가 받고 있는 실제적인 시험이 어떤 것인지 알고나 그런 말씀을 하는 걸까?"라고 말할 것이라는 사실을 저는 알고 있습니다. 물론 저는 여러분이 당하는 시험을 다 알지 못합니다. 하지만 여러분도 제가 당하는 고난들에 대해서 알지 못하고 있습니다! 만약 여러분이 제게 제가 당하는 어려움들에 대해 하나님을 믿으라고 말한다면, 저는 여러분의 그런 권면의 말씀을 고맙게 여길 것입니다. 왜냐하면 하나님을 믿는 것이야말로 제가 그 문제를 해결할 수 있는 유일한 방법이기 때문입니다. 사랑하는 성도 여러분, 여러분이 처한 진퇴양난(進退兩難)의 상황에서 벗어날 수 있는 유일한 길이 바로 하나님을 믿는 것입니다. 지금 이 자리에 있는 많은 이들이 얼마나 많은 문제들을 갖고 있겠습니까! 그 문제들을 하나씩 내놓는다면, 엄청나게 높은 산더미를 이룰 것입니다. 그러나 살아 계신 하나님을 신뢰한다면, 그 산더미 같은 문제들이 모두 다 사라질 것입니다! 어떻게 이런 일이 일어납니까? 여러분이 그 짐들을 하나님께 내맡기기만 하면, 그 짐들은 모두 없어집니다. 주 성령님께서 우리 각자를 도우셔서, 현재 당면한 어려움들이 무화과나무가 되었든 아니면 산이 되었든 간에 상관없이 하나님을 믿게 하시기를 기원합니다. 여러분 가운데 누가 하나님을 신뢰하지 않는 자인지, 그리고 누가 너무나 궁핍하여 이 세상에서 혹심한 시련을 겪고 있으면서도 내세에서조차 소망을 갖지 못하는 사람인지 저는 알지 못합니다. 아, 불쌍한 영혼들이여, 하나님께서 여러분에게 긍휼을 베풀어 주시기를 기원합니다. 제가 보기에 여러분 가운데 어떤 이들은 지금 이 땅에서 불과 물을 지나면서도, 장래 천국에 대한 소망도 없고, 내세에 대한 소망도 없는 것 같습니다. 오, 정말 그러한지 살펴보십시오. 하나님께서 은혜를 베푸셔서 여러분이 그리스도를 믿는 믿음을 갖도록 하실 때, 여러분과 하나님 사이에는 그 어떤 산도 없을 것이며, 여러분이 이 땅을 떠나게 될 때, 그분이 계신 곳에서 여러분은 그분과 함께 있게 될 것입니다.

4. 거룩한 하나님의 능력과 우리 자신 사이에는 연관성이 있습니다.

이제 저는 저의 네 번째 대지와 함께 설교를 마치려고 합니다. 이번 대지에서 제가 전하고 싶은 것은 거룩한 하나님의 능력과 우리 자신 사이의 연관성입니다. 아주 간단한 예를 들어 보겠습니다. 여러분은 구름 속에 전기가 있다는 것을 안 프랭클린이 어떻게 했는지를 기억할 것입니다. 그는 번개 치는 날 연을 날려서 그 번개의 마찰전기를 땅으로 끌어내렸습니다. 지금도 마찬가지입니다. 영원한 하나님의 능력이 저기 하늘 위에 있습니다. 그러니 저는 제 믿음으로 저 구름들 속으로 올라가 그 거룩한 능력을 끌어내려야만 합니다. 제게 충분한 믿음이 있다면, 저는 무한한 능력을 가질 수 있습니다. "너희 믿음대로 되라"(마 9:29)는 말씀대로 말입니다. 만약 여러분이 연약하다면, 그것은 여러분의 믿음이 여러분과 영원한 능력을 매개하는 좋은 피뢰침이 아니기 때문입니다. 만약 여러분이 훌륭한 믿음을 가지고 있다면, 그것으로 여러분이 얼마나 강한지를 판단할 수 있지 않겠습니까? 어떤 사람의 믿음이 기회 있을 때마다 커진다면, 그 사람이 과연 어떤 일을 성취할지 전혀 알 수 없습니다. 삼손의 경우를 보면, 하나님을 확신한 사람에게 육체적 힘이 임하는 것을 우리는 보게 됩니다. 비록 삼손은 거의 모든 면에서 허물이 있었지만 그래도 그는 모든 사람들이 하나님을 확신하지 않는 가운데서도 하나님에 대한 확신이 있었습니다. 삼손을 대적해 소리지르는 수천 명의 블레셋 사람이 있었지만, 주의 성령이 그 큰 어린 아이인 삼손에게 강하게 임하였을 때, 블레셋 사람들의 이런 행동이 그에게 도대체 무슨 문제가 되었습니까? 그는 "나귀의 턱뼈로 한 더미, 두 더미를 쌓았음이여 나귀의 턱뼈로 내가 천 명을 죽였도다"(삿 15:16)라고 말했습니다. 오, 은혜로운 믿음이여! 그러므로 우리도 다음과 같이 느껴야 합니다. "저는 아무것도 아닙니다. 저는 있으나마나한 사람입니다. 그러나 하나님께서 저와 함께 하시니, 저는 계속해서 담대하게 흔들리지 않고 나아갑니다." 온 세상이 사방팔방으로 무장한다 해도, 하나님께서 우리와 함께 하신다면 전혀 문제가 되지 않습니다. 소수파와 함께 한다 해도, 그 가운데 하나님이 계신다면, 우리는 곧 다수파가 됩니다. 왜냐하면 하나님은 모든 것이 되시며, 이 땅에 있는 모든 사람들은 그분 앞에서 아무것도 아니기 때문입니다.

주님께서는 우리의 이 믿음을 어떻게 사용해야 할지에 대한 몇 가지 암시를 주셨습니다. 첫째, 우리는 여전히 남아 있는 모든 의심을 제거하는 일에 이 믿음을 사용해야 합니다. "누구든지 이 산더러 들리어 바다에 던져지라 하며 그 말하는 것이 이루어질 줄 믿고 마음에 의심하지 아니하면 그대로 되리라"(막 11:23). 하나님은 의심이 충만한 자가 하는 말에 축복해 주지 않으실 것입니다. 여러 의심들을 제거하십시오. 오늘날 19세기 전반의 복음은 "의심"입니다. 오늘날의 복음은 "의심하라. 그러면 너는 구원받게 되리니"라고 말하지 않습니다. 왜냐하면 현대의 복음은 즉각적으로 구원받아야 할 필요성을 느끼지 못하기 때문입니다. 수많은 거짓 숭배의 처소에서 선포되는 그 복음은 다음과 같이 말합니다. "의심하라. 의심하라. 거의 소멸해가는 청교도들처럼, 즉 성경의 영감을 믿고 옛 방식을 고수하는 그들처럼 너희는 되지 마라. 교리들을 폭발시켜라. 인간들이여, 의심하라." 그들은 오래지 않아 자신에게 상당한 상처가 나도록 의심할 것입니다. 그들 가운데 몇몇은 그들의 예배당이 텅 비게 될 때까지 의심할 것입니다. 그런 상황이 되면 자연스럽게 그들은 그 백성들이 떠나가도록 겁을 줄 것입니다. 왜냐하면 의심은 무시무시한 유령이기 때문입니다.

　　그러나 사랑하는 성도 여러분, 여러분과 저는 이와 같은 의심의 복음을 아주 강력하게 반대해야 합니다. 우리는 이렇게 우물쭈물하는 모든 의심을 찾아내야 하고, 찾은 그 의심을 끌어내서 제거해야 합니다. 단 하나의 의심이라도! 어떤 사람이 믿음에 대해 의심하게 될 때, 그 의심이 작은 것이라 해도, 그것이 그를 마비시키고 맙니다. 단 하나의 의심이라도! 단 하나의 작은 의심이라 해도 그것은 마치 여행자의 구두에 채인 작은 돌부리와 같아서, 그 돌부리로 여행자는 다리를 절룩거리게 됩니다. 그 돌부리는 아주 작은 것입니다. 하지만 일주일이 걸리더라도 그것을 뽑아내는 것이 그것과 함께 지내는 것보다는 훨씬 유익할 것입니다. 사랑하는 성도 여러분, 여러분 속에 있는 의심을 제거하십시오. 그렇게 하지 않으면 여러분이 참된 믿음을 가질 때까지 천국을 향한 그 여정이 결코 순탄하지 않을 것이기 때문입니다. 그러므로 주 안에서 강한 사람이 되십시오. 마르틴 루터(Martin Luther)가 보름스(Worms) 제국 의회에 나아갈 때, 그의 마음이 여러 의심들로 동요되었을 것이라고 착각하지 마십시오! 그의 목숨이 걸린 질문에 대답할 때, 그는 믿음으로 의롭게 된다는 이신칭의(以信稱義)에 대해서 조금도 의심하지 않고 확신했습니다! 여러 의심으로 동요되어서는 세상 권력자들에게 맞서 하나님의 이름으로 자기 목숨을 걸고 나아갈 수 없습니다. 의심은 사람을 망하게 하기 마련입니다. 우리는 이 불신의 영을 내쫓아 버립시다. 주님께서 우리를 도우셔서 우리가 이렇게 행하게 하시고, 우리의 믿음이 충만하게 되기를 기원합니다.

　　구세주께서 우리에게 주신 둘째 암시는 기도를 많이 하라는 것입니다. 왜냐하면 하나님을 향한 믿음이 발휘되는 것이 바로 기도를 통해서 나오기 때문입니다. "무엇이든지 기도하고 구하는 것은 받은 줄로 믿으라. 그리하면 너희에게 그대로 되리라"(막 11:24)는 말씀대로, 단순하게 주님을 신뢰하는 제자들이 많은 기도, 다시 말해 믿음에서 우러나오는 많은 기도를 드릴 수 있습니다. 왜냐하면 믿음의 울부짖음은 위대하신 아버지의 마음을 감동시키는 참된 기도이기 때문입니다. 이 기도로 아버지께서는 자기 자녀들에게 그들이 바라는 것을 즉시 주십니다.

　　셋째로 또 다른 암시가 있습니다. 즉, 우리가 드리는 기도의 응답을 효과적으로 방해하는 것이 우리에게서 제거되었는지를 우리는 반드시 살펴봐야 합니다. "내가 나의 마음에 죄악을 품었더라면 주께서 듣지 아니하시리라"(시 66:18)고 성경은 말씀하기 때문입니다. 여러분이 하나님의 능력을 덧입기 원한다면, 여러분의 마음에 있는 모든 악한 것들을 제거해야 합니다. 여러분은 여러분의 형제를 용서해야 합니다. 모든 이기적인 것과 무자비한 것들이 여러분 마음에서 뿌리째 뽑혀야 합니다. 그러지 않는다면, 주님께서는 능력을 가진 여러분을 신뢰할 수 없을 것입니다. 만약 여러분이 인정사정없는 기질에다가 흉악한 능력까지 가지고 있다면, 여러분은 잎도 나지 않은 무화과나무를 저주할 뿐만 아니라, 여러분이 원하는 것과는 정반대인 것은 마구잡이로 아무것이나 저주할 것입니다. 여러분이 그리스도의 마음에 참여하지 못했으면서도 온갖 능력을 다 가진 체한다면, 그것은 여러분에게 불행한 일일 뿐만 아니라 완전히 비참한 일이기도 할 것입니다. 무한히 순결하고 비길 데 없이 자애로우신 그분의 마음을 여러분이 갖지 않는다면, 그 능력은 여러분이 신뢰하는 가장 위험한 것이 될 것입니다. 주님께서는 자기 자녀들이 그분의 뜻을 알고 그 뜻을 행하고자 노력하는 그 분량만큼 그들의 능력을 믿으실 것입니다. 그들이 완전히 그분을 닮게 될 때, 그들이 연약할 때 뿌린 바로 그 기도가 능력으로 자라나게 될 것입니다. 그러나 죄악은 끔찍하리 만큼 사람을 쇠약하게 만듭니다. 죄악은 사람을 연약하게 하고, 사람의 능력을 고갈시켜서, 사람을 완전히 부복(俯伏)하게 합니다. 그 뜻 안에서 어느 정도 허용된 죄라 해도 말입니다. 만일 그 얻은 능력으로 우리 자신의 쾌락과 유익과 명예를 위해 사용할 수 있다고 생각한다면, 그 능력은 우리에게 임하지 않을 것입니다. 능력은 그런 용도로 주어질 수 없습니다. 무엇보다도 여러분의 마음속에 있는 이기심의 산이 바다로 던져지기 전에는, 여러분은 결코 산을 그 있던 곳에서 움직이게 할 수 없을 것입니다. 오, 주님이시여, 당신의 그릇들을 깨끗이 하시고 그 후에 그 그릇들을 채워 주소서. 녹슨 도구들을 정결하게 하시고 그 이후에 그 도구들을 사용하옵소서. 지금 이 자리에 우리가 당신 앞에 있나이다. 당신의 이름이 영광을 받으소서. 당신께서 우리를 구원하셨나이다. 지금 우리가 당신의 뜻과 당신의 나라에 적합한 일꾼이 되게 하옵소서. 불쌍하고 가치 없는 우리들이지만, 당신께서는 우리를 명예롭게 하시고, 우리도 영원토록 당신께 영광을 돌리겠나이다. 아멘.

제
23
장

—

마지막 사자(使者)의 간청

—

"이제 한 사람이 남았으니 곧 그가 사랑하는 아들이라 최후
로 이를 보내며 이르되 내 아들은 존대하리라 하였더니 그
농부들이 서로 말하되 이는 상속자니 자 죽이자 그러면 그
유산이 우리 것이 되리라 하고 이에 잡아 죽여 포도원 밖에
내던졌느니라 포도원 주인이 어떻게 하겠느냐 와서 그 농부
들을 진멸하고 포도원을 다른 사람들에게 주리라."

— 막 12:6-9

사랑하는 성도 여러분, 여러분은 하나님께서 이스라엘 민족을 어떻게 대하
셨는지, 그리고 이스라엘 민족이 하나님을 어떻게 대했는지 그 이야기들을 알고
있을 것입니다. 하나님께서는 그 민족의 조상들, 즉 아브라함과 이삭과 야곱을
택하셨습니다. 그분은 그들을 자신에게 성별된 한 민족으로 만드셨습니다. 그래
서 그들을 쇠의 멍에에서 벗어나도록 애굽에서 이끌어내셨고, 그들이 홍해를 건
너도록 인도하셨습니다. 그분은 광야에서 40년 동안 그들을 먹이셨으며, 마치
사람이 자기 아들을 교육하는 것 같이, 그들을 이리저리 데리고 다니면서 가르
치셨습니다. 그러다가 정한 때가 되어 그분께서는 그들을 젖과 꿀이 흐르는 땅
으로 인도하셨습니다. 하나의 민족이 된 그들이 특별한 섭리를 누리도록, 즉 온
화하고 충만한 사랑 가운데서 변함없는 번영을 누리도록 그분께서는 그들을 인
도하셨습니다. "각 사람이 자기 포도나무 아래와 자기 무화과나무 아래에 앉을

것이라 그들을 두렵게 할 자가 없으리니"(미 4:4). 그분이 그들에게 요구한 것은 단 한 가지였습니다. 즉, 그분이 그들의 하나님이 되고, 그들은 그분이 계신 곳에서 어떤 우상도 만들지 말며, 그분의 율법에 순종하는 것이었습니다. 아, 안타깝게도, 처음부터 그들은 함께 거주하던 다른 민족들을 본받기 시작했습니다. 그들이 광야에 있을 때는 애굽 신상들을 세웠고, 가나안에서는 타락하여 다른 민족들의 더러운 우상들을 좇았습니다. 그들은 추잡한 의식으로 더러운 이방신들을 숭배하기도 하였으며, 자기 자녀들을 몰록의 불 사이로 지나가게 했을 뿐 아니라, 지극히 높으신 그분을 격노케 하는 끔찍한 일들도 행했습니다. 이 모든 것에도 불구하고, 그분께서는 오래 참으시며 그들에게 선지자들을 한 사람 한 사람 보내셨습니다. 그러나 이 선지자들이 그들의 죄를 책망할 때마다 그들은 이 선지자들을 부당하게 대우했습니다. 이 선지자들은 조롱과 핍박을 받고 심지어 칼로 죽임까지 당했습니다. 그럼에도 불구하고 하나님께서는 그 크신 인내로 그들에게 더욱더 많은 사자(使者)들을 보내셨습니다. 그 사자들 가운데는 이사야와 에스겔 같이 아주 말을 잘하는 자들도 있었고, 예레미야처럼 눈물이 많은 자들도 있었으며, 다니엘처럼 위엄으로 옷 입은 자들도 있었습니다. 사자들은 백성들이 자신의 말을 듣든 안 듣든 상관없이 그들에게 경고의 말씀을 전하면서, 쉬지 않고 그들에게 간청하였습니다. 하지만 이런 일을 한, 많은 하나님의 종들을 기다리고 있었던 것은 백성들의 잔인한 대우였습니다. 그들은 돌로 맞기도 하였고, 톱으로 켜져 죽기도 하였습니다.

이스라엘 민족은 포도원의 세를 받기 위해 위대한 집 주인께서 보낸 종들을 배척하였습니다. 그들은 하나님의 요구를 저버렸으며, 그분에 대한 신의를 경멸과 조롱으로 내버렸습니다. 그러다가 마침내 이 민족은 포로 신세가 되어, 종국에는 그 택한 땅에 오직 남은 자들만이 머무르게 되었습니다. 예전에는 신부의 패물로 장식하고(렘 2:32 참조), 보좌에 앉아 있던 유다도 이제는 쓰레기 더미 위에서 울고 있었습니다. 에서의 후손인 이두매 사람인 헤롯 시대가 도래하자, 그 원수가 다윗의 궁에서 다스렸습니다. 로마의 멍에는 그 백성들에게 무거웠습니다. 그들의 죄악이 자초한 비극이었습니다. 그래도 긍휼이 무한한 하나님께서는 그들에게 한 번 더 기회를 주셨습니다. 그분은 하나뿐인 자기 아들, 자신의 사랑을 받던 그 아들을 이스라엘 민족에게 보내셨습니다. 입에서는 긍휼이 떨어지고 눈에서는 사랑이 흘러넘치는 그분께서 그들에게 오셨습니다. 그분께서는 "오,

너도 오늘 평화에 관한 일을 알았더라면 좋을 뻔하였거니와!"(눅 19:42)라고 말씀하시며 구원 받지 못할 그 성을 보고 우셨습니다. 그러나 그분의 경고와 눈물은 맹인인 그 백성들에게 아무 소용이 없었습니다. 선지자들을 배척했던 그들이 주님까지도 배척하였던 것입니다. 이 종들의 운명은 "그 상속자"에게서도 반복되었습니다. 그들은 "자, 죽이자"라고 말했습니다. 그들은 그분을 십자가에 매달아 죽게 했습니다. 여러분도 모두 이런 이야기를 알고 있을 것입니다. 이것은 하나님의 편에서 보면 무한한 긍휼이 충만한 이야기이고, 인간의 편에서 보자면 끝없는 죄악이 충만한 이야기입니다. 제가 보기에 하나님께서는 오래 참으심이 과하셨던 것 같고, 인간은 지극히 높으신 그분을 방자하게 대적한 것이 과하였던 것 같습니다. 죄악은 하나님의 아들을 죽이는 데서 절정에 이르렀습니다. 왜냐하면 "그를 십자가에 못 박게 하소서! 그를 십자가에 못 박게 하소서!"(막 15:13)라고 그들의 외치는 소리가 들렸을 때, 그 끔찍한 죄악의 모습이 최고 절정에 이르렀기 때문입니다. 그렇습니다. 그들이 영광의 주님을 십자가에 못 박았던 것입니다.

　　이런 이야기가 우리와 무슨 상관이 있습니까? 저는 오늘 아침에 오늘날과는 전혀 상관없는 옛날 역사의 한 토막을 그저 반복해서 설교하려는 것이 아닙니다. 저는 우리 주님의 죽음에 많은 관심이 있는 것이 아닙니다. 제 관심사는 가능하다면 살아 있는 사람들의 양심이 복되신 만물의 상속자에게, 즉 죽은 자들 가운데서 다시 살아나신 그분에게 인도되어, 그들 가운데 몇 명이라도 그분의 죽음에 동참하게 되는 것입니다. 저는 그분께서 친히 심으신 그 포도원의 열매들을 위대한 집 주인에게 가지고 가고 싶습니다. 그리고 저는 그분의 종들과 그분의 아들에게까지 입힌 사악한 상해들을 떠올리면서, 그것으로 많은 자들을 감동시켜 그들이 그분에 대해 부드러운 마음을 갖게 하고 싶습니다. 이 시간 성령 하나님께서 이 회중들을 고요히 감동시키셔서, 제가 오늘 본문의 구절을 사용할 때, 이 본문을 가장 엄격한 방식으로 적용하는 것이 아니라, 제가 확신하기에 성령 하나님께서 인정하신다고 생각하는 방식으로 적용하기를 원합니다! 하나님께서 구세주의 이 말씀을 오늘날 사용하셔서, 우리가 이 날에 모두 회개하게 되기를 기원합니다!

　　사실은, 우리가 거룩한 하나님의 은혜로 변화되지 않았다면, 우리 모두는 위대하신 하나님께 마땅히 해드려야 할 섬김을 거절했다고 볼 수 있습니다. 그분은 이 땅에 있는 우리에게 이 생명을 주셨습니다. 마치 포도원처럼 이 생명을 우리가 경작하도록 주셨습니다. 그러나 많은 사람들은 그 포도원을 오로지 자기들만을 위해서 경작했습니다. 다시 말해 자기들을 만드신 하나님을 위해서가 아니라, 자기 자신이나 가족이나 친구들을 위해서 경작했던 것입니다. "그들의 모든 생각에는 하나님이 없나이다"(시 10:4 KJV, "그의 모든 사상에 하나님이 없다 하나이다"[개역개정])라는 말씀대로 말입니다. 자, 보십시오. 하나님께서는 아주 많은 사신들을 보내셨습니다. 우리가 살고 있는 오늘날에는 이런 선지자들이 없습니다. 그러나 우리에게는 하나님의 말씀이 있고, 하나님에게 영감을 받은 사신들이 기록한 증언의 말씀들이 있으며, 이 말씀들이 사실상 선지자들처럼 우리에게 말하고 있습니다. 우리에게도 모세와 선지자들이 있는 것이며, 그들이 지금까지도 우리에게 말씀하고 있는 것입니다. 이 외에도 우리 주변에는 하나님의 사람들이 있고, 하나님을 위해서 우리에게 애원하는 거룩한 여인들이 있습니다. 그들은 애정 어린 마음으로 우리에게 권면의 말을 해주었고, 우리로 하여금 지난날의 반역을 회개하고, 즉시 우리 자신을 하나님께 내맡기도록 종용했습니다. 위대한 집 주인이신 그분에게 합당한 행동을 하도록 설득하는 많은 음성들이 우리 주변에서 그리고 우리 안에서 들려왔습니다. 그러나 이런 많은 권면에도 불구하고 실제로 그 권면이 받아들여진 경우는 거의 없었습니다. 맨 마지막으로 하나님께서는 우리 각 사람에게 자신의 아들을 보내셨습니다. 그 아들의 인성을 보면, 그분은 사랑의 하나님이 요구하는 바들을 더 크게 강조하여 애정을 갖고 반복할 수 있는 분이셨습니다. 지금도 그 성육하신 지혜는 우리에게 "내 아들아 네 마음을 내게 주며"(잠 23:26)라고 소리치고 있습니다. 예수님께서는 우리에게 경고의 말씀도 하십니다. "너희도 만일 회개하지 아니하면 다 이와 같이 망하리라"(눅 13:3)고 말입니다. 또한 그분은 우리 앞에 화해의 길을 내시고, 그분을 믿고 생명을 얻으라고 명하기도 하십니다. 주옥 같은 많은 비유로, 그분은 멀리 떠난 탕자를 집으로 돌아오게 해서 용서하는 사랑의 품에 안으려고도 하셨습니다. 하나님의 아들이 인간의 형태로, 즉 우리와 함께 하신다는 뜻의 임마누엘로 오신 그 사실이, 바로 화해를 위한 그 사랑이신 주님의 큰 간청인 것입니다. 이런 강력한 주장에 누가 감히 반발할 수 있겠습니까? 하나님께서 인간의 양심을 대상으로 한 그분의 마지막이자 가장 강력한 호소가 바로 예수 그리스도의 인성 안에 있습니다. 하나님이신 그리스도로 말미암아 그분은 오늘 아침에 사실상 다음과 같이 말씀하고 계십니다. "너희는 돌이킬지어다. 너희는 돌이킬지어다. 오, 이스라엘 족속아 너희가 어찌하여 죽고자 하느냐?"(겔 18:31). 많은 이들이 진심으로 다음과 같은 대답을 할 수 있기를 저는 하나님께 간구합니다. "오라 우리가 여호와께로 돌아가자 여호와께서 우리를 찢으셨으나 도로 낫게 하실 것이요"(호 6:1). 오, 위대한 성령님이시여! 이런 일들이 실제로 일어나게 하옵소서.

　　이 아침에 저는 세 가지를 전하고자 합니다. 첫 번째는, 놀라운 사명입니다. "이제 한 사람이 남았으니 곧 그가 사랑하는 아들이라 최후로 이를 보내며 이르되 내 아들은 존대하리라"는 것입니다. 두 번째는, 충격적인 범죄입니다. "이에 잡아 죽여 포도원 밖에 내던졌느니라"고 합니다. 그리고 마지막으로 세 번째는, 응분의 형벌입니다. 이에 대해서는 본문이 다음과 같이 말하고 있습니다. "포도원 주인이 어떻게 하겠느냐 와서 그 농부들을 진멸하고 포도원을 다른 사람들에게 주리라." 그렇게 비열한 행동을 한 자들에게 어떤 보복이 충분하겠습니까?

1. 놀라운 사명

　　이제 첫 번째로 우리는 잠시 놀라운 사명에 대해 살펴보겠습니다. "이제 한 사람이 남았으니 곧 그가 사랑하는 아들이라 최후로 이를 보내며 이르되 내 아들은 존대하리라." 우리와 아버지 하나님의 화해를 위해 우리에게 보냄을 받은 하나님의 아들에 대해 다음의 사실을 기억하기 바랍니다. 즉, 그분은 사람들이 하나님의 거룩한 사랑을 많이 거부한 후에, 그 뒤를 이어 오셨다는 사실입니다. 이스라엘 민족과 관련해서도 그분은 여러 선지자들 이후에 오셨습니다. 우리와 관련해서도 그분은 많은 다른 사람들이 오고 난 이후에 오셨습니다. 우리 가운데는 하나님으로부터 경고와 훈계의 말씀을 듣지 않은 자들이 없을 것이라 생각합니다. 우리 중 몇몇 사람들은 하나님께서 일찍부터 관계를 시작하셔서, 사무엘처럼 우리가 아직 어린 아이였을 때, 우리를 부르셨습니다. 그분은 우리의 청년 시절 내내 우리를 반복해서 부르셨습니다. 우리 가운데 어떤 이들은 죄를 지을 정도로 그렇게 비열하지 않았습니다. 우리의 옷소매를 잡아당기며 우리의 잘못된 행동을 경고해 주는 그 어떤 것이 있었기에, 우리는 어긋난 길로 가지 않을 수 있었습니다. 우리는 신실한 남자 성도들과 사랑이 많은 여자 성도들의 매우 진지한 간구로 하나님의 부르심을 받았습니다. 그들이 우리에게 많은 말들을 해주어, 우리의 돌 같은 마음이 변화될 수 있었습니다. 그런데도 우리는 한동안 마음이 혼들리는 바람에, 하나님 앞에서 완고한 원수가 되어, 그분의 요구에 정직하지도 않고, 이 세상에 신경을 쓰면서, 장차 다가오는 세상을 잊은 채 살아갔습니다. 결국, 이 모든 거부로 인해 하나님께서 긍휼의 상자를 닫고 보응의 호리병을 열어 그것을 우리에게 쏟아 부으신다 해도, 누가 감히 그분을 비난할 수 있겠습니까? 하지만 그렇게 하는 대신, 그분은 오래 참으시는 긍휼을 베풀며 그분의 아들을 통해 우리에게 조용히 말씀하십니다. 세상이 그로 말미암아 있게 된 예수 그리스도께서 친히 은혜 언약의 사신이 되어 이 땅에 내려오신다고 말입니다. 우리가 위대한 아버지를 대적한 범죄들, 그분에게 돌아가지 않고 우리 멋대로 행한 일들, 위대한 하나님을 반대하여 자초한 엄청난 위험들을, 그분은 온화하게 우리가 기억할 수 있도록 하십니다. 우리의 구세주가 계신다는 것 자체가 우리의 죄악과 멸망과 우리의 유일한 피난처에 대한 경고의 말씀이 됩니다. 우리가 하나님의 요구를 그렇게 자주 거부한 것이 사실이라면, 이런 끔찍한 게임을 한 것은 과거의 지나간 시간으로 우리에게 충분하지 않겠습니까? 우리는 이미 충분히 우리의 영혼을 가지고 무익하게 장난을 치지 않았습니까? 오, 주님이시여, 인간들은 얼마나 더 이런 바보 같은 행동들을, 죽을 수밖에 없는 자기 영혼을 위험에 빠뜨리면서까지 하게 될까요? 오, 그들이 마침내 지혜에 굴복하지 않겠습니까? 예수님께서는 복음을 전파하면서 친히 우리에게 간청하십니다. 그래도 우리는 우리의 악한 행실을 여전히 계속하기로 작정합니까? 어떤 부드럽고 너그러운 마음이 우리에게 느껴지지 않습니까? 어떤 "세미한 소리"(왕상 19:12)가 우리로 하여금 일어나 우리 아버지 집으로 가도록 권면하지 않습니까? 많이 대항하다가 결국 우리는 은혜로우신 하나님 앞에 굴복하지 않겠습니까?

　　예수 그리스도께서 하나님 아버지의 사신으로 오늘날 우리에게 오실 때, 그분은 개인적인 **목적으로** 전혀 오지 않으신다는 사실을 기억하기 바랍니다. 집 주인이 사신들을 보냈을 때는 집주인의 세를 받아내기 위해 보냈습니다. 상속자가 왔을 때도 동일한 목적이었습니다. 그런 일이 인간사에서는 분명할지 몰라도, 하나님의 일에서는 다소 명확하지 않을 수도 있습니다. 예수님께서 우리에게 간청하실 때, 그분도 우리의 사랑과 순종으로 하나님께 보답하기를 권면하시기는 합니다. 그래도 하나님께서는 마치 집주인이 집세를 요구하는 것처럼 그렇게 인간의 보답을 요구하시지 않습니다. 여러분이 그분을 섬기느냐 마느냐에 따라 무한한 여호와 하나님이 어떻게 되기라도 하겠습니까? 여러분이 하나님을 대적한다고 해서, 그분께서 영광을 덜 받기라도 하겠습니까? 또한 여러분이 주님께 순종하지 않는다고 해서, 그분의 한없는 기쁨이 줄어들기라도 하겠습니까? 여러분이 그분을 대적해 반항하기로 선택했다고 해서, 그분의 면류관이 조금 덜 반짝이거나 그분의 천국이 조금 덜 눈부시겠습니까? 지푸라기가 불과 실랑이를 벌인들, 그 불이 지푸라기로 인해 꺼지겠습니까? 하루살이가 저기 있는 용광로와 싸워봤자, 그 결과가 어떻게 될지 여러분은 알고 있지 않습니까! 여러분이 하나님께 복종하기를 하나님이 원하시는 것도 바로 여러분 자신을 위해서입니다. 이것이 어떻게 그분을 위한 일이겠습니까? 만약 하나님께서 배가 고프시다 해도, 그분은 여러분에게 말씀할 필요가 없습니다. 왜냐하면 수천 개의 언덕 위에 있는 소들이 모두 그분의 것이기 때문입니다. 그분은 "자신의 말과 자신의 동의로" 온 세상을 티끌이 되도록 부서뜨릴 수 있습니다. 그런데도 여러분은 그분이 여러분에게서 무언가를 얻으려고 한다고 생각합니까? 얻거나 잃을 수 있는 사람은 오직 여러분뿐입니다. 그러므로 여러분이 회개하도록 예수님께서 기도하실 때, 여러분은 그분의 사심 없는 그 마음을 믿으십시오. 그분께서 여러분에게 경고의 말씀을 하는 것은 여러분의 행복을 위한 크신 사랑의 표현일 뿐입니다. 여러분은 이 사실을 믿으십시오. 여호와께서 이것을 어떻게 표현하셨는지 들어보십시오. "나의 삶을 두고 맹세하노니 나는 악인이 죽는 것을 기뻐하지 아니하고 악인이 그의 길에서 돌이켜 떠나 사는 것을 기뻐하노라"(겔 33:11). 앞서 온 사신들이 많은 거절을 받고 난 후에 오신 그 사자, 오직 우리를 향한 사랑으로 오신 그 사신, 우리는 마땅히 그분을 존중하며 그분에게 관심을 가져야만 합니다.

　잠시 그분이 누구이신지를 살펴보겠습니다. 그분은 자기 아버지로부터 크게 사랑을 받은 분이시며 그분 자신도 뛰어난 탁월함을 지닌 분이십니다. 주 예수 그리스도는 우리가 상상할 수 없을 정도로 영광스러운 분이십니다. 그래서 저는 그분의 영광을 묘사하려는 그 어떤 시도 앞에서도 두렵고 떨릴 뿐입니다. 틀림없이 그분은 참 하나님에게서 나신 참 하나님(very God of very God, 니케아-콘스탄티노플 신조 ― 역주)이시며, 아버지와 함께 동등하시며, 아버지와 함께 영원한 분이십니다. 그럼에도 그분은 황송하게도 친히 인간의 형체를 가지셨습니다. 그분은 우리와 같이 연약한 아기로 태어나셨습니다. 그분은 목수가 되어 우리와 같이 고생하며 사셨습니다. 그분은 의자를 만드는 일과 톱질을 그만둔 후에 백성들을 가르치고 치유하는 일을 하셨습니다. 그러면서 여전히 더욱더 심한 고생을 하셨습니다. 그분은 아버지의 복된 뜻을 전하는 비천하게 고통 받는 선생이셨습니다. 그분은 스스로 종의 형체를 가졌지만, 그 안에는 신성의 모든 충만이 육체로 거하셨습니다(골 2:9). 그분은 이 땅 모든 왕들 가운데 황제였지만, 그럼에도 수건을 가져다가 제자들의 발을 씻겨 주셨습니다. 이분이 바로 여러분에게 간청하는 바로 그분이십니다. 정말 위엄이 있고, 정말 인정이 많고, 정말 위대한데도, 그분은 정말 선하십니다. 그래도 여러분은 그분을 거부하겠습니까? 만약 제가 여러분에게 간청한다면, 저는 그저 여러분과 똑같은 사람일 뿐입니다. 여러분의 육신과 같은 육신을 가지고 있는 사람이니까요. 하지만 예수님께서 여러분에게 말씀하신다면, 제가 여러분에게 부탁하건대, 그분의 인성에서 나오는 사랑뿐만 아니라 그분의 신성에서 나오는 영광으로 여러분에게 부탁하건대, 절대로 그분을 거부하지 마십시오. 그분의 신성 때문에 여러분이 감히 여러분의 마음을 완악하게 할 필요는 없습니다. 그분은 하나님께서 사랑하는 아들이십니다. 그러므로 만약 여러분이 지혜가 있다면, 그분은 여러분의 하나님이 되실 것입니다. 여러분은 모든 천사들도 경배하는 그분에게서 등을 돌리지 마십시오. 명심하십시오. 하나님께서 그렇게 사랑하시는 그분을 여러분이 거부하지 않도록 하십시오. 왜냐하면 하나님께서는 예수님에 대한 거부를 자신에 대한 모욕으로 여기시기 때문입니다. 하나님의 기름 부으심 받은 자를 경멸하는 자는 하나님 자신을 모독하는 자입니다. 여러분이 하나님의 아들을 무시할 때, 여러분은 하나님 그분의 눈을 손가락으로 찌르는 것입니다. 여러분이 그리스도를 슬프게 하는 일은 바로 하나님의 마음을 격노하게 하는 일입니다. 그러므로 여러분은 그런 행동을 하지 마십시오. 하나님께서 자기 아들에게 품으신 그 사랑으로 이제 저는 여러분에게 간청합니다. 여러분을 권하여 설득하는 이 비할 데 없는 긍휼의 사자가 하시는 말씀에 여러분은 귀 기울이기 바랍니다.

그분은 매우 영광스러워서 감히 함부로 묘사할 수 없다고 저는 이미 말했습니다. 따라서 제가 말할 수 있는 것은 그분의 은혜도 그분의 영광만큼이나 분명하다는 사실밖에 없습니다. 지금까지 그와 같은 분은 없었습니다. 그리스도께서 인간을 사랑하신 것처럼 그렇게 인간을 사랑하는 자는 우리 가운데 아무도 없습니다. 세상에 있는 온유한 마음을 지닌 모든 자들의 사랑을 다 더한다 해도, 예수님의 불쌍히 여기는 마음에 비하면 바다에 물 한 방울 떨어지는 것에 불과합니다. 그분께서 예전부터 누리신 기쁨은 인간과 관련된 기쁨이었습니다. 물론 그분은 천사들 가운데서도 충분히 기뻐하실 수 있지만, 그럼에도 불구하고 그분은 천사들과의 교제를 중단하고, 이 열등한 족속을 교제의 대상으로 택하셨습니다. 그렇습니다. 그분은 우리의 본성과 결혼하셔서, 우리 뼈 중의 뼈요, 우리 살 중의 살이 되셨습니다. 그분의 신부로 부르신 그 택함 받은 성도에 대한 그분의 사랑 때문이었습니다. 그분은 수치와 침 뱉음을 당하면서도 얼굴을 가리지 않았고, 피 흘리는 중에도 몸을 사리지 않았으며, 죽음의 고통 속에서도 자기 영혼을 숨기지 않으셨습니다. 오직 그분은 교회를 사랑하셨고, 교회를 위해 자기 자신을 내주셨습니다. 그분은 우리를 위한 하나님의 대변자가 되셔서, 우리가 반역을 중지하도록 우리에게 간청하십니다. 이것이 바로 영혼을 사랑하는 그분의 마음입니다. 그분을 거부하지 마십시오! 만약 그분이 엄하고 사랑이 없는 분이라면, 여러분의 본성에서 나오는 그 모든 완고함을 이해할 수도 있을 것입니다. 그러나 그분의 사랑, 여인의 사랑보다 더한 그분의 사랑은 특별히 다른 대우를 받을 만합니다. 만약 여러분이 그분을 거절한다면, 그분은 눈물로써 여러분에게 대답할 것입니다. 만약 여러분이 그분에게 상처를 입힌다면, 그분은 피 흘려 여러분을 깨끗하게 하실 것입니다. 만약 여러분이 그분을 죽인다면, 그분은 여러분을 구속하기 위해 돌아가실 것입니다. 만약 여러분이 그분을 땅에 장사한다면, 그분은 여러분도 부활할 수 있도록 다시 살아나실 것입니다. 예수님은 분명하게 드러난 사랑이십니다.

> "돌같이 굳은 마음, 누그러워져라, 누그러워져라.
> 이기신 예수의 십자가로 깨어져라!
> 찢기고 상해 유혈이 낭자한
> 그분의 몸을 보아라.
> 죄 많은 영혼이여, 너는 무엇을 하였는가?
> 하나님의 독생자를 십자가에 못 박아 죽였도다!"(찰스 웨슬리)

더욱이 그분의 방식은 모든 사람을 얻는 최고의 방식이었습니다. 제가 하나님께 사람들을 위해 간청하다가, 그 간청을 그만두게 되었을 때, 저는 제 음색이나 어떤 방식에 문제가 있어서 내 간청이 실패한 것이 아닌가 하여 두려웠습니다. 아마도 제게는 제가 바라는 만큼의 부드러움도 없고, 제 목소리에는 충분한 열정도 없는 것 같습니다. 제가 이 사역을 조금 더 잘 감당하기 위해서는 어떤 학교에 가서라도 배워야 할 것 같았습니다. 하나님께서는 저를 종종 고통의 학교에 보내서서 이 부분에서 좀 더 배우게 하셨습니다. 그래도 저는 솔직히 저의 부족함을 깊이 아쉬워하고 있습니다. 그러나 나의 주님인 예수님께서 여러분을 위해 간청하신다면, 그분에게는 이런 아쉬움이 전혀 있을 수 없을 것입니다. 그분의 간청은 확실합니다. 요나가 말씀을 전하였을 때, 그의 음조(音調)는 거칠었고, 그의 마음은 험악하였습니다. 그러나 예수님에게서는 결코 그런 말을 들을 수 없습니다. 예레미야가 눈물로 말씀을 전했을 때도, 그가 사랑으로 전하는 슬픔 속에는 극심한 불평이 깔려 있었습니다. 그러나 예수님에게서는 결코 그런 일이 일어나지 않습니다. "그 사람이 말하는 것처럼 말한 사람은 이때까지 없었나이다"(요 7:46). 설사 그분이 우레 같은 음성으로 말씀하신다 해도, 그 우레 같은 말씀 속에서도 사랑의 음성이 들려옵니다. 그분께서 서기관과 바리새인들을 향해 번개의 섬광과 같은 심판의 말씀을 하실 때도, 긍휼의 물방울이 모든 불꽃 위에 부드럽게 떨어집니다. 그분은 온유하기 때문에 엄한 분이십니다. 그분께서 하신 무서운 말씀들은 비록 그 말씀을 듣는 자들의 마음을 찢어놓는다 해도, 진리를 조금도 숨기지 않는 사랑에서 나온 것입니다. 하나님은 사랑이시며, 그리스도는 사람들 가운데 성육신한 하나님의 사랑입니다. 지금 제 설교를 듣는 사랑하는 성도 여러분, 만약 여러분이 저에 대한 어떤 불만을 갖고 있다면, 여러분이 하고 싶은 대로 저를 비난하십시오. 하지만 내 주님을 비난하는 일만은 더욱더 삼가십시오. 그분은 우리에게 구애하고 우리를 매우 사랑하는 분이십니다. 하나님께서는 사랑하는 아들을 여러분에게 보내 주셨습니다. 저는 여러분에게 간청합니다. 절대로 그분을 거부하지 마십시오. 여러분의 영원한 행복을 위해, 마치 질투하듯 여러분을 사랑하며 간청하시는 그분을, 여러분 중에 한 사람이라도 거절하면 어떡하나 하는 생각으로 제 마음은 두렵고 떨립니다.

다시 한 번 말하지만, 하나님께서 사람들과 변론하기 위해 자기 아들을 보내셨을 때, 그 아들은 우리에게 손해와 손실이 되는 어떤 것을 하도록 우리를 권면하신 것이 아니라, 그분에게 복종하는 것이 우리 자신을 위한 행복이라고 하신 것을 기억하십시오. 그 아들은 우리가 비참한 생활을 한다거나 종국에는 파멸로 인도되는 과정을 시작하도록 하지 않으십니다. 그런 일은 절대로 없습니다. 예수님께서 우리로 하여금 달리게 하는 그 길은 기쁨의 길이며, 우리를 인도하는 그 모든 길은 평안의 길입니다. 그분께서 인도하시면 회개까지도 매력적인 슬픔이 되며, 죄가 주는 기쁨과는 비교도 안 될 만큼 달콤해집니다. 예수 그리스도로 말미암아 회개하여 하나님께로 돌아선 자들은 이러한 기쁨을 발견하게 됩니다. 그들에게 이 기쁨은 이 땅이 마치 천국의 입구가 된 것과 같은 그런 행복입니다. 한 영혼이 집으로 돌아올 때, 그 아버지의 집 안에 있는 기쁨의 종들이 울려 퍼집니다. 위대한 아버지께서 그 기쁨의 선두에 서시고, 집의 모든 권속들이 그분과 더불어 기뻐합니다. 여러분을 권하여 거룩하게 하려는 것은 여러분도 이 기쁨을 맛보게 하려는 것이며, 여러분에게 하나님을 찾도록 권하는 것은 여러분이 최고의 복을 찾게 하려는 것입니다. 여러분에게 반역의 모든 무기들을 내려놓고 지극히 높으신 그분과 화해하도록 권하는 것도 여러분이 따를 수 있는 가장 현명하고 가장 안전하고 가장 최선인 과정을 밟게 하려는 것입니다. 주 하나님께서 하늘에서 여러분을 향해 큰 소리로 말씀하고 계십니다. "이는 내 사랑하는 아들이니 너희는 그의 말을 들으라"(막 9:7). 그분께서 하시는 말씀은 모두 여러분의 구원을 염두에 두신 것입니다. 그러므로 그분의 말씀을 듣는 것이 여러분에게 유익한 일일 것입니다.

　　한 가지 더 기억해야 할 것이 있습니다. 만약 여러분이 하나님께서 사랑하는 그분의 말씀을 듣지 않는다면, 여러분은 여러분의 마지막 소망을 거절한 셈이 된다는 사실입니다. 그분은 하나님의 **최후통첩**이기 때문입니다. 그리스도마저 배척을 받으신다면, 이제 아무것도 남지 않게 될 것입니다. 보냄을 받을 사람이 아무도 없기 때문입니다. 천국 안에 더 이상 보낼 사자가 없습니다. 그리스도께서 거절을 당한다면, 소망도 거절을 당한 것입니다. 사람이 죽었다 다시 살아난다 해도 여러분은 회심하지 못할 것입니다. 왜냐하면 죽은 자 가운데서 다시 살아나신 그 예수님을 여러분이 거부하였기 때문입니다. 제 바람은 지금 이 자리에 아직 회심하지 않은 자들이 다른 복음은 없다는 말씀과, 죄를 대속할 더 이상의 희생은 없다는 사실을 기억했으면 하는 것입니다. 저는 "더 큰 소망"(a larger hope, 하나님의 은혜로 궁극적으로 모든 자가 구원을 받는다는 주장 ― 역주), 즉 복음이 우리에게 제시한 것보다 더 큰 소망에 대해 말하는 것을 들었습니다. 이것은 하나의 우화이며, 성경에서 전혀 보증하지 않는 주장에 불과합니다. 그리스도를 거부하면 여러분은 모든 것을 거부한 것입니다. 즉, 유일한 소망의 그 문을 여러분이 스스로 닫아 버린 것입니다. 믿고 있는 척하는 모든 자들을 더 잘 알고 계시는 그리스도께서 다음과 같이 선포하십니다. "믿지 않는 사람은 정죄를 받으리라"
(막 16:16). 예수님을 믿지 않는 자들에게는 저주만 있을 따름입니다. "다른 이로
써는 구원을 받을 수 없나니 천하 사람 중에 구원을 받을 만한 다른 이름을 우리
에게 주신 일이 없음이라"(행 4:12). 이것은 분명한 사실입니다. 최고로 웅장한
노력이 천국에서 일어났기 때문입니다. 인간이 구원받을 이름을 주시는 것 외에
하나님이 무엇을 더 하실 수 있습니까? 오, 하늘과 땅아! 나는 네게 묻노라. 도대
체 여호와 하나님께서 무엇을 더 하셔야 하느냐? 하나님께서 자기 아들을 죽기
까지 내주시는데도 이 위대한 희생이 거부를 당한다면, 무엇이 더 남아 있겠습
니까? 무한한 지혜가 최선을 다하였고, 무한한 사랑이 그 한계를 넘어섰습니다.
그분을 경멸하는 모든 자들을 위해 준비된 심판을 구경하는 두려운 일만 남아
있을 뿐입니다.

이렇게 놀라운 사명이 여러분 앞에 제시되어 있습니다. 여러분에게 부탁하
기는, 여러분이 자신을 사랑하는 만큼, 우리에게 말씀하시는 그분을 거부하지
말라는 것입니다. "너희는 삼가 말씀하신 이를 거역하지 말라. 땅에서 경고하신
이를 거역한 그들이 피하지 못하였거든 하물며 하늘로부터 경고하신 이를 배반
하는 우리일까보냐?"(히 12:25).

2. 충격적인 범죄

두 번째 대지에서 저는 **충격적인 범죄**를 살펴보고자 합니다. 계속해서 경청
해 주시기 바랍니다. 포도원 주인이 자기가 사랑하는 아들을 보내자, 농부들은
서로 다음과 같이 말하였습니다. "이는 상속자니 자, 죽이자. 그러면 그 유산이
우리 것이 되리라 하고, 이에 잡아 죽여 포도원 밖에 내던졌느니라." 이 말씀을
듣고 어떤 사람은 다음과 같이 말할 것입니다. "아닙니다. 우리는 절대로 하나님
의 아들을 죽이지 않았습니다." 저는 여러분이 이 본문에 나오는 글자 그대로 행했
다고 여러분을 책망하는 게 아닙니다. 제가 그렇게 말했다면, 과장해서 말한 것
에 대해 제 자신이 비난을 받아 마땅합니다. 그러나 사람은 실제로 그렇게 하지
않았다 해도 사실상 그렇게 한 거나 다름없이 행동할 수 있습니다. 만약 살인 사
건이 일어나고 내가 여기에 동의한다면, 그리고 내가 가진 원칙에 비춰 봐도 살
인이 일어나야 하고 그 살인에 대해 어떤 분노도 느끼지 않으며 그저 냉소적인
표정만 짓는다면, 또 만약 내가 거기 있었다면 나도 그렇게 똑같이 살인했을 것

이라고 생각하는 이유가 있다면, 나는 하나님의 목전에서 그 범죄의 공범이 되는 셈입니다. 우리 중에도 그리스도의 피와 그 육신에 저질러진 범죄에 함께 한 자들이 많습니다. 우리가 방금 부른 찬송은 근거 없는 책망이 아닙니다.

> "그렇다. 바로 당신의 죄악이 그 일을 행했으니,
> 그분을 고정시키려 못을 박고,
> 그분의 거룩한 머리에 가시 면류관을 씌우고,
> 그분의 옆구리에 창을 찌르며,
> 그분의 영혼을 희생 제물로 만들었다.
> 이런 죄인들로 인해 그분은 돌아가셨다."(찰스 웨슬리)

　자, 지금 제가 말하려는 바는 이것입니다. 끈질기게 그리스도의 신성을 부인하는 모든 자들은 사실상 그분을 죽이는 자들이라는 것입니다. 하나님의 아들에게 신성이 없다면, 그분은 살아 있지 않은 것이기에, 만물의 상속자인 그리스도에게 신성은 본질적인 것입니다. 그분은 하나님이시기에, 그분의 신성을 부인하는 것은 그분의 심장을 찌르는 것입니다.

　그리스도의 대속을 부인하는 모든 자들도 그분을 살해하는 자들입니다. 왜냐하면 그 희생의 피가 하나님이신 그리스도의 생명이기 때문입니다. 그분이 그리스도가 되시는 바로 그 본질, 그분의 영혼이 예수님이라는 인격을 갖는 것, 바로 이것으로 인해 그분은 속죄 제물로 정해진 것입니다. 십자가가 없다면 그리스도도 없고, 대속이 없다면 십자가도 없습니다. 만약 여러분이 위대한 그 죄의 대속을 부인하고 여러분의 능력만 최대한 강조한 것은 그리스도를 아예 없애버린 것입니다. 여러분이 가진 온 힘을 다해, 여러분은 구세주를 파멸시킨 것입니다.

　여러분 중에 어떤 사람은 "저 그런데, 우리는 그렇게 행동하지 않았어요. 우리는 예수님의 신성이나 희생 제물이 되신 그분을 전혀 반대하지 않았거든요"라고 소리칩니다. 그러나 좀 더 확실히 말해서, 만약 여러분이 그분을 가장 신중하게 생각해야 할 가치가 있는 분으로 판단하지 않는다면, 다시 말해 여러분이 그분의 뜻에 관심이 없고 그분의 복음에 순종하기를 거부한다면, 그렇다면 여러분은 사실상 그분을 제처놓은 것입니다. 여러분에게는 그리스도가 있으나 없으나 매한가지입니다.

> "지나가는 너희 모든 자들아, 너희와는 상관이 없는가?
> 예수님이 죽은 것이 너희와는 상관이 없는가?"(찰스 웨슬리)

여러분은 사실상 "그 일은 우리와 전혀 상관없는 일이에요"라고 대답하였습니다. 여러분은 그리스도를 여러분의 일상적인 일들과 비교해 전혀 아무것도 아닌 것으로 끌어내렸습니다. 따라서 여러분은 사실상 그분을 죽인 것입니다. 여러분의 마음에 있는 작은 세상에서 구세주는 더 이상 살아 계시지 않습니다. 여러분에게서 그분은 죽어서 장사지낸 바 되었으니까요. 그러니 그분께서 여러분에게 간청하신 하나님의 일도 여러분은 전혀 생각하지 않습니다. 여러분은 일주일 내내 사사로운 오락이나 전혀 중요하지도 않은 토론에 빠져 있었습니다. 그리스도께서 다시 세상에 오실 것을 전혀 대단한 것으로 여기지도 않았습니다. 만약 여러분이 그리스도 이외의 다른 것들을 생각하지 않았다면, 여러분은 그렇게 경건하게 묵상하며 살아가는 삶으로 의롭다 함을 얻었을지도 모릅니다. 여러분이 전적으로 생각할 만한 가치가 있는 그분은 아무것도 필요하지 않는 분이십니다. 여러분은 그리스도와 그분의 십자가와 그분의 백성과 그분의 뜻과 전혀 상관이 없는 자들입니다. 제가 이런 말을 하는 것은 과격해서가 아니라 너무 슬퍼서 그러는 것입니다. 바로 여러분이 그리스도를 죽인 자들이며, 여러분이 그 피에 책임이 있습니다. 여러분이 여러분의 구세주를 살인한 것에 대해 저는 여러분을 책망합니다. 저는 이 사실을 고발할 것이며, 이로 인해 여러분은 큰 두려움에 사로잡히리라 확신합니다.

여러분 가운데는 이런 죄를 지은 것이 틀림없는 사람들이 있습니다. 이들에 대해 좀 더 자세히 설명하겠습니다. 여러분은 한때 교회의 일원이었습니다. 여러분은 그리스도의 귀한 보혈과 몸을 기억하는 온 성도들이 모이는 성찬식에 참여하기도 하였습니다. 여러분은 그분의 이름에 영광을 돌렸습니다. 하지만 여러분은 돌아섰습니다. 여러분이 믿음을 부인하고, 어린 양을 따르는 자가 되기를 그만두었던 것입니다. 자, 이들에 대해서는 제가 더 이상 언급할 필요가 없습니다. 영감 받은 성경이 말씀합니다. 여러분이 "하나님의 아들을 다시 십자가에 못 박아 드러내 놓고 욕되게 함이라"(히 6:6)고 말입니다. 여러분이 바로 의도적으로 그분의 귀한 뜻에서 등을 돌리고, 포도원에서 그 상속자를 잡아 죽여 포도원 밖에 내던진 자들입니다. 이에 대해서는 더 이상 의문의 여지가 없습니다. 하나님께서 여러분에게 긍휼을 베푸시기를 기원합니다! 여러분은 그리스도로부터도 긍휼을 얻지 못하고, 여러분 자신에게서도 불쌍히 여김을 받지 못하는 자들입니다.

　　제게는 다음과 같은 강한 사명이 있습니다. 아주 많은 자들이 이 교회에 와서 그리스도의 말씀을 듣고, 그분을 하나님으로 믿으며, 그분에 관한 모든 진리에 동의했으면 하는 것입니다. 그런데 아직도 그분의 권위에 스스로 순복하지 않는 자들이 있습니다. 오, 사랑하는 여러분, 지금까지 여러분은 어떻게 했습니까? 여러분은 그리스도보다 이 세상을 더 좋아하였습니다. 여러분은 강도인 바라바를 택하고 구세주를 정죄하였습니다. 여러분은 예수님의 요구에 대해 "기다려 달라"고 말하였습니다. 여러분의 주님이 무엇 때문에 기다려야 한단 말입니까? 도대체 이게 무슨 말입니까! 창녀 때문에 기다려야 한단 말입니까? 뇌물로 받을 황금 때문에 기다려야 한단 말입니까? 광란의 쾌락 때문에 기다려야 한단 말입니까? 여러분은 다른 문제들을 우선시하기 때문에 그리스도에 관한 위대한 질문을 연기하고 있습니다. 만약 우선시 된 문제들이 특별히 중요한 것이라면, 이를 문제 삼지 않을 것입니다. 하지만 어떤 문제가 하나님의 아들보다 더 중요하다고 여러분은 말할 수 있습니까? 예수 그리스도께서 이루신 그 큰 구원보다 여러분이 사랑하고 생각하고 고려해야 할 우선권을 가진 것이 어떤 것입니까? 만약 여러분이 그 첫 번째 자리에서 주님이신 예수 그리스도를 밀어냈다면, 그분은 더 이상 그 어디에도 계시지 않을 것이며, 그러므로 여러분은 사실상 그분이 그리스도가 되지 못하게 한 것이고, 그분이 흘린 피의 책임을 지게 됩니다. 여러분은 그분으로 말미암아 의롭다 함을 받게 되든지, 아니면 그분으로 말미암아 정죄를 받든지, 양자택일 해야만 합니다. 그 외 세 번째 선택지는 없습니다. 여러분은 그분을 믿든지 아니면 그분을 불신하든지, 양자택일 해야만 합니다. 자, 그분을 믿기를 거부하는 것은 그분을 거짓말쟁이로 만드는 것이며, 그분을 거짓말쟁이로 만드는 것은 사실상 진리의 주님을 죽이는 일입니다. 믿음으로 말미암아 그분의 보혈이 여러분에게 임해 여러분은 정결하게 되어야 합니다. 그러지 않으면, 죄는 여러분에게 계속 남아서, 옛 유대인들의 경우와 마찬가지로, 여러분의 죄가 여러분을 정죄하게 될 것입니다.

이 종들, 즉 포도원 농부들이 감히 그 상속자를 학대할 수 있었던 이유는 무엇입니까? 그 이유는 지금 이 자리에서도 그리스도를 거부하는 자들에게 똑같이 해당됩니다. 먼저 그들은 오랫동안 미루어져 온 형벌을 즐기고 있었습니다. 그래서 그와 같은 행동을 저질렀습니다. 그들은 주님이신 그분에게 반항한 것에 대해 즉시 형벌을 받지 않았습니다. 그들이 그분의 사자를 거부했으나 그분은 전쟁을 일으키지 않으셨습니다. 즉, 그들은 그분이 보낸 사자들을 돌로 치기도 하고 죽이기도 하였지만, 그 주인은 그들을 진멸하기 위해 오지 않았던 것입니다. 처음으로 그들이 사자를 경멸했을 때 그들은 다소 두려웠습니다. 칼을 든 장수가 당장에라도 와서 그들의 입구를 장악하면 어떡하나 하는 생각에 겁이 났습니다. 그러나 그런 공격이 없자, 그들은 담대해졌습니다. 다음 번 사자가 오자 그들은 그를 죽였습니다. 그러고는 거만하게 손을 씻으면서 "아무 일도 일어나지 않겠지"라고 말하였습니다. 결국 그들은 아주 완악해졌습니다. 그들이 어떤 말을 했는지 알 수 없지만, 아마도 그 종들 가운데 어떤 이들은 자기 주인은 자기들이 무슨 짓을 해도 상관하지 않는다거나, 자기 주인은 자기들을 너무나 사랑해서 벌하지 않는다는 식으로 자신의 이론을 선전하였을 것입니다. 그들은 다음과 같이 말했습니다. "봐라! 우리가 전에 사자를 죽였어도, 주인은 우리에게 새로운 사자를 보내기만 하잖아. 설령 우리가 그의 아들을 죽인다 해도, 그분은 그것도 참으실 거야. 그분께서 보응하리라는 생각은 하지도 마. 그분은 사랑이시니, 설령 우리가 그 아들을 죽인다 해도, 그분은 우리를 위해 더 큰 소망을 준비해 놓고 계실 거야." 그러면서 다음과 같은 말도 했을 것 같습니다. "어쨌거나 모험 한 번 해보는 거야. 그분의 은혜가 어느 정도인지 알아볼 수 있잖아. 그의 아들을 죽여서 그에게 한껏 심한 짓을 해보는 거야."

오늘날에도 옛날 사람들이 그랬던 것처럼, 하나님의 오래 참으심을 악용하는 배은망덕(背恩忘德)한 자들이 있습니다. 그들은 다음과 같이 말합니다. "다행인지 몰라도 나는 지금까지 오랫동안 복음을 거부했습니다. 나는 많은 복음의 호소들도 외면했습니다. 하지만 나는 죽지도 않았고, 장님이 되거나 징계를 받은 적도 없습니다. 나는 적어도 당분간은 좀 더 안전하게 지금처럼 지낼 수 있을 것 같습니다. 나는 또다시 그리스도를 거부할 것입니다. 하나님은 은혜로운 분이시니까." 여러분은 다음과 같은 말을 하기도 합니다. "어떤 교사들은 우리에게 하나님은 매우 좋은 분이시기 때문에, 설령 우리가 그의 아들을 죽인다 해도, 그분은 그런 일에 전혀 개의치 않을 것이라고 말합니다. 우리는 그의 아들을 죽일 것이고, 그래서 그분의 대속을 거부하고 그분의 귀한 보혈을 짓밟을 것입니다. 그래도 결국에는 아무 문제도 없을 것입니다. 그리고 우리가 범한 죄악은 그저 일시적인 악으로 드러나게 될 것입니다." 여러분은 이런 생각을 말로 하지는 않습니다. 하지만 여러분은 행동으로 충분히 이런 말을 하고 있습니다. 여러분이 감히 말하지 않아도, 여러분의 마음은 이미 이런 유혹에 넘어가, 여러분의 행동으로 그것을 보여주고 있습니다. 여러분은 지금도 하나님의 아들을 하찮게 여기면서 굉장히 무서운 모험을 하고 있습니다. 여러분에게는 이런 것이 작은 일로 보이겠지만, 저는 생각만 해도 공포에 사로잡힙니다. 오, 사랑하는 여러분, 저는 여러분의 이런 범죄에 결코 함께 하지 않을 것입니다. 이 범죄가 틀림없이 모든 위험 가운데서도 가장 심각한 위험이 될 것이라는 경고의 말을 저는 결코 중단하지 않을 것입니다. 하나님은 정말 은혜로운 분이십니다. 게다가 자기 아들을 보내서서 그 은혜로움을 증명하셨습니다. 그렇다고 해서 하나님이 나약하거나 불의한 것은 아닙니다. 하나님께서 여러분에게 값없이 주시는 그 긍휼을 만약 여러분이 거부한다면, 그분은 자신의 의로 여러분을 대하실 것입니다. 그분은 온 땅의 심판자이십니다. 그러므로 그분은 옳을 수밖에 없습니다. 그분께서 이것을 어떻게 표현하셨는지 기억하십시오. "내가 내 번쩍이는 칼을 갈며 내 손이 정의를 붙들고 내 대적들에게 복수하며 나를 미워하는 자들에게 보응할 것이라"(신 32:41). 하나님은 사랑이라는 것이 참된 말씀인 것처럼, 그분이 거룩하시다는 것도 그만큼 참된 말씀입니다. 용서해 주시는 그분의 능력도 놀랍지만, 그분의 거룩한 곳에서 나오는 것들도 아주 끔찍합니다. "사람이 회개하지 아니하면 그가 그의 칼을 가심이여 그의 활을 이미 당기어 예비하셨도다"(시 7:12). "하나님을 잊어버린 너희여 이제 이를 생각하라 그렇지 아니하면 내가 너희를 찢으리니 건질 자 없으리라"(시 50:22).

　　이제 우리는, 이 농부들이 상속자를 죽이기로 결심하게 된 중요한 이유에 대해 살펴보고자 합니다. 그들은 "그러면 그 유산이 우리 것이 되리라"고 말했습니다. 이것이 바로 인간의 마음속에 있는 헛된 바람입니다. 이것은 다음과 같은 말입니다. "종교 같은 이런 성가신 얘기는 관두자. 우리는 그저 우리 자신을 위해 살아갈 뿐이다. 양심의 가책 없이 우리 자신의 쾌락을 살펴보자. 우리의 삶은 우리 자신의 것이 아닌가? 우리에게서 예수님이 사라진다면, 그분께서 우리에게 항상 원하시는 요구, 즉 우리는 하나님의 피조물로서 마땅히 그분을 위해 살아야 한다는 그 요구를 지킬 필요가 없을 것이다. 이제부터 우리는 하나님을 섬기지 않을 것이다. 우리는 이 포도원 주인에게 세를 내지 않을 것이다. 우리가 우리 자신의 소유주가 될 것이다. 하나님은 우리에게서 아무것도 취하시지 못할 것이다. 주님이 누구기에 우리가 그 음성에 순종해야 한단 말인가? 이 그리스도와 관계된 일만 우리가 없애 버린다면, 우리는 원하는 대로 살아갈 수 있을 것이고, 그 누구도 우리에게 책임을 추궁하지 않을 것이다. 우리 스스로 종교는 참된 것이 아니라고 확신한다면, 종교에서 말하는 점검이나 경고에 전혀 신경 쓸 필요 없이, 우리는 있는 힘을 다해 조금도 미련이 남지 않도록 끝까지 즐길 수 있을 것이다. 짧은 인생 기쁘게 즐기는 것이 우리에게 맞을 것이다. 설령 이런 생각이 하나님과 그리스도와 영생을 팔아먹는 것이라도 해도, 우리는 기꺼이 즐기며 살아갈 것이다."

그렇습니다. 사랑하는 젊은이 여러분, 이것이 바로 여러분의 전형적인 생각이며, 이런 생각은 탕자가 자기 아버지에게 다음과 같이 말한 사실에서도 드러납니다. "아버지여 재산 중에서 내게 돌아올 분깃을 내게 주소서"(눅 15:12). 이런 말을 한 후에 그는 재물을 다 모아 가지고 먼 나라에 가서 "허랑방탕하게" 지냈습니다. 이것이 바로 여러분이 못내 그리워하는 모습입니다. 이처럼 여러분의 어리석음은 도를 크게 넘어서고 있습니다. 젊은 여러분의 얼굴을 들여다보면서 여러분의 마음속에 있는 허탄한 망상들을 읽게 될 때, 저는 너무나 슬퍼집니다. 자기가 원하는 대로 살려고 하는 그것이 얼마나 포악한 일인지 여러분은 잘 모르고 있습니다. 하나님께서 은혜를 베푸셔서 나의 죄된 욕망이 내 삶을 이끄는 대로 살지 않기를 기원합니다! 저는 자유 의지를 가져서 그 의지로 악한 일만 줄곧 행하는 것보다는, 차라리 하나의 기계가 되어 강제로라도 옳은 일만 하는 그런 사람이 되고 싶습니다. 하지만 우리가 꼭 기계가 되어야 할 필요는 없습니다. 하나님의 은혜로 여러분은 악에서 자유로운 것만큼이나 거룩함에서도 자유로울 수 있습니다. 은혜로 여러분은 자기를 섬기는 일에서 자유롭기보다는 하나님을 섬기는 일에서 더욱 자유로울 수 있습니다.

그리스도를 거부하는 모든 밑바탕에는 자아가 있습니다. "이는 상속자니 자죽이자 그러면 그 유산이 우리 것이 되리라"는 말씀대로 말입니다. 아, 지금 제 설교를 듣는 사랑하는 여러분! 그 유산은 결코 여러분의 것이 되지 않을 것입니다. 설령 그 유산이 잠시 여러분의 것이 되더라도, 여러분은 그것을 원하는 대로 마음껏 사용할 수 없을 것입니다. 하나만 기억하십시오. 아주 쉽게 얻은 유산은 즉시 사라지는 법입니다. 여러분은 곧 그리스도의 심판대 앞에 서서, 육체로 있을 때 여러분이 행한 선악간의 일들에 대해 해명해야만 할 것입니다. 그 때 구세주를 죽인 여러분은 도대체 어떻게 되겠습니까? 살면서 구원받지 못하고 죽은 여러분은 그 날에 어떻게 되겠습니까?

3. 응분의 형벌

　　이제 세 번째 대지로 말씀을 맺고자 합니다. 이번 대지는 응분의 형벌에 관한 말씀으로 제게는 너무나 끔찍한 내용입니다. 이런 주제를 생각하면서 제가 놀랐던 것만큼이나, 지금 이 자리에 있는 회심하지 않은 사람들도 이 내용에 적잖이 놀랄 것이라고 생각합니다. 장차 다가올 진노를 생각하면 저는 두렵고 떨립니다. 제가 이런 주제를 전하지 않았으면 정말 좋겠습니다! 하지만 저는 이 주제에 관해 전해야만 합니다. 그러지 않으면 저는 하나님께 반역한 자가 되고, 여러분의 원수가 될 것입니다. 만약 제가 여러분이 받을 죄의 형벌에 대한 말씀으로 여러분에게 경고하지 않아서, 여러분이 멸망하게 된다면, 그 책임은 제가 지게 될 것입니다. 구세주께서는 이에 대해 다음과 같이 말씀하셨습니다. "그러면 포도원 주인이 올 때에 그 농부들을 어떻게 하겠느냐?"(마 21:40). 그분은 그에 상응하는 형벌을 우리의 양심에 남겨 두십니다. 그분은 그렇게 추악하고 대담하며 잔인한 죄악에 충분히 상응하는 운명을 우리의 상상에 맡겨 두십니다. 그들은 주님의 독생자를 죽였습니다. 그런 종들에게 그분께서 어떻게 하시겠습니까?

　　이쯤해서 저는 전하기에 심히 부담스러운 끔찍한 말씀을 꺼내 놓아야 할 것 같습니다. 지금 이 순간에도 저는 이 비유의 말씀이 하나님 교회의 역사에 다시 기록되지 않을까 두려워하는 마음뿐입니다. 하나님께서는 포도원을 세우셨습니다. 그러고는 그분께 합당한 영광을 돌리지 않는 많은 종교 교사들을 그 포도원에 들어가도록 허락하셨습니다. 제가 지금 언급한 이 종교 교사들은 성경에 기록된 복음을 가르치지 않고, 이 시대에 맞게, 즉 이 시기의 과학 지식에 맞게 복음을 바꾸어 가르치는 자들로, 예레미야 선지자가 기록한 책에 나와 있는 자들입니다. "만군의 여호와께서 이와 같이 말씀하시되 너희에게 예언하는 선지자들의 말을 듣지 말라 그들은 너희에게 헛된 것을 가르치나니 그들이 말한 묵시는 자기 마음으로 말미암은 것이요 여호와의 입에서 나온 것이 아니니라. 항상 그들이 나를 멸시하는 자에게 이르기를 너희가 평안하리라 여호와의 말씀이니라 하며 또 자기 마음이 완악한 대로 행하는 모든 사람에게 이르기를 재앙이 너희에게 임하지 아니하리라 하였느니라"(렘 23:16-17). 이들은 하나님의 계시 대신에, 자기 마음속에 있는 생각들을 말합니다. 그래서 다른 복음, 즉 복음이 아닌 것을 만들어 내며, 거기에는 여러분을 괴롭게 하는 것들이 들어 있습니다. 제 걱정은 주님께서 이 농부들을 너무 오래도록 참지 않으실 것이라는 사실입니다. 그분은 "그 마음의 간교한 것을 예언"(렘 23:26)하는 이 선지자들을 더 이상 참지 않으실 것입니다. 그분은 그들에게 영원히 책망하실 것이며, 그분의 진노로 그들을 끊어내실 것입니다. 그분은 이 사악한 자들을 멸하실 것이며, 사람들에게 더욱더 신실하게 대할 다른 농부들에게 자신의 포도원을 주실 것입니다.

이렇게 될 것을 저는 제 영혼으로 느낍니다. 저는 감히 제 자신이 꾸며낸 것을 전하는 설교자로 살지 않겠습니다. 또한 저는 감히 제 자신의 생각이나 다른 사람의 생각을 전하는 설교자로 죽지 않겠습니다. 저는 틀림없이 내 주님의 메시지를 전할 것이며, 그러지 않으면 저주가 임할 것입니다. 이 시대의 영은 자기 자신으로 충분한 교만의 영입니다. 하지만 우리는 그 영을 예수님의 발 아래 꿇어 앉혀야 합니다. 내 주님께서 장차 제게 다음과 같이 말씀하시는 날이 있을 것입니다. "나는 네게 메시지를 주었다. 너는 그것을 전하였느냐? 나는 네게 내 이름으로 말하라고 명하였다. 너는 내 말을 전하였느냐, 아니면 네 자신의 말을 전하였느냐? 나는 네게 계시를 주었는데, 너는 그 계시를 할 수 있는 한 온 힘을 다해 전하였느냐, 아니면 네 머리에서 새로운 것을 만들어서 전하였느냐?" 저는 어떻게 대답해야 하는지 알고 있습니다. 저는 오늘날 유행하는 거짓들을 좇은 그들을 기다리고 있는 그 끔찍한 운명이 두렵습니다. 그들이 성직자들이나 비국교도 목회자들이라 해도, 하나님의 오른손에서 나오는 이루 형용할 수 없는 끔찍한 저주가, 복되신 하나님의 복음을 가르치는 대신 인간의 철학들을 전하면서, 마치 창기들처럼 목회사역을 팔아먹은 그들을 기다리고 있습니다. 사랑하는 여러분, 우리의 망상으로 하나님의 확실한 것과 경쟁하려고 하면서 성령님을 거역하는 죄를 짓는 자들이 우리 가운데 하나도 없도록 주의하십시오. 하나님께서 그들을 속히 보응하지 않도록, 그런 자들을 위해 기도하십시오. 하나님께서 모든 거짓 선지자들에게 긍휼을 베푸시어, 그들이 그분의 발 아래 겸손히 나아와 두려워 떨게 되고, 이 나라를 전복시키고 촛대가 그 자리에서 옮겨지는 올무를 더 이상 성도들에게 놓지 않게 되기를 기원합니다.

앞에서 이미 여러분에게 말했지만, 다시 한 번 말하겠습니다. 여러분은 하나님 믿기를 거부함으로써 하나님의 아들을 십자가에 못 박았습니다. 장차 그분께서 오실 때 주님께서 여러분에게 어떻게 하시겠습니까? 여러분에게 내려질 형벌은 그 어떤 것이든 너무 가혹한 형벌이 아닐 것입니다. 왜냐하면 여러분의 범죄는 능히 판단할 수조차 없는 끔찍한 범죄이기 때문입니다. 그 형벌은 형법이 알고 있는 최고의 처벌 형태가 되어야만 합니다. 그들이 그 종들을 죽였으며, 그 상속자를 죽였습니다. 이런 경우에 상응하는 일시적인 처벌은 없을 것입니다. 이런 범죄에 대해 가벼운 처벌을 요구하는 자들은 그 마음으로 이미 하나님을 반역한 자들임에 틀림없습니다. 더 나아가 항상 지옥을 얕보는 자들은 아마도 자신들을 위해 지옥을 편하게 만들고 싶은 바람에서 그럴 것입니다. 회개하지 않는 완고한 자들의 처벌로 가벼운 형벌이 내려지기를 바라는 자들이 바로 마귀의 대변자들입니다. 그러므로 하나님의 참된 종들은 "우리는 주의 두려우심을 알므로 사람들을 권면하거니와"(고후 5:11)라고 말합니다. 이렇게 반역의 끝으로 치달은 이 비참한 자들에게 내려질 견디기 어려운 재앙의 대략을 우리 주님께서는 우리 양심에 남겨 두십니다.

우리가 조금 전에 인용한 마태복음 21장에 보면, 우리 주님께서 우리에게 끔찍한 말씀을 한 마디 하십니다. 그분은 자신을 건축자들이 버린 돌이 모퉁이의 머릿돌이 된 것에 비유하면서, "이 돌 위에 떨어지는 자는 깨지겠고 이 돌이 사람 위에 떨어지면 그를 가루로 만들어 흩으리라"(마 21:44)고 말씀하십니다. 죄인인 여러분이여, 만일 여러분이 구세주를 거부한다면, 여러분은 그분의 무게를 진적으로 실감해야만 할 것입니다. 무제한의 능력과 무한한 위업을 지닌 그분의 전체 무게가 여러분에게 떨어질 것입니다. 여러분은 그것으로 끝이라고 생각합니까? 그분은 나라들을 철장(鐵杖)으로 산산조각 내는 분이십니다. 그러므로 여러분은 그분의 능력을 판단해 보십시오. 그분의 임재로 땅과 하늘이 그 앞에서 피하여 간 데 없게(계 20:11) 됩니다. 그러므로 여러분은 그분의 능력을 판단해 보십시오. 그 능력이 어떤 것이 되었든 간에, 여러분은 그 능력의 무게를 온전히 실감할 수밖에 없을 것입니다. 이 주춧돌이 여러분 위에 떨어진다면 여러분은 가루가 되어 흩어질 것입니다. 이 엄청난 생각에 대해서 저는 더 이상 말하지 않겠습니다. 저는 이 생각을 좀 더 정리된 엄숙한 형태로 거듭 전하겠습니다. 성육신 하신 하나님의 전적인 무게를, 그 진노의 날에, 여러분은 느낄 수밖에 없을 것입니다. 이것을 다른 말로 표현하면 다음과 같습니다. "그 어린 양의 진노"(계 6:16)입니다. 이런 생각이 "그 어린 양의 진노"와 연결되다니 놀라운 일이지 않습니까? 사랑이 질투로 변하게 될 때, 그 사랑은 가장 맹렬한 욕정이 됩니다. 이와 마찬가지로 무한한 의 가운데 있는 그리스도의 사랑이 불의를 대적하는 거룩한 의 분으로 변하게 될 때, 그 때가 바로 생각하기조차 끔찍한 어떤 것, 감당하기조차 버거운 어떤 것, 즉 둘째 사망입니다.

여러분은 구세주께서 분노하시는 그 끔찍한 무게를 감당할 준비가 되어 있습니까? 아마 준비하지 못했을 것입니다. 여러분은 준비가 되어 있지 않습니다. 그렇다면 예수님께로 나아오십시오. "그의 아들에게 입 맞추라 그렇지 아니하면 진노하심으로 너희가 길에서 망하리니"(시 2:12). 오, 지금까지 제 설교를 들은 사랑하는 여러분, 지금도 여러분을 위해 간청하고 계시는 주 예수님을 거부하지 마십시오. 저는 그분의 사자가 될 만한 가치가 없는 사람입니다. 저는 그 직을 맡기에도 부적절한 사람입니다. 그럼에도 저는 여러분을 사랑하는 한 형제로서 여러분에게 간청합니다. 여러분은 여러분의 영혼을 잃고 싶습니까? 여러분은 그리스도를 거절할 것입니까? 오, 사랑하는 여러분, 여러분은 하나님의 아들을 거절할 것입니까? 사랑하는 남녀 여러분, 여러분은 구세주 없이 살고 죽을 수 있을 정도로 그렇게 미친 사람들입니까? 여러분은 지금처럼 이렇게 끝까지 가볼 작정입니까? 여러분에게 부탁합니다. 돌이키십시오. 이 날에 여러분은 돌이키시기 바랍니다. 하나님이시여, 당신의 귀한 아들을 통하여 간구하옵니다. 이들이 돌이키게 하옵소서! 아멘.

제
24
장

—

크고 첫째 되는 계명

—

"네 마음을 다하고 목숨을 다하고 뜻을 다하고 힘을 다하여
주 너의 하나님을 사랑하라 하신 것이요." — 막 12:30

우리 구세주께서는 "이것이 크고 첫째 되는 계명"(마 22:38)이라고 말씀하셨습니다. 이것은 "첫째" 계명입니다. 이 계명은 그 "고대성"에 있어서도 첫째입니다. 왜냐하면 성문법인 십계명보다도 더 오래되었기 때문입니다. 예전에 하나님께서는 "간음하지 말라, 도둑질하지 말라"(출 20:14-15)고 말씀하셨습니다. 이 율법은 그분께서 제정하신 우주적인 계명 중의 하나였습니다. 왜냐하면 이 계명은 인간이 창조되기 이전, 심지어 천사들에게도 구속력이 있었기 때문입니다. 물론 "살인하지 말라, 도둑질하지 말라"(출 20:13, 15) 등의 계명은 하나님께서 천사들에게 말씀하실 필요가 없었습니다. 이런 범죄들은 천사들에게 일어나기가 아주 불가능하기 때문입니다. 그러나 하나님께서는 다음과 같은 계명은 분명히 천사들에게 말씀하셨습니다. "너는 마음을 다하고 뜻을 다하고 힘을 다하여 네 하나님 여호와를 사랑하라"(신 6:5)는 계명 말입니다. 태초에 천사 가브리엘이 자신의 태생적인 무(無, nothingness)로부터 하나님의 명령에 의해 나타났을 때, 태초에 말씀하신 이 명령은 그에게 구속력이 있었습니다. 그러므로 이 계명은 그 고대성(古代性)에 있어서 "첫 계명"입니다. 이 계명은 또한 에덴 동산에 있는 아담에게도 구속력이 있었습니다. 그의 아내인 하와가 창조되기도 전에 하나님께서는 이를 명하셨습니다. 다른 계명들이 필수적인 계명이 되기에 앞서, 이 계명

이 그의 마음 판에 기록되었던 것입니다. "주 너의 하나님을 사랑하라"고 말입니다.

이 계명은 고대성에서 뿐만 아니라 "위엄성"에 있어서도 "첫째 계명"입니다. 전능하신 하나님과 관련되는 이 계명은 다른 계명들보다 항상 우선되어야 합니다. 다른 계명들은 인간과 인간 사이의 관계가 관련되어 있지만, 이 계명은 인간과 창조자의 관계가 관련되어 있습니다. 다른 계명들은 그것에 불순종했을 때, 그 계명을 범한 당사자에게 약간의 결과가 초래되는 형식의 계명입니다. 그러나 이 첫째 계명을 불순종하는 것은 하나님의 노를 격발시키며, 이 계명을 범한 죄인의 머리에는 그분의 진노가 즉시 임하게 됩니다. 도둑질하지 말라는 계명을 범한 자는 이 첫째 계명까지 범한 자이기 때문에 큰 죄를 범한 것입니다. 그러나 설령 우리가 이 두 범법행위를 분리하고, 이 첫째 계명에 대한 범법과 상관없는 범죄를 생각할 수 있다 해도, 우리는 이 첫째 계명을 범한 것을 다른 범법행위들 가운데서 첫 번째 순서에 놓아야만 합니다. 이것은 여러 계명들 가운데 왕 같은 계명이며, 황제 같은 법이기 때문입니다. 그러므로 이 계명은 이후에 하나님께서 인간들에게 주신 그 모든 고귀한 계명들 가운데서 우선되어야 합니다.

또한 이 계명은 그 정당성에 있어서도 "첫째 계명"입니다. "네 이웃을 네 자신과 같이 사랑하라"(막 12:31)고 하신 이 율법의 정당성에 대해서는 사람들이 이해하지 못할 수도 있습니다. 다시 말해, 나에게 해를 끼치고 상처를 주는 사람을 내가 어떻게 사랑할 수 있을지, 사람들이 이해하기에 다소 어려움이 있을지도 모릅니다. 그러나 이 첫째 계명에는 그런 어려움이 있을 수 없습니다. "주 너의 하나님을 사랑하라"는 명령은 분명한 신적인 권위로 우리에게 다가옵니다. 그리고 이 명령은 우리의 본성과 양심의 명령에 의해 비준을 받습니다. 그러므로 이 계명은 이것이 요구하는 정당성에 의해서도 우선되어야 합니다. 이 계명은 모든 계명들 가운데서 "첫째"입니다. 여러분이 다른 법들은 범한다 해도, 이 명령은 지킬 수 있도록 유의하십시오. 만약 여러분이 다소 형식적인 율법을 범했다면, 다시 말해 여러분이 교회의 예식을 범했다면, 그 죄는 성직자에 의해 보속(補贖)을 받을 수 있습니다. 그러나 이 첫째 계명을 범했다면, 도대체 누가 그 진노를 피할 수 있겠습니까? 이 명령은 확고합니다. 만약 여러분이 사람이 만든 율법을 범했다면, 여러분은 그에 따른 형벌을 감당할 수 있습니다. 그러나 여러분이 이 첫째 명령을 범했다면, 그 형벌은 여러분의 영혼이 감당할 수 없을 만큼 너무 무거울 것입니다. 여러분, 그 형벌은 여러분을 가라앉게 할 것입니다. 그 형벌은 마치 연자 맷돌처럼 여러분의 목에 매달려 여러분을 지옥보다 더 깊은 곳으로 가라앉게 할 것입니다. 어떤 다른 계명들보다 이 계명에 유의하십시오. 이 계명 앞에 떨면서 순종하십시오. 왜냐하면 이것은 "첫째 계명"이기 때문입니다.

구세주께서는 이 계명을 "큰 계명"이라고도 말씀하셨습니다. 실제로도 그러합니다. 이 계명은 "큰" 계명입니다. 왜냐하면 이 계명 안에는 모든 다른 계명들의 핵심이 다 들어 있기 때문입니다. 하나님께서 "안식일을 기억하여 거룩하게 지키라"(출 20:8)고 말씀하셨을 때, 그리고 "우상들에게 절하지 말며 그것들을 섬기지 말라"(출 20:5)고 말씀하셨을 때, 다시 말해 그분께서 "네 하나님 여호와의 이름을 망령되게 부르지 말라"(출 20:7)고 말씀하셨을 때, 그분은 이 보편적인 첫째 명령에 모두 포함될 수 있는 개별적인 사례들을 말씀하셨을 뿐입니다. 이 첫째 계명은 율법의 요약이자 핵심입니다. 따라서 둘째 계명은 참으로 첫째 계명의 테두리 안에 있습니다. "네 이웃을 사랑하라"는 계명은 실제로 "주 너의 하나님을 사랑하라"는 계명의 중심에서 보게 되는 것입니다. 왜냐하면 하나님을 사랑하면 필연적으로 우리의 이웃을 사랑하게 되기 때문입니다.

그러므로 이 계명은 그 포괄성으로 인해, 그리고 우리에게 요구하는 그 거대한 요구로 인해 큰 계명입니다. 이 계명은 우리의 모든 마음, 우리의 모든 영혼, 우리의 모든 생각, 우리의 모든 힘을 다 요구하고 있습니다. 인간은 이 계명의 지배 아래 있습니다. 이 계명을 지킬 수 있는 사람들 가운데, 과연 누가 자신의 능력으로 이것을 지킬 수 있겠습니까? 그리고 이 계명을 어기는 자에게는 이 계명이 정죄하는 능력도 그만큼 크다는 사실이 입증될 것입니다. 이 계명은 좌우에 날선(히 4:12) 큰 검(劍)과 같아서, 그 검으로 하나님께서는 그를 죽이실 것입니다. 또한 이 계명은 하나님이 발하시는 큰 번갯불(시 78:48)과 같아서, 그 번갯불로 그분께서는 자기 마음대로 범법행위를 하는 자들을 넘어뜨려 완전히 멸하실 것입니다. 그러므로 너희는 들을지어다. 오, 이방인들아, 오, 이스라엘 집들아, 너희는 들을지어다. 너희는 이 날에 크고 첫째 되는 계명을 들을지어다. "너는 네 마음을 다하고, 영혼을 다하고, 생각을 다하고, 힘을 다하여 주 너의 하나님을 사랑하라."

저는 오늘의 본문을 둘로 나누어 말씀을 전하고자 합니다. 첫 번째는, 이 계명이 우리에게 무엇을 말하고 있나? 하는 것이고, 두 번째는, 우리는 이 계명에 대해 무엇을 말해야 하나? 하는 것입니다.

1. 이 계명은 우리에게 무엇을 말하고 있습니까?

첫 번째로, 우리는 이 계명이 우리에게 무엇을 말하고 있나? 하는 것에 대해 논의하고자 합니다. 우리는 이 주제를 다음과 같이 나누고자 합니다. 첫째는, 본문에 나타난 바와 같이 "너는 주 너의 하나님을 사랑하라"고 한 의무에 관한 것이고, 둘째는, 본문에 나타난 바와 같이 "너는 네 마음을 다하고, 목숨을 다하고, 뜻을 다하고, 힘을 다하여 사랑하라"고 한 의무의 정도(程度)에 관한 것입니다. 셋째는, 본문에 나타난 바와 같이 이 요구의 근거와 이 의무의 강요에 관한 것입니다. 이 계명의 주체이신 그분이 바로 "너의 하나님"이시기 때문입니다. 하나님께서는 자신이 바로 우리의 하나님이라는 단순한 근거에 의해 우리에게 순종할 것을 요구하십니다. 그럼 이제 말씀을 시작해 보겠습니다.

첫째, 이 계명은 요구된 의무입니다. 이 의무는 우리가 하나님을 사랑하는 것입니다. 얼마나 많은 사람들이 이 의무를 지키지 않고 있습니까? 어떤 사람들은 안타깝게도 고의적으로 이 의무를 지키지 않습니다. 왜냐하면 하나님을 증오하기 때문입니다. 이들 중에는 전능하신 분에 대해 이를 갈고 있는 불신자들도 있습니다. 또한 자기를 만드신 분에 대해 불경스러운 악독을 내뱉는 무신론자들도 있습니다. 여러분은 하나님의 존재 그 자체에 대해 악담을 퍼붓는 자들을 볼 수 있을 것입니다. 양심으로는 하나님이 존재한다는 사실을 알고 있지만, 입술로는 그분의 존재를 불경스럽게 부인하는 그런 자들 말입니다. 이런 사람들은 하나님이 존재하지 않는다고 말합니다. 왜냐하면 하나님이 없었으면 하고 바라기 때문입니다. 바람은 생각의 아버지입니다. 그리고 그들이 감히 그런 생각을 말로 표현하기 전에, 이 생각은 마음의 큰 추잡함을 요구하고, 비통한 영혼의 완악함도 요구합니다. 그리고 그들이 그 생각을 말로 표현하기까지, 즉 그들이 그 생각을 담대하고도 뻔뻔스러운 표정으로 말할 수 있기까지, 이 생각은 많은 실천을 요구합니다. 자, 이처럼 이 계명은 모든 이들로부터 극심한 파란(波瀾)을 겪습니다. 즉, 하나님을 증오하고 경멸하고 모독하고 욕하거나, 그분의 존재를 부인하고 그 성품을 의심하는 자들로부터 말입니다. 오, 죄인들이여! 하나님께서 너는 네 마음을 다해 하나님을 사랑하라고 말씀하십니다. 그런데도 여러분은 그분을 증오하고 있습니다. 그래서 여러분은 지금 이 순간에도 그 법을 지키지 않은 정죄의 형벌을 받고 있습니다.

또 다른 사람들은 하나님이 존재한다는 것은 알고 있지만, 그분을 무시하고 있습니다. 그들은 "이 일을 상관하지 아니"(행 18:17)하는 마음으로 무관심하게 이 세상을 살아가고 있습니다. 그들은 "그런데 하나님이 존재하든지 존재하지 않든지 제게는 전혀 중요하지 않아요"라고 말합니다. 그들은 하나님에 대해 특별한 관심도 없습니다. 그들은 여왕이 한 선포(proclamation of the Queen, 영국은 동인도회사를 중심으로 인도를 지배하고 있었다. 이에 반발해 1857년 인도에서 큰 폭동이 일어났다. 이에 빅토리아 여왕은 23,654명이 참석한 '국가 참회와 기도의 날 예배'에 23세의 스펄전을 설교자로 초빙하고, 다음의 내용을 선포했다. '우리 죄를 용서받고, 인도의 안정과 회복을 위해 그분의 축복과 우리 군대를 도와 주시기를 간구합니다. 이에 저는 전능하신 하나님 앞에서 엄숙한 금식과 참회와 기도를 선포합니다.' 본 설교는 1857년 11월 8일 주일 아침에 행해졌다 — 역주)에 대해서도 존중하지 않고, 하나님의 계명에 대해서도 그 절반도 존중하지 않습니다. 그들은 현재의 모든 권력들에 대해서는 기꺼이 존중하지만, 그 권력들을 제정하신 그분에 대해서는 모른 척하거나 잊어버립니다. 그들은 하나님을 철저하게 경멸하거나, 하나님의 원수와 버젓이 함께 다닐 만큼 솔직하지도 못하고 대담하지도 못합니다. 하지만 하나님을 잊고 살아갑니다. 하나님에 대한 생각은 그들의 안중에 없습니다. 그들은 아침에도 기도하지 않고 일어나며, 밤에도 무릎 꿇지 않고 그냥 자 버립니다. 그들은 일주일 동안 세상일을 하면서, 한 번도 하나님을 인정하지 않습니다. 때로 그들은 행운과 기회와 자기 머리에 떠오른 어떤 이상한 신비로운 것들에 대해 말하긴 하지만, 하나님에 대해서는, 즉 섭리로 모든 것을 다스리는 하나님에 대해서는 절대로 말하지 않습니다. 때로는 경솔하게 그분의 이름을 들먹이면서 그분에 대한 자신의 허물만 더 높이 쌓아놓기도 하지만 말입니다. 오, 하나님을 무시하고 경멸하는 여러분이여! 이 계명이 여러분에게 말하고 있습니다. "너는 네 마음을 다하고, 목숨을 다하고, 뜻을 다하고, 힘을 다하여 주 너의 하나님을 사랑하라"고 말입니다.

그리고 저는 이런 신사들에게서 다음과 같이 말하는 것을 듣기도 합니다. "옳으신 말씀입니다. 목사님, 그런데 저는 최소한 경건한 척하지는 않습니다. 저는 나름대로 제가 꽤 선한 사람이라고 믿습니다. 저는 도덕적이고 호의를 베풀 줄도 아는 꽤나 바른 사람입니다. 솔직히 말해, 저는 교회나 예배당의 문을 어둡게 하는 사람이 아닙니다. 저는 꼭 교회에 나갈 필요는 없다고 생각합니다. 하지만 저는 바르고 선한 사람이죠. 교회에는 위선자들이 있고, 그것도 아주 많이 있습니다. 따라서 저는 신앙인이 되지 말아야겠다는 생각이 듭니다." 자, 사랑하는 여러분, 제가 한 말씀만 드려도 될까요? 여러분은 여러분의 일이나 신경 쓰십시오. 신앙은 여러분과 창조자이신 그분과의 개인적인 문제입니다. 여러분을 만드신 분께서 말씀하십니다. "너는 네 마음을 다해 나를 사랑하라"고 말입니다. 여러분이 길거리에서 삿대질을 하면서, 일관성 없는 생활을 하는 목회자와 경건하지 않은 집사나 자기가 한 신앙 고백대로 살아가지 않는 교회 성도들에 대해 손가락질을 하는 것은 소용없는 짓입니다. 여러분을 만드신 그분께서 여러분에게 말씀하실 때, 그분은 여러분에게 개인적으로 간청하시는 것입니다. 만약 여러분이 그분에게 "나의 주님, 나는 당신을 사랑하지 않겠나이다. 왜냐하면 위선자들이 많기 때문입니다"라고 말한다면, 여러분의 생각이 불합리하다는 것을 여러분의 양심으로도 확신할 수 있지 않습니까? 여러분이 가진 더 나은 판단력은 여러분에게 다음과 같이 속삭이지 않습니까? "그래 맞다. 위선자들이 너무 많이 있으니, 너는 그렇게 되지 않도록 주의해라. 그리고 거짓된 가식으로 주님의 일에 해를 끼치는 위선자들이 그렇게 많다면, 네가 참된 것을 가지고 교회가 건전하고 정직하게 되도록 돕는 것이 이성적으로도 더 바람직한 일이지 않겠는가?' 하고 말입니다. 그러나 실제로는 그러지 못합니다. 우리 도시의 상인들과 거리의 장사꾼들과 기술자들과 일꾼들 가운데 절대 다수가 하나님을 완전히 잊은 채 살아가고 있습니다. 저는 절대 영국인들의 가슴속에 불신앙이 자리하고 있다고 생각하지 않습니다. 또한 영국 전역에 광범위하게 이신론(理神論)이나 무신론이 만연해 있다고도 절대 생각하지 않습니다. 우리 시대의 큰 잘못은 무관심이라는 잘못입니다. 다시 말해, 사람들은 어느 것이 옳은지 그른지에 관심이 없다는 것입니다. 이런 문제가 그들에게 도대체 무슨 의미가 있습니까? 사람들은 서로 다른 신앙 고백들 가운데서 어디에 진리가 있는지를 찾아보는 수고를 절대로 하지 않습니다. 그들은 마음을 다해 하나님을 경외하려는 생각조차 없습니다. 오, 그래서는 안 됩니다. 그들은 하나님이 요구하는 모든 것을 잊어버렸고, 그렇게 해서 그분의 정당한 권리를 박탈해 버렸습니다. 여러분에게, 인구의 절대 다수를 이루는 바로 여러분에게, 이 법은 무쇠처럼 단단한 혀로 말하고 있습니다. "너는 네 마음을 다하고, 목숨을 다하고, 뜻을 다하고, 힘을 다하여 주 너의 하나님을 사랑하라."

단순한 얼간이 무리들보다는 아주 고귀한 부류의 사람들이 있습니다. 이들은 숨겨진 하나님의 신성이 지닌 그 장엄함을 애써 찾는 자들입니다. 하지만 그들은 단순히 감각적인 유익을 위해서 그 장엄함을 찾습니다. 이 사람들은 신성을 지닌 어떤 신이 존재한다는 사실을 잊지 않는 사람들입니다. 그들은 절대로 그런 신적인 것을 잊지 않습니다. 그들은 천문학자들로서 시선을 하늘로 향하고는 별들을 바라보며 창조자의 위엄에 감탄하기도 합니다. 혹은 땅 속 깊은 곳을 파고들어가 고대에 하나님께서 행하신 작품들의 웅장함에 놀라기도 합니다. 아니면 동물들을 연구하면서 그 동물들의 해부학적 구조들에 나타난 하나님의 지혜에 경탄하기도 합니다. 이들은 매 순간 하나님을 생각합니다. 이들은 가장 심오한 경외심과 깊은 곳에서 우러나오는 존경의 마음으로 그분을 생각합니다. 여러분은 이들이 하나님을 저주하거나 하나님에게 욕을 하는 것을 한 번도 듣지 못했을 것입니다. 여러분은 이들의 영혼이 위대한 창조주에 대한 깊은 경외심으로 사로잡혀 있다는 사실을 발견할 수 있을 것입니다. 그러나, 아! 사랑하는 여러분, 이것으로는 충분하지 않습니다. 이것은 이 계명에 순종하는 것이 아닙니다. 하나님께서는 너는 나를 보고 감탄하라거나, 너는 나를 보고 놀라라고 말씀하지 않으셨습니다. 그분은 그 이상을 요구하십니다. 그분은 "너는 나를 사랑하라"고 말씀하십니다. 오! 여러분이 저 멀리 광대한 곳에서 유영(游泳)하는 하늘의 천체들을 바라보면, 여러분의 시선을 하늘로 이끌어 다음과 같이 말하게 하는 어떤 것이 있습니다.

"이 모든 것들은 당신의 영광스런 작품들이옵니다.
모든 선(善)의 어버이, 전능하신 이여,
이토록 경이롭고 아름다운 우주의 구조는
주가 만드신 것이나이다.
그것으로 주 스스로 놀라시나이다.
실로 형언할 길 없고,
하늘들 위에 앉으사
우리에게는 보이지 않으시나,
이들 주님의 지극히 미천한 작품들에게는
어렴풋이 보이는 주시여,

이 모든 것들이
생각을 넘어선 당신의 선하심과
거룩한 능력을 선포하고 있나이다."(존 밀턴, 「실낙원」)

이처럼 위대한 창조자를 경배할 수밖에 없는 어떤 것이 있습니다. 그러나 그분께서 요구하시는 것이 그것이 다가 아닙니다. 오! 만약 여러분이 다음과 같은 고백을 추가할 수 있다면, 그때서야 여러분은 순종하는 자가 될 것입니다. "이러한 천체들을 만들고, 그 많은 천체들을 운행하는 그분이 바로 나의 아버지십니다. 그래서 제 가슴은 그분을 향한 사랑으로 두근거립니다"라고 고백할 때 말입니다. 하나님께서 원하시는 것은 여러분의 감탄이 아니라, 여러분의 사랑입니다. "너는 네 마음을 다해 주 너의 하나님을 사랑하라."

또 다른 사람들이 있습니다. 이들은 묵상하면서 시간 보내기를 좋아하는 자들입니다. 이들은 예수님과 하나님과 성령님을 믿고 있습니다. 이들은 한 분 하나님이 존재하시며, 이 세 분은 한 분이라는 사실 또한 믿고 있습니다. 이들은 역사의 책장을 넘기는 것뿐만 아니라, 계시의 책장을 넘기는 것도 좋아합니다. 그들은 하나님을 묵상합니다. 하나님은 그들에게 호기심을 유발시키는 연구주제이며, 그들은 그분에 대해 생각하기를 좋아합니다. 하나님의 말씀이 가르치는 교리라면 그들은 하루 종일이라도 들을 수 있습니다. 그들은 신앙에 있어서 아주 건전하며, 극단적으로 정통적이며, 아주 지적입니다. 그들은 교리에 관한 것이라면 기꺼이 싸울 수 있으며, 하나님의 일에 관해서라면 온 마음을 다해 논쟁할 수도 있습니다. 그러나 안타깝게도, 그들의 신앙은 죽은 물고기처럼 차갑고 뻣뻣합니다. 만약 여러분이 그들의 신앙을 여러분의 손에 쥐어본다면, 그 안에 아무 생명이 없다고 말하게 될 것입니다. 그들의 영혼은 결코 생명력으로 요동치지 않습니다. 그들의 가슴도 절대 생명력 있게 뛰지 않습니다. 그들은 묵상할 줄만 알지, 사랑할 줄 모릅니다. 그들은 깊은 생각만 할 줄 알지, 교제할 줄 모릅니다. 그들은 하나님에 대해 생각만 할 줄 알지, 자기 영혼을 그분에게 내던지고, 그 사랑의 팔로 그분에게 손뻗칠 줄 모릅니다. 아, 여러분에게, 냉혈한처럼 생각하는 바로 여러분 같은 자들에게 오늘 본문은 말씀하고 있습니다. 오! 여러분은 묵상만 할 줄만 알지 사랑할 줄은 모릅니다. "너는 네 마음을 다해 주 너의 하나님을 사랑하라."

또 다른 사람이 자기 이야기를 하기 시작합니다. "그런데 이 계명은 저와 관계가 없습니다. 저는 제가 나가는 예배 처소에 매주 두 번씩 참석합니다. 저는 가정에서도 기도를 드리며, 잠이 깨는 아침마다 기도문 암송을 빼먹지 않으려고 매우 주의합니다. 때때로 성경 말씀을 읽기도 합니다. 그리고 많은 헌금을 하기도 합니다." 아! 사랑하는 여러분, 여러분은 하나님을 사랑하지 않고도 이 모든 일들을 할 수 있습니다. 자, 보십시오. 여러분 가운데 어떤 이들은 마치 채찍에 맞은 말처럼 억지로 교회와 예배당에 나가고 있습니다. 교회에 가는 것이 여러분에게는 지루하고 따분한 일입니다. 그러면서도 여러분은 감히 안식일을 범하지는 못합니다. 여러분은 할 수만 있으면, 안식일을 범하고자 하는 마음도 가지고 있습니다. 교회에 가는 것은 단지 취향이나 습관의 문제이기에 여러분은 하나님의 집에 있는 한 시간보다 다른 곳에서 반 시간 있는 것을 더 좋아합니다. 여러분도 이런 사실을 너무 잘 알고 있습니다. 기도 문제만 봐도, 도대체 여러분은 기도를 해도 전혀 기쁘지 않습니다. 여러분은 마땅히 기도해야만 한다고 생각하기 때문에 기도할 뿐입니다. 여러분에게는 뭐라고 말할 수 없는 어떤 의무감이 있습니다. 그래서 기도를 하기는 하지만 전혀 기쁘지 않은 것입니다. 여러분은 아주 교양 있게 하나님과 대화를 나눕니다. 하지만 사랑으로 대화하지는 않습니다. 여러분은 그분의 이름을 언급하지만, 여러분의 가슴은 결코 뛰지 않습니다. 그분의 속성에 대해 생각해도, 여러분의 눈은 결코 빛나지 않습니다. 그분이 행하신 일들을 묵상할 때도 여러분의 영혼은 결코 뛰놀지 않습니다. 여러분의 마음에는 전혀 감동이 없으며, 여러분이 입술로 하나님께 영광을 돌려도, 여러분의 마음은 그분으로부터 멀리 떨어져 있습니다. 그러니 여러분은 여전히 이 계명에 불순종하고 있는 것입니다. "너는 주 너의 하나님을 사랑하라."

제 설교를 듣고 있는 사랑하는 여러분, 여러분은 지금 이 계명을 이해하고 있습니까? 지금 제 눈에는 여러분 중 많은 이들이 어떻게든 이 계명을 피해 빠져나갈 구멍을 찾고 있는 것처럼 보이는데, 그렇지 않습니까? 또 어떤 이들은 우리 모두를 옭아매는 이 거룩한 벽을 허물어보고자 애쓰는 것처럼 보이는데, 제 생각이 틀렸습니까? 여러분은 "나는 하나님을 대적하는 어떤 일도 행한 적이 없다"라고 말합니다. 그렇지 않습니다. 사랑하는 여러분, 절대로 그렇지 않습니다. 여러분이 해야 할 것은 다음의 질문에 답하는 것입니다. "당신은 그분을 **사랑합니까?**" "글쎄요. 목사님, 하지만 저는 신앙 예절에 위배되는 것은 어떤 것도 범한 적이 없어요." 그렇지 않습니다. 절대 그렇지 않습니다. "너는 그분을 사랑하라"
는 것이 명령입니다. "글쎄요. 목사님, 그런데 저는 하나님을 위해 많은 일들을
하였습니다. 저는 주일학교 교사를 하기도 했고, 지금도 계속해서 하고 있습니
다." 아! 저도 알고 있습니다. 하지만 여러분은 그분을 사랑합니까? 그분께서 원
하시는 것은 마음입니다. 마음 없이 그분을 위한 것에 하나님은 결코 만족하지
않으실 것입니다. "너는 주 너의 하나님을 사랑하라." 이것은 법입니다. 비록 아
담의 타락 이후로 한 사람도 이 법을 지킬 수 없었다 해도, 이 법은 아담의 모든
자손들에게 구속력이 있었던 것과 마찬가지로, 오늘날에도 하나님께서 태초에
이 법을 선포하셨을 때처럼 여전히 구속력이 있습니다. "너는 주 너의 하나님을
사랑하라."

이제 둘째로, 이 법의 정도에 대해 살펴보겠습니다. 나는 하나님을 얼마나 많
이 사랑해야 합니까? 나는 어디에 그 기준을 맞추어야 합니까? 나는 내 자신을
사랑한 것만큼 내 이웃을 사랑해야 합니다. 나는 그 이상으로 내 하나님을 사랑
해야 합니까? 맞습니다. 확실히 그렇습니다. 하나님을 사랑하는 정도는 이보다
훨씬 더 큽니다. 우리는 우리의 마음을 다하고, 목숨을 다하고, 뜻을 다하고, 힘
을 다하여 우리 자신을 사랑해서는 안 됩니다. 그러므로 우리는 우리의 이웃도
그렇게 사랑해서는 안 됩니다. 하나님을 사랑하는 기준은 그보다 더 큰 기준입
니다. 우리는 우리의 마음을 다하고, 영혼을 다하고, 생각을 다하고, 힘을 다하여
하나님을 사랑해야 합니다.

이제 이런 사실로부터 우리가 추론하자면, 우리는 하나님을 최고로 사랑해
야 합니다. 오, 남편인 여러분이여, 여러분은 아내를 사랑해야 합니다. 여러분이
하나님보다 아내를 더 사랑한다면, 그래서 지극히 높으신 분을 기쁘게 하기보다
아내를 더 기쁘게 한다면, 그 정도로 여러분은 아내를 사랑해서는 안 됩니다. 이
경우 여러분은 우상 숭배자가 되는 것입니다. 자녀인 여러분! 여러분은 부모를
사랑해야 합니다. 여러분은 자기를 낳아준 아버지와 길러준 어머니를 아무리 사
랑해도 늘 부족할 것입니다. 그러나 기억하십시오. 이 사랑을 뛰어넘는 한 법이
있습니다. 여러분은 하나님을 아버지와 어머니보다 더 사랑해야 합니다. 하나님
께서는 여러분에게서 최초의 사랑과 최고의 사랑을 요구하십니다. 여러분은 "네
마음을 다해 그분을 사랑하라"고 한 말씀을 기억해야 합니다. 우리는 친척들을
사랑해야 하고 또 그렇게 하도록 교육을 받았습니다. 자기 친족을 사랑하지 않

는 자는 이방인과 세리보다 더 나쁜 자들입니다. 그러나 우리에게는 하나님만큼 그렇게 우리의 마음으로 많이 사랑해야 할 가장 귀한 대상이 따로 있지 않습니다. 여러분은 여러분이 합당하게 사랑하는 자들을 위해 작은 보좌들을 세울 수 있습니다. 그러나 하나님의 보좌가 최고로 영광스러운 보좌가 되어야만 합니다. 여러분은 그 작은 보좌들을 최고의 보좌에 이르는 계단들 위에 세울 수 있습니다. 그러나 바로 그 최고의 자리에는 하나님께서 앉으셔야 합니다. 그분은 여러분 마음속에 있는 왕으로서, 여러분이 사랑하는 임금이 되어야 합니다. 말해 보십시오. 지금 이 설교를 듣고 있는 여러분, 여러분은 지금까지 이 계명을 지켰습니까? 저는 제가 이 계명을 지키지 않은 것을 알고 있습니다. 저는 하나님 앞에서 제 허물을 인정해야만 합니다. 저는 그분 앞에 제 자신을 포기하고서 제가 지은 과오를 고백해야 합니다. 그러나 그럼에도 불구하고, 이 계명은 여전히 서 있습니다. "너는 네 마음을 다해 하나님을 사랑하라." 다시 말해, 너는 그분을 최고로 사랑하라는 말씀입니다. 또한 우리는 오늘의 본문 말씀으로부터 사람은 하나님을 마음으로 사랑해야 한다는 사실을 유추할 수 있습니다. 바로 이 점에 유의하십시오. 이것은 매우 당연한 것입니다. 왜냐하면 본문 말씀에 "너는 네 마음을 다해 주 너의 하나님을 사랑하라"고 되어 있기 때문입니다. 그렇습니다. 하나님을 향한 우리의 사랑은 마음으로 해야 하는 것입니다. 우리는 그분을 향한 사랑에 우리의 존재 전체를 내던져야 합니다. 어떤 사람들이 자기 친구들에게 "덥게 하라, 배부르게 하라"(약 2:16)고 말만 하고서 아무것도 주지 않는 그런 종류의 사랑을, 우리가 하나님을 상대로 해서 하면 안 됩니다. 그래서는 안 됩니다. 우리의 마음 전체를 하나님께 집중하여, 하나님이 우리의 마음이 추구하는 가장 강력한 사랑의 심적 대상이 되도록 해야 합니다. 본문에서 "다하고"란 말씀이 얼마나 거듭 나타나고 있는지 살펴보십시오. 우리의 존재 전체에서 우러나오며, 우리의 영혼 전체에서 터져 나오는 것이 하나님께, 오직 하나님께만 드려져야 합니다. "네 마음을 다하고."

　　또한 우리는 마음으로 하나님을 사랑하면서, 우리의 **목숨(영혼)**을 다해 그분을 사랑해야 합니다. 이제 우리는 그분을 우리의 모든 생명을 다해 사랑해야 합니다. 왜냐하면 영혼은 생명을 뜻하기 때문입니다. 만약 우리가 하나님을 위해 죽기까지 부르심을 받았다면, 우리는 자기 생명보다 하나님을 더 사랑해야 합니다. 우리가 순교자가 되기까지 하나님에게 순종하지 않는다면, 우리는 이 계명을 완전히 지키지 못할 것입니다. 죽기까지 하나님께 순종하지 않는 자는 풀무 불에 던져져 맹수에게 잡아먹힐 것입니다. 우리는 언제라도 하나님이 명령하시면, 집과 가정과 자유와 친구와 위로와 기쁨과 생명까지도 버려야 합니다. 그렇게 하지 않는다면, 우리는 "너는 네 마음을 다하고, 생명을 다하여 그분을 사랑하라"고 하신 이 계명을 이행하지 못한 것입니다.

다음으로, 우리는 우리의 뜻(생각)을 다하여 하나님을 사랑해야 합니다. 이것은 지성적으로 하나님을 사랑하는 것입니다. 지금 많은 사람들은 어떤 하나님의 존재를 믿고 있습니다. 그러나 그들은 하나님에 대한 믿음은 사랑하지 않습니다. 그들은 어떤 하나님이 존재한다는 것은 알고 있지만, 내심 그러한 존재가 없었으면 하고 크게 바라고 있습니다. 지금 이 자리에 있는 여러분 중에도, 만약 하나님이 존재하지 않는다는 사실을 믿게 된다면, 크게 종을 울리면서 아주 기뻐할 사람들이 있을 것입니다. 왜 그럴까요? 하나님이 계시지 않는다면, 여러분은 여러분이 하고 싶은 대로 살아갈 수 있을 것입니다. 하나님이 계시지 않는다면, 여러분은 제멋대로 날뛰면서, 장래의 결과들을 전혀 두려워하지 않게 될 것입니다. 영원한 하나님이 더 이상 존재하지 않는다는 소식을 듣게 될 때, 그 소식은 여러분에게 가장 큰 기쁨이 될지도 모릅니다. 그러나 기독교인이라면 절대로 그런 것들을 바라서는 안 됩니다. 하나님이 존재하신다는 생각은 기독교인의 실존에 햇빛과도 같기 때문입니다. 기독교인의 지성은 지극히 높으신 그분 앞에서 고개를 조아립니다. 기독교인은 의무감에 몸을 숙이는 종 같은 존재가 아니라, 자신의 창조주를 사랑하고 경배하기 때문에 스스로 부복(俯伏)하는 천사 같은 존재입니다. 이러한 지성은 하나님을 마음에 그리며, 자신이 마음에 그린 그 하나님을 사랑합니다. 기독교인은 다음과 같이 말합니다. "오! 나의 하나님, 나는 스스로 계신 당신을 찬양하나이다. 당신은 나의 최고의 보물이며, 나의 가장 풍성하고 귀한 기쁨이나이다. 나는 나의 모든 지성으로 당신을 사랑하나이다. 나는 당신의 발치에 앉지 않고서는 생각, 판단, 확신, 추론 그 어떤 것도 할 수 없었나이다. 그러므로 당신에게 영광을 돌려드리나이다."

또한 하나님을 향한 이 사랑은 활동성으로도 그 특징이 드러날 수 있습니다. 왜냐하면 우리는 우리의 마음을 다해 마음으로, 그리고 우리의 영혼을 다해 생명을 내려놓기까지, 그리고 우리의 생각을 다해 정신적으로 그분을 사랑할 뿐만 아니라, 우리의 힘을 다해 활동성으로도 그분을 사랑하기 때문입니다. 저는 저의 모든 영혼을 하나님을 경배하고 찬양하는데 던질 것입니다. 저는 하나님을 경배하는 일이라면, 단 한 시간도, 제가 가진 재물의 단 한 파딩(farthing, 작은 동전 — 역주)도, 제가 가진 단 하나의 재능도, 그리고 육체적이거나 정신적인 아주 작은 힘까지도 아끼지 않을 것입니다. 저는 제가 가진 온 힘을 다해 그분을 사랑하고자 합니다.

자, 지금까지 누군가 이 계명을 지킨 사람이 있었습니까? 확실히 한 사람도 지키지 못했습니다. 앞으로 그 누구도 이 계명을 지킬 수 없을 것입니다. 그래서 구세주가 필요한 것입니다. 오! 이 계명으로 인해 우리는 이 땅에서 매를 맞게 됩니다. 다시 말해 "크고 첫째 되는 계명"이라는 이 큰 망치로 우리가 가진 자기 의(自己義)는 완전히 산산조각이 나게 되는 것입니다! 오! 사랑하는 여러분, 어떻게 하면 우리가 이 계명을 지킬 수 있다는 소망을 가질 수 있을까요? 우리가 이 계명을 온전하고 완전하게 지킬 수 있다고 한다면, 그런 일은 천국에서나 일어날 것입니다. 피조물의 가장 큰 행복은 가장 거룩하고 무조건적으로 하나님을 사랑하는 것입니다.

셋째로, 저는 "너는 네 마음을 다하고, 목숨을 다하고, 뜻을 다하고, 힘을 다하여 하나님을 사랑하라"고 한 이 계명의 배후에 있는 하나님의 요구 권리에 대해 간략히 말씀드리겠습니다. 하나님께서는 왜 이렇게 요구하십니까? 첫째로 그분은 주님, 즉 여호와이시기 때문이며, 둘째로 그분은 여러분의 하나님이시기 때문입니다.

단 하루에 지음 받은 피조물인 인간은 여호와를 스스로 계신 그분의 있는 모습 그대로 사랑해야 합니다. 여러분이 볼 수 없는 그분을 바라보십시오! 칠층천(seventh Heaven, 유대교의 우주론으로, 우주는 일곱 개의 하늘로 이루어져 있으며, 그 일곱 번째 하늘에 하나님의 보좌가 있다고 한다 — 역주)으로 여러분의 눈을 들어 보십시오. 그곳에서 그분이 경외받기에 합당한 장엄함 가운데, 그 두르신 빛으로 천사들의 얼굴을 가리게 하시어, 강렬한 그 빛으로 천사들의 눈이 영원한 장님이 되지 않도록 하시는 그 모습을 보십시오. 그리고 친히 거할 장막을 하늘처럼 펼치시고, 황금 바늘로 밤하늘에 반짝이는 별들을 아름답게 수놓으시는 그분을 바라보십시오. 또한 땅을 펼치시고 그 위에 인간을 창조하신 그분의 모습을 주목하십시오. 스스로 계시는 그분께서 발하시는 소리를 들어보십시오. 그분은 전적으로 충만하며, 영원하며, 스스로 존재하며, 불변하며, 전능하며, 전지하십니다! 여러분은 어찌 그런 그분을 경외하지 않을 수 있습니까? 그분은 선하고, 사랑이 많고, 친절하고, 은혜로우십니다. 그분께서 섭리로 베푸시는 그 은혜를 보십시오. 그분이 베푸시는 무한한 은혜를 바라보십시오! 그분은 여호와이십니다. 그러기에 여러분은 여호와를 사랑하지 않을 수 없습니다.

또한 그분은 여러분의 하나님이시기 때문에, 여러분은 그분을 최고로 사랑해야 합니다. 그분은 창조로 인해 여러분의 하나님이십니다. 그분께서 여러분을 만드셨습니다. 여러분이 여러분 자신을 스스로 만든 것이 아닙니다. 전능하신 하나님께서 도구를 사용하셨다 해도, 그럼에도 불구하고 그분은 인간의 유일한 창조자이십니다. 그분은 우리의 조상들을 매개로 해서 우리를 이 세상에 보내기를 기뻐하셨지만, 그럼에도 불구하고 그분은 흙으로 형태를 잡아 사람으로 만든 아담의 창조자이신 것과 똑같이 우리의 창조자이기도 하십니다. 여러분이 가진 이 놀라운 육체를 보십시오. 그리고 여러분이 사용하기에 가장 적합하고 쓸모 있게 하려고 육신에 뼈까지 함께 입히신 것을 보십시오. 그분께서는 여러분의 신경과 혈관들도 배열하셨습니다. 그것도 한번 보십시오. 여러분이 생명을 유지하도록 그분께서 적절하게 이용하신 이 놀라운 신체 조직들을 눈여겨보십시오! 오, 한 시간에 이 모든 것들을 만드시다니! 이래도 여러분은 여러분을 만드신 그분을 사랑하지 않겠습니까? 그분의 손으로 여러분을 만들지 않으시고, 그분의 뜻으로 여러분을 조성하지 않으신 그런 하나님을 여러분은 감히 생각이나 해 볼 수 있겠습니까? 이처럼 여러분을 만드신 그분을 여러분은 어떻게 사랑하지 않을 수 있겠습니까?

그분은 여러분을 지키시기 때문에 여러분의 하나님이라는 사실도 생각해 보십시오. 여러분을 위한 식탁이 차려져 있습니다. 그분께서는 이 식탁을 여러분을 위해 차려 놓으셨습니다. 여러분이 숨 쉬는 공기는 그분께서 은혜로 베푸신 선물이며, 여러분이 등에 걸치고 있는 옷은 그분이 주신 사랑의 선물입니다. 이처럼 여러분의 생명은 그분에게 의존해 있습니다. 그분이 계획하신 무한한 뜻 가운데 한 가지 소망은, 여러분을 무덤으로 인도하여 여러분의 육신을 벌레들에게 주는 것입니다. 여러분이 아무리 활기차고 건강하다 해도, 바로 그 순간에도 여러분의 생명은 절대적으로 그분에게 달려 있습니다. 여러분은 그런 건강한 상태에서 죽기를 바라겠지만, 설령 그렇게 죽는다 해도, 여러분은 오직 그분의 선하신 뜻에 의해서만 지옥에서 벗어날 수 있습니다. 그분께서 주권적인 사랑으로 여러분을 보호하지 않으신다면, 여러분은 지금 이 순간에도 꺼지지 않는 불꽃 가운데서 뜨거워 허덕이고 있을 것입니다. 비록 여러분이 그분을 반역하고, 그분의 십자가와 그분의 뜻에 원수처럼 대적한다 해도, 그럼에도 그분은 여러분의 하나님이십니다. 그분께서 여러분을 만들고 살아 있게 하시는 한, 그분은 여러분의 하나님이십니다. 여러분이 그분 사랑하기를 거부할 때에도, 그분은 여러분을 살아 있게 하신다는 사실에 여러분은 틀림없이 놀랄 것입니다. 인간인 여러분이여! 여러분은 여러분을 위해 일하지 않는 말을 그냥 놔두지 않을 것입니다. 여러분은 여러분을 모욕하는 종을 집에 그냥 놔두겠습니까? 여러분의 뜻을 받들어 행하며, 여러분을 기쁘게 하기 위해 선한 일은 하지 않고, 그 대신 자기가 자신의 주인이 되고자 하면서 여러분에게 반발하는 종이 있다면, 여러분은 그런 종을 위해 식탁에 빵을 차려주고, 등에 걸칠 옷을 주겠습니까? 분명히 여러분은 그렇게 하지 않을 것입니다. 그렇게까지 하나님께서는 여러분을 먹이고 계십니다. 그런데도 여러분은 그분에게 대적하며 반항하고 있습니다. 여러분은 저주받아 마땅한 자들입니다! 여러분을 만드신 그분을 저주한 그 입술을 그분께서는 여전히 놔두십니다. 하나님을 모독하는 데 사용된 바로 그 허파도 그분께서는 생명을 유지하는 숨을 쉬도록 하십니다. 하나님께서 그렇게 하지 않으셨다면, 여러분은 벌써 사라져 버렸을 것입니다. 오! 여러분이 하나님의 빵을 먹으면서도, 그분을 대적해 여러분의 발꿈치를 들다니(요 13:18), 이 얼마나 이상한 일입니까! 오! 여러분은 그분의 자비라는 옷을 입고, 그분의 섭리라는 식탁에 앉아 있으면서도, 방향을 바꾸어 고귀한 천국을 대적해 침을 뱉고, 여러분을 만들고 보존하시는 하나님을 대적하여 반역의 손을 들다니, 이 얼마나 놀랄 만한 일입니까! 오, 우리 하나님을 대적하는 것이 아니라, 우리를 대적하는 그런 자들이 우리에게 있었다면, 아마 우리는 그런 동류 피조물들에 대해 단 한 시간도 참을 수 없었을 것입니다. 저는 인간들을 향한 하나님의 오래 참으심에 그저 놀랄 따름입니다. 저는 하나님을 저주하며 모독하는 쓰레기 같은 입들도 보았습니다. 오, 하나님! 어떻게 당신은 그와 같은 것들을 참으실 수 있나이까? 왜 당신은 그런 자들을 지면에 내치지 않으십니까? 우리는 하루살이 한 마리가 괴롭혀도, 즉시 때려잡으려 하지 않습니까? 인간과 그 인간을 만드신 분을 비교한다면, 도대체 무엇으로 비교할 수 있겠습니까? 인간과 비교한다면 우리는 한 마리 개미의 절반 크기에도 미치지 못할 것입니다. 오! 사랑하는 여러분, 이처럼 고귀한 명령을 우리가 범한 후에도 여전히 우리에게 은혜를 베푸시는 하나님에 대해, 우리는 마땅히 놀랄 뿐입니다. 그래서 저는 오늘도 그분의 종으로 이 자리에 서서, 제 자신과 여러분을 위해 하나님에게 요구합니다. 왜냐하면 그분은 하나님이시기 때문에, 즉 그분은 우리의 하나님이고 우리의 창조자이시기 때문입니다. 저는 이 설교를 듣고 있는 모든 이들이 하나님을 사랑하기를 요구합니다. 그리고 영혼을 다하고 생각을 다해 순종할 것과 우리의 힘을 다해 헌신할 것을 요구합니다. 오, 하나님의 백성들이여, 더 이상 여러분에게 말씀드릴 필요가 없을 것 같습니다. 하나님은 특별한 의미에서 여러분의 하나님이라는 사실을 여러분은 알고 있습니다. 그러므로 여러분은 마땅히 특별한 사랑으로 그분을 사랑해야 합니다. 이 계명이 우리에게 말하는 바가 바로 이것입니다.

2. 우리는 이 계명에 대해 무엇을 말해야 합니까?

저는 두 번째 대지로 우리는 이에 대해 무엇을 말해야 하나? 하는 주제를 가지고 아주 짧게 살펴보고자 합니다. 오, 사랑하는 여러분, 여러분은 이 계명에 대해서 무엇을 말해야 하겠습니까? 이 자리에 있는 어떤 사람은 아주 진지하게 별 생각 없이 다음과 같이 대답할 것입니다. "저는 이 계명을 지키기로 작정하였고 이 계명에 완전히 순종할 수 있으리라 믿고 있습니다. 그래서 저는 이 계명에 순종함으로써 천국에 이를 수 있다고 생각합니다"라고 말입니다. 사랑하는 여러분, 여러분은 바보입니까? 아니면 의도적으로 모르는 척하는 것입니까? 확실히 말씀드리겠습니다. 만약 여러분이 이 계명을 이해했다면, 여러분은 즉시 두 손을 내저으며, "이 계명에 순종하는 것은 너무 불가능합니다. 이 계명을 철저하고 완벽하게 순종하리라는 소망은 그 누구도 감히 할 수 없습니다!'라고 말할 것입니다. 여러분 가운데 어떤 이들은 자신의 선한 행위로 천국에 갈 수 있을 것이라 생각합니다. 그렇지 않습니까? 이 선한 행위가 구원을 향해 여러분이 내딛게 되는 첫 번째 돌이라고 한다면, 제가 확신하건대, 천국은 여러분이 도달하기에는 너무나 높을 것입니다. 여러분은 이 땅의 산 위에서 천국으로 올라가려고 하는 것이 당연히 더 나을 것이라 생각해서, 히말라야 산맥을 첫 출발점으로 삼았을지도 모릅니다. 확실히 여러분이 땅의 지면에서 침보라소 산(Chimborazo, 남미 에콰도르에서 가장 높은 산으로, 이 산의 정상은 지구 중심에서 가장 먼 지점으로 알려져 있다 — 역주)까지 올라갔을 때, 여러분은 그때라 해도 이 큰 계명의 높이에 오르려면 끝이 없다는 것을 알고는 실망했을 것입니다. 이처럼 이 계명에 순종하는 것은 분명히 불가능한 일입니다. 그러므로 기억하십시오. 여러분이 이 계명을 영원토록 전적으로 완벽하게 지속적으로 순종할 수 없다면, 여러분은 여러분의 행위로 구원받을 수 없다는 것을 말입니다.

　어떤 사람은 이렇게 말합니다. "좋습니다. 제가 감히 말씀드리지만, 제가 할 수 있는 한 이 계명에 순종하고자 시도해 본다면, 할 수 있을 것 같습니다." 안 됩니다. 될 수가 없습니다. 하나님께서는 여러분이 이 계명에 완벽하게 순종하기를 요구하십니다. 만약 여러분이 이 계명에 완벽하게 순종하지 않는다면, 그분은 여러분을 정죄할 것입니다. "오! 그렇다면 도대체 누가 구원받을 수 있습니까?"라고 여러분은 소리칠 것입니다. 아! 이것이 바로 제가 여러분에게 바라던 핵심입니다. 그렇다면 이 율법으로는 도대체 누가 구원받을 수 있겠습니까? 이 세상에는 아무도 없습니다. 율법의 행위로 말미암는 구원은 분명히 불가능한 것으로 입증되었습니다. 그러므로 여러분 가운데 그 누구도 이 계명에 순종하기를 시도해 보고 나서 구원받기를 소망해 보겠다고 말할 수 없을 것입니다. 저는 세상에 있는 최고의 기독교인이 이러한 생각을 하면서 신음하는 소리를 듣고 있습니다. "오, 하나님, 저는 죄인이옵니다. 당신은 저를 지옥에 던지신다 해도, 저는 감히 아무 말도 할 수 없나이다. 저는 어려서부터 아니 회심한 이후에도 여전히 이 계명을 범했나이다. 저는 날마다 이 계명을 범하였나이다. 만약 당신께서 정의를 측량줄로 삼고 공의를 저울추로 삼으신다면(사 28:17), 저는 영원히 사라질 수밖에 없다는 것을 알고 있나이다. 주님이시여, 이제 저는 제가 율법을 지킬 수 있다는 신뢰를 포기하나이다. 왜냐하면 율법으로는 당신의 얼굴을 절대로 볼 수 없고, 당신의 영접도 절대로 받을 수 없다는 것을 알기 때문이나이다." 또 다음과 같이 말하는 기독교인의 이야기도 들어보십시오. 그는 계명에게 말합니다. "오! 나는 너 (계명)를 지킬 수 없었다. 그러나 나의 구세주께서 너를 지키셨다. 그리고 내 구세주께서 행하신 것, 다시 말해 그분께서 그 모든 것을 위해 행하신 것을 나는 믿는다. 오, 율법이여, 예수님께서 행하신 것이 바로 내가 한 것이다. 그래서 지금 너는 나를 대적해서 어떤 질문이라도 할 참인가? 너는 내가 이 계명을 완전히 지키기를 요구했었다. 보아라, 나의 구세주께서 그 계명을 나를 위해 온전히 지키셨다. 그리하여 그분은 나의 대속자가 되어 주셨다. 내가 스스로 할 수 없는 것을 나의 구세주께서 나를 위해 행하셨단 말이다. 너는 이 대속자의 행위를 거부할 수 없다. 왜냐하면 하나님께서 그 대속자를 죽은 자 가운데서 일으키신 그 날에, 하나님께서 그 행위를 받으셨기 때문이다. 오, 율법이여! 영원토록 입을 닥칠지어다. 너는 절대로 나를 정죄할 수 없다. 내가 수천 번 너 율법을 범했다 해도, 나는 단순하게 예수님을 믿는다. 오직 예수님만을 나는 믿는다. 그분의 의가 나의 것이며, 그분의 의로 나는 내가 빚진 것을 갚고, 굶주린 너의 입을 채워 주었다."

어떤 사람은 또 이렇게 외칩니다. "오! 내가 스스로 이렇게 율법의 진노를 피할 수 있다고 말할 수 있다면 얼마나 좋을까! 오, 하지만 나는 그리스도께서 나를 위해 율법을 지키셨음을 알았다!' 이제 이런 이야기는 그만하고, 여러분에게 말씀드리겠습니다. 여러분은 자신이 죄인이고, 잃어버린 자이고, 멸망한 자라는 사실을 느끼고 있습니까? 오직 예수님만이 여러분에게 선을 행하실 수 있는 분이라는 사실을 여러분은 눈에 눈물을 흘리며 고백합니까? 여러분은 지금까지 믿고 있던 모든 것을 포기하고서, 십자가 위에서 돌아가신 그분에게 여러분 자신을 기꺼이 내맡길 수 있습니까? 여러분은 골고다를 바라보고서, 진홍색 붉은 피를 낭자하게 흘리신 그 고난 받는 분을 볼 수 있습니까? 그리고 다음과 같이 말할 수 있습니까?

> "죄인이고 연약하여
> 스스로 어떻게 할 수 없는 벌레 같은 자인
> 내가 당신의 팔에 안깁니다.
> 예수님, 당신은 나의 의이며,
> 나의 구세주이며, 나의 모든 것 되십니다."(아이작 와츠)

여러분도 이렇게 말할 수 있습니까? 이제 그분께서 여러분을 위해 율법을 지키셨으므로, 그리스도께서 사면시킨 자를 율법이 정죄할 수 없습니다. 만약 율법이 여러분에게 다가와서 "너는 율법을 지키지 않았으므로, 나는 너를 저주하노라"고 말한다면, 여러분은 그 율법에게 이렇게 말하십시오. 비록 여러분이 율법을 지키지 않았지만, 율법은 여러분의 머리카락 한 올도 감히 건드릴 수 없다고, 왜냐하면 그리스도께서 여러분을 위해 그 율법을 지키셨고, 그리스도의 의가 여러분의 것이 되었기 때문이라고 말입니다. 그리고 여러분이 돈을 벌지는 않았지만, 그리스도께서 대신 돈을 버셨기에, 여러분에게 돈이 있다고 말하십시오. 그리고 여러분은 그 율법이 요구하는 모든 것을 지불했기 때문에, 이제 율법은 감히 여러분을 건드릴 수 없다고도 말하십시오. 이제 여러분은 분명히 자유롭게 되었습니다. 왜냐하면 그리스도께서 율법을 만족시키셨기 때문입니다.

지금까지 모든 것을 살펴보았습니다. 이쯤해서 저는 말씀을 맺고자 합니다. 오, 하나님의 자녀들이여, 저는 여러분이 말하고자 하는 바를 알고 있습니다. 율법이 예수님으로 인해 만족되는 것을 보고, 이제 여러분은 무릎을 꿇고 다음과 같이 말하고 싶은 마음이 들 것입니다. "주님이시여, 저는 당신께 감사드리나이다. 이 율법은 저를 정죄할 수 없나이다. 왜냐하면 제가 예수님을 믿기 때문이나이다. 그러나 주님, 지금 이 시간부터 앞으로 영원히 저를 도우시어 제가 이 계명을 지키게 하옵소서. 주님이시여, 이 옛 마음으로는 당신을 결코 사랑할 수 없사오니, 제게 새 마음을 주옵소서! 주님이시여, 이 옛 생명은 너무나 간사하오니, 제게 새 생명을 주옵소서. 주님이시여, 제게 새로운 지성을 주옵소서. 제 생각을 성령의 깨끗한 물로 씻어 주옵소서. 저의 판단력과 저의 기억과 저의 사고 속에 오시어 거하여 주옵소서. 그리고 나서 당신의 성령께서 주시는 새 힘을 제게 주옵소서. 그러면 저는 저의 새 마음과 새 생명과 새 생각과 모든 영적인 힘을 다해, 지금 이 시간부터 앞으로 영원토록 당신을 사랑하겠나이다."

하나님께서 그의 거룩한 성령님의 능력으로 말미암아, 여러분이 죄인인 것을 깨닫도록 하시고, 또한 이 단순한 설교를 축복해 주시기를 예수님을 통해 간구합니다! 아멘.

제
25
장

—

솔직하고 사려 깊은 대답

—

"예수께서 그가 지혜 있게 대답함을 보시고 이르시되 네가
하나님의 나라에서 멀지 않도다 하시니" — 막 12:34

이 사람은 그리스도의 원수로 만나서, 후에는 그리스도의 친구가 되었습니다. 오늘 본문 말씀인 마가복음에서는 이런 내용이 분명하게 나타나지 않지만, 병행구인 마태복음에서는 분명하게 언급되어 있습니다. 이 서기관은 "예수를 시험하여"(마 22:35) 물었습니다. 이것만 보아도 이 사람은 예수님의 원수였던 게 분명합니다. "시험"이라는 말에 대해 여러분이 아무리 좋은 뜻으로 받아들인다 해도, 이 말에는 비우호적으로 한 번 떠보려 한다는 어감이 들어 있습니다. 그럼에도 불구하고 그는 종국에는 우리 주님의 대답에 대해 "선생님이여 옳소이다"(막 12:32)라는 더할 수 없이 진심에서 우러나오는 평을 하였습니다. 우리 주 예수 그리스도께서는 인간의 마음을 다스리는 전능한 능력을 가지고 계십니다. 그분은 자신의 원수들까지도 옹호자로 변하게 하는 불가항력적인 매력을 가지고 계십니다. 또한 그분은 인간의 마음이라는 자물쇠의 홈에 딱 들어맞는 은밀한 열쇠를 가지고 계셔서, 자신을 대적하면서 가장 확고하게 잠긴 듯이 보이는 자들의 마음 문을 여실 수 있습니다. 그래서 사람들은 "그 사람이 말하는 것처럼 말한 사람은 이 때까지 없었나이다"(요 7:46)라고 말했습니다. 왜냐하면 그분의 음성 안에, 심지어 그분의 겸손하신 모습 속에서도, 태초의 그 한밤중을 낮이 되도록 명하신 그 영원한 명령의 흔적들이 있었기 때문입니다.

이 서기관이 아예 처음부터 우리 주님을 시험하고자 하면서 반신반의했던 것이 제게는 충격이었습니다. 제 생각에 그는 자기 동료들 가운데서 아주 탁월한 사람이었으며, 다른 사람들보다 크게 총명하여 분별력이 있었고, 말과 토론에 있어서도 큰 재능이 있던 사람이었습니다. 아마도 이런 이유 때문에 동료 서기관들은 그를 택해서, 이러한 질문들로 주님을 시험하도록 이 서기관을 앞세웠던 것 같습니다. 자, 사람에게는 다음과 같은 일들이 종종 일어나기도 합니다. 즉, 자신의 의지로는 절대로 하고 싶지 않은 일을 다른 사람들에 의해 마지못해 하게 되어, 아주 부득이하게 자신도 마뜩찮게 여기는 사람들의 입이 되어서 그들의 뜻을 대변하기도 합니다. 우리 주 예수 그리스도께서는 언제든 인간의 마음을 읽을 수 있는 분이십니다. 그래서 그분은 어떤 사람의 행동이 자신의 의지로 하는 것인지 아니면 그 배후에 있는 어떤 권력에 의해 하는 것인지 재빨리 파악하실 수 있습니다. 그분은 또한 악의 있는 적대행위와, 일종의 어떤 상황에 의한 희생양으로서 그리 큰 죄가 아닌 행위를 잘 구분하십니다. 제가 이런 말씀을 드리는 것은, 홀로 가만히 두었더라면 그렇게 행동하지 않았을 텐데, 다른 사람들이 선동한 나머지 이용당해서 어떤 잘못된 위치로 끌려가거나 인도되어, 종교개혁 운동을 반대하거나 은혜로운 진리에 대적해 싸우는 자들도 있다는 사실을 알리기 위해서입니다. 항상 인도를 받아야 했던 사람들이 다른 사람을 인도합니다. 이것이 너무나 자주 반복되었던 지도자들의 운명입니다. 무슨 말인가 하면, 그들이 중심이자 머리가 되었던 그 모임이 그 모임의 분명한 주인격인 자를 투옥하거나 죄인으로 사로잡고는, 옳은지 자기도 반쯤 의심하는 것들을 대적해 싸웁니다. 혹시 지금이라도 그들이 자신의 환경으로부터 벗어나 자유롭게 된다면, 아마도 그들은 옳은 것을 편들고자 할 것입니다. 사랑하는 교우 여러분, 복되신 주님께서는 여러분의 마음을 읽으시고, 여러분이 지금 어쩔 수 없이 그렇게 행동할 수밖에 없는 그 압력을 이해하실 수 있습니다. 저는 여러분을 위해 기도하겠습니다. 그분께서 여러분 마음 깊은 곳에 있는 영혼을 보실 때에, 그 악한 것들 가운데 있는 선한 것을 보시고, 여러분이 표류하고 있는 그 거짓되고 위험한 위치로부터 여러분을 건져 주시기를 기도하겠습니다. 사랑하는 성도 여러분, 예수님께서는 여러분을 올바른 자리에 세우실 수 있으며, 지금처럼 얽힌 여러분의 상황으로부터 여러분을 꺼내 주시어, 여러분을 그렇게 바보로 만들어 그들의 수준으로 여러분을 끄집어 내리고 있는 자들로부터 여러분을 떼어 놓을 수 있습니다. 그래서 그분은 여러분을 자신의 친구가 되게 하시어, 그분의 기준으로 여러분을 높이 올리실 것입니다. 그리하여 여러분은 선하고 참된 모든 것의 우승자가 되어, 그분의 십자가를 지고 그 면류관 받기를 기대하면서, 여러분의 주님이신 그분과 더불어 앞으로 나아가게 하실 것입니다.

우리 앞에 놓인 본문 말씀에 등장하는 이 서기관은 처음에는 적대자의 모습으로 나타나서 우리 주님을 시험하려고 했지만, 위대한 스승인 우리 주님께서는 즉시 그의 마음 상태를 아시고, 그에게 "네가 하나님의 나라에 멀지 않도다"라고 말씀하셨습니다. 이제 저는 첫 번째로, 이 말씀에서 표현된 칭찬을 살펴보고, 두 번째로, 이 말씀에서 제기되는 질문에 대해서, 즉 결코 쓸데없는 궁금증이 아니라 아주 자연스럽게 제기되는 질문으로서, 저는 하나님의 나라에 아주 가까운 이 사람이 실제로 하나님의 나라에 들어갔는지 아니면 들어가지 못했는지에 대해 생각해 보고자 합니다.

1. 이 말씀에서 표현된 칭찬

성령님께서 우리를 가르쳐 주시고 우리에게 감동을 주시는 동안, 먼저 "네가 하나님의 나라에 멀지 않도다"고 하신 이 말씀에서 표현된 칭찬에 대해 생각해 보겠습니다. 저는 이 말씀을 일반적인 방식으로 설명하지 않을 것입니다. 이 말씀은 하나님의 나라에 멀지 않은 것으로 생각되는 사람들에게 말해 줄 수 있는 대표적인 말씀입니다. 이 말씀은 소망을 가진 자들에게 말해 줄 수 있는 가장 합당한 말씀이고 아주 큰 힘이 되는 말씀이기도 하지만, 그럼에도 다소 염려의 마음이 들게 하는 말씀이기도 해서, 많은 다른 경우들에서는 이 말씀 자체가 잘 언급되지 않습니다. 즉, 예수님께서 보시기에 정말 하나님의 나라에 멀지 않다고 판단된 자에게만 이 말씀을 하셨다는 것입니다. 이 말씀에는 우리가 보기에 그가 왜 이런 칭찬을 받게 되었는지에 대한 정보도 들어 있습니다. 이 말씀은 특정한 한 개인에게 하신 것입니다. "네가 하나님의 나라에 멀지 않도다"고 하신 대로 말입니다. 그리고 이 말씀은 예수님께서 그 서기관이 지혜 있게 대답함을 보고 하신 것이라는 사실을 우리에게 말해 줍니다. 우리는 이 사실로부터 실수할 두려움 없이 다음과 같이 추론할 수 있습니다. 즉, 이처럼 대답하는 자는 누구든지 하나님의 나라에 멀지 않은 사람이라고 말입니다. 우리는 이 서기관이 한 대답을 다시 읽어 보겠습니다. "선생님이여 옳소이다 하나님은 한 분이시요 그 외에 다른 이가 없다 하신 말씀이 참이니이다 또 마음을 다하고 지혜를 다하고 힘을 다하여 하나님을 사랑하는 것과 또 이웃을 자기 자신과 같이 사랑하는 것이 전체로 드리는 모든 번제물과 기타 제물보다 나으니이다"(막 12:32-33).

우리는 아주 자세하게 이 대답을 검토해 보고 이 대답이 우리가 하는 말과 얼마나 다른지 살펴보겠습니다. 이 서기관이 하나님의 나라에 멀지 않다고 우리 구세주께서 보신 첫째 사항은 바로 이것입니다. 이 서기관은 솔직한 사람이었다는 것입니다. 사실 그는 너무나 솔직하여서, 그가 지닌 솔직함은 그가 속한 공동체의 사고를 넘어서 있었습니다. 그는 서기관이었고 당연히 서기관과 바리새인의 편에 속해 있었습니다. 그럼에도 그는 진리를 거스르면서까지 자신이 속한 서기관과 바리새인들을 따를 정도의 사람은 전혀 아니었습니다. 그는 다른 사람의 설득에 대해 열린 마음을 가지고 있었습니다. 그래서 구세주께서 그 질문에 적합한 대답을 하시자마자, 다른 바리새인들은 그분을 조롱했을지 모르나, 그는 그분을 조롱하지도 않고 그분이 하신 말씀에 계속해서 꼬투리를 잡지도 않았습니다. 그는 솔직한 사람답게 "선생님이여 옳소이다 당신은 잘 대답하였나이다"라고 말했습니다. 그렇게 말함으로써 그는 자신이 지금까지 임시 대변인의 역할을 하던 그 부당하고 편협한 무리들로부터 분리되었던 것입니다. 그는 자신이 그리스도의 제자라고 공언하지는 않았지만, 그럼에도 그 위대한 스승에게 합당한 예의를 갖추어, 자신이 느낀 바를, 즉 그분이 잘 대답하였다는 말씀을 그분에게 할 수 밖에 없었습니다. 자, 사랑하는 여러분, 솔직한 사람에게는 어떤 소망의 여지가 항상 있기 마련입니다. 또한 편협하고 선입견을 가진 환경 속에서도 그 속박을 헤치고 나아와 깨끗한 양심을 유지하고, 총체적으로 맹목적인 상황에서도 자신의 눈을 지킨 자들에게는 더 많은 소망이 있기 마련입니다. 이런 자들은 자신에게 빛이 비추어지면, 기꺼이 그 빛을 보고자 애쓰며, 진리가 자기 앞에 주어지면, 그 진리를 알고자 갈망합니다. 이런 사람들을 만나는 것이 제게는 큰 기쁨입니다. 설령 이들이 회의적인 마음상태가 되었다고 고백한다 해도, 분명한 것은 그런 상태가 되면 그들은 주어진 증거에 기꺼이 순복하려고 하고 결코 트집을 잡으려 하지 않는다는 것입니다. 자기 마음을 속이는 사람에게든, 또는 속일 마음이 없는 사람에게든 모두 시간 낭비이기는 마찬가지지만, 그래도 질문하는 자들은 수고할 만한 가치가 있는 자들로서, 옳은 것과 진리를 보았을 때 기꺼이 그것을 받아들이는 자들이야말로 말씀을 듣는 자들 가운데 가장 소망이 있는 자들입니다. 우리는 사람들이 입도 다물고 귀도 닫고서 우리가 그들에게 주고자 하는 것은 무엇이든 억지로 삼키게 하고 싶지 않습니다. 입은 열어야 합니다. 최소한 눈과 마찬가지로 입도 벌리려고 해야 합니다. 그렇지 않다면, 복음의 잔치에 봉사하는 우리의 섬김은 피곤한 일이 될 것입니다. 말씀을 들은 자들이 자기가 들은 바를 검토할 뿐만 아니라 그 진리를 받고자 할 때, 그들의 마음상태가 좋은 상태인 것입니다. 그런 좋은 마음 상태인 자들은 아주 많은 자들이 그러는 것처럼, "범사에 헤아려"(살전 5:21) 행동할 뿐만 아니라, 기꺼이 "좋은 것을 취하고"(살전 5:21)자 하는 자들입니다. 하지만 어떤 자들은 이렇게 하려고 하지 않습니다. 그런 자들 가운데 서기관들이 있었습니다.

저는 지금 그리스도를 그리 중시하지 않는 체계 가운데서 양육 받은 사람들에게 말씀드리고자 합니다. 아마도 여러분의 신앙형태는 사제나 예전을 중시하지만, 주 예수 그리스도의 대속에 대해서는 그리 많은 말을 하지 않을 것입니다. 죄인들을 위한 복된 대속자이신 우리의 거룩한 구세주께서 하신 일보다는 오히려 인간의 일을 더 중시하는 신앙들이 있습니다. 어쩌면 여러분이 고백하는 신앙도 이런 형태 중 하나일 수 있습니다. 이런 사제나 예전 중심의 신앙이 아니라면, 여러분은 선행이나 업적이나 감정 등을 중시하는 신앙 형태 아래에서 지금까지 살아왔을 수도 있습니다. 주님께서는 여러분으로 하여금 신조나 교육이나 교류 등이 끼치는 영향을 초월하여 다음과 같이 말하게 하실 수도 있습니다. "하나님의 구원의 도리를 아는 것이 저의 유일한 바람입니다. 제 소망은 주님께서 계시하신 대로 인도함을 받는 것입니다. 하나님의 말씀이 분명히 가르쳐 주시는 것이라면, 그것이 저의 모든 옛 신념들에 반하고, 지금까지 제가 가장 소중히 여기던 위로들이 사라진다 해도, 저는 그 가르침을 받아들일 준비가 되어 있습니다. 저는 진실한 마음으로 거룩한 성령님께서 저를 밝혀 주시기를 간구합니다." 자, 만약 우리가 이런 부류의 사람을 만나서, 그가 복음을 듣는 모습을 보게 된다면, 우리는 그에게 다음과 같이 말할 수 있을 것입니다. "네가 하나님의 나라에 멀지 않도다"라고 말입니다. 이런 사람들은 진리의 능력을 실감하고서 예수님을 믿는 신앙으로 회심한 자들입니다. 이들은 솔직한 사람들로서 선한 것을 진심으로 사랑하는 자들입니다. 구세주께서는 그 마음이 "정직하고도 좋은 밭"인 이런 몇몇 사람들을 부르셨습니다. 이들은 세상의 씨앗이 그들 가운데 떨어지기 훨씬 이전부터 그런 자들이었습니다. 물론 본성적으로 이러한 개방성과 진지한 성품도 하나님께서 주신 선물입니다. 틀림없이 이러한 자들은 천국 사역에 가장 효과적으로 사용될 자들입니다. 사기꾼이나 협잡꾼이나 게으름뱅이나 믿는 체하는 자들이나, 원칙이나 마음이 없는 자들, 이런 자들은 거의 회심하지 못합니다. 저는 지금 제 경험상 이런 말씀을 드리는 것입니다. 저는 노골적으로 불경한 행동을 하면서 하나님을 모독하며 거들먹거리던 자들이 예수님의 발치에 오게 되는 경우를 많이 보았습니다. 그러나 저는 남을 속이는 자들이 그 자리에 오게 되는 경우를 본 기억이 없습니다. 그런 자들에게는 뼛속 깊이 거짓말하는 성품이 자리 잡고 있습니다. 물론 그런 성품은 여러분을 구원하는 은혜의 능력 너머에 있다고까지 말할 수는 없겠지만, 그래도 그렇게 오랫동안 거짓말하던 자가 회심하게 된 경우는 하늘 아래에서 지극히 드문 경우라고 말씀드릴 수 있습니다. 저는 지금 인간의 본성을 찬양하려는 것도 아니고, 절대적으로 자유로운 은혜의 선택에 대한 어떤 근거들을 말하려는 것도 아닙니다. 그러나 주님께서 부르신 자들은 대부분의 경우 정직한 개방성과, 속임수에서 벗어난 자유로움이 있다는 것입니다. 최초의 사도들이었던 어부들의 특징은 분명히 무식하고 연약했습니다. 그러나 그들은 유리처럼 투명한 인품과 나다나엘처럼 그 속에 간사한 것이 없는 자들이었습니다. 심지어 그들의 어리석음과 죄악과 큰 실수들 속에서도, 그들은 항상 열린 마음을 가지고 있었고, 주님께서는 대개 사랑의 눈길로 이들을 바라보셨습니다. 사기꾼들은 마치 가룟 유다처럼 들어왔다가 다시 나가 버립니다. 왜냐하면 그들은 우리와 같은 자들이 아니기 때문입니다. 이런 자들은 경건한 자들과 교제를 나누어도 혹은 진리를 알게 되어도 변화를 경험하지 못합니다. 오히려 그리스도의 돈지갑을 훔치고, 자기의 구세주를 은화 몇 개에 팔려고 합니다. 이런 자들은 기쁨으로 복음을 받고 즉시 자기 안에 있는 그 은혜로운 능력을 드러내는, 솔직하고 온전한 자들과는 아주 동떨어진 자들입니다. 우리는 이런 솔직한 자들에 대해 그리스도께서 이 서기관에게 말씀하신 것처럼, "네가 하나님의 나라에 멀지 않도다"라고 말할 수 있습니다.

우리 주님께서 좋게 보신 둘째 사항은 더욱 분명합니다. 이 사람은 영적인 지식을 가졌다는 점입니다. 어떤 사람이 무지해서 선한 일을 할 수 있을 것이라고 여기는 것은 크게 잘못된 생각입니다. 무지한 자들이 받아들이고 싶어 하는 그런 신앙도 있겠지만, 우리는 솔로몬이 말한 진리를 배워 알고 있습니다. "지식 없는 소원은 선하지 못하고"(잠 19:2)라는 진리 말입니다. 하나님의 율법에 대해 무지한 것은 하나님의 나라에 멀리 떨어져 있는 것이며, 복음에 대해 무지한 것도 하나님의 나라에 멀리 떨어져 있는 것입니다. 그런데 이 서기관은 율법을 알고 있었습니다. 그것도 아주 잘 알고 있었습니다. 그는 율법의 범위와 의미, 그리고 율법의 영성 등에 대해서 영적인 안목을 가지고 있었습니다. 그가 율법을 어떻게 이행했는지, 그가 그 율법을 얼마나 잘 실천했는지 등에 주목해 보십시오. 그는 첫째 계명으로 "마음을 다하고 지혜를 다하고 힘을 다하여 하나님을 사랑하는 것"(막 12:33, 스펄전이 인용한 KJV에는 이 본문이 "마음을 다하고, 지성을 다하고, 영혼을 다하고, 힘을 다하여 그분을 사랑하고"라고 번역되어 있다 — 역주)이라고 말합니다. 먼저, 여기서 우리가 보게 되는 것은 그가 "마음을 다하여 그분을 사랑하고"라고 말하면서, 진실한 사랑을 언급했다는 사실입니다. 우리는 하나님을 사랑해야 합니다. 입술로 하나님의 이름만 부르면서 그저 말로만 사랑하는 척하는 것이 아니라, 마음으로 하나님을 사랑해야 합니다. 하나님께서는 피조물들이 마음을 다해 율법에 순종하기를 요구하십니다. 다음으로, 이 서기관은 "지혜를 다하고"라고 말했습니다. 즉, 하나님은 그의 피조물들이 **지성적인** 사랑을 할 만한 분이며, 하나님께서도 그런 사랑을 원하신다는 말씀입니다. 하나님은 그 피조물들의 맹목적인 사랑을 요구하지 않으십니다. 그분은 피조물들이 그분과 그분이 하신 일과 그분이 그들에게 요구하는 것들에 대해 알고서 자신을 사랑하기를 바라십니다. 왜냐하면 그것이 바로 피조물들이 그분에게 드릴 합당한 사랑이기 때문입니다. 사랑은 지성에 의해 정당화되어야 할 뿐만 아니라, 지성으로 인해 사랑하게 되어야만 합니다. 다음으로, 그는 "영혼을 다하고"라고 말합니다. 이 말은 **감정적인** 본성을 말합니다. 쌀쌀맞게 하나님을 사랑하는 것이 아니라, 여러분의 정서가 지닌 온 힘을 다해 다정한 감정으로 그분을 사랑하라는 뜻입니다. 여러분의 영혼으로 그분을 사랑하십시오. 왜냐하면 영혼으로 사랑하는 것이 사랑의 정신(혼)이기 때문입니다. 다음으로, 그는 "힘을 다하여"라는 말까지 덧붙였습니다. 이 말은 하나님의 사랑에 투신(投身)하는 우리의 열심을 말합니다. 우리는 우리의 힘을 다해 그분을 섬기고, 이 섬기는 일에 우리가 가진 모든 에너지들을 쏟아야 합니다. 이렇게 해서 그는 이 네 가지 항목으로 하나님의 율법이 우리에게 요구하는 바가 무엇인지를 말했습니다. 즉, "마음을 다하고"라는 말로써 진실함을, "지성을 다하고"라는 말로써 지성을, "영혼을 다하고"라는 말로써 감정을, "힘을 다하여"라는 말로써 열심과 에너지를 설명했습니다. 이것이 바로 이 서기관이 알고 있었던 것이며, 이것은 가장 귀중한 지식이었습니다. 사랑하는 성도 여러분, 사람이 율법과 복음에 대한 교리들을 지성적으로 파악하기 시작할 때, 다시 말해 그가 거룩한 일들에 대해 낯설어 하지 않고 그에 대한 자기 신념에 대해 이유를 제시하면서 그 신념을 다른 사람들에게 말할 수 있을 때, 물론 이때도 그 사람이 그런 지식을 가지고 있다고 해서 실제로 그가 하나님의 나라에 들어갔다고 결론적으로 말할 수는 없겠지만, 어쨌든 우리는 그가 하나님의 나라에 멀지 않다고 별 무리 없이 최종적으로 말할 수 있을 것입니다. 우리는 솔직해지도록 합시다. 그리고 그 솔직함이 깨달음과 함께 하도록 합시다. 그러면 이러한 덕목을 가진 자가 결코 하나님의 나라에 멀지 않다는 것을 우리는 확신할 수 있을 것입니다.

　　주님께서 좋게 보신 셋째 사항은 더욱 주목할 만합니다. 왜냐하면 신앙 고백까지 한 수백 명의 기독교인들이 이 서기관처럼 하늘나라에 멀지 않다는 말을 전혀 듣지 못할까봐 걱정이기 때문입니다. 이 서기관은 외적인 신앙을 능가하는 내적 신앙의 탁월함을 알고 있었습니다. 왜냐하면 그는 "하나님을 … 사랑하는 것이 전체로 드리는 모든 번제물과 기타 제물보다 나으니이다"(막 12:32-33)라고 선포했기 때문입니다. 지금 이 시간에도 수천 명의 사람들이 신앙에서 가장 중요한 핵심을, 여러분이 제때에 적합하게 세례 받고, 견진(堅振) 받고, 성례에 경건하게 정기적으로 참여하는 것이라고 가르치고 있습니다. 그들은 여러분이 성찬식에서 떡을 받는 것과 그 거룩한 떡을 떼는 자가 주교로부터 적절하게 그 머리에 안수를 받았는지에 대해 강조합니다. 저는 한갓 외형에 치우친 이런 것들에 대해 전혀 아는 바가 없습니다. 예배를 어떻게 집례해야 하는지, 또한 어떻게 예배를 집례해서는 안되는지에 관해 지금까지 많은 책들이 저술되었고, 심지어는 떡한 조각 때문에 교회 법정에서 큰 소란이 일어나기도 하였습니다. 저는 아무리 높은 고위 성직자라 해도 이 구운 밀가루 반죽 덩어리가 지금까지 "경건하게 소비"(reverently consumed, 성찬식 후의 남는 전병(煎餅)을 환자 심방을 위해 따로 보관하는 가톨릭과는 달리, 영국 성공회는 성찬식이 끝난 직후 경건하게 소비해야 한다고 명시하고 있다 [성공회 기도서, 1662년]. 주로 성직자가 먹거나 거룩한 방식으로 폐기할 것을 권장한다 — 역주) 되었다고 그렇게 강하게 확신할 수는 없다고 믿습니다. 여기가 이방 나라도 아니고, 우리가 맹목적인 물신 숭배자들도 아니지 않습니까? 이와 더불어 거룩한 월요일이나 성 금요일에 성직자들이 입어야 할 의복 스타일도 아주 중요한 문제였습니다. 교회력이나 월령(月齡)에 따라서 의복의 색들이 변합니다. 망토 모양의 긴 옷과 영대(領帶)와 중백의(中白衣)와 가운 등이 진지한 토론의 주제가 된다고 생각할 때, 솔직히 말해 제 마음은 너무 무겁기만 합니다. 분명하게 말씀드리겠습니다. 이러한 미신들에 속아 넘어가는 그 불쌍한 사람들은 하나님의 나라에 먼 자들입니다. 그것도 너무 먼 자들입니다. 하나님의 나라는 입는 것이나 어떤 몸짓이나 먹는 것과 마시는 것이 아니라, 오직 성령 안에 있는 의와 평강과 희락(롬 14:17)이기 때문입니다. 그들이 생각하는 방향은 영이신 하나님의 마음과 동떨어진 것이며, 예배하는 자는 영과 진리로 예배(요 4:24)드려야 합니다. 전적으로 보여주기 방식인 신앙 안에, 도대체 무슨 영혼의 만족이 있겠습니까? 그 안에 하나님을 기쁘시게 할 만한 어떤 것이 있을 수 있겠습니까? 만약 우리 하나님이 왕궁에 있는 꼭두각시 인형이라면, 어떤 예식을 통해서 그분을 기쁘시게 하리라 생각해 볼 수도 있을 것입니다. 또 그분이 이방의 어떤 바보 같은 신이라면, 야단스러운 의식이나 겉치레나 몸짓이나 행렬이나 의복이나 라운드 로빈(round-robin, 하나의 성경 주제를 정해서 한 천에 여러 성도들이 돌아가며 수를 놓아, 원래의 주인에게 돌려주는 일종의 십자수 문양 — 역주)들로 그분을 기쁘시게 하리라 생각해 볼 수도 있을 것입니다. 하지만 그분은 하나님이시며, 유일하게 지혜로운 분이시라는 것을 제가 알기에, 그러한 것들은 제가 꿈도 꾸지 못할 정도로 저와는 너무나 동떨어진 것들입니다. 어린 아이들이 하는 장난 같은 그러한 것을 다 큰 어른들이 할 수는 없습니다. 예복의 색을 정하고 재단하는 등의 그런 세세한 고민을 가지고 그 무한히 광대하신 분을 충만하게 하고자 하는 그 영광스러운 생각이 제게는 거의 신성모독처럼 여겨집니다. 어떤 사물이 진리의 모형으로 계시되었을 때는 이런 것들이 중요하였습니다. 그러나 지금은 진리의 빛이 떠올라서 그 진리의 그림자들이 사라져 버렸습니다. 그러므로 그러한 모형적인 설명들은 이제 가능하지 않습니다. 교회 법정이나 총회가 교인들이 기도할 때 동쪽을 향해야 할지 아니면 서쪽을 향해야 할지의 문제를 가지고 토론한다는 것이 실제 바람직한 것입니까? 그 토론의 결과로, 교인들이 어디를 향해 고개를 돌리고 몸을 구부려야 하는지가 결정된다는 것이 과연 제대로 된 생각입니까? 이런 식으로 섬기는 하나님은 도대체 어떤 신입니까? 그들이 숭배하는 이 신은 도대체 어떤 존재입니까? 이들이 섬기는 신은 우리가 경배하는 하늘에 계신 하나님 여호와가 분명히 아닐 것입니다. 왜냐하면 그분은 "손으로 지은 곳에 계시지 아니하시나니"(행

7:48)라고 한 말씀대로 이런 건물에 계시지 않기 때문입니다. 그리고 그분은 다음과 같은 한 규정만 제외하고는 다른 모든 예배 규정들을 폐지하셨습니다. "예배하는 자는 영과 진리로 예배할지니라"(요 4:24). 오직 영적인 예배만이 예배이며, 오직 마음으로 경배할 때만 하나님께서는 그분에게 드려지는 경외를 받으십니다. 이 서기관은 전체로 드리는 모든 번제물은 하나님께서 제정하신 것이며, 따라서 그 번제물들은 율법으로 정해진 것이라 바르고 합당한 제물이라는 것을 알고 있었습니다. 그럼에도 불구하고 이러한 번제는 마음을 다하고 영혼을 다하여 하나님을 사랑하는 것과 비교하면 아무것도 아니라는 것도 그는 알고 있었습니다. 그는 이런 생각을 다음과 같은 말로 아주 분명하게 표현하였습니다. "마음을 다하고 … 하나님을 사랑하는 것이 … 전체로 드리는 모든 번제물과 기타 제물보다 나으니이다"(막 12:32-33)라고 말입니다. 그가 얼마나 광범위하게 표현했는지를 보십시오. 그는 "전체로 드리는 모든 번제물과 기타 제물"이라는 말까지 덧붙였습니다. 천 개의 뭇 산의 가축(시 50:10)을 모두 죽여서 레바논에 불을 붙여 거기서 나오는 전제의 연기가 거대한 제단을 이룬다 해도, 다시 말해 만만의 강물 같은 기름(미 6:7)과 그 옆으로는 기름진 짐승들의 피가 강물이 되어 흐른다 해도, 이 모든 것들은 아무것도 아닐 것입니다. 도대체 누가 이들의 손으로 한 이런 것들을 요구했습니까? 주님께서는 이러한 것들을 요구하지 않으셨습니다. "주께서 … 제사와 예물을 기뻐하지 아니하시며"(시 40:6). 하나님께서 요구하시는 것은 우리가 그분을 무엇보다도 먼저 사랑하고, 우리 이웃을 우리 몸처럼 사랑하는 것입니다. 자, 미신적인 외형적 예배를 지금까지 신뢰하지 않은 자들은 하나님의 나라에 멀지 않은 자들입니다. 예배 장소에 출석한다거나 기도문을 암송한다거나 교회 모임에 참석한다거나 세례를 받는다거나 성례에 참여하는 것이 아니라, 영적인 변화를 받음으로써 구원을 받는다는 것을 아는 사람은 다른 사람들보다 많이 알고 있는 사람입니다. 그러나 자기 마음을 다해 하나님을 사랑하는 것이 하나님의 자녀가 되기 위해 절대적으로 필요한 증거라는 것까지 알고, 그 사랑을 느끼기를 갈망하는 자는 하나님의 나라에 멀지 않은 자입니다. 영적인 신앙의 가치와 필요성을 느끼는 것은 가장 소망이 있는 징표입니다. 저는 이것이 구원을 받는 은혜의 확실한 징표라고까지는 말할 수 없습니다. 그러나 이것은 하나님의 나라에 아주 가까이 이르렀다는 표시인 것만은 확실합니다. 오, 성도들이 지금 이러한 지식을 알고서, 이 지식으로부터 실천으로 한 걸음 나

아가게 되기를 기원합니다! 오, 그들이 마음을 다해 믿고서, 생명을 얻게 되기를 기원합니다!

이 서기관의 고백 속에는 또 다른 것이 분명하게 나타나 있습니다. 즉, 그는 우리 인생 전체를 다스리는 하나님의 절대 주권을 아주 분명하게 알고 있었다는 것입니다. 오직 한 분 하나님이 계시며, 인간은 나눠지지 않은 한 마음으로 오직 그분만을 섬기는 목적으로 만들어졌다는 것이 그에게는 분명한 사실이었습니다. 사람은 마음을 다하고 지혜를 다하고 힘을 다하여 한 분 하나님을 사랑하고 존경하고 섬겨야 한다는 것을 그는 알고 있었습니다. 사랑하는 성도 여러분, 여러분도 이것을 알고 있습니까? 만약 여러분이 아직 구원받지 못했다면, 저는 여러분에게 간청하고자 합니다. 지금 나아오십시오. 마음을 다하고 지혜를 다하고 힘을 다하여 여러분의 하나님을 섬기는 것이 여러분이 마땅히 해야 할 의무라는 것을 여러분은 참된 것으로 인정합니까? 여러분은 이 사실을 받아들입니까? 만약 여러분이 받아들인다면, 그리고 여러분의 그 대답이 정직한 것이라면, 여러분은 하나님의 나라에 멀지 않은 자들입니다. 왜냐하면 정직한 사람은 진지하게 자신이 진 빚을 열심히 갚고자 하기 때문입니다. 그리고 자신이 갚을 수 없다는 것을 알았을 때는 심히 괴로워하기 때문입니다. 만약 여러분이 하나님이 명하신 이 의무를 충족할 수 없어 마음이 괴롭다면, 여러분은 하나님의 나라에 멀지 않은 자들입니다. 저는 여러분이 자신이 부족하고 연약하고 무능한 사람이라는 것을 발견한 것에 대해 기쁩니다. 왜냐하면 이런 자각은 마음에서 우러나오는 회개와 가까운 곳에 있기 때문입니다. 이 회개야말로 구원받는 믿음의 자매이며, 기쁨과 평안의 확실한 인도자입니다. 자신이 마땅히 해야 할 것에 대한 자신의 무능함을 깨닫게 될 때, 다시 말해 자신이 합당하며 올바른 것으로 존중하고 인정하는 그 율법 앞에서 자신이 두려워 떨게 될 때, 그때 그는 자신을 부정하고, 예수 그리스도께서 주신 비할 데 없는 의를 받아들이는 일에 멀지 않은 자가 됩니다. 우리를 다스리시는 하나님의 절대 주권에 대한 인식, 즉 하나님께서 반드시 모든 생각과 모든 호흡과 모든 맥박까지도 다스려야 한다는 이런 인식은 우리로 하여금 죄를 깨닫게 하시는 성령님의 사역입니다. 성령님의 사역으로 인한 이런 인식은 한때 어둠 속에 있던 영혼에게 빛이 비처지는 새벽이 오는 반가운 표징이기도 합니다. 우리는 반드시 마음에서 우러나오는 사랑으로 하나님을 사랑해야 한다는 사실을 인정해야 합니다. 그러면 여러분은 그분을 사랑하는 일에 멀지 않은 사람입니다. 여러분은 그분을 사랑하지 않은 죄인이었음을 느끼십시오. 그러면 사랑의 씨앗이 여러분의 마음속에 생길 것입니다.

　여러분에게 말씀드릴 것이 한 가지 더 있습니다. 소망이 있는 이 서기관은 영적인 신앙의 가치와 마음에서 우러나오는 사역의 필요성과 전적으로 하나님께 헌신하는 마음의 필요성까지 인정하고 있었습니다. 그럼에도 불구하고, 그는 하나님께서 명하신 방식대로의 외적인 신앙도 전혀 무시하지 않았습니다. 그는 하나님을 사랑하는 것이 전체로 드리는 모든 번제물과 기타 제물보다 낫다고 말했습니다. 이 말은 이러한 번제물들이 적재적소에 사용된다면 유익하다는 것을 인정하는 말입니다. 예식을 고안해 낸 자의적 숭배(골 2:23)자들의 미신이 예식 가운데 있을 수 있다고 해서, 그는 하나님께서 명하신 예식들을 거부하지 않았습니다. 유아세례시 유아들에게 물을 뿌리는 것이 비성경적인 예식이라고 해서, 우리는 신자들의 세례를 포기해서는 안 됩니다. 마찬가지로, 성찬식이 교황주의자들의 미사라고 해서, 성찬식을 포기해서도 안 됩니다. 하나님께서 세우신 규례들은 적재적소에 사용되면 선한 것들입니다. 우려해야 할 것은 이 규례들을 더 중요하고 나은 주제로 무리하게 주장함으로써, 이 규례들을 왜곡하는 것입니다. 이처럼 이 서기관은 모든 면에 있어서 균형 잡힌 사고를 보였으며, 자기 스스로 자신이 하나님의 나라에 멀지 않다는 것을 입증해 보였습니다.

　사랑하는 여러분, 여러분은 여러분이 발견한 진리는 무엇이든 그 진리를 기꺼이 붙잡으려는 준비가 되어 있습니까? 여러분은 여러분이 속한 집단의 유대와 가정의 편견에서 벗어날 준비가 되어 있습니까? 여러분은 신앙의 내적이며 영적인 부분이 신앙의 외적인 부분보다, 즉 옳든 그르든 간에 그 외적인 부분보다 비교할 수 없이 탁월하다는 사실을 믿을 준비가 되어 있습니까? 여러분은 하나님의 거룩한 주권과, 모든 면에서 여러분을 향한 그분의 권리를 인정합니까? 또한 여러분은 그분께서 세우신 규례들을 적재적소에서 지키고 그 규례에서 기꺼이 벗어나지 않을 것입니까? 그렇다면, 즉 이 모든 것들이 여러분 가운데 있다면, 여러분의 성품은 예수님으로부터 "네가 하나님의 나라에 멀지 않도다"라는 말씀을 들은 이 서기관을 닮아 있습니다. 저는 이런 여러분을 만나게 되어 매우 기쁩니다. 왜냐하면 여러분은 이미 여러분을 향한 하나님의 권리를 인정하고, 그 거룩한 권위를 인정하는 일에 멀지 않은 자들이기 때문입니다. 여러분은 영적 신앙의 영역에 들어오는 일에 멀지 않은 자들이라는 것을 저는 확신합니다. 왜냐하면 여러분은 이미 이것을 귀중하게 여기고 있기 때문입니다. 여러분은 전적으로 마음이 새롭게 되는 특권에서도 멀지 않은 자들입니다. 왜냐하면 여러분은 그런 마음의 필요성을 알고 있기 때문입니다. 여러분이 이제 이 복음을 듣게 되었다는 것이 제게 얼마나 기쁜 일인지 모릅니다! 이 좋은 시간에 하나님께서 저를 도우시어 바른 말을 여러분에게 한 것이라면, 저는 더욱더 기쁠 것입니다. 주님께서 이 말씀을 주셨습니다!

2. 이 말씀에서 제기되는 질문

우리가 살펴볼 두 번째 사항은 이 말씀에서 제기되는 질문입니다. 즉, 이 사람은 하나님 나라에 아주 가까이 온 사람이었습니다. 그렇다면 과연 그는 하나님 나라에 들어갔을까? 하는 것입니다. 우리는 이에 대해 알지 못합니다. 만약 어떤 사람이 이 서기관은 하나님 나라에 들어가지 못했다고 말한다면, 저는 그렇게 대답한 말을 기꺼이 문제 삼을 것입니다. 만약 어떤 사람이 이 서기관은 하나님 나라에 들어갔다고 말해도, 저는 즉시 그렇게 대답하는 근거를 요구할 것입니다. 우리는 성경에서 이에 대한 어떤 정보도 얻을 수 없습니다. 그러므로 하나님의 말씀이 침묵하는 곳에서는 우리도 침묵하는 것이 항상 좋습니다. 우리는 아주 유익한 또 다른 규칙도 살펴보아야 합니다. 즉, 여러분이 어떤 사람의 상태를 판단해야 하는 상황에서, 그 사람에 대해 알고 있는 것이 별로 없을 때는, 항상 호의적으로 판단하라는 규칙입니다. 재판관들은 무죄추정의 원칙에 따라 항상 피의자에게 유리하게 판단합니다. 따라서 어떤 사람이 피의자가 아니라면, 다시 말해 그가 이 서기관처럼 은혜의 길에 이르렀다면, 어쨌든 우리는 그가 천국에 들어갔을 것으로 소망합시다.

저는 그 서기관이 그렇게 행동할 수밖에 없었던 이유가 있었다고 생각합니다. 이것이 바로 그가 하나님 나라에 들어갔는지의 질문에 대한 저의 첫 번째 대답입니다. 그는 그렇게 행동할 수밖에 없었습니다. 지금까지의 그의 행적으로 미루어 볼 때, 하나님의 성령이 그와 함께 하심으로 말미암아, 그가 하나님 나라에 들어갈 수 있는 많은 문들이 있었다고 생각합니다. 제가 말씀드리는 문은 사고(思考)의 가능성으로서, 성령님께서는 솔직한 마음을 지닌 이 서기관이 그리스도에 대한 믿음을 기꺼이 받아들일 수 있도록 인도하셨을 것입니다. 저는 여러분에게 한 가지 사실을 보여드릴 수 있습니다. 이 일이 있은 후 수년이 흘러 또 다른 한 서기관, 즉 랍비가 있었습니다. 여러분은 다음과 같이 말한 이 랍비의 이름을 기억할 것입니다. "내가 이로써 율법이 선한 것을 시인하노니 내 지체 속에서 한 다른 법이 내 마음의 법과 싸워 내 지체 속에 있는 죄의 법으로 나를 사로잡는 것을 보는도다 오호라 나는 곤고한 사람이로다 이 사망의 몸에서 누가 나를 건져 내랴 우리 주 예수 그리스도로 말미암아 하나님께 감사하리로다 그런즉 내 자신이 마음으로는 하나님의 법을 육신으로는 죄의 법을 섬기노라"(롬 7:16, 23-25)라고 말한 랍비입니다. 여러분은 이 말씀에서 생각의 과정을 보고 있습니다. 이것은 아주 간단한 것입니다. 이 서기관은 하나님의 율법이 마음을 다하고 지혜를 다하고 영혼을 다하고 힘을 다하여 순종하기를 요구하는 영적인 법이라는 것을 알았습니다. 만약 그가 이러한 것을 미리 알았다면, 그는 솔직한 사람이므로 아마도 다음과 같이 말했을 것입니다. "저는 이 율법을 지키지 못했나이다. 더군다나 이것을 지킬 수도 없나이다. 제가 이것을 지키려고 애쓴다 해도, 저는 제 속에서 제가 노력하는 것을 대적하여, 결국 또 다른 법인 이기적인 죄악의 법에 사로잡히게 되는 저를 보게 되나이다." 그래서 그는 올바른 사람이 되기를 갈망하면서 다음과 같이 말했을 것입니다. "내가 어떻게 하면 구원을 받을 수 있을까? 오, 하나님의 법을 지키는 것에서 벗어날 수만 있다면 좋으련만! 나는 이런 속박 상태에서 살 수가 없다. 나는 이 법을 지켜야만 하고, 내 마음을 다해 하나님을 사랑하기까지 결코 행복하지 못할 것이다. 왜냐하면 그분은 마땅히 그런 사랑을 받기에 합당한 분이시고, 하나님을 그 정도로 뜨겁게 사랑하지 않는 마음에는 결코 천국이 있을 수 없으며, 하나님을 열렬히 사랑하는 것이야말로 평화와 안식의 핵심이기 때문이다. 나는 어떻게 거기에 도달할 수 있을까?" 이런 상황에서 "수고하고 무거운 짐 진 자들아 다 내게로 오라 내가 너희를 쉬게 하리라"(마 11:28)고 말씀하시는 우리 주님의 다정한 초대를 그가 들었다면, 그는 그 음성에 기뻐 뛰지 않았을까요? 여러분은 그런 자들이 기독교인이 되는 이 단순한 문이 보이지 않습니까? 그 서기관은 지금까지 그분께 나아왔던 것보다 틀림없이 조금 더 나아와야만 했습니다. 우리는 그가 그렇게 했다고 신뢰합시다. 어쨌든 여러분 가운데 지금까지 그분에게 나아왔던 자들이 있다면, 하나님의 다정한 성령님께서 여러분으로 하여금 다음 발걸음을 인도하시어, 여러분 모두가 하나님의 나라로 들어가게 되기를 기원합니다. 여러분 모두가, 손에 은홀(銀笏)을 쥐고 계시며, 그분을 섬기는 것이 그 모든 백성들에게 영광이자 기쁨이 되는 그 임마누엘

임금의 사랑의 주권에 순종해서 말입니다.

　그것이 바로 한 문입니다. 이제 여러분은 저를 따라 또 다른 문으로 가 보겠습니다. 이 사람이 실제로 마음과 지혜와 영혼과 힘을 다해 하나님을 사랑했다고 가정해 봅시다. 그런데 저는 그가 완벽하게 그렇게 했다고 말할 수 없을 것 같습니다. 왜냐하면 그렇게 하나님을 사랑하는 것은 불가능해 보이기 때문입니다. 만약 그가 참으로 그리고 진정으로 하나님을 사랑했다면, 그는 예수님의 마음과 깊은 곳에서 하나가 되는 감정 없이 주 예수님과 단 한 시간도 교제할 수 없었을 것입니다. 만약 그 서기관이 그 정도로 하나님을 사랑했다면, 예수님께서 "이 사람도 마음을 다해 하나님을 사랑하는구나"라고 소리치시지 않았겠습니까? 예수님은 틀림없이 그것을 느끼셨을 것입니다. 왜냐하면 그리스도께서 아버지를 향해 가진 그 열정은 이루 헤아릴 수 없을 만큼 무한한 것이었기 때문입니다. 그 열정은 그분의 빛나는 시선에 매 순간 드러났으며, 그분의 입에서 떨어지는 모든 말씀 가운데 물들어 있었습니다. 예수님은 하나님을 위해 사셨으며, 온 마음과 영혼을 다해 아버지께 영광을 돌렸습니다. 진심으로 하나님을 사랑하는 자라면 누구라도 즉시 이런 사실을 알아차릴 수 있었을 것입니다. 그래서 그 서기관은 "아! 여기에 나보다 더욱 하나님을 사랑하는 분이 계시는구나. 여기에 나보다 더욱 하나님께 영광을 돌리는 분이 계시는구나. 여기에 나보다 더욱 거룩하고 경건하며 하나님을 닮은 분이 계시는구나"라고 소리쳤을 것입니다. 바로 이 문을 통해 그는 예수님을 존경하고 그분과 교제를 나누며, 결국에는 그분을 메시아로 믿게 되었습니다. 우리도 이 서기관이 받은 것 같은 인도하심을 소망합시다. 왜냐하면 그 길은 아주 쉽기 때문입니다. 어쨌든 하나님께서 그 은혜로 말미암아 여기에 있는 어떤 사람이든지 아버지 하나님을 사랑하도록 인도해 주신다면, 그 사람은 분명히 아들이신 예수님을 사랑하게 될 것이라 저는 확신합니다. 왜냐하면 아들을 낳으신 분을 사랑하는 자라면, 그분이 낳은 분 또한 사랑하는 법이기 때문입니다. 지금 제 설교를 듣는 사랑하는 여러분, 비록 여러분이 하나님의 독생자에 대해 아직 아는 것이 별로 없다 해도, 여러분이 하나님을 사랑하게 된다면, 여러분은 틀림없이 하나님의 나라에 멀지 않은 자들입니다. 하나님께서 여러분을 도우시어, 한 걸음 더 나아가게 하시기를 기원합니다. 여기에 또 다른 문이 있습니다. 여러분도 알다시피, 이 서기관은 하나님을 사랑하는 것이 전체로 드리는 모든 번제물과 기타 제물보다 낫다고 말했습니다. 자, 그가 앉아서 마음에 다음과 같은 생각을 했다고 가정해 봅시다. '하나님을 사랑하는 것이 주된 일이다. 그렇다면 왜 율법은 전체로 드리는 번제물과 희생을 요구하는 것일까? 만약 이런 번제와 희생이 실제로 도덕적인 교훈보다 더 열등한 것이라면, 다시 말해 특별히 영적인 교훈들보다 열등한 것이라고 한다면, 도대체 왜 그것들은 율법에 버젓이 들어가 있는 것일까?' 제 생각에, 그때 그는 이 번제와 희생이 지닌 어떤 영적인 목적 때문에, 그것들이 율법에 포함될 수밖에 없었던 것을 알았을 것 같습니다. 아마도 그는 유월절 어린 양과 매일 바치는 어린 양과 속죄제 등의 의미를 찾아서 읽기 시작했을 것입니다. 만약 그가 옛 율법의 희생 제사를 알아보기 위해, 복된 이사야서 53장을 펼쳐 읽었다면, 마치 빌립이 내시에게 성경을 펼쳐 읽어 주었을 때 일어났던 일이 그에게도 일어나서, 그가 읽던 모든 말씀 속에서 예수님을 보게 되었을 것입니다. 이 서기관은 그분을 보았던 것이 틀림없습니다. 사랑하는 여러분, 이와 같이 여러분도 솔직한 마음으로 복음이 정한 규례들의 의미를 발견하고자 그 합당한 자리를 찾는다면, 그 규례들 전체가 가르치는 것이 예수 그리스도라는 사실을, 즉 속죄제의 희생 제물이신 그분이라는 사실을 알게 될 것입니다. 두 개의 이 큰 복음 규례들 안에는 그리스도 밖에 없습니다. 그리스도의 고난과 죽음과 장사와 부활은 침례에서 설명됩니다. 그리스도의 죽음은 그리스도께서 성찬상에 임하셔야 비로소 설명됩니다. 즉, 우리 구세주의 죽음으로 말미암아 우리에게 생명이 주어졌으며, 그와 동일한 방식으로 생명이 유지됩니다. 예수님은 구약 규례들의 몸이고, 신약 규례들의 영혼입니다. 그래서 만약 여러분이 그 베일을 뚫고 들어가 밖으로 드러난 모든 규례들의 참된 의미를 찾고자 할 정도로 솔직한 마음이 있다면, 여러분은 머지않아 예수님을 보게 될 것입니다.

　이 서기관이 구세주에게 인도될 수 있었던 또 다른 길이 있습니다. 다르게 생각해 보겠습니다. 아마도 그는 하나님을 사랑하는 마음이 계속해서 불타올랐을 것입니다. 그 사랑이 지혜가 되어, 그 지혜는 다시 그 사랑으로 더 밝아지게 되면서, 그의 영혼도 하나님을 향해 살아났습니다. 여러분은 왜 이런 일이 일어났는지를 알 것입니다. 이 일은 틀림없이 성령님께서 그 서기관 안에 계셨기 때문에 가능한 일이었습니다. 은밀하며 알 수 없는 방식으로, 어떤 거룩한 능력이 그 방향으로 나아가도록 그를 뒤에서 밀지 않는다면, 어느 누구도 자신의 마음과 지혜와 영혼과 힘을 다해 하나님을 사랑할 수도 없고, 하나님을 사랑하려고 애쓸 수도 없기 때문입니다. 자, 그렇다면 여러분은 성령님께서 이렇게 이 사람 안에 역사하시고도, 그의 구원을 위해서 그리스도가 계시되지는 않을 수도 있다고 생각합니까? 저는 그렇게 믿을 수 없습니다. 확신하건대, 이 서기관은 그리스도의 복음 아래 나아가, 자신의 솔직함과 하나님을 향한 자신의 사랑과 거룩한 성령님의 능력으로 말미암아 이에 합한 마음상태가 되기를 원했습니다. 그때 마치 불길이 마른 부싯깃에 떨어져 즉시 불이 일어나는 것처럼, 성령 하나님에 의해 준비된 그 마음에 예수님의 말씀이 떨어졌습니다. 그래서 이 서기관은 하나님의 나라에 멀지 않다는 말씀을 듣게 되었던 것입니다. 말씀을 듣고 있는 지금 이 순간에도 그런 자들이 생겨나기를 저는 소망합니다. 여러분 가운데 어떤 이들은 다음과 같이 말할 수 있으리라 저는 확신합니다. "오, 내가 그리스도를 영접할 수만 있다면! 내 눈이라도 빼서 그분에게 드리고 싶다"고 말입니다. 여러분의 마음이 그 정도라면, 여러분이 그분을 영접하지 못할 이유가 무엇이겠습니까? 우리는 그분을 값없이 영접할 수 있습니다. 어떤 다른 사람은 "오, 내가 그분을 영접해서 구원받을 수만 있다면, 내 목숨도 아깝지 않다"고 말합니다. 그 정도의 마음이라면 여러분이 살아서 구원을 얻지 못할 이유가 무엇이겠습니까? "오, 그래도 제가 무언가를 드려야 하지 않겠습니까?" 왜 여러분은 자신이 무언가를 바쳐야 한다는 생각을 버리고 예수님께서 여러분에게 선물로 주시는 것을 값없이 받겠다는 생각을 못하는 것입니까? 하지만 그런 바람이 여러분에게 있다면, 다시 말해 여러분 스스로 그것을 간절히 원한다면, 그것이 바로 여러분이 하나님의 나라에 멀지 않다는 증거입니다. 제 마음의 소원은 여러분이 예수님에게 나아가 지금 즉시 여러분 자신을 그분에게 내맡기는 것입니다. 그것이 바로 구원의 길입니다. 여러분이 자신을 구원하겠다는 생각을 버리고, 예수님께서 여러분을 구원하도록 하십시오. 사람이 물에 빠졌을 때 발버둥치며 허우적거린다면, 그는 물에 빠져 죽을 것입니다. 그러나 몸에 힘을 빼고 가만히 있다면, 그는 물에 뜰 것입니다. 그러다가 다른 사람이 그를 도우러 왔을 때, 여전히 수동적인 자세로 응한다면, 그는 물에서 나올 수 있을 것입니다. 물에 빠진 사람이 하겠다고 하는 모든 일들은 단지 자신의 구원을 방해할 뿐입니다. 그리스도께서 여러분에게 생명을 주시어 행동할 수 있게 하기까지, 여러분은 그리스도의 손에서 수동적인 사람이 되십시오. 여러분은 아무것도 아닌 자가 되고, 그분이 모든 것이 되도록 하십시오. 오직 그분만을 전적으로 신뢰하십시오. 그분의 팔에 안겨, 그분께서 여러분의 죄악과 슬픔의 모든 무게를 감당하게 하십시오. 그러면 여러분은 네가 하나님의 나라에 멀지 않다는 말씀을 더 이상 듣지 않고, 다음과 같은 노래가 온 하늘과 땅에 울려 퍼지는 것을 듣게 될 것입니다. "이제는 너희 영혼의 목자와 감독 되신 이에게 돌아왔느니라"(벧전 2:25).

　　제가 이미 말씀드렸는 데도 불구하고 여전히 다음과 같은 암울한 억측이 존재합니다. 아마도 이 서기관은 절대로 하나님의 나라에 들어가지 못했을 것이라는 생각 말입니다. 그가 하나님의 나라에 그렇게 가까이 갔지만, 그에게는 필수적인 한 가지가 부족했기 때문에 그렇게 볼 수도 있습니다. 만약 그렇다면, 그것은 슬픈 사실입니다. 이것이 사실이라면 이제 우리가 할 수 있는 것은 이 사실로부터 유익을 얻는 것입니다. 그가 하나님의 나라에 들어가지 못한 이유는 무엇이었을까요? 저는 그 이유를 말할 수 없습니다. 우리는 그에 관해서 알고 있는 것이 거의 없기 때문입니다. 하지만 우리가 알고 있는 그 작은 사실로부터 추론해 볼 수는 있을 것 같습니다. 혹시라도 그가 하나님의 나라에 들어가지 못했다면, 그것은 그가 동료들로부터 부추김을 받은 쓸데없는 동기 때문이 아니었을까 하고 생각해 봅니다. 그가 그리스도에게 질문하기 위해 나아왔을 때, 그는 자발적인 마음으로 나온 것이 아니었다고 판단할 수 있습니다. 그는 그리스도를 반신반의하는 마음으로 반대했던 것 같습니다. 우리가 이 설교를 시작할 때부터 생각한 대로, 그에게 그런 마음이 있었기 때문에 그가 질문자에서 솔직한 경배자로 훨씬 쉽게 바뀔 수 있었습니다. 그럼에도 불구하고 그는 다른 사람들을 위한 대변인이 되어, 사람들 앞에 나서는 것을 좋아하게 되었던 것입니다. 이것은 충분히 가능한 생각입니다. 혹시라도 그가 하나님의 나라에 실제로 들어가지 못했다면, 그것은 진리와 의를 위해서, 서기관과 바리새인들로 구성된 유명 인물들 가운데 자기 자리가 없어지는 것을 너무나 큰 희생으로 여겼기 때문이었을 것입니다. 저는 신앙적인 일에 깊이 감동하고서 바른 길을 가고자 결심한 한 사람을 알고 있습니다. 하지만 그는 저녁에 자기를 정신적 지주로 삼고 있던 대여섯 명으로 구성된 작은 모임에 나갔고, 그 모임은 그의 신앙적인 결심을 흔들기에 충분했습니다. 그들은 그를 다시 모임에 오도록 거듭해서 초대하였으며, 그와 예전에 나누던 다정한 교제와 농담과 노래와 재미있는 이야기 등을 그리워했습니다. 그는 그들의 요청을 아무렇지 않게 무시할 수 없었습니다. 그래서 그는 그들에게 자기는 다른 곳으로부터 부름을 받았다고, 다시 말해 조금 더 고귀한 일에 부름을 받았다고 말할 수 없었습니다. 그는 그들을 다른 방향으로 인도할 만큼의 결심은 고사하고, 그런 시도를 하는 것조차 두려웠습니다. 그는 지도자가 되기를 원했습니다. 그는 그런 명예가 가치 없는 줄을 분명히 알고 있었음에도 불구하고 이것을 포기하지 않고, 오히려 자기 양심이 그에게 제시하는 것을 포기하였습니다. 자기가 예전에 만나던 그 사람들을 그는 바보라고 생각했지만, 그는 그들이 자기를 바보로 생각하는 것이 더 두려웠습니다. 그래서 그는 그들보다 더 어리석고 큰 죄를 지은 바보가 되었습니다. 오, 사람들을 두려워하다니, 도대체 사람들을 두려워하다니! 여러분은 "그래, 저기에 빛이 있어. 정말 가져 볼 만한 가치가 있는 빛이 있어"라고 느끼기 시작하는 선한 사람들을 여기저기서 만날 수 있습니다. 그런 사람들은 자신이 속한 공동체와 환경들에서 벗어나, 잠시나마 자신이 반신반의하며 발견했던 그 진리에 열심을 냅니다. 그러나 그는 기존의 공동체가 자신을 냉대할까 두려워하며, 자신을 보고 "스승님"이라고 조롱하거나 "나의 주님"이라고 비웃을까봐 무서워합니다. 진리에 반쯤 떠진 눈은, 더 나은 모습을 비웃으려는 어둠의 다른 자녀들로 인해 가장 슬픈 결심으로 끝나게 됩니다. 이런 광경이야말로 천사들을 울게 하는 모습입니다. 예수님은 유다의 손에 의해 팔려 사로잡히셨습니다. 그분은 어리석은 웃음과 헛되고 사사로운 교제를 위해 팔렸습니다. 아, 하늘의 해도 그렇게 끔찍한 광경을 보고 있어야만 하다니! 많은 무리들이 진리를 알고 하나님의 나라에 멀지 않은 상태에 있었음에도 불구하고, 그들은 하나님의 나라에 들어가지 못했습니다. 왜냐하면 사람들을 두려워하고, 다른 사람들에게서 인정받기를 좋아하며, 남들의 조롱과 멸시를 무서워했기 때문입니다. 이런 사악한 속박으로 인해 영원한 영혼들은 사형언도를 받아 영원한 축복을 받지 못하게 되었습니다. 질문하는 마음을 지닌 많은 젊은 이들에게는 매우 아름다운 그 어떤 것이 있습니다. 만약 여러분이 그 젊은이를 다른 토양에 옮겨다 심는다면, 거기에서 여러분은 그와 똑같은 것을 얻게 될 것입니다. 하지만 그가 일하는 가게에서 그와 함께 일하는 동료들이 그가 정말 그리스도인이 되었다는 이유로 그를 조롱의 대상으로 삼는다면, 그에게서는 아무것도 얻지 못할 것입니다. 또 그가 일하는 일터에서 모든 일꾼들이 그가 신앙 고백을 반 정도 했다는 이유로 그를 욕하고 놀린다면, 거기에서도 아무것도 얻지 못할 것입니다. 용기가 부족한 것, 자기 부인을 하지 않는 것, 이것은 그러지만 않았다면 구세주의 왕관에 있는 보석이 될 수 있었던 것을 놓쳐 버리는 치명적인 결점입니다. 용감한 마음을 가진 모든 자들은, 그가 구세주와 진리를 시인할 만큼 담대하지 못해서 잃어버린 자가 되었다고 슬프게 말할 것입니다.

> "나와 같은 사람을 무서워하며 살기보다는
> 차라리 죽는 편이 낫다고 생각하오."(셰익스피어, 「줄리어스 시저」).

다른 사람을 두려워하다니! 그리고서도 내가 사람인가? 사람이 아니라면, 나는 한갓 사람들의 놀림거리에 불과할 뿐인가? 오, 사랑하는 성도 여러분, 여러분의 인성이 구원받도록 나아오게 하십시오. 하나님께서 여러분에게 은혜를 베푸시어, 여러분이 "내가 옳은데, 다른 사람들이 뭐라 하든, 그 말들이 나와 무슨 상관이 있는가?"라고 말하게 되기를 기원합니다. 다른 사람들이 그들의 조롱으로 여러분의 뼈를 부러뜨릴 수는 없습니다. 설령 그들이 그렇게 한다 해도, 그리스도인들은 그분의 거룩한 요구를 거절하기보다는, 오히려 자신의 뼈가 부러지는 것은 물론이고 자신의 온 몸을 불사르게 내주기까지 했습니다. 예수님은 어떻게 말씀하셨습니까? "나를 위하여 자기 목숨을 잃는 자는 얻으리라"(마 10:39)고 말씀하셨습니다. 온 세상을 얻기 위해 유일한 진리를 저버리는 자는 자신이 애쓴 수고에도 불구하고 크게 실패한 자입니다. 그는 비열하고 비천한 자로서, 어린 양이 가는 곳이면 어디든 따라가는 자들 가운데 계수될 가치조차 없는 자입니다. 오! 지금 주저하는 이들이 있다면, 저는 그들에게 다음과 같은 말로 그 마음을 일깨워 주고자 합니다. 그리스도를 위해 결심하는 것이 이 밤에는 그저 용기 있게 내딛는 한 걸음으로 보이겠지만, 큰 나팔 소리가 나고, 그 소리가 온 땅과 바다에 울려 퍼지며, 죽은 자들이 일어나고, 심판대가 세워지고, 크고 흰 보좌가 그 모습을 드러낼 때는, 아주 다르게 보일 것입니다. 그때는 자기 목숨을 구하기 위해 주님을 더욱더 필사적으로 거부하는 모습을 보일 것입니다. 사람들을 기쁘게 하기 위해 자기 주님을 저버린 그런 겁쟁이들이 그 날에 할 수 있는 일이 도대체 무엇이겠습니까? 목자가 양과 염소를 서로 나누기 시작할 때, 진리를 거부하고 양심을 억압한 그들이 도대체 무엇을 할 수 있겠습니까? 그렇습니다. 예전에는 양과 함께 계수되고자 결심하기도 했지만, 결국 스스로 염소와 함께 한 그들이 무엇을 할 수 있겠습니까? 그들은 우리 가까이에는 있었지만, 결코 우리 안으로 들어오지는 않았습니다. 그래서 그분께서 "나를 떠나라! 나를 떠나라! 나는 너희를 알지 못하노라. 너희는 내가 굴욕을 당하던 날에 나를 모른다고 했다. 너희는 세상에서 나를 부끄러워하였다. 너희는 내 이름 때문에 얼굴을 붉혔다. 너희는 사람들로부터 비웃음과 비난을 받지 않으려고 너희 양심을 속였다. 너희도 나를 알지 못한다고 했으므로, 나도 너희를 알지 못한다. 나를 떠나라! 나를 떠나라!'고 말씀하실 때, 그들은 어떤 감정이 들겠습니까? 빛이 비치는 데도 여러분이 눈을 감아 버린 정도에 비례하여, 그 빛이 영원한 밤으로 가는 여러분의 눈을 감기려고 할 때, 여러분은 두려움을 느끼게 될 것입니다. 여러분이 자기 양심에 폭력을 행사한 정도에 비례하여, 여러분 안에 깨어 있는 양심은 두려움을 느끼게 될 것입니다. 여러분이 하나님의 나라에 가까이 나아온 정도에 비례하여, 여러분이 쫓겨 가게 될 곳까지는 끔찍한 간격이 생길 것입니다.

저는 이런 생각도 해 보았습니다. 만약 주님께서 사람들에게 그들이 한 대로 앙갚음을 하신다면, 다시 말해서 지금 하나님의 나라에 멀지 않은 자들이 주님으로부터 "너희는 거기에 영원히 머무를지어다. 복음을 들었지만 그 복음을 받아들이지 않았던 너희는 지금 너희가 있는 바로 그곳에 정지해 있어야 한다"는 말씀을 듣는다면, 아주 끔찍한 일이 벌어질 것이라는 생각 말입니다. 그러면 사랑하는 여러분, 여러분은 정지해야 합니다! 한 발자국도 더 움직여서는 안 됩니다! 천국 문에 가까이 왔지만, 여러분은 거기 그대로 정지해 있어야 합니다! 그러면 여러분은 영원히 천국의 음악소리를 들으면서, 영원토록 여러분의 이를 갈아야만 합니다. 왜냐하면 여러분은 그 천국에 동참할 수 없기 때문입니다! 여러분이 영원토록 슬피 우는 동안, 여러분은 의로운 자들이 부르는 노랫소리를 들을 것입니다! 여러분은 그 복된 기쁨을 알면서도, 그 침울하고 어두운 가운데 영원히 거하게 될 것입니다! 여러분은 손만 내밀면 천국에 닿을 곳에 있지만, 여러분이 있는 그곳은 여전히 지옥 안일 것입니다! 여러분의 발 밑에는 생수가 흐르고 있지만, 여러분의 입은 영원히 바싹바싹 마를 것입니다! 생명의 떡이 여러분 가까이에 있지만, 여러분은 먹을 수 없을 것입니다! 오, 이런 것들을 생각해 보십시오! 영원히 하나님의 나라에 멀지 않은 것을 말입니다! 오, 이렇게 되기를 여러분이 원치 않는다면, 한순간도 그리스도 밖에 머무르지 마십시오! 여러분은 아직 결심하지 못한 상태입니다. 성령 하나님께서 능력을 베푸시어, 여러분이 지금 당장 믿음의 도약을 하여, 살아 있는 믿음과 그리스도를 향한 순종을 사랑하게 되기를 기원합니다.

"하나님의 나라에 그렇게 가까이 있는데!
네게 부족한 것이 무엇인가?
하나님의 나라에 그렇게 가까이 있는데!
너는 무엇 때문에 주저하는가?
아무리 귀해 보여도 모든 우상들을 내어 버리고,
지금 네게 간청하고 계시는
구세주에게 나아오라."(크로스비[Fanny J. Crosby, 1820-1915])

제
26
장

—

예수님을 사랑하는 자들에게 보여주신 한 가지 모범

—

"그가 내게 좋은 일을 하였느니라" — 막 14:6

이 거룩한 여인은 제자들을 불쾌하게 하였습니다. 이 일을 행함으로써 분명히 그녀는 제자들에게 실례되는 일을 했던 것 같습니다. 하지만 그녀는 주님의 작은 종들을 고의적으로 섭섭하게 하려고 한 것은 아니었습니다. 더구나 그녀가 그렇게 한 것에 대해 조금이라도 그녀를 비난해서는 안 되는 이유가 있습니다. 제자들에게 실례가 된 것은 그녀의 가장 복된 행동에서 나온 예기치 못한 결과였기 때문입니다. 그러므로 비난은 그녀의 거룩한 행동에 대해 불평하는 자들이 받아야지, 그녀가 받아서는 안 되는 것입니다. 모든 제자들이 그녀의 이런 행동에 대해 섭섭해했는지 저는 잘 모르지만, "제자들이 보고 분개하여"(마 26:8)라고 기록된 마태복음의 말씀으로 비추어 보아, 마태는 제자들 전체의 분위기를 전한 것으로 보입니다. 예수님을 많이 사랑하는 사람들의 행동은 그리스도의 정식 제자들의 기준으로 판단해서는 안 된다고 저는 생각합니다. 설령 사도들이 그들의 재판관이었다 해도, 그런 행동들을 판단하기에는 적절치 않을 것입니다. 그리스도를 많이 사랑하는 자들은 그리스도를 따르는 평범한 사람들의 미지근한 상태로 인해 그 뜨거운 열정이 식어서는 절대로 안 됩니다. 열정을 가진 자들이 삶에서 보여주는 그 거룩함은, 비록 하나님의 제단 앞에서 신앙 고백을 했다고는 하나 열정이 적은 많은 자들의 기준에 의해 절대로 판단되어서는 안 됩니다. 사랑하는 남녀 성도 여러분, 결코 그렇게 판단해서는 안 됩니다. 설령 여러분이 가장 믿었던 가족들이 여러분을 오해한다 해도, 여러분은 너무 크게 상심해서는 안 됩니다. 왜냐하면 이런 일은 여러분 앞서 은혜를 입었던 많은 자들에게서도 일어났던 일이기 때문입니다. 오, 크게 사랑을 받은 자들이여, 여러분은 미지근한 상태로 있을 수 없습니다. 미지근한 상태인 자들이 여러분을 인정해 주지 않아도, 여러분은 절대로 놀라지 마십시오! 여러분의 열정으로 인해 여러분이 광신적이라거나 신중하지 못하다거나 성급하다거나 극성맞다는 비난을 들어도 여러분은 전혀 이상하게 여기지 마십시오. 사람들이 여러분을 심지어 미쳤다고 하거나 혹은 여러분에 대해 지식보다 열정이 더 많은 것은 아닌지 의심한다 해도, 그런 것들로 여러분은 절대 마음 아파하지 마십시오. 왜냐하면 우리가 기꺼이 닮고자 하는 마리아도 이런 종류의 비난을 받았기 때문입니다. 그리고 다윗과 다윗의 자손으로서 여러분의 주님이신 그분도 미친 사람 취급을 받았기 때문입니다.

명예로운 칭찬을 받은 이 여인은 주목할 만한 행동을 하였습니다. 그래서 주님은 복음이 전파되는 곳이면 어디서든 이 여인이 한 일도 말하도록 하셨습니다. 하지만 이 일로 인해 형제들 같던 그 제자들 사이에 분란이 일어나게 되었던 것입니다. 사람들의 판단이 얼마나 별 볼일 없는 것인지 모릅니다!

한 마디로 그녀는 면전에서 유다의 비난(요 12:4)을 들었습니다. 가룟 유다는 믿는 형제들 가운데서 아주 유명했던 만큼, 제자들 사이에서도 가장 뛰어난 사람으로 여겨졌습니다. 제자들은 그가 반역을 도모할 것이라고는 전혀 의심하지 않았습니다. 만약 의심했다면, 그에게 자신들의 전대를 맡기지도 않았을 것입니다. 제자들은 야고보와 요한에게 한 번 화를 낸 적이 있었습니다. 하지만 신중한 유다는 제자들의 존경을 받았습니다. 유다는 그 제자들 가운데서 실제 사업 수완이 가장 뛰어난 사람이었을 것으로 저는 생각합니다. 유다의 이런 사업 수완에 대해서는 별로 언급되지 않습니다. 그렇지 않습니까? 그는 그 작은 무리들 가운데서 뛰어난 능력을 지닌 사람이었습니다. 그는 신중하다는 이유로 선택된 사람이었습니다. 그의 신중함에 대해서도 별로 언급되지 않습니다. 그렇지 않습니까? 분명히 유다는 냉정하고 용의주도한 성향이 강한 사람이었고, 이런 성향으로 인해 그는 돈을 거래하고 물건을 구입하는 일에 제격이었습니다. 충동적인 베드로나, 사랑 많은 요한이나, 생각이 깊은 도마보다도 그는 사업적인 능력에 있어서 이들보다 아주 뛰어났습니다. 만약 그가 정직하기만 했다면, 그야말로 자기가 맡은 직책에 안성맞춤인 사람이었을 것입니다. 그가 제자들과 수년 동안 함께 생활하면서도, 자신의 마음속 깊은 곳에 있는 그 사악함을 숨기고, 동료인 제자들을 감쪽같이 속일 수 있었다는 것에 놀랄 따름입니다. 그만큼 그는 주도면밀한 사람이었기에, 그의 의견은 제자들 가운데서 큰 영향력을 미쳤을 것입니다. 사도들 가운데서 유다를 비난하는 것은 현명한 사람을 정죄하는 것처럼 여겨졌습니다. 그에 대한 평가는 여러분과 제가 하는 평가와 달랐습니다. 왜냐하면 우리가 알고 있는 바와 같이, 그가 주님을 배신했다는 사실 외에, 우리가 그에 대해 비난할 이유는, 지금까지도 전혀 생각해 볼 수 없기 때문입니다. 제자들은 그의 배신을 조금이라도 예견할 수 없었고, 유다를 정죄하는 것은 틀림없이 크게 비난받을 만한 일이라는 것이 제자들의 판단이었습니다. 적어도 유다를 정죄한다는 것은 사업적으로 보나 상식적으로 보나 틀림없이 경솔하고 헛된 일로 받아들여졌을 것입니다. 유다는 경제적인 측면에서 완벽한 모델이지 않습니까? 그는 오늘날에도 많은 아버지들이 자녀들에게 모범으로 내세우는 그런 사람이지 않습니까? 그런 아버지들이 하는 말들을 들어보십시오. "아들아, 만약 네가 이 세상에서 출세하려면, 가룟 유다를 본받아야 한다. 그는 모범적인 사람이야. 그는 기독교인이면서도 자신의 이득에 대해서는 예리한 눈을 가진, 사업적으로 매우 현명한 사람이란다."

겁에 질린 한 여인이, 사도들 가운데서도 고귀한 존경을 받던 유다로부터 큰 비난을 받는다는 것은 견딜 수 없이 가혹한 일이었습니다. 그러나 그녀에게는 다음과 같은 위로가 있었습니다. 제가 여러분에게 확실하게 말씀드릴 수 있는 것은, 그녀가 제자들의 온갖 비난, 특히 제자들 중에서도 가장 큰 자인 유다의 비난에도 전혀 아랑곳하지 않은 것은, 자기가 자신의 주님을 기쁘시게 했다는 그 생각이 그녀에게 위로가 되었기 때문이라는 것입니다. 그녀는 주님을 바라봄으로써, 비록 주님을 따르는 자들이 자기를 정죄했어도 주님께서는 받아 주셨다는 사실을 알 수 있었습니다. 비록 주님의 종들로부터는 자기가 인정을 받지 못했어도, 주님으로부터는 인정을 받았다는 사실을 그녀는 자기 양심으로 알 수 있었습니다. 오, 사랑하는 형제자매 여러분, 이렇게 우리도 우리의 문제를 항상 최고 법정으로 가지고 갑시다. 그래서 사람들의 종으로 사는 것이 아니라, 주님 앞에서 살아가도록 합시다! 주님에게 하듯이 우리가 진실하게 행했다는 것을 인식하고 있다면, 다시 말해 그분께서 우리의 섬김을 인정해 주셨음을 우리가 확실히 느끼고 있다면, 사람들이 우리에 대해 무슨 말을 하든, 그들이 하는 말은 우리에게 아주 작은 일일 뿐입니다. 우리는 우리에게 나쁜 감정을 가진 형제들에게 절대 화를 내지 말며, 당연히 책망 받을 일들도 절대 하지 맙시다. 설령 우리가 가진 열정으로 인해 다소 통상적인 관례를 벗어난다 해도, 우리는 젊은 시절의 다윗이 자신을 시기하는 형제들에게 "어찌 이유가 없으리이까?"(삼상 17:29)라고 한 것처럼 그렇게 대답하도록 합시다. 다른 사람들의 의견을 우리가 따라야 할 필요는 전혀 없습니다. 우리에게는 우리가 해야 할 의무가 있습니다. 그리고 우리가 진 사랑의 빚이 일반적인 경우보다 훨씬 크다면, 우리는 실례를 무릅쓰고라도 우리가 할 수 있는 한 풍성한 사랑과 열정을 갖도록 합시다. 우리가 유일하게 안타까워하는 것은 그 거룩한 섬김의 길에 우리가 조금 더 나아갈 수 없다는 바로 그것입니다.

어떤 사람은 이렇게 말합니다. "맞습니다. 하지만 오늘날 그리스도를 사랑한다고 하는 자들은 사람들의 눈살을 찌푸리게 하는 자들이지 않습니까?" 오, 맞습니다. 자칭 그리스도를 따른다는 형제들 가운데서도 그런 자들이 있습니다! 만약 여러분이 일반적인 여러 형제들과 한 마음이 되어, 천국으로 가는 여정을 너무 천천히 진행시키고 있다면, 그래서 과연 여러분이 지금 그 길을 가고 있기는 한지 묻고 싶을 정도라면, 여러분은 여러분이 말한 그런 비판들을 피할 수 있을 것입니다. 한 마디로 말해서, 여러분이 신앙에 있어서 거북이걸음으로 살아가는 자들과 보조를 맞춘다면, 여러분은 사람들로부터 좋고 편한 사람, 바르고 존경할 만한 사람이라는 말을 들을 수 있을 것입니다. 그러나 만약 여러분이 이 길을 제대로 달려간다면, 즉 여러분이 본성적으로 가진 온 힘을 이 일에 쏟고, 그리스도를 위해 최고의 속도로 살아가기로 결심한다면, 여러분은 사람들로부터 냉대를 받고, 심지어는 그리스도의 많은 제자들로부터도 무시를 받게 될 것입니다. 왜냐하면 그들은 실제로 여러분이 열의가 없는 미지근한 자신들을 정죄하고 있다고 받아들일 것이기 때문입니다. 이스라엘을 괴롭힌 자(대상 2:7)처럼 된 여러분은 도대체 누구입니까? 여러분의 형제들 가운데 좀 더 신중한 자들은, 여러분에게 교만하고 무례한 마음이 있어서 그렇게 여러분이 건방지게 앞장 서 간 것이라고 말할 것입니다. 그들은 여러분을 다른 사람들이 보는 앞에서 바보로 만들려고 하거나 아예 여러분을 내쫓으려고 할 것입니다. 여러분이 다른 사람들보다 더 유용한 사람이 되는 것만큼, 그들에게 여러분이 저지를 수 있는 더 큰 죄악은 없는 것입니다. 사람이 자신을 성결한 기준으로 생각한다면, 그는 자기보다 더 뛰어난 사람을 신성모독 같은 죄를 범한 자로 여길 것입니다. 만약 여러분이 다른 사람들을 앞질러 간다면, 여러분은 그들이 미소 띤 얼굴이 아니라, 화난 얼굴로 여러분을 대할 것이라 예상하십시오. 여러분은 건방진 사람으로 불릴 것이며, 주제넘은 자로 여겨질 것입니다. 여러분은 이 모든 것을 감수하고, 절대로 초조해하지 마십시오. 여러분은 주님께 나아가, 여러분이 할 수 있는 모든 일들을 마치 주님께 하듯이 지금까지 행했으며, 지금도 그렇게 행하고 있음을 그분에게 말하십시오. 그리고 그분께 여러분을 향해 미소 띤 얼굴을 보여 달라고 간구하십시오. 여러분이 하는 초라한 일들을 그분께서 받아 주십사 간청하십시오. 그런 다음 여러분이 하려는 일에 착수해서 그분이 오시기까지 열심히 하십시오. 여러분의 의무라는 씨를 뿌릴 뿐, 여러분은 햇빛이 날지 비가 올지 인간적으로 판단하며 신경 쓰지 마십시오. "구름만 바라보는 자는 거두지 못하리라"(전 11:4)는 말씀도 있듯이, 만약 여러분이 전혀 구름에 신경 쓰지 않는다면, 여러분은 참된 믿음으로 위로를 받아 씨도 뿌리고 열매도 거두게 될 것입니다. 하나님께서 여러분을 축복해 주실 것입니다.

저는 지금 이 시간에 복된 이 여인에 대해 말씀드리고 있습니다. 제가 바라는 것은 여러분과 제가 이 여인을 영원히 기억할 만한 모범으로 삼고 그녀를 닮는 것입니다. 제가 여러분에게 전하고자 하는 바는, 우리 주님께서 "그가 내게 좋은 일을 하였느니라", 혹은 "그가 나를 위해 좋은 일을 하였느니라"고 하신 이 말씀의 뜻을, 제가 알고 있는 한에서 설명하는 것입니다. 이 성경 말씀은 다음처럼 번역될 수도 있지만, 유독 성경번역자들은 다음과 같이 번역하는 것을 싫어하는 것 같습니다. 즉, 어여쁜 일이라는 단어를 써서, "그가 내게 아름다운 일을 하였느니라"고 번역하는 것입니다. "아름다운 것은 영원한 기쁨이니"(영국의 시인 존 키츠[John Keats, 1795-1821]가 쓴 장편시 엔디미온[Endymion]에 나오는 시구 — 역주). 이 일은 하나님의 교회에 영원토록 기쁨이 되는 아름다운 것이었습니다. 그래서 그리스도의 복음이 전파되는 곳에서는 이 여인에 대해서도 함께 기억하도록 하였습니다. 그녀가 행한 일로 인해, 복음이 전파되는 한 이 베다니의 마리아도 영원히 기억될 것입니다.

이 여인이 행한 일, 즉 옥합을 깨뜨리고 그 나드 향유를 부은 일에는 어떤 아름다움이 있었습니까? 그 일에서 무엇이 아름다웠습니까? 저는 이에 대해 여러분에게 말씀드리고자 합니다.

1. 이 여인은 이 일로 예수님을 영화롭게 하였습니다.

여기에는 일곱 가지 아름다움이 있었습니다. 그 첫째 되고 주된 아름다움은 아마도 이 일로 인해 예수님을 전적으로 영화롭게 하였다는 점일 것입니다. 그녀는 예수님을 개인적으로 영화롭게 하기 위해서 그분의 머리에 향유를 부어드리고자 했습니다. 그분의 실제 인격을 존경하는 마음에서 그녀는 그분을 위해 마지막 한 방울까지 다 부어드렸습니다.

그녀는 그분께서 보여주신 사랑의 행동이나 그분께서 말씀하신 진리의 말씀을 생각해서라기보다는, 오히려 친히 비할 데 없이 가장 귀한 그분 자신을 생각해서 그 일을 하였습니다. 그녀는 나사로가 일어났을 때, 그분께서 하신 사랑의 행동을 보았으며, 그분의 발치에 앉아서는 그분께서 하시는 진리의 말씀을 듣기도 하였습니다. 그러나 지금 그녀는 삼중으로 복된 그분의 인성을 존경하고 찬양하는 마음이 들었기 때문에, 그 귀한 나드 향유 옥합을 가지고 와서, 그녀의 스승이자 친구이자 주님이며, 그녀에게 모든 것 되시는 그분에게 그 옥합을 드렸던 것입니다. 그녀는 그 옥합을 팔아서 그 돈을 가난한 자들에게 주어야 했다는 말도 들었습니다. 하지만 그녀는 그 예물을 간접적인 방식이 아니라 직접 그분에게 드리기를 원했습니다. 틀림없이 그녀도 그 예물을 가난한 자들에게 주는 것을 생각해 보지 않은 것은 아니었습니다. 그러나 막상 그녀가 가난한 자들을 위해 그렇게 하려니, 그것으로는 그분에 대한 고마운 마음을 표현하는데 부족하다고 느꼈습니다. 왜냐하면 그분은 그녀를 위해 가난한 자들 가운데서도 가장 가난한 자가 되신 분이었기 때문입니다. 그녀는 무엇인가 그분에게 드리기를 원하였습니다. 그녀가 생각하기에 그분이 받으시기에 합당한 그 어떤 것, 다시 말해 그 당시 그분의 때와 상황에 합당한 그 어떤 것을 그분에게 드리기를 원하였습니다. 제 생각에 이 거룩한 여인은, 그분의 모든 사도들이 우리 주님에 대해 알고 있던 것보다 훨씬 더 많은 것을 알고 있었던 것 같습니다. 그녀의 눈빛은 베일 속을 꿰뚫어 보고 있었습니다. 이 일이 있고 난 하루나 이틀 만에 그분께서는 개선장군처럼 말을 타고 예루살렘 전역에 왕이 되심을 선포하셨다는 사실을 여러분도 기억할 것입니다. 이 일로 인해 그분께서는 처음으로 기름 부음을 받은 것이 아니었습니까? 이 거룩한 여인이 아니었다면, 도대체 누가 이 나라에 왕으로 오신 그분에게 가시적으로 기름을 부어드릴 수 있었겠습니까? 그녀는 그분의 나라의 수도인 그 도성 거리에서 그분의 왕 되심을 선포하기 위해서, 다시 말해 그녀는 왕의 기름을 부어드리기 위해서 예비된 자로 그분에게 나아온 것이 아니었습니까? 어쨌든 그 나드 향유는 오로지 그분만을 위해 부어져야만 했습니다. 그때 그녀는 제자들도 잊었을 뿐만 아니라, 가난한 자들도 잊었습니다. 마르다는 주님과 제자들을 시중들기에 바빴지만, 마리아는 온통 예수님에 대한 생각으로 가득했습니다. 그래서 그녀는 "오직 예수 외에는 아무도 보이지 아니하더라"(마 17:8)와 같은 체험을 하게 되었습니다. 오로지 그분만 보이는 그런 복을 받게 되다니, 이 얼마나 대단한 축복입니까! 그녀가 한 일은 예수님과 함께 한 베드로와 야고보와 요한을 위한 것이 아니었습니다. 틀림없이 그녀가 한 것은 오직 그분만을 위한 것이었습니다. 그분은 참으로 홀로 모든 다른 것들 위에 계시며 그 너머에 계신 분으로 합당한 경의를 표할 가치가 있는 분이셨기 때문입니다. 그분을 향한 그녀의 사랑은 그녀가 지금까지 들어본 그 어떤 다른 것들보다 뛰어난 사랑이었기에, 그녀의 마음은 전적으로 온전히 오직 그분만을 향한 사랑의 행위로 표현될 수밖에 없었습니다.

자, 우리가 이미 본문에서 읽은 바와 같이 이러한 일은 아름다운 것입니다. 우리의 능력대로 가난한 자들을 돌보고, 우리의 동료들에 대해 우리에게 요구되는 것들을 이행한다면, 그런 일들은 여러분이나 저에게 있어서 아름다운 일일 것입니다. 그때 우리는 예수님을 위해서도, 다시 말해 분명히 우리 주님을 위해서도 어떤 일을 반드시 해야겠다는 마음이 들게 됩니다. 그래서 여러분도 자신이 그분을 위해 무엇을 해야 할지 제게 묻는 것이지 않습니까? 그렇습니다. 하지만 사랑하는 자매 여러분, 저는 그것을 여러분에게 말씀드릴 수 없습니다. 그것은 여러분 자신이 마음으로 생각해야 하는 것입니다. 여러분의 손으로 어떤 일을 할지를 생각해야 합니다. 어떤 형제는 "오, 내가 예수님을 위해 할 수 있는 일을 말해 주십시오!"라고 소리칩니다. 좋습니다. 그러나 사랑하는 형제 여러분, 제가 여러분에게 말씀드릴 수는 없습니다. 그 문제는 대부분 열정을 가진 여러분의 영혼에서 그분을 위한 어떤 것을 고안해 내는 여러분 영혼의 거룩한 독창성에 달려있습니다. 만약 그녀에게 향유 옥합을 가지고 와서 그분의 머리에 기름을 부으라는 명령이 내려졌다면, 이 거룩한 여인의 행동이 의도하는 바는 다소 손상되었을 것입니다. 다시 말해, 그 일은 그녀의 사랑이 그녀에게 명령한 것이기에, 일반적인 교훈보다도 더 훌륭한 교훈이 되었던 것입니다. 만약 시몬이 그녀에게 "우리 손님들에게 발라드릴 나드 향유가 충분치 않소. 집에 가서 향유 옥합을 좀 가지고 오시오"라고 제안을 했다면, 그녀의 행동이 지닌 가치는 절반으로 떨어졌을 것입니다. 그녀의 행동이 보여준 참된 영광은 예수님을 위해 합당한 어떤 것을 해야겠다는 마음에서 자발적으로 떠오른 생각에 있었습니다.

그녀는 자신이 하고자 하는 바를 다른 사람을 시켜서 한 것이 아니라, 개인적으로 직접 하였습니다. 그것도 눈에 두드러지게 한 마디로 공개적으로 했습니다. 다른 사람들도 그 나드 향유의 냄새를 맡았을 것입니다. 그녀는 그 냄새를 막고 싶은 마음까지는 없었지만, 그래도 그 향유 냄새는 그들을 위한 것이 아니었습니다. 그 냄새는 오로지 그분만을 위한 것이었습니다. 그녀는 그 향유를 그분의 머리에 부었습니다. 그녀는 그 향유를 그분의 발에 부었습니다. 그녀는 그분을 향한 강렬하고도 존경하는 감사와 무한한 사랑의 징표로써 머리부터 발끝까지 그분에게 기름을 부어드리고자 하였습니다. 그녀는 자신의 주님이자 하나님인 그분 안에 완전히 휩싸여 있는 것을 느꼈습니다. 그러므로 그녀의 자발적인 예물은 그분을 위한 것, 오로지 그분만을 위한 것이었습니다. 우리를 확고히 사로잡은 그 큰 사랑을 보여주신 그분을 위해 어떤 것이라도 행할 수 있게 허락받은 그 기쁨은 얼마나 큰 것인지 모릅니다! 저는 지금이라도 당장 여러분 모두에게서 벗어나서 이 진귀한 사치를 제 마음으로 즐기게 되기를 얼마나 간절히 바라고 있는지 모릅니다.

선하신 주님, 참으로 슬픈 일입니다. 이렇게 타산적인 시대에는 주님께 행하는 이런 헌신을 거의 찾아볼 수 없으니 말입니다! "예수님을 위해 모든 것"을 바치는 대신, 우리는 예수님을 위해 거의 아무것도 바치지 않습니다! 사랑하는 성도 여러분, 여러분은 찬송을 부를 때도, "예수님께 찬송을 부르고" 있습니까? 여러분은 기도할 때도, 예수님에게, 예수님을 위해 기도하고 있습니까? 성경에는 "그를 위하여 항상 기도하고 종일 찬송하리로다"(시 72:15)라고 기록되어 있지 않습니까? 여러분이 이 성찬상에 나올 때마다 저는 여러분이 이 모임 가운데서 여러분과 함께 한 모든 사람들을 잊고서 "내가 … 주를 기억하리이다"(시 42:6)라고 외치게 되기를 기도하고 있습니다. 어쨌든 중요한 곳에서 여러분의 생각을 예수님으로 가득 채우십시오. 오직 그분만을 보좌로 모시고, 그분의 살을 먹고 그분의 피를 마심으로, 그분을 여러분의 참된 자아로 받아들여, 하나님이신 그리스도와 여러분의 영혼 사이에 이루어지는 생명의 연합만을 생각하십시오. 저는 이것이야말로 오직 예수님으로 말미암아 우리가 힘을 얻게 되는 성찬식의 교제에서 우리가 얻을 수 있는 아름다움이라고 생각합니다. 우리는 그분을 우리 영혼의 유일한 음식과 음료로 여기도록 합시다. 그런 다음 우리는 그분을 위해 살아가도록 합시다. 지금 제 마음에 있는 간절한 소원은 내가 무엇을 해야 아주 값비싼 나드 향유 옥합을 "오직 예수님"께 드린 그녀를 닮을 수 있을지 알게 되는 것입니다. 오, 내 주님을 사랑하는 여러분이여, 여러분은 그분의 귀한 보혈로 죄 씻음을 받았으며, 여러분이 가진 모든 것은 그분으로 인한 것입니다. 지금 여러분은 비할 데 없는 그분의 아름다움을 생각하십시오. 그리고 여러분은 여러분의 천국을 비추는 그 얼굴을 바라보면서 스스로 "우리는 그분을 위해 무엇을 할 수 있을까? 절대적으로, 직접적으로, 개인적으로 그분을 위해 무엇을 할 수 있을까?"를 생각하십시오. 이 여인에게 있었던 첫 번째 아름다움은 주님에게 경의를 표한 것이었습니다. 이것은 예수님을 위한 것, 오직 예수님을 위한 것, 전적으로 예수님을 위한 것이었습니다.

2. 이 여인이 한 일은 순수한 사랑의 행위였습니다.

두 번째 아름다움은 여기에 있습니다. 이 아름다움은 순수한 사랑의 행위, 즉 전적으로 예수님을 사랑하는 행위였다는 데 있습니다. 저는 또 하나의 복된 여인들 가운데 하나인, 죄를 지은 한 여자(눅 7:37)에 대해 말씀드리고자 합니다. 그녀도 향유 옥합을 가지고 나와, 오늘 본문에 나온 베다니의 마리아가 한 것과 아주 똑같은 일을 하였습니다. 그런데 이 죄인인 여인은 마리아가 하지 않은 것을 했습니다. 그녀는 울면서 향유를 부어드렸고, 그분의 발을 눈물로 씻겨드렸으며, 자기 머리털로 그분의 발을 닦아드렸습니다. 죄인인 이 여인의 행동도 나름대로 아름다운 행동이었습니다. 하지만 마리아의 행동은 또 다른 방식으로 아름다운 행동이었습니다. 두 여인의 행동 사이에는 차이가 있었습니다. 마리아의 행동에는 개인적인 죄에 대한 어떤 기억이 없었던 것처럼 보입니다. 물론 틀림없이 그녀의 마음에도 죄책감이 있었겠지만, 그녀는 자기 죄를 용서해 주신 것에 대한 더 높은 찬양의 수준에서 그런 행동을 했던 것입니다. 그녀의 죄는 오래 전에 용서를 받았습니다. 마리아는 예수님의 발치에 앉아 좋은 편을 택했습니다. 죄 용서의 문제는 이미 오래 전에 해결된 문제였습니다. 물론 그녀의 마음에는 자기가 사랑하던 오빠 나사로를 살려 주신 것에 대해 깊이 감사하는 마음이 있었지만, 그럼에도 그녀는 자기 영혼에 대한 깊은 생각에 온통 마음이 집중되어 있었던 것 같습니다. 왜냐하면 그녀는 그분에게 모든 것을 바치는 사랑을 하게 되었기 때문입니다. 만약 그녀가 그분의 발치에 앉아 배우지 않았더라면, 그 정도의 사랑을 알지 못했을 것입니다. 그러나 오래도록 앉아 있음으로써 놀라운 능력이 그녀의 인간적인 마음에 작용하였습니다. 그래서 그 자체로 좋은 것들마저도 그녀 자신과 관련해서는 차츰 별 볼일 없는 일들이 되어 버렸습니다. 그리스도를 사랑하는 것은 복된 일입니다. 왜냐하면 우리는 그분으로 말미암아 지옥으로부터 벗어나기 때문입니다. 그리스도를 사랑하는 것은 복된 일입니다. 왜냐하면 그분은 모든 믿는 자들에게 천국 문을 열어 주셨기 때문입니다. 하지만 여러분 자신을 잊고서, 하늘과 땅도 만물 가운데서 으뜸으로 인정한 그분의 말로 다할 수 없는 완전하심을 기쁨과 큰 사랑으로 묵상하는 것은 더욱 고귀한 일입니다. "우리가 사랑함은 그가 먼저 우리를 사랑하셨음이라"(요일 4:19). 이 사실에서 우리는 출발합니다. 이 출발점은 항상 유효합니다. 이 출발점 위에 우리는 귀한 사랑의 돌을 한 층 한 층 쌓아올립니다. 그래서 이렇게 쌓아올려진 돌들이 첨탑이 되어, 위대한 주님께서 친히 베풀어 주신 말로 다할 수 없는 사랑의 왕관을 이룹니다. 그분께서 친히 우리의 마음을 얻으시고, 우리의 영혼을 폭풍 가운데서 옮겨 주셨으므로, 이제 우리는 그분에 대한 우리의 사랑을 드러내 보일 어떤 일을 해야만 합니다. 이 여인의 사랑은 그분으로부터 받은 유익에 대한 감사일 뿐만 아니라, 그분의 영광스럽고 찬양할 만한 인성에 대한 강렬한 감정의 표현이었습니다.

　사랑하는 성도 여러분, 나아오십시오. 지금 이 시간 여러분의 마음에는 그와 같은 감정이 없습니까? 그리스도께서 완벽하게 여러분의 이성에 대해 승소(勝訴)하시고, 여러분의 감정의 모든 움직임을 부드러운 차꼬에 완벽하게 결박하심으로써, 지금의 모습대로 여러분을 만드신 그분에 대한 사랑을 표현하고자 하는 이 한 가지 목표를 향해, 여러분이 그 어떤 것이라도 해야 한다는 필요성을 여러분은 지금 이 순간 느끼고 있지 않습니까? 여러분의 감정이 이끄는 대로 행하십시오! 그 감정대로 행함으로써, 또 그 행함을 삶에서 지속함으로써 유종의

미를 거두십시오. 마르다와 나사로의 누이를 닮는 이 일에 있어서는 절대 그 속도를 늦추지 마십시오. 오, 예수님에 대한 다정한 사랑이여, 우리 영혼에 다가와 그 가장자리까지 가득 채워져, 섬세한 개인적인 섬김으로 흘러넘치게 하소서!

3. 이 여인이 한 일은 상당한 희생으로 이룬 것이었습니다.

이 행동의 세 번째 아름다움은 이 일이 상당한 희생으로 이룬 것이라는 사실에 있습니다. 이 일에는 많은 비용이 들었습니다. 그 비용은, 왕비도 아니고 공주도 아닌 그 여인에게는 그렇게 적은 돈이 아니었습니다. 제가 보기에 유다는 이 값비싼 나드 옥합의 가격이 전부 얼마인지를 알고 있었던 것으로 생각할 수밖에 없습니다. 유다는 그 가격을 알고 있었기에 그 여인을 비난하였습니다. 우리가 유다의 입장을 고려해 본다면, 그가 그녀에 대해 생각하면 할수록, 그녀의 행동은 그저 돈을 허비한 것에 불과했습니다. 만약 유다가 자기 수첩에 "비싼 값에"(마 26:9) 팔 수 있을 것으로 적어두지 않았다면, 저는 그 가격이 얼마나 되는지 알지 못했을 것입니다. 여러분도 마찬가지로 알지 못했을 것입니다. 그가 그 "비싼 값"에 얼마나 원한을 품고 있었는지 모릅니다. 그는 그 향유의 가치를 삼백 펜스(막 14:5, 개역개정은 은전의 명칭인 '데나리온'으로 되어있지만, KJV에는 영국 화폐인 펜스[pence]로 되어 있다 — 역주)로 계산했습니다. 그가 그 향유의 가격을 이 펜스로 계산한 것은 잘한 일이었습니다. 왜냐하면 유다의 그 야비한 영혼은 파운드(pound, 1971년 십진법 화폐제도 이전의 1파운드는 240펜스이다 — 역주)를 이루는 작은 돈인 펜스 정도의 돈은 흥청망청 써 버렸기 때문입니다. 실제로 은전(銀錢)이었던 이 펜스가 은도 내 것이요 금도 내 것(학 2:8)이라고 말씀하신 그분에게 드려졌던 것입니다! 저는 유다의 이 펜스 계산을 좋아합니다. 왜냐하면 로마 시대 때 펜스는 노동자의 하루치 임금이라는 사실을 암시하고 있기 때문입니다. 그래서 오늘날의 하루치 임금인 4실링(4s.)으로 환산한다면, 여러분은 삼백일치 급료로 60파운드(£60)를 받게 됩니다(1파운드는 20실링이다 — 역주). 베다니의 생활수준에서 이 돈은 한 여인에게 대단히 큰 액수였습니다. 그 당시는 지금의 화폐 기준과 달라서 한 10파운드 정도 되었겠지만, 어쨌든 이 돈도 그녀가 단 한 번의 사랑의 행위로 허비하기에는 큰 액수였습니다. 그녀의 예물은 값비싼 것이었지만, 주 예수님은 최고의 비용, 즉 가장 높은 금액으로 대접받기에 부족함이 없는 분이었습니다. 주님을 이보다 더 귀한 돈으로 섬긴 또 다른 여인이 있었습니다. 그녀는 주님을 섬기는 데는 두 렙돈 밖에 들지 않았습니다. 하지만 그녀는 여러분도 알다시피 자기가 가진 모든 것을 드렸습니다. 저는 마리아가 얼마나 많은 재물을 가지고 있었는지 알지 못합니다. 그러나 제가 확신하는 바는 비록 그녀가 가진 모든 것이 꽤 많은 것이라 해도, 그녀가 가진 모든 것은 주 예수 그리스도를 위해서 바칠 것으로는 그녀에게 너무나 작은 것으로 여겨졌다는 사실입니다. 그분의 머리에 부어드리기 위한 것이라면, 베다니에서 흔하게 구할 수 있는 평범한 올리브 기름을 생각할 수도 있었습니다. 감람 산은 가까이에 있었습니다. 그러나 그녀는 평범한 올리브 기름을 그분에게 부어드린다는 그런 생각 자체를 하지 않았습니다. 그녀는 가이사 같은 황제들에게 부어드리는 그런 향유를 찾아야 했습니다. 만약 주님에게 부어드릴 용도라면, 아주 상당한 가격으로 예루살렘 시장에서 구입할 수 있는 나드 향유가 있었습니다. 마리아, 당신은 왜 동방에서 나는 이 액체 향유를 찾아야만 했습니까? 이 향유 한 방울이 증류되기 위해서는 광활한 장미 정원과 무수한 장미꽃이 필요한데, 왜 그런 향유를 찾아야만 했습니까? 왜 당신은 그 "아주 값진" 나드 향유를 사기 위해 그 많은 돈을 허비해야만 했습니까? 기껏해야 반 시간 정도 지속될 뿐이고, 그마저도 바람이 불면 날아가 버리며, 그 향기도 사라져 버리는 그런 향유를 왜 사야만 했습니까? 그리스도를 영광되게 섬기는 것은 최고 중의 최고로 그분을 섬기는 것입니다! 우리가 설교로 그분을 섬긴다면, 우리의 지성이 생각할 수 있고 우리의 혀가 전할 수 있는 최고의 설교를 해야만 합니다. 그분은 그런 섬김을 받기에 합당한 분이십니다. 혹은 우리가 교실에서 가르침으로 그분을 섬긴다면, 우리는 가장 온유한 모습으로 가르치고, 그분의 어린 양들을 최고의 풀로 먹여야 합니다. 그분은 그런 섬김을 받기에 합당한 분이십니다. 혹은 우리가 펜으로 그분을 섬긴다면, 우리는 지울 필요가 없는 그런 문장을 써야만 합니다. 혹은 우리가 돈으로 그분을 심긴나번, 우리는 인색하지 않게 우리가 가진 최고의 것으로 많이 주어야 합니다. 그 모든 것 가운데 우리가 혹시 마른 양이나, 또는 동물들에 의해 상처 나거나 부러지거나 찢긴 양으로 그리스도를 섬기지는 않는지 살펴보아야 합니다. 그분은 우리가 드리는 번제 가운데 살진 것을 취하십니다. 만약 우리가 부자라면, 우리가 가진 재산 중에서 우리가 갖고 있기에도 심히 부끄럽고 거의 쓸모 없는 것들을 그분에게 드리는 것으로, 즉 쩨쩨하고 인색한 방식으로 그분에게 드리는 것으로 만족해서는 안 됩니다. 통상적인 헌금은 그 속에 전혀 아름다움이 없습니다. 그런

돈들은 끈질긴 간청에 의해 마지못해 내는 돈이며, 관례상 상당한 액수로 여기고서 떨어뜨리는 기니(guinea, 영국의 옛 금화 동전이다 — 역주)와 같습니다. 우리는 구두쇠들이 거의 마뜩찮게 여기며 마지못해 내는 세금과 같은 그런 박한 헌금을 사랑하며, 그것에 절대로 만족해서는 안 됩니다. 오, 주 예수님께서 우리에게 맡겨 주신 것이 무엇이든 간에, 그것이 황금이든 비범한 재능이든 시간이든 말이든, 아니면 지갑 안에 있는 동전이든, 사랑하는 마음속에 있는 살아 있는 용기든, 진실한 손으로 행하는 수고든 간에, 이 모든 것들을 주 예수님께 마음껏 풍성하게 드리십시오! 우리가 가장 어여삐 여기는 그분에게 우리가 가진 최고의 것들을 드리도록 합시다. 그러면 그분께서는 그것을 아름답다고 말씀하실 것입니다. 마리아의 예물은 전적으로 그분을 위한 것이었고, 전적으로 그분을 사랑해 드린 것이었으며, 그 일은 큰 비용이 들어간 것이었습니다. 그러므로 그것은 아름다운 일이 되었습니다.

4. 이 여인이 한 일은 준비된 행동이었습니다.

다음으로 마리아의 행동이 아름다운 이유는 이 사실에 있습니다. 기억하십시오. 즉, 이 일은 준비된 행동이었다는 것입니다. 우리는 요한복음서가 아니었다면, 다음과 같은 사실을 알지 못했을 것입니다. "그녀는 나의 장례 날을 대비하여 이것을 간직하였느니라"(요 12:7 KJV, 개역개정에는 "그를 가만 두어 나의 장례할 날을 위하여 그것을 간직하게 하라"고 되어 있다 — 역주). "이것을 간직하였느니라." 이 말씀은 그녀가 잔치에서 예수님을 보고 순간적으로 어떤 생각에 사로잡혀서, 자기 방으로 급히 뛰어가 나드 향유가 든 작은 옥합을 가지고 나와서 사랑의 감정으로 그것을 깨뜨리고는, 마음이 진정되자 바로 후회하게 되는 그런 일이 아니었다는 뜻입니다. 그녀가 한 행동은 그런 것과는 전혀 거리가 멀었습니다. 그녀는 지금까지 수 주간 혹은 수 개월 간 생각해 오던 것을 지금에야 완료했던 것입니다. 예배 장소에 들어올 때는 전혀 생각지도 못했던 일이지만, 어떤 확실한 자극이나 충동에 의해 과감하게 말하고 행동하고 베푸는 모습을 보인, 따뜻한 영혼을 지닌 형제자매들을 우리는 보아 왔습니다. 저는 그들을 비난하지 않겠습니다. 오히려 저는 은혜로운 충동에 순종한 그들을 칭찬하고 싶습니다. 하지만 그런 행동은 영원히 복되신 우리 주님을 섬기는 일에서 가장 좋은 방식은 아닙니다. 순간의 열정적인 감정은 좀처럼 원칙으로 받아들이기가 어렵습니다. 마리아는 보통 때와는 다른 어떤 격렬한 열정의 힘에 휩싸여 분별없이 행동한 게 아니었습니다. 절대로 그런 것이 아니었습니다. 그녀는 이것을 간직하였습니다. 어떤 목적을 위해 이 특별한 향유를 가장 적절하게 사용할 수 있는 그때가 올 때까지, 그녀는 향유를 간직하고 있었습니다. 제가 개인적으로 확신하는 바는, 그녀가 예수님의 발치에 앉아 있었을 때, 그녀는 공적인 그분의 설교를 통해 배운 제자들보다 더 많은 것을 배웠을 것입니다. 그녀는 인자(人子)가 서기관과 바리새인들에게 넘겨져 침 뱉음을 당하고 채찍질을 당한 후 사람들로 인해 죽게 되지만, 삼일 만에 다시 살아나게 되리라는 그분의 말씀을 들었습니다. 그리고 이 말씀을 믿었습니다. 그녀는 이 말씀에 대해 거듭 생각하였으며, 이 말씀을 공부하였습니다. 그래서 다른 어느 사도들보다도 더 분명하게 이 말씀의 뜻을 알게 되었습니다. 그녀는 속으로 '그분은 사악한 자들의 손에 이끌려 희생 제물로 죽게 될 것이다. 그러므로 나는 그분에게 특별한 영광을 안겨드려야겠다'고 생각했을 것입니다. 저는 그녀가 구약성경을 다음과 같은 조명을 받아 읽기 시작했을 것이라는 사실이 이상하게 생각되지 않습니다. "이분이 바로 하나님께서 보내신 분이다. 그분은 우리의 모든 죄악들을 지고 재판에 넘겨져 많은 자들의 죄악을 담당하실 분이다"라는 조명 말입니다. 그래서 그녀는 '만약 이것이 사실이라면, 나는 그분의 장례를 위해 나드 향유를 가지고 와서 기꺼이 그분에게 부어드려야겠다'고 생각했을 것이고, 아마도 이런 목적으로 그런 결심을 했을 것입니다. 왜냐하면 주님께서도 그녀의 행동을 그렇게 해석하셨기 때문입니다. 어쨌든 그녀는 '내 주님에게 이런 일이 일어나다니, 너무나 슬픈 일이다! 그분께서 돌아가신다면, 그분의 몸을 염(殮)해야 할 테니, 내가 그분의 장례를 기꺼이 도와야겠다'라고 생각했습니다. 그래서 그녀는 이것을 간직하였습니다.

"그녀는 나의 장례 날을 대비하여 이것을 간직하였느니라." 사랑하는 성도 여러분, 오랫동안 사랑하는 마음으로 주의하며 고려한 결과인 이 행동이야말로 대단히 아름다운 일입니다. 즉시 해야 할 선행을 연기하는 것은 나쁜 일이지만, 만약 부득불 연기되어야 하는 행동이라면, 그 일을 준비했다가 때가 되어 즉시 행하는 것은 좋은 일입니다. 어떤 사람이 "아직 때가 되지 않았지만, 나는 그때가 올 때까지 준비하겠노라"고 생각한다면, 이런 생각은 그 마음이 바로 그 특정한 대상에 사로잡힌 사랑을 보여주고 있습니다. 우리는 찬송합니다.

"오, 내 구세주를 찬양하기 위해
내가 무엇을 해야 할까?"(찰스 웨슬리)

이 질문이 끊임없이 우리 마음속에서 제기된다면, 그것은 좋은 일입니다. 우리는 각자 다음과 같이 결심하기를 바랍니다. "나는 성급한 충동의 산물, 즉 값없이는 내 하나님 여호와께 번제를 드리지 아니하리라(삼하 24:24). 내가 그분을 위해 할 수 있는 것을 생각하리라. 필요한 일이 무엇이 있을지, 혹시라도 그분께서 영광을 받지 못하는 곳이 있다면, 어떤 방식으로 그분에게 영광을 돌려드릴 수 있을지, 나는 거듭 생각하고 묵상하고 고려한 다음에야 비로소 그것을 이행하리라"고 말입니다. 오, 사랑하는 성도 여러분, 제가 설교자로서 마지막으로 반복해서 강조하고 싶은 말씀은 이것입니다. 우리 대다수는 이런저런 위대한 생각들을 곰곰이 하다가, 실제로 아무 결과도 맺지 못하고 그런 생각들을 흔적도 없이 사라져 버리게 한다는 사실입니다! 그것이 우리의 습관입니다. 하지만 이 거룩한 여인은 그저 한갓 계획을 세우는 사람이나 무언가를 의도한 사람이 아니라, 거룩한 행위를 한 행동가였습니다. 그녀는 할 수 있는 한 조심스럽게 그 향유 옥합을 간직했습니다. 그럼에도 그 옥합을 끝까지 간직해야 한다는 마음의 확신에는 이르지 못했습니다. 그녀는 자신이 세운 계획의 비중을 생각해 보았고, 그 비중을 생각하면 할수록, 그 계획을 실행해야겠다는 결심이 더욱더 확고해졌습니다. 즉, 적절한 때가 오면 그 계획을 실행하리라 결심했던 것입니다. 그러다가 그 때가 이르렀다는 확신이 들게 되었을 때, 그녀는 한순간도 지체하지 않았습니다. 그녀는 사려 깊을 뿐만 아니라 신속하기도 하였습니다. 그때는 유월절이 아주 가까운 시기, 즉 유월절까지 엿새가 채 남지 않은 때였습니다. 그때 그녀는 지금까지 고이 간직하고 있던 것을 꺼내서 가지고 나왔습니다. 이것은 가장 합당한 방식으로 주님에게 영광을 돌리고자 진지하게 노력한 결과였습니다. 이런 꼼꼼한 섬김은 얼마나 복된 일인지 모릅니다.

우리가 이미 본 바와 같이, 예수님을 영화롭게 하기 위한 자신의 은밀한 계획을 이룰 때까지, 수년씩 작은 것들을 조금씩 모은 몇몇 가난한 여인들을 보는 것도 아름다운 일입니다. 여러분과 제가 본 대로, 중류층 정도의 여인이 삶의 모든 안락함을 포기하고서 어린 아이들을 보살피기 위한 고아원을 세울 수 있을 만큼 넉넉하게 돈을 모은 것은 얼마나 대단한 일인지 모릅니다. 이렇게 하는 것은 그녀의 말대로 어린 아이들을 위한 것이 아니라 바로 그리스도를 위한 것, 즉 그분에게 영광을 돌리기 위한 것입니다. 스톡웰 고아원(Stockwell Orphanage, 런던 스톡웰에 스펄전이 1867년에 세운 고아원이다. 소요경비는 전액 기부금으로 세워졌다 ― 역주)은 그 여인이 주님께 드린 향유 옥합입니다. 그녀를 기억하는 것은 복된 일입니다. 그녀가 사랑했던 주님에게 영광돌린 그 향유는 지금 이 순간에도 이 땅 모든 곳에서 아름다운 향기를 발하고 있습니다. 그런 사려 깊은 행동을 예수님께서는 아름다운 것이라고 불렀을 것입니다. 그런 아름다운 것들을 좀 더 나열해 봅시다. 가령 어떤 사람이 "내가 하나님과 그분의 진리에 반대해서 위기상황에 처한다면, 그것은 나에게 심각한 손해일 것이다"라고 말하면서, 이에 대해 신중하게 생각하고 하나님과 그분의 진리에 대해 열정적으로 애쓰는 경우도 아름다운 것입니다. 주 예수님처럼 "나는 받을 세례가 있으니 그것이 이루어지기까지 나의 답답함이 어떠하겠느냐!"(눅 12:50)라는 그 심정을 가지는 것도 아름다운 것입니다. 진리를 위해 용기를 내어 자기희생적인 결단을 하고서, 이를 행동으로 옮길 것을 충분히 숙고하고, 열정으로 실행에 옮기는 것도 아름다운 일입니다. 하나님께서 우리로 하여금 사고와 충동을 결합하고, 이성과 감성을 결합하도록 하시어, 그분을 지성과 마음, 이 둘로 섬기도록 하시기를 기원합니다!

5. 이 여인은 아무 말 없이 이 위대한 일을 하였습니다.

다섯 번째 아름다운 점은, 마리아가 한 마디도 말하지 않고 이 위대한 일을 했다는데 있습니다. 사랑하는 여성도 여러분, 이 거룩한 여인은 그 은혜로운 일을 하는 내내 지혜롭고 적절하게 침묵으로 일관하였습니다. 이런 여인을 제가 칭찬하는 것에 대해 여러분의 양해를 구합니다. 그녀는 이 일을 하기 전에도 이 일에 대해 말하지 않았으며, 이 일을 하는 동안에도 한 마디 말도 하지 않았으며, 이 일을 한 후에도 전혀 말하지 않았습니다. 반면에 마르다는 일꾼이었으며 말꾼이기도 하였습니다. 그러나 여러분도 알다시피 마리아가 한 말은 "주께서 여기 계셨더라면 내 오라버니가 죽지 아니하였겠나이다"(요 11:32)고 했던 것이 전부였습니다. 사실 이 말도 마르다가 한 말(요 11:21)을 따라한 것에 불과할 정도로 마리아는 말이 없었습니다. 이에 비해 마르다는 말이 많았습니다. 그러나 마리아는 가능한 한 짧게 말하면서도 이에 대해 크게 만족하였습니다. 그녀는 위대한 생각을 하는 사람이었고, 예수님의 발치에 앉은 위대한 착석자였으며, 위대한 학습자였습니다. 하지만 위대한 말꾼은 아니었습니다. 그러나 때가 되자, 그녀는 위대한 일꾼이 되었습니다. 아주 이상한 말 같지만, 마르다는 우리가 흔히 말하는 대로 일에 있어서는 이골이 난 사람이었습니다. 하지만 그럼에도 불구하고, 생각하는 사람이었던 마리아가 일꾼인 마르다보다 훨씬 더 많은 일을 하였습니다. 그리스도께서도 "그가 내게 좋은 일을 하였느니라"고 말씀하셨기 때문입니다. 이 말씀은 마르다에게 하신 말씀이 아니었습니다. 그분께서는 마르다에게 좋은 일을 하였다는 말씀을 하지 않으셨습니다. 그분은 많은 일로 분주했던 그 언니를 다소 책망하셨습니다. 그러나 마리아가 한 일은 칭찬하시고, 이 세상이 존재하는 한 그 일이 기억되리라고 선포하셨습니다. 세상적인 눈으로 판단할 때 마리아는 비록 일꾼으로서는 명성을 얻지 못하겠지만, 선행의 왕국에서는 여왕이 되었습니다. 다시 한 번 여러분에게 상기시켜 드리고자 합니다. 그녀는 단 한 마디도 말하지 않았습니다. 여러분은 어떤 일을 하기도 전에 크게 야단법석을 떨어서, 여러분이 하려던 바를 망치게 되는 경우가 있습니다. 작은 생쥐 한 마리가 태어난 것을 가지고, 마치 태산이라도 무너질 듯 끔찍한 일이 일어난 것처럼, 사람들은 아주 작은 것 하나로 호들갑을 떨며 놀랄 뿐입니다. 더구나 우리가 이미 어떤 일을 행하고 난 후에도 이에 대해 너무나 많은 말들을 해서, 모든 일을 망쳐버리게 되는 경우가 있습니다. 그런 행동들은 온 세상이 우리 자신에 대해 어떤 것을 꼭 알아야만 하는 것처럼 하는 처신입니다. 그러나 그 모든 일들로 인한 기쁨과 즐거움은 우리가 맛보아서는 안 됩니다. 그 기름은 오로지 주님에게만 흘러내리도록 그분이 향유로 기름 부음을 받게 해야 합니다. 그 이후 우리 자신은 자연스럽게 잊히도록 해야 합니다. 사랑으로 행한 조용한 행동들은 예수님의 귀에 음악 선율처럼 들립니다. 그분 앞에서 절대 나팔 소리가 울려 퍼지게 하지 마십시오. 그렇게 한다면, 예수님께서는 책망하며 떠나 버리실 것입니다.

우리가 되도록 일은 많이 하고, 말은 적게 할수록, 우리 자신에게는 더욱 복이 될 것입니다. 어쩌면 다른 사람들에게도 복이 될 것입니다. 주님을 섬기기 위한 우리의 수고가 좀 더 많아지고, 좀 더 드러나지 않도록 합시다. 우리에게 사람들의 눈길을 사로잡으려는 교만한 마음이 많다면, 그런 마음을 가지지 않도록 노력합시다.

"거룩한 일을 어떻게 해야 할지 알고 싶습니다"라고 말하는 사람이 있다면, 가서 거룩한 일을 하십시오. 절대로 혈육과 상의하지 말고, 다음과 같은 말도 하지 마십시오. "나는 내 일을 했습니다. 그러니 이제 여러분이 그 일에 대해 생각하는 바를 정말 듣고 싶습니다"라고 말입니다. 여러분은 다른 사람들의 의견을 듣고 싶어 하는 그 어리석고 의존적인 마음을 넘어서야 합니다. 같은 종으로서 여러분의 동료들이 생각하는 것이 여러분과 무슨 상관이 있습니까? 여러분은 여러분이 섬기는 주인의 판단에 따라 서기도 하고 넘어지기도 합니다. 만약 여러분이 선한 일을 했다면, 그 일을 다시 하십시오. 여러분은 어떤 병사가 지휘관의 차에 올라타서는 "대장님, 우리가 원수의 총을 빼앗아 왔습니다"라고 말하자, 그 지휘관이 아무 일 아니라는 듯, "가서 다른 총도 빼앗아 오라"고 했다는 이야기를 알고 있을 것입니다. 이 이야기야말로 자신의 성공에 우쭐해하는 친구에게 제가 할 수 있는 최고의 충고입니다. 우리에게는 앞으로 우리가 이루어야 할 수많은 일들만 남아 있을 뿐, 이미 우리가 한 일들에 대해서는 생각할 시간이 없습니다. 만약 우리가 거룩한 섬김을 행했다면, 우리는 그 일을 두 번째로 또 합시다. 그리고 나서는 그 일을 세 번째로 또 합시다. 그 후에도 계속해서 그 일을 합시다. 우리가 끈기 있게 하는 그 섬김을 주님께서 받아 주시기를 항상 기도하면서 말입니다. 우리의 거룩한 삶은 어떤 경우에라도 오직 우리 주님이 보시기에 덮은 우물, 봉한 샘(아 4:12)이 되게 하십시오. 우리 앞에서 울려 퍼지는 나팔 소리는 비천하신 주님께서 싫어하시는 것입니다. 예수님은 은밀한 것을 귀하게 여기십니다. 우리가 더욱더 조심하여 간직할수록, 그것은 더욱더 좋은 일입니다.

6. 이 여인은 우리 주님의 죽음과 관련된 일을 하였습니다.

다음으로 마리아의 행동이 가진 여섯 번째 아름다움을 말씀드리겠습니다. 그 아름다움은 그녀가 우리 주님의 죽음과 관련하여 그 일을 하였다는 사실에 있습니다. 제자들은 주님의 죽음과 같은 그런 슬픈 주제에 대해 생각하는 것을 마뜩찮게 여겼습니다. 그래서 베드로는 "주여 그리 마옵소서"(마 16:22)라고도 말했습니다. 그러나 마리아는 주님의 마음을 아주 가까이에서 몸소 느끼며, 그 영광스러운 계획에 있어서 그분과 동감했습니다. 그녀는 그런 죽음에 대한 생각을 떨쳐버리기보다는 오히려 그 죽음과 관련해서 자기 일을 수행했습니다. 저는 그녀가 어느 정도로 그 죽음의 의미를 알고 있었는지 확실히 알지는 못하지만, 분명한 사실은 이 기름 부음이 주님의 장례와 관련되어 있었다는 것입니다. 기독교인들이 주 예수님을 위해 해야 할 최고의 아름다운 의무는 십자가에 새겨진 보혈 자국에 감동하는 것이라고 저는 생각합니다. "우리는 십자가에 못 박힌 그리스도를 전하니"(고전 1:23)라는 말씀대로, 십자가에 못 박힌 그리스도가 최고의 설교입니다. "그리스도와 함께 십자가에 못 박혔나니"(갈 2:20)라는 말씀대로, 십자가에 못 박힌 생명이 최고의 생명이고, 십자가에 못 박힌 사람이 최고의 사람이며, 최고의 스타일이 십자가에 못 박힌 스타일입니다. 우리가 이 사실에 빠져들게 되기를 기원합니다! 우리 주님께서 당하신 이루 말할 수 없는 고통을 우리가 보면 볼수록, 그리고 우리가 지은 죄악들을 그분께서 어떻게 완전히 제거해 주셨는지를 우리가 이해하면 할수록, 우리는 더욱더 거룩하게 살아가게 됩니다. 골고다의 부르짖음이 우리 귀에 들리고, 천국과 땅과 지옥을 우리 눈으로 볼 수 있으며, 그분의 놀라운 고난에 모두가 감동 받는 그런 곳에 우리가 거하면 거할수록, 우리의 삶은 더욱더 고귀하게 될 것입니다. 구세주의 죽음처럼 사람에게 생명을 준 것은 아무것도 없습니다. 여러분은 그리스도를 가까이하고, 날마다 여러분이 하는 모든 일에서 그분을 생각하십시오. 그러면 여러분은 왕처럼 품위 있는 옳은 일을 하게 될 것입니다. 나아오십시오. 그리스도께서 죽임을 당하셨으니, 우리도 죄를 죽이도록 합시다. 나아오십시오. 그리스도께서도 장사 지낸 바 되셨으니, 우리의 모든 교만도 장사지내도록 합시다. 나아오십시오. 그리스도께서 부활하셨으니, 우리도 새 생명으로 부활하도록 합시다. 십자가에 못 박힌 우리 주님의 위대한 몸 안에서 우리가 그분과 하나 되도록 합시다. 우리는 그분과 함께 살고 죽도록 합시다. 그러면 우리가 살면서 행하는 모든 행동들은 아주 아름다운 것이 될 것입니다.

7. 이 여인은 주님께서 죽은 자 가운데서 다시 살아나실 것과 이후에도 여전히 살아 계실 것을 감지하고 있었습니다.

일곱 번째 아름다움은 이런 것이리라 생각합니다. 여러분은 이 아름다움을 다소 억지로 갖다 붙인 것이라고 생각할지 몰라도, 저는 이에 대해 언급하지 않을 수 없습니다. 왜냐하면 제 마음이 이 아름다움에 감동을 받았기 때문입니다. 마리아는 구세주에게 이렇게 기름을 부어드리면서, 그분께서 죽은 자 가운데서 다시 살아나실 것과 이후에도 그분께서 여전히 살아 계실 것을 어렴풋이나마 감지했을 것이라고 저는 믿고 있습니다. 저는 여러분에게 다음과 같은 질문을 하겠습니다. 왜 모든 민족들이 사자(死者)가 된 자들에게 향유를 바르는 것일까요? 왜 사자의 몸에 아무것도 바르지 않은 채 그냥 불에 태우지 않는 것일까요? 평범한 기독교인이라면 화장(火葬)이라는 생각만 해도 몸서리치게 되는 어떤 불가사의한 이유가 있습니다. 틀림없이 이것은 후천적으로 갖게 된 것으로, 아무리 미개한 본성을 지닌 자라도 소각로를 좋아하거나 불길을 갈망하지는 않는다는 점입니다. 우리는 우리 선조와 함께 푸른 언덕 아래에 눕기를 선호합니다. 고대의 많은 민족들 가운데서도 특히 이집트와 다른 동양 민족들은 사자(死者)의 몸에 귀한 향유로 바르는데 온갖 정성을 다했고, 그 다음에는 그 몸을 고무 수지와 고운 세마포로 감싸서 마치 잠자는 것처럼 사자를 안치하였습니다. 무엇 때문에 그랬을까요? 그들의 마음에 희미하게나마 내세(來世)에 대한 어떤 생각이 들어와 있었기 때문에 그랬던 것입니다. 인간에게는 타락 이후 오랜 시간이 흘렀어도, 비록 명확하지는 않지만 희미하게나마 불멸성에 대한 어떤 믿음이 남아 있습니다. 이 진리는 너무나 보편적으로 받아들여져서, 구약 성경은 이 진리를 당연한 것으로 여기고 있습니다. 하나님의 존재와 영혼 불멸성은 구약성경에서 말하는 가르침의 토대입니다. 몸이 내세에서 생명을 얻는다는 것도 다소 분명한 방식으로 받아들여졌습니다. 불멸성은 새롭게 조명을 받은 것이 아니라, 예전부터 있었던 것입니다. 따라서 이 교리를 거부하는 자들은 이방 사람들이 살아가던 어둠보다 더욱더 어두운 곳으로 퇴보하는 자들입니다. 왜 이집트의 왕들은 자기 아버지의 몸에 향유를 바르고 향료를 넣어서 안치했을까요? 죽음 이후에 어떤 식으로라도 다른 삶이 있다는 생각 때문에, 그 몸에 그렇게 온갖 정성을 다했던 것은 아닐까요? 만약 그 몸이 그저 벌레들에 의해 영원히 썩어 문드러질 것으로 생각했다면, 그렇게 귀한 세마포와 고무수지와 향료들을 쓸데없이 낭비하지는 않았을 것입니다. 그러나 마리아는 이보다 더 심오하고 분명한 생각을 하였습니다. 왜냐하면 그리스도께서 죽으신 후, 어떤 특별한 일이 그 복되신 몸에서 일어날 것을 기대했기 때문입니다. 그래서 그녀는 그리스도의 몸에 향유를 붓고 그분의 장례를 위해 가장 귀한 향료를 가지고 왔던 것입니다. 어쨌든 주 예수님을 위한 여러분의 섬김이 부활하신 그리스도를 위한 섬김이 되도록 하십시오. 이제부터는 몇 년 전에 죽은 어떤 사람, 즉 과거의 영웅들 같은 그런 자들을 섬기지 말고, 영원토록 살아 계시는 예수님을 섬기도록 나아오십시오.

"위대한 네 구세주, 그분께서 살아 계시니."(앤 스틸[Anne Steele])

그분께서는 성도들에게 상을 주시기 위해 친히 인성을 가지고 분명히 오실 것입니다. 그리고 그분이 오시기 전, 그분께서는 여러분이 하고 있는 일을 모두 알고 계실 것입니다. 어떤 사람은 "그분은 공사판에서 일을 할당하고 감독하는 공사감독 같은 분입니다. 우리는 그분이 보시는 가운데 살고 있습니다"라고 말합니다. 그분을 그런 직함으로 표현하는 것에 대해서 저는 개의치 않습니다. 하지만 제게는 그런 직함을 가진 분이 없습니다. 그분께서 나를 사랑하시어 나를 위해 자신을 주셨기 때문에, 비록 그분을 보지 못했어도 나는 그분을 사랑합니다. 이것은 내 삶에 어떤 충동 그 이상입니다. 만약 이 사실이 여러분을 살리지 않는다면, 도대체 어떤 것이 여러분을 살릴 수 있겠습니까? 만약 이 사실이 여러분으로 하여금 지칠 줄 모르는 부지런함으로 거룩한 섬김을 하도록 자극하지 않는다면, 도대체 어떤 것이 여러분을 자극할 수 있겠습니까? 우리 주 예수 그리스도께서는 살아 계십니다. 그분의 사랑스럽고 거룩한 머리에 기름을 부어드릴 어떤 방법을 찾아보도록 합시다. 우리를 위해 가시 면류관을 쓰셨던 그분에게 왕관을 씌워드릴 어떤 방법을 말입니다. 우리가 알아야 할 것은 그분이 살아 계신다는 것과 우리는 그분 안에서 살아가고 있다는 사실입니다. 그분을 위해 온 마음을 다해 바치는 것을 더할 나위 없는 기쁨으로 여기면서, 우리 존재가 가진 온 힘을 그분에게 드릴 수 있기를 원합니다.

사랑하는 여러분, 지금까지 저는 여러분이 그리스도를 위해 어떤 일이든 하라고 말씀드렸습니다. 저는 더 이상 그런 말씀을 드리지 않겠습니다. 왜냐하면 여러분이 가진 사랑의 생명력에서 우러나오는 그 자발성을 제가 훼손하지는 않을까 염려되기 때문입니다. 그분을 좀 더 온전히 섬기는 일을 여러분이 시작했으면 합니다. 그러나 저는 여러분에게 더 이상 간청하지 않으려고 합니다. 왜냐하면 강제로 마지못해 하는 사람은 기쁜 마음으로 자발적으로 하는 사람만큼 상을 받지 못하기 때문입니다. 그럼에도 불구하고 저는 여러분을 사랑합니다. 저는 여러분이 주님을 더욱더 사랑했으면 좋겠습니다. 우리가 좀 더 온전히 그분에게 속할수록, 우리는 더욱더 자유로워질 것입니다. 그리스도에게 속한다는 것이 얼마나 아름다운 일이지요. 저는 자신을 그리스도의 **둘로스**(doulos), 즉 예수님의 종으로 부른 사도 바울의 그 말씀을 좋아합니다. 사도 바울은 크게 기뻐하면서, "누구든지 나를 괴롭게 하지 말라 내가 내 몸에 예수의 흔적을 지니고 있노라"(갈 6:17)라고 말했습니다. 그는 자신이 주님의 종으로 낙인찍힌 것을 영광스러운 일로 생각하였습니다. 그는 매질과 고초를 겪었습니다. 등에는 채찍에 맞은 자국이 있었지만, 그는 항상 웃으면서, 다음과 같이 말했다고 합니다. "이 것들은 내 주님의 자국들이다. 나는 그분의 이름으로 낙인찍혔다"고 말입니다. 오, 종으로서 겪는 이 모든 것들이 기쁨이 될 수만 있다면, 그 얼마나 아름다운 섬김이겠습니까! 저는 내 머리에 있는 머리털 하나라도 내 주님을 섬겼으면 하고, 내 혈관에 흐르는 피 한 방울이라도 그분을 섬겼으면 좋겠습니다. 저는 여러 분 모두를 위해 이런 말씀을 드립니다. 제가 가진 자유, 만약 이 자유를 제가 선 택할 수 있다면, 저는 이 자유마저도 다시는 죄를 범하지 않는 그런 자유로 선택 하고 싶습니다. 그리스도의 명령을 이행하는 자유, 다시 말해 오직 그 명령만을 따르는 자유를 선택하고 싶습니다. 그분의 사랑스러운 의지 가운데 저는 나의 자유의지를 기꺼이 포기할 것입니다. 그리고 그분의 명령에 완벽하게 순종하기 전까지는 절대로 나의 의지를 다시 찾지 않고자 합니다.

　　결론적으로, 저는 여러분의 사랑의 마음이 담긴 그 거룩한 곳에 제가 억지 로 들어가서 여러분을 강요하는 것이 아니라, 여러분이 예수님을 위해 할 수 있 는 것을 제안하는 것입니다. 최고의 포도주스는 포도송이에 가장 낮은 압력이 가해졌을 때 만들어지듯, 최고의 섬김 또한 가장 자발적일 때 일어나는 법입니 다. 제가 여러분의 등을 떠밀거나, 여러분을 당기거나 끌지 않도록 하십시오. 여 러분 스스로 주님에게 말하십시오. "나를 이끌어 주소서. 나는 당신을 쫓아가기 를 원하나이다"라고 말입니다. 그분께서 여러분을 구원해 주셨습니다. 그런데 여러분은 여러분의 주님을 사랑하지 않고 있습니다. 여러분이 주님을 사랑하지 않는 어떤 개인적인 이유라도 있습니까? 제가 거듭 말씀드립니다. 저는 여러분 이 가진 은밀한 비밀들을 꼬치꼬치 캐묻지 않고, 그저 여러분이 온 마음을 다해 주님과 교제하도록 그냥 놔둘 것입니다. 오직 우리는 그분을 사랑하여, 우리가 그분을 뵐 때, 그분께서 "내 누이, 내 신부야 네가 내 마음을 빼앗았구나 네 눈으 로 한 번 보는 것과 네 목의 구슬 한 꿰미로 내 마음을 빼앗았구나"(아 4:9)하시 는 말씀을 듣도록 합시다. 그때 우리는 우리의 가장 어여쁜 자에게 무엇을 해야 할지, 어떤 것이 가장 좋을지 알게 될 것입니다. 그래서 더 이상 권면의 말씀 없 이도 우리는 그 일을 하게 될 것입니다.

　　이제 저는 말씀을 맺고자 합니다. 성령님께서 이 말씀을 축복해 주시기를 기원합니다! 주 예수님을 사랑하지 않는 여러분에게 말씀드립니다. 하나님께서 여러분에게 은혜를 베풀어 주시기를 기원합니다! 저는 여러분에게 아나테마 마라나타(Anathema Maranatha, "저주를 받을지어다 우리 주여 오시옵소서"[고전 16:22])라고 선포하지 않을 것입니다. 저는 이 말씀이 여러분에게 임할까 두려울 뿐입니다. 여러분을 생각하면 제 마음에 극심한 슬픔이 있습니다. 게다가 그리스도를 생각하면, 혹시라도 그분께서 여러분의 사랑과 섬김을 받지 못하실까 하여 제 마음은 초조하고 아파오기 시작합니다. 그분께서 도대체 어떤 일을 하셨기에 여러분은 그토록 그분을 무시하는 것입니까? 오, 보지 못하는 눈을 가진 자들이여, 그분의 아름다움을 볼 수도 없고 그분의 아름다운 목소리를 들을 수도 없는 자들이여! 하나님께서 은혜를 베푸시어, 여러분이 구세주를 믿을 수 있게 하셔서 여러분에게 구원을 베푸신 그분을 사랑하게 되기를 기원합니다! 구원받은 자들이 주님을 사랑하는 것은 전혀 이상한 일이 아닙니다. 이들이 수만 배 더욱더 그분을 사랑하지 않는 것이 놀랄 일입니다. 그리스도로 말미암아 하나님께서 여러분과 함께 하시기를 기원합니다! 아멘.

제
27
장

—

객실 구함!

—

"선생님의 말씀이 내가 내 제자들과 함께 유월절 음식을 먹
을 나의 객실이 어디 있느냐 하시더라 하라." — 막 14:14

우리가 알고 있는 대로, 땅 끝에서부터 허다한 사람들이 유월절을 지키고자
예루살렘으로 모여들었습니다. 그래서 우리 주 예수 그리스도께서 묵으실 객실
을 제외하고는 그 어떤 객실도 남아 있지 않았습니다. 유월절 때만 되면 예루살
렘은 일종의 거대한 여관이 되었습니다. 모든 집에는 정기적으로 세 들어 사는
사람들뿐만 아니라, 유대 각 지역에서 온 그들의 친구들로 북적였습니다. 각 사
람들은 자기 친구들을 초대했습니다. 그래서 온 집들은 만원을 이루었습니다.
하지만 구세주를 초대한 사람은 단 한 명도 없었습니다. 그분은 친히 머무를 곳
이 없었습니다. 죄인들을 영접한 그분이었지만, 그분은 모든 사람들로부터 배척
을 당하셨습니다. 그분은 사람들의 친구였지만 집이 없었으며, 민족의 명절에도
그분을 청하는 사람은 없었습니다. 그분이 가진 초자연적인 능력으로 명절을 지
킬 다락방을 찾을 수 없었다면, 그분은 거리로 내몰릴 수밖에 없었습니다. 이러
한 사정은 오늘날에도 마찬가지입니다. 예수님의 초자연적인 능력과 은혜로 말
미암아 마음이 새롭게 된 자들 외에는 사람들 가운데서 그분을 영접하는 자들이
없습니다. 인간이 추구하는 모든 것에는 열렬한 추종자들이 있습니다. 즉, 모든
예술에는 애호가들이 있고, 모든 목적에는 헌신자들이 있기 마련입니다. 하지만
예수님은 돌봐주는 사람 없이 방치되셨습니다. 예술, 과학, 시, 문학, 기술, 정치,

부(富), 이 모든 것에 대해 사람들은 기꺼이 경의를 표합니다.

이러한 것들을 따르기 위해서는 사람들이 마음을 바꿀 필요가 전혀 없습니다. 그러나 주 예수님이 지니신 자연적인 인성에는 그 어떠한 모양도 없고 풍채도 없은즉, 그분은 멸시를 받아 사람들에게 버림을 받았습니다. "자기 땅에 오매 자기 백성이 영접하지 아니하였으나"(요 1:11)라는 말씀대로 말입니다. 또 사사 시대에 레위인의 경우처럼 말입니다. "그를 집으로 영접하여 유숙하게 하는 자가 없었더라"(삿 19:15). 어둠의 권세를 잡은 자들에게는 족하리 만큼 모든 문들이 열렸지만, 예수님은 홀로 그곳을 떠나거나 거리에서 유숙해야만 하셨습니다. 그분께서 다음과 같이 교회에 외치는 소리가 제 귀에 들리는 것 같습니다. "문을 두드려 이르기를 나의 누이, 나의 사랑, 나의 비둘기, 나의 완전한 자야 문을 열어 다오. 내 머리에는 이슬이, 내 머리털에는 밤이슬이 가득하였다 하는구나"(아 5:2).

상황이 이렇게 된 한 가지 이유는 틀림없이 다음과 같은 사실 때문입니다. 즉, 그 당시에 그리스도를 받아들인다는 것은 위험한 일이었다는 사실 말입니다. 관원들은 그분을 찾기에 혈안이 되어 있었습니다. 한 마디로 그분의 피에 굶주려 있었습니다. 그래서 그들은 누구라도 그분이 계신 곳을 알면 당국에 신고하게 해서 그분을 잡게 하라는 명령을 공포하였습니다. 그리스도를 숨겨 주는 것은 일차적으로 회당에서 쫓겨날 위험에 처하게 되는 것이고, 둘째로는 공공연한 비난의 표적이 될 수 있는 것이며, 어쩌면 갑작스럽게 폭력적인 죽음을 맞는 결과를 맞이할 수도 있는 것이었습니다. 그래서 신중하고 분별 있는 사람들은 그분에게 문을 열어 주지 않았습니다. 그들은 자기 가족들이 그렇게 극심한 위험에 처하는 것을 원치 않았습니다. 그들은 마음으로는 그분을 존경하고, 영으로는 그분이 그렇게 가혹한 대우를 받는 것에 대해 슬퍼했습니다.

그러나 그들은 사람들을 격앙시킬 수도 있는 그 순간에 그분을 맞아들임으로써, 자신들이 그분의 편에 섰다는 것을 선포할 정도로 위험을 감수할 수는 없었습니다. 이런 일은 오늘날에도 마찬가지입니다. 자신들의 가장 좋은 친구인 예수님을 거부하는 일은 그야말로 모든 무정한 일 가운데서도 가장 부적절한 일임에도 불구하고, 그들은 그럴 수밖에 없는 합당한 이유가 있다고 생각합니다. 농부나 사업가나 갓 결혼한 부인 등, 이 모든 자들에게는 복음의 잔치에 오지 못하는 솔직하고 투박한 이유가 있습니다. 다른 어떤 것을 추구하는 마음에 사로잡히거나, 기독교와 관련된 자기 부정이나, 기독교인으로서 일관된 신앙 고백에 수반되는 고난 등, 이런 것들 가운데 어느 하나나 혹은 이 모두가 아주 악하게 연결되어서, 변명이라는 그림자와 함께 인간의 양심을 만족시키고 있습니다. 예수 그리스도는 추운 문 밖에 서 계시고, 우리의 가장 악한 원수들은 기꺼이 환영을 받습니다. 그분을 환대하는 것이 인간이 할 수 있는 최고의 명예로운 일이지만, 사람들은 그분을 잔인할 정도로 거부하며, 그런 거부에 어떤 변명이든 다 그럴 만하다고 받아들입니다.

그럼에도 불구하고 구세주를 기꺼이 영접했던 한 분이 계셨습니다. "주께서 자기 백성을 아신다"(딤후 2:19)고 한 옛 말씀대로, 하나님께서는 그 구세주를 아셨고, 그분이 어디에 계신지도 알고 계셨습니다. 세계사에서 이렇게 어두운 시기는 앞으로 결코 없을 것이며, 주님께서는 분명히 자신이 택한 별들로 하여금 그 어둠 가운데서 밝은 빛을 비추게 하실 것입니다. 그리스도께서 그렇게 심한 멸시를 당하는 일은 앞으로 결코 없을 것이며, 주님으로부터 감동을 받은 그 택함 받은 영과 혼을 가진 자들이 여기저기서 일어나 "최고로 다정하신 주님이시여, 들어오십시오. 환영합니다. 사랑하는 우리의 마음을 담아 당신을 환대하는 것이 우리의 기쁨입니다"라고 말하는 것을 보게 될 것입니다. 사랑하는 성도 여러분, 힘을 내십시오. 경건도 때로는 썰물처럼 쇠할 때가 있겠지만, 결코 다 말라 고갈되지는 않을 것입니다. 등불이 깜빡거릴 수는 있겠지만, 결코 꺼지지는 않을 것입니다. 우리 군대의 대오(隊伍)가 흐트러져도, 주님께서 전장(戰場)을 붙드실 것입니다. 사데에도 그 옷을 더럽히지 아니한 몇 명이(계 3:4) 있었습니다. 심지어 소돔에도 최소한 한 사람인 롯이 있었습니다. 그리고 사납게 날뛰는 산헤드린에도 니고데모가 자리를 잡고 있었습니다. 우상 숭배를 하던 최악의 시기에도 하나님께서는 자신의 진리를 증언하는 증인들을 세우셨습니다. 우리는 교회에 대해서도 우려할 필요가 없습니다. 멸하지 않을 씨앗이 교회 속에 있기 때문에, 그 어떤 것으로도 교회는 멸망하지 않을 것입니다. 지옥문은 결코 교회를 엄습하지 못할 것입니다. 비록 교회의 사역자들이 실족하고, 신앙 고백을 한 교회 성도들이 대다수 배도를 한다 해도, 주님께서는 대를 이어 성도들을 지키시어, 십자가의 기준에 미달되는 성도가 한 사람도 나오지 않게 하실 것입니다. 세상이 있는 한, 다윗 자손의 나라는 영원히 설 것입니다.

이제 저는 유월절을 지키기 위해 객실을 찾으시는 우리 주님과 관련된 모든 사건을 살펴보려고 합니다. 여러분은 여기에 주목해 주십시오. 저는 오늘 본문의 이 질문과 관련해서 두 가지 내용을 살펴보고자 합니다. 첫 번째로, 이 질문은 스승께서 언급하신 효력 있는 은혜에 대한 능력 있는 말씀이라는 점과, 두 번째로, 이 질문은 순종하지만 염려하는 종들에 관한 사랑의 질문이라는 점입니다.

1. 스승께서 언급하신 효력 있는 은혜에 대한 능력 있는 말씀

첫 번째로, 주님께서 "객실이 어디 있느냐?"라고 하신 이 질문은 스승께서 언급하신 효력 있는 은혜에 대한 능력 있는 말씀으로 여겨집니다. 우리 주님께서는 베드로와 요한이 만났던 사람 소유의 큰 다락방에서 유월절을 지키기로 작정하셨습니다. 그분께서 그 제자들의 입을 토해 말씀하신 그 메시지는 너무나 강력했기 때문에, 그 다락방 주인은 그 어떤 어려움이나 이의 제기 없이 즉시 구비된 장소를 내놓았습니다. 왜냐하면 주님의 말씀에는 사람이 반대하거나 거절할 수 없는 능력이 있었기 때문입니다. 이것은 사람의 마음이 예수님을 위한 마음으로 변하게 되는 방식을 상징적으로 보여줍니다.

여기서 우리가 첫째로 살펴볼 수 있는 점은 그 때와 상황이 아주 잘 맞아떨어졌다는 사실입니다. 두 사도들은 성내로 들어가라는 명령을 받았습니다. 그들이 성내로 들어갔을 때, 이미 하나님의 섭리가 그들 앞서 역사하고 있었을 것입니다. 그들은 성 입구에서 한 사람을 만났습니다. 그 사람은 사도들이 그곳에 도착하는 바로 그 순간에 성 입구에 있었습니다. 다른 사람이 아닌 바로 그 사람이 그곳에 있었습니다. 이 사람은 물동이를 지고 있었던 것이 분명합니다. 그리고 그 동이 안은 틀림없이 물로 채워져 있었을 것입니다. 물동이를 진 사람은 다른 집이 아니라, 바로 어떤 한 집을 향해 가고 있었습니다. 그 집에는 틀림없이 그리스도와 열두 명의 다른 사람들이 사용하기에 충분한 크기의 다락방 하나가 있었을 것입니다. 이 방은 주님과 그 제자들을 어떤 일이 있어도 기꺼이 영접하고자 하는 사람의 소유가 틀림없을 것이며, 그 집의 선한 주인은 그 방을 보여주고, 즉시 그렇게 하라는 허락을 마음놓고 할 수 있었던 사람인 것이 분명합니다. 여기에는 어떤 한 특정한 시점에 함께 발생하기가 굉장히 어려운 일들이 있었습니다. 하지만 그 일들은 함께 일어났습니다. 섭리가 조정했던 것입니다. 즉, 사도들이 그 성문에 이르렀을 때, 물이 가득한 물동이를 지고 가는 사람도 거기에 있었습니다. 그 사람은 집으로 향했고, 그 집은 합당한 장소였습니다. 그 집을 소유한 사람도 합당한 사람이었습니다. 그래서 그리스도께서는 대접을 받으셨습니다.

사랑하는 여러분, 하나님의 백성들 한 사람 한 사람이 회심하게 된 내막을 살펴보면, 주목할 만한 상황들이 너무나 많습니다. 그분이 택하신 모든 성도들과 관련하여, 그들이 사망에서 생명으로 옮겨진 정확한 시간과, 그들이 회심하게 된 정확한 방편과, 능력으로 그들의 마음을 친 그 정확한 말과, 그들이 체험한 확신의 기간과, 그리스도를 단순하게 믿는 믿음으로 기쁨의 자유가 터져나온 그 순간 등, 이 모든 것들을 주님께서 작정하셨음을 저는 의심하지 않습니다. 이 모든 것들이 조정되고 정리되고 하나님의 작정 가운데서 미리 예정되었습니다. 우리 머리에 있는 그 머리털까지도 완전히 세신 바 되었다면, 우리에게 일어날 수 있는 모든 사건들 가운데서 가장 중요한 상황들이 미리 예정되었다는 것은 당연한 사실입니다.

비록 이 사실이 아주 실제적인 진리가 아닌 것처럼 보인다 해도, 저는 이 진리가 실제적인 진리라고 생각합니다. 예를 들어, 제가 기차로 여행을 떠난다고 생각해 보겠습니다. 어느 시각에 출발할지, 어떤 짐을 가지고 탈지 하는 것은 제가 선택할 문제입니다. 그래서 제가 어떤 특정한 시각과 짐을 선택하자마자, 예전에 한 번도 보지 못했던 어떤 사람이 제가 가는 길에 동승자로 불쑥 등장합니다. 그 동승자와의 대화는 거룩한 일들에 관한 얘기로 인도되고, 그 사람은 이미 저와의 대화를 갈망하고 있었으며, 저와 나누는 대화를 통해서 그가 너무나 큰 위로를 받습니다. 그래서 그는 제가 자신의 걱정을 덜어줄 바로 그 목적으로 보내심을 받은 사람이라고 여기게 됩니다. 거룩한 일들에 관해 이야기를 나누면서, 그는 예전에 한 번도 보지 못했던 것으로 인도되어, 대속적인 희생으로 말미암아 자신에게 열린 그 구원의 길을 보게 되고 자신을 구세주의 장중(掌中)에 맡기게 됩니다. 이제 누가 감히 이 모든 과정 속에, 하나님께서 친히 그 무한한 지혜로 그 의도된 목적이 이루어지도록 적절하게 조정하지 않으셨다고 말할 수 있겠습니까?

여러분이 오늘 이 교회에서 집으로 돌아갈 때, 두 길이 있다고 합시다. 여러분은 이유를 알 수는 없지만, 이 두 길 가운데 한 길을 택해서 갑니다. 그 길에서 여러분이 마땅히 해야 할 바를 방심하지 않고 살핀다면, 즉 혹시라도 악의 구렁텅이로 떨어지고 있는 영혼은 없는지를 살펴본다면, 만약 여러분이 다른 길을 선택했더라면 결코 보지 못했을 어떤 한 개인을 만나게 될 것입니다. 그래서 여러분은 영원한 구원에 관해 몇 마디 말을 나누게 됨으로써, 그 사람을 평안의 길로 인도하고 그가 영생을 붙들 수 있도록 이끌게 될 것입니다. 지금도 섭리를 인식하고 있는 사람은 더 특별하게 섭리를 인식할 필요는 없을 것입니다. 그러나 섭리가 유용하게 사용되는 경우를 발견하고자 섭리에 주목하고 있는 사람은 지금 자신이 영혼 구원이라는 황금 같은 귀한 기회에 둘러싸여 있다는 것을 발견하게 될 것입니다. 그러므로 저는 여러분이 여러분의 망대에 올라가 자신이 그 거룩한 섭리의 역사에 일부분이 됨으로써, 그 섭리의 역사를 존중하게 되기를 바라고 있습니다. 여러분은 하나님의 은밀한 작정에 대해 전혀 알지 못합니다. 하지만 여러분은 그 작정이 드러내 보여주는 것을 볼 수는 있습니다. 만약 여러분이 지혜가 있다면, 여러분은 그 드러난 작정으로 인해 여러분의 이웃에게 유익을 끼칠 수 있습니다. 하나님께서는 일어나는 모든 일들이 합력해 선을 이루게 하려는 목적이 있으시며, 그분의 종들인 여러분을 통해 다른 사람들이 이 진리를 알게 되는 모든 기회들을 여러분이 보게 되기를 원하십니다. 여러분은 이러한 사실들을 굳게 믿으십시오.

이 자리에는 자신이 왜 이 교회에 왔는지 잘 알지 못하는 자들이 몇몇 있습니다. 이들을 향한 영원한 은혜의 은밀한 작정이 지금 충실히 열매 맺게 되기를 기원합니다. 이것이 이 아침에 제가 소망하는 바입니다. 주목할 만한 상황들이 서로 연합하여 그들이 지금 이 자리에 오게 된 것입니다. 혹시라도 오늘 날씨가 더 좋아서 더 많은 회중들로 인해 자리가 일찍 차 버렸다면, 그들은 자리가 없어서 이곳에 들어오지 못했을 것입니다. 하지만 궂은 날씨로 인해 그들은 복음이 전파되는 이곳에 들어올 기회를 얻게 되었습니다. 그래서 떨어지는 빗방울 하나까지도 어쩌면 그들을 향한 하나님의 은혜의 메신저였는지도, 즉 그들의 구원을 위한 간접적인 역사였는지도 모릅니다. 여러분 주위에서 주기적으로 일어나는 어떤 상황들에 대해, 저는 다 알 수도 없고 추측할 수도 없습니다. 하지만 이에 대해 하나님께서는 다음과 같이 말씀하실 것입니다. "여차 여차한 상황이 된 것은, 내가 그를 거룩한 은혜로 사로잡아서 그 영혼이 구원받도록 하기 위한 의도로 내가 이곳에 오게 한 것이다"라고 말입니다. 여러분이 이곳에 오게 된 것이 바로 위와 같은 경우, 즉 우리 구세주께서 뜻하신 경륜을 따라, 은혜의 기적이 역사한 결과라고 저는 믿고 있습니다.

이제 둘째로 살펴볼 것은, 이 상황들이 모두 미리 정해진 것이라 해도, 그리스도께서 이 사람의 집에 들어가게 된 것은 방편을 통해서 이루어졌다는 것입니다. 우리 주님께서 그 사람의 집으로 가고 싶었다면, 그분은 계시던 곳에 그냥 머물러 있어도 되셨을 것입니다. 그분은 은밀하게 자기 영을 그 집 주인의 마음에 임하게 하여, 그로 하여금 다락방을 빌려 주게 하셨을 테니까요. 그랬다면 분명히 베드로와 요한은 선발대로 갈 필요가 없었습니다. 주님께서 친히 인성을 입은 몸으로 직접 거기에 가셨다면, 그 종들이 그랬던 것처럼 당연히 그 즉시 허락을 받았을 것이기 때문입니다. 그런데도 그분은 어떤 수단을 통해 역사하기로 선택하셨습니다. 이것은 회심에서도 마찬가지입니다. 주님께서는 만약 마음만 먹는다면, 목회자나 교사나 기도하는 부모나 심지어는 기록된 말씀 없이도, 영혼들을 구원하실 수 있습니다. 그런데도 그분은 그렇게 하기로 선택하지 않으십니다. 아무런 계기 없이 오직 성령님께서 직접 역사하시어, 사람이 분명하게 감동을 받게 되는 그런 갑작스러운 경우는 매우 드뭅니다. 물론 어떤 방편 없이도 자기 죄를 깨달아 각성하게 되는 사람들이 있습니다. 다메섹에 있는 성도들을 핍박하는 가는 도중에 거꾸러뜨림을 받은 다소 사람 사울의 경우가 바로 그것입니다. 가장 완고한 자가 갑작스럽게 복종하게 되었던 것입니다.

　　그러나 일반적인 경우는 "믿음은 들음에서 나며 들음은 그리스도의 말씀으로 말미암았느니라"(롬 10:17)고 한 말씀이 원칙입니다. 사람들은 설교자가 없이는 들을 수 없습니다. 그래서 하나님께서는 설교자와 그 설교를 들을 수 있는 귀를 주십니다. 그러고 나서 그분의 효력 있는 은혜로 말미암는 자발적인 마음을 주십니다. 사랑하는 여러분, 그러므로 우리는 하나님의 작정에서 수단이 사용되지 않는다는 착각을 절대 해서는 안 됩니다. 저는 생각 없이 비판적으로 말하기를 좋아하는 자들이 다음과 같이 말하는 것을 들었습니다. "만약 하나님께서 작정한 대로 하시는 분이라면, 우리는 말씀을 전할 필요도 없고, 그 밖의 다른 수단들노 필요하지 않을 것이다"라고 말입니다. 아, 하나님께서는 자신의 작정을 수단을 통해 성취하신다고 우리가 가르치는데도, 여러분이 그 수단들을 가볍게 생각하고 우리를 비난하다니, 여러분은 정말 얼간이이고 틀림없이 제정신이 아닌 것이 분명합니다! 하나님께서 자신의 영원한 작정을 설교로써 이루신다면, 더 많은 설교가 필요할 것이며, 더 많이 설교하도록 장려해야 할 것입니다. 혹시라도 하나님의 작정 가운데 설교에 대한 축복이 없다면, 설교하는 것이 도대체 무슨 소용이 있겠습니까? 그런 수단들을 통해 추수하시기를 하나님께서 미리 예정하지 않으셨다면, 씨를 뿌리고 쟁기질을 하는 것은 도대체 무슨 소용이 있겠습니까? 우리는 원인 없이 결과로 정해진 작정을 믿는 것이 아닙니다. 하나님의 작정은 포괄적이며, 그 작정에는 모든 것들이 포함됩니다. 이런 방편의 결과가 작정 안에 있는 것과 마찬가지로, 방편 또한 작정 속에 있습니다. 인간들을 구원하기로 결심하신 하나님은 또한 수단들을 통해서 구원하기로 결심하셨습니다. 믿음 없는 사람은 그 누구도 구원하지 않기로 결심하신 하나님은, 또한 진리를 아는 지식 있는 사람에게만 믿음을 주시기로 결심하셨습니다. 수단은 결과 속에 있는 것과 마찬가지로 작정 속에도 있습니다. 우리는 수단들을 사용하면서, 하나님의 뜻에 따르는 그 결과를 보게 되기를 소망합니다.

이 다락방 주인에게 보내진 사도들을 통해 우리는 몇 가지 교훈들을 얻게 됩니다. 모든 제자들이 사실상 가려고 했다는 사실을 세심히 살펴보십시오. "제자들이 예수께 여짜오되 우리가 어디로 가서 선생님께서 유월절 음식을 잡수시게 준비하기를 원하시나이까?"(막 14:12)라고 기록된 말씀을 여러분은 볼 수 있을 것입니다. 이처럼 모든 기독교인들은, 즉 자매든 형제든, 연약하든 강하든, 신앙이 어리든 장성하든 상관없이 모두, 영혼들을 하나님께 인도하기를 갈망하고 기꺼이 그 일을 감당해야만 합니다. 우리 모두는 온 세상에 복음 전하는 일을 위해 준비하면서, 우리 주님께서 우리가 하는 일에 축복해 주시기를 온전히 갈망해야 합니다. 이 아침 여기 있는 자들 중에 그리스도를 마음 가운데 모신 모든 자들은 "내가 이르되 주님 무엇을 하리이까?"(행 22:10)라고 말하십시오. 우리 각자는 "내가 여기 있나이다 나를 보내소서"(사 6:8)라고 부르짖은 이사야 선지자의 마음을 갖도록 합시다. 이 때, 주님께서는 이 일을 위해 열두 명의 제자를 모두 사용하지 않으시고, 베드로와 요한을 더 선호하여 이들을 보내셨습니다. 주님의 백성들을 회심시킬 때도 이와 같습니다. 그분께서는 자신이 택한 종들, 즉 진리의 길로 인도하는 목회자들을 더욱더 자주 축복해 주십니다. 이 택한 종들은 많은 자들을 의의 길로 돌아서게 하고, 사로잡힌 많은 자들을 대장에게로 인도할 것입니다. 그분은 자신을 가장 친밀하게 잘 알고, 자신의 은혜로운 메시지를 전하기에 가장 적합한 그분의 베드로와 요한 같은 자들을 선택하십니다. 그래서 그들 위에 특별한 명예를 더하시어, 은사와 은혜, 이 둘을 베푸시는 그분의 주권을 드러내도록 하십니다. 복음을 전하기 위해 노력하는 모든 사람들은 주님의 사역을 감당하기 위해서, 보내심과 사명을 받지 않고서는 가지 않았던 베드로와 요한의 스타일을 본받도록 하십시오. 그 누구도 지극히 높으신 분으로부터 부르심을 받지 않고서는 기독교 목회라는 큰 포부를 가질 어떤 권리도 없습니다. 우리를 구별해서 열방에 은혜를 베풀 그릇으로 삼기 위해, 사람으로부터 받는 임직이 아닌 영원한 성령님으로부터 임직을 받게 될 때가 우리에게 틀림없이 다가올 것입니다. 우리가 이런 기름 부음과 임명을 받게 될 때, 우리는 우리 주님의 방식으로 일을 처리하도록 반드시 주의해야 합니다. 이 사람들은 그들이 첫 번째로 맞닥뜨린 집 대문을 허둥지둥 두드리면서 그 성내를 우왕좌왕하지 않았습니다. 그들은 물동이를 지고 가는 사람을 찾아서 그를 따라갔던 것이 분명합니다. 제 눈에 그들이 보이는 듯합니다. 그들은 얼마나 간절하게 주위를 살펴보고 있는지 모릅니다! 그러다가 그 사람을 보게 됩니다. 그들은 그에게 아무런 질문도 하지 않습니다. 그에게 질문하는 것은 명령에 없었기 때문입니다. 그들은 그 사람이 인도하는 곳으로 무조건 따라갔습니다. 그 물동이를 지고 가던 사람이 자기 집 문에 이르러 그 짐을 내려놓는 것을 그들이 보았을 때, 그들의 얼굴에 나타난 거룩한 기쁨을 저는 엿볼 수 있습니다! 그들은 정말 확신에 차서 그 집으로 들어가, 그 집 주인에게 여러 가지를 물어보았을 것입니다! 주님은 그들에게 징조를 보여주셨으며, 그들은 그 징조가 응답될 조짐을 보았으며, 모든 것들이 잘 되어 가고 있다는 것을 감지할 수 있었습니다.

　　이 이야기는 여러분에게 이삭의 아내를 찾아 나선, 아브라함의 종인 엘리에셀을 기억나게 할 것입니다. 그 종도 한 소녀가 "마시라. 내가 당신의 낙타에게도 마시게 하리라"(창 24:14)는 약속된 징조를 받았습니다. 그때 리브가가 다가와서는, 그 종이 청한 것을 그대로 하고자 할 뿐만 아니라 실제로도 그렇게 했습니다. 그러자 그 종은 일을 순탄하게 인도하신 자기 주인 아브라함의 하나님께 마음을 드높여 그분을 찬양하였습니다.

　　우리가 영혼을 구하고자 한다면, 우리는 반드시 하나님의 뜻이 가리키는 바를 좇아야 합니다. 우리는 여주인의 손을 바라보는 여종의 눈 같이 우리 하나님을 바라보아야 합니다. 그리고 그 은혜의 첫 번째 징조를 감지하고, 각성된 영혼 안에서 새롭게 태어나는 새 생명의 불길이 일어났는지를 관찰하며, 본성적 마음이 지닌 짙은 어둠 속에 거룩한 빛이 처음으로 들어왔는지 발견하기를 갈망해야 합니다. 새로운 부흥의 방법으로 이러저러한 흥분이나 쓸데없는 것들을 만들어 내지 말고, 복되신 우리 하나님께서 주신 전적으로 완벽한 복음에 가까이 다가

가서, 사도들이 보여준 선례를 따라 진리를 단순하게 선포하고, 오직 이런 단순한 방식으로만 믿게 될 때, 우리는 우리가 추구하는 부흥을 보게 될 것이라 기대합니다. 그때서야 비로소 우리는 우리 주님의 뜻을 따르게 되는 것입니다.

그러므로 능력 있는 주님의 말씀은 방편을 통해서 사람들에게 임합니다. 지금 설교를 듣고 있는 사랑하는 여러분, 여러분이 아직 회심하지 않았다면, 이런 은혜의 수단들을 절대로 무시해서는 안 됩니다. 왜냐하면 하나님의 축복이 확실히 여러분에게 임하는 것은 바로 수단들을 통해서 일어나기 때문입니다. "여호와께서 길에서 나를 인도하사"(창 24:27)라는 말씀대로 말입니다. 설교를 아주 집중해서 듣던 한 젊은이에 대한 이야기를 들은 적이 있습니다. 그는 그렇게 설교를 열심히 듣는 이유를 다음과 같이 말했습니다. "설교 가운데는 내가 선을 행하도록 하는 어떤 것이 있다고 믿기 때문입니다. 사탄은 분명히 할 수만 있으면 이 설교를 제가 듣지 못하게 하려고 할 것입니다. 저는 이 설교를 들음으로써, 제 영혼이 유익을 얻었으면 하는 바람으로 온 마음을 다해 설교를 듣고 있습니다." 만약 여러분이 이런 생각으로 설교를 듣는다면, 여러분은 오랜 세월 동안 설교를 헛되이 들은 것이 아닐 것입니다. 사람들은 복음이라는 연못에서 자기가 잡고 싶은 물고기만을 잡으려고 합니다. 만약 여러분이 구원 얻기에 합당한 말씀을 듣고자 한다면, 제가 확신컨대 여러분은 즉시 그 말씀을 들을 수 있습니다. 만약 여러분이 그저 시간만 때우기 위해, 혹은 유명 설교자의 설교를 듣기 위해 예배 장소를 기웃거린다면, 여러분은 하나님으로부터 복 받기를 기대할 수 없습니다. 오직 여러분이 영혼의 호흡이라는 기도를 다음과 같이 한다면, 즉 "주님, 저를 인도해 주옵소서. 예수님, 저를 오늘 구원해 주옵소서"라고 간절히 기도한다면, 어떤 설교자가 말씀을 전하든, 하나님께서는 그 설교자를 통해 여러분을 만나 주시고, 여러분의 기도를 들어주실 것이라 저는 믿어 의심치 않습니다.

셋째로 살펴볼 것은, 지금 우리가 그리스도의 효력 있는 능력에 대해 말하고 있지만, 그럼에도 불구하고 인간의 의지도 고려되었다는 사실입니다. 베드로와 요한은 그 집 주인에게 "선생님의 말씀이 나의 객실이 어디 있느냐 하시더라"고 전했습니다. 그 제자들은 멋대로 객실에 들어가, 그 집 주인에게 "우리는 당신이 좋아하든 말든 당신의 의사와는 상관없이 이 객실을 소유하겠소. 우리는 길을 가다가 여기에 이르렀고, 여기에서 머무를 작정이요. 우리 선생님께서 우리를 보내셨소. 그러니 떠나지 않을 것이오"라고 말하지 않았습니다. 그들은 전혀 그런 말을 하지 않았습니다. 그 방은 그 사람의 것이었고, 주 예수 그리스도께서는 그 사람을 "그 집의 선한 사람"(the good man of the house, 마 24:43 KJB), 즉 주인, 소유주, 그 집의 지주 등으로 부르심으로써 그 사람의 소유권을 인정하셨습니다. 회심의 경우도 이와 마찬가지입니다. 사람들은 효력 있는 은혜의 능력으로 하나님께 인도되지만, 은혜는 비록 인간의 의지를 압도하긴 해도, 인간의 의지를 침해하지는 않습니다. 사람들은 하나님께서 마치 사람을 목석처럼 대우하신다고 생각합니다. 이것은 크게 잘못된 생각입니다. 하나님은 그들이 목석이 아닌 줄 알고 계십니다. 그리고 그분은 사람들을 그렇게 대우하지도 않으십니다. 그분은 사람들을 자기 형상대로 자유롭고 지적인 존재로 만드셨습니다. 그리고 그분도 그들에게 자유로운 존재로 행동하셨습니다. 어떤 사람들에게는 은혜가 얼마나 효력 있고 전능한지 이해하기가 어렵습니다. 그럼에도 불구하고 사람은 여전히 자유로운 존재일 수 있습니다. 자, 혹시라도 사람들이 이 사실을 볼 수 없다고 해서, 우리가 그들을 꼭 이해시켜야 하는 것은 아닙니다. 하나님의 전능한 은혜와 인간의 자유, 이 둘은 충분히 양립 가능합니다. 이에 대한 선입견이 문제를 만들어 냅니다. 이 둘의 양립에는 실제로 아무런 어려움이 없습니다. 사람은 충분히 자유롭습니다. 그러면서도 그는 어떤 과정에 완전히 압도되어 달리 어찌 할 수 없는 상태가 됩니다. 그런 도덕적인 능력이 인간이 가진 참된 자유를 전적으로 침해하는 것은 아닙니다. 만약 우리가 사람은 자기 의지에 반하여 구원받게 되고, 어떤 물리적 힘에 의해 기독교인이 된다고 가르친다면, 우리는 말도 안 되는 소리나 헛소리를 지껄인다고 비난받아 마땅할 것입니다.

그러나 우리가 말하는 그 영향력이 도덕적이고 영적이고 납득할 만한 것이며, 또한 일반적인 지성의 법칙에 엄격하게 일치되는 방식으로 작용한다면, 사정은 달라질 것입니다. 하나님의 은혜는 절대로 인간의 의지를 침해하지 않습니다. 하지만 완고한 인간의 의지를 사랑으로 압도하여, 하나님께 의지적으로 사로잡힌 자가 되게 만듭니다. 우리가 어느 때나 말하는 이 힘은 은혜의 능력을 말하는 것이며, 우리가 이 은혜의 능력에 대해 말할 때, 여러분 모두는 이 능력이 인간이 지닌 본래적인 성품과 전혀 모순이 없는 것으로 이해해야만 합니다. 더 나아가, 우리 주님께서 자신의 뜻을 따라 인간에게 역사하신다 해도, 그분은 항상 인간들을, 생각하고 판단하고 의지를 가진 인간으로 대하며 역사하시지, 어떤 야만적인 힘에 의해 두들겨 맞고 부서지고 왜곡된 그런 본질을 지닌 인간으로 대하지 않으십니다.

말씀을 듣고 있는 사랑하는 여러분, 누가 여러분의 귀를 억지로 끌고서 천국으로 간다거나 여러분의 머리에 있는 머리카락을 휘감아서 천국으로 들어가게 할 것이라는 기대는 하지 마십시오. 만약 여러분이 구원을 받았다면, 여러분의 마음은 틀림없이 변화되었을 것이고, 여러분의 존재 전체가 자유로운 가운데 은혜의 법칙에 동의했을 것입니다. 만약 여러분이 중생하고 싶어 한다면, 하나님의 능력이 임하는 그 날에 여러분은 자유로운 가운데 중생하게 될 것입니다. 그분의 은혜가 여러분에게 임하여 여러분의 선입견이 제거되고 여러분의 완고함이 극복되어서, 여러분은 자유로운 가운데 그 거룩한 다스림에 순종하게 될 것입니다. 여러분이 이러한 의지를 이 아침에 갖게 되기를 제가 얼마나 간절히 바라는지 모릅니다! 주님께서 그 사랑의 거룩한 능력으로 여러분의 의지를 굴복시키시고, 여러분이 오늘 "주님이시여, 제가 구원받고자 하나이다. 제가 지금 기꺼이 죄를 벗어 버리고, 영생을 붙들고자 하나이다"라고 말하게 되기를 기원합니다. 여러분은 여러분의 뜻 배후에 있는 하나님의 뜻을 결코 발견하지 못할 것입니다. 그분께서 여러분에게 자발적인 마음을 주실 때, 여러분에게 생긴 그 자발적인 마음이야말로 그분께서 자진해서 주시는 은혜의 징조라는 사실을 여러분은 기억하십시오. 은혜가 여러분으로 하여금 기꺼이 그리스도를 받아들이도록 인도할 때, 그때 여러분은 두려워하지 말고 즉시 믿도록 하십시오.

이제 다음 문제를 살펴보겠습니다. 아무리 인간의 의지가 고려되었다 해도, 우리 주님의 신비로운 능력이 발휘되었기 때문에, 그 집 주인은 아무런 질문도 하지 않고서, 즉시 기쁘고 즐거운 마음으로 객실의 문을 열었던 것입니다. 그는 강요에 의해서 다락방을 내놓은 것이 아니었습니다. 그럼에도 그는 마치 어떤 힘이 그에게 발휘된 것처럼 그렇게 행동하였습니다. 우리가 보기에 그는 조금도 주저하지 않았습니다. 그는 "들어오십시오. 환영합니다. 저는 당신 선생님의 제의를 거절하기에는 너무나 많은 빚을 지고 있습니다"라고 말하는 것처럼 행동하였습니다. 아마 이 사람은 그분으로 인해 자기 자녀가 새 생명을 얻게 되는 것을 보았거나, 혹은 그 자신이 나병환자였다가 고침을 받았거나, 아니면 다리를 쓰지 못하다가 고침을 받았을 수도 있습니다. 어쨌든 그는 그리스도의 친구였습니다. 그가 누구이며 어떤 일을 하는 사람이었는지 우리는 알 수 없지만, 그는 구세주께서 제의한 명예를 기쁨으로 받아들였습니다. 이를 통해서 오늘날의 우리도 누가 주님께서 택한 자인지 아닌지를 알게 됩니다. 복음이 사람들에게 주어졌을 때, 어떤 사람은 그 복음에 반발하며 받아들이려 하지 않지만, 다른 사람은 그 복음을 받아들이고 환영하며 자기에게 그 복음을 주신 하나님을 찬양합니다. 이런 후자의 반응이야말로 그 영혼 속에 은밀한 역사가 진행되고 있으며, 하나님께서 그에게 영생을 주기로 선택하셨다는 것을 분명히 보여줍니다. 말씀을 듣는 사랑하는 여러분, 여러분은 기꺼이 그리스도를 영접하려고 하십니까? 여러분은 오늘 그분을 여러분의 모든 것 가운데 모든 것 되신 분으로 맞아들이고 붙잡는데 찬성하십니까? 그렇다면 여러분이 그렇게 하는데 어려움은 전혀 없습니다. 여러분은 그분을 붙잡을 수 있습니다. 친히 그분의 능력이 여러분과 더불어 역사하여 여러분으로 하여금 자원하는 마음을 갖게 할 것입니다. 그 초대의 말씀은 다음과 같습니다. "원하는 자는 값없이 생명수를 받으라"(계 22:17).

　　이 사람에 대해서 저는 결론적으로 다음과 같이 말씀드리고 싶습니다. 우리 구세주께서 죽음을 앞두고 앉아 드신 이 마지막 저녁 식사를 그의 다락방에서 한 것에 대해, 즉 그리스도를 환대하였다는 이 사실에 대해, 이 사람은 말로 다 할 수 없는 영광으로 생각했습니다. 오, 사랑하는 여러분, 만약 여러분과 제가 그리스도를 마음에 영접한다면, 그것은 하나님의 아들을 별들이 비치는 이 땅에서 환대하는 영광과 같을 것입니다! 하늘들의 하늘이라도 그분을 모실 수 없으며, 낙원의 모든 영광도 그분의 인품에서 나오는 광채와 그분의 공로가 보여주는 위엄과 비교하면 너무나 작습니다. 그런데도 그분께서 자신을 낮추시어 우리의 좁은 마음이라는 집에 내주하시다니, 이 얼마나 대단한 일인지요! 우리는 그분께서 우리 집 지붕 아래 들어오심을 감당할 수 없습니다. 그런데도 그분께서는 자신을 낮추어 우리의 마음속에 들어와 잔치를 베풀고, 솔로몬이 자기의 모든 영광으로도 다 베풀 수 없었던 그 왕족의 진수성찬을 배설해 주셨습니다. 우리 영혼이 친히 그분과 함께 잔치를 열도록 하시다니, 이 얼마나 말로 다 할 수 없는 특권인지 모릅니다! 이제 우리는 영원한 음식이 제공되고, 그 음식을 먹는 자들에게는 영생이 주어지는 잔치자리에 앉아 있습니다. 만약 여러분이 한 번이라도 그 어여쁘신 분과 함께 잔치자리에 앉아 보았다면, 여러분은 그 잔치가 절대로 끝나지 않기를 바랄 것이라고 저는 확신합니다. 여러분은 천국에서 천국의 음식을 먹고, 영광 가운데서 새로운 나라의 포도주를 마시는 그 시간을 갈망할 것이며, 그 시간이 끝나지 않기를 소망하며 아버지와 함께 거하는 그 세상이 영원하기를 바랄 것입니다. 천사들이 섬기는 그 주님을 환대한 자들은 행복한 자들입니다. 그들은 세 배로 행복한 자들입니다.

지금까지 저는 효력 있는 은혜에 대해 대략적인 말씀을 드렸습니다. 우리가 여전히 죄 가운데 죽어 있을 때, 그리스도의 은혜가 우리에게 임했습니다. 우리는 그 은혜로 말미암아 부르심을 받았습니다. 방편이 사용되었으나, 그러면서도 하나님의 은밀한 능력이 이 모든 것을 행하셨으며, 그 능력의 결과로, 우리가 구세주를 영접함으로써 큰 영광을 얻게 되었고 큰 축복을 받게 되었습니다. 자, 보십시오. 이것이야말로 신자들이 뜨겁게 찬양할 주제이지 않습니까? 사랑하는 여러분, 만약 그리스도께서 여러분의 마음과 제 마음에 들어오신다면, 그분께서 들어오신 것은 전적으로 그분의 효과적인 은혜로 말미암은 것입니다. 그러므로 그분을 크게 찬양합시다!

> "연회를 베풀어 놓은 사랑,
> 우리가 그 안에 있도록 부드럽게 강요한 사랑,
> 이 두 사랑은 같은 사랑이었습니다.
> 그 사랑이 아니었다면,
> 우리는 여전히 연회에 참석하기를 거부하고
> 죄 가운데 멸망했을 것입니다."(아이작 와츠)

그분께서는 우리 마음이 지닌 본성적인 완악함으로부터 우리를 구원해 주셨습니다. 우리 속에서 그토록 강력하게 역사하신 그 놀라운 사랑을 우리는 찬양하도록 합시다. 그분의 주권적인 은혜에 대한 자신의 책임을 지금까지 모르고 있는 자들은 찬양하지 말도록 하고, 자신이 빚진 자임을 느끼고 있는 자들은 그토록 풍성하게 베푸신 그 넉넉한 사랑의 손길을 반드시 찬양하도록 합시다.

더 나아가, 이런 사실은 우리 모두가 하나님을 위해 더 열심히 일하도록 하지 않습니까? 사랑하는 여러분, 주님께서는 한 말씀만 하면 찾으실 수 있는 일임에도 불구하고, 전적으로 능력이 없는 자처럼 되셔서, 이렇게 잔치를 베풀 집을 찾으셨습니다. 주님께서도 그러셨다면, 우리도 다른 사람을 구원하기 위한 일에 절대로 절망하지 맙시다. 주님께서 친히 인간의 마음 안에 거할 곳을 지금도 찾고 계신다는 사실을 믿고서, 우리도 영혼을 위한 노력을 계속해서 합시다. 여기 있는 회심하지 않은 자들 가운데 열에 아홉이 "우리는 구세주를 받아들이지 않을 것입니다"라고 말하면 어떻습니까! 그래도 여전히 은혜의 선택에 따라, 그분을 환대할 남은 자들이 있지 않습니까! 단 한 명의 영혼이라도 우리의 메시지에 순종한다면, 우리는 백 명이 고개를 흔들며 거부한다 해도 기꺼이 감수할 것입니다. 우리가 해마다 천 명의 사람들에게 복음을 전했으나, 단 한 명의 영혼 밖에 구원하지 못했다 해도, 그 한 영혼이라도 구원받게 된다면 그것이 우리가 한 모든 수고의 충분한 보상이 될 것입니다. 왜냐하면 한 영혼은 이루 헤아릴 수 없는 귀한 가치를 지니고 있기 때문입니다. 그러니 우리 모두 용기를 냅시다. 주님께서 원하기만 하신다면, 그분은 우리가 전하는 복음을 듣는 모든 자들을 우리의 일꾼으로 주실 것입니다. 그분은 한 마디 말씀으로 가장 완악한 마음을 제압하실 수 있으며, 지금 이 순간까지도 열매가 없던 우리의 사역이 순식간에 그분께 영광을 돌릴 수 있을 정도로 풍성한 열매를 맺게 하실 수 있습니다. 하나님께서 도우셔서 많은 자들이 이 날에 효력 있는 은혜가 어떤 것인지 깨닫게 하시고, 그로 인해 그리스도께서 모든 영광을 받게 되기를 기원합니다.

2. 순종하지만 염려하는 종들에 관한 사랑의 질문

두 번째로, 우리는 오늘 본문의 질문이 주님의 제자들이 제기한 사랑의 물음인 점에 주목해서 살펴보고자 합니다. 이 아침에 우리는 이 교회에 있는 어떤 특별한 사람을 대상으로 해서 구체적인 말씀을 드리지 않겠습니다. 저는 여기 있는 젊은 청년과 혹은 저기 있는 젊은 여인에게 특별히 말씀을 전하려 하지 않습니다. 저는 복음이 요청하는 것을 저 쪽에 앉아 있는 자들이나 위층에 있는 자들을 대상으로 전하려 하지 않습니다. 저는 베드로와 요한 같은 자들을 대상으로는 더더욱 전하려 하지 않습니다. 복음 전도자가 대상으로 삼아야 한 것은 아주 분명합니다. 그 대상은 "너희는 온 천하에 다니며 만민에게 복음을 전파하라"(막 16:15)는 말씀과 연관됩니다. 저는 택함을 받은 자들에게만 복음을 전하도록 부르심을 받지 않았습니다. 저는 그 택함을 받은 자들이 누구인지 알지도 못합니다. 제가 전하는 메시지가 택함을 받지 않은 자들에게는 전혀 도움이 되지 않을 것이라는 사실을 저도 알고 있습니다. 그러나 제 메시지가 택함을 받은 자들에게 전해지기 위해서는, 이 복음을 모든 자들에게 전하는 것을 우리의 일로 삼아야 합니다. 우리는 그물을 바다에 던집니다. 주님께서는 자신이 원하는 고기를 잡고자 우리를 보내셨습니다. 그러므로 저는 그리스도를 모르는 구체적인 한 사람이나 혹은 모든 자들을 대상으로 "선생님의 말씀이 나의 객실이 어디 있느냐 하시더라"는 질문을 던집니다.

먼저 저는 이 질문에 대해 설명하겠습니다. 예수 그리스도께서는 인간의 마음에서 환대를 받고 싶어 하십니다. 그분은 말씀하십니다. "내가 거할 마음은 어디에 있느냐? 이 아침에 내가 들어가 거할 수 있도록 마음 문을 열 준비가 된 영혼이 어디 있느냐?'고 말입니다. 자, 자세히 살펴보십시오. 저는 지금 여러분에게 "그리스도가 어디에 계신가?'라고 질문하지 않았습니다. 왜냐하면 이에 대해 여러분이 대답하기는 아주 고민스러울 것이기 때문입니다. 여러분은 아직까지 그분을 찾지 못했습니다. 제 바람이기는 하지만, 지금 이 자리에는 그분을 영혼의 가장 안쪽 방으로 모시고 그분과 즐거이 교제하는 자들이 한 백여 명은 더 되는 줄로 압니다. 그러나 여러분처럼 회심하지 않은 자들에게는 그런 주제와 관련된 질문을 하지 않겠습니다. 왜냐하면 여러분은 예수님과 교제를 나누는 일에 있어서 문외한(門外漢)이기 때문입니다. 저는 "선생님을 위한 잔치가 어디에서 벌어지는가? 어디에서 그분이 미덕과 선행의 잔치를 찾으실 수 있겠는가?'라고도 묻지 않겠습니다. 절대 그렇게 묻지 않겠습니다. 대신 저는 "그분을 위한 방이 어디 있는가?'라고 묻겠습니다. 그분께서 잔치를 베푸실 것입니다. 그분께서 요구하시는 것은 오로지 잔치를 베풀 방입니다. 그리스도께서는 여러분에게 어떤 선한 것을 절대로 요구하지 않으십니다. 그분은 그분께서 친히 가지고 오신 선한 것들을 펼쳐 놓으실 오로지 빈 방만을 요구하십니다. 주님은 여러분에게 잔치를 준비하라고 요구하지 않으십니다. 왜냐하면 여러분이 지닌 본성적인 상태로 볼 때 여러분은 한 푼도 가진 것이 없기 때문입니다. 또한 여러분은 그분이 드실 만한 것을 마련할 수도 없습니다. 왜냐하면 여러분에게는 여러분의 영혼을 먹일 음식조차 없기 때문입니다. 그리고 여러분은 양식 아닌 것을 위하여 돈을 쓰며, 배부르게 하지 못할 것을 위하여 수고하고 있습니다. 그분은 빈 방을 요구하십니다. 그게 전부입니다. 구세주를 위한 방! 구세주를 위한 방! 구세주께서 들어가서 거하실 방입니다! 그분께서 요구하시는 것은 여러분의 미덕이나 탁월함이나 선함이 아닙니다. 그분께서 요구하시는 것은 그저 여러분이 기꺼이 그분을 환대하고자 하는 빈 방입니다. 질문은 단순하며 유일합니다. "객실이 어디 있느냐?" 호화롭게 장식되어 위대한 왕이 묵기에 적합한 객실이 어디 있느냐는 것이 절대 아닙니다. 금박을 입힌 장식 판과 모자이크 방식의 포장재로 번쩍번쩍 빛나는 그런 객실이 어디 있느냐는 질문도 아닙니다. 예수님께서는 자신이 묵으실 방으로 그렇게 고귀한 방을 구하지 않으십니다. 절대로 그러지 않으십니다. 혹시 여러분 가운데 고귀하고 교만한 마음을 가진 자가 있다면, 그리스도께서는 그런 마음을 가진 자에게는 결코 오지 않으십니다. 왜냐하면 선한 체하는 여러분의 모든 화려한 것들은 그분이 보시기에 빛바랜 것들이고 얼룩진 것들이기 때문입니다. 그분은 교만한 마음이나 위대한 마음과 함께 거하지 않으십니다. 그러나 만약 여러분이 상한 마음으로 통회하는 영혼이라면, 이 말씀을 기억하십시오. "나 여호와가 말하노라, 그 사람은 내가 돌보려니와(사 66:2), 나는 그와 함께 거하리니." 여러분은 죄인입니까? 좋습니다. 그렇다면 죄를 용서해 주는 제사장을 여러분이 멀리할 필요가 없습니다. 여러분의 마음속에 있는 객실이 악취가 나고 더럽습니까? 그 객실이 악으로 가득 차 있습니까? 예수 그리스도께서는 그런 것들에 관해 전혀 묻지 않으십니다. 그분은 여러분에게 단 한 가지만 요구하십니다. 그분께서 여러분의 마음에 찾아와 거하시기를 여러분이 원하기만 한다면, 여러분이 "예"라고 대답하기만 한다면, 여러분의 마음속에 있는 그 방은 깨끗해지고, 그분을 위한 적절한 곳이 될 것입니다. 이렇게 변화시키는 것이 그분이 하시는 일입니다. 그분의 물음은 한 가지입니다. 객실이 어디 있느냐? 이 아침에 여기 있는 자들 가운데 예수님에게 마음을 열고자 하는 이가 있습니까? 영광의 주님이 들어가실 방이 준비된 분들이 있습니까?

주님의 이 질문에 대해서는 또 다른 설명도 가능합니다. 어떤 사람들은 그리스도께서 객실로 받으실 수 없는 방을 그분에게 제공합니다. 그렇습니다. 그들은 그리스도를 자기 머리로 받아들이는 자들입니다. 그들은 성경에서 그분에 관해 말하고 있는 진리를 일종의 개념적인 신앙으로 믿는 것에 대해 전혀 반대하지 않습니다. 나의 주님은 그런 곳에서 절대로 유월절 식사를 하지 않으실 것입니다. 절대로 그러지 않으십니다. 진실로 여러분은 아주 정통적일 수 있으며, 교리적으로도 지극히 건전할 수 있습니다. 그러나 예수님께서 들어오시는 집, 다시 말해 그분께서 최고의 객실로 여기시는 곳은 바로 마음입니다. 인간의 뇌라는 싸늘한 다락방 같은 곳이 아니라, 마음이 있는 따뜻한 방, 바로 거기에 틀림없이 예수님은 거하십니다. 여러분은 오늘 그리스도를 구세주로 기꺼이 모시고자 합니까? 사랑하는 여러분, 영혼을 지닌 여러분, 여러분은 그리스도를 영원한 여러분의 관심사로 정하고 그분을 기꺼이 신뢰하고자 합니까? 여러분은 지금 어떤 다른 것에도 의존하지 않고 오직 못 하나에 걸린 그릇처럼 그렇게 그분을 기꺼이 의지하고자 합니까? 여러분은 지금 그분께서 여러분에게 명하는 것은 무엇이든 하고자 하는 그분의 종이 되고자 합니까? 여러분은 지금 그분과의 교제 가운데서 최고의 위안을 얻는 그분의 친구가 되고자 합니까? 여러분은 지금 여러분이 가진 모든 죄악과 더러움 가운데서 그분의 의를 여러분의 의로 받아들이고, 그분의 보혈을 여러분을 깨끗하게 하는 것으로 기꺼이 받아들이고자 합니까? 여러분은 성처럼 굳게 닫힌 여러분의 마음을 여는 열쇠들을 가지고 와서 왕 되신 그분에게 드리며, "들어오십시오. 나의 주님이시여, 들어오십시오! 저는 오랫동안 당신에게 반항하며 대들었고, 당신께서 은혜로 베푸시는 그 모든 초대들을 거부하였습니다. 하지만 이제는 달라졌습니다. 오, 너희 문들아 네 머리를 들지어다. 너희는 높이 들지어다. 내 마음의 문들아, 영광의 왕이 들어가신다"라고 말할 의향이 있습니까? 제가 여러분에게 묻고자 하는 것은 이것이 전부입니다. 그 어떤 공로를 찾으려고 제가 여러분에게 보냄을 받은 것이 아닙니다. 제가 여러분에게서 그 어떤 선한 것을 찾으라는 명령을 받은 것도 아닙니다. 여러분이 기꺼이 순종하기만 한다면, 여러분은 이 땅의 좋은 것들을 먹게 될 것입니다. 그리고 여러분이 기꺼이 그분을 신뢰하기만 한다면, 그 사람이야말로 그리스도께서 그 마음에 거하기로 예정한 사람임을 제가 알아차릴 수 있을 것입니다. 하나님께서는 의지를 주셨습니다. 그분께서는 분명히 그 의지를 통해 역사하실 것입니다. 그분은 기쁜 마음으로 여러분을 그분의 주인으로 삼으시며, 기꺼이 여러분의 손님이 되기로 하십니다. 객실이 어디에 있습니까? 저는 여러분 모두를 일일이 만나서 손을 잡고 "사랑하는 나의 친구여, 네 마음에 객실이 있는가?"라고 확인할 수 없습니다. 회중석을 여기저기 돌아다니면서 여러분에게 묻는 것도 꽤 시간이 걸릴 것입니다. 따라서 저는 아주 간절한 마음으로 다급하게 다음과 같은 질문을 여러분 각자에게 드리고자 합니다. "선생님의 말씀이 나의 객실이 어디 있느냐 하시더라."

제가 조금 전에 누가복음의 병행본문을 읽을 때, 마가복음과는 약간 다르게 기록된 것을 여러분은 눈치 채셨습니까? 누가복음은 "선생님이 네게 하는 말씀이 … 객실이 어디 있느냐 하시더라"(눅 22:11)고 되어 있습니다. 그분께서는 여러분 가운데 어떤 사람을 특정하여, 특정한 능력으로 말씀하고 있다고 믿습니다.

여러분은 죄 가운데서 마땅히 멸망할 수밖에 없었지만, 하나님은 아직까지 여러분의 목숨을 살려두셨습니다. 이런 사랑의 시간, 이런 은혜의 날인 이 아침에 주님께서는 "네게", 즉 여러분에게 말씀하십니다. 주님께서는 "메리, 존, 객실이 어디 있느냐?"라고 네게 물으십니다. 여러분은 지금까지 제가 한 권면을 받아들이고, 신속하게 그 질문에 긍정적인 대답을 하십시오. 그러면 이 날이 바로 예수님께서 승리하시어 여러분의 영혼으로 들어오시는 그 날이 될 것입니다.

　일이 분만 더 여러분에게 말씀을 드리고자 합니다. 제가 간절하고 다급하게 "선생님의 말씀이 나의 객실이 어디 있느냐 하시더라"는 질문을 여러분에게 드리는 데는 이유가 있습니다. 저는 이 질문을 먼저 그분을 위해서 다급하게 드립니다. 그렇습니다. 그분을 신실하게 섬기는 모든 종들은 마음을 다해 그분을 환대하기를 갈망합니다. 저는 제 목회에 대해 가끔 생각해 보곤 합니다. "그래, 내가 이 교회의 목회자로 있으면서, 지금까지 크고 많은 일들을 해왔어. 우리는 기도하는 집을 크게 지었고, 여성 구호소도 건립했고, 어린 아이들을 위한 고아원과 대학도 운영하고 있지. 하지만 이 모든 일들이 가능했던 것은, 교회의 성도들이 함께 힘을 모으고, 내가 그들에게 매주 말씀을 전한, 오직 그 결과이지 않겠는가? 우리가 성취할 가치가 있는 유일한 성공은 영혼들을 얻는 것이다. 혹여 우리가 영혼들이 그리스도에게 인도되어 그분의 발 아래 조아리고 그분을 자신의 왕으로 고백하는 것을 보지 못한다면, 우리는 아무도 보지 않는 방으로 들어가, '우리가 전한 것을 누가 믿었느냐 여호와의 팔이 누구에게 나타났느냐'[사 53:1]라고 울면서 말하게 될 것이다."

　그리스도께서는 인간의 마음에서 영광을 받으셔야 합니다. 그렇지 않다면 우리는 한탄하며 슬퍼하게 될 것입니다. 밤이슬에 젖은 그분의 머리에 이슬방울이 가득한 채 길거리에 서 있는 그분의 모습을 우리는 차마 볼 수 없습니다. 우리는 하나님의 아들을 환대하여 모셔들여야만 합니다. 오! 밖에 서 계신 그분의 모습으로 인해 우리의 마음은 깨질 듯이 아프기 때문입니다. 그분은 우리를 그토록 사랑하셨건만, 그분은 그렇게 푸대접을 받으시다니, 천국과 그 모든 영광을 버리고 지옥까지 내려가 우리를 구원하고자 했던 그분이 거부를 당하시다니, 우리의 마음은 극도로 쓰라립니다. 우리가 범한 죄에서 우리를 구원해 주실 때, 그리스도의 몸은 피땀으로 뒤범벅이 되셨고 상처를 입으셨습니다. 그러므로 우리는 여러분에게 간청합니다. 이 음성을 들으십시오. "객실이 어디 있느냐?" 그러고 나서 이렇게 대답하십시오. "주님, 그 객실은 오늘 제 영혼 속에 있나이다."

여러분에게 제기된 이 다급한 질문은 우리 자신을 위한 것이기도 합니다. 우리가 혹시라도 필요 없는 종이 되지는 않을까 두렵습니다. 그러나 만약 여러분이 그리스도를 받아들인다면, 그래서 우리에게 더 많은 기쁨과 즐거움이 주어진다면, 그런 기쁨 또한 우리의 영광이지 않겠습니까? 우리 주 예수 그리스도께서 오시는 날에 여러분이 그렇게 되지 않겠습니까?

그러나 무엇보다도, 우리는 여러분의 영혼을 위해서 이 질문을 다급하게 묻고자 합니다. 오, 사랑하는 여러분, 만약 여러분이 그리스도를 환대하기만 한다면, 여러분은 천국의 환대를 받게 될 것입니다. 여러분은 그리스도를 사랑함으로써 절대로 패자가 되지 않을 것입니다. 오히려 이루 말할 수 없는 승리자가 될 것입니다. 예수님을 믿으십시오. 그러면 여러분이 지은 죄들은 용서를 받고, 여러분에게 밝은 미래가 보장될 것이며, 암울했던 과거는 이제 사라지게 될 것입니다. 그리스도를 받아들이십시오. 그러면 설령 여러분이 지금까지 가난했다 해도, 혹은 고통만 가득한 나날을 보냈다 해도, 여러분은 이제 부러움의 대상이 될 것입니다. 반면에, 오! 만약 여러분이 그리스도 없이 살다가 죽는다면, 우리는 여러분 주위에 있던 그 임종의 침상에서 벌어지는 장면을 묘사하기조차 두려울 뿐입니다. 커튼을 열어젖히자, 소망에서 영원토록 단절된 채로 육체에서 벗어난 여러분의 영혼을 보게 되는 일은 상상조차 하기 싫습니다. 단지 우리는 다음과 같은 끔찍한 성경말씀을 기억할 뿐입니다. "그들은 영벌에 … 들어가리라"(마 25:46). 여러분은 하나님의 영원한 진노를 알아야 하고, 거룩한 분노로 영원히 불타오르는 그 불길을 느껴야만 합니다. 우리는 이 사실을 여러분에게 말씀드리지 않을 수 없습니다. 오, 여러분을 위해 말씀드립니다. 혹시라도 여러분에게 자신을 진실로 사랑하는 어떤 마음이 있다면, 그래서 영원한 비참함으로부터 구원받고자 한다면, 여러분의 마음을 넓게 여십시오. 그래서 예수 그리스도께서 그 마음에 들어오시도록 하십시오.

"그래서, '객실이 어디 있느냐?'라는 이 질문이 도대체 무슨 뜻이란 말인가요?'라고 여러분은 여전히 묻고 있습니까? 제가 한 번 더 그 질문에 대답하겠습니다. 여러분은 예수 그리스도를 단순하게, 개인적으로, 직접적으로, 온전한 마음으로 믿어야 한다는 것입니다. 그분은 마땅히 그렇게 믿을 만한 분이십니다. 그리스도께서 어디를 가시든, 그분은 믿을 만한 분이십니다. 여러분은 여러분이 가진 모든 확신을 버리고 전적으로 그분을 신뢰해야만 합니다. 지금 이 순간 그분을 믿으십시오. 좀 더 믿기 편한 순간이 올 때까지 믿음을 유보하거나 연기하지 마십시오. 예수 그리스도께서 여러분의 마음에 있는 객실에 손님이 되신다면, 이제부터 여러분은 그분을 위해 여러분 자신을 온전히 헌신해야만 합니다. 왜냐하면,

> "불평하는 말은 알지도 말아라.
> 　예수님이 오셔서 다스리신다.
> 　그분은 편파적으로 다스리지 않는 분,
> 　그 통치에 순종하지 않는 정욕은
> 　죽어야 마땅하리라."(조셉 그리그[Joseph Griggl])

　　만약 여러분이 그리스도를 믿는다면, 여러분은 그리스도에게 순종해야 합니다. 그 방을 다스리는 그리스도께서는 죄와 함께 유월절 식사를 하지 않으실 것이기 때문에, 성령님께서 그 능력으로 죄를 없애 주실 것입니다. 육신의 모든 정욕 또한 제거되어야 합니다. 그분은 여러분에게서 그 정욕들을 없애 주실 것입니다. 왜냐하면 그리스도께서는 여러분이 죄의 화려한 것들을 즐기는 한, 여러분에게 잔치를 베풀지 않으실 것이기 때문입니다. 그리스도는 벨리알과 전혀 교제하지 않으십니다. 그분은 마귀와 같은 식탁에 함께 앉지도 않으십니다. 여러분도 지금 기꺼이 그렇게 할 수 있습니까? 이것이 바로 제가 요구하는 모든 것입니다. 하나님의 성령께서 그분의 능력으로 여러분이 즐겨하던 죄악들을 기꺼이 포기하게 하시고, 은밀한 정욕들을 버리게 하시며, 거룩한 손으로 만들고 빚으사 거룩한 용도에 적절한 그릇이 되도록 하셨습니까? 여러분은 그리스도를 여러분의 구세주와 주님으로 기꺼이 받아들이십니까? 도대체 어디에, 어디에 객실이 있습니까? 나의 주님이시여, 당신은 아실 것입니다. 하나님께서는 "여기 있나이다"라고 대답하는 그 목소리를 듣고 싶어 하십니다.

　　이제 저는 해야 할 말씀을 다 드렸습니다. 기억하십시오. 만약 여러분이 지금 그리스도를 영접하지 않는다면, 여러분이 꼭 되기를 바라지만 그 바람이 수포로 돌아가는 그 날이 임할 것입니다. 그 날에 여러분은 보좌에 앉으신 그분을 볼 것이며, 그분께서 다음과 같이 여러분에게 하시는 말씀을 듣게 될 것입니다.

"너는 나를 거부하였다. 그러니 이제 나도 너를 거부하노라. 너는 복음을 들었다. 너에게 초대도 했고, 간곡히 부탁도 해보았다. 하지만 너는 나의 모든 초대 요청에 귀를 기울이지 않았다." 그 날에는 그분께서 여러분의 요청에 귀를 기울지 않으실 것입니다. 하지만 그분께서 의로운 분노로 청천벽력 같은 소리를 발하시면, 여러분은 그때서야 그분의 말씀을 들었으면 좋았을 것이라고 후회할 것입니다. 오, 저는 하나님께 말씀드려서, 사람들이 주일을 어떻게 보내는지 그리고 설교를 어떻게 듣고 있는지를 그들이 스스로 보게 했으면 좋겠습니다. 아마도 그 날이 이르면, 그들은 주일과 설교를 달리 보게 될 것입니다. 그 날에 고통 때문에 주체할 수 없을 만큼 눈물을 흘리며 울부짖게 될 사람들이 오늘날에도 너무나 많습니다. "오, 우리가 복음을 다시 들을 수 있다면! 오, 그리스도에게 나아오라는 초대를 한 번만 더 받을 수 있다면! 그러나 이제는 모두 지난 일, 은혜의 시간은 끝이 났고, 우리는 이제 영원한 보응 속으로 들어가야 한다. 거기에는 그 어떤 용서도 없고, 영원한 비참함에서 벗어날 수 있는 그 어떤 소망도 없다." 오, 지금 현명한 사람이 되십시오! "오늘 너희가 그의 음성을 듣거든 … 너희 마음을 완고하게 하지 말라"(히 3:15)는 말씀대로 말입니다.

오늘 그분의 성령께서 사람들에게 간청하십니다. 여러분의 영혼이 그분을 위한 객실이 되도록 하십시오. 만약 여러분이 지금 그분을 받아들인다면, 그분께서 친히 영광 가운데 임하시는 그 날에, 여러분은 지극히 큰 기쁨을 누리게 될 것입니다. 신자들이 하늘의 구름 속에 있는 자기 주님을 보게 될 때, 다음과 같이 말하는 것은 절대로 천박한 기쁨이 아닐 것입니다. "나는 그분을 예전부터 알고 있었다. 사람들이 그분에 대해 악평할 때, 나는 그분을 내 마음에 영접하였다. 그분이 거부를 당했을 때, 나는 그분을 영접하였다. 그분께서 더러운 몰골에 남루한 옷차림으로 거리를 다니실 때, 나는 그분에게 옷을 입혀드렸다. 그분이 굶주릴 때 나는 그분에게 먹을 것을 드렸으며, 그분이 아프고 감옥에 계실 때, 나는 그분을 찾아가 섬겼다." 오, 그분께서 다음과 같이 하시는 말씀을 듣는 것이 한 영혼에게는 이루 말할 수 없는 기쁨이 될 것입니다. "내 형제 중에 지극히 작은 자 하나에게 한 것이 곧 내게 한 것이니라(마 25:40). 너는 내가 시험받는 중에 나와 함께 하였으니, 나의 영광 중에 나와 함께 할지니라. 너는 나의 고난과 시련을 함께 하였으니, 이제 나의 모든 승리에 동참할지니라. 너는 내 오른편에 영원토록 앉을지니라." 이 말씀이 이 예배당 안에 있는 모든 사람들 각자의 분깃이 되기를 바랍니다. 우리 한 사람 한 사람이 그분의 공의가 아니라 그분의 은혜 가운데서, 예수님으로 말미암아 하나님께 영광돌리기를 기원합니다. 아멘.

제
28
장

—

회개하는 눈물의 근원

—

"그 일을 생각하고 울었더라." — 막 14:72

참된 회개는 항상 하나님의 은사이며, 영혼 안에서 이뤄지는 성령님의 사역입니다. 사람은 혼자 내버려 두면 계속해서 죄를 짓습니다. 만약 그가 죄에서 돌이킨다면, 그것은 하나님께서 그를 돌이키셨기 때문입니다. 본성적으로 인간의 마음은 악을 향해 치닫게 되어 있습니다. 그러나 만약 그 마음이 변화된다면, 다시 말해 그 마음에 참된 회개가 일어난다면, 그것은 주님께서 친히 그 마음을 바꾸어 주셨기 때문입니다. 그것은 틀림없는 사실입니다. 성령님의 개입 없이 인간이 스스로 행하는 회개는 후회할 수밖에 없는 회개이지만, 성령님께서 그 마음에 역사하시는 회개, 즉 죄에 대해 거룩한 근심을 하는 회개는 영적인 생명을 분명하게 보여주는 것이며, 구원하는 믿음을 가지고 있다는 증거이기도 합니다. 누구든지 죄를 진실하게 회개하고 주 예수 그리스도를 믿는다면, 그는 구원받은 사람입니다. 그는 그리스도께서 산 자와 죽은 자를 심판하러 오시는 그 날에 복된 무리들 가운데 있게 될 것이며, 영원토록 영광을 받은 자들 가운데 있게 될 것입니다.

그런데 회개가 성령님에 의해 사람의 마음속에서 일어날 때에도, 성령님은 그 회개의 결과를 이루시기 위해 일반적으로 여러 방편들을 사용하십니다. 베드로의 경우, 그의 회개를 위해 사용된 도구는 생각이었습니다. 즉, 자신의 죄에 대한 생각이었습니다. "그 일을 생각하고 울었더라"는 말씀대로 말입니다. 수많은 죄인들이 지금까지 이런 식으로 회개에 이르게 되었다는 것은 틀림없는 사실입니다. 어떤 면에서 보자면, 이것은 분명히 성령님께서 사람들로 하여금 참된 회개라는 목적에 도달하게 하는 보편적인 방법인 것 같습니다. 죄인들이 주의하지 않고 생각 없이 살아가는 한, 그들은 계속해서 악한 길을 걷게 됩니다. 그러나 만약 그들이 정신 없이 가던 그 길에서 멈춰 서 생각하게 된다면, 그래서 자신들이 지은 죄에 대해 생각하기 시작한다면, 즉 성령 하나님께서 그들이 지은 죄를 깨닫게 해주신다면, 그것은 하나님께서 그런 생각과 자각을 사용하시어 그들이 예수 그리스도를 믿도록 하신 것입니다. 성령님께서는 죄인이 범한 죄를 기억나게 하십니다. 그래서 자신이 저지른 악행에 대해 울게 하고 그 죄로부터 돌아서게 하십니다. 성령님의 이런 방식은 고정된 것은 아니어도 죄인들에게 흔하게 역사하는 방식입니다.

　　저는 오늘 본문인 "그 일을 생각하고"라는 말씀에 해당하는 헬라어 단어를 찾아보았습니다. 이 구절은 헬라어 원문에서 표현된 그 충분한 뜻을 살려 번역하기가 아주 어려운 말씀입니다. 마가가 사용한 이 표현에는 모든 것을 내려놓는 포기하는 심정이 들어 있습니다. 그래서 어떤 사람들은 이 구절을 "외투로 그의 얼굴을 감싸고"(When he muffled up his face, 셰익스피어의 비극 「줄리어스 시저」 [Julius Caesar], 제3막 2장 182행 — 역주)라는 문장처럼 그렇게 읽어 왔습니다. 자신이 저지른 큰 허물이 수치스러워서 얼굴을 숨기려고 어떤 것으로 가린다는 뜻이 함축된 것으로 생각했습니다. 그러나 다른 사람들은 우리가 사용하는 성경의 번역이 저자의 생각에 충분히 가깝다고 생각하는데, 제가 보기에도 훨씬 더 정확하다고 생각합니다. 이 저자는 베드로가 자신이 했던 행동들에 관해 하나하나 생각하면서 받은 인상을 전하고 싶었습니다. 베드로는 자기가 범한 죄와 관련해서 자신의 생각들을 하나하나 되새기고, 자신이 처했던 상황들을 마음에 재현하며 그것들을 하나하나 쌓아올리면서, 자기의 죄를 구체적으로 생각하게 되었고, 그 죄가 실제로 얼마나 추악한지를 알게 되었던 것입니다. 그가 울기 시작한 것도 바로 그때였습니다. 그럼에도 불구하고, 저는 이 특정한 번역이 절대적으로 정확하다고 주장하는 것은 아님을 밝히면서, 우리가 가지고 있는 성경이 번역한 "그 일을 생각하고 울었더라" 하는 말씀을 그대로 사용하고자 합니다.

1. 베드로의 경우를 통해 얻게 되는 교훈

첫 번째로, 우리는 베드로의 경우를 살펴보고, 그 경우를 통해 교훈을 얻고자 합니다. 이 슬픈 이야기의 구체적인 내용은 여러분이 익히 알고 있는 바입니다. 그런데 저는 아주 많은 부분에서 우리가 베드로와 같다는 사실을 살펴보았으면 합니다. 베드로가 닭 우는 소리를 들었을 때, 그는 제일 먼저, 그리스도께서 말씀하신 그대로 자기가 실제로 했다는 사실을 생각하게 되었습니다. 즉, 그가 자기의 스승을 부인했다는 사실을 기억했던 것입니다. 그가 스승을 부인한다는 것은 자신에게 불가능한 일처럼 보였지만, 어쨌든 그는 세 번이나 부인하였습니다. 자신이 사랑하는 주님이자 스승이셨던 그분께서 그렇게 될 것이라고 말했을 때조차도, 그는 그 말을 믿을 수 없었습니다. 베드로는 그리스도를 따르는 일에 있어서는 늘 첫째였습니다. 예수님을 따라 물 위로 걷기까지 한 그였으며, 그리스도께서 베푼 기적들을 보기도 한 그였습니다. 베드로, 그는 그리스도를 따르는 자들 가운데 가장 열정적이었으며, 항상 주님을 위한 일이라면 어떤 일이라도 앞장서서 행할 준비가 되어 있었습니다. 베드로, 그는 자기 칼로 대제사장의 종의 귀를 베기도 한 사람이었습니다. 그랬던 그가, 실제로 그의 스승을 부인하였습니다. 자신은 그리스도의 제자 중 한 사람이 아니라고 분명하게 선포하였던 것입니다. 그렇게도 주님을 뜨겁게 사랑했던 사람과, 주님을 부인한 사람이 글자 그대로 동일 인물이라는 사실이 드러났습니다. 그는 이 사실을 인식하였습니다. "그 일을 생각하고 울었더라." 베드로와 관련하여 이런 말씀이 기록될 만도 하였습니다. 아, 그 휘황찬란하던 공중누각(空中樓閣)은 무너져 버렸습니다! 그 확고하던 자만심도 사라져 버렸습니다!

그러고 나서 그는 자신의 스승이 잘 보이는 그 뜰의 끄트머리에 서서 그분을 바라보며, 자기가 부인했던 그 스승이 얼마나 뛰어난 분이신지를 생각했습니다. 아, 불쌍한 베드로! 당신이 부인한 그분은 최고인 분이며, 가장 사랑이 많은 분이며, 가장 사랑스러운 분이며, 가장 온유하며, 가장 관대하며, 가장 동정심이 많으며, 가장 자신을 부인하는 분이며, 가장 순수하며, 가장 앞선 천국의 지도자로서, 혹시라도 그분에게 어떤 허물이 있다거나, 그분이 당신에게 잘못을 했다거나, 친절하지 않았다거나, 삯을 약속하고서 지불하지 않았다거나, 거짓말을 했으나 당신이 알아차리지 못한 적이 있다거나, 그분이 혼자 계실 때 그분에게서 어떤 병약한 것이나 불완전한 것을 당신이 보았다거나 했다면, 그렇다면 당신이 그분을 부인한 것은 정상참작이 될 수도 있었으리라. 그러나 이처럼 뛰어난 주님을 부인하다니, 당신이 그런 주님을 부인한 수치 때문에 얼굴을 감싸고 우는 것은 당연한 일이로다. 그분은 완전한 분이셨지만, 부족한 당신이 그분을 따르도록 허락하셨지. 이처럼 당신은 가련하고 믿지 못할 피조물이로다. 어떻게 당신이 그토록 분명하고 명확하게 "나는 그의 제자가 아니다"라고 말할 수 있었는지, 그것도 연거푸 세 번씩이나 거듭해서 말이야. 조금 전까지만 해도, 당신은 겸손하게 그분의 발자국을 따라가면서, 그분을 주님이며 스승으로 부르는 것이 당신의 기쁨이자 영광이라고 말하지 않았는가.

　　이런 생각을 하고 나서, 그는 스승이 자기에게 맡기신 직책을 생각했습니다. 베드로, 당신은 한 사람의 제자일 뿐만 아니라, 열두 사도들 가운데 한 사람이지. 당신의 주님은 일찍이 당신을 뽑아서 당신에게 말씀을 하셨고, 그분의 교회에서 아주 빼어난 곳에 당신의 자리를 정해 주셨지. 당신은 기적을 행사할 능력을 받았으며, 칠십 명의 복음전도자들 가운데 뛰어난 전도자로서, 예수 그리스도 위에 세워질 미래 교회의 열두 기둥 중 한 기둥으로 부르심을 받지 않았는가. 그럼에도 불구하고 당신은 그분을 부인했네. 오, 이런 생각을 하면 베드로의 마음은 마치 칼에 난도질을 당하는 것처럼 갈가리 찢어졌을 것이 분명합니다. 우리에 대한 그리스도의 신뢰가 크면 클수록, 우리가 그런 신뢰를 저버리고 배신한다면, 그 배신은 그리스도께서 신뢰하신 정도와 비례해 더욱더 크게 수치스러운 일이 될 것입니다. 그리스도께서는 우리를 사용함으로써 영화롭게 해주셨습니다. 그래서 우리는 그분의 소유가 되었습니다. 그런데도 우리가 그분의 것이라는 사실을 부인함으로써 그분을 슬프게 하고 그분에게 치욕을 안겨드린다면, 그 일은 참을 수 없는 만큼 수치스러운 일이 될 것입니다. 우리는 이런 배신을 우리의 말뿐만 아니라 행동으로도 범할 수 있습니다. 여러분은 서서 담대하게 "나는 … 이 사람을 알지 못하노라"(막 14:71)라고 말함으로써 그리스도를 부인할 수도 있지만, 일관되지 않은 행동을 통해서도 그리스도를 부인할 수 있습니다. 오, 사랑하는 여러분, 만약 그리스도께서 우리 가운데 어떤 사람을 아주 귀하게 여기시어, 그분을 섬기는 일에 어떤 모양으로 우리를 사용하셨는데, 그럼에도 불구하고 우리가 그분을 부인했다면, 우리는 우리가 저지른 그 죄를 회상만 해도, 우리의 골수에 후회가 사무칠 수밖에 없을 것입니다!

　　더 나아가 베드로는 주님께서 친히 자신과 아주 특별한 교제하심으로 자신을 귀하게 여기셨다는 것을 생각했습니다. 그리스도께서는 야이로의 딸이 죽어 고요하게 누워 있는 그 방에 단 세 명의 제자들만 데리고 들어가셨습니다. 그분께서는 그 소녀의 손을 잡고 "달리다굼"(막 5:41)이라고 말씀하셨습니다. 그러자 그 소녀가 일어났습니다. 그 자리에서 이것을 눈으로 목격한 사람은 그분의 모든 제자들 가운데 오직 세 사람뿐이었습니다. 그들만이 이 기적을 보았던 것입니다. "베드로와 야고보와 야고보의 형제 요한 외에 아무도 따라옴을 허락하지 아니하시고"(막 5:37)라는 말씀대로 말입니다. 그 후에 주님께서는 산에 올라가셨고, 거기에서 우리 주님의 모습은 변화되셨습니다. 그분의 옷은 광채가 나며 세상에서 빨래하는 자가 그렇게 희게 할 수 없을 만큼 매우 희어졌습니다. 하나님의 영광은 그 사랑하는 자 위에 빛났으며, 거기에 있도록 허락받은 제자는 오직 세 사람뿐이었습니다. "그와 함께 거룩한 산에 있을 때에"(벧후 1:18)라는 말씀대로 그 가운데 베드로가 있었습니다. 그리고 겟세마네 동산에서도 그랬습니다. 즉 여덟 명의 사도들이 대문에서 감시병처럼 지키고 있을 때, "땀이 땅에 떨어지는 핏방울 같이 되더라"(눅 22:44)는 말씀이 기록될 정도로, 구세주께서 고통을 받으시던 그 곳에서 돌 던질 만큼 떨어진 곳에 있었던 제자들은 세 명이었습니다. 고난 받는 왕이신 그들의 주님을 가장 가까운 곳에서 지키던 일종의 경호원 가운데 한 사람이 바로 베드로였습니다. 베드로는 다볼 산과 겟세마네 산에 대한 추억에도 불구하고, 자신이 그리스도를 알고 있다는 그 사실조차 부인해 버렸습니다. 그랬던 그가 그 일을 생각하고 울었더라고 말하다니, 여러분이 이 사실이 이상하지 않습니까? 경건하지 않은 자들은 자신이 지은 죄를 고백할 때, 그 죄를 뭉뚱그려서 언급합니다. 마치 바로가 모세에게 "내가 … 죄를 지었으니"(출 10:16)라고 말한 것처럼 말입니다. 그러나 경건한 자들은 그렇게 하는 것으로 만족하지 않습니다. 그들은 세세한 것들로부터 시작해서, 자기가 범한 아주 작은 허물들까지 낱낱이 곱씹으며 고백합니다. 이들은 혹여 이 죄를 더욱 악화시킬 만한 것은 없는지 주의 깊게 살펴보고, 하나님 앞에서 그 허물들을 고백할 때 그 죄를 참된 빛 가운데 비추어 보려고 애를 씁니다. "그와 함께 거룩한 산에 있을 때에"(벧후 1:18)라는 말씀대로, 베드로가 예수님의 제자로 뽑힌 자들 가운데서도 다시 유일하게 뽑힌 자로서, 그리고 사도들 가운데서도 가장 엘리트 사도로 뽑힌 자로서, 그들만이 그분과 함께 있도록 허용된 바로 그 순간에 그가 구세주를 보았다고 하는 언급은, 그의 지은 죄가 더욱더 악한 죄임을 드러내기 위한 것이라고 저는 믿어 의심치 않습니다. 이렇게 그는 뽑힌 자들 가운데서도 또 뽑힌 사도였지만, 그럼에도 불구하고 그의 주님을 부인했습니다.

　　베드로가 생각했던 것은 아직도 몇 가지 더 있습니다. 그는 주님에게서 사전에 엄숙하게 경고를 받았던 그 말씀을 생각했습니다. 예수님은 베드로에게 다음과 같이 말씀하셨습니다. "시몬아 시몬아 보라 사탄이 너희를 밀 까부르듯 하려고 요구하였으나 그러나 내가 너를 위하여 네 믿음이 떨어지지 않기를 기도하였노니"(눅 22:31-32)라고 말입니다. 그분은 이 말씀도 그에게 하셨습니다. "내가 진실로 네게 이르노니 오늘 이 밤 닭이 두 번 울기 전에 네가 세 번 나를 부인하리라"(막 14:30)고 말입니다. 이 말씀보다 더 노골적인 경고는 있을 수 없을 것입니다. 어떤 사람이 그곳에 도랑이 있다는 말을 듣고도 도랑에 빠진다거나, 거기에 올무가 놓여 있다고 지적했는데도 불구하고 그 올무에 발을 들여놓는다면, 다시 말해 어떤 특정한 쪽에 약점이 있으니 주의하라는 경고를 받고도 전혀 그 말에 주의를 기울이지 않는다면, 그 사람은 실제로 이중의 죄를 범한 것입니다. 그는 특별한 빛을 받았음에도 죄를 범했기 때문입니다. 그리스도께서는 베드로의 연약함 때문에 그에게 충분한 빛을 비추어 주셨습니다. 하지만 여러분에게는 지금까지 여러분의 연약함을 비추어 주는 그런 충분한 밝기의 손전등도 없었습니다. 그리스도는 베드로가 앞으로 어떤 행동을 하게 될지 분명하게 말씀해 주셨습니다. 그런데도 그 교만한 사람은 절대로 그렇게 하지 않으리라고 장담하였습니다. 그러고 나서는 곧장 주님을 부인해 버렸습니다. 이런 생각 때문에 그는 당연히 울 수밖에 없었습니다. 자기는 절대로 주님을 부인하지 않을 것이라는 확신에 찬 소리가 틀림없이 자기 귓가에 생생했을 것입니다. 더구나 그가 매우 진지하게 대답하던 그 슬픈 배신의 메아리도 생생하게 들려왔습니다. 그래서 베드로가 "그 일을 생각하고 울었더라"는 말씀이 성경에 기록되었던 것입니다. 도대체 왜 이런 일이 벌어졌습니까? 그는 그리스도께서 하신 말씀을 정면으로 반박하면서, 그것도 모든 그의 형제들이 보는 앞에서 그들보다 더 단호하고 확고하게 "모두 주를 버릴지라도 나는 결코 버리지 않겠나이다"(마 26:33)라고 말했을 뿐만 아니라, 더 나아가 "내가 주와 함께 죽을지언정 주를 부인하지 않겠나이다"(마 26:35)라고도 말했었습니다. 이제 그는 자기 입으로 한 말을 주워 담을 수 없었고, 자신이 가장 엄숙하게 선언한 그 장담이 거짓이었음을 고백할 수밖에 없었습니다. 이런 생각을 하면서 그는 당연히 울 수밖에 없었습니다.

　　그러나 이것보다 더욱더 치명적인 사실이 하나 있습니다. 베드로는 특별한 상황에서 자기 스승을 부인한 것이 슬펐습니다. 즉, 주님에게 친구와 동역자가 가장 필요한 순간인 바로 그때 베드로는 그분을 홀로 내버려 두었던 것입니다. 모든 사람들이 그리스도를 버렸을 때, 베드로는 그분을 버렸을 뿐만 아니라, 그분을 안다는 사실조차 부인해 버렸습니다. 참된 친구라면, 다른 사람들이 다 떠나갈 순간에도 틀림없이 자신의 친구 곁에서 함께 할 것입니다. 그런데 복되신 하나님의 어린 양이 매 맞고 조롱받고 사람들에게 넘겨져 십자가에 못 박히게 되는 바로 그 순간에 베드로는 그분을 부인했습니다. 베드로와 그 모든 사랑하는 자들을 위해서 그분이 자기 목숨을 주려고 하는 바로 그때에, 베드로는 그분을 부인했습니다. 우리의 죄로 인한 고난을 받기 위해 그분께서 우리 대신 법정에 서서 우리를 변호하실 바로 그때에, 베드로는 그분을 부인했습니다. 오, 잔인한 베드로여, 당신이 주님을 부인하기로 작정했다고 해도 그렇지, 왜 하필 그분을 따르는 자들이 아무도 없을 그때, 당신은 주님을 부인했습니까? 만약 당신이 "나는 그분을 따르는 자들 가운데 한 사람이오. 나도 그분의 옆에 있는 십자가에 못 박으시오. 나의 주님을 위해 나도 신실하게 죽게 하라"고 말했다면, 지금까지 주님을 따랐던 당신의 처지에서 틀림없이 더욱더 고귀한 행동이 되었을 것입니다. 이런 말이야말로 베드로가 보여줄 수 있는 더욱 귀한 모습이었을 것입니다.

그는 자신이 범한 죄의 반복성과 심각성도 생각했습니다. 그로 인해 그는 울게 되었습니다. 그는 담대한 거짓말을 하면서 자기 스승을 부인했을 뿐만 아니라, 그런 거짓말을 거듭 반복하면서 그분을 부인하였습니다. 베드로는 그 소녀에게 "나는 네가 무슨 말을 하는지 알지 못하겠노라"(마 26:70)고 말했습니다. 그리고 두 번씩이나 "내가 그를 알지 못하노라"(막 26:72)고 말했습니다. 자, 보십시오. 그러한 거짓말은 전혀 필요가 없었습니다. 왜냐하면 제 생각에 거의 모든 유대인들이 그리스도를 알고 있었을 것이기 때문입니다. 나사렛 예수는 선생과 기적을 행하는 자로서 틀림없이 널리 알려져 있었기 때문에, 그분을 따르는 자들이 아니더라도, "나는 그를 알지도 못하노라"고 말할 수 있는 사람은 그리 많지 않았습니다. 자신이 그리스도의 제자였다는 사실을 부인한 것은 베드로에게 치명적인 죄였습니다. 그러나 "내가 그를 알지 못하노라"(막 26:72)고 말한 것은 그가 앞서 한 거짓말을 더욱더 심각한 상황으로 몰고 간 쓸데없는 말이었습니다. 설상가상(雪上加霜)으로 성경에는 "그가 저주하며 맹세하여 이르되"(마 26:74)라고 기록되어 있습니다. 거짓말하는 사람들은 보통 그냥 말만 해서는 사람들이 자기 말을 믿지 않을 것이라 생각하고서, 맹세라도 하면 믿어줄 것이라 착각합니다. 하지만 이런 거짓말쟁이들의 생각은 어떤 경우에도 실제와는 잘 맞지 않습니다. 여러분이 현명한 사람이라면, 어떤 사람이 맹세하는 것을 듣는 순간, 여러분은 그 사람이 지금 거짓말을 하고 있다는 것을 알 수 있기 때문입니다. 참람하게 맹세하는 자는 실제로 "나는 하나님 앞에서 맹세하는 것도 두렵지 않기 때문에, 사람에게 거짓말하는 것쯤이야 내게는 아무 문제가 되지 않는다"라고 말합니다. 여러분은 맹세하는 사람의 말을 믿을 필요가 전혀 없습니다. 맹세하며 말하는 순간 여러분은 그가 또 거짓말하고 있다는 것을 알 수 있기 때문입니다. 그러나 신성모독적이고 과격한 말을 함으로써 사람들에게 신빙성을 줄 것이라고 생각한 베드로는 급기야 저주하며 맹세하기 시작했습니다. 비록 사도인 베드로가 저주와 맹세를 했다 해도, 여러분은 그가 온유하고 겸손한 표현을 사용한 것처럼 보이게 하려고, 그가 한 말들을 완곡하게 표현해서는 안 됩니다. 베드로는 절대 부드러운 말을 사용하지 않았습니다. 그는 자기가 할 수 있는 가장 과격한 저주의 표현을 사용하였습니다. 왜냐하면 "아나테마"(anathema, 종교적인 저주, 파문[破門] — 역주)에 해당하는 헬라어를 사용했기 때문입니다. 베드로는 자신이 그리스도를 알지 못한다고 한 그 말을, 자기를 둘러 선 사람들이 믿도록 하기 위해서, 참람한 사람들이 흔히 하는, 저주 가운데서도 가장 무거운 저주가 자신에게 임하기를 기원하면서, 자신을 아나테마(anathema) 하였던 것입니다.

　이런 저주와 맹세는 베드로가 얼마나 처참하게 타락했는지를 보여주고 있습니다. 어떤 사람이 맹세를 한다면, 아마 여러분은 대체로 그가 그리스도를 알지 못하는 사람이라고 확신할 것입니다. 그래서 베드로는 마음속으로 다음과 같은 생각을 했을 것입니다. '지금까지 맹세를 했던 그리스도의 제자는 한 사람도 없었어. 그러니까 내가 맹세를 한다면, 사람들은 내가 절대로 그리스도의 사람이 아니라고 생각할 거야.' 그런 생각에 그는 자신에게 전혀 어울리지 않던 말들을 참람한 사람들의 입에서 빌려와, 자신이 그리스도의 제자가 아니라고 사람들이 실제로 생각하도록 하기 위해, 그 말들을 사용했던 것입니다. 그러다가 닭이 울었을 때, 그는 이 모든 것들이 생각나서 울었습니다. 변화산에서 "주여, 우리가 여기 있는 것이 좋사오니 만일 주께서 원하시면 내가 여기서 초막 셋을 짓되"(마 17:4)라고 말한 사람이 바로 이 사람이었지 않습니까? 그리고 폭풍우치는 바다를 가로질러 오신 예수님에게 "주여 만일 주님이시거든 나를 명하사 물 위로

오라 하소서"(마 14:28)라고 말한 사람도 바로 이 사람이었지 않습니까? 이렇게 말한 사람은 모두 동일한 사람이었습니다. 그럼에도 불구하고 베드로는 그리스도를 저주하고 맹세하며 부인하였습니다. 이 모든 일들을 마음에 생각했을 때, 베드로가 울었다는 것은 전혀 이상한 일이 아니었습니다.

2. 우리의 삶을 통해 얻을 수 있는 실제적인 교훈

이제 두 번째로, 우리의 삶을 살펴보면서, 실제 사례를 통해 우리도 더욱더 겸손해지도록 훈련해야 합니다. 저는 배교(背敎)의 문제부터 말씀드리고자 합니다. 애석하게도 베드로가 행한 것처럼 그리스도를 부인하는 자들은 너무나 많습니다! 수년 동안 그리스도를 따른 후에, 점차 그 마음이 냉랭해져서 그들의 주님이자 스승인 그리스도로부터 돌아서는 자들이 있습니다. 사랑하는 여러분, 한때 이 교회의 교인이었지만 지금은 배교자가 된 여러분에게 말씀드립니다. 저는 여러분이 이 문제에 대해 아주 신중하게 기도하는 마음으로 생각해 보기를 원합니다. 여러분은 아주 주목할 만한 방법으로 회심하였습니다. 여러분은 하나님의 은혜로 말미암아, 예전에 수년 동안 여러분이 빠져 있던 그 죄악들로부터 보호하심을 받아, 믿음 가운데서 큰 기쁨과 평안을 누렸습니다. 그러면서 때로는 주님의 집에서 예배를 드리기도 하였고, 특별히 성찬식을 통해 여러분은 마치 끊임없이 계속해서 영원한 복락을 찬양할 수 있을 것 같은 그런 감정을 느끼기도 하였습니다. 여러분은 종종 여러분의 구세주이신 예수님의 이름으로 누리는 복에 대해 친구와 친지들에게 말하기도 하였습니다. 그럼에도 불구하고 지금 여러분은 배교자가 되었습니다! 저는 여러분의 죄악들을 하나하나 세세하게 말씀드릴 수는 없습니다. 그런 죄들을 공개적으로 언급하는 것은 아마 합당하지도 않을 뿐더러 유익하지도 않을 것입니다. 그러나 여러분은 그 죄들이 생각나지 않겠습니까? 사랑하는 형제 여러분, 저는 여러분에게 간청합니다. 베드로와 같은 형제 여러분, 이에 대해 생각하십시오. 그 모든 구체적인 것들을 여러분의 마음에 곰곰이 생각해 보십시오. 그것들을 생각하는 것이 여러분에게는 아주 쓰라린 숙제가 되겠지만, 그 결과는 언젠가 달콤한 열매로 돌아올 것입니다. 여러분은 여러분이 범한 죄악들을 기억조차 하기 싫을 것입니다. 그러나 여러분이 그 죄악들을 기억한다면, 하나님께서는 그 죄들을 용서해 주실 것입니다. 반면에 여러분이 그 죄들을 잊는다면, 여러분을 대적하여 하나님께서 그 죄악들을 기억하실 것입니다.

　　아마도 과거에 여러분은 이 교회의 교인이었을 뿐만 아니라 주일학교의 교사이기도 했을 것입니다. 여러분이 얼마나 진지하게 어린 아이들을 가르쳤는지, 얼마나 열성적으로 어린 아이들을 구세주에게로 인도했는지, 그리고 그 아이들이 처음으로 그리스도를 믿는 확신에 찬 이야기를 했을 때 그것을 듣고서 여러분이 얼마나 크게 기뻐했는지, 여러분은 이 모든 것들이 기억납니까? 비록 지나가 버린 오래 전의 일이지만, 여러분이 그토록 행복했던 시절에 여러분이 주님께 얼마나 열정적이었고, 그분을 섬기는 일에 얼마나 헌신적이었는지, 여러분은 기억할 것입니다. 그런데 도대체 여러분에게 어떤 변화가 생긴 것입니까! 마치 어떤 부인이 불충하여 자기 남편을 떠난 것처럼, 그렇게 여러분도 그리스도를 떠나 버렸습니다. 그분을 떠나 길을 헤매다가 여러분은 행복과 평안에서 벗어나게 되었습니다. 여러분도 자신이 행복하지 않다는 것과 여러분이 지금의 상태를 계속 유지하는 한, 여러분은 결코 행복해질 수 없다는 사실도 알고 있습니다. 여러분은 참된 경건에서 비롯되는 많은 기쁨들을 맛보았습니다. 그래서 지금도 여러분은 세상에 대해 전혀 흥미를 느끼지 못하고 있습니다. 죄악 가운데 살면서 죄악을 사랑하는 자들은 죄악으로부터 어떤 즐거움을 얻을 수 있겠지만, 여러분이 하나님의 은혜로 과거에 멸망의 도시(City of Destruction)로부터 탈출한 적이 있다면, 여러분은 결코 거기로 되돌아갈 수 없습니다. 그곳은 여러분에게 압제의 집이기 때문입니다. 여러분은 앞으로 나아가는 수밖에 달리 다른 길이 없습니다. 존 번연이 말한 바와 같이, 무장한 크리스챤의 등에는 아무 갑옷도 입지 않았기 때문입니다(「천로역정」의 주인공인 크리스챤이 겸손의 골짜기에서 괴물 아볼루온을 만났을 때 했던 생각으로, 전면에 무장을 한 크리스챤이 만약 뒤돌아 도망간다면, 괴물의 창이 자기의 등을 꿰뚫을 것이기에 그는 앞으로 나아갔다 — 역주). 그러므로 만약 여러분이 들어선다면, 여러분은 즉시 엄청난 시련으로 인해 큰 상처를 입을 것입니다. 여러분은 앞으로 나아가야만 합니다. 여러분은 반드시 그래야만 한다고 말해 주는 그 어떤 것이 여러분 안에 있습니다. 그러므로 여러분이 바른 길에서 떠나도록 했던 그 죄악에 대해 곰곰이 생각한다면, 여러분이 앞으로 나아가기에 도움이 되는 어떤 것을 발견하게 될 것이라 저는 믿습니다. 여러분은 예전에는 남들을 가르쳤지만, 이제는 여러분이 배워야 할 필요가 있습니다.

　　이 자리에 모인 많은 이들 가운데, 한때 복음 전도자였거나 그리스도의 사역자였다가 돌아선 자들이 있습니까? 이런 자들은 우리가 바라는 대로 그렇게 흔치 않은 경우가 아닙니다. 지금 이 순간에도 저는 과거에 그리스도를 섬기는 일에 뛰어난 자였다가 지금은 자기 일생을 사탄을 섬기는 일에 허비하는 자를 떠올릴 수 있기 때문입니다. 우리는 가끔 그 얼굴에 술주정뱅이 낙인이 찍힌 자들도 만날 수 있습니다. 그들은 우리에게 자신은 예전에 아무개 지역에서 목회를 했었다고 말하기도 합니다.

오, 사랑하는 나의 성도 여러분, 나의 사랑하는 베드로 같은 여러분! 당신은 그리스도를 전한 후에 그분을 부인하였습니다. 이 얼마나 슬픈 일인지 모릅니다! 당신의 설교 가운데 진실함이 있었습니까? 그렇지 않았다면 그 설교는 거짓말이었습니까? 당신은 빵과 고기를 얻기 위해 그 일을 했던 것입니까? 만약 여러분이 거짓을 감추기 위해 백색 도료로 회칠한 위선자라면, 하나님께서 여러분을 불쌍히 여겨 주시기를 기원합니다! 그러나 지금 그 회칠들은 제거되고 여러분의 참된 본색이 드러났습니다. 그럼에도 여러분은 아마 다음과 같이 말할 것입니다. "예, 그렇습니다. 저는 주님을 신실하게 섬겼습니다. 저는 그분의 이름으로 간절히 유익을 끼치고자 하였습니다." 여러분의 말이 사실이라면, 현재 여러분의 상태는 어찌해서 그렇게 타락한 것입니까? 더 중요한 질문은 이것입니다. 여러분은 그런 슬픈 상태에서 벗어나고 싶기는 합니까? 오, 저는 여러분에게 간청합니다. 지금까지 여러분은 그리스도의 이름에 누를 끼쳤고, 그분에게 노골적으로 치욕을 안겨드렸습니다. 여러분은 이 사실을 알고 그분에게 즉시 되돌아오십시오!

지금 이 시간에 그분께서 여러분으로 하여금 닭 우는 소리를 듣게 하시어, 잠자고 있던 여러분의 양심을 깨어나게 하시고, 여러분이 범한 그 끔찍한 죄악으로 인해 밖에 나가 심하게 울 수 있게 되기를 기원합니다! 이런 부정한 행위로 인해, 많은 자들이 평화로운 천국으로 들어가는 문을 발견하게 됩니다. 죄에 대한 깊은 자각과 마음의 참된 뉘우침으로, 그들은 마침내 예수님의 발치로 나아가, 거기서 구원을 얻게 됩니다. 이런 회중들 가운데서, 그리고 이런 교회에서 일어나는 모든 일들을 안다는 것은 누구에게든 불가능한 일입니다. 하지만 우리는 이 사람은 여기로, 저 사람은 저기로 교회에서 점점 빠져나가고 있다는 말을 듣지 않을 수 없습니다. 그들 가운데는 머리가 희끗희끗한 이들도 있습니다. 그들은 자신에게서 일어난 그런 이탈의 조짐을 인식하지도 못합니다. 그러다가 마침내 그들은 거의 자신도 모르는 사이에 슬그머니 교회를 나가게 되면서, 서서히 어떤 노골적인 죄악에 빠져듭니다. 오, 배교하는 딸들이여, 돌아오라! 오, 울고 있는 자들이여, 당신들의 구세주에게로 돌아오라! 오, 탕자 같은 어린 자녀들이여, 너희 아버지의 집으로, 그 아버지의 품으로 다시 돌아오라! 아버지 집의 대문은 너희를 영접하기 위해 열려 있으며, 그분의 마음은 너희를 환영하며 기다리고 있다! 돌아오라, 돌아오라, 돌아오라!

　　이제 저는 다른 부류의 사람들에 대해서도 말씀드려야겠습니다. 즉, 지금까지 한 번도 그리스도에게 나아오지 않은 자들에 관한 말씀입니다. 제 바람은 제가 그들로 하여금 자신이 지은 과거의 죄들을 생각하면서, 그 죄 때문에 눈물을 흘리도록 하는 능력을 가졌으면 하는 것입니다. 지금도 여전히 회심하지 않은 채 아무런 주의도 기울이지 않고 살아가는 자들에게 그들의 옛 기억을 되살릴 만한 것들을 제가 한 번 말해 볼까요? 저는 아주 오래 전 시간으로 거슬러 올라가고자 합니다. 여러분의 가정이 있던 그 옛 집과 여러분이 사랑하는 어머니에 대한 기억으로 말입니다. 오, 여러분이 고수머리 소년일 때, 여러분의 어머니는 얼마나 열심히 여러분을 위해 기도하고, 여러분과 함께 간구했는지 모릅니다! 여러분의 성경 속에 쓰인 여러분의 이름과, 여러분이 처음으로 집을 떠나게 되었을 때 여러분의 어머니가 여러분이 날마다 읽어야 할 성경의 분량을 정해 준 것들도 기억날 것입니다. 그때 여러분은 여러분이 맹세하는 자가 된다거나, 술주정뱅이로 자라난다거나, 주일을 범하는 자가 된다거나, 사악한 자들과 한 패가 된다는 그런 생각은 전혀 하지 않았습니다. 혹시라도 어떤 사람이 그 시절에 여러분에 관해 이렇게 되리라는 예언을 했다면, 여러분은 하사엘이 말한 바와 같이, "당신의 개 같은 종이 무엇이기에 이런 큰일을 행하오리이까?"(왕하 8:13)라고 말했을 것입니다. 그런데 여러분이 바로 그런 일들을 행했습니다. 지금 여러분은 그 어린 시절에 가졌던 감정들을 아직도 기억하고 있습니까? 나름대로 신실했던 그 어린 시절의 기도들과 여러분이 즐겨 부르던 그 단순한 찬송가들, 혼자 있곤 할 때면 하나님께 부르짖던 기도 등, 이 모든 것들을 여러분은 기억하고 있습니까? 만약 그 시절에 여러분에게 현재 여러분의 모습을 미리 보여주었다면, 그리고 "이 모습이 바로 여러분이 앞으로 될 모습입니다"라는 말까지 들려주었다면, 여러분은 절대로 그런 모습과 말을 믿지 않았을 것입니다. 그렇지 않습니까? 그 순수했던 시절은 행복한 때였습니다. 하지만 그 시절은 지나가 버렸고, 다시는 돌아오지 않을 것입니다. 그때 이후로 수년 동안 여러분은 아주 부드러운 양심을 가지고 있었습니다. 사랑하는 여러분, 그렇지 않습니까? 여러분의 경우에도 정말 그런 적이 있었는지 그 사실에 대해 회상해 보기를 바랍니다. 여러분이 처음으로 명백한 죄를 범하게 되었을 때, 그때 여러분은 아주 놀라고 당황했었습니다. 하지만 지금 여러분은 전혀 마음에 거리낌 없이 그 많은 악한 죄들을 지을 수 있게 되었습니다. 처음 죄를 짓던 그때에 여러분의 모습과는 전혀 다른 모습입니다. 그때 여러분은 악한 일에 연루되기만 해도 마음이 편치 못했습니다. 도대체 왜 이렇게 되었습니까? 때때로 여러분은 극장에 앉아 음란한 말이나 행동을 하기도 했습니다. 그러면서도 여러분은 거기 있으면 안 되는데 하는 마음이 들기도 했습니다. 그런 곳이 여러분의 목전에서 무너지지 않는 것에 대해 이상하게 생각하기도 했습니다. 그러나 지금은 아예 그런 감정조차 없습니다. 여러분은 다음과 같은 것들도 회상해 보기 바랍니다. 여러분은 밤에 잠을 자다가 어떤 악몽을 꾸곤 했습니다. 그러면 극심한 공포 가운데 깨어나 침상에서 일어나서, 여러분이 지금까지 살아왔던 것처럼 앞으로도 계속 그렇게 살아갈 수 있을지, 즉 하나님 없이, 그리스도 없이, 지옥에 떨어질 계속되는 위험 가운데서 살아갈 수 있을지 의아하게 생각하곤 했습니다. 저는 여러분이 이 모든 것들을 회상하면서, 시뻘겋게 달궈진 쇠로 여러분의 양심이 마비되었고, 여러분의 양심이 불에 타서 그 모든 감각을 잃었던 그때를 생각해 보기를 원합니다.

저는 여러분이 또 다른 것도 회상했으면 좋겠습니다. 그것은 여러분에게 임한 하나님의 은혜입니다. 잠깐이라도 이 은혜에 대해 여러분이 생각해 보기를 바랍니다. 하나님께서는 여러분 가운데 어떤 이들에게 아주 특별한 은혜를 베풀어 주셨습니다. 그런 여러분은 사업에 있어서 여러분이 기대했던 것보다 크게 번창하였습니다. 또한 여러분이 하나님의 도우심을 받을 수 없으리라고 생각한 고난의 때에도 여러분은 많은 도움을 받았습니다. 이 모든 은혜를 베풀어 주셨는데도, 여러분은 지금 그분을 무시하고 있습니까? 도대체 하나님께서 여러분에게 그 많은 은혜를 베풀어 주셨는데도, 여러분은 어찌해서 아직도 그분의 원수로 지내고자 합니까? 여러분은 오랫동안 병상에 누워 시달리면서 거의 몰락해갔던 그때를 회상해 보십시오. "그때 일은 꺼내지 마십시오"라고 여러분은 말할 것입니다. 하지만 저는 그때 일에 대해 말해야겠습니다. 왜냐하면 그때 절대로 잊어서는 안 될 그 어떤 일이 일어났기 때문입니다. 그렇게 아픈 와중에 여러분은, 만약 다시 건강해지기만 한다면, 지금까지와는 아주 다른 삶을 살아갈 것이라고 서원했었습니다. 그때 여러분이 서원한 그 약속을 회상해 보십시오. 비록 여러분이 그 서원을 깨뜨렸다 해도, 하나님께서는 그 서원을 기록해 두셨습니다.

제 마음에는 여러분이 생각해 봤으면 하고 바라는 어떤 문제들이 있는데, 그 모든 것들을 어떻게 다 전해야 할지 잘 모르겠습니다. 그럼에도 저는 이 공적인 예배에서 어떻게든 언급해 보려고 합니다. 다른 사람들과 관련해서 여러분이 범한 죄들을 회상해 보십시오. 여러분은 다시는 회복될 수 없을 정도로 다른 사람들의 영혼을 멸망시킨 죄들을 범했습니다. 때때로 사람은 베드로가 행한 것처럼 혼자서 죄를 짓습니다. 하지만 어떤 사람들은 다른 사람들과 함께 죄를 지어서, 자기도 지옥에 떨어질 뿐만 아니라 다른 사람들까지도 지옥으로 끌어내립니다. 팔을 벌려 다른 사람들을 끌어안고서 그들을 멸망시키는 수단이 되지 않은 채, 혼자서 지옥으로 가는 것도 충분히 슬픈 일입니다. 그런데 남자와 여자를 포함해 많은 사람들은 다른 사람들까지 함께 지옥으로 끌어내리고 있습니다. 오, 하나님, 이런 끔찍한 죄악을 저지른 이들에게도 은혜를 베풀어 주옵소서! 혹시 이 자리에 이런 죄악을 범한 자들이 있다면, 저는 그들에게 탄원하고자 합니다. 자신들이 범한 큰 죄를 생각하면서, 자기 얼굴에 있는 눈동자가 불타오르도록 그 죄를 뚫어지게 쳐다보고, 그 눈에서 복된 회개의 슬픈 눈물이 방울방울 떨어질 때까지 계속해서 그 죄에 대해 생각하라고 말입니다. 왜 여러분은 여러분이 저지른 것들을 생각하지 않으려고 합니까? 혹시 여러분은 그 죄를 잊거나, 그 죄를 휘장으로 가려놓으면, 그 죄가 없어질 것이라 착각하고 있습니까? 절대 그렇지 않습니다.

사랑하는 여러분, 여러분은 여러분의 기억에서 그 죄악을 지워버릴 수 있을 것입니다. 하지만 하나님 앞에 있는 기념책(말 3:16)에는 그 죄가 바로 어제 범한 죄처럼 생생하게 기록되어 있습니다. 여러분은 "하지만 그 죄는 오십 년 전에 범한 것입니다"라고 말할 것입니다. 어제 지은 죄나 오십 년 전에 지은 죄나, 하나님이 보시기에는 아무 차이가 없습니다. 아무리 오래 전에 지은 죄라 해도, 그 죄는 오늘 밤에 지은 죄와 똑같습니다. 또한 그 죄는 여러분이 앞으로 짓게 될 죄와도 똑같습니다. 무서운 사자처럼 엄격한 재판장께서 죽음의 손을 드리우고 오시어, 여러분이 고이 잠들어 있는 그 침상의 커튼을 열어젖히고, 여러분을 잠에서 깨워 여러분이 범한 죄를 보게 하실 때, 만약 그리스도께서 그 죄를 그분의 무덤에 함께 장사지내지 않으셨다면, 그 죄는 여전히 살아서 여러분을 영원히 저주하게 될 것입니다. 오, 하나님께서 우리를 도우시어, 우리가 지은 죄를 곰곰이 생각하게 해서, 그 죄의 악함을 깨닫고, 거룩 거룩 거룩하신 여호와 앞에서 경배하며 참된 회개를 하게 되기를 기원합니다!

여러분 중에는 죄 가운데 살면서 하나님 없이 살아가고 있는 자들이 있습니다. 이들은 이중으로 죄를 짓고 있는 자들입니다. 왜냐하면 그들은 빛과 지식을 거역하여 죄를 지었기 때문입니다. 여러분은 무지한 대중과는 다른 사람들입니다. 왜냐하면 여러분은 아주 어린 시절부터 교육을 잘 받았고, 훈련도 잘 받았기 때문입니다. 더구나 여러분 대다수는 뛰어난 양식(良識)과 건전한 판단력을 하나님으로부터 부여 받았습니다. 그리고 여러분이 가진 양심으로 인해 여러분은 양심에 가책을 받을 것이기에, 여러분이 계속해서 죄악 된 길로 나아간다는 것은 아주 어려운 일입니다. 그러므로 그런 여러분이 범한 죄는 더욱 무거운 죄가 될 것이며, 여러분은 이러한 특권을 가지지 못한 자들보다 더욱더 악한 자가 될 것입니다. 여러분은 이 점을 생각하십시오. 여러분 가운데 어떤 이들은 복음에 관해서는 통달할 정도로 복음에 대해 많이 들었습니다. 그런 여러분에게 저는 어떤 새로운 것도 전할 수 없으며, 또 그런 시도조차 하지 않을 것입니다. 오래된 하나님의 진리들이 그 말씀을 듣는 사람들에게 그 진리가 가진 모든 능력이 발휘되는 것을 우리가 보게 된다면, 그 다음에 새로운 어떤 진리를 생각하기까지는 다소 시간이 걸리기 마련입니다. 그러나 여러분은 아직 그 지점까지 이르지 못했고, 그래서 우리는 계속해서 "그 옛날의 오랜 이야기"를 말하는 것입니다. 오, 주님께서 여러분으로 하여금 여러분이 들었던 설교 말씀과 여러분이 참석했던 기도 모임과 여러분이 체험한 부흥회와 여러분의 양심에 대한 저항과, 여러분이 겪은 성령님의 사역 등을 기억나게 하시기를 기원합니다! 오, 나의 하나님, 저는 반석을 깨뜨릴 수 없나이다. 반석을 지팡이로 쳐도, 반석을 향해 어떤 말을 해도, 저는 그 반석에서 물이 흐르게 할 수 없나이다! 오, 복되신 성령님이시여, 이 일이 성취되어야 할 일이라면, 당신만이 그 일을 이루실 수 있나이다! 지금 이들이 이 건물 밖으로 나가 주님 앞에서 회개하며 눈물을 흘릴 조용한 곳을 찾도록, 당신께서 이들에게 자신이 살아온 과거의 삶을 떠올릴 수 있도록 인도해 주지 않으시겠습니까?

3. 베드로의 경우가 우리의 사고에 미친 결과

저는 베드로의 경우를 여러분 앞에 놓고서, 그것을 여러분의 경험에 접목해 보려고 했습니다. 이제는 이 베드로의 사례가 여러분의 사고에 끼친 결과를 살펴보면서 여러분에게 부탁의 말을 하는 것으로 말씀을 맺고자 합니다. 애석하게도, 아무런 감정도 없이 죄에 대해 생각할 수 있는 사람들이 있습니다. 저는 여러분으로 하여금 지난날 여러분이 지은 죄를 생각해 보도록 했습니다. 죄에 대한 생각으로 인해 여러분은 회개하게 되지 않았습니까? 죄에 대한 묵상을 하나님께서 축복하셔서, 여러분의 마음이 부서지고, 여러분의 영혼이 겸손해지지 않았습니까? 혹시라도 여러분이 "아니요"라고 대답한다면, 다시 말해 여러분이 지나온 모든 삶에 대해 생각해 보고도 여전히 "아니요. 나는 울지 않습니다. 나는 회개하지 않습니다"라고 말한다면, 저는 두렵습니다. 여러분은 베드로의 경우보다는 오히려 가룟 유다의 경우와 더 비슷하기 때문입니다. 제가 영광의 상속자가 아닌 멸망의 자녀를 만난 것은 아닌지 심히 두렵습니다.

자신의 죄를 인식하고서 그 죄를 다른 사람의 탓으로 돌리려는 사람에 대해 무슨 말을 할 수 있겠습니까? 저는 자신이 행한 악행의 죄책을 자신의 기질 때문이라고 탓하는 사람을 알고 있습니다. 그들은 자신들이 그렇게 기질적으로 만들어졌기 때문에, 죄를 범할 수밖에 없었다고 말합니다. 이 말은 자신의 범한 허물의 책임을 하나님께 돌리려는 수작입니다. 또 어떤 사람은 "오! 내가 죄를 짓게 된 것은 내가 결자해지(結者解之)할 문제입니다. 하지만 당신이 내 처지였다면, 당신도 나 못지않았을 것입니다"라고 말하기도 합니다. 아마 그럴지도 모릅니다. 그러나 정작 여러분이 하고 싶은 말은, 여러분은 죄인이 아니며 죄는 당사자인 여러분이 해결해야 할 문제라는 것입니다. 하지만 이 말은 여러분은 그리스도께서 구원하러 오신 사람들 가운데 한 사람이 아니라는 말처럼 들립니다. 그리스노께서는 죄인과 잃어버린 자들을 구원하기 위해 오셨으니 말입니다. 그분은 의인을 부르러 온 것이 아니라, 죄인을 부르러 오셨습니다. 만약 여러분이 죄 해결의 주체가 되어 죄를 해결하려고 한다면, 그분의 부르심은 그런 교만한 사람에게까지는 확장되지 않으리라 저는 생각합니다. 구원받아야 할 대상은 바로 여러분 자신이며, 다른 이가 아닌 오직 그리스도만이 여러분을 구원해 주실 수 있습니다.

또 어떤 사람은 "오! 내가 죄를 지은 것은 내 환경의 결과입니다"라고 말합니다. 여러분이 어떤 환경에 처해 있든지 간에, 즉 여러분이 부자든 가난한 자든 간에, 또 여러분이 처한 사정이 어떻든 간에, 만약 여러분이 지은 죄에 대한 처벌을 여러분의 상황 탓으로 돌리고자 한다면, 여러분에 관해서는 아무런 소망이 없다고 저는 생각합니다. 여러분이 지은 죄의 책임을 여러분 자신에게 돌리지 않는 한, 여러분은 그 어떤 은혜도 얻을 수 없고, 그 어떤 용서도 받을 수 없을 것입니다. 또 어떤 사람은 "오, 저는 그렇게 유혹받았을 뿐이에요!"라고 말합니다. 그렇습니다. 저도 잘 알고 있습니다. 그것은 아담과 하와가 오래 전에 했던 변명입니다. "여자 그가 그 나무 열매를 내게 주므로 내가 먹었나이다"(창 3:12)라고 아담은 말했고, 하와도 "뱀이 나를 꾀므로 내가 먹었나이다"(창 3:13)라고 말했습니다. 아마 여러분은 여러분이 범한 악행의 죄를 마귀 탓으로 돌릴 수도 있을 것입니다. 마귀는 결코 자기 것이 아닌 많은 안장들을 지고 가는 짐을 나르는 짐승과도 같은 존재입니다. 하지만 저는 여러분에게 꼭 말씀드려야겠습니다. 여러분이 자신의 죄악을 마귀의 대문 앞에 내려놓는 한, 여러분은 절대로 은혜를 받을 수 없습니다. 저는 여러분에게 간청하는 바입니다. 여러분이 죄를 지은 당사자로서, 여러분이 죄를 지었음을 인정하십시오. 그때 여러분이 범한 허물은 용서받게 될 것입니다. 어떤 사람이 자기의 죄를 고백하고 곧장 그 죄에 대한 책임이 자기에게 있다는 것을 인정하며 하나님 앞에서 자기가 너무 사악한 자였음을 탄식하는 대신, 오히려 그 죄에 대한 책임을 우연이나 자기가 아닌 다른 사람에게 돌린다면, 이것은 그의 마음이 슬픈 상황에 처해 있다는 표징이 됩니다.

이제 저는 자신의 죄를 생각함으로써 감동을 받아 회개하게 된 자들에게 말씀드리고 싶습니다. 저는 어떤 사람이 다음과 같이 말하는 것을 들었습니다. "제가 지은 죄를 생각할 때, 제 마음은 너무나 슬퍼집니다. 저는 제 죄가 도말되기를 간절히 원합니다. 그 죄가 온전히 제게서 사라지고 하나님과 화목하게 되기를 간절히 갈망합니다." 저는 여러분이 이렇게 말하는 것을 들었으면 좋겠습니다. 이제 저는 여러분에게 무언가를 말씀드리려고 합니다. 이 말씀은 여러분의 죄에 대한 생각을 넘어서 여러분을 감동하게 할 것이며, 여러분이 마음속으로 기뻐 뛸 수밖에 없는 말씀입니다. 여러분은 "도대체 그것이 어떤 말씀입니까?"라고 물을 것입니다. 그 말씀은 바로 이것입니다. 비록 여러분이 베드로처럼 그리스도를 부인하였다 해도, 그래서 여러분이 지은 죄가 더욱더 무거워졌다 해도, 그분은 여전히 여러분을 사랑하시고, 여러분에게 나아오라고 명하신다는 것입니다.

왜냐하면 그분은 여러분이 지은 모든 허물들을 도말해 주셨기 때문입니다. 하나님께서는 예레미야에게 다음과 같이 말하라고 하셨습니다. 즉, 아내가 남편을 배신하고 떠난 뒤, 온갖 부정과 사악한 일들을 저질렀을 때, 그 남편은 아내를 다시 받아들일 수 없다고 생각하지만, 하나님께서는 자신을 떠난 영혼들에게 "주가 말하노라 … 내가 너희와 결혼하였으니 돌아오라(렘 3:14). 나에게로 돌아오라. 너희가 아무리 더러워졌다 해도, 나는 너희를 용서할 것이다"라고 말씀하신다고 말입니다. 죽었다가 죽은 자 가운데서 다시 살아나신 주님께서 베드로에게 특별한 메시지를 보낸 것은, 베드로가 자기 스승을 부인한지 얼마 되지 않은 후였습니다. 천사는 여인에게 다음과 같이 말했습니다. "가서 그의 제자들과 베드로에게 이르기를 예수께서 너희보다 먼저 갈릴리로 가시나니 전에 너희에게 말씀하신 대로 너희가 거기서 뵈오리라 하라 하는지라"(막 16:7). 이 일 후 몇 날이 채 지나지 않아서 베드로는 바닷가에 서 있었습니다. 그때 그의 스승이 그에게 나타나 "요한의 아들 시몬아, 네가 나를 사랑하느냐?"(요 21:17)라고 말씀하셨고, 베드로는 "주님 모든 것을 아시오매 내가 주님을 사랑하는 줄을 주님께서 아시나이다"(요 21:17)라고 대답할 수 있었습니다. 그리스도께서는 항상 그를 사랑하고 계셨습니다. 그분은 불쌍한 회개하는 영혼인 여러분도 사랑하십니다. 여러분은 그분을 부인하였습니다. 그러나 그분은 절대로 여러분을 부인하지 않으십니다. 그분은 결코 여러분을 배반하지 않으십니다. 여러분은 그리스도를 믿지 못해도, 그리스도는 여러분을 끝까지 믿어 주십니다. 지금도 여전히 여러분을 사랑하는 그분에게 다시 나아오십시오. 여러분이 너무나 큰 죄를 범했다 해서, 결혼 관계가 깨진 것은 아닙니다. 평화의 언약이 취소된 것도 아닙니다.

　　짧은 시간에 범한 베드로의 큰 타락에도 불구하고, 주님은 그에게 큰 일을 맡기셨습니다. 이것이 베드로에게 얼마나 큰 은혜인지 모릅니다. 그리고 수치심으로 인해 주님을 부인했던 그 베드로가 성령으로 충만하여 예루살렘에서 많은 무리들에게 담대히 말씀을 전했으며, 복음의 전장에서 앞장 서 십자가의 군기를 높이 드는, 용감한 일들 중에서도 가장 용감한 일을 행하였습니다! 이렇게 한 인물이 같은 인물이라니, 이것 또한 얼마나 큰 은혜인지 모릅니다. 그리고 그리스도께서 이미 예언한 바와 같이, 베드로는 자신이 주님과 같은 모습으로 십자가에 못 박힐 자격이 없다고 생각하여, 거꾸로 십자가에 매달리는 처형을 받고, 그의 스승을 위해 죽음으로써 자신의 생을 마감하였습니다. 베드로는 자신이 범한 그 큰 허물을 값없이 용서해 주신 주님을 향한 뜨거운 충성심으로, 살든지 죽든지 그리스도를 위해 모든 것을 바쳤습니다. 베드로를 이렇게 대해 주신 그 동일한 주님이 지금 이 자리에 계십니다. 주님은 이 순간에도 가련한 탕자 같은 여러분을 찾고 계십니다. 그분은 여러분이 나아와, 그분의 입에서 나오는 은혜로운 메시지를 받기를 원하십니다. "내가 네 허물을 빽빽한 구름 같이 네 죄를 안개 같이 없이하였으니 너는 내게로 돌아오라 내가 너를 구속하였음이니라(사 44:22). 보라, 내가 네 모든 허물들을 내 등 뒤로 던졌노라. 이제 그것들은 네게서 영원토록 기억되지 아니할 것이니라. 앞으로 나아가 나를 섬기고, 네가 사는 모든 날 동안 내 안에서 기뻐하여라. 너는 사함을 많이 받았으니, 나를 많이 사랑하여라." 하나님께서 여러분 모두에게 은혜를 베푸시어, 여러분이 이 복된 말씀에 순종할 수 있게 하시고, 예수님의 이름에 영원토록 영광을 돌리게 하시기를 기원합니다! 아멘.

제

29

장

—

십자가를 지신 위대한 분과
그를 따르는 자들

—

"희롱을 다 한 후 자색 옷을 벗기고 도로 그의 옷을 입히고 십자가에 못 박으려고 끌고 나가니라." — 막 15:20

"그들이 예수를 맡으매 예수께서 자기의 십자가를 지시고 해골(히브리말로 골고다)이라 하는 곳에 나가시니"— 요 19:17

"마침 알렉산더와 루포의 아버지인 구레네 사람 시몬이 시골로부터 와서 지나가는데 그들이 그를 억지로 같이 가게 하여 예수의 십자가를 지우고" — 막 15:21

　　우리 주님께서 사형 선고를 받고 난 후, 그분의 형 집행은 신속하게 이루어졌습니다. 유대인들이 아주 서둘러 그분께서 피를 흘리게 하였던 것입니다. 주님을 향한 대제사장들과 바리새인들의 적대감이 너무나 강렬해서 형 집행이 지체되는 것을 한순간도 참을 수 없었기 때문입니다. 게다가 그때는 이스라엘 백성이 구원받은 것을 기념하는 유월절이었습니다. 그 축제의 날을 축하하려는 유대인들의 위선적인 경건으로 인해, 그들은 이 문제를 유월절 잔치 이전에 일단

락 짓기를 원했습니다. 그러므로 형 집행을 서두르고자 하는 그들의 열정은 전혀 이상한 것이 아니었습니다. 그들은 그분이 살아 계시는 그 자체를 참을 수 없었습니다. 왜냐하면 그분만 계시면 자신들의 거짓과 위선이 비난을 받았기 때문입니다. 그러나 빌라도가 형 집행을 서두른 것은 놀랄 만한 일이며, 이 사실에 있어서 빌라도는 많은 비난을 받고 있습니다. 문명화된 모든 국가에는 통상적으로 죄수의 사형선고와 실제 사형 집행 시점 간에 시간적인 간격이 있습니다. 최고형인 사형 선고는 되돌릴 수 없다 해도, 사형을 모면할 수도 있는 치명적인 증거가 나타날 수 있는 가능성이 있기 때문에, 어느 정도 시간적인 간격을 갖는 것은 당연한 이치입니다. 어떤 국가들에서는 선고와 집행 간에 엄청나게 긴 유예기간을 두었던 것으로 알려져 있습니다. 하지만 로마 시민의 경우에는 합법적으로 열흘 정도의 형 집행 유예기간을 허용하는 것이 통상적인 관례였습니다. 저는 지금 로마법에 따라 로마의 시민권자가 아닌 유대인에게도 열흘의 유예기간을 허락하는 것이 빌라도의 의무였다는 점을 말하려는 것이 아닙니다. 제가 말하고자 하는 것은, 빌라도는 자기 나라의 관습에 의거해서 일정 기간의 집행 유예를 확보한 뒤에, 그 죄수를 풀어줄 수도 있었다는 점입니다. 이렇게 하는 것은 처음부터 쭉 그의 권한에 속해 있던 일이었습니다. 따라서 그가 그렇게 하지 않은 것에 대해 그는 비난을 받을 수밖에 없었습니다. 빌라도는 "무리에게 만족을 주고자 하여"(막 15:15)라고 기록된 그 이유 외에 별 다른 생각 없이, 즉각적인 집행을 요구하는 무리들의 아우성에 굴복하였습니다. 일단 우리가 다른 사람들의 요구를 우리의 법으로 삼기 시작한다면, 그 법이 얼마나 잔인하게 우리를 인도할는지 우리는 알 수 없습니다. 이처럼 구세주의 신속한 형 집행은 빌라도의 우유부단한 태도와 서기관과 바리새인들의 만족할 줄 모르는 피에 굶주린 상태 때문이었습니다.

우리 구세주께서는 사형 집행을 위해 넘겨진 채, 끌려 나가셨습니다. 제 생각에는 화가들이 그분의 목이나 허리에 밧줄이 묶인 모습을 그리는 것이 합당한 것 같습니다. 왜냐하면 대로로 끌려가는 모습은 어떤 속박의 모습을 함축하는 것으로 보이기 때문입니다. "마치 도수장으로 끌려가는 어린 양"(사 53:7)처럼 그분은 끌려가셨습니다. 너무나 슬픈 일입니다. 인류의 해방자께서 죽음의 포로처럼 끌려가야만 하시다니 말입니다!

그분이 끌려간 곳은 성문 밖이었습니다. 비록 허다한 선지자들이 거기서 죽었다고는 하지만, 그분은 예루살렘 성 안에서 죽을 수 없었습니다. 성전이 희생 제사의 중심 장소였지만, 하나님의 아들은 거기서 제물이 될 수 없었습니다. 그분은 지금까지 성전에서 드려진 희생 제물들과는 전혀 다른 제물이었기에, 그 제단 위에서 드려질 수 없었습니다. 유대인들은 그분을 마치 그 성의 사형장에서 사형을 당해야만 하는 극악무도한 흉악범으로 대우했습니다. 그로 인해 성문 밖은 마치 골고다처럼 지정된 운명의 장소로 알려졌습니다. 나봇은 신성모독 죄로 부당하게 정죄를 받고 성문 밖으로 끌려가서 돌에 맞아 죽었습니다. 후대에는 사람들이 스데반을 신성모독 죄로 몰아, 그에게 소리를 지르고 그를 성 밖으로 끌고 가서, 거기서 돌을 던져 죽였습니다. 그러므로 모든 면에서 범죄자들 중의 하나로 헤아림을 받은 우리 구세주께서도 죄인들의 형이 집행되는 통상적인 장소에서 죽어야만 했습니다. 그 성의 통치자들은 그들의 위대한 책망자를 너무나 미워하고 증오했기 때문에, 그분을 배척하였고, 그분이 자기들의 성 안에서 죽는 것을 차마 용인할 수 없었습니다. 슬프다, 가련한 예루살렘이여, 다윗의 자손을 내쫓더니, 급기야 너의 마지막 소망도 던져 버리는구나. 그래서 이제 너는 황폐하게 되었도다.

그때부터 성 안에서 드려지는 제물은 하나님이 받으실 만한 제물이 될 수 없었기에, 그분은 성 밖으로 끌려나오게 된 것입니다. 사람들은 계속해서 날마다 양으로 번제를 드리고, 수송아지로 희생제물을 드리며, 자기들이 기른 동물들의 기름을 불에 태워드렸습니다. 그러나 그 날 이후로 희생제물의 실체가 그들에게서 사라져버렸고, 이스라엘의 제사들은 헛된 봉헌물이 되어 버렸습니다. 그들이 참된 희생제물을 거부하였기에, 하나님께서는 그들에게 한갓 헛된 구경거리만 남겨 두셨습니다.

주님께서 성문 밖에서 죽어야 했던 이유에 관한 더욱 설득력 있는 설명은, 그분이 속죄 제물로 바쳐져야 했다는 사실에서 비롯됩니다. 율법에는 다음과 같이 기록되어 있습니다. "그 수송아지의 가죽과 그 모든 고기와 그것의 머리와 정강이와 내장과 똥 곧 그 송아지의 전체를 진영 바깥 재 버리는 곳인 정결한 곳으로 가져다가 불로 나무 위에서 사르되 곧 재 버리는 곳에서 불사를지니라"(레 4:11-12). 율법에는 몇 종류의 제물이 있었습니다. 향기 나는 제물은 제단 위에서 드려졌고, 이 제물은 하나님께서 받으셨습니다. 하지만 속죄 제물은 진영 밖이나 성문 밖에서 불살라졌습니다. 왜냐하면 하나님은 절대로 죄와 관련이 있을 수 없었기 때문입니다. 일단 죄가 그 희생 제물에 전가되면, 그 제물은 하나님 앞에 가증한 것이 되어, 성막이나 성전 안에 둘 수 없었으며, 반드시 백성들이 주거하는 진영 밖에서 불살라져야 했습니다. 여기서 우리가 마음 깊이 감사하게 생각해야 할 것은, 우리 주 예수님께서 얼마나 참으로 우리를 위한 속죄 제물이 되셨는가 하는 점과, 그분께서 구약의 여러 상징들을 모든 면에서 얼마나 세세하게 따르셨는가 하는 점입니다. 그분은 자기 아버지의 집에서 얼굴을 돌린 채로 죽어가야만 했습니다. 한때 아버지의 백성이었던 그들로부터 외면당한 채, 그분은 십자가 처형을 받기 위해 끌려가야만 했습니다. 마치 저주받은 대상처럼, 그분은 흉악한 죄인들이 형벌을 받는 그곳으로 달려가야만 했습니다. 우리가 죄인이기 때문에, 죄악으로 인해 우리가 하나님으로부터 등을 돌렸기 때문에, 죄악으로 인해 하나님께서 받으실 만한 교제가 단절되었기 때문에, 그분께서 이런 형벌을 받아야만 하셨습니다. 십자가를 지고 가는 구세주의 이 슬픈 걸음을 나의 영혼 또한 슬픈 마음으로 지켜 보았습니다. 이렇게 죽어 가는 모습은 가치 있는 귀한 모습으로 여겨졌습니다. 하지만 이런 슬픈 감정 안에는 기쁨도 함께 들어 있습니다. 죄를 짊어지신 이 영광스러운 분께서 우리의 죄를 담당하셨기에, 우리는 우리의 망명생활로부터 다시 돌아올 수 있었기 때문입니다. 그분의 대속은 무한한 효력을 지닙니다. 예수님께서 대신 죽은 그들은 당연히 생명을 얻게 될 것입니다. 하나님의 아들이 추방된 그곳으로 그들은 당연히 돌아오게 될 것입니다. 이제 그 거룩한 성으로 들어갈 입구가 생겼습니다. 이제 성전으로 들어갈 입구가 생겼습니다. 이제 친히 하나님 앞으로 나아갈 길이 열렸습니다. 왜냐하면 십자가 처형을 당하기 위해 성문 밖으로 끌려가신 그분을 통해서 우리의 죄악이 제거되었기 때문입니다.

이 정도로 오늘 본문의 가르침은 끝나지 않을 것으로 저는 생각합니다. 예수님께서 예루살렘 밖에서 죽으신 것은, 그분이 오직 예루살렘만을 위해서, 오직 이스라엘만을 위해서 죽은 것이 아니기 때문입니다. 그분께서 담당하신 속죄의 효력은 성벽이나 인종의 장벽으로 제한되지 않습니다. 그분으로 인해 이 땅의 모든 민족들이 복을 받게 되었습니다. 그분은 만인이 보는 앞에서 공개적으로 죽어야만 했습니다. 그것은 그분이 친히 하나님 앞에서 유대인과 이방인들의 화목제가 되심을 보여주기 위한 것이었습니다. 그 자신도 유대인이었던 사도 요한은 "그는 우리 죄를 위한 화목제물이니 우리만 위할 뿐 아니요 온 세상의 죄를 위하심이라"(요일 2:2)고 말했습니다. 만약 그분이 유대인만을 위한 구세주였다면, 격리된 장소에서 그분의 희생제물이 드려지는 게 합당했겠지만, 그분은 모든 민족을 위해 죽으셔야 했기 때문에, 성 밖에서 높이 달리셨던 것입니다.

또한 그분께서 성문 밖에서 고초를 당하신 이유는 다음과 같은 책망을 듣고서, 진영 밖에 있는 그분에게 나아가도록 하기 위함이었습니다. "너희는 그들 중에서 나와서 따로 있고 부정한 것을 만지지 말라"(고후 6:17)는 책망 말입니다. 그러므로 이제부터 이 명령은 그분의 모든 아들과 딸들을 위한 하나님의 명령이 됩니다. 인간들아, 그분의 독생자를 보아라. 그분은 옛 유대 교회로부터 공식적으로 단절된 채 그 교회의 장로들이 자신의 생명을 쫓는 그 악한 세상에서 결코 순응하지 않는 길을 나선 분이셨습니다. 스스로 하나님의 택한 자임을 자랑하는 거짓과 부패로 한통속이 된 자들로부터 그분은 거룩하게 구별되어 죽으셨습니다. 그분은 모든 악에 대해 저항하셨으며, 그를 죽인 살인자들이 연루되기까지, 악에 저항하며 죽으셨습니다. 그러므로 그분을 따르는 자들은 비록 사람들로부터 멸시받고 거절당한다 해도, 그분이 가시는 길이면 자기 십자가를 지고 어디든 따라가야 할 것입니다. 우리의 위대한 구세주께서 친히 자신을 하나님께 드린 장소로 그 곳을 선택하신 것과 관련해서 우리는 몇 가지 교훈을 살펴보고자 합니다.

1. 그분의 옷

우리는 잠시 우리 주님에게 조금 더 가까이 다가가서, 각각의 교훈을 좀 더 자세히 살펴보고자 합니다. 우리는 다음과 같은 장면을 상상해 볼 수 있습니다. 복되신 우리 주님은 백부장과 함께 한 병사들의 무리가 지켜보는 가운데 헤롯 왕궁의 문 밖에 감금된 채 서 계십니다. 이제 우리는 즉시 그분의 옷을 살펴봅니다. 그분의 옷은 대수롭지 않게 보이지만, 그 옷에도 어떤 교훈이 담겨 있습니다. 그분은 어떻게 그 옷을 입으셨습니까? 오늘 본문 말씀에 따르면, 사람들이 희롱했을 때 그들은 그 자색 옷을 그분에게서 벗기고 원래 그분이 입고 있던 옷을 도로 입혔다고 합니다. 그런데 그들이 가시 면류관을 벗겼다는 말은 찾을 수가 없습니다. 그러므로 그분은 그 가시면류관을 십자가에 이르기까지 계속 쓰고 있었고, 십자가에서도 쓰고 있었다고 생각할 수 있습니다. 이런 생각은 아주 가능성이 높은 추론이지 않습니까? 만약 가시 면류관이 벗겨졌다면, 본문 말씀은 "그들이 자색 옷을 벗기고, 가시 면류관도 제거하고"라고 기록되어야 했을 것입니다. 그런데 그렇게 기록되지 않은 것으로 보아, 그 슬픈 화관은 여전히 그분에게 씌워 있었다고 우리는 믿게 됩니다. 빌라도는 그분의 죄패에 "유대인의 왕"(마 27:37)이라고 썼습니다. 따라서 주님이 계속해서 가시 면류관을 쓰고 있었던 것은 그리 부당한 일이 아니었습니다. 예수님은 가시 면류관을 쓰신 군주, 즉 저주의 왕으로 죽으셨습니다. 여호와 하나님께서는 반역한 인간에게 다음과 같이 정당하게 말씀하셨습니다. "땅은 너로 말미암아 저주를 받고 … 땅이 네게 가시덤불과 엉겅퀴를 낼 것이라"(창 3:17-18)고 말입니다. 자, 보십시오. 우리를 구속해 주신 그분께서는 저주의 산물로 이 땅에서 나온 가시로 만들어진 면류관을 쓰고 계셨습니다.

> "오, 날카로운 가시 면류관을
> 쓴 거룩하신 머리,
> 오, 심하게 상처입고
> 조롱받고 멸시받은 채
> 피 흘리시는 머리."(클레르보의 베르나르)

제가 이미 말씀드린 바와 같이, 아마도 그분은 매여 계셨을 것입니다. 왜냐하면 사람들은 그분을 마치 도수장으로 끌려가는 양처럼 대했기 때문입니다. 그런데 이렇게 매인 모습은 우리가 이 사실에서 뭔가 암시를 받을 수 있는 것보다 더 풍부한 교훈을 주는 것 같습니다. 비록 죄인들을 곧 이송될 십자가에 줄로 매어두는 것이 로마의 관례라 해도 말입니다. 만약 이 관례대로 주님이 십자가에 매여 있었다면, 우리는 다음과 같은 모습을 상상할 수 있습니다. 즉, 우리 주님께서 자기 십자가에 친히 묶여서 "밧줄로 절기 제물을 제단 뿔에 맬지어다"(시 118:27)라고 하시는 말씀이 우리 귀에 들리는 듯합니다.

그런데 우리가 주목해야 할 중요한 요점은 예수님께서 자기 **옷**을 입으셨다는 사실에 있습니다. 그분은 평소에 입고 다니던 옷을 입으셨습니다. 이렇게 한 것은 틀림없이 자신을 분명하게 드러내고자 하심이었습니다. 다시 말해, 십자가에 높이 달린 그분을 바라보는 모든 자들로 하여금, 그분이 거리에서 말씀을 전하고 아픈 자들을 낫게 해주신 그 사람과 동일인물이라는 것을 알도록 하기 위함이었습니다. 그래서 사람들은 십자가에 달린 예수님을 보고서 긴가민가할 수 없었습니다. 사람들은 그분이 나사렛 예수라는 사실을 알았으며, 서기관과 바리새인들이 가진 신랄한 증오는 다른 사람이 그 십자가에 달리는 것을 허용할 수 없었습니다. 그분이 다름 아닌 주님이셨으며, 그분의 옷은 이 진리를 보여주는 상징이었습니다. 그분은 또 다른 이유로 자기의 옷을 입으셨습니다. 즉, 예언을 성취하기 위한 이유가 있었습니다. 처음에는 여러분이 이 말에 놀라지 않겠지만, 곧 이 사실에 대해 알게 될 것입니다. 우리 주님은 자색 옷을 입고 죽을 수 없으셨습니다. 그분은 꼬지 아니하고 위에서부터 통으로 짠 속옷을 입고서 십자가의 길을 가서야 했습니다. 그러지 않았다면, 다음과 같은 예언이 성취되지 못했을 것입니다. "내 겉옷을 나누며 속옷을 제비 뽑나이다"(시 22:18). 다른 옷들은 쉽게 찢어져 나눌 수 있었습니다. 하지만 구세주께서 입으신 이 특별한 옷은 그 옷을 못 쓰게 하지 않는 이상 나눌 수가 없었습니다. 그래서 병사들은 그 옷을 두고 제비를 뽑았습니다. 그분에게 옷을 입혀드렸던 이 병사들은 자신들이 이렇게 제비뽑기를 해서 그 예언을 성취하는 동역자들이 되리라고는 전혀 꿈에도 생각하지 못했습니다. 그렇게도 신랄하게 그리스도를 증오하던 바리새인들은 어떻게 해서든 그 많던 구약의 모형과 예언들이 예수님에게서 성취되지 않도록 애를 써야 했지만, 그들은 그 정도로 세심하게 주의하지는 않았습니다. 이 사실 역시 이상하고 놀랍지 않습니까? 이들의 랍비와 교사들은 메시아가 은 삼십에 팔릴 것이라는 스가랴의 예언(슥 11:12)을 이미 알고 있었습니다. 그런데도 왜 그들은 유다에게 스물아홉도 아니고, 서른하나도 아닌 은 삼십이라는 돈을 주었던 것일까요? 게다가 도대체 왜 그들은 그 돈을 토기장이에게 던져(슥 11:13) 유다가 피밭(마 27:8)을 사도록 놔두었을까요? 말하자면, 그런 것으로는 그들이 예언의 성취를 막을 수 없었던 것일까요? 자신들을 정죄한 예언들이 자신들에 의해서 자발적으로 성취된 증거가 바로 여기에 있습니다. 이와 같은 것들을 계속해서 여러분에게 보여드리고자 합니다. 여러분은 이런 증거들을 보는 동안, 만약 구약의 모형과 예언들을 성취하는 것이 그들의 목적이었다 해도, 그들이 그보다 더 세밀하게 행동할 수는 없었다는 점에 주목하기 바랍니다. 그렇게 그 병사들은 원래 그분이 입던 옷을 입혀드렸습니다. 그래서 "내 겉옷을 나누며 속옷을 제비 뽑나이다"(시 22:18)라고 한 예언의 말씀이 성취될 준비를 자기도 모르는 사이에 했던 것입니다.

그분께서 자신의 옷을 입은 것과 관련해 제게는 또 다른 한 생각이 떠올랐습니다. 제가 이 생각을 제대로 표현할 수 있을지 잘 모르겠지만, 제 생각은 이렇습니다. 즉, 우리 주님에게 있어서 고난은 그분이 살아오신 삶의 자연스러운 한 부분이었다는 사실입니다. 그분은 살아 계셨을 때 모습 그대로 죽으셨습니다. 그분의 죽음은 새롭게 떠나는 것이 아니라, 자기희생이라는 삶의 완성이었습니다. 그래서 그분에게는 새로운 의복을 입는 것이 필요하지 않았습니다. 보십시오! 그분은 날마다 입고 있던 평상복을 입고 죽으셨습니다! 성도들이 주일에 특별한 옷을 입는 것은 아마도 경건을 일상생활과는 전혀 다른 어떤 것으로 생각하기 때문이 아닌가 하는 생각이 드는데, 그렇지 않습니까? 여러분은 일할 때 입는 작업복에서도 경건을 보고 싶지 않습니까? 셔츠 소매에서도 경건을 보고, 들에서 일할 때 입는 옷에서도 은혜를 보고 싶지 않습니까? "도로 그의 옷을 입히고 그를 끌고 나가서 우리가 그를 보자"라고 큰 소리로 말하는 자들에게 여러분도 소리치고 싶지 않습니까? 우리 하나님을 위해 살기도 하고 죽기도 하는 우리의 삶은 하나로 통합되어야 합니다. 우리가 하나님의 사람이라면, 우리는 다른 사람이 되어야 하는 것입니까? 우리 자신의 옷, 습관, 성격과 특징들을 입고서 주님을 섬길 수는 없는 것입니까? 여러분은 사람들에게 이상하고 별난 옷을 입기를 요구하는 예배가 자연스럽지 않다는 의심을 해보지 않습니까? 확실히 사람들은 그런 예배에서 자신의 일상과는 다른 차원을 발견하게 됩니다. 그 모임에 참석하기 위해서 그들은 자기 삶에서 잠시 벗어나 제대로 된 옷을 갖춰 입어야 합니다. 옷장에 가서 옷을 갖춰 입기 전까지는 기도회로 모인 동료들을 인도할 수 없다고 한다면, 그것은 그 사람에게 악한 일입니다. 물론 의복이 어떤 의미를 전달하는 그런 때도 있었습니다. 하지만 위대한 우리의 대제사장께서 자신의 옷을 입으신 채 단 한 번의 희생 제물로 올라가신 이후로, 모든 모형들은 성취되었고, 폐지되었습니다. 지금 우리는 공적으로 기도하지 않습니다. 그래서 정장도 필요하지 않습니다. 그러나 우리가 개인적으로 기도한다면, 우리가 지금 입고 있는 이 옷으로 충분합니다. 예수님은 생애 마지막 순간이 다가올 때까지, 자신이 살아온 삶의 통일성을 계속 유지하셨습니다. 심지어 겉모습조차도 자신의 방식을 바꾸지 않으셨습니다. 그분은 하나의 희생 제물로 죽기 위해 사신 분이셨습니다. 이 점이 바로 그분이 살아온 삶의 정점이며, 그분이 보여주신 완전한 순종이라는 금자탑의 꼭대기였습니다. 그분이 받은 고난과 그분이 살아온 모든 삶

사이에는 어떤 차이점도 없었으며, 어떤 구분선도 없었습니다. 그러므로 우리의 삶과 죽음 사이에도 어떤 장막이 있어서는 안 됩니다.

어쨌든 저는 그림을 전시하듯, 다른 사람들에게 보여주고자 하는 그런 죽음이 우려가 됩니다. 저는 애디슨(Joseph Addison)의 죽음을 칭송할 마음이 없습니다. 어떤 사람들은 그가 젊은 귀족들을 불러서 "기독교인이 어떻게 죽을 수 있는지 와서 보시오"(애디슨은 1719년 임종이 다가오자 "기독교인이 얼마나 평안히 죽을 수 있는지 보시오"라고 말했다 — 역주)라는 말을 했다고 그를 칭찬하지만 말입니다. 저는 벵겔(Bengel)이 가졌던 죽음에 대한 기대를 더 좋아합니다. 그는 사람들과 교제를 나누다가 어떤 사람이 밖으로 나오라고 불러서 슬그머니 자리에서 일어나게 되는 그런 죽음을 사모했습니다. 그런 사람은 자기 존재의 있고 없음을 넓은 세상 가운데서 사소한 문제로 여기면서 겸손하게 생각합니다. 그렇듯 조용히 사라지기 때문에, 오직 친구들만 그가 없어진 것을 알게 됩니다. 죽음은 일상적인 한 과정의 일부, 하루 일과의 마침, 항해를 마치고 항구로 돌아오는 것 등으로 인식되어야 합니다. 여러분이 쉽게 죽을 수 있다고 느끼는 것은 좋은 일입니다. 왜냐하면 여러분은 아주 많이 죽음을 체험했기 때문입니다. 날마다 죽는 자들은 죽는 것을 두려워하지 않습니다. 요단 강에서 가끔씩 목욕을 하십시오. 그러면 죽음의 시간이 다가왔을 때, 여러분은 죽음이라는 그 여울물을 결코 두려워하지 않을 것입니다. 복되신 우리 주님은 죽음의 삶을 사셨기 때문에, 그분은 죽음을 앞에 놓고도 내색조차 하지 않으셨습니다. 그분의 옷은 물론이고 음성이나 기분도 전혀 바뀌지 않으셨습니다. 그분은 살아 계시던 것과 마찬가지로 죽으셨습니다. 사람들은 그분의 옷을 그분에게 입혀드렸습니다. 그분은 실생활에서든 희롱을 받으실 때든 스스로 그 옷을 벗지 않으셨습니다. 자주색 옷을 입은 것은 절대 그분의 바람이 아니었습니다. 그분은 항상 동일하셨고, 그분이 입은 옷은 그분에게 가장 잘 어울렸습니다.

복되신 주님, 참으로 우리는 다음과 같은 말을 할 수 있습니다. 비록 사람들이 당신을 "상아 궁전에서" 모시고 온 것은 아니어도, "당신의 모든 옷에서는 … 몰약과 알로에와 계피의 향내가 나며, 그것들이 당신을 기쁘게 하였나이다"(시 45:8 KJV, 개역개정에는 "왕의 모든 옷은 몰약과 침향과 육계의 향기가 있으며 … 왕을 즐겁게 하도다"로 되어 있다 — 역주). 그분은 그들이 멸시하고 희롱하고 침을 뱉는 평범한 감옥에서 나온 분이셨습니다. 당신이 계신 곳으로부터 나아오십시오. 당신의 옷에서는 향기로운 향기가 흘러넘칩니다. 그래서 당신의 모든 형제들이 그 향기를 만끽하게 하옵소서.

2. 그분과 함께 했던 자들

사랑하는 성도 여러분, 잠깐이나마 저는 그분과 함께 했던 자들을 살펴보고자 합니다. 우리 주님께서 죽게 되었을 때, 그분과 함께 있던 자들은 누구였습니까? 제일 먼저 그분에게 가장 가까이에 있던 자들은 거친 로마의 병사들이었습니다. 건장하며 무정한 근육질의 남자들인 이들은 어느 때라도 피를 볼 준비가 되어 있었습니다. 엄격한 훈련을 통해 그들에게는 인간적인 감정이 억압되어 있었으며, 그들은 철권 제국에 필요한 철권 도구들이었습니다. 그들은 명령으로 받은 것은 어떤 것이든 수행했으며, 그 명령이행에 감정이나 동정 등은 전혀 개입될 수 없었습니다. 그분을 지키는 이 병사들을 보면서, 저는 여러분이 놀랄 만한 한 가지 사실에 대해 말씀드리고자 합니다. 즉, 우리 구세주께서는 독수리처럼 엄한 이들의 경계 가운데서도 승리하셨다는 것입니다. 그들의 백부장은 우리 주님께서 돌아가셨을 때, "이는 진실로 하나님의 아들이었도다"(마 27:54)라고 고백했습니다. 이것이야말로 믿음의 복된 고백이었습니다. 우리 주님께서 저들 가운데 한 사람을 자기 제자와 증인으로 삼으심으로써, 그분을 압제하던 자들을 이기고 승리자가 되신 것을 생각하면 제 마음이 기쁩니다. 우리도 이 백부장처럼 믿게 되기를 원합니다. 복음서 기자가 이 분명한 고백을 공개적으로 기록하였기 때문에, 우리는 그 백부장을 신자로 분명하게 계수할 수 있습니다.

이 병사들 다음으로, 그분과 함께 처형장으로 끌려 온 두 명의 강도들도 있었습니다. 그분 옆에 강도들을 세운 것은 그분을 더욱더 조롱하기 위한 의도였습니다. 그분은 사람들 가운데서 가장 비천한 자들과 따로 떨어져 있을 수 없는 분이셨습니다. 그래서 그분은 두 강도들 가운데로 끌려가셨습니다. 전부터 한 강도는 그분에게 호감을 갖고 있었습니다. 이 강도들은 매우 완악한 건달들이었던 것 같습니다. 왜냐하면 이들이 그분에게 욕을 퍼부었기 때문입니다. 제가 이 강도들에 대해 전하고 싶은 이유는, 우리 주님께서 다음과 같은 대화를 통해 이 강도를 이겼다는 데 있습니다. 즉, 죽어가던 두 강도 가운데 한 강도가, "우리는 우리가 행한 일에 상당한 보응을 받는 것이니 이에 당연하거니와 이 사람이 행한 것은 옳지 않은 것이 없느니라"(눅 23:41)라고 말하고서는, "예수여 당신의 나라에 임하실 때에 나를 기억하소서"(눅 23:42)라고 기도하였던 것입니다. 이렇게 죽어가던 강도는 우리보다 백배나 더 그리스도에게 많은 영광을 돌려드렸습니다. 왜냐하면 이 복음이 전파되는 곳이면 어디에서나, 이 강도에 관한 이야기가 전해짐으로써 가장 극악무도한 자라도 예수님을 쳐다보는 자들에게는 위로가 되기 때문입니다. 이 강도는 죽음이라는 행위로 인해 그리스도를 믿게 되었으며, 실제로 주님께서 친히 죽음이라는 행위 가운데 계실 때, 그 강도는 믿었습니다. 주님께서 죽으시는 그 날, 그 강도는 낙원에 그분과 함께 있었습니다. 오, 사람들로부터 멸시를 받은 당신이여, 당신은 얼마나 크게 이기셨는지 모릅니다! 당신의 온유하심으로 로마 군사들과 유대인 강도들마저도 얻게 되다니, 이 얼마나 대단한 일입니까!

　　이 죄수들 외에도, 서기관과 바리새인과 대제사장들도 거기에 있었습니다. 제가 이들의 얼굴을 그림으로 그릴 수는 없지만, 틀림없이 이들의 얼굴은 지금까지 볼 수 없었던 흉악한 표정을 머금은 채, 예수님에 대한 극악무도한 기쁨을 서로 나누고 있었을 것입니다. 예수님께서도 이들을 "외식하는"(마 23:13) 자들이라고 부르셨습니다. 그리고 그분은 이들을 향해 "잔과 대접의 겉은 깨끗이 하되 그 안에는 탐욕과 방탕으로 가득하게 하는도다"(마 23:25)라고 말씀하셨습니다. 지금 그들은 자신들의 악독을 보이며 그분의 책망을 묵살해 버렸습니다. 그런데도 그들의 증오심은 만족할 줄 몰랐으며, 그 증오심에는 혹여 그 밤에 그리스도께서 자기들을 이기시면 어떡하나 하는 두려움도 들어 있었습니다. 그래서 빌라도 앞에 몸을 조아려, 자신들의 희생제물이 무덤을 벗어나지 못하도록 병사들을 세워 지켜줄 것을 요청하였습니다. 이 모든 것에도 불구하고 그들의 마음속 깊은 곳에는 그분이 과연 하나님의 아들이면 어떡하나 하는 두려움이 있었습니다. 이렇게 해서 그들 역시 굴복되었습니다. 비록 그들에게 주 예수님은 사망으로부터 사망에 이르는(고후 2:16) 구세주에 불과했다 해도, 그럼에도 불구하고 그들은 그분의 영향을 받지 않을 수 없었으며, 그분의 죽음으로 인해 굴복되었습니다. 그들의 증오심에는 놀람과 두려움과 동요가 수반되었습니다. 그래서 그들은 그 나사렛 사람 앞에서 두려워 떨었습니다. 이런 장면을 상상해 보십시오! 사람들에게 멸시받고 슬픔을 당한 그분은 자신의 십자가 아래에서 고개를 숙이고 계셨지만, 그분에게서 느껴지는 당당한 위엄을 여러분은 한 눈에 볼 수 있을 것입니다. 반면에 여러분은 그들도 볼 수 있습니다. 그들은 비열하고 비참한 뱀의 후

손으로서, 자기 배로 기어 다니며 흙을 자기 양식으로 삼는 것 같습니다. 그분은 전적으로 참되고 솔직한 분이시지만, 그들은 전적으로 교활하고 간사한 자들입니다. 천사가 지옥의 악마를 대적하는 것처럼, 그리스도를 박해하는 자들이 그리스도를 얼마나 대적하고 있는지 여러분은 단번에 볼 수 있을 것입니다. 침 뱉음을 당해 더러워지고, 매에 맞아 검게 멍들고, 가시에 찔려 상한 얼굴이었지만 그분은 황제의 영광 그 이상을 갖고 계셨습니다. 반면에 그들의 얼굴은 종과 죄인들의 얼굴 같았습니다.

그리고 이들 주위에는 허다한 무리들도 있었습니다. 만약 여러분이 이 무리들을 자세히 본다면, 이들은 일주일 전에 "호산나! 호산나!"(마 21:9)라고 외쳤던 사람들과 동일한 사람들이라는 사실에 여러분은 놀라움을 금치 못할 것입니다. 이들은 자신들의 목소리를 바꿔서 "그를 십자가에 못 박게 하소서! 십자가에 못 박게 하소서!"(눅 23:21)라고 소리질렀습니다. 돈 몇 푼에 매수당해 그들은 그렇게 소리쳤던 것입니다. 그들은 무지하고 변덕스러운 무리들이었습니다. 그런 자들은 옳은 일을 하는 여러분에게 야유를 보냅니다. 그렇더라도 여러분은 그들을 용서하십시오. 또한 그들은 참된 기독교인이 되고자 하는 여러분에게 손가락질하며 조롱하기도 합니다. 그렇더라도 여러분은 그들을 신경 쓰지 마십시오. 그들이 뭐라고 말하든, 어떤 행동을 하든, 그것은 별로 중요한 것이 아닙니다. 그들은 자신들은 물론 우리에게도 큰 은혜를 베풀어 주신 그분에게까지 소리를 지른 자들입니다. 주님이신 그리스도께서는 예전에 대중적인 칭송도 받으셨던 만큼, 이런 대중적인 조롱도 참으셨습니다. 그분은 이 모든 것을 초월하여 사셨습니다. 왜냐하면 비천한 수준을 가진 인간들이 하는 일들이 헛된 것이라는 사실을 그분은 알고 계셨기 때문입니다. "헛되고 헛되도다"(전 12:8)는 말씀대로, 헛된 인간들에게서 나오는 모든 것들은 헛됩니다.

하지만 그 무리들 가운데 좀 더 나은 쪽으로 약간의 변화가 일어났습니다. 마치 구름 가운데 한 줄기 빛이 비치듯 말입니다. 그 무리들 가운데는 다정한 여인들이 있었습니다. 그들은 모두 그분의 제자들이 아니었습니다. 어쩌면 그들 가운데 몇몇은 제자였는지도 모릅니다. 만약 이 여인들이 제자였다면, 그분께서는 자기 제자들이 도망간 것을 슬퍼하라고 여인들에게 명하지 않으셨을 것입니다. 어쨌든 이들은 인정 있는 마음씨를 지닌 여인들이었기에, 눈물 없이는 그분을 바라볼 수 없었습니다. 그래서 누가복음에서는 이 여인들을 가리켜 그분을 위하여 가슴을 치며 슬피 우는 여자의 큰 무리(눅 23:27)라고 말하였습니다. 이들은 그분이 얼마나 순결하고, 얼마나 다정한 분이셨는지 알고 있었습니다. 아마도 그들 가운데 어떤 여인은 그분께서 친히 손으로 베풀어 주시는 호의를 받았을 것입니다. 그래서 이들은 그분이 돌아가시게 되자 슬피 울었던 것입니다. 정말 이들은 대단한 여인들이었습니다. 그리스도의 죽음에 어떤 식으로든 여인들이 가담한 경우는 복음서 전체에서 전혀 찾아볼 수 없습니다. 이 문제와 관련해서는 그들에게 전혀 잘못이 없습니다. 이들은 그분의 죽음에 가담했다기보다 오히려 반대하였습니다. 여인들은 십자가 곁에도 마지막까지 남아 있었으며, 무덤에도 가장 먼저 달려갔습니다. 그러므로 우리는 여인에 대해서 죄를 범한 존재라는 말을 절대로 할 수 없습니다. 오, 연민의 마음으로 조의를 표하는 눈물을 사랑의 주님에게 흘리는 그 다정한 눈빛이여! 복되도다. 불쌍히 여기는 마음이 있는 천국이 바로 당신들의 것이로다! 그러나 그때 구세주께서는 자신을 향한 인간의 동정심을 바라지 않으셨습니다. 왜냐하면 그분의 위대하신 마음은 자신에 대한 연민이 아닌 슬픔들로 가득할 만큼 컸기 때문입니다. 이 여인들의 자녀들이 자라났을 때, 물론 그 가운데 젊은 여인들은 그때까지 살아 있겠지만, 여하튼 그때, 그들이 자신들에게 닥친 끔찍한 슬픔으로 인해 “잉태하지 못하는 이와 해산하지 못한 배와 먹이지 못한 젖이 복이 있다”(눅 23:29)라고 소리칠 것을 그분은 미리 알고 계셨습니다. 로마 병정들에 의해 죽임을 당하고, 민족의 내분으로 살해당하는 것을 보게 될 때, 그 때 그들은 슬피 울게 될 것이었습니다. 그래서 주님은 다음과 같이 말씀하셨습니다.

> “나를 위해 울지 말라!
> 오! 예루살렘의 딸들을 위해서도 울지 말라
> 비록 너희가 나를 보지 못한다 해도,
> 터져 나오는 그 눈물을 진정하여라.
> 강물처럼 흐르는 그 눈물,
> 극심한 홍수처럼 흐르는 그 눈물은
> 앞으로 피폐해질 너희 자신을 위해 울지어다.”(윌리엄 뉴먼)

　여인들이 슬피 운 것은 여인들의 입장에서는 당연한 일이었습니다. 하지만 그분께서 이 여인들을 보고 슬퍼하신 것도 그분의 입장에서는 당연한 일이었습니다. 그분은 이 여인들이 자신을 동정하는 그 마음을 온유하게 한 쪽으로 제쳐 두셨습니다. 왜냐하면 앞으로 그들에게 다가올 슬픔이 지금 자신이 감당해야 할 슬픔보다 더 극심하게 그분을 억누르고 있었기 때문입니다.

이제 그분과 함께 했던 자들에 대해서는 그만 말씀드려야 할 것 같습니다. 그러나 그분의 제자들은 과연 어디에 있었는지 하는 문제는 우리가 꼭 집고 넘어가야겠습니다. 베드로는 어디에 있었습니까? 그는 "내가 주와 함께 옥에도 죽는 데에도 가기를 각오하였나이다"(눅 22:33)라고 말하지 않았습니까? 요한은 어디에 있었습니까? 그 제자들 모두는 어디에 있었습니까? 그들 모두는 도망가고 없었습니다. 그들은 돌아와서 그분에게 또는 그분을 위해 단 한 마디도 말하지 않았습니다. 거룩한 여인들은 함께 모였는데, 남자들은 도대체 어디에 있었습니까? 여인들은 용감하게 남자들처럼 행동했는데, 정작 남자들은 두려워서 여자들처럼 행동하였습니다. 우리는 우리 주님을 돕기에는 불쌍한 자들입니다. 만약 우리도 거기에 있었다면, 이들이 한 것과 똑같이 행동했을 것입니다. 아니 더 악하게 행동했을지도 모릅니다. 왜냐하면 그래도 이들은 우리 이스라엘의 꽃이었기 때문입니다. 아, 제가 생각해 보아도, 영원히 복되신 그분께서는 그렇게 고귀한 값을 치르셨는데, 그에 비해 우리는 얼마나 가치 없는 자들인지 모르겠습니다! 그러므로 우리는 좀 더 분명한 충성의 증거를 그분께 드리고, 우리의 왕 되신 그분을 좀 더 친밀하게 따르도록 합시다.

3. 그분의 짐

이제 구세주에게 좀 더 가까이 다가가고자 합니다. 그 무리들을 뚫고 헤쳐 나와서, 제가 세 번째로 여러분에게 드리는 말씀을 듣기 바랍니다. 여러분은 잠시 그분의 짐을 살펴보십시오. 좋으신 성령님께서 내 주님을 잘 설명할 수 있는 방법을 제게 가르쳐 주시기를 기원합니다. 우리가 알고 있는 바와 같이, 요한복음에는 우리 구세주께서 "자기의 십자가를 지시고"(요 19:17)라고 기록되어 있습니다. 반면에 다른 세 개의 복음서 기자들은 구레네 시몬이 그 십자가를 줄곧 지고 갔다고 말합니다. 이 문제와 관련해 우리가 추측해 보자면, 요한은 다른 세 복음서 저자들의 설명 중 빈 여백을 채워 넣은 것으로 볼 수 있을 것 같습니다. 우리 주님께서는 그 슬픈 순례의 길을 시작할 때부터 자신의 십자가를 지고 골고

다까지 가셨습니다.

첫째로, 그분께서 직접 십자가를 지고 가도록 한 것은 그분의 수치심을 더 하기 위한 것이었습니다. 극악무도한 죄인이 자신의 교수대를 지고 가도록 하는 것은 로마인들의 관습이었습니다. 그래서 "교수대를 지고 가는 자"를 뜻하는 푸 시퍼(furcifer)라는 라틴어도 있었습니다. 이것은 오늘날에도 경멸할 만한 어떤 사람을 "교수형 감의 흉악범"이라고 부르면서 멸시하며 야유하는 것과 같습니 다. 구세주에게 수치심이라는 짐까지 더 지게 하는 것만큼 그분에게 명예롭지 못한 것은 없을 것입니다. 그분은 우리를 위해서 스스로 명예를 거부하셨던 것 입니다.

둘째로, 십자가의 무게에 주목해 주십시오. 죄인들은 보통 십자가의 두 들보 중 하나만 지고 갔습니다. 그 당시에도 그랬던 것 같습니다. 하지만 예수님의 경 우는 그렇지 않았습니다. 왜냐하면 "자기의 십자가를 지시고"(요 19:17)라는 표 현은 당연히 십자가의 들보 모두를 뜻하기 때문입니다. 물론 형벌이 낮설지 않 은 우악스럽고 거친 사람에게는 그 무게가 그리 감당 못할 정도는 아니었겠지 만, 부드럽고 다소 예민한 우리 거룩한 주님의 경우에는 쉽게 감당할 만한 무게 가 아니었습니다. 그럴 가능성이 아주 높습니다. 사람들이 왜 그 십자가를 구레 네 시몬에게 지웠는지 그 이유를 알기는 어렵지만, 그럼에도 그 이유를 찾아본 다면, 전승이 말하는 바와 같이, 주님은 십자가 무게 때문에 실신하셨다고 합니 다. 저는 이런 전승이나 그 어떤 억측에 대해서도 전혀 개의치 않습니다. 그러나 어떤 이유가 있었던 것만은 분명합니다. 한 가지 제가 믿고 있는 사실은, 이 사람 들이 분명히 그리스도에 대한 실제적인 동정심으로 그런 일을 했던 것이 아니라 는 점입니다. 그들은 자신들의 잔인한 소망, 즉 그분이 도상에서 죽지 않고 적어 도 십자가에 못 박힐 때까지는 살아 있었으면 하는 그 바람 때문에, 그렇게 행동 한 것이 틀림없습니다. "악인의 긍휼은 잔인이니라"(잠 12:10)는 말씀대로 말입 니다. 이 문제에 대해서는 이 정도만 말씀드리겠습니다.

이제 저는 주님께서 자신의 십자가를 지고 가셨다는 이 사실과 관련해서 하 나의 **모형론적인 증거**가 있다는 점에 대해 말씀드리려고 하니, 여러분은 제 말에 주목해 주시기 바랍니다. 만약 구레네 시몬이 줄곧 그리스도의 십자가를 지고 갔다면, 우리는 구약의 이삭과 관련된 모형을 놓쳤을 것입니다. 왜냐하면 이삭 이 아버지에 의해 번제로 드려지기 위해서 모리아 산으로 올라갈 때, 이삭은 자신의 희생에 쓰일 나무를 직접 지고 갔기 때문입니다(창 22:6 참조). 저는 이런 생각도 해 봅니다. 만약 제가 유대인으로서 예수 그리스도에 대한 증오심으로 가득하다면, 아마 다음과 같이 말했을 것입니다. "그 자가 자기 십자가를 지고 가게 해서는 안 됩니다. 그렇게 한다면, 자기 나무를 지고 간 이삭과 너무나 비슷하게 될 것입니다"라고 말입니다. 하지만 그들은 그렇지 않았습니다. 그들은 이런 이삭의 모형을 모른 채, 자기들 마음대로 하다가 이 모형을 성취하고 말았습니다. 그들이 이렇게 한 것은 바로 그들이 하고 싶은 대로 했던 것이었습니다. 하지만 일점일획도 변치 않는 영원하신 그분의 예정으로 인해 이 일은 성취되었습니다. 우리의 위대한 이삭은 아버지가 가지고 가라는 그 나무를 지고 갔습니다. 하나님의 뜻은 확고하지만, 그럼에도 불구하고 그 뜻이 전적으로 자유로운 사람들을 통해 함께 어우러지는 것을 보면 그저 놀랄 따름입니다.

물론 여기에는 영적인 의미도 담겨져 있습니다. 즉, 우리의 불순종이라는 짐을 그리스도께서는 그때 완전히 순종하며 짊어지셨다는 것입니다. "나무에 달린 자마다 저주 아래에 있는 자라"(갈 3:13)고 한 말씀과 같이, 십자가는 저주를 뜻합니다. 그리스도께서 이런 십자가를 그 복되신 두 어깨에 짊어지신 것은 그분이 모든 일에서 하나님의 뜻에 순종하신 것을 보여줍니다. 또한 우리 주님께서 십자가를 짊어지신 것은 우리의 모든 죄악들을 그분께서 지신 것을 말해줍니다. 그러므로 우리는 이것을 기뻐합니다.

여기에는 예언적인 의미도 담겨져 있습니다. 그분께서 지신 그 십자가는 장차 예루살렘을 다시 뚫고 들어올 것입니다. 십자가는 그분이 온 세상을 이기고 정복할 그분의 위대한 무기입니다. 십자가는 그분이 장차 다스리실 그분의 홀(笏)입니다. 그분은 더 이상 무력을 수단으로 삼지 않고, 그분의 십자가에서 분명하게 보여준 그 사랑으로 백성들의 마음을 통치하실 것입니다. "그의 어깨에는 정사를 메었고"(사 9:6)라고 한 말씀대로, 그분께서 어깨에 멘 그것으로 그분은 사람들을 복종케 하시며, 그분의 멍에를 자신의 어깨에 멘 자들은 그 영혼에 안식을 누리게 될 것입니다.

4. 그분의 십자가를 진 자

제가 마지막 대지를 말씀드릴 시간이 좀 있었으면 좋겠습니다. 이 부분은 흥미로운 사실들로 가득 찬 부분입니다. 하지만 학구적으로 자세히 살펴볼 수는 없고, 대략적으로 말씀을 전하면서 교훈을 얻어야 할 것 같습니다.

우리가 살펴볼 마지막 주제는 그분의 십자가를 진 자에 관한 것입니다. 왜 로마 병사들이 십자가를 시몬에게 지웠는지 그 이유에 대해서는 우리가 들은 바가 없습니다. 우리는 추측만 할 따름입니다. 하지만 아주 높은 가능성이 있다 해도, 여전히 우리는 그 부분을 추측으로 남겨 두고자 합니다. 만약 그 추측이 옳다고 한다면, 이것은 우리에게 우리 주님의 인성이 얼마나 참된 것이었는지를 보여준다고 할 수 있습니다. 그분은 겟세마네 동산에서 고뇌 가운데 엄청난 핏방울처럼 땀을 흘리며 밤을 지새우셨습니다. 그리고 그분은 산헤드린 공회 앞에도 서셨고, 빌라도 앞에도 서셨고, 후에는 헤롯과 다시 빌라도 앞에도 서셨습니다. 그분은 채찍을 맞았으며, 병사들에게 조롱을 받기도 하셨습니다. 이런 고초를 다 겪고도 인간의 몸을 입은 그분께서 전혀 지친 기색을 보이지 않으셨다면, 그것이 더 이상한 일이었을 것입니다. 그럼에도 불구하고, 성경은 예수님의 고난에 대해 어떤 구체적인 실례를 들어가며 설명하지 않고 있으며, 그저 위대한 침묵을 가르쳐 주고 있을 뿐입니다. 경건 서적들을 쓴 몇몇 중세의 작가들과 어떤 훌륭한 저자들은 사람들의 감정에 호소하기 위해서, 우리 주님이 겪은 것으로 생각되는 모든 슬픔들을 너무나 생생하게 부각시켰습니다. 하지만 그 중에 어떤 고대의 화가가 묘사한 것을 모방한 것은 일면 지혜로운 것이라 할 수 있습니다. 그 화가는 아가멤논(Agamemnon, 트로이 전쟁 당시 그리스군의 총지휘관으로, 트로이 항해 도중 순풍이 불지 않자, 예언자의 말을 듣고서 자신의 딸인 이피게니아를 신에게 제물로 바쳤다 — 역주)이 자기 딸을 희생 제물로 바치는 장면을 그리면서, 그 아버지가 자기 얼굴을 가리는 것으로(티만테스[Timanthes]가 그린 '이피게니아의 희생' — 역주) 묘사하고 있습니다. 거룩한 주님을 경외하기보다 오히려 잘 알고 있는 해부학적 지식을 자랑하는 것 같은 그런 글쓰기는 버릇없고 상스러운 짓입니다. 예수님께서 고초당하신 많은 부분들은 영원토록 베일에 싸여 있어야 합니다. 그분이 한 번 기절했는지, 두 번인지 세 번인지, 아니면 한 번도 기절하지 않으셨는지에 대해 우리는 전혀 알지 못합니다. 그러므로 우리는 이런 생각들에 대해서는 개연성 있는 모호함으로 남겨 두고 그분을 경외하는 마음으로 경배해야 합니다. 그분은 몸과 마음이 온유한 분으로서 우리와 똑같이 고통을 받으셨습니다. 오, 그분으로 하여금 그렇게 고통 받게 했던, 우리의 헤아림을 뛰어넘는 그 탁월한 사랑이여!

예수님께서 막 모습을 보이기 시작한 그 장면에서 시몬이 등장하게 된 그 섭리에는 아주 특별한 점이 있습니다. 적합한 사람이 적합한 순간에 전면에 나타나게 된 것입니다. 시몬은 처음에는 나타나지 않았습니다. 병사들이 처음부터 시몬에게 십자가를 지우지 않았던 것은 앞에서 암시한 바와 같이 이삭의 모형이 성취되도록 하기 위함이었습니다. 이렇듯 섭리가 모든 일들을 지혜롭게 조정하였던 것입니다.

시몬은 이 일을 억지로 하게 된 사람이었다는 점도 주목하기 바랍니다. 이것이 무슨 말씀인가 하면, 이 사람은 왕을 섬기는 일에 강요를 받았다는 뜻입니다. 시몬은 압력을 받은 사람으로서, 그가 십자가의 짐을 지게 되었을 당시에는 분명히 그리스도의 제자가 아니었을 것입니다. 슬픔의 짐이 사람들로 하여금 예수님을 믿게 하는 방편이 되는 경우가 얼마나 많은지 모릅니다! 시몬은 이런저런 일로 인해 시골에서 오고 있던 중이었습니다. 그에게 병사들은 그분의 십자가를 강제로 지게 했습니다. 이런 강요가 아니었다면, 즉 그곳을 "지나가는"(막 15:21) 길이었던 그는 계속해서 가던 길을 갔을 것입니다. 로마 병사들은 분명히 자신들이 어떤 사람을 택하여 하게 한 일은 틀림없이 하게 만드는 사람들이었습니다. 시몬이 병사들의 명령을 들은 것만으로도 충분했습니다. 시몬은 그 십자가를 지고 갈 수밖에 없었습니다.

그의 이름은 시몬이었습니다. 그런데 다른 시몬은 어디에 있었습니까? 아주 조용하지만 강력한 책망이 그 현장에 없었던 시몬에게 내려질 수 있을 것입니다. 요한의 아들 시몬(요 21:15), 시몬 베드로 당신은 그때 어디에 있었는가? 그때 다른 시몬이 당신의 자리에 서 있었소. 주님의 종들이 때로 전면에 나설 것으로 기대되던 곳에서 뒤로 물러나 있는 바람에, 주님께서 다른 종들을 찾는 것을 보게 됩니다. 혹시라도 이런 일들이 우리에게 일어난다면, 이 일로 인해 우리가 살아가는 동안 반드시 부드러운 책망을 받게 될 것입니다. 사랑하는 남녀 성도 여러분, 여러분의 자리를 지키십시오. 다른 시몬이 여러분의 자리를 지키지 않도록 하십시오. "감독은 책망할 것이 없으며"(딤전 3:2)라는 말씀은 가룟 유다를 염두에 둔 것이지만, 참된 제자라면 자기 자리를 지킬 것입니다. 우리 주님께서 하신 말씀, 즉 "네가 가진 것을 굳게 잡아 아무도 네 면류관을 빼앗지 못하게 하라"(계 3:11) 하신 이 말씀을 기억하십시오. 시몬 베드로는 여기서 면류관을 잃었고, 다른 시몬이 그 면류관을 머리에 썼던 것입니다.

시몬은 구레네 사람이었습니다. 그는 아프리카 사람이었습니다. 그가 흑인이었는지는 제가 잘 모르겠습니다. 사도행전 13장에 보면, 니게르, 즉 흑인이라고 불리는 시므온(행 13:1)이 언급된 것을 볼 수 있습니다. 우리는 이 시므온이 오늘 본문의 시몬과 동일 인물인지는 알 수 없습니다. 하지만 그가 아프리카 사람이었다는 것은 의심의 여지가 없습니다. 왜냐하면 구레네는 이집트의 정서쪽으로, 지중해 남쪽 해안가에 위치해 있기 때문입니다. 분명한 사실은 아프리카 사람들은 오늘날까지 수세기 동안 자기 십자가를 전적으로 짊어지고 있다는 것입니다. 오, 그 슬픔의 고통이 산고(産苦)가 되어 기쁨을 낳게 된다면 얼마나 좋겠습니까! 아프리카 사람이든, 영국 사람이든, 그리스도를 좇아 십자가를 지는 것을 영광으로 여기는 자들은 복이 있습니다.

그는 시골에서 온 자였습니다. 주님께서는 도시의 교활함과 사악함에 물들지 않은 순진한 시골 사람들에게 자신을 섬기도록 얼마나 자주 말씀하셨는지 모릅니다. 어떤 젊은이는 이번 주에 시골에서 막 올라와 이 런던에서 실습생 과정을 시작했습니다. 저의 간절한 바람은 그 청년이 이 도시에 들어오는 문 앞에서부터 주님의 감동하심을 받는 것입니다. 그래서 거룩한 주님의 방식으로 감동받은 그 청년이 자발적으로 십자가를 지게 되는 것입니다. 이 도시의 죄악을 배우기 전에, 그 죄악 속에 빠져들기 전에, 하나님께서는 여러분이 이 도시의 입구에 들어서자마자 즉시 십자가로 나아와 예수님의 십자가를 지기를 원하십니다. 시골에서 올라온 시몬처럼, 오늘도 그리스도의 십자가를 지도록 인도함을 받는 성도는 참으로 행복한 사람입니다. 좋으신 주님, 이런 바람으로 우리의 마음을 가득 채우시고, 익숙지 않은 어깨이지만 바로 지금 우리에게 당신의 십자가를 지워 주소서.

구레네 사람 시몬은 알렉산더와 루포의 아버지(막 15:21)였다고 우리는 알고 있습니다. 사랑하는 성도 여러분, 훌륭한 아버지를 갖는 것과 훌륭한 아들의 아버지가 되는 것, 이 둘 중에서 어떤 것이 사람에게 더 큰 명예가 되겠습니까? 구약성경에서 우리가 항상 읽게 되는 어법 가운데, 그는 아무개의 아들이었다는 표현을 볼 수 있습니다. 그런데 여기에서는 다른 형태의 소개방식을 보게 됩니다. 즉, "알렉산더와 루포의 아버지"라고 말입니다. 이로써 우리는 그 시몬이 널리 알려진 어떤 형제들의 아버지라는 사실과 이 사실이 그에게 명예로운 것임을 알 수 있습니다. 마가는 틀림없이 이들을 알고 있었습니다. 그렇지 않았다면, 이들의 이름까지 신경 써서 말하지는 않았을 것입니다. 이들은 교회생활도 잘하고 있었습니다. 그렇지 않았다면, 마가는 이들의 아버지에 대해 기록하지 않았을 것입니다. 십자가를 지고 간 그가 바로 이들의 아버지였습니다. 마가복음의 이 루포는 사도 바울이 로마서의 마지막 장에서 언급한 그 루포(롬 16:13)일 가능성이 아주 높습니다. 왜냐하면 마가는 바울과 함께 있었으며, 이 말은 마가도 시몬과 루포를 알고 있었다는 말이기 때문입니다. 사도 바울은 "루포와 그의 어머니에게 문안하라 그의 어머니는 곧 내 어머니니라"(롬 16:13)라고 기록하고 있습니다. 루포의 어머니는 루포의 어머니일 뿐만 아니라, 사도 바울의 어머니이기도 할 만큼 모성애가 풍부한 여인이었습니다. 그녀가 사도 바울에게 어머니일 정도였다면, 그녀는 예수님의 다른 제자들에게도 어머니 같았을 것입니다. 틀림없이 이 사실은 구레네 시몬이 예수님의 십자가를 지고 난 이후에, 시몬 자신은 물론 그의 아내와 두 아들 모두가 우리 주님에게로 회심한 것을 보여 줍니다. 이러한 일련의 생각들은 우리가 받아들일 만한 가능성이 매우 높은 것임이 분명합니다. 오, 어떤 사람이 자신의 아들로 인해 알려지게 되다니, 그 얼마나 큰 축복인지 모릅니다! 그리스도를 따르는 사랑하는 성도 여러분, 여러분도 알렉산더와 루포와 같은 자녀들을 갖게 되도록 기도하십시오. 이런 자녀들의 아버지로 알려지는 것이 여러분에게 명예로운 일이 될 것입니다.

"그들이 그를 억지로 같이 가게 하여 예수의 십자가를 지우고." 그 십자가가 그리스도에게 실제로 매어져 있었다면, 시몬이 지게 된 것은 아마도 그 십자가에서 가장 무거운 부분이었을 것입니다. 혹시 그게 아니라면, 제가 판단하기에는 십자가 전체를 시몬이 지었을 것입니다. 어떤 방식으로 시몬이 십자가를 졌는지는 그리 중요한 문제가 아닙니다. 어쨌든 시몬은 그분의 십자가를 짐으로써, 그리스도를 따르는 교회의 대표가 되었습니다. 여기서 우리는 사도 바울의 말씀을 떠올릴 수 있을 것입니다. "나는 … 그리스도의 남은 고난을 그의 몸된 교회를 위하여 내 육체에 채우노라"(골 1:24)는 말씀 말입니다. 제가 이 말씀을 "나는 그리스도의 고난 뒤에 있는 끝부분을 담당하겠다"고 바꿔서 표현해도 될까요? 무릇 예수 그리스도 안에서 경건하게 살고자 하는 모든 사람은 반드시 박해를 받을 것입니다. 예수님께서는 "누구든지 자기 십자가를 지고 나를 따르지 않는 자도 능히 내 제자가 되지 못하리라"(눅 14:27)고 말씀하셨습니다. 그리스도의 십자가를 지고 간 이 시몬은 바로 이 점에서 모든 경건한 자들의 대표가 되었습니다.

그렇다고 해서, 이 십자가가 마치 자신에게 고통을 주어 고행하는 수도사와 수녀들처럼, 스스로 만들어 낸 그런 십자가가 아니었다는 사실에 주목해 주십시오. 그 십자가는 그리스도의 십자가였습니다. 그리고 시몬은 그리스도 앞에서 십자가를 지고 가지 않았습니다. 마치 그리스도의 십자가를 의지하는 대신, 가난이야말로 천국에까지 자기들이 지고 가야 할 그 무엇인양 말하는 사람들처럼 말입니다. 시몬은 합당한 곳인 그리스도의 뒤에서 십자가를 지고 갔습니다. 십자가를 지는 올바른 순서는, 그리스도께서 맨 앞에서 우리의 모든 죄악들을 지시고, 우리는 뒤에서 그분으로 인한 수치와 멸시를 견디며, 이 모든 것들을 애굽의 모든 보화보다 더 큰 재물로 여기면서(히 11:26) 나아가는 것입니다.

시몬을 통해서 우리는 우리에게 주시는 교훈을 얻을 수 있습니다. 먼저 시몬을 우리 모두가 본받아야 할 모범으로 삼고, 그리스도 뒤에서 그분을 따라 기꺼이 십자가를 지도록 합시다. 기독교인이 되는 것에 그 어떤 어려움이 있더라도, 그것을 기뻐하십시오. 어떤 수치나 모욕이나 손해나 고난이 따른다 해도, 심지어 순교하게 된다 해도, 기꺼이 십자가를 지십시오. 보십시오. 아버지께서 그리스도를 통해 그 십자가를 여러분에게 지워 주고 계십니다.

기독교인이 아님에도 불구하고 기독교인이 져야 할 고난을 억지로 받게 된 자들이 여러분 중에도 있을 것입니다. 다음은 그런 자들에게 드리는 조언의 말씀입니다. 지금 이 자리에 억지로 십자가를 져야만 하는 사람들이 있을지도 모르겠습니다. 한 노동자가 절대금주운동(teetotaler)의 회원이 되었습니다. 그는 기독교인이 되려고 이런 결심을 한 것은 아니었습니다. 그러나 그가 일을 하러 나가면, 그의 동료들은 그에게 술을 먹이려고 하였습니다. 그래도 그가 그 술꾼들과 함께 어울리려고 하지 않자, 그들은 다음과 같이 말했습니다. "자네는 독실한 체하는 위선자들인 웨슬리파나 장로교인이나 스펄전 교회의 교인 같군!" 이것이 여러분의 경우에 해당되는 것은 아니지만, 그런 식으로 해서 여러분은 자신에게 억지로 십자가가 지워진 것을 보게 됩니다. 그렇다면 차라리 그 십자가를 기쁜 마음으로 지고 가는 것이 더 낫지 않겠습니까? 그 사람들 때문에 여러분은 억지로 이 예배에 참석하게 된 것입니다. 그것을 하나님의 섭리라 여기고서, "이제부터 나는 억지로 마지못해 살지 않을 거야. 나는 자발적인 사람이 되어서 기쁜 마음으로 그리스도의 십자가를 지고 갈 거야"라고 말하십시오.

회심하겠다는 생각은 전혀 없었지만, 설교에 어느 정도 관심이 있어서 이 예배 장소에 그저 한 번 나오게 된 사람이 있었습니다. 그런데 그가 사는 동네에서는 아무도 이 예배 장소에 나오지 않았습니다. 그래서 동네 사람들은 그를 보고서 경건한 사람이라고 말하기도 했고, 어떤 사람은 그가 예배에 참석한 것을 두고서 그를 조롱하기도 했습니다. 사랑하는 성도 여러분, 여러분은 여러분이 이 자리에 참석했기 때문에 그런 딱한 처지에 있게 된 것입니다. 그리고 여러분으로 인해 저도 마찬가지로 딱한 처지가 되었습니다. 왜냐하면 혹시 여러분이 어떤 잘못을 행한다면, 사람들은 틀림없이 제게 모든 욕을 해댈 것이기 때문입니다. 그들은 "저 짓은 스펄전의 사람 가운데 하나가 한 일이다"라고 말할 것입니다. 여러분은 스펄전의 사람이 아닙니다. 저는 여러분이 제 사람이라고 생각하지 않습니다. 그럼에도 교회 밖에 있는 사람들은 여러분으로 하여금 신앙을 고백한 것에 대한 책임을 요구합니다. 따라서 여러분은 이 신앙의 특권에 참여하여 살아가는 것이 더 나을 것입니다. 사람들이 여러분에게 십자가를 짊어지웠습니다. 여러분은 그 십자가를 절대로 벗어 버리지 마십시오. 자, 나아오십시오. 여러분뿐만 아니라 모성애가 많은 사랑하는 아내와 알렉산더와 루포도 함께 데리고 나아오십시오. 교회는 기쁜 마음으로 여러분 모두를 받아들일 것이며, 그때서야 비로소 여러분은 자발적인 사람들이 되어 그리스도의 십자가를 지게 될 것입니다. 어떤 자들이 맨 처음에는 억지로 십자가를 지게 되었다가 나중에는 자발적으로 그리스도를 따르는 자들이 되는 이것이야말로 특별한 일입니다.

이제 마지막 말씀을 드리겠습니다. 여러분과 제가 십자가를 지고 가는 자들이라면, 우리에게는 위로가 되는 사실이 하나 있습니다. 이 순간에도 여러분은 자신을 무겁게 내리누르는 그 십자가를 지고 있습니까? 여러분은 여러분의 주님을 닮아야 한다는 것을 알고 있습니다. 만일 그렇다면, 십자가를 지고 가는 여러분을 도와줄 누군가가 거기에 있을 것입니다. 로마 병사들은 예수님의 십자가를 질 사람으로 시몬을 보았습니다. 마찬가지로, 힘든 여러분을 도울 시몬이 어딘가에 있을 것입니다. 무거운 이 십자가에 대해 주님께 부르짖기만 하십시오. 그러면 그분께서 여러분을 위한 한 친구를 찾아주실 것입니다. 혹시 시몬이 가까이 다가오지 않는다면, 저는 여러분이 어떤 일을 해야 하는지 말씀드리겠습니다. 시몬을 본받으십시오. 제가 생각하는 시몬은 아마도 회심한 사람이 되었을 것입니다. 주님의 십자가를 진 일로 인해 그는 오래지 않아 자신을 발견하고는,

그 즉시 기도로 주님께 나아가 "주 예수님, 저는 지금 당신만을 의지하나이다. 당신의 십자가를 지게 되는 명예를 제게 주셨사오니, 지금 당신께 간구하기는, 당신께서 저를 지고 가시옵소서!"라고 말했을 것입니다. 이것이 바로 이 시간에 자신의 십자가를 지고 가는 여러분이 하기를 바라는 저의 소망입니다. 그리스도를 위해 가혹한 시련을 감내하는 여러분은 기쁨으로 그 일을 감당하십시오. 그분에게 여러분의 짐을 져 달라고 간구하십시오. 그분은 여러분의 죄를 감당해 주셨습니다. 여러분이 여러분의 괴로움을 그분에게 토로하기만 한다면, 믿음으로 말미암는 기쁨과 평안이 성령님으로 인해 여러분의 영혼에 강물처럼 흐르게 될 것입니다. 그리스도를 통해 하나님께서 여러분을 축복해 주시기를 기원합니다.

제
30
장

—

시골에서 올라와
억지로 섬긴 사람

—

"마침 알렉산더와 루포의 아버지인 구레네 사람 시몬이 시
골로부터 와서 지나가는데 그들이 그를 억지로 같이 가게
하여 예수의 십자가를 지우고" — 막 15:21

요한은 우리 구세주께서 자기의 십자가를 지고 가셨다고 우리에게 말하고 있습니다(요 19:17). 우리는 이 사실을 중간에 넣어 기록한 요한에게 크게 감사하고 있습니다. 다른 복음서 기자들은 구레네 사람 시몬이 그리스도의 십자가를 지고 갔다고 말합니다. 그러나 다른 세 복음서들에서 남겨진 간극들을 종종 채워 주는 요한은 예수님께서 자신의 십자가를 지고서 골고다로 출발하셨다는 사실을 전해주고 있습니다. 우리 주 예수님께서는 빌라도의 궁전에서부터 십자가를 지고 출발하셨으나, 밤새 핏방울 같은 땀을 흘리고 극도로 쇠약해져서 많이 지쳐 있었습니다. 그래서 앞으로 나아가라고 거칠게 재촉하는 병사들의 다그침에도 불구하고, 그분은 너무나 더디게 앞으로 나아갔습니다. 그래서 병사들은 자신들이 호송해야 할 그 죄수의 십자가를 빼앗아 시몬이 지도록 하였습니다. 다시 말해 다음과 같은 상황이 가능했을 것입니다. 구세주께서는 운명의 장소에 도착할 때까지 자기 십자가를 어느 정도 지고 가시다가, 막판에 병사들이 힘센 시골 사람의 어깨에 십자가를 지웠을 수 있습니다. 지금까지 우리는 구세주께서

자기 십자가를 지셨다는 이야기를 들었습니다. 당연한 말입니다. 혹시라도 그렇지 않다면, 반대자들이 반박할 근거를 제공해주는 격이 될 것이기 때문입니다. 반대자들이 주장하는 내용은 다음과 같습니다. 즉, "하나님의 아들의 희생을 암시하는 구약에 나타난 가장 두드러진 모형은, 아브라함이 자기 아들 이삭을 번제로 드린 사건인 것을 당신도 인정하고 있습니다. 자, 그런데 아브라함은 나무를 종이 아니라 아들인 이삭에게 지웠습니다. 그러므로 하나님의 아들도 십자가를 친히 져야 하는 것 아닙니까? 만약 주님께서 자기 십자가를 지지 않았다면, 구약의 모형을 성취하는 과정에 일종의 결함이 생기는 것 아닙니까? 그러므로 구세주께서 희생 제물로 드려지기 위해 나아가실 때, 반드시 그분께서 나무를 지고 가서야만 합니다."

영국의 위대한 설교자 가운데 한 명도 이 모형의 성취 문제는 특별한 위험을 가지고 있다고 우리에게 충분히 상기시켜 주었습니다. 왜냐하면 아주 처음부터 우리 주님의 연약함은 분명히 드러났고, 그 구레네 사람에게 십자가를 지워야 할 이유도 분명했기에, 우리 주님이 전적으로 십자가를 지고 가지는 않았을 것이기 때문이라고 그는 말합니다(헨리 멜빌[Henry Melvill], '구레네 시몬' 설교["Simon the Cyrenian," Sermons, 225-234] ― 역주). 병사들이 조금 더 일찍 십자가를 시몬에게 지웠더라면, 물론 그렇게 하는 것이 아주 자연스러운 일이었겠지만, 정말 그랬다면 예언은 성취되지 않았을 것입니다. 하지만 하나님께서는 사람들의 마음을 전적으로 그분의 수중에서 통제하셨습니다. 그분은 가장 예민한 상황까지도 조정하시어, 예언의 가장 작은 일점일획까지도 성취되도록 모든 일들을 능력으로 명령하셨습니다. 우리 주님은 모든 점에서 한 사람의 이삭이 되셨습니다. 그래서 우리는 그분이 번제의 희생에 쓰일 나무를 지고 가는 모습을 보게 된 것입니다. 이로써 여러분은 예수님께서 자기의 십자가를 잠시라도 져야만 했던 이 사실의 중요성을 알게 되었을 것입니다.

그러나 어떤 다른 사람이 그 짐에 참여했다는 사실도 우리에게 교훈이 됩니다. 왜냐하면 인간을 죄로부터 구원하기 위해 주님께서 교회와 연합하시는 것이 언제나 하나님의 계획 가운데 일부였기 때문입니다. 대속과 관련해서는 주님께서 홀로 포도즙 틀을 밟으셨습니다(사 63:3). 사람들 중에서는 그분과 함께 한 이가 한 명도 없었습니다. 그러나 세상을 회개시키고, 오류와 사악한 권세로부터 세상을 구원하는 사역과 관련해서는 그리스도께서 홀로 행하지 않으십니다. 우리는 하나님과 함께 하는 동역자들입니다. 우리는 스스로 하나님의 손에 붙들린 자들이 되어, 죄와 사탄의 압제로부터 사람들을 구원하고, 진리와 의의 자유로 그들을 인도하기 위해, 슬픔과 수고의 짐을 함께 나누는 자들이 되어야 합니다. 그러므로 우리가 십자가 위에서 죽지는 못한다 해도, 십자가를 짊어지고 그리스도 뒤에서 그분을 가까이 따라가는 한 사람이 되어, 그리스도와 함께 멍에를 지는 자가 되는 것이 중요합니다. 예수님을 좇아 십자가를 지는 것이 신자들의 임무입니다. 구레네 시몬은 전체 하나님 교회의 대표이기도 하며, 구체적으로는 각 신자들의 대표이기도 합니다. 종종 예수님께서는 "아무든지 나를 따라오려거든 자기를 부인하고 날마다 제 십자가를 지고 나를 따를 것이니라"(눅 9:23)고 말씀하셨습니다. 그리고 이제 마침내 구레네 시몬은 그 말씀을 몸소 구체적으로 보여주었습니다. 제자는 그의 스승처럼 되어야 합니다. 십자가에 못 박힌 그분을 따르고자 하는 자는 스스로 십자가를 져야만 합니다. 우리는 이것을 자기 어깨에 예수님의 십자가를 진 구레네 시몬에게서 분명히 보게 됩니다.

> "시몬만 홀로 십자가를 지고,
> 다른 사람들은 모두 자유롭게 가는가?
> 아니, 모두가 져야 할 십자가,
> 내가 져야 할 십자가가 있도다."(토머스 쉐퍼드[Thomas Shepherd])

여기에서 우리 각자가 받아야 할 교훈은, 우리는 우리 주님의 십자가를 지체 없이 지고, 그분을 향한 비난을 감내하면서, 진 밖으로 그분과 함께 나아가야 한다는 것입니다. 회중석에 앉아 있는 각계각층의 많은 이들이 시몬을 닮게 되는 것이 제가 마음으로 간절히 바라는 바입니다. 저는 이 땅 구석구석에서 이렇게 모여든 여러분을 거룩한 기대감을 가지고서 바라보고 있습니다. 저는 여러분 가운데서 바로 오늘 내 주님의 멍에를 지고자 원하는 이들이 생겨나기를 갈망합니다.

1. 예상치 못한 사람들이 종종 십자가를 지도록 부르심을 받습니다.

첫 번째로, 저는 예상치 못한 사람들이 십자가를 지도록 종종 부르심을 받는다는 이 사실을 설명하면서 설교를 시작하고자 합니다. 구레네 시몬의 경우처럼 이들은 억지로 그리스도를 섬기게 됩니다. 오늘의 본문 말씀은 다음과 같습니다. "마침 알렉산더와 루포의 아버지인 구레네 사람 시몬이 시골로부터 와서 지나가는데 그들이 그를 억지로 같이 가게 하여 예수의 십자가를 지우고." 시몬은 십자가를 지는 이 일에 자원하지 않았습니다. 그는 억지로 이 일을 하게 되었습니다. 다른 복음서 기자들에 따르면, 시몬은 즉각 그 명령을 따랐으며, 진심으로 그 짐을 진 것처럼 보입니다. 하지만 처음에는 강요를 받았습니다. 무례한 권위가 호송하는 병사들에 의해 행사되었습니다. 즉, 당국의 권위로 병사들은 고압적인 자세로 엄격하게 행동했고 누구든지 명령에 복종해야 한다고 강요했던 것입니다. 이런 무책임한 권력을 행사하여 병사들은 지나가던 낯선 사람에게 억지로 그리스도의 십자가를 지게 했습니다. 그런데 이런 명예를 얻게 된 자가 베드로나 야고보나 요한도 아니었고, 구세주의 말씀을 수년 동안 들어왔던 많은 자들 가운데 한 사람도 아니었다는 사실은 정말 이상합니다. 이 명예를 누린 사람은 나사렛 예수님의 가르침이나 삶을 전혀 접해 보지 않은 북 아프리카에서 온 낯선 사람이었습니다.

　　먼저 그는 알려지지 않은 사람이었다는 사실에 주목해 주십시오. 그는 "한 시몬"(one Simon, KJV)이라는 이름으로 불렸습니다. 시몬은 당시 유대인들 사이에서 마치 오늘날의 존(John)이라는 이름처럼 아주 흔한 이름이었습니다. 이런 흔한 사람이 바로 "한 시몬"이었습니다. 즉, 더 이상 설명할 필요가 없는, 그런 한 개인에 불과한 사람이었습니다. 그러나 하나님의 섭리는 이 무명의 한 개인, 아무개 이 한 사람, 제 생각에는 불확실한 사람이라고 말하는 것이 더 나을 것 같은 이 사람이 하나님 아들의 십자가를 지는 최고의 임무를 맡도록 정해졌습니다. 오늘 아침 이 자리에도 지금 이 순간부터는 그리스도의 십자가를 지게 될 "한 시몬"과 같은 자들이 있다는 강한 감동을 저는 마음에 받았습니다. 제가 받은 감동이 옳다고 저는 확신합니다. 그런 사람은 거의 알려지지 않은 사람이어서, 이렇게 모인 많은 사람들 가운데 단 한 명도 개인적으로 그에 대해서 절대 확신할 수 없을 것 같은 사람이며, 이 회중 가운데 그에 대해 조금이라도 알고 있는 사람은 아무도 없을 것 같은 그런 사람입니다. 그 사람이 누구인지는 설교자도 분명히 알지 못합니다. 그는 한 존일 수도 있고, 한 토머스일 수도 있고, 한 윌리엄일 수도 있습니다. 혹은 여성으로 한 메리(Mary)나 한 제인(Jane)이나 한 매기(Maggie)일 수도 있습니다. 사랑하는 성도 여러분, 하늘에 계신 우리 아버지 외에는 아무도 여러분을 알지 못합니다. 그분께서 여러분이 그의 아들과 교제하도록 정하셨습니다. 그런 여러분을 저는 거칠게 "한 시몬"으로 설명하고자 합니다. 여러분이 어디에서 어떤 일로 그분을 섬겨야 할지는 성령님께서 알려 주실 것입니다. 그런데 이 "한 시몬"은 아주 특별한 "한 시몬"이었습니다. 저는 전혀 강조할 필요가 없을 듯이 보이는 그 점을 강조하려고 합니다. 그것은 그가 하나님께서 알고, 택하고, 사랑하고, 이 특별한 섬김을 위해서 따로 구별한 사람이었다는 점입니다. 지금 이 자리에 있는 회중들 가운데도 남은 생을 우리 하나님의 영광을 위해 그분께서 친히 사용하기로 작정하신 한 사람이 있을지도 모릅니다. 회중석에 앉아서 지금 제가 하는 말들을 듣고 있는 이 사람은 아마도 자신이 "한 시몬"이지 않을까 하는 질문을 아직 시작도 하지 않았을 것입니다. 만약 그 사람이 "한 시몬"이라면, 이 설교가 채 끝나기도 전에, 그는 자신을 위해 십자가를 지라는 부르심을 알게 될 것입니다. 이와 크게 다르지 않은 많은 일들이 지금까지 이 기도의 집에서 일어났습니다. 저의 기도제목은 여기 있는 성도들이 한 시간 전에 이 집에 들어오기 전과는 다른 사람이 되어 이 집을 나가게 되는 것입니다. 교회를 크게 핍박한 사울도 이후에는 능력 있는 복음 설교자가 되어, 사람들은 놀라면서 "이 사람에게서 놀라운 변화가 일어났다"라고 외쳤습니다. 어떤 사람은 "정말, 제가 알던 과거의 그 사람은 바리새인 중의 바리새인이었습니다. 그는 유대인들이 차고 다니는 성구함을 항상 차고 다니던 완고한 사람으로서, 그리스도와 그리스도를 따르는 자들을 너무나 증오하였습니다. 그래서 교회를 핍박하는 것으로는 성이 차지 않았던 그런 자였습니다"라고 말했습니다. 그러자 다른 사람이 맞장구를 쳤습니다. "맞습니다. 정말 그랬습니다. 그런데 그가 이상하게 바뀌었습니다. 사람들이 하는 말에 따르면, 그는 사도들을 붙잡으려고 다메섹으로 내려가던 중에, 어떤 일이 일어났다고 합니다. 우리는 그 일이 어떤 일인지 정확히 알 수는 없지만, 그 일이 그에게 어떤 변화를 준 것만은 분명한 것 같습니다. 그 일 이후로 그는 예전의 사울과는 완전히 다른 사람이 되었습니다. 사실, 그는 과거와는 백팔십도 바뀐 사람처럼 보입니다. 그의 인생은 완전히 방향이 바뀌어서, 과거에 자신이 멸하려 했던 바로 그 신앙을 위해 열정적으로 살아가고 있습니다." 이런 급격한 변화가 "다소 사람인 한 사울"(one called Saul, of Tarsus, 행 9:11 KJV)에게 일어났습니다. 당시 이스라엘에는 사울이란 이름을 가진 사람들이 많았습니다. 하지만 이 한 사울에게 주님께서 선택하신 사랑이 영원한 작정 가운데서 드러났습니다. 이 사울을 위해서 구속의 사랑이 그 심장의 피를 흘렸으며, 이 사울 안에서 효력 있는 은혜가 강하게 역사하였습니다. 오늘 이 자리에 또 다른 사울이 있지는 않습니까? 주님께서 도우시어 이 자리에 있는 사울과 같은 그 사람이 더 이상 가시채를 뒷발질(행 26:14)하지 않고, "그가 기도하는 중이니라"(행 9:11)고 한 그에 관한 이야기를 우리가 즉시 듣게 되기를 기원합니다. "한 시몬"에 해당하는 사람이 지금 이 집 안에 있을 줄 저는 확신합니다. 제 소망은 제가 드리는 기도가 수많은 다른 이들의 기도와 함께 하나님 앞에 상달되어, 이 "한 시몬"과 같은 사람이 주 예수님께 즉시 순종하게 되는 것입니다.

　　구레네 시몬이 그리스도의 십자가를 꼭 져야만 했던 것은 아닌 것으로 보입니다. 왜냐하면 그는 방금 시골에서 올라온 낯선 사람이었기 때문입니다. 아마도 그는 예루살렘에서 지금까지 어떤 일이 벌어졌는지 전혀 알지 못했을 것입니다. 그는 다른 대륙에서 왔기 때문입니다. 그는 "구레네 시몬"이었습니다. 구레네는 예루살렘에서 적어도 1,300km 떨어진 곳으로 저는 알고 있습니다. 오늘날 북 아프리카에 있는 그곳은 트리폴리라는 이름으로 불리는 곳으로, 오래 전부터 유대인의 거주지였던 곳입니다. 그는 범선의 일종인 로마의 갤리선을 타고 알렉산드리아에서 욥바로 와서, 거기서 파도를 헤치며 노를 저어, 그 무렵 유월절을 지키러 예루살렘에 도착했을 가능성이 아주 높습니다. 그는 오랫동안 예루살렘에 오기를 원했습니다. 그는 자기 조상들의 그 도시와 성전에 대한 명성을 익히 들었습니다. 그래서 온 지파들이 모이는 총회와 엄숙한 유월절 잔치를 보고자 갈망하였습니다. 그는 먼 거리를 여행해왔고, 아직 배 멀미도 가시지 않은 상태였습니다. 그런 상태에서 그가 호송하는 로마 병사의 명령으로 억지로 형 집행자를 돕게 되리라고는 도저히 생각조차 하지 못했습니다. 예수님에 대한 소동이 일어난 바로 그 순간에 그가 예루살렘 성 안으로 들어가게 된 것, 그리고 골고다로 향하는 그 서글픈 행렬이 시작될 그 찰나에 그가 거리를 지나가게 된 것, 이 모든 것이 특별한 하나님의 섭리였습니다. 그는 일찍도 아니고 그렇다고 해서 늦지도 않은 정확한 시점에 그곳을 지나가게 되었습니다. 그는 마치 그곳에서 만나기로 약속이나 한 것처럼 정시에 그 장소에 있었습니다. 하지만 이것은 사람들이 말하는 것처럼 모두 우연일 뿐이었습니다. 얼마나 많은 섭리가 아슬아슬한 바로 그 순간에 시몬이 그 자리에 오도록 합력하였는지 저는 알 수 없습니다. 하지만 분명한 것은 주님께서 이를 행하셨고, 그래서 그 일이 그렇게 되었다는 것입니다. 구레네 시몬, 즉 북 아프리카의 구레네에 있던 한 사람이, 십자가를 지고 골고다 산으로 올라가는 주님을 돕기 위해, 그 날 바로 그 찰나 같은 그 시각에 예루살렘에 틀림없이 있어야만 했습니다. 그래서 그는 거기에 있었던 것입니다. 아! 사랑하는 성도 여러분, 어떤 섭리가 역사하여 오늘 이 자리에 여러분이 오게 되었는지 저는 알 수 없습니다. 아마도 아주 낯선 섭리일 것입니다. 어떤 사소한 일이라도 일어났더라면, 여러분은 여기까지 오는 여행을 감당하지 않았을 것입니다. 섭리 차원에서 보자면, 아주 작은 티끌 정도만 있어도 현재의 상황은 바뀌었을 것입니다. 하나님의 섭리로 여러분은 지금까지 여러분이 보던 것과는 전혀 다른 장면을 이곳에서 보기 위해 수백 마일을 달려온 것입니다. 여러분은 설교자의 설교를 듣기 위해, 그리고 이 무리들 가운데 함께 하기 위해 여기에 왔습니다. 이 두 가지 이유 외에, 여러분이 여기 온 다른 이유에 대해 여러분은 아직 알지 못합니다. 하지만 하나님께서는 왜 친히 여러분을 이 자리에 오게 하셨는지 그 이유를 알고 계십니다. 앞으로 기록될 연보(年譜)에는 다음과 같이 기록될 것으로 저는 믿고 있습니다.

> "이렇게 영원한 섭리가 역사하여,
> 전능한 사랑이 그를 사로잡았나이다."(저호이다 브루에[Jehoida Brewer])

하나님께서는 복음 설교를 통해서 여러분을 여기에, 바로 이곳에 오도록 하셨습니다. 그래서 여러분이 예수님의 십자가를 억지로라도 지도록 하셨습니다. 저는 여러분이 예수님의 십자가를 지는 역사가 일어나기를 기도하고 있습니다. "시골로부터 온 구레네 사람 시몬"이 긴 여행 이후에 여기에 이르렀습니다. 오늘부터 그는 한층 고귀하고 훌륭한 삶을 살아가기 시작할 것입니다.

또한 시몬은 다른 목적으로 왔다는 사실에 주목해 주십시오. 그의 여정은 예수님의 십자가를 질 생각으로 예루살렘을 향해 온 것이 아니었습니다. 틀림없이 시몬은 자기 조상의 땅을 멀리 떠나 사는 유대인이었을 것입니다. 그래서 유월절을 지키기 위해 거룩한 도시로 순례여행길에 올랐던 것입니다. 모든 유대인들은 유월절 명절에 예루살렘에 있기를 갈망했습니다. 그런 의미에서 유월절을 좀 거칠게 표현하자면, 그 시간은 일종의 휴가 기간이었습니다. 그 시기는 수도로 소풍을 가는 때였으며, "터가 높고 아름다워 온 세계가 즐거워함이여"(시 48:2)

라고 칭송을 받은 큰 성으로 올라가며 여행을 즐기는 계절이었습니다. 멀리 떨어진 구레네 출신인 시몬은 어떤 수를 써서라도 예루살렘에서 명절을 지켜야만 했습니다. 아마도 그는 욥바까지 가는 배 삯을 지불하기 위해 수개월 동안 돈을 저축했을 것이며, 하나님의 성전, 곧 다윗 성에 가는 즐거움으로 마음껏 돈을 사용할 날을 손꼽아 기다렸을 것입니다.

　그는 유월절을 지키기 위해 왔습니다. 오직 그 목적으로 예루살렘에 왔습니다. 그래서 일단 명절이 끝나고, 이스라엘 지파들과 함께 유월절 어린 양을 함께 나눠 먹기만 하면, 그는 더 이상 바랄 것 없이 만족하고는 집으로 돌아갔을 것입니다. 그 후에 그는 "나도 예전에 우리가 애굽에서 나온 것을 기리는 그 큰 우리 민족의 축제에 참가했었지"라고 말하면서, 여생을 보냈을 것입니다. 사랑하는 성도 여러분, 우리는 이 길을 계획하지만, 하나님은 저 계획을 가지고 계십니다. 가령 우리는 "내가 들어가서 설교를 들어보겠다"라고 말하지만, 하나님께서는 그분의 은혜의 화살이 우리의 마음 깊은 곳을 찌르도록 이미 작정하십니다. 사람들은 너무나 자주 은혜를 갈망하지 않으면서 복음을 들어왔습니다. 그래서 그들이 주님을 찾지 않는다는 사실을 주님도 알고 계십니다. 제가 전해들은 어떤 사람은, 설교에 전혀 관심이 없었는데, 어느 날 설교자가 우연히 "영원"이라는 말을 하자, 마치 거룩한 생각에 사로잡힌 죄수처럼 구세주의 발치로 이끌려나오게 되었다고 합니다. 사람들이 심지어 악한 의도를 가지고 예배 장소로 나오더라도, 은혜의 목적은 성취되었습니다. 조롱하기 위해 나왔던 사람들이 기도하게 되었던 것입니다. 어떤 사람들은 하나님의 섭리로 기독교인들을 만나는 상황에 처하게 되어 한 마디 훈계의 말로 축복을 받기도 합니다.

　한 여인이 어느 날 저녁 파티에서 제네바의 유명한 성직자인 세자르 말란 (Cesar Malan)을 만나게 되었습니다. 말란은 늘 하던 대로 그녀에게 기독교인인지를 물었습니다. 그러자 그녀는 놀라고 당황해서 안절부절못하더니, 결과적으로 그 질문은 자기가 논의하려던 문제가 아니었다고 짧게 대답하였습니다. 그러자 말란은 더 이상 그 문제에 대해 말하지 않겠다고 아주 부드럽게 말하였습니다. 그래도 말란은 그녀가 자신의 마음을 그리스도에게 드리고, 그분을 위해 쓰임을 받는 일꾼이 되게 해 달라고 기도했습니다. 그 후 두 주가 채 지나기 전에 그녀는 말란을 다시 만났습니다. 그리고는 말란에게 자신이 예수님에게 나아갈 수 있는 확실한 방법을 물었습니다. 그때 말란은 "지금 당신의 모습 그대로 그분께 나아오시오"라고 대답했고, 그러자 그 여인은 예수님께 헌신했습니다. 이 여인이 바로 우리가 부르는 귀한 찬송을 작사한 샤롯 엘리엇(Charlotte Elliott)입니다.

> "아무런 변명도 할 수 없는 내 모습이지만,
> 나를 위해 당신께서 보혈을 흘려 주시고,
> 당신께 나아오라고 명하시니,
> 오, 하나님의 어린 양이시여,
> 제가 이제 나아갑니다"(샤롯 엘리엇[Charlotte Elliott])

이 여인이 그때 그 파티에 있었던 것, 그리고 제네바에서 온 하나님의 종도 거기에 함께 있어서 그녀에게 신실하게 말해 주었던 것, 이 모든 것이 그녀에게 복된 일이었습니다. 오, 십자가를 질 마음이 없이 다른 생각으로 나아왔지만, 주 예수님의 십자가를 지는 군대에 입대하게 된 "구레네 사람 시몬"과 같은 이야기는 앞으로도 많이 재연되었으면 좋겠습니다!

저는 이 구레네 시몬에 대해 한 가지 사실을 더 전하고자 합니다. 여러분은 주목해 주시기 바랍니다. 이 사람은 이 특별한 시간에 십자가를 지는 일에 대해서 전혀 생각하지 않았다는 사실입니다. 왜냐하면 그는 그 시간에 그저 지나가고 있었기 때문입니다. 그는 예루살렘으로 올라오면서, 예수님의 고난이나 그 고난의 슬픈 결말 등에 대한 어떤 소식도 전혀 알고 있지 않았던 것으로 보입니다. 성경에도 그가 "지나가는데"라고 분명히 기록되어 있습니다. 그는 그 일에 대해 관심을 가지고 무리들 사이에 서서 그 슬픈 행렬을 지켜보는 것조차 하지 않았습니다. 그러나 바로 거기에서 여인들은 침통하게 울고 있었으며, 주님은 그 예루살렘의 딸들에게 "나를 위하여 울지 말고 너희와 너희 자녀를 위하여 울라"(눅 23:28)고 말씀하셨습니다. 이런 상황에서도 이 사람은 그냥 지나가고 있었습니다. 그는 이렇게 불편한 광경에서 빨리 벗어나 서둘러 성전으로 올라가고 싶었습니다. 그는 무리들을 헤치며 조용하게 자기 길을 걸으면서, 자기가 할 일만 열심히 했습니다. 그러다가 "저 십자가를 어깨에 매라"고 하는 날카로운 음성과 거친 손길이 그를 붙잡았을 때, 그는 틀림없이 크게 놀라고 당황했을 것입니다. 로마 백부장의 명령이었기에 그는 어떤 저항도 할 수 없었습니다. 그래서 그 시골

뜨기는 분명히 다시 구레네로 돌아가 농사나 지었으면 좋겠다는 바람으로, 그저 순순히 그 명령에 순복했습니다. 그는 하는 수 없이 어깨를 숙여 십자가라는 새 짐을 들쳐 메고는, 원래 십자가 주인인 신비로운 그분의 발자국을 따라 걸어가야만 했습니다. 구레네 시몬은 그저 지나가고 있었습니다. 하지만 그는 로마 병사에 의해 징집 명령을 받았습니다. 이것을 제 방식으로 표현하자면, 생명을 위해 하나님의 은혜로 말미암아 명령을 받았던 것입니다. 마가가 말한 바와 같이, 구레네 시몬이 알렉산더와 루포의 아버지라면, 이 아들들은 마가가 복음서를 기록할 당시 기독교인들에게 널리 알려져 있었던 것으로 보입니다. 그리고 시몬의 아들인 루포가 만약 사도 바울이 "그의 어머니는 곧 내 어머니니라"(롬 16:13)고 말한 그 여인의 아들과 동일인물이라면, 시몬의 아내와 그의 아들들은 이미 신자가 되고 난 후에 그리스도의 고난에 동참한 자들이었던 것 같습니다. 시몬은 비록 이상한 강제적인 방법으로 주님을 만나게 되었지만, 이것은 분명히 그로 하여금 참으로 십자가를 지는 자가 되게 하려는, 그를 위한 또 다른 영적인 만남이었을 것입니다.

　　오, 오늘도 그냥 지나가고 있는 여러분이여, 예수님에게 더 가까이 나아오십시오! 여러분이 제 자신에게 주목하기를 저는 바라지 않습니다. 절대 그런 일은 제가 바라는 바가 아닙니다. 여러분에게 부탁합니다. 여러분은 내 주님에게 주목하십시오. 비록 여러분이 이 교회에 아무도 모르게 슬쩍 왔다가 다시 슬쩍 나갈 작정으로 오셨다 해도, 여러분이 내 주님의 부르심에 사로잡히도록 저는 여러분을 위해 기도하고 있습니다. 저는 주님의 종으로서 말씀드리고 있습니다. 제 바람은 여러분을 강제로라도 주님에게 나아오도록 하는 것입니다. 잠시라도 여러분이 지금 있는 그곳에 서 있으십시오. 지금도 여러분을 둘러싼 수많은 사람들에게 드리우고 있는 그분의 사랑에 여러분은 순복하십시오. 그것이 여러분에 대한 저의 바람입니다. 저는 내 주님의 권위로 여러분에게 억지로라도 시키고 싶습니다. 그분의 십자가를 지고서 그분을 뒤따라가라고 말입니다. 여러분은 아마 이런 일은 낯선 일이라고 말할 것입니다. 맞습니다. 그럴 수 있습니다. 하지만 이것은 영광스러운 일일 것입니다. 저는 자신의 회심에 대해 다음과 같이 표현한 닐 목사(Rev. Richard Knill)를 기억합니다. 저는 여러분 가운데서도 이와 같이 표현하고 싶은 이들이 있을 것 같아 소개하고자 합니다. "그 때는 8월 2일 정각 열두 시 십오 분이었다. 그때 천국의 모든 하프가 울렸다. 한 죄인이 회개했기 때문이다"라고 그는 이렇게 표현했습니다. 이런 일이 여러분에게도 일어나기를 기원합니다. 오, 이제는 너희 영혼의 목자와 감독 되신 이에게 돌아왔느니라(벧전 2:25)고 한 말씀처럼, 여러분이 그분에게 순복할 때, 천국에 있는 모든 하프들이 그 주권적인 은혜를 가장 높이 찬양하며 울려 퍼지기를 기원합니다! 오늘 본문에서 묘사된 로마 병사들의 그 강요가 바로 이 순간 여러분의 상황에서도 일어났으면 좋겠습니다. 그래서 예상치 못한 사람들이 십자가를 지도록 부르심을 받는 경우를 여러분에게서 볼 수 있기를 기원합니다!

2. 십자가를 지는 일은 언제나 실천할 수 있습니다.

두 번째로 살펴볼 것은, 십자가를 지는 일은 언제나 실천할 수 있다는 사실입니다. 어떤 식으로 십자가를 언제나 질 수 있는지 아주 간략히 말씀드리고자 합니다. 우선적으로 그리고 주로 이것은 여러분이 기독교인이 됨으로써 이루어집니다. 십자가가 여러분을 사로잡는다면, 여러분은 십자가를 짊어질 수 있을 것입니다. 그렇게만 된다면, 그리스도가 여러분의 소망이 될 것이며, 그분의 죽음은 여러분이 신뢰하는 바가 될 것이며, 그분은 여러분의 사랑하는 대상이 될 것입니다. 그분께서는 여러분을 위해 십자가와 저주를 담당하셨습니다. 여러분이 여러분의 짐들을 그분의 발 아래 내려놓지 않는다면, 여러분은 결코 십자가를 진심으로 지는 자가 될 수 없습니다.

다음으로, 여러분이 주 예수 그리스도를 공개적으로 시인할 때, 여러분은 십자가를 지는 사람이 됩니다. 여러분은 자신을 속이는 자가 되지 마십시오. 여러분이 구원받은 사람이라면, 이런 공개적인 고백은 여러분 각자에게서 기대할 수 있는 것입니다. 제가 신약성경을 읽고 이해한 바에 따르면, 약속은 단순히 믿는 신자들에게 주어지는 것이 아니라, 자기 믿음을 고백한 신자들에게 주어지는 것입니다. "사람이 마음으로 믿어 의에 이르고 입으로 시인하여 구원에 이르느니라"(롬 10:10)는 말씀대로 말입니다. 그분은 또한 "누구든지 사람 앞에서 나를 시인하면 나도 하늘에 계신 내 아버지 앞에서 그를 시인할 것이요 누구든지 사람 앞에서 나를 부인하면 나도 하늘에 계신 내 아버지 앞에서 그를 부인하리라"(마 10:32-33)고 말씀하셨습니다. 이 말씀에서 "나를 시인하지 않으면"은 문맥으로 보아 "나를 고백하지 않으면"을 의미하는 듯합니다. 영감된 성경 말씀 가운데 다음과 같은 말씀도 인용할 수 있습니다. "믿고 세례를 받는 사람은 구원을 얻을 것이요”(막 16:16). 여러분은 그리스도에 대한 믿음을 가지고 있습니다. 그리스도에게 고유한 방식으로 존재하는 은밀한 믿음을 공개적으로 시인해야 합니다. 꼭 그렇게 해야만 합니다. 자, 이렇게 그리스도를 공개적으로 시인하는 것이 가끔은 십자가가 됩니다. 많은 사람들은 천국을 지하철로 가고 싶어 합니다. 그런 사람들은 아무도 모르게 은밀하게 가는 것을 선호합니다. 또한 그들은 수로(水路)를 가로질러 가는 것도 원하지 않습니다. 바다는 너무 험하기 때문입니다. 하지만 터널이 만들어진다면, 그들은 그 아름다운 나라에 갈 수 있을 것입니다. 사랑하는 성도 여러분, 여러분은 소심한 자들입니다. 그래서 저는 여러분 속에 있는 겁내는 마음을 찌르는 성경 말씀을 인용해야 할 것 같습니다. “그러나 두려워하는 자들과 믿지 아니하는 자들은 … 불과 유황으로 타는 못에 던져지리니”(계 21:8). 저는 더 이상 말씀드리지 않겠습니다. 더 이상 개인적인 적용도 하지 않겠습니다. 단지 저는 여러분에게 간청합니다. 절대로 위험한 모험을 하지 마십시오. 두려운 사람이 되는 것을 두려워하고, 부끄러워하는 사람이 되는 것을 부끄러워하십시오. 천사들과 사람들과 마귀들이 다 있는 앞에서 “나는 그리스도를 따르는 사람입니다”라고 말하는 것에 대해 조금이라도 부끄럽게 여기는 그것을 부끄러워하십시오. 십자가에 못 박히신 주님을 지금까지 은밀하게 따라왔던 여러분이여, 이제 밝히 드러내어 분명하게 십자가를 지는 자가 되기를 기원합니다! 지금 당장 “목사님, 제 이름을 적어 주십시오”라고 여러분은 외치지 않으렵니까?

　　더 나아가 어떤 사람들은 기독교인의 사역을 시작함으로써 자기 십자가를 져야만 합니다. 여러분이 복음이 전혀 전해지지 않은 마을에 살고 있다면, 여러분은 복음을 전하십시오. 여러분이 하나님께서 좀처럼 인정하지 않을 만한 그런 복음이 전해진 두메산골에 살고 있다면, 여러분은 진리를 전하기 시작하십시오. 여러분은 “유감이지만, 제가 바보 취급을 당할 텐데요”라고 말합니다. 여러분은 그리스도를 위해 바보가 되는 것이 부끄럽습니까? “오, 하지만 제 자신이 붕괴될 것 같아요.” 붕괴될 것 같다고 말했습니까? 그것은 여러분에게 유익한 일입니다. 그 일을 통해 아마도 여러분은 어떤 다른 사람을 붕괴시킬 수 있을 것입니다. 자신의 무가치함을 깨닫고 붕괴된 사람이 전하는 복음보다 더 나은 복음 전파는 이 세상에 없습니다. 만약 이런 붕괴 자체가 다른 사람에게 전해진다면, 그때 부흥이 일어나게 될 것입니다. 만약 여러분이 여러분의 열정으로 질식할 정도라면, 다른 사람들도 열정을 내게 될 것입니다. "그래도 모든 사람들이 저에 대해 악감정을 갖게 될 텐데요?"라고 여러분은 여전히 투덜거릴 것입니다. 여러분은 그리스도를 위해서 그 정도도 참을 수 없습니까? 한 훌륭한 수도사가 마르틴 루터에게 "너는 네 방으로 가서 계속 침묵하고 있으라"고 말했을 때, 왜 루터는 그 조언을 받아들이지 않았을까요? 정말 왜 루터는 그렇게 하지 않았을까요? 그 수도사는 계속해서 다음과 같은 조언을 해 주었습니다. "젊은 사람이 그렇게 나서는 것은 아주 나쁜 일이오. 자네는 큰 악영향을 끼칠 것이오. 그러니 조용히 있으시오. 루터, 자네가 그렇게 큰 권세와 충돌하다니, 도대체 제 정신이오? 자네 자신을 위해 성결에 힘쓰고, 다른 사람들을 곤란하게 하지 마시오. 만약 당신이 개혁을 선동한다면, 수많은 착한 사람들이 당신 때문에 불에 타 죽게 될 것이오. 그러니 잠자코 있으시오." 하나님을 찬양하십시오. 루터는 자기 방으로 가지도 않았고, 잠자코 있지도 않았습니다. 그는 주님의 일을 하기 시작했고, 용감하게 증인의 사명을 짊어짐으로써 온 세상을 깨웠습니다. 이 아침, 루터와 같은 이들이여, 어디에 있습니까? 하나님께서 여러분을 부르시어 여러분이 그분의 이름을 고백하고, 그분의 종이 되기를 하나님께 기도드리겠습니다. 그리고 그분께서 은혜를 베푸시어, 여러분이 그분에 대해 공개적으로 증언하고 구세주의 귀한 보혈이 지닌 그 구원하는 능력을 널리 말할 수 있게 되도록 저는 기도하겠습니다. 구레네 시몬과 같은 여러분이여, 나아오십시오. 제 눈에는 주저하는 여러분의 모습이 보입니다. 그래도 어쨌든 십자가는 져야 합니다. 그러므로 여러분의 등을 구부리십시오. 그 십자가는 결코 쇠로 된 십자가가 아닙니다. 나무로 된 십자가입니다. 여러분은 그 십자가를 질 수 있습니다. 여러분은 그 십자가를 져야만 합니다. 하나님께서 여러분을 도우실 것입니다.

또한 어떤 형제들에게는 자기 주변에 만연된 죄악에 맞서 증인의 삶을 살아가는 것이 그가 져야 하는 십자가일 수 있습니다. 사람들은 이렇게 말합니다. "그 더러운 문제들은 그냥 내버려 두세요. 그것들에 대해서는 말도 꺼내지 마세요. 그 사람들이 마귀에게 가더라도 내버려 두세요. 그러지 않으면, 당신이 끼고 있는 좋은 가죽 장갑이 더러워질 것입니다." 사랑하는 성도 여러분, 반드시 필요한 일이라면, 우리는 우리의 장갑뿐 아니라 손이 더러워져도 괜찮습니다. 그러므로 우리는 우리의 인격을 거는 모험을 감행할 것입니다. 그리고 지금 런던을 더럽히고 있는 저 극악무도한 짓들을 제압할 것입니다. 사람들 가운데서 은밀하게 행해지는 죄악들에 대해 공개적으로 반대하지 못하고 그저 참을 수밖에 없을 때, 그때 우리의 육신은 참으로 움츠러들고, 우리의 가장 순수한 인성도 육신과 함께 움츠러들게 됩니다. 그러나 시몬과 같은 여러분이여, 주님께서는 여러분이 이런 상황에서도 자기 십자가를 질 것을 요구하십니다. 만약 여러분이 십자가를 진다면, 그분께서는 여러분에게 용기와 지혜, 둘 다를 주실 것이며, 여러분의 수고는 주님 안에서 결코 헛되지 않을 것입니다.

　　하지만 때로 십자가를 지는 것은 밖으로 드러나는 어떤 일을 감당하는 것이 아니라, 묵묵히 감당해야 하는 일일 때도 있습니다. 그래서 섭리에 순복하는 일로 묘사되기도 합니다. 한 젊은이는 이렇게 말합니다. "제가 집에서 가족과 함께 사는 것이 제 도리인 줄 저도 알고 있습니다. 하지만 아버지는 무정하시고, 가족들은 항상 제게 참견을 합니다. 저는 이 집을 벗어났으면 좋겠습니다." 아! 사랑하는 자매여, 그런 당신도 그리스도의 십자가를 져야 합니다. 당신이 집에 머무르기를 주님께서는 원하실 것입니다. 그러므로 십자가를 지십시오. 또 다른 좋은 이렇게 말하기도 합니다. "저는 기독교인의 가정에서 지냈으면 좋겠습니다. 저는 이 집에서 어떻게 더 머무를 수 있을지 잘 모르겠어요." 선한 자매여, 주님께서는 아마도 지금 당신이 있는 그 어두운 곳에서 빛이 되도록 하기 위해 그 집에 머무르게 하셨을 것입니다. 모든 가로등이 한 거리에만 있어서는 안 될 것입니다. 만일 그렇게 된다면, 마당과 골목길은 어떻게 되겠습니까? 따라서 다음과 같이 말하는 것이 그리스도인의 임무일 것입니다. "나는 지금 내가 있는 이곳에 머무르면서, 이 문제와 싸울 것이다. 친절하고 예의 바르게 사랑으로 모범을 보이는 인격으로써 예수님을 위해 이곳의 상황들을 이겨나갈 작정이다." 물론 가장 쉬운 방법은 수도사가 되어 수도원에서 조용하게 살아가면서, 아무것도 하지 않고 하나님을 섬기는 것입니다. 혹은 수녀가 되어 수녀원에 머무르면서, 전쟁 같은 인생과 따로 떨어져 그 전쟁에서 이기기를 기대하는 것입니다. 그러나 이런 생각은 어리석은 것이지 않습니까? 만약 여러분이 이 가련한 세상에서 스스로 고립된다면, 그런 도피 속에서 여러분은 어떤 사람이 되겠습니까? 사랑하는 남녀 성도 여러분, 그리스도를 따르는 자들인 여러분은 하나님께서 여러분에게 정해 놓은 그 섭리의 장소에서 예수님을 위해 맞서 끝까지 버텨야만 합니다. 부르심을 받아 여러분이 하고 있는 일이 죄악된 일이 아니라면, 그리고 여러분을 둘러싼 유혹들이 여러분이 감당하기에 너무 큰 것이 아니라면, 여러분은 "그 요새를 사수하십시오." 포기는 절대로 꿈도 꾸지 마십시오. 만약 여러분의 운명이 가혹하다면, 그것을 그리스도의 십자가로 여기고, 그 짐을 지기 위해 여러분의 등을 구부리십시오. 여러분의 어깨가 처음에는 쓰라리겠지만, 머지않아 여러분은 더욱더 강해질 것입니다. 왜냐하면 여러분이 참고 견딘 날들이 여러분에게 능력이 될 것이기 때문입니다. "사람은 젊었을 때에 멍에를 메는 것이 좋으니"(애 3:27)라는 말씀을 기억하십시오. 그러나 젊을 때뿐 아니라 노년기에도 자기 십자가를 지는 것이 좋습니다. 사실, 이렇게 복된 짐을 우리가 절대로 벗어 버려서는 안 됩니다. 새에게는 날개가 중요하고, 배에는 돛이 중요한 것처럼, 사람이 십자가를 자기 인생에서 사랑하는 짐으로 여기고 전적으로 받아들일 때, 그 사람의 영혼에 십자가도 그렇게 중요한 것이 됩니다. 진정으로 예수님께서는 다음과 같이 말씀하셨습니다. "내 멍에는 쉽고 내 짐은 가벼움이라"(마 11:30)고 말입니다. 자, 시몬과 같은 여러분, 지금 여러분은 어디에 있습니까? 사랑하는 성도 여러분, 하나님의 이름으로 그 십자가를 어깨에 메십시오!

3. 십자가를 지는 것은 고귀한 강요입니다.

세 번째로, 십자가를 지는 것은 고귀한 강요입니다. 시몬이 당한 강요는 로마 병사들의 거친 손아귀와 "십자가를 어깨에 메라"고 말하는 거친 목소리에서 비롯되었습니다. 하지만 우리는 오늘 그리스도의 십자가를 지라고 강요하는 부드러운 음성을 듣습니다. 먼저 이 강요는 다음과 같은 것입니다. "그리스도의 사랑이 우리를 강권하시는도다"(고후 5:14). 그리스도께서는 여러분을 위해 이 모든 것을 행하셨습니다. 감미로우나 거부할 수 없는 강요로 말입니다. 그러므로 여러분은 그 사랑에 대한 일종의 보답으로 그 강요에 순복해야 합니다. 여러분이 이 교회에 와서 앉을 때, 예수님께서 환상 가운데 여러분에게 나타난 것이 보이지 않습니까? 가시면류관을 쓰신 머리, 피 같은 땀으로 진홍빛이 되신 얼굴, 못에 찔린 그 손과 발이 여러분의 눈에 보이지 않습니까? "나는 너를 위해 이 모든 것을 하였는데, 너는 날 위해 무엇을 하였느냐?"라고 여러분에게 예리하게 말씀하시는 그 말씀이 들리지 않습니까? 그에 놀란 여러분은 앉은 자리에서 얼굴을 감싸며 속으로 이렇게 대답할 것입니다. "저는 남은 제 인생으로 그 질문에 답하겠습니다. 저는 먼저 예수님의 종이 되겠습니다. 사업이 먼저고 그 다음에 기독교인이 아니라, 먼저 기독교인이 되고 그 후에 사업을 하는 사람이 되겠습니다." 사랑하는 자매여, 여러분은 분명히 다음처럼 말해야 합니다. "저는 한 사람의 딸, 아내, 어머니로서 그리스도를 위해 살아가겠습니다. 또한 저는 내 주님을 위해서 살아가겠습니다. 왜냐하면 그분께서 나를 위해 자신을 주셨으니, 이제 나는 내 자신의 것이 아니라, 그분께서 값 주고 사신 바 된 그분의 것이기 때문입니다."

진실한 마음이라면 다음과 같은 생각, 즉 하나님과 그리스도를 위한 삶의 영광을 묵상할 때 어떤 강요를 느끼게 될 것입니다. 사업하느라 수고하여 돈을 벌고 부자가 되어 죽는 것이 도대체 인생과 무슨 상관이 있습니까? 런던 화보 신문 (*Illustrated London News*, 1842년에 창간된 화보가 함께 실린 세계 최초의 주간지 — 역주)에 상당한 재력가가 죽었다는 소식으로 한 단락을 장식할 뿐입니다. 그의 재산은 엄청나지만, 그는 하나도 가지지 못했습니다. 만약 그가 돈의 귀중함을 알았다면, 그는 그 돈을 세상에 좋은 일을 하는데 썼을 것입니다. 그러나 그는 쓸모없는 청지기로서 주인의 곳간에 썩을 것만 잔뜩 쌓아두었던 것입니다. 허다한 사람들이 이렇게 이기적으로 살아가고 있습니다. 사람이 돼지처럼 살아가는 것은 악한 일입니다. 시류에 밀려 습관적으로 살아가는 자들은 얼마나 어리석은 피조물들인지 모릅니다! 예수님을 위해 살아가는 삶, 비록 그 속에는 십자가를 지고 가는 것도 포함되어 있지만, 이런 삶이야말로 고귀하고 위대하고 숭고한 삶입니다. 한갓 벌레 같은 인생은 추잡한 삶을 살아갈 뿐입니다. 쾌락을 추구하는 삶도 비열하게 구걸하는 장사치 같은 삶입니다. 체면을 유지하기 위한 삶도 완전히 노예 같은 삶입니다. 마치 흙 반죽 기계를 끄는 말처럼 말입니다. 완전히 그리스도에게 헌신하여 그분의 십자가를 지는 삶이야말로 참된 삶입니다. 그 사람은 천사들의 삶과 비슷합니다. 아니, 그보다 더 고귀한 삶으로서, 그것은 인간의 영혼 안에 이루어진 하나님의 생명과 비슷합니다. 오, 참된 고귀함이라는 작은 불꽃을 지니고, 살아갈 만한 가치, 기억될 만한 가치를 지닌 삶을 살아가고자 추구하는 여러분이여, 하나님의 보좌 앞에서 영생을 시작하는 가치 있는 삶을 살아가기를 바랍니다.

여러분과 함께 살아가는 자들의 필요를 생각할 때, 여러분 가운데 어떤 이들은 이 아침에 여러분의 어깨에 지워지는 십자가를 실감할 수밖에 없을 것입니다. 여러분과 함께 살고 있는 자들은 지식이 없어 멸망 가운데 죽어가고 있습니다. 부한 자나 가난한 자나 똑같이 그리스도를 모르고 있습니다. 그들 가운데 허다한 무리들이 자기 의(自己義)에 사로잡혀 있습니다. 그들이 이렇게 멸망해가고 있는데도, 그들에게 경고해야 할 자들은 종종 짖지 못하는 개처럼 살아가고 있습니다. 여러분은 이리로부터 그 양들을 구해내야 할 책임을 느끼지 못합니까? 여러분에게는 그들을 불쌍히 여기는 마음이 없습니까? 여러분의 마음은 무쇠처럼 되어가고 있습니까? 저는 확신합니다. 이 시대가 여러분에게 요구하는 것은 진지하고도 강력한 삶이라는 것을 말입니다. 여러분도 이 점을 부인할 수 없을 것입니다. 지금은 그 어떤 기독교인이라도 끔찍한 죄악에 말려들지 않고 가만히 앉아 있을 수 없는 시대입니다. 여러분이 런던에 살든 또는 죄악의 악취가 지독한 다른 큰 도시에 살든, 아니면 많은 시골 마을들에 드리워진 짙은 어둠 속에서 살고 있든 간에, 여러분은 몹시 분주한 속박 가운데 살아가고 있습니다. 그러므로 다른 사람들의 필요를 돌보는 것이 여러분에게 십자가일 수 있습니다. 하지만 예수님을 위해서 여러분은 그 십자가를 들어올려야만 합니다. 주님께서 여러분을 천국으로 부르시기 전까지, 여러분은 절대로 그 십자가를 내려놓아서는 안 됩니다.

여러분 가운데 어떤 이들은 자신이 살고 있는 곳에서 그리스도의 대의(大義)가 그 진가를 인정받지 못하기 때문에, 그리스도의 십자가를 져야만 합니다. 저는 위풍당당한 기사도 정신이 몸에 밴 사람을 보면 기분이 좋습니다. 그는 구름 낀 날이나 어두운 날에도 진리라는 그 대의를 신봉하기를 좋아합니다. 그는 인원수에 얽매이지 않고, 어떤 주장들을 비교 검토합니다. 그는 어떤 마을에 정착해서, "가장 훌륭한 교회가 어디 있지? 사업상 내게 유리한 사람들을 내가 어디서 만날 수 있지?" 하는 이런 질문들을 절대로 하지 않습니다. 그는 자신에게 유리한 것을 살피기보다는 오히려 자기 양심에 대해 살핍니다. 그는 어떤 사람이 다음과 같이 말하는 것을 듣습니다. "비국교도 예배당이 하나 있습니다. 그런데 저 아래 뒷골목에 있어요. 그리고 침례교 교회도 하나 있습니다. 그런데 그 교회 성도들은 거의가 가난하고, 그 중에 가문 좋고 지체 있는 양반들은 없습니다. 별 볼일 없는 복음주의 교회도 저 아래에 있어요. 역시 최고 가문들은 고교회파 교회에 출석하고 있습니다." 제가 말씀드리겠습니다. 그는 이런 말들을 듣고서 마음에 염증을 느낍니다. 그는 복음이 전파되는 곳으로 갈 것이며, 절대 다른 곳으로 가지 않을 것입니다. 아무리 화려한 건축물이라도 그의 마음을 끌지 못할 것이며, 웅장한 음악도 그의 신앙에 전혀 영향을 끼치지 못할 것입니다. 혹시라도 복음을 대체할 어떤 것이 있다 해도, 그는 그것을 몹시 싫어할 것입니다. 사람이 체면 때문에 진리를 포기하는 것은 그 자체로 비열한 짓입니다. 많은 사람들이 선한 그 옛 대의를 간직해야만 합니다. 하지만 그들에게는 확신이 없습니다. 설령 진정으로 어떤 확신을 가지고 있다 해도, 그들은 자신의 확신에 겁을 냅니다. 참된 사람이라면 이 대의를 위해서 물불 가리지 않고 진리를 고수하고, 그 진리를 포기하지 않겠다는 결심을 할 것입니다. 그 진리를 따르다가 가난해지고 멸시를 받게 된다 해도 말입니다. 만약 우리가 우물쭈물 망설인다면, 이 시간은 이미 지나간 과거가 되고 맙니다. 저는 이 아침에 저기 있는 사람들을 주목해 말씀드리겠습니다. 그들은 오래 전부터 기독교인이었지만, 명망 있는 사람으로 대접받기 위해서, 혹은 신실한 자들이 겪게 되는 불이익들을 피하기 위해서, 자신이 기독교인이라는 사실을 반 정도 숨기고 살아온 자들입니다. 불신자들과 마음으로는 결코 하나 되지 못했으면서도, 겉으로는 불신자에 속해 있다고 여겨지는 여러분은 이제 당당히 앞으로 나아오십시오. 여러분 앞에 나오는 모든 자들에게 여러분의 선한 대의를 변호할 수 있을 만큼 용감해지십시오. 왜냐하면 여러분이 하나님과 성경과 자기 양심에 신실하고자 다른 사람들로부터 모욕까지 받았으므로, 이에 대한 자기의 상을 받는 영광의 날이 장차 올 것이기 때문입니다. 반역자들은 사소한 문제라고 부를지 몰라도, 어떤 희생을 치르더라도 그 문제에 충성하고자 하며, 이로써 자기 주님에게 충성하는 그런 자들이야말로 복된 자들입니다. 오늘날처럼 타락한 시대에는 십자가를 지는 자들이 너무나 적기 때문에, 우리는 오늘 구레네 시몬과 같은 자들에게 억지로라도 십자가를 지라고 말하는 것입니다.

　　이 외에도 저는 여러분 중 어떤 이들에게 한 말씀 드리고자 합니다. 여러분에게는 만족함이 없습니다. 다시 말해 여러분의 마음에는 쉼이 없습니다. 이런 사실을 여러분도 알고 있습니다. 그렇기 때문에 여러분은 십자가를 져야만 합니다. 여러분은 지금까지 세상적인 것들에 성공하였습니다. 하지만 여러분은 행복하지 않습니다. 여러분은 건강한 몸을 가지고 있습니다. 하지만 여러분은 행복하지 않습니다. 여기에 여러분의 마음이 안식을 얻을 수 있는 한 가지 방법이 있습니다. 그것은 예수님에게 나아오는 것입니다. 이것이 바로 그분께서 하신 말씀입니다. "수고하고 무거운 짐 진 자들아 다 내게로 오라 내가 너희를 쉬게 하리라"(마 11:28). 그런 후에도 더 고상한 다른 열망으로 인해 그 이상의 쉼이 여러분에게 필요하다면, 여러분은 동일한 구세주에게 다시 나아가 그분께서 하시는 다음의 말씀을 들어야만 합니다. "나는 마음이 온유하고 겸손하니 나의 멍에를 메고 내게 배우라 그리하면 너희 마음이 쉼을 얻으리니, 이는 내 멍에는 쉽고 내 짐은 가벼움이라 하시니라"(마 11:29-30). 여러분 중에는 신앙 고백을 했어도 완전한 쉼을 찾지 못한 자들이 있습니다. 그 이유는 여러분이 용서의 십자가를 바라보기는 하였지만, 그 십자가를 짊어지지 않음으로써 그것을 소유하지 못했기 때문입니다. 여러분은 그리스도 안에서 소망하고 있기는 하지만, 그리스도를 위해서 살아가고 있지는 않습니다. 여러분이 예수님을 위해 어떤 것을 하거나 감당할 때 여러분의 영혼은 쉼을 얻게 될 것입니다. "나의 멍에를 메고 내게 배우라 그리하면 너희 마음이 쉼을 얻으리니"(마 11:29). 이처럼 그리스도를 위해 십자가를 지는 데는 많은 방법들이 있습니다. 그리고 지금 이 자리에 있는 어떤 이들이 즉시 그 짐을 져야만 하는 이유도 많이 있습니다.

4. 십자가를 지는 것은 복된 일입니다.

이제 말씀을 맺으면서, 저는 십자가를 지는 것은 복된 일이라는 사실을 말씀드리려고 합니다. 한 일이 분 정도만 여러분은 제 설교를 참을성 있게 들어주시기 바랍니다. 구레네 시몬은 이 사실을 알고 있었다고 저는 확신합니다. 저는 시몬이 행한 이 특별한 섬김에 분명히 따라온 축복들에 대해 말씀드리겠습니다. 먼저, 시몬은 십자가를 짊으로써 그리스도와 교제하게 되었습니다. 로마 병사들이 억지로 그에게 십자가를 지웠을 때, 그는 예수님에게 가까이 다가가게 되었습니다. 만일 그런 강요가 없었다면, 그는 아마도 자기 길을 갔거나 군중들 속에 모습을 감추었을 것입니다. 그러나 지금 그는 예수님 가까이에서 친밀한 교제를 나누게 되었습니다. 그는 살면서 처음으로 복되신 분의 모습을 보았습니다. 그 모습을 보았을 때, 그의 마음은 그 모습에 매혹되었으리라 확신합니다. 로마 병사들이 십자가를 시몬의 어깨에 올려놓자, 그는 그 거룩하신 분을 바라보게 되었고, 그분의 이마에 둘린 가시면류관도 보게 되었습니다. 그리고 시몬이 자기와 함께 고난 받는 그분을 보았을 때, 그는 그분의 뺨에서 온통 피 땀으로 얼룩진 자국들과 잔인한 로마 병사들에게 맞아 검푸르게 멍든 자국들도 보게 되었습니다. 시몬은 두 눈으로 그분을 속속들이 바라보았습니다! 그 얼굴, 누구와도 비길 수 없는 그 얼굴을 말입니다. 그는 그런 모습을 지금까지 한 번도 본 적이 없었습니다. 그분의 얼굴에는 고통이 서린 위엄이, 고뇌와 함께 한 순결이, 슬픔과 함께 한 사랑이 드리워져 있었습니다. 만약 시몬이 그 십자가를 지도록 부르심을 받지 않았다면, 그는 결코 이런 모습을 그렇게 자세히 볼 수도 없었을 뿐 아니라, 인자의 전체 모습을 그렇게 분명하게 주목해 볼 수도 없었을 것입니다. 우리가 예수님을 위해 수고하고 고통 받을 때, 그때 우리는 예수님을 보게 됩니다. 이 사실이 얼마나 놀라운지요. 예수님을 믿는 영혼들이여, 오늘 여러분이 억지로라도 내 주님을 섬기게 되어, 과거의 그 어느 때보다도 여러분이 그분과 더욱더 가깝고 친밀한 교제를 나누게 되었으면 좋겠습니다. 저는 이를 위해 기도하겠습니다. 누구라도 그분의 뜻을 행한다면, 그는 그분의 가르침을 알게 될 것입니다. 예수님의 십자가를 가장 잘 지는 자야말로 예수님을 가장 잘 보는 사람입니다.

　　이외에도 시몬은 십자가로 인해 그리스도와 발을 맞추게 되었습니다. 여러분은 이 사실을 파악했습니까? 만약 예수님께서 십자가의 앞부분을 지고, 시몬이 그 뒷부분을 메고 따라갔다면, 시몬은 주님의 발이 앞서 디딘 그 곳을 자신의 발로 틀림없이 밟았을 것입니다. 이처럼 십자가는 우리 주님이 가신 그 길을 우리도 그대로 따라가게 하는 놀라운 도구입니다. 저는 이 주제를 접하면서, 제 자신을 한번 되돌아보게 되었습니다. 제가 주님을 위해 비난을 감수해야 했을 때, 그때 나 자신과 내 주님의 관계가 얼마나 밀접하다고 느꼈는지를, 그리고 동시에 바로 그런 비난으로 인해 내가 얼마나 내 발걸음을 조심하며 살피게 되었는지를 생각하게 되었습니다. 사랑하는 성도 여러분, 우리는 십자가 아래에서 벗어나기를 원하지 않습니다. 만약 우리가 십자가를 벗어난다면, 우리는 우리의 주님으로부터 그리고 거룩한 걸음으로부터도 벗어나게 될 것입니다. 우리의 어깨가 그 거룩한 짐 아래에 있게 된다면, 그래서 조금 앞서 계신 우리의 주님을 볼 수 있다면, 우리는 가장 확실하게 전진할 수 있을 것입니다. 이렇게 예수님 가까이에 있는 것이 복된 특권이며, 이 특권은 십자가를 지는 값으로 쉽게 살 수 있습니다. 만약 여러분이 예수님을 보고자 원한다면, 분발하여 그분을 위해 일하십시오. 담대하게 그분을 인정하고, 그분을 위해 기꺼이 고난을 받으십시오. 그러면 여러분은 그분을 보게 될 것이며, 그때 여러분은 한 걸음 한 걸음 그분을 따라가는 법을 배우게 될 것입니다. 오, 복된 십자가여, 이 십자가로 인해 우리가 예수님에게 그리고 그분의 길로 나아가게 되는도다!

　　그리하여 시몬은 그리스도의 사역에 참여하는 명예를 얻게 되었습니다. 시몬이 죄를 제하여 줄 수는 없었지만, 주님의 연약함을 도와줄 수는 있었습니다. 시몬이 죄를 대속하기 위해 십자가에서 죽을 수는 없었지만, 하나님의 뜻을 이루는데 도움이 되는 삶을 십자가 아래에서 살 수는 있었습니다. 여러분과 저는 예수님의 고난에 끼어들 수는 없지만, 그분의 사역에 동참할 수는 있습니다. 우리가 사로잡힌 자들의 자유를 위해 그 값을 치를 수는 없지만, 우리는 그들에게 해방을 말해줄 수는 있습니다. 그리스도의 사역에 참여하는 것은 우리에게 영광된 일입니다. 그러므로 저는 명예와 영원을 추구하는 자들을 이 영광된 일에 초대하고자 합니다. 구세주의 사역에 동참하는 것은 이 세상이나, 이 세상 나라에 속한 온갖 사치와 허영보다 더욱 매력적인 일입니다. 이런 주님의 사역에 동참하기를 갈망하는, 천국에 속한 마음을 가진 자들은 어디에 있습니까? 이런 마음을 지닌 자들은 앞으로 나아와 다음과 같이 말하십시오. "예수님, 저는 제 십자가를 지고 갑니다. 이제부터 저는 당신을 따르겠습니다. 당신이 제게 면류관을 주시기까지 저는 사나 죽으나 당신의 십자가를 지고 가겠습니다."

시몬이 무리들 가운데서 십자가를 지고 가는 동안, 거친 병사들은 틀림없이 그를 무수히 발로 차거나 매질했을 것입니다. 그와 동시에 귀한 주님께서는 종종 그런 시몬을 슬쩍 바라보셨을 것입니다. 저는 그것이 느껴집니다. 시몬은 그리스도의 그 미소를 누렸습니다. 저는 주님을 잘 알고 있습니다. 제가 확신컨대, 주님은 틀림없이 시몬을 바라보고 미소를 지으셨을 것입니다. 그분은 잠시나마 그분의 동료였던 그를 잊을 수 없었을 것입니다. 그리고 오, 여기에 주목하십시오! 주님께서 자신에게 미소를 지은 그 분명한 기억을 시몬이 얼마나 보물처럼 귀하게 간직했는지 말입니다. 그는 이렇게 말합니다. "나는 그 날 아침 졌던 짐처럼 그렇게 가벼운 짐을 져 본 적이 없다. 복되신 그분께서 고통 중에도 내게 미소를 지어주셨기에, 나는 마치 내가 헤라클레스라도 된 것처럼 강해진 것 같았다." 시몬의 첫째 아들인 알렉산더와 빨간 머리 소년인 루포(Rufus, 라틴어로 '붉다'는 뜻 — 역주), 이 두 자녀가 장성했을 때, 이들은 자기 아버지가 예수님을 따라 십자가를 졌다는 사실을 가문의 명예로 여겼습니다. 루포와 알렉산더는 예수님의 십자가를 진 사람의 자녀들이라는 고귀한 표시를 가졌습니다. 마가는 시몬이 그 십자가를 졌다는 사실과 이러이러한 자들이 그의 아들이라는 사실을 기록하였습니다. 제 생각에 시몬이 늙어 임종을 앞두고 침상에 눕게 되었을 때, 그는 다음과 같이 말했을 것 같습니다. "나의 소망은 내가 십자가를 졌던 그분 안에 있다. 복된 그 짐이여! 내 무덤에 나를 뉘여라. 나의 이 육신은 멸망할 수 없다. 왜냐하면

이 몸은 십자가를 졌기 때문이다. 이 십자가는 예수님이 지신 십자가이기도 하고, 그분을 진 십자가이기도 하다. 나는 다시 일어나 그분의 영광 가운데서 그분을 보게 될 것이다. 왜냐하면 그분의 십자가가 나를 강한 힘으로 끌어당기고, 그분의 사랑이 틀림없이 나를 일으킬 것이기 때문이다." 우리가 살아 있는 동안 우리가 그분과 함께 하는 동역자가 된다면, 우리는 행복한 자들입니다. 그리하여 그분께서 그의 나라 가운데 임하실 때, 우리는 그분의 영광에 참여하는 자들이 될 것입니다. "시험을 참는 자는 복이 있나니 이는 시련을 견디어 낸 자가 주께서 자기를 사랑하는 자들에게 약속하신 생명의 면류관을 얻을 것이기 때문이라"(약 1:12). 하나님께서 여러분을 축복하십니다. 특별히 시골에서 올라온 자들을 축복하십니다. 하나님께서 여러분을 축복하십니다. 아멘, 아멘.

제
31
장

—

아리마대 사람 요셉

—

"아리마대 사람 요셉이 와서 당돌히 빌라도에게 들어가 예수의 시체를 달라 하니 이 사람은 존경 받는 공회원이요 하나님의 나라를 기다리는 자라 빌라도는 예수께서 벌써 죽었을까 하고 이상히 여겨 백부장을 불러 죽은 지가 오래냐 묻고 백부장에게 알아 본 후에 요셉에게 시체를 내주는지라 요셉이 세마포를 사서 예수를 내려다가 그것으로 싸서 바위 속에 판 무덤에 넣어 두고 돌을 굴려 무덤 문에 놓으매"

— 막 15:43-46

그 날은 하나님의 교회와 그리스도의 대의(大義)에 아주 암울한 날이었습니다. 바로 주 예수님께서 돌아가신 날이었기 때문입니다. 그 날은 마치 성도들의 영혼의 태양이 진 것 같은 그런 날이었습니다. 이에 제자들은 다 예수를 버리고 도망갔습니다(마 26:56 참고). 예수님께서는 슬픈 어조로 "너희가 다 각각 제 곳으로 흩어지고 나를 혼자 둘 때가 오나니"(요 16:32)라고 말씀하신 적이 있었고, 이 말씀이 실제로 이루어졌던 것입니다. 그분은 십자가 위에서 돌아가셨고, 원수들은 이것으로 그분의 모든 것이 끝장나기를 바랐습니다. 반면에 그분의 친구들은 정말 그렇게 될까봐 두려워하였습니다. 십자가 주위에 남아 있던 소수의 여인들만이 주님께서 돌아가시던 그 마지막 순간까지 주님께 신실했던 자들이었습니다. 하지만 이 여인들은 어떻게 그 거룩한 시신을 모시고 와서 명예롭게 장사를 지내야 할지 몰랐습니다. 그 귀한 육신은 죄인의 몸이 통상적으로 받는 대우를 받을 절대절명의 위기 상황에 처한 것 같았습니다. 어쨌든 시체를 갖다 둘 수 있는 곳이면 어디든 눈에 보이는 대로 아무 무덤에나 던져 놓을까봐 걱정이었습니다. 그 위기의 순간에 유대 성읍인 아리마대 사람 요셉이 갑자기 등장하였습니다. 우리는 그의 이름을 지금까지 한 번도 들어보지 못했고, 나중에 성경에서 다시 그의 이름이 나오는 것도 듣지 못했습니다. 그는 그런 이유에서 필요로 했던 바로 그 사람이었습니다. 그는 영향력 있는 사람이었습니다. 다시 말해, 빌라도에게 가장 유력한 힘을 가진 자로서 특별한 영향력을 소유한 자였습니다. 그는 부자이며, 선생이며, 산헤드린 공회원이었으며, 비중 있고 존경받는 인물이었습니다. 모든 복음서 기자들도 그를 언급하고 있으며, 그에 대한 어떤 것을 우리에게 말해주고 있습니다. 이런 사실들로 비추어 보아 그는 한 사람의 제자로서, "선하고 의로우며(눅 23:50), 하나님의 나라를 기다리는 자(막 15:43)"였던 것 같습니다. 요셉은 이전까지 소극적이었고 분명 소심했습니다. 그러나 지금 그는 십자가 앞에 나아와서 일이 벌어지는 사태들을 지켜보았습니다. 그러고는 담대하게 빌라도에게 가서 예수님의 시신을 요구하였고, 결국 그 시신을 얻게 되었습니다. 이 사실로부터 하나님께서는 언제나 자신의 증인들을 가지고 계신다는 것을 우리는 배우도록 합시다. 사역자들이 진리를 버리고, 지도자가 되어야 할 사람들이 변절해도, 그것은 전혀 문제되지 않습니다. 하나님의 진리는 그런 친구들이 없다고 해서 결코 실패하지 않을 것이기 때문입니다. 이것은 기수(旗手)가 쓰러지고 군대도 낙담하여 금방이라도 무너질 것만 같은 교회의 경우에서도 마찬가지입니다. 그런 경우라 해도, 또 다른 기수가 나타날 것이며, 주님의 깃발도 만방에 다시 펄럭일 것입니다. 주님이 살아 있는 한, 그분의 진리도 살아 있을 것입니다. 그리고 하나님께서 다스리시는 한, 비록 십자가로부터 비롯된 복음이라 해도, 그 복음이 다스릴 것입니다. "주께서 나무로부터 다스리심을 이방 가운데서 말할지어다"라고 인용한 이 말씀은 시편(시 96:10 KJV) 말씀을 특별하게 번역한 것입니다. 하지만 이 표현에는 영광스러운 진리가 포함되어 있습니다. 예수님이 십자가에 달려 돌아가셨을 때조차, 그분은 여전히 보좌를 가지고 계셨습니다. 그러므로 그분은 영원 무궁히 다스리실 것입니다.

　흐리고 암울한 날에 여러분은 이 말씀을 기억하고 용기를 내도록 하십시오. 신실한 자들이 실패한 그런 곳에 여러분이 살고 있다 해도, 여러분은 마치 여러분이 사랑하던 모든 것이 끝난 것처럼 그렇게 슬퍼하고 절망하며 앉아 있지 마십시오. 주님께서 살아 계십니다. 그리고 그분께서는 여전히 그 신실한 씨앗들이 이 땅에 살아 있도록 하실 것입니다. 그 절망의 순간에 또 다른 아리마대 사람 요셉이 전면에 나타날 것입니다. 그 사람이 없어 우리가 아무것도 할 수 없을 때, 바로 그때 그가 나타날 것입니다. 애굽에도 이스라엘을 위한 요셉이 있었고, 십자가의 예수님을 위해서도 요셉이 있었습니다. 한 요셉은 그분이 태어날 때 아버지의 역할을 감당했으며, 또 다른 요셉은 그분의 장례를 주관했습니다. 주님께서는 친구들 없이 홀로 버려지지 않을 것입니다. 구약 역사에도 암울한 날이 있었습니다. 그때는 하나님의 종인 엘리의 눈이 그분을 바라보지 못할 때였습니다. 설상가상으로 엘리는 영적으로도 거의 장님일 뿐 아니라, 신체적으로도 거의 장님이었습니다. 그의 아들들은 스스로 사악한 자들이 되었지만, 그는 그들을 제지하지 않았습니다. 이런 상황을 보면 하나님께서는 틀림없이 이스라엘을 버리신 것처럼 보입니다. 그러나 그때 한 어머니가 데리고 온 그 어린 소년은 누구입니까? 평생토록 하나님을 섬기고자 성소에 남겨진 이 작은 어린 아이는 누구입니까? 자기 어머니가 손수 사랑으로 지은 작은 외투를 입고 있는 이 작은 아이는 누구입니까? 믿음의 눈을 가진 여러분이여, 보십시오. 선지자 사무엘이 여러분 앞에 있습니다. 하나님의 종인 그의 모범을 통해, 이스라엘의 상황은 더욱 좋아졌으며, 엘리의 아들들의 부정으로 인해 내려진 징벌과 압제로부터 이스라엘은 구원을 받게 되었습니다.

제가 비록 어디인지는 모르지만 오늘날에도 어딘가에, 즉 여러분이 살고 있는 영국 어느 마을의 외진 오두막에, 또는 멀리 떨어진 미국 오지의 통나무집에, 또는 우리 뒷골목의 빈민가나 궁정에, 한층 성숙한 삶으로써 주님을 위해 싸우며 이스라엘을 구원할 어떤 사람을 하나님께서는 갖고 계십니다. 주님께서는 그분의 종을 준비시켜 두셨다가, 때가 되어 사람들이 그 사람을 원하는 시간이 되면, 그를 등장시킬 것입니다. 주님의 뜻은 반드시 이루어질 것입니다. 그러므로 믿음 없는 자들이나 의심하는 자들은 자기들이 하고 싶은 대로 마음대로 생각하도록 내버려 두십시오. 저는 그가 필요했던 바로 그 시각에 이 아리마대 사람 요셉이 등장한 사실에서, 마음속에 하나님의 큰 뜻을 품은 모든 사람을 위한 위로의 한 샘을 보게 됩니다. 오늘날 목회자와 복음 전도자의 뒤를 이을 만한 사람이 과연 누구일까 하는 문제로 우리는 골머리를 썩이며 염려할 필요가 없습니다.

누가 사도직을 이어갈지의 문제는 우리 하나님께 안심하고 맡기는 것이 우리에게 좋을 것입니다.

존경받는 공회원인 이 아리마대 사람 요셉에 대해서 저는 이 아침에 말씀드리고자 합니다. 제가 기도하며 바라는 것은 처음부터 끝까지 여러분의 영혼을 향해 이 말씀을 전했으면 하는 것입니다. 제가 이미 말씀드린 바와 같이, 우리는 요셉의 음성을 오늘 본문에 기록된 말씀 외에 다른 곳에서는 들을 수 없습니다. 그가 필요할 때 그는 빛을 비쳤다가 즉시 사라졌습니다. 그에 대한 기록은 하늘에 있습니다. 우리는 그에 대한 전승들을 언급할 필요가 없습니다. 왜냐하면 제 생각에 그런 전설들을 인용하는 것에는 악한 의도가 있어서, 우리로 하여금 순전하고도 완전한 하나님의 말씀에서 벗어나도록 하기 때문입니다. 여러분과 제가 전승과 무슨 상관이 있습니까? 성경으로 충분하지 않습니까? 요셉과 글래스턴베리(Glastonbury, 영국 남서부의 고도(古都)로, 전설에 의하면 1세기에 아리마대 요셉이 이곳에 '성배'[聖杯]를 가져왔다고 한다 — 역주)에 관한 어리석은 이야기 속에는 분명히 아무 진리도 들어 있지 않습니다. 설령 그 속에 어떤 진리가 있다 해도, 그것은 우리에게 전혀 중요하지 않습니다. 어떤 사실이 영감된 펜으로 기록될 가치가 있었다면, 그 사실은 성경에 기록되었을 것입니다. 하지만 기록되지 않았다면, 그것은 우리가 알 필요가 없기 때문입니다. 성령님께서 펜을 멈춘 그곳에서 우리도 멈추는 것으로 만족합시다.

저는 이 아침에 아리마대 사람 요셉을 네 가지 방식으로 살펴보고자 합니다. 첫 번째로, 우리는 그를 경계(警戒)의 대상으로 삼고자 합니다. 그는 예수님의 제자였으나 "유대인이 두려워 그것을 숨기더니"(요 19:38)라는 말씀대로 제자임을 숨겼던 사람이었습니다. 두 번째로, 우리는 그를 교훈의 대상으로 삼고자 합니다. 그는 십자가로 인해 마침내 자신을 드러내었습니다. 이에 관해서는 경건한 시므온(눅 2:25)이 이미 선포한 대로, 주 예수님의 죽음으로 여러 사람의 마음의 생각을 드러내기 위함(눅 2:35)이었습니다. 세 번째로, 우리는 그를 각성의 대상으로 삼고자 합니다. 요셉에게도 자신이 전면에 나서야 할 때가 있었습니다. 이와 마찬가지로, 오늘날에도 소심한 모든 사람들이 용감해져야 할 그런 때가 있습니다. 그리고 네 번째로, 우리는 그를 안내의 대상으로 삼고자 합니다. 지금까지 우리가 전적으로 소심하고 두려워했다 해도, 우리가 필요한 순간에 전면에 나서도록 합시다. 그리고 아리마대 사람 요셉이 유월절의 준비일 저녁에 행한 것처럼 우리도 그렇게 용감하게 행하도록 합시다.

1. 경계의 대상

첫 번째로 저는 우리의 경계로서 아리마대 사람 요셉을 살펴보고자 합니다. 그는 예수님의 제자였으나, 유대인이 두려워 그것을 숨겼습니다(요 19:38). 우리는 누구에게도 요셉의 이런 모습을 본받으라고 조언할 수 없습니다. 우리로 하여금 우리의 신앙을 숨기도록 하는 두려움은 악한 것입니다. 어떤 일이 있어도 제자가 되십시오. 하지만 숨기지는 마십시오. 만약 여러분이 숨어서 그분을 따른다면, 여러분은 인생 목적 중 가장 큰 부분을 잃은 것입니다. 무엇보다도 여러분은 사람이 두려워 숨어서 그분을 따르는 제자가 되지 마십시오. 왜냐하면 사람을 두려워하면 올무에 걸리기 때문입니다. 만약 여러분이 그런 두려움의 종이 된다면, 여러분은 품위를 잃게 되고, 하찮은 사람이 되어, 마땅히 하나님께 돌려야 할 영광을 돌리지 못하게 될 것입니다.

> "너희 성도들아, 그분을 두려워하여라.
> 그리하면 너희가 두려워할 것이
> 아무것도 없게 되리니."
>
> (브래디와 테이트[Nicholas Brady and Nahum Tate])

그리스도를 존귀히 여기도록 주의하십시오. 그리하면 그분께서도 여러분을 존귀히 여기실 것입니다. 그런데 아리마대 사람 요셉이 그렇게 내성적이었던 이유는 무엇입니까? 아마도 그것은 그의 본성적인 기질 때문일 것입니다. 많은 사람들은 본성적으로 아주 담대합니다. 그리고 어떤 사람들은 자신이 감당할 수 없을 정도로 너무나 대담해서, 건방진 것까지는 아니어도 다소 주제넘게 나서기도 하고, 자기 확신이 너무 강하기도 합니다. 저는 "천사도 가기 두려워하는 곳을 달려드는"(rush in where angels fear to tread, 바보들을 가리키는 알렉산더 포프[Alexander Pope]의 표현으로, '하룻강아지 범 무서운 줄 모른다'에 해당되는 말 — 역주) 그런 유의 사람들에 대해 들어본 적이 있습니다. 그들은 겁이 없습니다. 왜냐하면 그들은 아무 생각이 없기 때문입니다. 우리는 이러한 잘못을 피하도록 합시다. 그러나 이와는 반대로 너무 수줍어하는 사람들도 많이 있습니다. 이들은 구세주를 사랑하지만, 그 구세주를 위해 그저 한 마디 좋은 말을 하는데도 모든 용기를 내야 할 정도로 소심합니다. 설령 그들이 모든 용기를 내서 말했다 해도, 그들의 말에는 많은 아쉬움이 있을 것입니다. 그들은 전리품을 나누는 승리자들 가운데 있기를 소망합니다. 하지만 그들은 다른 전사들이 담대하게 원수들과 맞서 싸우는 동안, 자신들도 그 전사들 가운데 있었으면 하는 과감한 야망조차 갖지 못합니다. 이들 가운데 어떤 사람들은 비록 소심해도 그 마음만은 진실합니다. 화형주(火刑柱)에서 가장 용감하게 인내했던 어떤 자들은 본성적으로 두려워하는 마음을 가진 자들이라는 사실이 순교의 시대에서 밝혀졌습니다. 평소에 그리스도를 위해서라면 고통뿐 아니라 죽음까지도 감당할 수 있노라고 당당하게 장담했던 자들은 화형장에서 겁을 먹고 도망치거나 변절하였지만, 감옥에서 화형장의 불만 생각해도 두려워 떨던 자들은 죽음 가운데서 담대하게 행동하였습니다. 그로 인해 그들 주위에 있던 모든 사람들은 그들을 칭송하기까지 하였습니다. 이런 사실들은 폭스(존 폭스[John Foxe], 「폭스의 순교자 열전」[Foxe's Book of Martyrs]에 나오는 내용 — 역주)에 의해 잘 알려졌습니다. 사랑하는 성도 여러분, 그러므로 여러분이 자꾸 소심해져서 곤란을 겪는다면, 그것은 바람직한 일이 아닙니다. 사람을 두려워하는 것은 더 이상 양분을 줄 필요도 없고 뿌리째 뽑아내야 하는 식물과 같습니다. 할 수만 있다면 그런 나무는 물도 거의 흐르지 않고 햇빛도 전혀 들지 않는 그런 곳에 놔둘 것입니다. 그래서 좋은 나무들 사이에서 그 나무를 잘라내도록 할 것입니다. 다음과 같은 찬송은 종종 우리에게 얼마나 큰 힘을 주는지 모릅니다.

> "나는 십자가 군병 되어
> 어린 양을 따르는 자인가?
> 그런데도 나는 그분의 대의를 인정하기 두려워하거나
> 그분의 이름을 말하기 부끄러워할 것인가?
>
> 다른 이들은 상을 얻기 위해 싸우고
> 피의 바다를 항해하는데
> 나만 편히 침대에 누워
> 하늘로 옮겨져야 하는가?"(아이작 와츠)

시험으로 인해 여러분이 두려움을 느끼게 된다는 사실을 안다면, 시험을 경계하고 그 시험과 싸우십시오. 그리고 성령님의 도우심으로 불굴의 용기를 갖도록 항상 여러분 자신을 단련하십시오.

제가 이런 말씀드려 어떨지 모르겠지만, 아리마대 사람 요셉은 자신이 부자라는 사실로 인해 더 겁먹은 경우였습니다. 우리 주님께서 말씀하신 다음과 같은 엄숙한 선포 가운데는 슬픈 진리가 담겨 있습니다. "재물이 있는 자는 하나님의 나라에 들어가기가 얼마나 어려운지"(눅 18:24). 재물은 사람들의 마음을 강하게 하지 못하며, 사람들로 하여금 선한 대의를 담대하게 행하지 못하게 합니다. 물론 재물은 하늘나라에 들어가는 사람들이 선용할 수 있는 큰 재능이 되기도 하지만, 다른 한편으로는 올무와 시험이 되기도 합니다. 그래서 사람이 아직 하늘나라에 들어가지 않았을 때는, 재물은 여러 가지 모양으로 그 사람이 하늘나라에 들어가게 하는데 무서운 걸림돌이 됩니다. "낙타가 바늘귀로 들어가는 것이 부자가 하나님의 나라에 들어가는 것보다 쉬우니라"(눅 18:25)는 말씀대로 말입니다. 갈릴리 호수의 어부들은 자신들의 배와 낚시 도구들을 쉽게 버릴 수 있었습니다. 그러나 아리마대 사람 요셉은 부자였습니다. 그래서 그리스도를 위한 일이라 해도 자신이 가진 모든 것을 버리기가 쉽지 않았습니다. 많은 재물을 가진 자들의 이런 경향은, 주 예수님으로부터 자신이 가진 모든 것을 팔라는 흔하지 않은 시험을 받게 되자 슬픈 얼굴로 돌아선 한 젊은이의 경우에서 볼 수 있습니다. 아무리 수영을 잘하는 사람일지라도, 배가 암초에 부딪혔을 때는, 무게가 나갈 만한 모든 것을 배 밖으로 던져서 자기 목숨을 구합니다. 반면에 허리춤에 금을 두른 사람들은 곧장 깊은 물 속으로 가라앉게 됩니다. 금을 가진 자들도 무거운 납을 가진 자들과 마찬가지로 분명히 가라앉습니다. 여러분 가운데는 이 세상에서 부족한 것이 없는 자들도 있을 것입니다. 그런 사람들은 하나님의 너그러우심 때문에 하나님께 불충(不忠)하지 않도록 각별히 조심하십시오. 이생의 자랑과 신분의 정욕과 축재(蓄財)의 정욕들을 조심하십시오. 왜냐하면 이런 것들로 인해 여러분은 주님을 섬기지 못할 수도 있기 때문입니다. 재물은 사람들로 하여금 교만하여 목을 곧게 만들어, 참으로 귀한 진주를 허리를 굽혀 찾지 못하게 합니다. 그러나 가난한 자들은 그리스도가 전파되는 초라한 시골 예배당에 들어가, 영생을 찾게 됩니다. 같은 마을에 사는 영혼에 관심을 가진 또 다른 사람들은 볼품없는 비밀 집회소(conventicle, 16-17세기 영국 비국교도들의 예배장소 —

역주)로 내려가기를 좋아하지 않아서, 결국 복을 받지 못하게 되는 경우가 있습니다. 그런 사람들은 "지주(地主)가 복음을 듣기 위해 나선다면, 사람들이 어떤 말들을 할까? 귀족의 아들이 회심을 하게 된다면, 도대체 어떤 소동이 벌어지게 될까?"라는 질문들을 자신에게 하기 때문에, 예배 모임들을 멀리합니다. 아리마대 사람 요셉은 재물 때문에 지나치게 신중하게 되었습니다. 아마도 그는 재물이 사람에게 미치는 이런 사실을 몰랐기 때문에, 주 예수님을 따르는 일반 백성들과 함께 자신의 운명을 내던지지 못했을 것입니다. 그의 마음은 상급을 갈망했지만, 자신이 가진 물질의 무게가 너무 무거워 그는 믿음의 경주를 할 수 없었습니다. 하지만 그가 마지막에 일이 순조롭게 되도록 도움을 준 것은 풍성한 은혜의 증거였습니다.

또한 그가 공회원이었고 그 직책으로 존경을 받고 있었다는 사실로 인해 그는 행동에 제약을 받았을 것입니다. 인간적인 명성을 유지하는 데는 큰 은혜가 필요하지만, 사실대로 말해서, 여러분이 명성을 얻고 유지하는 것은 특별히 큰 가치가 없습니다. 왜냐하면 사람의 코에 숨이 끊어졌다면, 명성이 도대체 무슨 소용이 있겠습니까? 명성 같은 허접한 음식으로 영혼을 먹여서야 되겠습니까! 어떤 사람이 모든 사람으로부터 열렬한 칭찬을 받으며 산다 해도, 또 자기 이름을 황금 글씨로 온 하늘에 수놓는다 해도, 이 모든 것이 모든 소용이 있겠습니까? 생각 없는 허다한 무리들이 보내는 박수갈채 속에 과연 무엇이 들어 있겠습니까? 인내하는 미덕을 실천하면서 훌륭한 사람들로부터 인정을 받는 것은 많은 재물을 얻는 것보다 더욱 바람직한 일입니다. 그러나 그것이 아무리 바람직한 일이라고 해도, "하나님이 뭐라 말씀하실까?"라는 질문보다는 "사람들이 뭐라 말할까?"라는 질문을 스스로 하기 시작한다면, 그런 바람직한 일도 하나의 유혹이 될 수 있습니다. 그리고 그런 분위기에 빠져드는 순간 그는 자기 인생에 하나의 약점을 갖게 됩니다. 주님께서 친히 "잘 하였도다 착하고 충성된 종아"(마 25:23)라고 말씀하시는 것이야말로, 상원 의원들과 황태자로부터 우레와 같은 박수갈채를 받는 것보다 수천 배 더 귀한 일입니다. 사람들로부터 받는 존경은 기껏해야 최고의 자리에 이르기 위한 하나의 위태로운 모험일 뿐입니다. 요셉은 공회에서 존경을 받았습니다. 이로써 그는 신중하고 천천히 행동하는 사람이 되기 쉬웠습니다. 공회의 경향은 열정적이라기보다는 오히려 경계하는 쪽입니다. 저는 이렇게 높은 지위에 있는 사람들에게 다음과 같은 사실들을 기억하라고 말하곤 하였습니다. 즉, 주님께서 그들에게 그런 지위를 주셨는데, 혹시라도 그들이 공개적으로 그리스도를 고백하는 일에서 위축된다면, 그것은 그런 지위에 걸맞지 않는 비겁한 행위는 아닌지 스스로 솔직하게 판단해 보라고 말입니다.

사람들이 갈망하는 이 세상에 있는 모든 것들이, 겉으로 드러난 것처럼 그렇게 바람직하지 않다는 것은 분명한 사실인 것 같습니다. 그리고 사람들이 손에 넣고자 눈독을 들이는 것들도 만약 그들이 제대로 깨닫기만 한다면, 그것들에 대해 그리 집착하지 않을 것입니다. 이 또한 분명한 사실인 것 같습니다.

저는 이 시간에 여러분을 사랑하는 마음으로 여러분에게 질문하고자 합니다. 모름지기 설교는 항상 개인에게 적용되어야 하기 때문입니다. 내 주님이자 스승이신 그분을 사랑하는 여러분 가운데 혹시라도 은밀하게 숨어서 주님을 사랑하는 이가 있다면, 그것은 사람을 두려워하기 때문이라고 할 수 있습니다. 여러분은 지금까지 한 번도 여러분의 신앙을 공개적으로 고백하지 않았습니다. 왜 그렇게 하지 않습니까? 여러분이 주님의 편에 서서 명확한 입장을 취하는데 무엇이 방해가 됩니까? 여러분은 부유합니까? 존경을 받고 있습니까? 사회에서 부러워할 만한 위치에 있습니까? 이렇게 번지르르한 주위환경을 자랑하다니, 여러분은 그렇게도 천박한 마음을 지닌 피조물입니까? 마치 새 옷을 입고 우쭐해하는 어린 아이처럼 말입니다. 진리와 의를 따르는 자들이 천한 부류의 사람이라서, 여러분은 이들과 함께 여러분의 운명을 내던지지 않는 것입니까? 여러분은 그 정도로 겁쟁이입니까? 여러분은 정말 그 정도로 천박한 사람입니까? 여러분 속에는 거룩한 기사도 정신 같은 것도 없습니까? 하나님께서 그토록 여러분에게 잘 대해 주셨고, 그토록 여러분을 든든히 믿어 주셨는데도, 여러분은 그분의 아들을 부인하고, 여러분의 양심을 속이며, 진리에 등을 돌리고, 모든 것을 전적으로 시류(時流)를 쫓아 행하고 있습니다. 여러분은 이런 행동들로 하나님께 보답하려고 합니다. 이게 도대체 말이나 되는 소리입니까? 물론 사회에서 냉대를 받고 비난의 손가락질을 당하는 것이 여러분에게 힘든 일이라는 것을 저도 알고 있습니다. 그러나 이런 이기적인 두려움 앞에 굴복하는 것은 사람으로서 할 짓이 아니며, 기독교인으로서 완전히 수치스러운 일입니다. "오, 그래도 저는 기질적으로 소심해요"라고 말하는 사람이 있을 것입니다. 맞습니다. 그럴 수 있습니다. 하지만 그런 기질에 안주하지는 마십시오. 저는 여러분에게 간청합니다. 만약 모든 사람들이 그런 마음이었다면, 진리가 어떻게 고귀하게 발전하고 진리

개혁이나 진리 부흥이 일어날 수 있었겠습니까? 우리의 루터나 칼빈이나 츠빙글리가 어디에서 나올 수 있었겠습니까? 또한 우리의 횟필드나 웨슬리는 어디에서 나올 수 있었겠습니까? 만약 이들이 시원한 외딴 계곡을 따라 편안히 걸을 수 있는 삶을 인생의 주된 소망으로 삼았다면, 과연 그런 인물이 될 수 있었겠습니까? 사랑하는 성도 여러분, 진리를 위해 그리고 주님을 위해 앞으로 나아오십시오. 여러분을 위해 옳은 것이 우리 모두를 위해서도 옳은 것이라는 사실을 기억하십시오. 예를 들어, 만약 여러분이 그리스도를 따르는 교회에 등록하지 않는다면, 모든 사람들도 교회 등록의 의무를 소홀히 할 것입니다. 그렇다면 그리스도의 가시적 교회는 어떻게 될 것이며, 세상 사람들 가운데서 증인으로 살아가는 거룩한 신앙의 규례들은 또 어떻게 유지될 수 있겠습니까? 저는 숨어 있는 모든 신자들에게 명합니다. 신앙을 숨기는 그 모순에 대해 곰곰이 생각해 보고 그 소심한 상태를 중단하기 바랍니다.

　아리마대 사람 요셉은 주님을 은밀히 따름으로써 큰 것을 잃은 자였다고 저는 확신합니다. 왜냐하면 여러분도 알다시피, 많은 다른 제자들은 예수님과 함께 생활했지만, 그는 그러지 못했기 때문입니다. 짧은 시간이었지만 그럼에도 황금과도 같은 그 기간을 사람들은 예수님과 함께 걷고 말하고 먹고 마셨습니다. 하지만 요셉은 그분과 함께 하지 못했습니다. 그는 열두 제자 가운데 없었습니다. 그에게 좀 더 용기와 결단력이 있었다면, 아마도 그는 그 제자들 가운데 들었을지도 모릅니다. 많은 무리들이 돌아간 후, 주님께서 제자들과 마음 편하게 허물없이 대화를 나눌 때도 그는 함께 하지 못했습니다. 초기 성도들의 고귀한 삶을 위해 마련된 거룩한 능력 강화 훈련에도 그는 참여하지 못했습니다. 그에게는 주님을 위한 사역뿐 아니라 주님과 함께 하는 사역의 기회도 분명히 있었을 것입니다. 하지만 이런 기회들을 얼마나 많이 놓쳤는지 모릅니다! 우리가 그에 대한 이야기를 더 듣지 못하는 것은 아마도 그가 더 이상의 일을 하지 않아서일 것입니다. 그나마 그의 이름이 기억되는 것은 그가 행한 한 가지 큰 일 때문이었습니다. 그가 한 일 가운데 성경에 기록된 것은 이 일이 전부입니다. 왜냐하면 성경에 기록될 만한 가치를 지닌 일은 실제로 이것이 전부였기 때문입니다. 요셉은 더욱 나약해지고, 더욱 슬퍼지고, 더 이상 쓸모없는 사람이 되었던 것이 분명합니다. 왜냐하면 그는 그리스도를 멀리서 따랐기 때문입니다. 제가 하나님께 바라는 것은 이것입니다. 지금까지 사람들 속에 숨어서 한 번도 예수님을 향해 일어나 앞으로 나오지 않았던 많은 사람들이 있는데, 사랑스럽고 신실하며 존경할 만한 그 기독교인들이 이런 반성을 통해 주님 앞으로 나아오는 것입니다.

2. 교훈의 대상

지금까지 우리는 아리마대 사람 요셉을 경계의 대상으로 삼았지만, 지금부터는 우리가 배울 수 있는 교훈의 대상으로 삼아서 그에 대해 말씀드리고자 합니다. 요셉도 결국은 자기 모습을 드러냈습니다. 사랑하는 성도 여러분, 여러분도 요셉과 마찬가지로 그렇게 될 것입니다. 만약 여러분이 정직하고 신실하다면, 여러분은 주님을 조만간 고백할 수밖에 없을 것입니다. 그런 고백을 늦게 하는 것보다는 빨리 하는 것이 여러분에게 더욱 유리할 것이라는 생각을 여러분은 하지 않습니까? 여러분이 지금 두려워하고 있는 그 수치가 여러분의 것이 될 그 날이 다가오고 있습니다. 여러분이 신실한 신자가 확실하다면, 지금 여러분이 두려워하는 그 비난과 조롱을 여러분은 앞으로 틀림없이 마주하게 될 것입니다. 장차 이런 비난들을 마주하게 될 것이라면, 여러분은 왜 지금 당장 직면해서 이겨내려고 하지 않는 것입니까? 여러분은 장차 많은 증인들 앞에서 그리스도를 고백해야만 할 것입니다. 그런데 왜 지금은 그런 고백을 시작하지 않는 것입니까? 그렇게 하는데 어려운 점이 무엇입니까? 여러분이 그런 고백을 계속해서 미루는 것보다는 지금 하는 것이 훨씬 쉬울 것이고, 이런 고백으로 여러분은 더 큰 축복을 받게 될 것이며, 나중에 생각해도 더욱 멋진 추억이 될 것입니다. 아리마대 사람 요셉을 사람들 앞에 나서게 한 것은 무엇이었습니까? 그것은 십자가의 능력이었습니다! 그리스도의 온 생애를 통해서도 이 사람이 공개적으로 고백할 수 없었다는 사실은 정말 놀라운 일이지 않습니까? 우리 주님께서 행하신 기적들, 그분의 놀라운 말씀들, 그분의 가난과 자기 비움, 거룩함과 긍휼을 보여주신 그분의 영광스러운 삶 등, 이 모든 것들이 요셉으로 하여금 은밀한 신앙을 갖도록 도움을 주었을 것입니다. 하지만 그가 담대하게 자기 신앙을 고백하기까지는 이것으로 충분하지 않았습니다. 요셉에게는 그리스도께서 온 생애 동안 보여주신 그 모든 아름다움보다도 십자가의 수치스런 죽음이 더 큰 능력을 발휘하였습니다. 자, 소심하고 수줍어하는 여러분이여, 과연 이 십자가가 오늘날의 여러분에게도 동일한 능력을 끼치지는 한 번 살펴보도록 합시다. 여러분도 이 십자가를 주의 깊게 살펴본다면 요셉처럼 될 것이라 저는 확신합니다. 성령님께서 여러분의 마음에 십자가를 확실히 세우신다면, 그 십자가가 분명히 여러분에게 영향을 끼칠 것으로 저는 믿어 의심치 않습니다. 제 생각에 아리마대 사람 요셉에게는 십자가 위에서 당한 그리스도의 죽음이 너무나 악한 일로 보였던 것 같습니다. 그래서 요셉은 그렇게 부당한 대우를 받은 분을 위해 자신을 드러내지 않을 수 없었습니다. 산헤드린 공회원들이 예수님에게 사형선고를 내렸을 때, 요셉은 그들의 행동에 동의하지 않습니다. 아마도 그와 니고데모는 공회원 전체가 모이는 총회에 참석하지 않았을 것입니다. 하지만 이런 범죄 행위가 실제로 집행되어, 무죄한 자가 사형에 처해진 것을 보자, 그는 "나는 이러한 살인을 보고서도 침묵하는 증인이 될 수 없다. 나는 이제부터 거룩하고 의로운 분의 편에 서리라"고 말했습니다. 이렇게 해서 그는 자신의 믿음을 드러냈으며, 십자가에 못 박히신 주님을 자발적으로 섬기는 종이 되었습니다. 사람들이 부당하게 주 예수님의 생명을 앗아간 지금, 앞으로 어떤 일이 벌어진다 해도, 그는 옳은 편에 설 것을 스스로 다짐하였습니다. 하지만 때는 늦었습니다. 애석하게도 이미 때는 늦었습니다. 그러나 너무 늦은 때는 아니었습니다. 오, 은밀하게 주님을 따르는 제자들이여, 여러분은 여러분의 은신처를 떠나지 않으렵니까? 그것도 서둘러 떠나지 않으렵니까? 조용하게 물러서 있는 여러분이여, 여러분은 요셉이 마주한 이런 악한 날에 예수님의 이름이 모욕을 당하는 것을 듣게 된다면, 그분을 위해 일어서지 않으렵니까? 그분의 신성이 부인되는 것을 여러분이 듣는다면, 교회에서 그분의 머리되심이 다른 사람에게 넘어간다면, 그분의 참된 인성이 비열한 부류의 악한 친구들에 의해 비평의 표적이 된다면, 여러분은 그분을 위해 목소리를 높이지 않으렵니까? 여러분은 그런 악한 행동에 충격을 받고서 공개적으로 그분을 고백하지 않으렵니까? 그분의 대의는 진리와 의와 긍휼과 인류를 위한 소망의 큰 뜻이었습니다. 그러므로 그분은 여러분이 침묵하며 앉아 있는 동안 학대를 받지 않을 수 없었습니다. 만약 다른 사람들이 그분을 좋아했다면, 여러분이 그분을 방관한 것에 대해 여러분은 어느 정도 변명할 수 있을 것입니다. 그러나 여러분은 그분을 사랑하지 않은 그 큰 죄악을 면할 수 없습니다. 왜냐하면 지금도 많은 사람들이 그분을 조롱하고 있기 때문입니다. 예수님은 모든 영광을 받을 존귀한 분이십니다. 하지만 사람들은 그분을 실컷 멸시하고 있습니다. 그런데도 여러분은 그분을 변호하지 않을 것입니까? 그분은 여러분의 구세주이며 주님이십니다. 오, 여러분이 그분의 것이라는 사실을 고백하기를 늦추지 마십시오. 십자가가 요셉의 마음을 드러내 보였습니다. 요셉은 거룩하고 의로우신 분을 살해한 그 사악함을 증오하였습니다. 그래서 그는 허리를 동이고서 주님의 거룩한 몸의 후견인이 되었던 것입니다.

그 다음으로 요셉이 더 이상 숨길 수 없다고 느끼게 한 것은 아마도 주님께서 돌아가시면서까지 보여주신 놀라운 인내였을 것입니다. 요셉은 주님께서 "아버지 저들을 사하여 주옵소서 자기들이 하는 것을 알지 못함이니이다"(눅 23:34)라고 하신 말씀을 들었을까요? 또한 주님께서 그 복되신 입술로 "내가 목마르다"(요 19:28)라고 말씀하실 때, 요셉은 그분을 주목해 보았을까요? 죽음을 앞둔 주님을 둘러서서 사람들은 온갖 상스러운 말과 조롱을 퍼부었습니다. 여러분은 요셉이 이런 장면을 목격했다고 생각합니까? 그리고 자기가 가장 좋아하는 친구에게 친절을 베풀지 않으면 돌들이 소리칠 것이라는 마음을 요셉이 느꼈을 것이라고 여러분은 생각합니까? 예수님은 자신을 위해서는 한 마디 말씀도 하지 않으셨습니다. 마치 털 깎는 자 앞에서 잠잠한 양 같이 그분은 입을 열지 않으셨기 때문에, 요셉은 그분을 위해 자기 입을 열 수밖에 없었습니다. 예수님께서는 한 마디 대답도 하지 않고, 오직 자기를 죽이려는 자들을 위해 기도하면서 숨만 내쉬셨기에, 그 존경받는 공회원은 그분을 인정할 수밖에 없었습니다. 하늘의 해도 그분을 인정하고, 그 얼굴을 굵은 베로 가렸습니다! 땅도 그분을 인정하고서 그분의 고통으로 그 중심이 흔들렸습니다! 사망도 그분을 인정하고서 무덤이 지금까지 가지고 있던 그 몸을 내주었습니다! 성전도 그분을 인정하였습니다. 성전은 공포로 그 휘장이 찢어졌습니다! 마치 자신이 보았던 공포로 인해 그 마음이 완전히 부서진 여인처럼 말입니다. 이렇게 해서 요셉도 그분을 인정할 수밖에 없었습니다. 그는 이런 충격에 더 이상 반항할 수 없었습니다. 오, 사랑하는 성도 여러분, 여러분이 지금까지 뒤로 물러나 있었다면, 이런 계기를 통해 여러분이 주님의 선봉(先鋒)에 서도록 하십시오.

그 때, 요셉은 죽음과 관련된 이런 놀라운 일들을 모두 보았습니다. 이에 대해서는 제가 이미 언급하였습니다. 이런 일들을 통해 백부장은 이 사람이 의로운 사람인 것을 충분히 확신하였습니다. 이런 일들로 다른 사람들도 그분이 하나님의 아들이었음을 확신하였습니다. 이미 그리스도의 제자였던 요셉은 십자가 주위에서 본 일들로 인해 주님에 대한 확신이 더욱 확고해질 수밖에 없었습니다. 여러분 주위에는 지금까지 회심과 관련해서 놀랄 만한 일들이 일어난 적이 없었습니까? 기도 응답은 없었습니까? 섭리로 말미암은 구원은 없었습니까? 이러한 것들로 인해 은밀하게 주님을 따르던 자들이 담대하게 자신을 드러내게 해야 하지 않겠습니까?

저는 요셉이 우리 주님께서 돌아가신 그 뜻을 충분히 이해했다고는 생각하지 않습니다. 물론 이와 관련해 어느 정도의 지식은 가지고 있었겠지만, 지금 우리에게 성령님께서 충만하게 임하시어 그 십자가의 의미를 가르쳐 주신 그 지식에는 비할 바가 아니었습니다. 오, 사랑하는 여러분, 들으십시오. 여러분은 공개적으로 그분께 속한 적도 없고, 그분의 제복을 입은 적도 없으며, 그분을 섬기는 일을 드러내놓고 해본 적도 없는 사람들입니다. 그런데 그분께서 여러분을 위해 죽으셨습니다! 그분께서 받은 상처는 모두 여러분을 위한 것이었습니다! 십자가에 달리신 그분의 얼굴에서 지금도 여전히 볼 수 있는 그 상처들과 피 같은 땀방울들은 모두 여러분을 위한 것이었습니다. 그 목마름과 흥분하신 모습도 여러분을 위한 것이었으며, 머리를 떨어뜨리고 영혼이 떠나가신 것도 모두 여러분을 위한 것이었습니다. 그런데도 여러분은 그분을 고백하는 것이 부끄럽습니까? 여러분을 위해 이 모든 것을 참으신 귀한 그분을 위해 여러분도 비난과 조롱을 참아야 하지 않겠습니까? 자, 여러분은 영혼으로 다음과 같이 말하십시오. 그분께서 "나를 사랑하사 나를 위하여 자기 자신을 버리셨다"(갈 2:20)고 말입니다. 만약 여러분이 이렇게 말할 수 없다면, 여러분은 행복해질 수 없을 것입니다. 그러나 만약 여러분이 이렇게 말할 수 있다면, 그 다음에는 어떤 일을 해야 할까요? 여러분은 그분을 사랑하여 그분을 위해 여러분 자신을 버려야 하지 않을까요? 십자가는 참된 쇠를 지닌 모든 자들을 예수님에게로 끌어당기는 놀라운 자석과 같습니다. 또한 십자가는 높이 올린 깃발 같아서, 충성된 모든 사람들은 반드시 거기로 모여들게 됩니다. 온 땅에 전해진 이 불 같은 십자가가 용감한 자들을 불러일으켜 전장(戰場)으로 서둘러 보낼 것입니다. 여러분은 여러분의 주님이 여러분을 위해 죽기까지 고통당하는 모습을 보고서도, 그분에게서 등을 돌릴 수 있겠습니까? 저는 여러분에게 간청합니다. 더 이상 지체하지 말고, 즉시 다음과 같이 외치십시오. "그분을 따르는 자들 가운데 제 이름을 기록해 주십시오. 그러면 저는 그분께서 다음과 같은 말씀을 하실 때까지 끝까지 싸울 것입니다.

'들어오라, 어서 들어오라.

그대 영원한 영광을 얻게 되리니.'"(존 번연, 「천로역정」)

아리마대 사람 요셉의 생애로부터 우리가 교훈으로 삼을 내용은 이 정도입니다. 십자가가 사람들의 참된 모습을 드러내지 않는다면, 도대체 무엇이 사람들을 드러낼 수 있겠습니까? 또한 죽기까지 사랑하신 그 광경이 우리로 하여금 그분을 위한 담대한 애정을 불러일으키지 못한다면, 도대체 어떤 것이 우리의 사랑을 불러일으킬 수 있겠습니까?

3. 각성의 대상

이제 저는 세 번째로 우리가 그를 각성의 대상으로 삼아야 한다고 말씀드리고자 합니다. 아마도 여러분은 마음속으로 다음과 같이 말할 것입니다. 즉, 요셉이 전면에 나섰던 그때는 그가 자신의 은신처를 떠나서 빌라도에게 갈 수밖에 없었던 절대절명의 요청이 있었기 때문이지만, 여러분은 그렇게 요청할 수밖에 없는 상황 아래 있지 않다고 말입니다. 사랑하는 여러분, 잘 들어보십시오. 많은 사람들은 자신이 어떤 상황에 처해 있든지 간에, 자신의 현재 상황에 대해 직시하지 않습니다. 하나님의 나라를 향해 나아가야 할 때가 바로 지금 이 때라는 생각을 사람들은 전혀 하지 않습니다. 오늘날, 주 예수님은 십자가에 매달리지 않으시기에 무덤에 장사될 필요도 없습니다. 하지만 그와는 다른 엄중한 필수사항들이 존재하며 그것은 여러분의 노력을 요청합니다. 지금 이 순간 여러분에게는 중대한 결단이 필수적으로 요구되는 것입니다. 즉, 바른 마음을 지닌 자라면 모두 다 주님을 고백하고 그분을 섬기기로 하는 결단 말입니다. 그리스도를 사랑하는 자라면 모두 자신의 그 마음을 바로 이 시간에 행동으로 증명해 보이십시오. 남 웨일스의 멈블스(Mumbles, 스완지 만(灣) 인근의 연안 마을 — 역주) 바다에 떠 있는 부표(浮漂)에는, 선원들에게 위험한 암초가 있다는 사실을 경각시키기 위해 종이 달려 있습니다. 이 종소리는 일상적인 날씨에는 아주 조용합니다. 하지만 바람이 세차게 불고, 큰 파도가 해안가로 거세게 몰아칠 때는, 그 종이 파도에 이리저리 흔들려 수 마일 떨어진 곳에서도 그 엄중한 종소리를 들을 수 있습니다. 모든 것이 고요할 때는 잠잠히 있는 진실한 사람들이 있습니다. 하지만 거센 바람이 불어오면 그때에야 비로소 부득이하게 말하게 되는 사람들도 있습니다. 저는 여러분에게 확신을 가지고 말씀드립니다. 지금 폭풍우가 거칠게 불어오고 있습니다. 앞으로 점점 더 거세질 것입니다. 제가 이 시대의 징조들을 바르게 읽은 것이라면, 많은 영혼들이 오류라는 암초에 걸려 길을 잃지 않도록 모든 종(鐘)들이 하나 되어 경고하는 어조로 크게 울려야만 할 것입니다. 아직까지 여러분이 나서서 싸울 정도는 아니지만, 그래도 뒤에 처져 있는 여러분이여, 여러분은 지금 편안한 그 상태를 중단해야 합니다. 저는 주님의 이름으로 여러분을 전쟁터로 소환합니다. 주님께서 여러분을 필요로 하십니다. 만약 여러분이 그분을 도와 강한 자를 대적하러 나아오지 않는다면, 저주의 빛이 여러분에게 비칠 것입니다. 여러분의 등에는 틀림없이 비겁한 겁쟁이라는 글씨가 아로새겨질 것입니다. 이렇게 되지 않으려면, 여러분은 오늘 예수님의 대의를 엄숙하게 받아들여야 할 것입니다. 여러분이 왜 그래야 하는지 말씀드릴까요?

저는 왜 요셉이 필요했는지를 여러분에게 말씀드리고자 합니다. 그것은 바로 그리스도의 원수들이 마침내 도를 넘어섰기 때문입니다. 그 원수들이 그분을 뒤쫓아 와서 돌을 들어 던졌을 때, 그들은 그분에게 아주 큰 영향을 끼쳤습니다. 또한 그분이 귀신들려 미쳤다고 그들이 말했을 때도 그들은 도를 넘어섰습니다. 그분이 귀신의 왕인 바알세불을 힘입어 귀신을 쫓아낸다고 그들이 말했을 때도, 그것은 일종의 신성모독적인 발언이었습니다. 그런데 이제 그들은 그런 비난의 선을 치명적으로 넘어서 버렸습니다. 즉, 그들은 실제로 이스라엘의 왕을 사로잡아서 그분을 십자가에 못 박아 죽게 했던 것입니다. 요셉은 더 이상 이런 상황을 가만히 보고만 있을 수는 없었습니다. 그래서 그는 지금까지 맺고 있던 인간관계를 정리하고서, 스스로 주 예수님의 편에 섰습니다. 오늘날에도 사람들이 얼마나 과도한 일들을 하고 있는지 살펴보십시오. 세상 밖에서 우리는 너무나 천박하고 흉악한 인품을 지닌 믿음 없는 자들을 보게 됩니다. 기독교는 물론이고 우리 시대의 문명이라는 것이 무색할 정도입니다. 자, 두려워하는 여러분이여, 이제 거기서 나와 더 이상 믿지 않는 세상과 짝하지 마십시오. 더욱이 그리스도를 따르는 교회 밖에서 우리는 일찍이 우리가 귀히 여기는 모든 교훈들을 저버리고 지금은 하나님께서 친히 말씀하신 그 영감 받은 말씀마저 공격하는 자들을 보게 됩니다. 그들은 자신이 믿기로 택한 말씀 외에는 성경이 전하는 것을 전혀 믿지 않는다고 노골적으로 말하기도 합니다. 그들에게 성경책은 양서(良書)이긴 하지만, 시대에 뒤떨어진 책입니다. 자, 이런 상황에서 여러분은 잠잠히 있을 수 있겠지만, 저는 그렇게 잠잠히 있지 못할 것 같습니다. 전체 기독교권의 요새가 지금 공격을 받고 있습니다. 용감한 자라면 그 누구도 이러한 공격을 막아내는 일에 뒤로 물러서서는 안 됩니다. 이런 상황에서 여러분은 입을 다문 채 믿음이 산산조각 나는 것을 볼 수 있을지 모르겠지만, 저는 그렇게 할 수 없을 것 같습니다. 그럼 어떻게 해야 할까요? 당연히 모든 자들은 무기로 무장하고 전쟁터로 돌진해야 합니다. 수년 전에 영국을 침공한 프랑스에 대해 사람들이 말할 때, 한 늙은 부인은 아주 분개해서 금방이라도 치명적인 반격을 취할 태세를 갖췄습니다. 영국 여인들이 도대체 어떤 일을 할 수 있는가 하는 물음에, 그녀는 마지막 한 사람까지도 다 일어설 것이라고 말했습니다. 그런 위급한 상황에 처하면 그들은 무엇이든 최선을 다할 것이라고 저 역시 믿어 의심치 않습니다. 우리의 단란한 가정을 지키기 위해 부지깽이나 삽은 물론 화덕에 있는 쇠꼬챙이까지 모두 들고 일어설 것입니다.

그런 위급한 때가 바로 지금입니다. 오류가 끝없이 팽배한 이때에, 우리는 진리를 지키기 위해 일어서야만 합니다. 오류가 극단으로 치닫고 있기 때문에, 우리는 신앙의 미세한 부분까지도 모두 고수해야만 합니다. 제 역시 제가 가진 신조의 어느 한 부분도 다른 사람에게 절대로 양보하지 않을 것입니다. 시대가 너무 바뀌어서 기존에 쓰던 표현들을 수정할 수 있을지는 몰라도, 우리는 결코 현재의 이 시류를 따르지 않을 것입니다. 독사 같은 이 세대는 우리를 물려고 노골적으로 줄지어 나아올 것입니다. 그래도 우리는 그 어떤 것도 수정하지 않을 것입니다. 하나님의 진리가 엄격한 측면을 지니고 있다 해도, 우리는 그것을 숨기지 않을 것입니다. 십자가 안에 불쾌한 측면이 있다 해도, 우리는 그것 또한 숨기지 않을 것입니다. 이것이 바로 우리에게 시대정신에 적응하도록 요구하는 자들에 대한 저의 답변입니다. 제가 알고 있는 정신, 즉 영은 단 하나입니다. 성령님이신 그분은 모든 시대 가운데 변함이 없는 분이십니다. 여러분처럼 지나치게 의심하는 자들은 우리에게 아무런 영향도 끼치지 못할 것입니다. 오히려 그런 자들로 인해 우리의 마음은 복음과 더욱더 긴밀히 연합될 뿐입니다. 만약 우리가 여러분에게 조금 양보하면, 여러분은 더 많은 것을 요구할 것입니다. 그러므로 우리는 단 한 치도 양보하지 않을 것입니다. 우리의 이런 결심이야말로 우리가 읽고 있는 성경책을 위해 살아가는 것이며, 또한 우리가 안식을 누리고 있는 복음을 위해 살아가는 것이며, 또한 모든 다스림을 받고 있는 하나님 나라를 위해 살아가는 것입니다. 그리스도를 따르면서도 떨고 있는 자들에게 간청합니다.

용기를 내십시오. 그리고 주님이 주신 여러분의 제복을 입고서 전쟁터로 전진하십시오. 예전에 한 번도 해본 적이 없다 해도, 지금 당장 앞으로 나아오십시오! 여러분 속에 남자다운 모습이 하나도 없다 해도, 오늘날의 이 신성모독과 비난이 난무하는 때에, 앞으로 나아오십시오.

> "너희 인생들아,
> 　수많은 원수들을 대적하고,
> 　이제 그분을 섬겨라.
> 　위험을 무릅쓰고 용기를 내어,
> 　힘에는 힘으로 대적할지어다."(조지 더필드[George Duffield, Jr])

아리마대 사람 요셉이 자신을 우리 주님의 제자로 드러냈을 때는, 우리 주님의 친구들은 거의 도망갔을 때였습니다. 주님의 제자들이 모두 떠났다는 말이 더 정확한 말일 것입니다. 그때 요셉이 말했습니다. "나는 가서 주님의 시신을 요구할 것이다." 다른 사람들이 다 도망쳤을 때, 그때 소심했던 이 사람은 용감해졌습니다. 믿음에서 크게 이탈했을 때, 그때 연약한 자들이 강해지는 경우를 저는 종종 보았습니다. "우리가 전적으로 하나님의 백성인지, 아니면 전적으로 가치 없는 자인지, 아직 잘 모르겠어요"라고 말하던 불쌍한 영혼들이, 자신들의 소굴에서 몰래 빠져나와, 용감한 전사(戰士)가 되어 낯선 원수들을 물리치기도 하였습니다. 교회 나오기 이전의 경험에 대해 말해 달라는 요청을 받은 어떤 한 자매가 있었습니다. 그런데 그 자매는 대답을 하지 못했습니다. 그러던 그가 교회를 떠났다가 다시 돌아와서는 백팔십도 달라져 다음과 같이 말했습니다. "나는 그리스도를 위한 말은 잘하지 못하지만, 그분을 위해서 죽을 수는 있습니다." 그러자 그 교회 목회자는 "이리 나아오십시오. 여기 오신 것을 환영합니다!"라고 말했습니다. 진리를 위한 증인들이 아무도 살아 있지 않은 것 같아 우리가 두려워하는 날에, 그 숨어 있던 자들이 은혜롭게 행동합니다. 오, 신앙이 퇴보하는 곳에 살고 있는 여러분이여, 주 예수님을 더욱더 신실하게 섬기리라 결심하기를 바랍니다!

그리고 여러분도 알다시피, 요셉 당시에 주 예수님께 신실했던 자들은 연약한 무리들이었습니다. 그들이 절대적으로 가난했던 것은 아니었습니다. 그들 중에는 물질로 주님을 섬겼던 여인들이 있었기 때문입니다. 하지만 이 여인들에게 물질이 있었다 해도, 어쨌든 빌라도에게 가서 주님의 몸을 요구할 수는 없었습니다. 빌라도는 이들을 만나 주지도 않았을 것이며, 설령 빌라도가 만날 마음이 있었다 해도, 이 여인들이 빌라도와의 만남을 요구하기에는 너무 소심했습니다. 그런데 요셉은 부자였고 공회원이었습니다. 그래서 아마도 다음과 같이 생각했던 것 같습니다. '이 귀하고 선한 여인들에게는 친구가 필요하다. 이들은 그 귀한 몸을 자기들끼리 십자가에서 내릴 수는 없을 거야. 내가 로마 총독에게 가야 되겠어. 그리고 니고데모와 함께 세마포와 향품을 준비해야겠다. 나무에서 예수님을 내리고 그분을 새 무덤에 안치한 다음, 그분의 팔 다리를 세마포와 향품으로 감싸서, 그분의 몸에 영화롭게 향유를 부어드려야겠어.' 여러분 가운데는 어떤 이들은 시골 마을에서, 하나님께 신실하지만 매우 가난하고 별다른 재능을 가지지 못한 사람들과 함께 살아갑니다. 만약 여러분이 어떤 것으로 인해 더욱더 확고한 결단을 하게 되었다면, 그것은 바로 시골 마을에 사는 그런 신실한 사람들 때문일 것입니다. 연약한 무리들을 돕는 것은 용감한 일입니다. 보통 사람들은 성공한 자들의 발뒤꿈치를 따르지만, 진실한 사람은 그것이 진리를 위한 대의라면 비록 멸시를 받는다 해도 결코 부끄러워하지 않습니다. 재능과 함께 물질도 가진 여러분은 다음과 같이 말해야 합니다. "제가 가서 지금 당장 그들을 돕겠습니다. 주님의 대의를 위해서라도 저는 이 연약한 사람들을 그냥 내버려 둘 수 없습니다. 저는 그들이 최선을 다하고 있다는 것을 알고 있습니다. 작은 힘이지만, 제가 그들과 함께 해서 위대한 내 주님을 위해 제 자신을 바쳐 기꺼이 그들을 돕겠습니다."

　제가 이런 말씀을 드리는 이유를 여러분은 아직도 알 수 없습니까? 이 아침 저의 유일한 소망은, 여러분 가운데 한동안 흔들리던 삶을 살던 사람이 "일어나라, 예수님을 위해 일어나라"는 찬송가처럼 일어나서, 지혜가 가리키는 곳이라면 어디에서나 귀하고 거룩하신 그분의 이름을 고백하게 되는 것입니다. 여러분은 밤에 만발하는 선인장이나 달맞이꽃처럼 날이 어두워지기 전까지는 결코 피어날 수 없는 꽃 같습니다. 바로 지금이 여러분이 피어날 시간입니다. 이미 저녁이 되었습니다. 사랑하는 여러분, 꽃을 피우십시오. 그래서 여러분이 지닌 사랑의 그 매력적인 향기로 온 세상을 충만하게 하십시오. 다른 꽃들의 잎이 닫힐 때, 여러분은 조심해서 저녁 이슬이 여러분에게 떨어지도록 꽃잎을 여십시오. 별과 같은 여러분이여, 지금처럼 이 어두운 시간에 빛을 발하십시오! 해가 지지 않았다면, 여러분은 계속 숨어 있었을 것입니다. 하지만 이제는 우리가 여러분을 보게 해주십시오! 예수님께서 살아 계실 당시, 요셉과 니고데모는 낮에는 한 번도 보이지 않았습니다. 하지만 예수님의 죽음으로 해가 지자, 그때 그들의 빛은 최고로 빛나게 되었습니다. 오, 지금도 주저하고 있는 사랑하는 여러분, 지금이 바로 여러분의 시간이고 여러분의 때입니다. 위대한 우리 주님을 위해 담대하게 이 시간을 선용하십시오!

4. 안내의 대상

마지막 네 번째로 우리는 그를 안내의 대상으로 삼아야 합니다. 어떤 사람은 이렇게 말합니다. "좋습니다. 그런데 제가 제 자신을 드러내야 한다는 말이 무슨 뜻입니까? 요셉이 한 일은 제가 잘 알겠습니다. 하지만 저는 무엇을 해야 하는 것입니까? 저는 아리마대에 살고 있지도 않고, 이 시대에는 빌라도도 없는데 말입니다."

요셉은 주님을 고백하면서, 스스로 개인적인 위험을 감수하였습니다. 어느 한 기독교인 종이 자신의 주인이 기독교인이라는 이유로 처형을 당하자, 재판장에게 가서 주인을 장사하기 위해 시신을 달라고 요청하였습니다. 그러자 재판장은 "네 주인의 시신을 바라는 진짜 이유가 무엇이냐?"라고 물었습니다. 그때 그 종은 "제 주인도 기독교인이었고, 저도 기독교인이기 때문입니다"라고 대답했습니다. 그리고 이런 고백으로 인해 그 종도 사형선고를 받았습니다. 이 경우가 바로 빌라도와 관련된 경우였다고 볼 수도 있습니다. 왜냐하면 유대 통치자들은 요셉을 미워하였고 요셉도 사형을 시키려고 했기 때문입니다. 요셉은 오랫동안 소심한 사람이었습니다. 하지만 지금 그는 자신의 목숨을 걸고서 담대하게 빌라도에게 나아갔습니다. 우리가 읽은 대로, 본문 말씀은 "예수의 시체를 갈망하니("He craved the body of Jesus"[막 15:43 KJV], 개역 개정에는 "예수의 시체를 달라 하니"로 되어 있다 — 역주)"라고 되어 있습니다. 어떤 주석가가 잘 말한 바와 같이, 그는 주님의 몸을 갈망(craved)하기는 하였으나, 겁쟁이(craven)는 아니었습니다. 그는 오직 주님의 몸을 요청하였고, 그 몸을 요구하였으며, 그 몸을 간청하였습니다. 그래서 그 총독은 요셉의 바람을 들어주었습니다. 자, 여러분이 만약 그리스도를 위해 현재 여러분이 가진, 세상에서 가장 좋은 것들을 포기해야만 하는 상황에 처한다면, 여러분은 그럴 수 있다고 생각합니까? 이 배교(背敎)의 시대에 옛 신앙을 고백함으로써, 경건훈련과 용감한 결단을 실천하기 위해 여러분의 인격을 포기할 수 있습니까? 여러분은 과연 예수님을 위해 모든 것을 버릴 수 있습니까? 여러분이 가장 애지중지하는 관계가 끊어지고, 창창하던 그 앞길마저 산산조각 난다 해도, 여러분은 십자가를 지고서 여러분의 주님을 따를 수 있겠습니까? 여러분이 그분에게 영광만 돌릴 수 있다면, 귀하신 그분을 위해 희생이라는 대가를 치른다 해도 여러분은 그것을 아주 작은 것으로 여겨야 합니다. 이 모든 것이 여러분을 위해 돌아가신 그분에게 드려야 할 마땅한 일입니다.

또 하나 기억해야 할 것이 있습니다. 이 선한 아리마대 사람 요셉은 스스로 예수님의 시신을 만짐으로써 예식 규정을 어긴 부정한 사람이 되었다는 사실입니다. 이런 일이 여러분에게는 아주 사소한 듯이 보여도, 유대인들에게는 굉장히 큰 일이었습니다. 특히 유월절 주간에는 더더욱 그러했습니다. 요셉은 복된 주님의 몸을 만졌습니다. 그리고는 유대인들의 판단 기준으로 볼 때 스스로 부정한 자가 되었습니다. 그러나 오, 제가 여러분에게 확실히 말씀드릴 수 있는 것은, 비록 생명이 빠져나가 예전과는 판이하게 다른 모습이었다 해도 그 주님의 복된 몸을 만지는 것은 결코 부정한 것이 아니라고 요셉이 생각했다는 사실입니다. 주님의 몸을 만지는 것은 결코 부정한 것이 아니었습니다. 오히려 거룩한 성물을 만지는 것이야말로, 즉 하나님을 위해 예비된 그 몸을 만지는 것이야말로 명예로운 일이었습니다. 하지만 사람들은 여러분에게, 너는 그리스도를 위해 자신을 드러냈고 그의 백성과 하나가 되었으니, 이제 스스로 비천한 자가 되었다고 말할 것입니다. 그들은 여러분에게 손가락질을 하고, 여러분에게 모욕적인 이름을 붙이면서 여러분을 광신자라고 비난할 것입니다. 여러분은 이 복된 수치를 그냥 받아들이십시오. 그리고 다윗이 말한 바와 같이 "내가 더 낮아져서"(삼하 6:22)라고 말하십시오. 그리스도를 위해 명예를 잃는 것이야말로 명예로운 일입니다. 그분을 위해 수치를 당하는 것이야말로 모든 영광 가운데서 가장 높은 영광을 얻는 것입니다. 이렇게 해서 비록 여러분이 만물의 찌꺼기(고전 4:13)처럼 대우를 받는다 해도, 여러분은 뒤로 물러서지 않고, 앞으로 나아와 여러분의 신앙을 고백하리라 저는 믿습니다.

다음으로, 이런 생명의 위험을 감수하고 자신의 명예를 버린 이 사람은 그리스도를 장사하기 위해 큰 대가를 치르는 것에 만족했습니다. 요셉은 가서 세마포를 구입하였습니다. 그런 다음 모든 이스라엘 사람들이 갖기를 염원하는 바위를 파낸 무덤을 마련하였습니다. 그는 기쁜 마음으로 순종하면서 주님을 거기에 안치하였습니다. 자, 만약 여러분이 그리스도를 고백한다면, 여러분은 그분을 실제적으로 고백하십시오. 여러분은 여러분의 지갑을 그분 앞에서 뒤로 빼지 마십시오. 그리고 "나는 그분의 것입니다. 하지만 나는 그분을 위해 할 수 있는 일이 아무것도 없어요"라고 말할 생각은 아예 하지도 마십시오.

저는 미국의 메인(Maine, 미국 북동부의 주 — 역주)에 있는 한 늙은 집사에 관한 이야기를 읽은 적이 있습니다. 그는 선교사를 후원하는 헌금 시간이 끝난 후에 모임에 참석했습니다. 거기 있던 목사가 "우리의 선한 슈얼(Sewell) 형제"에게 기도해 달라고 요청했습니다. 그런데 슈얼 집사는 기도를 하지 않고, 대신 자기 손을 주머니에 넣고서는 무언가를 만지작거리고 있었습니다. 슈얼 집사는 "헌금함을 가져다주세요"라고 말했습니다. 그래서 헌금함을 가져오자, 그는 자기가 갖고 있던 돈을 헌금함에 넣었습니다. 그러자 그 목사는 "슈얼 집사님, 나는 당신에게 조금이라도 헌금하기를 청한 적이 없소. 그저 당신이 기도해 주기를 바랐을 뿐이오"라고 말했습니다. 이에 슈얼 집사는 "오, 저는 제가 먼저 무언가를 드리지 않고서는 기도할 수 없었습니다"라고 말했습니다. 그는 위대한 선교 사역을 위해서 자신이 먼저 무언가를 해야만 한다는 의무감을 느꼈습니다. 그래서 어떤 것이든 행한 이후에 비로소 그 선교 사역을 위해 기도할 수 있었습니다.

오, 모든 그리스도의 백성들이 그와 같은 행동을 하는 의로운 마음을 가졌으면 얼마나 좋겠습니까! 이렇게 행동하는 것이 가장 자연스럽고 합당한 것 아닙니까? 구세주께서 장사되기를 원하셨을 때, 요셉은 자신이 그 장사를 감당하지 않고서는 그분에게 진실할 수 없다고 느꼈습니다. 그러나 지금은 구세주께서 장사되기를 원하시는 대신, 그분의 살아 있는 모든 능력을 힘입어 사람들 가운데서 그분이 전파되기를 원하십니다. 만약 우리가 그분을 사랑한다면, 우리는 그분의 이름을 아는 지식을 널리 전하기 위해 우리가 할 수 있는 모든 것을 다 해야만 합니다. 사람들 가운데 숨어 있는 여러분이여, 그러므로 나아오십시오. 이제 나아오십시오! 여러분 가운데는 시골에 살면서 한 번도 교회에 참석하지 않다가 오늘 처음으로 이 예배에 참석한 이들이 있을 것입니다. 여러분의 이름이 하나님의 백성으로 계수되기 이전에 또 다른 주일 아침을 맞지 않도록 하십시오. 또 여러분 가운데는 자신이 자주 이 교회에 나아왔지만, 지금까지 아무도 자신에게 말을 걸어주지 않는다고 하는 이들이 있습니다. 그렇다면 여러분이 다른 사람에게 먼저 말해 보십시오. 그리고 주님께서 여러분을 위해 하신 일들을 고백하십시오. 아리마대 사람 요셉과 같은 여러분이여, 당신은 지금 어디에 있습니까? 요셉이여, 앞으로 나아오십시오! 앞으로 나아오십시오. 여러분의 때가 왔습니다! 지금 앞으로 나아오십시오! 만약 여러분이 지금까지 은밀하게 그리스도를 따랐다면, 그런 은밀함은 과감하게 바람에 날려 버리십시오! 이제부터는 그리스도께서 가는 곳이라면 어디든 따라가는 그리스도의 경호원이 되십시오. 그래서 용감한 자들 가운데서도 가장 용감한 자가 되십시오. 두려워하지도 말고, 두렵다는 생각조차 하지 마십시오. 설령 여러분이 그분의 이름 때문에 온갖 시련을 겪는다 해도, 그 모든 것들을 기쁨으로 여기십시오. 그분은 영원 무궁히 영광 받으실 만왕의 왕이며 만주의 주가 되십니다. 아멘.

스펄전설교전집
마가복음

초판 인쇄 2013년 11월 15일
초판 발행 2013년 11월 20일

발행처 크리스챤다이제스트
발행인 박명곤
주소 경기도 고양시 일산동구 정발산동 1193-2
전화 031-911-9864, 070-7538-9864
팩스 031-911-9824
등록 제 396-1999-000038호
판권 © 크리스챤다이제스트 2013
총판 (주) 기독교출판유통
전화 031-906-9191~4
팩스 0505-365-9191